ROCK & POP

Die Chronik 1950 bis heute

LUKE CRAMPTON & DAFYDD REES

ROCK &

in Kooperation mit The Rock and Roll Hall of Fame and Museum

Pop

Die Chronik 1950 bis heute

DK

Inhalt

DK

London, New York, München, Melbourne, Delhi

Abby und Christiaan
gewidmet

Lektorat Nicki Lampon
Redaktion (USA) Margaret Parrish
Gestaltung Alison Shackleton
DTP-Design Gemma Casajuana, Rajen Shah
Herstellung Heather Hughes

Cheflektorat Adèle Hayward
Chefbildlektorat Karen Self
Programmleitung Stephanie Jackson
Artdirector Carole Ash

Für Dorling Kindersley produziert von
PALAZZO EDITIONS LIMITED
Bath, Großbritannien

Projektleitung Colin Webb
Gestaltung Sian Rance
Bildrecherche Emily Hedges
Redaktion Beverley Jollands
Cheflektorat Sonya Newland
Register Tim Jollands

Bibliografische Information Der Deutschen Bibliothek
Die Deutsche Bibliothek verzeichnet diese Publikation in Der Deutschen Nationalbibliografie; detaillierte bibliografische Daten sind im Internet über http://dnb.ddb.de abrufbar.

Titel der englischen Originalausgabe:
Rock & Pop Year By Year

Übersetzung Ingeborg Schober (1960–69, 1980–89, 1996–99), Johannes Dohler (1950–59, 1976–79, 1990–94), Kirsten Borchardt (1970–75, 1995, 2000–02)
Redaktion Janette Schroeder
Satz schroeder & partner

ISBN 3-8310-0535-4

Reproduced by Colourscan, Singapore
Printed and bound in Italy by Graphicom SpA

Besuchen Sie uns im Internet
www.dk.com

1960

1970

1990

2000

Louis Jordans Saxophon, frühe 50er

Chuck-Berry-Plakat, noch mit »N« im Namen, 1953

Johnny Otis' Akustikgitarre, frühe 50er

Billie-Holiday-Plakat, um 1957

Ray Charles' Bühnenjacke, um 1955

Roy Orbisons Sonnenbrille, um 1964

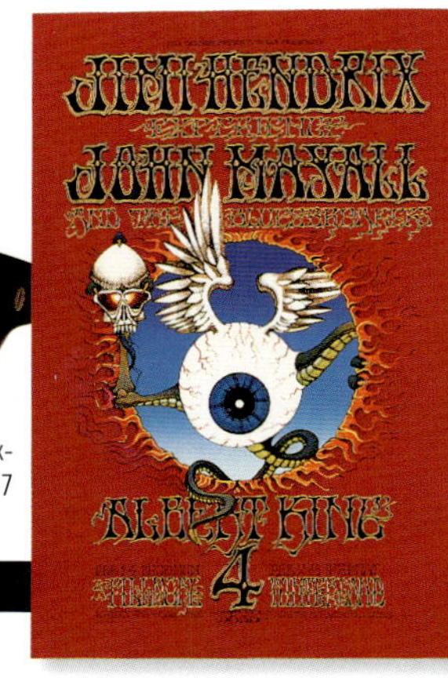

Jimi-Hendrix-Plakat, 1967

Vorwort

Die verwickelte Geschichte des Rock'n'Roll nachzuvollziehen, ist nicht immer einfach. Schon die einfachsten Dinge werfen Fragen auf: Was ist Rock'n'Roll? Seit wann gibt es ihn? Fast jeder wird diese Fragen anders beantworten.

Zwar ist man sich weitestgehend einig, dass der Rock'n'Roll irgendwann in den 50ern entstand, aber seine Wurzeln reichen zurück bis in die 20er-Jahre. Und die erste Rock'n'Roll-Platte? War es *Rocket 88* von Ike Turner und Jackie Brenston? Oder *Rock Around The Clock* von Bill Haley And His Comets? Oder *That's All Right (Mama)* von Elvis Presley, Bill Black und Scotty Moore? Es kommt ganz darauf an, wen man fragt.

Doch damit nicht genug der Schwierigkeiten. In den Anfangsjahren der Rockmusik hätten selbst ihre glühendsten Fans sich nicht träumen lassen, dass man diese Musik eines Tages an Universitäten studieren oder ganze Museen errichten würde, »um der Öffentlichkeit die Geschichte und kulturelle Bedeutung der Rockmusik zu vermitteln«, wie es im Gründungsbeschluss der Rock and Roll Hall of Fame and Museum heißt. Deshalb wurde die frühe Geschichte des Rock'n'Roll kaum systematisch festgehalten. Nur wenige Journalisten schrieben über ihn, und diese wenigen sahen darin entweder eine kurzlebige Mode oder eine Gefahr für die Gesellschaft. Darum sind sogar so grundlegende Fakten wie z.B. Veröffentlichungsdaten oft nur schwer zu finden.

Jerry Garcias Gitarre, Mitte der 70er

Im Lauf der Zeit entstanden seriöse Rockzeitschriften wie **Rolling Stone** oder **New Musical Express**, deren Autoren allesamt Rockfans, aber selten gelernte Journalisten waren und es nicht immer schafften, Dichtung und Wahrheit auseinanderzuhalten – und Rockstars sind meist sehr gut im Zusammendichten von Storys. Die besten Schreiber dieser Zeit zeichnen sich durch einen engagierten literarischen Stil aus, weniger durch ihre Faktentreue. Das liest sich wunderbar, hilft einem aber nicht, wenn man 30 Jahre später eine objektive Geschichte der Rockmusik rekonstruieren will.

Da sich die Musikbranche ihrem Wesen nach für Gewinne interessiert, braucht sie Hits – und zwar hier und heute. Als früherer Angestellter eines Labels kann ich bezeugen, dass Geschichte (in Form von Dokumenten und Archivmaterial) dabei regelmäßig

David Bowies Collage-Jacke, um 1987

Bangles-Gitarre, späte 80er

New-Kids-On-The-Block-Spiel, späte 80er

Zoo-TV-»Spielgeld«, 1993

Partridge-Family-Picknickkoffer, um 1970

George Clintons Stiefel, um 1977

Spinners-Jacke, um 1979

Who-Plakat, späte 70er

weggeworfen wurde. Erst in den letzten Jahren beginnt sich das durch das Interesse an historischen CD-Sets etwas zu ändern.

Trotz alledem wurden zahllose Bücher über die Geschichte der Rockmusik und die Musiker geschrieben – von Lexika bis zu schmachtenden Fanbüchern, von wissenschaftlichen Studien bis zu opulenten Bildbänden. Es gibt hervorragende Biografien, aber auch absoluten Müll. Aber wenn man in dieser Bücherflut ein ganz bestimmtes Ereignis oder eine bestimmte Person zeitlich verorten will – was für meine Mitarbeiter und mich zur täglichen Arbeit gehört – , hilft meist nur Glück. In der Regel braucht man mehrere Bücher, und wenn man überhaupt Informationen findet, widersprechen sie sich oft.

Deshalb schließt diese Chronik eine gewaltige Lücke. Sie beschreibt die Entwicklung der Rockmusik von 1950 bis heute – schnörkellos, detailliert und fundiert. Zur Überprüfung der Fakten wurden die größtmöglichen Anstrengungen unternommen. Damit ist das Buch ein ideales Arbeitsmittel für Rock- und Popmusikforscher, aber auch eine spannende, unterhaltsame Lektüre für Fans. Naturgemäß konnten nicht alle Bands, Platten und Konzerte erwähnt werden. Aber die Liebe zur Musik ist nun mal subjektiv. In der Rock and Roll Hall of Fame stellen wir immer wieder fest, dass praktisch alle unsere Besucher sich für Experten halten – und alle haben ihre Lieblingsbands, -sänger, -komponisten, -platten, -konzerte usw. Immer wieder werde ich per E-Mail gefragt, warum bestimmte Leute im Museum nicht vertreten sind. Man kann eben nicht alles behandeln, weder in einem Museum noch in einem Buch wie diesem. Aber die Autoren Luke Crampton und Dafydd Rees kommen diesem Ideal ziemlich nahe.

Es fällt schwer zu glauben, dass wir bereits das sechste Jahrzehnt jener rebellischen Jugendmusik erleben. Trotz vieler Anfeindungen hat sie überlebt und sich entwickelt. Die Musik, die von armen, marginalisierten Afroamerikanern und Weißen im Süden der USA geschaffen wurde, ist zu einer Weltsprache geworden. »Es war«, wie es bei den Grateful Dead einmal hieß, »eine lange, seltsame Reise« – und vor Ihnen liegt ein großartiges Reisetagebuch.

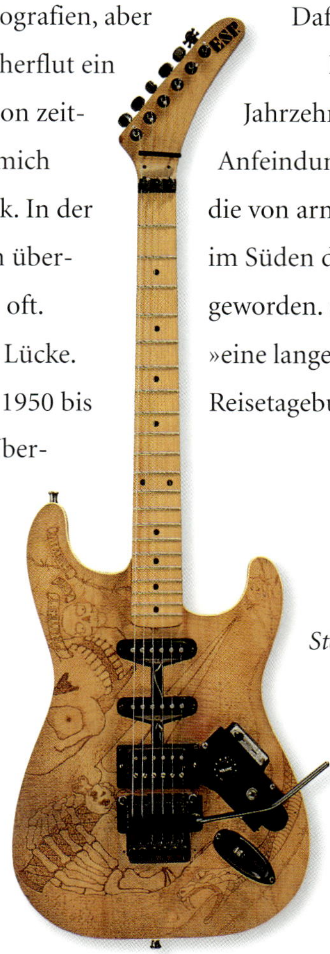

Gitarre von Joe Perry (Aerosmith), Mitte der 80er

JAMES HENKE

Stellvertretender Geschäftsführer und Chefkurator

The Rock and Roll Hall of Fame and Museum

Cleveland, Ohio, USA

Soundgarden-Plakat, 1994

Alice-in-Chains-Puppen, um 1994

Alice Coopers Stiefel, um 1995

Spice-Girls-Eintrittskarte, 1998

Madonna-Eintrittskarte, 2000

TRL-Poster, 2000

»Ich erinnere mich, wie damals in Memphis der junge Elvis Presley im Studio von Sam Phillips geprobt hat … er hörte viel Blues – und was dabei herauskam, war Rock'n'Roll.« B.B. King

»Der Rock'n'Roll war so etwas wie ein Erlöser.« Little Richard

»Die 50er-Jahre waren ein unglaublicher Wendepunkt für die Musik in Amerika … Wir haben großartige Musik zusammen gemacht, die immer noch da ist. Damals haben die Plattenleute wirklich im Team mit den Musikern gearbeitet, indem sie deren Material entwickelt und die Künstler promotet haben.« Ray Charles

1950–1959

Good Rockin' Tonight

1950-54

Nr. 1 US-SINGLES 1954

02. Jan. Oh, Mein Papa **Eddie Calvert**
27. Febr. Secret Love **Doris Day**
13. März Make Love To Me! **Jo Stafford**
20. März Secret Love **Doris Day**
27. März Make Love To Me! **Jo Stafford**
10. Apr. Wanted **Perry Como**
05. Juni Little Things Mean A Lot **Kitty Kallen**
07. Aug. Sh-Boom **Crew Cuts**
25. Sept. Hey There **Rosemary Clooney**
06. Nov. This Ole House **Rosemary Clooney**
13. Nov. Need You Now **Eddie Fisher**
04. Dez. Mr. Sandman **Chordettes**

Nr. 1 UK-SINGLES 1954

02. Jan. Answer Me **Frankie Laine**
09. Jan. Oh, Mein Papa **Eddie Calvert**
13. März I See The Moon **Stargazers**
17. Apr. Secret Love **Doris Day**
24. Apr. I See The Moon **Stargazers**
01. Mai Such A Night **Johnnie Ray**
08. Mai Secret Love **Doris Day**
03. Juli Cara Mia **David Whitfield With Chorus And Mantovani And His Orchestra**
11. Sept. Little Things Mean A Lot **Kitty Kallen**
18. Sept. Three Coins In The Fountain **Frank Sinatra**
09. Okt. Hold My Hand **Don Cornell**
06. Nov. My Son My Son **Vera Lynn**
20. Nov. Hold My Hand **Don Cornell**
27. Nov. This Ole House **Rosemary Clooney**
04. Dez. Let's Have Another Party **Winifred Atwell**

Hank Ballard And The Midnighters

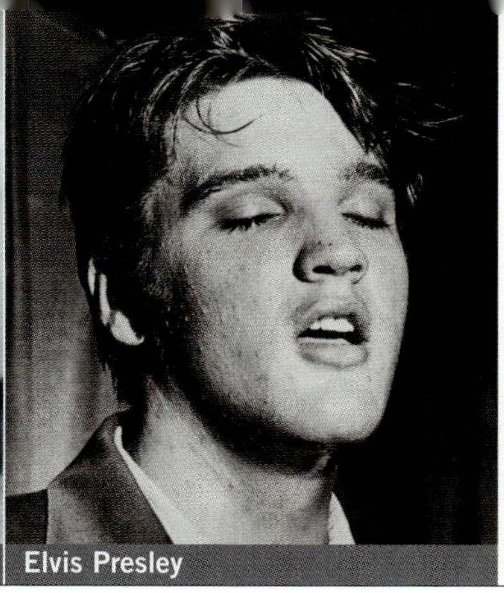
Elvis Presley

Hank Ballard arbeitete in Detroit in einer Autofabrik, bevor er 1953 die Midnighters zusammentrommelte. Elvis Presley schuf die perfekte Verbindung von Country und R&B. Seine sinnlichen Lippen und natürlich sein Hüftschwung wurden zu seinem Markenzeichen.

Anfang der 50er-Jahre war Amerika ein musikalischer Schmelztiegel: das Spiegelbild einer starken, pluralistischen Gesellschaft, die nach den Entbehrungen des Zweiten Weltkriegs Optimismus ausstrahlte. Es gab erste Proteste gegen Rassentrennung, oft angeführt von Musikern und Fans. Stile vermischten sich, die Jugend wurde selbstbewusster. In den Charts dominierten noch ›etablierte‹ Künstler wie **Rosemary Clooney**, **Perry Como** und **Frank Sinatra**. **Nat King Cole** blieb König der Pop-Balladen. Aber eine neue Bewegung deutete sich an. Immer öfter mussten sich Mainstream-Künstler gegenüber ungestümen Newcomern wie **Bill Haley**, **Little Richard** und **Chuck Berry** behaupten.

Anfangs bediente sich der Rock'n'Roll überall ungeniert, bei Doo-Wop, Gospel, Country, Blues, Bluegrass und vor allem beim Rhythm'n'Blues. Aber er entwickelte auch eigene Markenzeichen: hämmernde Backbeats, lärmende Gitarren, jugendliche Respektlosigkeit und grenzenlose Energie. ›Crossover‹-Platten beschleunigten die wechselseitige Befruchtung. Schwarze R&B-Bands wie die **Dominoes** und **Hank Ballard And The Midnighters** waren bei weißen Teenagern beliebt. Die Radioshows von **Alan Freed** in Ohio wurden von Schwarz und Weiß gehört. **Johnnie Ray** brachte 1952 einen R&B-Hit auf Platz 1. Doch überwiegend waren es weiße Künstler, von schwarzer Musik beeinflusst, die erfolgreich wurden. Schwarze Gruppen hatten mit ihrer Kreativität nur geringen kommerziellen Erfolg.

Produzenten und Promoter spielten eine prägende Rolle für den Rock'n'Roll. **Sam Phillips** gestaltete in seinem Memphis Recording Service den Sound von **B. B. King**, **Howlin' Wolf** und **Ike Turner.** Im März 1951 nahm dieser *Rocket 88* auf, das hunderte von Platten beeinflusste. Ein Jahr später gründete Phillips Sun Records. Ein schüchterner 18-jähriger Junge namens **Elvis Presley** kam vorbei, um ein Demo aufzunehmen.

Ahmet Ertegun machte aus Atlantic Records einen Sammelpunkt fantastischer Blues- und R&B-Künstler. Bei ihm standen schwarze Gruppen wie die **Clovers** und die **Drifters** unter Vertrag, ebenso die Bluessängerin **Ruth Brown**. **Ray Charles** kam 1952 hinzu. Die **Chess Brothers** verpflichteten zukünftige Bluesgrößen wie **Muddy Waters** und **John Lee Hooker**. Der Doo-Wop (in Gestalt der **Spaniels**) förderte Vee-Jays Aufstieg zum größten Label der USA, das Schwarzen gehörte.

Der Rock'n'Roll ist tief im Süden der USA verwurzelt, mit Memphis als Zentrum. Die Radioshow »Louisiana Hayride« war das Sprungbrett für Elvis und viele andere. **Buddy Holly** sang 1953 beim Sender KDAV in Lubbock vor. Der Rock'n'Roll profitierte auch von technischen Neuerungen, da die Single mit 45 Umdrehungen und die LP populärer wurden. Doch wurden die Anfangsjahre des Rock'n'Roll auch von Todesfällen überschattet. Countrysänger **Hank Williams** starb 1952, **Johnny Ace** erschoss sich 1954; im selben Monat nahm Elvis seine dritte Single auf: Die Welt veränderte sich.

»Das Brutalste, Hässlichste, Degeneriertteste und Niederträchtigste, was ich je hören musste.«

Frank Sinatra über Rock'n'Roll, **Western World**, 1958

Januar 1950

Sam Phillips gründet den Memphis Recording Service ... Fats Dominos erster Hit ... Tony Bennetts Debüt ...

Sam Phillips

Ex-Discjockey Sam Phillips träumte davon, Rhythm'n' Blues in Rock'n'Roll zu verwandeln ... Miles Davis: »Spiel nicht, was da steht, sondern was nicht da steht« ... Nat King Cole, ursprünglich Jazzpianist, war dabei, der wichtigste Balladensänger des Pop zu werden.

Januar

1 Mit dem Slogan »Wir nehmen überall alles jederzeit auf« eröffnet der 26-jährige **Sam Phillips** sein für 150 $ gemietetes Geschäft an der Ecke Union und Marshall Street in Memphis, den Memphis Recording Service. Der aus Alabama stammende Phillips begann seine Radiokarriere 1943. Er hatte als Ansager und Techniker beim Sender WREC in Memphis gearbeitet und von seinem Kollegen Buck Turner ein Darlehen bekommen, um für sein neues Unternehmen die technische Ausstattung zu beschaffen. Er bietet an, Hochzeiten, Blaskapellen, Beerdigungen und persönliche Botschaften aufzunehmen und Mitschnitte für lokale Rundfunkstationen anzufertigen. Aber sein Ziel ist es, die vielen urwüchsigen Talente, die sich rund um die Beale Street in Memphis niedergelassen haben, zu produzieren. Und so finden Künstler wie **B.B. King**, **James Cotton** und **Howlin' Wolf** in sein Studio.

4 Columbia Records brachte 1948 das so genannte »Album« auf den Markt: eine Vinylplatte mit Mikrorillen und 30 cm Durchmesser (von Peter Goldmark 1947 entwickelt). Sie bietet pro Seite 23 Minuten Spieldauer bei 33 Umdrehungen pro Minute. RCA Victor kündigt an, dass man auch bald solche Platten produzieren werde. Bereits 1949 hatten sie Vinylplatten mit längerer Spieldauer (18 cm Durchmesser, 45 Umdrehungen) und Plattenspieler herausgebracht. Eine andere große Plattenfirma, Capitol Records, hatte als erste Firma bereits im September 1949 alle drei Abspielgeschwindigkeiten (78, 45, 33) möglich gemacht.

Februar

4 Der E-Gitarren-Pionier **T-Bone Walker** befindet sich mit *Back To The One You Love* eine Woche in den R&B-Charts. Hiermit endet eine Serie von Hits, die 1947 mit dem *Bobby Sox Blues* begann, der in die Top 5 der damaligen »Race-Records«-Charts führte. Dieser Autodidakt setzte als einer der ersten Bluesmusiker in den 30er-Jahren die Elektrogitarre ein. Er nahm den bereits jetzt einflussreichen *T-Bone Blues* und *Stormy Monday* auf. Seine Gitarrensoli auf einer einzigen Saite werden Künstler wie B. B. King und Eric Clapton beeinflussen.

18 Der innovative Sänger und Pianist **Fats Domino** orientiert sich an Fats Waller und steht seit 1949 bei Imperial Records unter Vertrag. Mit *The Fat Man* ist er erstmals in den R&B-Charts. Diese

Johnny Otis war 1950 meist Frontman der Rhythm And Blues Caravan Show, in der Talente aus seinem Barrelhouse Club in L. A. auftraten.

Miles Davis

Nat King Cole

Überarbeitung der Komposition *Junker's Blues* von Champion Jack Dupree wurde im Dezember 1949 in Cosimo Matassas J&M Studio in New Orleans aufgenommen. Domino spielt für drei Dollar die Woche in Spelunken in New Orleans, doch der Hit macht seine einzigartige Spielweise bekannt. Neun Wochen bleibt er in der Hitliste, steigt auf Platz 2 und wird bis Jahresende 800 000-mal verkauft. Der Erfolg begründet eine fruchtbare Partnerschaft mit dem Produzenten Dave Bartholomew und Lew Chudd, dem Chef der Plattenfirma Imperial.

»Wenn ich einen Weißen mit der Stimme und dem Feeling eines Negers finden könnte, wäre ich Millionär.« Sam Phillips, bevor er Elvis traf

März

4 **Johnny Otis**, ein R&B-Pionier von der Westküste, landet den ersten einer Reihe von Blues-Hits bei Savoy: Mit *Double Crossing Blues* steht das Johnny Otis Quintette neun Wochen an der Spitze der R&B-Charts, es singt **Little Esther** (die bald als **Esther Phillips** auftritt). An diesem Stück wirkt das schwarze Gesangs-Quartett **The Robins** mit, zu dem **Bobby Nunn** gehört. Noch im gleichen Jahr nimmt dieser den Song *That's What The Good Book Says* für die Plattenfirma Modern auf, die erste Komposition der jungen Songschreiber **Jerry Leiber** und **Mike Stoller**. Nunn wird später Gründungsmitglied der **Coasters**. Mehrere auf R&B ausgerichtete Plattenfirmen bemerken das Gespür von Otis für neue begabte Künstler. Er wird zum bedeutenden Talentsucher. Einmal empfiehlt er King Records drei später erfolgreiche Künstler, die er alle an einem einzigen Abend in Detroit gehört hatte: **Jackie Wilson**, **Little Willie John** und die **Royals** (später **Hank Ballard And The Midnighters**).

9 Bei der letzten von drei Aufnahmesessions im Capitol Recording Studio in New York vollendet der 23 Jahre alte Trompeter **Miles Davis** vier neue Stücke für sein geplantes Album ***Birth Of The Cool***. Er wird begleitet von **Gerry Mulligan** (Bariton-Saxophon), **J. J. Johnson** (Posaune), **Lee Konitz** (Altsaxophon), **John Barber** (Tuba), **Gunther Schuller** (Waldhorn), **Al McKibbon** (Bass), **Max Roach** (Schlagzeug) und **Kenny »Pancho« Hagood** (Gesang). Davis absolvierte seine Lehrzeit bei **Dizzy Gillespie**, **Charlie Parker** und anderen Bebop-Musikern. Das 35 Minuten lange Album mit innovativem »Cool Jazz« wird zu einem Meilenstein der Musikgeschichte. Diese Aufnahme beeinflusste Generationen von Musikern und Komponisten weit über den Jazz hinaus.

11 **Nat King Cole** ist, als er die Ballade zum ersten Mal hört, nicht gerade begeistert, doch nimmt er bei einer Aufnahmesession für fünf Songs bei Capitol Records auch *Mona Lisa* auf. Nelson Riddle übernimmt das Arrangement, und der von Jay Livingston und Ray Evans geschriebene Song wird am 8. Juli zum Nr.-1-Hit. Er verkauft sich drei Millionen Mal.

April

15 Unter dem Namen **Johnny Otis Orchestra** übernimmt Otis seinen Spitzenplatz in den R&B-Charts. *Mistrustin' Blues* – wiederum mit **Little Esther** – verdrängt *Double Crossing Blues.*

17 In New York macht der 23-jährige Jazz-Pop-Sänger **Tony Bennett** seine erste Aufnahme, *Boulevard Of Broken Dreams*, für Columbia Records. Bennett verdankt seinen Künstlernamen und seinen Eintritt ins Showbusiness dem Komiker Bob Hope. Dieser hatte ihn im Jahr zuvor im Greenwich Village Inn in Manhattan gehört. Hope schlug Joe Bari den Namenswechsel vor und holte ihn in seine Show im Paramount-Theater. **Mitch Miller**, bei Columbia zuständig für Popmusik, übernahm ihn sofort, als er ein Demoband von Bennetts *Boulevard Of Broken Dreams* hörte. Bennetts erster großer Hit *Because Of You* wird im folgenden Jahr zur meistverkauften Platte des Jahres in den USA.

Mai

29 Auf Einladung des Countrystars George Morgan kommen die **Carter Sisters And Mother Maybelle** (Maybelle Carter und ihre drei Töchter Helen, June und Anita) zur »Grand Ole Opry«. Sie treten im Ryman Auditorium in Nashville für eine Live-Übertragung des Senders WSM auf. Der Gitarrist **Chet Atkins** begleitet sie. Geschichte und Einfluss der »First Family of Country« reichen bis auf ihre ursprüngliche Formation als **Carter Family** (1926) zurück. Sie haben diese Musikgattung mit einem harmonischen Gesangsstil und Elementen des Gospels bereichert. Diese Kombination hatte enorme Wirkung und lieferte einen bedeutenden Bestandteil der Stilmischung, aus der sich der Rock'n'Roll entwickeln wird. Die älteste amerikanische Radiosendung »Grand Ole Opry« startete am 28. November 1925 als eine Art »Tanz auf der Tenne« und lädt jede Woche Stammgäste ein. Ihr Vermächtnis, ihre Popularität und ihr Einfluss bleiben wie die Wirkung der Carters bis ins 21. Jahrhundert erhalten.

Die vielen hoch begabten Bluesmusiker, die das Viertel um die Beale Street in Memphis bevölkerten, erhielten erst durch Sam Phillips' Memphis Recording Service die Gelegenheit zu Schallplattenaufnahmen.

Juni 1950

Das Label Chess gewinnt Profil ... The Weavers, die ersten Folk-Superstars ... Muddy Waters mit *Louisiana Blues* ...

Leonard Chess war Mitbegründer der unabhängigen Plattenfirma Chess in Chicago.

Juni

3 Die Brüder **Leonard** und **Philip Chess**, zwei polnische Immigranten, die sich 1928 in Chicago niedergelassen hatten, organisieren ihre Plattenfirma Aristocrat in der Maxwell Street am Ende des Highway 61 um und ändern den Namen in Chess Records. Die Brüder Chess hatten 1947 gemeinsam mit Charles und Evelyn Aron Aristocrat gegründet und überwiegend Blues-, Jazz- und R&B-Künstler unter Vertrag genommen. 1949 übernahmen sie den Anteil der Arons. Einer ihrer ersten Erfolge war McKinley Morganfield, der als **Muddy Waters** auftritt und seit den Anfangstagen bei diesem Label ist. Unabhängige neue Firmen wie Chess und Atlantic, King, Aladdin, Specialty, Imperial und Modern versorgen das Publikum mit Musik, die in den Katalogen der großen Plattenfirmen nicht zu finden ist. Ende der 40er- und Anfang der 50er-Jahre entdeckt Chess mehrere der Giganten des amerikanischen Blues der Nachkriegszeit. Hierzu gehören **Memphis Slim**, **Jimmy Rogers**, **Sonny Boy Williamson**, **Howlin' Wolf**, **Little Walter**, **John Lee Hooker** und **Willie Mabon**. Auch die nächste Generation der Bluesmusiker aus Chicago, unter anderem **Buddy Guy**, **Koko Taylor** und **Little Milton**, findet hier ihre Heimat.

August

19 *Hard Luck Blues* von **Roy Brown And His Mighty Mighty Men** (Label: DeLuxe) startet in die erste von drei Wochen an der Spitze der R&B-Charts. Brown ist bereits seit 1948 ständig dort zu finden. Seine erste Komposition in den Charts war *Good Rockin' Tonight,* ein denkwürdiger Vorläufer des Rock'n'Roll-Sounds und einer der größten Hits des Jahres, in Roy Browns eigener Fassung wie auch in der Version von **Wynonie Harris**. (Dieser Song wird noch oft gecovert, nicht zuletzt von Elvis Presley 1954.) Brown ist Gospel- und Bluessänger und Songwriter. Sein gleichermaßen einfühlsamer wie treibender Kompositions- und Gesangsstil beeinflusst in den 50ern dutzende von jungen Künstlern, unter anderem Elvis Presley, Jackie Wilson, James Brown und Junior Parker.

Oktober

10 In New York gründet der 19-jährige **Jac Holzman** Elektra Records. Die Firma konzentriert sich auf Folk, Ethnic, Jazz und Gospel. Zuerst erscheint im Dezember ***Songs By John Gruen*** als EKLP-1. Diese in einer einzigen dreistündigen Aufnahmesession aufgenommene Platte lässt Holzman bei RCA pressen. Sie wird ein kommerzieller Flop. Der nächste Versuch ist die LP ***Jean Ritchie Singing The Traditional Songs Of Her Kentucky Mountain Family***, von der immerhin 2000 Exemplare verkauft werden. Damit kann das Unternehmen erst einmal überleben. Holzman kauft nun eigene Aufnahmegeräte, und Elektra bringt weiterhin Material aus der Folkszene heraus, darunter Stücke von **Cynthia**

THE WEAVERS

21. Oktober *Goodnight Irene* kommt in die zehnte und letzte Woche auf Platz 1 der Billboard-Verkaufscharts. Es ist der erste Nr.-1-Hit für die 1948 von Pete Seeger (der viele Singer/Songwriter der frühen 60er beeinflussen wird) gegründeten Weavers. Die Aufnahme ist eine sanfte Interpretation eines alten Liedes von Huddie Ledbetter alias Leadbelly. Der legendäre Folk-Blues-Sänger und Songschreiber wurde erstmals 1933 von dem Volksmusikforscher John Lomax und seinem Sohn Alan auf einem Zylinder-Phonographen für das Musikarchiv der Library of Congress aufgenommen, und zwar auf der Angola State Prison Farm in Louisiana, wo Leadbelly eine Strafe wegen eines Überfalls mit Mordversuch verbüßte.

Mit dem Hit *Goodnight Irene* erwiesen sich die Weavers als erste Folk-Superstars.

»Mr. Blues« Wynonie Harris begann seine Karriere als Tänzer und Komiker, bevor er als R&B-Pionier bekannt wurde.

Gooding, **Shep Ginandes** und **Frank Warner**. 1954 erscheinen die ersten Blues-Titel (von **Sonny Terry** und **Brownie McGhee**). Diese Erfolge erlauben es Holzman, seine junge Firma in richtigen Büros in der Bleecker Street 361 unterzubringen.

23 Im Februar hatte **Muddy Waters** *Rollin' Stone* für Aristocrat aufgenommen, nun spielt er mit **Little Walter** (Mundharmonika), **Elgin Evans** (Waschbrett) und **Big Crawford** (Bass) *Louisiana Blues* ein. Es wird seine erste Single, die auf dem Label Chess in die R&B-Charts gelangt, im Januar 1951. Waters ist in Chicago bereits ein berühmter Bluessänger. Sein Einsatz der E-Gitarre und sein urwüchsiger Gesangsstil üben in der Anfangsphase des Rock'n'Roll enormen Einfluss aus.

November

5 **Tommy Gaither**, der Gitarrist der **Orioles**, wird bei einem Autounfall in Baltimore auf der Fahrt von einem Konzert auf Long Island nach Washington D.C. getötet. Seine Kollegen **George Nelson** und **Johnny Reed** werden schwer verletzt. Die beiden anderen Sänger der Gruppe, **Sonny Til** und **Alex Sharp**, sitzen in einem anderen Fahrzeug. **Ralph Williams** wird Gaithers Platz einnehmen. Ein Jahr später landen die Orioles zum dritten Mal an der Spitze der R&B-Charts, und zwar mit *Crying In The Chapel* (1965 ein Hit für Elvis).

Dezember

1 Der 19-jährige Sänger **Sam Cooke**, früher bei den Pilgrim Travelers und R. B. Robertsons Highway QCs, übernimmt die Rolle des legendären Tenors **Robert »R. H.« Harris** in der berühmten Gospelgruppe **The Soul Stirrers**, in Pine Bluff, Arizona. Er bleibt sechs Jahre bei der Gruppe und beginnt dann eine Solokarriere.

9 Die Bluessängerin **Ruth Brown** wurde dem aufstrebenden Unternehmen Atlantic Records 1948 von Duke Ellington empfohlen. Jetzt kommt ihr erster Nr.-1-Hit *Teardrops From My Eyes* an die Spitze der R&B-Charts und bleibt elf Wochen. Das erste Mal hat sie die Charts im Vorjahr mit *So Long* erreicht. Sie beeinflusst viele neue Blues- und R&B-Sängerinnen. Mit ihrem klaren, auch für Pop geeigneten Gesangsstil landet sie Mitte der 50er auch in der Rock'n'Roll-Szene Erfolge.

Leadbelly nur zehn Monate, bevor die Weavers ihre Version von *Goodnight Irene* aufnahmen ... Die Orioles galten für viele als erste echte R&B-Vokalgruppe ... Ruth Brown war die wichtigste R&B-Sängerin von Atlantic Records.

Leadbelly

The Orioles

Ruth Brown

Ike Turner und *Rocket 88* ... Die Debüts von Johnnie Ray und Little Richard ...

Januar

8 **B. B. King** ist Discjockey bei WDIA in Memphis, Gitarrist und als Bluessänger und Songwriter Autodidakt. Heute nimmt er unter Leitung von Sam Phillips im Memphis Recording Service den *B. B. Blues* auf. »Blues Boy« Riley B. King hat seinen Spitznamen »Bee Bee« verkürzt. Er war Saul, Joe und Jules Bihari von Modern Records in L. A. vom Musiker und Talentsucher Ike Turner empfohlen worden. Sie werden die Platte auf ihrem Sublabel RPM Records herausbringen. King wird in den folgenden vier Jahren viermal an die Spitze der Charts steigen.

B. B. King war der Meister des »Saitenziehens« – kaum ein anderer Bluesmusiker hat so nachhaltigen Einfluss auf den Rock'n'Roll ausgeübt.

Februar

22 Die **Clovers** nehmen ihre erste Platte für ihr neues Label Atlantic auf: *Don't You Know I Love You*, ein von Labelchef Ahmet Ertegun geschriebener langsamer Blues. Im Jahr davor hatte dieses schwarze R&B-Gesangsquintett mit dem Gitarristen Bill Harris als Doo-Wop-Gruppe für das Rainbow-Label Aufnahmen gemacht. Der neue Song wird im September ihre erste R&B-Nr.-1, den Sommer über ist dieser Platz von *Sixty-Minute Man* besetzt. Dieser Song eines anderen innovativen schwarzen Männerquintetts, den **Dominoes** (mit dem Sänger **Clyde McPhatter**), erscheint auf Federal. Beide Bands schaffen eine neue Mischung von R&B, Pop und Rock'n'Roll und verbinden den traditionellen, gefühlvollen Gesangsstil mit beschwingtem, schnellen R&B.

März

5 **Ike Turner,** Talentsucher, Songschreiber, Pianist und Discjockey beim Sender WROX in Clarksdale, Mississippi, ist mit den **Kings of Rhythm** in Memphis. Er präsentiert den Sänger und Saxophonisten **Jackie Brenston**, den Gitarristen **Willie Kizart** und den Saxophonisten **Ray Hill**. Mit Turner am Klavier nimmt man im Memphis Recording Service, mit Sam Phillips als Produzent, *Rocket 88* auf, eine Ode an die Fahrfreuden mit dem Oldsmobile Rocket 88. Diese treibende Mischung von Swing und urwüchsigem Jump-Blues ist ein frühes Beispiel für verzerrte Gitarrensounds. Phillips ist begeistert und lizenziert die Aufnahme an Chess Records (Chicago). Obwohl **Jackie Brenston And His Delta Cats** (und Brenston als Komponist) auf dem Etikett stehen, ist *Rocket 88* größtenteils das Werk Turners als Komponist und Arrangeur. Turner vermittelt Power mit hämmernden Backbeats und überlagert sie mit Hills Solopassagen am Tenorsaxophon und mit Brenstons kraftvoller Stimme. *Rocket 88* wird zum Prototyp für hunderte von Rock'n'Roll-Platten und erreicht am 9. Juni Platz 1 der R&B-Charts.

April

26 **John Lee Hooker** macht seine erste Aufnahme im Studio von Chess Records. Mit *Boogie Chillen'* hat er bereits 1949 einen Millionenerfolg für Modern Records gelandet. In einer Marathonsession nimmt der Bluessänger, Songwriter und Gitarrist aus Clarksdale neun Stücke auf, unter anderem den *Union Station Blues* und *Ramblin' By Myself*. Anders als viele andere nimmt Hooker für verschiedene Labels auf und liefert so in sieben Jahren Aufnahmen an 21 Plattenfirmen.

Mai

14 In Memphis nimmt Sam Phillips *How Many More Years/Moanin' At Midnight* auf, die erste Single von **Howlin' Wolf**. Wolf, alias Chester Burnette, wuchs auf einer Baumwollfarm in Mississippi auf und lernte das Gitarrenspiel von den Bluespionieren **Charlie Patton** und **Willie Brown**. Phillips lizenziert die Aufnahme an Chess. Dies führt zu Streit mit dem Label Modern, das alle Rechte an Wolf exklusiv beansprucht. Im November gelangen beide Songs in die R&B-Charts.

19 Der schon lang aktive Sänger, Saxophonist und Songwriter **Louis Jordan** erlebt mit *Weak Minded Blues* seine letzte Woche in den R&B-Charts. Jordan ist einer der bekanntesten R&B-Künstler der letzten zehn Jahre und hat großen Einfluss auf das Stilgemisch, aus dem der Rock'n'Roll entsteht. Seine Songs erreichen auch weiße Käufer. Zu seinen Charterfolgen, die alle bei Decca erschienen (»Ich und Bing Crosby haben Decca Records geschaffen.«), gehören viele einflussreiche Hits, unter anderem *Five Guys Named Moe* und *Let The Good Times Roll*.

John Lee Hooker

Howlin' Wolf

Der Oldsmobile Rocket 88 kam 1949 heraus ... Das Bluesgenie John Lee Hooker schrieb *Boogie Chillen'* ... Howlin' Wolf war ein faszinierender Pionier in der Blues-Szene von Chicago.

21 Sein neuester Hit *Cold, Cold Heart* ist noch in den Charts, als der 27-jährige Sänger und Songwriter **Hank Williams** wegen Alkoholismus in ein Sanatorium im Norden Louisianas eingeliefert wird. Der Country-Superstar versucht mit Alkohol und Tabletten seine Rückenschmerzen zu betäuben. Sie rühren, so wird nun diagnostiziert, von einem angeborenen offenen Rückenmark her.

29 **Johnnie Ray** macht erste Aufnahmen für das auf R&B spezialisierte Label Okeh in Detroit: *Whiskey & Gin*, ein zündendes R&B-Stück, und *Tell The Lady I Said Goodbye* – begleitet von **Maurice King And The Wolverines**. Ray ist 24 Jahre alt, von Kind an hörgeschädigt und trug bereits mit 14 Jahren ein Hörgerät. Er tritt oft als einziger weißer Künstler in der Detroiter Bar Flame auf. Die Radiohörer glauben, dass Ray ein schwarzer Bluessänger ist und keineswegs ein großer, blonder, weißer Mann. Okehs Muttergesellschaft, Columbia Records, entschließt sich, Ray unter ihrem Label zu vermarkten. Gemeinsam mit dem Produzenten Mitch Miller nimmt er im Oktober die Ballade *Cry* auf.

Louis Jordan, der aus Arkansas stammende König des Jump-Blues, war einer der ersten R&B-Künstler, die den so gennanten Crossover in den Markt der weißen Plattenkäufer schafften.

Juli

11 **Alan Freed**, der sich Moondog nennt und einen kraftvollen, schnellen Moderationsstil entwickelt, debütiert beim Sender WJW in Cleveland, Ohio. Er stellt seine »Moondog Rock'n'Roll Party« vor. Freed ist ein erfahrener Radiomann. Er begann seine Karriere 1942 bei WKST in New Castle, Pennsylvania, für 17 $ die Woche, bevor er Sportreporter bei WKBN in Youngstown, Ohio, wurde. Ab 1945 legte er Hotjazz- und Popmusikplatten bei WAKR in Akron, Ohio, auf, verließ aber 1950 nach einem Streit diesen Sender und arbeitete 18 Monate für WXEL-TV in Cleveland. Leo Mintz, der Besitzer eines Plattenladens, der ein steigendes Interesse an R&B ausgemacht hatte, drängte ihn, zum Radio zurückzukehren. Freeds Nachtshow spielt überwiegend aktuelle R&B-Platten und hat bald bei schwarzen und weißen Zuhörern Erfolg.

August

15 **Hank Williams** ist vorübergehend genesen und tritt mit berühmten Künstlern wie Bob Hope, Jack Benny, Jimmy Durante und Milton Berle bei einer der bisher größten US-Showtourneen auf: die Hadacol-Tour. Das Produkt des Sponsors ist ein stark alkoholisches Stärkungspräparat.

Oktober

16 Der Pianist und Sänger Richard Wayne Penniman tritt schon mit 18 Jahren als **»Little Richard«** auf und macht bei dem Rundfunksender WGST in Atlanta seine ersten Aufnahmen. Neben anderen Stücken für RCA Camden spielt er *Why Did You Leave Me, Taxi Blues, Every Hour* und *Get Rich Quick* ein. Der Sänger **Billy Wright** hatte ihn einem Discjockey vorgestellt, der ihn zu einem Talentwettbewerb im Eighty One Theater, Atlanta, vermittelte. Wright ist mit seinem Make-up und der Pomadenfrisur Vorbild für Richards eigenes Bühnenstyling.

November

3 Andere Künstler covern seine Songs, während der Bluessänger, Songwriter und Gitarrist **Arthur »Big Boy« Crudup** mit seiner neuesten Aufnahme *I'm Gonna Dig Myself A Hole,* die bei RCA Victor erscheint, in die R&B-Charts einsteigt.

Januar 1952

Start von Sun Records ... Beim ersten Moondog-Rock'n'Roll-Konzert wird kaum gespielt ... Johnnie Ray in den Charts ...

Obwohl Alan Freeds erstes Moondog-Konzert von Anfang bis Ende ein einziges Chaos war, wurden die Moondog-Events in ganz Ohio beliebt und durchaus profitabel.

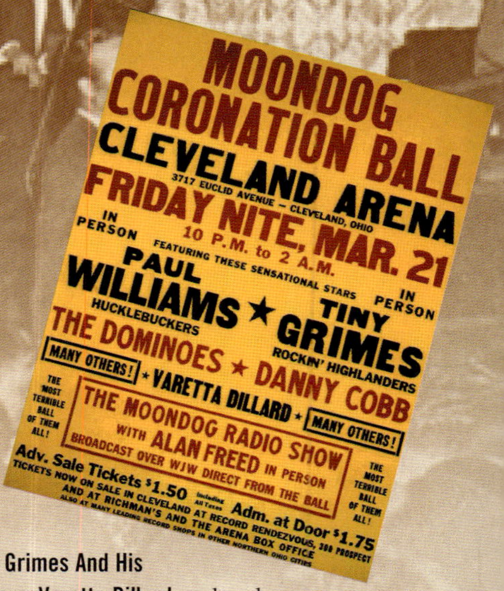

Januar

7 Das BBC-Fernsehen startet »Hit Parade«, seine erste »Pop«-Show. Victor Barnard moderiert. Präsentiert werden die acht beliebtesten aktuellen Songs, ermittelt vom Magazin **Melody Maker**. Es treten auf: **Eve Boswell**, **Carole Carr**, **Dick James**, **Lee Lawrence** und die **Stargazers** mit **Cyril Stapleton And His Orchestra**.

24 In Corinth, Mississippi, heiratet der 19-jährige Sänger und Gitarrist **Carl Perkins** Valda Crider. Diese ermuntert ihn, eine Musikkarriere zu beginnen. Perkins stammt aus einer armen Pächterfamilie in Ridgely, Tennessee. Schon mit sechs Jahren musste er bei der Baumwollernte helfen. Er baute sich seine erste Gitarre aus Besenstiel, Zigarrenschachtel und Draht. Unterricht erhielt er von einem schwarzen Farmarbeiter namens Uncle John Westbrooks. Im ersten Jahr nach der Heirat erntet Perkins weiter Baumwolle, während Valda (die am 11. November ihr erstes Kind Stan auf die Welt bringt) aus Geldnot als Wäscherin arbeitet.

Carl Perkins spielte zunächst mit seinen Brüdern Jay und Clayton als Perkins Brothers Band in Bars und Nachtlokalen in Mississippi.

Februar

2 Mit seiner achten Single bei RPM landet **B. B. King** endlich einen Volltreffer und steigt mit *3 O'Clock Blues* an die Spitze der R&B-Charts.

März

1 **Sam Phillips** betreibt neben dem Memphis Recording Service jetzt sein eigenes Label Sun Records, dessen erste Platte, *Drivin' Slow* (Sun 175) von dem Saxophonisten **Johnny London**, jetzt ausgeliefert wird. Zuerst sollte eine Single das neue Label einführen: *Blues in My Condition* von **Jackie Boy And Little Walter** (Sun 174). Mangels Interesse bei den Radiosendern kam sie gar nicht erst in die Läden.

21 **Alan Freed** plant, den Erfolg seiner Sendung »Moondog Rock'n'Roll Party« zu versilbern und organisiert das erste Rock'n'Roll-Konzert. Freed und Lew Platt werben für den Moondog Coronation Ball, Record Rendezvous sponsert dieses Ereignis. Veranstaltungsort ist die Cleveland Arena an der Euclid Avenue, die 10 000 Personen aufnehmen kann. Auf dem Programm stehen die **Dominoes**, **Paul Williams And His Hucklebuckers**, **Danny Cobb**, **Tiny Grimes And His Rockin' Highlanders**, **Varetta Dillard** und andere. Freed selbst will das Konzert live im WJW-Radio übertragen. Die Tickets kosten 1,50 $ und 1,75 $. In die Arena werden 10 091 Personen eingelassen, weitere 20 000 junge Leute wollen sich Eintritt verschaffen. Captain Emmett Porter von der zuständigen Feuerwehr lässt die Türen schließen. Polizei und Feuerwehr versuchen, die Menge aufzulösen. Aber selbst nach Schließung der Türen drehen Fans innerhalb und außerhalb der Arena durch: Türen werden zertrümmert, Glas zerschlagen. Während Paul Williams And His Hucklebuckers auf der Bühne ihr erstes Stück spielen, kommt es zu Ausschreitungen. Schließlich ordnet die Feuerwehr den Abbruch des Konzerts an. Bei dem Konzert, das als erstes bedeutendes Rock'n'Roll-Konzert der Musikgeschichte angesehen wird, wurde nur ein einziger Song gespielt. (Bei einem Interview mit der **New York Post** im Oktober 1956 erinnert sich Alan Freed an diesen historischen Abend: »Alle hatten so viel Spaß beim Tumult in der Arena, dass niemand sein Geld zurückhaben wollte.«) Im Laufe der folgenden zwei Jahre werden 90 000 Musikfans an den von Freed überall in Ohio organisierten »Moondog Balls« teilnehmen.

»Johnnie Ray schürte mehr Emotionen als alle anderen Sänger zusammen.«

New York Daily News, April 1952

6. März In den R&B-Charts hatte er bereits Platz 1 erreicht – als erster weißer Musiker! Doch nun steht Johnnie Rays spartenübergreifend ungemein beliebte Ballade *Cry* elf Wochen auf dem Spitzenplatz der Bestsellerliste. In dieser Woche belegt Ray, begleitet von den Four Lads, drei der ersten sechs Plätze der Pop-Charts: *Please Mr. Sun* steht auf Platz 3, *The White Little Cloud That Cried* auf Platz 6. Sein dramatischer und rasanter Aufstieg zum Ruhm löst bei Konzerten in den USA und in England Hysterie im Publikum aus. Noch bis Ende der 50er-Jahre kann er solche Erfolge verbuchen.

Obwohl er seit seinem 15. Lebensjahr ein Hörgerät trug, konnte sich Johnnie Ray schnell als einer der führenden Balladensänger in der Popszene seiner Zeit etablieren. Man gab ihm die Spitznamen »Nabob of Sob« und »Prince of Wails«, die sich sehr frei als »Weltmeister des Wimmerns« und »Herzog Heulsuse« wiedergeben lassen.

April

1952

Ray Charles bei Atlantic ... Veröffentlichung der ersten britischen Singles-Charts ...

Harry Belafonte

Elmore James

Harry Belafonte entdeckte Anfang der 50er die Folkmusik und startete seine Gesangskarriere als Schauspielschüler in New York ... Das meisterhafte Slide-Gitarrenspiel von Elmore James sollte viele spätere Rockgitarristen beeinflussen.

April

3 **Harry Belafonte**, der in Harlem geborene Pionier des Folk-Calypso, wurde 1949 von Jubilee Records als Popsänger verpflichtet. Nun nimmt er im Manhattan Center seine ersten Songs für RCA Victor auf. Er wird noch bis 1956 warten müssen, bis seine vom Calypso geprägten Aufnahmen *Day-O (Banana Boat Song)* und *Mary's Boy Child* ihm zum Durchbruch verhelfen.

5 **Robert Johnsons** *Dust My Broom* wird von **Elmore James** gecovert, dem wegweisenden E-Gitarristen des Blues. Der Titel gelangt auf Platz 9 der R&B-Charts und wird sein Markenzeichen. Es ist die erste von vielen erfolgreichen Versionen der Kompositionen des legendären Johnson. Blueskünstler aller Generationen haben seine Werke adaptiert.

19 Ed Sullivan, Willie Bryant und Art Ford sind die Gastgeber der landesweit live aus der Carnegie Hall ausgestrahlten Sendung »The Concert at Midnight«. An diesem Spitzenereignis des Jazz und Blues ist **Dinah Washington** mit ihrem aktuellen R&B-Knüller *Wheel Of Fortune* beteiligt, ebenso **Sugar Ray Robinson**, **Louis Jordan**, **Sonny Parker**, **Lionel Hampton**, **Debbie Andrews**, **Lynn Hope** und der Pianist **Eddie Heywood**.

Juli

10 Sam Phillips nimmt die letzte von fünf Sessions mit **Howlin' Wolf** auf. Chess Records bietet Wolf einen Vorschuss an. Er sagt zu und nimmt die Gitarristen **Hubert Sumlin** und **Willie Johnson** mit nach Chicago.

12 Der Pianist, Komponist und Sänger **Lloyd Price** erreicht mit seinem Song *Lawdy Miss Clawdy* (**Fats Domino** am Klavier) Platz 1 der R&B-Charts und bleibt dort sieben Wochen. Imperial hatte die Version abgelehnt, man wollte Domino als Sänger. Es wird hiervon viele Coverversionen geben, etwa eine von Elvis. Price, ein angesehener neuer Name in der R&B-Szene, leitete bereits 1950 ein R&B-Quintett in New Orleans. Gleichzeitig schrieb und spielte er Jingles und Songs für das Lokalradio WBOK. Auf *Lawdy Miss Clawdy* folgen zwei weitere R&B-Top-5-Hits: *Oooh, Oooh, Oooh* und *Restless Heart*.

Der Country-Superstar Hank Williams hatte massive Alkoholprobleme, die ihm oft Ärger mit der Polizei einbrachten.

September

11 Im Juni hatte Atlantic Records den Vertrag des 21-jährigen Sängers, Songschreibers und Pianisten **Ray Charles** beim Swingtime-Label für 2500 $ abgelöst. Ray Charles erkrankte mit sieben Jahren am grünen Star und ist seitdem blind. Er startet seine erste Aufnahmesession für Atlantic in deren New-Yorker Büro in der West 56th Street Nr. 234. Schreibtische müssen in der Ecke gestapelt werden, um in dem provisorischen Studio Platz zu schaffen. In einer dreistündigen Session mit **Tom Dowd** (Technik), **Jesse Stone** (Arrangement) und den Firmeninhabern **Herb Abramson** und **Ahmet Ertegun** als Produzenten nimmt Charles *The Midnight Hour, The Sun's Gonna Shine Again, Roll With My Baby* und *Jumpin' In The Morning* auf. *The Midnight Hour* wird als Single mit *Roll With My Baby* als B-Seite veröffentlicht. Das Magazin **Billboard** vermerkt: »Die Scheibe wird in der Jukebox gut laufen.« Charles ist der bisher bedeutendste Fang für Atlantic Records, das zu einem wichtigen unabhängigen Label geworden ist. Gegründet wurde es 1947 von Abramson und Ertegun, einem türkischen Immigranten, der sich dafür von dem türkischen Zahnarzt Dr. Vahdi Sabit Geld lieh. Beide Besitzer versuchten Toptalente des Jazz und des Blues wie **Dizzy Gillespie**, **Sarah Vaughan**, **Professor Longhair**, **Leadbelly** und **Sonny Terry** zu gewinnen, bevor sie R&B-Interpreten wie **Ruth Brown** und **Joe Turner** verpflichteten. Erst nach zwei Jahren und nach der Einbeziehung des Produzenten **Jerry Wexler** wird sich der Vertrag mit Charles bezahlt machen.

20 Nachdem er am 18. August wegen Trunkenheit im Russell Hotel in Alexander City, Alabama, verhaftet worden war, beginnt **Hank Williams** mit seinen wöchentlichen Auftritten am Samstagabend bei der »Louisiana Hayride« für ein Honorar von 250 $ pro Woche, um wieder mehr Livepräsenz zu erlangen. Der Song *Jambalaya* erreicht Platz 20 der US-Charts.

Lloyd Price aus New Orleans erprobte eine neue, harte und »rockigere« Variante des Rhythm'n'Blues.

27 *My Song*, **Johnny Aces** erste Single für das Duke-Label, erreicht die Spitze der R&B-Charts und bleibt dort neun Wochen. Der 23-jährige Ace trug noch bis zu seiner Vertragsunterzeichnung bei Duke Anfang dieses Jahres den Namen John Alexander Jr. In der Musikszene seiner Heimatstadt Memphis ist er ein Begriff: 1949 hatte er bei einer von Adolph Duncan geleiteten R&B-Bluescombo als Pianist mitgewirkt, bevor er sich der Band von **B. B. King** anschloss. Als King nach Los Angeles zog und der Sänger der Gruppe, Bobby Bland, in die Armee eintrat, übernahm Ace den Gesangspart und nannte die Band **The Beale Streeters**. *My Song* legt den Stil für die folgenden Werke von Ace fest: gefühlvoller Baritongesang mit zurückhaltender Jazzbegleitung in kleiner Besetzung, der sich als sehr beliebt beim schwarzen Publikum erweisen wird.

Oktober

7 Die wöchentliche Popmusiksendung »Bob Horn's Bandstand« erlebt ihr Fernsehdebüt beim lokalen WFIL-TV in Philadelphia. Schon bald wird die Sendung als »American Bandstand« bekannt. Ab Juli 1956 löst der elegante 26-jährige **Dick Clark** den Moderator Bob Horn ab. Im Jahr zuvor hatte er schon einmal Bob Horn vertreten – diese neue Rolle wird er genießen.

18 Nach der Scheidung von seiner ersten Frau Audrey im Mai heiratet **Hank Williams** seine Freundin Billie Jean Jones in Minden, Louisiana. Das Brautpaar wird am kommenden Sonntag sein Ehegelöbnis zweimal öffentlich wiederholen, und zwar vor zahlendem Publikum, jeweils nach den Liveauftritten von Williams im Municipal Auditorium in New Orleans um 15 Uhr und um 19 Uhr.

Dezember

11 **Hank Williams** wird erneut wegen Alkoholmissbrauch und Trunkenheit verhaftet, nachdem er sich aus dem Krankenhaus in Shreveport, Louisiana, abgesetzt hatte. Er war dort am 31. Oktober wegen akuter Alkoholvergiftung eingeliefert worden. Trotz seines bedenklichen Zustandes tritt er weiter auf. Das von seiner offensichtlichen Trunkenheit angewiderte Publikum reagiert jedoch feindselig. Der Song mit dem unheilschwangeren Titel *I'll Never Get Out Of This World Alive* erreicht Platz 20 der US-Charts.

30 **Hank Williams** ist für eine Neujahrsveranstaltung im Memorial Auditorium in Canton, Ohio, engagiert. Mit dem 17-jährigen Charles Carr, der seinen blauen Cadillac steuert, verlässt er seinen Wohnort Montgomery, Alabama.

31 Weil er für eine Show in St. Louis Ersatz für den kranken Saxophonisten in seinem Johnnie Johnson Trio benötigt, ruft der Pianist und Bandleader Johnson den befreundeten Gitarristen Chuck Berry an. Die beiden Musiker werden eine 30 Jahre lange Partnerschaft begründen. Der 25-jährige Berry tritt in den nächsten drei Jahren abends mit Johnson auf und arbeitet tagsüber als Friseur und Kosmetiker. Eine entsprechende Ausbildung hat er an der Poro School of Beauty Culture absolviert.

31 Da ihr Flugzeug wegen schlechten Wetters in Knoxville, Tennessee, umkehren muss, checken Hank Williams und Charles Carr im Andrew Johnson Hotel ein. Man ruft Dr. Paul Cardwell, weil Williams Krämpfe hat. Um 22.45 Uhr hilft man ihm ins Auto, Carr fährt weiter. In Blaine, Tennessee, stoppt der Polizist Swann Kitts ihn und verwarnt ihn wegen rücksichtslosen Fahrens. Nach einem Blick in das Auto sagt er dem Fahrer, dass der Passagier auf dem Rücksitz wie ein Toter aussehe. Carr fährt weiter.

»Ich kam mit Musik in meinem Inneren zur Welt ... Die Musik gehörte zu meinen Körperteilen ... Sie war eine Kraft in mir, die schon da war, als ich die Szene betrat.« Ray Charles in Ray Charles/David Ritz, **What I Say**, 1978

UK-SINGLES-CHARTS

14. Nov. **Die ersten britischen Singles-Charts, im New Musical Express, werden vom Buchhalter der Zeitschrift, Ted Hull, aus den Verkäufen von 53 Läden, v. a. in London und Südostengland, aber auch Belfast und Glasgow, zusammengestellt.**

1 **Al Martino** (oben), *Here In My Heart*
2 **Jo Stafford,** *You Belong To Me*
3 **Nat King Cole,** *Somewhere Along The Way*
4 **Bing Crosby,** *Isle Of Innisfree*
5 **Guy Mitchell,** *Feet Up (Pat Him On The Po-Po)*
6 **Rosemary Clooney,** *Half As Much*
7 **Vera Lynn,** *Forget Me Not*
Frankie Laine, *High Noon*
8 **Doris Day & Frankie Laine,** *Sugarbush*
Ray Martin, *Blue Tango*
9 **Vera Lynn,** *Homing Waltz*
10 **Vera Lynn,** *Auf Wiedersehen Sweetheart*
11 **Max Bygraves,** *Cowpuncher's Cantata*
Mario Lanza, *Because You're Mine*
12 **Johnnie Ray,** *Walking My Baby Back Home*

Hank Williams stirbt ... Jerry Wexler kommt zu Atlantic ... Presleys erste Aufnahme ...

Willie Mae Thornton

Ray Charles

Nach dem Vertrag mit Capitol bildete Frank Sinatra mit Nelson Riddle ein künstlerisch wie kommerziell sehr erfolgreiches Gespann. Die ersten Resultate ihrer Arbeit waren auf Sinatras ersten beiden Capitol-Alben *Songs For Young Lovers* und *Swing Easy* zu hören.

Januar

1 Morgens um halb sechs hält Charles Carr in Oak Hill, West Virginia. Er bemerkt, dass **Hank Williams** sich kalt anfühlt und fährt sofort zum Oak Hill General Hospital, wo um sieben Uhr Williams' Tod festgestellt wird. Auf einem Zettel in seiner Hand steht folgender Text: »We met, we lived and dear we loved, then comes that fatal day, the love that felt so dear fades away. Tonight love hathe [*sic*] one alone and lonesome, all that I could sing, I love you you [*sic*] still and always will, but that's the poison we have to pay.« Mit 29 Jahren war Hank Williams der erfolgreichste Countrymusiker. Im Canton Memorial Auditorium, wo er ein Konzert geben sollte, fällt Scheinwerferlicht auf den geschlossenen Bühnenvorhang, und ein weinendes Publikum hört den **Drifting Cowboys** zu, die hinter dem Vorhang *I Saw The Light* singen.

»Wir trafen uns, lebten und liebten uns. Dann kommt der Todestag: die ach so große Liebe, fort mit einem Schlag.« Hank Williams, 1. Januar 1953

4 Die Totenfeier für **Hank Williams** findet im City Auditorium in Montgomery statt. Die Straßen werden von 20 000 Menschen gesäumt. Williams' musikalisches Vermächtnis ist unbestritten. Er hinterlässt kein Testament; 20 Jahre lang werden seine Mutter, seine Witwe und seine Ex-Frau um sein Vermögen streiten. Beide Ehefrauen gehen als Mrs Hank Williams auf Tour.

April

2 **Frank Sinatra**, in den 40er-Jahren Amerikas beliebtester Schauspieler und Sänger, macht seine ersten Aufnahmen bei Capitol Records in den KHJ Studios in Hollywood. Aufgenommen werden *Lean Baby, I'm Walking Behind You, Day In Day Out* und *Don't Make A Beggar Of Me*. Für Sinatra ist das der Neuanfang nach einem dramatischen Tief, das von einer Kehlkopferkrankung im April 1950, dem Tod seines Managers George Evans im gleichen Jahr und seiner folgenschweren Heirat mit der Schauspielerin Ava Gardner 1951 geprägt war. 1952 lehnte Universal Pictures zudem eine Vertragsverlängerung ab, CBS setzte die »Frank Sinatra Show« ab, und seine Plattenfirma Columbia ließ ihn fallen. Einige Monate später bot der für Artist & Repertoire (A&R) zuständige Abteilungsleiter von Capitol Records, Alan Livingston, »the Voice« einen Jahresvertrag an, allerdings nur mit einer mageren Tantieme von fünf Prozent. Diese erste Session für Capitol läuft unter der Obhut von Sinatras langjährigem Arrangeur Axel Stordahl ab. Aber Livingston stellt dem Sänger den jüngsten Arrangeur des Hauses vor, den 32-jährigen Nelson Riddle, der unter anderem bereits mit Bing Crosby und Nat King Cole gearbeitet hat.

»You ain't nothing but a Hound Dog«, klagte Willie Mae Thornton, Ex-Sängerin der Hot Harlem Revue ... Ray Charles: »Meine Musik hat tief reichende Wurzeln, die ich aus der Erinnerung an meine Kindheit ausgegraben habe.«

18 **Willie Mae »Big Mama« Thornton** steht die erste von fünf Wochen an der Spitze der R&B-Charts, und zwar mit dem von Jerry Leiber und Mike Stoller verfassten *Hound Dog*. Etwas weiter unten in den Charts steht die »Antwort«-Platte *Bear Cat* des Radio-Discjockeys **Rufus Thomas** von WDIA Memphis (als Rufus Hound Dog Thomas Jr.). Damit gelingt Sun der erste Charterfolg.

Mai

5 Fünf Studenten der Roosevelt High School in Gary, Indiana – der Bass **Gerald Gregory**, der Bariton **Opal Courtney**, die Tenöre **Ernest Warren** und **Will Jackson** und der Leadsänger **James »Pookie« Hudson** – treten jetzt als **The Spaniels** auf (vorher The Hudsonaires). Bei der ersten Session des neuen Labels Vee-Jay nehmen sie *Baby It's You, Sloppy Drunk, Since I Fell For You* und *Bounce* auf. Gründer dieses Unternehmens sind **Vivian Carter** (»Vee«) und ihr Mann **James Bracken** (»Jay«). Sie betreiben in Gary den Plattenladen Vivian's Shop, und Vivian moderiert eine beliebte R&B-Show im Lokalradio WGRY. Sie glauben fest an das kommerzielle Potenzial der Spaniels und haben 500 $ geliehen, um mit der Gruppe ins Studio zu gehen und genügend Platten für den lokalen Bedarf zu pressen. *Baby It's You* (Vee-Jay 101) schafft auf Anhieb den Durchbruch und zwingt Vee-Jay zu einer landesweiten Ver-

Jerry Wexler und Ahmet Ertegun

Jerry Wexler wurde von seinem neuen Chef, Ahmet Ertegun von Atlantic, mit R&B-Produktionen beauftragt... Die Drifters wurden eine von Wexlers ersten Erfolgsstorys.

The Drifters

triebsvereinbarung mit Chance Records, Chicago. Im September erreicht der Song die R&B-Top-Ten. Das winzige unabhängige Label wird nach diesem Start innerhalb von drei Jahren zum erfolgreichsten Label im Besitz von Schwarzen.

13 **Jerry Wexler** aus New York kommt zu Atlantic Records. Er war Journalist beim Branchenmagazin **Billboard** und soll in einem Essay für die **Saturday Review of Literature** den Begriff »Rhythm and Blues« geprägt haben (als Ersatz für den zunehmend umstrittenen Ausdruck »Race Music«). Über seine Arbeit bei **Billboard** kennt er **Ahmet Ertegun**, den Chef von Atlantic, der ihn als Produzenten zu seinem Label holt. Ein Grund dafür war, dass der Mitbegründer von Atlantic und Produzent **Herb Abramson** von der US-Army einberufen wurde, um als Zahnarzt in Deutschland stationierte Soldaten zu behandeln. Wexler wird Vizepräsident des Unternehmens, mit der Option, eine dreizehnprozentige Geschäftsbeteiligung für 2063,25 $ zu erwerben. Ertegun beauftragt ihn damit, R&B-Musik speziell für schwarze Käufer zu produzieren.

Die allerersten Aufnahmen für das neue Label Vee-Jay machte das harmoniestarke Gesangsquintett The Spaniels.

17 **Ray Charles** kehrt ins Atlantic Studio zurück, um sechs Songs aufzunehmen: *It Should Have Been Me, Losing Hand, Heartbreaker, Sinner's Prayer, Mess Around* und *Funny But I Still Love You*. Wieder sind Jesse Stone für das Arrangement und Ertegun für die Produktion verantwortlich. Während der Aufnahme von *Losing Hand* klingelt das Telefon: Ray Charles' Mutter ist tot.

23 Essex Records wurde 1951 in Philadelphia von David L. Miller gegründet und landet mit *Crazy Man Crazy* von **Bill Haley And His Comets** seinen zweiten großen Pophit. Dieser steigt in die Verkaufscharts auf Platz 15 ein, einen Platz über dem anderen Neuzugang dieser Woche, **Mantovanis** *The »Moulin Rouge« Theme (Where Is Your Heart)*. Der 27-jährige Bill Haley, der seit 1944 als Sänger und Gitarrist aktiv ist, hatte in den letzten drei Jahren mehrere Singles mit seiner Begleitband The Saddlemen für Keystone Records und für Millers vorheriges Label Holiday Records aufgenommen, doch ohne Erfolg. Er legt sein früheres Cowboyimage ab und benennt seine Begleitband in The Comets um. In seiner Komposition *Crazy Man Crazy* verbindet er Elemente aus Country, R&B und Western-Swing. Es ist die erste Rock'n'Roll-Platte, die den Weg in die Popcharts findet.

Juli

18 Ein aus Tupelo stammender 18-jähriger Sänger, der schüchterne **Elvis Presley**, hat an der L. C. Humes Highschool am 14. Juni seinen Abschluss geschafft und arbeitet bei M. B. Parker Machinists. Mit seiner abgenutzten Gitarre kommt er zum Memphis Recording Service und fragt Marion Keisker, Sam Phillips' Sekretärin, ob er eine private Aufnahme machen kann. Er zahlt 3,98 $ plus Steuer für eine Platte und singt *My Happiness*, das in früheren Fassungen 1948 ein Hit für mehrere Musiker (unter anderen Jon und Sandra Steele) war, sowie *That's When Your Heartaches Begin*, ein Song, der ursprünglich 1941 von den Ink Spots aufgenommen und dann als Countryversion von Bob Lamb herausgebracht wurde. Phillips und Keisker haben unterschiedliche Erinnerungen: Phillips besteht darauf, dass er bei der Session anwesend war, während Keisker behauptet, dass er nicht dabei war und sie ihm folgende (fehlerhafte) Notiz hinterließ: »Elvis Pressley. Guter Balladensänger. Halten.«

August

9 Auf Empfehlung von Atlantic-Records-Chef Ahmet Ertegun nehmen die **Drifters** (seine letzte Neuverpflichtung) den Jesse-Stone-Song *Money Honey* auf. Die Drifters sind eine R&B-Gesangsgruppe, die den Ex-Dominoes-Sänger **Clyde McPhatter** begleiten soll. Am 21. November steht die Single an der Spitze der R&B-Charts. In diesem Jahrzehnt wird dies noch insgesamt dreimal gelingen. Die Drifters sind die erste Gruppe, die vom neuen Vizepräsidenten des Labels, Jerry Wexler, produziert wird.

September

1 **Buddy And Bob** sind in ihrer Heimatstadt Lubbock, Texas, bereits ein bekanntes Duo. Sie kommen zum Vorsingen für »Sunday Party«, eine Show des Countrysenders KDAV in Lubbock, die für jedermann offen ist. Das Duo besteht aus **Buddy Holly**, eigentlich Charles Holley, und **Bob Montgomery**. Sie mischen Bluegrass, Country, Doo-Wop und R&B. Zusammen mit **Larry Welborn** am Bass erhält die Gruppe daraufhin einen festen Sendeplatz am Sonntagnachmittag: »The Buddy and Bob Show«.

November

6 Die BBC verhängt nach Protesten von religiösen Gruppen ein begrenztes Sendeverbot über die Songs *Answer Me*, in den Versionen von **David Whitfield** und **Frankie Laine**, der zwei Wochen hintereinander die Chartspitze hält, und **Lee Lawrences** *Crying In The Chapel*. Das Sendeverbot bedeutet, dass jedes Abspielen genehmigt werden muss, offensichtlich um zu verhindern, dass die Songs zu oft gespielt werden. Um diese Bedenken zu zerstreuen, wird Whitfield seine Version von *Answer Me* für Decca mit einem überarbeiteten Text neu aufnehmen.

Dezember

4 Im August hatte **Ray Charles** bereits zwei Songs in den J&M Studios in New Orleans aufgenommen. Zur Zeit gastiert er im Pelican Club und nimmt im Radiosender WDSU vier weitere Songs auf: *Don't You Know, Nobody Cares, Ray's Blues* und *Mr. Charles Blues*. Ahmet Ertegun und Jerry Wexler sind die Produzenten.

1954
Januar

BILL HALEY AND HIS COMETS

3. Juni ***(We're Gonna) Rock Around The Clock*, aufgenommen am 12. April, kommt zunächst für eine Woche auf Platz 23 der US-Charts. Heute liegen die Verkäufe bei 75 000. Decca entscheidet sich, seine Option auf die Gruppe geltend zu machen.**

Shake, Rattle And Roll **... Bill Haley And His Comets ... *Sh-Boom* von den Chords – und den Crew Cuts ...**

Muddy Waters war seit Gründung des Labels bei Chess und machte dort zahlreiche stilbildende Bluesaufnahmen mit Elektrogitarre.

Januar

4 **Elvis Presley** kommt zum Memphis Recording Service zurück, um seine zweite private Platte aufzunehmen. Er singt *It Wouldn't Be The Same Without You,* ein Song von Jimmy Wakely, und ein Cover von *I'll Never Stand In Your Way* von Joni James. Dieses Mal fragt Sam Phillips ihn nach Adresse und Telefonnummer und verspricht, ihn bald wegen gemeinsamer Studioprojekte anzusprechen.

7 **Muddy Waters** nimmt in Chicago *Hoochie Coochie Man* auf. Die illustre Besetzung besteht aus **Little Walter** (Mundharmonika), **Jimmy Rogers** (Gitarre), **Willie Dixon** (Bass) und **Elgin Evans** (Schlagzeug). Diese Platte des Chess-Labels wird Waters' größter R&B-Hit und erreicht Platz 3.

Februar

1 **Big Joe Turner** nimmt *Shake, Rattle And Roll* auf. Dieser von Jesse Stone alias Charles Calhoun, dem Arrangeur von Atlantic, verfasste Song wird am 12. Juni Nr. 1 der Charts. Turner, ein 43-jähriger Bluessänger aus Kansas City, macht seit Anfang der 40er-Jahre Platten. Seit 1951 ist er bei Atlantic und stand letzten November mit *Honey Hush* auf Platz 1 der R&B-Charts.

4 Bei ihrem vierten Aufnahmetermin für Atlantic Records nehmen die **Drifters** vier Stücke auf. Es wird eine der produktivsten Sessions in der Geschichte der Popmusik. Der Song *Honey Love* wird von der Polizei in Memphis wegen des mehrdeutigen Textes aus allen Jukeboxes verbannt. Das vom Gospel inspirierte *What'cha Gonna Do* ist nach Ansicht des Produzenten Jerry Wexler die beste Aufnahme der Drifters. Hinzu kommen zwei Weihnachtslieder, die durch Bing Crosby in den 40er-Jahren berühmt wurden: *The Bells Of St. Mary's* und der Klassiker *White Christmas*.

15 Die **Platters**, ein Vokalquartett mit starkem Harmoniegesang, unterschreiben einen Vertrag mit dem Produzenten und Songwriter **Buck Ram**. Zu der 1953 in L. A. gegründeten Gruppe gehören Leadsänger **Tony Williams**, Tenor **David Lynch**, Bass **Herb Reed** und Bariton **Alex Hodge**. Ram bringt sie zum Federal-Label, wo sie mit **Paul Robi** statt Hodge und mit der Sängerin **Zola Taylor** *Only You* aufnehmen, eine Komposition von Ram. Der Erfolg bleibt aus, und Ram bringt die Gruppe 1955 zu Mercury Records, wo sie *Only You* neu aufnehmen und zu ihrem ersten Millionenerfolg machen.

März

20 **Billboard** berichtet, dass die Majorlabels den neuesten technischen Standard der »High Fidelity« bis Ende 1954 einführen werden. In diesem Jahr teilen sich die 205 Mio. $ Plattenumsatz in den USA so auf: 52 Prozent laufen auf 78 Umdrehungen, 28 Prozent auf 45, und 20 Prozent entfallen auf die noch relativ neue LP.

April

12 **Bill Haley And His Comets** machen erste Aufnahmen für Decca in den Pythian Temple Studios in New York. Haley hat auf Anraten des Songschreibers Jimmy Myers Essex verlassen und hat zu Decca gewechselt. Als Jimmy DeKnight hat Myers mit Max Freedman *(We're Gonna) Rock Around The Clock* komponiert. Er möchte, dass Haley den Song aufnimmt und hat mit dem Produzenten Milt Gabler, der bei Decca für die Künstlerakquise zuständig ist und die Session leitet, eine Option ausgehandelt. Mit dem Gitarristen **Danny Cedrone**, der schon mit Haley spielte, und dem Sessionschlagzeuger **Billy Guesack** nehmen sie *(We're Gonna) Rock Around The Clock* (ganz typisch der Slap-Bass-Stil von Comets-Bassist **Al Rex**) und *Thirteen Women* auf, eine R&B-Nummer von Dickie Thompson.

Bill Haley And His Comets hatten *(We're Gonna) Rock Around The Clock*, im Original von Sunny Dae And His Knights, im letzten halben Jahr vor der Aufnahme mit immer größerem Erfolg bei ihren Konzerten gespielt.

Mit dem prägnanten Barbershop-Hit *Mister Sandman* verschafften die Chordettes dem neuen Label Cadence Records im November die erste Nr. 1.

Mai

8 Mit der Begründung, die Platte sei »zu vieldeutig«, verbannt die BBC **Johnnie Rays** Cover der Drifters-Nummer *Such A Night*. Die BBC folgt damit »den Beschwerden von Zuhörern«.

Juni

7 **Bill Haley And His Comets** nehmen *Shake, Rattle And Roll* für Decca auf (**Big Joe Turners** Original ist auf dem Weg zur R&B-Nr.-1). Während der vierstündigen Session (weitere Aufnahmen: *See You Later, Alligator* und *ABC Boogie*) ändert Haley den zweideutigen Text für das weiße Publikum leicht ab, doch die Zeile über die einäugige Katze, die ins Fischgeschäft späht (»I'm like a one-eyed cat peeping in a sea-food store«), bleibt unverändert.

Juli

3 Das R&B-Gesangsquintett **The Chords** aus der Bronx nimmt *Sh-Boom* auf. Der mitreißende Song auf dem kleinen Label Cat steigt in den R&B-Charts auf Platz 2 – die einzige kommerziell erfolgreiche Platte der Chords. Er wird mit noch mehr Erfolg von den **Crew Cuts** gecovert, einem weißen Gesangsquartett aus Toronto. Diese frühe Umarbeitung von erfolgreichem »schwarzen R&B« in »weißen Pop« wird bald gängige Praxis. Die Crew Cuts werden dies im kommenden Februar mit ihrem zweiten Millionenerfolg wiederholen, ihrer Version von *Earth Angel*, mit dem im Dezember 1954 die **Penguins** einen Hit landeten.

4 Auf Empfehlung von Sam Phillips besucht **Elvis Presley** in Memphis den Gitarristen **Scotty Moore**, der die Band Doug Poindexter's Starlite Wranglers leitet und neue Songs für Sun aufnehmen möchte. Moore bittet Presley, mit ihm und dem Bassisten **Bill Black** zu spielen.

5 Sam Phillips leitet eine Session mit **Elvis Presley**, **Scotty Moore** und **Bill Black** im Memphis Recording Service. Sie spielen Leon Paynes Countryballade *I Love You Because*, eine Nr. 1 aus dem Jahre 1949, sowie den Bing-Crosby-Hit *Harbor Lights* (1950). In der Pause spielt Presley Arthur Crudups Bluesstück *That's All Right* in rasantem Tempo. Black und Moore steigen ein. Phillips hört bei Presley das gewisse Etwas heraus, nach dem er drei Jahre vergeblich gesucht hat. Er schaltet das Aufnahmegerät ein und lässt sie bei laufenden Tonbändern das Ganze noch einmal wiederholen.

6 **Presleys** Session im Memphis Recording Service wird mit Experimenten fortgesetzt. Bill Monroes Bluegrass-Stück *Blue Moon Of Kentucky* wird im Tempo beschleunigt. **Scotty Moore** warnt, dass die seltsame Mischung von (schwarzem) Blues und (weißem) Country Radiosender und Publikum verärgern könnte. Aber Phillips wittert kommerzielles Potenzial: Er verbindet eine spätere Version von *Blue Moon Of Kentucky* mit *That's All Right* zur ersten Sun-Single.

8 Sam Phillips nimmt Aufnahmen von **Elvis** mit zu **Dewey Phillips**, dem Discjockey von Radio WBHQ in Memphis. Dieser hat morgens im Memphis Recording Service *That's All Right* gehört und hält viel davon. Er spielt es in seiner R&B-Show »Red Hot and Blue« abends kurz nach halb zehn. Sofort rufen Hörer an und bitten um Wiederholung. Dewey Phillips will Presley zum Interview ins Studio einladen, doch Elvis, der von Phillips weiß, dass seine Single gesendet wird, will seine Stimme nicht im Radio hören und sieht sich im Kino den Western »Goldtown Ghost Riders« an. Seine Eltern finden ihn und bringen ihn zum Sender, wo Phillips auf ihn einredet. Memphis erfährt, dass dieser neue R&B-Sänger ein weißer 19-jähriger Sohn der Stadt ist. Er wird schon bald »King of Western Bop« genannt.

12 **Elvis Presley** unterschreibt einen Plattenvertrag bei Sun und eine auf ein Jahr befristete Management-Vereinbarung mit **Scotty Moore**. Moore soll zehn Prozent der Einnahmen jener Engagements erhalten, die er vermittelt hat. Presley gibt seinen Job auf.

17 Das erste Newport Jazz Festival findet im Casino Clubhouse in Rhode Island statt. **Eddie Condon** und seine Band eröffnen das erste Jazzfestival der Welt mit *Muskrat Ramble*. Mehr als 6000 Personen erleben am ersten der beiden Tage Künstler wie **Dizzy Gillespie**, das **Modern Jazz Quartet**, das **Gerry Mulligan Quartet**, **Ella Fitzgerald** und **Pee Wee Russell**.

18 Die **Chordettes** nehmen *Mister Sandman* auf. Janet Ertel, ihre Schwägerin Carol Bushman, Lynn Evans und Margie Needham sind von **Archie Bleyer**, dem Gründer von Cadence Records, für sein New Yorker Label verpflichtet worden. Sie sind seit 1949 Stammgäste der Radioshow »Arthur Godfrey's Talent Scouts«, wo Bleyer bis Dezember 1952 musikalischer Leiter war. Der kesse Song *Mister Sandman* von Pat Ballard, zuletzt eine B-Seite für Vaughn Monroe, wird von Bleyer produziert, der auch den einzigen männlichen Part übernimmt und »Yes« sagt.

Unter der Ägide von Manager, Produzent und Komponist Buck Ram und Frontman Tony Williams kamen die Platters als erste Vokalgruppe auf Nr. 1.

Juli

1954

Presley kommt ins Radio ...
LaVern Bakers erster Hit ...
Johnny Ace – ein erstes Todesopfer ...

Elvis Presley

LaVern Baker

19 *That's All Right* und *Blue Moon Of Kentucky* sind **Elvis Presleys** Debüt bei Sun. Am Ende des Monats führen sie die lokalen Charts an, da sie breite Unterstützung finden: Dewey Phillips spielt *That's All Right*, Sleepy Eye John (WHEM), Uncle Richard und die meisten örtlichen Discjockeys senden *Blue Moon Of Kentucky*.

20 **Elvis Presley**, **Scotty Moore** und **Bill Black** treten erstmals gemeinsam als **Blue Moon Boys** auf. Sie spielen auf einem LKW zur Eröffnung eines Drugstores in der Lamar Avenue. Die Zahl der Zuschauer und deren Begeisterung steigen stetig. Engagements im Eagle's Nest und im Bel Air Club folgen, manchmal mit den Starlite Wranglers, doch Moore und Black verlassen bald ihre Band, um nur noch mit Presley zu spielen.

30 Der Musikagent Bob Neal hat **Presley** für zwei Auftritte in Memphis gebucht. Auf dem Plakat mit **Slim Whitman** erscheint er ganz unten. Nach höflichem Applaus für zwei Countryballaden am Nachmittag rät Dewey Phillips ihm, am Abend flottere Stücke zu präsentieren. Elvis singt *Good Rockin' Tonight* und *That's All Right* mit den passenden Bein- und Körperbewegungen. Die leidenschaftliche Darbietung bringt das Publikum zum Toben. Verwirrt von dem Geschrei und dem Jubel, der die Musik übertönt, verlässt Elvis die Bühne. Er wird von Phillips zu einer Zugabe gedrängt, die genauso abläuft. Der bekannte Countrymusiker **Webb Pierce**, der danach auftreten soll, ist völlig verblüfft und fassungslos.

August

1 **Fats Domino**, **Muddy Waters**, **Buddy Johnson**, **Little Walter**, die **Clovers** und die **Orioles** nehmen an **Alan Freeds** Konzert Moondog Jubilee of Stars Under the Stars in Ebbets Field in Brooklyn (New York) teil.

6 In Cleveland startet die USA-Tournee Gale's Rhythm & Blues Show mit **Roy Hamilton**, den **Drifters** und den **Spaniels**.

13 **Chuck Berry** macht seine erste Soloaufnahme und nimmt *Oh Maria* und *I Hope These Words Will Find You Well* während der Sessions mit Joe Alexander And The Cubans in den Premier Studios in St. Louis auf. Diese Aufnahmen werden unter dem Namen Charles Berryn vom Ballad-Label veröffentlicht. Berry spielt immer noch Gitarre beim Johnnie Johnson Trio, mit Johnson (Piano) und Ebby Harding (Drums).

»Presley ist ein starker neuer Sänger, der Songs für den Country- und den R&B-Markt im Griff hat ... Ein ausgeprägtes neues Talent.«

Billboard-Rezension von Elvis Presleys Debütsingle, 7. August 1954

19 **B. B. King**, die **Platters** und **Johnny Otis** sind die Stars eines ausverkauften R&B-Konzertes im Savoy Ballroom in Hollywood.

21 Nachdem er zwei Tage zuvor im Sun-Studio den Popstandard *Blue Moon* von Rodgers und Hart aufgenommen hat, tritt **Elvis Presley** in Gladewater, Texas, erstmals außerhalb von Tennessee auf.

September

8 **Alan »Moondog« Freed** startet seine erste Sendung für Radio WINS in New York. Sein Vertrag garantiert ihm ein Jahresgehalt von 75 000 $ zuzüglich Gewinnanteilen. Der blinde Straßenmusiker Louis Hardin, der seit 1947 den Beinamen »Moondog« trägt und an der Ecke von 54th Street und 6th Avenue seinen Standplatz hat, verklagt Freed im November und untersagt ihm erfolgreich, den Namen in seiner Radioshow zu benutzen.

Oktober

2 Sam Phillips hat **Elvis** in Nashvilles »Grand Ole Opry Show«, einer Livesendung aus dem Ryman Auditorium, eingeschleust. Der Sänger wird von Hank Snow vorgestellt und singt *Blue Moon Of Kentucky*. Doch er kann das gutbürgerliche Publikum nicht überzeugen, auch nicht den Talentsucher Jim Denny, der ihm empfiehlt, wieder als LKW-Fahrer zu arbeiten.

16 **Elvis Presley** tritt bei der von Radio KWKH live aus dem Shreveport Municipal Auditorium übertragenen Show »Louisiana Hayride« auf. Er singt *That's All Right* und *Blue Moon Of Kentucky* vor einem begeisterten Publikum und wird sofort für nächste Woche engagiert. Vor dieser Sendung schließt er mit Senderchef Horace Logan einen Jahresvertrag: 18 $ pro Sendung für ihn und für **Bill Black** und **Scotty Moore** jeweils 12 $. Elvis Presley erhält auch einen Vertrag für einen Werbespot von einem der Sponsoren dieser Show, Southern Made Doughnuts.

20 **LaVern Baker**, die neueste Künstlerin bei Atlantic, nimmt in New York *Tweedle Dee* auf. Produzenten sind Jerry Wexler und Ahmet Ertegun. Es wird ihr erster Hit.

November

1 Die amerikanischen Sänger **Frankie Laine**, in Großbritannien gerade mit drei Hits in den Charts, und **Guy Mitchell** treten bei der Royal Variety Performance im London Palladium auf.

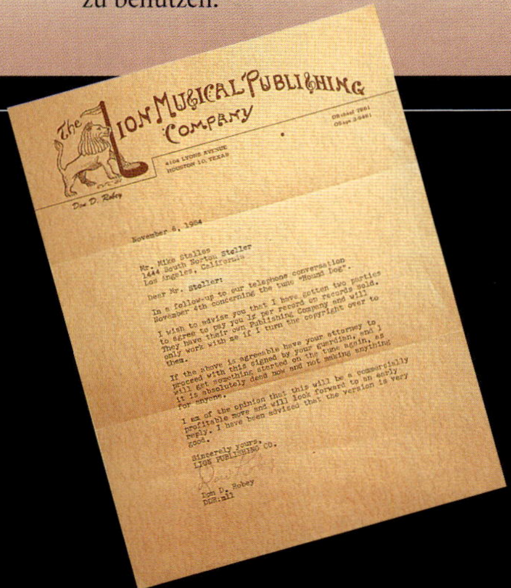

Bis Ende der 50er war der Verkauf von Noten, speziell für Gesangsstandards wie *Three Coins In The Fountain* von Sammy Cahn und Jule Styne, ein einträgliches Geschäft ... Als Mike Stoller im November in einem Brief seines Verlags lesen musste, dass sein Song *Hound Dog* »absolut tot« sei, konnte er noch nicht ahnen, dass der aufstrebende Elvis Presley ihn im Juli 1956 aufnehmen sollte.

Ray Charles

Nat King Cole

Elvis Presley veröffentlichte seine erste Single bei Sun ... Die R&B-Diva LaVern Baker nahm ihren ersten Hit für Atlantic auf, wo sie seit 1953 unter Vertrag war ... Ihr Label-Kollege Ray Charles fand seinen eigenen Stil mit *I Got A Woman*, das im Sommer 1955 Nr. 1 der R&B-Charts wurde ... Nat King Cole, Jazzfans als guter Swingpianist bekannt, hatte beim breiteren Publikum als Balladensänger Erfolg.

11 Die junge Gattung Rock'n'Roll kommt in Fahrt, und **Bill Haleys** zweite Decca-Single *Shake, Rattle And Roll* klettert in den USA auf Platz 7. (Eine amerikanische Hockey-Mannschaft, die Springfield Indians, spielt Haleys Version vor und nach jedem Heimspiel sowie nach jedem erzielten Tor.)

15 Die 18-jährige **Joan Weber** singt *Let Me Go, Lover* in der TV-Show »Studio One« auf CBS. Mit dem Originaltitel *Let Me Go, Devil* war dieser Song 1953 von Georgia Shaw gesungen worden. Doch Webers Interpretation wird zu einem der grandiosesten Einzelerfolge des Jahrzehnts.

18 **Ray Charles** nimmt vier neue Stücke mit seiner Band auf, zu der auch der Saxophonist **David »Fathead« Newman** gehört. *Blackjack, I Got A Woman, Greenbacks* und *Come Back Baby* werden im Sender WGST aufgezeichnet. Jede Stunde müssen die Musiker unterbrechen, damit die Nachrichten gesendet werden können.

23 Bob Neal übernimmt, mit Einverständnis von Scotty Moore, inoffiziell das Management von **Elvis Presley**. Er vermittelt das Trio (angekündigt als »Elvis Presley, The Hillbilly Cat, And His Blue Moon Boys«) zur Country Convention in Nashville und besorgt Auftritte im Süden.

30 Sein aktueller Hit *Hajji Baba* ist auf dem Weg zu Platz 14, als **Nat King Cole** das erste von sechs Konzerten in Folge im Apollo Theater in Harlem (New York) gibt.

Im Unterschied zu den meisten anderen Rock'n'Rollern der ersten Stunde schrieb der Sänger und Gitarrist Chuck Berry alle seine Hits selbst.

Dezember

17 **Bill Haleys** *Shake, Rattle And Roll* erreicht als erste Rock'n'Roll-Platte die britischen Charts und klettert auf Platz 4. Die britischen Popcharts werden ansonsten von US-Mainstreampop von **Doris Day**, **Johnnie Ray**, **Frank Sinatra** und **Rosemary Clooney** bzw. heimischen Popveteranen wie **Vera Lynn** und **Winifred Atwell** dominiert.

25 Die Fachzeitschrift **Cash Box** hat **Johnny Ace** Anfang des Monats zum viel versprechendsten Künstler des Jahres gewählt. Heute abend trinkt er viel Wodka und erschießt sich kurz nach 23 Uhr in einer Pause des Negro Christmas Dance im City Auditorium in Houston. Er hatte zunächst auf seine Freundin Olivia Gibbs und deren Freundin Mary Carter gezielt, doch die Schüsse gingen nicht los. Daraufhin richtete er die Waffe gegen sich. Als Todesursache wird »Russisches Roulette« angegeben. Zur Beschönigung des wohl ersten Todesfalls in der Welt des Rock'n'Roll kursieren Geschichten von einem bezahlten Killer, der durch das Fenster kam.

30 **Frank Sinatra** startet ein vierwöchiges Engagement im New Yorker Paramount Theater. Die Show ist so beliebt, dass man sie um einen Monat verlängern wird. Ungefähr 400 Polizisten werden eingesetzt, um die begeisterte Menge zurückzudrängen – ein frühes Beispiel für die Hysterie von Popfans, insbesondere von weiblichen Teenagern.

ROOTS **In diesen Jahren entdeckt Talentscout Johnny Otis bei einer Talentshow im Paradise Theater, Detroit, Jackie Wilson von der Doo-Wop-Gruppe The Thrillers für das Label King ... baut sich Pacoima-Junior-Highschool-Schüler Ritchie Valens eine E-Gitarre (die er spielt, bis er sich eine Stratocaster leisten kann); zwei Jahre vorher hat der Linkshänder rechtshändig klassische Gitarre gelernt ... begegnen sich die aufstrebenden Songschreiber Neil Sedaka und Howard Greenfield und schreiben ihr erstes gemeinsames Stück *My Life's Devotion* ... hat Paul Anka mit zwölf als Johnnie-Ray-Imitator bei einer Talentshow seinen ersten bezahlten Auftritt ... spielt Paul Simon in einer Schulaufführung von »Alice im Wunderland« in Forest Hill, New York, das weiße Kaninchen und Arthur Garfunkel die Grinsekatze ... kauft James Hendrix für 5 $ von einem Freund seines Vaters Al eine Akustikgitarre; weil er Linkshänder ist, dreht er sie um und bringt sich mit Bluesplatten von Muddy Waters, Elmore James und B. B. King das Spielen bei ...**

(We're Gonna) Rock Around The Clock

1955

Nr.1 US-SINGLES

- **08. Jan.** Mr. Sandman **Chordettes**
- **29. Jan.** Let Me Go, Lover **Joan Weber**
- **12. Febr.** Hearts Of Stone **Fontane Sisters**
- **19. Febr.** Sincerely **McGuire Sisters**
- **02. Apr.** The Ballad Of Davy Crockett **Bill Hayes**
- **07. Mai** Cherry Pink And Apple Blossom White **Perez Prado**
- **16. Juli** (We're Gonna) Rock Around The Clock **Bill Haley And His Comets**
- **10. Sept.** Yellow Rose Of Texas **Mitch Miller**
- **15. Okt.** Love Is A Many-Splendored Thing **Four Aces**
- **22. Okt.** Yellow Rose Of Texas **Mitch Miller**
- **29. Okt.** Love Is A Many-Splendored Thing **Four Aces**
- **05. Nov.** Autumn Leaves **Roger Williams**
- **19. Nov.** Love Is A Many-Splendored Thing **Four Aces**
- **10. Dez.** Sixteen Tons **Tennessee Ernie Ford**

Nr.1 UK-SINGLES

- **08. Jan.** Finger Of Suspicion **Dickie Valentine**
- **15. Jan.** Mambo Italiano **Rosemary Clooney**
- **22. Jan.** Finger Of Suspicion **Dickie Valentine**
- **05. Febr.** Mambo Italiano **Rosemary Clooney**
- **19. Febr.** Softly Softly **Ruby Murray**
- **12. März** Give Me Your Word **Tennessee Ernie Ford**
- **30. Apr.** Cherry Pink And Apple Blossom White **Perez Prado**
- **14. Mai** Stranger In Paradise **Tony Bennett**
- **28. Mai** Cherry Pink And Apple Blossom White **Eddie Calvert**
- **25. Juni** Unchained Melody **Jimmy Young**
- **16. Juli** Dreamboat **Alma Cogan**
- **30. Juli** Rose Marie **Slim Whitman**
- **15. Okt.** The Man From Laramie **Jimmy Young**
- **12. Nov.** Hernando's Hideaway **Johnston Brothers**
- **26. Nov.** (We're Gonna) Rock Around The Clock **Bill Haley And His Comets**
- **17. Dez.** Christmas Alphabet **Dickie Valentine**

The Crew Cuts

The Penguins

Wie einige andere weiße Vokalgruppen bedienten sich auch die adretten Crew Cuts massiv bei den schwarzen Bands, die diesen Stil prägten ... Das Vokalquartett The Penguins aus L.A. begann das Jahr mit dem Nr.-1-Erfolg des Klassikers *Earth Angel.*

Zum Entsetzen vieler, aber zur Freude einer wachsenden Fangemeinde wurde 1955 deutlich, dass der Rock'n'Roll keine Eintagsfliege ist. Am 5. Juli erreicht **Bill Haley** Platz 1 der US-Charts mit *(We're Gonna) Rock Around The Clock,* die bis heute am häufigsten verkaufte Rock'n'Roll-Single. Dieser Song wird der erste internationale Rock'n'Roll-Hit auf Platz 1 der britischen Charts. Damit war bewiesen, dass ein weißer Künstler R&B machen, einen veritablen Rock'n'Roll-Sound schaffen und ein Massenpublikum erreichen kann. Ein weiteres junges Rock'n'Roll-Talent hatte sein Chartdebüt: **Chuck Berrys** *Maybellene* kletterte bis auf Platz 5. (Beide Songs stehen auf der Liste der 500 einflussreichsten Songs der Rock'n'Roll Hall of Fame.) Berry gehörte zu den Hoffnungen bei Chess Records. **Muddy Waters**, der anerkannteste Bluesmusiker dieser Zeit, hatte ihn bei dem Label vorgestellt. Sein Stil, von seiner Heimat Mississippi geprägt, sollte starken Einfluss auf kommende Musiker wie Dylan, Hendrix, Clapton und die Stones haben.

Bill Haley und Chuck Berry sind im Vergleich zu den neuen Stars alte Herren. **Elvis Presley** wird im Januar 20; **Buddy Holly** war am Jahresende noch ein Teenager; **James Brown** war 22; **Johnny Cash**, **Carl Perkins** und **Little Richard** feierten 1955 ihren 23. Geburtstag. Elvis fand mit den Rockabilly-Songs und seinem provokativen Bühnenauftritt schnell ein Teeny-Publikum.

R&B hatte großen Einfluss auf viele Rock'n'Roller der ersten Stunde, doch die Urväter des R&B erhielten nur selten die verdiente Anerkennung. Weißen Künstlern wurden bessere Vertriebsmöglichkeiten und mehr Spielzeit im Rundfunk gewährt. **Fats Dominos** *Ain't It A Shame* (ebenfalls in der Hall-of-Fame-Liste) wurde von **Pat Boone** gecovert zum Hit. Die weiße Band **Crew Cuts** hatte Riesenerfolg mit *Earth Angel* von der schwarzen Gruppe **Penguins**, obwohl deren Version länger bekannt bleibt.

Es überrascht kaum, dass R&B in den Städten des amerikanischen Nordens größeren Erfolg hatte, besonders in Chicago und New York. Der frühe Rock'n'Roll war ein Phänomen des Südens – mit Memphis als Zentrum. Elvis nahm 1955 fünf Songs im Sun-Studio auf; Carl Perkins produzierte das bahnbrechende *Blue Suede Shoes,* und Johnny Cash nahm dort *Cry, Cry, Cry* auf.

Die »Package-Tour« kam in Mode: der New Yorker Discjockey **Alan Freed** stellte Künstler zusammen und warb für die Tourneen. Rassentrennung war seit 1954 abgeschafft, doch weiße und schwarze Musiker traten nur selten gemeinsam auf. Fats Domino, die **Drifters** und die **Moonglows** gingen gemeinsam auf Tour, so wie Elvis, Johnny Cash und Carl Perkins.

Das Fernsehen, das sich an ein junges Publikum richtete, begann die neue Musikgattung zu registrieren. Doch trotz der wachsenden Popularität in den USA war Rock'n'Roll etwas Neues. In Großbritannien gab es noch keine nennenswerte Musikszene, als die Flut der Rock'n'Roll-Importe dort eintraf. Aber mit dem Hit *Rock Around The Clock* wurde die Türen zu beiden Ländern geöffnet. Bald sollte der Rock'n'Roll diese aus den Angeln heben.

»Hallo da draußen, wie geht's euch heute abend? Hier ist Alan Freed, König der Moondoggers!«

Alan Freeds typische Eröffnungsansage in seiner Sendung

Januar 1955

Erste Jukeboxes in britischen Coffee-Bars ... Elvis trifft »Colonel« Tom Parker ...

Elvis Presley zog durch seine wöchentlichen Auftritte bei »Louisiana Hayride« immer mehr Fans an.

Januar

2 Am Begräbnis von **Johnny Ace** im Clayborn Temple in Memphis nehmen 5000 Menschen teil. Die Bluesgrößen dieser Epoche erweisen ihm die letzte Ehre: **Little Junior Parker**, **Roscoe Gordon** und **Harold Conner** tragen den Sarg; **Don Robey**, **B. B. King** und **Willie Mae Thornton** begleiten sie dabei.

8 **Elvis Presley** tritt immer noch samstags auf KWKH in der Sendung »Louisiana Hayride« auf. Heute, an seinem 20. Geburtstag, trägt Elvis – wie Discjockey Frank Page den Hörern verrät – Krokodillederschuhe und rosarote Socken. Elvis singt *That's All Right*, *Hearts Of Stone*, *Blue Moon Of Kentucky* und *Fool Fool Fool*.

14 **Alan Freed** organisiert seinen »Rock'n' Roll Ball« in der St. Nicholas Arena in Harlem. Es treten auf: **Fats Domino**, **Big Joe Turner**, die **Drifters**, **Buddy And Ella Johnson**, **Dakota Staton**, **Al Sears**, **Red Prysock**, die **Harptones**, **Babs Gonzales**, **Nolan Lewis**, die **Clovers**, die **Moonglows**, die **Moonlighters** und die **Rivileers**.

15 Eine Instrumentalversion des aktuellen Hits der Chordettes, *Mister Sandman*, erscheint bei RCA und wird **Chet Atkins And His Gallopin' Guitar** zugeschrieben. Diese erste Soloaufnahme von Atkins steigt auf Platz 13 der US-Country-Charts. Sie ist dem Debüt-Soloalbum ***Chet Atkins' Gallopin' Guitar*** entnommen, das letztes Jahr erschien. Atkins war Country-Discjockey, wurde achtmal von Sendern wegen unterschiedlicher musikalischer Auffassung entlassen, war aber bereits ein guter Gitarrist, als er 1946 in der »Grand Ole Opry« auftrat. Die von ihm geleiteten Aufnahmen werden einen Umsatz von über 35 Mio. $ erbringen. 1957 wird er Leiter der Countryabteilung bei RCA, Nashville, und betreut in den 60ern Aufnahmen von Presley.

17 EMI, die größte britische Plattenfirma, unterzeichnet einen Kaufvertrag für Capitol Records in den USA. Folgendes Statement wird veröffentlicht: »Die Direktion von EMI gibt bekannt, dass EMI die Mehrheit der 476 230 Aktien von Capitol Records Incorporated, Kalifornien, zu einem Preis von 17,50 $ pro Aktie ankaufen wird.« Capitol wurde von den Songschreibern Johnny Mercer und Buddy De Sylva 1942 gegründet. Zu ihren Künstlern zählen **Nat King Cole**, **Dean Martin**, **Peggy Lee**, **Les Paul And Mary Ford**, **Jo Stafford** und seit kurzem **Frank Sinatra**.

22 Bei seiner ersten Session im Sun Studio nimmt **Carl Perkins** *Movie Magg* und *Turn Around* auf. Sie werden auf Flip Records, dem neuen Label von Sam Phillips, veröffentlicht, aber kaum beachtet. Dennoch bleibt *Turn Around* der Lieblingssong von Perkins, der später sagt: »Ich habe diesen Song geschrieben, weil ich so über meine Frau dachte und fühlte. Wenn sie in Not sein sollte, wenn sie sich einsam fühlen sollte, dann würde sie sich umdrehen, und ich würde ganz einfach für sie da sein.«

»Mr. Art Rupe ... Sie hören jetzt gleich Little Richard And The Upsetters ...« Little Richards Ansage auf dem Demo für Specialty Records, Februar 1955

28 **Fats Domino** startet eine US-Tour mit 42 Terminen bei der Top Ten R&B Show in New York. Mit ihm stehen auf dem Programm: die **Clovers**, **Big Joe Turner**, **Faye Adams** und die **Moonglows**, ein R&B-Gesangsquintett aus Louisville, das letztes Jahr bei Chess Records unterschrieb und mit *Sincerely* kürzlich eine Nr. 1 landete.

30 In Großbritannien beginnt das Zeitalter der Jukebox. Die Fachmesse »Amusement Trades Exhibition« in London verhalf ihr zum Durchbruch. John Haddock, Präsident des US-Marktführers AMI, hält die Coffee-Bars für einen idealen Standort, da sie zu beliebten Treffpunkten in London geworden sind.

31 Die Firma RCA präsentiert den ersten Synthesizer, der Musik elektronisch erzeugt. Er wurde von Herbert Belar und Harry Olsen entwickelt und offiziell als RCA Mark II Synthesizer bekannt, das erste Komplettsystem, das »jeden Klang« produzieren kann. Es beruht auf der Erkenntnis, dass Klänge aus verschiedenen Parametern bestehen wie Amplitude, Frequenz und Spektrum, die mittels Lochstreifen über ein elektronisches Modul gesteuert werden.

In den USA waren die Jukeboxes mit angeblich 500 000 Stück (eine auf 300 Personen) schon eine Institution, in England aber noch ein Novum.

Februar

5 Als er ein Cover von Arthur Gunters *Baby Let's Play House* aufnimmt, entwickelt **Elvis Presley** einen »Hickser«, jenen Rockabilly-Gesangsstil, den spätere Nachahmer übertreiben. In der gleichen Session entstehen Versionen von *I Got A Woman* und *Trying To Get To You*.

6 **Elvis Presley** wird nun offiziell von Bob Neal gemanagt und hat das Interesse von Oscar Davis geweckt, der rechten Hand von **»Colonel« Tom Parker**. Dieser Talentsucher und Ex-Manager von **Eddy Arnold** managt derzeit **Hank Snow**. Davis hat Presley letztes Jahr im Eagle's Nest Inn am Flughafen von Memphis zum ersten Mal gesehen. Er war von dessen Bühnenpräsenz, seinem guten Aussehen und der stilistischen Vielfalt beeindruckt. Davis hat ein Treffen in Palumbo's Restaurant zwischen den Shows im Ellis Auditorium in Memphis um 15 und um 17 Uhr vereinbart. Bob Neal, Sam Phillips, Elvis, Scotty Moore und Parker nehmen teil. Parker gibt Phillips zu verstehen, dass Sun nicht im Stande ist, für Presley den landesweiten Vertrieb zu übernehmen, und verhandelt mit Neal über eine Beteiligung des Sängers an der Hank Snow Jamboree. Diese Countryshow mit den **Carter Sisters And Mother Maybelle** soll am Valentinstag in Roswell, New Mexico, starten.

13 **Elvis Presley** singt im Fair Park Coliseum, Lubbock. Eröffnet wird die Show von zwei Lokalmatadoren, dem jungen Countryduo **Buddy And Bob** (dahinter verbergen sich Buddy Holly und Bob Montgomery).

16 Zum heutigen Auftritt von **Elvis Presley** in der Senior High School in Odessa, Texas, kommen 4000 Zuhörer, unter ihnen der 19-jährige texanische Sänger **Roy Orbison**.

17 **Art Rupe** gründete 1944 Specialty Records in Los Angeles mit dem Schwerpunkt Black/Blues/Gospel. Er erhält ein Demo von einem Richard Penniman. Richard arbeitet im Greyhound-Busbahnhof seiner Heimatstadt Macon, Georgia. Aber inspiriert vom »rollenden« Klavierspiel **Fats Dominos** tritt er nebenbei mit **Little Richard And The Upsetters** auf. **Lloyd**

Chet Atkins

Ruby Murray

Chet Atkins' Debütalbum war das erste von über 100 ... Der in Belfast geborenen Ruby Murray gelang der Durchbruch als Studiosängerin in der beliebten BBC-Fernsehshow »Quite Contrary«.

Price aus New Orleans, bei Specialty unter Vertrag, hatte ihn gehört und ihm empfohlen, ein Demo an das Label zu schicken. Richard schickt die Stücke *Baby* und *All Night Long* ab, die im WMBL-Studio in Memphis aufgenommen wurden. Beim ersten Hören sind Rupe und sein Produzent »Bumps« Blackwell nur wenig beeindruckt, aber nachdem Richard hartnäckig mehrmals anruft, hören sie sich das Ganze noch einmal an und bieten ihm schließlich einen Vertrag an, der ihm einen halben Cent für jede verkaufte Platte zubilligt. Zuerst wird eine geplante Session in Atlanta abgesagt, doch dann wird Richard die Debütaufnahme im September in New Orleans ermöglicht.

27 **Billboard** berichtet, dass in den USA Platten mit 45 Umdrehungen häufiger verkauft werden als solche mit 78 Umdrehungen.

März

2 Der 26-jährige R&B-Gitarrist, Sänger und Songschreiber **Bo Diddley** hatte Demos mit seinen Songs bei Leonard und Phil Chess, den Besitzern von Chess Records, eingereicht. Jetzt hat er seine erste Session in Bill Putnams Universal Recording Studio in Chicago, wo er seit seinem achten Lebensjahr wohnt. **Jerome Green** (Maracas), **Frank Kirkland** (Schlagzeug), **Lester Davenport** (Mundharmonika) und **Otis Spann** (Piano) begleiten die Aufnahmen von *Bo Diddley*, *I'm A Man* und *You Don't Love Me*. Die Single *Bo Diddley/I'm A Man* erscheint auf dem Chess-Sublabel Checker Records und steht am 25. Juni auf Platz 1 der R&B-Charts.

14 **Elvis Presley** ist Interviewgast in Jimmy Deans Fernsehshow »Town & Country Jubilee« auf WMAL-TV (Washington D. C.), singt aber nicht.

15 **Fats Domino** nimmt das selbst geschriebene *Ain't It A Shame* für Imperial auf. Vom 11. Juni an ist es elf Wochen lang Nr. 1 der R&B-Charts. Dieses Meisterwerk des R&B/Rock'n'Roll wird zum Klassiker und kommt auch bis auf Platz 10 der Pop-Charts. (**Pat Boone** nimmt seine Version im gleichen Jahr auf und ändert den Titel zu *Ain't That A Shame*, weil er Dominos Titel für grammatikalisch falsch hält.)

19 Zehn Tage vor ihrem 20. Geburtstag besetzt die irische Sängerin **Ruby Murray** fünf Plätze der britischen Top 20. *Softly, Softly* steht auf Platz 2, *Let Me Go, Lover* auf Platz 5, *Happy Days And Lonely Nights* hält Platz 14, *Heartbeat* Platz 15, und *If Anyone Finds This I Love You* befindet sich auf Platz 17.

22 Einen Monat nach seinem 23. Geburtstag nimmt der Sänger, Songschreiber und Gitarrist **Johnny Cash** mit **Luther Perkins** (Bass) und **Marshall Grant** (Gitarre) fünf Gospel- und Countrysongs in einer Session im Memphis Recording Service auf. Cash hat letztes Jahr solo und mit Band vorgespielt, der einzige für eine Veröffentlichung geeignete Song war *Mr. Porter.* Cash schrieb ihn nach seiner Rückkehr vom Militärdienst als Abhörfunker in Landsberg am Lech. Phillips beauftragt Cash, für die A-Seite einen Hit zu liefern. Dieser führt den Auftrag aus und schreibt *Cry, Cry, Cry.* Die im Mai aufgenommene Platte wird Cashs Debüt bei Sun.

Fats Domino, der charmante New-Orleans-R&B-Virtuose, hatte mit dem Übergang zum Rock'n'Roll keine Probleme.

23 **Elvis Presley**, sein Manager Bob Neal, Scotty Moore und Bill Black fliegen nach New York, um sich bei der CBS-TV-Show »Arthur Godfrey's Talent Scouts« zu bewerben. Presleys Darbietung von *Good Rockin' Tonight* (um 14:30 Uhr) fällt durch. Godfreys Produzenten lehnen ihn ab und entscheiden sich für **Pat Boone**, der einer von Presleys größten Konkurrenten werden wird.

April

9 Die von Johnny Otis entdeckte 17-jährige Blues-Sängerin **Etta James** ist seit letztem Jahr bei Modern Records. Ihre erste Single *The Wallflower* kommt auf Platz 1 der R&B-Charts. Sie ist eine Antwortplatte zu **Hank Ballards** Erfolg *Work With Me Annie* und hieß zuerst *Roll With Me Henry.* James wird bei Modern noch einen weiteren Hit landen, bevor sie zu Argo wechselt und in den 60er-Jahren über 20 R&B- und Pophits auf den Markt bringt, darunter das brillante *At Last.*

April 1955

Chuck Berrys *Maybellene* ... Elvis wird von Fans verfolgt ... *(We're Gonna) Rock Around The Clock* ...

14 **Alan Freeds** Rock'n'Roll Easter Jubilee bricht den Besucherrekord im Paramount-Theater in Brooklyn, der 1932 von dem Sänger Russ Columbo aufgestellt wurde. Auf dem Programm stehen: **LaVern Baker** (mit *Tweedle Dee,* ihrem ersten Hit für Atlantic), die **Three Chuckles**, **Danny Overbea**, die **Moonglows**, die **Moonlighters**, **Eddie Fontaine** und die **Penguins**.

16 Bei einem Eintrittsgeld von 60 Cent für Erwachsene tritt **Elvis Presley** zum ersten Mal als Hauptact bei der »Big D Jamboree« in Dallas auf, einer Live-Sendung des Senders KRLD, bei der auch **Sonny James**, **Hank Locklin** und die **Maddox Brothers** zu hören sind.

23 **Ray Charles** nimmt für Atlantic beim Sender WMAQ (Miami) *A Fool For You, This Little Girl Of Mine, Hard Times* und *A Bit Of Soul* auf. Wexler und Ertegun sind die Produzenten.

25 John H. Walker, britisches Mitglied einer UN-Kommission gegen Drogen, spricht von einer »eindeutigen Beziehung zwischen erhöhtem Marihuanakonsum und jener Form von Unterhaltung, die sich Bebop und Rebop nennt«. Die britischen Behörden seien besorgt über den Marihuanakonsum von Jugendlichen, besonders bei Bebopsessions, wo sich »die Erregung steigert«.

Patsy Cline (bürgerlich Virginia Patterson Hensley) machte im Juni als unschuldige 22-Jährige ihre ersten Aufnahmen als Countrysängerin.

Mai

1 Chess nimmt **Chuck Berry** unter Vertrag, der dem Label von **Muddy Waters** empfohlen wurde. Leonard Chess ist besonders beeindruckt von der Interpretation des alten Countrysongs *Ida Red,* der von Berry mit dem Titel *Maybellene* aufgenommen wird.

7 Sechs Jahre nach seinem Chart-Einstieg erreicht **Ray Charles** den Spitzenplatz der R&B-Charts mit der Eigenkomposition *I Got A Woman.*

13 Ein Auftritt von **Elvis Presley** in der Stadt Jacksonville vor 14 000 Fans verursacht zum ersten Mal Publikumsausschreitungen bei einem Konzert. Der Aufruhr wird ausgelöst, als Elvis sagt: »Wir treffen uns hinter der Bühne, Mädels.« Seine Kleidung wird zerfetzt, aber er entkommt unverletzt. Als Oscar Davis seinem Chef »Colonel« Tom Parker hiervon berichtet, soll Parker, der sich zurzeit im Auftrag von Bob Neal um Engagements für Presley bemüht, beschlossen haben, das Management für Presley zu übernehmen.

22 Die Polizei in Bridgeport, Connecticut, verbietet eine Show mit **Fats Domino** im Ritz-Saal. Es wird auf einen »Aufruhr« bei einer Rock'n'Roll-Veranstaltung in der New Haven Arena verwiesen.

Juni

1 **Patsy Cline** absolviert ihr Aufnahmedebüt in den Bradley Film & Recording Studios des Produzenten Owen Bradley in Nashville (nach einem glücklosen Versuch in den Pythian Temple Studios von Decca in New York 1954). Sie spielt vier Stücke ein: *Hidin' Out, Turn The Cards Slowly, A Church, A Courtroom, And Then Goodbye* und *Honky Tonk Merry Go Round* mit **Harold Bradley** (akustische Gitarre), **Owen Bradley** (Piano), **Farris Coursey** (Schlagzeug), **Don Helms** (Steel-Guitar), **Tommy Jackson** (Geige), **Grady Martin** (E-Gitarre und Geige) und **Bob Moore** (Kontrabass). Patsy Cline wird von Bandleader Bill Peer gemanagt und hat letzten September einen Zweijahres-Vertrag beim Label Four Star Records erhalten, das Lizenzen an Decca vergibt.

17 »Colonel« Parker und Bob Neal treffen sich in Madison. Sie kommen überein, dass Neal zwar weiterhin **Elvis Presleys** Manager bleibt, aber Parker ab dem 24. Juli alle Buchungen und die gesamte Strategie übernehmen wird. Der

CHUCK BERRY

21. Mai **Chuck Berry nimmt in Chicago mit Johnnie Johnson (Piano), Willie Dixon (Bass), Jasper Thomas (Schlagzeug) and Jerome Green (Maracas) *Maybellene* auf. Es wird Nr. 5 der Verkaufs- und am 20. August Nr. 1 der R&B-Charts.**

Berrys Stil wurde legendär. Seine schnellen, auf Bluesstrukturen basierenden Songs hatten einen Country-Rockabilly-Einschlag und wurden von griffigen Gitarrenfiguren vorangetrieben. Da er seine Hits auch selber schrieb, regte er in den folgenden 30 Jahren tausende von Musikern an und wurde zur zentralen Figur für die Entwicklung der Rockmusik.

Ruth Brown, Clyde McPhatter und LaVern Baker

Bo Diddley

Willie Dixon

umtriebige Parker besteht auf seiner Meinung, dass Elvis Presley von Sun zu einem Majorlabel mit landesweitem Vertrieb wechseln soll.

Juli

9 Die Wiederauflage von *(We're Gonna) Rock Around The Clock* von **Bill Haley And His Comets** erstürmt die Charts und bleibt in den Vereinigten Staaten acht Wochen an der Spitze. Der Vorspann des MGM-Films »The Blackboard Jungle« wird von diesem Song begleitet: Glenn Ford versucht in diesem Film als Lehrer an einer Highschool mit rebellischen Schülern zurechtzukommen. Der Song spiegelt (und erzeugt) eine rebellische Stimmung, mit der der Film landesweite Diskussionen über unangepasste Jugendliche auslöst. Es ist eine der erfolgreichsten Singles in der Geschichte der Charts: 24 Wochen hält sie sich in den Top Forty, 19 davon in den Top Ten. Es ist zwar nicht die erste Rock'n'Roll-Platte, aber ganz sicher die erfolgreichste dieses neuen Genres.

16 Die nicht überraschende Trennung des Leadsängers **Clyde McPhatter** von den **Drifters** wird offiziell. McPhatter wurde ein Jahr zuvor in die Armee einberufen, gehörte aber weiterhin zu der R&B-Combo, weil er bis April in Grand Island in der Nähe von Buffalo, New York, stationiert war. Er wird durch den Tenor **David Baughn** ersetzt, vorher Mitglied der **Checkers**.

»Kein Sänger ist so viel wert.«

Mitch Miller auf die Behauptung, RCA biete 20000 $ für Elvis Presley, 15. August 1955

16 **Elvis Presley** feiert seine erste Platzierung in den landesweiten Charts: *Baby Let's Play House* kommt auf die Liste der Country-Bestseller und steigt dort bis auf Platz 10. »Colonel« Parker, der Presley außerhalb der Südstaaten heftig promotet, beeindruckt den New-Yorker Musikverleger Arnold Shaw und den bekannten Discjockey Bill Randle aus Cleveland. Randle spielt die Songs von Elvis häufig im Radio, was sich bis New York herumspricht.

August

15 Bei einem Treffen in Memphis, an dem »Colonel« Parker, **Elvis Presley**, Presleys Vater Vernon und Bob Neal teilnehmen, unterschreibt Elvis einen offiziellen Vertrag, der Parker zum »Sonderberater« macht. Parker ärgert das seiner Ansicht nach inkompetente Management von Neal. Er lässt durchblicken, dass Presleys Vertrag mit Sun zur Disposition steht. Sam Phillips, Eigentümer von Sun, lehnt Angebote von Decca (5000 $) und Dot Records (7500 $) ab. Parker erzählt Mitch Miller von CBS/Columbia, dass Mercury Records 10 000 $ bietet; Miller reagiert und bietet 15 000 $. Aber als Parker behauptet, dass RCA eventuell 20 000 $ bieten wird, entgegnet Miller: »Kein Sänger ist so viel wert.« Das Wettbieten geht weiter: Ahmet Ertegun von Atlantic will 25 000 $ riskieren. Aber Parker wartet auf noch mehr.

20 **Bo Diddley** tritt im Apollo-Theater in Harlem auf. Er hat inzwischen ein Begleitensemble, zu dem **Otis Spann** (Piano), **Lester Davenport** (Mundharmonika), **Frank Kirkland** (Schlagzeug) und **Jerome Green** (Maracas) gehören.

(We're Gonna) Rock Around The Clock **wurde von Max Freedman und dem Verleger James E. Myers alias Jimmy DeKnight geschrieben, der den Song am 31. März 1953 zum Copyright anmeldete.**

Während seiner Militärzeit entschied sich der beliebte Drifters-Sänger Clyde McPhatter für eine Solokarriere ... Bo Diddley und Willie Dixon machten im Blues verwurzelte, aber unverwechselbare Aufnahmen für Chess in Chicago ...

September

1 Alan Freeds »First Anniversary Rock'n'-Roll Party« startet im Paramount-Theater in Brooklyn. Das einwöchige Ereignis mit sechs Shows pro Tag spielt 155 000 $ ein und bricht den 1948 von Dean Martin und Jerry Lewis aufgestellten Rekord von 147 000 $. Der Direktor des Theaters, Gene Pleshette, erklärt, er habe in 26 Jahren »noch nie etwas derart Aufregendes gesehen«. Zu den Künstlern gehören: **Chuck Berry**, **Tony Bennett**, die **Nutmegs**, die **Rhythmettes**, die **Cardinals**, die **Four Voices**, die **Harptones**, **Nappy Brown**, **Red Prysock**, **Al Sears** und die **Rock'n'Roll Band** mit dem Stargast **Sam »The Man« Taylor**. Der Popsänger Bennett leidet unter Blutungen in der Kehle – er muss nach zwei Tagen seinen Platz für **Al Hibbler** räumen.

10 **Willie Dixons** *Walking The Blues* kommt in die R&B-Charts und klettert auf Platz 6. Der Bluessänger, Komponist und Gitarrist Dixon aus Chicago ist bei Chess als Songschreiber, Produzent und Musiker beschäftigt. Er erreicht nur einmal als Interpret die Charts, obwohl er dutzende von Bluesmusikern in Chicago produziert und mehrere R&B-Klassiker geschrieben hat. Hierzu gehören *Hoochie Coochie Man* und *I Just Want To Make Love To You* (für Muddy Waters), *Evil, Spoonful, I Ain't Superstitious, Little Red Rooster* und *Back Door Man* (für Howlin' Wolf), Little Walters Hit *My Babe* und *Bring It On Home* für Sonny Boy Williamson. Dixons Kompositionen liefern reichlich Material für britische Künstler wie Eric Clapton, Led Zeppelin und die Rolling Stones.

September 1955

Das Magazin Billboard startet die Top 100 ... Presley unterschreibt bei RCA ... Carl Perkins nimmt *Blue Suede Shoes* auf ...

Little Richards *Tutti Frutti* blieb 22 Wochen in den R&B-Charts und kam bis auf Platz 2, in den Pop-Charts bis auf Platz 17.

13 **Little Richard** hat von Robert »Bumps« Blackwell einen Vertrag bei Specialty Records erhalten. Bumps suchte einen neuen Ray Charles, fand aber »diesen Typ in einem schrillen Hemd, mit hoch aufgetürmten Haaren … der wüst daherredet«. Richard absolviert seine erste Session für dieses Label in Cosimo Matassas J&M Studios in New Orleans. Produzent ist Blackwell, Richard und **Huey Smith** spielen Piano, **Earl Palmer** sitzt am Schlagzeug. Sie swingen durch die Bluesstücke *Lonesome And Blue, Wondering, All Night Long* und *Kansas City* (1952, von Jerry Leiber und Mike Stoller).

14 **Little Richard** setzt seine Sessions mit der Rhythmusgruppe Crescent City fort, die auch an vielen Platten von Fats Domino beteiligt ist. Zum Programm gehören *Directly From My Heart, Maybe I'm Right, Baby, I'm Just A Lonely Guy (All Alone)* und eine Version seiner Livenummer *Tutti Frutti* (der Text wurde von der Songwriterin Dorothy La Bostrie bereinigt). Der theatralische Gesang und das hämmernde Klavierspiel werden zu Richards Markenzeichen, da Blackwell bei den Aufnahmen Liveatmosphäre vermitteln will.

19 Der 21-jährige **Pat Boone** aus Jacksonville hat im Januar bei Dot Records unterschrieben und erreicht Platz 1 mit seinem (umbenannten) Cover von **Fats Dominos** *Ain't It A Shame*. Boone hatte letztes Jahr erste Aufnahmen gemacht (vier Countrysongs für Republic). Er ist der adrette Gegenpol zum rebellischen Elvis Presley und erobert bald eine komfortable Marktnische. Viele aktuelle R&B-Hits werden bei Radiosendern nicht genügend beachtet. Daher liefert Boone, der mit Red Foleys Tochter Shirley verheiratet ist, geglättete Versionen der Originale von Künstlern wie Domino, **Little Richard**, den **Flamingos** und **Ivory Joe Hunter**. Innerhalb von zwei Jahren erreicht er fünfmal (!) Platz 1.

24 Der neue britische Fernsehkanal Independent Television strahlt bereits an seinem dritten Sendetag den »TV Music Shop« aus, eine Schlagersendung, die Stars wie **Teddy Johnson** und **Pearl Carr** präsentiert.

28 Die Gesangsgruppe **The Robins** nimmt *Smokey Joe's Café* und *Riot In Cell Block Number Nine* im Master-Recordings-Studio in Los Angeles auf. Jerry Leiber und Mike Stoller haben die Songs geschrieben und produzieren sie. Leibers und Stollers Label Spark überträgt die Rechte an Atco. Dies führt dazu, dass die Gruppe im kommenden Jahr bei Atco unter dem Namen **The Coasters** einen Vertrag erhält.

29 **Billboard** bewertet **Little Richards** *Tutti Frutti* folgendermaßen: »Schlau angelegter Novelty-Song mit Nonsens-Text, wie mit dem Schnellfeuergewehr vorgetragen.«

Oktober

11 **Elvis Presley**, **Carl Perkins** und **Johnny Cash** starten in Abilene, Texas, eine Tour, die elf Gigs umfasst. Sie soll am 22. in St. Louis enden.

14 **Buddy Holly**, **Bob Montgomery** und **Larry Welborn** treten im Fair Park Coliseum in Lubbock, Texas, in einer gemeinsamen Show mit **Bill Haley And His Comets** auf. Der sich abzeichnende Erfolg von Elvis Presley und von Rockabilly bringt Holly dazu, sich von der Countryszene zu verabschieden. Seine Gruppe wird von Eddie Crandall aus Nashville entdeckt, der diese Tour begleitet.

20 **Elvis Presley**, **Bill Haley And His Comets**, **Pat Boone** und die **Four Lads** spielen vor Schülern der Brooklyn High School, Cleveland, für den Film *The Pied Piper Of Cleveland: A Day In The Life Of A Famous Disc Jockey* (»Der Rattenfänger von Cleveland: Ein Tag im Leben eines berühmten Discjockeys«), der von Bill Randle handelt.

November

1 Zu der R&B-Combo **Famous Flames** gehören der 22-jährige Bandleader und Sänger **James Brown**, **Bobby Byrd**, **Sylvester Keels** und **Nafloyd Scott**. Sie nehmen eine Azetatplatte von *Please, Please, Please* im Rundfunksender WIBB in Macon auf. Discjockey Hamp Swain leitet die Aufnahme und sendet den Song. Der Manager der Gruppe, Clint Brantley, schickt Kopien an die Labels Duke in Houston und Chess in Chicago. Die Famous Flames hatten das Jahr über bereits Auftritte in Georgia. Sie verbinden Gospel mit R&B, der auf urwüchsigem Jump-Blues aufbaut. Ihr dynamischer, leidenschaftlicher Frontmann und wichtigster Songschreiber hat bereits ein bewegtes Leben hinter sich, sowohl als jugendlicher Straftäter wie auch als erfahrener Sänger, Schlagzeuger und Orgelspieler in zahlreichen R&B- und Gospel-Combos.

9 **Harry Belafonte** nimmt *Jamaica Farewell* und *Come Back Liza* auf, um das Album ***Calypso*** zu vollenden. Es wird 1956 Nummer 1 in den USA. Belafonte wird nun »The Calypso King« genannt.

12 **Billboard** stellt erstmals die Rubrik »The Top 100« vor. Sie berücksichtigt Verkaufszahlen, Sendezeiten und Jukebox-Nachfrage in der Woche bis 2. November. Der erste Spitzenreiter ist *Love Is A Many-Splendored Thing* von den **Four Aces**.

12 **Elvis Presley** wird bei der jährlichen Umfrage unter Discjockeys zum viel versprechendsten Countrymusiker gewählt. **Chuck Berry** gelingt dasselbe in der Sparte R&B.

20 **Bo Diddley**, **LaVern Baker**, die **Five Keys** und **Willis Jackson's Orchestra** sind Gäste der CBS-TV-Show »Toast of the Town« mit Ed Sullivan. Discjockey Tommy »Dr. Jive« Smalls moderiert einen 15-minütigen R&B-Block. Diddley spielt sein *Bo Diddley*, obwohl er *Sixteen Tons* geprobt hatte.

James Brown

James Brown und Sam Cooke begannen ihre Karriere beide bei sehr angesagten R&B-Bands: Brown bei den Famous Flames, Cooke bei den Soul Stirrers.

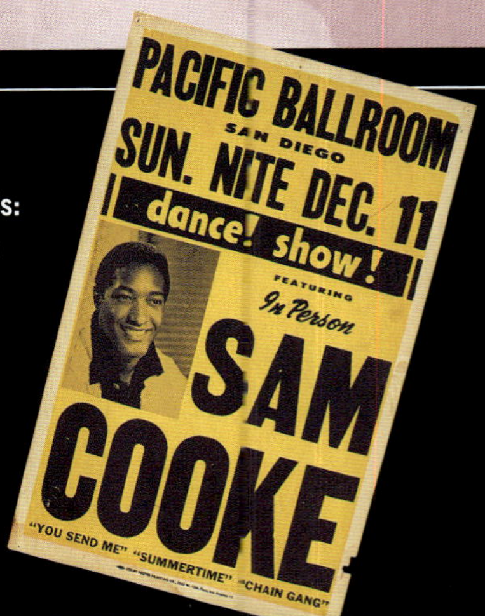

ELVIS PRESLEY

21. Nov. **Weil Bob Neals Managementvertrag bald ausläuft, hat »Colonel« Tom Parker die ihm von Elvis' Eltern erteilte Vollmacht genutzt und einen Vertrag mit den RCA-Managern Coleman Tily und Steve Sholes sowie dem Verlag Hill & Range ausgehandelt, der heute im Sun-Studio in Memphis unterzeichnet wird. RCA kauft von Sun und Sam Phillips' Verlag Hi-Lo Music für 35 000 $ den Vertrag mit Presley und alle bisherigen Aufnahmen. Presleys zukünftige Tantiemen auf die existierenden Sun-Singles werden von RCA mit 5000 $ abgegolten. RCA wird alle fünf Singles unter seinem eigenen Label wieder veröffentlichen, aber Sun erhält eine Abverkaufsfrist für seine Lagerbestände. Phillips hat das Angebot akzeptiert, weil er frisches Kapital zum Expandieren braucht und Presleys Vertrag nur noch ein Jahr läuft. (Er wird in die neue Hotelkette Holiday Inn investieren und damit letztlich mehr verdienen als mit seiner Plattenfirma.)**

Elvis Presley kam unter die Fittiche des ehrgeizigen Managers »Colonel« Parker.

26 **Bill Haleys** *(We're Gonna) Rock Around The Clock* erscheint auf Brunswick und wird als erste Rock'n'Roll-Platte Nr. 1 in England.

Dezember

3 Eddie Crandall, Agent in Nashville, schickt ein Telegramm an Dave Stone von Radio KDAV in Lubbock: »Lass Buddy Holly vier Originalsongs auf Azetat aufnehmen. Ändere seinen Stil nicht. Schick sie mir sofort.« **Buddy Holly** wird diese Songs am 7. Dezember im Nesman Recording Studio in Wichita Falls, Texas, aufnehmen.

3 **»Tennessee« Ernie Fords** Version des Songs *Sixteen Tons* von Merle Travis wird von Capitol auf den Markt gebracht. Sechs Wochen steht er an der Spitze der **Billboard**-Top-100. Der Song ist ein Sparten übergreifender Hit und wird zu der bisher am schnellsten verkauften Platte, die nach vier Wochen auf Platz 1 steht.

19 **Carl Perkins** nimmt seine Komposition *Blue Suede Shoes* auf. Geschrieben wurde der Song auf Anregung von **Johnny Cash** nach einem tatsächlichen Vorfall. Sam Phillips wittert das kommerzielle Potenzial, beschleunigt die Veröffentlichung auf Sun und fördert die Vermarktung.

22 Alan Freeds Rock'n'Roll Holiday Jubilee beginnt in der Musikademie in New York, 14th Street. In den zwölf Tagen bis 2. Januar werden Shows mit folgenden Künstlern präsentiert: Die **Bonnie Sisters**, **Count Basie**, **LaVern Baker**, **Boyd Bennett**, die **Wrens**, die **Valentines**, **Don Cherry**, die **Chuckles**, die **Cadillacs**, die **Heartbeats**, **Gloria Mann**, **Joe Williams**, **Sam »The Man« Taylor** und **Al Sears**.

Die Four Aces, ein Vokalquartett aus Chester, Pennsylvania, um Al Alberts, hatten ihre einzige Nr. 1 mit *Love Is A Many-Splendored Thing,* dem Titelsong aus dem Film *Alle Herrlichkeit auf Erden* mit William Holden und Jennifer Jones.

> **»Ohne Elvis hätte es keiner von uns geschafft.«** Buddy Holly, **Billboard**

31 **Bill Haley And His Comets** beenden ihr phänomenales Jahr im Michigan State Fair Coliseum in Detroit. *Burn That Candle* ist auf dem Weg zu Platz 9. Zum Ende des Jahres verlassen die Bandmitglieder **Joey Di'Ambrosia**, **Dick Richards** und **Marshall Lytle** die Comets, gründen die Band **The Jodimars** und unterzeichnen einen Vertrag mit Capitol. **Billy Williamson** und **Johnny Grande** bleiben Bill Haley aber erhalten. Bei Liveauftritten werden nun folgende Musiker hinzugezogen: der Gitarrist **Frank Beecher**, **Al Rex** (der zurückkehrt) sowie die Neulinge **Rudy Pompilli** (früher Saxophonist beim Ralph Marterie Orchestra) und **Don Raymond** am Schlagzeug.

ROOTS

In diesem Jahr singen die Brüder Barry, Maurice und Robin Gibb regelmäßig als The Rattlesnakes in den Samstagsmatineen der Kinos Gaumont, Whalley Range Odeon und Palentine Theatre in Manchester … freundet sich Paul McCartney am Liverpool Institute mit seinem Mitschüler George Harrison an, der ein Jahr jünger ist als er … macht Roy Orbison mit den Teen Kings erste Aufnahmen in Norman Pettys Studio in Clovis, New Mexico … bestreitet Willie Nelson im Staat Washington erstmals eine Radioshow, in der seine eigene Band 30 Minuten Livemusik präsentiert … unterschreibt Connie Francis mit 16 Jahren bei MGM Records; neben Demos nimmt sie den Gesang für Tuesday Weld in Alan Freeds Film »Rock Rock Rock« auf … trifft Eddie Cochran beim Kauf von Gitarrensaiten im Bell Gardens Music Center, Kalifornien, den Songschreiber Jerry Capehart … verkauft Don Everly sein Lied *Thou Shalt Not Steal* für 600 $ an einen Verlag (Kitty Wells singt es) und wird mit seinem Bruder Phil zu einer Session bei Columbia eingeladen …

Roll Over Beethoven

1956

Nr.1 US-SINGLES

07. Jan.	Sixteen Tons	**Tennessee Ernie Ford**
21. Jan.	Memories Are Made Of This	**Dean Martin**
25. Febr.	The Great Pretender	**Platters**
10. März	Rock And Roll Waltz	**Kay Starr**
31. März	Poor People Of Paris	**Les Baxter**
12. Mai	Heartbreak Hotel	**Elvis Presley**
30. Juni	The Wayward Wind	**Gogi Grant**
11. Aug.	I Almost Lost My Mind	**Pat Boone**
25. Aug.	My Prayer	**Platters**
22. Sept.	Don't Be Cruel	**Elvis Presley**
10. Nov.	Green Door	**Jim Lowe**
01. Dez.	Love Me Tender	**Elvis Presley**
15. Dez.	Singing The Blues	**Guy Mitchell**

Nr.1 UK-SINGLES

07. Jan.	(We're Gonna) Rock Around The Clock	**Bill Haley And His Comets**
21. Jan.	Sixteen Tons	**Tennessee Ernie Ford**
18. Febr.	Memories Are Made Of This	**Dean Martin**
17. März	It's Almost Tomorrow	**Dreamweavers**
31. März	Rock And Roll Waltz	**Kay Starr**
07. Apr.	It's Almost Tomorrow	**Dreamweavers**
14. Apr.	Poor People Of Paris	**Winifred Atwell**
05. Mai	No Other Love	**Ronnie Hilton**
16. Juni	I'll Be Home	**Pat Boone**
21. Juli	Why Do Fools Fall In Love	**Teenagers featuring Frankie Lymon**
11. Aug.	Whatever Will Be Will Be	**Doris Day**
22. Sept.	Lay Down Your Arms	**Anne Shelton**
20. Okt.	A Woman In Love	**Frankie Laine**
17. Nov.	Just Walkin' In The Rain	**Johnnie Ray**

Pat Boone

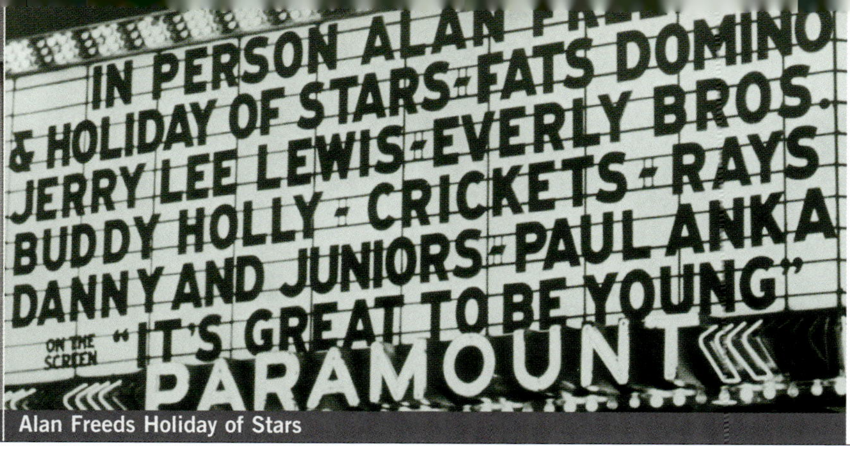

Alan Freeds Holiday of Stars

Pat Boone, ein Nachkomme des Wildwestpioniers Daniel Boone, schlug als Sänger einen weniger abenteuerlichen Pfad ein ... »Package«-Shows mit zahlreichen Stars waren groß in Mode, allen voran die von Alan Freed organisierten Veranstaltungen im Paramount.

Rock'n'Roll fand in den USA ein junges Massenpublikum, als **Elvis Presley** eine riesige Fangemeinde hinter sich versammelte. Seine Anziehungskraft war enorm: Da sang ein rebellischer weißer Junge schwarze Musik – und noch dazu mit Sexappeal. Die Begeisterung hatte auch Schattenseiten: Konzerte von **Bill Haley And His Comets** lösten Krawalle aus und wurden oft verboten. Der Film »Rock Around the Clock« führte in England zu Gewalt. Das Establishment verspottete den Rock'n'Roll und fürchtete ihn zugleich. **Frank Sinatra** soll über Elvis gesagt haben: »Seine Musik ist jämmerlich, ein ranzig riechendes Aphrodisiakum.«

Presley wurde mit seinen Fernsehauftritten und seinem ersten Film »Love me Tender« zum ersten Multimedia-Star der Rockmusik und lockte ein riesiges Publikum an. Sein Erfolg beeinflusste andere Künstler wie **Buddy Holly** und **Gene Vincent.**

Presley teilte sich 1956 die Aufmerksamkeit mit Bill Haley, obwohl ihr Erscheinungsbild sehr unterschiedlich war. Haleys Musik fand in »The Blackboard Jungle« und »Rock Around the Clock« auch zum Film. Vor allem in England war er berühmt und berüchtigt. Die britische Jugend suchte ihre Anregungen in den USA. Der einzige Künstler aus den eigenen Reihen war der Schotte **Lonnie Donegan**, dessen akustischer Banjo-Skiffle-Sound viele britische Songschreiber beeindruckte.

Die R&B-Charts wurden von **Fats Domino** dominiert, der sich mit seinem schlichten Stil und mit seinem seriösen Auftreten stark von dem ungestümen **Little Richard** absetzte, dem aufregendsten neuen R&B-Star des Jahres 1956. *Tutti Frutti* hatte weit größere Wirkung, als der bescheidene Platz 17 vermuten lässt. Es überrascht kaum, dass die Version des ordentlich frisierten **Pat Boone** Platz 12 schaffte. Boone sang auch eine Coverversion von Richards *Long Tall Sally,* ohne jedoch dessen rasantes Tempo zu erreichen.

Chuck Berry gehört zu den Songschreibern, deren prägender Einfluss auf den Rock'n'Roll größer war als ihre Charterfolge. *Roll Over Beethoven* etwa blieb auf Platz 29 der **Billboard**-Charts stecken. Der Song gilt als Symbol für die Rebellion in der Musik; von den **Beatles** stammt eine berühmte Coverversion. John Lennon scherzte: »Wenn Sie nach einem Synonym für Rock'n'Roll suchen, nehmen Sie ›Chuck Berry‹.«

Mit ihrer bedächtigen Art zeigten die **Five Satins**, dass es immer noch einen Markt für Doo-Wop gab: Immerhin erreichte *In The Still Of The Night* Platz 25. Aber die Zukunft gehörte dem Rock'n'Roll. Viele Künstler waren en vogue, unter anderem **James Brown** und Buddy Holly, der seine eigenen Songs schrieb – ungewöhnlich für weiße Stars des Rock'n'Roll. 1956 schrieb er *Cindy Lou,* später als *Peggy Sue* bekannt.

Jetzt wurde Rock'n'Roll zum Schmelztiegel, zu einer wilden Mischung aus Hillbilly, Blues, Gospel, Folk, Pop und Jazz. Dieser Mix löste eine Kulturrevolution aus, der der Hüftschwung von Elvis Presley den Weg ebnete.

»... dieser Typ in einem schrillen Hemd, mit hoch aufgetürmten Haaren ... der wüst daherredet.«

»Bumps« Blackwells Beschreibung von Little Richard, 1955

Januar 1956

Elvis war überall, er wurde zur Sensation … Carl Perkins, sein Ex-Kollege auf dem Sun-Label, schrieb den Klassiker *Blue Suede Shoes*, der beiden Musikern einen Hit brachte.

Buddy Holly auf Tour … Die Ivor Novello Awards … *Rock Around The Clock* im Kino …

Januar

9 **Buddy Holly And The Two-Tunes** (seine neue Begleitband) starten in Little Rock, Arkansas, eine USA-Tour mit 14 Terminen, der letzte ist am 23. Januar in Memphis. Star der Tour ist **Hank Thompson**, außerdem sind **George Jones**, **Cowboy Copas** und **Wanda Jackson** mit dabei. Columbia Records hat Buddy Holly kürzlich abgewiesen. Deccas Büro in Nashville hat durch den Talentsucher Jim Denny Interesse bekundet, ihn als Solokünstler zu übernehmen. Sein Bandkollege **Bob Montgomery** drängt Holly, diese Chance wahrzunehmen. (Montgomery bleibt dem Musikgeschäft als Produzent und Verleger treu.) Holly rekrutiert den Gitarristen **Sonny Curtis**, den er bei der Radioshow »Sunday Party« als Mitglied von Ben Halls Countryband traf. Der Bassist **Don Guess**, ein Schulfreund, der bereits mit Holly bei den Rhythm Playboys war, vervollständigt die Besetzung.

10 **Elvis Presley** macht seine ersten Aufnahmen für RCA in den Methodist Television, Radio & Film Commission Studios in Nashville. Zuerst nimmt er ein Cover von Ray Charles auf, den R&B-Erfolg *I Got A Woman*. Darauf folgt eine neue Komposition, *Heartbreak Hotel*, die von Tommy Durden und Mae Boren Axton geschrieben wurde. Axton übergab Elvis Presley 1955 im Andrew Jackson Hotel das von Glenn Reeves aufgenommene Demoband bei einem Treffen von Discjockeys in Nashville. Am 11. Januar nimmt Presley *Money Honey, I'm Counting On You* und *I Was The One* auf. An den zweitägigen Sessions sind **Scotty Moore**, **Bill Black**, **Chet Atkins** (Gitarre), **Floyd Cramer** (Piano) und **Dominic »D.J.« Fontana** (Schlagzeug) beteiligt, ebenso **Ben** und **Brock Speer** und **Jordanaire Gordon Stoker** als Backgroundsänger. Fontana, der frühere Schlagzeuger der »Louisiana Hayride«, ist regelmäßig mit Presley auf Tour.

11 Die Songschreiber Jerry Leiber und Mike Stoller übernehmen die Produktion der **Coasters** (vorher The Robins) bei deren ersten Aufnahmen für Atlantic Records in Hollywood: *Brazil, Down In Mexico, One Kiss Led To Another* und *Turtle Dovin'*.

23 **James Brown And The Famous Flames** erhalten von dem einflussreichen Produzenten und Talentsucher Ralph Bass einen Vertrag bei dessen Label Federal, einer Tochterfirma von Syd Nathans Label King in Cincinnati. Bass hatte die Band mit ihrem Hit *Please, Please, Please* in Atlanta im Rundfunk gehört. Er überbietet Leonard Chess und zahlt ihnen einen Vorschuss von 200 $.

26 **Buddy Holly And The Two-Tunes** haben ihre ersten Aufnahmesessions für Decca in Bradley's Barn Studio in Nashville. Produzent ist Owen Bradley, Grady Martin spielt die Rhythmusgitarre und Doug Kirkham Schlagzeug. Sie nehmen *Blue Days, Black Nights, Don't Come Back Knockin', Love Me* und *Midnight Shift* auf.

27 Irvin Felds R&B-Tour Super Attractions startet in Pittsburgh. An dieser zehntägigen Tournee sind beteiligt: **Bill Haley And His Comets**, die **Platters**, **LaVern Baker**, **Shirley And Lee**, die **Drifters**, **Joe Turner**, **Bo Diddley**, die **Five Keys**, **Roy Hamilton**, **Red Prysock**. Die **Turbans** werden am 5. Februar beim Gig in Washington D. C. spielen.

28 **Elvis Presley** erhält 1250 $ für jeden der vier Auftritte bei »Stage Show«, die live aus dem New-Yorker CBS-Studio 50 gesendet werden. Gastgeber sind Tommy und Jimmy Dorsey. Er wird von Bill Randle vorgestellt und präsentiert *Shake, Rattle And Roll, Flip, Flop And Fly* und *I Got A Woman*. Der Schauspieler Jackie Gleason, dessen Unternehmen die Show produziert, sagt: »Er ist eine Eintagsfliege, ich sage es ganz offen, er ist eine Eintagsfliege.« (Auf Wunsch des Publikums gibt es zwei weitere Shows.)

30 **Elvis Presley** nimmt seine eigene Version des **Carl-Perkins**-Hits *Blue Suede Shoes* in den RCA-Studios in New York auf. Sieben weitere Songs für sein Debütalbum kommen in den folgenden vier Tagen hinzu.

»Wir gingen es mit Humor an. Die Coasters waren ja richtiggehend hysterisch. Das Material war stark, mit einigen versteckten Metaphern, aber immer mit echten Ohrwürmern.« Jerry Leiber über die Aufnahmen

Die von The Robins in The Coasters umbenannte Gruppe lag unter der Ägide des Autoren- und Komponistenteams Leiber/Stoller voll im Trend.

LONNIE DONEGAN

4. Februar Der britische Skiffle-Pionier Lonnie Donegan ist mit seinem ersten Hit *Rock Island Line* (der auf einem traditionellen amerikanischen Folksong basiert) 25 Wochen in den britischen Charts und steigt heute auf Platz 8. Donegan, der aus Glasgow stammt, ist seit einem Jahr bei Decca. Seit 1949 spielt er in Jazzbands Gitarre und Banjo – besonders bei Ken Colyer's Jazzmen und bei Chris Barber's Jazz Band. Durch den starken Einfluss von amerikanischem Folk und Blues hat Donegan beide Combos auf Blues und Work-Songs orientiert. Einen solchen Song nahm er als Grundlage für *Rock Island Line*.

Die Musikrichtung des Skiffle mit akustischem Banjo und Waschbrett wird zum Vorläufer des britischen Rock'n'Roll und hat großen Einfluss auf verschiedene Songschreiber wie etwa Paul McCartney.

Februar

4 In den King Studios in Cincinnati arbeitet **James Brown** mit den **Famous Flames** in folgender Besetzung: **Bobby Byrd** (Piano und Backgroundgesang), **Nafloyd Scott** (Gitarre) und die Backgroundsänger **Sylvester Keels**, **Johnny Terry** und **Nashpendle Knox**. Sie nehmen *Please, Please, Please* auf. **Wilbert »Lee Diamond« Smith** und **Ray Felder** (Tenorsaxophone), **Clarence Mack** (Bass) und **Edison Gore** (Schlagzeug) kommen für diese Session hinzu.

18 Der von Dick Ware und Shorty Allen geschriebene Erfolgssong *Rock And Roll Waltz*, gesungen von **Kay Starr**, ist Nr. 1 der US-Top-100. Eine dreifache Premiere: der erste Nr.-1-Hit für RCA-Records, der erste mit »Rock'n'Roll« im Titel und die erste Rock'n'Roll-Nr.-1 einer Frau.

März

3 **Elvis Presley** taucht zum ersten Mal in den Top 100 auf, und zwar mit *Heartbreak Hotel* auf Platz 68. Presley wird nun über Radio und Fernsehen dem US-Publikum vorgestellt. Seine Fusion aus Country, Gospel, R&B, Blues und Pop wird ihn zusammen mit seinem Äußeren und seiner einzigartigen Bühnenshow zu nie gekannten Ruhm führen. Mit Haley und Presley geht das Rock'n'Roll-Fieber jetzt richtig los.

»Er brachte dem weißen Amerika bei, was Party heißt.« James Brown über Elvis

10 Zwei Wochen, bevor **Lonnie Donegans** Originalfassung in die US-Top-100 kommt und auf Platz 8 steigt, singt der 19-jährige **Bobby Darin** *Rock Island Line* bei seinem Fernsehdebüt in der *Stage Show*. Er gehört zu den **Jaybirds** (Decca), wird aber bald als Solist auftreten.

11 In London werden erstmals die Ivor Novello Awards verliehen, die ersten bedeutenden Musikpreise, die ausschließlich an britische Komponisten vergeben werden. *Ev'rywhere* von **Tolchard Evans** und **Larry Kahn** erhält den Preis als beliebtester Song. *In Love For The Very First Time* von **Jack Woodman** und **Paddy Roberts** wird bester Popsong, ihr *Got'n Idea* wird bester Kabarettsong. Doch nicht alle gingen mit dem Trend der Zeit. Zum Beleg dafür wird *Salad Days* von **Julian Slade** und **Dorothy Reynolds** zum besten Musical gekürt.

17 Der Musikfilm »Rock Around the Clock« erlebt seine Weltpremiere in Washington. Es gibt sowohl in den USA als auch in Europa heftige Reaktionen auf den von Sam Katzman produzierten Streifen. Er präsentiert Musik von **Bill Haley And His Comets**, den **Platters**, **Tony Martinez And His Band**, **Freddie Bell And His Bellboys** und **Little Richard**.

März 1956

Südstaaten-Teenager hören Rock'n'Roll.

Carl Perkins im Krankenhaus ...
Der Capitol Tower leuchtet ...
Alan Freed verteidigt den Rock'n'Roll ...

21 *Blue Suede Shoes* ist auf dem Weg zur Nr. 2 der Top 100. Nach seinem ersten Fernsehauftritt am 17. März in **Red Foleys** Countryshow »Ozark Jubilee« und nach dem heutigen Auftritt mit **Gene Vincent** und **Johnny Burnette** verlässt **Carl Perkins** mit seinem Bruder Jay Norfolk, Virginia. Sie sind auf dem Weg nach New York zur »Perry Como Show« (NBC) und »Ed Sullivan Show« (CBS). Bei Dover, Delaware, stößt das von dem Manager Dick Stuart gesteuerte Auto mit einem LKW zusammen und überschlägt sich. Perkins erleidet eine Rückenverletzung und zahlreiche Schnittwunden und wird ins Krankenhaus nach Memphis gebracht. Jay hat neben einer Rückenverletzung gebrochene Rippen und innere Verletzungen.

26 »Colonel« Tom Parker vertritt von nun an **Elvis Presley**: Bob Neals Vertrag erlosch am 15. März. Parker wird formell als »einziger Berater, persönlicher Vertreter und Manager in allen Belangen des öffentlichen und privaten Entertainments« bestätigt – für eine sehr beachtliche Provision von 25 Prozent.

29 Das North Alabama White Citizens Council startet eine Kampagne, die Jukebox-Betreiber dazu bringen soll, alle nach Ansicht des Vorsitzenden Asa Carter »unmoralischen Aufnahmen im neuen Rhythmus« zu entfernen. Diese erwidern, dass sie dadurch fast alle Hits verlieren würden. Carter behauptet, dass die »National Association for the Advancement of Colored Peoples« weiße Teenager im Süden mit Rock'n'Roll verderbe. Der NAACP-Generalsekretär Roy Wilkins kommentiert: »Einige Leute im Süden machen uns für alles verantwortlich, von Masern bis zum radioaktiven Niederschlag.«

30 Alan Freeds Easter Jubilee of Stars beginnt im Paramount-Theater (Brooklyn) und spielt an zehn ausverkauften Tagen 204 000 $ ein. Präsentiert werden die **Willows**, die **Platters**, die **Valentines**, die **Jodimars**, **Ruth McFadden**, die **Royaltones**, die **Cleftones**, **Cindy And Lindy**, die **Teenagers**, die **Flamingos**, die **Rover Boys** und **Dori Anne Gray**.

31 **Brenda Lee** absolvierte bereits mit fünf Jahren als Sängerin professionelle Bühnenauftritte und steht bei Decca unter Vertrag. Sie hat heute, mit elf Jahren, ihren ersten Fernsehauftritt in der Show »Junior Ozark Jubilee« auf ABC. Gastgeber ist Red Foley, der sie bei seiner Show im Plattenladen ihrer Eltern in Augusta gehört hat. Lee ist bereits bei vielen Talentwettbewerben aufgetreten. In ihrer Heimatstadt Atlanta sang sie mit fünf Jahren *Take Me Out To The Ball Game*. Nach ihrem Auftritt bei ABC bietet ihr Top Talent einen Managementvertrag über fünf Jahre an. Dub Albritton wird ihr Manager und bleibt es bis zu seinem Tod 1972. Lee geht mit Foleys Roadshow auf Tour, bevor sie in der »Perry Como Show« und der »Ed Sullivan Show« auftritt.

»Man kann keine Art von Musik als unmoralisch bezeichnen. Dem Rock'n'Roll kann man höchstens vorwerfen, dass er die Monotonie zu einer Tugend erhebt.« Mitch Miller, 15. April 1956

Nach dem Unfall musste Carl Perkins über einen Monat im Krankenhaus bleiben. Er konnte dadurch den Erfolg von *Blue Suede Shoes* nicht richtig ausnutzen.

April

1 **Elvis Presley** spielt probeweise als Jim Curry in einer Szene des Films »Der Regenmacher« in den Paramount-Studios in Hollywood mit. Am 6. April wird zwischen dem Produzenten Hal B. Wallis und Presley ein mit 450 000 $ dotierter Sieben-Jahres-Vertrag über drei Filme für Paramount abgeschlossen.

1 Die fünfwöchige Tournee The Rhythm and Blues of 1956 beginnt in Richmond, im US-Bundesstaat Virginia. Beteiligt sind nahezu alle großen Namen der R&B-Szene: **Fats Domino**, **Little Richard**, **Ruth Brown**, die **Cadillacs**, die **Clovers**, **Little Willie John**, die **Turbans**, die **Sweethearts**, **Al Jackson And The Fat Men**, **Joe Medlin** und das **Choker Campbell Orchestra**. Die Show tourt durch den Osten und geht dann nach Toronto. Es ist die erste Konzertveranstaltung dieser Art in Kanada

Little Richard

Little Richard spielte regelmäßig bei den ungeheuer beliebten Package-Tourneen ... Elvis Presley war sehr gefragt: Er ging ins Studio, spielte auf der Bühne und im Fernsehen und unterschrieb seinen ersten Filmvertrag.

3 Ungefähr 40 Millionen Menschen sehen **Elvis Presley** auf NBC in der »Milton Berle Show«, die live von dem Flugzeugträger USS Hancock aus übertragen wird, der in San Diego vor Anker liegt. 25 000 wollten Eintrittskarten, um ihn bei *Heartbreak Hotel, Shake, Rattle And Roll* und *Blue Suede Shoes* zu erleben – von dem er zwei Versionen liefert: eine als Sketch, in dem Berle einen Zwillingsbruder von Elvis, Melvin, mimt. Presley erhält 5000 $ für diesen Auftritt.

6 Der Capitol Tower in Hollywood, Sitz von Capitol-Records, wird eröffnet. Der erste runde Büroturm in Amerika mit seinem 2 Mio. $ teuren Aufbau, 28 Metern Durchmesser und 13 Stockwerken steht an der Grenze von Hollywood und Vine. Leila Morse, Enkelin des Erfinders des Morsealphabets Samuel Fulton Breeze Morse, übermittelt telegrafisch den Code zur Aktivierung der roten Leuchtschrift auf dem Turm, die nachts die Buchstaben »H-O-L-L-Y-W-O-O-D« in Morseschrift ausstrahlt.

7 »Rock'n'Roll Dance Party« feiert auf CBS Premiere. Es ist die erste in den gesamten USA ausgestrahlte Rundfunksendung, die diesem neuen Genre gewidmet ist. Moderator ist **Alan Freed**.

9 Sheriff Tex Davis, Discjockey bei Radio WCMS in Norfolk, Virginia, geht mit dem 20-jährigen Sänger **Gene Vincent** und seiner Band ins Studio, um drei Songs aufzunehmen: *Be-Bop-A-Lula, Race With The Devil* und die Countryballade *I Sure Miss You*. Davis schickt Demos an Ken Nelson bei Capitol Records. Der Ex-Marinesoldat Vincent hat gerade einen längeren Krankenhausaufenthalt hinter sich. Donald Graves, Patient im gleichen Krankenhaus, war angeblich an der Entstehung von *Be-Bop-A-Lula* beteiligt. Er verkauft seinen Anteil an diesem Song an Vincent und Davis für 25 $.

10 Da die Behörden Aktionen des »White Citizens Council« von Anniston befürchteten, einer Stadt 97 km östlich von Birmingham, Alabama, beauftragen sie die Detektive C. B. Golden und Carl Carruthers, nach Unruhestiftern Ausschau zu halten, die die beiden heutigen Shows von **Nat King Cole** im Municipal Auditorium in Birmingham stören könnten. Während der ersten Show (exklusiv für weißes Publikum) ist Cole, begleitet vom **Ted Heath Orchestra** aus England, mitten im Song *Little Girl*, als die weißen Rassenfanatiker Kenneth Adams, Mike Fox, Orliss Clevenger, Willis Vinson und dessen Bruder Edgar die Bühne stürmen. Willis Vinson schlägt Cole, was zu Krawallen führt. Die Polizei nimmt die Angreifer fest. Coles Schlagzeuger, Lee Young, versucht das Chaos zu besänftigen und ruft Ted Heath zu, die Nationalhymne zu spielen. Aber statt »The Star-Spangled Banner« dirigiert Heath »God Save the Queen«. Coles Werbemanager Dick LaPalm ruft »Die amerikanische Hymne, die amerikanische! Zur Hölle mit der Queen!« Cole ist erschüttert und erholt sich erst hinter der Bühne. Als er zurückkommt, sagt er zum Publikum: »Ich bin hier geboren. Ich bin gekommen, um euch zu unterhalten. Ich habe geglaubt, dass ihr das wollt.« Er wird von einem Arzt untersucht, und die ›weiße‹ Show wird abgesagt. Um 22 Uhr gibt er eine kurze Vorstellung für das schwarze Publikum. Adams und Willis Vinson werden wegen versuchten Mordes angeklagt, Fox, Clevenger und Edgar Vinson gehen wegen Verschwörung und Unruhestiftung ins Gefängnis.

11 **Elvis Presleys** Flugzeug muss in El Dorado, Arkansas, notlanden. Es war auf dem Weg von Amarillo, Texas, nach Nashville. Elvis steht unter Schock, nimmt aber noch am gleichen Tag *I Want You, I Need You, I Love You* auf. Seither hat er Angst vorm Fliegen.

12 Bob Raiford vom Lokalsender WBT wird nach Interviews mit Bürgern von Charlotte, North Carolina, über die Attacke gegen **Nat King Cole** entlassen. WBT will in seinen Sendungen zu kontroversen Themen keine Stellung beziehen.

15 **Alan Freed** und der künstlerische Leiter von Columbia Records, **Mitch Miller**, sprechen im Fernsehsender CBS mit zwei Psychologen. Sie diskutieren den Einfluss von Rock'n'Roll auf Teenager. Es werden Szenen und Interviews mit Teenagern aus einer Rock'n'Roll-Show in Camden, New Jersey, gezeigt. Freed antwortet auf die Kritik an dieser Musik und an ihrer Wirkung auf die amerikanische Jugend. Er bezichtigt die Medien der Übertreibung.

23 **Elvis** hat sein Debüt in Las Vegas. Er wird als »einziger atomangetriebener Sänger der Nation« angepriesen. Er verdient 8500 $ pro Woche und tritt im Venus-Saal des New Frontier Hotels im Vorprogramm von Freddie Martin And His Band und des Komikers Shecky Greene auf. Er wird jedoch nur eine Wochen auftreten, da das etwas ältere Publikum kühl reagiert. Elvis wird 13 Jahre lang nicht mehr nach Vegas kommen, aber er verabschiedet sich mit einer flotten Version des R&B-Oldies *Hound Dog* von der Hotelband **Freddie Bell And The Bellboys**.

Nat King Cole wurde bei einem Auftritt in Birmingham, Alabama, Opfer eines rassistisch motivierten Angriffs.

1956

Heartbreak Hotel an der Spitze der Charts ... Elvis Presleys erster Film ...

Elvis sollte den Reigen der Rock'n'Roller auf der Leinwand anführen, aber auch andere neue Sänger waren in Hollywood sehr gefragt.

Mai

2 The Biggest Rock and Roll Show startet mit schwarzen und weißen Künstlern in Hershey zu einer 44-tägigen Tour durch Nordamerika. **Bill Haley And His Comets** werden unterstützt von **Platters**, **LaVern Baker**, **Joe Turner**, den **Drifters**, **Frankie Lymon And The Teenagers**, den **Teen Queens**, **Bo Diddley**, den **Colts**, den **Flamingos** und **Red Prysock's Big Band**. In den ersten fünf Tagen werden über 100 000 $ eingespielt.

4 **Gene Vincent** macht Aufnahmen mit dem Produzenten Ken Nelson in Owen Bradleys Studio in Nashville. Zur Band gehören die Gitarristen **»Galloping« Cliff Gallup** und **»Wee« Willie Williams**, am Bass **»Jumpin« Jack Neal** und am Schlagzeug **Dickie »Be-Bop« Harrell**. Aus dieser Konstellation werden die **Blue Caps**, deren Namen sich auf Präsident Eisenhowers Lieblings-Golfmütze bezieht. Die drei Demosongs der Session vom 9. April werden neu aufgenommen. Jack Rhodes *Woman Love* kommt neu hinzu.

Frankie Lymon And The Teenagers erreichten mit ihrem ersten Hit *Why Do Fools Fall In Love* Platz 6 der US-Charts.

5 *Heartbreak Hotel* startet den Aufstieg an die Spitze der US-Top 100. Es wird der erste Millionenhit **Elvis Presleys**. Der Song wird bei »Country and Western« zur Nr. 1 und bei R&B die Nr. 5 und Bestseller des Jahres. Presleys Version von *Blue Suede Shoes*, Lead-Track auf einer EP, wird zur Nr. 24 (das Original von **Carl Perkins** steigt auf Platz 4). Presleys Debütalbum wird das erste Rock'n'Roll-Album an der Spitze der US-Charts. Mit 362 000 Vorbestellungen ist es für RCA das erste Album eines Solokünstlers mit einem Umsatz von mehr als einer Million Dollar und das Album mit den meisten Vorbestellungen. Nächste Woche landet Presley mit *Heartbreak Hotel* in den britischen Charts auf Platz 15.

19 **Lonnie Donegan** tritt zum ersten Mal im US-Fernsehen in der »Perry Como Show« von NBC auf. Er sing *Rock Island Line*. In der gleichen Sendung wirkt übrigens auch der Schauspieler Ronald Reagan mit. Er spielt in einigen Sketchen mit.

24 Zum ersten Mal findet der Grand Prix Eurovision de la Chanson statt – in Lugano (Schweiz). Sieben Länder nehmen teil. Jedes präsentiert zwei Songs. **Lys Assia** aus der Schweiz gewinnt mit *Refrain* vor Belgiens sehr melancholischem Beitrag *Messieurs les noyés de la Seine.*

30 Nach Krawallen der 2700 Fans schreitet die Polizei bei einem Konzert von **Bill Haley And His Comets** in der Asbury Park Convention Hall in New Jersey ein. Der Stadtrat wird Rock'n'Roll-Konzerte später verbieten

Juni

5 Bei seinem zweiten Auftritt in der »Milton Berle Show« spielt **Elvis Presley** gemeinsam mit Berle einen Sketch und singt die Lieder *I Want You, I Need You, I Love You* und *Hound Dog* mit einem Hüftschwung, der sofort einen Proteststurm auslösen wird. Die **Jordanaires** begleiten Elvis Presley zum ersten Mal im Fernsehen: **Hoyt Hawkins** (Bariton), **Gordon Stoker** (erster Tenor), **Neal Matthews** (zweiter Tenor) und **Hugh Jarrett** (Bass). Bei den Jordanaires handelt es sich um eine Gospelgruppe aus Springfield, Missouri. Elvis trafen sie im Oktober 1954 im Ellis-Auditorium in Memphis, als sie Eddy Arnold begleiteten.

Juli

1 **Elvis Presley** tritt erneut beim Fernsehsender NBC-TV auf, er ist Gast der »Steve Allen Show« in New York. Die Produzenten wünschen eine weniger provokative Darbietung als in der »Milton Berle Show« und setzen daher mehr auf Comedy. Presley singt eine entschärfte Version von *I Want You, I Need You, I Love You* und anschließend *Hound Dog*. Den Song trägt er mit weißer Krawatte und im Frack dem echten, aber gleichmütigen Basset Sherlock vor. Allen präsentiert Elvis 18 000 Unterschriften aus Tulsa: alle wollen ihn wieder im TV sehen. Also spielt er in »Range Roundup« mit, einem Sketch mit Allen und den Showgästen Imogene Coca und Andy Griffith. Nach der Show ist er im Lokalfernsehen, in der Show »Hy Gardner Calling« zu sehen.

2 **Elvis Presley** nimmt im RCA-Studio Hound Dog auf: ein 1953 von Leiber und Stoller für Willie Mae Thornton geschriebener Hit. Erst nach 31 Versuchen ist man zufrieden. Flottere Versionen von *Don't Be Cruel* und *Any Way You Want Me (That's How I Will Be)* werden erstellt. Die Jordanaires begleiten ihn zum ersten Mal.

4 **Elvis Presley** kehrt für ein Wohltätigkeitskonzert mit dem Zug nach Memphis zurück. Veranstaltet vom Memphis Press-Scimitar's Milk Fund und dem Variety Club's Home for Convalescent Children. Es findet im Russwood Park, einem Baseball-Stadion mit 14 000 Plätzen, statt.

9 Nach den Unruhen in Asbury Park dürfen **Bill Haley And His Comets** nicht im Roosevelt-Stadion in Jersey City spielen. Der Bürgermeister Bernard Berry und die zuständigen Behörden sind besorgt, da mehrere Rock'n'-Roll-Konzerte ausarteten. Sie lehnen Anträge von Konzertpromoter Ed Otto Jr. und Bandleader Paul Whiteman ab. Dieser sollte die Ansagen übernehmen und entgegnet, dass die Show ein

»Als ich [Elvis] traf, hatte er lediglich Talent im Wert von einer Million. Jetzt hat er tatsächlich eine Million.« »Colonel« Tom Parker

Konzert und daher Gewalt unwahrscheinlich ist. In einer Anordnung steht: »Rock-and-Roll förderte Vergehen von Jugendlichen und brachte weibliche Personen dazu, in impertinenten Badeanzügen obszöne Tänze am Strand zu vollführen.«

22 **Buddy Holly And The Three Tunes** (dritter ›Tune‹ ist Schlagzeuger **Jerry Allison**) kommen zu einer zweiten Session in Bradley's Barn in Nashville. Auf dem Programm stehen *I'm Changing All Those Changes, Girl On My Mind, Rock Around With Ollie Vee, Ting-A-Ling* und *That'll Be The Day*. (Decca hält diese Aufnahmen bis 1957 zurück und schreibt sie Buddy Holly And The Three Tunes zu, *That'll Be The Day* erscheint erst, als Holly mit den **Crickets** Erfolg hat.) Es soll noch mehr als ein Jahr dauern, bis Buddy in die US-Charts kommt. Aber *Blue Days, Black Nights,* seine erste Aufnahme, von KDAV-Discjockey Ben Hall geschrieben – hat bei britischen Radios großen Erfolg.

23 Die Times beschreibt den Film »Rock Around the Clock« als ein Werk, »über das man nicht mit normalen Begriffen der Kritik sprechen kann … es gibt einen einzigen schrecklichen Witz. Jemand erwähnt das Wort ›Walzer‹ und wird sofort ermahnt, seine Worte sorgfältig zu wählen, da sich Damen im Raum befinden«.

August

14 Der Sänger und Gitarrist **Eddie Cochran** wird vom Filmproduzenten Boris Petroff entdeckt, während er Filmmusik für einen seiner Low-Budget-Filme aufnimmt. Cochran spielt eine Rolle in »The Girl Can't Help It« mit Jayne Mansfield. Er singt *Twenty Flight Rock* in diesem Rock'n'Roll-Farbfilm. Mit 17 hatte Cochran für Ekko-Records Aufnahmen gemacht und trat als einer der Cochran Brothers (mit dem nicht verwandten Hank Cochran) 1955 im Fernsehen auf. Er wechselt zum Rock'n'Roll, nachdem er im letzten Jahr Elvis Presley in Dallas gesehen hat.

22 In Hollywood beginnen die Aufnahmen für »The Reno Brothers«, für den der Produzent Hal Wallis sein neues Film-Eigentum **Elvis** an 20th Century Fox »ausgeliehen« hat. Der Film basiert auf dem Roman von Maurice Geraghty und handelt vom Bürgerkrieg. Weitere Stars sind Richard Egan und Debra Paget. Die Handlung wurde an Presley angepasst, der Clint Reno spielt und vier Songs im Stil der Bürgerkriegszeit singt. Diese wurden von Ken Darby verfasst, dessen Trio Presley bei den Aufnahmen begleitet. Der Filmtitel lautet nun »Love Me Tender«, da diese Ballade (nach einem Volkslied aus dem Jahr 1851 von Aura Lee) zur Titelmelodie wird.

24 Studio 51 nennt sich Londons erster Rock'n'Roll-Club in der Great Newport Street, Soho. Eröffnet wird der Club mit einer Darbietung von **Rory Blackwell's Rock'n'Rollers**.

28 **Alan Freeds** jährliche zehntägige Rock'n'Roll-Show startet im Paramount-Theater in Brooklyn. **Fats Domino**, **Frankie Lymon And The Teenagers**, die **Cleftones**, die **Harptones** und **Big Joe Turner** gehören dazu, aber auch die Doo-Wop-Gruppen **Moonglows** und die **Penguins**.

Elvis in der »Ed Sullivan Show« ... Jugendkrawalle in britischen Großstädten ...

Ed Sullivan und Elvis Presley

September

1 Vier Wochen vor seinem 20. Geburtstag macht sich der Sänger und Pianist **Jerry Lee Lewis** mit seinem Vater Elmo auf den Weg nach Memphis. Sie kommen aus Ferriday, Louisiana, und hoffen, dass Jerry Lee bei Sam Phillips im Studio von Sun Records vorspielen darf. (Familie Lewis hat die Fahrtkosten angeblich durch den Verkauf von hunderten von Eiern in Nelsons Supermarkt in Ferriday finanziert.) Im Memphis Recording Service erfahren sie, dass Phillips auf Urlaub in Florida ist. Jerry Lee macht einige Aufnahmen mit dem Techniker Jack Clement. Zwei Monate später lädt Sam Phillips Lewis zu einer weiteren Session ein.

9 In die »Ed Sullivan Show« wird eine in Hollywood entstandene Passage mit **Elvis Presley** aufgenommen und von CBS-TV ausgestrahlt. Sullivan hatte immer wieder betont, dass er Elvis nicht in seiner Show haben möchte, aber nach dem Erfolg seines Konkurrenten Steve Allen ändert er seine Meinung. »Colonel« Parker hat 50 000 $ für drei Auftritte ausgehandelt. Die Show präsentiert *Don't Be Cruel, Love Me Tender, Ready Teddy* und *Hound Dog* und wird von 54 Millionen Menschen (ein Drittel der US-Bevölkerung und eine Zuschauerquote von 82,6 Prozent) gesehen. Sullivan hatte einen Unfall und kann die Show nicht selbst moderieren. Er wird von Charles Laughton vertreten. Am folgenden Tag gibt es in Plattenläden eine Flut von Nachfragen nach *Love Me Tender,* das erst in einigen Wochen auf den Markt kommen soll.

11 Nach der Vorführung von »Rock Around the Clock« im Trocadero-Cinema in London werden zwei Polizisten verletzt, als sie eine »singende und tanzende« Menge in der New Kent Road auseinander treiben. Flaschen und Feuerwerkskörper werden geworfen und vier Schaufenster zertrümmert. Neun Jugendliche werden verhaftet und dem Tower Bridge Magistrates Court vorgeführt. Die Richterin Sybil Campbell sagt zu einem Angeklagten: »Es wird Zeit, dass du einsiehst, dass du erwachsen bist, und aufhörst, dich wie ein kleiner Junge zu benehmen.«

12 Die **Times** veröffentlicht einen Leserbrief von William Woolwich, nach dessen Ansicht der Film »Rock Around the Clock« verboten werden soll: »Es war nicht angenehm, das Rowdytum während und nach der Vorstellung trotz der Anwesenheit der Polizei zu erleben. Es war noch weniger angenehm, auf dem Heimweg vor einem anderen Kino eine Gruppe zu erleben, die nur mithilfe von Polizeihunden aufgelöst werden konnte.« Er fährt fort: »Der hypnotische Rhythmus und die wilden Gesten haben einen animierenden Effekt auf eine Generation, die Rhythmus liebt, und führen zum Verlust jeder Selbstkontrolle.«

»Für die heutigen untalentierten Zappler und Hopser interessieren sich doch nur die Halbstarken und das Jugenddezernat.«

Billy Rose, Songschreiber und Impresario, 18. September 1956

13 Behörden in Birmingham, Blackburn und Preston lassen den Film »Rock Around the Clock« nach Ausschreitungen in anderen Städten verbieten. Eine Mitteilung in Birmingham, der zweitgrößten britischen Stadt, besagt, dass die Entscheidung »darauf basiert, dass eine Präsentation des Films voraussichtlich zu Störungen führen wird«. Von Störungen wird bei Aufführungen in Manchester, Woolwich, Croydon, Chadwell Heath, Dagenham, Leyton, Peckham, West Ham und Twickenham berichtet. Ungefähr

Durch »Rock Around The Clock« wurde der Rock'n' Roll in alle Welt exportiert, was die Jugendlichen begeisterte und die Behörden beunruhigte. Auch die britische Königin Elizabeth II. hat den Film gesehen.

Carl Perkins' Gitarre

Elvis' drei Auftritte in der »Ed Sullivan Show« brachten riesige Einschaltquoten ... Während »Rock Around The Clock« in Großbritannien Krawalle auslöste, kam in den USA schon der Nachfolgefilm »Don't Knock The Rock« ins Kino ... In Deutschland liefen die Filme als »Außer Rand und Band« Teil 1 und 2.

TOMMY STEELE

15. Oktober Der 20-jährige Sänger und Gitarrist Tommy Steele wurde von vielen Plattenfirmen umworben und hat nun bei Decca unterschrieben. Heute hat er in Jack Paynes Show »Off the Record« sein britisches Fernsehdebüt und singt *Rock With The Caveman.*

Großbritanniens erster Rocker, der aus Bermondsey gebürtige Tommy Steele, war Schiffssteward bei der Cunard-Linie und trat dann in der Coffee-Bar 2 i's im Londoner Stadtteil Soho auf.

ein Dutzend Fans wird in Manchester verhaftet, als sie versuchen, nach dem Kinobesuch auf den Straßen zu tanzen. Die Polizei warf in Dagenham tanzende Jugendliche aus dem Gaumont Cinema. Der Kinobetreiber Mr E. C. Carter sagte: »Wir hatten alle Spaß an der ersten Veranstaltung. Rowdies und Störenfriede kamen bei der nächsten Show, und wir mussten die Polizei rufen.« Alderman J. Shorrock, Vorsitzender eines Bürgerkomitees in Blackburn, bestätigt: »Nach den Ereignissen in Burnley und Manchester mit diesen Rock-and-Roll-Teenagern sind wir nicht bereit, die Aufführung dieses Films in Blackburn zuzulassen.«

15 Im schottischen Balmoral Castle lässt sich die Königin »Rock Around the Clock« zeigen. Sie wollte ursprünglich »The Caine Mutiny« sehen. Sie hat größeres Glück als ihre Untertanen. Die Kinokette Rank storniert alle Sonntagsvorführungen des Films in britischen Großstädten, da der Sonntag zum Kinotag für die Rock'n'Roll-Teddy-Banden geworden ist.

17 Die BBC kündigt an, dass sie den Song *Rockin' Through The Rye* von **Bill Haley And His Comets** nicht mehr senden wird, da dieser Beitrag traditionelle britische Melodien »verfälscht«. Diese Platte, die sich auf Platz 5 der britischen Charts befindet, basiert auf der schottischen Volksweise aus dem 18. Jahrhundert *Comin' Thro' The Rye.*

18 Ein Konzert von **Fats Domino** bei der Marine in Newport, Rhode Island, endet mit Gewalt, als plötzlich das Licht ausfällt. Zehn Matrosen werden verletzt, neun verhaftet. Admiral Ralph Earle verbietet Rock'n'Roll für mindestens einen Monat, nachdem er den verwüsteten Raum und die zerbrochenen Flaschen und Stühle gesehen hat. Er kommt zu dem Schluss: »Der einzige Grund für den Konflikt zwischen weißen und schwarzen Matrosen und deren Frauen und Freundinnen war die durch den fieberhaften Rock'n'Roll verursachte Erregung.«

18 Ein Unterausschuss des Kongresses beschäftigt sich mit Anschuldigungen, dass TV- und Radiosender über die Verwertungsgesellschaft Broadcast Music Inc. (BMI) alle Popsongs kontrollieren, die in den Medien oder auf Platte zu hören sind. Der Songschreiber und Impresario Billy Rose behauptet, dass BMI 74 Prozent aller Popsongs veröffentlicht, und merkt an: »Nur diese Verhältnisse in Radio und Fernsehen ermöglichen Elvis Presley und dessen animalische Possen. Früher waren Leute wie Al Jolson, Eddie Cantor und Nora Bayes Größen in der Musikbranche. Für die heutigen untalentierten Zappler und Hopser interessieren sich doch nur die Halbstarken und das Jugenddezernat.«

24 Vier Tage, nachdem die norwegische Polizei nach der ersten Aufführung des Films »Rock Around the Clock« Schlagstöcke bei ungefähr 600 Jugendlichen in einem Park in Oslo einsetzen musste, wird in Großbritannien Desmond Turrell in High Wycombe wegen eines Angriffs gegen Polizeiinspektor Charles Currell zu sechs Monaten Haft verurteilt. Das Gericht stellt fest, dass Turrell, laut Polizeibericht der selbst ernannte »King of the Teddy Boys«, Currell während der Ausschreitungen in einem Pub nach der Filmvorführung aufs Auge boxte. 23 Leute waren mit Turrell nach High Wycombe gekommen, da der Film in ihrer Heimatstadt Reading verboten wurde.

29 **Bill Haley** egalisiert den Rekord von **Ruby Murray** von 1955: Er erreicht mit fünf Songs gleichzeitig die UK-Top-30: *Rockin' Through The Rye* (Nr. 4), *The Saints Rock'n'Roll* (Nr. 11), *(We're Gonna) Rock Around The Clock* (Nr. 13), *Razzle Dazzle* (Nr. 17), *See You Later, Alligator* (Nr. 19).

»Wir haben Teile von vier verschiedenen Musikstilen hergenommen: Dixie, Country, Rhythm'n'Blues und unsere alten Jazzstandards.«

Bill Haley in einem BBC-Interview, 14. September 1956

Oktober

12 Der Film »Don't Knock the Rock« mit **Bill Haley And His Comets**, **Alan Freed** und einem unwiderstehlichen **Little Richard** (der sich deutlich von dem rundlichen, älteren Haley absetzt) startet in den USA. In dem Film sind zu hören *Happy Baby, Rock-A-Beatin' Boogie, Razzle Dazzle, ABC Boogie, Mambo Rock, Rudy's Rock, R-O-C-K, See You Later, Alligator* und *Rock Around The Clock.*

26. September Elvis Presley kehrt nach Tupelo zurück, um an der jährlichen »Mississippi-Alabama Fair and Dairy Show« teilzunehmen, auf der er bereits mit zehn Jahren aufgetreten war. Kreischende Teenager werden von der Nationalgarde zurückgehalten. Bürgermeister James Ballard überreicht dem Star an diesem »Elvis-Presley-Tag« symbolisch den Schlüssel der Stadt. Elvis tritt am Nachmittag und am Abend auf. Er spendet 10 000 $ an die Elvis Presley Youth Foundation. In den kommenden Jahren werden es jeweils 100 000 $ sein.

Folgende neun Stücke spielte Elvis an diesem Nachmittag in seiner Heimatstadt: *Heartbreak Hotel, Long Tall Sally, I Was The One, I Want You, I Need You, I Love You, I Got A Woman, Don't Be Cruel, Ready Teddy, Love Me Tender* und *Hound Dog.*

»Der junge Prinz des Rock'n'Roll ... ein Gitarre spielender Rattenfänger.«

Tupelo Daily Journal, 27. September 1956

Oktober 1956

»Love Me Tender« hat in New York Premiere ... Fats Dominos *Blueberry Hill* ... Das »Million Dollar Quartet« ...

18 **Elvis Presley** wird in Memphis in einen Streit mit dem Tankstellenbesitzer Edd Hopper und dessen Angestellten Aubrey Brown verwickelt. Es beginnt damit, dass der 21-jährige Elvis Herrn Hopper (42) bittet, seinen Tank nach undichten Stellen zu überprüfen. Autogrammjäger kommen hinzu, und Hopper bittet Presley wegzufahren, damit die Lage sich entspannt. Als der Sänger weiterhin Autogramme verteilt, schlägt Hopper ihn auf den Kopf. Presley schlägt zurück, Hopper aufs Auge. Brown eilt hinzu und erhält ebenfalls einen Schlag. Hopper sagt später: »Ich habe ihn dreimal freundlich gebeten zu gehen. Beim letzten Mal stieg er aus dem Auto, und ich habe ihn zurückgeschubst. Daraufhin griff er mich an.« Alle drei werden wegen Gewalttätigkeit und ungebührlichen Benehmens verurteilt. Hopper und Brown müssen jeweils 25 und 15 $ zahlen.

28 **Elvis Presley** kommt zum zweiten Mal zur »Ed Sullivan Show« und singt *Don't Be Cruel, Love Me Tender, Hound Dog* und *Love Me.* Sullivan überreicht ihm die Goldene Schallplatte für *Love Me Tender.* Nach den Proben wird Elvis mit dem neu entwickelten Salk-Polio-Impfstoff der Stadt New York geimpft. Die Gesundheitsbeauftragte Dr. Leona Baumgartner sagt: »Er gibt ein gutes Beispiel für die Jugend unseres Landes.« Sie hofft, dass das Beispiel von Presley einige der 90 Prozent der nicht geimpften Jugendlichen überzeugen wird, sich impfen zu lassen. Vorher hatte Elvis Presley seine zwölf Meter hohe Reklametafel am Paramount-Theater am Times Square enthüllt.

November

2 Die Polizei setzt bei einem Konzert von **Fats Domino** in Fayetteville, North Carolina, Tränengas gegen Fans ein, die Gasgranaten in das Belüftungssystem werfen. Domino und drei Bandmitglieder werden leicht verletzt. Zwei Konzertbesucher erhalten Stichwunden. Berichte vermuten rassistische Elemente hinter diesen Krawallen, in die schwarze und weiße Bürger und Soldaten von Fort Bragg verwickelt sind. Domino sagt, dass der Streit von »Beat und Bier« verursacht wurde.

5 »The Nat King Cole Show« hat Premiere auf NBC. Der Sänger interpretiert *Nature Boy* und *Straighten Up And Fly Right.* Cole unterzeichnete zwar einen Vertrag mit CBS, aber das Projekt wird nicht fortgesetzt. Er ist der erste namhafte schwarze Künstler, dem eine solche TV-Serie anvertraut wird. Das wöchentliche Programm wird von 77 Sendern ausgestrahlt. Da größere Werbekunden Bedenken gegen einen schwarzen Moderator haben, wird die Show am 17. Dezember 1957 beendet. Coles Meinung hierzu: »Madison Avenue hat Angst vor dem Dunklen.«

14 **Jerry Lee Lewis** nimmt mit Sam Phillips als Produzenten seine ersten Tracks für das Sun-Label in Memphis auf. Wegen seines hämmernden Klavierspiels wird seine erste Single *End Of The Road* und *Crazy Arms* mit »Jerry Lee Lewis And His Pumping Piano« angekündigt.

15 »Love Me Tender« (»Pulverdampf und heiße Lieder«), der erste von insgesamt 31 Hollywood-Filmen mit **Elvis Presley** als Star, hat Premiere in New Yorks Paramount-Theater. Eine zwölf Meter hohe Figur von Presley schmückt das Kino, das über 1500 Teenager anlockt, die bereits seit acht Uhr morgens anstehen. Die Kritiken sind vernichtend. (**Time**: »Was für eine Gurke!«) Aber die Produktionskosten von einer Million Dollar sind nach einer Woche eingespielt, da 20th Century Fox 550 Kopien verteilt.

15 **Buddy Holly** ist in Nashville wegen eines Auftritts beim jährlichen Discjockey-Treffen und beendet seine Aufnahmen für Decca in Bradley's Barn. Decca verzichtet auf die Option eines Fünf-Jahres-Vertrags. Buddy und **Jerry Allison** fahren zum unabhängigen Produzenten **Norman Petty**, der in Clovis ein Studio besitzt und Buddy Knox produziert hat. Petty wird Hollys Gruppe bei der Modernisierung des Arrangements helfen und ihnen den typischen Schlagzeug-Rhythmus des Rock'n'Roll empfehlen.

18 **Chuck Berry** hat mit dem selbst verfassten *Roll Over Beethoven* seinen zweiten Hit gelandet und ist nun im Forum in Wichita gemeinsam mit **Bill Haley And His Comets**, den **Platters**, **Frankie Lymon** und **Clyde McPhatter**.

18 **Fats Domino** ist Gast der »Ed Sullivan Show« und singt seine Cover des Klassikers *Blueberry Hill*. Es wird ein Riesenhit. Bei der Aufnahme in Los Angeles konnte er sich nicht den Text merken. Daher nahm er jeweils nur Abschnitte auf, die dann ein Studiotechniker zusammensetzte. (Der Song wurde 1940 für Gene Autry im Film »The Singing Hill« geschrieben, bevor Glenn Miller ihn bekannt machte.)

23 Der 19-jährige arbeitslose Metallarbeiter Louis J. Balint will **Elvis Presley** in einer Bar im Commodore Perry Hotel in Toledo, Ohio verprügeln. Er ist eifersüchtig, da seine Frau ein Foto des Sängers bei sich trägt. Presley zeigt ihn zwar nicht an, aber Balint muss sieben Tage

»Seine schlüpfrigen Anspielungen, seine lüsternen Lippen und die Hüften, die wippen, stehen für eine Revolte gegen das Wahre und Bewährte.« Der Geistliche Reverend Charles Howard Graf über Elvis Presley, 16. Dezember 1956

Jerry Lee Lewis

Der jüngste Neuzugang im Hause Sun Records ist der energiegeladene Sänger, Pianist und Songschreiber Jerry Lee Lewis, der mit seinem Vater Eier verkaufte, um seine erste Reise nach Memphis zu finanzieren ... Während Elvis Filmstar wurde, hatte Chuck Berry stets einen ausgebuchten Tourneeplan.

Sozialarbeit leisten, da er die 19 $ Strafe sowie 9,60 $ Gebühren nicht aufbringen kann.

Dezember

7 **Tommy Steele** startet eine Reihe von Konzerten mit der Band Steelmen (Roy Plummer, Gitarre; Alan Stewart, Saxophon). Seine erste Show im Finsbury Park Astoria in London löst Krawalle aus, die an die von Elvis Presley in den USA verursachten Ausschreitungen erinnern. Steeles Debütsingle *Rock With The Caveman* wurde mit Mike Pratt und Lionel Bart geschrieben und steht auf Platz 13 der britischen Charts.

16 **Elvis Presley** ist bei einem Benefizkonzert zum 50. und letzten Mal Gast bei »Louisiana Hayride« in den Louisiana Fairgrounds. Pfarrer Charles Howard Graf von der Protestant Episcopal Church in Greenwich Village, New York, sagt, dass der Elvis-Wahn vorübergehen wird. »Eigentlich glaube ich, dass Jugendliche so etwas nicht wollen. Es ist Ausdruck des Niedergangs, der auf jeden Krieg folgt.« Neben anderen Anmerkungen beschreibt er Presley: »Ein Kerl, der wahrscheinlich mehr verdient als der Präsident und das ganze Kabinett«; »Ein trauriges Häufchen Elend, das an den verstorbenen James Dean erinnert«; »Ein wirbelnder Sex-Derwisch«; »Eine Flucht vor der Wirklichkeit in der Gestalt eines Rattenfängers.«

23 Im Paramount-Theater von Brooklyn startet **Alan Freed** seine achttägige Rock'n'Roll-Christmas-Show. Es ist die fünfte Veranstaltung von Freed in diesem Haus. Sie wird 180 000 $ erbringen. Auf dem Programm sind zu finden: **Shirley And Lee**, **Screamin' Jay Hawkins**, die **Moonglows**, die **Dells**, **Mac Curtis**, **Lillian Briggs**, **Eddie Cooley And The Dimples**, **George Hamilton IV.**, die **Heartbeats**, die **Three Friends**, **Jesse Belvin**, die **G Clefs** und **Bobbie Gaye**.

Die legendäre Session erschien nach Presleys Tod auf Platte.

MILLION DOLLAR QUARTET

4. Dez. **Elvis Presley kommt für eine Weihnachtspause in seine Heimatstadt Memphis und schaut in den Sun Studios vorbei, wo Carl Perkins und seine Band, mit Jerry Lee Lewis als Gastpianist, gerade Aufnahmen machen. Anfangs ist auch Johnny Cash dabei, dessen Frau ihn dann aber zum Einkaufen schleift. Bei der Jamsession, die sich spontan ergibt und von Sam Phillips aufgenommen wird, entstehen *Peace In The Valley*, *When God Dips His Love In My Heart*, *Brown-Eyed Handsome Man* und *Don't Be Cruel*. Elvis, Carl und Johnny spielen dann mit Jerry Lee noch *Crazy Arms*. Die Aufnahmen werden unter dem Etikett »Million Dollar Quartet Session« legendär, das der Feuilletonredakteur Robert Johnson vom Lokalblatt Memphis Press-Scimitar prägt.**

ROOTS In diesem Jahr gründen Frank Zappa und Don Van Vliet an der Antelope High School, Lancaster, Kalifornien, die Blackouts … gründet Paul Anka (15) mit zwei Klassenkameraden von der Fisher Park High School in Ottawa die Bobbysoxers; sein erster Song *Diana* ist von seiner Liebe zur 18-jährigen Babysitterin der Ankas, Diana Ayoub, inspiriert … debütieren die Quintones mit dem späteren Cliff Richard bei einem Wohltätigkeitsball in einem katholischen Jugendclub in Waltham Cross … macht die 14-jährige Aretha Franklin in der Detroiter Baptistenkirche ihres Vaters erste Aufnahmen; sie singt Kirchenlieder von Clara Ward live ein … spielen die Brüder Steve und »Muff« Winwood in der Roy Atkinson Band, gemeinsam mit ihrem Vater Laurie am Tenorsaxophon … veröffentlicht Leonard Cohen, Anfang der 50er-Jahre Gründer der Countryband The Buckskin Boys, seinen ersten Gedichtband unter dem Originaltitel »Let Us Compare Mythologies« … schließt sich Wayne Henderson an Wilton Felder, Nesbert Hooper und Joe Sample an; diese traten bereits als The Chitterling Circuit, The Nite Hawks und The Swingsters in ihrer Heimat Houston auf …

Let Me Be Your Teddy Bear

1957

Nr.1 US-SINGLES

05. Jan. Singing The Blues **Guy Mitchell**
16. Febr. Don't Forbid Me **Pat Boone**
23. Febr. Young Love **Tab Hunter**
06. Apr. Butterfly **Andy Williams**
20. Apr. All Shook Up **Elvis Presley**
15. Juni Love Letters In The Sand **Pat Boone**
20. Juli Teddy Bear **Elvis Presley**
07. Sept. Tammy **Debbie Reynolds**
12. Okt. Honeycomb **Jimmie Rodgers**
26. Okt. Wake Up Little Susie **Everly Brothers**
09. Nov. Jailhouse Rock **Elvis Presley**
21. Dez. You Send Me **Sam Cooke**

Nr.1 UK-SINGLES

05. Jan. Singing The Blues **Guy Mitchell**
12. Jan. Singing The Blues **Tommy Steele**
19. Jan. Singing The Blues **Guy Mitchell**
26. Jan. Garden Of Eden **Frankie Vaughan**
02. Feb. =Garden Of Eden **Frankie Vaughan**
=Singing The Blues **Guy Mitchell**
09. Feb. Garden Of Eden **Frankie Vaughan**
23. Feb. Young Love **Tab Hunter**
13. Apr. Cumberland Gap **Lonnie Donegan**
18. Mai Rock-A-Billy **Guy Mitchell**
25. Mai Butterfly **Andy Williams**
08. Juni Yes Tonight Josephine **Johnnie Ray**
29. Juni Gamblin' Man/Putting On The Style **Lonnie Donegan**
13. Juli All Shook Up **Elvis Presley**
31. Aug. Diana **Paul Anka**
02. Nov. That'll Be The Day **Crickets**
23. Nov. Mary's Boy Child **Harry Belafonte**

Eine Skiffle-Band wird für »The Six-Five Special« gefilmt.

Bill Haley And His Comets

»The Six-Five Special« war die erste Rockmusik-Sendung im britischen Fernsehen ... Bill Haley brachte die neue Musikrichtung mit einer Tournee bis nach Australien.

In diesem Jahr verbreitete sich der Rock'n'Roll über die Grenzen der USA hinaus. Teenager in Australien, Japan und Großbritannien geraten in seinen Bann. **Bill Haley And His Comets** tourten durch Australien, dann durch England, wo sie regelrecht Hysterie auslösten. **Frankie Lymon And The Teenagers** kamen auf dem kurzen Zenith ihres Erfolgs nach Großbritannien. **Elvis Presley** kam mit seiner erfolgreichen Show nach Kanada, wo *All Shook Up* – wie in England – zur Nr. 1 wurde. Es gab erste Ansätze zu einer britischen Rock'n'Roll-Szene, die jedoch noch fünf Jahre von Amerika dominiert wurde. Als erster ist hier **Tommy Steele** zu nennen. Der Schotte **Lonnie Donegan** feierte im Madison Square Garden mit seiner Skiffle-Musik einen außergewöhnlichen Erfolg.

Amerikas Rassentrennung machte auch vor der Musik nicht Halt. Ein Konzert von **Louis Armstrong** in Knoxville (mit getrennter Sitzordnung) wurde zur Zielscheibe für eine Ladung Dynamit. Schwarze und weiße Musiker traten in der Biggest Show of Stars getrennt auf.

Rock'n'Roll stellte die »gute Musik«, wie das Magazin **Billboard** sie nennt, von **Pat Boone**, **Perry Como** und **Debbie Reynolds** zunehmend in den Schatten. **Elvis Presley** brachte vier Platten unter die Top-20 dieses Magazins, Boone nur zwei. Das Establishment berachtete Rock'n'Roll als eine Bedrohung, aber auch als Goldgrube. Im US-Fernsehen kämpfen die »Ed Sullivan Show«, die »Perry Como Show« und die Sendung »Arthur Godfrey's Talent Scouts« darum, dass Rockmusiker bei ihnen auftreten. Nach einem Auftritt in der »Steve Allen Show« stürmte *Whole Lotta Shakin' Goin On* von **Jerry Lee Lewis** die Charts. Dick Clarks Sendung »American Bandstand« wird zum Quotenknüller. Doch Elvis und Bill Haley waren nicht die einzigen Fernsehstars. **Little Richard** wirkte an einer denkwürdigen Filmszene mit: Jayne Mansfield stolzierte über den Laufsteg und drückte zwei Milchflaschen an ihre Brust, während er dazu *The Girl Can't Help It* singt. Wen wundert da, dass er später dem Ruf Gottes folgen sollte?

Die Zahl der Talente nahm stetig zu. Neben Presley, Haley und **Chuck Berry** gab es **Buddy Holly**, die **Everly Brothers**, **Jerry Lee Lewis** und **Patsy Cline**. Sie waren alle noch sehr jung. **Paul Anka** war erst 15 Jahre, als er *Diana* schrieb und aufnahm. Es war die Hymne eines Jungen an ein Mädchen mit einer Prise Cha-Cha-Cha und Calypso, ein Beweis dafür, wie sehr sich alle Stilrichtungen vermischten.

Das beste Songschreiber-Team des Rock'n'Roll nahm seine Arbeit auf: **Jerry Leiber** und **Mike Stoller**. Mit ihrer Mischung aus R&B und Pop schrieben sie einige der schönsten Songs dieser Epoche. Ein weiteres Songschreiber-Duo, das schon bald sein eigenes Kapitel der Rockgeschichte schreiben sollte, kam 1957 zusammen: **John Winston Lennon** und **Paul McCartney** trafen sich bei einem Pfarrfest. Ein Schicksalstag.

»Buddy Holly gab einem Selbstvertrauen. Er war wie der Junge von nebenan.« Paul McCartney, **Rolling Stone**, 80er-Jahre

Bill Haley And His Comets in Australien und England ...
Der Cavern Club wird eröffnet ...

Januar

1 Der Sender Associated Rediffusion in London strahlte seine erste Popmusik-Fernsehshow »Cool for Cats« aus. Das 15-Minuten-Programm präsentiert Kent Walton, der Platten abspielt und kommentiert. Manchmal kommen Interpretationen der Dougie Squires Dancers hinzu. (Die Show läuft bis 1959.)

3 In New Orleans vollendet **Fats Domino** *I'm Walkin'* mit den Saxophonisten **Herb Hardesty** und **Lee Allen**, dem Gitarristen **Walter Nelson**, dem Bassisten **Frank Fields** und dem Schlagzeuger **Earl Palmer**. Dave Bartholomew produziert.

4 **Elvis Presley** wird zur Ableistung seines Militärdienstes aufgefordert. In einem Purpur-Jacket und schwarzen Hosen erscheint er zur Musterung in der Kennedy Veterans Hospital Examination Station in Memphis. Der Kommandeur der Rekrutierungsstelle in Memphis sagt, dass Presleys Untersuchungsergebnis ihn in 1-A einstuft. (Bis März 1958 wird sein Militärdienst verschoben.)

8 **Bill Haley And His Comets** beginnen in Sydney eine Welttournee und spielen zweimal in ausverkauftem Haus vor 7000 Fans. Dies bricht den bisherigen australischen Konzertbesucherrekord. **Freddie Bell And The Bellboys**, **Big Joe Turner**, **LaVern Baker** und die **Platters** sind die Vorgruppen. Diese erste Rock'n'Roll-Tour in Australien wird mit zwei Terminen im Brisbane-Stadion, dann am 11. und 12. im Tivoli-Theater in Adelaide fortgesetzt. Es geht weiter nach Melbourne und Victoria und noch einmal nach Melbourne und Sydney. Während der Tour in Australien erreicht die Band insgesamt mehr als 300 000 Fans.

10 *Young Love,* augenblicklich in den US-Charts, wird in der »Dorsey Brothers Stage Show« (CBS) präsentiert. Es ist der letzte von elf Charterfolgen der kanadischen Sänger **Crew Cuts**.

16 Der Cavern Club eröffnet in der Matthew-Street in Liverpool. Es soll ein Top-Jazzkeller werden. Dieses Haus gehört Alan Sytner, der ihn nach dem Pariser Jazzclub Le Caveau benannt hat. Zur Eröffnung spielt die **Merseysippi Jazz Band**. Im Laufe der kommenden Jahre werden viele große Namen des britischen Jazz hierher kommen. Ray McFall wird den Club 1959 kaufen.

18 Mr C. R. Seaton, der Direktor der Nottingham Secondary Arts School, verbietet seinen Schülern, in der Mittagspause die Rock'n'Roll-Tanzstunden im benachbarten Tanzsaal zu besuchen. Er schreibt an die Eltern: »Ich bin schockiert, dass fast alle Schüler zu diesen Tanzstunden gehen. Wir hatten unsere eigene Tanzveranstaltung in der Mittagspause, zu der früher ungefähr 60 Kinder kamen. Jetzt ist sie ein totaler Flop.«

21 **Elvis Presleys** zweiter Film und sein erster für Hal Wallis wird in den Paramount-Studios produziert. »Loving You« sollte ursprünglich »The Lonesome Cowboy«, dann »Running Wild« heißen und wird jetzt nach einem Song von Leiber und Stoller benannt. Er erzählt den Lebensweg einer Arbeiterin von der Tankstelle zum Aufnahmestudio. Elvis spielt Deke Rivers, weitere Stars sind Lizabeth Scott und Wendell Corey. Bei diesen Filmaufnahmen erhält er den ersten Filmkuss (von Jana Lund). Zum Soundtrack gehört der Hit *Let Me Be Your Teddy Bear,* der innerhalb von sieben Wochen auf Platz 1 steigt.

21 **Tommy Steele** hat seinen ersten Auftritt im Café de Paris in Londons Nobelviertel Mayfair. Er trägt blaue Wildlederschuhe, blaue Jeans, gelbe Socken und Schal. Der ehemalige Schiffskellner kommt gut an in der feinen Gesellschaft, zu der der Filmstar Douglas Fairbanks Jr. und der Bühnendesigner Oliver Messel gehören.

21 **Patsy Cline** kommt zu »Arthur Godfrey's Talent Scouts«-Fersehshow und präsentiert *Walkin' After Midnight,* das von Don Hecht und Alan Block geschrieben wurde. Der Song gelangt am 2. März erstmals in die US-Country-Charts.

24 Der Stadtrat von Swansea lehnt den Antrag von Promoter Arthur Howes ab, ob der Skiffle-King **Lonnie Donegan** in der Brangwyn Hall auftreten darf. In einem Statement sagt ein Ausschussmitglied: »Wir glauben, dass diese Art von Musik eine Menge von überschwänglichen Jugendlichen anlocken wird. Wir wollen dies nicht, da wir nicht riskieren möchten, dass die berühmte Brangwyn-Vertäfelung in dem Saal beschädigt wird.« Der Rat der Stadt Cardiff erlaubt das Konzert im Sophia Gardens Pavilion für den 7. Februar. Auf die Frage, ob er besorgt sei, antwortet der 53-jährige Stadtrat Lawrence Doyle: »Überhaupt nicht.«

31 Decca Records, die britische Vertriebsorganisation des Brunswick-Labels, meldet, dass von *(We're Gonna) Rock Around The Clock* eine Million Platten verkauft wurden. Dieses Ergebnis wurde zum ersten Mal erzielt.

ELVIS PRESLEY

6. Januar Elvis tritt in einer Goldlamee-Weste in der »Ed Sullivan Show« auf. Sullivan bescheinigt ihm, er sei der angenehmste Stargast, den er je in der Sendung gehabt habe, und nennt ihn einen »wirklich anständigen, feinen Jungen«.

Während seiner schnellen Nummern war Presley im Fernsehen nur von der Taille aufwärts zu sehen.

The Five Satins

Presleys zweiter Film »Loving You« wurde nach einem Leiber/Stoller-Song benannt ... Die Five Satins nahmen den zukünftigen Radio-Evergreen *In The Still Of The Night* auf.

Februar

1 An Don Everlys 20. Geburtstag erhalten die **Everly Brothers** (Don und sein jüngerer Bruder Phil) bei Cadence Records einen Vertrag. Dies geschieht auf Empfehlung des Musikverlegers und Managers Wesley Rose, für den sie bereits als Songschreiber in dessen Verlag Acuff-Rose tätig sind. Die Brüder sind harmonische Country/Pop-Sänger, Songschreiber und Gitarristen. Sie wurden in Chicago geboren, zogen dann aber 1945 nach Shenandoah, Iowa. Als Kinder traten sie unter dem Namen Little Donnie And Baby Boy Phil bei der Radiosendung »Earl May Seed Company« auf. Bisher hatten sie am 9. November 1955 vier Stücke für Columbia Records aufgenommen, allerdings ohne Erfolg.

2 **Fats Domino** singt *Blue Monday* und *Blueberry Hill* in der »Perry Como Show«. Como ist bereits ein äußerst populärer Fernseh- und Musikveteran, der seit 1943 mehr als 50 Pophits auf den Markt gebracht hat. Ab und zu wagt er einen Schritt in Richtung Rock'n'Roll, bleibt aber mit Balladen bei seinem enorm erfolgreichen Konzept.

4 Die Gewinnerinnen des Preisausschreibens des **Daily Mirror**, Madge Macbeth und ihre Mutter aus Surrey, fliegen ins französische Cherbourg zu **Bill Haley**. Sie begleiten ihn auf dem Kreuzfahrtschiff »Queen Elizabeth« nach England. Madge Macbeth nannte den Namen ihrer Mutter auf die Frage: »Welchem Spießer möchten Sie Haley vorstellen?«

6 Vor 3000 schreienden Fans erweisen **Bill Haley And His Comets** dem Londoner Dominion Theatre die Ehre. Die Fans sind empört darüber, dass die Band nur etwas mehr als eine halbe Stunde spielt. Die Band tritt im Smoking mit Schottenmuster auf und legt los mit *Razzle Dazzle*, gefolgt von *Rudy's Rock* und *You Made Me Love You*. Sie hören mit *Rock Around The Clock* auf. Schreie »We want Bill« verebben erst, als die Nationalhymne gespielt wird. Selbst der Kritiker des konservativen **Daily Telegraph** wird vom Fieber gepackt und stellt fest: »Die Art der Unterhaltung, die Haley bietet, hat mir Spaß gemacht. Niemand soll mich spießig nennen.« Die Band spielt an 18 Terminen mit Unterstützung der **Vic Lewis Band**, **Desmond Lane** (Tin-Whistle) und Sänger **Malcolm Vaughan**, der mit **Kenny Earle** als Comedy- und Gesangsduo **Earle And Vaughan** auftritt. Die Tour endet im Gaumont Cinema in Southampton am 23. Februar.

7 Die Filme »Rock Around the Clock« und »Bus Stop« werden im Irak verboten. Die Zensur bezeichnet sie als jugendgefährdend.

13 Der kubanische Minister Dr. Ramon Vasconcelos lässt alle Rock'n'Roll-Sendungen im Fernsehen verbieten. Er nennt Rock'n'Roll »unmoralisch und profan« und »die öffentliche Moral und die guten Sitten verletzend«. Nach zwei Tagen wird das Verbot unter dem Druck der Öffentlichkeit aufgehoben. Als Kompromiss sollen die Fernsehstationen Tänzer dazu anhalten, drei bestimmte Tanzschritte nicht zu übernehmen, die der Minister als »die öffentliche Moral herabsetzend« einstuft.

»Hier hüpfen fast 100 Teenager herum und einige wirklich coole Typen, die uns ganz schön einheizen.«

Pete Murrays Begrüßung zu »The Six-Five Special«, 16. Februar 1957

15 **Chuck Berry**, **Fats Domino**, **Clyde McPhatter**, die **Five Satins**, die **Moonglows**, **LaVern Baker**, **Bill Doggett** und andere starten in Pittsburgh zur von Irvin Feld organisierten Package-Tour Greatest Show of 1957. Die Tour läuft bis zum 5. Mai.

15 Die Dreharbeiten für »The Tommy Steele Story« beginnen in England. Es ist die triviale, amüsante Beschreibung des erfolgreichen, bescheidenen Londoner Jungen. Das Drehbuch stammt von Norman Hudis, Regie führt Gerard Bryant. Gastauftritte sind geplant für **Humphrey Lyttelton And His Band**, die **Chas McDevitt Skiffle Group** mit **Nancy Whiskey**, die **Tommy Eytle Calypso Band** und **Chris O'Brien's Caribbeans**.

15 In ihrer zweiten Session für Atlantic nehmen die **Coasters** die Hits von Leiber und Stoller *Sweet Georgia Brown*, *Young Blood* und *Searchin'* auf, mit dem sie erstmals unter die ersten drei der US-Charts (und in die UK-Charts) kommen.

16 Nach den Kurznachrichten um 18 Uhr stellt Discjockey Pete Murray ein neues Musikprogramm des BBC-Fernsehens vor: »Willkommen zum ›Six-Five Special‹. Hier hüpfen fast 100 Teenager herum und einige wirklich coole Typen, die uns ganz schön einheizen. Also los geht's!« Jo Douglas ergänzt: »Ich bin anscheinend ein wenig altmodisch, aber für alle anderen altmodischen hier übersetze ich einmal das, was Pete Murray gesagt hat: ›Wir haben hier einige lebhafte Musiker und Persönlichkeiten bei uns. Also entspannen Sie sich und kommen Sie mit uns in Stimmung!‹« Bis dahin war die Mattscheibe der BBC zwischen 18 und 19 Uhr dunkel, liebevoll »Toddlers' truce« (Kleinkinderpause) genannt.

Tommy Steele war einer der Künstler, die 1957 mit *Singing The Blues* auf Platz 1 in England kamen. Vorher war er Hilfssteward bei der Cunard-Linie.

In seinem Tagebuch, das er unter dem Titel »Bill Haley's Column« für den »Daily Mirror« verfasste, beschreibt Bill Haley ein durch die Zeitverschiebung bedingtes Frühstück zu nachmittäglicher Uhrzeit.

»*(We're Gonna) Rock Around The Clock* wurde in Großbritannien bereits über 1 Mio. Mal verkauft.«

Decca Records, 31. Januar 1957

5. Februar Als erster US-Rockmusiker, der in England auf Tour geht, trifft Bill Haley an Bord der *Queen Elizabeth* in Southampton ein, um sein lange erwartetes erstes Konzert in England zu geben. Am Hafen erwarten ihn schätzungsweise 3000 bis 5000 Fans, als sein Zug den Londoner Bahnhof Waterloo erreicht, wird er 20 Minuten lang von weiteren 2000 umringt. Einige durchbrechen den 50-köpfigen Polizeikordon und hämmern an die Fenster undTüren von Haleys Auto. Morgen wird in einer Zeitung stehen: »Mit gezückten Regenschirmen kämpften sich Melonen tragende Pendler tapfer den Weg zu ihren Vorortzügen frei.«

In den Kinos wird gerockt ...
***That'll Be The Day* ...**
Elvis kauft Graceland ...

»... eine Mischung aus spiritualistischem Jugendtreffen und der Ardennenschlacht.«

The New York Times über »Don't Knock The Rock«

19 **Louis Armstrong**, der weltbekannte Jazz-Pionier und gemeinsam mit Nat King Cole der bekannteste schwarze Interpret, tritt in einem Saal in Knoxville, Tennessee, auf. Aus einem vorbeifahrenden Auto wird eine Dynamitstange geworfen und explodiert nur 200 Meter vom Gebäude entfernt. Armstrong, der nach einer Pause auf die Bühne zurückgekehrt war, sagt dem Publikum, etwa 2000 Weißen und 1000 Schwarzen, die nach Hautfarbe getrennt sitzen: »Alles o.k., Leute. Das war nur das Telefon.«
22 Arthur Murray, Präsident der ehrwürdigen Arthur Murray Schools of Dancing stellt fest, dass die Rock'n'Roll-Manie die Teilnehmerzahlen in seinen Tanzklassen seit dem letzten Sommer um zehn Prozent gesteigert hat. Auch Edward Fields, Geschäftsführer der Teppichfabrik E. Fields Inc., berichtet, dass der Verkauf von kleinen Teppichen angestiegen sei. Er führt diesen Trend darauf zurück, dass Eltern der rockenden Jugendlichen lieber kleine Teppiche kaufen, die man schnell zur Seite räumen kann, wenn getanzt wird.
23 Die New-Yorker Polizei schickt 279 Männer, um die Ordnung unter den 16 000 Besuchern des Paramount-Theaters aufrechtzuerhalten. Ein Psychologe, der an einem Kongress der American Psychopathological Association nebenan im Park Sheraton Hotel teilnimmt, behauptet, dass die Ereignisse im Theater »ganz stark dem Phänomen des mittelalterlichen Wahnsinns gleichen, bei dem erst eine Person außer sich gerät und dann viele andere mitreißt«. Auf diesem Kongress zitiert Dr. Reginald Lourie von einem Kinderkrankenhaus in Washington aus einer Studie. Er weist darauf hin, dass 10 bis 20 Prozent aller Kinder bereits 1949 »irgendetwas Ähnliches wie ›rocken und rollen‹ getan haben«. Dr. Joost Meerlo, Psychiater an der Columbia University, vergleicht das Rock'n'Roll-Phänomen mit dem Veitstanz, einer »ansteckenden Epidemie von Tanzwut, die Deutschland und dann ganz Europa Ende des 14. Jahrhunderts überschwemmte. Die Opfer fangen an zu tanzen und sind nicht mehr im Stande aufzuhören. Meerlo setzt seine These fort: »Die Kinderkreuzzüge und die Geschichte vom Rattenfänger von Hameln erinnern an die verführerische, ansteckende Kraft von Tanzwut.«
23 In einem Artikel mit dem Titel »Rock'n' Roll in alle Kontinente exportiert« berichtet die **New York Times**, wie das Phänomen Rock'n'Roll auf der ganzen Welt in Fahrt gerät. Aufnahmen von **Elvis Presley** sollen in Leningrad auf gebrauchte Röntgenplatten aufgezeichnet und für 12,50 $ verkauft werden. Der Film »Rock Around the Clock« habe überall für Unruhe gesorgt und selbst in Tokio zu Krawallen geführt.
25 **Buddy Holly** nimmt in Norman Pettys Studio in Clovis, New Mexico, eine neue Version seiner Komposition *That'll Be The Day* auf. (Der Titel bezieht sich auf eine Bemerkung von John Wayne in dem Film »The Searchers«.) Holly wird begleitet von **Jerry Allison**, **Larry Welborn**, **Niki Sullivan** (Rhythmusgitarre) und **Gary** und **Ramona Tollet** (Backgroundgesang). Holly formiert bald eine neue Band, die **Crickets**, mit Allison, Sullivan und **Joe Mauldin** (Bass), einem 16-jährigen Schüler aus Lubbock. Sie fertigen mehrere Demos für Petty an, von denen zwei (*Last Night* und *Maybe Baby*) an Roulette Records geschickt werden. Sie warten noch auf eine Antwort, als sie beim Vorspielen für »Arthur Godfrey's Talent Scouts« abgewiesen werden. Roulette lehnt ab, und Petty kontaktiert Murray Deutch vom Verlag Peer-Southern. Er verspricht ihm 50 Prozent aller Einnahmen von *That'll Be The Day* für die Vermittlung eines Aufnahmetermins. Atlantic, Columbia und RCA lehnen ab. Da überzeugt Deutch Bob Thiele, den künstlerischen Leiter von Coral (ironischerweise eine Tochtergesellschaft von Decca), ihm zuliebe der Band eine Chance zu geben.

März

1 Die **Everly Brothers** nehmen *Bye Bye Love* und zwei weitere Tracks (das selbst verfasste *I Wonder If I Care As Much* und *Should We Tell Him*) im RCA-Victor-Studio in Nashville auf. Der Country/Popsong *Bye Bye Love* ist ein Werk von **Felice** und **Boudleaux Bryant**, einem älteren Ehepaar und Songwriter-Team, das es versteht, die Gefühle von Teenagern darzustellen. Die Session wird vom Freund der Familie, **Chet Atkins**, überwacht. Dieser übernimmt auch den Gitarrenpart, **Ray Edent** die zweite Gitarre. **Jimmy Day** spielt Steel-Guitar, **Lightin' Chance** ist am Bass

DON'T KNOCK THE ROCK

22. Februar **Schreiende Teenager drängen sich bei der US-Premiere von »Don't Knock The Rock« im New-Yorker Paramount-Theater. Im von Alan Freed organisierten Begleitprogramm spielen die äußerst angesagten Platters, Ruth Brown, Jimmy Bowen, Nappy Brown, Frankie Lymon And The Teenagers sowie die Cadillacs. Die Vorstellung um 8:30 Uhr morgens wird beinahe abgesagt: Der Hausmeister muss die Jugendlichen in den ersten vier Reihen des Balkons auffordern, sich zu setzen. Die letzte Vorstellung läuft um 22:30 Uhr.**

und **Buddy Harman** am Schlagzeug. Sie nehmen diesen Song auf Wunsch des Produzenten **Archie Bleyer** auf, Chef von Cadence Records, deren einziger Countrymusiker Gordon Terry ist. Dreißig Künstler (auch Terry) haben bereits *Bye Bye Love* abgelehnt. Die Version der Everlys mit Volksliedharmonien über akustischen Gitarren und einem Rock'n'Roll-Beat wurde zu ihrem Markenzeichen.

19 **Elvis Presley** kauft Graceland, ein zweigeschossiges Anwesen mit 23 Räumen auf einem 5,6 ha großen Gelände am South Bellevue Boulevard in Whitehaven, einem Vorort von Memphis. Er zahlt 102 500 $ für das aus Kalkstein gebaute Haus, das vorher der Graceland Christian Church für Gottesdienste diente. Erbaut hatte es S. E. Toof, der es nach seiner Tochter Grace benannte. Die Nichte von Grace ließ es in den 30er-Jahren umbauen. Es wird jetzt von ihrer Tochter Ruth Marie an Elvis verkauft.

22 **Elvis Presley** richtet eine Requisiten-Pistole auf den 18-jährigen Gefreiten Hershel Nixon, der angeblich Streit mit dem Sänger suchte. Später sagt Nixon: »Ich habe keinen Streit angefangen, und ich habe auch nicht getrunken. Ich konnte nicht wissen, dass die Pistole nur ein Spielzeug war. Er sagte mir nicht, dass die Waffe nicht echt ist, und ich durfte sie nicht ansehen … Presley schürzte seine Lippen, knurrte wie ein Gangster und sagte: ›Ich puste dir das Gehirn aus.‹« Nixon will Presley nicht verklagen, verlangt aber eine persönliche Entschuldigung. Presley sagt aus, dass Nixon zu ihm kam und sagte: »Du hast meine Frau geschubst, als sie vor zwei Monaten aus einem Restaurant kam. Sie hat mir alles erzählt. Ich möchte das jetzt bereinigen.« In der kommenden Woche werden Presley und Nixon sich vor Gericht treffen und erklären, dass »alles bereinigt wurde«.

27 **Lonnie Donegan** schwimmt auf der Skiffle-Welle und tritt im Madison Square Garden in New York auf. Der Gig ist als Teil einer US-Tour im Tausch mit **Bill Haley And His Comets** arrangiert.

»Ich hatte Panik. Sie haben mich für den Madison Square Garden gebucht, aber mir war klar, dass 17000 Leute dorthin kamen, um die Harlem Globetrotters zu sehen.«

Lonnie Donegan, 27. März 1957

31 Die Moskauer Zeitschrift **Sowjetskaja Kultura** findet, dass Rock'n'Roll kein musikalisches, sondern ein kommerzielles Phänomen ist. Man liest, dass der Kern der Sache »nicht in den Klatschspalten der Zeitungen zu finden ist, wo die Werke der Exponenten erwähnt werden«, sondern auf den Wirtschaftsseiten. »Rock'n'Roll ist vor allem eine riesige Goldader, die findigen, cleveren Leuten Millionen von Dollars einbringt.«

31 In Little Rock, Arkansas, starten **Johnny Cash**, **Jerry Lee Lewis**, **Carl Perkins**, **Onie Wheeler** und **Glen Douglas** eine Country/Rock'n'Roll-Package-Tour durch die Südstaaten.

April

1 Zum ersten Mal touren in diesen Wochen Dutzende von Rock'n'Roll-Musikern außerhalb der USA. **Frankie Lymon And The Teenagers** geben ihr Europa-Debüt im Londoner Palladium als Start zu einer zwölfwöchigen Tour.

10 **Ricky Nelson** tritt in der Fernsehsendung »The Adventures of Ozzie and Harriet« mit seiner ersten Single auf, einer Version von Fats Dominos aktuellem Hit *I'm Walkin'.* Ricky wurde in Teaneck, New Jersey, geboren und ist der zweite Sohn der Entertainer Ozzie und Harriet Nelson (früher Bandleader und Bandsängerin). Er hat in den Filmen »The Story of Three Loves« und »Here Comes the Nelsons« mitgespielt und bereits davor bei »The Adventures of Ozzie and Harriet«, als dies 1949 noch eine Radioshow war. Sein Fernsehauftritt macht aus ihm das nächste große Musikidol. Nelson erzählte, dass er seine Single als Gegenreaktion auf die Verehrung seiner Freundin für Elvis Presley aufnehmen wollte. Durch Beziehungen zu Verve Records setzt Ozzie Nelson eine Neufassung durch, die von dem Gitarristen Barney Kessel neben zwei weiteren Stücken arrangiert wird. *I'm Walking* (mit dem ›g‹ am Ende im Unterschied zu Dominos Original) kommt am 3. Juni auf Platz 4, eine Woche später die zweite Single, *A Teenager's Romance,* auf Platz 2.

12 Das beliebte Stück *Don't You Rock Me Daddy* ist noch unter den UK-Top-10, als **Lonnie Donegans** *Cumberland Gap* als erste Skiffle-Platte überhaupt in den britischen Charts auf Platz 1 klettert.

The Everly Brothers

Auf *Bye Bye Love* war erstmals der Harmoniegesang der Brüder Everly zu hören … Ricky Nelson mauserte sich erfolgreich vom telegenen Jungschauspieler zum Rock'n'Roll-Star.

Ricky Nelson

April 1957

Gründung der NARAS ... Höhepunkt der Skiffle-Welle ... John Lennon trifft Paul McCartney ...

Chas McDevitt's Skiffle Group

20 **Elvis Presleys** *All Shook Up* steht ab heute acht Wochen an der Spitze der US-Singles-Charts. Der Song stammt von **Otis Blackwell**, der schon *Don't Be Cruel* verfasst hatte. Er erzählt später, dass die Inspiration zu diesem Song von einem Meeting beim Chef von Shalimar-Music Al Stanton kam. »Er kam herein und schüttelte, wie damals üblich, eine Flasche Pepsi. Al sagte: ›Otis, ich habe eine Idee. Schreib doch mal einen Song mit dem Titel *All Shook Up*.‹« Einige Tage später brachte ich den Song und sagte: »Sieh mal, ich habe etwas draus gemacht!« Von dieser Platte werden zwei Millionen in den USA verkauft. Sie wird die am meisten verkaufte Single des Jahres.

22 Bei dem Skiffle-Boom in Großbritannien kommt **Chas McDevitt's Skiffle Group featuring Nancy Whiskey** direkt hinter **Lonnie Donegan**. Sie geben heute ihr erstes größeres Skiffle-Konzert in der Royal Festival Hall. Zum Programm gehören **Johnny Duncan, Ray Bush And The Avon Cities Jazz Band** und **Bob Cort with Dickie Bishop**.

27 **Elvis Presley** gibt sein erstes Konzert außerhalb der USA in den Maple Leaf Gardens in Toronto. Die einwöchige Tour bringt ihn nach Detroit, Buffalo, New York, Ottawa, Philadelphia und Wichita Falls.

Connie Francis hatte bereits als Vierjährige in der Radiosendung »Arthur Godfrey's Talent Scouts« Akkordeon gespielt.

Mai

4 **Alan Freeds** »Rock'n'Roll Revue« wird auf ABC-TV ausgestrahlt, mit einer ziemlich zahmen Besetzung: **Guy Mitchell, June Valli, Sal Mineo, Martha Carson**, die **Del Vikings**, die **Clovers** und dem etwas spektakuläreren **Screamin' Jay Hawkins**.

»Er kam herein und schüttelte, wie damals üblich, eine Flasche Pepsi. Al sagte: ›Otis, ich habe eine Idee. Schreib doch mal einen Song mit dem Titel *All Shook Up*.‹« Otis Blackwell, **Time Barrier Express**, Juli 1979

12 **Tommy Steele** beginnt im Londoner Dominion Theatre als Star eines Programms, zu dem auch **Freddie Bell And The Bellboys** gehören. Der **Daily Telegraph** berichtet: »Es mag zwar weit hergeholt klingen, den Troubadour des 12. Jahrhunderts mit Mr Steele zu vergleichen, aber Parallelen sind vorhanden, obwohl er für manche nicht mehr als ein verrückter Minnesänger mit Ameisen in der Hose sein mag. Doch muss ich zugeben, dass der, zurückhaltend ausgedrückt, unbeschreibliche Lärm, der um mich herum entfesselt wurde, Furore machte. Heute würde man sagen, es war ein Abend für ›Kids‹. Persönlich ziehe ich jedoch das Gejaule von Katzen vor.«

13 Die Dreharbeiten zu »Jailhouse Rock« beginnen in den MGM Culver City Studios. Zu den Stars gehören Judy Tyler, Mickey Shaughnessy, Dean Jones und Jennifer Holden. **Elvis Presley** spielt Vince Everett, einen Außenseiter, der wegen Totschlags verurteilt dennoch Rockstar wird.

14 **Elvis** wird in Los Angeles zum Cedars of Lebanon Hospital gebracht. Ein Stück Schneidezahn, das er während einer Tanzeinlage verschluckt hatte, hat sich im rechten Lungenflügel festgesetzt.

16 **Buddy Holly** schließt einen Vertrag mit Bob Thiele von Coral Records. Die Vereinbarung betrifft auch *Words Of Love* und *Mailman Bring Me No More Blues*. Es gibt zwei Verträge für den Sänger: einen mit dem Brunswick-Label für Platten mit den **Crickets** und einen mit Coral für alle, die mit dem Namen Buddy Holly veröffentlicht werden. In elf Tagen wird Brunswick *That'll Be The Day* auf den Markt bringen.

17 Der elfjährige **Udo Lindenberg** darf im Schützenhof in Gronau/Westf. bei der **Border-Town-Jazzband** erstmals Schlagzeug spielen.

21 Der Kanadier **Paul Anka** nimmt seine erste Platte *Diana* für das ABC-Paramount-Label in New York auf. Sein erster Song *I Confess* entstand letzten September für das Modern-Label. Mit 15 Jahren gewann Anka mit dem Sammeln von Dosen-Etiketten eine Fahrt nach New York. Er lieh bei seinem Vater 100 $ und kehrte mit vier Aufnahmen zurück. Die befreundeten **Rover Boys**, bei ABC-Paramount unter Vertrag, vermitteln ihn zu diesem Label. Don Costa gibt ihm einen Vertrag, weil er von seinen Fertigkeiten als Sänger und Songschreiber beeindruckt war, die bei einem Jungen seines Alters (zur damaligen Zeit) selten sind.

28 The National Academy of Recording Arts and Sciences (NARAS) wird in Los Angeles von mehreren Label-Chefs gegründet. Ziel der Zusammenkunft ist die Bildung einer Organisation, die die Kreativen des Musikgeschäfts vertritt und einen Preis vergibt. Die Anregung zu diesem Projekt kam vom Hollywood Beautification Committee (das Stars auf Bürgersteigen verewigt), da Empfehlungen von geeigneten Stars aus dem Musikbereich gewünscht wurden. Das Komitee kontaktierte fünf Top-Manager: Lloyd Dunn (Capitol), Paul Weston (Columbia), Sonny Burke (Decca), Dennis Farnon (RCA) und Jesse Kaye (MGM). Bei dem heutigen Treffen im Restaurant Brown Derby wird von diesen fünf die NARAS gegründet. Hinzu kommt der von ihnen ernannte Vorsitzende, der frühere Columbia-Chef Jim Conkling. Vorher war von Burke die Idee eines Musikpreises nach dem Vorbild der »Oscars« erwähnt worden.

Elvis Presley erster britischer Nr.-1-Erfolg *All Shook Up* wurde von einer Limonade inspiriert ... Chas McDevitt's Skiffle Group featuring Nancy Whiskey waren Stars des britischen Skiffle; ihre erste Aufnahme *Freight Train* kam im Juni auf Platz 5 in England und sogar in die US-Top-40.

Juni

1 **Sam Cooke** nimmt in den Radio Recorders Studios in Los Angeles das von seinem Bruder Charles »L. C.« Cooke geschriebene *You Send Me* und *Summertime* auf, einen Hit von Billie Holiday (1936). Er wird begleitet von **Cliff White** (Gitarre), **Earl Palmer** (Schlagzeug) und **Rene Hall** (Rhythmusgitarre). Die Session wurde von Specialty Records arrangiert, für die Cooke 1956 mehrere Gospels und weltliche Lieder aufnahm. Label-Chef Art Rupe streitet mit dem Produzenten »Bumps« Blackwell über die Auswahl des Materials, worauf Blackwell das Label Specialty verlässt. Die Aufnahmen werden nicht veröffentlicht. Rupe ersetzt Blackwell durch den jungen Musiker und Songwriter **Sonny Bono**. »Bumps« bietet die beiden Stücke Bob Keane von Keen Records an, der *Summertime* als A-Seite bringt. Die Discjockeys werden die Platte jedoch umdrehen und *You Send Me* spielen.

1 **Chas McDevitt's Skiffle Group featuring Nancy Whiskey** kommt mit *Freight Train*, das in London in den Levys Sound Studios mit dem Produzenten Jack Baverstock entstand, auf Platz 5 der britischen Charts, die von vier amerikanischen Gesangsgruppen dominiert werden.

15 **Elvis Presleys** *All Shook Up* kommt vor seiner Veröffentlichung in Großbritannien auf Platz 24: Kopien, die für US-Soldaten in Großbritannien gedacht waren, geraten in die Hände der Handelskette HMV (deren Muttergesellschaft RCA in Großbritannien vertritt) und werden bereits verkauft. Nach einer Woche ist dies vorüber, aber nach dem offiziellen Verkaufsstart kommt die Platte auf Platz 7. Im August wird der Verkauf von Elvis Presleys Platten sich ändern, da RCAs eigenes Label von Decca vertreten wird. EMI, das bisher RCA über sein Label HMV vertreten hat, erhält eine lange Verkaufsfrist für die bereits lizenzierten Platten. So wird der britische Markt mit Presley-Singles von zwei konkurrierenden Firmen überflutet.

26 Das ägyptische Innenministerium lässt verlauten, dass Rock'n'Roll nicht mehr in der Öffentlichkeit gespielt werden darf, da dies »gegen die öffentliche Moral« verstößt. Rock'n'Roll-Filme werden als »imperialistische Verschwörung« ebenfalls verboten.

26 Die NARAS hält ihre erste offizielle Sitzung im Beverly Hilton Hotel in Beverly Hills. Ein Führungsgremium wird gewählt, zu dem **Nat King Cole** und Songwriter **Sammy Cahn** gehören.

28 **Lonnie Donegans** Single *Puttin' On The Style/Gamblin' Man* kommt auf Platz 1 der britischen Charts und hält diesen Platz zwei Wochen. Die Songs stammen aus der Live-Show »Putting on the Style«, Donegans erster Schritt von Folk/Blues in den Comedy-Bereich. Er ist zurzeit der Star der Skiffle-Sensation-Show in der Royal Albert Hall.

Juli

1 In einer Titelstory über den Stand des Musikgeschäfts prognostiziert das **Billboard**-Magazin, dass »gute Musik« wieder zurückkehrt, »aber Rock'n'Roll-Platten weiterhin den Popmusikmarkt dominieren«.

6 Nachdem sich die Skiffle-Gruppe **Quarry Men** bei der »TV Star Search« von Carroll Levis im Empire Theatre in Liverpool am 9. Juni vorgestellt hat, spielen sie auf einem Gartenfest der Pfarrei St. Peter im Liverpooler Stadtteil Woolton. **Ivan Vaughan**, der zur Gruppe gehörte, als sie sich noch Black Jacks nannten, stellt dem Leadsänger, dem 16-jährigen **John Lennon**, einen anderen Musiker, den 15-jährigen **Paul McCartney**, vor. McCartney beeindruckt Lennon durch seine profunden Kenntnisse der Texte von aktuellen amerikanischen Rock'n'Roll-Hits und mit seiner Fähigkeit, eine Gitarre zu stimmen.

12 Die **Everly Brothers** sind Gäste der Premiere von **Alan Freeds** Sendung »The Big Beat« und singen *Bye Bye Love*. Weitere Gäste sind **Frankie Lymon**, der 23-jährige Texaner **Buddy Knox** und die 18-jährige **Connie Francis** aus New Jersey. Knox war zum ersten Mal Spitzenreiter der US-Charts mit *Party Doll*, der erste Hit für Roulette Records. Francis, seit zwei Jahren bei MGM Records und bereits Stammgast der Talentshow »Arthur Godfrey's Talent Scouts«, versucht, in die Charts zu kommen.

15 **Elvis Presleys** Titel *All Shook Up* wird zur Nr. 1 der britischen Charts, für ihn der erste Spitzenplatz in Großbritannien (nach zehn vergeblichen Anläufen). Sieben Wochen bleibt der Song auf diesem Platz, und es werden mehr als eine halbe Million Platten verkauft.

28 **Jerry Lee Lewis** hat sein Debüt im US-Fernsehen in der »Steve Allen Show«. (Bei seinem zweiten Gastauftritt übertrifft die Zuschauerquote der Allen-Show das einzige Mal die der »Ed Sullivan Show«.) Die Darbietung von Lewis bewirkt Wunder für *Whole Lotta Shakin' Goin' On*, das bisher 30 000-mal verkauft wurde, überwiegend in den Südstaaten. In der Folge werden mehr als sechs Millionen Platten verkauft, in den Charts steht die Platte im September auf Platz 3, Sun liefert täglich 50- bis 60 000 Exemplare aus. Der von Roy Hall und dem schwarzen Musiker David Williams 1954 geschriebene Song wird den Spitzenplatz der Country- und R&B-Charts erobern. Lewis entschloss sich, ein Cover zu machen, als er Hall, der bereits eine eigene Version aufgenommen hatte, bei einer Veranstaltung in der Music Box in Nashville hörte.

29 Die Polizei im Iran erhält den Befehl, alle Tanzhallen zu schließen und deren Besitzer strafrechtlich zu verfolgen, weil Rock'n'Roll »gesundheitsschädlich« sei.

Mit der Premiere seiner neuen Show »The Big Beat« auf ABC im Juli wechselte der Discjockey Alan Freed vom Radio zum Fernsehen.

August 1957

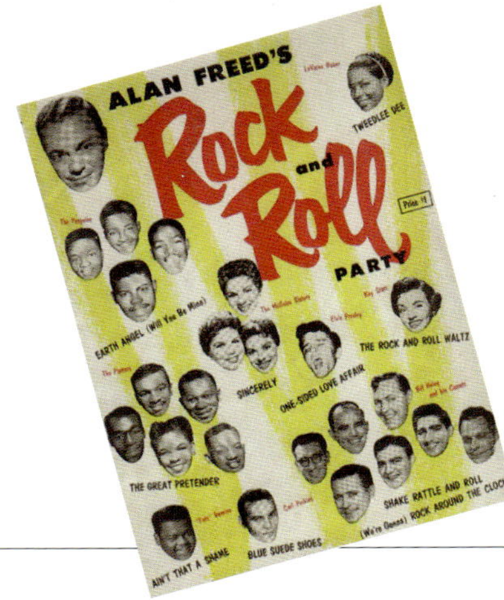

Die bekanntesten Förderer des Rock'n'Roll in den späten 50ern waren Alan Freed und der stets jugendlich-adrette Dick Clark.

Dick Clark

Die Quarry Men spielen im Cavern Club ... Paul Anka erreicht Platz 1 ...

August

2 Eine lange Tour durch die USA startet mit **Buddy Holly And The Crickets**, **Clyde McPhatter**, den **Cadillacs**, **Otis Rush** und anderen. Die Eröffnung findet im Howard-Theater in Washington statt. Dort erkrankt Holly an Kehlkopfentzündung, und Niki Sullivan übernimmt seinen Part am 4. August. Zu den anderen Terminen gehört das Royal-Theater in Baltimore.

2 Jeanne und Doug Saward gründen den ersten offiziellen britischen **Elvis Presley**-Fanclub. (In den USA gibt es zu dieser Zeit bereits tausende von Elvis-Fanclubs).

4 Die **Everly Brothers** geben unter rauschendem Beifall ihr Debüt bei der »Ed Sullivan Show« und präsentieren ihren ersten, aktuellen Hit *Bye Bye Love* (Nr. 2 der US-Charts) und *Wake Up Little Susie*. Dieser Song wird zur Nr. 1 in den US-Charts und in den R&B-Charts.

5 Die erste landesweit ausgestrahlte Sendung der Fernsehshow »American Bandstand« wird von ABC-TV gezeigt. Moderator ist der 26-jährige Dick Clark, Discjockey des Rundfunksenders WFIL in Philadelphia. Er ersetzt Bob Horn (der die lokale, gleichnamige Show leitete.) In seinen Memoiren erinnert sich Dick Clark: »Das Studio war belagert von wütenden Studenten, die zum Boykott aufriefen. Sie waren verärgert, weil ich Horns Platz übernahm. Ich verstand ihre Wut, aber ich hatte nichts mit dem Abschied von Horn zu tun.« Zu den ersten Gästen gehören **Billy Williams** und die **Chordettes**, die den Song *Close Harmony* (Cadence-Label) präsentieren, und **Connie Francis**, die immer noch auf ihren Durchbruch wartet. (»American Bandstand« wird 1964 nach Los Angeles ziehen, aus Dick Clark wird ein Star. Die Fernsehshow wird in den 80er-Jahren von David Hirsh präsentiert, bis man sie 1989 aus dem Programm nimmt.)

7 Die **Quarry Men** treten zum ersten Mal im Jazzclub Cavern in Liverpool auf, aber ohne **Paul McCartney**, der auf einem Pfadfinderlager in Hathersage, Derbyshire, ist. Nach den Coverversionen von *Hound Dog* und *Blue Suede Shoes* gibt Clubbesitzer Alan Sytner die Order: »Lasst endlich den verdammten Rock'n'Roll!« (Letzte Woche trat ein anderer Musiker aus Liverpool zum ersten Mal auf: der 17-jährige Schlagzeuger **Richard Starkey** mit der Skiffle-Gruppe von Eddie Clayton.)

7 **Paul Anka** erscheint zum ersten Mal in den USA im Fernsehen, und zwar bei »American Bandstand«, wo er den erfolgreichen Song *Diana* interpretiert. Heute erscheint **Fats Dominos** erstes Album ***This Is Fats*** bei Imperial Records. (Die Plattenindustrie ist noch sehr auf Singles fixiert, deren Verkaufszahlen zu dieser Zeit die meisten Alben übertreffen.)

22 Die **Crickets** benden ihre US-Tour im Apollo-Theater in Harlem. Sie sind die erste weiße Band in diesem berühmten Haus. (Es geht das Gerücht, dass ein Teil des Publikums glaubte, dass es sich um die R&B-Gruppe Crickets von Dean Barlow handelte.)

30 Alan Freeds Third Anniversary Show findet im Paramount-Theater in Brooklyn statt. Zu den Mitwirkenden gehören **Buddy Holly And The Crickets**, **Little Richard**, die **Five Keys**, **Jimmie Rodgers**, dessen *Honeycomb* gerade auf dem Weg zur Spitze der R&B-Charts ist,**Shaye Cogan**, die **Cleftones**, die **Moonglows**, **Ocie Smith**, die **Del**

Die junge Skiffle-Gruppe The Quarry Men um John Lennon hatte ihre ersten Auftritte im heimischen Liverpool.

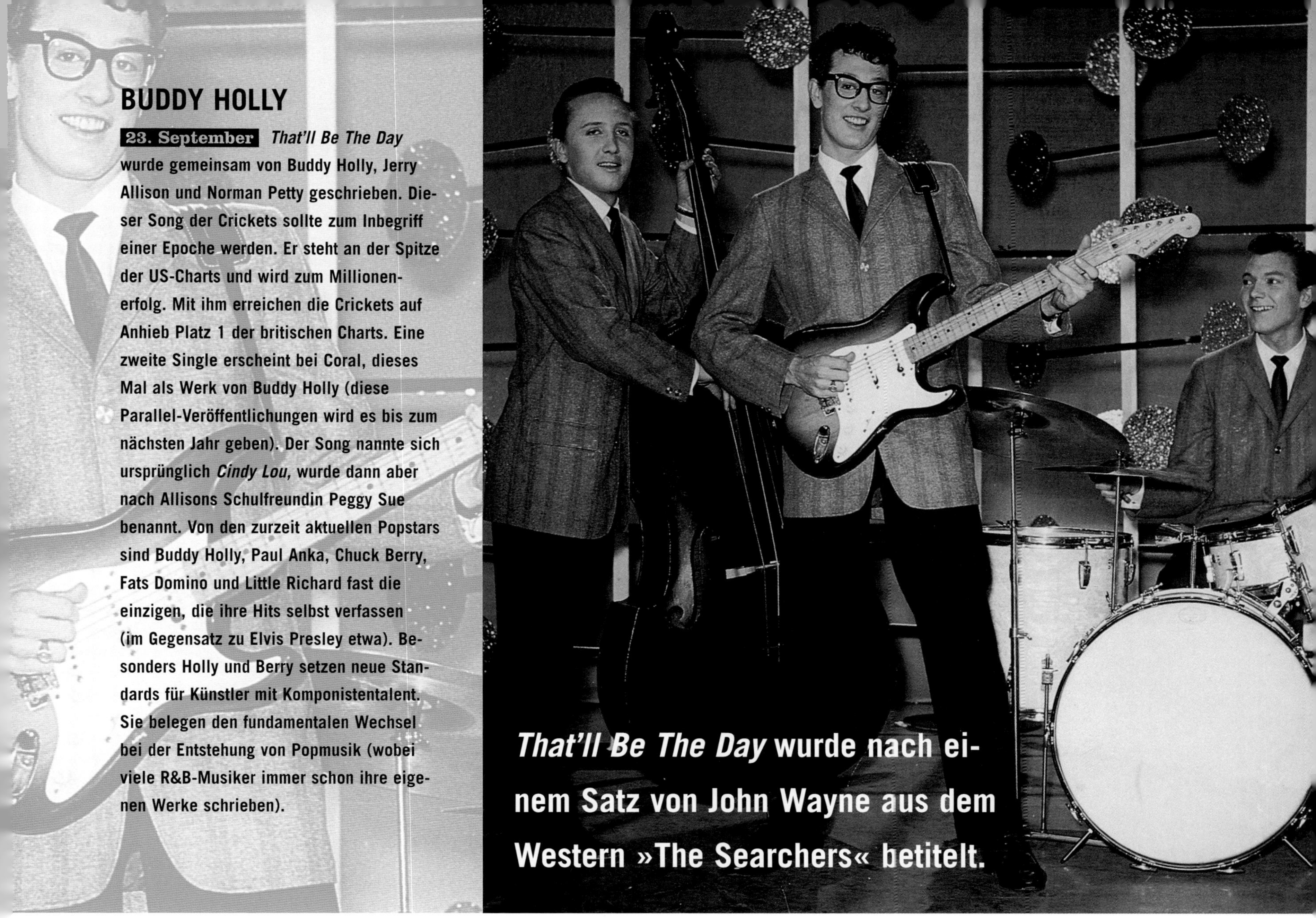

BUDDY HOLLY

23. September ***That'll Be The Day*** **wurde gemeinsam von Buddy Holly, Jerry Allison und Norman Petty geschrieben. Dieser Song der Crickets sollte zum Inbegriff einer Epoche werden. Er steht an der Spitze der US-Charts und wird zum Millionenerfolg. Mit ihm erreichen die Crickets auf Anhieb Platz 1 der britischen Charts. Eine zweite Single erscheint bei Coral, dieses Mal als Werk von Buddy Holly (diese Parallel-Veröffentlichungen wird es bis zum nächsten Jahr geben). Der Song nannte sich ursprünglich *Cindy Lou*, wurde dann aber nach Allisons Schulfreundin Peggy Sue benannt. Von den zurzeit aktuellen Popstars sind Buddy Holly, Paul Anka, Chuck Berry, Fats Domino und Little Richard fast die einzigen, die ihre Hits selbst verfassen (im Gegensatz zu Elvis Presley etwa). Besonders Holly und Berry setzen neue Standards für Künstler mit Komponistentalent. Sie belegen den fundamentalen Wechsel bei der Entstehung von Popmusik (wobei viele R&B-Musiker immer schon ihre eigenen Werke schrieben).**

That'll Be The Day **wurde nach einem Satz von John Wayne aus dem Western »The Searchers« betitelt.**

Vikings, die neueste Doo-Wop-Sensation die **Diamonds** (*Little Darlin'*), **Jo Ann Campbell**, **Mickey And Sylvia**, **Larry Williams**, **Alan Freed And His Rock'n'Roll Orchestra featuring Sam »The Man« Taylor**, **Al Sears** und **King Curtis**.

31 Innerhalb eines Monats, und noch vor dem Erfolg in den USA, steht **Paul Ankas** *Diana* in Großbritannien auf Platz 1 und hält sich dort neun Wochen. Weltweit werden neun Millionen Platten verkauft. Es wird eine der zehn meistverkauften Singles aller Zeiten. In den USA erreicht *Diana* am 2. September Platz 2 und steht fünf Wochen hinter *Tammy* von **Debbie Reynolds.** Paul Anka ist mit dieser beliebtesten Teenager-Hymne des Jahres zurzeit eines der erfolgreichsten und jüngsten internationalen Teenager-Idole.

September

1 The Biggest Show Of Stars 1957 startet mit einem riesigen Staraufgebot zu einer Caravan-Package-Tour mit der ersten von fünf Veranstaltungen im Paramount-Theater in Brooklyn und zieht danach durch die USA. Wiederum spielen **Buddy Holly And The Crickets** bei dieser zweimonatigen Tour eine besondere Rolle. Sie haben ihren ersten Gig in Norfolk, Virginia, am 9. September und danach in Waco, Texas, und Vancouver. Weitere Künstler dieser Tour sind: **Chuck Berry**, **Paul Anka**, die **Drifters**, **Frankie Lymon And The Teenagers**, die **Everly Brothers** und **Clyde McPhatter**. Die Tour endet am 24. November im Mosque in Richmond, Virginia. (Die weißen Künstler werden wegen der vorgeschriebenen Rassentrennung mehrmals nicht spielen können. Ein gemeinsamer Auftritt von schwarzen und weißen Künstlern ist verboten!)

19 In Hertfordshire, nördlich von London, schließt sich der Sänger **Cliff Richard** der **Dick Teague Skiffle Group** an, die in den Pubs von Ware, Cheshunt und Hoddesdon auftritt. Er wurde in Indien geboren, kehrte nach England zurück und wohnte seit seinem achten Lebensjahr in Cheshunt. Der 16-Jährige trägt noch seinen Namen Harry Webb und arbeitet tagsüber als Buchhalter. Er hat 1956, noch als Schüler der Cheshunt Secondary Modern School, sein eigenes Gesangsquintett, die Quintones, gegründet. Teagues Vater Walter schreibt heute in sein Tagebuch: »Harry hat sich heute vorgestellt und wurde sofort aufgenommen Viel Glück für das neue Mitglied.«

21 **Bill Black** und **Scotty Moore**, **Presleys** langjährige musikalische Begleiter, geben wegen Gehaltsstreitigkeiten mit »Colonel« Parker auf. Black gründet die Bill Black Combo, spielt aber im kommenden Jahr noch drei Sessions mit Elvis.

24 **Alan Freeds** Rock-Filmdokumentation »Mister Rock and Roll« wird an seinem Lieblingsort, dem Paramount-Theater in Brooklyn, uraufgeführt. Zu den musikalischen Highlights des Films gehören **Little Richard**, **Frankie Lymon**, **Clyde McPhatter**, die **Moonglows**, **Chuck Berry**, **LaVern Baker**, **Brook Benton**, **Ferlin Husky**, **Shaye Cogan**, **Teddy Randazzo** und **Lionel Hampton And His Orchestra**.

27 **Elvis Presley** wird jetzt von **Hank Garland** und **Bob Moore** begleitet und gibt ein Benefizkonzert für das Presley Youth Recreation Center und tritt bei der Mississippi-Alabama Fair und der Dairy Show in Tupelo auf.

Oktober 1957

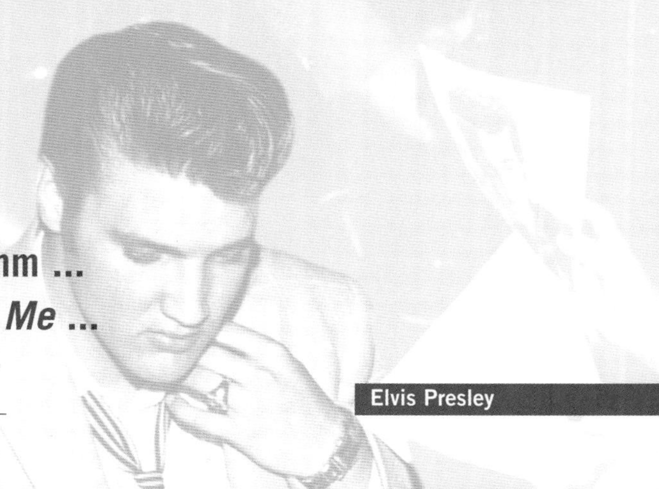

Elvis Presley

Little Richard wird fromm ... Sam Cookes *You Send Me* ... Elvis rückt ein ...

Elvis spielte erstmals in Hawaii ... Bill Haley hatte von 1955–57 in den USA 19 Singlehits, und auch Little Richard wird trotz seiner religiösen Erweckung bis zum Ende des Jahrzehnts weitere Hits verbuchen können.

Bill Haley und Little Richard

Oktober

2 Nach neun erfolglosen Versuchen erwägt MGM, **Connie Francis** zu entlassen, und gibt ihr mit der heutigen Session eine letzte Chance. Auf Verlangen ihres Vaters, George Franconero, investiert sie vier Minuten für den von Harry Ruby, Bert Kalmar und Ted Snyder geschriebenen alten Song *Who's Sorry Now?*. Francis mag den Song nicht, hält ihn für »altmodisch«, aber nach einem wütenden Streit mit ihrem hartnäckigen Vater gibt sie nach. Es wird im kommenden März ihr erster Hit.

3 Nach seinem vierten Erfolg (mit *Love Letters In The Sand*) innerhalb von zwei Jahren mit Spitzenplätzen in den US-Charts beginnt Popsänger **Pat Boone** seine von Chevrolet gesponserte Fernsehserie »The Pat Boone Chevy Showroom« bei ABC-TV (sie wird bis Mitte der Sechzigerjahre laufen).

12 Nach einem äußerst erfolgreichen Jahr sagt sich **Little Richard** auf der Bühne in Sydney vom Rock'n'Roll los und wendet sich Gott zu. Er soll gesagt haben: »Wenn man für Gott leben möchte, dann kann man sich nicht dem Rock'n'Roll hingeben. Gott möchte das nicht.« Richards Saxophonist **Clifford Burks** soll Richards Glauben auf die Probe gestellt haben, worauf dieser vier Diamantringe im Wert von 8000 $ in den Hunter River in Sydney warf. Später erzählt er, er habe von seiner eigenen Verdammung geträumt und zu Gott gebetet, als bei einem Flug ein Flugzeugmotor in Brand geriet.

13 Nach seiner Rückkehr in die USA arrangiert **Little Richards** Label Specialty eine letzte Session mit acht Songs, bevor er ins Theologieseminar eintritt. Das Label versucht, seine Konversion zu verschweigen. (Sein Freund Joe Lutcher hatte Richard gewarnt, dass Popmusik »böse« ist. Die beiden ziehen später als »Little Richard Evangelistic Team« durch die USA.)

17 **Elvis Presleys** neuer Film »Jailhouse Rock« wurde im Mai und Juni unter der Regie von Richard Thorpe mit den Stars Judy Tyler und Vaughn Taylor gedreht und feiert nun seine Premiere in Loew's State Theater in Memphis, in dem Presley 1952 arbeitete.

18 **Paul McCartney** gibt sein Debüt (an der Leadgitarre) bei der Skiffle-Gruppe **Quarry Men** im New Clubmoor Hall Conservative Club in Norris Green, Liverpool.

November

3 **Sam Cooke** debütiert bei der »Ed Sullivan Show«. Aber als er das schnell in den Charts aufsteigende *You Send Me* beginnt, wird er unterbrochen, da die Sendezeit abgelaufen ist. (Im kommenden Monat wird der R&B-Star zu einer vollständigen Interpretation eingeladen.)

10 **Elvis Presley** gibt das erste Konzert außerhalb des amerikanischen Kontinents im Stadion von Honolulu. (In Europa wird Elvis Presley nie ein Konzert geben!)

11 Die November-Ausgabe von **Dance Teacher**, einem Magazin der Midland Dance Teachers Association, wirft Prinzessin Margaret vor, sie habe Rock'n'Roll unterstützt und somit den Niedergang des klassischen Tanzes beschleunigt: »Von 1938 bis letztes Jahr war Rock (oder Jitterbug) verpönt. Anständige Menschen tanzten so etwas nicht.« Nach der Sympathiebekundung der Prinzessin habe sich der Trend von »zivilisierten« Tanzbewegungen zu »primitivem Hüpfen« verschoben. Man fordert, dass Rock'n'Roll nicht gefördert werden soll, und fügt hinzu, dass die Prinzessin »keine Blumen« von Tanzlehrern erhält.

12 Der neue Rock'n'Roll-Fim »Jamboree« wird in Hollywood gezeigt. Er präsentiert **Carl Perkins**, **Fats Domino**, **Frankie Avalon** (einen 18-jährigen Newcomer aus Philadelphia), den Country-Veteranen **Slim Whitman** und **Connie Francis**. Mit diesem Streifen hat auch **Jerry Lee Lewis** sein Filmdebüt.

17 Zurück von einer Australien-Tournee, wo er mit **Little Richard** und **Eddie Cochran** auftrat, gibt **Gene Vincent** sein Fernsehdebüt mit den **Blue Caps** in der »Ed Sullivan Show« und präsentiert seine neue Single *Dance To The Bop*.

18 **Tommy Steele** singt bei der diesjährigen Royal Variety Performance in London *Long Tall Sally*. Er hat die Dreharbeiten für seinen zweiten Film »The Duke Wore Jeans« beendet und ist laut einer Leserumfrage des **New Musical Express** nach Elvis Presley die Nr. 2 in der Kategorie »World Music Personality«.

21 Anlässlich eines Vortrags in der Weston Zoyland Secondary Modern School in England sagt der Direktor L. H. B. Adams, dass von 30 Schülern einer Klasse mit 14-Jährigen nur vier Pandit Nehru kennen würden, sieben hatten schon mal von Nikita Chruschtschow gehört und zwölf Schüler von Präsident Eisenhower. »Aber jeder hätte einen gewissen **Mr. Presley** mit seinem Vornamen ansprechen können.«

Dezember

1 *You Send Me* steht kurz davor, den Spitzenplatz der Top-100 zu übernehmen, und überschreitet bald die Millionengrenze in den USA. **Sam Cooke** kommt zur »Ed Sullivan Show« zurück. Dieses Mal kann er den Song in ganzer Länge präsentieren. Zur gleichen Sendung kommen **Buddy Holly** (der von Sullivan interviewt wird) **And The Crickets** und spielen die Nummern *That'll Be The Day* und *Peggy Sue*. **Jimmie Rodgers** interpretiert *Honeycomb* und *Kisses Sweeter Than Wine*.

Pat Boone mit Dinah Shore

Gene Vincent

Als Nebenaktivität zum Rock'n'Roll moderierte Pat Boone seine erste Fernsehsendung ... Die Firma Capitol Records hoffte, mit Gene Vincent die Antwort auf Elvis Presley gefunden zu haben, aber nach *Be-Bop-A-Lula* gelang ihm nur noch ein einziger Top-20-Hit, das 1957 veröffentlichte *Lotta Lovin'*.

Auf der B-Seite von Bobby Helms' zeitlosem Schlager *Jingle Bell Rock* fand sich das originellere *Captain Santa Claus (And His Reindeer Space Patrol).*

11 **Jerry Lee Lewis** heiratet seine 13-jährige Cousine Myra Gale Brown, die Tochter seines Bassisten Jay, in Hernando, Mississippi. (Sie gibt an, 20 Jahre zu sein.) Eine Ehe zwischen Verwandten ersten oder zweiten Grades ist in ländlichen Gebieten der Südstaaten damals nicht ungewöhnlich. Lewis ist jedoch noch mit seiner zweiten Frau, Jane Mitcham, verheiratet. Zu seiner Verwandtschaft gehören auch der Countrysänger Mickey Gilley und der spätere Fersehprediger Jimmy Swaggart.

12 Al Priddy, Discjockey bei Radio KEX in Portland, wird entlassen, weil er **Elvis Presleys** Version von *White Christmas* gesendet hat. Der Eigentümer des Senders sagt: »Es widerspricht dem Geist, in dem wir Weihnachten feiern. Presleys Interpretation zu spielen ist, als ob man eine Stripperin engagiert, um den Kindern die Geschenke zu überreichen.« Einige Radiosender haben das Weihnachtsalbum verboten, Radio WCFL in Chicago sogar alle Elvis-Platten.

19 Milton Bowers, Vorsitzender der Einberufungskommission in Memphis, überreicht **Elvis** die Einberufung zur Army (in Graceland, wo der Star mit seinen Eltern Weihnachten verbringen möchte). Es hagelt Proteste von Teenagern.

21 Frank Freeman, Produktionsleiter der Paramount-Studios, bittet die Army darum, **Elvis Presleys** Antrittstermin um 60 Tage zu verschieben, damit sein neuester Film »King Creole« vollendet werden kann. Freeman erfährt, dass Elvis einen Aufschub persönlich beantragen muss. Schließlich wird ein Aufschub von zwei Monaten genehmigt. Dies löst eine Flut von Kommentaren aus, die eine »Sonderbehandlung« unterstellen.

23 *Jingle Bell Rock,* ein Song des 22-jährigen Countrysängers und Gitarristen **Bobby Helms**, der schon mit seinem Crossover-Hit *My Special Angel* erfolgreich war, kommt in die US-Charts. Es wird bald schon ein Weihnachtsklassiker.

25 Alan Freeds Christmas Jubilee Package startet zu einem zwölftägigen Programm im Paramount-Theater in Brooklyn mit sechs Veranstaltungen am Tag, sogar an Weihnachten. Wiederum dabei sind **Buddy Holly And The Crickets** (die zu einem Trio geworden sind, nachdem Niki Sullivan einen Solovertrag bei Dot Records erhalten hat). Ebenso gehören dazu **Paul Anka**, **Fats Domino**, **Jerry Lee Lewis**, die **Everly Brothers**, die **Rays**, **Danny And The Juniors**, die **Teenagers**, **Lee Andrew And The Hearts**, **Jo Ann Campbell**, die **Shepherd Sisters**, **Little Joe**, die **Dubs**, **Thurston Harris**,die **Twintones** und **Terry Noland**.

27 Alan Freeds Christmas Show erbringt 37 000 $ – ein Tagesrekord für das Paramount-Theater. Die 20 000 Fans stehen ab 5:30 Uhr Schlange. Zu Beginn der ersten Veranstaltung um neun Uhr werden 33 Polizisten eingesetzt, um die Menge im Zaum zu halten. Viermal mehr Mädchen als Jungen besuchen diese Veranstaltung. Darüber beklagen sich die Geschäftsinhaber der 42. Straße: »Wir könnten genauso gut schließen«, sagt Louis Brook, Eigentümer eines Hemdenladens. »Es kommen noch nicht einmal mehr Schaufensterbummler.«

»Von 1938 bis letztes Jahr war Rock (oder Jitterbug) verpönt. Anständige Leute tanzten so etwas nicht.« **Dance Teacher**, 11. November 1957

Elvis Presleys dritter Musikfilm »Jailhouse Rock« (»Rhythmus hinter Gittern«) kam im Oktober in die Kinos. Der von dem umtriebigen Duo Leiber/Stoller geschriebene Titelsong wurde am 4. November Presleys vierter amerikanischer Nr.-1-Hit im Jahr 1957.

ROOTS **In diesem Jahr singen Paul Simon und Art Garfunkel unter dem Namen Tom And Jerry in der Show »American Bandstand« *Hey Little Schoolgirl*, direkt nach Jerry Lee Lewis mit *Great Balls Of Fire* … tritt der walisische Sänger Thomas Woodward, der bald unter dem Namen Tom Jones bekannt werden wird, erstmals auf: als Tiger Tom The Twisting Vocalist im Treforest Working Men's Club in Glamorgan … kauft Duane Eddy in Ziggy's Music Store in Phoenix eine Gretsch Chet Atkins 6120 … nimmt der Agent Larry Parnes den Holzverladearbeiter Reginald Smith aus Südlondon unter Vertrag und verpasst ihm den Namen Marty Wilde … trifft Brook Benton den Verleger und A&R-Chef von Mercury, Clyde Otis (der erste Schwarze in einer Führungsposition bei einem Major) und wird bei ihm Studiosänger … unterschreiben die Impressions mit Leadsänger Jerry Butler bei Ewart Abners Falcon Records, einer Tochter des führenden R&B-Labels Veejay … gründen vier Mädchen an der Highschool von Passaic, New Jersey, die Gesangsgruppe The Poquellos (später The Shirelles); sie singen bei Schulpartys und Tanzfesten, wo vor allem die Eigenkomposition *I Met Him On A Sunday* gut ankommt.**

Rock And Roll Is Here To Stay

Nr.1 US-SINGLES

04. Jan. April Love **Pat Boone**
11. Jan. At The Hop **Danny And The Juniors**
01. März Get A Job **Silhouettes**
15. März Don't **Elvis Presley**
22. März Tequila **Champs**
26. Apr. Twilight Time **Platters**
03. Mai Witch Doctor **David Seville**
24. Mai All I Have To Do Is Dream **Everly Brothers**
14. Juni The Purple People Eater **Sheb Wooley**
26. Juli Yakety Yak **Coasters**
02. Aug. Patricia **Perez Prado**
09. Aug. Poor Little Fool **Rick Nelson**
23. Aug. Volare (Nel Blu Dipinto Di Blu) **Domenico Modugno**
30. Aug. Little Star **Elegants**
06. Sept. Volare (Nel Blu Dipinto Di Blu) **Domenico Modugno**
04. Okt. It's All In The Game **Tommy Edwards**
15. Nov. It's Only Make Believe **Conway Twitty**
22. Nov. Tom Dooley **Kingston Trio**
29. Nov. It's Only Make Believe **Conway Twitty**
06. Dez. To Know Him Is To Love Him **Teddy Bears**
27. Dez. The Chipmunk Song **David Seville And The Chipmunks**

Nr.1 UK-SINGLES

04. Jan. Mary's Boy Child **Harry Belafonte**
11. Jan. Great Balls Of Fire **Jerry Lee Lewis**
25. Jan. Jailhouse Rock **Elvis Presley**
15. Febr. The Story Of My Life **Michael Holliday**
01. März Magic Moments **Perry Como**
26. Apr. Whole Lotta Woman **Marvin Rainwater**
17. Mai Who's Sorry Now **Connie Francis**
28. Juni On The Street Where You Live **Vic Damone**
05. Juli =On The Street Where You Live **Vic Damone**
=All I Have To Do Is Dream/Claudette **Everly Brothers**
12. Juli All I Have To Do Is Dream/Claudette **Everly Brothers**
23. Aug. When **Kalin Twins**
27. Sept. Carolina Moon/Stupid Cupid **Connie Francis**
08. Nov. It's All In The Game **Tommy Edwards**
29. Nov. Hoots Mon **Lord Rockingham's XI**
20. Dez. It's Only Make Believe **Conway Twitty**

Elvis Presley

Neil Sedaka

Der Gefreite Presley, Elvis A., mit der Nr. US 53310761, wurde unter großem Rummel zur Armee eingezogen ... Neil Sedaka, einer der jungen Brill-Building-Songschreiber, hatte mit *Stupid Cupid* von Connie Francis seine erste Nr. 1.

Es war, als würde der Rock'n'Roll 1958 eine Pause einlegen, schien er doch untrennbar verbunden mit Krawallen, Eintagsfliegen und Bestechungsskandalen. Als **Elvis Presley** auch noch seinen Militärdienst antrat, sorgte das für Unruhe in der Szene. Doch obwohl er in Deutschland stationiert war, wurden Elvis-Songs veröffentlicht. Nun war es an Bill Haley, Buddy Holly und Jerry Lee Lewis, den Rock'n'Roll live zu verbreiten. Package-Tourneen wurden in den USA von **Irvin Feld**, der **Sam Cooke** präsentierte, und von dem umstrittenen **Alan Freed** dominiert. Häufig wurden Liveshows verboten. Freed wurde von seinem Sender entlassen, andere Sender nahmen Rock'n'Roll aus dem Programm. Einige innovative Rock'n'Roll-Songs wie **Buddy Hollys** *Oh Boy!* entstanden. **Chuck Berry** produzierte ganz nebenbei zwei Top-Platten: *Sweet Little Sixteen* und das flotte *Johnny B. Goode*, die klassische Story vom Jungen, der vom Land kam und Rockstar wurde. **Danny And The Juniors** bekamen eine Goldene Schallplatte für *At The Hop*. Es folgte *Rock and Roll Is Here To Stay* – und damit hatten sie Recht!

Zu den neuen Stars des Jahres 1958 gehörte der 19-jährige **Eddie Cochran**. Sein *Summertime Blues* dominierte im Sommer die US-Single-Charts. Es folgte sein ebenso mitreißendes *C'mon Everybody*. Beide Songs hatten etwas Rebellisches, was den Charakter des Rock'n'Roll einfach ausmacht und die Gefühle der Teenager ausdrückte. Cochran und sein Freund **Gene Vincent** hatten in Großbritannien, wo auch **Buddy Holly And The Crickets** begeistert aufgenommen wurden, großen Einfluss. **Paul McCartney** beobachtete die Fernsehaufnahmen von Buddy Holly sehr genau, um herauszufinden, welche Akkorde er spielte.

In England gab es die ersten einheimischen Rock'n'Roll-Musiker. **Billy Fury** wurde von Manager Larry Parnes verpflichtet, der auch **Tommy Steele**, **Terry Dene** und **Marty Wilde** förderte. Der 17-jährige **Cliff Richard**, der der Größte von allen werden sollte, machte seine ersten Schritte.

Die ersten Instrumentalstücke des Rock'n'Roll entstanden. Den **Champs** gelang der erste Spitzenreiter mit *Tequila*. Der 20-jährige **Duane Eddy** übertraf das noch: *Rebel Rouser* eröffnete eine Reihe von Hits und machte Eddy zu einem Pionier der elektrischen Rockgitarre.

Der Teenager **Neil Sedaka** ergatterte als Songschreiber mit *Stupid Cupid* Platz 1. Andere bemerkenswerte Songschreiber traten paarweise auf: **Burt Bacharach** und **Hal David** pflegten ihren sanften Stil, **Jerry Leiber** und **Mike Stoller** bewiesen ihre Meisterschaft mit *Jailhouse Rock* für Elvis und *Yakety Yak* für die **Coasters** – wobei Letzteres auf komische Weise die rebellische Stimmung der Jugend einfing.

Die Technik machte Fortschritte: Platten mit 78 wurden von solchen mit 45 Umdrehungen abgelöst, Gibson führte die E-Gitarre Flying V ein, RCA brachte die erste Stereo-LP heraus, Musikanlagen mit Stereo und Kopfhörern kamen auf den Markt.

»Irgendwie spürte ich es: Ja, er wird einmal groß. Er wird einmal richtig groß.«

John Foster, erster Manager von Cliff Richard And The Drifters, März 1958

At The Hop von Danny And The Juniors ... Die Gibson Flying V ... Der Champs-Hit *Tequila* ...

Nur 100 Flying-V-Gitarren wurden 1958 ausgeliefert. Ihre ausgefallene Form machte sie zum Kultobjekt für Sammler.

Januar

6 Am letzten Tag des Alan Freed Christmas Jubilee in New York präsentieren **Danny And The Juniors** *At The Hop*, das in den USA auf Platz 1 steht und dort sieben Wochen bleibt: ein Hit, der eine Karriere bestimmen wird. Frontmann dieses italo-amerikanischen Gesangsquartetts, das 1955 in der Highschool gegründet wurde, ist Danny Rappet aus Philadelphia. An *At The Hop* waren Label-Boss Artie Singer, Johnny Medora (alias John Madara) und der erste Tenor Dave White beteiligt. Die Aufnahme entstand, nachdem der Discjockey Dick Clark vorgeschlagen hatte, die Originalkomposition mit dem Titel *Do The Bop* zu überarbeiten.

7 Die Gibson Guitar Company lässt die E-Gitarre Flying V patentieren, die das Instrument vieler Rockmusiker werden sollte. (Die innovative Firma wurde 1894 in Kalamazoo, Michigan, von Orville H. Gibson gegründet, der zunächst akustische Gitarren und Mandolinen an die Musiker des Ortes verkaufte.)

9 **Carl Perkins** wird als erster Rockabilly-Künstler von Columbia Records verpflichtet. Bei diesem Label kommt im Mai der Song *Pink Pedal Pushers* heraus.

10 Der Verkaufsstart von **Elvis Presleys** Single *Jailhouse Rock* wird um eine Woche verschoben, da Decca die 250 000 vorbestellten Exemplare nicht rechtzeitig fertigstellen kann. Zwei Wochen später steigt sie auf Platz 1 ein, die erste Platte, die mit dem Spitzenplatz startet. Innerhalb von drei Wochen klettern die Verkaufszahlen auf 750 000 Stück.

13 Radio KWK in St. Louis, Missouri, meint, dass die Zeit des Rock'n'Roll abgelaufen ist und vernichtet alle Rock'n'Roll-Scheiben im Archiv. KWK-Chef Robert T. Convey instruiert die Discjockeys und stellt fest, dass diese Art von Musik »die Musikbranche lange genug dominiert und solchen Umfang angenommen hat, dass viele erwachsene Zuhörer vergrault wurden. Die Mehrzahl der Hörer wird überrascht sein, wie angenehm Radiohören sein kann«.

13 Harry Webb, der bald als **Cliff Richard** bekannt werden wird, bewirbt sich im Studio 4 der BBC für die Radioshow »Saturday Skiffle Club«. Am 17. Januar werden er und **Terry Smart** eine Rock'n'Roll-Band gründen, gemeinsam mit dem Gitarristen **Norman Mitham**. Sie geben ihrer Band den Namen Harry Webb And The Drifters.

25 **Buddy Holly** macht in den Bell Sound Studios in New York mit dem Produzenten Milton De Lugg Aufnahmen. Morgen, bei seinem zweiten Besuch in der »Ed Sullivan Show«, wird er mit den **Crickets** *Oh Boy!* singen.

27 **Little Richard** beginnt einen vierjährigen Theologiekurs am Oakwood Theological College in Huntsville, Alabama, wo er sein Diplom erhält und zum Geistlichen der Sieben-Tage-Adventisten wird. Somit folgt er den Fußstapfen seines Vaters und Großvaters. Richard behauptet: »Gott ist auf der Seite der Balladensänger. Rock'n'Roll ist Musik des Satans. Ich habe viel Geld mit Rock'n'Roll verdient. Jetzt möchte ich den Rest meines Lebens für meine Sünden büßen.«

»Gott ist auf der Seite der Balladensänger. Rock'n'Roll ist Musik des Satans.« Little Richard beim Eintritt ins theologische Seminar, 27. Januar 1958

29 Challenge Records bringt das Instrumentalstück *Tequila* heraus. Es ist die erste Single, die von einem lockeren Verbund von Musikern, den **Champs**, aufgenommen wird. Sein mitreißender Rhythmus und der Ausruf »Tequila« spricht die Radiohörer und Plattenkäufer sofort an, und der Song kommt in den USA in zwei Monaten auf Platz 1. Am Ende dieses Jahres werden der Saxophonist **Jimmy Seals** und der Schlagzeuger **Dash Crofts** (in den 70er-Jahren als **Seals And Crofts** bekannt) dazustoßen.

30 *Peggy Sue* ist in den US-Charts und UK-Charts hoch angesiedelt, als sich **Buddy Holly And The Crickets** auf eine einwöchige Tour durch Australien als Teil der Big Show begeben, die von Promoter Lee Gordon präsentiert wird. Sie geben zwölf Konzerte in Sydney, Newcastle, Brisbane und Melbourne. Mit dabei sind **Jerry Lee Lewis**, der australische Sänger **Johnny O'Keefe**, **Jodie Sands** und als Star **Paul Anka**.

Februar

1 **Elvis Presley** nimmt vier Songs auf, bevor er seinen Dienst in der US-Army antreten muss. Hierzu gehört seine nächste Single *Wear My Ring Around Your Neck*, die in den USA und in England bis auf Platz 3 steigen wird, *Doncha Think It's Time*, *My Wish Came True* und ein Cover von Hank Williams' *Your Cheatin' Heart* (das erst 1965 veröffentlicht wird).

6 **Tommy Steele** und andere Rock'n'Roll-Musiker werden in einer Rede, die die Direktorin Gwen Carr in einer Schule in Stockton-on-Tees hält, beschimpft. Sie macht sie für die schlechten Leistungen ihrer Schülerinnen verantwortlich: »Wir waren es leid, ständig Lobgesänge auf Tommy Steele und seine Rock'n'Roll-Kumpane in der Welt der Unterhaltung zu hören. Es ging weit über deren eigentliche Bedeutung hinaus und behinderte den Fortschritt in der Arbeit an unserer Schule. Tommy Steele hat seine Einstellung zu uns Lehrern deutlich gemacht, als man ihm vorschlug, einen künstlerischen Berater zu beschäftigen. Er sagte: ›Ich brauche das nicht. Ich halte nichts davon. Solche Leute können dir nichts beibringen!‹ Wir sind froh, dass derart uneinsichtige Schüler in unserer Schule nur eine Minderheit sind.« Steele schickt eine Antwort: »Wenn ich euer Lernen behindert habe, wie die Direktorin sagt, dann tut mir einen Gefallen und arbeitet im nächsten Schuljahr hart, für sie und für mich. Und wenn eure Ergebnisse dann besser sind, dann werde ich der besten Schülerin einen Preis verleihen – wenn Miss Carr es erlaubt! Einverstanden?«

15 Das junge amerikanische Komponistenteam **Burt Bacharach** und **Hal David** erreicht seinen ersten Spitzenplatz in den britischen Charts mit **Michael Hollidays** *The Story Of My Life*. Innerhalb von zwei Wochen wird klar, dass sie keine Eintagsfliegen sind, denn ihr Song *Magic Moments*, gesungen von **Perry Como**, löst Holliday ab.

18 Der 19-jährige englische Rock'n'Roll-Sänger **Terry Dene** hat es bereits zweimal in die britischen Top 20 geschafft (u. a. mit dem beliebten *A White Sport Coat*). Er wird in der Southgate Street in Gloucester verhaftet, nachdem er zwei Fenster und eine Telefonzelle zertrümmert hat. Ebenso wurden Scheinwerfer und der Lack von mehreren Motorrädern beschädigt: Gesamtschaden 114 £. Es werden ihm Trunkenheit, Unruhestiftung und Sachbeschädigung zur Last

Danny And The Juniors begannen als The Juvenairs auf der John Bartram High School in Philadelphia.

Terry Dene trat in der Coffee-Bar 2 i's in Soho auf, einem Treffpunkt der wachsenden Londoner Rock'n'Roll-Szene.

gelegt. Er wird gegen eine Kaution von 50 £ – und weiteren 50 £ von der Sängerin **Edna Savage** – aus der Untersuchungshaft entlassen. Dene wird im Gloucester Royal Infirmary behandelt. Zusammen mit Tommy Steele gehört Dene zu den potenziell erfolgreichen britischen Nachwuchsstars. Entdeckt wurde er in der Londoner Bar 2 i's in Soho, in der auch die Karrieren von Steele, **Adam Faith**, **Cliff Richard** und anderen begannen.

19 Die Matinee-Vorstellung der Pantomime »Goldilocks« im Royal Court Theatre, Liverpool, wird während der Pause abgebrochen, da einige Studenten der Universität Liverpool den Sänger **Tommy Steele** bei seiner Nummer stören. Seit Beginn der Vorstellung lesen mehr als 100 Studenten Zeitung, lachen, applaudieren an unpassenden Stellen und skandieren »I like Elvis«. Steeles Fans bewerfen die Studenten daraufhin mit Orangenschalen und Eiscremebechern. Der Theaterdirektor Claude Mason sagt: »Ich hatte geahnt, dass es Ärger geben würde. Die Sitzplätze wurden unter dem Namen eines nicht existierenden Arbeitervereins gebucht. Sie wollten die Show verhindern.«

20 Big Gold Record Stars, eine sechstägige Tour durch Florida mit **Bill Haley**, den **Everly Brothers**, **Buddy Holly And The Crickets**, **Jerry Lee Lewis** und **Jimmie Rodgers**, beginnt im Kellogg-Auditorium in Orlando. Beim Abschlusskonzert in Fort Lauderdale wird Jerry Lee Lewis Buddy Holly am Klavier bei dem Stück *Drown In My Tears* begleiten.

21 **Terry Dene** sagt nach seinem Gefängnisaufenthalt und der Verurteilung zu 155 £ in der Gerichtsverhandlung in Gloucester: »Ich werde einige Zeit fortgehen, um mit mir ins Reine zu kommen und mich in psychiatrische Behandlung begeben. Ich werde meine Engagements absagen und hoffe, dass die Behandlung mir helfen wird.« Die Anklage wegen Trunkenheit und Unruhestiftung wurde fallen gelassen. Sein Rechtsanwalt R. B. C. Purnell ergänzt treffend: »Er ist ein etwas nervöser und ruheloser junger Mann.« Dene wird nicht mehr vom Regal Cinema zugelassen, wo er als Star mit **Edna Savage** auftrat. Tommy Steeles Bruder **Colin Hicks** springt für ihn ein. Nach ausführlichen Berichten über dieses Ereignis wird Dene gnadenlos vom Establishment und den Medien attackiert und als Negativbeispiel des Rock'n'Roll gebrandmarkt. Als er später im Jahr versucht, sich am Militärdienst vorbeizumogeln, ist seine Karriere endgültig ruiniert.

22 *Don't Let Go* des R&B-Balladensängers **Roy Hamilton** steht als erste Stereo-Single in den Charts und erreicht Platz 13 in den USA. (Stereo-LPs sind seit 1956 auf dem Markt – die Columbia-Aufnahme von ***My Fair Lady*** in der Originalbesetzung ist der erste Millionenerfolg eines Stereo-Albums. Im Juni 1958 bringt Pye Records als erstes UK-Label Stereo-Platten heraus.

Während ihrer Großbritannientournee hatten Buddy Holly And The Crickets vier Platten in den Top 30 der englischen Charts.

Paul Ankas erste Single wurde 300-mal verkauft. Die zweite, *Diana*, die das kanadische Wunderkind mit 15 schrieb, verkaufte sich 9 Mio. Mal.

März

1 **Buddy Holly And The Crickets** sind ständig unterwegs und spielen im Trocadero, Elephant & Castle, London. Es ist der Start zu ihrer einzigen UK-Tour. Sie absolvieren 25 Termine mit je zwei Gigs pro Abend mit **Gary Miller**, den **Tanner Sisters**, **Des O'Connor** und **Ronnie Keene And His Orchestra**.

1 Der kanadische Teenagerstar **Paul Anka** startet seine zweite Tour durch Großbritannien in der Music Hall in Aberdeen. *Tell Me That You Love Me* ist der bekannteste Song seines Repertoires.

6 Im RCA-Victor-Studio in Nashville erarbeiten die **Everly Brothers** die Boudleaux/Bryant-Ballade *All I Have To Do Is Dream* und das flottere *Claudette*. Letzteres wurde vom Verlag Acuff-Rose angeboten, für den der Sänger und Songschreiber **Roy Orbison** arbeitet. Er schrieb diesen Song für seine Frau Claudette Frady und nahm ihn ursprünglich selbst bei Sun Records auf. Dort gelang ihm 1956 eine Chart-Single: das Rockabillystück *Ooby Dooby* erreichte Platz 59. Erst vier Jahre später wird Orbison beständigen Erfolg als Künstler haben, nachdem er zu Fred Fosters Label Monument wechselt.

11 Da ihr Mann seine 13-jährige Cousine geheiratet hat, beantragt Jane Mitcham, die erste Frau von **Jerry Lee Lewis**, die Scheidung.

März

1958

Das Stereozeitalter ... Die erste Goldene Single ... Elvis rückt ein ...

Eddie Cochran und sein Ko-Autor Jerry Capehart schrieben den bahnbrechenden *Summertime Blues* in 45 Minuten.

13 Die **Quarry Men** mit **John Lennon** und **Paul McCartney** an der Gitarre sind zu Gast im Morgue Skiffle Cellar in Liverpool. Bei einem Auftritt soll der 15-jährige Gitarrist **George Harrison** das erste Mal John Lennon und die anderen Mitglieder der Quarry Men getroffen haben. Harrison wird sich später an ein erstes Treffen am 6. Februar bei einem Konzert in der Wilson Hall in Garston, Liverpool, erinnern. Der Schlagzeuger der Quarry Men, Colin Hanton, behauptet jedoch, dass es der 13. war. Auch sagt der Waschbrett-Spieler Pete Shotton, dass sie sich alle im Haus der Harrisons versammelt haben. Harrisons Mutter erinnert sich jedoch, dass die Band ihren Sohn in einer Fish-and-Chips-Stube getroffen hat. Als Schulfreund von McCartney spielt Harrison bei Lennon vor (Bill Justis Hit *Raunchy*) und wird bald zu den Quarry Men gehören. Im Sommer wird die Gruppe eine Komposition von Harrison/McCartney, *In Spite Of All The Danger*, im Phillips Sound Recording Service in Kensington, Liverpool, mit Lennon, Harrison und McCartney (Gesang und Gitarre) aufnehmen. Hinzu kommen John Lowe (Piano) und Hanton (Schlagzeug). Das Schellack-Demo mit 78 Umdrehungen wurde von dem Techniker Percy Phillips erstellt und kostete 87 Pence, inklusive einer Coverversion von *That'll Be The Day*, die in der gleichen Session entstand. Dies sind die ersten Studioaufnahmen mit Lennon, McCartney und Harrison.

14 **Perry Comos** *Catch A Falling Star* ist acht Wochen die Nr. 1 in Australien und wird zur ersten Goldenen Single in den USA. Dies bescheinigt die Recording Industry Association of America (RIAA), die 1952 von mehreren Labels gegründet worden war, um eine einflussreiche Instanz aufzubauen. Diese bestimmt, dass eine Goldene Single für den Verkauf von einer Million Platten vergeben wird. Die Idee zur »Goldenen Schallplatte« kam ursprünglich vom Label RCA-Victor, das am 10. Februar 1942 **Glenn Miller** als Werbegag eine vergoldete Kopie von *Chattanooga Choo Choo* überreichte. Ungefähr 16 Jahre später markiert die Auszeichnung durch die RIAA eine formale Anerkennung für die beliebtesten Titel – obwohl Inkonsequenz und der Mangel an verlässlichen Daten dieses Ereignis noch Jahrzehnte belasten werden.

15 **Elvis** gibt seine letzten Live-Konzerte im Russwood-Park in Memphis – für beinahe drei Jahre. *Don't*, seine erste Balladen-A-Seite seit *Love Me Tender*, ist auf dem Weg zu Platz 1. Es werden zwei Millionen verkauft.

17 Die **Coasters** nehmen das neueste Meisterwerk von Leiber und Stoller auf – *Yakety Yak*. Es wird die erste und einzige Nr. 1 der Band in den USA, in Großbritannien reicht es für Platz 12.

24 Der Gefreite **Presley, Elvis A.**, mit der Nr. US 53310761, leistet seinen Eid im Einberufungsbüro in Memphis. Er sowie 20 weitere Wehrpflichtige fahren mit dem Greyhound-Bus zur Registrierung nach Fort Chaffee, Arkansas. Presley verdient in diesem Jahr fast 1 Mio. $ und erhält 78 $ Sold pro Monat. Er sagt: »Es ist richtig, dass durch die Einberufung jeder gleich behandelt wird. Ob reich oder arm, es sollte keine Ausnahmen geben.« Morgen erhält Presley vom Armeefriseur James Peterson den vorgeschriebenen Kurzhaarschnitt und kommt zur Grundausbildung nach Fort Hood in Texas.

27 Das CBS-Labor kündigt die Entwicklung einer verbesserten Stereo-Schallplatte an, die auf normalen Plattenspielern abgespielt werden kann. Wenn die Scheibe mit dem richtigen Equipment in Stereo abgespielt wird, so entsteht ein neuer, kräftiger und voller Sound. Dieser wird schon bald zum Standard.

28 In Los Angeles ist **Eddie Cochran** vier Tage lang im Studio B von Capitol Records. Er macht Aufnahmen mit **Gene Vincent**, **Tommy Facenda** und **Paul Peeks** (Vincents Backgroundsängern). Er unterbricht die Session, um seine eigene Komposition *Summertime Blues* aufzunehmen. Sie entstand mit Jerry Capeheart in nur 45 Minuten. Es wird der größte US-Hit des Sängers und Gitarristen auf Platz 8 in den Charts.

28 Die Big Beat Show von Alan Freed startet im Paramount-Theater eine Tour mit 61 Terminen. **Buddy Holly And The Crickets** sind die Stars mit **Jerry Lee Lewis**, **Chuck Berry**, **Frankie Lymon And The Teenagers**, den **Diamonds**, **Danny And The Juniors**, **Screamin' Jay Hawkins**, **Billy And Lillie**, den **Chantels** und **Sam »The Man« Taylor**. Freed hat die Idee, dass Berry die Show beendet und Jerry Lee Lewis auffordert, sein Klavier anzuzünden, wenn er den neuen Hit *Great Balls of Fire* (der auf Platz 2 der Charts steht) bringt.

28 Der legendäre Kornettist, Sänger und Songschreiber **W. C. Handy**, der als »Vater des Blues« gilt, stirbt. Er wurde 1873 in Muscle Shoals, Alabama, geboren und hat die Popularisierung des Blues in der ersten Hälfte des 20. Jahrhunderts gefördert. Er schrieb Klassiker wie *St. Louis Blues, Ole Miss, Beale Street Blues* und *Memphis Blues*. **Nat King Cole** spielt in dem Film »St. Louis Blues« die Rolle des Handy. Die Blues Foundation stiftet 1980 den jährlichen W. C. Handy Blues Award.

29 **Connie Francis** hat bereits einen neuen Vertrag mit MGM, als sie den ersten Hit mit *Who's Sorry Now?* schafft (Platz 4). Endlich in

Die Coasters nahmen zwischen anderen starken Leiber/Stoller-Stücken mit *Yakety Yak* sogar ihre einzige Nr. 1 auf. Es war die erste Stereo-Single, die bis an die Spitze der Hitparade kam.

SAM COOKE

5. April **Im letzten halben Jahr hat Sam Cooke acht Radiohits herausgebracht. Mit *You Send Me* hat er es zum ersten Mal in die britischen Charts geschafft. Jetzt ist er der Star bei Irvin Felds Package-Tour Greatest Show of Stars, die in Norfolk, Virginia, zu einer US-Tour mit 80 Gigs startet. Mit dabei sind die Everly Brothers (*All I Have To Do Is Dream* wird während der Tour ihre zweite Nr. 1), Paul Anka (er hatte gerade seinen zweiten Top-Ten-Erfolg mit *You Are My Destiny*), Frankie Avalon (seine zweite Single für das Chancellor-Label, *You Excite Me,* wurde gerade veröffentlicht), Clyde McPhatter und Jimmy Reed. Reed liefert zurzeit Hits für Vee-Jay und gehört zu den wenigen schwarzen Sängern, Songschreibern und Gitarristen, die mit R&B ein schwarzes und weißes Publikum ansprechen können.**

Sam Cooke – der Mann, der den Soul erfand

den Charts wird sie zum beständigen Dauergast und erreicht atemberaubende Erfolge: Im Laufe der nächsten zehn Jahre wird sie mit 55 Singles in den US-Charts vertreten sein.

30 *A Handful Of Songs* von **Tommy Steele** mit Lionel Bart und Michael Pratt erhält den Preis für hervorragende Song-Komposition der Ivor-Novello-Awards. Steeles Mutter Betty Hicks vertritt ihren Sohn, da dieser in Südafrika ist. Russ Hamiltons *We Will Make Love* erhält den Preis für den meistverkauften Song.

31 Die in Großbritannien den Markt beherrschende Buchhandelskette W. H. Smith & Sons Ltd. eröffnet ihre erste Schallplattenabteilung am Kingsway, London. Der Sprecher des Unternehmens, S. P. Hyde, sagt: »Die Abteilung am Kingsway wird die erste von vielen in unseren britischen Geschäftsstellen sein. Wir werden künftig weiter expandieren und beabsichtigen, ein komplettes System zu entwickeln.«

W.C. Handy schrieb 1912 eine der ersten Blueskompositionen, den *Memphis Blues*.

April

6 Die 16-jährigen Gitarristen **Hank Marvin** und **Bruce Welch** fahren mit ihrem Skiffle-Quintett, den Railroaders, von Newcastle nach London. Bei einem Talentwettbewerb wird die Band Dritter, trennt sich allerdings einen Monat später. Marvin und Welch bleiben in London und schließen sich den Five Chesternuts an, eine neue Gruppe, die von dem Schlagzeuger Pete Chester, dem Sohn des Rundfunkkomikers Charlie Chester, geleitet wird. Einer ihrer ersten Aufträge ist es, den Komiker Benny Hill beim Song *Gather In The Mushrooms* auf einem Wohltätigkeitskonzert im Rathaus von Stoke Newington, London, zu begleiten.

7 Die Firma Capitol Records stoppt die Produktion von Platten mit 78 Umdrehungen und wird nur noch Singles mit 45 Umdrehungen ausliefern. Die beiden ersten Singles nach dieser Ankündigung sind *Have Faith In Me* von den Blossoms und *Nights Are Longer* von den Four Freshmen. Der Verkaufsleiter Arthur Muxlow sagt: »Irgendjemand musste den ersten Schritt tun. Nach dem Aufstieg der einen Kategorie und dem Niedergang der anderen in den vergangenen Monaten haben wir uns entschlossen zu handeln.«

9 Die Weltreisen von **Bill Haley And His Comets** führen Bill nach Buenos Aires, wo eine vierwöchige Tour durch Südamerika startet.

10 **Bobby Darin** produziert mit Herb Abramson und Ahmet Ertegun *Splish Splash* und nur mit Ertegun *Queen Of The Hop* – in einer Session von weniger als zwei Stunden. Darin war 1957 von dem Atlantic-Records-Unterlabel Atco entdeckt worden und ist einer ihrer ersten nicht schwarzen Künstler, der auch keinen R&B macht. *Splish Splash* hat der Sänger gemeinsam mit Jean Murray, der Mutter des New-Yorker Discjockeys Murray the K, verfasst. Es wird seine erste Goldene Schallplatte.

»Er machte es für Brillenträger leichter. Ich war Buddy Holly.«

John Lennon in den 60er-Jahren

10 Der 30-jährige R&B-Sänger und Songschreiber **Chuck Willis** stirbt in seiner Heimatstadt Atlanta an einem aufgeplatzten Geschwür. Seine Songs wurden vom Label Atlantic produziert. Er wurde »Sheik of the Blues« genannt in Anspielung an seinen Turban, den er auf der Bühne trug. Die R&B-Songs von Willis waren seit *C. C. Rider* von 1957 dem Mainstream zuzurechnen. Dieser Song löste damals die »Stroll«-Tanzmanie aus. Seine aktuelle Single, mit dem nach seinem Tod etwas makaber klingenden Titel *What Am I Living For?* wird bald zu seinem größten Hit und zur Nr. 9 in den USA.

April 1958

Das Ende der 78er ... Bobby Darins *Splish Splash* ... Krawalle bei Freed-Konzert in Boston ...

In seiner 30-jährigen Laufbahn brachte es der in San Francisco geborene Johnny Mathis auf über 60 Hitalben. Seine *Greatest Hits* blieben mehr als neun Jahre in den US-Charts.

19 Der Balladensänger **Johnny Mathis** kam 1956 mit 19 Jahren zu Columbia Records. Mit ***Johnny's Greatest Hits*** ist er zum ersten Mal in den US-Album-Charts. Die LP erreicht den Spitzenplatz am 14. Juni und wird 490 Wochen in der Hitliste bleiben – ein Rekord. Der begabte Athlet Mathis, der aus San Francisco stammt, erhielt ein Leichtathletik-Stipendium, entschied sich aber für die Musik. Er versuchte sich zuerst als Jazzsänger, wurde aber von Mitch Miller von Columbia als Popsänger positioniert.

20 Das **New York Times Magazine** berichtet über Rock'n'Roll mit Storys aus Großbritannien (»Populär, aber bedächtiger«), Frankreich (»Höhepunkt überschritten: Jetzt gibt es Cha-Cha-Cha«), Deutschland (»Ein Sport, ein athletischer Test«), Japan (»Ein eigener Presley«: der 19-jährige **Masaaki Hirao**) und Ägypten (»Das eingeschmuggelte Vergnügen«).

30 Bei der Eröffnungsveranstaltung seiner Tour wird **Tommy Steele**, der mit *Happy Guitar* in den Charts steht, von 300 Fans, die die Bühne in der Caird Hall in Dundee stürmen, bewusstlos geschlagen. Sie zerfetzen sein Hemd, reißen ihm Haare aus und verdrehen ihm den rechten Arm. Erst als ein Arzt in seiner Garderobe eintrifft, kommt er wieder zu sich. Die Polizei eskortiert ihn nach der Show, als sich 500 Fans vor dem Theater versammeln. Auf Anraten des Arztes sagt Steele alle Termine für den Rest der Woche ab.

Mai

3 Albert Reggiani, ein 19-jähriger Matrose aus Stoughton, Massachusetts, wird bei Krawallen am Ende der **Alan Freed** Big Beat Show in der Boston Arena verletzt. Einige der über 5000 Fans werden ebenfalls verletzt. Reggiani und seine ebenso attackierten Begleiterinnen Jean Austin und Carol Wallace werden ins Chelsea Naval Hospital gebracht, wo sein Zustand als nicht bedrohlich eingestuft wird. Die Boston Arena wird alle weiteren Konzerte verbieten, und Freed wird später wegen Aufwiegelung, Zerstörung von Eigentum und Gewalttätigkeit angeklagt. Obwohl die Klage später abgewiesen wird, soll Freed hinsichtlich der Verlängerung seines Vertrages bei Radio WINS in der kommenden Woche auf Probleme stoßen.

9 **Alan Freed** gibt bei WINS auf und wirft seinem Arbeitgeber vor, ihn bei der Anklage in Boston zu wenig unterstützt zu haben. Dies sei für ihn »schwer zu schlucken gewesen. Sie hätten mich ein wenig unterstützen können gegen all die unbewiesenen Behauptungen aus Boston. Aber sie haben mich die ganze Woche im Stich gelassen.« In einem Brief an den Vizepräsidenten und Manager des Senders, Jock Fearnhead, schreibt Freed: »Ich bin vor fast vier Jahren zu

Während Alan Freed juristische Probleme hatte, waren die von Jerry Lee Lewis eher familiärer Art, da die Umstände seiner Heirat die Gemüter erhitzten.

Alan Freed

Jerry Lee Lewis und seine Frau Myra

WINS gekommen. Damals war WINS ein unbedeutender Sender. Ich habe mich sorgfältig und ernsthaft bemüht, mein Programm zur meistgehörten Radioshow in New York zu machen. Damit habe ich WINS zur Nummer eins auf dem Markt gemacht … Ich bedaure, dass ich hiermit meine Kündigung aussprechen muss, da ich glaube, dass Sie nicht hinter meinem Konzept stehen.« Fearnhead nimmt die Kündigung an, betont jedoch, dass Freed aus freien Stücken gegangen ist und nicht entlassen wurde. Er stellt fest, dass »in diesem Fall der Sender nicht betroffen war, da es sich bei diesem speziellen Ereignis um Aktivitäten außerhalb des Beschäftigungsverhältnisses mit Mr Freed gehandelt hat.«

19 Der 17-jährige Sänger, Songschreiber und Gitarrist **Ritchie Valens** macht mit dem Boss von Del-Fi-Records, Bob Keane, Aufnahmen. Er ist mexikanisch-indianischer Abstammung und singt bei seiner ersten Session in den Gold Star Studios in Hollywood seine Komposition *Come On, Let's Go* und *Framed* von Leiber und Stoller.

22 Die unorthodoxe Ehe von **Jerry Lee Lewis** mit seiner 13-jährigen Cousine Myra Gale Brown verursacht bei der Ankunft des Sängers in Großbritannien einen Sturm der Entrüstung. Er wohnt – mit Myra – im feinen Westbury-Hotel in London. Wartende Reporter fragen ihn nach seiner Begleiterin. Lewis antwortet, dass sie seine Frau und Cousine sei und dass er bereits zweimal verheiratet war. Das Innenministerium bestätigt, dass das Arbeitsministerium und britische Kinderschutz-Organisationen den Skandal untersuchen. Der Kinderschutzbund besteht darauf, dass dies »ein Fall für die Polizei« sei.

27 Die britischen Medien sind empört über **Jerry Lee Lewis** (die harmloseste Bezeichnung, im **Daily Sketch,** lautet »unappetitlicher Kerl«). Er wird mit Buhrufen empfangen. 34 der 37 Konzerte werden nach zwei Shows in London, im Edmonton Regal und dem Kilburn State, abgesagt. All dies trotz eines Statements von Rank, die die Kinoketten Gaumont und Odeon besitzen: »Als wir Jerry Lee Lewis buchten, kannten wir die Fakten seines Privatlebens nicht. Da die meisten dieser Veranstaltungen im Vorverkauf ausgebucht waren, war es unwahrscheinlich, dass irgendein Grund für eine Absage kommen konnte, noch nicht einmal auf Anordnung einer höheren Instanz. Wir haben Lewis nur als Künstler gebucht, wegen seines Unterhaltungswertes und seines Bekanntheitsgrades.« Nach Berichten, dass Lewis die Gigs abgesagt habe, stellt sein Manager Oscar Davis fest, dass die Promoter Lew und Leslie Grade die Tour beendet haben: »Wir haben die Tour nicht abgesagt oder den Vertrag verletzt und haben bis jetzt noch nicht erfahren, warum sie gestoppt wurde. Daher erwarte ich, dass Jerry seine vereinbarten Zahlungen erhält.«

Juni

2 **Alan Freed** beginnt eine neue Rock'n'Roll-Abendsendung bei ABCs New-Yorker Radio WABC. Die Show ist montags bis freitags von 19:15 Uhr bis 23 Uhr zu hören.

9 **Billboard** veröffentlicht eine Anzeige von **Jerry Lee Lewis:** »Ich gebe zu, dass mein Leben stürmisch war. Wenn ich als Entertainer scheitere, dann hoffentlich nicht wegen dieser Verleumdungen … Ich kann die Presse nicht lenken, schon gar nicht die Sensationsgier, die diese Leute einen Skandal inszenieren lässt, um Zeitungen zu verkaufen.« Er heiratet Myra erneut in einer staatlich anerkannten Zeremonie.

»Wir haben mehr als genug eigene Rock'n'Roll-Entertainer, ohne die Importe aus Übersee.«

Der Abgeordnete Sir Frank Medlicott, 25. Juni 1958

10 Bei seinem ersten Wochenendurlaub als Soldat beginnt **Elvis Presley** eine zweitägige Session in den RCA Studios in Nashville. Es entstehen seine Hit-Singles für Ende 1958 und 1959.

14 John Foster, Manager von **Cliff Richard And The Drifters,** hat die Teilnahme der Band an einem Talentwettbewerb im Kino Gaumont in Shepherd's Bush Green in London vermittelt. Er überzeugt den Künstleragenten George Ganjou, sich die Gruppe anzusehen. Obwohl Ganjou sagt, er verstünde nichts von Rock'n'Roll und sei »altmodisch«, nimmt er Richards Demoband mit zu Norrie Paramor, dem künstlerischen Leiter des Labels Columbia. Dieser lädt die Combo zum Vorspielen ein.

15 **Marty Wilde** ist an der Premiere der ITV-Popshow »Oh Boy!« beteiligt, die vom Hackney Empire in London ausgestrahlt wird. (Er wird auch bei der letzten Sendung am 30. Mai 1959 dabei sein.) Der 19-jährige Marty Wilde wurde in London geboren und vom Impresario Larry Parnes entdeckt. Dieser heuert junge britische Rock'n'Roll-Sänger an. Hierzu gehören Tommy Steele und Wilde, dem er einen Vertrag mit Philips vermittelt. »Oh Boy!« wird von Jack Good produziert, der auch die TV-Serien für Jugendliche »Boy Meets Girls« und »Wham!« konzipiert. Good hat in der frühen Phase des Rock'n'Roll viele Talente in Großbritannien entdeckt und unterstützt Künstler wie Cliff Richard, Terry Dene, Wilde und Billy Fury.

19 **Buddy Holly** nimmt bei einer von Dick Jacobs im Pythian Temple in New York geleiteten Session seine ersten Songs ohne die **Crickets** und die ersten für das Label Coral auf. Er covert zwei Songs von **Bobby Darin,** *Early In The Morning* und *Now We're One,* begleitet von einer kleinen Band mit dem Saxophonisten **Sam »The Man« Taylor.** Darin wollte die Songs unter dem Namen Ding Dongs beim Brunswick-Label herausbringen. Aber nach dem Erfolg von *Splish Splash* veröffentlicht Atco sie unter dem Namen Rinky Dinks. In New York trifft Holly seine zukünftige Frau, die Puertoricanerin Maria Elena Santiago, als er Murray Deutch im Musikverlag Peer-Southern besucht.

Marty Wilde bekam wie alle Rocker im Management-Stall von Larry Parnes einen »weichen« Vor- und einen »harten« Nachnamen verpasst.

25 Sir Frank Medlicott, Unterhausabgeordneter von Norfolk Central, fragt den britischen Arbeitsminister Iain MacLeod, wieso **Jerry Lee Lewis** eine Genehmigung erteilt wurde, eine Konzerttournee durch Großbritannien zu unternehmen: »Ist sich der Minister bewusst, dass viele sich benachteiligt fühlen durch die Ankunft dieses Mannes mit seiner 13-jährigen Braut, wenn man die Probleme bedenkt, die andere mit einer Arbeitsgenehmigung haben? Wir haben mehr als genug eigene Rock'n'Roll-Entertainer, ohne die Importe aus Übersee.« MacLeod erwidert, dass die Genehmigung gemäß einer Quotenregelung erteilt wurde. Er gesteht aber ein, dass es sich um »einen ausgesprochen unangenehmen Fall handelt«.

Das Plakat für ein Jerry-Lee-Lewis-Konzert in Sheffield, das abgesagt wurde.

Juli 1958

CLIFF RICHARD

9. August **Cliff Richard unterschreibt bei dem EMI-Unterlabel Columbia, gibt seinen Job als Hilfsbuchhalter in der Lampenfabrik Atlas in Enfield bei London auf und tritt mit den Drifters ein vierwöchiges Engagement in einem Feriencamp der Firma Butlin in Clacton-on-Sea an. Als Norman Mitham aussteigt, wechselt Ian Samwell zum Bass, während der gerade im Feriencamp tätige Profigitarrist Ken Pavey den Gitarrenpart übernimmt.**

Hank Ballard und *The Twist* ... Elvis Presleys Mutter stirbt ... Gründung der Country Music Association ...

Juli

4 Am Unabhängigkeitstag landen **Buddy Holly And The Crickets** zu einer elftägigen Tour mit Tommy Allsups Western Swing Band in Angola, Indiana. Buddy Holly fährt mit seinem neuen Lincoln von einem Gig zum nächsten.

5 Die Single der **Everly Brothers** mit *All I Have To Do Is Dream* und *Claudette* (London-Label) beginnt einen siebenwöchigen Aufstieg an die Spitze der UK-Charts. Es ist ihr erster Spitzenplatz außerhalb der USA.

5 Nach der Veröffentlichung von ***The Great Ray Charles*** bei Atlantic ist **Charles** Gast beim jährlichen Newport Jazz Festival in Rhode Island. Seine Darbietungen werden für ein Live-Album aufgezeichnet. Mit **Chuck Berry** lanciert das Festival seine erste Blues Night, an der auch **Joe Turner** und **Big Maybelle** beteiligt sind.

7 Die britische Handelskammer teilt mit, dass im April Schallplatten im Gesamtwert von 1 040 000 £ verkauft wurden, etwas mehr als im März. Dies bedeutet eine Steigerung von 22 Prozent im Vergleich zum Vorjahr. Die Produktion von Schallplatten mit 78 Umdrehungen ist im gleichen Zeitraum um 30 Prozent auf 2 300 000 gesunken. Die Zahl der LPs mit 33 Umdrehungen beträgt 1 200 000 – 25 Prozent mehr als im April des vergangenen Jahres.

8 **Hank Ballard** ist bereits ein beliebter R&B-Sänger und Songschreiber sowie Frontmann seiner Band, der **Midnighters**, die Hits wie *Work With Me Annie*, *Annie Had A Baby* und das umstrittene *Sexy Ways* aufweisen können. Er nimmt seine neueste Komposition, *The Twist,* für Vee-Jay Records auf, seine einzige Aufnahme für dieses Label. Am 11. November macht er eine neue Aufnahme des Songs in Cincinnati für King Records, der 1959 jedoch nur ein bescheidener R&B-Hit wird – obwohl sein eingängiges, tänzerisches Thema weltweiten Erfolg hat, als **Chubby Checker** es 1960 übernimmt.

8 Das erste Goldene Album wird von der RIAA für den enorm beliebten Soundtrack ***Oklahoma!*** verliehen. Es wird somit bestätigt, dass das Album 1 Mio. $ bei »Großhandelspreisen von einem Drittel des Ladenpreises« erreicht hat. Gleichzeitig ist der 14-jährige Sänger **Laurie London** der erste britische Künstler, der eine Goldene Schallplatte erhält, und zwar für *He's Got The Whole World (In His Hands)* auf der Grundlage eines traditionellen Gospelsongs. Der in London geborene Teenager wurde von Norman Newell, dem Aufnahmeleiter von EMI, bei einem Talentwettbewerb entdeckt. Begleitet wird Laurie vom Geoff Love Orchestra. Die Single wird Londons einziger Hit bleiben.

9 Ein weiterer Künstler wechselt von Sun Records zu Columbia Records: **Johnny Cash** folgt dem Beispiel von Carl Perkins. Die Karriere von Perkins wird allerdings Ende der 50er-Jahre ausklingen, Cash dagegen wird 30 Jahre lang bei diesem Label bleiben.

12 **Alan Freeds** neue halbstündige TV-Reihe »The Big Beat« feiert Premiere auf ABC. Diese Sendung soll »die populären Musiktrends« vorstellen, »so wie sie die Verkaufszahlen in Amerika widerspiegeln«. Das Programm wird live aus dem ABC-Fernsehstudio in Manhattan gesendet. Mit dabei sind 300 Studiogäste. Heute sind zu Gast: die **Everly Brothers**, **Connie Francis**, **Ferlin Husky**, **Sunny Gale**, das **Billy Williams Quartet** und **Johnnie And Joe**.

18 Alan Freed Enterprises, Inc. erklärt Konkurs bei Verbindlichkeiten von 51 985 $ ohne entsprechende Sicherheiten. Die Situation ist auf den Ausfall von Freeds Tour nach den Krawallen in Boston zurückzuführen.

21 »Arthur Godfrey's Talent Scouts«, eine beliebte Radio- und Fernsehsendung in den 50er-Jahren, ist heute zum letzten Mal zu sehen. Zu den Künstlern, die hier eine Startchance erhalten haben, gehören **Pat Boone**, **Tony Bennett**, die **McGuire Sisters** und **Connie Francis**.

24 **Cliff Richard** nimmt mit **Ernie Shears** (Gitarre), **Frank Clarke** (Bass) und **Terry Smart** (Schlagzeug) *Schoolboy Crush* und *Move It* im Studio 2 der Abbey Road Studios in London auf. Die Session, die von 19 bis 22 Uhr dauert, wird von Norrie Paramor produziert, der alle frühen Aufnahmen von Richard leitet.

»Das war die neue Platte von Cliff Richard And The Drifters. Heute Abend könnt ihr sie in unserem Rock'n'Roll-Ballsaal erleben.«

Butlin-Discjockey Tulah Tuke, der von EMI ein Exemplar von *Move It* erhalten hatte, August 1958

Vor der Session in der Abbey Road Ende Juli hatte Richard, begleitet von Ian Samwell, Norman Mitham, Ken Pavey und Terry Smart, bereits *Lawdy Miss Clawdy* und *Breathless* in den Studios von HMV Records in der Oxford Street aufgenommen.

Die Armee gewährte Elvis Presley Sonderurlaub, um seine am 8. August erkrankte Mutter zu besuchen. Sechs Tage später starb sie.

August

2 **Buddy Hollys** *Rave On* von Norman Petty, Bill Tilghman und Sunny West kommt auf Platz 5 der UK-Charts. Holly hat auf seine einmalige Weise den Übergang zwischen der Urwüchsigkeit der ersten Rock'n'Roll-Pioniere und dem softeren Sound des Teen-Beat-Trends geschafft.

9 **Billboard** ändert den Namen seiner wöchentlichen Singles-Charts: aus »Top 100« wird »Hot 100«, eine Bezeichnung, die bis 1996 Bestand haben soll. Die erste Nr. 1 der »Hot 100« ist **Ricky Nelsons** *Poor Little Fool*.

11 **Elvis Presleys** Single *Hard Headed Woman* wird seine erste Goldene Schallplatte. Im August 2002, kurz vor dem 25. Jahrestag seines Todes, bestätigt die RIAA, dass er 100 Millionen Platten in den USA verkauft hat.

12 **Elvis** fliegt von Dallas nach Memphis, da seine Mutter an akuter Hepatitis erkrankt ist und im Methodist Hospital in Memphis liegt. Er will seine Mutter besuchen und mit Dr. Charles Clarke über ihr Befinden sprechen. Nach anfänglichem Zögern – die Army befürchtet, dass die Presse ihr »bevorzugte Behandlung« vorwerfen könnte – erhält Presley Sonderurlaub.

13 In einem Brief an **Fats Domino** anlässlich seiner zehnjährigen Zugehörigkeit zum Label Imperial drückt Direktor Lew Chudd dem Top-Künstler seinen Dank aus: »Es wird dich vielleicht interessieren, dass du in den vergangenen zehn Jahren über 40 Millionen Platten, drei Millionen Alben und vier Millionen EPs verkauft hast.«

14 **Elvis Presley** hat das Memphis Methodist Hospital vor einigen Stunden verlassen, um sich in Graceland zu erholen, als sein Vater Vernon anruft und ihm mitteilt, dass Gladys Presley am Morgen um 3:15 Uhr verstorben ist. Sie ist nur 46 Jahre alt geworden. Ihr Sohn ist untröstlich.

15 Gerade ist seine Solo-LP ***Early In The Morning*** erschienen, da werden **Buddy Holly** und Maria Elena Santiago von Pfarrer Ben Johnson im Haus von Hollys Eltern in Lubbock, von der Öffentlichkeit unbemerkt, vermählt.

16 Das Begräbnis von Gladys Presley findet im National Funeral Home in Memphis statt. Die **Blackwood Brothers** singen *Precious Memories* und *Rock Of Ages*, zwei ihrer Lieblingskirchenlieder. **Elvis Presley** ist vom Kummer so überwältigt, dass er bei der Beerdigung gestützt werden muss. Währenddessen halten 500 Polizisten die Menge auf Abstand.

18 Der 41-jährige **Perez Prado** ist mit *Patricia* zum zweiten Mal an der Spitze der Charts, nach seinem Erfolg mit *Cherry Pink And Apple Blossom White* (1955). Er erhält eine Goldene Schallplatte. Der in Kuba geborene Bandleader und Organist, der sein eigenes Orchester leitet, wird »The King of the Mambo« genannt.

29 **Alan Freed** veranstaltet wieder ein großes Event. Die Show Alan Freed Presents the Big Beat startet in New York. Die Show wechselt vom Paramount- zum Fox-Theater in Brooklyn und erbringt mehr als 200 000 $ durch den Kartenverkauf. Es wirken mit **Bill Haley And His Comets**, **Frankie Avalon**, die **Everly Brothers**, die **Kalin Twins** (zurzeit fünf Wochen Nr. 1 in den UK-Charts mit *When*), **Chuck Berry**, **Jimmy Clanton**, das weibliche Pop-Trio **Poni Tails** (aktueller Hit *Born Too Late*), **Teddy Randazzo**, **Ed Townsend**, **Jo Ann Campbell**, die **Elegants**, die **Royal Teens**, **Jack Scott**, die **Olympics**, **Bobby Freeman** (mit seinem ersten Hit *Do You Wanna Dance* auf Platz 5 in den USA), die **Danleers**, **Bo Diddley**, **Larry Williams**, **Gino And Gina**, **Bobby Hamilton**, die **Cleftones**, **Alan Freed And His Rock'n'Roll Orchestra** mit **Sam »The Man« Taylor**, **King Curtis**, **Georgie Auld** und dem 20-jährigen Newcomer **Duane Eddy**. Der Gitarrist Eddy aus Corning, New York, hat bereits Plattenaufnahmen vorzuweisen: als eine Hälfte von Jimmy And Duane (mit Jimmy Delbridge) bei Lee Hazlewoods Eb-X.-Preston-Label (1955). Er spielt auf einer roten Gretsch 6120. Er hat dieses Instrument 1956 gekauft und einen einzigartigen »Twang«-Sound entwickelt, der zum Markenzeichen seiner erfolgreichen Karriere als Amerikas führender Rock'n'Roll-Instrumentalist wird. Sein Stil ist bei seinen Hits des Jahres 1958 *Moovin' 'N' Groovin'*, *Rebel Rouser* und dem aktuellen Erfolgshit *Ramrod* zu erleben. Bei allen Titeln wird er von seiner Band begleitet, den **Rebels**.

September

5 Die Country Music Association erhält ihre Anerkennungsurkunde in Nashville. Sie ist der erste Branchenverband, der gegründet wurde, um ein einzelnes Genre zu fördern. Anfangs hat sie nur 233 Mitglieder, doch in den kommenden 40 Jahren wird sie mehr als 6000 institutionelle und individuelle Mitglieder in 43 Ländern zählen. Die Ziele dieser Organisation werden definiert: »Countrymusik bewahren, ihre Entwicklung weltweit zu fördern … und eine einheitliche Zielsetzung für die Countrymusik-Industrie zu liefern.« Der erste Vorstand der CMA umfasst neun Direktoren und fünf Sachgebietsleiter. Wesley Rose, Präsident von Acuff-Rose Publishing, Inc., wird erster Vorsitzender. Der Rundfunk-Unternehmer Connie B. Gay ist der Gründungspräsident.

Countrystar Johnny Cash, der eben einen Vertrag mit Columbia unterschrieben hatte, erzielte im Juni mit *Guess Things Happen That Way* seinen letzten Nr.-1-Hit bei Sun Records.

September 1958

Die Hula-Hoop-Welle ... Cliff Richard und Eddie Cochran im Fernsehen ...

7 **Georgia Gibbs** liefert die erste landesweite Darbietung der Hula-Hoop-Manie und präsentiert *The Hula-Hoop Song* in der »Ed Sullivan Show«, bei der auch Johnnie Ray zu Gast ist. Ihre Originalaufnahme schafft es bis auf Platz 32 und übertrifft die rivalisierende Version von Teresa Brewer um sechs Plätze. Gibbs ist 38 Jahre und hat ihren größten Hit 1955 auf dem Spitzenplatz der US-Charts gelandet, und zwar mit *Dance With Me Henry (Wallflower)*, ein »Answer-Song« zu Hank Ballards *Work With Me Annie*.

13 **Cliff Richard** absolviert sein Debüt im britischen Fernsehen bei Jack Goods Saison-Premiere von »Oh Boy!«. Good hat die aktuelle Single *Schoolboy Crush* abgewiesen, ist aber von der B-Seite *Move It* begeistert. Er ordnet an, dass Richard ohne seine Gitarre und ohne seine ›Koteletten‹ auftritt. Doch er ermutigt Richard zu einer provokativen Inszenierung: Er soll die Augen zur Kamera wenden, dann an seinen Arm greifen, »als ob man ihm eine Spritze verpasst habe.« Die Zeitungen werden darauf über die Primitivität des Fernsehprogramms und die verkommene britische Jugend berichten. Dies ist für *Move It*, das zur A-Seite gemacht wird, sehr förderlich und bringt es bis auf Platz 12. US-Rocker **Eddie Cochran** ist Gast der Show, die den Sänger **Marty Wilde** für alle 39 Sendetermine engagiert hat. Die neue Saison von »Oh Boy!«, die als Konkurrenz zur BBC-Sendung »Six-Five Special« angelegt ist, wird von Tony Hall und Jimmy Henney moderiert und live aus dem Wood Green Empire in London gesendet. Musikalischer Leiter ist Harry Robinson mit seiner Band **Lord Rockingham's XI**.

13 Das US-Fachblatt Cash Box veröffentlicht seine erste erweiterte Top-100, eine Liste der am meisten verkauften Singles. Das Magazin begann als wöchentliche Publikation der Jukebox- und Plattenbranche im Juli 1942 und wird bis zu seiner Schließung im Oktober 1996 florieren. Seit Ende der 40er-Jahre hat Cash Box die Bestseller und die Charts der Jukebox-Singles veröffentlicht, obwohl diese Übersichten immer im Schatten der Billboard-Charts standen.

18 **James Brown** nimmt in den Belltone Studios vier Songs auf (Produzent ist Andy Gibson, Arrangeur Gene Redd), darunter das selbst geschriebene, gospel-ähnliche *Try Me (I Need You)*, das Nr. 1 der R&B-Charts wird und Brown und seiner Band, den Flames, ihren ersten Hit seit 1956 verschafft. Damals hieß er *Please, Please, Please*.

22 Nach einer Pressekonferenz im Military Ocean Terminal in Brooklyn, New York (mit Sondergenehmigung der US-Army) geht Elvis mit 1170 anderen Soldaten an Bord der USS General Randall, die nach Bremerhaven ausläuft.

27 **Connie Francis** landet ihren zweiten Hit in Großbritannien mit *Carolina Moon*, einer modernen Fassung des Klassikers von Guy Lombardo, kombiniert mit *Stupid Cupid*. Dieser Hit stammt von dem jungen Songwriter-Team **Howard Greenfield** und dem 19-jährigen **Neil Sedaka**. Beide arbeiten seit drei Jahren zusammen und boten diesen Ohrwurm zuerst den **Shepherd Sisters** an. Sedaka, der ein Klavier-Stipendium an der Juilliard School of Music in New York gewann, versucht seine eigene Musikkarriere in Gang zu setzen und hat bereits Platten für Legion Records und Decca aufgenommen.

Oktober

1 Von Bremerhaven aus wird **Elvis Presley** zu seiner Einheit in Friedberg in der Nähe von Frankfurt verlegt, um dort seine restlichen 16 Monate Militärdienst abzuleisten. Auf der Basis Bremerhaven verrichtet Elvis den Dienst als Jeep-Fahrer für seinen Sergeant Billy Wilson. Presley kauft ein Haus in Bad Nauheim, denn er profitiert von einer Regelung, die es erlaubt, außerhalb des Camps zu leben, wenn man eine Familie zu unterstützen hat. Sein Vater, seine Großmutter, einige Freunde und Personal werden einziehen.

2 Bei einer Pressekonferenz wird **Elvis Presley** gefragt, ob er Angst habe, vergessen zu werden, während er in der Army ist. »Sie werden erstaunt sein. Selbst wenn man mich vergisst, kann ich mich nicht beklagen. Ich hatte bereits alles.« Über Musik sagt er: »Ich bin kein Musikexperte. Ich kann nicht einmal Noten lesen. Klassische Musik ist gut zum Einschlafen.«

Cliff Richard und die Shadows Bruce Welch und Hank Marvin.

2 **Buddy Holly** ist Gast bei **Alan Freeds** Show »The Big Beat« auf WNEW-TV, wo er vom Moderator interviewt wird und *It's So Easy* präsentiert, ein unbekannter Song der **Crickets**, der vom Brunswick-Label veröffentlicht wurde.

3 **Buddy Holly And The Crickets** starten ihre Herbsttour mit 19 Terminen, die Biggest Show of Stars 1958 mit **Frankie Avalon**, **Bobby Darin**, **Bobby Freeman**, **Clyde McPhatter**, den **Coasters** und anderen. Außerdem treten **Dion And The Belmonts** auf, eine neue Rock'n'Roll-Band aus der Bronx, New York, die von dem 19-jährigen Sänger und Komponisten **Dion DiMucci** angeführt wird. Sie landen zurzeit ihren zweiten Hit, *No One Knows*, für das neue Label Laurie. Die Tour startet im Auditorium in Worcester, Massachusetts, und endet am 19. Oktober im Mosque in Richmond, Virginia. Es ist die letzte Tour für Holly And The Crickets. Holly will seine Verbindung mit Norman Petty beenden, da sich ihr Verhältnis getrübt hat. Er wird sich in New York niederlassen. **Jerry Allison**, der kürzlich Peggy Sue geheiratet hat, und Joe Mauldin werden nach

Dion And The Belmonts – mit dem Frontman Dion DiMucci – benannten sich nach der Belmont Avenue, die durch ihre Wohngegend im New-Yorker Stadtteil Bronx führte.

Texas zurückkehren. Holly überlässt ihnen alle Rechte an dem Namen Crickets. Earl Sinks wird Holly als Sänger ersetzen, während Tommy Allsup den Gitarrenpart übernimmt.

3 **Cliff Richard** nimmt bei seiner zweiten Session für Columbia Records drei Stücke auf, wiederum in Studio 2 in der Abbey Road mit Norrie Paramor als Produzent. Aufgenommen werden *High Class Baby, My Feet Hit The Ground* und *Don't Bug Me Baby.*

4 Der R&B-Pianist, Sänger und Komponist **Tommy Edwards** macht seit 1949 Aufnahmen. Er beginnt einen sechswöchigen Aufstieg auf Platz 1 der US-Charts mit *It's All In The Game.* Dieser Song basiert auf einer Melodie von Charles Dawes (1912), der 1925 US-Vizepräsident wurde. *It's Only Make Believe* übernimmt Platz 1, ein Hit des 25-jährigen Countrysängers **Conway Twitty**, der die wachsende Popularität dieser Genres und die Vielfalt des Publikumsgeschmacks zeigt. Beide Hits kommen von MGM.

5 Nachdem Manager John Foster den Gitarristen Hank Marvin im Londoner Club 2 i's erlebt hat, geben **Cliff Richard And The Drifters**, zu denen jetzt auch Marvin (Leadgitarre), Bruce Welch (Rhythmusgitarre; Marvin bestand auf dessen Einbeziehung), Ian Samwell (Bass) und Terry Smart (Schlagzeug) gehören, ein Konzert in der Victoria Hall in Hanley, Staffordshire. Sie sind Bestandteil der **Kalin-Twins**-Tour, an der auch der Trompeter **Eddie Calvert** und die **Most Brothers** beteiligt sind. Die Reaktion der Teenager auf Cliff Richard ist so stark, dass die Kalin Twins kaum mithalten können.

6 Gerüchte kursieren über illegale Zahlungen an Discjockeys und Radiosender als Gegenleistung für Sendezeiten. **Billboard** berichtet: »Payola, das Geld unter dem Plattenteller, womit die Plattengesellschaften Einfluss auf Discjockeys nehmen, wächst sich immer schneller zu einem Monster aus, das schon bald seine Schöpfer verschlingen könnte.«

21 Es soll seine letzte Session werden. **Buddy Holly** macht vier neue Aufnahmen: *It Doesn't Matter Anymore, Moondreams, Raining In My Heart* und *True Love Ways,* wiederum im Pythian Temple in New York. *It Doesn't Matter Anymore* hat **Paul Anka** geschrieben (der mit seinen eigenen Platten weniger Erfolg hat). Es wird in einem Take aufgezeichnet. In seiner einzigen Stereo-Aufnahme wird Holly von zwölf Streichern aus dem Dick Jacobs Orchestra begleitet – eine Premiere für einen Rock'n'Roll-Musiker.

25 **Bill Haley And His Comets** geben auf einer Europatour ihr erstes Rock'n'Roll-Konzert in Deutschland, im Berliner Sportpalast. Unter den 7000 Fans kommt es zu Krawallen. Zu Beginn von Haleys Deutschland-Tour erklärt der DDR-Verteidigungsminister Willi Stoph, dass Haley den Atomkrieg fördert, da er in der deutschen Jugend Fanatismus und Hysterie entfache, die sie in ein Rock'n'Roll-Massengrab führen werde.

27 **Tommy Steele** ist Gast der BBC-Fernsehsendung »This Is Your Life« mit Eamonn Andrews. Steele befindet sich auf der Höhe seiner Popularität: In seinem Terminplan steht ein Auftritt bei der Royal Variety Performance, eine Rolle in dem Märchenspiel »Goldlöckchen und die drei Bären« in Liverpool, Touren durch Südafrika, Dänemark und Schweden und dazu noch drei Spielfilme.

Popstar Tommy Steele versuchte sich mit »The Tommy Steele Story« (Prinzip: Vom Tellerwäscher zum Millionär) auch als Filmstar.

Oktober **1958**

Erste britische Albumcharts ... The Kingston Trio ... The Teddy Bears ...

Mädchenschwarm Ricky Nelson kam 1958 mit zwei Alben in die US-Top-10, so auch mit der Nr. 1 *Ricky*.

28 Heute wird der letzte Fernsehauftritt von **Buddy Holly And The Crickets** bei »American Bandstand« stattfinden – sie spielen *Heartbeat* und *It's So Easy* als Vollplayback.

29 **Elvis Presley** besucht **Bill Haley And His Comets** bei ihrem letzten Gig in Deutschland hinter der Bühne in der Killesberg-Halle in Stuttgart. Ebenfalls in Deutschland dreht die Band den Film »Hier bin ich, hier bleibe ich« mit dem Showstar Caterina Valente.

November

3 Der Richter Charles Fairhurst lehnt es ab, die Anklage gegen **Alan Freed** wegen Anstiftung öffentlicher Unruhe nach dem Konzert am 8. Mai in Boston aufzuheben. Freed ist seit den Krawallen gegen eine Kaution von 2500 $ auf freiem Fuß. Der Richter weigert sich auch, eine zweite Anschuldigung wegen Landfriedensbruch fallen zu lassen.

10 **Sam Cooke** und der 22-jährige Backgroundsänger **Lou Rawls** aus Chicago, vom **Pilgrim Travelers Quartet**, erleiden bei einem Autounfall in Marion, Arkansas, leichte Verletzungen. Cookes Fahrer, Edward Cunningham, wird bei dem Unfall jedoch getötet.

10 Der **Daily Sketch** berichtet über einen Streit zwischen **Marty Wilde** und seinem Manager **Larry Parnes**. Er zitiert Parnes folgendermaßen: »Ich werde Wilde nicht aus seinem Vertrag entlassen. Er ist nach meiner Ansicht ein dummer Junge und schuldet mir eine Entschuldigung. Neid hat Marty den Kopf verdreht. Er ist nicht neidisch auf Tommy Steele. Tommy ist ein international bekannter Entertainer. Marty Wilde dagegen steckt noch in den Windeln. Er ist einfach kindisch. Nein, Wilde ist neidisch auf Billy Fury. Labels überbieten sich bereits für ihn.«

14 **Cliff Richard** wird im Studio erstmals von **Hank Marvin**, **Bruce Welch**, **Jet Harris** und **Terry Smart** begleitet. Er nimmt zwei Stücke für eine Single auf: *Livin' Lovin' Doll* und *Mean Streak*.

16 Bei einem Konzert von **Cliff Richard** im Trocadero Theatre am Elephant and Castle in London bricht Gewalt im Publikum aus. Richard wird aus dem Gebäude geschmuggelt und in einen wartenden Polizeiwagen gebracht, der ihn wegfährt. Discjockey Gus Goodwin wird während der Show mit Münzen beworfen. Nach dem Konzert wird der Bühneneingang von schreienden Teenagern total blockiert.

24 Das **Kingston Trio** gehört zu den Folk-Pionieren. Sie erreichen als erste Gruppe mit ihrem ersten Album, ***The Kingston Trio***, die US-Charts. Es ist ein innovativer Mix aus Calypso und Shanties. Die Single *Tom Dooley,* die die Charts anführt, basiert auf dem Volkslied *Tom Dula* aus dem 18. Jahrhundert. Die Gruppe besteht aus **Dave Guard** (Banjo) und den Gitarristen **Bob Shane** und **Nick Reynolds** und wurde letztes Jahr in San Francisco gegründet. Bekannt wurden sie in der Region durch ihre Konzerte im Purple Onion. Ihre Musik hat großen Einfluss auf viele Folksänger Anfang der 60er-Jahre, als Guard von dem Sänger und Songschreiber **John Stewart** abgelöst wird.

Dezember

5 **Ritchie Valens** ist mit *Donna,* seiner zweiten Platte bei Del-Fi, auf dem Weg zu Platz 2, als er in seiner alten Schule, der San Fernando High, ein Konzert gibt, das von dem Produzenten und

UK-ALBUMCHARTS

8. November **Das Wochenblatt Melody Maker veröffentlicht Englands erste LP-Top-Ten:**

1. **Soundtrack** – *South Pacific* (unten)
2. **Frank Sinatra** – *Come Fly With Me*
3. **Elvis Presley** – *Elvis' Golden Records*
4. **Elvis Presley** – *King Creole*
5. **Broadway Cast** – *My Fair Lady*
6. **Johnny Mathis** – *Warm*
7. **Soundtrack** – *The King And I*
8. **Perry Como** – *Dear Perry*
9. **Soundtrack** – *Oklahoma!*
10. **Tom Lehrer** – *Songs By Tom Lehrer*

Der New Musical Express hatte 1952 Englands erste Singlecharts eingeführt, hält sich bei den LPs aber noch fast vier Jahre zurück: seine ersten Top 10 kommen im Juni 1962. Das Fachblatt Record Retailer bringt ab seinem Start im März 1960 eine Top-10-Liste für LPs.

Das 1957 in San Francisco gegründete Kingston Trio nahm mit seinen harmonischen, eingängigen Nummern die Folkwelle der frühen 60er vorweg.

The Crests

Ritchie Valens

Zwei Acts aus Alan Freeds Weihnachtsshow: die Vokalgruppe The Crests und der hispanoamerikanische Sänger, Gitarrist und Komponist Ritchie Valens, der schnell bekannt wurde.

Label-Chef Bob Keane aufgezeichnet wird. Während der Show wird eine Sequenz für den nächsten Rock'n'Roll-Film von Alan Freed »Go, Johnny, Go!« gefilmt: Valens singt den Song *Ooh My Head* – allerdings play-back.

6 Das Trio **Teddy Bears** erreicht Platz 1 in den USA mit seiner ersten Veröffentlichung *To Know Him Is To Love Him.* Es kommt beim Label Dore (wo Herb Alpert und Lou Adler arbeiten) heraus. Der Song wurde von einem Mitglied der Gruppe, dem 17-jährigen **Phil Spector**, geschrieben. Beteiligt waren sein Schulfreund Marshall Lieb und die Sängerin Annette Kleinbard. Spector spielt bei der Aufnahme alle Instrumente, außer dem Schlagzeug, das von **Sandy Nelson** übernommen wird. Dieser wird seine eigene Karriere mit dem Hit *Teen Beat* (1959) starten. Phil Spector wurde in der Bronx geboren und zog mit seiner Mutter 1953 nach Los Angeles, nachdem sein Vater Selbstmord begangen hatte. Zu seinem melodischen Popsong wurde er durch die Grabinschrift inspiriert, die seine Mutter für seinen Vater verfasst hatte.

11 Nach dem Spitzenplatz in den Charts mit *Yakety Yak* nehmen die **Coasters** mit dem R&B-Saxophonisten **King Curtis** als Gastmusiker *Charlie Brown* auf, die neueste Pop-Komposition von Leiber und Stoller. Es ist die erste Session mit dem Ex-Sänger der **Cadets**, **Will Jones**, der soeben Bobby Nunn ersetzt hat.

20 **George Harrison**, **Paul McCartney** und **John Lennon** spielen als **Quarry Men** bei der Hochzeit von Harrisons Bruder Harry im Haus der Familie am Upton Green 25 in Liverpool.

25 **Alan Freeds** Christmas Jubilee startet zu einem zehntägigen Festtagsprogramm im Loew's-Theater in Manhattan. Es wirken mit: **Chuck Berry**, **Bo Diddley**, die **Everly Brothers**, **Jackie Wilson**, **Frankie Avalon**, **Eddie Cochran**, **Ritchie Valens**, **Johnnie Ray**, **Jimmy Clanton**, **Jo Ann Campbell**, **Harvey And The Moonglows** (deren Hit *Ten Commandments of Love* ihr letzter sein wird), die **Flamingos**, **Baby Washington**, die **Crests**, die **Nu-Tornadoes**, die **Cadillacs**, **Dion And The Belmonts**, **Inga**, **Ed Townsend**, **Gino And Gina**, **King Curtis**, **Sam »The Man« Taylor**, **Georgie Auld** und **Earl Warren**. Die Crests erstürmen zurzeit die Charts mit ihrem Hit *16 Candles* (Platz 2). Die R&B-Gruppe wird von **Johnny Maestro** geführt. Zur Originalbesetzung gehört **Patricia Van Dross**, die einen jüngeren Bruder namens Luther hat.

26 **Johnny Cash** promotet ***The Fabulous Johnny Cash***, sein erstes Album für Columbia. Er ist Star einer Show im Hotel Showboat in Las Vegas, an der auch die Sons Of The Pioneers und Tex Ritter beteiligt sind.

27 **Buddy Holly** singt zum ersten Mal, seitdem er berühmt ist, wieder in Lubbock für einen Event von Radio KLLL – und zwar in dem Obst- und Gemüseladen Morris. Er besucht das Studio von KLLL, um *You're The One* mit den Discjockeys Waylon Jennings und Ray »Slim« Corbin aufzunehmen. Der Sender hat Buddy Holly darum gebeten, in nur 30 Minuten einen Song zu schreiben. Die Melodie, die dabei entsteht, wird sofort aufgezeichnet. Holly spielt Gitarre, Jennings und Corbin liefern eine Art »Percussion« im Hintergrund: Der eine klatscht mit den Händen, der andere schlägt sich auf die Knie – für diese Beiträge werden sie von Holly zu Co-Autoren ernannt.

»Ich entlasse Marty Wilde nicht aus seinem Vertrag. Er ist ein dummer, kindischer Junge, praktisch noch in den Windeln.«

Larry Parnes, 10. November 1958

Mit dem einzigen Hit der Teddy Bears 1958 betrat Phil Spector (unten links) die Welt der Musik.

ROOTS **In diesem Jahr tritt die junge Singer/Songwriterin Joan Baez beim Newport Folk Festival auf … hat Herb Alpert als Ko-Autor (mit seinem Kollegen bei Keen Publishing, Lou Adler) von Sam Cookes *Love You Most Of All* seinen ersten Charterfolg … trifft Carole Klein, Studentin am Queen's College, New York, Gerry Goffin, der in einer Apotheke arbeitet; die beiden werden privat und als Songschreiber ein Paar … debütieren die Dave Clark Five mit Sänger Stan Saxon im South Grove Youth Club, Tottenham … geht der Soulsänger Otis Redding mit den Upsetters auf Tour und nimmt an Hank Swains »Teenage-Party«-Wettbewerb teil … schreibt Kris Kristofferson, zurzeit Rhodes-Stipendiat an der Oxford University, seine ersten Songs … verschickt Dick Clark eine Platte als Weihnachtsgruß; es singt der spätere Chubby Checker, der vorher von Beruf Hühnchenrupfer war … heuern Ma und Pa Gilbert Del Shannon als Sänger für Charlie Johnson And The Big Little Show Band an, die neue Band ihres Hi-Loc Club in Battle Creek, Michigan … verschafft sich Ronald Wycherley, Deckarbeiter auf einem Schlepper, Zugang zu Marty Wildes Garderobe im Essoldo-Kino in Birkenhead; Manager Larry Parnes ist beeindruckt und nimmt ihn als Billy Fury unter Vertrag …**

I Only Have Eyes For You

1959

Nr.1 US-SINGLES

03. Jan. The Chipmunk Song **David Seville And The Chipmunks**
24. Jan. Smoke Gets In Your Eyes **Platters**
14. Febr. Stagger Lee **Lloyd Price**
14. März Venus **Frankie Avalon**
18. Apr. Come Softly To Me **Fleetwoods**
16. Mai The Happy Organ **Dave (Baby) Cortez**
23. Mai Kansas City **Wilbert Harrison**
06. Juni The Battle Of New Orleans **Johnny Horton**
18. Juli Lonely Boy **Paul Anka**
15. Aug. A Big Hunk O' Love **Elvis Presley with the Jordanaires**
29. Aug. The Three Bells **Browns**
26. Sept. Sleep Walk **Santo And Johnny**
10. Okt. Mack The Knife **Bobby Darin**
21. Nov. Mr. Blue **Fleetwoods**
28. Nov. Mack The Knife **Bobby Darin**
19. Dez. Heartaches By The Number **Guy Mitchell**

Nr.1 UK-SINGLES

03. Jan. It's Only Make Believe **Conway Twitty**
24. Jan. The Day The Rains Came **Jane Morgan**
31. Jan. One Night/I Got Stung **Elvis Presley**
21. Febr. As I Love You **Shirley Bassey**
21. März Smoke Gets In Your Eyes **Platters**
28. März Side Saddle **Russ Conway**
25. Apr. It Doesn't Matter Anymore **Buddy Holly**
16. Mai A Fool Such As I/I Need Your Love Tonight **Elvis Presley with the Jordanaires**
20. Juni Roulette **Russ Conway**
04. Juli Dream Lover **Bobby Darin**
01. Aug. Living Doll **Cliff Richard And The Shadows**
12. Sept. Only Sixteen **Craig Douglas**
10. Okt. Here Comes Summer **Jerry Keller**
17. Okt. Mack The Knife **Bobby Darin**
31. Okt. Travellin' Light **Cliff Richard And The Shadows**
05. Dez. What Do You Want **Adam Faith**
19. Dez. = What Do You Want **Adam Faith**
= What Do You Want To Make Those Eyes At Me For? **Emile Ford And The Checkmates**
26. Dez. What Do You Want To Make Those Eyes At Me For? **Emile Ford And The Checkmates**

Bobby Darin

Dick Clarks »American Bandstand«

Bobby Darin hatte mit einem Song aus der »Dreigroschenoper« einen Hit auf beiden Seiten des Atlantiks ... Trotz Rekord-Einschaltquoten wurde Dick Clark Ende des Jahres in den Payola-Skandal verwickelt.

Das Jahr 1959 geht als »Jahr des Schreckens« in die Rock'n'Roll-Geschichte ein. Viele Schlüsselfiguren der Szene gingen verloren: durch tragische Unfälle, Skandale oder einfach nur durch ihre Abwesenheit.

An einem frostigen Februarmorgen stürzte ein Flugzeug in Iowa ab. Bei diesem Absturz starben **Buddy Holly**, **Big Bopper** und **Ritchie Valens**, dessen Song *La Bamba* zum ersten Mal Rock'n'Roll und lateinamerikanische Musik kombinierte. Holly wurde nur 22 Jahre alt. Die Popmusik hatte ihren vielleicht besten Sänger, Songschreiber und Gitarristen verloren, obwohl die Medien dies nicht registrierten. Hollys musikalisches Erbe hatte großen Einfluss auf kommende Generationen, nicht zuletzt auf **John Lennon** und **Paul McCartney**.

Nur **Chuck Berrys** Talent konnte in diesem Punkt mithalten. Doch seine Karriere sollte schon bald von einem Skandal und von einer Verurteilung zu einer Gefängnisstrafe schwer belastet werden. **Alan Freed**, der Berrys Karriere gefördert hatte, kam ebenfalls mit dem Gesetz in Konflikt. Er hatte den Song *Maybellene* als erster Discjockey im Radio gesendet, hatte Chuck Berry in seine Package-Tourneen eingeplant und wurde jetzt vom US-Kongress wegen Bestechlichkeit angeklagt.

Elvis Presley brachte auch während seiner Militärdienstzeit in Deutschland vier Hits heraus: *(Now And Then There's) A Fool Such As I, I Need Your Love Tonight, A Big Hunk O' Love* und *My Wish Came True.* Aber der für ihn typische aggressive Schwung seiner Stücke ging allmählich verloren. In diesem Jahr erlebte die ›gesittete‹ weiße Popmusik eine Renaissance. **Frankie Avalon** übernahm Buddy Hollys Platz bei den Package-Tourneen. Bei seinem größten Hit *Venus* wurden Gitarren und Saxophone durch Orchester, Backgroundsängerinnen und sanften Calypso-Beat ersetzt. **Bobby Darin** hatte Riesenerfolge mit *Dream Lover* und *Mack The Knife.* **Paul Anka** machte nach *Diana* weiter mit Herz und Schmerz. Es folgten *Lonely Boy* und *Put Your Head On My Shoulder.*

Sam Cookes Song *Only Sixteen* hatte nur geringen Erfolg in den Charts, war aber ständig im Radio zu hören. **Jerry Leiber** und **Mike Stoller** schreiben einen Hit nach dem anderen. *There Goes My Baby* von den **Drifters** wurde zu einer wegweisenden Nummer wegen seiner lateinamerikanischen Rhythmen und der bemerkenswerten Streichersätze. Passend zu diesem gezügelten, zahmeren Stil erlebten die **Flamingos** und die **Platters** eine Renaissance mit *I Only Have Eyes For You* und *Smoke Gets In Your Eyes.* Aber auch die Platters wurden in einen öffentlichen Skandal verwickelt.

Living Doll war **Cliff Richards** erster Nr.-1-Hit. Es folgte *Travellin' Light.* **Adam Faith** war ihm mit *What Do You Want* dicht auf den Fersen. Die amüsante Fernsehserie »Juke Box Jury«, in der Prominente neue Platten bewerteten, erlebte ihre Premiere, und zwei weitere Neuerungen ereigneten sich: **Berry Gordy Jr.** gründete in Detroit ein neues Label (anfangs Tamla genannt), und in Beverly Hills wurden erstmals die Grammy Awards verliehen. Noch ein letztes Mal setzten sich die konservativen Plattenbosse durch: Keine einzige Rock'n'Roll-Platte wurde nominiert.

»You know you make me wanna shout.«

Motto der Isley Brothers, 50er-Jahre

Januar 1959

Berry Gordy gründet das Label Tamla ... Buddy Holly stirbt bei Flugzeugabsturz ...

Petula Clark

Berry Gordy

Januar

9 **Dion And The Belmonts** spielen *A Teenager In Love* bei »American Bandstand« (von den tagsüber ausgestrahlten Sendungen erreicht sie die höchsten Einschaltquoten in den USA). Dieser Song erreicht Platz 5 und setzt Maßstäbe für eine Karriere. Es ist das neueste Rock'n'Roll-Meisterwerk des Songschreiber-Teams **Doc Pomus** (Texter) und **Mort Shuman** (Pianist/Komponist). Dieses Paar, das manchmal auch mit anderen Teams wie Leiber und Stoller (*Young Blood* für die **Coasters**) kooperiert, kann auf einen ständig wachsenden Kanon von Hitsongs verweisen. Sie haben in den letzten vier Jahren unter anderem Stücke für **Big Joe Turner**, **Ray Charles**, **Bobby Darin** und **Fabian** (sein neuer Song *Turn Me Loose*) geschrieben. Sie arbeiten für den Verlag Hill & Range und werden auch in Zukunft Hits für Musiker schreiben, darunter die **Drifters**, **Gene McDaniels**, **Gary »U. S.« Bonds** und **Elvis Presley**, der 20 Kompositionen von ihnen übernimmt.

10 **Lonnie Donegan**, **Alma Cogan**, **Frankie Vaughan**, **Marty Wilde**, die **Mudlarks** und die **King Brothers** liefern die musikalische Umrahmung für die jährliche Preisverleihung des **New Musical Express**. Bester Newcomer wird **Cliff Richard** (begleitet von den **Drifters**). Mit von der Partie sind **Joe »Mr. Piano« Henderson**, das **Ted Heath Orchestra**, die **Chris Barber Band**, die **John Barry Seven** und **Petula Clark**. Diese ist seit ihrem Debüt mit *The Little Shoemaker* eine der erfolgreichsten britischen Sängerinnen.

12 Der 29-jährige Songschreiber und Produzent **Berry Gordy Jr.** erhält von seiner Familie 800 $, um sein eigenes Label in seiner Heimatstadt Detroit zu gründen. Er nennt es Tamla. Gordy hat bereits an **Jackie Wilsons** erster Chart-Single *Reet Petite (The Finest Girl You Ever Want To Meet)* mitgewirkt. Als er diesen Song 1957 schrieb, stand er noch bei Ford am Band. Drei Hits folgen, darunter *Lonely Teardrops,* das es bis auf Platz 7 der US-Charts schafft. Er hat bereits erste Erfahrungen im Produzieren: Sein erstes Werk ist 1957 *Ooh Shucks* mit den Five Stars für George Goldners Label Mark X. Er entwickelt einen Spürsinn für talentierte Sänger und Songschreiber und entdeckt bei einer Talentshow eine neue R&B-Gesangsgruppe, die **Miracles** mit dem Leadsänger **William »Smokey« Robinson.** Er produzierte 1957 mit ihnen zwei Singles *Got A Job* und *I Cry,* die er beide an lokale Labels lizenzierte, und 1958 zwei weitere Soloaufnahmen für den Songschreiber Eddie Holland und seinen Bruder Brian. Als erstes bringt Gordy im März auf seinem neuen Label Tamla *Come to Me* mit dem 20-jährigen **Marv Johnson** heraus. Die Lizenz für den Vertrieb überträgt er United Artists. Im Mai steht der Song in den USA auf Platz 30. Sein von ihm gegründeter Verlag trägt den Namen Jobete. Er setzt sich aus den ersten beiden Buchstaben der Namen seiner Kinder zusammen: Hazel Joy (Jo), Berry IV (Be) und Terry (Te). Er fordert Mary Robinson, Eddie und Brian Holland auf, ihm bei der Verwirklichung seines Traums, das heißt bei der Gründung einer Hitfabrik in Detroit, zu helfen.

Petula Clark, in Großbritannien bereits ein bekannter Showstar, trat beim New Musical Express Pollwinners Concert auf ... Auch ohne High-School-Abschluss machte der geniale Berry Gordy die Stadt Detroit zu »Hitsville USA«.

16 Die **Everly Brothers** statten Großbritannien einen Blitzbesuch ab. Dort sind sie Gäste der Fernsehshow »Cool For Cats«, in der sie den Preis des **New Musical Express** als beste Gesangsgruppe erhalten. Nach einem Empfang im Savoy-Hotel fliegen sie weiter, in eine andere Stadt Europas – alles innerhalb von 24 Stunden.

22 Heute soll **Buddy Hollys** letzte Aufnahme gemacht werden. Auf einem Tonbandgerät in seiner Wohnung in New York ergänzt er andere Demos, die er bereits in den letzten Wochen aufgezeichnet hat. Auf diesem Band sind zu finden: *Crying Waiting Hoping, That's What They Say, What To Do, Peggy Sue Got Married, That Makes It Tough* und *Learning The Game.*

Die Drifters nahmen exzellente Songs von Doc Pomus und Mort Shuman, von Jerry Leiber und Mike Stoller, Barry Mann und Cynthia Weil sowie von Gerry Goffin und Carole King auf.

23 **Buddy Holly** tritt die auf 24 Termine geplante Tournee Winter Dance Party in George Devines Million Dollar Ballroom in Milwaukee an. Sie soll am 15. Februar im Illinois State Armory in Springfield enden. Begleitet wird er von **Tommy Allsup** (Gitarre), **Waylon Jennings** (Bass) und **Carl Bunch** (Schlagzeug). Mit dabei sind der Discjockey, Sänger und Songschreiber **Big Bopper**, **Ritchie Valens**, **Frankie Sardo** und **Dion And The Belmonts**.

24 **Cliff Richard** startet seine erste UK-Tour als Star im Rialto Theatre in York. Er wird von den **Drifters** begleitet. **Wee Willie Harris** und **Tony Crombie And His Rockets** gehen mit auf Tour.

Februar

2 **Buddy Holly** spielt beim elften Termin seiner Tour im Surf Ballroom in Clear Lake, Iowa, vor 1000 bis 1500 Zuschauern. Während des Konzerts übernimmt er immer wieder den Schlagzeugpart. Der Basssänger der **Belmonts**, **Carlo Mastrangelo**, übernimmt an Hollys Set das Schlagzeug. Er vertritt **Carl Bunch**, der an einer Frostbeule am Fuß leidet. Vom Reisen im Bus sind sie alle erschöpft. Gestern hatte der Bus zwischen Duluth und Green Bay eine Panne, und das Konzert in Appleton, Wisconsin, musste abgesagt werden. Der Manager des Surf Ballroom, Carroll Anderson, organisiert für Holly und die anderen einen Flug zur nächsten Show in Moorhead, Minnesota.

»Keiner konnte die Tragödie ahnen, als am Montagabend 1100 Jugendliche samt Eltern den Surf Ballroom in Clear Lake füllten ... Die Musiker agierten schwungvoll und sichtlich erfreut über das zahlreich erschienene junge Publikum.«

Clear Lake Mirror Reporter, Februar 1959

Das beeindruckende Vermächtnis von Buddy Holly lebte noch lange nach seinem Tod weiter. In jedem Jahrzehnt gelangten Holly-Alben in die britischen oder die US-Charts.

»Eine dünne Schneedecke hatte sich gebildet und die Leichen und das Flugzeugwrack bedeckt … man übergab mir eine lederne Brieftasche. Sie trug die Inschrift ›Ritchie Valens‹.«

Ermittlungsbericht, 4. Februar 1959

3. Februar Gegen ein Uhr, in stockfinsterer Nacht, besteigen Buddy Holly, Ritchie Valens (der seinen Platz im Losentscheid gegen Tommy Allsup gewonnen hatte) und Big Bopper (der seinen Sitz von Waylon Jennings erhalten hatte) ein kleines Flugzeug des Typs Beechcraft-Bonanza. Sie zahlen jeweils 36 $ an Dwyer's Flying Service. Sie wollen nach Fargo in North Dakota,

um ihren nächsten Auftritt in Minnesota zu erreichen. Vor dem Start versucht der Pilot Roger Peterson seinen Kollegen Dwayne Mansfield zu überzeugen, den Flug zu übernehmen, da er selbst sehr müde sei. Peterson macht beim Auswerten seiner Bordinstrumente offensichtlich einen Fehler und verwechselt Steigen und Sinken. Bei schlechtem Wetter stürzt das Flugzeug ab, nur acht Minuten und 13 km vom Startplatz entfernt. Alle Insassen werden getötet. Jim Dwyer, der Eigentümer des Flugzeugs, entdeckt das Wrack erst gegen neun Uhr vormittags, da es seit dem Start keinen Funkkontakt mit dem Piloten gegeben hatte. Sheriff Bill McGill kommt als Erster zur Absturzstelle. Die beiden geplanten Shows in Moorhead werden zu einer zusammengefasst. Die Organisatoren suchen über Radiomeldungen heimische Musiker, um die Lücke zu füllen. Die High-School-Band Fargo erhält den Auftrag. Bobby Veline, später als Bobby Vee bekannt, übernimmt den Gesangspart, da er die Texte am besten kennt. Morgen werden die Sänger Jimmy Clanton und Frankie Avalon andere Verpflichtungen absagen und einspringen. Buddy Holly wird am 7. Februar beerdigt. Mehr als 1000 Menschen sind anwesend, als Bob Montgomery, Jerry Allison, Joe Mauldin, Niki Sullivan, Sonny Curtis und Phil Everly den Sarg tragen. Holly wird auf dem Friedhof seiner Heimatstadt Lubbock beerdigt.

Fabians *Turn Me Loose* ... Keine Grammys für Rock'n'Roll ... »Juke Box Jury« ...

8 **Johnny Cash** singt in der »Ed Sullivan Show« *Don't Take Your Guns to Town*. Dann singt **Frankie Laine** *You Can Depend On Me* und *Then I Should Fall In Love*.

10 **Link Wray And His Wraymen** kommen zum zweiten Mal zu »American Bandstand« und tragen *Raw-Hide* vor. Vorher hatte Wray seinen umstrittenen Hit *Rumble* (US-Charts Nr. 16) herausgebracht. Obwohl es sich hier um ein Instrumentalstück handelt, verursachte es 1958 Furore. Behörden und Rundfunksender befürchteten, dass allein schon der Titel (›Gepolter‹) Teenager zur Gewalt animieren könnte. Der aus North Carolina stammende Wray hat einen eigenartig verzerrten »fuzztone« auf seiner Gitarre kreiert. Dieser »bösartig klingende« Effekt wurde zum ersten Mal bei *Rumble* erzielt.

13 Die **Skyliners**, ein neues weißes Gesangsquintett aus Pittsburgh, geben ihr Debüt bei »American Bandstand« mit *Since I Don't Have You,* das auf Erfolgskurs ist.

März

3 Die **Drifters** nehmen in neuer Besetzung *There Goes My Baby* für Atlantic auf. Sie geben bei diesem von Jerry Leiber und Mike Stoller produzierten Song ihren Doo-Wop-Stil auf. Benjamin Nelson, Leadsänger des Gesangs-Ensembles **The Five Crowns**, hat diesen Song mitverfasst. Nelson, auch unter dem Namen **Ben E. King** bekannt, wurde vom Manager der Gruppe, George Treadwell, als neuer Sänger verpflichtet. King bleibt noch nicht einmal zwei Jahre bei dieser Formation, denn er wird bei Atco Records eine Solokarriere beginnen.

5 In der heutigen Ausgabe von »American Bandstand« tritt **Chuck Berry** auf. Er interpretiert *Almost Grown* und *Little Queenie*, das in **Alan Freeds** Film »Go, Johnny, Go!« präsentiert wird.

6 Die Anklage gegen **Alan Freed** wegen der Krawalle in der Boston Arena am 3. Mai des vergangenen Jahres wird im Punkt Anarchie fallen gelassen. Freeds Anwalt führte an, dass das im Ersten Weltkrieg erlassene Anti-Anarchie-Gesetz nicht verfassungskonform ist. Der Richter Charles Fairhurst hat den Obersten Gerichtshof des Staates Massachusetts gebeten, über die Verfassungsmäßigkeit zu entscheiden. Am 12. November wird auch die Anklage wegen Unruhestiftung aufgegeben und der Fall beendet. Freed erhält die Möglichkeit, sein Plädoyer von nicht schuldig auf ›keine Urteilsanfechtung‹ umzustellen.

11 In den USA wurden bereits mehr als eine Million Scheiben vorab bestellt: RCA Records schickt **Elvis Presley** eine Goldene Schallplatte für die neue Single *I Need Your Love Tonight/A Fool Such As I* an seinen Standort nach Deutschland.

12 **Fabian**, ein 15-jähriger Newcomer aus Philadelphia, gibt sein Fernsehdebüt bei »American Bandstand«. Er singt den Erfolgshit *Turn Me Loose.* Der junge Fabian wurde von Bob Maracucci, dem Boss von Chancellor Records, entdeckt und wegen seines guten Aussehens und des in den USA ungewöhnlichen Namens übernommen. Im Sommer landet er mit *Tiger* seinen zweiten Top-10-Hit in den USA, bevor er in dem Film »Hound Dog Man« mitwirkt.

29 Die neueste Revue des Promoters Irvin Feld beginnt als siebenwöchige Tour in Richmond, Virginia. Es sind mit dabei die **Coasters**, **Bo Diddley**, **Clyde McPhatter**, **Little Anthony And The Imperials** (eine R&B-Gesangsgruppe aus Brooklyn, die darum bemüht ist, den Erfolg von *Tears On My Pillow,* 1958 bis auf Platz 4 der US-Charts, zu wiederholen) und **Lloyd Price**. Der R&B-Pianist, Singer und Songwriter, der 1952 mit *Lawdy Miss Clawdy* erfolgreich war, ist mit dem Pop/R&B-Hit *Stagger Lee* zurück an der Spitze der Charts.

Die Fleetwoods waren in den USA die erfolgreichste Gruppe des Jahres.

April

5 Die **Fleetwoods** präsentieren in der »Ed Sullivan Show« ihren Charts-Spitzenreiter *Come Softly To Me.* Diese erste Platte beim neuen Label Dolphin (gegründet vom Manager der Gruppe Bob Reissdorf) wurde von allen Mitgliedern des weißen Doo-Wop-Trios geschrieben: **Gretchen Christopher**, **Barbara Ellis** und **Gary Troxel**. Die Fleetwoods aus Washington werden zur erfolgreichsten amerikanischen Gesangsgruppe des Jahres 1959. Sie erreichen im November wiederum die Spitze der Charts mit *Mr. Blue,* das ursprünglich von Dwayne Blackwell den Platters angeboten wurde.

11 Die BBC hatte vor zwei Wochen den Song *Charlie Brown* der **Coasters** wegen des Wortes »spitball« verboten. Jetzt wird das Verbot aufgehoben. In der Radioshow von David Jacob, »Pick of the Pops«, wird er nun gesendet (und auf Platz 6 der UK-Charts zu ihrem größten Hit).

12 **Johnny Ray** singt *Alright, Okay* und *Here And Now* in der »Ed Sullivan Show«. Danach präsentiert **Brook Benton** seinen selbst verfassten Hit *It's Just A Matter Of Time,* mit dem er auf Platz 3 vorrückt. Der 27-jährige R&B-Singer/Songwriter war erst kürzlich zu Mercury Records gewechselt. Benton hatte 1952 unter seinem Namen Benjamin Peay für Okeh Aufnahmen

David Jacobs

gemacht. Er wird zu einem der bekanntesten R&B-Sänger seiner Epoche. Insgesamt bringt er es im Laufe der nächsten sechs Jahre auf mehr als 40 Hit-Singles für Mercury.

16 Ein Sprecher des britischen Teeny-Idols **Marty Wilde** teilt mit, dass der 20-jährige Sänger als ›untauglich‹ für den Militärdienst eingestuft wurde. Es wird vom Ministerium kein Grund angegeben, aber man nimmt an, dass Wilde an »Plattfüßen und quälenden Hühneraugen« leidet. Die Militärärzte schicken den Sänger direkt nach der Musterung zu einem Facharzt.

22 Die erste bedeutsame Tour von amerikanischen Rock'n'Roll-Musikern durch Großbritannien startet in London. **Cliff Richard** ist in diesen drei Wochen an einigen Terminen beteiligt. **Duane Eddy**, **Bobby Darin**, die **Poni Tails**, **Conway Twitty** und **Dale Hawkins** sind die Stars.

22 **Alan Freed** neuester (und letzter) Rock'n'Roll-Film »Go, Johnny, Go!« hat Premiere. Es wirken mit: **Jimmy Clanton**, **Jackie Wilson**, die **Cadillacs**, die **Flamingos**, **Ritchie Valens**, **Chuck Berry**, **Jo Ann Campbell** und **Harvey Fuqua**.

24 Die seit zwei Jahrzehnten so beliebte amerikanische Radiosendung »Your Hit Parade« wird zum letzten Mal ausgestrahlt. Seit ihrer Premiere am 12. April 1935 gab es diesen Countdown der beliebtesten Songs jeweils am Samstagabend. Parallel zur Radiosendung war außerdem eine Fernsehsendung entstanden.

27 **Cliff Richard And The Drifters** beginnen eine einwöchige Show-Serie mit zwei Auftritten pro Abend im Londoner Chiswick Empire mit den **Five Dallas Boys**, **Kay And Kimberley**, **Tommy Wallis And Beryl**, **Jean And Peter Barbour**, **Ray Alan And Steve** und **Des O'Connor**.

Mai

3 **Cliff Richard** gibt sein Debüt im Odeon in London. Die Stars der Fernsehshow »Oh Boy!« **Cherry Wainer**, die **Five Dallas Boys**, **Cuddly Duddley** und **Neville Taylor And The Cutters** sind mit von der Partie.

4 Die ersten Grammys werden von der National Academy of Recording Arts and Sciences (NARAS) in Los Angeles im Beverly Hilton Hotel überreicht. Anwesend sind 500 Mitglieder der Musikindustrie, die 15 $ für das zeremonielle Dinner bezahlen. Durch das Programm führt der Komiker Mort Sahl. Die Preise werden überreicht von **Frank Sinatra** (der in zwölf Kategorien nominiert wurde, aber nur den Preis für das beste Album-Cover erhält), **Dean Martin**, **Sammy Davis Jr.**, **Milton Berle**, **Peggy Lee**, **Jo Stafford**, **Henry Mancini**, **André Previn** und **Johnny Mercer**. Die Nominierten und die Gewinner der 28 Preise wurden von 700 NARAS-Mitgliedern gewählt. **Domenico Modugnos** *Nel Blu Dipinto Di Blu (Volare)* wird zur Platte des Jahres und zum Song des Jahres. **Henry Mancinis** ***The Music From Peter Gunn*** wird zum Album des Jahres. *Tequila* von den **Champs** wird zur besten Rhythm'n'Blues-Aufnahme, *Tom Dooley* vom **Kingston Trio** zur besten Countryaufnahme ernannt. Beide Entscheidungen sind umstritten, da die Songs nicht in die jeweilige Kategorie gehören. Auf der Liste der Preisträger und der Gäste fehlen die Rock'n'Roll-Stars der Epoche. Diese »Nichtbeachtung« belastet die jährlich anberaumten Feierlichkeiten während der beiden ersten Jahrzehnte. Das anerkannte Fachmagazin **Variety** schreibt dazu: »Über all diesem Glanz und Gloria schwebte eine dunkle Wolke. Die Recording Academy hat den Rock'n'Roll verschmäht. Keine einzige Rockplatte wurde nominiert …«

14 Die Premiere des Spielfilms »Serious Charge« mit Anthony Quayle findet in London statt. **Cliff Richard** spielt die Rolle eines straffällig gewordenen Jugendlichen, der einmal Rocksänger werden möchte. Er singt *Living Doll* und zwei weitere Songs.

23 Der R&B-Sänger **Wilbert Harrison** veröffentlicht seine Jump-Blues-Version von Little Willie Littlefields Klassiker *K. C. Lovin'* (1952) unter dem Titel *Kansas City*. Er übertrifft alle anderen Versionen und landet auf Platz 1 der US-Charts. Der aus North Carolina stammende Künstler machte seine ersten Aufnahmen 1952 für das Label DeLuxe.

Die legendären Songschreiber Doc Pomus und Mort Shuman verhalfen Fabian zum Starruhm ... »Go, Johnny Go!« war Alan Freeds letzter Film ... David Jacobs moderierte »Juke Box Jury«, wobei er jede vorgestellte Single mit einem Standardsatz ansagte: »Hören wir nun, was unsere Jury von der nächsten Platte hält.«

23 Der Sänger und Gitarrist **Billy Fury** ist die neueste Entdeckung des Managers Larry Parnes. Dieser ist an der Party von »Oh Boy!« im Strand Ballroom in London beteiligt. In den kommenden sechs Jahren wird der 19-jährige Fury aus Liverpool für Decca nicht weniger als elf Mal unter die Top-10 der britischen Charts kommen.

29 Zu einem der ersten Open-Air-Festivals kommen mehr als 9000 Besucher ins Herndon Stadium in Atlanta, um **B. B. King**, **Jimmy Reed**, **Ray Charles**, die **Drifters** und **Ruth Brown** zu sehen.

»Die Recording Academy hat den Rock'n'Roll verschmäht. Keine einzige Rockplatte wurde nominiert.« **Variety** über die ersten Grammys, Mai 1959

30 **Billboard** unterscheidet ab sofort zwischen der meistverkauften Stereo-LP (Top-30) und der meistverkauften Mono-LP (Top-50).

30 **Cliff Richard And The Drifters** sind die Stars der letzten Sendung der ITV-Popmusik-Show »Oh Boy!«. Sie präsentieren Richards neuesten Song *Never Mind*. Neben dem ständigen Stargast dieser Sendung, **Marty Wilde**, treten am heutigen Abend auf: **Billy Fury**, **Don Lang**, **Mike Preston**, **Dickie Pride**, **Bill Forbes**, **Cuddly Duddley**, **Peter Elliott**, die **Vernons Girls**, **Lord Rockingham's XI**, **Cherry Wainer**, die **Five Dallas Boys**, **Neville Taylor And The Cutters** und natürlich die Gastgeber Jimmy Henney und Tony Hall.

Juni

1 Das BBC-Fernsehen strahlt zum ersten Mal die Fernsehsendung »Juke Box Jury« mit David Jacobs aus. Dieser lädt Gäste ein, die die neuen Musikstücke der Woche besprechen sollen. Die ersten Gastkritiker sind die Sänger Alma Cogan und Gary Miller, Discjockey Pete Murray und – wie **Radio Times** anmerkt – ein »typischer Teenager«, Susan Stranks. Diese wird später einmal die Moderatorin der ITV-Sendung »Magpie«.

Juni 1959

Die Quarry Men haben ein Dauergastspiel ... Bobby Darins *Mack The Knife* ...

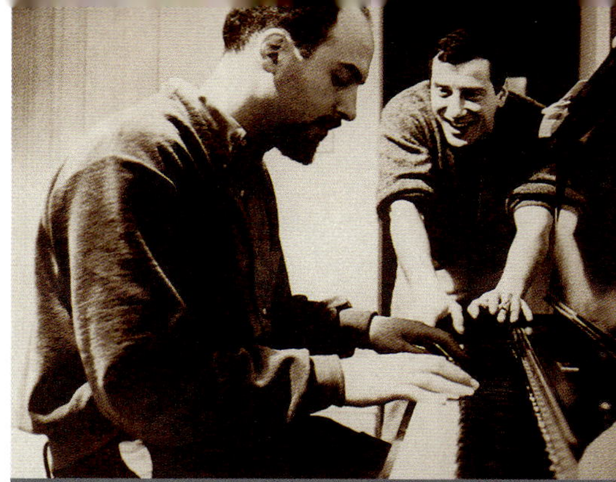

Mike Stoller und Jerry Leiber

The Isley Brothers

3 **Elvis Presley** wird ins Frankfurter Militärkrankenhaus eingeliefert. Er leidet an einem Mandelabszess und einer Rachenentzündung. Nach einer Woche wird er entlassen und macht zwei Wochen Urlaub in Paris. An einem Abend setzt sich Presley im Nachtclub Lido nach der Show (mit den Stars George und Bert Benard) ans Klavier und spielt *Willow Weep For Me.* Seine Zuhörer sind die Kellner, Putzfrauen, Hilfskräfte, Aushilfsbedienungen und Portiers des Lido. Er spielt eine halbe Stunde und bietet eine improvisierte Vorstellung. Es soll sein einziges »Konzert« in Europa bleiben.

12 Die Polizei durchsucht in New York das Krankenhauszimmer der Jazz/Blues-Legende **Billie Holiday**. Diese leidet an einer Nierenentzündung und an Leberzirrhose. Sie finden Heroin und erheben Anklage.

12 **Sam Cookes** neuester Hit *Only Sixteen* ist in den US-Charts auf einem guten Weg, als er in der Norfolk Arena in Virginia gemeinsam mit **Jackie Wilson** auftritt. Cooke bestand darauf, dass die Rassentrennung im Saal aufgehoben wird.

23 **Cliff Richard**, **Marty Wilde** und **Lord Rockingham's XI** gestalten den »Oh Boy!«-Anteil der Northern Royal Variety Show im Palace Theatre von Manchester in Anwesenheit der Königinmutter. Der Rest der Show besteht aus eher traditionellen Darbietungen von Liberace, Dickie Henderson, **Russ Conway**, Roy Castle und anderen. Die Königinmutter soll nachher zu dem Organisten **Cherry Wainer** gesagt haben: »Mir hat ›Oh Boy!‹ ganz prima gefallen. Ist das nicht wunderbares Entertainment!«

28 **Dick Clarks** erste Fernsehsendung zur Hauptsendezeit wird ausgestrahlt. Auf dem Programm stehen **Fats Domino**, **Fabian**, **Johnny Mathis**, **Les Paul And Mary Ford**, **Stan Freberg**, die **McGuire Sisters** und **Stan Kenton**.

Juli

16 **Jerry Leiber** und **Mike Stoller** produzieren eine weitere Session mit den **Coasters** in den Atlantic Recording Studios in New York. Sie leiten ihre neueste Komposition *Poison Ivy.* Tom Dowd ist für die Technik verantwortlich.

29 Die **Isley Brothers**, ein R&B-Trio bestehend aus **Ronald**, **Rudolph** und **O'Kelly Isley**, nehmen nach *Turn To Me* im vergangenen Monat jetzt *Shout,* ihre zweite Single für RCA auf. Die Produktion leiten Hugo Peretti und Luigi Creatore. Es handelt sich um eine Bearbeitung des Publikumsrenners *Lonely Teardrops.* Der Song beginnt mit »You know you make me wanna shout« und enthält eine Passage von Professor Herman Stephens, der Organist in ihrer Kirche ist. Die Brüder aus Cincinnati starteten 1955 als Gospel-Combo und haben es schon bei einigen anderen Labels wie Teenage, Gone, Mark X und Cindy Records versucht.

August

1 Lionel Bart hatte *Living Doll* für den Film »Serious Charge« geschrieben. Dieser Song wurde zu einem Song im Countrystil stilisiert und steht ab sofort sechs Wochen an der Spitze der britischen Charts. Er wird insgesamt 500 000 Mal verkauft. **Cliff Richard And The Shadows** erreichen zum ersten Mal in Großbritannien Platz 1.

8 **Tommy Steele** fliegt vorzeitig von seinem ersten Besuch in Russland zurück, um an einem Fußballspiel zwischen TV-Stars und einem Team der irischen Presse teilzunehmen. Er fliegt die 3200 km von Moskau über Amsterdam und London nach Dublin. In diesem Match wird sich Skiffle-King **Lonnie Donegan** am rechten Fuß und an seinem großen Zeh verletzen.

10 Die vier männlichen Mitglieder der **Platters** – Tony Williams, Paul Robi, David Lynch und Alex Hodge – werden in Cincinnati verhaftet. Sie wurden mit vier 19-jährigen Frauen (drei davon sind weiß) im Hotel

BILLIE HOLIDAY

17. Juli **Die als eine der größten Jazzsängerinnen verehrte Billie Holiday stirbt mit 44 Jahren an Leberversagen. Schon Ende 1956 hatte die auch »Lady Day« genannte Sängerin in einem Fernsehinterview mit Mike Wallace vom New-Yorker Sender WABD gesagt: »Warum sterben so viele große Musiker jung? Weil sie 100 Tage an einem einzigen Tag leben wollen. Viele hatten in ihrer Jugend so wenig, dass sie alles mitnehmen wollen, wenn sie die Chance dazu bekommen.« 1972 wird Diana Ross in dem Film »Lady Sings The Blues« die Rolle der Billie Holiday spielen.**

Die Rock'n'Roll- und R&B-Songs des Autorenteams Jerry Leiber und Mike Stoller prägten die Zeit ... 1959 brachte den Isley Brothers nach fünf Jahren den Durchbruch ... Cliff Richard hatte mit *Living Doll* den ersten seiner 13 Nr.-1-Hits in England ... Die Band Johnny And The Hurricanes um den Tenorsaxophonisten Johnny Paris kam aus Toledo, Ohio, und hieß anfangs The Orbits.

Cliff Richard

Johnny And The Hurricanes

Sheraton Gibson ›erwischt‹. Ihnen wird die Förderung von Prostitution und Unzucht zur Last gelegt. Nach ausführlichen Medienberichten werden Songs der Platters nicht mehr von Rundfunksendern gespielt.

23 Die Package-Tour The Big Beat Show startet im Odeon Cinema in Southend. Es gehen mit auf Tour: **Marty Wilde**, **Billy Fury**, **Terry Dene**, **Dickie Pride**, **Johnny Gentle**, **Duffy Power**, **Sally Kelly** und die **Viscounts**.

29 Am Eröffnungstag des Casbah Coffee Club von Mona Best in Liverpool kommt es zu einem Streit zwischen Les Stewart und Ken Brown. Sie gehören – wie auch **George Harrison** – zum Les Stewart Quartet, das heute hier auftreten soll. Stewart gibt auf, und Brown fragt George Harrison, ob er Ersatz auftreiben kann. Harrison überzeugt **John Lennon** und **Paul McCartney**, und die **Quarry Men** treten seit Januar zum ersten Mal wieder gemeinsam auf. Daraus entsteht ein regelmäßiges Engagement am Samstag in der Casbah. Ab dem 10. Oktober geht Brown jedoch seine eigenen Wege.

September

4 Der aktuelle Hit von **Bobby Darin**, *Mack The Knife*, wird von Radio WCBS (New York) nicht mehr gesendet, da es eine Serie von Messerstechereien gab. In einem Fall wurden zwei Teenager getötet. Das Verbot richtet keinen Schaden an: *Mack The Knife* bleibt ab dem 10. Oktober zwei Monate auf Platz 1 der US-Charts.

4 In Michigan geht **Dick Clarks** viertägige Show State Fair auf Tour und lockt 15 000 Zuschauer an. Zu den Stars gehören die Sängerin und Schauspielerin **Annette** (Funicello), die mit **Frankie Avalon** auftritt, **Duane Eddy**, die **Coasters**, **LaVern Baker** und **Jan And Dean**, ein neues Gesangsduo aus Kalifornien. Der 18-jährige **Jan Berry** und der 19-jährige **Dean Torrence** wurden erst kürzlich vom Label Dore übernommen, nachdem sie im letzten Jahr bei Arwin Records zwei Hits gelandet hatten. Sie erobern zurzeit mit *Baby Talk* die Charts.

6 Die Rock'n'Roll-Band **Johnny And The Hurricanes**, mit dem Bandleader und Saxophonisten **Johnny Paris**, gibt ihr Debüt bei »American Bandstand«. Ihr aktueller Hit *Red River Rock* steht auf Platz 5 der US-Charts.

12 Der britische Sender ATV startet die Sendung »Boy Meets Girls«. Den ›Boy‹ spielt heute **Marty Wilde**. Als ›Girls‹ kommen die **Vernons Girls**, ein neu gegründetes britisches Gesangstrio. (Wilde wird später eines der Girls, Joyce Baker, heiraten.)

15 Im Odeon Cinema in Canterbury beginnen **Cliff Richard And The Shadows** eine große Tour durch Großbritannien, die am 1. November im Gaumont Cinema in Doncaster enden soll. An dieser Tour sind **Al Saxon**, **Peter Elliott**, die **Jones Boys** und **Roy Young** beteiligt.

16 Das von **Dick Clark** und **Irvin Feld** gegründete Unternehmen Clark-Feld stellt seine erste Package-Caravan-Tour zusammen. Sie starten in den USA mit **Paul Anka**, den **Coasters**, **Lloyd Price**, **Duane Eddy**, den **Drifters**, **Annette**, **Phil Phillips** und **LaVern Baker**.

27 In Glasgow wird Militärpolizei eingesetzt, um die Polizei zu unterstützen: **Cliff Richards** Konzert im Empire Theatre ist überbucht. Einige Fans werden abgedrängt, die meisten ziehen sich zurück, aber einige stürmen den Bühneneingang.

28 ABC-Paramount hat sich die USA-Rechte an **Cliff Richards** *Living Doll* gesichert, das in die US-Charts kommt. Er ist der erste britische Rockmusiker, der dies schafft. Aber erst in 17 Jahren wird er in die US-Top-10 aufsteigen.

Oktober

4 **Tommy Steele** werden 100 000 £ für eine Australien-Tour im Februar 1960 zugesagt. Gordon Cooper, Direktor des Unternehmens Tivoli, sagt: »Dies ist die höchste Summe, die ein Künstler in der 58-jährigen Geschichte unseres Hauses erhalten hat.«

9 Atco hat das Debüt-Album von **Bobby Darin** vor kurzem herausgebracht. Der Sänger wird zum Dauergast im Copa Room des Sands-Hotels in Las Vegas. Mit 21 Jahren ist er hier der jüngste Künstler (den Rekord hielt bisher **Johnny Mathis** mit 23 Jahren).

10 *Bad Girl*, die dritte Single der **Miracles** mit Berry Gordy als Produzent, kommt in die US-Charts, bleibt dort aber nur zwei Wochen. Es ist die erste Platte (G-1) bei Motown, Gordys zweitem Label. Gordy hat einige Exemplare für den regional begrenzten Vertrieb pressen lassen, bevor Chess den landesweiten Vertrieb übernimmt. (Alle weiteren Singles der Miracles erscheinen bei Motowns Schwesterlabel Tamla.)

18 Ungefähr 75 Teenager werden bei Krawallen nach einem Rock'n'Roll-Konzert (mit 15 000 Besuchern) in Kansas City festgenommen. Die Polizei bringt die Unruhen unter Kontrolle, die teilweise durch Softdrinks, die mit Alkohol gemischt waren, verursacht wurden.

November

1 Nach bescheidenen Chart-Ergebnissen bei Atlantic wechselt **Ray Charles** zu ABC-Paramount. Innerhalb eines Jahres wird Charles endlich seinen ersten Spitzenplatz in den Hot-100 erreichen.

1 Nach einem Konzert von **Cliff Richard** im

Jan And Dean entdeckten ihr Talent beim Singen unter der Dusche an ihrer Schule, der Emerson Junior High School.

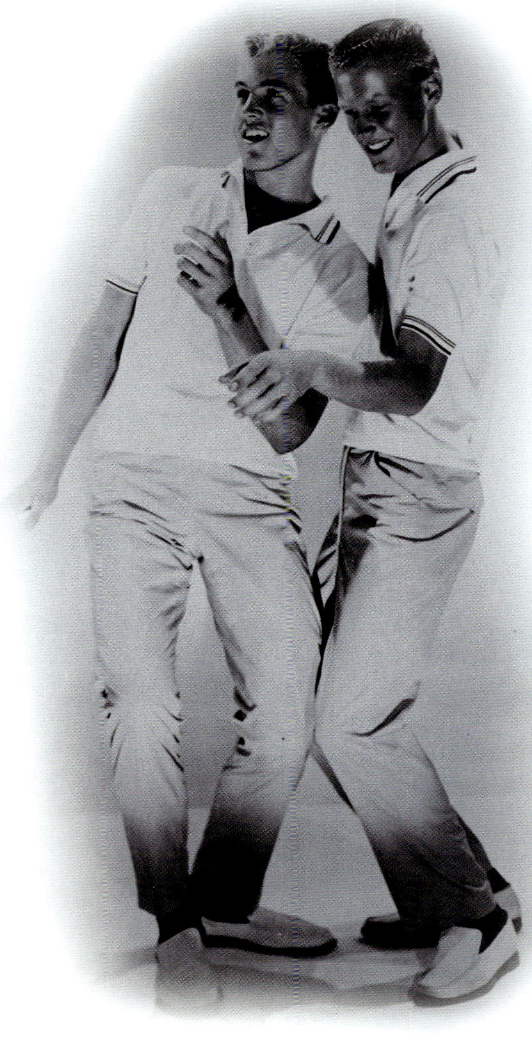

1959 November

Alan Freed

Payola ... »Expresso Bongo« ... Chuck Berry wird verhaftet ...

Gaumont Cinema in Lewisham sagt der Manager B. Richardson dem **New Musical Express**: »Die Fans haben sich nicht gut benommen. Die Show hat ihnen gefallen, und sie waren nicht mehr zu bremsen. Mädchen stürzten an die Absperrungen. Ein Mädchen kletterte an den Ordnungskräften vorbei auf die Bühne. Wir mussten Cliff abschirmen, während er *A Whole Lotta Shakin'* sang.«

2 Fünfzehn **Elvis**-Fans werden in Leipzig zu Gefängnisstrafen verurteilt. Sie hatten auf der Straße »Long live Elvis Presley« gerufen. Dabei kam es auch zu abfälligen Bemerkungen über den Parteivorsitzenden Walter Ulbricht und zur »Verunglimpfung« der Musik der DDR.

15 **John Lennon**, **Paul McCartney** und **George Harrison** – die jetzt **Johnny And The Moondogs** heißen – nehmen an der Endrunde des Talentwettbewerbs »TV Star Search« von Carroll Levis im Hippodrome Theatre in Ardwick teil. Sie singen *It's So Easy* und *Think It Over*.

20 Über die Praxis des »Payola« genannten Systems entzündet sich eine Debatte: Discjockeys erhalten Zuwendungen von Musikverlagen und Plattenfirmen, wenn sie deren Stücke häufiger abspielen. **Alan Freed** wird von Radio WABC entlassen. Er verlässt den Sender mitten in einer Sendung (und wird, während eine Platte abgespielt wird, von dem Discjockey Fred Robbins ersetzt). Freed hatte es »aus Prinzip« abgelehnt, eine Bestätigung zu unterschreiben, dass er niemals Geld oder Geschenke als Gegenleistung für das Abspielen von bestimmten Platten erhalten hat. (Zwei verschiedene Untersuchungen hatten monatelang Informationen zu diesem Thema gesammelt. Tom Clay verlor seinen Job als Discjockey in Detroit. Er gab zu, jährlich 8000 $ erhalten zu haben, und rechtfertigt sein Verhalten mit den Worten, es sei »Teil des Geschäftes« und nicht schlimmer als »einem Lehrer einen Apfel zu geben«. Am 23. November tritt der Detroiter Discjockey Don McCloud zurück.

23 Nach einem zweistündigen Treffen in einem Büro von WNEW-TV in New York erhält **Alan Freed** die zweite Kündigung in dieser Woche, dieses Mal für seine tägliche Fernsehshow »Big Beat«. Der bekannteste Rock'n'Roll-Discjockey bestreitet weiterhin, dass er jemals bestechlich war. WNEW veröffentlicht eine eidesstattliche Erklärung von Freed, die besagt, dass er niemals unrechtmäßige Praktiken angewandt oder etwas getan oder unterlassen habe, für das man ihn zu Recht kritisieren könnte. Freed betont, dass er diese Bestätigung, aber nicht die von WABC unterschrieben habe, da er hier nicht unter Druck gesetzt wurde. In einem offenen Brief an Freed schreibt WNEW-Chef Bennet Korn, dass dieser Vertrag erst am 6. Dezember endet, Freed aber ab 29. November freigestellt wird.

24 Im Zusammenhang mit den »Payola«-Untersuchungen wird ein Ermittler und ein Staatsanwalt zu **Alan Freed** geschickt, um ihn zu diesen Anschuldigungen zu befragen. Es geht insbesondere um seinen Konkurrenten, den Discjockey und Fernsehmoderator **Dick Clark**. Dieser war bereits von ABC aufgefordert worden, mögliche Interessenskonflikte zwischen seiner angeblichen Beteiligung an Musikverlagen und Plattenfirmen zu beheben. Die Ermittler befragen auch Freeds Talentsucher Johnny Brantley und Jack Hooke, einen früheren Geschäftspartner. Die Presse wird morgen berichten, dass Freed zu Dick Clarke befragt wurde. Freed sagt dazu: »Der sollte mal überprüft werden.« Beamte pfänden 6000 $ von Freeds Gehältern bei WABC und WNEW, um Steuerschulden zu begleichen. Seine Reaktion: »Das zeigt, wie reich ich sein muss.«

27 Der auf einem Schauspiel von Wolf Mankowitz beruhende britische Film »Expresso Bongo« feiert Premiere in London. Star des Films ist Laurence Harvey. **Cliff Richard** spielt die Rolle des fehlgeleiteten Teenager-Rockstars Bongo Herbert.

29 Die zweite Grammy-Awards-Feier (aufgrund der Umtriebigkeit der NARAS bereits sechs Monate nach der ersten) findet im Beverly Hilton Hotel statt. Parallel dazu gibt es eine Feier im Waldorf-Astoria Hotel in New York. (Diese Trennung wird noch zehn Jahre beibehalten.) Anders als bei der ersten Feier am 4. Mai wird nach der Preisverleihung eine Show der Gewinner live von NBC-TV gesendet. **Bobby Darins** *Mack The Knife* wird Platte des Jahres, die er in der Show präsentiert. Er wird außerdem zum besten neuen Künstler des Jahres 1959 ernannt. Im Mai war **Frank Sinatra** noch in elf von zwölf Kategorien gescheitert und sehr unglücklich darüber. Daher ist er heute nicht anwesend. Er wird zum großen Gewinner: ***Come Dance With Me*** bringt ihm die Preise für das beste Arrangement, bester Sänger und Album des Jahres. Der Preis Song des Jahres geht an den Songschreiber Jimmy Driftwood für *The Battle of New Orleans*, im Juni ein Nr.-1-Hit für **Johnny Horton**.

Dezember

1 Nach seinem Auftritt in El Paso lernt **Chuck Berry** die 14-jährige Kellnerin Janice Norine Escalanti kennen. Sie ist Apachin. Berry weiß nicht, dass sie außerdem als Prostitutierte ihr Geld verdient.

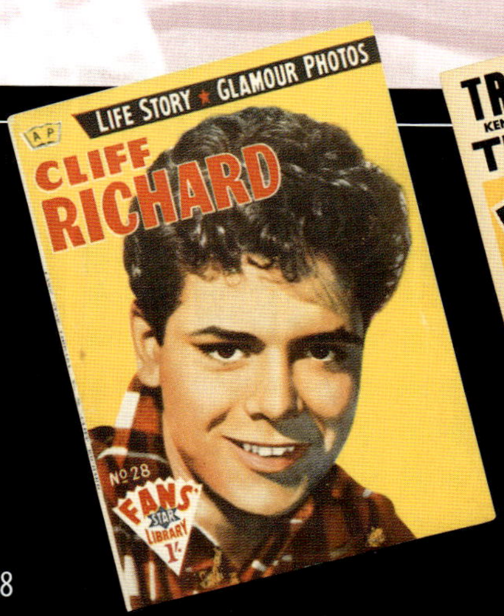

Ende der 50er kannte ganz Großbritannien den Namen Cliff Richard. Fats Domino hatte in den USA neun Millionenseller erzielt. Gene Vincent dagegen war in Amerika schon fast vergessen, dafür aber in England noch sehr beliebt.

Billy Fury

Bobby Darin

In dem Film »Expresso Bongo« spielt Cliff Richard einen Teenager, den ein skrupelloser Manager in einer Coffee-Bar in Soho entdeckt und zur neuen Teenie-Sensation aufbauen will.

5 Mit *What Do You Want* erreicht **Adam Faith** nach nur drei Wochen Platz 1 in den UK-Charts. Für Parlophone (EMI) ist es der erste Spitzenplatz. Es werden bis zu 50 000 Platten täglich verkauft, alleine in Großbritannien werden es insgesamt 620 000. Der 19-jährige Adam Faith ist beliebter Stammgast in der BBC-TV-Show »Six-Five Special«. Dieser Song ist typisch für seinen Gesangsstil: sein ›Hicksen‹, die an Buddy Holly erinnernde Phrasierung und die überdrehte Aussprache des Wortes »Baby« (»buy-bee«). Es entsteht die Partnerschaft zwischen dem Sänger und Songschreiber **Johnny Worth** (Künstlername: **Les Vandyke**) und dem Arrangeur **John Barry**, dessen Pizzicato-Arrangement diesen Song prägt.

5 **Gene Vincent** kommt nach Großbritannien, wo er auch nach drei Jahren ohne Hits immer noch einen guten Ruf genießt. Er wird am Flughafen in London von Fans begeistert empfangen und vom Fernsehproduzenten Jack Good begrüßt. Während seines Aufenthalts in England wird Vincent für die BBC-Radiosendung »Saturday Club« interviewt, ist Stargast in der Big Beat Show von Larry Parnes im Granada-Kino in Tooting. Einige der bekanntesten britischen Rock'n'Roll-Musiker wie **Marty Wilde**, **Billy Fury**, **Terry Dene**, **Duffy Power** und **Vince Eager** treten ebenfalls dort auf. Dann geht es weiter zu Goods Show »Boy Meets Girls« und anschließend, während der Weihnachtszeit, zu US-Soldaten, die in Deutschland stationiert sind.

10 Die männlichen Mitglieder der **Platters**, die am 10. August in Cincinnati festgenommen wurden, werden von den Vorwüfen der Förderung von Prostitution und der Unzucht freigesprochen. Der Richter Bettman belehrt sie aber darüber, dass sie gegenüber der Öffentlichkeit Verantwortung tragen. Trotz des Freispruchs wird der Skandal die Karriere der Gruppe ernsthaft belasten.

Der Payola-Skandal weitete sich aus und ließ Alan Freeds Stern rapide sinken ... Billy Fury war eines der Zugpferde im Management-Stall von Larry Parnes ... Bobby Darins *Mack The Knife* wurde 1959 bei der zweiten Grammy-Verleihung zur Platte des Jahres gekürt.

13 Die Künstler von Impresario Larry Parnes starten eine einwöchige Konzertreihe im Finsbury Park Empire in London. Auf dem Programm steht **Billy Fury** als Star. Darüber hinaus wirken mit: **Duffy Power**, **Dickie Pride**, **Terry Dene And The Viscounts**, **Vince Eager**, **Johnny Gentle**, **Sally Kelly** und **Julian X**.

13 Es ist die erste Session der **Everly Brothers** außerhalb von Nashville. *Let It Be Me*, die englische Übersetzung des Chansons *J'appartiens* von Gilbert Bécaud (bereits mit Jill Corey 1957 ein Hit in den USA), entsteht in den Bell Sound Studios in New York. Erstmals setzt das Duo Orchesterbegleitung ein: acht Violinen und ein Cello, dirigiert von Archie Bleyer.

23 **Chuck Berry** wird der Unzucht mit Minderjährigen beschuldigt. Er hatte die 14-jährige Janice Escalanti in seinem Nachtclub in St. Louis als Garderobenhilfe beschäftigt. Nach Auffassung der Polizei hat er eine Minderjährige aus unmoralischen Motiven über eine Staatsgrenze hinweg mitgenommen. Berry hat angeblich das Mädchen entlassen, als er erfuhr, dass es sich um eine Prostituierte handelte. Diese zeigte ihn daraufhin bei der Polizei an. Berry wird zuerst zu einer Mindeststrafe von fünf Jahren Gefängnis und einer Geldstrafe von 2000 $ verurteilt. Nachdem rassistische Äußerungen des Richters George H. Moore Jr. bekannt werden, wird Berry ohne Wiederaufnahmeverfahren freigesprochen.

ROOTS

In diesem Jahr stellt Milton Jenkins zur Ergänzung seiner Band The Primes das Mädchentrio The Primettes zusammen; bald verstärkt sie Diana Ross (15) zum Quartett ... gründen Pete Townshend, John Entwistle und Phil Rhodes an der Acton County Grammar School die Confederates ... fragt Mark Lindsay, der tagsüber in einer Bäckerei arbeitet und nachts in seiner High-School-Band singt, bei einem Konzert von Paul Reveres Band in der Elks Hall, ob er auf die Bühne darf, und singt *Crazy Arms* ... spielt Robert Zimmerman als Elston Gunn Klavier bei einem Konzert von Bobby Vees Band in Gwinner, North Dakota; bald wird er als Bob Dylan in der New-Yorker Folkszene auftauchen ... spielen John Fogerty, Stu Cook und Doug Clifford von der Portola Junior High School zunächst auf Partys Rock'n'Roll; mit Fogertys älterem Bruder Tom werden sie bald zu Tommy Fogerty And The Blue Velvets ... treten die Liverpooler Pacemakers in der Holyoak Hall erstmals auf; die Band um Gerry Marsden hieß vorher The Mars Bars, bis der Schokoriegel-Hersteller dagegen einschritt ...

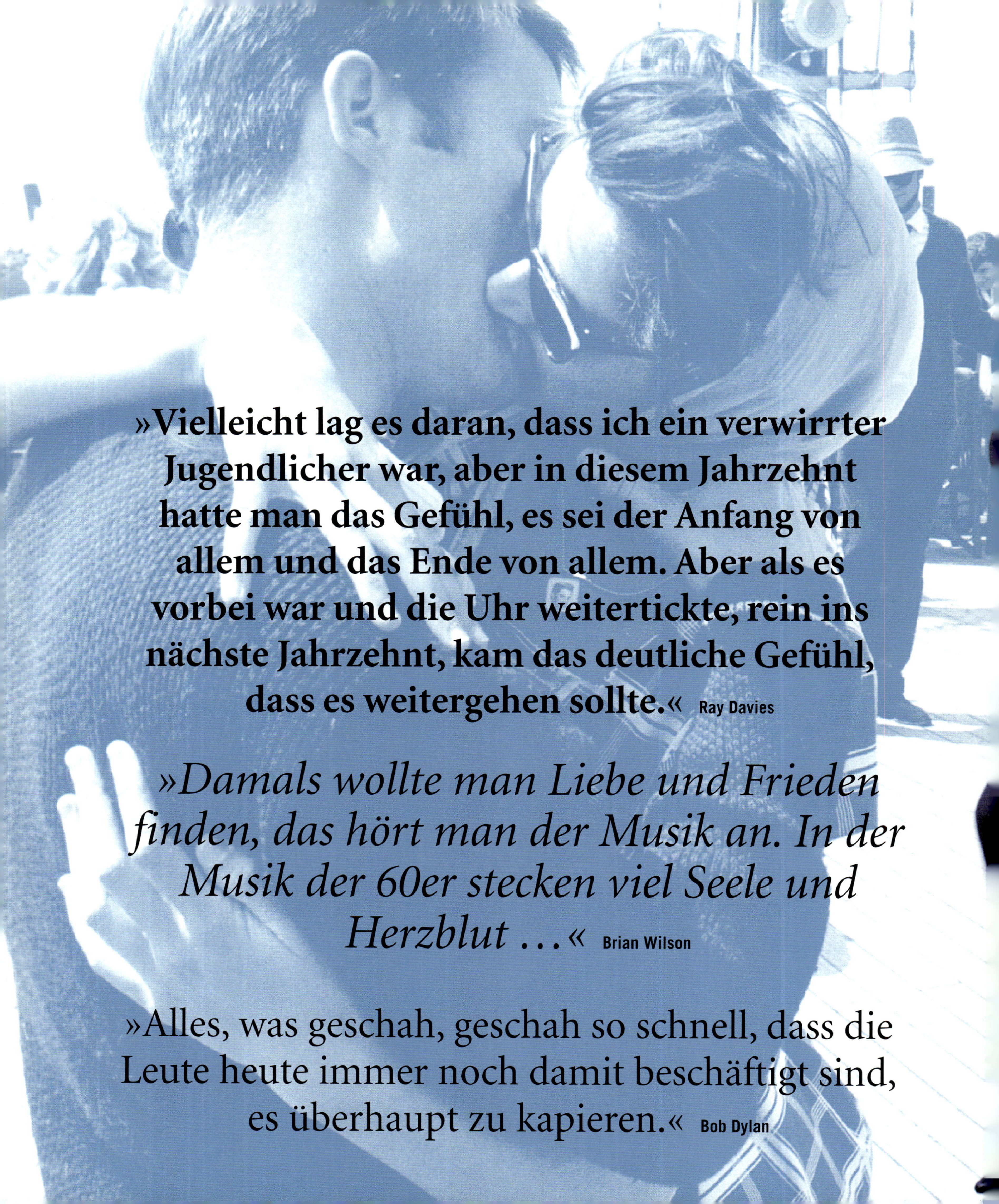

»Vielleicht lag es daran, dass ich ein verwirrter Jugendlicher war, aber in diesem Jahrzehnt hatte man das Gefühl, es sei der Anfang von allem und das Ende von allem. Aber als es vorbei war und die Uhr weitertickte, rein ins nächste Jahrzehnt, kam das deutliche Gefühl, dass es weitergehen sollte.« Ray Davies

»Damals wollte man Liebe und Frieden finden, das hört man der Musik an. In der Musik der 60er stecken viel Seele und Herzblut …« Brian Wilson

»Alles, was geschah, geschah so schnell, dass die Leute heute immer noch damit beschäftigt sind, es überhaupt zu kapieren.« Bob Dylan

1960–1969

Baby (You've Got What It Takes)

Nr.1 US-SINGLES

02. Jan. Why **Frankie Avalon**
09. Jan. El Paso **Marty Robbins**
23. Jan. Running Bear **Johnny Preston**
13. Febr. Teen Angel **Mark Dinning**
27. Febr. Theme From A Summer Place **Percy Faith**
30. Apr. Stuck On You **Elvis Presley with the Jordanaires**
28. Mai Cathy's Clown **Everly Brothers**
02. Juli Everybody's Somebody's Fool **Connie Francis**
16. Juli Alley-Oop **Hollywood Argyles**
23. Juli I'm Sorry **Brenda Lee**
13. Aug. Itsy Bitsy Teenie Weenie Yellow Polka Dot Bikini **Brian Hyland**
20. Aug. It's Now Or Never (O Sole Mio) **Elvis Presley with the Jordanaires**
24. Sept. The Twist **Chubby Checker**
01. Okt. My Heart Has A Mind Of Its Own **Connie Francis**
15. Okt. Mr. Custer **Larry Verne**
22. Okt. Save The Last Dance For Me **Drifters**
29. Okt. Want To Be Wanted **Brenda Lee**
05. Nov. Save The Last Dance For Me **Drifters**
19. Nov. Georgia On My Mind **Ray Charles**
26. Nov. Stay **Maurice Williams And The Zodiacs**
03. Dez. Are You Lonesome Tonight? **Elvis Presley with the Jordanaires**

Nr.1 UK-SINGLES

2. Jan. What Do You Want To Make Those Eyes At Me For? **Emile Ford And The Checkmates**
30. Jan. Starry Eyed **Michael Holliday**
06. Febr. Why **Anthony Newley**
05. März Poor Me **Adam Faith**
19. März Running Bear **Johnny Preston**
02. Apr. My Old Man's a Dustman **Lonnie Donegan**
30. Apr. Do You Mind **Anthony Newley**
07. Mai Cathy's Clown **Everly Brothers**
25. Juni Three Steps To Heaven **Eddie Cochran**
09. Juli Good Timin' **Jimmy Jones**
30. Juli Please Don't Tease **Cliff Richard And The Shadows**
06. Aug. Shakin' All Over **Johnny Kidd And The Pirates**

Roy Orbison

The Everly Brothers

Roy Orbison stieg mit *Only The Lonely* erstmals (in den USA und England) in die Charts ein; weitere Hits sollten folgen, die in Großbritannien erfolgreicher waren als in Amerika ... Nach über 15 Millionen verkauften Platten auf dem Cadence-Label unterschrieben die Everly Brothers einen mit 1 Mio. $ dotierten Vertrag mit Warner. Ihre erste UK-Single erhielt die Katalognummer WB 1.

Elvis Presleys Zeit bei der Army ist um, die **Beatles** lernen in kleinen Clubs in England und Deutschland ihr Handwerk, **Sam Cooke** und **Patsy Cline** nehmen zahlreiche unvergessliche Songs auf. Folk, Country, Jazz und Instrumentals stehen im Rampenlicht, aber die Schlagzeilen des Jahres beherrschte eine neue Mode und ein neuer Tanz – der Twist. Der frühere R&B-Hit von **Hank Ballard And The Midnighters** wird zur Nr.1 der US-Charts, zum nationalen Phänomen und zum Karrierestart für den korpulenten 18-jährigen **Chubby Checker** aus Philadelphia.

Nach zwei flauen Jahren bahnte sich 1960 diesseits und jenseits des Atlantiks ein Rock'n'Roll-Revival an. Zu den unvergesslichen Singles des Jahres gehört **Roy Orbisons** *Only The Lonely*. Nach *Oh! Carol* veröffentlicht **Neil Sedaka** *Stairway To Heaven*, und die **Everly Brothers** gewinnen weltweit Fans mit *Cathy's Clown*. Elvis verlässt die US-Army unversehrt, aber auch reifer – um nicht zu sagen ehrbarer. Wenige Wochen später entsteht *It's Now Or Never* mit Anleihen beim Operngesang (der größte Hit des Jahres in England). Auch seine Ballade *Are You Lonesome Tonight?* wird ähnlich erfolgreich. Dann nimmt er seine ersten Gospelsongs auf und begibt sich nach Hollywood, um »G.I. Blues« zu drehen

Die 28-jährige Patsy Cline wird die neue Galionsfigur des Country. Ihr Erfolg kommt relativ spät und sollte auf tragische Weise enden. Aber 1960 durfte sie in der »Grand Ole Opry«, dem Country-Heiligtum, singen, während ihr Hit *I Fall To Pieces* von den Country- in die Pop-Charts wandert. Die wesentlich jüngere **Brenda Lee** eiferte ihr nach (und hatte denselben Produzenten).

Cliff Richard, **Adam Faith** und **Billy Fury** sorgten in England für ein produktives Rock'n'Roll-Jahr. Cliff sammelte Top-10-Hits und wird die Attraktion der leichten Fernsehunterhaltung. Die neu gegründeten (Silver) Beatles machten in der Musikbranche vor allem schlechte Erfahrungen. Billy Fury lehnte sie als Begleitband ab, bei ihrem Hamburger Engagement gerieten sie ständig in Schwierigkeiten.

Aber auch klassischer R&B ist 1960 angesagt. Bekannte Talente erobern sogar die Pop-Charts, die 18-jährige **Aretha Franklin**, die bisher nur Gospel sang, nimmt erstmals weltliche Musik auf. **Ray Charles**, vielleicht durch einen Labelwechsel angespornt, schaffte es mit dem Evergreen *Georgia On My Mind* an die Chartspitze. **Berry Gordy Jr.** legte bei Tamla Records den Grundstein für die Motown-Soul-Explosion. Auf dem Anna-Label seiner Schwester veröffentlicht, brachte **Barrett Strongs** Version der Tanznummer *Money (That's What I Want)* von 1959 hohe Umsätze.

Es war aber auch ein tragisches Jahr. **Eddie Cochran** stirbt bei einem Autounfall. Damit verliert die Popwelt einen ihrer innovativsten Sänger. Als Abschiedsgeschenk erscheint posthum die britische Nr. 1: *Three Steps To Heaven*.

13. Aug.	Please Don't Tease **Cliff Richard And The Shadows**
27. Aug.	Apache **Shadows**
01. Okt.	Tell Laura I Love Her **Ricky Valance**
22. Okt.	Only The Lonely **Roy Orbison**
05. Nov.	It's Now Or Never (O Sole Mio) **Elvis Presley with the Jordanaires**
31. Dez.	I Love You **Cliff Richard And The Shadows**

»Das Wichtigste im Leben von Teenagern ist die Liebe, und darum geht es in den meisten meiner Songs.«

Adam Faith, »Meeting Point« (BBC-TV), 28. Januar 1960

Januar

1960

Billy Fury sah sich eher als Songschreiber, aber Manager Larry Parnes machte ihn zum Gesangsstar.

Cliff Richard vor Rekordpublikum im TV ... Payola-Prozess ... Elvis fliegt heim ...

SAM COOKE

25. Januar Im RCA Studio A in New York nimmt Sam Cooke seine Komposition *Chain Gang* auf. Mit dem Stück, das in den USA ein Millionenseller wird, kommt er im September auf Platz 2 und in England auf Platz 9 – sein erster Top-10-Erfolg.

Sam Cooke ging im März auf Karibik-Tournee. Eine ganze Generation jamaikanischer Sänger, darunter Jimmy Cliff und Bob Marley, wurde von Cookes Stil stark beeinflusst.

Januar

1 **Johnny Cash** gibt im kalifornischen San Quentin das erste von zahlreichen exzellenten Gefängniskonzerten. Unter den Gefängnisinsassen ist auch der 22-jährige Countrysänger **Merle Haggard** – dessen dreijährige Haftstrafe wegen Einbruch fast abgelaufen ist.

9 **Eddie Cochran** betritt England und wird neben **Gene Vincent** Headliner einer ausverkauften, zehnwöchigen Package-Tour. Auch dabei – **Billy Fury** und der 18-jährige Newcomer **Joe Brown**, ein fideler Sänger und Gitarrist, dessen britische Chartkarriere mit *Dark Town Strutters' Ball* im März startet. Cochran hat gerade in den Goldstar Studios, Hollywood, die Aufnahmen beendet, die seine letzten sein sollten – darunter auch *Three Steps To Heaven.*

14 **Elvis Presley** macht fünf Tage Urlaub in Paris. In Abwesenheit wird er zum Sergeant befördert. Sein Monatssold erhöht sich um 22,94 $. Zurück in Westdeutschland, wird er Kommandant eines Dreimann-Zugs.

17 »Sunday Night At The London Palladium« auf ATV mit den Stars **Cliff Richard And The Shadows** wird von 19,5 Millionen Zuschauern gesehen. Das ist bis dato die höchste Zuschauerzahl einer Unterhaltungssendung im britischen Fernsehen. Moderator Bruce Forsyth überreicht Richard für *Living Doll* eine Goldene Schallplatte.

22 An seinem 25. Geburtstag unterschreibt **Sam Cooke** nach erfolgreichen Verhandlungen seines neuen Managers Jess Rand bei RCA Records. RCA erwirbt auch Cookes Backkatalog auf dem Keen-Label. **Hugo Peretti** und **Luigi Creatore** werden seine Produzenten.

22 **Frankie Avalon** (führt mit *Why* bald ein zweites Mal die US-Charts an), **Freddy Cannon** (der 20-jährige Newcomer aus Lynn, Massachusetts, debütierte gerade auf dem Swan-Label), **Bobby Rydell** (*Wild One,* die neue Platte des 27-Jährigen aus Philadelphia, steigt im März auf Platz 2 der US-Charts. Seine ersten Aufnahmen entstanden zwei Jahre zuvor für das Veko-Label, bevor er zu Cameo Records wechselte) und **Clyde McPhatter** brechen zu einer fünfwöchigen Package-Tour durch Nordamerika auf. In Montreal schließen sich **Cliff Richard And The Shadows** als Special Guests an.

23 **Johnny Prestons** *Running Bear* erobert für drei Wochen Platz 1 der US-Charts. Der 20-jährige Sänger aus Texas war ein Freund des verstorbenen **Big Bopper** (J. P. Richardson), der *Running Bear* schrieb und Preston bat, es aufzunehmen. Die Platte entstand vor Richardsons Tod im vergangenen Februar, der als Backgroundsänger fungierte. Der Rock'n'Roll-Klassiker wird im März auch Nr. 1 in England.

> »Die Zwischenrufe bei den schnellen Nummern waren mir egal, aber als sie mein *Over The Rainbow* ruinieren wollten, hielt ich es nicht mehr aus.« Gene Vincent nach Verlassen der Bühne, Gaumont-Kino, Bradford, 30. Januar 1960

Februar

6 Countrysänger, Songwriter und Gitarrist **Marty Robbins** tritt im Ryman Auditorium anlässlich der »Grand Ole Opry« auf. Sein Crossover-Hit *El Paso* stand im Monat zuvor zwei Wochen auf Platz 1 der US-Charts. Seit seinem »Opry«-Debüt am 30. Juni 1951 bildet Robbins mit **Eddy Arnold** und **Jim Reeves** die Speerspitze des Mainstream-Countrypop. Bei Columbia unter Vertrag, gründete er 1958 sein Label Robbins.

8 Nach eingehenden Ermittlungen eröffnet der amerikanische Kongress unter Vorsitz von Oren Harris im Senat das Payola-Verfahren. Die Vernehmungen konzentrieren sich auf Radioleute aus New York und Boston. WBZ-Discjockey Dave Maynard gesteht, er habe von Bostoner Plattenfirmen Geschenke und Bargeld im Wert von über 6000 $ erhalten, um außerhalb des Senders für Platten zu werben, was er aber nicht als Bestechung betrachte. Am Montag gibt WMEX-Präsident M. Richmond zu, er habe 14 000 $ erhalten, um eine Platte 13 Wochen lang zu spielen.

13 *Baby (You've Got What It Takes)* von **Dinah Washington** und **Brook Benton**, zwei der größten R&B-Künstler, besetzt zehn Wochen lang die Spitze der US-Hot-R&B-Singles-Charts. Im Juni gelingt dem Paar mit *A Rockin' Good*

Bobby Rydell

Dinah Washington

***Wild One*, der vierte Hit des 27-jährigen Bobby Rydell aus Philadelphia, kam im März auf Platz 2 in den USA ... Dinah Washington, die bereits als Teenager mit Lionel Hampton aufgetreten war, zählte zu den einflussreichsten Jazz- und Bluessängerinnen ihrer Generation.**

Way (To Mess Around And Fall In Love) ein weiterer Nr.-1-Crossover-Hit. Beide Platten leiten die Rückkehr von R&B-Musikern in den Mainstream ein. Da sie ausgesprochen häufig im Radio gespielt werden, gelingt in diesem Jahr mehreren R&B-Künstlern wie **James Brown** und **Etta James** der erste große Erfolg in mehreren Sparten.

17 **Elvis Presley** erhält seine erste Goldene Scheibe für die bereits 1956 veröffentlichte LP ***Elvis***, obgleich sich alle bisherigen Elvis-Platten ebenfalls über eine Million Mal verkauft hatten.

17 Die **Everly Brothers** unterschreiben bei Warner Brothers einen Zehnjahresvertrag über eine Million Dollar, der auch Filmrollen umfassen soll. In den drei Jahren bei Cadence Records hat das Duo über 15 Millionen Platten verkauft.

19 EMI Records veröffentlicht die letzten Billigvinyl-Scheiben mit Grobrillen in England – *Rule Britannia* des britischen Pianisten **Russ Conway** und *Royal Event* – und markiert damit das Ende einer Ära.

März

2 **Elvis Presley** fliegt nach seinem Militärdienst auf dem Luftstützpunkt Rhein-Main mit 79 weiteren amerikanischen Soldaten nach Hause. Mit zwölf Säcken Fanpost und 2182 Platten im Gepäck überschreitet er sicher das zulässige Gewicht. Bei einem Tankstopp in Prestwick, Schottland, unterhält er sich durch den Flughafenzaun hindurch mit Fans. Tatsächlich sollte er danach nie wieder britischen Boden betreten, obwohl er der amerikanische Künstler ist, der die UK-Charts ständig dominiert. (Dass er nie im Ausland auftritt, liegt an ›Colonel‹ Parker alias Andreas van Kujik. Der Holländer lebt illegal in den USA und will nicht riskieren, dass ihm die erneute Einreise in die Staaten verwehrt wird.)

5 **Elvis Presley** wird sechs Wochen nach seiner Beförderung zum Sergeant in Fort Dix offiziell aus der US-Army verabschiedet und erhält seinen letzten Sold (109,54 $). Der Senator von Tennessee, Estes Kefauver, würdigt den Star im **Congressional Record**.

12 **Record Retailer**, Englands erste wöchentliche Musikfachzeitschrift, erscheint. Die erste Nr.-1-Single ist **Adam Faiths** *Poor Me*, die erste Nr. 1 der LP-Charts **Freddy Cannons** ***The Explosive Freddy Cannon***. Wer die Charts beobachtet, entdeckt statistische Unregelmäßigkeiten. Nr.-1-Singles aus den Charts der BBC für leichte Unterhaltung »Pick Of The Pops« (ab 1962) und der Fernsehsendung »Top Of The Pops« (ab 1964) führen nie die **Record-Retailer**-Liste an. Besonders auffällig – die **Beatles** stehen mit *Please Please Me* im Februar 1963 drei Wochen lang bei der BBC auf Nr. 1 – im **Record Retailer** sind sie nur auf Platz 2. Nicht anders ist es mit **The Allisons** *Are You Sure*, **Bobby Vees** *Take Good Care Of My Baby*, **Acker Bilks** *Stranger On The Shore*, **Kenny Ball And His Jazzmens** *March Of The Siamese Children* und **Joe Browns** *A Picture Of You*.

18 Im Gaumont Theatre in London beginnt eine 22-tägige UK-Tournee mit den amerikanischen Rockern **Bobby Darin** (sein Titel *Mack The Knife* stieg diese Woche zum dritten Mal in neun Monaten in die UK-Charts ein), **Duane Eddy** (hat kurz darauf mit *Because They're Young* seinen größten US-Hit) und **Clyde McPhatter**.

20 **Elvis Presleys** erste Plattenaufnahmen nach der Army in den RCA Studios in Nashville beginnen um 20 Uhr und dauern zwölf Stunden. **Scotty Moore** gehört wieder zur Band. (Bassist **Bill Black** wird nie mehr mit Presley arbeiten. Er hat eine eigene Combo gegründet; sein *White Silver Sands* ist in USA derzeit Nr. 9.) **Floyd Cramer** wird zum festen Studiopianisten und auch eigene Hits verfassen. Zu den sechs fertigen Stücken gehören *Stuck On You* und *A Mess of Blues*, die RCA zur sofortigen Veröffentlichung vorsieht.

25 **Ray Charles** nimmt mit Sid Feller, seinem langjährigen Produzenten, in den New-Yorker Capitol Studios *Georgia On My Mind* auf, eine Version von Hoagy Carmichaels zeitloser Südstaaten-Ode. Charles hatte auf Atlantic ein paar annehmbare Chartsplätze und arbeitet jetzt für ABC-Paramount (die ihm letztes Jahr einen hohen Vorschuss bot). Mit dieser ABC-Platte erobert er im November erstmals die Spitze der US-Charts. Der Song wird zu seinem Markenzeichen und begründet seinen Ruf im Pop-Mainstream.

April

2 Mit 250 000 Vorbestellungen ist **Lonnie Donegans** *My Old Man's A Dustman* – einer Liveaufnahme aus Doncaster – die erste Single eines britischen Künstlers, die sofort auf Platz 1 der UK-Charts steht (das gelang kurz zuvor nur Elvis Presley), und zwar vier Wochen.

3 Eine zweite **Elvis**-Session in Nashville erweist sich als höchst produktiv. In elfeinhalb Stunden entstehen das Material für die LP ***Elvis Is Back*** und die millionenfach verkauften Singles *It's Now Or Never* und *Are You Lonesome Tonight.*

Am 3. März landete Elvis Presley in einem Schneesturm auf der McGuire Air Force Base bei Fort Dix. Nancy Sinatra übernahm seine offizielle Begrüßung.

April 1960

Eddie Cochran stirbt bei Autounfall ... Presley und Sinatra gemeinsam im TV ...

Johnny Kidd And The Pirates traten in Piratenkostümen vor Galeonen-Deko auf. Kidd gab später zu, dass er wegen der Augenklappe nach jedem Auftritt vorübergehend Sehstörungen hatte.

Ende der 60er sollte Nina Simone mit Songs von den Bee Gees und Jim Webb sowie einem »Hair«-Medley Überraschungs-Hits in England haben.

21 Oren Harris, der Vorsitzende des Kommittes im US-Senat, das sich seit letztem Jahr mit dem Payola-Skandal beschäftigt, erklärt **Dick Clark** (der sich bislang all diesen Vorgängen innerhalb des Musikgeschäftes entzogen hat): »Sie haben dieses System nicht erfunden oder gar geplant. Sie sind nur ein Produkt davon. Offenbar sind Sie ein netter junger Mann.« Clark, im Verfahren als »die einflussreichste Person der Musikbranche« vorgestellt, sagt in eigener Sache aus und gibt zu, an gewissen Platten, die er in der Sendung »American Bandstand« vorstellt, auch geschäftliches Interesse zu haben. Trotzdem kommt er relativ ungeschoren davon.

> **»Sie haben dieses System nicht erfunden oder gar geplant. Sie sind nur ein Produkt davon. Offenbar sind Sie ein netter junger Mann.«**
>
> Oren Harris zu Dick Clark in der Senatsanhörung zum Payola-Skandal, 21. April 1960

23 »Wham!«, die neue ABC-Musiksendung, hat Englandpremiere. Produzent ist Jack Good, Moderator Keith Fordyce, Plattenkritiker beim **New Musical Express**. In der ersten Sendung dabei: **Billy Fury**, **Joe Brown And The Bruvvers**, **Jess Conrad**, **Dickie Pride**, **Little Tony**, die **Four Jays** und **Johnny Carson**.

25 Bei **Eddie Cochrans** Beerdigung im Forest Lawn Memorial Park in Cypress, Kalifornien, sind nur Familenangehörige und die engsten Freunde anwesend. Die Grabinschrift lautet: »Unsere Liebe für ihn wäre nicht wahrhaftig, wenn allein Worte über den Verlust unseres geliebten Eddie hinwegtrösten könnten.«

Mai

2 **Elvis** reist mit seinem Vater im Missouri Pacific Railroad's Texas Eagle Express nach Los Angeles. In den Paramount Studios beginnen die Dreharbeiten zu »G. I. Blues« mit Juliet Prowse. Elvis' Rolle als Tulsa McLean, ein in Deutschland stationierter US-Soldat, der eine Unterhaltungstruppe leitet, wird zu seinem Klischee.

8 **Nina Simone** tritt erstmals in der »Ed Sullivan Show« auf. Die 27-jährige Sängerin, Komponistin und Pianistin studierte an der New-Yorker Juilliard School of Music, ist vom Jazz beeinflusst und hatte letztes Jahr mit dem Crossover *I Love You Porgy* ihren ersten Hit. Auch ohne dauerhafte Charterfolge bleibt sie ein Leben lang Liebling der Musikkritiker (mit bemerkenswerten RCA-Aufnahmen) – und auch wegen ihrer politischen Aktivitäten in den 70er-Jahren.

11 Nach einem kurzen Klinikaufenthalt und Urlaub in den USA nimmt **Gene Vincent** in den Londoner Abbey Road Studios erstmals eine Platte in England auf. Die **Beat Boys** (mit **Georgie Fame** am Klavier) begleiten ihn bei *Pistol Packin' Mama*.

12 Auf ABC läuft das TV-Special »The Frank Sinatra Timex Show – Welcome Home Elvis« mit dem Stargast **Elvis**. Für die Aufzeichnung im Grand Ballroom des Fontainebleau Hotels, Miami Beach, hatte ›Colonel‹ Parker eine Gage von 125 000 $ ausgehandelt. Neben **Sinatra** treten auch **Sammy Davis Jr.**, **Joey Bishop**, **Peter Lawford** und Sinatras Tochter **Nancy** auf. Presley singt *Fame And Fortune* und *Stuck On You* und den Sinatra-Klassiker *Witchcraft*, der geschmeichelte Sinatra wiederum *Love Me Tender*. Bei *It's Nice To Go Traveling* machen alle mit, und Presley trägt seine Armeeuniform. Die Einschaltquote der Sendung liegt bei 70 Prozent. Es sollte Presleys letzter Fernsehauftritt für acht Jahre sein.

13 **Johnny Kidd And The Pirates** nehmen *Shakin' All Over* (in einem Take) und *Yes Sir, That's My Baby* in den Londoner EMI Studios auf. Wie viele seiner Zeitgenossen begann der 20-jährige Londoner Kidd als Sänger einer Skiffle-Gruppe – The Five Nutters. *Shakin' All Over* war Kidds einziger britischer Nr.-1-Hit (im August). Er entstand am Abend zuvor in nur sechs Minuten im Keller des Freight-Train-Nachtclubs, der demi Skiffle-Pioneer **Chas McDevitt** gehört.

19 **Alan Freed** vom Sender KDAY in Los Angeles und sieben weitere Personen werden von einem Bundesgericht wegen Payola angeklagt. Er soll Vergünstigungen im Wert von 30 650 $ in bar und Geschenken für Radioeinsätze erhalten haben.

19 Die **Drifters** nehmen mit den Produzenten Jerry Leiber und Mike Stoller in New York in nur einer Studiosession vier Songs auf: *Nobody But Me, I Count The Tears* und *Sometimes I Wonder, Save The Last Dance For Me* (im November Nr. 2 in England und ihr einziger Nr.-1-Hit in den US-Charts).

»Ich möchte sehr, sehr gerne nach England.«

Eddie Cochran,
New Musical Express, 1959

17. April Um nach Ende ihrer Englandtournee den Nachtflug in die Staaten um 1 Uhr zu erreichen, fahren Eddie Cochran und Gene Vincent von Bristol zum Londoner Flughafen. Bei Chippenham schleudert das Auto gegen einen Laternenpfahl, Cochran wird auf die Straße geschleudert. Man bringt ihn ins Krankenhaus nach Bath, wo er 16 Stunden später stirbt, ohne das Bewusstsein wiedererlangt zu haben.

An jenem Osterwochenende 1960 starben in Großbritannien 33 Menschen bei Verkehrsunfällen, 632 wurden verletzt.

1960 Mai

Joan Baez beim Newport Folk Festival ... Aretha Franklins erste Aufnahmen ... Der Twist ...

Brenda Lee

Aretha Franklin

20 Nachdem Larry Parnes sie als Begleitung von **Billy Fury** abgeleht hatte, starten die **Silver Beetles** in der Alloa Town Hall eine Siebentage-Tournee durch Schottland. Sie begleiten **Johnny Gentle**, einen weiterern Sänger aus Parnes Talentschmiede. **Tommy Moore** ist als Schlagzeuger dabei, der Schotte **Stuart Sutcliffe** als Bassist (der Kunststudent und **Lennon**-Freund ist im Januar eingestiegen). Für die Tournee benutzt **Paul McCartney** das Pseudonym Paul Ramon, Sutcliffe nennt sich Stuart da Staël, und **George Harrison** wählt als Vornamen Carl.
23 Mitglieder des **Cliff-Richard**-Fanclubs hören sich im Konferenzraum des neuen EMI-Büros am Manchester Square 21 seine brandneuen Songs an. Sie wählen *Please Don't Tease* als neue Single von Cliff aus – komponiert von Shadows-Gitarrist Bruce Welch.
28 Das unwiderstehliche *Cathy's Clown,* von den **Everly Brothers** selbst komponiert, hält sich sieben lange Wochen an der britischen Chartspitze und steigt für fünf Wochen auf Platz 1 der US-Charts.

Juni

5 Bei den Grammy Awards in den USA (die in diesem Jahr nicht stattfinden) sträubt man sich noch dagegen, die Kategorie Rock'n'Roll aufzunehmen. Die fünfte Verleihung der Ivor Novello Awards, dieses Jahr im BBC Television Theatre, steht vor demselben Problem. Die Teenagermusik wird zu Gunsten altgedienter, vermeindlich sicherer Favoriten ausgeschlossen. Zu den Gewinnern zählen **Russ Conways** *Side Saddle* (bestverkaufter und meistgespielter Song), **Eula Parkers** *The Village of St. Bernadette* (herausragender Song des Jahres, Musik und Text) und **Kenny Grahams** *Beaulieu Festival Suite* als herausragende Komposition im Bereich Jazz oder Beat.
6 Im Grosvenor Ballroom, Liscard, Wallasey, findet eine »Jive-and-Rock«-Session statt. Die **Silver Beetles** und **Gerry And The Pacemakers** werden als »Jive-und-Rock«-Spezialisten angekündigt. Im Vertrag steht: »Lokale Talente dürfen im Ballroom nicht auftreten.« (Die Silver Beetles spielen bis zum 30. Juli jeden Samstag, doch Beschwerden über Rowdytum zwingen das Grosvenor zur Beendigung des Engagements. Man kehrt zu den »gemäßigten« Tanzabenden zurück.) Gerry And

Joan Baez wuchs in Kalifornien, New York, im Irak und Massachusetts auf. Dort begann sie in Bostoner Cafés aufzutreten, während ihr Vater am Massachusetts Institute of Technology arbeitete.

The Pacemakers stammen auch aus Liverpool. Sie formierten sich im vorangegangenen Jahr aus der Skiffle-Gruppe Mars Bar. Frontmann ist der 17-jährige Sänger und Gitarrist Gerry Marsden, Schlagzeuger sein älterer Bruder Freddie.
19 **Gene Vincent** beendet seine Englandtour und die Sommersaison in Blackpool vorzeitig und reist nach New York ab. Er war am Samstag vor seinem Auftritt im Glasgow Empire zusammengebrochen. Bei seinem einwöchigen Engagement im Nottingham Theatre Royal erklärte er, man habe ihm telegrafiert, dass seine 18-Monate alte Tochter Melody an Lungenentzündung gestorben sei. Später kam heraus, das Vincent die Geschichte erfunden hatte.
24 Im Freebody Park in Newport, Rhode Island, beginnt das zweite Newport Folk Festival. Die 19-jährige New-Yorker Folksängerin und Songwriterin **Joan Baez** und vorjährige Favoritin, ist wieder dabei. Nach Auftritten in Cafes und Nachtclubs hat sie inzwischen eine große Fangemeinde. Im September erscheint ihr Debütalbum ***Joan Baez*** auf Vanguard Records. Die Kritiken sind überwältigend und machen Baez zur führenden weiblichen Folk-Pionierin. Ebenfalls zu hören sind: **Pete Seeger**, (der Ex-Weavers-Sänger, Songwriter und Gitarrist auf Solopfaden), **The Brothers Four** (ein Folkpop-Quartett von der Universität in Washington, dem mit *Greenfields* im April ein US-Nr.-2-Hit gelang), die **Tarriers**, die **Clancy Brothers And Tommy Makem** und die **Limeliters**. Obwohl als Folkfestival deklariert, treten auch die Bluesmusiker **John Lee Hooker** und **Muddy Waters**, die Gospelsängerin **Mahalia Jackson** und die Countrymusiker **Earl Scruggs** und **Lester Flatt And The Foggy Mountain Boys** auf.

Juli

9 **Jimmy Jones**, R&B-Sänger und Ex-Mitglied der Savoys, klettert mit *Good Timin'* für drei Wochen an die Spitze der UK-Charts. Damit hat der 23-Jährige aus Alabama dieses Jahr nach *Handy Man* (wird zu einem beliebten Oldie; bemerkenswert die James-Taylor-Version aus dem Jahr 1977) seinen zweiten Hit.
23 **Brenda Lees** Countryballade *I'm Sorry* von Ronnie Self und Dub Allbritten steigt für vier Wochen auf Platz 1 der US-Charts. Anfangs »Little Miss Brenda Lee« genannt, lautet ihr Spitzname seit ihrem Hit *Dynamite* im August 1957 »Little

Brenda Lee hatte mit *I'm Sorry* einen Nr.-1-Hit in den USA, wo sie es auf mehr Hitsingles brachte als jede andere Sängerin der 60er-Jahre ... Obwohl Aretha Franklin für Columbia exquisite Songs aufnahm, etablierte sie sich erst unter der Ägide von Jerry Wexler bei Atlantic als die herausragende Soulsängerin schlechthin.

Miss Dynamite«. *I'm Sorry* entwickelt sich nach *Sweet Nothin's* – im März die Nr. 4 in den USA – zu ihrem zweiten Millionenseller in diesem Jahr. (Im Oktober führt sie mit *I Want To Be Wanted* zum zweiten und letzten Mal die US-Charts an.)

30 Mit ***Elvis Is Back***, der ersten LP nach seinem Armeedienst – in den USA bereits Nr. 2 –, erobert **Elvis** erstmals Platz 1 der UK-LP-Charts.

30 Der 24-jährige Singer/Songwriter **Roy Orbison** schafft mit dem US-Nr.-2-Hit *Only The Lonely* – die sowohl Elvis Presley als auch den Everly Brothers angeboten worden war – den Durchbruch. Der von Orbison und Joe Melson komponierte Song verkauft sich über eine Million Mal, wird im Oktober zur Nr. 1 der UK-Charts und macht Orbison zu einem der führenden, innovativen Popsänger und Songwriter Amerikas. Die Lautmalerei der Begleitstimme wird zum oft kopierten Gag.

August

1 Bei **Aretha Franklins** ersten Plattenaufnahmen für Columbia Records in New York mit John Hammond als Produzenten entstehen vier Titel: *Right Now, Over The Rainbow, Love Is The Only Thing* und *Today I Sing The Blues.* Die 18-jährige Sängerin aus Memphis ist die Tochter von Reverend C. L. Franklin, einem der berühmtesten Gospelprediger der 50er-Jahre (die »Millionen-Dollar-Stimme« genannt). Gesangsunterricht erhielt sie auch von weiteren Gospelgrößen (und Freunden der Familie) wie Mahalia Jackson, James Cleveland und vor allem Clara Ward. Ihre erste Platte nahm sie als 14-Jährige für das Checker-Label in Chicago auf. Die Clara-Ward-Hymnen, in der Kirche ihres Vaters live mitgeschnitten, erschienen auf der LP ***The Gospel Sound Of Aretha Franklin***. Nach ihrem Schulabschluss ging sie als Gospelsängerin auf Tournee. Sam Cooke ermutigte sie, ihr ungewöhnliches Gesangstalent auch für weltliche Musik einzusetzen. Deshalb zog sie aus ihrer Heimatstadt Detroit nach New York. Dort gewann Curtis Lewis, Komponist von *Today I Sing The Blues,* mit einem Franklin-Demoband die Aufmerksamkeit von Columbia-Records-Veteran John Hammond. Nach einem Vorsingen, das Major »Mule« Holly, der Bassist von Jazzpianist Teddy Wilson, arrangiert hatte, bot er ihr einen Fünfjahresvertrag an.

CHUBBY CHECKER

6. August **Nach Erscheinen seines Debütalbums *Chubby Checker* präsentiert der 18-jährige Sänger die Coverversion des Hank-Ballard-Songs *The Twist* von 1958 in der »The Dick Clark Saturday Night Show« auf ABC – und erobert die Teenager im Sturm. (Zum ersten Mal sang Chubby Checker den Song vor 3000 Teenagern im Ice House in Haddonfield, New Jersey.) Ernest Evans Künstlernamen schlug die Frau von Dick Clark vor, die eine Ähnlichkeit mit Fats Domino erkannte (Chubby = Fats, Checker = Domino).**

Jeder Platte lag eine Kurzanleitung für »den Twist« bei: »Stell dir vor, du trittst eine Zigarette mit beiden Füßen aus, während du mit einem Handtuch deinen Rücken abrubbelst.« Der US-Nr.-1-Hit im September wurde weltweit zum Modetanz, inspirierte viele Künstler zu Nachfolgeplatten (darunter Checker und andere), brachte Filme hervor (»Don't Knock The Twist« und »Rock Around The Twist«, beide mit Checker) und sollte die Laufbahn dieses Sängers auch stilistisch bis ins nächste Jahrhundert bestimmen.

August 1960

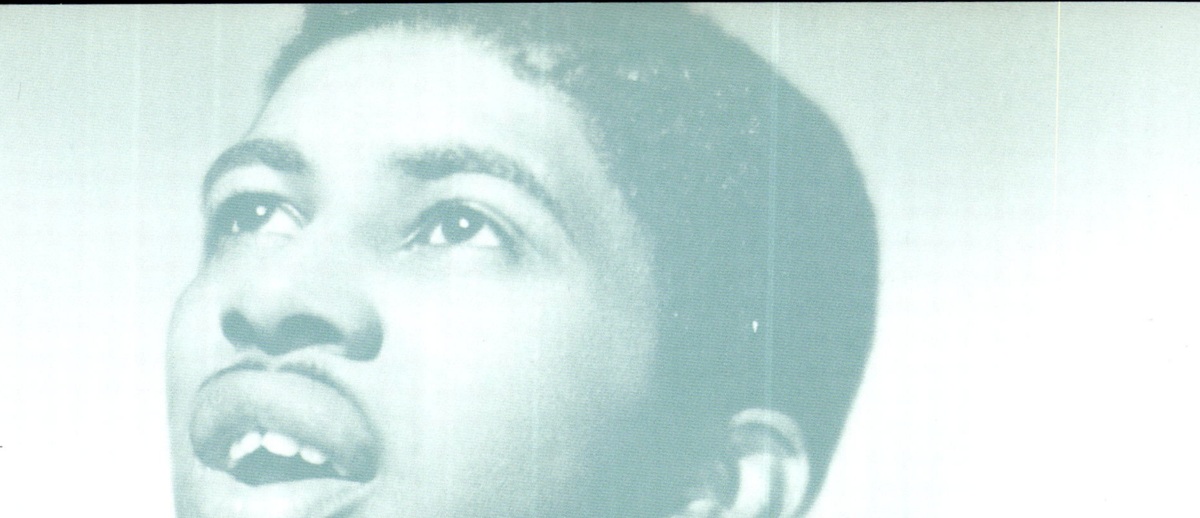

Die Beatles in Hamburg … Elvis singt Gospels – und stellt UK-Chartrekorde auf …

17 Die **Beatles** treten – erstmals unter diesem Namen – ein 48-tägiges Engagement im Hamburger Indra Club an. Sie spielen jeden Abend viereinhalb Stunden, am Wochenende sogar sechs. Ihr Schlagzeuger ist der 18-jährige **Pete Best** (Sohn der Casbah-Club-Besitzerin Mona Best), den die Band nach einem Vorspiel eine Woche zuvor angeheuert hatte. Am 4. Oktober muss Veranstalter Bruno Koschmider wegen Klagen über die Lautstärke das Indra als Musikclub schließen. Die Beatles wechseln in seinen zweiten Club, den Kaiserkeller, wo sie 58 Tage auftreten, abwechselnd mit der britischen Rock'n' Roll-Formation **Rory Storm And The Hurricanes**.

22 Nach einem anfänglichen Verkaufsembargo in England wird **Elvis Presleys** *It's Now Or Never* doch für den Verkauf freigegeben. Die Single basiert auf *O Sole Mio* von Enrico Caruso, 1916, mit neuem Text, doch die Copyright-Rechte konnten nicht geklärt werden. Die Aaron-Schroeder/Wally-Gold-Adaptation ist in den USA bereits am Start und wird im November für acht Wochen zur britischen Nr. 1.

September

10 Die US-Tournee The Fall Edition Of The Biggest Show Of Stars For 1960 startet. Mit dabei **Brenda Lee**, **Chubby Checker**, der 25-jährige Newcomer **Bobby Vinton** (er ist das Jahr über als Bandleader für Dick Clarks Caravan-of-Stars-Tournee unterwegs), **Fabian**, dessen 21-monatige Chart-Karriere sich dem Ende zuneigt, und **Jimmy Clanton** mit seinem Hit *Just A Dream*.

18 An seinem 21. Geburtstag erhält **Frankie Avalon** die 600 000 $, die er bis zur Volljährigkeit verdient hat. Derzeit klettert er sowohl die UK- als auch die US-Charts hoch, wird sich aber bald auf das Filmgeschäft konzentrieren. Er wird in über zehn Spielfilmen auftreten, darunter in diversen »Beach Party«-Streifen für American International Pictures.

24 Nach acht Jahren wird die ABC-Sendung »Ozark Jubilee«, eine Plattform für Countrytalente wie Brenda Lee, Porter Wagoner, Marvin Rainwater und Wanda Jackson, in Amerika eingestellt, weil der Moderator **Red Foley** der Steuerhinterziehung verdächtigt wird. (Nach zwei Verfahren wird er im folgenden Jahr jedoch freigesprochen).

Oktober

11 Die Gospelgröße **Aretha Franklin** singt bei einem Auftritt im Village Vanguar Club in New York zum ersten Mal ausschließlich Blues- und Popstandards.

15 The **Beatles** begleiten den Rory-Storm-Gitarristen **Wally Eymond** bei der Aufnahme von Gershwins *Summertime* in den Hamburger Akustik-Studios. **Ringo Starr**, Schlagzeuger bei **Rory Storm And The Hurricanes**, springt für **Pete Best** ein. Best wird zwei weitere Jahre der Schlagzeuger der Beatles bleiben.

16 **Cliff Richard** erhält an seinem 20. Geburtstag über 5000 Glückwunschkarten und wird für »Birthday Honours« auf Independent Television interviewt. In der TV-Sendung werden zwei Männer vorgestellt, die am 14.Oktober 1940 geboren wurden: Richard, der pro Woche 1000 £ verdient, und der Student Fred Chittenden vom Imperial College, der mit 6 £ auskommen muss.

Ben E. King verließ die Drifters, nachdem er sich George Treadwell, dem Manager der Gruppe, über die schlechte Bezahlung beschwert hatte.

27 **Ben E. King** hat einen Solovertrag beim Atlantic-Ableger Atco unterschrieben. In drei Stunden nimmt er mit den Produzenten Leiber, Stoller und Phil Spector vier Stücke auf. Dirigent Stan Appelbaum schreibt die Streicherarrangements. *Spanish Harlem* (von Spector und Leiber), *First Taste Of Love, Young Boy Blues* und *Stand By Me* (basiert auf dem Spiritual *Lord Stand By Me*) bilden die Basis seiner langen Karriere.

30 Im RCA Studio B, Nashville, zeichnet **Elvis Presley** seine erste lange Gospelsession auf. Sie ist Basis für das inspirierende 1961er-Album ***His Hand In Mine***, ein14-Song-Marathon mit Stücken wie *Surrender* und *Crying In The Chapel*.

November

5 Countrysänger **Johnny Horton**, der Ahnungen hatte, dass er von einem Betrunkenen getötet wird, verunglückt am frühen Morgen tödlich. Sein Cadillac kollidiert mit einem Lastwagen in Milano, Texas, auf dem Weg nach Shreveport. Der Fahrer war betrunken. Horton kam von einem Auftritt im Skyline in Austin, wo auch **Hank Williams** sein letztes Konzert gegeben hatte. Tragisch für Billie Jean, die nach Williams' Tod Horton geheiratet hatte und nun zweifache Witwe ist.

5 **Elvis Presley** steigt mit *It's Now Or Never (O Sole Mio)* in die UK-Charts auf Platz 1 ein, was ihm vier Mal in Folge gelingt. Die Vorbestellungen von 548 000 sind die höchste Stückzahl, die jemals in England registriert wurde. Einen Tag nach der Veröffentlichung am Freitag liegt der Verkauf der Single in vielen Plattenläden über dem Gesamtumsatz aller Platten.

Die 106 Konzerte, die die Beatles binnen dreieinhalb Monaten in Hamburg spielten, machten sie zu einer unschlagbaren Liveband.

»Das ist ein Fall für unseren Abgeordneten.«

Cynthia Arkle vom British Safety Council, Oktober 1960; der Verband befürchtet, dass *Tell Laura I Love Her* seine Bemühungen um mehr Sicherheit im Straßenverkehr sabotiert.

Jerry Butler

Jerry Butler hatte den ersten seiner etwa 40 Solo-Hits in den USA ... Dion DiMucci trennte sich im Oktober von den Belmonts, blieb aber beim Label Laurie und legte als erste Soloscheibe *Lonely Teenager* vor.

Dion

7 **Alvin Pleasant »A. P.« Carter**, Gründungsmitglied der einflussreichen Countrygruppe The Carter Family, stirbt in Kingsport, Tennessee, mit 69 Jahren. Beerdigt wird er auf dem Mount Vernon Methodist Church Cemetary in Maces Spring, Virginia, der Heimatstadt der Familie.

16 **Patsy Cline** nimmt für die Decca in ihrem Lieblingsstudio, den Bradley Studios in Nashville, die Titel *Shoes, Lovin' In Vain* und *I Fall To Pieces* auf. Die Cochran/Howard-Komposition *I Fall To Pieces* wird ihre Karriere beeinflussen.

erhalten (vielleicht von Koschmider), dass der Gitarrist noch keine 18 Jahre alt ist. Laut Gesetz darf er nach Mitternacht nicht mehr in einem Nachtclub auftreten. Für den Rest der Band sollte ebenfalls Ende des Monats Schluss sein.

Dezember

1 **Paul McCartney** und **Pete Best** werden nach einer Nacht im Gefängnis von St. Pauli aus Deutschland ausgewiesen. Man hatte sie unter dem Verdacht der Brandstiftung verhaftet, weil ihr Hotelzimmer unter ungeklärten Umständen in Brand geraten war. **John Lennon**, der nichts damit zu tun hat, fährt am 10. Dezember heim.

»Mit 20 – wie kann man da eine Lebensgeschichte erzählen? Ich jedenfalls kann's nicht. »It's Great To Be Young« – die Cliff-Richard-Story, November 1960

19 *He Will Break Your Heart* von **Jerry Butler** steht sieben Wochen lang an der Spitze der Hot-R&B-US-Single-Charts. Der 20-jährige Sänger, geboren in Mississippi, aufgewachsen in Chicago, ist ein Veteran der Northern Jubilee Gospel Singers (die **Quails** und die **Roosters**, aus denen 1958 **Jerry Butler And The Impressions** wurden), denen er sich mit seinem Jugendfreund, dem Singer/Songwriter **Curtis Mayfield**, anschloss. Der Solokünstler Butler alias ›The Iceman‹ hat mit Mayfield (als Backgroundsänger) *He Will Break Your Heart* geschrieben. Butler ist in den kommenden 17 Jahren als R&B-Poplieferant ständig präsent, zuerst auf Vee-Jay, danach auf Mercury Records. Mayfield hält die **Impressions** bis 1970 am Laufen, bevor auch er eine Solokarriere einschlägt.

21 Die **Beatles** treten weiterhin im Hamburger Kaiserkeller auf (und jammen – was den Clubbesitzer besonders irritiert – mit Tony Sheridan, einem weiteren Englandexport, im Konkurrenzladen Top Ten). **George Harrison** wird aus Deutschland ausgewiesen und sitzt im Zug nach England. Die Polizei hatte den Hinweis

11 **Adam Faith'** Debütalbum ***Adam*** steht auf Platz 6 der UK-Charts. Der Sänger übersteht in der BBC-Fernsehsendung »Face To Face« die bohrenden Fragen seines bissigen Interviewpartners John Freeman mit Bravour.

13 **Elvis Presleys** *It's Now Or Never* überspringt in England schon nach sechs Wochen die Millionenmarke: die millionste Kopie wird von Deccas Presswerk um 15:30 Uhr ausgeliefert. Und bricht damit den bisherigen, britischen Umsatzrekord von Harry Belafonte, der die Millionenauflage mit *Mary's Boy Child* 1957 in acht Wochen schaffte.

23 Im New-Yorker Brooklyn-Paramount-Theater hat die einwöchige Christmas Rock'n' Roll Show mit dem 17-jährigen **Bobby Vee**, **Neil Sedaka**, **Bo Diddley**, **Chubby Checker**, den **Drifters**, den **Skyliners**, **Dante And The Evergreens**, **Ray Charles**, **Johnny Burnette**, den **Coasters** und **Dion** Premiere. Mit im Aufgebot die **Shirelles**, ein weibliches R&B-Gesangsquartett aus New Jersey, das mit *Will You Still Love Me Tomorrow* – einem Song der 18-jährigen **Carole King** und ihres Freundes **Gerry Goffin** – bald auf Platz 1 der US-Charts steht.

27 Die **Beatles** treten in der Litherland Town Hall, Liverpool, auf. Was sich im Publikum abspielt, ist bereits ein Hinweis auf die kommende Beatlesmania. (**Chas Newby** spielt als Ersatz für **Stuart Sutcliffe**, der noch in Hamburg bei seiner Freundin Astrid Kirchherr weilt.)

Bobby Vee, das neue männliche Teenager-Popidol, stürmt mit seinem zweiten Top-10-Hit *Rubber Ball* die US-Charts.

ROOTS **In diesem Jahr schreibt sich Dionne Warwick, zzt. bei den Gospelaires, am Hartt College of Music in Hartford ein; die Studiengebühren verdient sie sich als Backgroundsängerin im Apollo-Theater in Harlem und New-Yorker Studios ... kauft Joe Cocker nach Abschluss der Sheffield Central Technical School ein billiges Schlagzeug und tritt mit der Skiffleband seines Bruders Vic, den Cavaliers, in der Minerva Tavern erstmals auf ... bekommt Randy Newman durch Lenny Waronker, einen Freund aus Kindertagen, eine Stelle als Songschreiber bei Metric Music ... steht David Cassidy (10) als Mitglied der Showtruppe bei einer Aufzeichnung von »The Pajama Game« erstmals auf der Bühne ... zieht der in seiner Heimat Arkansas schon recht bekannte Glen Campbell auf Drängen von Discjockey Jerry Naylor aus Albuquerque, nach Los Angeles und findet sofort Arbeit als Studiogitarrist ... gründen die Brüder Gregg und Duane Allman aus Nashville die Kings; sie werden bis Mitte der 60er-Jahre mit mehreren kurzlebigen Pop-Tanzbands in Florida auftreten ... ziehen die Rattlesnakes (Barry, Maurice und Robin Gibb) mit ihren Eltern nach Australien und treten im Fernsehen auf: erstmals in »Anything Goes«, dann regelmäßig in »Cottie's Happy Hour« auf BQT7-TV ... nimmt Berry Gordy das Wunderkind Stevie Wonder (10) für sein Label Tamla unter Vertrag ...**

Let The Good Times Roll

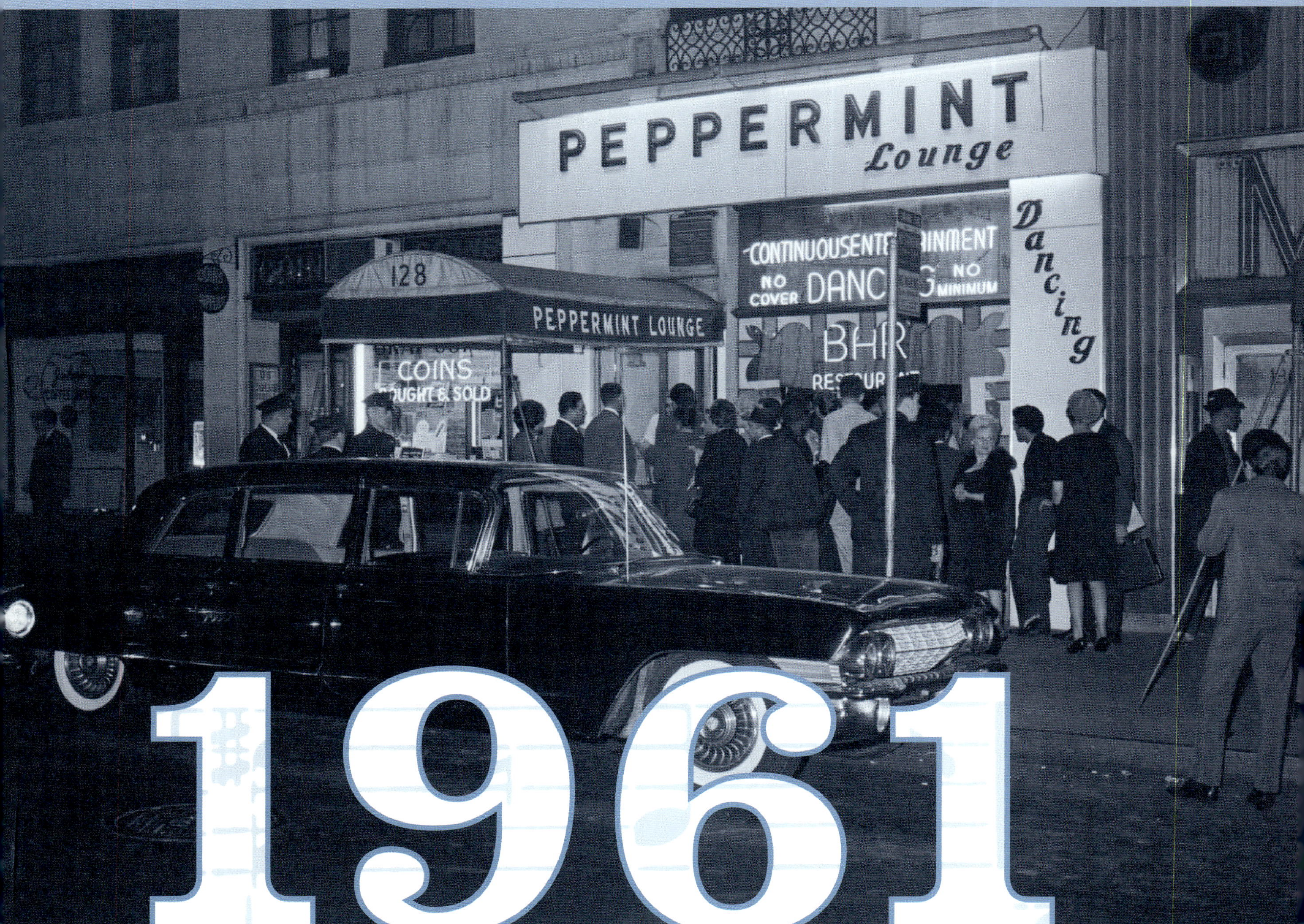

1961

Nr.1 US-SINGLES

07. Jan. Are You Lonesome Tonight? **Elvis Presley with the Jordanaires**
14. Jan. Wonderland By Night **Bert Kaempfert**
04. Febr. Will You Love Me Tomorrow **Shirelles**
18. Febr. Calcutta **Lawrence Welk**
04. März Pony Time **Chubby Checker**
25. März Surrender **Elvis Presley**
08. Apr. Blue Moon **Marcels**
29. Apr. Runaway **Del Shannon**
27. Mai Mother-In-Law **Ernie K-Doe**
03. Juni Travelin' Man **Ricky Nelson**
10. Juni Running Scared **Roy Orbison**
17. Juni Travelin' Man **Ricky Nelson**
24. Juni Moody River **Pat Boone**
01. Juli Quarter To Three **U.S.Bonds**
15. Juli Tossin' And Turnin' **Bobby Lewis**
02. Sept. Wooden Heart (Muss I Denn) **Joe Dowell**
09. Sept. Michael **Highwaymen**
23. Sept. Take Good Care Of My Baby **Bobby Vee**
14. Okt. Hit The Road Jack **Ray Charles**
28. Okt. Runaround Sue **Dion**
11. Nov. Big Bad John **Jimmy Dean**
16. Dez. Please Mr. Postman **Marvelettes**
23. Dez. The Lion Sleeps Tonight **Tokens**

Nr.1 UK-SINGLES

07. Jan. I Love You **Cliff Richard And The Shadows**
14. Jan. Poetry In Motion **Johnny Tillotson**
28. Jan. Are You Lonesome Tonight? **Elvis Presley with the Jordanaires**
25. Febr. Sailor **Petula Clark**
04. März Walk Right Back **Everly Brothers**
25. März Wooden Heart **Elvis Presley**
06. Mai Blue Moon **Marcels**
20. Mai On The Rebound **Floyd Cramer**
27. Mai You're Driving Me Crazy **Temperance Seven**
03. Juni Surrender (Torna A Surriento) **Elvis Presley**
01. Juli Runaway **Del Shannon**
22. Juli Temptation **Everly Brothers**
05. Aug. Well I Ask You **Eden Kane**
12. Aug. You Don't Know **Helen Shapiro**
02. Sept. Johnny Remember Me **John Leyton**

Gene Pitney

David, Warwick und Bacharach

Gene Pitney aus Connecticut war mit 20 schon ein anerkannter Songschreiber, der *Rubber Ball* für Bobby Vee und *Hello Mary Lou* für Rick Nelson verfasste ... Burt Bacharach etablierte sich 1961 mit Hits für die Shirelles, die Drifters und Gene McDaniels als einer der führenden amerikanischen Komponisten; in Dionne Warwick fanden Bacharach und sein Texter Hal David ihre wichtigste Interpretin.

In den USA verlagerte sich das Zentrum der populären Musik nach Norden. Detroit, die Heimatstadt von Motown, und New York, wo **Bob Dylan** Aufmerksamkeit erregte, waren nun angesagt. An der Westküste erhoben die Wilson-Brüder, die bald **Beach Boys** hießen, das Wellenreiten zum neuen Musikstil – dem Surf.

In New York wuchs eine bemerkenswerte Clique von Songwritertalenten heran. Sie arbeiteten als Teams im Brill Building am Broadway 1619 – darunter **Carole King** und **Gerry Goffin**, die für **Bobby Vee** den Riesenhit *Take Good Care Of My Baby* schrieben, und **Barry Mann** und **Cynthia Weil**. In den Clubs des Greenwich Village trat der erst 19-jährige **Bob Dylan** auf. Mit seinem sozialkritischen Folk erntete er sogar von den seriösen Musikkritikern bald großes Lob. Die Veröffentlichung seines Debütalbums Ende des Jahres entfachte ein wahres Folksänger/Songwriter-Feuer.

R&B erlebte ein fruchtbares Jahr. **Ray Charles** dominierte die Grammy Awards und eroberte Frankreich, **Bobby Lewis** gelang mit *Tossin' and Turnin'* sein größter US-Hit, und **Leiber** und **Stoller** setzten erneut auf die zeitlose Magie der **Drifters** (*Please Stay* – arrangiert von **Burt Bacharach** – und *Sweets For My Sweet*). Auf dem richtungsweisenden Stax-Label in Memphis formierte sich die heißeste Rhythmusgruppe der Welt.

Phil Spector machte sich als innovativer und launischer Produzent und Komponist einen Namen. Zu seinen Erfolgen zählten *I Love How You Love Me* der **Paris Sisters** und *Spanish Harlem*, ein Riesenhit für Soulstar **Ben E. King**. Er produzierte **Gene Pitneys** *Every Breath I Take* und *Pretty Little Angel Eyes* von **Curtis Lee** – Ende des Jahres gründete er sein eigenes Label. Im Studio setzte er die neueste Technik ein, legte dutzende von Tonspuren unzähliger Musiker übereinander, um »eine Wagnerianische Variante des Rock'n'Roll« zu kreieren. Mit *There's No Other Way* von den **Crystals** kam eine Hitlawine ins Rollen

Die Crystals lagen als weibliche Gesangsgruppe voll im Trend. Die **Shirelles** kletterten die US-Charts hoch und machten hochkarätige Package-Tourneen. Die **Marvelettes** verhalfen Motown zur ersten Nr.-1-Single, **Mary Wells** war Gast bei »American Bandstand«, und aus den **Primettes** wurden die **Supremes**.

Und wo war **Elvis**? Er gab nur eine Hand voll Livekonzerte, ging aber fleißig ins Studio und hielt sich diesseits und jenseits des Atlantiks hoch in den Charts. Inzwischen war aus dem ehemaligen Rock'n'Roll-Rebell eigentlich ein Kinostar geworden.

Die britische Popszene war ziemlich konservativ. Die junge **Helen Shapiro** dominierte mit ihrem überraschend erwachsenen Poprock-Stil dieses Jahr die Charts. War sie nicht am Ruder, dann war es **Cliff Richard**. Aber der Mersey-Sound kochte hoch, die Fangemeinde von **Gerry And The Pacemakers** und den **Beatles** wuchs. Ein Talentsucher von Decca wurde auf die Beatles aufmerksam, ebenso wie der Plattenhändler **Brian Epstein**.

- **23. Sept.** Reach For The Stars/Climb Ev'ry Mountain **Shirley Bassey with Geoff Love And His Orchestra**
- **30. Sept.** Johnny Remember Me **John Leyton**
- **07. Okt.** Kon-Tiki **Shadows**
- **14. Okt.** Michael **Highwaymen**
- **21. Okt.** Walkin' Back To Happiness **Helen Shapiro**
- **11. Nov.** Little Sister/(Marie's The Name) His Latest Flame **Elvis Presley**
- **09. Dez.** Tower Of Strength **Frankie Vaughan**
- **30. Dez.** Moon River **Danny Williams with Geoff Love And His Orchestra And The Rita Williams Singers**

»Schön, sympathisch, begabt ...«

Murray the K über die Shirelles, 1961

1961 Januar

Del Shannons *Runaway* ... Schüsse auf Jackie Wilson ... »Thank Your Lucky Stars« ...

Del Shannon

The Primettes

Januar

12 Das Detroiter R&B-Gesangsquartett **The Primettes**, bestehend aus **Diana Ross**, **Mary Wilson**, **Florence Ballard** und **Barbara Martin**, unterschreibt bei Motown Records. Label-Boss Barry Gordy regt an, die Gruppe in **The Supremes** umzubenennen(ein Vorschlag von Ballard). Das Quartett hatte letzten Sommer im Motown-Büro (bereits Hitsville USA genannt) vorgesungen, was wiederum Ross' Freund **Smokey Robinson** vermittelt hatte. **The Miracles** mit Frontmann Robinson waren im Dezember in die Charts eingestiegen und mit Motowns erstem Millionenseller *Shop Around* auf dem Weg zur Nr. 2 in den USA.

16 Harry Balk, Mitbesitzer der neuen, ambitionierten Detroiter Big Top Records, lässt den 26-jährigen Teppichverkäufer **Del Shannon** aus Michigan in New York einen Song aufnehmen, den dieser mit seinem Freund und Schlagzeuger Max Crook geschrieben hat. Am Schluss der ersten Session in den Bell Sound Studios ist der Song *Runaway* im Kasten. Shannons Stimme klingt ein bisschen dünn, deshalb zieht Produzent Balk anschließend mit dem Tempo etwas an. Shannons erste Single steht im April vier Wochen lang an der Spitze der US-Charts.

Del Shannons einzigartiger Sound verdankte sich einem sonderangefertigten Tasteninstrument, dem Musitron ... Die Primettes wurden als weibliches Gegenstück zu den Primes gegründet, wurden aber bald die Supremes; die Primes benannten sich in Temptations um ...
Mit dem Weggang von Stuart Sutcliffe waren die Beatles nunmehr ein Quartett.

16 Mit14 macht **Helen Shapiro** ihre ersten Plattenaufnahmen für das EMI-Label Columbia. In Bethnal Green, London, geboren, begann sie im Alter von neun Jahren mit ihrer Schulfreundin Susan Heckman Songs zu schreiben. Letztes Jahr trat sie mit der Trad-Jazz-Band ihres Bruders Ron auf. Shapiro besucht immer noch die Clapton-Park-Gesamtschule und nimmt Gesangsunterricht an der Maurice Berman Singing Academy in der Baker Street, London. Der A&R-Chef Norrie Paramor produziert mit ihr die Songs *Don't Treat Me Like A Child* und *When I Am With You.* Ersterer ist im Mai auf Platz 3 – es folgen die beiden Nr.-1-Hits *You Don't Know* (August) und *Walkin' Back To Happiness* (Oktober). Damit ist sie die jüngste und populärste englische Sängerin der frühen 60er-Jahre.

DAS BRILL BUILDING

4. Februar **Die Shirelles – Shirley Owens, Micki Harris, Doris Kenner und Beverly Lee – waren die erste reine Mädchengruppe, der ein US-Nr.-1-Hit gelang: *Will You Love Me Tomorrow* auf dem New-Yorker Label Scepter. Es ist der erste Tophit der Komponisten Gerry Goffin und Carole King, die einem jungen Songschreiber-Team angehören, die im Brill Building am Broadway 1619 im New-Yorker Musikdistrikt arbeiten. Das Gebäude ist nach dem Bekleidungsgeschäft der Gebrüder Brill im Erdgeschoss benannt, doch der Brill-Building-›Sound‹ entsteht in den Musikverlagen entlang des Broadways zwischen der 49. und 53. Straße. Nach Fertigstellung des Brill Building 1931 vermieteten die Besitzer die Büros an Musikverlage – die ersten drei waren Southern Music, Mills Music und Famous Music. Im Mai 1958 gründete der 21-jährige Don Kirshner mit seinem Kompagnon Al Nevins Aldon Music. Kirshner kam auf die Idee, Songwriterteams anzustellen, darunter Neil Sedaka, Howard Greenfield und Goffin und King. In den kleinen Büros mit nur einem Piano und zwei Stühlen arbeiten auch Ellie Greenwich und Jeff Barry, Burt Bacharach und Hal David, Barry Mann und Cynthia Weil (ebenfalls für Aldon) – schreiben Songs, machen Demobänder, bieten sie den Verlagen an, erstellen für 10 $ Notenblätter für Streicherarrangements und Klavierauszüge, engagieren Musiker und Sänger und machen mit den Demos bei den Plattenfirmen im Musikdistrikt die Runde.**

Den Brill-Building-Songwritern verdanken wir den konkurrenzlosen Reigen von US-Hits.

Beatles-Postkarte

28 **Elvis Presleys** neue Ballade *Are You Lonesome Tonight?* ist Nr. 1 der britischen Charts, obwohl manche Käufer glauben, die Single sei eine Fehlpressung, und sie in die Läden zurückbringen. Weil die Aufnahme ungewöhnlich basslastig ist, rutschen alte Nadeln vom Plattenteller. Decca bietet an, die Platten umzutauschen, doch viele Fans besorgen sich einfach einen neuen Saphir.

Februar

4 **Johnny Burnette**, dessen größter Hit – die Teenagerhymne *You're Sixteen* – von Platz 8 der Charts absteigt, wird im Cedars Lebanon Hospital in Hollywood bei einer Notoperation der Blinddarm entfernt. Aus diesem Grund wird die geplante, vierwöchige Englandtournee verschoben. Dort steht *You're Sixteen* auf Platz 3. Der in Memphis geborene Burnette – einer der ersten Rockabillies in Tennessee – gründete mit seinem älteren Bruder Dorsey 1952 das **Johnny Burnette Trio**. Ende der 50er-Jahre schrieb er drei Hits für **Ricky Nelson** und bekam 1958 einen Solovertrag bei Liberty Records, wo sich der Hitproduzent Snuff Garrett um ihn kümmerte.

9 Nach 30 Auftritten in diesem Jahr spielen die **Beatles** zum ersten Mal im Cavern Club in Liverpool. (Drei Jahre zuvor waren sie dort bereits als **The Quarry Men** aufgetreten). Der Eintrittspreis für ihr Mittagskonzert beträgt 5 £.

15 **Jackie Wilson** wird in seiner New-Yorker Wohnung in der 57. Straße West 408 von der 28-jährigen Juanita Jones angeschossen und schwer verwundet. Jones, die er kennt, steht mit einer Waffe vor seiner Tür. Er greift danach, dabei treffen zwei Schüsse seinen Rücken und Unterleib. Wilson torkelt auf die Straße und wird im Roosevelt Hospital operiert. Jones (ehemaliges Mitglied der radikalen Frauengruppe WAC) sagt aus, sie habe Wilson in der Absicht aufgesucht, sich selbst zu richten, falls er sie erneut abweisen würde. »Ich wollte Jackie nichts antun. ich wollte mich selbst umbringen.« Jackie lag 21 Tage im Koma und verlor seine linke Niere. Die zweite Kugel wurde nie entfernt, weil sie direkt an der Wirbelsäule steckte.

25 **Elvis Presley** tritt im Ellis Auditorium in Memphis auf, es ist sein erstes Konzert seit 1958. Dabei kommen 51 612 $ an Spendengeldern für lokale Wohlfahrtseinrichtungen wie das Elvis Presley Youth Center in Tupelo zusammen. Während der Show überreicht ihm RCA eine Auszeichnung für weltweit 76 Millionen verkaufter Schallplatten. Buford Ellington, der Gouverneur von Tennessee, ruft in Anwesenheit von über 10 000 Besuchern den heutigen Tag zum Elvis-Presley-Tag aus. (Am 8. März verleiht Ellington vor der Vollversammlung des Staatsparlaments Elvis Presley den Ehrentitel eines Colonels).

März

10 Der 22-jährige Brill-Building-Songwriter **Jeff Barry** unterzeichnet einen Exklusivvertrag bei Trinity Music in New York. Im Jahr darauf wird er **Ellie Greenwich** heiraten. Die beiden komponierten den Hit *Tell Laura I Love Her*. In Zusammenarbeit mit den Produzenten Phil Spector und Shadow Morton schreibt das Paar viele erfolgreiche Pop-Ohrwürmer für Künstler wie die **Ronettes**, die **Crystals**, die **Shangri-Las**, die **Dixie Cups** und **Manfred Mann**.

12 **Elvis** nimmt bei seinen ersten Plattenaufnahmen dieses Jahres in weniger als zwölf Stunden im RCA Studio B in Nashville zwölf Stücke für die neue LP ***Something For Everybody*** auf.

25 **Elvis Presley** tritt bei einer Wohlfahrtsgala in der Bloch Arena, Pearl Harbor, Hawaii neben Minnie Pearl und James Stewart auf. Das bringt dem USS Arizona Memorial Fund 62 000 $ ein. (Bei diesem letzten Auftritt für über acht Jahre singt er 17 Songs.) *Surrender* steht schon auf Platz 1 der US-Charts (verdrängt **Chubby Checkers** neuesten Modetanz *Pony Time*). *Torna A Sorrento (Come Back To Sorrento)*, die dramatische Adaptation (von Doc Pomus und Mort Shumander) einer italienischen Ballade von 1911, ist der einzige Popsong unter den Gospelaufnahmen vom Oktober 1960.

April

1 Die **Beatles** sind zum zweiten Mal in Hamburg, doch dieses Mal im Top Ten Club. Ihr Vertrag wird zwei Mal verlängert. Somit spielt die Band bis zum Ende ihres Engagements am 1. Juli insgesamt 92 Abende in Folge.

1 Die neue Musikshow »Thank Your Lucky Stars« läuft erstmals auf ITV. Der ständige Moderator Pete Murray begrüßt **Anne Shelton**, die **Dallas Boys** und Hughie Green. Trotz der leichten Kost läuft die Sendung fünf Jahre lang und wird eine der zukunftsweisenden, britischen Musikshows der 60er-Jahre. Zu den Moderatoren gehörten die Discjockeys Keith Fordyce, Barry Alldis, Sam Costa, Alan Dell, Brian Matthew, Don Moss, Jimmy Savile, Kent Walton und Jimmy Young. Moss führte als festen Bestandteil die Rubrik »Spin a Disc« ein, bei dem eine Jury von Teenagern Neuerscheinungen benotet. Im Februar 1962 äußert die Teenagerin Janice Nicholls beim Anhören von Brenda Lees *Speak To Me Pretty* »Oi'll give it foive« im breitesten Birmingham-Dialekt. Sie wird Dauergast der Show, ihre schlichte Kritik zum nationalen Slogan.

Jackie Wilson mit seinen Mohairanzügen und seiner auffälligen Frisur war vielleicht der heißeste Liveact seiner Zeit.

April
1961

Dylan singt in Greenwich Village ... Erste Ausgabe von Mersey Beat ... Mary Wells ...

8 Nr. 1 der US-Charts ist das Doo-Wop-Quintett **Marcels** aus Pittsburgh mit *Blue Moon* (nächsten Monat auch in England). Der Oldie von Rodgers und Hart war schon nach zwei Aufnahmen unter Leitung des Colpix-Records-Produzenten Stu Phillips im Kasten. Der Vorschlag für den Song kam vom New-Yorker Discjockey Murrak The K von WINS.

11 **Bob Dylan** hat im Gerde's Folk City im Greenwich Village sein erstes richtiges Engagement – und zwar für zwei ganze Wochen – im Vorprogramm für den Bluesmusiker **John Lee Hooker**. Er spielt sowohl Traditionals wie *House of the Rising Sun* als auch eigene Songs, wie etwa *Song To Woody*, gewidmet **Woody Guthrie**. Der Sohn eines Möbelhändlers aus Duluth, Minnesota, (Dylans heißt eigentlich Robert Zimmermann) hat seinen Künstlernamen nach dem walisischen Dichter Dylan Thomas gewählt. Er kam am 25. Januar auch deshalb nach New York, um sein Idol Guthrie zu besuchen, den großen Pionier des Folkboom, der seit acht Jahren durch sein Huntingdons-Chorea-Leiden zunehmend behindert ist. In Greenwich Village lebt eine große Studenten- und Künstlergemeinde, und die steigende Anzahl von Kaffeehäusern und kleinen Nachtclubs zieht die aufblühende Folk-Singer/Songwriter-Szene bald magisch an.

12 **Ray Charles** nimmt bei den dritten Grammy Awards, die im Beverly Hills Hotel in Los Angeles und dem Hotel Astor in New York verliehen werden, drei Trophäen in Empfang. ***The Genius Of Ray Charles*** wird als bestes Album eines Sängers, *Georgia On My Mind* als beste Single/bester Song eines Sängers und beste Single eines Popsängers und *Let The Good Times Roll* in der Kategorie bester R&B-Sänger ausgezeichnet. **Marty Robbins** wird mit *El Paso* zum besten Countrysänger, und **Ella Fitzgerald** erhält zwei Auszeichnungen für *Mack The Knife* (beste Single/bester Song einer Sängerin) und ***Mack The Knife, Ella In Berlin*** (bestes Album einer Sängerin).

17 **Connie Francis** singt bei der 33. Verleihung der jährlichen Academy Awards im Santa Monica Civic Auditorium ihren Titel *Never On Sunday*. Das von Manos Hadjidakis komponierte Lied wird als bester Song ausgezeichnet. Damit ist es Jimmy Van Heusen und Sammy Cahn nicht gelungen, zweimal hintereinander den Oscar für den besten Song zu gewinnen.

BOB DYLAN

5. April Der 19-jährige Singer/Songwriter Bob Dylan spielt erstmals gegen Gage im New-Yorker Loeb Music Center für die Folkgesellschaft der New-Yorker Universität. Dylan hatte mit zwölf Jahren Gitarre und Mundharmonika gelernt (aber nie Noten lesen) und sich mit 13 für eine Weile einem texanischen Jahrmarkt angeschlossen. 1959 begann er ein Kunststudium an der Universität von Minnesota, verließ den Campus Anfang 1961, um eine Musikerkarriere zu verfolgen. Kurze Zeit war er unter dem Namen Elston Gunn Pianist bei Bobby Vees Begleitband The Shadows.

Dylan gründete an der Hibbing High School in Minnesota diverse Bands, darunter auch die Rock'n'Roll-Combos The Golden Chords und The Rock Boppers (und schrieb ins Jahrbuch, er würde die Schule verlassen, um »Little Richard zu folgen«).

Rick Nelson

Ray Charles

Bobby Lewis

Als Ricky Nelson war er fast immer in den Top 10, als Rick schaffte er es nur noch viermal ... Ray Charles bekam als erster Künstler vier Grammys auf einmal ... Der in Indianapolis geborene und mit 12 adoptierte Bobby Lewis gelangte mit dem R&B-Klassiker *Tossin' And Turnin'* auf Platz 1.

Mai

5 Der **New Musical Express** druckt das Ergebnis einer Marktanalyse der Songwriter-Gilde ab. Demnach wurden 1960 im Radio 104 472 Platten gespielt, 39 Prozent davon aus England. Die BBC spielte 20 232 Platten, 2875 mehr als 1959, fast 27 Prozent davon waren einheimische Produkte.

6 **Bob Dylan** zeichnet in seinem Hotelzimmer im Montowesi Hotel in Branford, Connecticut (er wird dort auf dem Indian Neck Folk Festival auftreten) drei Woody-Guthrie-Songs auf Band auf: *Talking Columbia*, *Hangknot Slipknot* und *Talking Fish Blues*.

8 An seinem 21. Geburtstag ändert **Ricky Nelson** seinen Künstlernamen offiziell in Rick ab. Sein jüngster Hit *Travelin' Man* (Komponist Jerry Fuller hatte ihn zuerst **Sam Cooke** angeboten) ist auf dem Weg auf Platz 1 in den USA.

20 **Cliff Richard** gibt mit *A Girl Like You* sein Debüt in »Thank Your Lucky Stars« . Letzte Woche begannen in den ABC Elstree Studios die Dreharbeiten zu seinem Film »The Young Ones«.

31 **Chuck Berry** öffnet die Tore zu Berryland, seinem Freizeit-Vergnügungspark in Wentzville, Missouri, 32 km von St. Louis entfernt.

Juni

1 In Schenectady, Los Angeles und Chicago können die ersten amerikanischen Radiohörer Vollstereo-Sendungen empfangen. Die Federal Communications Commission führt die Technik im kommenden Jahr ein.

3 **Elvis Presleys** Titel *Surrender* macht den größten Sprung aller Zeiten in den Charts von Platz 27 auf Platz 1. Decca meldet 461 500 Vorbestellungen für die Single, seinem dritten Nr.-1-Hit in Folge (und ein neuer Chartrekord).

6 **Petula Clark**, die heute in Frankreich lebt, tritt in »La Nuit De La Chancellerie« auf, einem ungewöhnlichen Stück im Palais De Chaillot in Paris. Im Publikum sind die Präsidenten John Kennedy und Charles De Gaulle.

14 **Patsy Cline** zieht sich bei einem Frontalzusammenstoß vor der Madison High School, Nashville, beinahe tödliche Kopfverletzungen zu. Ihre rechte Hüfte erleidet eine Fraktur. Ein Beifahrer im anderen Unfallwagen wird getötet.

14 **Gene Vincent** stürzt am Schluss seines Auftritts im Majestic, Newcastle, dreißig Treppenstufen hinunter und bleibt bewusstlos liegen. Während des Konzerts kletterten Fans auf die Bühne und bedrängten ihn.

»Er versucht die raue Schönheit eines Feldarbeiters aus dem Süden einzufangen, der eine Melodie summt. ›Heiseres Gebell‹ durchzieht die Noten, und eine glühende Intensität erfüllt seine Songs.«

Robert Shelton über Bob Dylan, **New York Times**, 1961

16 Der 22-jährige Newcomer **Gary »U. S.« Bonds** aus Florida präsentiert *Quarter To Three*, seine erste (und einzige) Nr. 1 in den US-Charts bei »American Bandstand«. Der Millionenseller wird im Januar 1963 zum Gegenstand eines 100 000-$-Prozesses. **Chubby Checker** bringt sein Hit *Dancin' Party* einen Plagiatsvorwurf ein. Der Fall wird außergerichtlich geregelt.

Juli

1 **Del Shannon** steht mit *Runaway* vier Wochen lang in Warteposition, auf Platz 2 der britischen Charts, bis er endlich Elvis Presleys *Surrender* vom ersten Platz verdrängt. Er wurde der erfolgreichste seiner 14 Hits in England.

6 Die erste Ausgabe von **Mersey Beat** erscheint in England mit dem Ziel, die lebendige und zunehmend populäre Rock'n'Roll-Szene in Liverpool zu dokumentieren. Ein Essay von **John Lennon** hat die Überschrift: »Ein kurzer Ausflug zu den fragwürdigen Ursprüngen der Beatles.«

7 **Mary Wells**, die erste Sängerin mit einem Vertrag bei Motown Records, stellt ihre zweite Single *I Don't Want To Take A Chance* in der Sendung »American Bandstand« vor. Die 18-Jährige aus Detroit lernte Berry Gordy 1960 kennen, als sie ihm die Eigenkomposition *Bye Bye Baby* für **Jackie Wilson** anbot. Gordy schlug vor, sie solle ihn für sein Label selber aufnehmen.

15 Der 28-jährige R&B-Sänger **Bobby Lewis** – ein Freund von **Jackie Wilson** – schafft es nach fünf Jahren endlich: *Tossin' and Turnin'* steigt für sieben Wochen auf Platz 1 der US-Charts. Die Veröffentlichung auf dem New-Yorker Label Beltone wird damit zum längsten Nr.-1-Hit-Erfolg des Jahres, der außerdem zehn Wochen in der ›Pole Position‹ der R&B-Charts steht.

Gary »U.S.« Bonds war Ende der 70er mit einem von Bruce Springsteen und Steve Van Zandt produzierten Album ein Comeback vergönnt.

Der »Stax-Sound« ... Aus den Pendletones werden die Beach Boys ...

Booker T And The MG's lieferten den unverkennbaren rhythmischen »Stax-Sound«, der dutzende von Riesenhits prägte ... Die Tokens nahmen *The Lion Sleeps Tonight* auf, das sie beim Vorspielen für ihren RCA-Vertrag verwendet hatten, und kamen damit zu Weihnachten auf Nr. 1 in den USA.

The Tokens

21 Der 20-jährige Sänger und etablierte Hit-Songwriter **Gene Pitney** – er schrieb *Rubber Ball* für Bobby Vee und *Hello Mary Lou* für Rick Nelson – gibt sein »American Bandstand«-Debüt mit seiner neuen Single *Every Breath I Take* (von Goffin und King komponiert und von Phil Spector produziert). Der aus Connecticut stammende Pitney liefert neben einer Reihe eigener Hitsingles in den 60er-Jahren auch Spitzenmaterial für andere Künstler, darunter *He's A Rebel* für die **Crystals**. Die Spector-Produktion steht im kommenden Jahr an der Spitze der US-Charts.

27 Die Gesangstruppe **The Tokens** aus Brooklyn nimmt *The Lion Sleeps Tonight* in den New-Yorker RCA Studios auf. Ihre erste Single ist eine überarbeitete Version von Paul Campbells Komposition *Wimoweh*, die auf einem afrikanischen Volkslied basiert. Die RCA-Records-Hausproduzenten Hugo Peretti und Luigi Creatore verfassten mit dem Songwriter George Weiss einen neuen Text und Songtitel auf Englisch. Der Song ist bis heute in den unterschiedlichsten Formen ein Popklassiker. The Tokens bezogen sich auf die *Wimoweh*-Coverversion der **Weavers** von 1951, die wiederum auf einer Aufnahme des südafrikanischen Volksliedes *Mbube* der Zulu-Gruppe **Solomon Linda And The Evening Birds** von 1939 basierte. The Tokens wurden 1955 von Frontmann **Hank Medress** an der Lincoln High School, Brooklyn, als die Linc-Tones gegründet. Die damaligen Mitglieder **Neil Sedaka**, **Eddie Rabkin** und **Cynthia Zolitin** verließen die Gruppe 1958 und wurden von **Jay Siegel** und den Gebrüdern **Phil** und **Mitch Margo** ersetzt.

29 **Bob Dylan** macht bei der WRVR-Radiosendung »Saturday Of Folk Music« mit, einer zwölfstündigen Folk-Jam-Session in der Riverside Church in New York. Bei seinem 27-minütigen Auftritt spielt er mehrere Traditionals, darunter *Handsome Molly, Naomi Wise* und *Poor Lazarus.*

August

12 *Last Night* von den **Mar-Keys** steht auf Platz 3 der US-Charts. Die R&B-Instrumentalgruppe aus Memphis ist beim kleinen Label Satellite Records unter Vertrag, von Jim Stewart 1958 gegründet. Seine Schwester und künftige Geschäftspartnerin Estelle Axton nahm eine Hypothek auf, um das Firmenkapital für die Ampex-Studiotechnik und Geschäftsräume aufzustocken. Anfangs arbeiteten sie in einem kleinen Lagerhaus in Brunswick, Tennessee. 1960 ziehen die Geschwister zurück nach Memphis, in ein altes Kino an der East McLemore Street 926, in dem Axton auch einen Plattenladen eröffnet. Zu den ersten Künstlern gehören **Rufus Thomas** (der 1953 *Bear Cat* für Sun Records aufnahm) und seine junge Tochter **Carla**. Carla verschafft Satellite im März mit *Gee Whiz (Look At His Eyes)* den ersten US-Hit (Platz 10). Sie hatte ihn als Teil eines Fünfjahresvertrags für einen 5000-$-Vorschuss (von Jerry Wexler) an Atlantic verkauft. Während The Mar-Keys die Charts hochklettern, erfährt Stewart von einem gleichnamigen Label in Kalifornien und tauft Satellite Records in Stax um (»ST« für Stewart und »AX« für Axton). Die fertigen Kopien von *Last Night* bekommen neue Aufkleber – Stax 107 ist die erste Stax-Veröffentlichung. (Stewart hat bereits die 100-$-Wette gegen seine Schwester verloren – denn der Song wird zum Hit.) Die Gruppe The Mar-Keys – ehemals The Royal Spades – setzt sich zusammen aus Estelles Sohn **Charles »Packy« Axton** (Tenorsaxofon), **Jerry Lee »Smoochie« Smith** (Keyboards), **Don Nix** (Baritonsaxofon), **Steve Cropper** (Gitarre), **Donald »Duck« Dunn** (Bass) und **Terry Johnson** am Schlagzeug. Cropper und Dunn tun sich mit dem Schlagzeuger Al Jackson und dem jungen Pianisten Booker T. Jones zusammen. Die vier bilden die prägende Rhythmussektion für den »Stax-Sound« – das Gerüst dutzender großer Hits. Als **Booker T. And The MG's** veröffentlichen sie auch eigene Platten.

15 Das **Kingston Trio** ist mit seinem neuen Mitglied, dem 21-jährigen Sänger/Gitarristen **John Stewart** aus San Diego, erstmals im Studio. Sie nehmen *Jesse James* und *The Whistling Gypsy* auf. Im Lauf der Woche entstehen die übrigen Stücke für ihre LP ***Close Up***, die im kommenden Jahr als beste Langspielplatte einer Gesangsgruppe für den Grammy nominiert wird.

30 Der 24-jährige R&B-Sänger und Songwriter **Gene Chandler**, letztes Jahr aus seinem dreijährigen Dienst bei der US-Army entlassen, nimmt die neue Eigenkomposition *Duke Of Earl* für Vee-Jay Records in Chicago auf. Deren

Booker T. And The MG's

Talentsucher Calvin Carter hatte Chandlers Demo gehört, das Nat Records zuvor abgelehnt hatten. Der begeisterte Carter rief den Vee-Jay-Präsidenten Ewart Abner in Frankreich an. Ohne den Song gehört zu haben, gab dieser grünes Licht für einen Vertrag. *Duke Of Earl* – mit dem eingängigen Intro »Duke, Duke, Duke, Duke of Earl« – wird im Februar darauf der erste Millionenseller und Nr.-1-Hit des Labels.

September

6 **Bob Dylan** singt im New-Yorker Folkclub Gaslight Café sechs Songs, darunter *Song To Woody* und Woody Guthries *Car, Car*.

15 Der Musikverleger Hite Morgan aus Hollywood nimmt in seinem Heimstudio bei World Pacific Enterprises in der West Third Street 8175 mit den **Pendletones** *Surfin'* auf. Der 19-jährige Sänger und Gitarrist **Al Jardine** hatte ihm den Titel mit seiner Folkband bereits vorgetragen. Der Strand-Song stammt von Jardines Ex-High-School-Freund, dem Bassisten und Sänger **Brian Wilson** (ebenfalls 19) und Wilsons Cousin, dem 20-jährigen Sänger **Mike Love**. Die Idee dazu hatte Brians 16-jähriger Bruder **Dennis Wilson**, ein begeisterter Surfer und zudem Schlagzeuger. Außerdem nehmen sie *Luau* auf, geschrieben von Morgans Sohn Bruce, und *Lavender* (von Morgans Frau Dorinda komponiert). Den Pendletones – ehemals **Carl And The Passions** – gehört auch der jüngste Wilson-Bruder an, der 14-jährige Gitarrist **Carl**. Die Rechte an *Surfin'* gehen an Morgans Musikverlag Guild.

26 **Bob Dylan** tritt ein weiteres, zweiwöchiges Engagement in Gerde's Folk City im Vorprogramm für die **Greenbriar Boys** an. Unter der Überschrift »Bob Dylan: Ein unverwechselbarer Folksong-Stilist« schwärmt Robert Shelton, Musikkritiker der **New York Times**, Dylan gleiche »einer Mischung aus Chorknabe und Beatnik … mit einem engelhaften Blick und einem Wuschelkopf unter seiner schwarzen Huck-Finn-Cordmütze versteckt …« Shelton findet, Dylan würde vor Talent nur so strotzen.

29 **Bob Dylan** spielt bei einer Albumsession für die Folksängerin **Carolyn Hester** im Studio 29 der New-Yorker Columbia Records Studios auf drei Stücken Mundharmonika. Der Produzent **John Hammond Sr.**, der Dylan kürzlich bei Freunden von Hester kennen gelernt hatte, ist erneut so beeindruckt, dass er ihm einen Plattenvertrag anbietet. (Hammond, bereits eine Legende der Musikbranche, hat Leute wie **Pete Seeger**, **Billie Holiday**, **Bessie Smith** und **Count Basie** entdeckt und produziert.)

Oktober

2 Zum Gedenken an Gandhis Geburtstag präsentiert die Asia Society den indischen Sitar-Meister **Ravi Shankar** bei einem Konzert in der New-Yorker Town Hall. Der 41-jährige Shankar, zu Hause bereits einer der größten klassischen Sitarspieler, musiziert mit **Kanai Dutta** (Tabla), und **N. C. Mullick** (Tamboura). Zum ersten Mal wird die westliche Kultur mit den Ragas und Talas der indischen Musik konfrontiert. Dem Auftritt folgt Shankars erste Amerikatournee.

3 Die **Pendletones** gehen nochmal ins Heimstudio von Hite Morgan, um *Surfin'* und *Luau* neu aufzunehmen. Morgan lässt auf seinem Label X Record eine Single pressen, bringt sie zum lokalen Label Era Records von Herb Newman, das vom größeren Candix-Label vertrieben wird. Newman gefällt die Platte, nicht aber der Name der Gruppe. Candix'-Talentsucher Joe Saraceno spielt den Song Russ Regan vor, der bei Candix' Buckeye Record Distributors arbeitet. Die drei entscheiden sich für den Namen **Beach Boys**. Danach lässt Newman Kopien für sein Label Candix pressen und sie an Bill Angel von KFWB-Radio in Los Angeles schicken.

14 **Ray Charles** tritt mit seiner 16-Mann-Band und dem Begleitchor Raelets das rekordverdächtige Siebentage-Engagement im Pariser Sportpalast an. Schon vor dem Eröffnungsabend waren alle 25 000 Plätze für die geplanten fünf Konzerte ausverkauft. Für die **New York Times** ist Charles' Erfolg »der letzte Beweis, wie populär hier der amerikanische Jazz ist, der auch 16 Jahre nach Ende des Zweiten Weltkriegs keinerlei Ermüdungserscheinungen zeigt«. Als die Konzerte stattfinden, sind die Franzosen hin und weg vom Twist, nach Cha-Cha-Cha und Merengue. Inzwischen sind 45 Twist-Scheiben auf dem französischen Markt, wobei **Johnny Hallydays** Version derzeit an der Spitze der dortigen Charts steht.

22 Der Twist hat angesagte Nachtclubs wie die New-Yorker Peppermint Lounge erobert. **Chubby Checker** singt in der »Ed Sullivan Show« *The Twist* (mit den twistenden Do-Re-Mi-Tänzern) und seinen neuesten Modetanz-Hit *The Fly*. Gast in der Show ist auch der neue englische Schnulzensänger **Matt Monro**.

28 Der Plattenkäufer Raymond Jones ruft in Brian Epsteins NEMS-Plattenladen in Liverpool an, um zu erfahren, ob *My Bonnie*, die einzige deutsche Platte der **Beatles** (im August unter dem Namen **Tony Sheridan And The Beat Brothers** erschienen) lieferbar ist. Epstein kennt die Platte nicht und vermutet, es handelt sich um eine deutsche Band, will aber weiter nachforschen.

»Gewisse Erwachsene haben aus dem Twist etwas Anzüglicheres gemacht, als er ist. Es handelt sich nicht um einen sexuellen Tanz und es sollte auch keiner werden.« Chubby Checker über den Modetanz, 1961

Als Chubby Checker im Oktober *The Twist* in der »Ed Sullivan Show« sang, brachte die erneute Nachfrage die Single am 13. Januar 1962 ein zweites Mal auf Platz 1. Sie war die erste Platte, der das gelang.

Oktober 1961

Auf der Gedenktafel für Hank Williams in der Country Music Hall of Fame steht: »Die schlichte Schönheit seiner Melodien und die prägnanten, von seinen eigenen Erfahrungen durchdrungenen Geschichten seiner traurigen Texte werden für immer weiterleben.«

Phil Spector startet das Label Philles ... Die Country Music Hall of Fame ...

29 Oscar Brand von WNYC-Radio macht mächtig Reklame für **Bob Dylans** Konzert in der Carnegie Chapter Hall, New York, am kommenden Samstag. Er interviewt Dylan, der auch zwei Songs live spielt: Woody Guthries *Sally Girl* und das Traditional *The Girl I Left Behind*.

30 **Phil Spectors** Label Philles startet in New York mit der Veröffentlichung von *Oh, Yeah, Maybe Baby* von den **Crystals** und *There's No Other (Like My Baby)* (Philles 100). Der Name Philles setzt sich aus Phils Vornamen und den ersten drei Buchstaben des Namens seines Kompagnons Lester Sill (besitzt mit Lee Hazlewood auch Trey Records) zusammen. Als Produzent aller Philles-Platten konzentriert sich Spector auf die Entwicklung völlig neuer Sounds und Aufnahmetechniken und setzt die allerneueste Studiotechnologie ein.

Das R&B-Trio The Marvelettes aus Inkster, Michigan, brachte in den 60ern 23 Platten in die Charts, aber keine war so erfolgreich wie ihr Debüt *Please Mr. Postman*.

November

3 Die Country Music Association in Nashville gibt die Gründung der Country Music Hall Of Fame bekannt. Die ersten Ehrenmitglieder dieser Institution sind **Hank Williams**, **Fred Rose** und **Jimmie Rodgers**, der »Vater der Countrymusik«. Rodgers, der bereits 1933 gestorben ist, schuf einen zeitlosen Sound, und sein Einfluss machte sich bis zu den Anfängen des Rock'n'Roll in den 50er-Jahren bemerkbar. Er war der Erste, der Hillbilly mit Blues verband.

4 ***I'm 21 Today***, von **Cliff Richard** an seinem Geburtstag vor drei Wochen veröffentlicht, steht an der Spitze der UK-Charts.

4 **Bob Dylan** ist seit dem 26. Oktober bei Columbia unter Vertrag. Bei einem Auftritt – gedacht als Werbeveranstaltung für die Mitarbeiter der Plattenfirma – spielt er sieben Songs (eine Mischung aus Bukka White, Leadbelly, Guthrie und Bessie Smith). Trotzdem kommen lediglich 53 Besucher ins Folklore Center der Carnegie Chapter Hall, New York. Der Eintritt kostet 2 $, sein Gage beträgt 20 $.

6 **Joey Dee And The Starliters** spielen bei einer Spendengala im New-Yorker Four Seasons Hotel. Das Abendessen unter dem Motto »The Twist« – für die Girls' Town Charity – ist mit das wichtigste gesellschaftliche Ereignis des Jahres. Die Starliters aus New Jersey (Frontmann Joseph DiNiola ist ein früherer Mitschüler der **Shirelles**) waren letztes Jahr Hausband in der Peppermint Lounge, in der 45. Straße zwischen Broadway und 7th Avenue. Die Lounge ist laut der **New York Times** zum absoluten In-Treff der Society avanciert. »Seit den Harlem-Voyeuren in den 20er-Jahren machten die Nachtschwärmer nicht mehr derart die Runde. Greta Garbo, Noel Coward, Elsa Maxwell, Tennessee Williams, der Herzog von Bedford und Gräfin Bernadotte – oft im Smoking und Dior-Kleid – kabbeln sich mit Matrosen, den unvermeidlichen Lederjacken-Trägern und Mädchen in Torerohosen um den Zutritt ins protzige Interieur des Peppermint.« Zwei Wochen später steigt der *Peppermint Twist* von Dee And The Starliters – ein Pop-Cocktail-Mix aus legendärem Nachtclub-Flair und dem größten Modetanz des Jahres – an die Spitze der US-Charts.

7 **Ray Charles**, der kurz zuvor am 14. Oktober mit *The Road Jack* seine zweite Nr.-1-Hit in den USA gelandet hat, wird in Indianapolis verhaftet. Die Polizei hat in seinem Hotelzimmer Heroin, Marihuana und ein Drogenbesteck gefunden. Charles, der schon mit 16 Jahren Drogen konsumierte, wurde 1955 erstmals wegen Drogenbesitzes verhaftet.

9 Wegen der Anfrage von Raymond Jones bezüglich der einzigen deutschen **Beatles**-Platte im Oktober sieht sich der Plattenhändler **Brian Epstein** zum ersten Mal einen Auftritt der Band im Cavern an. In einem Radiointerview auf BBC beschreibt Epstein seinen ersten Eindruck später so: »Ihre Klamotten waren auf höchst attraktive Weise sehr abgewetzt. Schwarze Lederjacken und Jeans. Natürlich lange Haare und ziemlich lässig auf der Bühne. Es war ihnen nicht bewusst und ziemlich egal, wie sie aussahen. Meiner Meinung nach war es ihnen schon damals wichtiger, wie sie klangen.«

Aufgrund positiver Mundpropaganda standen die Beatles auf dem Plakat der Operation Big Beat vor einigen bekannteren Liverpooler Bands ... Ihr erster Auftritt in Südengland (in Aldershot) wurde als »Bandwettstreit – Liverpool gegen London« angekündigt. Es kamen nur 18 Zuhörer ... Ray Charles wurde als »kreativster Musikgigant seiner Generation« gefeiert.

Ray Charles hatte Ende der 50er und Anfang der 60er oft Probleme wegen seines Drogenkonsums.

Dick Dale, der König der Surfgitarre, schuf mit seiner Fender Stratocaster und seiner speziellen Spielweise einen unverkennbaren Sound.

13 ABC-Paramount stimmt zu, **Paul Ankas** Vertrag vorzeitig aufzulösen. Eine Woche später unterschreibt er für eine Mio. $ bei RCA Records. Doch dort gelingt ihm nicht ein Top-10-Hit.
14 In Washington D.C. dementiert Pierre Salinger, der Pressesprecher des Präsidenten der USA, Presseberichte, wonach am Samstag im Weißen Haus Twist getanzt worden sei. »Ich war bis drei Uhr da, und niemand tanzte Twist.«
20 **Bob Dylan**, der seit dem 26. Oktober bei Columbia Records unter Vertrag ist, macht in deren New-Yorker Studio seine ersten Plattenaufnahmen (Hammond schätzt die Produktionskosten auf insgesamt 402 $). Hammond steht am Mischpult, Dylan begleitet sich mit Gitarre und Mundharmonika selbst. Bei der dreistündigen Session entstehen neun Stücke, darunter *Man of Constant Sorrow* und *Ramblin' Blues*. Am Mittwochnachmittag kommen weitere Aufnahmen hinzu, allesamt für sein Debütalbum, das schlicht ***Bob Dylan*** heißen wird.
25 Beide **Everly Brothers** werden als Reservisten des US Marine Corps in Nashville vereidigt. Ihr Einberufungsbefehl kommt aus Camp Pendleton, San Diego. In Oceanside, Kalifornien, machen sie die Grundausbildung als Artilleristen des 8. Bataillons. Zu ihrem sechsmonatigen Dienst gehört auch der Umgang mit 105-mm-Haubitzen.

Dezember

8 Die **Supremes** nehmen nach dem Ausstieg von **Barbara Martin** als Trio ihre zweite Single für Motown im Motown-Studio in Detroit auf. Smokey Robinson hat *Your Heart Belongs To Me* komponiert und wirkt auch als Produzent.
13 Mike Smith, Talentsucher bei Decca, sieht sich im Auftrag seines Chefs Dick Rowe die **Beatles** im Cavern Club live an. Daraufhin empfiehlt Smith seiner Plattenfirma, Probeaufnahmen mit der Band zu machen.
16 *Please Mr. Postman* von den **Marvelettes** beschert Motown (durch das Tamla-Lable) den ersten US-Nr.-1-Hit. Die Hauskomponisten und -produzenten Robert Bateman und Brian Holland haben den Song mit verfasst, Schlagzeug spielte der 22-jährige Motown-Newcomer **Marvin Gaye**. Zu den vielen Coverversionen gehört auch die der Beatles. Das R&B-Gesangsquintett hatte sich als The Casinyets an der High School in Inkster, einem Vorort von Detroit, gegründet und einen Talentwettbewerb von Motown gewonnen. Label-Chef Berry Gordy änderte ihren Namen.
29 Im sonnigen Kalifornien kommt die Surfmusik-Welle ins Rollen. Im Rendezvous Ballroom treten die **Beach Boys** neben **Dick Dale**, den **Surfaris** (eine Teenager-Surfgruppe aus Glendora) und den **Challengers** auf. In der Pause spielen sie zwei Songs. Dale stammt aus Quincy, Massachusetts, zog aber als Jugendlicher mit seiner Familie ins kalifornische El Segundo. Der Multiinstrumentalist Dale spielte früher Country und Rockabilly, zuerst als Frontmann der **Del-Tones** – der Hausband im Rinky Dink Ice Cream Parlor – und danach bei The Rendezvous. Sie stiegen zur beliebtesten Liveband in der Gegend auf. Dale spielte Leadgitarre und entwickelte einen schnellen, stark verhallten Stakkato-Stil, um den Rhythmus seiner Passion, dem Surfen, nachzuahmen. Dale löste damit eine neue Welle aus und wurde in Südkalifornien oft kopiert.
31 Die lokale Radiostation KFWB hat die **Beach Boys** für einen »Ritchie Valens' Memorial Dance« im Municipal Auditorium in Long Beach angeheuert. Ihre Gage beträgt 300 $. Auf KFWB hatte **Brian Wilson** zum ersten Mal die **Four Freshmen** gehört. Das Jazzvokal-Quartett mit dem perfekten Harmoniegesang wurde 1948 gegründet und war Wilsons größter musikalischer Einfluss.

»Er sagte: Es sind vier Jungs. Ich würde sie gerne managen. Das nimmt sicher nie mehr als zweieinhalb Tage am Stück in Anspruch. Er sagte, das Geschäft würde bestimmt nicht darunter leiden.«

Queenie Epstein, nachdem ihr Sohn Brian die Beatles im Cavern Club gehört hatte, November 1961

ROOTS **In diesem Jahr debütiert Peter Frampton aus Beckenham bei einem bunten Abend der Pfadfinder mit *A Girl Like You* und *Poor Me* ... steigt Reginald Dwight, der an der Londoner Royal Academy of Music studiert und mit Pub-Songs bereits als Solopianist drei Abende die Woche im Northwood Hills Hotel gastierte, bei der R&B-Band Corvettes ein ... nimmt Bob Marley, der Sohn des britischen Hauptmanns Norval Sinclair Marley, für den jamaikanischen Musikunternehmer Leslie Kong die selbst komponierte Single *Judge Not (Unless You Judge Yourself)* auf, auf der er als »Bob Morley« aufgeführt wird ... spielen die Liverpooler John McNally und Mike Pender als Instrumentalduo The Searchers (nach dem Westernklassiker von John Ford) in ihrem heimischen Pub in Kirkdale ... geht Dave Prater, der Chef des King of Hearts Club in Miami, spontan mit auf die Bühne, als dort gerade der frühere Gospelsänger Sam Moore auftritt; die Chemie zwischen beiden stimmt sofort, und Sam And Dave werden ein Duo ...**

You've Really Got A Hold On Me

1962

Nr. 1 US-SINGLES

06. Jan. The Lion Sleeps Tonight **Tokens**
13. Jan. The Twist **Chubby Checker**
27. Jan. Peppermint Twist **Joey Dee And The Starliters**
17. Febr. Duke Of Earl **Gene (Duke of Earl) Chandler**
10. März Hey! Baby **Bruce Channel**
31. März Don't Break The Heart That Loves You **Connie Francis**
07. Apr. Johnny Angel **Shelley Fabares**
21. Apr. Good Luck Charm **Elvis Presley**
05. Mai Soldier Boy **Shirelles**
26. Mai Stranger On The Shore **Acker Bilk**
02. Juni I Can't Stop Loving You **Ray Charles**
07. Juli The Stripper **David Rose & His Orchestra**
14. Juli Roses Are Red **Bobby Vinton**
11. Aug. Breaking Up Is Hard To Do **Neil Sedaka**
25. Aug. The Loco-Motion **Little Eva**
01. Sept. Sheila **Tommy Roe**
15. Sept. Sherry **Four Seasons**
20. Okt. Monster Mash **Bobby (Boris) Pickett And The Crypt Kickers**
03. Nov. He's A Rebel **Crystals**
17. Nov. Big Girls Don't Cry **Four Seasons**
22. Dez. Telstar **Tornadoes**

Nr. 1 UK-SINGLES

06. Jan. Moon River **Danny Williams with Geoff Love And His Orchestra And The Rita Williams Singers**
13. Jan. The Young Ones **Cliff Richard And The Shadows**
24. Febr. Rock-A-Hula Baby/Can't Help Falling In Love **Elvis Presley with the Jordanaires**
24. März Wonderful Land **Shadows**
19. Mai Nut Rocker **B. Bumble And The Stingers**
26. Mai Good Luck Charm **Elvis Presley**
30. Juni Come Outside **Mike Sarne**
14. Juli I Can't Stop Loving You **Ray Charles with the Jack Halloran Singers**
28. Juli I Remember You **Frank Ifield**
15. Sept. She's Not You **Elvis Presley with the Jordanaires**
06. Okt. Telstar **Tornados**
10. Nov. Lovesick Blues **Frank Ifield with Norrie Paramor And His Orchestra**
15. Dez. Return To Sender **Elvis Presley with the Jordanaires**

George Martin

The Miracles

George Martin hatte sich u.a. mit der Produktion von Comedy-Platten für die Goons einen Namen gemacht und nahm die ersten Songs einer jungen Liverpooler Band namens The Beatles auf ... Die Miracles wurden dank ihres Leadsängers Smokey Robinson eine der ersten Erfolgsgeschichten des Labels Tamla Motown.

Pop und Rock aus England führte lange ein Schattendasein im Vergleich mit der lebendigen US-Szene. **Cliff Richard**, **Tommy Steele** und **Helen Shapiro** waren zu Hause Bestseller ohne Einfluss auf den US-Markt. **Lonnie Donegan** gelangen in fünf Jahren zwei US-Top-10-Platzierungen. Doch vier Jungs aus Liverpool sollten mithilfe von EMI-Produzent **George Martin** für die transatlantische Balance sorgen. Schon bei der ersten von vielen legendären Studiosessions der **Beatles** in der Abbey Road war Martin begeistert von den Songs *Please Please Me* und *Love Me Do* (die erste Single). Und mit den **Rollin' Stones** folgte ein weiteres Quartett aus London, das zu Beginn Bluesstandards coverte.

In den USA ging es mit Motown weiter steil bergauf, aufgrund der Package-Tourneen seiner Stars und dem Millionenseller –*You've Really Got A Hold On Me* von den **Miracles**. Ende des Jahres erschien das erste Album von **»Little« Stevie Wonder**. Sein Songwritertalent, die volltönende Stimme und sein Mundharmonikaspiel ließen Großes ahnen. Mit 21 war **Phil Spector** bereits ein brillanter Produzent, aber auch skurpelloser Geschäftsmann. Ende 1962 war er der alleinige Inhaber des Labels Philles und bereits Millionär. **Bob Dylan** spielte nach seinem Debütalbum auf **Harry Belafontes** ***Midnight Special*** Mundharmonika und nahm etliche Eigenkompositionen auf, wie *Blowin' In The Wind* und *Masters of War*, ein Protestsong gegen die Rüstungsindustrie. Das Folktrio **Peter, Paul And Mary** trat in seine Fußstapfen und unterschrieb bei Warner Bros. einen Vertrag.

An der Westküste zeichneten die **Beach Boys** mehrere Songs auf, die sich allesamt um Themen wie das Wellenreiten, Mädchen und Autos drehten. Bald wurde deutlich, dass **Brian Wilson** der kreative Motor der Band war. Er schrieb fast alle Songs und Arrangements aus unverwechselbaren Harmonien in Verbindung mit einem Beat, der an **Chuck Berry** erinnerte. Dank hoher Verkaufszahlen in Kalifornien schafften sie es mit der ersten Single *Surfin'* in die US-Charts.

Chris Blackwells aufstrebende Island Records ließen erahnen, was die Karibik zu bieten hatte. Er machte Ska, Reggae und Rocksteady einem internationalen Publikum zugänglich. **Bob Marley** schrieb bereits Songs für die Unterprivilegierten auf Jamaika. Auf *Judge Not* etwa verteidigte er die unter den Jugendlichen in Kingston verbreitete »Rudeboy«-Kultur.

Das futuristische Werk *Telstar* von den **Tornados** mit seiner hellen Begeisterung für die modernen Technologien dominierte die Chartspitze hüben wie drüben. Der erste Nachrichtensatellit hatte den unabhängigen Produzenten **Joe Meek** zu diesem temporeichen Instrumental inspiriert. Aber es gab 1962 auch genügend modische Neuheiten: **Bobby Picketts** *Monster Mash*, eine Boris-Karloff-Parodie, verkaufte sich bis heute vier Millionen Mal – *Nut Rocker* von **B. Bumble And The Stingers** und *The Peppermint Twist* von **Joey Dee And The Starliters**. Zur gleichen Kategorie, wenn auch traditioneller, gehörte **Little Eva** und ihr US-Sommerhit *The Loco-Motion*. Der Song stammte von **Carole King**, bei der Eva Babysitter war. Ein weiterer Beweis, dass es viele Wege zu einem Hit gibt. Wie auch der Trompeter **Herb Alpert**, der von seiner Garage aus das kleine Label A&M Records ins Leben rief

»In puncto Größe und Einfluss war [Phil Spector] für die Plattenindustrie, was Orson Welles für Hollywood war.«

Andrew Loog Oldham, **Stoned**, 2001

Januar

1962

Die Beatles spielen ohne Erfolg bei Decca Records vor ... »Pick Of The Pops« ... Ray Charles singt Countrysongs ...

Januar

1 Die **Beatles** spielen im Studio von Decca Records in West Hampstead, London, dem Produzenten Mike Smith vor (der Tony Barrow vom **Liverpool Echo** berichten wird: »Ich glaube, die Beatles sind großartig.«). Innerhalb einer Stunde nehmen sie 15 Stücke auf – eine Mischung aus Rock'n'Roll-, R&B- und Countrysongs und drei Lennon/McCartney-Kompositionen: *Hello Little Girl, Like Dreamers Do* und *Love Of The Loved.* Nach den Aufnahmen heißt es dann: »Wir melden uns wieder.« Anschließend haben **Brian Poole And The Tremeloes** ein Vorspielen bei der Plattenfirma. Decca nimmt die fünfköpfige Band aus Dagenham, Essex (das näher am Sitz der Decca liegt als Liverpool), statt der Beatles unter Vertrag.

2 Das altgediente Folkquartett **The Weavers** darf in der NBC-Fernsehsendung »Jack Paar« nicht auftreten, weil sich seine Mitglieder weigern, eine eidesstattliche Erklärung zu unterschreiben. Die NBC-Anwälte verlangen, dass sie schriftlich erklären, dass sie weder Mitglieder der Kommunistischen Partei waren noch sind, was sie aber ablehnen. NBC bestätigt, dass man den Auftritt der Gruppe gestrichen hat mit der Begründung, dass es seit langem Firmenpolitik sei, »Künstler auszuschließen, die das Medium für Zwecke der Kommunistischen Partei nutzen«. Weiterhin heißt es: »Falls Zweifel über derlei Kontakte bestehen, versucht NBC Informationen über den betreffenden Künstler einzuholen. Zwei von vier Mitgliedern der Gesangsgruppe namens The Weavers haben eine diesbezügliche Aussage vor einem Kongressausschuss verweigert.«

Cliff Richard begann das Jahr mit *The Young Ones* und beendete es mit *Bachelor Boy* – zwei der über 100 britischen Hits in seiner Laufbahn.

Decca nahm statt der Beatles Brian Poole And The Tremeloes unter Vertrag, doch ihr erster Hit war *Twist And Shout.*

4 **Mersey Beat** wählt erstmals seine Lieblingsgruppe. Natürlich stehen die **Beatles** auf Platz 1, gefolgt von **Gerry And The Pacemakers**.
7 »Pick Of The Pops« startet erneut mit Discjockey Alan Freeman, jetzt als einstündige Sendung zwischen 16 und 17 Uhr. Seit langem ein Bestandteil der leichten Unterhaltung auf BBC, wurde die Sendung bisher Samstagnacht im Rahmen der »Trad Tavern« ausgestrahlt. Auf dem neuen Sendeplatz wird es zur beliebtesten Musiksendung der BBC. In verlängerter Form hat sie als »The Official UK Top 40« bis ins 21. Jahrhundert überlebt. Die erste Nr. 1 im Programm war **Danny Williams** mit *Moon River*.
13 **Chubby Checkers** Dauerbrenner *The Twist* wird wird in den USA neu veröffentlicht und steigt für zwei Wochen abermals an die Spitze der Hot 100. Es ist die einzige Single, die es zwei Mal auf Platz 1 der US-Charts schaffte.
26 Bischof Burke von der katholischen Diözese Buffalo in New York verbietet per Dekret seinen Gemeindemitgliedern und ihren Kindern das Tanzen, Singen, Anhören oder Kaufen von allem, was das Twist-Phänomen betrifft. (Ein ähnliches Verbot wurde am 3. Januar in Tampa, Florida, ausgesprochen).
28 **Adam Faith** tritt in der BBC-Fernseh-Talkshow »Meeting Point« mit dem Erzbischof von York, Dr. Donald Coggan, auf. Coggan hatte letzten Samstag eine heftig umstrittene Bemerkung über Faith gemacht.
29 Das Folktrio **Peter** (Yarrow), **Paul** (Stookey) **And Mary** (Travers) unterschreibt bei Warner Brothers Records. Letztes Jahr gegründet, sind sie in den Folkcafés von Greenwich Village der Hit. Der Vertrag kam durch Folkmusik-Impresario und Veranstalter Albert Grossman zu Stande.

Februar

1 Das Thistle Café in West Kirby, Cheshire, wird für einen Abend zum »Beatle Club« geadelt, denn es ist Brian Epsteins erste Buchung für die Band. Zur Feier des Tages reduziert er seine sonst übliche Provision auf 10 Prozent der Abendeinnahmen (magere 18 £). Bezeichnenderweise werden die **Beatles** an diesem Ort kein zweites Mal auftreten.
2 **Bob Dylan** spielt auf dem Titelsong von **Harry Belafontes** nächstem Album ***Midnight Special*** Mundharmonika. Die Session mit Produzent Hugo Montenegro findet in der New-Yorker Webster Hall statt. Bei Dylans nächster Aufnahmesession am 2. März wird er auf vier Stücken von Victoria Spivey in den New-Yorker Cue Recording Studios Mundharmonika spielen und Backgroundgesang beisteuern.
5 Die **Beatles** brauchen Ersatz für ihren erkrankten Schlagzeuger **Pete Best**, weil sie mittags im Cavern und abends im Kingsway Club in Southport auftreten werden. Die Wahl von **John**, **Paul** und **George** fällt auf **Ringo Starr**, der zum ersten Mal mit der Band spielt.
8 Im World Pacific Studio nehmen die **Beach Boys** *Surfin' Safari, Surfer Girl, Judy* und *Beach Boys Stomp (aka Karate)* für das Label Candix auf. Ihre Debütsingle *Surfin' Safari* steigt zwei Wochen später in die US-Charts ein. Sie treten nun regelmäßig im Rainbow Gardens und den Cinnamon Cinder Clubs in Los Angeles auf.
15 In den United Studios von Hollywood spielt **Ray Charles** *I Can't Stop Loving You* – 1958 ein Countryhit für den Komponisten Don Gibson – und *You Don't Know Me* ein. Ersteres wird zur Nr. 1 der US-Charts, steht zehn Wochen lang auf Platz 1 im R&B-Bereich und wird für ihn zur ersten UK-Nr.-1, während der zweite Song in den USA auf Platz 2 steigt. Beide Titel sind auf dem Album ***Modern Sounds In Country And Western Music*** enthalten, einem Meilenstein der Musikgeschichte, von Sid Feller produziert. R&B-Veteran Charles lässt sich ganz auf die Countrymusik ein. Das Crossover ist sowohl ein Kritiker- als auch Verkaufserfolg und rast am 11. August für 14 Wochen an die Spitze der Charts.

»Kein privates Unternehmen wie NBC hat die Macht oder das Recht, Beweise für den Patriotismus eines Bürgers zu verlangen.«

Fred Hellerman von den Weavers, 2. Januar 1962

16 Nach zwei schlecht verkauften Bigband-Alben in zwei Jahren will Epic Records, ein Label der Columbia, **Bobby Vinton** fallen lassen. Vinton muss noch eine Single abliefern. Er arbeitet dieses Mal mit Band und entscheidet sich für die Countryversion von *Roses Are Red*, das er auf einem Demoband entdeckt. Komponiert wurde der Song von Paul Evans und Al Byron, produziert von Bob Morgan. Die B-Seite wird *Mr. Lonely*, das er während seiner Armeezeit schrieb. Um die Platte zu promoten, bringt er sie selbst in die Plattenläden und verteilt Rosen an Radiostationen. Vintons persönlicher Einsatz lohnt sich. *Roses Are Red* steht im Juli an der Spitze der US-Charts und wird bis August eine Million Mal verkauft. (Vinton bleibt bei Epic und bringt dem Label bis Ende der 60er-Jahre über 30 Hits ein.)
18 Fünf Tage nach Ende ihrer Grundausbildung präsentieren die **Everly Brothers** in der »Ed Sullivan Show« ihre neue Single. In Marineuniformen und mit Kurzhaarschnitt singen sie *Crying In The Rain* und *Jezebel*.
19 **Chuck Berry** tritt eine dreijährige Strafe in der staatlichen Besserungsanstalt Indiana an und verbüßt davon 20 Monate. Ende 1959 wurde ihm vorgeworfen, er habe eine Minderjährige in unsittlicher Absicht über die Staatsgrenze gebracht. Die erste Anklage wurde fallen gelassen, letzten Oktober aber erneut verhandelt.

März

8 Die Abteilung Leichte Unterhaltung der BBC sendet »Teenager's Turn – Here We Go«, zugleich das Radiodebüt der **Beatles**, aufgenommen im Playhouse Theatre in Manchester. Zum ersten Mal treten sie im Anzug mit weißem Hemd und Krawatte auf und spielen Roy Orbisons *Dream Baby*, Chuck Berrys *Memphis, Tennessee* und *Please Mr. Postman* von den Marvelettes.
13 Der Variety Club wählt bei den jährlichen Great Britain Awards **Cliff Richard** »wegen seiner Platten, seiner Filmrolle in ›The Young Ones‹ und seinen erfolgreichen Konzerten im In- und Ausland« zur Show-Persönlichkeit des Jahres 1961. Richard nimmt das Silberne Herz mit den Worten entgegen: »Das macht mir richtig Angst, ich weiß ja nicht, ob ich dieser Ehre gerecht werde. Egal, wie lange mir noch bleibt, ich versuche das Beste daraus zu machen.« Schauspielerin Rita Tushingham und **Helen Shapiro** (für ihre ersten drei Platten) sind die Nachwuchskünstlerinnen des Jahres. Shapiro kommentiert die Auszeichnung so: »Ich fühle mich sehr geehrt und hoffe, dass ich mich als würdig erweise.« Für die **Shadows** beginnt ein sechstägiges Engagement im Pariser Olympia. Als erste britische Band sind sie die dort die Stars eines Unterhaltungsabends.
17 **Blues Incorporated** spielen erstmals im Londoner Ealing Jazz Club. Der lose Gruppenverband engagierter, britischer Bluesmusiker um den altgedienten Gitarristen **Alexis Korner** als Frontmann und den Mundharmonikaspieler **Cyril Davies** wird zu einer Art Ausbildungsstätte für junge englische Bluesmusiker. An diesem Abend sind mit dabei: der Pianist **Dave Stevens**, der Saxophonist **Dick Heckstall-Smith**, der Bassist **Andy Hoogenboom** und **Charlie Watts**, ein 20-jähriger Schlagzeuger aus Islington, London.
30 **Billy Fury** (beendete soeben die Dreharbeiten zur Musicalverfilmung »Play It Cool« in den Pinewood Studios, die erste Regiearbeit von Michael Winner) wird nach einem Ohnmachtsanfall im Adelphi, Slough, ins Krankenhaus eingeliefert. Es besteht der Verdacht eines Nierenleidens, das ihn schon im September plagte. Eine Woche später wird er wieder entlassen. Bis Fury wieder gesund ist, springt **Marty Wilde** auf der Tournee für ihn ein.
30 Der Film »It's Trad Dad!« (»Twen-Hitparade«) hat im Londoner Pavilion Premiere: In den Hauptrollen **Helen Shapiro** – sie steht mit der LP ***Tops With Me*** diese Woche auf Platz 2 der UK-Charts – und Craig Douglas. Die magere Handlung rankt sich um den Auftritt aktueller Stars wie etwa **Gene Vincent** (*A Spaceship To Mars*), den **Brook Brothers** (*Double Trouble*), **Del Shannon** (*You Never Talked About Me*), **Gene McDaniels** (*Another Tear Falls*), **Chubby Checker** (*Lose-Your-Inhibitions Twist*) und **John Leyton** (*Lonely City*). Es handelt sich um das Kinodebüt des Regisseurs Richard Lester, der später zwei Genre bestimmende Musikfilme der 60er-Jahre drehen wird: »A Hard Day's Night« und »Help!«.

April 1962

Erste Platte von Island Records ... Stones-Debüt im Marquee ... *Telstar* ...

The Tornados

Ex-Shadows-Schlagzeuger **Tony Meehan** landet er im kommenden Jahr drei Top-5-Hits; *Diamonds, Scarlett O'Hara* und *Applejack*. Zum Staraufgebot des Abends gehören auch **Cliff Richard**, **Helen Shapiro**, **Brenda Lee**, **Adam Faith** und **Billy Fury**. Zudem treten die **Springfields** auf, ein britisches Folktrio, das seit letztem Jahr bei der Plattenfirma Philips unter Vertrag ist. Der Gruppe gehört **Dusty Springfield** an, Ex-**Lana-Sisters**-Sängerin und Gitarristin, die morgen ihren 23. Geburtstag feiern wird.

24 **Bob Dylan** nimmt in den Columbia Records Studios sieben weitere Stücke auf, darunter die Eigenkomposition *Blowin' In The Wind*. Von morgen an wird er mit Unterbrechungen bis Ende des Jahres an seinem zweiten Album ***The Freewheelin' Bob Dylan*** arbeiten. (Im August kommenden Jahres wird das Album Dylan endlich seinen ersten Charterfolg bescheren.)

Bob Dylans zweite LP von 1963 war sein erstes Chart-Album – das erste von über 40 ... Die Tornados waren Studiomusiker, die als Begleitband für Billy Fury engagiert wurden, nahmen mit *Telstar* aber auch eines der bekanntesten Instrumentals aller Zeiten auf.

Tonbandaufnahmen auf Vinyl pressen kann, überspielt der Toningenieur Ted Huntly für ihn die Decca-Demobänder der **Beatles**. Er findet die Songs gut und schickt Epstein zu Sidney Coleman, dem Direktor des Verlags Ardmore & Beechwood. Coleman wiederum arrangiert für den morgigen Tag ein Treffen mit dem EMI-Produzenten **George Martin**.

13 **Helen Shapiro**, **Matt Monro**, **Anthony Newley**, **Tony Osborne**, **Ron Grainer** und **Johnny Dankworth** treten bei den siebten Ivor Novello Awards auf, übertragen aus der Londoner BBC-

»Joe schickte mir eine Platte [*Telstar*]. Ich dachte: Oh Gott, ich kann niemandem sagen, dass ich da mitspiele.« Tornados-Drummer Clem Cattini

Obwohl er die Beatles schon verlassen hatte, blieb Stuart Sutcliffes Einfluss auf die Gruppe sogar nach seinem Tod bestehen.

April

10 **Stuart Sutcliffe**, der bei seiner Verlobten Astrid Kirchherr in Hamburg lebt, liegt krank im Haus ihrer Mutter in Altona. Im Februar hatte er wegen heftiger Kopfschmerzen einen Arzt aufgesucht. Heute stirbt der 21-Jährige in einem Krankenwagen in den Armen seiner Freundin. Seine Leiche wird nach England überführt und auf dem Friedhof der Huyton Parish Church begraben.

13 Für die **Beatles** beginnt eine weitere, wahnsinnig anstrengende Spielzeit in Hamburg. Im neu eröffneten Star-Club treten sie 48-mal in Folge auf, wobei sie nur einen freien Tag haben. Zwei Wochen lang teilen sie sich den Abend mit **Gene Vincent** und nehmen als Begleitgruppe von **Tony Sheridan** mit dem Produzenten Bert Kaempfert nebenbei zwei Stücke auf.

15 **Jet Harris'** letzter Auftritt mit den **Shadows** findet beim jährlichen **New Musical Express** Poll Winners Concert im Empire Pool, Wembley, vor 10 000 ahnungslosen Fans statt. Im Team mit

29 Obwohl sein Sohn Steve Allen vor fünf Tagen im häuslichen Swimmingpool ertrunken war (während Myra Lewis das Osteressen vorbereitet hatte), ist **Jerry Lee Lewis** nach vier Jahren wieder auf Englandtour. Das Publikum in der Newcastle City Hall bereitet Lewis, in letzter Zeit von den britischen Medien ignoriert, einen herzlichen Empfang. Im Vorprogramm spielen **Johnny Kidd And The Pirates**, **Vince Eager**, die **Viscounts**, die **Echoes**, **Mark Eden** und die **Bachelors**.

Mai

1 Eine Cinebox, die erste Jukebox mit einem Bildschirm, wird in der Moka Bar in der Londoner Frith Street aufgestellt. 40 Filmchen umfasst das europäische Programm, darunter fünf mit den britischen Musikern **Eden Kane**, **Bobby Rydell**, den **Viscounts**, **Phil Fernando** und den **Kentones**. Die Firma Filmbox will die Automaten monatlich für 50 £ vermieten. Die Cinebox kostet 1250 £ und projiziert für ein paar Schillinge auf Knopfdruck Farbfilmversionen von Hitsongs auf einen 21-Zoll-Bildschirm.

8 **Brian Epstein** klappert die Londoner Plattenfirmen Oriole, Philips und Pye ab. Im Plattenladen HMV in der Oxford Street, wo man

Zentrale. **Cliff Richard and the Shadows** erhalten den Sonderpreis, während die John Schroeder/Mike Hawker-Komposition *Walkin' Back To Happiness* von Helen Shapiro zur bestverkauften A-Seite gekührt wird.

14 **Helen Shapiro** hat als jüngste Künstlerin einer Unterhaltungsshow im Londoner Palladium ein zweiwöchiges Engagement.

19 **B. Bumble And The Stingers** verweisen mit dem Instrumental *Nut Rocker* eine Woche die Charttopper **Cliff Richard**, die **Shadows** und **Elvis Presley** vom angestammten Platz 1 der UK-Charts. Die drei bremsen zwischen dem 13. Januar und 23. Juni mit *The Young Ones, Can't Help Falling In Love/Rock-A-Hula-Baby, Wonderful Land* und *Good Luck Charm* ansonsten alle anderen aus.

29 Bei der vierten Grammy-Awards-Verleihung im Beverly Hills Hotel in Los Angeles und dem Waldorf-Astoria in New York wird **Chubby Checkers** *Let's Twist Again* zur besten Rock'n'Roll-Platte gekürt, **Ray Charles'** *Hit The Road Jack* zur besten Rhythm'n'Blues-Platte. Sonst setzt man weiterhin auf traditionell Bewährtes. *Moon River* von **Henry Mancini** und Johnny Mercer wird sowohl Platte als auch Song des Jahres. **Judy Garland** wird mit ***Judy At Carnegie Hall*** beste weibliche Solosängerin, ihre LP wird zum Album des Jahres.

Juni

2 Nach einer Polizeirazzia in der Saigoner Wohnung der US-Konsulatsangestellten Patricia Ruth Clark wird ein Haftbefehl ausgestellt, weil sie ihren Gästen das Tanzen erlaubt hatte. Die Botschaft entschuldigt den Vorfall, die Anklage wird eine Woche später fallen gelassen. Sie basierte auf dem neuen Sittengesetz, das Vietnams Präsident Ngo Dinh Diem zwei Wochen zuvor erlassen hat. Danach sind Schönheitswettbewerbe, Boxen, Tanzen, Tierkämpfe, Hexerei und Empfängnisverhütung verboten.

4 Der erste auf dem aufstrebenden Label Island Records veröffentlichte Künstler ist der jamaikanische Sänger **Owen Gray** mit *Twist Baby*. Firmenchef **Chris Blackwell** hat Island/Blue Mountain letztes Jahr in seiner Heimat Jamaika gegründet und inzwischen ein kleines Büro in London eröffnet. Ursprünglich wollte Blackwell nur Lizenzen und Platten jamaikanischer Künstler – wie **Jimmy Cliff** und den **Skatalites** – auf dem englischen Musikmarkt anbieten. In Zukunft verhandelt er auch über den Vertrieb amerikanischer Produkte auf seinem New-Yorker Label Sue und erwirbt die Rechte an Ace, Vee-Jay und Kent.

6 Die **Beatles** haben am 4. Juni einen Demo-Vorvertrag mit EMI abgeschlossen. Bei der ersten Session in den Abbey Road Studios in St. John's Wood macht Ron Richards, George Martins Assistent, Probeaufnahmen für das Label Parlophone. Sie spielen *Besame Mucho* und beeindrucken Martin mit drei Eigenkompositionen: *Love Me Do, PS I Love You* und *Ask Me Why*. Zu den Probeaufnahmen der Band meinte Martin später: »Sie waren ziemlich schrecklich. Ich verstehe, warum andere Plattenfirmen sie abgelehnt hatten … doch nachdem ich sie kennen gelernt habe, mochte ich sie einfach.«

Juli

12 Die **Rollin' Stones**, nach einem alten Muddy-Waters-Song benannt, haben ihren ersten Auftritt im Marquee International Jazz Club in der Londoner Oxford Street. Die Gruppe besteht aus dem 19-jährigen **Mick Jagger** (Gesang), **Keith Richard** (Gitarre), dem 20-jährigen Gitarristen Elmo Lewis (alias **Brian Jones**), **Dick Taylor** (Bass), dem Pianisten **Ian Stewart** und dem Schlagzeuger **Mick Avory**. In dieser Besetzung spielen sie bis Ende des Jahres. Jagger und Richard lernten sich im Februar 1951 in der Volksschule Maypole County in Wilmington, Kent, kennen und trafen sich dann vor zwei Jahren zufällig in einem Zug wieder. Sie knüpften an ihre alte Freundschaft an und entdeckten ihre gemeinsame Liebe zum R&B, insbesondere für Künstler des Chess-Labels wie Chuck Berry und Muddy Waters. Die beiden schlossen sich der R&B-Band **Little Boy Blue And The Blue Boys** an (mit **Dick Taylor**, **Bob Beckwith** und **Allen Etherington**). Jones lernten sie vor zwei Monaten im Ealing Jazz Club kennen. Er trat dort mit Stewart und seiner eigenen R&B-Band auf. Jagger war bisweilen auch Sänger bei **Alexis Korners Blues Incorporated**, der Hausband im Ealing Club. Aus Termingründen können diese heute Abend nicht im Marquee spielen und baten Jagger mit seiner Truppe einzuspringen.

13 Die **Everly Brothers** starten in Salt Lake City ihre erste Tournee durch die USA nach ihrer Entlassung aus ihrem Dienst bei den US-Marines. Sie wird am 27. August enden.

Jimmy Cliff machte seine erste Plattenaufnahme (*Dearest Beverly* und *Hurricane Hattie* for Leslie Kong) als 14-Jähriger.

JOE MEEK

23. Juli Joe Meek verpasst *Telstar* von den Tornados den Feinschliff. Die Band besteht aus Studiomusikern, die für seine Solokünstler arbeiten. Sein Lieblings-Songwriter Geoff Goddard steuert die Erkennungsmelodie auf der ›Clavioline‹ bei. Die Single rast im November an die Chartspitze, ist fünf Wochen auf Platz 1 in England. Sie verkauft sich 910 000-mal. Auch in den USA steht sie drei Wochen an der Spitze (hier schreibt man die Tornadoes mit dem zusätzlichen »e«) und ist damit die erste Nr.-1-Single einer britischen Band. Weltweit werden fünf Millionen Singles verkauft.

Englands erster unabhängiger Plattenproduzent Joe Meek arbeitete in einem Heimstudio über einem Lederwarengeschäft in der Holloway Road Nr. 304, London. Zu seiner bekanntesten Platte hatte ihn der Start des ersten Nachrichtensatelliten Telstar inspiriert.

August 1962

Start von A&M Records ... Die Beach Boys stürmen die Charts ... Die Beatles nehmen in der Abbey Road auf ...

Isley Brothers

Little Eva

August

9 A&M Records veröffentlicht als erste Single *Lonely Bull* von den **Tijuana Brass** mit **Herb Alpert**. Der Trompeter Alpert hatte letztes Jahr mit Jerry Moss – der ehemalige Plattenpromoter zog 1960 von New York nach Los Angeles – das Label als Carnival Records gegründet. Beide investierten 100 $. Als sich herausstellte, dass es bereits ein gleichnamiges Label gab, verbanden sie die Anfangsbuchstaben ihrer Familiennamen zu A&M. Alpert arbeitete in seiner zum Heimstudio umgebauten Garage am Westbourne Drive Nr. 419 in Los Angeles. Die Sol-Lake-Komposition *Twinkle Star* arrangierte er im Mariachi-Stil zu *Lonely Bull* um, inspiriert von einem Stierkampf, den er in Tijuana, Mexiko gesehen hatte. Nach dem US-Nr.-6-Erfolg im Dezember (dank der professionellen Radiopromotion von Moss), produziert Alpert ein erfolgreiches Debütalbum, verlegt das A&M-Büro an den Sunset Boulevard 8255 und baut eines der größten Independent-Label auf. Er gründet auch den nicht minder lukrativen Musikverlag Rondor Music.

11 Nachdem den **Isley Brothers** jahrelang kein US-Top-20-Hit gelungen war, steigt die Gruppe, inzwischen bei Wand Records, mit *Twist And Shout* auf Platz 17. Es ist ein Cover der **Top Notes** von 1961. Weiter unten in den Charts stehen die **Beach Boys** mit *Surfin' Safari*, das ebenfalls ihr erster Top-20-Hit wird (die ursprüngliche B-Seite steigt bis Platz 14). Die A-Seite ist *409*, der erster Song der Jungs über Autorennen. Es ist nach Schließung von Candix Records ihre erste Platte für Capitol, wofür Label-Produzent Nik Venet verantwortlich war. Wilsons Vater Murray ist inzwischen der offizielle Manager der Band, die kürzlich **Jan And Dean** bei einem Teeny-Tanzabend in Los Angeles kennen gelernt hat. Manchmal spielen sie im Vorprogramm des Duos, und bald kennt man das Repertoire des anderen. Jan And Dean waren bereits zehn Mal in den US-Charts (ohne einen einzigen Surfsong).

15 Der ahnungslose **Pete Best** spielt im Cavern zum letzten Mal mit den **Beatles**. Die Entscheidung, ihn zu feuern, hatten Brian Epstein und die drei anderen Beatles gestern gefällt. Sie waren schon lange mit Bests Rolle in der Band unzufrieden. **Ringo Starr**, der momentan mit **Rory Storm And The Hurricanes** im Butlins Holiday Camp in Skegness spielte, soll ihn ersetzen. Epstein hätte lieber **Johnny Hutchinson** von den **Big Three** gehabt, der aber abgelehnt hatte.

16 Brian Epstein entlässt **Pete Best** kurz vor dem Auftritt der **Beatles** im Riverpark Ballroom in Chester. (**Johnny Hutchinson** springt an diesem und dem kommenden Abend für die Auftritte in Birkenhead und New Brighton ein.) Best schließt sich **Lee Curtis And The All Stars** an.

18 **Ringo Starr** hat sein Debüt als offizielles **Beatles**-Mitglied bei der jährlichen Show der Port Sunlight Horticultural Society in Birkenhead.

Mit ihrer ersten Hitsingle *Surfin' Safari* förderten die Beach Boys die gerade in Südkalifornien aufkommende Surfrock-Welle.

***Twist And Shout* von den Isley Brothers wurde ein Radio- und Partyklassiker, erst recht durch die Version der Beatles von 1963 ... Little Evas Debüt *The Loco-Motion* wurde Nr. 1 und war ebenfalls eine großartige Tanznummer ... Elvis, der der Konzertbühne den Rücken gekehrt hatte, arbeitete inzwischen auf der Weltausstellung in Seattle an seinem nächsten Film.**

»Durch einen Film können Millionen Elvis sehen ... Wir denken eben in großen Dimensionen.«

»Colonel« Tom Parker, 24. September 1962

22 Bei der Radiomesse im Earl's Court wird das Fidelity's Duet Ampligram vorgestellt. Der Apparat, bestehend aus Mikrofon, Gitarre, Tonband, Radio und einem eingebauten Grammofon, macht es möglich, dass man Platten hören und gleichzeitig mitsingen kann. Es ist das erste Gerät dieser Art. Außerdem im Angebot sind die neuesten Transistorradios, die zwischen 5 und 30 £ kosten, während man für den teuersten Radio-Plattenspieler 785,50 £ hinlegen muss.
25 Die Londoner **Times** meldet, dass der malaysische Erziehungsminister Inche Abdul Rahman Bin Haji Talib Lehrerinnen davon abgeraten hat, Twist zu tanzen, weil er »ungesund ist und der Kultur des Landes völlig widerspricht«.
25 Eva Boyd, alias **Little Eva**, die Babysitter beim Songwriter-Ehepaar Carole King und Gerry Goffin war, befindet sich mit der von Goffin produzierten »neuesten Tanzsensation« *The Loco-Motion* auf Platz 1 der US-Charts. Die Goffins hatten die 17-jährige Eva aus North Carolina um eine Probeaufnahme des Songs gebeten, um ihn R&B-Newcomer **Dee Dee Sharp** anzubieten. (Er hatte dieses Jahr mit *Slow Twistin'* – mit Chubby Checker – und *Mashed Potato Time* bereits zwei Top-5-Hits in den USA.) Als Sharps Produzenten ablehnen, beschloss Musikverleger Don Kirshner von Aldon Music – für den Goffin und King arbeiten – den Song mit Little Eva neu aufzunehmen. Dies war die erste Veröffentlichung auf seinem neuen Label Dimension Records.

September

4 Die **Beatles** machen ihre ersten »richtigen« Plattenaufnahmen in den Abbey Road Studios von EMI. Zuerst proben sie mit Ron Richards, dann nehmen sie zwei Stücke auf, Mitch Murrays How *Do You Do It?*, eigentlich für Adam Faith gedacht, und die Lennon/McCartney-Komposition *Love Me Do*. George Martin findet, die Nummer hat das Potenzial für eine Debütsingle.
11 Die **Beatles** nehmen in der Abbey Road *PS I Love You, Please Please Me* und *Love Me Do* auf. Weil **Ringo Starr** keine Studioerfahrung hat, heuert George Martin den Sessionmusiker **Andy White** an. Ringo Starr bedient die Maracas und das Tamburin.
14 Wegen des neuen Lizenzvertrags veröffentlicht das Label Oriole-American drei Tamla-Motown-Platten in England: *You Beat Me To The Punch* von **Mary Wells**, *Beechwood 4-5789* von den **Marvelettes** und *Do You Love Me* von den **Contours**.
15 Eine chinesische Zeitung meldet, der Twist habe Kanton erreicht. Im Maoming-Kulturpark könne man das »hässliche Schauspiel« sehen.
22 Beim Hootenanny-Folktreff in der Carnegie Hall stellt **Pete Seeger** den Gästen **Bob Dylan** vor. Dylan spielt *Sally Gal, Highway 51, Talking John Birch Paranoid Blues, The Ballad Of Hollis Brown* und *A Hard Rain's A-Gonna Fall.*
24 **Elvis Presley** wird per Telegramm zur diesjährigen Royal Variety Show eingeladen. »Colonel« Parker lehnt das Angebot mit der Begründung ab: »Wie wir der Presse bereits telefonisch mitgeteilt haben, ist es uns nicht möglich, in England aufzutreten. Tatsache ist aber auch, dass wir in keinem anderen Land aufgetreten sind. Durch einen Film können Millionen Elvis sehen. Bei einem Konzert kann ihn nur ein Bruchteil davon sehen. Wir denken eben in großen Dimensionen.«

FOUR SEASONS

15. September **15 Minuten brauchte der 19-jährige Bob Gaudio, um den US-Top-Hit *Sherry* für die Four Seasons zu schreiben. Der Titel bezieht sich auf Cheri, die Tochter von Jack Spector, einem Discjockey der New-Yorker Radiostation WMCA. Randy Wood, Verkaufsmanager von Vee-Jay an der Westküste, gibt das Band dem Discjockey Dick »Huggy Boy« Hugg. Der spielt es in seiner Sendung aus dem Plattenladen Dolphin's in Hollywood. Die positive Hörerresonanz führt zu einem Vertrag zwischen Gaudio und Vee-Jay. Die Pop-Perle schafft es dank der dichten Harmonien, dem betonten Beat und dem Dreioktav-Tenor von Valli mit einem durchdringenden Falsetto-Schluss bis auf Platz 1 – und zwar fünf Wochen lang.**

Oktober 1962

Little Richards Comeback ... Phil Spector ... Beatles nehmen *Please Please Me* auf ...

Oktober

2 **Cliff Richard** begibt sich auf Promotiontour durch Amerika. Sie beginnt in Cincinnati. Es folgen Auftritte in Memphis, Houston, St. Louis, Detroit, Toronto, Buffalo und New Orleans. Außerdem tritt er live in den Kinos auf, wo sein neuer Film »Wonderful To Be Young« läuft. (US-Titel von »The Young Ones«) Am 21. ist er Gast in der »Ed Sullivan Show«. Trotz all der Mühe schafft er es nicht in die US-Charts. Die Tournee endet am 9. November auf einer Tagung amerikanischer Theaterbesitzer in Miami.

6 Die **Beatles** geben mit ihrer Single *Love Me Do*, gestern auf Parlophone/EMI erschienen, in Dawsons Music Shop in Widnes Autogramme. Viele weitere solche Auftritte werden folgen.

8 Reverend **Little Richard** tritt bei seiner Comeback-Tour zum ersten Mal in England auf – 20 Tage begleitet von **Sam Cooke**, Veranstalter ist Don Arden. Zwei Zuschauer müssen nach seinen Gigs im Krankenhaus von Bristol behandelt werden, einer wird verletzt, als die Menge versucht in Slough die Bühne zu stürmen. Nach Richards Auftritt in Walthamstow, London, lässt die Polizei mit Hunden den Zuschauerraum räumen. Am heutigen Abend hatte Cookes Flugzeug Verspätung, und er verpasste den ersten Auftritt. **Gene Vincent** stellt Little Richard vor und singt *Be-Bop-A-Lula* im Auditorium. Er unterläuft so geschickt seine abgelaufene Arbeitsgenehmigung. Demnach darf er nicht auf einer britischen Bühne singen. Vincent und **Jet Harris**, der zum Vorprogramm gehört, spielen vor der zweiten Vorstellung, im Pub nebenan, noch eine Runde Dart.

10 BBC-Radio und -Fernsehen verhängen Sendeverbot über den vor zwei Monaten in den USA veröffentlichten Hit *Monster Mash* von **Bobby »Boris« Pickett And The Crypt-Kickers**. Die Devise der BBC lautet: Was anstößig sein könnte, wird nicht gesendet. Die Single kommt erst nach ihrer Wiederöffentlichung 1973 in die UK-Charts. In Amerika steht sie an Halloween auf Platz 1.

12 Die **Beatles** spielen im Tower Ballroom, New Brighton, im Vorprogramm ihres Idols **Little Richard**. In der fünfeinhalbstündigen Show treten außerdem auf: **Big Three**, **Pete MacLaine And The Dakotas**, **Lee Curtis And The All Stars**, **Billy Kramer And The Coasters**, **Rory Storm And The Hurricanes**, die **Undertakers**, die **Four Jays**, die **Merseybeats** und **Gus Travis And The Midnighters**.

13 Bei den Proben zur UK-Tour – 22 Tage mit zwei Vorstellungen pro Tag – kollabiert **Don**, der Ältere der **Everly Brothers**, auf der Bühne des Londoner Prince of Wales Theatre, als er *Crying In The Rain* singt. Nach einem weiteren Zusammenbruch gegen Mitternacht wird er ins Charing Cross Hospital eingeliefert. Nach sechs Stunden verlässt er es auf eigene Verantwortung, wird aber tags darauf erneut im Middlesex Hospital behandelt. Sein Bruder **Phil** eröffnet die Tournee im Granada Cinema in East Ham, London, allein, der Everlys-Gitarrist **Joey Page** unterstützt ihn beim Harmoniegesang. Don wird am Montag entlassen. Direkt danach nimmt er die Mittagsmaschine nach New York, um sich behandeln zu lassen. Phil bestreitet die Tournee ohne ihn.

24 Die inzwischen legendäre Liveshow von **James Brown** im Harlemer Apollo-Theater, New York, wird für eine Live-LP aufgezeichnet. ***Live At The Apollo*** wird nach der Veröffentlichung 1963 über eine Million Mal verkauft werden. Damit hat Brown auch seine erste LP-Chart-Platzierung auf Rang 2 im Magazin **Billboard**.

27 Die **Rollin' Stones** machen in der Besetzung **Mick Jagger**, **Keith Richard**, **Brian Jones**, **Ian Stewart** und Schlagzeuger **Tony Chapman** (Mitglied der **Cliftons**) in den Curly Clayton Studios in Highbury, London, erste Plattenaufnahmen. Sie spielen Coversversionen von Muddy Waters *Soon Forgotten*, Jimmy Reeds *Close Together* und Bo Diddleys *You Can't Judge A Book (By Looking At The Cover)* ein. Wochenlang klappern sie erfolglos die Londoner Plattenfirmen ab. **Charlie Watts**, der bei der **Blues Incorporated** trommelt, hat bis dato alle Angebote, als fester Schlagzeuger bei der Band einzusteigen, brüsk abgelehnt. Er bleibt lieber Grafiker bei einer Werbeagentur in der Regent Street.

November

1 **Little Richard** und die **Beatles** spielen von heute an 14 Tage lang im Hamburger Star-Club. (Es heißt, **Paul McCartney** habe bei diesem allseits beliebten Gastspiel Richard gebeten, ihm seinen Gesangsstil beizubringen.)

3 Die Tanzbegeisterung tobt. Der 19-jährige US-Latino-Sänger **Chris Montez** – er wird von Ritchie Valens protegiert – steht mit seinem

> **»Ihr habt gerade eure erste Nummer 1 aufgenommen.«**
>
> George Martin, 26. November 1962

US-Nr.-4-Hit *Let's Dance* vier lange Wochen auf Platz 2 der UK-Charts – erst hinter Tornados' *Telstar* und anschließend hinter *Lovesick Blues* vom britischen Sänger Frank Ifield.

3 Das Label Philles feiert den ersten US-Nr.-1-Hit mit *He's A Rebel* von den **Crystals**. **Phil Spector**, der die Kontrolle über die Firma haben will, ist zurück an der Westküste und richtet sein Aufnahmezentrum in den Gold Star Studios in Hollywood ein, Ecke Santa Monica Boulevard und Vine Street. Er engagiert die besten Studiomusiker der Westküste, so den Keyboarder **Larry**

Trotz der Begrüßung in New York und Kalifornien hatte Cliff Richard in den USA nicht so großen Erfolg wie in England. Sein größter US-Hit wurde *Devil Woman*, für das er 1976 eine Goldene Schallplatte bekam.

Neben »Little« Stevie Wonder waren bei der im Oktober beginnenden zweimonatigen Motor Town Revue von Tamla Motown die Miracles, die Supremes und Marvin Gaye dabei.

STEVIE WONDER

16. Oktober In Washington beginnt die zweimonatige Motor-Town-Revue-Tournee von Motown Records. Mit dabei ist das zwölfjährige Wunderkind »Little« Stevie Wonder – der gerade sein Livedebüt im Latin Quarter Club von Detroit gab – sowie die Miracles, Mary Wells, The Marvelettes, Marv Johnson, die Contours und die Supremes. Die Tour endet am 16. Dezember mit einem zehntägigen Gastspiel in New Yorks legendärem Apollo-Theater. Ermutigt durch den ebenfalls blinden, schwarzen R&B-Sänger Ray Charles lernte Wonder mit sieben Jahren Klavier, Schlagzeug und Mundharmonika. Mit acht schrieb er seine ersten Songs. Auch für Marvin Gaye ist es die erste Motown-Tournee. Der 23-Jährige ist bereits Sessionschlagzeuger und Songwriter beim Team von »Hitsville USA«. Mit *Stubborn Kind Of Fellow,* auf dem Weg zur Nr. 46 der US-Charts, beginnt seine Solokarriere.

Knechtel, Perkussionist **Sonny Bono**, Schlagzeuger **Hal Blaine** und Saxofonist **Steve Douglas** sowie den Arrangeur **Jack Nitzsche**. Für die Aufnahme der Pitney-Komposition *He's A Rebel* heuert er die Sängerinnen **Darlene Love**, **Gracia Nitzsche** (Jacks Schwester) und **Fanita James** an, die die ursprüngliche New-Yorker Besetzung, die **Crystals**, ersetzen. Spector bleibt aufgrund des Erfolgs bei seinem Konzept – das Gold Star Studio, feste Studiomusiker und relativ unbekannte Backgroundsänger. So produziert er in den kommenden vier Jahren pausenlos einen Hit nach dem anderen.

3 Das **Billboard**-Magazin streicht das Wort »Western« aus dem Titel seiner Country-music-Charts. Die Liste der Bestplatzierten heißt nun die Hot-Country-Singles-Charts.

26 Die **Beatles** nehmen in den Abbey Road Studios ihre zweite Single auf. Sie spielen *Ask Me Why* und *Please Please Me* ein. Auf Vorschlag von Produzent George Martin haben sie das Stück umarrangiert und den langsamen **Roy-Orbison**-Stil etwas flotter gemacht.

28 Label-Chef Roy Squires von Liberty in England überreicht den **Crickets** nach einer dreiwöchigen UK-Tournee – die erste seit 1958 im Vorprogamm von **Bobby Vee** – Miniatur-Cricketschläger: »Dies zum Dank für die Freundlichkeit und Kooperation der Gruppe auf dieser Tour.«

Dezember

7 Der 26-jährige Bassist **Bill Wyman**, ehemaliger Gefreiter der Royal Air Force AC1 und Ex-Mitglied der Cliftons mit Tony Chapman, hat beim Vorspielen für die **Rollin' Stones** im Wetherby Arms in World's End, Chelsea, London, Glück und wird engagiert. Zum ersten Mal wird er mit der Band kommende Woche im Ricky Tick Club im Star and Garter Hotel auftreten.

8 **Alan Freed** vom Radiosender WQAM in Miami muss sich am 10. Dezember in New York einem Prozess stellen, in dem ihm Payola vorgeworfen wird. Er soll 2000 $ von der Firma Cognat Distributors sowie 700 $ von Superior Record Sales kassiert haben, um deren Neuerscheinungen im Radio bevorzugt abzuspielen. Er verweigert die Aussage und wird schuldig gesprochen. Er bekommt eine Geldstrafe von 300 $ und sechs Monate auf Bewährung.

9 Die **Four Seasons** präsentieren in der »Ed Sullivan Show« ihren zweiten US-Charttopper *Big Girls Don't Cry*, kurz darauf gefolgt von *Walk Like A Man*, das im März kommenden Jahres ihr dritter Nr.-1-Hit sein wird. Beide Songs stammen aus der Feder des Songwriterteams Bob Crewe und Bob Gaudio.

18 Um ihren Vertrag zu erfüllen, spielen die **Beatles** zum fünften und letzten Mal in Hamburg. Sie treten zwölf weitere Abende im Star-Club im Vorprogramm zu **Johnny And The Hurricanes** auf. **Ted Taylor** von der Liverpooler Band **King Size Taylor And The Dominoes** zeichnet das Abschlusskonzert an Silvester auf. (Die Platte kommt 1977 auf den Markt.)

22 *Stranger On The Shore* von **Acker Bilk** schreibt britische Chartgeschichte. Nach insgesamt 55 Wochen und zum zweiten Mal auf Platz 2 in diesem Jahr verabschiedet es sich aus der Hitparade. (Bilks Rekord wird erst Anfang 1968 von **Engelbert Humperdinck** mit *Release Me* gebrochen, das sich 56 Wochen in Folge hält.)

27 **Gene Vincent** unterzieht sich nach einer Entzündung an seinem verletzten Bein im Londoner Middlesex Hospital einer Knochentransplantation. Er bleibt insgesamt drei Wochen in der Klinik. Seine sporadischen Auftritte mit **Adam Faith** hatte Vincent bis dahin auf einem Stuhl sitzend absolviert.

ROOTS In diesem Jahr sucht der Bluesfan und Gitarrist Brian Jones per Anzeige nach Mitstreitern … schließen sich auf Anregung des Plattenbosses John Wimber die südkalifornischen Bands The Paramours und The Variations vorübergehend zusammen, wobei Bill Medley und Bobby Hatfield gleich als The Righteous Brothers weitermachen … steigt Eric Burdon bei der in Newcastle beliebten R&B-Gruppe The Alan Price Combo ein; für ihre regelmäßigen Auftritte im örtlichen Downbeat Club benennen sie sich in Animals um … bricht Neil Diamond sein Studium an der New York University sechs Monate vor den Prüfungen ab und wird Songschreiber-Trainee bei Sunbeam Music … tritt Eric Clapton, der am Kingston College of Art Glasmalerei studiert, als Straßenmusiker erstmals auf … nimmt die Stax-Sessionband Booker T. And The MG's an einem Sommernachmittag *Green Onions* auf, weil der Rockabillysänger Billy Lee Riley nicht zur Aufnahme eines Jingles von Dave Bowman erscheint … werden die Paramounts um Gary Brooker und Robin Trower mit ihrem 08/15-R&B Hausband des Shades im englischen Seebad Southend; Trower wird später als guter Gitarrist bekannt, Brocker als Autor und Sänger von Procol Harums *A Whiter Shade Of Pale* …

22. Dezember Bob Dylans erster Auftritt in England findet auf der Singers-Club-Weihnachtsparty im Pindar statt, einem Pub an der Grays Inn Road, Wakefield, London. (Dylan ist für Filmaufnahmen der BBC im Land.)

Dylan hatte im Sommer seinen Namen offiziell von Robert Zimmerman in Bob Dylan geändert. Als Nächstes sollte er die gesamte Popmusik verändern, indem er das neue Phänomen des Singer/Songwriters schuf.

»Geld? Ich weiß nicht, wie viel ich verdiene. Manchmal frage ich, manchmal nicht. Ich weiß nicht, wofür ich es ausgebe, es fällt einfach durch Löcher in meinen Taschen.«

Bob Dylan in einem Interview des Magazins **Scene**, Januar 1963

I Want To Hold Your Hand

1963

Nr.1 US-SINGLES

05. Jan. Telstar **Tornadoes**
12. Jan. Go Away Little Girl **Steve Lawrence**
26. Jan. Walk Right In **Rooftop Singers**
09. Febr. Hey Paula **Paul And Paula**
02. März Walk Like A Man **Four Seasons**
23. März Our Day Will Come **Ruby And The Romantics**
30. März He's So Fine **Chiffons**
27. Apr. I Will Follow Him **Little Peggy March**
18. Mai If You Wanna Be Happy **Jimmy Soul**
01. Juni It's My Party **Lesley Gore**
15. Juni Sukiyaki **Kyu Sakamoto**
06. Juli Easier Said Than Done **Essex**
20. Juli Surf City **Jan And Dean**
03. Aug. So Much In Love **Tymes**
10. Aug. Fingertips (Part 2) **Little Stevie Wonder**
31. Aug. My Boyfriend's Back **Angels**
21. Sept. Blue Velvet **Bobby Vinton**
12. Okt. Sugar Shack **Jimmy Gilmer And The Fireballs**
16. Nov. Deep Purple **Nino Tempo And April Stevens**
23. Nov. I'm Leaving It Up To You **Dale And Grace**
07. Dez. Dominique **Singing Nun**

Nr.1 UK-SINGLES

05. Jan. The Next Time/Bachelor Boy **Cliff Richard And The Shadows**
26. Jan. Dance On **Shadows**
02. Febr. Diamonds **Jet Harris And Tony Meehan**
23. Febr. The Wayward Wind **Frank Ifield**
16. März Summer Holiday **Cliff Richard And The Shadows**
30. März Foot Tapper **Shadows**
06. Apr. Summer Holiday **Cliff Richard And The Shadows**
13. Apr. How Do You Do It? **Gerry And The Pacemakers**
04. Mai From Me To You **Beatles**
22. Juni I Like It **Gerry And The Pacemakers**
20. Juli Confessin' (That I Love You) **Frank Ifield**
03. Aug. (You're The) Devil In Disguise **Elvis Presley**
10. Aug. Sweets For My Sweet **Searchers**
24. Aug. Bad To Me **Billy J. Kramer With The Dakotas**

Melody-Maker-Umfragesieger

Joan Baez und Bob Dylan

Billy J. Kramer und Susan Maughan bei einem Tänzchen mit den Beatles. Kramer hatte Lennons und McCartneys Songs in diesem Jahr drei Top-5-Hits zu verdanken. Maughan hatte mit der Nr. 3 *Bobby's Girl* gerade ihren letzten großen Charterfolg erlebt ... Bob Dylan und Joan Baez waren Teil einer Bewegung, in der sich Musik und Politik miteinander verbanden.

Das war die absolute Sternstunde der Rockmusik. Die **Beatles**, die **Beach Boys**, **Stevie Wonder**, **Bob Dylan**, **Joan Baez**, **Peter, Paul And Mary** und die **Ronettes** machten neben vielen anderen 1963 zu einem Meilenstein der Popmusik. Amerika erlebte einen sensationellen gesellschaftlichen Umbruch: Je ein Drittel der Top-100-Singles stammten von Sängerinnen und schwarzen Künstlern. Was England betraf, so war 1963 das Jahr der Beatles. Unter ihren Single-Hits waren *Please, Please Me, From Me To You, She Loves You* und *I Want To Hold Your Hand*. Die lupenreinen Kreationen, von **George Martin** produziert, klingen noch heute so frisch wie vor vierzig Jahren. Seit **Elvis** hatte kein musikalisches Talent derart beeindruckt, auch wenn man in Amerika die Fanfare erst einmal überhörte. Decca, die die Beatles abgelehnt hatten und so einen Fehler auf keinen Fall wiederholen wollten, nahmen die **Rolling Stones** unter Vertrag. Zwar hatte die Band kaum eigenes Material zu bieten, dafür stand sie im Ruf, rebellisch und unkonventionell zu sein.

In den US-Charts standen die **Four Seasons** mit ihrem Doo-Wop-Pop, und die Beach Boys hatten vier US-Top-20-Hitsingles mit fast mathematisch perfekten Harmonien und exzellent produziert. Die **Surfaris** schwammen mit dem brillanten *Wipe Out* auf der gleichen Welle. **Phil Spector** produzierte weiterhin Hit um Hit – die **Ronettes**, die **Crystals** und **Darlene Love**. Die **Chiffons** mit ihrem *He's So Fine* klangen ähnlich, auch wenn sie nicht auf dem Philles-Label erschienen waren. Und die Bedeutung von LPs nahm zu. **James Browns** legendärer Auftritt im Harlemer Apollo-Theater 1962 wurde zum Millionenseller. Und »Little« Stevie Wonder gelang als erstem Musiker eine Nr.-1-Single mit einer Liveaufnahme.

Mit einer Mischung aus politischem Radikalismus und Poesie gewann die Folkmusik Boden, und so genannte »Hootenannys« kamen an den amerikanischen Unis in Mode. Die gleichnamige ABC-Fernsehsendung kam politisch in die Klemme, als sie **Pete Seeger** auslud und von Bob Dylan und Joan Baez boykottiert wurde. Monate später gab Dylan ein viel beachtetes Debüt beim Newport Folk Festival. Bei der Bürgerrechts-Hymne *We Shall Overcome* standen viele mit ihm auf der Bühne. Rock hatte seine kindliche Unschuld verloren und bekam für den Rest der 60er-Jahre eine politische Note.

»Sänger mit Schlägervisage und Reifen als Lippen.«

Anonymer TV-Produzent über Mick Jagger

14. Sept. She Loves You **Beatles**
12. Okt. Do You Love Me **Brian Poole And The Tremeloes**
02. Nov. You'll Never Walk Alone **Gerry And The Pacemakers**
30. Nov. She Loves You **Beatles**
14. Dez. I Want To Hold Your Hand **Beatles**

Januar 1963

Das Whisky A Go-Go wird eröffnet ... Die Beatles nehmen ihr Debütalbum auf ...

Januar

3 Die **Beatles** sind am Neujahrstag von ihrem Star-Club-Aufenthalt in Hamburg heimgekehrt und geben im Two Red Shoes Ballroom in Elginin, Schottland, ein Gastspiel. Die Premiere gestern wurde wegen eines Schneesturms abgesagt. (An einem Abend kündigt man sie als »The ›Love Me Do‹ Boys – The Beatles« an.)

3 Decca Records besiegelt um 15 Uhr den neuen Vertrag mit **Rick Nelson**, der ihm in den kommenden 20 Jahren mehr als eine Million Dollar Einnahmen aus den Plattenverkäufen garantiert. Gleichzeitig wird eine separate Vereinbarung über zwei Spielfilme geschlossen. Nelsons Vertrag mit Label Imperial von Lew Chudd lief mit einer Tantiemen-Nachzahlung über 400 000 $ am 31. Dezember aus.

4 Decca erklärt, dass *Telstar* von den **Tornados** Ende 1962 in England 850 000-mal und in Amerika – wo es immer noch auf Platz 1 steht – 922 000-mal verkauft worden ist.

6 **Billy J. Kramer** unterschreibt einen sechsjährigen Managementvertrag bei Brian Epsteins Firma NEMS. Epstein hat den 19-jährigen Kramer, Ex-Rhythmusgitarrist der Phantoms aus Liverpool, im Dezember entdeckt. Er sang im Cavern Club mit den britischen **Coasters**, die in der Leserumfrage von **Mersey Beat** auf Platz 3 der Lieblingsbands notiert. Epstein konnte die Liverpooler **Remo Four** nicht als Begleitband für Kramer gewinnen. Deshalb heuert er die **Dakotas** aus Manchester an, die bereits knapp ein Jahr als Profis arbeiten. Beide bleiben selbstständige Künstler und firmieren stets unter dem Namen »Billy J. Kramer With (mit) The Dakotas«.

11 Elmer Valentine und Mario Maglieri eröffnen am Sunset Boulevard, Los Angeles den Club Whisky A Go-Go. Vorbild ist der gleichnamige In-Club in Paris. Zum Ambiente gehören Mädchen, die Minis tragen und in Käfigen tanzen. Hier aufzutreten ist bald ein Muss für junge Westcoast-Talente. Der Club entwickelt sich in der Szene zur prestigeträchtigen Adresse und schaffte es erfolgreich ins neue Jahrhundert.

12 **Sam Cooke** tritt im überfüllten Harlem Square Club in Miami vor 2000 Zuschauern auf (die atemberaubende, explosive, wilde Vorstellung wird erst 1985 als Livealbum veröffentlicht). In der ersten Show, die kurz nach 22 Uhr anfängt, bietet Cooke ein Feuerwerk aus seinen bekanntesten Hits, darunter Interpretationen von *Bring It On Home To Me, Cupid, Chain Gang* und *Twistin' The Night Away.* Die zweite Vorstellung beginnt um 1:30 morgens.

13 BBC strahlt Evan Jones' Fernsehspiel »Madhouse On Castle Street« mit Ursula Howells, Maureen Pryor und David Warner aus. **Bob Dylan** (zum ersten Mal in London) mimt einen singenden Vagabunden. Er spielt *Swan On The River, Blowin' In The Wind, Hang Me* und *Cuckoo Bird.*

»Ich konnte das Ding nicht singen. Ich schrie einfach.«

Lennon über die Aufnahme zu *Twist And Shout*

17 **Mick Jagger**, **Keith Richard**, **Brian Jones**, **Bill Wyman** und **Ian Stewart** spielen erstmals mit Neuling **Charlie Watts** (der erst vor zwei Tagen entschieden hat, sich den **Rollin' Stones** anzuschließen) im Marquee Jazz Club. In den kommenden Monaten avanciert der Londoner Club zu einer der bevorzugten Spielstätten der Stones.

19 Der erste Fernsehauftritt der **Beatles** findet in der Sendung »Thank Your Lucky Stars« statt. Sie treten als letzte der insgesamt sieben Künstler auf und spielen *Please Please Me,* diese Woche auf Platz 45 der UK-Charts eingestiegen.

21 Radio Luxemburg widmet seine »ABC Of the Stars«-Sendung ausschließlich Cliff Richard. Europas älteste Radiostation kann man in England seit 1933 auf Mittelwelle 208 khz empfangen. Der Privatsender mit Sitz in der Villa Louvigny ist in Großbritannien seit langem überaus populär. Zugleich ist er das Sprungbrett für viele Top-BBC-Discjockeys wie Pete Murray, David Jacobs, Teddy Johnson, Alan Freeman, Jimmy Young, Jack Jackson, Brian Matthew, Sam Costa, Keith Fordyce und Jimmy Savile.

22 **Gerry And The Pacemakers** nehmen in EMIs Abbey Road Studios zwei Songs auf, die Mitch-Murray-Komposition *How Do You Do It?* (die **Adam Faith** abgelehnt hatte und die von den **Beatles** zunächst aufgenommen, dann aber auch nicht veröffentlicht wurde) und die Eigenkomposition *Away From You* von Gerry Marsden und Les Chadwick. Sie sind die zweite Liverpool-Band des Managers Brian Epstein mit einem Vertrag bei EMI Records.

Der Crawdaddy Club

Billy J. Kramer

Aus einem fotogenen Lehrling bei der britischen Eisenbahn namens William Howard Ashton wurde Billy J. Kramer ... Giorgio Gomelsky verwandelte ein Zimmer im Station Hotel von Richmond in den Crawdaddy Rhythm & Blues Club, einen Brennpunkt der britischen Szene.

Februar

2 Die **Beatles** beginnen ihre erste große Englandtournee im Gaumont Cinema in Bradford. Headliner ist **Helen Shapiro**. Bis zum Tournee-Ende am 3. März haben sich The Beatles von der Vorgruppe zum Höhepunkt der ersten Showhälfte hochgearbeitet. Die Gage für das Kleeblatt beträgt insgesamt 80 £.

11 Die **Beatles** unterbrechen für zwei Tage ihre Tournee (**Peter Jay And The Jaywalkers** steigen für sie ein), um zehn neue Stücke für das Debütalbum ***Please Please Me*** in den Abbey Road Studios von EMI aufzunehmen. Die Studiozeit beläuft sich auf 9 Stunden, 45 Minuten. Als Ergänzung für das Album liefert der schwer erkältete **John Lennon** am Schluss in einem Durchlauf noch eine Coverversion der Isley-Brothers-Nummer Twist And Shout ab.

24 Die **Rollin' Stones** geben ihr erstes einer Reihe von Sonntagskonzerten im Station Hotel in Richmond vor 66 Zuschauern. (Ihre Gage beträgt 24 £.) Im April wird aus dem Veranstaltungsort der Crawdaddy Rhythm & Blues Club.

März

2 *Walk Like A Man* steigt für drei Wochen zur US-Nr.-1 auf, und **Four Seasons** gastieren in Chubby Checkers Limbo-Party-Show im Cow Palace, San Francisco. Der neue Hit der Four Seasons stand insgesamt 13 der letzten 27 Wochen auf Nr. 1. Sie sind die erste Gruppe, die dreimal in Folge auf Platz 1 rückte. Mit von der Partie sind **Marvin Gaye**, die **Crystals**, **Paul And Paula**, der 20-jährige Newcomer **Lou Christie**, **Dick And Deedee** (die Stars des Hits *The Mountain's High* aus Santa Monica), **Bob B. Soxx And The Blue Jeans** (Phil Spectors neu formiertes Trio), die **Alley Cats** (mit Aushilfssänger Bobby Sheen von den Bob B. Soxx), Schauspieler und Sänger **Steve Alaimo**, **Dee Dee Sharp**, **Herb Alpert's Tijuana Brass** und **Bobby Freeman** (der R&B-Sänger kommt mit der Rock'n'Roll-Hymne *Do You Wanna Dance* groß raus).

PATSY CLINE

5. März **Patsy Cline stirbt mit 30 Jahren bei einem Flugzeugabsturz in der Nähe von Camden, Tennessee. Sie kommt von einem Benefizkonzert für die Witwe des Discjockeys Cactus Jack Call, der kürzlich bei einem Autounfall ums Leben kam.**

Patsy Cline, die »Queen of Country«, ist v.a. für die spartenübergreifenden Countryhits *Walkin' After Midnight*, *I Fall To Pieces* und ihre 1961er-Version von Willie Nelsons *Crazy* bekannt. 1973 wurde sie postum in die Country Music Hall of Fame aufgenommen, 1995 wurde ihr Lebenswerk mit einem Grammy gewürdigt.

Ray Hildebrand und Jill Jackson lernten sich am Howard Payne College in Brownwood, Texas, kennen. Unter dem Pseudonym Paul And Paula kommen sie im Februar mit dem romantischen *Hey Paula* auf Platz 1 in USA.

2 Etwa 300 Mädchen fordern vor der Tottenham Town Hall im Norden Londons die Rückkehr der **Dave Clark Five** in den Royal Ballroom, Tottenham. Theaterbesitzer Mecca hat den Gig in seine Halle nach Basildon verlegt. Die Unterschriftenliste enthält 4500 Namen. Der 20-jährige Schlagzeuger und ehemalige Stuntman **Dave Clark** hatte die Rock'n'Roll-Band mit 17 gegründet. Im letzten Jahr machten sie Plattenaufnahmen für Pye Records, sind aber inzwischen beim EMI-Label Columbia.

5 Die **Beatles** nehmen in den EMI Abbey Road Studios *From Me To You* auf. **John Lennon** und **Paul McCartney** haben den Song während der Tour mit Helen Shapiro vor fünf Tagen im Bus von York nach Shrewsbury geschrieben. Die Leserbriefrubrik »From You To Us« im **New Musical Express** inspirierte sie zum Songtitel.

8 Die **Four Tops** gehen für einen Vorschuss von 400 $ zu Berry Gordys aufstrebenden Label Motown. Die ersten, vom Jazz beeinflussten Aufnahmen will Gordy auf dem Speziallabel Workshop veröffentlichen. Das R&B-Gesangsquartett mit **Levi Stubbs**, **Renaldo Benson**, **Abdul Fakir** und **Lawrence Payton** entstand 1956 als The Four Aims. Unter ihrem neuen Namen machten sie, allerdings ohne einen Charterfolg, zuerst Aufnahmen für das Label Chess, für Red Top und danach für Columbia. Bis Ende 1963 arbeiten sie für andere Motown-Künstler als Backingsänger im Studio, etwa bei dem ersten Top-30-Erfolg der **Supremes** *When The Lovelight Starts Shining Through His Eyes.*

9 Letztes Wochenende endete für die **Beatles** die **Helen-Shapiro**-Tournee, und schon starten sie im Granada Cinema in East Ham, London, zu einer weiteren: als Vorgruppe zu »America's Exciting« **Chris Montez** und »America's Fabulous« **Tommy Roe**. Im ganzen Land wächst ihre Popularität, folglich steigen sie während der 21-Tage-Tour mit zwei Vorstellungen pro Abend zu den Stargästen auf. (Weil **John Lennon** immer noch schwer erkältet ist, spielt die Band am 12., 13. und 14. als Trio.)

Die Dave Clark Five erhielten den Mecca Gold Cup als beste Band, die im Jahr 1963 durch die britischen Tanzsäle tourte.

März 1963

Der erste von Quincy Jones produzierte Hit ... Bob Dylans erstes großes Solokonzert ... Andrew Oldham wird Manager der Rolling Stones ...

Lesley Gore

Pete Seeger

9 Der R&B-Sänger **Bobby »Blue« Bland** feiert mit *That's The Way Love Is* seinen dritten R&B-Charttopper in den USA. 1952 war er Mitglied der legendären Memphis-Band **The Beale Streeters**. Der 33-Jährige wird für Duke Records zum absoluten Dauerbrenner. Zu seinen insgesamt 63 R&B-Charthits in den USA zählt auch sein größter Crossover-Erfolg *Ain't Nothing You Can Do* im kommenden Jahr.

11 Die **Rollin' Stones** nehmen in den IBC Studios am Portland Place, London, mit dem Toningenieur Glyn Johns Material von Jimmy Reed, Bo Diddley und Willie Dixon auf, darunter: *Baby What's Wrong*, *Bright Lights Big City*, *Diddley Daddy*, *I Want To Be Loved* und *Road Runner*.

21 **Billy J. Kramer** und die **Dakotas** nehmen in den Abbey Road Studios ihren Song *Do You Want To Know A Secret?* noch einmal auf. Nach ihrer Session letzte Woche hatte sich herausgestellt, dass vergessen wurde, den Gesang aufzunehmen. George Martin hat die Band vor zwei Wochen für Parlophone auf EMI unter Vertrag genommen und ihr *She's My Girl* von Songwriter Ralph Bowdler aus Liverpool angeboten. Durch Epstein haben sie jedoch Zugriff auf die Lennon/McCartney-Songs und entscheiden sich für *I'll Be On My Way*, von den **Beatles** freigegeben, und *Do You Want To Know A Secret?*, das die Beatles letzten Monat für ihr erstes Album eingespielt haben.

30 **Quincy Jones** produziert mit der 16-jährigen Sängerin **Lesley Gore** in den Bell Sound Studios, New York, *It's My Party*, ausgewählt aus über 250 Demobändern. Am Mischpult steht Phil Ramone. Der Song wird eiligst veröffentlicht. Denn abends trifft Jones in der Carnegie Hall (bei einem Konzert von **Charles Aznavour**) Phil Spector und erfährt, dass dieser vorhat, denselben Song mit den Crystals aufzunehmen. Der 30-jährige Jones steht als Hausproduzent von Mercury Records bereits im Ruf, einen absoluten Riecher für Talente zu haben und ein begabter Produzent/Arrangeur/Dirigent/Komponist im Bigband-Bereich zu sein.

Lesley Gores Version von *It's My Party* brachte dem Produzenten Quincy Jones am 1. Juni seine erste Nr. 1 in den USA... Pete Seeger wurde wegen seiner politischen Ansichten aus dem amerikanischen Fernsehen verbannt.

Jones war 1951 Trompeter in der Combo der Jazzlegende **Lionel Hampton**, arbeitete mit **Count Basie**, **Frank Sinatra**, **Tommy Dorsey**, **Brook Benton**, **Dinah Washington**, **Johnny Mathis** und seinem Kindheitsfreund **Ray Charles**. Doch er ist auch in der Welt des Pop zu Hause. Lesley Gore hatte er bei ihrem Gig in einer Collegeband in der Cocktailbar des Prince George Hotels in Manhattan entdeckt.

Zuerst waren sie ein Duo namens The Two Teens, dann wuchsen sie zu den Fourtones an, nannten sich im Folgenden The Deltas und wählten schließlich zu Ehren von Buddy Holly den Namen The Hollies.

April

1 **Leonard Chess**, Mitbegründer des Chess-Labels, gründet in Chicago eine rein schwarze R&B-Radiostation auf AM (WVON) und FM (WHFC). Die Discjockeys des Senders sind Al Benson, Ric Riccardo, Rodney Jones, Herb Kent, Franklyn McCarthy, Wesley South, Purvis Span und Reverend Bud Riley. Sendeleiter Frank Ward beschreibt das Format des Unternehmens als »Pop-R&B-Sound«.

4 Nach einer Aufnahmesession im Paris Studio, London, für die BBC-Reihe »Side By Side«, geben die **Beatles** in der Stowe School in Buckinghamshire am späten Nachmittag eine Vorstellung. Dabei erfüllen sie den persönlichen Musikwunsch des Schülers Dave Moores, der, wie sie, aus Liverpool stammt.

4 Die **Hollies** aus Manchester, 1961 von den Schulfreunden **Allan Clarke** (Gesang) und **Graham Nash** (Gitarre) gegründet, machen im Abbey Road Studio 2 Probeaufnahmen für EMI. Sie nehmen ein Cover des **Coasters**-Songs *(Ain't That) Just Like Me* auf – ihre erste Single – und zwei Eigenkompositionen: *Hey What's Wrong With Me* und *Whole World Over*. Entdeckt hat sie der EMI-Produzent Ron Richards im Cavern Club in Liverpool, der seit dem Erfolg der Beatles die Clubs der britischen Beatszene durchforstet.

4 Die ABC-Fernsehsendung »Hootenanny« widmet sich als Erste allein der Folkmusik. Um 20:30 Uhr ist Premiere mit den **Limeliters**, **Bud And Travis**, **Bob Gibson** und **Bonnie Dobson**. Die Sendung wird jeweils auf dem Campus einer anderen Universität aufgezeichnet. Das Auftrittsverbot für **Pete Seeger** und seine frühere Gruppe **Weavers**, wegen ihrer politischen Haltung, führt zu ernsthaften Kontroversen. Superstars des Genres wie **Kingston Trio**, **Peter, Paul And Mary**, **Bob Dylan** und **Joan Baez** boykottieren die TV-Show. Sie läuft im September nächsten Jahres aus.

6 **Fats Domino** unterschreibt einen neuen Vertrag bei ABC-Paramount und verlässt Imperial Records. Seit 1950 hat er über 60 Millionen Platten verkauft. Im kommenden Monat wird er auf dem neuen Label mit *There Goes My Heart Again* seinen 60. US-Charthit landen.

12 **Bob Dylan** gibt sein erstes großes Solokonzert in der New-Yorker Town Hall. Es wird von Columbia Records aufgezeichnet (bis jetzt unveröffentlicht). In der **Billboard**-Kritik heißt es: »Dylan ist aus dem Stoff, aus dem Legenden sind.«

18 BBC überträgt »Swinging Sound '63« live aus der Royal Albert Hall in London. Bei einem der insgesamt drei Livekonzerte sind die **Beatles**, **Del Shannon**, die **Springfields**, **Kenny Lynch**, **Rolf Harris**, die **Vernons Girls**, **Shane Fenton And The Fentones**, **Lance Percival** und **George Melly** dabei. Shannon schlägt den Beatles vor, einen Lennon/McCartney-Song aufzunehmen, um die Band in den USA bekannt zu machen.

23 Aus der musikalischen und persönlichen Freundschaft der **Beach Boys** mit **Jan And Dean** resultiert *Surf City* von **Brian Wilson** und **Jan Berry**. Jan And Dean nehmen den Song in den United/Western Studios in Hollywood auf, Jan Berry ist Produzent, die Beach Boys übernehmen den Backgroundgesang (ohne **Al Jardine**, der im Januar von Gitarrist **David Marks** ersetzt wurde). Im Juli steht der Song, der sich über eine Million Mal verkauft, zwei Wochen an der Chartspitze, ein Jahr vor der ersten Nr. 1 der Beach Boys.

28 Der 19-jährige **Andrew Loog Oldham**, Ex-PR-Mann der Beatles und Freund von Brian Epstein, sieht sich mit seinem Geschäftsfreund Eric Easton die **Rollin' Stones** im Crawdaddy Club in Richmond an. Die Empfehlung kam von Peter Jones, Journalist beim **Record Mirror**, und dem Beatle **George Harrison**.

»Den Starkult kann man den Hasen geben. Respekt, schön, aber es kommt ja darauf an, von wem man respektiert werden möchte.«

Pete Seeger in der Zeitschrift **Seventeen,** 1963

Mai

1 Andrew Oldham und Eric Easton schließen mit den **Rollin' Stones** für ihre neue Impact Sound Company einen Managementvertrag ab, mit Wirkung zum 6. Mai. Auf Oldhams Drängen nennen sie sich jetzt **Rolling Stones** (mit einem »g«). **Ian Stewart** wird zum Roadie und Begleitmusiker im Studio degradiert, weil er Oldham zu bieder wirkt. Ihm schwebt ein anderes Bandimage vor. Obwohl die Fans Stewart nur selten zu Gesicht bekommen, bleibt er doch ein fester Bestandteil der Band und wird der sechste Stone genannt.

4 Die **Beatles** stehen mit *From Me To You* sieben Wochen lang an der Spitze der UK-Charts. Es verkauft sich über 650 000-mal und ist bezeichnend, denn alle elf kommenden Veröffentlichungen werden der Reihe nach zum Nr.-1-Hit.

9 Die **Rolling Stones** unterschreiben einen Dreijahresvertrag bei Impact. Impact wiederum trifft mit Decca Records eine Vereinbarung über Aufnahme und Vertrieb. Bezeichnenderweise mit Dick Rowe, der die Beatles ablehnte.

10 Im Olympic Sound Studio in Barnes, Westlondon, nehmen die **Rolling Stones** den unbekannten Chuck-Berry-Song *Come On* auf, Leiber und Stollers *Love Potion No. 9* sowie Covers von Willie Dixons *I Want To Be Loved* und *Pretty Thing*. Decca findet die Aufnahmen »schrecklich«und lehnt sie ab. Die Band nimmt eine neue Version von *Come On* neu auf, in erster Linie, um die Textzeile »ein blöder Trottel« in »ein blöder Kerl« abzuändern und somit die Chancen für den Radioeinsatz zu erhöhen.

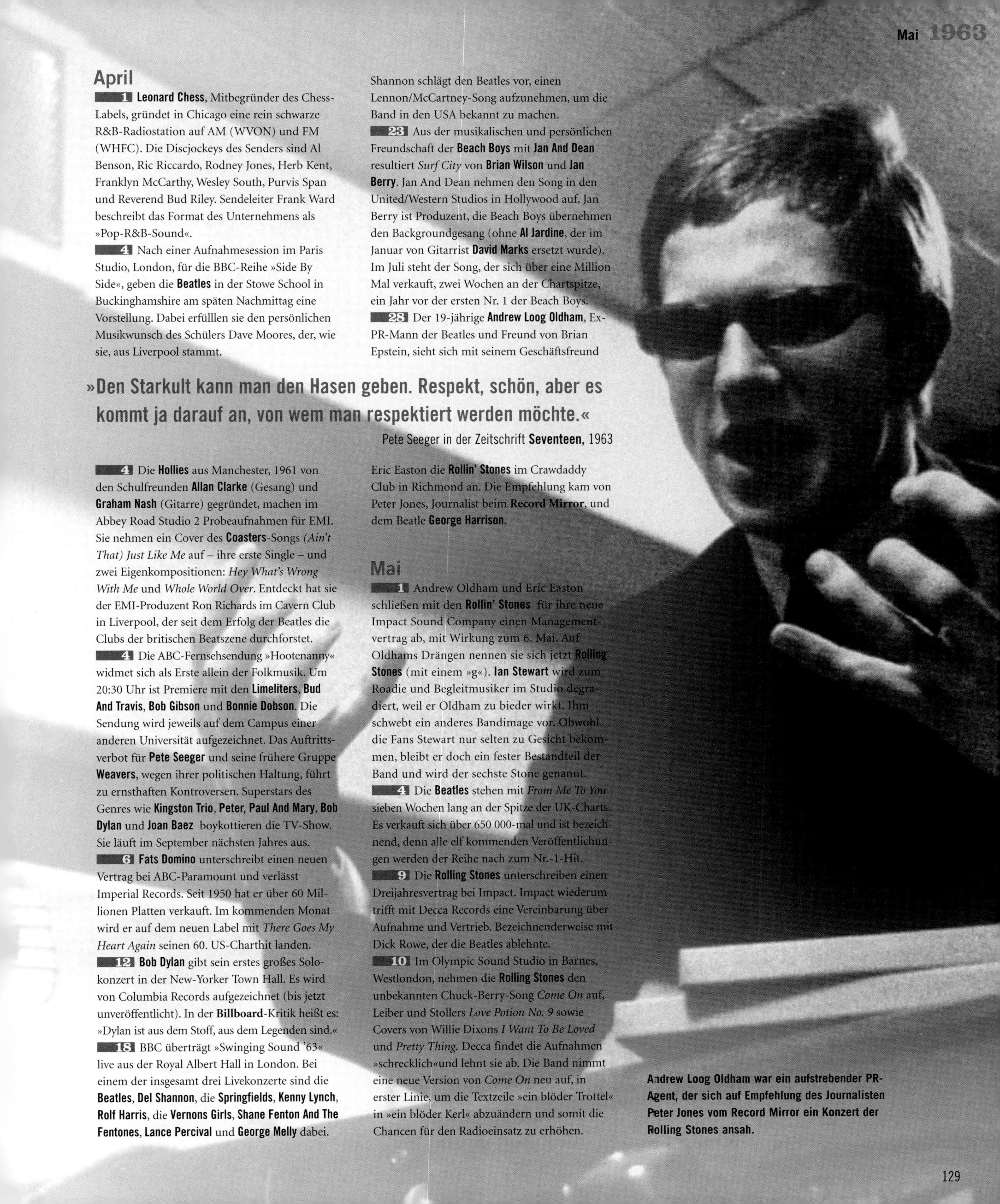

Andrew Loog Oldham war ein aufstrebender PR-Agent, der sich auf Empfehlung des Journalisten Peter Jones vom Record Mirror ein Konzert der Rolling Stones ansah.

Mai 1963

Please Please Me ... Monterey Folk Festival ... *Da Doo Ron Ron* von den Crystals ...

Viele Solisten spürten die Konkurrenz der Beatles, aber Cliff Richard war nicht zu bremsen und wurde auch noch Filmstar ... Die Searchers hatten ihren ersten Hit mit einer Bearbeitung der Drifters-Nummer *Sweets For My Sweet*.

11 Die **Beatles** stehen mit ***Please Please Me*** sechs Wochen in den UK-Charts und verdrängen **Cliff Richard and the Shadows** mit ***Summer Holiday*** von der Spitze. Das Album offenbart das einzigartige, zeitlose Songwritertalent von **Lennon** und **McCartney**, die acht der zwölf Stücke geschrieben haben. Der erfahrene Produzent George Martin bündelt die einfachen Gesangsharmonien und das vorzügliche Zusammenspiel der vier Bandmitglieder so, dass sie sich perferkt ergänzen. Die erste Veröffentlichung der Band verändert über Nacht die Popmusik-Landschaft und begründet den enormen Einfluss der Band als bedeutendes Fundament der Popkultur für ein Jahrzehnt.

12 Eigentlich sollte **Bob Dylan** an diesem Abend in der »Ed Sullivan Show« *Talking John Birch Society Blues* singen. Doch der Fernsehsender CBS bittet ihn bei den Proben, wegen der deutlichen Worte gegen die Rassentrennung und das Militär einen anderen Song zu wählen. Dylan lehnt dies ab und verlässt das Studio.

15 Bei der fünften Grammy-Verleihung wird *I Left My Heart In San Francisco* von Columbias Plattenstar und Sänger **Tony Bennett** Platte des Jahres und er selbst bester Sänger. **Ray Charles** gewinnt zum dritten Mal in Folge in der Kategorie beste R&B-Platte; *I Can't Stop Loving You* wird somit zu seinem sechsten Grammy. *If I Had A Hammer* bringt **Peter, Paul And Mary** die Auszeichnung beste Gesangsgruppe und beste Folkplatte ein. Obwohl die **Four Seasons** in den letzten sechs Monaten drei Nr.-1-Hits hatten, verlieren sie in der Kategorie bester Newcomer gegen Robert Goulet. **Bent Fabrics** Instrumental-Neuheit *Alley Cat* wird beste Rock'n'Roll-Platte. Es schlägt damit nicht nur das eigene *Big Girls Don't Cry*, sondern auch die erste Grammy-Nominierung einer Motown-Platte: *You Beat Me To The Punch* von **Mary Wells**.

17 Singer/Songwriter sind absolut en vogue. Mit **Joan Baez** und **Bob Dylan** treten zwei der populärsten Pioniere beim ersten Monterey Folk Festival in Kalifornien auf, Baez als Höhepunkt des Abends. Auch im Programm sind: **Peter, Paul And Mary**, **Barbara Dane**, **New Lost City Ramblers** und die **Andrews Sisters**.

18 Die **Beatles** starten als Vorgruppe zu **Roy Orbison** ihre dritte Englandtournee im Adelphi Cinema in Slough, mit **Gerry And The Pacemakers**, **David Macbeth**, **Louise Cordet**, **Tony Marsh**, den **Terry Young Six**, **Erkey Grant** und **Ian Crawford**. Die Publikumsreaktion macht eindeutig klar, dass die Beatles zum Programmhöhepunkt avanciert sind.

24 Mit 45 Jahren stirbt die Blueslegende **Elmore James** in Chicago an einem Herzanfall. Zu seiner Zeit einer der kreativsten Pioniere auf der E-Gitarre, beeinflusst er später eine Reihe von Rockgitarristen, darunter **Keith Richard** und **Brian Jones**.

1963 war mit drei Top-10-Alben und einem Grammy das beste Jahr für Peter, Paul And Mary.

The Searchers

Juni

7 Die **Rolling Stones** absolvieren mit *Come On* bei »Thank Your Lucky Stars« ihr Fernsehdebüt. Dafür hat man sie in uniforme Karojacketts mit Samtkragen zu passenden Krawatten und Hosen gesteckt.

8 *Da Doo Ron Ron* (*When He Walked Me Home*) von den **Crystals**, mit La La Brooks als Hauptstimme, kommt in den USA auf Platz 3. Der Produzent – und Perfektionist – Phil Spector feilt bei Gold Star mehrere Tage lang penibel daran herum, unterstützt von seinem Studioteam, liebevoll die Rettungsmannschaft genannt: Tontechniker Larry Levine, Arrangeur Jack Nitzsche mit **Hal Blaine** (Schlagzeug), **Carol Kaye** und **Ray Pohlman** (Bass), **Jimmy Bond** und **Lyle Ritz** (Kontrabass), **Glen Campbell**, **Barney Kessel**, **Bill Pitman**, **Billy Strange** und **Tommy Tedesco** (alle Gitarre), **Al DeLory**, **Larry Knechtel**, **Don Randi** und **Leon Russell** (alle Klavier), **Steve Douglas** und **Nino Tempo** (Saxofon), **Sonny Bono** und **Frank Capp** (Perkussion). Spector nimmt alles nur in Mono auf und setzt unglaublich viele Musiker, Echoeffekte und die Vielspur-Aufnahmetechnik ein, um seine einzigartigen und vielschichtigen »Klanggebäude« zu erzeugen. Sie werden zu seiner stilistisch unerreichten Handschrift und zum Markenzeichen aller späteren Platten auf dem Philles-Label.

15 **Kyu Sakamoto**, seit fünf Jahren in seiner Heimat ein Star, ist der erste Japaner auf Platz 1 der US-Hot-100. Die Single *Sukiyaki,* auf Capitol veröffentlicht, heißt im Original *Ue O Mui Te Aruko (»Look Up When I Walk«)*. Als erster Europäer hatte im Jahr zuvor der britische Jazzmusiker **Kenny Ball** den Song aufgenommen und kam auf Platz 10 der UK-Charts.

15 Billboard meldet, dass Beach Boy **Brian Wilson** und sein Vater Murray die Sea Of Tunes Publishing Company gegründet haben, um vorproduzierte Surfmusik-Kompositionen im Lizenzverfahren zu vertreiben. Von 1961 bis 1967 gehen Brians unschätzbare **Beach-Boys**-Songs in die Firma ein, die zum Gegenstand zahlreicher juristischer Auseinandersetzungen werden, nachdem Murray sie 1969 für magere 700 000 $ an Irving Music verkauft.

16 *From Me To You* von den **Beatles** verweist *I Like It* von **Gerry And The Pacemakers** auf Platz 2 der UK-Charts und **Billy J. Kramer With The Dakotas** mit *Do You Want To Know A Secret?* auf Platz 3. Die drei Liverpool-Bands beginnen ein zweitägiges Gastspiel im Odeon Cinema in Romford, Essex. Ebenfalls zum Programm gehören die **Vikings**, die es nicht in die Charts geschafft haben. Dafür steht aber der Liverpooler **Billy Fury** mit *When Will You Say I Love You* diese Woche auf Platz 4.

24 **Otis Redding** erste Chart-Single *These Arms Of Mine* führt immer noch die US-Pop- und R&B-Charts an, als seine erste große Aufnahmesession in den Stax Studios, Memphis, stattfindet. Der 21-jährige Sänger, Songwriter, Produzent und Pianist aus Dawson, Georgia, wird von Phil Walden gemanagt und machte 1960 seine ersten Platten als Leadsänger von **Johnny Jenkins And The Pinetoppers** für das Label Confederate. Redding (gleichzeitig auch Fahrer der Band) wartete letzten Oktober auf Jenkins, der im Studio arbeitete. Dabei überredete er den Stax-Label-Chef Jim Stewart, ein paar Songs mit ihm aufzunehmen. Stewart war dermaßen beeindruckt von *These Arms of Mine* und *Hey Hey Baby,* eine Eigenkomposition im Stil von **Little Richard**, dass er Otis Redding einen Vertrag bei seinem neuen Stax-Label Volt anbot.

29 Die Sendung »Lucky Stars Summer Spin«, die Sommerausgabe von »Thank Your Lucky Stars«, widmet sich dem Mersey Sound, darunter den **Beatles**, **Gerry And The Pacemakers**, **Billy J. Kramer With The Dakotas** und den **Fourmost** – die jüngste Erwerbung von Parlophone –, die ihre erste Single vorstellen: *Hello Little Girl,* eine Lennon/McCartney-Komposition. Auch für das Liverpooler Beatquartett **Searchers** (mit **Mike Pender**, **Tony Jackson**, **John McNally** und **Chris Curtis**) ist es die Fernsehpremiere. Sie wurden durch die Hamburg/Liverpool-Clubszene bekannt und sind vom Produzenten und Songwriter Tony Hatch für Pye Records verpflichtet worden. *Sweets For My Sweet,* die erste Veröffentlichung der Band, steigt heute die UK-Charts ein.

29 **Del Shannon** hat sein Versprechen vom April gehalten und *From Me To You* der Beatles aufgenommen. Mit seiner Version steht erstmals eine Lennon/McCartney-Komposition in den US-Charts, und zwar auf Platz 77.

Der High-School-Abbrecher Otis Redding wurde zunächst von Little Richard beeinflusst. Später beeinflusste er selbst viele andere Künstler.

Cilla Black

Letztes Beatles-Konzert im Cavern Club ... »Ready Steady Go« ... The Ronettes ...

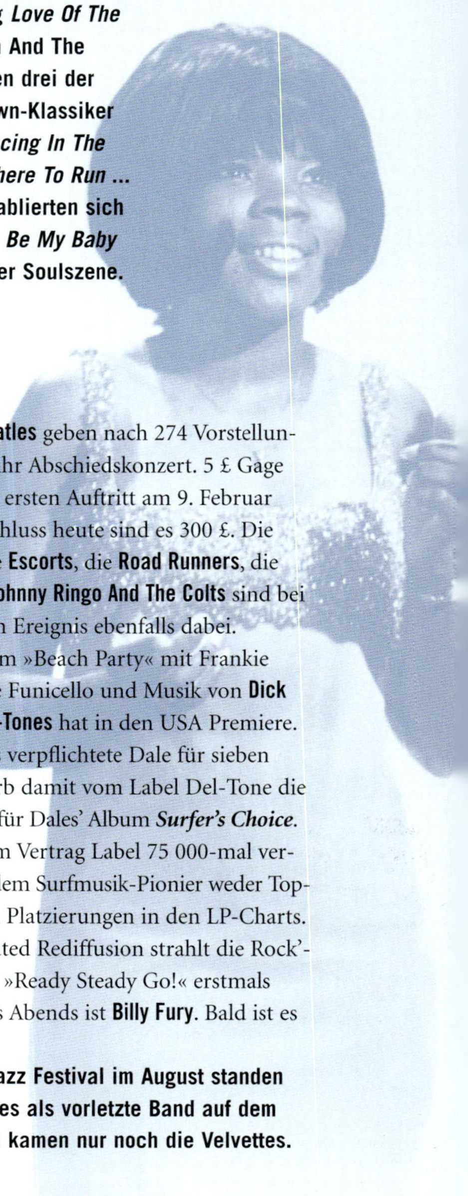

Cilla Black begann ihre Chart-Karriere mit dem Lennon/McCartney-Song *Love Of The Loved* ... Martha And The Vandellas sangen drei der absoluten Motown-Klassiker *Heat Wave*, *Dancing In The Street* und *Nowhere To Run* ... The Ronettes etablierten sich mit dem Knaller *Be My Baby* schlagartig in der Soulszene.

Juli

10 Das Label Gordy veröffentlicht *Heat Wave* von **Martha And The Vandellas**. Mickey Stevenson von Motown entdeckte die 21-jährige **Martha Reeves** 1961 bei einem Auftritt in einem Nachtclub in Detroit. Doch als sie vorsang, wurde sie für das Künstlersekretariat angeheuert und arbeitete für Smokey Robinson, Robert Bateman und das Songwriterteam Holland/Dozier/Holland. Zu ihrem Job gehörte es, neue Songtexte auf Band zu singen, damit sie die Künstler, meist Begleitsänger, einstudieren konnten. Fiel eine Sängerin aus, sprang Martha ein, da die Produzenten mit ihrer Stimme vertraut waren – so auf den ersten Singles von **Marvin Gaye**. Letzten September kam endlich ihre Chance: mit **Annette Sterling** und **Rosalind Ashford** (alten High-School-Freundinnen und Begleitsängerinnen in ihrem ersten Trio Del-Phis) nahm sie *I'll Have To Let Him Go* auf. *Heat Wave* steht auf Platz 4 der US-Charts, und Motown hat eine weitere Erfolgskünstlerin.

18 Die **Beatles** arbeiten im Studio 2 der EMI Abbey Road Studios an den Aufnahmen zu ihrem zweiten Album. Sie spielen vier Stücke ein – *You Really Got A Hold On Me*, *Money (That's What I Want)*, *(There's A) Devil In Her Heart* und *Till There Was You* – alles Covers amerikanischer Songs.

26 **Bob Dylan** tritt beim dreitägigen Newport Folk Festival als letzter Künstler auf. Er spielt *We Shall Overcome*, den Backgroundgesang liefern **Peter, Paul And Mary**, **Joan Baez**, **Theodore Bikel**, **Pete Seeger** und die **Freedom Singers**.

29 Die Hot-Rod-Musikszene gewinnt an Tempo. Als Promotion für *Little Deuce Coupe* (wird Nr. 15), B-Seite der aktuellen **Beach-Boys**-Single, verschickt Capitol Records eine Liste hipper »hot-rod«-Begriffe an amerikanische Discjockeys und Radiostationen. Schon einen Monat nach Veröffentlichung der Beach-Boys-LP ***Surfer Girl*** im Oktober, die ausschließlich Surfsongs enthält, folgt das Album ***Little Deuce Coupe*** mit reinem Hot-Rod-Material. **Brian Wilson** hat beide Platten produziert und die meisten Songs geschrieben. Charakteristisch für alle Songs ist sein erstaunliches Talent, was Harmonien und Melodien betrifft. Wilson erfindet eine Flut zeitloser Pop-Hymnen, die sich thematisch allesamt um Spaß und Sonnenschein drehen.

August

3 Die **Beatles** geben nach 274 Vorstellungen im Cavern ihr Abschiedskonzert. 5 £ Gage gab es für ihren ersten Auftritt am 9. Februar 1961, zum Abschluss heute sind es 300 £. Die **Merseybeats**, die **Escorts**, die **Road Runners**, die **Sapphires** und **Johnny Ringo And The Colts** sind bei dem glücklichen Ereignis ebenfalls dabei.

7 Der Film »Beach Party« mit Frankie Avalon, Annette Funicello und Musik von **Dick Dale And His Del-Tones** hat in den USA Premiere. Capitol Records verpflichtete Dale für sieben Jahre und erwarb damit vom Label Del-Tone die Originalbänder für Dales' Album ***Surfer's Choice***. Obwohl vor dem Vertrag Label 75 000-mal verkauft, gelingen dem Surfmusik-Pionier weder Top-50-Singles noch Platzierungen in den LP-Charts.

9 Associated Rediffusion strahlt die Rock'n'Roll-Sendung »Ready Steady Go!« erstmals aus. Stargast des Abends ist **Billy Fury**. Bald ist es

Beim National Jazz Festival im August standen die Rolling Stones als vorletzte Band auf dem Plakat – danach kamen nur noch die Velvettes.

Martha And The Vandellas

The Ronettes

die hipste Musikshow im englischen Fernsehen, moderiert von Keith Fordyce und dem zickigen Model Cathy McGowan – und dem Spruch »Jetzt beginnt das Wochenende!« Die Erkennungsmelodie, *5-4-3-2-1* von der britischen Newcomer-Beatband **Manfred Mann** (der Song hatte den aktuellen US-Nr.-2-Hit *Wipe Out* von den **Surfaris** als Jingle abgelöst), ist praktisch zum Synonym für die erfolgreiche Show geworden, die bis Dezember 1966 auf dem Sender bleibt. 1964 erscheint die Zeitschrift **Ready Steady Go** erstmals sowie die Talentshow »Ready Steady Win!«, die nach neuen Popstars sucht.

11 Die **Rolling Stones** eilen von ihrem regelmäßigen Mittagskonzert im Londoner Studio 51 auf die Richmond Athletic Grounds zum dritten National Jazz Festival. Sie haben ihren Auftritt am zweiten Tag; die Gage ist kaum nennenswert. Das Festivalprogramm wird noch stark von Jazzkünstlern dominiert, darunter die **Tubby Hayes Quintet**, **Chris Barber's Jazz Band**, die **Humphrey Lyttelton Band**, **Terry Lightfoot's Jazzmen** und **Acker Bilk's Paramount Jazz Band**. Doch das Engagement der Rolling Stones, von **Long John Baldry** und **Cyril Davies And His Rhythm and Blues All Stars** ist ein Anzeichen dafür, dass sich das Festival bis Ende der 60er-Jahre anderen Genres öffnen wird.

24 **»Little« Stevie Wonder**, gerade 13 Jahre alt, ist der erste Musiker in der amerikanischen Chart-Geschichte, der gleichzeitig mit einem Album, ***Little Stevie Wonder/The 12 Year Old Genius***, und einer Single, *Fingertips Pt 2*, auf Platz 1 steht. Seine 45er-Liveversion wird der zweite Charttopper für Motown.

28 **Joan Baez** singt zum Schluss des historischen Marsches auf Washington am Lincoln Memorial *Oh Freedom* und *We Shall Overcome*. Reverend Martin Luther King Jr. spricht auf den Stufen zum Memorial zu über 200 000 Menschen, die für Arbeit, Gerechtigkeit und Frieden marschiert sind. Seine emotionale Rede beinhaltet den mehrfach wiederholten Satz »Ich habe einen Traum ...«. Der Reverend ist seit kurzem bei Motown unter Vertrag, das den historischen Moment aufzeichnet und im Oktober als ***The March on Washington*** veröffentlicht. Unterstützt wird das Ereignis auch von den Folkkünstlern **Odetta**, **Peter, Paul And Mary**, **Bob Dylan** und Gospelstar **Mahalia Jackson**.

29 Der ernste Folksänger/Songwriter **Phil Ochs** führt den Kunden in der The Garden State Plaza Mall in New Jersey einen »hoot« vor. Die neueste Mode, die so genannte »Hootenanny« (spontane Folksessions), die auf dem College-Campus entstanden war, hat die Masse erreicht.

September

6 Die 20-jährige Liverpooler Sängerin **Cilla Black** unterschreibt im Haus ihrer Eltern einen Managementvertrag mit Brian Epstein. Sie hatte ihm in einem Club in Birkenhead, begleitet von den **Beatles**, vorgesungen und am 25. Juli für EMI Probeaufnahmen gemacht. Entdeckt wurde sie von George Martin, als er sich im Dezember **Gerry And The Pacemakers** in Liverpool angesehen hatte. Die ehemalige Garderobiere des Cavern (die eigentlich Priscilla White heißt; der Künstlername entstand durch einen Druckfehler im **Mersey Beat**) wird derzeit als »Swinging Cilla« angekündigt. Auf Parlophone wird sie bald zur führenden weiblichen Sängerin der großen Pop-Invasion, die von der Merseyside ausgeht.

10 Der **Daily Mirror** veröffentlicht ein Interview unter der Überschrift »Vier wilde kleine Lords Fauntleroys verdienen jede Woche 50 000 Pfund«, und die **Beatles** erhalten bei einem Mittagessen im Londoner Savoy Hotel die Auszeichnung als beste Gesangsgruppe des Jahres vom britischen Variety Club. Beim Verlassen des Hotels treffen **John Lennon** und **Paul McCartney** zufällig Andrew Oldham, der früher für die Beatles gearbeitet hat. Er lädt sie zur Probe der **Rolling Stones** im Studio 51 ein. Die Stones können sich nicht entscheiden, was sie auf ihre zweite Single nehmen sollen. Die beiden Beatles zaubern einen brandneuen Song aus der Tasche, *I Wanna Be Your Man*, und geben ihm in wenigen Minuten den letzten Schliff. So kommen die Stones dazu, eine unveröffentlichte Lennon/McCartney-Komposition aufzunehmen. (Die Beatles zeichnen ihn morgen mit Ringo als Leadsänger auf.)

14 *She Loves You*, ein Popklassiker von Lennon und McCartney, ist Nr. 1 der UK-Charts. (Mit Vorbestellungen von 310 000 Stück verkauft es sich allein in Großbritannien 1,6 Milionen Mal und bleibt bis 1977 die bestverkaufte britische Single.) Es ist vier Wochen Nr. 1, hält drei Wochen lang **Cliff Richards** *It's All In The Game* auf und wird von **Brian Poole And The Tremeloes** *Do You Love Me* verdrängt, später von **Gerry And The Pacemakers'** *You'll Never Walk Alone*. Am 30. November, drei Tage nach Überschreiten der Millionengrenze, kehrt es an die Spitze zurück.

28 Die **Ronettes** singen bei »American Bandstand« *Be My Baby*. Das Gesangstrio, 1958 in New York als die Darling Sisters gegründet, besteht aus **Veronica Bennett** (sie heiratet den Produzenten Phil Spector und ist später als **Ronnie Spector** bekannt), ihrer Schwester **Estelle** und ihrer Cousine **Nedra Talley**. Sie arbeiten seit 1962 als Background für Philles. Mit ihrem für den Spector-Sound so typischen Debüt klettern sie die US-Charts hoch.

29 Die **Rolling Stones** starten ihre erste Englandtournee im Londoner New Victoria Theatre. Sie werden 32 Tage im Vorprogramm der **Everly Brothers** und von **Bo Diddley** (er ist erstmals in England) spielen. Aus Respekt gegenüber der Blueslegende verzichten sie auf ihre Diddley-Covers.

»Ich habe einen Traum, dass meine ... Kinder eines Tages in einer Nation leben werden, in der sie nicht wegen der Farbe ihrer Haut, sondern nach dem Wesen ihres Charakters beurteilt werden.«

Martin Luther King Jr., 28. August 1963

George Harrison kaufte seine Rickenbacker 425 im Fenton Music Store in Mount Vernon, Illinois, während eines Besuchs bei seiner Schwester Louise.

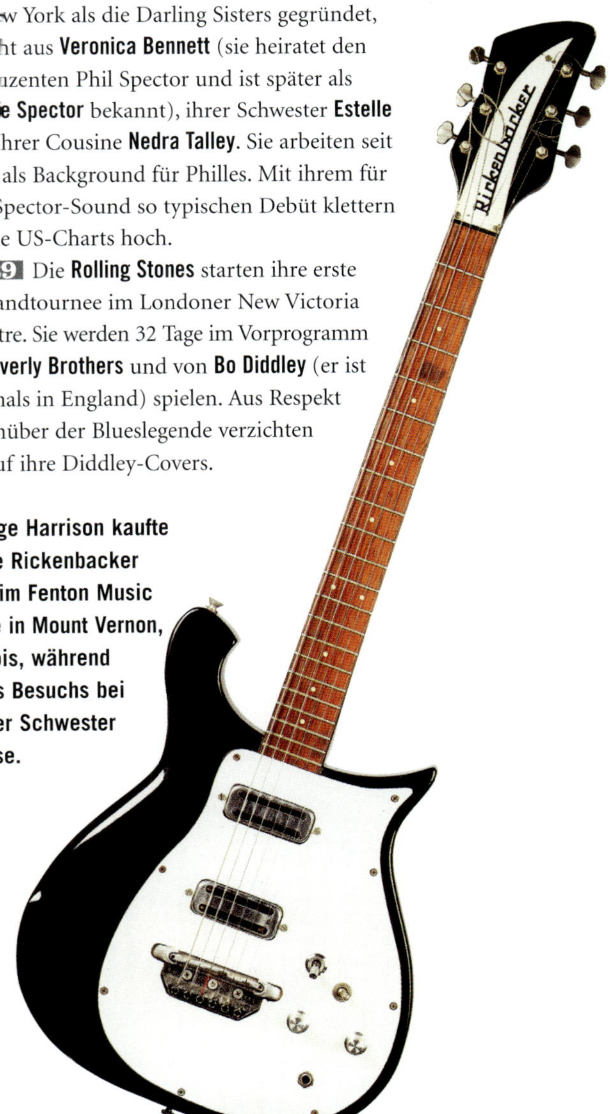

Die Beatles bei »Ready Steady Go!«

»Beatlemania« setzt ein ... Phil Spectors Weihnachtsalbum ... Sœur Sourire ...

Oktober

4 Die **Beatles** haben ihren ersten Auftritt bei »Ready Steady Go!«. Sie singen zum Playback *Twist And Shout, I'll Get You* und *She Loves You* und werden kurz von **Dusty Springfield** interviewt, die mit *Only Want To Be With You* ihren Durchbruch als Solokünstlerin haben wird, das im Dezember auf Platz 4 der UK-Charts schießt.

12 Die **Ronettes** sind in den USA mit *Be My Baby* auf Platz 2. Eine weitere Girlgroup, die **Chiffons** – ein Quartett aus der Bronx – präsentiert ihren aktuellen US-Nr.-1-Hit *He's So Fine* und den Nachfolgehit *One Fine Day* bei »American Bandstand«. *He's So Fine*, unterlegt mit dem ansteckenden »Doo-lang«-Backingchor, stand vier Wochen lang auf Platz 1.

13 Die **Beatles** geben ihr Debüt als Hauptgruppe des Abends in Sunday Night At The London Palladium. Die Presse berichtet über die Hysterie der Fans vor der Halle und prägt den Begriff »Beatlemania«. In der Show, die über 15 Millionen Fernsehzuschauer einschalten, ist auch der amerikanische R&B-Sänger **Brook Benton**.

19 Die UK-Tour der Greatest Record Show of 1963 beginnt im Londoner Finsbury Park Astoria. Neben den angesagten US-Stars **Dion**, **Lesley Gore**, **Brook Benton** und **Timi Yuro** tritt auch **Trini Lopez** auf, ein Popfolk-Sänger auf Frank Sinatras Label Reprise. Er steht mit einer Version von Pete Seegers *If I Had A Hammer* auf Platz 3 der US-Charts.

November

1 Seit dem Start ihrer Herbsttournee im Odeon Cinema, Cheltenham, überrollt England die Beatlemania. Die **Beatles**, seit gestern von einer sechstägigen Tournee durch Schweden zurück, sind erstmals die Hauptattraktion einer Package-Tour, die 33 Tage dauert und je zwei Gigs pro Abend umfasst. Mit dabei **Peter Jay And The Jaywalkers**, die **Brook Brothers**, die **Vernons Girls**, die **Kestrels**, das **Rhythm And Blues Quartet** und der Moderator Frank Berry.

2 Ab heute sind **Gerry And The Pacemakers** mit dem hymnischen Rodgers/Hammerstein-Cover *You'll Never Walk Alone* (aus dem Musical »Carousel«) vier Wochen auf Platz 1 der UK-Charts. Es wird ihr größter Bestseller in England (776 000 verkaufte Scheiben). Die Platte, am 2. Juli aufgenommen, wird ein Synonym für die Band, die Stadt Liverpool und das dortige Soccer-Team, nachdem Fans den Song zu ihrer Vereinshymne erkoren hatten. Für die Band ist glücklich, dass es ihre ersten drei Veröffentlichungen an die Spitze der UK-Charts geschafft haben, was 21 Jahre lang niemandem mehr gelingen wird.

2 **Peter, Paul And Mary** verdrängen sich mit ***In The Wind*** selbst von Platz 1 der US-Charts, während ihr Debütalbum ***Peter, Paul And Mary*** auf Nr. 2 und ***Moving*** auf Platz 6 bleiben. Auf ***In The Wind*** sind die Bob-Dylan-Kompositionen *Blowin' In The Wind* und *Don't Think Twice, It's Alright* zu hören. (Der Erfolg von Dylans eigenem Album ***The Freewheelin' Bob Dylan***, auf Platz 22 der US-Charts, ist dagegen bescheiden.) Der Folkmusikmarkt ist weiterhin stabil. Das zweite Livealbum von Joan Baez, ***Joan Baez In Concert, Part 2***, wird im Dezember auf Vanguard Records veröffentlicht und klettert auf Platz 7 der US-Charts, während Part 1 erst die Hälfte des Wegs hinter sich hat. Das Album wird zweieinhalb Jahre in den Charts sein.

4 Die Königinmutter, Prinzessin Margaret und Lord Snowdon überreichen den **Beatles** bei ihrem Auftritt in der Royal Variety Performance im Londoner Prince of Wales Theatre einen königlichen Verdienstorden. John Lennon liefert die Schlagzeilen der morgigen Tageszeitungen, als er das Publikum auffordert: »Ich möchte, dass ihr bei unserer letzten Nummer mitmacht. Die Leute auf den billigen Plätzen klatschen mit, und der Rest von euch klimpert einfach mit den Juwelen. Wir werden jetzt *Twist And Shout* singen.«

5 Unter der Überschrift »Yeah! Yeah! Yeah!« erscheint im **Daily Mirror** ein Leitartikel, in dem es heißt: »Wer die lustigen, lärmigen, frischen, fröhlichen Beatles nicht mag, muss schon ein garstiger Miesepeter sein. Wenn sie deine Laune nicht heben, Bruder, bist du ein hoffnungsloser Fall. Wenn der Beat nicht in dich fährt, Schwester, dann hörst du nicht zu.«

8 **Dick Clarks** Caravan-Of-Stars-Package-Tour hat in Teaneck, New Jersey Premiere. Auf dem Programm stehen die **Ronettes**, **Bobby Vee**, **Brian Hyland**, die **Dovells**, **Little Eva**, **Paul And Paula**, die **Tymes**, **Jimmy Clanton**, **Linda Scott**, die **Essex** (*Easier Said Than Done* ist der Sommerhit in den USA), die **Jaynettes**, die **Dixie Belles**, **Joe Perkins**, **Donald Jenkins** und die **De-Lighters**.

20 Die **Rolling Stones** gehen für zwei Tage in die Regent Sound Studios in London. Sie nehmen zehn Stücke auf, darunter *That Girl Belongs To Yesterday*, das **Mick Jagger** und **Keith Richard** an den amerikanischen Sänger **Gene Pitney** bei der Aufzeichnung von »Thank Your Lucky Stars« am Wochenende abgeben werden. Damit beginnt ihre Partnerschaft als Songwriterteam für andere Künstler. Es wird übrigens noch fast ein Jahr dauern, bis Jagger und Richard einen eigenen Song für die Stones schreiben werden.

22 Das Popgesangs-Duo **Dale And Grace** (Dale Houston und Grace Broussard), zurzeit Nr. 1 in den USA mit der Popballade *I'm Leaving It Up To You*, sind mit der Package-Tour Dick Clark Caravan Of Stars unterwegs. Nach dem gestrigen Auftritt in Dallas sehen sie auf der Main Street den Autokorso von Präsident Kennedy, der kurz darauf erschossen wird.

The Stones gingen mit den Everly Brothers und Bo Diddley auf Tournee ... Die Beach Boys sollten in wenigen Monaten ihren ersten Welthit *I Get Around* feiern ... Die Beatles-Fans konnten sich ihre Helden an den Weihnachtsbaum hängen.

Gerry And The Pacemakers

Sœur Sourire

Zum Jahresende belegten die Beatles mit *I Want To Hold Your Hand* und *She Loves You* Platz 1 und 2 – nur zwei der 11 Lennon/McCartney-Hits in diesem Jahr ... Im Gegensatz zu anderen Liverpooler Bands waren Gerry And The Pacemakers für ihre drei britischen Nr.-1-Hits nicht auf Lennon/McCartney-Songs angewiesen ... Sœur Sourire hatte ihr Lied *Dominique* zunächst nur aufgenommen, um es Freunden zu schenken.

22 **Phil Spectors** ***A Christmas Gift For You*** wird nach endlosen Studioaufnahmen auf Philles veröffentlicht. Wegen der Staatstrauer nach Kennedys Ermordung sind die Verkäufe gering und keine Chartplatzierungen möglich. Jahre später begeistern sich alle für das ausgefallene Weihnachtsalbum. Die Mischung aus klassischen Weihnachtsliedern und neuen Spector-Kompositionen ist von Künstlern des Philles-Labels eingespielt und aufwändig in die Klangwälle seines »Wall of Sound« verpackt.

14 Die **Beatles** brechen mit *I Want To Hold Your Hand* fünf Wochen lang alle Verkaufs- und Chartrekorde. In England verkauft sich das Stück nach 940 000 Vorbestellungen insgesamt 1,5 Millionen Mal, weltweit sind es 15 Millionen. Sie entthronen damit *She Loves You*. Zum ersten Mal verdrängt sich damit ein Künstler selbst vom Platz 1 der UK-Charts. (**John Lennon** gelingt das 1981 postum – *Woman* schubst *Imagine* von Platz 1.) *I Want To Hold Your Hand* ist dieses Jahr der neunte UK-Charttopper einer Liverpooler Band.

»Wer die lustigen, lärmigen, frischen, fröhlichen Beatles nicht mag, muss schon ein garstiger Miesepeter sein.« **Daily Mirror**, 5. November 1963

Dezember

7 Die **Beatles** bewerten in der Sendung »Juke Box Jury« **Bobby Vintons** *There! I've Said It Again* als »Niete«. Acht Wochen später kicken sie den Song von Platz 1 der US-Charts. Das Album ***With The Beatles*** steht an der Spitze der UK-Charts. In der letzten Woche mit 270 000 Vorbestellungen auf Nr. 2 eingestiegen, verdrängt es ***Please Please Me***. (Beide Alben stehen ohne Unterbrechung von Mai 1963 bis Mai 1964 abwechselnd an der Chartspitze.) ***With The Beatles*** wird zum ersten britischen LP-Millionenseller. Es enthält eine Mischung aus Lennon/McCartney-Originalen und Covers diverser amerikanischer R&B-Lieblingsstücke der Band (darunter *You Really Got A Hold On Me* und Chuck Berrys *Roll Over Beethoven*). Die LP steht sogar auf Platz 11 der **New-Musical-Express**-Singles-Charts, die alle Formate gleichwertig erfasst.

14 Jazzblues/R&B-Star **Dinah Washington**, deren letzter Hit »Soulville« war, stirbt in Detroit aufgrund einer Kombination aus Appetitzüglern und einer Überdosis Alkohol.

17 Carroll James Jr. vom Sender WWDC, Washington, spielt als erster US-Discjockey einen Beatles-Song. Die Platte hat er von einem englischen Gefreiten. James moderiert im kommenden Jahr auch das erste US-Konzert der Beatles.

24 Im Londoner Finsbury Park Astoria hat The **Beatles** Christmas Show Premiere, eine Mischung aus Musik und Krippenspiel mit **Rolf Harris**, den **Barron Knights**, **Tommy Quickly**, den **Fourmost**, **Billy J. Kramer with the Dakotas** und **Cilla Black**. Die 100 000 Karten für die 30 Vorstellungen waren am 16. November ausverkauft.

27 William Mann, Musikkritiker der **Times**, nennt Lennon und McCartney die »herausragenden englischen Komponisten 1963«. Er schreibt in einer Kolumne, für die Beatles-Fans vermutlich ein Musiklexikon benötigen, »man hat den Eindruck, dass sie an Harmonie und Melodie gleichzeitig denken, denn die gleichnamigen Dur-Tonarten sieben und neun sind in ihren Liedern fest verankert, ebenso die auf der sechsten Stufe um einen Halbton erniedrigten Tonleiterwechsel, die äolische Kadenz am Ende von *Not A Second Time* (mit dieser Akkordsteigerung endet Mahlers ›Song of the Earth‹) so organisch.« In der **Sunday Times** bezeichnet Richard Buckle die Songwriter als »die größten Komponisten seit Beethoven.«

28 Vor vier Monaten stand **»Little« Stevie Wonder** in den Album- und Single-Charts gleichzeitig auf Platz 1 und schrieb US-Chartgeschichte. Nun wiederholt dies **Sœur Sourire** mit ihrer LP ***The Singing Nun*** (unter diesem Namen ist sie auch im englischsprachigen Raum bekannt) und der ausgekoppelten Single *Dominique*. Das Album hat sich 670 000-, die Single 700 000-mal verkauft. Der ungewöhnliche Hitstar ist Schwester Luc-Gabrielle (geborene Jeanine Deckers) aus dem Dominikanerinnenkloster Fichermont in Belgien.

Die Verkaufszahlen der Beatles-EPs und -LPs waren so hoch, dass sie teilweise auch in den Single-Charts gelistet werden mussten.

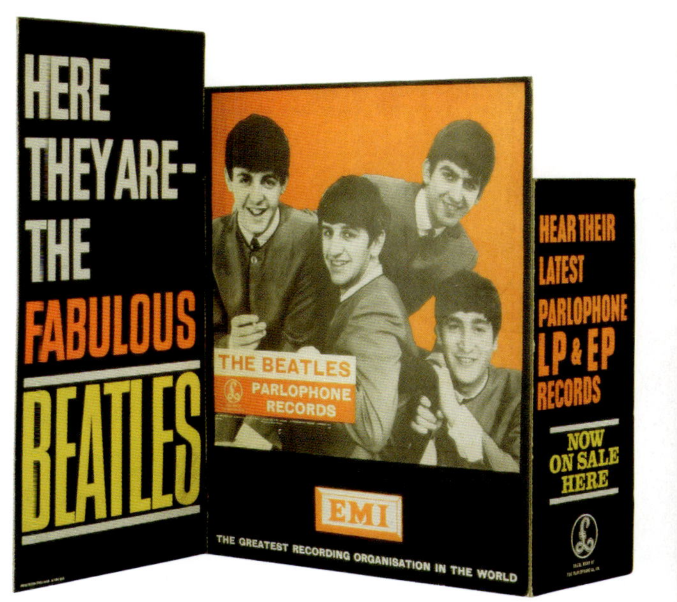

ROOTS **In diesem Jahr treten Ian Anderson aus Edinburgh und einige bluesbegeisterte Freunde für die fürstliche Gage von 2 £ erstmals als The Blades in Blackpool auf; sie werden sich bald John Evan Band nennen (so heißt ihr Drummer, dessen Mutter ihnen den Bandbus leiht), aber berühmt werden sie erst als Jethro Tull ... trifft das Allround-Musiktalent Sonny Bono in Aldo's Coffee Shop in Los Angeles die angehende Schauspielerin Cherilyn La Piere Sarkisian ... debütiert Michael Jackson (5) mit seinen Brüdern in einem Club in Gary, Indiana für eine Gage von nicht mehr als 8 $; über 100 $ werden allerdings auf die Bühne geworfen ... gewinnen die befreundeten Teenager James Taylor und Danny Kortchmar einen »Hootenanny«-Folkwettbewerb in Chilmark, Martha's Vineyard ... formiert sich in Palo Alto als Mother McCree's Uptown Jug Champions ein neunköpfiges Kollektiv aus sehr unterschiedlichen, schillernden San-Francisco-Bohemiens um Jerry Garcia, (mit dabei sind u. a. Ron McKernan, Bill Kreutzmann, Bob Weir und Robert Hunter) ... wird die R&B-/Beatgruppe Them mit Leadsänger Van Morrison Dauergast im R&B-Club des Maritime-Hotels in Belfast ...**

I'm Into Something Good

1964

Nr. 1 US-SINGLES

04. Jan. There! I've Said It Again **Bobby Vinton**
02. Febr. I Want To Hold Your Hand **Beatles**
21. März She Loves You **Beatles**
04. Apr. Can't Buy Me Love **Beatles**
09. Mai Hello, Dolly! **Louis Armstrong**
16. Mai My Guy **Mary Wells**
30. Mai Love Me Do **Beatles**
06. Juni Chapel Of Love **Dixie Cups**
27. Juni A World Without Love **Peter And Gordon**
04. Juli I Get Around **Beach Boys**
18. Juli Rag Doll **Four Seasons**
01. Aug. A Hard Day's Night **Beatles**
15. Aug. Everybody Loves Somebody **Dean Martin**
22. Aug. Where Did Our Love Go **Supremes**
05. Sept. The House Of The Rising Sun **Animals**
26. Sept. Oh, Pretty Woman **Roy Orbison**
17. Okt. Do Wah Diddy Diddy **Manfred Mann**
31. Okt. Baby Love **Supremes**
28. Nov. Leader Of The Pack **Shangri-Las**
05. Dez. Ringo **Lorne Greene**
12. Dez. Mr. Lonely **Bobby Vinton**
19. Dez. Come See About Me **Supremes**
26. Dez. I Feel Fine **Beatles**

Nr. 1 UK-SINGLES

04. Jan. I Want To Hold Your Hand **Beatles**
18. Jan. Glad All Over **Dave Clark Five**
01. Febr. Needles And Pins **Searchers**
22. Febr. Diane **Bachelors**
29. Febr. Anyone Who Had A Heart **Cilla Black**
21. März Little Children **Billy J. Kramer with the Dakotas**
04. Apr. Can't Buy Me Love **Beatles**
25. Apr. World Without Love **Peter & Gordon**
09. Mai Don't Throw Your Love Away **Searchers**
23. Mai Juliet **Four Pennies**
30. Mai You're My World **Cilla Black**
27. Juni It's Over **Roy Orbison**
11. Juli House Of The Rising Sun **Animals**
18. Juli It's All Over Now **Rolling Stones**
25. Juli A Hard Day's Night **Beatles**
15. Aug. Do Wah Diddy Diddy **Manfred Mann**
29. Aug. Have I The Right? **Honeycombs**
12. Sept. You Really Got Me **Kinks**
26. Sept. I'm Into Something Good **Herman's Hermits**
10. Okt. Oh, Pretty Woman **Roy Orbison**

The Rolling Stones

The Temptations

Bei ihrer Ankunft in New York zur ersten US-Tour behaupteten die Stones, ihre langen Haare folgten einer von dem englischen König Karl I. (1625–49) begründeten Mode ... Erst der Einstieg des Tenors David Ruffin brachte den Temptations 1964 drei Charthits, denen 1965 der Nr.-1-Erfolg *My Girl* folgen sollte.

»Die Briten kommen.« Die **Beatles** brachten die transatlantische Invasion ins Rollen. Bei ihrer Ankunft in New York brach Hysterie unter den Teenagern aus – Szenen, die sich bald überall, wo sie auftauchen, wiederholen sollen. Mit ihrer Ausgelassenheit und ihrem Humor, vor allem aber dem frischen Sound der Lennon/McCartney-Kompositionen trafen sie den Nerv von Amerikas Jugend, was die **Beach Boys,** Motown und **Phil Spectors** »Wall of Sound« nicht geschafft hatten. Die Beatles beherrschten neben Stücken von **Chuck Berry**, **Buddy Holly**, **Elvis** und den **Everly Brothers** auch ihre eigenen Songs perfekt. Nach dem Mord an JFK sehnte sich Amerika nach ein bisschen Fröhlichkeit.

Nach dem Erfolg der Beatles stürzten sich die US-Labels auf britische Bands,: die **Dave Clark Five**, die **Rolling Stones, Gerry And The Pacemakers**, die **Searchers** waren heiß begehrt. Der bluesgetränkte Rock der Stones fand beim amerikanischen Publikum sofort Anklang, auch wenn Politiker und Polizei weniger begeistert waren. Für das Establishment auf beiden Seiten des Atlantiks war es ein ungemütliches Jahr. Die Stones ernteten nur Missbilligung – ungepflegte Haare und keine Schlipse –, und **Bill Wyman** und **Mick Jagger** standen mehrmals vor Gericht. Das Radiomonopol (und Ansehen) der BBC stand auf dem Spiel, weil »Piratensender« Songs auflegten, die sonst nicht liefen. Und als die Beatles den MBE-Orden bekamen, gaben entrüstete Ordensträger ihre zurück. Die Kluft zwischen den Generationen war seit dem Durchbruch von Elvis nie so groß.

Doch auch die amerikanischen Künstler schliefen nicht. Der R&B feierte ein glorreiches Jahr: Motowns jüngster Single-Charterfolg waren die **Supremes**. Den **Temptations** gelang der Durchbruch, ebenso **Dionne Warwick** mit *Anyone Who Had A Heart.* Wie auch ihr leichtfüßiger zweiter Hit *Walk On By* stammte er vom Brill-Building-Team **Burt Bacharach** und **Hal David**. Doch verlor die R&B-Szene in diesem Jahr auch ein großes Talent: **Sam Cooke**, der gefühlvolle Texte und perfekte Melodien mit seiner Stimme aus Gold zu Juwelen vereinte. Im Juni nahm **Bob Dylan** in einer einzigen Nachtsession eine LP auf. Es sollte für 30 Jahre sein letztes, rein akustisches Album sein. Zur Enttäuschung einiger Folk-Enthusiasten war es eher persönlich denn polemisch. Dylan war von der neuen Welle aus Großbritannien beeinflusst und übte umgekehrt großen Einfluss auf sie aus. Später meinte er: »[Die Beatles] waren etwas absolut Neues. Ihre Akkorde waren unglaublich, einfach unglaublich, und ihre Harmonien mehr wert als alles andere.«

»Es ist halt Rock'n'Roll; wir schreiben nur zufällig fast alles davon.« Lennon, 11. Juni 1964

24. Okt. (There's) Always Something There To Remind Me **Sandie Shaw**
14. Nov. Oh Pretty Woman **Roy Orbison**
21. Nov. Baby Love **Supremes**
05. Dez. Little Red Rooster **Rolling Stones**
12. Dez. I Feel Fine **Beatles**

»Top of the Pops« ... *Louie Louie* von den Kingsmen ... Die Beatles kommen in New York an ...

Jimmy Savile hatte die Ehre, als erster Discjockey »Top Of The Pops« präsentieren zu dürfen.

Januar

1 Um 18:36 Uhr geht »Top of the Pops« im britischen Fernsehen auf Sendung. Die Show wird live aus einer umgebauten Kirche in der Dickinson Road, Manchester, übertragen und von Discjockey Jimmy Savile moderiert. Denise Sampey »legt« die Platten auf. **Dusty Springfield** eröffnet das Programm und singt *I Only Want To Be With You* play-back, derzeit Nr. 4 in den BBC-Charts. Im Studio folgen die **Rolling Stones** (sie spielen *I Wanna Be Your Man*, Nr. 11), die **Dave Clark Five** (*Glad All Over*, Nr 1), die **Hollies** (*Stay*, neu auf Platz 12) und die **Swinging Blue Jeans** (*Hippy Hippy Shake*, Nr. 3, noch eine Single von einem neuen Liverpooler Quartett). Ebenfalls in der Sendung sind **Cliff Richard And The Shadows** (*Don't Talk To Him*, Nr. 15), dann kommt ein Film von **Freddie And The Dreamers** mit *You Were Made For Me* (Nr. 4) und die **Beatles**-Platten *She Loves You* (Nr. 6) und *I Want To Hold Your Hand* (derzeit zusammen mit den Dave Clark Five auf Nr. 1). **Gene Pitney** rundet die Premiere mit *Twenty Four Hours From Tulsa* (Nr. 5) ab. Ursprünglich nur für sechs Sendungen geplant, wird »Top of the Pops« – mit Liveauftritten und Videos der wöchentlichen Hitsingles – bis ins 21. Jahrhundert wöchentlich fortgesetzt und erreicht Kultstatus.

6 Die **Rolling Stones** starten ihre zweite UK-Tour im Granada Theatre, Harrow. Erstmals sind sie die Hauptgruppe dieser 14-tägigen Package-Tour Group Scene 1964 mit den **Ronettes**, **Marty Wilde**, den **Swinging Blue Jeans**, **Dave Berry And The Cruisers** und den **Cheynes**. Inzwischen haben die Stones eine große Gefolgschaft aus kreischenden Fans und Presseberichten über ihre wilden Auftritte (der **New Musical Express** bezeichnet sie als »affenartiges Quintett«). Ihr ruppiges Image ist der perfekte Gegensatz zu dem Saubermann-Look der Beatles.

7 Der Mundharmonikaspieler und britische Blues-Pionier **Cyril Davies** stirbt mit 32 Jahren an Leukämie. Davies und **Alexis Korner** hatten 1961 **Blues Incorporated** gegründet, eine Band, die viele Topmusiker hervorgebracht hat, wie die Schlagzeuger **Ginger Baker** und **Charlie Watts** und den 22-jährigen Sänger **Long John Baldry**.

9 Als The Elgins schon seit 1961 bei Motown, nennt sich das Gesangsquintett jetzt **Temptations**. **Eddie Kendricks**, **Otis Williams**, **Paul Williams**, **Melvin Franklin** und das neue Mitglied **David Ruffin** nehmen *The Way You Do The Things You Do*, von Smokey Robinson und Robert Rodgers mitkomponiert, in den Motown Studios in Detroit auf.

Go-go-Tänzerinnen schwangen zu Johnny Rivers' Musik provokativ ihre Hüften und lösten eine neue Welle von Tanzwut aus.

15 **Johnny Rivers** beginnt ein einjähriges Engagement im Whisky A Go-Go Club in Los Angeles. Davor absolvierte er zuerst ein ausverkauftes Gastspiel im Gazzari Club, Los Angeles, und einige Wochen im Condor-Nachtclub, San Francisco. Dank seiner Auftritte avanciert das Whisky zum heißesten Nachtclub in Amerika. Prominente wie Steve McQueen, Johnny Carson, Rita Hayworth, Richard Chamberlain, Ann-Margret, Sandra Dee, George Peppard, George Hamilton, Tuesday Weld, Laurence Harvey und Gina Lollobrigida stehen Schlange, um Rivers »Boogie-Beat«-Programm mit Bassist **Joe Osborn** und Jazzschlagzeuger **Eddie Rubin** zu sehen. Rivers, in Begleitung seiner roten Gibson-ES-335-Gitarre, ist dank der Schere von Modefrisör Jay Sebring und den trendigen Klamotten von Hollywoods Starschneidern perfekt gestylt. In sechs Wochen wird Plattenproduzent Lou Adler das mobile Aufnahmestudio von Wally Heider mieten, um zwei Abende hintereinander die explosiven Auftritte fürs erste Livealbum festzuhalten. Nachdem es alle großen Plattenfirmen ablehnen, greift Imperial Records zu. ***Johnny Rivers At The Whisky A Go Go*** verkauft sich in den USA im Sommer über eine Million Mal.

16 Nach einem Probekonzert im Cinéma Cyrano, Versailles, treten die **Beatles** ein 18-tägiges Gastspiel in der Olympia Music Hall in Paris an. Unter den neun weiteren Künstlern sind auch **Trini Lopez** und **Sylvie Vartan**. Nebenbei spielen sie in den EMI Pathé Marconi Studios, Paris, deutsche Versionen von *She Loves You (Sie liebt dich)* und *I Want To Hold Your Hand (Komm, gib mir deine Hand)* ein, ihre einzigen Plattenaufnahmen außerhalb Englands.

18 Liverpooler Musiker besetzten in den vergangenen 23 Wochen 20-mal die UK-Chartspitze, jetzt sind es **Dave Clark Five** aus Tottenham mit *Glad All Over*. Die von **Mike Smith** und **Dave Clark** (wie die meisten Bandhits) komponierte Single mit eingängigem Schlagzeug verdrängt die **Beatles** mit *I Want To Hold Your Hand*. Das steht auf Nr. 45 der US-Hot-100 und führt zu Pressegeschichten à la »London überrundet Liverpool«.

21 Das neue englische Gesangs-/Gitarrenduo **Peter And Gordon** nehmen in den EMI Abbey Road Studios das Lennon/McCartney-Stück *A*

Peter und Gordon lernten sich in der Schule kennen und taten sich für eine Musikkarriere zusammen ... Zwei Tage nach ihrer triumphalen Ankunft in New York wurde das US-Debüt der Beatles (vor einem 703-köpfigen Studiopublikum) live aus dem CBS Studio 50, Ecke Broadway und 53. Straße West, übertragen.

Peter And Gordon

The Beatles

World Without Love auf. **Peter Asher** – seine Schwester Jane ist McCartneys Freundin – und **Gordon Waller** lernten sich 1959 an der Westminster School kennen. Sie traten mit einem **Shadows**-ähnlichen Trio auf Schulfeiern und in Cafés auf. EMI-Talentsucher Norman Newell entdeckte sie im Londoner Pickwick Club und schlug vor, ihren eigenen Song *If I Were You* aufzunehmen. Doch McCartney bot ihnen eine Eigenkomposition an, mit der sie im Juni die UK-Charts anführen.

Februar

1 Im letzten Dezember ein US-Nr.-2-Hit, wird das unglaublich populäre *Louie Louie* von den **Kingsmen** – einem Rockquintett aus Portland, Oregon, mit Frontmann **Jack Ely** – zum heißen Eisen. Es entbrennt eine Diskussion darüber, ob Elys undeutlicher Gesang einen schlüpfrigen Text kaschiert, als Matthew Welsh, Gouverneur von Indiana, meint, ihm hätten beim Anhören des »pornografischen« Songs »die Ohren geklungen«. Wobei er wohl einer der wenigen ist, der den Text verstanden hat. Offenbar bekam er die Single von einem High-School-Schüler aus Frankfort, Indiana, und dann von Studenten der Miami University in Athens, Ohio, Druckkopien des »obszönen Textes«. Welsh bittet den Präsidenten der Indiana Broadcasters Association, Reid Chapman, die Platte auf allen Radiostationen im Staate zu indizieren. Chapman, Vizepräsident von WANE AM-AV Fort Wayne, leitet die Bitte an seine Mitglieder weiter. Verleger Max Feirtag erklärt in **Billboard**, er würde jeden mit einem 1000-$-Scheck belohnen, der Zweideutigkeiten im Text findet. Ein Klacks für ihn: das Cover von **Richard Berrys** R&B-Goldstück *Louie Louie,* 1956, geht auf **Ricky Rivera And The Rhythm Rockers**' *El Loco Cha Cha Cha* zurück, wurde in den USA über eine Million Mal verkauft, kostete aber lediglich 50 $ in dem kleinen Northwestern Recording Studio in Portland.

1 *I Want To Hold Your Hand* der **Beatles**, von **Billboard** als »treibender Rock, der auf der Thames-Sound-Welle surft« beschrieben und erstmals auf WWDC Radio in Washington D. C. gespielt, ist sieben Wochen Nr. 1 der US-Charts und verdrängt Bobby Vintons *There! I've Said It Again.* (Seit *Telstar* von den Tornados die erste englische Nr.-1-Single in den US-Charts, die erste, die dreimal hintereinander an der Spitze steht und insgesamt 20 US-Nr.-1-Platzierungen hält. Keine UK-Platte wurde in so kurzer Zeit zum Millionenseller in den USA.) Die Beatles halten bis 9. Mai die Stellung. Dann überholt *Hello Dolly* von Louis Armstrong *Can't Buy Me Love.* Zwei weitere Briten sind in den Charts, Cliff Richard auf Nr. 27 mit *It's All In The Game* und Dusty Springfield auf Nr. 77 mit *I Only Want To Be With You.*

»Der auf der Wand-Aufnahme präsentierte Text kann auch mit viel Fantasie nicht als schlüpfrig, geschweige denn obszön gelten.«

Ein Sprecher von Wand Records über *Louie Louie* von den Kingsmen, 1. Februar 1964

9 Mit dem grippekranken **George Harrison** (der deshalb nicht an den morgendlichen Proben teilnimmt) geben die **Beatles** ihr Live-US-Debüt in der CBS-Fernsehsendung »Ed Sullivan Show«. Vor ungefähr 73 Millionen Zuschauern in Nordamerika (McCartney nennt es später die »größte Stadt des Showgeschäftes überhaupt«) spielen sie fünf Songs: *All My Loving, Till There Was You, She Loves You, I Saw Her Standing There* und *I Want To Hold Your Hand.* Vor der Show erhalten sie ein Telegramm aus Hollywood: »Viel Glück für euren Auftritt in der ›Ed Sullivan Show‹ und den Amerikabesuch. Wir wünschen euch einen erfolgreichen Auftritt und einen angenehmen Aufenthalt. Mit besten Grüßen an r [*sic*] Sullivan, freundlichst Elvis & der Colonel.«

11 Das amerikanische Konzertdebüt der **Beatles** findet im Washington Coliseum mit **Tommy Roe**, den **Chiffons** und dem UK-Popduo **The Caravelles** statt. Der 12-Song-Set dauert eine halbe Stunde. Dabei rotiert die Band auf einer primitiven Drehbühne und ist für alle Besucher in dem Rondell um die Bühne sichtbar.

15 Nach einem kometenhaften Aufstieg in den US-Charts bekommt das US-Cover des Albums ***Meet The Beatles!*** einen speziellen Untertitel: »Das erste Album der phänomenalen Popcombo aus England«, und verdrängt die »Singende Nonne« von Platz 1. Nichts war mehr wie vorher, auch nicht für die vier aus Liverpool. **Billboard** schreibt, »seit 1775 war der Einfluss von Großbritannien auf den amerikanischen Handel nie mehr so groß. Die sensationelle Auswirkung der Beatles auf die ehemaligen englischen Kolonien zeigt eine Invasion großer und kleiner Firmen, die sich bei uns um jedes englische Produkt balgen.« Die US-Label haben sich in den letzten Wochen über zwölf Bands geschnappt (oft über ihre UK-Ableger), darunter **Gerry And The Pacemakers**, die **Dave Clark Five**, die **Searchers**, die **Fourmost**, die **Swinging Blue Jeans** und **Freddie And The Dreamers**.

Paul Revere And The Raiders, die ebenfalls aus dem Nordwesten der USA kamen, nahmen *Louie Louie* auch auf, aber nur die Kingsmen wurden durch die berüchtigte Platte so richtig bekannt.

7. Februar Um 13:20 Uhr landet der Pan-Am-Flug PA 101, der die Beatles erstmals in die USA bringt, am New-Yorker John F. Kennedy Airport. Aufgrund des großen PR-Aufwands der Plattenfirma Capitol kommt es zu tumultartigen Szenen. Als sie auf dem Weg in die Stadt das Autoradio einschalten, hören sie ihren Song *I Saw Her Standing There.*

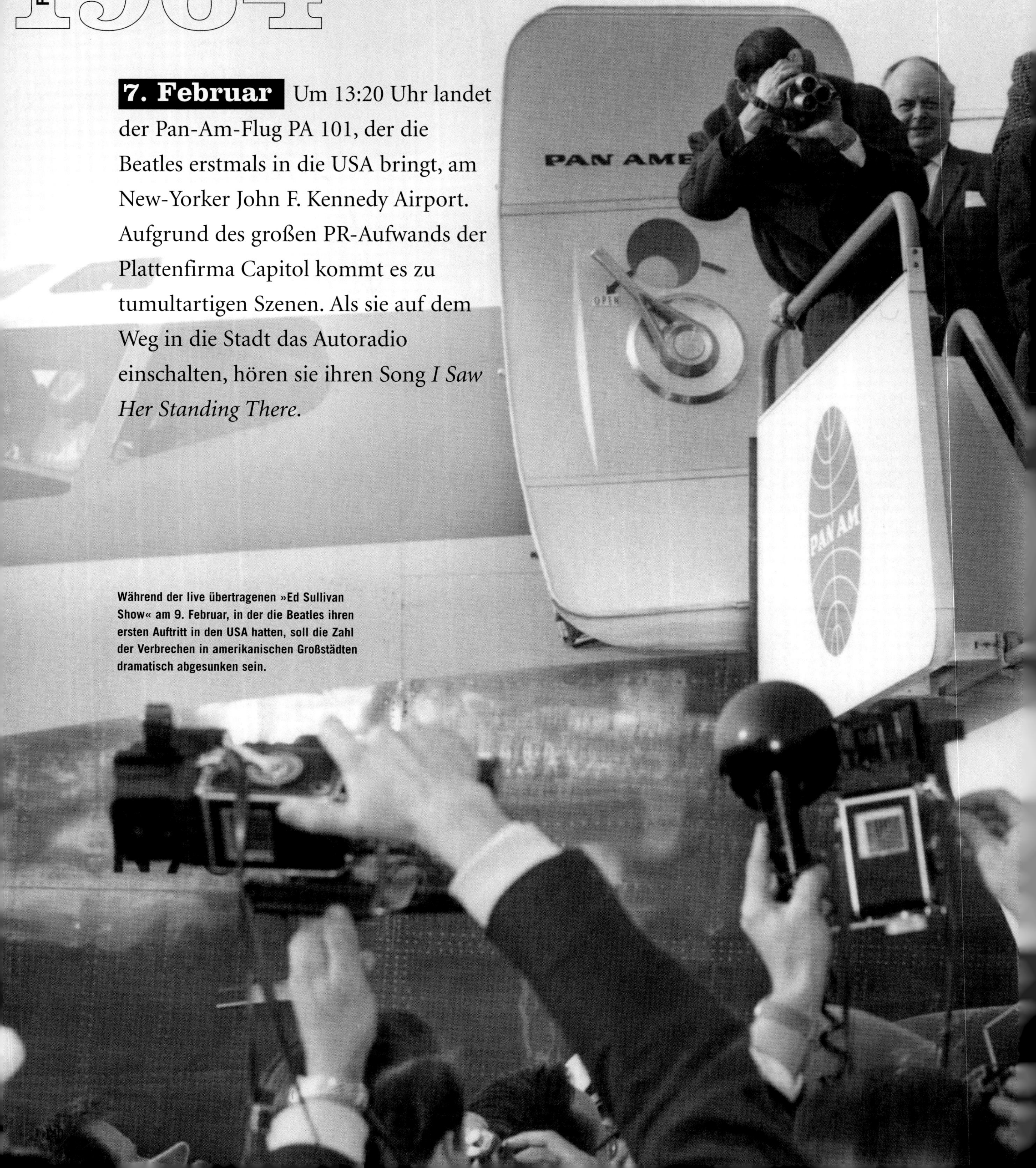

Während der live übertragenen »Ed Sullivan Show« am 9. Februar, in der die Beatles ihren ersten Auftritt in den USA hatten, soll die Zahl der Verbrechen in amerikanischen Großstädten dramatisch abgesunken sein.

»Das also ist Amerika. Alle schienen durchzudrehen.«

Ringo Starr, 7. Februar 1964

1964 Februar

Simon And Garfunkel nehmen *The Sounds of Silence* auf ... Sendebeginn von Radio Caroline ... Beatles-Rekord in US-Charts ...

16 Eine Woche nach ihrem Rekorddebüt in der »Ed Sullivan Show« werden die **Beatles** für ihren zweiten Auftritt im Deauville Hotel, Miami Beach, gefilmt. Nachmittags bei den Proben will McCartney einen Song ankündigen, wird aber von den Fans übertönt. Lennon daraufhin zum Publikum: »Klappe halten, wenn er spricht.« Etwa 70 Mio. Menschen sehen die Show, in der als Hauptact Mitzi Gaynor sowie die Komiker Marty Allen, Steve Rossi und Myron Cohen und die Akrobatentruppe The Nerveless Nocks auftreten.

16 Die **Crystals** beginnen eine sechswöchige Englandtour im Coventry Theatre. Vorband sind **Manfred Mann**. Die Londoner Beatband mit ihrem Nr.-5-Hit *5-4-3-2-1* besteht aus dem Organisten und Bandleader **Manfred Mann** (in Südafrika als M. Lubowitz geboren) sowie **Paul Jones** (Gesang), **Mike Vickers** (Gitarre), **Tom McGuinness** (Bass) und **Mike Hugg** (Schlagzeug). Weitere Vorbands sind **Johnny Kidd**, **Joe Brown** und **Heinz**, ein fotogener 21-jähriger Deutscher, der vorher bei den **Tornados** spielte.

17 Die **Tijuana Brass**, die Sessionband auf den Konzerten des Trompeters und Frontmannes **Herb Alpert** (bei Plattenaufnahmen arbeitet er mit Studiomusikern), haben einen Liveauftritt in San Francisco. Zur Besetzung gehören **Bob Edmundson** (Posaune), **Lou Pagani** (Keyboards), **John Pisano** (Rhythmusgitarre), **Tonni Kalash** (zweite Trompete), **Nick Ceroli** (Schlagzeug) und **Pat Senatore** (Bass). Mitte der 60er-Jahre sind sie eine der bestbezahlten Liveattraktionen Amerikas.

22 Die **Beatles** kehren aus Amerika zurück. Die BBC-Sportsendung »Grandstand« zeigt in ihrer Nachmittagsausgabe die Ankunft der vier am Morgen und sendet ein Interview, das der Moderator David Coleman geführt hatte. Brian Matthew beendet seine Sendung »Saturday Club« ebenfalls mit einem Telefoninterview. Anschließend erfüllt er mit *Shop Around* von den **Miracles** den Hörerwunsch einer gewissen Mrs Louise Harrison aus Liverpool, die damit ihrem Sohn George zum 21. Geburtstag gratuliert.

23 Die **Beatles** sind mit einer Filmaufzeichnung von *Twist And Shout, Please Please Me* und *I Want To Hold Your Hand* zum dritten Mal in Folge in der »Ed Sullivan Show«. Mit dabei sind auch die britischen Kollegen Morecambe And Wise, **Acker Bilk** und die Marionetten Pinky And Perky. Bei der Aufzeichnung erklärt Sullivan: »Unser ganzes Showteam ist wirklich sehr, sehr traurig, dass diese dritte Sendung vorerst die letzte mit den Beatles ist. Diese Jungs aus Liverpool haben mit ihrem Verhalten hier alle beeindruckt, die sie kennen lernen durften. Nicht nur als professionelle Sänger, sondern auch als patente junge Männer.«

März

2 Die Dreharbeiten zum ersten Kinofilm der **Beatles** beginnen in der Londoner Paddington Station, in einem Zug auf Gleis 5. Regisseur ist Richard Lester, Walter Shenson der Produzent. Da die vier nicht Mitglieder der Theatergewerkschaft sind, werden sie zuvor aufgenommen. Die nötige Bürgschaft erhalten sie von den Schauspielern Wilfrid Brambell und Norman Rossington.

8 Die **Dave Clark Five** haben ihr Debüt in der »Ed Sullivan Show« mit *Glad All Over*. Sie avancieren zu den Lieblingsgästen der Sendung und treten in den nächsten vier Jahren insgesamt 13-mal auf (plus fünf Wiederholungen).

10 **Simon And Garfunkel** nehmen *The Sound Of Silence* in den New-Yorker Columbia Records Studios auf. Singer/Songwriter **Paul Simon** und Sänger **Art Garfunkel**, beide 22, waren an der Forest Hills School in Queens, New York. Als **Tom And Jerry** gelang ihnen 1960 mit der ersten Platte *Hey Schoolgirl* ein kleiner Hit. Garfunkel ging auf die Columbia University, Simon ans Queens College. Als Solist machte er fürs Label Warwick Aufnahmen und schrieb Songs für andere Sänger. Auf Betreiben des Labelproduzenten Tom Wilson unterschrieb das junge Folkduo im letzten Jahr bei Columbia Records. Die weiteren Aufnahmen für ihr erstes Album, ***Wednesday Morning, 3 AM***, finden am 17. und 31. März und 15. April statt.

14 Erstmals in der Chartgeschichte befindet sich keine einzige amerikanische Platte unter den britischen Top 10, sondern exakt neun englische und eine irische Produktion (von den Bachelors). Bezeichnenderweise stammen jedoch acht der Songs von amerikanischen Songwritern. Und so sehen die Top 10 aus:
1 Cilla Black – *Anyone Who Had A Heart*
2 The Dave Clark Five – *Bits And Pieces*
3 Billy J. Kramer With The Dakotas – *Little Children*
4 The Bachelors – *Diane*
5 The Rolling Stones – *Not Fade Away*

Nach den Aufnahmen zu *Wednesday Morning, 3 AM* gingen Simon And Garfunkel vorübergehend getrennte Wege: Paul Simon tourte durch britische Folkclubs, Art Garfunkel studierte.

Bits And Pieces **von den Dave Clark Five durfte in vielen Tanzsälen nicht gespielt werden, weil man fürchtete, das Tanzen zu dem stampfenden Beat könnte die Holzböden beschädigen.**

6 The Hollies – *Just One Look*
7 The Searchers – *Needles And Pins*
8 The Merseybeats – *I Think Of You*
9 Eden Kane – *Boys Cry*
10 Kathy Kirby – *Let Me Go Lover*

»Hier ist euer Ganztagesradio Radio Caroline auf 199. Wir senden von sechs Uhr früh bis sechs Uhr abends.«

Discjockey Simon Dee, 28. März 1964

16 Ein Bundesschwurgericht hat **Alan Freed**, der nun in Palm Springs wohnt, wegen Hinterziehung von 37 920 $ Einkommensteuer zwischen 1957 und 1959, aus ungeklärten Einnahmen durch Payola-Bestechungsgelder, verurteilt. Er bekommt sechs Monate Bewährung und 300 $ Geldstrafe.

19 Beim zwölften Empfang des Variety Club Of Great Britain im Londoner Dorchester Hotel zeichnet Premierminister Harold Wilson die **Beatles** als Show-Persönlichkeiten des Jahres 1963 aus. Am Abend wird ihr Debütauftritt in der Fernsehshow »Top of the Pops« am 25. März aufgenommen. Sie singen zum Playback *Can't Buy Me Love* und *You Can't Do That.*

23 **John Lennons** Buch **In seiner eigenen Schreibe**, das aus Unsinnsversen besteht, erscheint beim britischen Verlag Jonathan Cape (und wird mit dem Foyles-Literaturpreis ausgezeichnet). Kenneth Allsop interviewt ihn in der BBC-TV-Sendung »Tonight«. Dann besuchen die Beatles die jährliche Verleihung des Carl Alan Awards im Empire Ballroom, Leicester Square. Der Herzog von Edinburgh überreicht die Auszeichnung für die beste Beatgruppe 1963 und für *She Loves You* als beste Single. Später bemerkte er einmal, die Band sei »am Absteigen«. Lennon dazu: »Also, dem bezahl ich nicht seinen Landschaftsgärtner.«

28 Der Piratensender Radio Caroline (nach Caroline Kennedy benannt) beginnt vor Englands Küste zu senden und umgeht damit die strengen britischen Rundfunkgesetze (BBC-Radio hat derzeit die einzige Sendelizenz). Gründer Ronan O'Rahilly, zugleich Besitzer des Londoner Scene Club und Manager von R&B-Pianist **Georgie Fame**, hat sein Schiff – die dänische Fähre Fredericia – bei Harwich vor Anker gelegt. Zur Mittagszeit läuft **Jimmy McGriffs** *Round Midnight*, gefolgt von der »Caroline«-Glocke und der Moderation von Discjockey Simon Dee. Als er an Christopher Moore übergibt, läuft als erste Platte *Not Fade Away* von den **Rolling Stones**.

April

4 *Can't Buy Me Love* von den **Beatles** steht gleichzeitig auf Nr. 1 der UK-Charts – nach Rekordverkäufen von 1 226 000 Stück in der ersten Woche – und der US-Charts, wo sie mit 2,1 Millionen Vorverkäufen alle Rekorde bricht. Eine Million Vorbestellungen sind für England einmalig. In den US-Charts rast die Single von Nr. 27 an die Spitze, überspringt dabei *Twist And Shout* (klettert einen Platz höher auf Nr. 2) und verkauft sich nach 1 700 000 Vorbestellungen in der Veröffentlichungswoche zwei Millionen Mal. Die **Billboard**-Charts der Woche sind bis heute ein Präzedenzfall. In der Top 5 stehen ausschließlich Singles einer Band: Nr. 1 *Can't Buy Me Love,* Nr. 2 *Twist And Shout,* Nr. 3 *She Loves You,* Nr. 4 *I Want To Hold Your Hand,* Nr. 5 *Please Please Me.* Die Beatles halten auch die Plätze Nr. 31 *(I Saw Her Standing There)*, Nr. 41 *(From Me To You)*, Nr. 46 *(Do You Want To Know A Secret)*, Nr. 58 *(All My Loving)*, Nr. 65 *(You Can't Do That)*, Nr. 68 *(Roll Over Beethoven)* und Nr. 79 *(Thank You Girl)*. Kommende Woche steigen *There's A Place* und *Love Me Do* neu ein.

8 Die **Supremes**, bislang ohne einen großen Hit, nehmen in den Motown Studios den Holland/Dozier/Holland-Song *Where Did Our Love Go* auf. Es wird der erste von beachtlichen fünf Nr.-1-Hits in den US-Charts.

Binnen drei Wochen nach Sendebeginn hatte der Piratensender Radio Caroline fast sieben Millionen Zuhörer, was der BBC und der britischen Regierung sehr missfiel.

April 1964

Dionne Warwick

Das erste Stones-Album erscheint ... The Animals ... Marianne Faithfull nimmt *As Tears Go By* auf ...

12 Die Tour von WINS-Discjockey Murray the K startet im Fox-Theater, Brooklyn, New York, mit den **Shirelles**, den **Kingsmen**, den **Chiffons**, **Johnny Tillotson**, **Bobby Goldsboro** (ein 23-jähriger Singer/Songwriter und Gitarrist aus Florida), **Ben E. King**, **Dionne Warwick**, den **Tymes**, **Little Anthony**, **Dick And Deedee**, dem R&B-Star **Chuck Jackson**, den **Younger Brothers** und **Earl Warrens** Band.

22 Der **Daily Mirror** meldet, der Präsident der britischen Frisör-Innung, Wallace Snowcroft, würde der Band, die als Nächste Nr. 1 der UK-Charts wird, umsonst die Haare schneiden. Die **Rolling Stones** findet er am schlimmsten: »Einer schaut aus, als hätte er einen Staubwedel auf dem Kopf.« Die **Searchers**, als nächste Gruppe an der Chartspitze, nehmen sein Angebot nicht an.

28 **Combo** über den **Rattles**-Gig im Cavern, Liverpool: »Diese deutsche Band, die den Beat von Liverpoolern lernte, kam und sagte ihren Lehrern: ›Seht her, wir können es schon besser als die meisten von euch.‹«

Mai

2 ***The Rolling Stones***, das Debütalbum der **Rolling Stones**, wird mit 100 000 Vorbestellungen Nr. 1 der UK-Charts und ersetzt ***With The Beatles*** (nach 51 Wochen sind die Beatles nicht die Nr. 1). Die Stones sind erstmals auch in den US-Charts, mit *Not Fade Away* auf Nr. 98, einen Platz über Wayne Newtons *The Little White Cloud That Cried*. Am 13. April mit Gold ausgezeichnet, springen die **Beatles** mit dem ***Second Album*** auf Platz 1 der US-Charts und verdrängen ***Meet The Beatles!***

3 **Stevie Wonder** holt sein verschobenes Debüt vom 5. Januar in der »Ed Sullivan Show« nach und trägt *Fingertips* vor. **Gerry And The Pacemakers**, ebenfalls zum ersten Mal dabei, singen *Don't Let The Sun Catch You Crying* und *I'm The One*.

6 »Around The Beatles« wird auf ITV ausgestrahlt. Die Produktion von Jack Good zeigt **Cilla Black**, **P. J. Proby**, **Long John Baldry**, **Sounds Incorporated**, **Millie**, die **Vernons Girls**, die **Jets** und die **Beatles**. Sie spielen sechs Songs und treten zusätzlich in einer Parodie von Shakespeares »Sommernachtstraum« (Akt V, Szene 1) auf. Man hatte den amerikanischen Sänger P. J. Proby, der seinen Künstlernamen Jet Powers kürzlich ablegte, nach England eingeflogen und ein neues Styling von »Good«

»Achtung, Amerika – sie kommen! Die Rolling Stones! Sie sind spitze! Sie sind irre! Sie sind Rebellen! Sie haben Erfolg! Sie sind Englands heißeste Band. Und wie heiß!« London-Records-Anzeige in **Billboard**, 14. Mai 1964

Die Rolling Stones, die hier bei ihrer Ankunft in den USA von einem Fan Blumen bekommen, mussten auf der Tour oft vor wenig Publikum spielen.

Die Karriere der früheren Studiosängerin Dionne Warwick, jetzt bei Scepter unter Vertrag, wurde von Burt Bacharach und Hal David dominiert, die fast alle ihre Songs schrieben und produzierten, auch ihren Debüthit *Anyone Who Had A Heart* ... Barbra Streisand gewann den Grammy für das Album des Jahres ... Andrew Loog Oldham traf auf einer Party im Mai seinen nächsten Schützling, die 18-jährige Marianne Faithfull.

Marianne Faithfull

verpasst – mit engen Hosen, einem weiten Smok-Top und einer Frisur, wie sie im 18. Jahrhundert üblich war.

9 **Chuck Berry**, seit der Entlassung aus dem Gefängnis im Januar gut im Geschäft, startet seine erste Englandtournee im Astoria Theatre in Finsbury Park, London. **Carl Perkins**, die **Swinging Blue Jeans**, die **Nashville Teens**, **Karl Denver** und andere begleiten ihn auf der 21-Tage-Tour mit zwei Gigs pro Abend. Ebenfalls dabei die **Animals**, noch eine heiße englische Band, vor zwei Jahren als The Alan Price Combo in Newcastle gegründet. Zur Besetzung gehören Keyboarder **Price**, Leadsänger **Eric Burdon**, Bassist **Chas Chandler**, Gitarrist **Hilton Valentine** und Schlagzeuger **John Steel**. Letztes Jahr spielten sie im Hamburger Star-Club, zogen nach London, wo sie Jungproduzent Mickie Most unter seine Fittiche nahm. Er entdeckte sie bei einem Auftritt im Club A Go Go und vermittelte einen Vertrag mit dem EMI-Label Columbia. Kürzlich nahmen sie *House Of The Rising Sun* auf, einen traditionellen Folkblues, den Price neu arrangiert hatte. Der Song, von Most produziert, wurde in 30 Minuten eingespielt; die Session kostete 4,50 £.

11 Bei einer Englandtournee verweigert man den **Rolling Stones** den Zugang zum Speisesaal im Grand Hotel von Bristol, wo sie Zimmer gemietet hatten, weil sie weder Jacketts noch Krawatten tragen. Dem **Daily Mirror** nach haben sie »alles und alle gegen sich«. Die Zeitung bezeichnet sie auch als »die hässlichste Band Englands« und meint: »Die meisten Eltern, überhaupt Erwachsene, mögen sie einfach nicht.«

12 Die sechste Grammy-Verleihung findet gleichzeitig im Beverly Hilton Hotel, Los Angeles, im Waldorf-Astoria, New York, und im Knickerbocker Hotel , Chicago, statt. *The Days Of Wine And Roses* von **Henry Mancini** und Johnny Mercer wird zum Song und zur Platte des Jahres. ***The Barbra Streisand Album*** wird Album des Jahres. Die 22-jährige Schauspielerin und Popsängerin **Barbra Streisand** aus Brooklyn wird außerdem beste Sängerin. **Nino Tempo And April Stevens** bekommen für ihr Cover von *Deep Purple* die Auszeichnung beste Rock'n'Roll-Aufnahme und **Ray Charles** für *Busted* die als beste R&B-Aufnahme. Das Folktrio **Peter, Paul And Mary** kassiert zwei Preise: als beste Gesangsgruppe und für die beste Folkaufnahme wegen ihrer Interpretation von Bob Dylans *Blowin' In The Wind* . Die **Singing Nun**, nominiert für die Platte und das Album des Jahres, gewinnt mit *Dominique* in der Kategorie Gospel und religiöse Produktionen.

23 Der vom Ska beeinflusste Pophit *My Boy Lollipop* der 17-jährigen jamaikanischen Sängerin **Millie** (Small) ist – hinter *Juliet* von den **Four Pennies** – auf Platz 2 der UK-Charts und später auch in den US-Charts. Millie ist mit Island-Boss Chris Blackwell für einen BBC-TV-Auftritt in Birmingham. Er sieht sich **Carl Wayne And The Vikings** und die **Spencer Davis Group** an, die er sofort unter Vertrag nimmt. Blackwell hat noch keine Künstler-Promotionabteilung und verkauft die Plattenrechte der Band an Fontana, ein Label von Philips. Die Band nimmt als Erstes ein Cover von John Lee Hookers *Dimples* auf. Die Band, letztes Jahr in Birmingham gegründet, besteht aus Gitarrist **Davis**, Schlagzeuger **Pete York**, Bassist **Muff Winwood** und dessen 16-jährigen Bruder **Steve Winwood**, Gesang und Keyboards.

28 Die 18-jährige **Marianne Faithfull**, ehemals Schülerin der St. Joseph's Convent School, Reading, – Vater englischer Universitätsprofessor, Mutter österreichische Baroness – nimmt in den Olympic Sound Studios ihre erste Platte auf. Im April war sie mit ihrem Freund, dem Maler John Dunbar, auf einer Party und lernte Rolling-Stones-Manager Andrew Oldham kennen. Da die Schöne Folksängerin werden möchte, bietet er sich als Produzent an und verschafft ihr einen Plattenvertrag mit Decca Records. Den Jagger/Richard-Song *As Tears Go By* nimmt sie mit einem hochkarätigen Studioteam auf: Produzent Oldham, Tontechnik Mike Leander und Gus Dudgeon, Sessiongitarrist **Jimmy Page** (20 Jahre) und der 17-jährige Bassist **John Paul Jones**. In August wird die Single zum ersten der vier UK-Top-10-Hits von Marianne Faithfull.

Juni

1 Die **Rolling Stones** treffen in New York für ihre erste US-Tournee ein. Ihr Debüt im amerikanischen Fernsehen findet morgen Abend bei WABCs »The Les Crane Show« statt.

3 **Ringo Starr**, der bei einer Fotosession in Barnes bewusstlos wird, muss mit Angina und Rachenkatarrh ins University College Hospital, London, eingeliefert werden.

Der erste Charterfolg der Animals war *Baby Let Me Take You Home*, eine R&B-Version der Bluesnummer *Baby Don't You Tear My Clothes*.

Juni 1964

Die Rolling Stones in Amerika ... »A Hard Day's Night« kommt in die Kinos ... Die Moody Blues treten erstmals in der Sendung »Ready Steady Go!« auf ...

The Zombies

4 Die **Beatles** starten ihre erste Welttournee in den K. B. Hallen in Kopenhagen. Die 27-tägige Reise umfasst Konzerte in Dänemark, Holland, Hongkong, Australien und Neuseeland. Ringo Starr wird kurzfristig von **Jimmy Nicol** von den **Shubdubs** (vormals bei **Georgie Fame And The Blue Flames**) ersetzt.

10 Die **Rolling Stones**, die stark von den Blueskünstlern der 40er- and 50er-Jahre beeinflusst sind, nehmen in den inzwischen legendären Chess Studios in Chicago auf. Dabei lernen sie **Chuck Berry**, **Muddy Waters**, **Willie Dixon** und andere Stars des Chess-Labels kennen.

Der texanische Countrysänger Jim Reeves, seit 1955 Grand-Ole-Opry-Mitglied, war vor seiner Musikkarriere Baseballprofi und Discjockey. Er starb im Juli bei einem Flugzeugabsturz.

12 Die **Zombies** durften als Gewinner des lokalen »Herts Beat«-Wettbewerbs, der letzten Monat in der Watford Town Hall stattfand, bei Decca Records vorspielen. Jetzt finden ihre ersten Plattenaufnahmen im West Hampstead Studio 2 der Decca statt. Die Gruppe wurde letztes Jahr von drei Schülern der St. Alban's School – Keyboarder **Rod Argent**, Schlagzeuger **Hugh Grundy**, Leadsänger **Colin Blunstone** – mit Gitarrist **Paul Atkinson** und dem 21-jährigen Bassisten **Chris White** gegründet. Bei der heutigen Session nimmt die Band *It's Alright With Me, You Make Me Feel Good, Summertime* und *She's Not There* auf. Den letzte Song komponierte Argent, weil Produzent Ken Jones ihn dazu aufgefordert hatte, einen Hit-Titel zu schreiben. Gesagt, getan: Die Single wird im September Nr. 12 in Großbritannien und im Dezember auf Platz 2 zum phänomenalen US-Erfolg mit über einer Million verkauften Exemplaren.

13 Die **Rolling Stones** treten in der ABC-Fernsehsendung »The Hollywood Palace« auf und spielen *I Just Wanna Make Love To You*. Sie werden zum Gegenstand der Frotzeleien des Gastgebers Dean Martin. Nach einer Nummer des Comedy-Akrobaten Larry Griswold meint Martin zum Publikum: »Das ist der Vater der Rolling Stones. Seitdem versucht er sich umzubringen.« Und witzelt: »Sie fordern die Beatles zu einem Wettbewerb im Haareziehen raus. Ich könnte schwören, dass Jackie Coogan und Skippy mal dieser Band angehörten.«

14 In Melbourne kommen 300 000 Fans, um die **Beatles** zu erleben. Es ist die größte Menschenmenge, die sich in Australien je an einem Ort einfand. Gleichzeitig entdeckt im englischen Sunderland ein Bahnbeamter auf einem Bahnsteig die 12-jährige Carol Dryden – in einer Teekiste versteckt, an die Beatles adressiert.

15 **Ringo**, seit dem 11. aus dem Krankenhaus entlassen, spielt beim ersten Konzert in der Festival Hall von Melbourne wieder mit den **Beatles**. In Sydney beschwert sich **Paul** in der Presse über Fans, die sie auf der Bühne mit »Jelly-Baby«-Bonbons bombardieren. Mrs Anita Lawrence, Akustikexpertin von der Universität New South Wales, misst bei den Konzerten einen »Schrei«-Pegel von 112 Dezibel, zehn bis 20 Dezibel mehr als der Lärm, den eine Boeing 707 in 610 m Höhe verursacht.

Die fünf Zombies fanden neben der Musik noch Zeit, sich auf sehr gute Schulabschlüsse vorzubereiten ... Them um den früheren Sänger der Monarchs, den 18-jährigen Van Morrison aus Belfast, nahmen im Juli erstmals für Decca auf.

20 Die Packagetour Summer Shower Of Stars hat im Donnelly-Theater, Boston, Premiere. Zum Programm gehören der Schwerarbeiter im Showgeschäft **James Brown**, der 28-jährige Priester und Soulsänger **Solomon Burke**, der bereits über ein Dutzend Crossover-US-R&B-Hits landete, die Gospel- und R&B-Veteranen Garnett Mimms und Joe Tex sowie **Otis Redding**, dessen erstes Album ***Pain In My Heart*** soeben veröffentlicht wurde.

24 **Sam Cookes** zweiwöchiges Gastspiel im Copacabana Club, Manhattan, beginnt (1958 debütierte er dort im Vorprogramm des Komikers Myron Cohen). Er lässt für 10 000 $ eine 6 x 30 m große Werbetafel am Times Square aufstellen, Ecke Broadway und 43rd Street. Einen Monat lang kann man lesen: »Wer ist der größte Cook (Koch) der Stadt?« Den Gag hat sich Allen Klein, sein Manager, ausgedacht. Tage später wird daneben ein zweites Plakat mit der Auflösung platziert: »Sam ist der größte Cooke der Stadt.«

27 Nach drei Wochen Wartezeit steht **Roy Orbison** mit *It's Over* an der Spitze der UK-Charts und ist damit nach fast einem Jahr der erste amerikanische Musiker. **Elvis Presley** stand im letzten August mit *(You're The) Devil In Disguise* eine Woche auf Platz 1.

29 Manx Radio, Englands erste private Radiostation an Land, startet sein Programm aus einem Wohnwagen, der anfangs auf einem Hügel in Onchan bei Douglas auf der Isle Of Man parkt. Der erste Werbespot stammt von einem lokalen Juwelierladen. Von der Regierung der Isle

»Uns wollen hier mehr Leute sehen als die Queen. Eigentlich klar, sie hat ja auch noch keine Hitplatte gemacht.«

George Harrison in Australien, Juni 1964

Them

Of Man genehmigt, sendet Manx Radio auf UKW in Stereo im Umkreis der Küste von Nordwales von Blackpool bis in Teile von Cumbria – ab Oktober auch auf Mittelwelle 188 m.

Juli

3 Die **Beach Boys** spielen als Hauptgruppe auf der »Million Dollar Party« von Radiostation KPOI in der International Center Arena, Honolulu. Auch dabei sind **Jan And Dean**, **Jimmy Clanton**, die **Kingsmen**, die **Rivingtons**, **Ray Peterson**, **Jody Miller**, **Jimmy Griffin**, **Mary Saenz**, **Peter And Gordon** und **Bruce And Terry**. Das Surfpop-Duo, neu bei Columbia, besteht aus dem zukünftigen Beach Boy **Bruce Johnston** und Doris Days Sohn **Terry Melcher** (später ein renommierter Plattenproduzent). Ab morgen steht *I Get Around*, die jüngste Harmonie-Perle der Beach Boys, auf Platz 1 der US-Charts. Die B-Seite *Don't Worry Baby* – von **Brian Wilson** für die **Ronettes** geschrieben, aber von Phil Spector abgelehnt – steigt in den USA auf Nr. 24.

4 The **Rolling Stones** machen in der »Juke Box Jury« von BBC-TV mit. Ausnahmsweise sind es statt der üblichen vier nun fünf Kandidaten. Ihr Aussehen und die laschen Kommentare sorgen für Aufregung.

5 **Them**, eine 1963 in Belfast gegründete und kürzlich nach London umgezogene R&B-Beatgruppe, nimmt für Decca im labeleigenen West Hampstead Studio die ersten Stücke auf – *Don't Start Crying Now* und *One Two Brown Eyes*. Wegen geringer Radioresonanz machen sie im September einen zweiten Versuch mit dem leidenschaftlichen Cover von Big Joe Williams' *Baby Please Don't Go*, das nächstes Jahr in die UK-Charts einzieht.

10 Bei der Ankunft der **Beatles** in ihrer Heimatstadt säumen rund 200 000 Menschen die Straßen vom Liverpooler Flughafen Speke bis ins Stadtzentrum. Die vier nehmen an einem Rathausempfang teil und an der Nordengland-Premiere von »Yeah, Yeah, Yeah«.

25 *A Hard Day's Night* mit dem Zweispurgesang von **Lennon** ist eine Woche nach Veröffentlichung Nr. 1 der UK- und US-Charts. ***A Hard Day's Night*** ist zudem das einzige Album, das ausschließlich **Lennon/McCartney**-Songs enthält. Der Leadgesang auf *I'm Happy Just To Dance With You* – normalerweise singen Lennon oder McCartney (oder beide) – stammt von **Harrison** (auf der US-Ausgabe der LP sind zusätzlich vier Instrumentals von George Martin).

31 Der Countrysänger-Superstar **Jim Reeves** und sein Pianist und Roadmanager Dean Manuel werden bei einem Flugzeugabsturz getötet. Die einmotorige Maschine, von Reeves selbst gesteuert, verschwindet auf dem Flug von Batesville, Arkansas, kurz vor dem Flughafen Nashville im dichten Nebel vom Radarschirm. Reeves gehörte zu den ersten Countrysängern, die sich auf die Popmusik einließen. Einer seiner zwölf US-Hot-100-Hits war 1959 *He'll Have To Go* auf Platz 2.

August

7 Die **Moody Blues** absolvieren ihre Fernsehpremiere bei »Ready Steady Go!« und spielten ihre erste Single *Lose Your Money*. Die Gruppe aus Birmingham wurde im Mai vom 20-jährigen Singer/Songwriter und Gitarristen **Denny Laine** nach Auflösung seiner Combo **Diplomats** gegründet. Er heuerte den Ex-**Crewcats**-Flötisten **Ray Thomas** und Keyboarder **Mike Pinder** an sowie den Schlagzeuger **Graeme Edge** (Ex-**Gerry Levene And The Avengers**) und Gitarristen **Clint Warwick** von den **Rainbows**. Sie wurden zur Hausband im Carlton Ballroom, Birmingham, nachdem der Clubbesitzer von der Brauerei Mitchell & Butler 2000 £ für Werbezwecke bekommen hatte. Der Brauerei zuliebe nannten sie sich The MB Five, beschlossen aber später, sich Moody Blues Five zu nennen – »Moody« steht für »M« und »Blues« für »B«. Erst vor kurzem nahm sie der Londoner Manager Tony Secunda unter Vertrag. Er beschaffte ihnen für eine Spielzeit die Montagabendauftritte im Marquee, die wiederum zu einem Vertrag mit Decca führten.

9 **Joan Baez** und **Bob Dylan** nehmen am Forest Hills Music Festival in Queens, New York, teil und singen *With God On Our Side* im Duett. Der Kritiker der **New York Times**, Robert Shelton, der Dylan 1961 über den grünen Klee gelobt hatte, ist dieses Mal von dessen Soloauftritt enttäuscht: »Seine Bühnenmanieren lassen zu wünschen übrig, sein Gesang ist ein heiseres Krächzen, und seine neuen Lieder haben weniger Niveau.«

10 Nach einem Auftritt der **Rolling Stones** in Den Haag, bei dem es am Wochenende abermals Randale gab, wird **Mick Jagger** in Liverpool zu einer Geldstrafe von 32 £ verdonnert. Er war ohne Versicherung und mit überhöhter Geschwindigkeit Auto gefahren.

THE BEATLES

6. Juli **»A Hard Day's Night«, der erste »abendfüllende, heitere, spannende« Beatles-Film mit sechs neuen Songs, hat im London Pavilion Weltpremiere. Die Band wird Prinzessin Margaret und Lord Snowdon vorgestellt. Bereits 12 Stunden vorher wurden 200 Polizisten vor dem Kino postiert, um eine mehrere tausend Menschen starke Menge, vor allem schreiende Mädchen, unter Kontrolle zu halten. Das Magazin *Time* rät seinen Lesern unter der Überschrift »Beatles drehen durch«, den Film um jeden Preis zu meiden. Die *New York Post* dagegen wird ihn später als »bisher besten und unterhaltsamsten Rock-Film« würdigen. Er wird für zwei Oscars nominiert.**

August 1964

Die »britische Invasion« geht weiter ... The Who gewinnen immer mehr Fans ... Die barfüßige Sandie Shaw ...

12 **Millie Small**, in den USA als »Königin des Bluebeat« tituliert, singt bei der Weltausstellung in New York *My Boy Lollipop* – auf Platz 2 der US-Charts. Nach ihrem Erfolg haben diverse US-Labels wie Atlantic jamaikanische Ska-Künstler unter Vertrag genommen. Die jamaikanische Regierung versucht einen kleinen Ska-Boom zu lancieren und hat mehrere heimische Künstler für die Ausstellung gebucht – darunter den 26-jährigen Singer/Songwriter **Jimmy Cliff**

13 Die **Supremes** bleiben ihrem Erfolgsrezept treu. Mit Leadsängerin **Diana Ross** als Mittelpunkt der Gruppe nehmen sie in Detroit eine weitere Holland/Dozier/Holland-Komposition auf, *Baby Love*, die bald zum Markenzeichen des Trios wird. Die Single, noch vor der bereits produzierten *Come See About Me* veröffentlicht, steht im Oktober sowohl an der Spitze der UK- als auch US-Charts.

Herman's-Hermits-Sänger Peter Noone wurde Herman genannt, weil er angeblich Ähnlichkeit mit der Zeichentrickfigur Sherman aus der Fernsehserie »The Rocky and Bullwinkle Show« hatte.

15 Die Brill-Building-Songschreiber **Jeff Barry** und **Ellie Greenwich** verdrängten mit *Chapel Of Love* von den **Dixie Cups** bereits im Juni die Beatles von Platz 1 der US-Charts. Mit seiner Version ihres Ohrwurms *Do Wah Diddy Diddy* wiederholt **Manfred Mann** dies und vertreibt *A Hard Day's Night* von Platz 1 der UK-Charts.

The Who wurden von ihrem zukünftigen Manager Kit Lambert entdeckt, als sie noch als The High Numbers im Railway Hotel in Harrow auftraten.

> **»Sie können offenbar nicht begreifen, dass wir nicht gern von allen Seiten mit Süßigkeiten bombardiert werden.«**
>
> Paul McCartney, 10. Juni 1964

16 Der 30-jährige Rockabillystar **Johnny Burnette**, der nach kurzer Vertragszeit bei der kleinen Firma Sahara Records soeben sein eigenes Plattenlabel Magic Lamp gegründet hat, fällt beim Fischen auf dem Clear Lake in Kalifornien aus dem Boot und ertrinkt.

19 Die **Beatles** eröffnen ihre Nordamerikatournee im Cow Palace in San Francisco. Im Vorprogramm sind die **Righteous Brothers** (**Bill Medley** und **Bobby Hatfield**, sind nicht verwandt und sind die ersten weißen Künstler auf Phil Spectors Label Philles), **Jackie DeShannon** (19-jähriger Singer/Songwriter), das R&B-Gesangsquartett **The Exciters** und **Bill Black's Combo**. Die 25-Tage-Tour endet am 18. September im Dallas Memorial Auditorium. In Jacksonville treten die **Beatles** erst auf, als man die Aufhebung der Rassentrennung garantiert. Für ein Konzert im Municipal Stadium in Kansas City erhalten sie die Rekordgage von 150 000 $. Ihr Auftritt im Las Vegas Convention Center wird zweimal wegen des Jelly-Baby-Bombardements der Fans unterbrochen. Und bei den Vorstellungen im Forest Hills Tennis Stadium in New York sind 250 Polizisten, 150 Privatordner, zehn Krankenschwestern und eine Ambulanz im Einsatz. Bei fast allen Konzerten wird die Musik vom Fangeschrei übertönt: ein Problem, das später zur Entscheidung der Beatles beitragen wird, nicht mehr live aufzutreten.

September

4 Die »britische Invasion« rollt. Auch die **Animals** haben ihr Amerikadebüt mit einem 10-tägigen Engagement im Brooklyner Paramount-Theater. Das Vorprogramm bietet **Dee Dee Sharp**, **Ronnie Dove**, **Ronnie And The Daytonas**, die junge britische Kollegin **Elkie Brooks** – und die überflüssige Projektion des Jock-Mahoney-Films »Kalifornische Rache«. Die Animals erleben, wie man auf die britischen Stars reagiert: altgediente New-Yorker Polizisten halten kreischende Fans in Schach.

13 Die Big Holiday Show von Murray The K gastiert für zehn Tage im Brooklyn-Fox-Theater. Zum Motown-lastigen Programm gehören **Marvin Gaye**, die **Miracles**, die **Supremes**, **Martha And The Vandellas**, die **Contours** und die **Temptations**, die **Searchers**, **Jay And The Americans** (die Rockcombo, 1959 von Studenten der Universität New York gegründet, hat mit *Come A Little Bit Closer* ihren größten Hit), die **Dovells**, **Little Anthony And The Imperials**, die **Newbeats**, die **Ronettes** und die **Shangri-Las**.

15 Bei einem **Beatles**-Aufritt im Public Auditorium in Cleveland stürmen kreischende

Die Jamaikanerin Millicent Small brachte ein breites Publikum durch ihren Hit *My Boy Lollipop* mit Ska und Bluebeat in Kontakt.

Fans zur Bühne. Polizeiinspektor Carl Bear vom Jugenddezernat Cleveland erscheint auf die Bühne und nimmt dem singenden **John Lennon** einfach das Mikrofon weg. Als sich nach 15 Minuten alle beruhigt haben, geht das Konzert weiter.

16 **Sam Cooke** tritt in der ersten Ausgabe von »Shindig«, einer neuen halbstündigen Musikshow von ABC-TV, auf, entwickelt und produziert von dem britischen Fernsehmacher Jack Good. In der Folge sind auch die **Righteous Brothers**, die **Wellingtons**, **Bobby Sherman**, der Komiker Alan Sues und die **Everly Brothers** dabei. Hübsche Go-Go-Tänzerinnen verstärken die 1963 von Good als »Young America Swings The World« konzipierte Tanzparty. Ab Januar wird daraus eine einstündige Sendung, die Produzent Dean Whitmore von Juli 1965 bis zur letzten am 8. Januar 1966 betreut.

25 Die **Temptations** nehmen mit Leadsänger **David Ruffin** *My Girl* bei Motown auf, ein Pendant zu *My Guy*, im Mai ein Nr.-1-Hit für **Mary Wells** in den USA. Beide Songs stammen von Smokey Robinson, letzterer gemeinsam mit Ronald White.

26 **Herman's Hermits** führen die UK-Charts mit *I'm Into Something Good* an, einer fröhlichen Pure-Pop-Version der Goffin/King-Komposition, mit der die Sängerin **Earl-Jean** bereits einen kleinen US-Sommerhit hatte. Herman ist der 16-jährige Sänger Peter Noone aus Manchester. Der unabhängige Produzent Mickie Most brachte ihn und seine Backinggruppe (die hieß ursprünglich die Heartbeats) beim EMI Label Columbia unter. Most, dem die Plattenaufnahme nicht gefiel, wollte sie nicht veröffentlichen. Doch seine Frau fand, die Single hätte etwas. Also händigte Most die Bänder ans Label aus, und wieder war eine neue, heiße britische Band geboren. Herman's Hermits sollten auch in den USA enorm erfolgreich werden.

27 Nach Abschluss ihrer ersten großen US-Tour geben die **Beach Boys** ihr Debüt in der »Ed Sullivan Show« mit *I Get Around* und *Wendy*.

Oktober

9 Nachdem die britische Musikergewerkschaft ein Anti-Apartheid-Embargo über den Apartheitsstaat Südafrika verhängt hat, sagen die **Rolling Stones** ihre geplante Tournee dort ab.

18 Bei einer 28-tägigen Englandtour mit zwei Gigs pro Abend sind die **Animals** am ersten Tag im Liverpooler Odeon Cinema der Hauptact. Im Vorprogramm sind unter anderem **Carl Perkins**, **Gene Vincent** und die **Nashville Teens**.

22 John Burgess, Assistent von EMIs A&R-Manager Norman Newell, schreibt an den Filmregisseur Kit Lambert, der auch Co-Manager einer neuen Londoner Band ist – die **High Numbers** (die auch als **The Who** in Pubs und Clubs der Stadt auftraten): »Ich habe mir die Demobänder von unserer Session mit den High Numbers mehrmals angehört und weiß immer noch nicht, ob sie wirklich was zu bieten haben. Falls Sie inzwischen bei einer anderen Firma unterschrieben haben, wünsche ich Ihnen alles Gute. Falls nicht, bin ich an eventuellen, weiteren Bändern der Band sehr interessiert.« The High Numbers sind ein temperamentvolles »Mod-Rock«-Teenagerquartett, das gegründet wurde vom Gitarristen **Pete Townshend** (Sohn von Cliff Townshend, der Saxophonist der Royal-Airforce-Tanzband The Squadronaires ist). Der Leadsänger heißt **Roger Daltrey** (Ex-**Detours**; der beim Jugendorchester Middlesex das Waldhorn blies). Seit kurzem mit dabei ist der wilde und unberechenbare Schlagzeuger **Keith Moon**. Ihre hochenergetischen Auftritte in Nordlondon haben großen Zulauf, insbesondere im Railway Hotel, Harrow, wo sie zur Freude aller auf der Bühne oft ihr Equipment zertrümmern.

24 **Sandie Shaw** macht mit ihrem Cover von Lou Johnsons US-Hit *(There's) Always Something There To Remind Me* einen Sprung von Nr. 11 auf Platz 1 der UK-Charts. Sie verdrängt Roy Orbison mit *Oh, Pretty Woman* und hält sich drei Wochen. Die 17-jährige Shaw tritt zurzeit in diversen englischen Fernsehsendungen auf und erregt Aufmerksamkeit, weil sie barfuß singt (den Gag dachte sich ihre Managerin Eve Taylor aus).

25 Die **Rolling Stones** sind erstmals in der »Ed Sullivan Show« und singen *Around And Around* und *Time Is On My Side*. Nach Krawallszenen im Publikum erklärt Ed Sullivan: »Ich verspreche euch, die treten nie wieder in meiner Sendung auf. Was ich mir in 17 Jahren aufgebaut habe, lasse ich mir nicht in wenigen Wochen zerstören.«

29 Die T.A.M.I. Show (Teen Age Music International Show) wird im Civic Auditorium in Santa Monica aufgezeichnet. Bei diesem multikulturellen Spektakel treten viele Künstler auf, beispielsweise die **Beach Boys**, die **Barbarians**, **Chuck Berry**, **Bo Diddley**, **James Brown**, **Marvin Gaye**, **Gerry And The Pacemakers**, **Lesley Gore**, **Jan And Dean**, **Billy J. Kramer With The Dakotas**, **Smokey Robinson And The Miracles**, die **Rolling Stones** und die **Supremes**. Das als größtes Rock-Special der Fernsehgeschichte angekündigte Projekt zeichnet Produzent Steve Binder auf Videoband auf. Später wird es für den Kinoeinsatz via Electronovision auf Film überspielt. Die Weltpremiere ist für den 14. November geplant.

31 **Ray Charles**, der im Bostoner Back Bay Theatre auftreten soll, wird auf dem Flughafen Logan von Zollbeamten wegen des Besitzes von Betäubungsmitteln verhaftet.

31 Zum ersten Mal seit dem 18. Januar tauchen die **Beatles** nicht mehr in der **Billboard**-Hot-100 auf, nachdem die Single *Matchbox* raus war. Im April führte die Band die Spitze mit 14 Neuheiten auf fünf verschiedenen Labels an.

Diana Ross übernahm bei der Aufnahme von *Baby Love* im August die Rolle der Leadsängerin und Frontfrau bei den Supremes.

November 1964

Tom Jones nimmt *It's Not Unusual* auf ... *Leader Of The Pack* ... Sam Cooke wird erschossen...

Bei der Beerdigung kam es wegen der 5000 anwesenden Fans zu chaotischen Szenen. James Brown, der an der Zeremonie teilnehmen wollte, entschied sich, als Fans seine Limousine umringten, lieber wegzufahren, als noch mehr Unruhe zu verursachen ... Für die Beatles ging mit 1964 ein sehr gutes Jahr zu Ende.

Sam Cookes Beerdigung

November

4 **Marianne Faithfull** hat einen Kollaps. Am 31. Oktober beurteilt sie in der BBC-TV-Sendung »Juke Box Jury« eine Platte mit den Worten: »Würde mir auf 'ner Party gefallen, falls ich stoned wäre.« Auf der 26-tägigen Englandtour, die am 7. November u. a. mit **Gerry And The Pacemakers** beginnt, wird sie von **Jackie DeShannon** ersetzt.

11 **Tom Jones**, 24-jähriger Sänger aus dem Bergarbeiterort Pontypridd, Wales, macht seine zweite Session für Decca Records. Ergebnis ist der neue Gordon-Mills/Les-Reed-Song *It's Not Unusual.* Jones, der 1963 seine erste Band unter dem Pseudonym Tommy Scott And The Senators gründete, machte mit Produzent Joe Meek für EMI mehrere Aufnahmen. Mills, Ex-Mitglied der britischen Gesangsgruppe **Viscounts**, hatte Jones in Pontypridd im Vorprogramm von Mandy Rice-Davies entdeckt. Als sein Manager hat er ihn bei Decca untergebracht.

21 Tamla Motown, deren Platten in Großbritannien immer noch auf dem Label Stateside erscheinen, hat mit *Baby Love* von den **Supremes** die erste Nr. 1 in Großbritannien.

28 *Leader Of The Pack* von den **Shangri-Las**, komponiert von Shadow Morton, Jeff Barry und Ellie Greenwich, ist die US-Nr. 1 und wird ein Millionenseller. Neu an der Platte ist das Motorradgeräusch, das der Toningenieur Joey Veneri einbrachte. Das Quartett mit Leadsängerin **Mary Weiss**, ihrer Schwester **Betty** und den Zwillingen **Marge** und **Mary Ann Ganser** wurde von Morton entdeckt, als sie noch die Andrew Jackson High School in Cambria Heights, New York besuchten.

28 Für den 31-jährigen Countrysänger und Songschreiber **Willie Nelson** aus Texas wird mit seinem Debüt in der Grand Ole Opry in Nashville ein Kindheitstraum wahr – zuerst einmal als Vorprogramm für **Roger Miller**.

»Sam Cooke hat die Welt besser gemacht. Er inspirierte viele junge Menschen jeder Hautfarbe und jeden Glaubens.« Lou Rawls, 18. Dez. 1964

Dezember

11 **Sam Cooke** wird im Hacienda Motel (3 $ die Nacht) an der S. Figueroa 9137, Los Angeles, von seiner 55-jährigen Managerin Bertha Franklin erschossen. Am Abend zuvor besuchte er den Nachtclub PJs und zog mit der 22-jährigen Elisa Boyer ins Motel. Franklin behauptet, dass Cooke – mit seiner Schulliebe Barbara Campbell verheiratet – versucht hätte, Boyer zu vergewaltigen und dann aus Wut über sie selbst hergefallen sei, als Boyer sich losriss, um die Polizei zu rufen. Als sie eintrifft, ist die 34-jährige R&B-Legende bereits tot. Der Urteil lautet später auf Notwehr.

15 **Dusty Springfield** wird auf Anordnung des Innenministers von Südafrika des Landes verwiesen, nachdem sie gestern Abend vor einem gemischtrassigen Publikum in einem Kino bei Kapstadt gesungen hat. Bei ihrer Abreise letzte Woche in London erklärte Springfield, sie würde nur vor gemischtrassigem Publikum auftreten.

16 Angeregt durch den Erfolg von Radio Caroline, geht eine weitere Piratenstation auf Sendung, von der M.V. Galaxy aus, die außerhalb der 5-km-Zone der britischen Hoheitsgewässer ankert. Die Finanziers von Radio London sind texanische Geschäftsleute mit Don Pierson an der Spitze. Der Bürgermeister von Eastland und Besitzer der Lokalstation KLIF möchte britischen Hörern amerikanisches Top-40-Radio nahe brin-

Die Discjockeys Kenny Everett und Dave Cash pflegten ihren schrägen Stil täglich in ihrer »Kenny & Cash Show« auf dem Piratensender Radio London.

Die Beatlemania brachte immer mehr Merchandisingartikel hervor, von der Perücke bis zur Tapete ... Die 1961 von dem Liverpooler Journalisten Bill Harry gegründete Zeitschrift *Mersey Beat* hatte sich zur wichtigen Informationsquelle über die Liverpooler Musikszene entwickelt.

NOW OVER 250,000 READERS EVERY ISSUE — PRICE 6d.

MERSEY BEAT

Quiet Beatle: George Harrison

BIG 3 MOJOS UNDERTAKERS BILLY J

BRADLEYS

»Oh nein, jetzt sagen sie, dass der *Leader of the Pack* tot ist und so weiter. Die Platte ist doch ein echter Blödsinn. Ausmachen!«

Ringo Starr über die Shangri-Las im **Melody Maker**, 26. Dezember 1964

gen. Zu den ersten Discjockey gehören Kenny Everett und Dave Cash. Der Sender arbeitet bis 14. August 1967.

17 Tausende Trauergäste erweisen **Sam Cooke** im Begräbnisinstitut A. R. Leak, Chicago, die letzte Ehre. Er ist in einem Sarg mit Glaskuppel aufgebahrt, an dem die Fans bei Temperaturen um den Gefrierpunkt vorbei defilieren. Durch den Ansturm gehen die Glastüren zu Bruch. 50 Polizisten versuchen die Menschenmasse in Schach zu halten.

18 **Sam Cookes** Trauerfeier findet in Anwesenheit vieler Kollegen in der Mount Sinai Baptist Church in Chicago statt. **Ray Charles** singt *Angels Keep Watching Over Me*, und **Lou Rawls** trägt mit **Bobby »Blue« Bland** Gospel-Lieder vor. Trotzdem kommt es zu tumultartigen Szenen. Auf dem Grabstein steht: »Sam Cooke. Ich liebe euch. 1930–1964. Bis dass der Tag anbricht und alle Schatten fliehen.«

19 ***Beatles For Sale*** steht auf Platz 1 der UK-Charts und löst nach 21 Wochen ***A Hard Day's Night*** ab. Das jüngste Album besteht aus acht neuen **Lennon/McCartney**-Kompositionen und sechs Covers, darunter Buddy Hollys *Words Of Love* und Chuck Berrys *Rock And Roll Music*, bei dem Lennon, McCartney und Produzent Martin dreihändig Klavier spielen.

23 Als ihr erster Auftritt bei »Shindig« ausgestrahlt wird (*Little Saint Nick, Johnny B. Goode, Dance, Dance, Dance* und *Monster Mash*) erleidet **Brian Wilson** von den **Beach Boys**, auf einem Flug von Los Angeles nach Houston, wo eine zweiwöchige Tour beginnen soll, einen Nervenzusammenbruch (den ersten von drei in den kommenden 18 Monaten). Da er zudem auf einem Ohr fast taub ist, zieht er sich von den Livegigs zurück, um sich aufs Komponieren und Produzieren zu konzentrieren.

24 Die neue Beatles' Christmas Show wird im London's Hammersmith Odeon mit **Freddie And The Dreamers**, Jimmy Savile, **Sounds Incorporated**, **Elkie Brooks**, den **Yardbirds**, **Michael Haslam**, den **Mike Cotton Sound** und Ray Fell eröffnet.

25 Beunruhigt über die Invasion englischer Gruppen in den USA, ordnet die US-Arbeitsbehörde an, britischen Künstlern kein H-1-Arbeitsvisum mehr auszustellen. Deshalb wurden die geplanten Tourneen der **Zombies**, der **Nashville Teens** und der **Hullabaloos** abgesagt. Nach einem dreitägigen Tauziehen startet Murray The K's Big Holiday Show dann doch mit allen drei Bands im Fox-Theater, Brooklyn. Des Weiteren treten auf **Chuck Jackson**, **Ben E. King And The Drifters**, die **Shirelles**, die **Shangri-Las**, die R&B-Mädchengesangsgruppe **Patti LaBelle And The Bluebelles** und die **Vibrations**. (Wäre die Anordnung in Kraft geblieben, hätten auch die Beatles und die Stones ihre Tourneen abgesagt. Die britische Musikergewerkschaft bestand auf Gleichbehandlung. So wurden die Märzgigs von **Fats Domino** im Gegenzug zur abgesagten US-Tour der Nashville Teens gestrichen.)

26 Im **New Musical Express** von dieser Woche wünschen die **Rolling Stones** per Anzeige allen verarmten Frisören samt Familien schöne Weihnachten.

Die Shangri-Las traten meist nur als Trio auf. Ihr *Leader Of The Pack* (Story: Mädchen trifft Junge, Eltern sind dagegen, Junge stirbt bei Motorradunfall) ist die ultimative Platte zum Thema »Pubertäre Dramen mit tödlichem Ausgang«.

ROOTS **In diesem Jahr veröffentlichen Levon Helm And The Hawks (das sind Robbie Robertson, Rick Danko, Richard Manuel und Garth Hudson) bei Ware Records in Toronto ihre erste Platte *Leave Me Alone* … tritt der Gitarrist Jeff Beck (19) eine 13-monatige Lehrzeit bei den britischen Tridents an und ersetzt 1965 Eric Clapton bei den Yardbirds … bittet der Produzent Shadow Morton das Klaviertalent Billy Joel (14) um Mitarbeit bei einer Session von Red Bird in den Dynamic Studios, Levittown, New York … gründen Ex-Journeymen-Mitglied John Phillips, seine Freundin Michelle Gilliam und Denny Doherty (Ex-Halifax-Three) auf St. Thomas, Virgin Islands, die New Journeymen; bald kommt Cass Elliot (Ex-Mugwump) dazu … trifft der klassisch ausgebildete Leonard-Bernstein-Stipendiat John Cale aus Wales auf einer Party in New York den jungen Songschreiber Lou Reed … steigt Bob Seger nach Auftritten mit den Decibels und den Town Criers bei der Topband von Ann Arbor, Michigan, ein: Doug Brown And The Omens … gründet der junge Sänger und Songschreiber David Jone, der in einer Londoner Werbeagentur arbeitet, mit seinem Schulfreund George Underwood die King Bees, deren erste Single *Liza Jane* bei Decca erscheint; bis zu Jones' erstem Hit als David Bowie werden noch fünf Jahre vergehen …**

We've Gotta Get Out Of This Place

Nr. 1 US-SINGLES

02. Jan. I Feel Fine **Beatles**
16. Jan. Come See About Me **Supremes**
23. Jan. Downtown **Petula Clark**
06. Febr. You've Lost That Lovin' Feelin' **Righteous Brothers**
20. Febr. This Diamond Ring **Gary Lewis And The Playboys**
06. März My Girl **Temptations**
13. März Eight Days A Week **Beatles**
27. März Stop! In The Name Of Love **Supremes**
10. Apr. I'm Telling You Now **Freddie And The Dreamers**
24. Apr. Game Of Love **Wayne Fontana And The Mindbenders**
01. Mai Mrs. Brown You've Got A Lovely Daughter **Herman's Hermits**
22. Mai Ticket To Ride **Beatles**
29. Mai Help Me, Rhonda **Beach Boys**
12. Juni Back In My Arms Again **Supremes**
19. Juni I Can't Help Myself **Four Tops**
26. Juni Mr. Tambourine Man **Byrds**
10. Juli (I Can't Get No) Satisfaction **Rolling Stones**
07. Aug. I'm Henry VIII, I Am **Herman's Hermits**
14. Aug. I Got You Babe **Sonny And Cher**
04. Sept. Help! **Beatles**
25. Sept. Eve Of Destruction **Barry McGuire**
02. Okt. Hang On Sloopy **McCoys**
09. Okt. Yesterday **Beatles**
06. Nov. Get Off Of My Cloud **Rolling Stones**
20. Nov. I Hear A Symphony **Supremes**
04. Dez. Turn! Turn! Turn! (To Everything There Is A Season) **Byrds**
25. Dez. Over And Over **Dave Clark Five**

Nr. 1 UK-SINGLES

02. Jan. I Feel Fine **Beatles**
16. Jan. Yeh Yeh **Georgie Fame And The Blue Flames**
30. Jan. Go Now **Moody Blues**
06. Febr. You've Lost That Lovin' Feelin' **Righteous Brothers**
20. Febr. Tired Of Waiting **Kinks**
27. Febr. I'll Never Find Another You **Seekers**
13. März It's Not Unusual **Tom Jones**
20. März The Last Time **Rolling Stones**
10. Apr. Concrete And Clay **Unit 4 + 2**

Die Beatles drehen »Help!«

The Who

The Beatles drehten in sonnigen Gefilden ihren zweiten Spielfilm »Help!«, der neben dem Titelsong (der ein Nr.-1-Hit wurde) und *Ticket To Ride* auch Paul McCartneys Meisterwerk *Yesterday* enthielt ... The Who begannen das Jahr mit denkwürdigen Fersehauftritten in »The Beat Room« und »Ready Steady Go!« and beendeten es mit *My Generation*.

Die britische Invasion hält bis Ende der 60er-Jahre an, und viele US-Künstler waren dieses Jahr stark von den **Beatles** beeinflusst. Die eingängigsten Hits stammten von englischen Bands. **Paul McCartneys** *Yesterday* , der schlichteste darunter, wird oft als der genialste Song der Ära bezeichnet. Es ist der Beatles-Song mit den meisten Coverversionen (von **Marvin Gaye** bis **Boyz II Men**) und war zeitweilig der meistgespielte Titel in der Radiogeschichte Amerikas. Im Mai nahmen die **Stones** *(I Can't Get No) Satisfaction* auf, bald die Hymne einer ganzen Generation, die bei den Älteren aneckt.

Bob Dylan absolvierte den wohl »meistzitierten Auftritt der Rockgeschichte«: beim Newport Folk Festival verschreckte er 16 Minuten lang die Traditionalisten mit elektrisch verstärktem Rock. Auf seinen 65er-Alben ***Bringing It All Back Home*** und ***Highway 61 Revisited*** riss er die Barrieren zwischen Folk und Rock ein, die Newport-Folkies waren also gewarnt. Doch als er die Bühne betrat, um drei elektrisch verstärkte Songs zu spielen,versuchte ihm **Pete Seeger** angeblich den Saft abzudrehen, indem er den Generator mit einer Axt attackierte.

Dylan spielte im Akustikteil von Newport auch *Mr. Tambourine Man.* Zuvor gelang den **Byrds** mit einer lieblicheren Version davon ein großer Hit. Beeinflusst von den Dylan-Texten und Beatles-Harmonien, entwickelte die Band einen sanften Folksound zu dicht arrangierten Rhythmen. Markenzeichen war die schrille zwölfsaitige Rickenbacker-Gitarre von **Jim McGuinn**. *If I Needed Someone* von George Harrison, das dieses Jahr auf ***Rubber Soul*** erschien, war ebenfalls davon beeinflusst. 1965 war das Jahr der Byrds.

Die Westcoast-Rockszene kam in Schwung. Eine neue Band namens **Jefferson Airplane** spielte im Matrix, dem ersten Folkclub San Franciscos. Auch die **Charlatans**, wahrscheinlich die erste echte Psychedelic-Band, trat dort auf. Einige Monate später debütierten die **Grateful Dead** im Fillmore Auditorium, das schnell zum Sprungbrett für einheimische Bands wurde. Der Aufschwung hing wohl auch mit der zunehmenden Beliebtheit von LSD zusammen.

Dazu wirkte das Geschäft mit zeitlosen Melodien, wie es Motown weiter betrieb, vergleichsweise prosaisch. **Smokey Robinson** nahm den unvergänglichen Klassiker *The Tracks Of My Tears* auf. **James Brown** hatte ein erstklassiges Jahr. Er blieb beim entschlackten Funksound und lieferte bahnbrechende Hits wie *Papa's Got A Brand New Bag* und seinen Erkennungssong *I Got You (I Feel Good)*, der sich über eine Million Mal verkaufte.

»Wir machen fröhliche Musik ohne große Botschaft.« Sonny Bono, 7. August 1965

17. Apr.	The Minute You're Gone	**Cliff Richard**
24. Apr.	Ticket To Ride	**Beatles**
15. Mai	King Of The Road	**Roger Miller**
22. Mai	Where Are You Now (My Love)	**Jackie Trent**
29. Mai	Long Live Love	**Sandie Shaw**
19. Juni	Crying In The Chapel	**Elvis Presley**
26. Juni	I'm Alive	**Hollies**
03. Juli	Crying In The Chapel	**Elvis Presley**
10. Juli	I'm Alive	**Hollies**
24. Juli	Mr. Tambourine Man	**Byrds**
07. Aug.	Help!	**Beatles**
28. Aug.	I Got You Babe	**Sonny And Cher**
11. Sept.	(I Can't Get No) Satisfaction	**Rolling Stones**
25. Sept.	Make It Easy On Yourself	**Walker Brothers**
02. Okt.	Tears	**Ken Dodd**
06. Nov.	Get Off Of My Cloud	**Rolling Stones**
27. Nov.	The Carnival Is Over	**Seekers**
18. Dez.	Day Tripper/We Can Work It Out	**Beatles**

1965

You've Lost That Lovin' Feelin' ... Eine wichtige Aufnahmesession für Bob Dylan ... The Byrds... Alan Freed und Nat King Cole sterben ...

Black, Clark und Shaw

Januar

3 Wegen eines Streits mit dem US-Fiskus erklärt Brian Epstein, die **Beatles** würden nicht mehr in Amerika auftreten. Die Finanzbehörde hält die Einkünfte der Band zurück. Angeblich beläuft sich der Anteil der Bandeinnahmen aus US-Auftritten im vergangenen Jahr auf 2,8 Mio. $. (Aufgrund eines angloamerikanischen Steuerabkommens müssen Künstler Einnahmen in beiden Ländern versteuern.)

4 CBS kauft Leo Fender für 13 Mio. $ seine Gitarrenfirma ab. Zusammen mit Gibson revolutionierte Fender mit E-Gitarren der Modelle Fender, Telecaster und Stratocaster den Markt für Musikinstrumente.

9 ***Beatles '65***, eine US-LP mit acht Stücken aus ***Beatles For Sale*** und den Nr.-1-Hits *I Feel Fine/ She's A Woman*, macht den größten Sprung in der **Billboard**-Chartgeschichte von Nr. 98 auf Nr. 1.

9 Die Vierer-Jury stuft die neue **Righteous-Brothers**-Single *You've Lost That Lovin' Feelin'* in der Sendung »Juke Box Jury« als »Niete« ein. Eine historische »Niete«, denn einen Monat später ist die Platte sowohl die Nr. 1 der US- als auch UK-Charts und wird zum meistgespielten Song der US-Radiogeschichte. Barry Mann und Cynthia Weil komponierten den Righteous-Brothers-Song auf besonderen Wunsch des Mitkomponisten und Produzenten **Phil Spector**. Das Duo ist seit kurzem auf seinem Label Philles unter Vertrag. Neben vielen großartigen Songs wie *Da Doo Ron Ron, Be My Baby, Baby I Love You* und *And Then He Kissed Me* ist es das gelungenste Werk des Musikarchitekten Spector. **Bobby Hatfields** heller Tenor kontrastiert zu **Bill Medleys** vollem Bariton, ihre Gesangsleistung ist in ein Crescendo der »Wall Of Sound« eingebettet. *Feelin'* ist richtungsweisend für die Popgeschichte.

12 Der Fernsehsender NBC startet die neue Musikunterhaltungssendung »Hullabaloo«. Zur Show gehören die Hullabaloo-Tänzerinnen, Go-Go-Girls im Minirock, Ansagen von Discjockey Johnny Holliday aus dem Off und ein Stargast pro Woche. Beim »Top Pop Medley« präsentieren der Moderator und seine Gäste aktuelle Charthits in Kurzform. Das »Hullabaloo A Go-Go« findet in einem modernen Nachtclub-Ambiente statt.

14 Die erste der beiden Aufnahmesessions zu **Bob Dylans** neuer LP ***Bringing It All Back Home*** findet im New-Yorker Columbia Studio statt. Abermals mit Produzent Tom Wilson entstehen dabei wichtige Songs für Dylans Karriere, wie etwa *Maggie's Farm, Subterranean Homesick*

Die Byrds waren von den Beatles beeinflusst und coverten Bob Dylan. In diesem Jahr betraten sie mit zwei Nr.-1-Hits schlagartig die Szene.

The Righteous Brothers

Mit *Downtown* kam die erfahrene Petula Clark in den USA auf Nr. 1; den britischen Newcomerinnen Cilla Black und Sandie Shaw sollte dies nie gelingen ... Barry Mann und Cynthia Weil schrieben *You've Lost That Lovin' Feelin'* für die Righteous Brothers im Chateau Marmont Hotel in Hollywood.

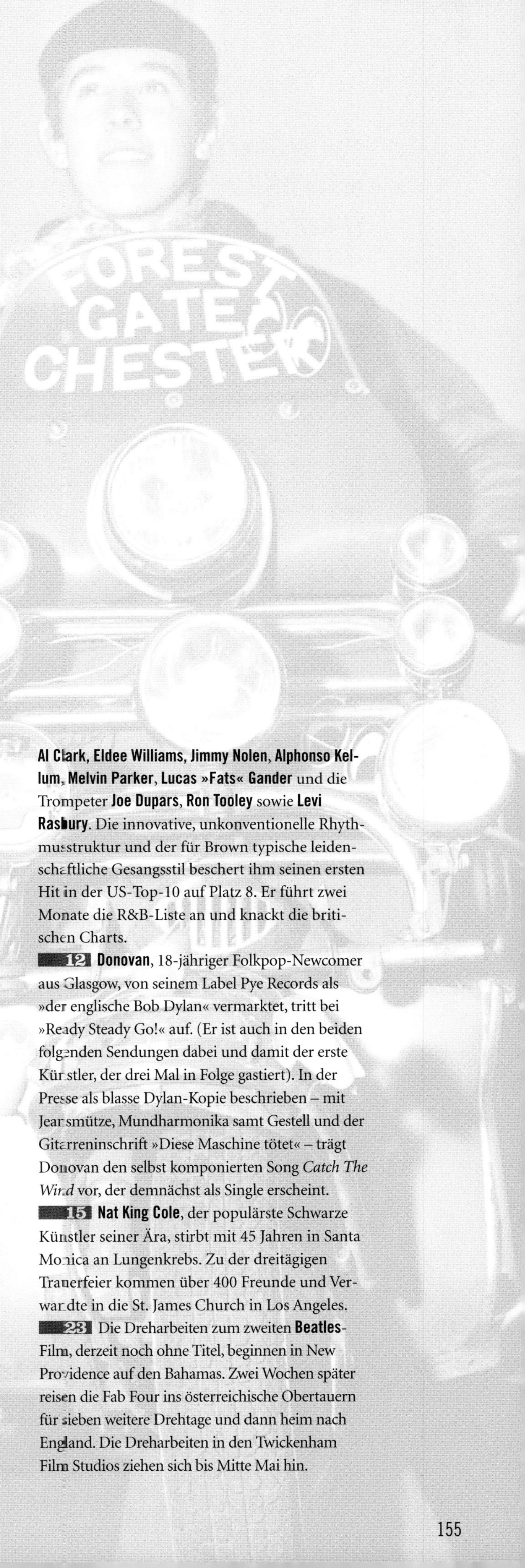

Blues, If You Gotta Go, Go Now, She Belongs To Me, Love Minus Zero/No Limit, Mr. Tambourine Man und *It's All Over Now, Baby Blue.*

17 Die **Rolling Stones** nehmen in den RCA Hollywood Studios *The Last Time* und die geplante B-Seite *Play With Fire* auf, auf der **Phil Spector** die Gitarre spielt.

20 Die **Byrds**, die gerade ein Gastspiel im Ciro's in Los Angeles geben, nehmen in den Columbia Hollywood Studios Bob Dylans *Mr. Tambourine Man* auf. Die Band bekam ihren Plattenvertrag auf Betreiben der Jazzgröße Miles Davis. Obwohl die Byrds aus den Bandmitgliedern **Chris Hillman** (Bass, Gesang), **David Crosby** (Gitarre, Gesang), **Gene Clark** (Perkussion, Gesang), **Michael Clarke** (Schlagzeug) bestehen, lässt der Produzent Terry Melcher bei den Plattenaufnahmen nur den 22-jährigen Frontmann **Jim McGuinn** aus Chicago zu. Stattdessen setzt er die Top-Studiomusiker **Hal Blaine** (Schlagzeug), **Larry Knechtel** (Bass), **Jerry Cole** (Rhythmusgitarre) und **Leon Russell** am elektrischen Piano ein. Jim McGuinns schrilles Gitarrenintro auf seiner zwölfseitigen Rickenbacker wird dann auch zum Markenzeichen vieler Byrds-Songs.

20 **Alan Freed**, selbst ernannter »Vater des Rock'n'Roll«, stirbt quasi pleite mit 43 Jahren in Palm Springs. Es heißt, er habe als Discjockey beim Sender WJW Radio in Cleveland den Begriff »Rock'n'Roll« geprägt. Freed gehörte zu den ersten Radiogrößen, die das weiße Publikum mit schwarzer Musik bekannt machten. In den 50er-Jahren wurde er zum erfolgreichen Veranstalter von Rock'n'Roll-Packagetourneen. Nach einem Ermittlungsverfahren des US-Kongresses wurde er von Payola-Skandalen und Gerichtsverfahren gebeutelt, die ihm zum Sündenbock einer gängigen Praxis der Musikindustrie machten. Seine Urne wird im Ferncliff Cemetery, Hartsdale, New York bestattet (am 21. März 2002 wird sie mit der Marmortafel in die Rock And Roll Hall Of Fame in Cleveland überführt und im Museum integriert).

22 Das zweite **Stones**-Album (ebenfalls ohne Titel, aber als ***Rolling Stones No. 2*** bekannt) steigt in England auf Platz 9 ein. 3000 Fans begrüßen die Band bei der Ankunft in Sydney, wo ihre 16-tägige Tournee durch Australien, Neuseeland und Fernost startet. Etwa 300 Jugendliche reißen einen Zaun zum Quarantänebereich nieder und zerstören ein Geländer in der Zollhalle. Die stressige Tournee, die im Manufacturers' Auditorium der Agricultural Hall, Sydney, beginnt, umfasst in 16 Tagen 36 Auftritte – im Vorprogramm **Roy Orbison**, **Rolf Harris** und **Dionne Warwick**.

»Dies ist [Phil] Spectors beste Produktion, in Amerika bereits in den Top 10. Sie zeigt, wie der Sound von morgen heute klingen muss und wie mittelmäßig der Rest der Musikbranche dagegen ist.«

Andrew Loog Oldhams Anzeige für *You've Lost That Lovin' Feelin'* von den Righteous Brothers, Januar 1965

23 Nachdem **Petula Clarks** *Downtown* vier Wochen in den UK-Charts auf Platz 2 hinter den **Beatles** mit *I Feel Fine* festhing, führt die Single die US-Hot-100 an. Ihr Manager Tony Hatch hatte den Song, der letzten Monat eingespielt wurde, geschrieben. Dabei hatte die in Paris lebende Petula Clark erklärt, falls er kein Hit würde, wäre es ihre letzte Platte auf Englisch.

28 Die **Who** spielen ihren ersten Hit *I Can't Explain*, die Nr. 8 der UK-Charts, in der Sendung »Ready Steady Go!« Das Studiopublikum besteht überwiegend aus Mods, ein Gag, den sich Bandmanager Kit Lambert ausgedacht hat.

Februar

1 **James Brown** nimmt *Papa's Got A Brand New Bag* in den Arthur Smith Studios in Charlotte, North Carolina auf. Dabei begleiten ihn seine Stammmusiker **Maceo Parker**, **St. Clair Pinckney**, **Al Clark**, **Eldee Williams**, **Jimmy Nolen**, **Alphonso Kellum**, **Melvin Parker**, **Lucas »Fats« Gander** und die Trompeter **Joe Dupars**, **Ron Tooley** sowie **Levi Rasbury**. Die innovative, unkonventionelle Rhythmusstruktur und der für Brown typische leidenschaftliche Gesangsstil beschert ihm seinen ersten Hit in der US-Top-10 auf Platz 8. Er führt zwei Monate die R&B-Liste an und knackt die britischen Charts.

12 **Donovan**, 18-jähriger Folkpop-Newcomer aus Glasgow, von seinem Label Pye Records als »der englische Bob Dylan« vermarktet, tritt bei »Ready Steady Go!« auf. (Er ist auch in den beiden folgenden Sendungen dabei und damit der erste Künstler, der drei Mal in Folge gastiert). In der Presse als blasse Dylan-Kopie beschrieben – mit Jeansmütze, Mundharmonika samt Gestell und der Gitarreninschrift »Diese Maschine tötet« – trägt Donovan den selbst komponierten Song *Catch The Wind* vor, der demnächst als Single erscheint.

15 **Nat King Cole**, der populärste Schwarze Künstler seiner Ära, stirbt mit 45 Jahren in Santa Monica an Lungenkrebs. Zu der dreitägigen Trauerfeier kommen über 400 Freunde und Verwandte in die St. James Church in Los Angeles.

23 Die Dreharbeiten zum zweiten **Beatles**-Film, derzeit noch ohne Titel, beginnen in New Providence auf den Bahamas. Zwei Wochen später reisen die Fab Four ins österreichische Obertauern für sieben weitere Drehtage und dann heim nach England. Die Dreharbeiten in den Twickenham Film Studios ziehen sich bis Mitte Mai hin.

Februar **1965**

The Walker Brothers ... Solomon Burkes erste R&B-Nr.-1... Die Stones in Amerika ... *(I Can't Get No) Satisfaction* ...

27 Die **Seekers**, das sind **Judith Durham**, **Keith Potger**, **Bruce Woodley** und **Athol Guy**, stehen mit *I'll Never Find Another You* als erste australische Band an der Spitze der UK-Charts. Die Gruppe begleitet die frühere Jazzsängerin Durham mit sechs- und zwölfsaitigen Akustikgitarren und Stehbass und hat dieses Jahr noch zwei weitere Top-3-Hits: *A World Of Our Own* und *The Carnival Is Over.* Alle drei Songs komponierte Produzent Tom Springfield.

März

13 Im **Melody Maker** erscheint ein kurzer Artikel von Chris Welch über die **Walker Brothers** aus Amerika. Die Reise des Trios, das kürzlich nach England kam, hat der Vater des Schlagzeugers **Gary Leeds** mit einem 10 000 $-Darlehen finanziert. Mit den Sängern **Scott Engel** und **John Maus** tauchte die Band im Büro der Zeitung auf und bequatschte den Journalisten, um ihn mit ihren Kontakten zu P. J. Proby (Leeds war sein fester Schlagzeuger) zu beeindrucken. Sie haben bereits einen Vertrag mit dem amerikanischen Mercury-Records-Label Smash. Die Walker Brothers werden Stammgäste bei »Ready Steady Go!« und haben in England mehr Erfolg als zu Hause. Ihre dritte Single, ein Cover von **Jerry Butler**, *Make It Easy On Yourself*, wird im September die Nr. 1 der UK-Charts.

13 **Tom Jones**, am 10. und 11. bei der Englandtournee für den erkrankten **P. J. Proby** eingesprungen, hat seinen ersten großen Fernsehauftritt in der »Billy Cotton Band Show« von BBC1.

19 Das Magazin **Tailor and Cutter** fürchtet um die Zukunft der Zunft und bittet die **Rolling Stones** inständig, Krawatten zu tragen. Der Journalist William Marshall schreibt: »Anlass für diesen Artikel ist die unpassende Kleidung von Mr Mick Jagger (Leadsänger der Rolling Stones), doch dem Trend, die richtige Kleidung zum entsprechenden Anlass zu missachten, sind auch andere Prominente im Showgeschäft gefolgt. The Stones sind zwar nicht der Nabel der Welt, aber wir würden es aufs Höchste begrüßen, wenn die Nummer eins der Top 20 mit gutem Beispiel voranginge. Das könnte für den Schlips mehr bewirken als sämtliche Krawatten-Werbewochen.« Jahre später steht Jagger im **Tailor and Cutter** auf der Liste der 100 bestgekleideten Männer.

Die Rolling Stones treten in »Ready Steady Goes Live!« auf dem Sender ITV erstmals live im britischen Fernsehen auf.

19 **Sam And Dave**, nicht mehr bei Roulette, sondern bei Atlantic Records, nehmen erstmals in den Stax Records Studios in Memphis auf. Die Labelchefs Jerry Wexler und Jim Stewart haben Folgendes vereinbart: Das Soul-Duo ist zwar bei Atlantic, wird aber an Stax ausgeliehen, solange das Label von Atlantic vertrieben wird. Heute nehmen sie David Porters *A Place Nobody Can Find* und den Porter/Steve-Cropper-Song *Good Night Baby* auf – begleitet von **Booker T. And The MG's**.

20 Die Tamla-Motown Motor Town Revue startet im Finsbury Park Astoria, London. Zur 21-tägigen UK-Package-Tour mit zwei Gigs pro Abend gehören **Stevie Wonder**, **Martha And The Vandellas**, die **Miracles**, die **Supremes** und die **Temptations** mit den Gaststars **Georgie Fame And The Blue Flames**.

THE YARDBIRDS

13. März **Laut Melody Maker hat der 19-jährige Gitarrist Eric Clapton die Yardbirds verlassen, weil sie ihm »zu kommerziell« werden. Das beliebte Londoner Rockquintett ist seit kurzem beim EMI-Sublabel Columbia unter Vertrag und wird nächste Woche mit *For Your Love* in die britischen Charts einsteigen. Keith Relf, der Clapton vom Kingston College of Art kennt, sagt: »Das ist sehr schade, weil wir doch alle befreundet sind. Wir haben uns überhaupt nicht gestritten, aber Eric kommt mit dem Geschäft nicht gut klar. Kommerzialisierung mag er nicht. Er liebt den Blues so sehr, dass er es wahrscheinlich nicht in Ordnung fand, dass ein Haufen weißer Jungs wie wir ihn schlecht spielt.« Clapton wird sich John Mayall's Bluesbreakers anschließen, einer Talentschmiede für junge britische Bluesmusiker.**

Der von Leadsänger Keith Relf als »sehr, sehr gut« beschriebene 19-jährige Gitarrist Jeff Beck, ebenfalls ein großes Talent, wird Eric Claptons Platz bei den Yardbirds einnehmen. Er wurde der Gruppe von dem Studiomusiker Jimmy Page empfohlen, »der weiß einfach, wo's langgeht.«

Tom Jones

Tom Jones gelang im März mit *It's Not Unusual* als erstem Solokünstler seit November 1964 eine Nr. 1 in England ... Das »Rolling Stones Book« erschien von Juni 1964 bis November 1966 monatlich. Nur die erste Ausgabe zeigte alle fünf Stones auf dem Titelbild.

April

3 Der Soulsänger **Solomon Burke** aus Philadelphia ist nach zehn Jahren – 1960 ging er zu Atlantic – mit *Got To Get You Off My Mind* endlich die amerikanische R&B-Nr.-1. Seine Karriere begann er zwischen 1945 und 1955 als »Priester-Wunderkind« mit einer Sendung aus der eigenen »Solomon's Temple«-Kirche.

5 Ahmet Ertegun nimmt **Sonny Bono**, Songschreiber, Produzent und Sessionmann von Phil Spector, und dessen Braut, die 18-jährige Sängerin **Cher**, für sein Atlantic-Records-Label Atco unter Vertrag. Cher arbeitete für Spector als Backgroundsängerin der Ronettes und nahm als **Bonnie Jo Mason** eine Solosingle für sein Label Annette auf. Als **Caesar And Cleo** machte sie mit Sonny letztes Jahr eine Single für Vault Records und zwei für Mo Ostins Label Reprise.

13 **Roger Miller**, dessen neuer Crossover-Countryhit *King Of The Road* (in den USA auf Platz 4) die britischen Charts emporsteigt, dominiert die siebte Grammy-Verleihung. Mit *Dang Me* gewinnt er in den Kategorien beste Countrysingle, bester Countrysong und bester Countrysänger. Die LP ***Dang Me/Chug-a-Lug*** wird als bestes Countryalbum ausgezeichnet. Die **Beatles** dagegen kassieren nur zwei Trophäen als beste Newcomer und beste Gesangsgruppe (für *A Hard Day's Night*). In vier weiteren Kategorien verlieren die Pilzköpfe gegen *The Girl From Ipanema* von **Stan Getz and Astrud Gilberto**, der Platte des Jahres, *Hello, Dolly!* wird Song des Jahres, *Downtown* von **Petula Clark** wird zur besten Rock'n'Roll-Aufnahme gekürt, und der »Mary Poppins«-Soundtrack wird zur besten Filmmusik, komponiert für Film oder Fernsehen.

17 RCA Victor Records und die LearJet Corporation kündigen die Entwicklung eines integrierten Autoradios und Stereokassettenrekorder-Systems an. Ende des Jahres soll es in amerikanische Autos eingebaut werden können. Das neue Gerät ermöglicht dem Fahrer, per Knopfdruck von Bach zu den Beatles und wieder zurückzuschalten. Irwin Tarr, RCA-Chef für Werbung und Entwicklung, erklärt, damit könne man »auf nur 154 Metern Band die Musik von ein bis zwei Langspielplatten aufnehmen und anhören«.

17 Die alljährliche Oster-Package-Tournee von Murray The K startet im Fox-Theater, Brooklyn, mit den **Righteous Brothers**, den **Four Tops**, den **Temptations**, **Martha And The Vandellas**, den **Miracles**, **Marvin Gaye**, den **Marvelettes**, **Little Anthony And The Imperials**, den **Del Satins**, den **Rag Dolls**, **Cannibal And The Headhunters** und **Gerry And The Pacemakers**, die eine USA-Tour vor sich haben.

30 **Bob Dylans** achttägige Englandtournee »Don't Look Back« beginnt in der Sheffield City Hall. Der Höhepunkt sind zwei ausverkaufte Konzerte in der Royal Albert Hall am 9. und 10. Mai.

Mai

2 Die **Rolling Stones** treten trotz Sullivans Gemotze nach ihrem ersten Gastspiel im letzten Jahr wieder in der »Ed Sullivan Show« auf und spielen *The Last Time, Little Red Rooster* und *Everybody Needs Somebody To Love*. Ihre Nordamerikatournee begann am 23. April in Montreal. Ebenfalls im Programm sind die britischen Kollegen **Tom Jones** und **Dusty Springfield**. Sullivan schickt den Stones nach ihrem Auftritt ein Telegramm: »Habe tausende wütende Anrufe von Eltern erhalten, aber auch tausende von begeisterten Teenagern. Viel Glück für eure Tournee.«

6 **James Brown** nimmt *I Got You (I Feel Good)* in den Criteria Studios, Miami, auf. Die US-Nr.-3 wird zum größten Hit seiner Karriere und setzt neue Maßstäbe für die Soulmusik.

7 Nach dem gestrigen Auftritt im Jack Russell Stadium in Clearwater, Florida, stellt **Keith Richard** von den **Rolling Stones** morgens im Gulf Motel fest, dass sein Tonband mitlief, als er nachts vor sich hingeklimpert hat. Dabei entstand die Melodie zu *(I Can't Get No) Satisfaction,* zu der **Mick Jagger** den Text liefert.

8 Der Regisseur D. A. Pennebaker filmt **Bob Dylans** Englandbesuch für »Don't Look Back« im Cinéma-Vérité-Stil. Er dreht auch den Werbefilm zur neuen Single des Singer/Songwriters, *Subterranean Homesick Blues.* Der Film kann als eines der ersten Musikvideos betrachtet werden. Dylan steht völlig regungslos vor einem Baugerüst in einer Gasse nahe des Londoner Hotels Savoy und präsentiert Pappschilder, die mit einzelnen Wörtern aus dem Text des Songs beschriftet sind. Die Schilder haben **Joan Baez** und der **Animals**-Keyboarder **Alan Price** gemalt. Im Hinter-

»Krawatten könnten ja in die Suppe hängen. Außerdem haben die Fans dann noch mehr zum Festhalten, wenn man versucht, in eine Konzerthalle zu kommen.«

Mick Jagger, **Daily Mirror**, 20 März 1965

Sam And Dave (Samuel Moore und Dave Prater) lernten sich im King of Hearts Club in Miami kennen, wo Dave als Koch beschäftigt war.

Paul McCartney nimmt *Yesterday* auf ... Paul Revere And The Raiders ...

» ... vier hässliche Typen, vier langhaarige Gesichter, vier Vollidioten, vier barfüßige Gammler.« **Il Messaggero** über die Beatles, Juni 1965

grund sieht man den Dichter Allen Ginsberg und Songwriter Bob Neuwirth. Pennebaker begleitet Dylan für seine Dokumentation als stiller Beobachter bei Jamsessions in Hotels, bei Begegnungen mit Fans und Journalisten, bei Fahrten in der Limousine und bei Konzerten.

12 Die **Rolling Stones** spielen die Basic-Tracks für *(I Can't Get No) Satisfaction* in den Chess Studios, Chicago, ein. Zwei Tage später stellen sie die Aufnahmen neben weiteren Stücken für das neue Album ***Out Of Our Heads*** in den RCA Studios in Hollywood fertig.

18 Die Herausgeber des »Who's Who in America« informieren über die Aufnahme der **Beatles** in die neue Ausgabe. »Inzwischen sind wir überzeugt, dass sie sich halten werden, zumindest für die Zeit unserer Ausgabe 1966–67 ... Der Schwung, die Unbekümmertheit, der ausgelassene Humor ihrer Musik, ihre Possen sind frisch, kreativ und kommerziell von Vorteil. Unsere Politik lautet, erkenne das Ungewöhnliche in der Kunst.«

19 Die **Kinks** treten bei ihrer Englandtournee im Capital Theatre in Cardiff auf. Sie haben gerade *You Really Got Me* gespielt, und Gitarrist **Dave Davies** setzt zu Little Richards *Beautiful Delilah* an, als ihm der Schlagzeuger **Mick Avory** das Becken über den Kopf schlägt. Davies wird in der Notaufnahme der Cardiff Royal Infirmary mit 16 Stichen genäht. Avory, die »Persona non grata«, erfährt, dass die Polizei ihn wegen schwerer Körperverletzung verhaften will. Glücklicherweise verzichtet Davies auf eine Anzeige. Die Band steigt aus der Tournee aus. Für die restlichen Gigs springen die **Walker Brothers** ein.

»Dieser Song hat die Rolling Stones geschaffen. Er machte aus einer Band unter vielen eine Riesenband, eine Monsterband.«

Mick Jagger über *(I Can't Get No) Satisfaction*

Bob Dylans erste Englandtour wurde von D.A. Pennebaker für seinen Film *Don't Look Back* gefilmt. Nach dem Abschlusskonzert in London trafen sich Dylan und die Beatles zum ersten Mal.

25 **Sonny Boy Williamson** stirbt im Alter von 56 Jahren in Helena, Arkansas an einem Herzinfarkt. Der Bluessänger, Songschreiber und Gitarrist nahm Mitte der 50er-Jahre Platten für das Label Checker auf. Er wird außerdem als einer der einflussreichsten Blues-Mundharmonikaspieler in die Geschichte eingehen.

Juni

12 Alle vier **Beatles** bekommen am Geburtstag der Queen den MBE-Orden. Daraufhin treffen im Buckingham Palace massenweise Proteste ein, und es werden sogar Orden retourniert. Colonel Frederick Wragg gibt zwölf seiner Orden zurück, der ehemalige Abgeordnete Hector Dupuis aus Kanada erklärt: »Das britische Königshaus degradiert mich auf das Niveau ungebildeter Trottel.« (**John Lennons** einziger Kommentar: »Ich dachte, um so was zu kriegen, müsste man Panzer lenken und Kriege gewinnen.«)

14 **Paul McCartney** nimmt, nur begleitet von seiner Akustikgitarre, im Abbey Road Studio von EMI *Yesterday* auf. Im Verlauf der Woche unterlegt Produzent George Martin die Aufnahme mit einem Streicherquartett. Der Song *Yesterday* wird in England erst 1976 als Single veröffentlicht (und steigt auf Platz 8), ist aber auf Seite zwei der britischen Pressung des ***Help!***-Soundtracks enthalten. Am 9. Oktober steigt der Song für vier Wochen als Album-Auskopplung auf Platz 1 der US-Charts. Der einzige Song, den nur ein **Beatles**-Mitglied aufgenommen hat, wird in Amerika zum meistgespielten Radiosong aller Zeiten mit den meisten Coverversionen (über 2500) in der Musikgeschichte des 20. Jahrhunderts.

Ray Davies

The Hollies

Die Brüder Ray und Dave Davies waren für ihre spannungsreiche Beziehung bekannt, aber krankenhausreif geschlagen wurde Dave von Kinks-Schlagzeuger Mick Avory ... Die Hollies, die mit einer nahezu beispiellosen Regelmäßigkeit Hits vorlegen sollten, brachten im Juni ihre erste Nr. 1 in die britische Hitparade.

15 **Bob Dylan**, der vor fünf Monaten die Songs zu ***Bringing It All Back Home*** im Columbia Stuio eingespielt hat, kehrt für Aufnahmen zu ***Highway 61 Revisited*** zurück. Heute entsteht das neue Stück *Like A Rolling Stone,* seine erste elektrisch verstärkte Nummer. Begleitet wird er von Bluesgitarrist **Mike Bloomfield**, Bassist **Harvey Brooks**, Pianist **Paul Griffin**, Schlagzeuger **Bobby Gregg** und **Al Kooper**. Dessen mobile Hammondorgel hat in der Rockmusik großen Wiedererkennungswert.

20 **Ira Louvin** – er gründete mit dem jüngeren Bruder **Charlie** das innovative Countryduo die **Louvin Brothers** – wird mit 41 bei einem Frontalzusammenstoß in Williamsburg, Missouri, getötet. Unter den sieben Unfalltoten ist auch Louvins vierte Ehefrau, die Sängerin Anne Young. (Ira entkam letztes Jahr knapp dem Tod, als seine Ex-Frau Faye auf ihn schoss. Charlie spielt bis in die 70er-Jahre als Solist Countryhits für Capitol ein.)

24 Beim ersten Stones-Konzert in Norwegen setzt die Polizei gegen randalierende Fans in den Messehallen von Oslo Gummiknüppel ein. 3000 Fans schreien: »Wir wollen die **Rolling Stones**.« Für ein Mädchen wird der Wunsch wahr. Sie erklimmt die Bühne, umarmt **Charlie Watts** und fällt sofort in Ohnmacht.

26 Ihre Chartkarriere dauert 30 Jahre und umfasst 30 Hits. Diese Woche schaffen die **Hollies** ihre einzige britische Nr. 1 in zwei Jahrzehnten mit *I'm Alive,* geschieben von Clint Ballard.

27 Die **Beatles** treten während ihrer Europatournee, die am 20. Juni in Paris begann, zweimal im Teatro Adriano in Rom auf. Italien ist noch weit entfernt von einer »Beatlemania«. Kein Konzert ist ausverkauft, und die Tagespresse ist sich mit ***Il Messaggero*** einig: »Sie sind nur vier hässliche Typen, vier langhaarige Gesichter, vier Vollidioten, vier barfüßige Gammler.«

28 Das ABC-Fernsehen startet **Dick Clarks** tägliche Musiksendung »Where the Action Is«, eine Freiluftversion von »American Bandstand«, die Nachmittags ausgestrahlt wird. Zu den Premierengästen gehören **Jan And Dean** (*Surf City* und *You Really Know How To Hurt A Guy*) und **Dee Dee Sharp** (*Ride* und *You'll Never Be Mine*). Doch Clark ist von **Paul Revere And The Raiders'** Showtalent, Teenager-Appeal und Napoleon-Kostümen im Stil der französischen Revolution beeindruckt – ein Markenzeichen der Band. Er heuert sie als Hausband seiner Show an. Dank dieser permanenten Fernsehpräsenz avanciert die Band zum Teenie-Idol, ganz besonders der fotogene Leadsänger **Mark Lindsay**.

Paul Revere And The Raiders wurden mit einer Serie von Poprock-Hits einer der größten Acts von Columbia Records in den 60er-Jahren.

Juli

1965

Sonny And Cher

Otis Reddings Album *Otis Blue* ... Dylan mit E-Gitarre ... Elvis trifft die Beatles ...

Juli

7 **Sonny And Cher** singen ihren neuen Song *I Got You Babe* bei »Shindig«. Sonny schrieb ihn zu Hause in Laurel Canyon, Los Angeles, und bewarb ihn anfangs selbst auf der Hollywood-Radiostation KHJ. Die Single wird sofort zum Welthit, ist am 14. August die Nr. 1 in den USA, zwei Wochen später auch in England.

9 **Otis Redding**, der am 9. April die Soulballade *I've Been Loving You Too Long* aufnahm, konzentriert sich nun auf die Arbeit an ***Otis Blue***. Er singt *A Change Is Gonna Come* und *Shake* (beides Sam-Cooke-Kompositionen), *Rock Me Baby*, *You Don't Miss Your Water* (eigene), *Respect* sowie das Rolling-Stones-Cover (*I Can't Get No*) *Satisfaction*. *Satisfaction*, das Redding noch nicht kannte, hatte Gitarrist **Steve Cropper** empfohlen.

13 Die **Beatles** gewinnen zwei weitere Ivor Novello Awards bei der zehnten Verleihung im Londoner Savoy Hotel. *Can't Buy Me Love* wird als meistgespielter Song des Jahres 1964 und als bestverkaufte A-Seite ausgezeichnet. (Auf den zweiten Platz gelangt *A Hard Day's Night* in zwei Kategorien – meistgespielter Song des Jahres und bester Filmsong des Jahres – *I Feel Fine* ist die zweite, bestverkaufte A-Seite.) **Paul McCartney**, als einziger Beatle anwesend, meint: »Dankeschön. Ich hoffe, wir kriegen jetzt keine Platten zurück.« *Downtown* von Tony Hatch wird zum besten Song des Jahres gekürt.

22 Der Rolling Stone **Bill Wyman** muss 5 £ Bußgeld bezahlen, seine Stones-Kollegen **Mick Jagger** und **Brian Jones** zusätzlich 15,75 £ wegen anstößigen Verhaltens. Das Urteil des West Ham Magistrates' Court, London, lautet, sie hätten am 18. März »ohne auch nur zu versuchen, sich dezent zu verhalten«, öffentlich uriniert. Wyman beruft sich auf seine Blasenschwäche, der Anklagevertreter Mr Kenneth Richardson behauptet, Wyman hätte den Mechaniker in der Francis Service Station in der Romford Road, Forest Gate, London, gebeten, die Toilette benutzen zu dürfen, was dieser aber ablehnte. Als der Mechaniker Jagger aufforderte, mit der Band den Vorplatz seiner Tankstelle zu verlassen, habe ihn dieser mit den Worten »Wir pissen jetzt irgendwo hin« beiseite geschoben. Wyman, Jagger und Jones hätten dann gegen eine Wand uriniert. Als sie mit dem Auto losfuhren, hätten die Insassen mit den Fingern eine beleidigende Geste gemacht. Der Richter rügt alle drei, weil sie kein moralisches Vorbild für ihre Fans seien und nennt Wyman »ein Zottelmonster«.

25 Beim gestrigen Workshop spielte **Bob Dylan** nachmittags *Mr. Tambourine Man* und *All I Really Wanna Do* noch akustisch. Heute steht er beim Newport Folk Festival in Begleitung von **Al Kooper**, **Barry Goldberg** und der Rhythmusgruppe der **Paul Butterfield Blues Band** – **Mike Bloomfield**, **Jerome Arnold** und **Sam Lay** – elektrisch verstärkt auf der Bühne. Die Meinungen darüber, was dann passierte, gehen auseinander. Die Medien behaupten überwiegend, eingefleischte Akustikfolk-Puristen hätten ihn ausgepfiffen, diverse Zeitzeugen dagegen meinen, Dylans Elektrik-Experiment hätte Begeisterungsstürme ausgelöst. Jedenfalls steht Dylan kreativ nicht still und will sein musikalisches Spektrum unbedingt erweitern. Eine Entscheidung, die ihm auf lange Zeit Respekt und kommerziellen Erfolg garantiert.

31 **Sonny And Chers** Ankunft in England verursacht jede Menge Publicity. Man hindert sie am Betreten des Londoner Hilton Hotels und begründet dies damit, dass es an ihren »Klamotten« läge. Doch bald sickert durch, dass der Vorfall nur für die Medien inszeniert wurde, mit bestellten Zeugen und einem bestochenen Portier.

August

5 **Jan Berry** von **Jan And Dean** bricht sich am ersten Drehtag zu »Easy Come Easy Go« in Chatsworth, Kalifornien, ein Bein. Ein Zug rammt den Kamerawagen, auf dem er steht. Insgesamt werden bei diesem Unfall 17 Personen verletzt, und Paramount muss den Film absagen.

6 Das 5. National Jazz & Blues Festival beginnt auf dem Richmond Athletic Ground. Das dreitägige Ereignis bedient eindeutig ein eher rockorientiertes Publikum und verbannt die Jazzkünstler im Programm sogar auf die Nachmittagszeiten. Unter dem Motto »Ready, Steady, Richmond!« treten heute die **Yardbirds**, **The Who**, **Mike Cotton Sound** und die **Moody Blues** auf.

7 Der 24-jährige Soulsänger und Songschreiber **Wilson Pickett** aus Alabama ist mit *In The Midnight Hour* erstmals Nr. 1 der US-R&B-Charts. Das Ex-Mitglied der **Falcons** nahm einige Singles für das Label Double L auf. Letztes Jahr nahm ihn Jerry Wexler von Atlantic unter Vertrag. *In The Midnight Hour* entstand im Stax Studio, Memphis.

»Es ist alles Musik: nicht mehr, nicht weniger. Ich weiß genau, was ich tue, und wer Fantasie hat, wird es auch wissen. Wenn sie meine Songs nicht verstehen, fehlt ihnen was ...«

Bob Dylan, **The New York Times**, 28. August 1965

Nach Rekordeinnahmen von 304000 $ im Shea Stadium – der Heimat des Baseballteams New York Mets – lehnten die Beatles ein Angebot über 478800 $ für weitere Konzerte in New York ab.

Wilson Pickett

Sonny und Cher setzten Modetrends mit Schlaghosen und Luchspelz ... Diese Broschüre von Volt Records wies Discjockeys auf Otis Reddings Hit *Respect* hin ... Wilson Pickett schrieb seinen Hit *The Midnight Hour* zusammen mit Stax-Macher Steve Cropper bei einer Flasche Jack Daniels in einem Hotelzimmer in Memphis.

»Die Fans drehten durch. Ich musste aufdrehen.«

Wachmann Harry Oldham bei einem Fernsehauftritt der Rolling Stones, 22. August 1965

14 Letzte Woche kam der ausgekoppelte Titelsong an die Spitze der UK-Charts, jetzt steht *Help!* von den **Beatles** auf Platz 1 der US-Charts. In England steigt die LP auf Platz 1 ein (ein Novum in der siebenjährigen Chartgeschichte) und verdrängt den Soundtrack zu »Meine Lieder, meine Träume« für neun Wochen von Platz 1. Auch die drei folgenden Beatles-Alben werden an der Spitze von *The Sound Of Music* geschlagen.

15 Die dritte Nordamerikatournee der **Beatles** beginnt im Shea Stadium in Flushing vor sage und schreibe 55 600 Fans und 2000 Sicherheitsleuten, die Einnahmen belaufen sich auf 304 000 $ –Weltrekord auf dem Popmarkt. Im Vorprogramm treten **Brenda Holloway And The King Curtis Band, Cannibal And The Headhunters, Sounds Incorporated** und die jüngste Atlantic-Records-Erwerbung, die **Young Rascals**, auf. Zwei von ihnen sind Ex-Mitglieder der **Joey Dee And The Starliters – Felix Cavaliere, Eddie Brigati** und **Gene Cornish**. Ihr Manager, Sid Bernstein, projiziert während ihres Auftritts »The Rascals kommen« auf die Anzeigetafel.

22 Sicherheitsbeamte richten einen Feuerwehrschlauch auf 200 kreischende Teenager, die über eine Absperrung in die Studios von Granada Television in Manchester eindringen. Sie warten auf die Ankunft der **Rolling Stones** zu den Proben für die Sendung »Scene at 6:30«.

27 **Elvis Presley** präsentiert sich in seinem gemieteten Haus am Perugia Way, Bel Air, als Gastgeber der **Beatles**, die in Los Angeles von ihrer US-Tournee pausieren. Man redet und musiziert bis spät nachts zu Schallplatten, während nebenan die Manager »Colonel« Tom Parker und Brian Epstein Billard spielen.

28 **Bob Dylans** Herbsttournee startet im Forest Hills Tennis Stadium, New York. Es ist das erste Konzert seit dem Newport Folk Festival. Dylan spielt einen Soloteil mit sieben Song, der mit *She Belongs To Me* beginnt und *Mr. Tambourine Man* endet. Beim zweiten Teil begleiten ihn der Keyboarder **Al Kooper**, Bassist **Harvey Brooks** und zwei Mitlieder der **Hawks**: der 21-jährige kanadische Gitarrist **Robbie Robertson** und der 23-jährige Schlagzeuger **Levon Helm** aus Arizona. Höhepunkte der acht Songs sind *Maggie's Farm* und *Like A Rolling Stone*. Dylan bleibt auf dieser Tournee und der Welttournee im kommenden Jahr bei diesem Konzept – auf den akustischen Teil folgt der elektrisch verstärkte.

Otis Reddings *Otis Blue* wurde als »Fusion von Blues, Pop und Gospel« bezeichnet und trug den Untertitel »Otis Redding Sings Soul«. Bob Rolontz schrieb im Covertext: »Soul kann man nicht vortäuschen – man hat ihn oder man hat ihn nicht. Otis Redding hat ihn.«

September

1965

The Monkees werden gegründet ... The Who nehmen *My Generation* auf ...

September

3 Die aktuelle zehntägige Murray-The-K-Package-Tour startet im Brooklyner Fox-Kino mit den **Four Tops**, **Marvin Gaye**, den **Beau Brummels** (das neue Rockquartett aus San Francisco hatte dieses Jahr bereits zwei US-Top-20-Hits), **Stevie Wonder**, **Martha And The Vandellas**, den **Temptations**, den **Lovin' Spoonful** (ein junges New-Yorker Jug-Band-Rockquartett mit Frontmann, Singer/Songwriter und Gitarrist **John Sebastian**, das mit *Do You Believe In Magic* durchstartet), **Brenda Holloway**, **Patti LaBelle And The Bluebelles**, den **Del Satins** und **Jordan Christopher**.

9 Im **Hollywood Reporter** steht folgende Anzeige (tags darauf auch im **Daily Variety**): »Wahnsinn!! Folk-&-ROLL-Musiker und -Sänger als Schauspieler für neue TV-Serie gesucht. Hauptrollen für vier verrückte Jungs von 17 bis 21. Freche Ben-Frank-Typen gesucht. Wer Mut hat, kommt zum Vorsprechen. Telefon: HO 6-5188.« Die Fernsehproduzenten Bob Rafelson und Bert Scheider begutachten 437 Anwärter, darunter den 20-jährigen Sänger und Gitarristen **Stephen Stills** aus Dallas (angeblich wegen schlechter Zähne abgelehnt), Songschreiber **Paul Williams**, **Keith Allison**, **Jerry Yester** und **Danny Hutton**, später Frontmann der **Three Dog Night**, der unter den letzten Acht landet. (Dass Charles Manson vorgesprochen hat, ist eine Falschmeldung: er sitzt derzeit im Gefängnis Terminal Island ein.) Die vier Gewinner für die Probesendung zur neuen Fernsehserie »The Monkees« sind **Davy Jones** (19, der einzige Brite), **Michael Nesmith** (22), **Mickey Dolenz** (20) und **Peter Tork** (21). Jones, ein ehemaliger Nachwuchsjockey und Schauspieler, spielte Ena Sharples' Enkel Colin Lomax in der englischen Fernsehserie »Coronation Street« und den Artful Dodger, sowohl in der Londoner als auch New-Yorker »Oliver«-Produktion. Nesmith gehört der Folkszene von Los Angeles an und veröffentlichte unter dem Namen **Michael Blessing** Singles. Dolenz, Sohn des Hollywood-Charakterdarstellers George Dolenz, trat als Kinderstar in der Fernsehserie »Circus Boy« auf und war Mitglied von **Micky And The One Nighters** und den **Missing Links**. Tork, von seinem Freund **Stephen Stills** empfohlen, ist ebenfalls aus der Los-Angeles-Folkszene und spielte mit den **Au Go Go Singers**.

15 Als erste Autofirma offeriert Ford Motors für all seine Automodelle 8-Track-Kassettenrecorder. Erst ein Jahr später kommen Heimrekorder auf den Markt. Die heute vergessenen 8-Track-Kassetten werden anfangs nur in Läden für Autozubehör und an Tankstellen verkauft.

16 Die zweite Staffel von »Shindig« hat auf ABC Premiere. Man ist zum halbstündigen Format zurückgekehrt, sendet dafür aber zweimal die Woche. Die **Everly Brothers** singen ein Cover von **Mickey And Sylvias** *Love Is Strange*, die **Byrds** spielen *Feel A Whole Lot Better* und *The Bells Of Rhymney*. Mit den **McCoys** – einer neuen Rockband aus Indiana von **Rick Derringer** und seinem Bruder **Randy** – spielen sie *California Sun*. Zudem geben die McCoys ihren Ohrwurmhit *Hang On Sloopy* (bald die Nr. 1 in den USA) zum Besten.

> **»Mir ist es lieber, wenn die Sendung einen starken Abgang hat, als wenn sie irgendwann niemand mehr sehen will.«**
>
> Elkan Allan erklärt, warum »Ready Steady Go« abgesetzt wurde, **Billboard**, 2. Oktober 1965

Oktober

1 Nach zwei Konzerten in Texas stellt **Bob Dylan** bei seinem Gig in der New-Yorker Carnegie Hall seine neue Tourneeband vor. Nach seinem Akustikteil kommt er mit dem Gitarristen **Robbie Robertson**, dem Organisten **Garth Hudson**, dem Bassisten **Rick Danko**, dem Pianisten **Richard Manuel** und dem Schlagzeuger **Levon Helm** auf die Bühne.

13 Die **Who** nehmen *My Generation* in den Londoner Pye Studios auf. **Pete Townshend** hatte den treffenden Song über jugendlichen Zorn, Frust und Überschwang am 19. Mai auf einer Zugfahrt zu einer Fernsehsendung in Southampton geschrieben. Nach vier Anläufen hat die Band einen 60er-Jahre-Klassiker auf Vinyl, der im Dezember auf Platz 2 der englischen Charts steht.

21 **Bill Black** stirbt im Baptist Memorial Hospital Memphis mit 39 Jahren an Krebs. Blacks geradliniges Bassspiel hatte viel zu **Elvis Presleys** frühen Erfolgen beigetragen.

21 Die **Spencer Davis Group** nimmt Jackie Edwards *Keep On Running* in den Pye Studios, London, auf – im Januar Nr.1 der UK-Charts; **Chris Blackwell** produziert; **Jimmy Cliff** gastiert als Backgroundsänger. Die treibende Kraft ist **Muff Winwoods** wuchtiges Bassmotiv, gekrönt vom rauen R&B-Gesang seines jüngeren Bruders **Steve**.

November

1 Über 3500 Teenager kreischen und werfen beim **Rolling-Stones**-Konzert im Community War Memorial Auditorium in Rochester, New York mit Gegenständen. Die Polizei unterbricht den Auftritt, damit sich die Menge beruhigt, dann nochmals nach dem siebten der insgesamt elf Songs der Band. **Keith Richard** brüllt: »So ein Provinzkaff. Seid nicht so streng mit ihnen.«

Ende 1965 gingen die Byrds mit auf die Dick-Clark-Caravan-Tour, zusammen mit Paul Revere And The Raiders, Bo Diddley und den We Five, während Otis Redding Anfang 1966 mit Sam And Dave, Patti LaBelle And The Bluebelles, Percy Sledge, Garnett Mimms und anderen auf Tour war.

THE BEATLES

26. Oktober Vor den Augen von 182 anderen Ordensträgern erhalten die Beatles im Buckingham-Palast von der Queen den Member of the British Empire. Auf ihre Frage, wie lange sie schon zusammen seien, antwortet Ringo: »Vierzig Jahre.«

Die Spencer Davis Group, die im Oktober Jackie Edwards *Keep On Running* aufgenommen hatte, war die erste Karrierestation für den Teenager Steve Winwood, dessen rauer Gesangsstil in Kontrast zu seinem zarten Alter stand.

Später gaben die Beatles zu, dass sie auf den Toiletten des Buckingham-Palastes gekifft hatten.

20 Motown hat mit *I Hear A Symphony* von den **Supremes** den fünften Nr.-1-Hit in den USA. Für die erfolgreichste Mädchengruppe der Welt ist es nach sieben Platten die sechste US-Nr.-1.

22 **Ray Charles** bekennt sich im US Federal District Court in Boston schuldig im Sinne der Anklage. Nach seiner Verhaftung im Oktober 1964 hatte das Geschworenengericht im Februar die Anklage wegen vierfachem Verstoß gegen das Rauschmittelgesetz erneut erhoben – zwei wegen Besitz von 90 Gramm Heroin und 38 Gramm Marihuana und zwei für die Einfuhr von Heroin und Marihuana. Als Richter George Sweeney erfährt, dass Charles im St. Francis Hospital in Lynwood, Kalifornien, einen Heroinentzug gemacht hat, vertagt er die Entscheidung.

26 Peter Eden und Geoff Stephens beantragen ein gerichtliches Arbeitsverbot für **Donovan**. Sie wurden von Anwälten des Sängers über die Beendigung des Managementvertrages informiert. Donovan wird inzwischen von Ashley Kozak und seinem Vater gemanagt. Der Antrag wird am 29. November abgelehnt.

27 Autor Ken Kesey und seine Kumpels, die Merry Pranksters, führen den ersten in einer Reihe von öffentlichen Acid-Tests in der Longshoremans Hall in San Francisco durch. Freiwillige begeben sich mit Fruchtsäften, die mit LSD gemixt sind, auf Trips, damals noch ein legales Halluzinogen (geliefert von Chemiker Owsley Stanley), und »bewegen« sich zur Musik der **Grateful Dead**. Ehemals Mother McCree's Uptown Jug Champions und The Warlocks, sind die Grateful Dead ein Kolletiv drogenstimulierter Musiker, bestehend aus dem Leadgitarristen **Jerry Garcia**, Rhythmusgitarristen **Bob Weir**, Orgel- und Mundharmonikaspieler **Ron »Pigpen« McKernan**, Bassist **Phil Lesh** und Schlagzeuger **Bill Kreutzmann**. Es ist die Geburtsstunde des Psychedelic-/Acid-Rock.

Dezember

3 Die **Beatles** starten im Glasgower Odeon Cinema ihre – wie sich später herausstellt, letzte – neuntägige Englandtournee mit zwei Gigs pro Abend. Das Liverpooler Empire Theatre mit 2550 Plätzen hat für die in zwei Tagen stattfindenden Konzerte bereits 40 000 Anfragen nach Karten.

3 **Keith Richard** wird bei einem **Stones**-Konzert in der Memorial Hall in Sacramento nach einem Stromschlag bewusstlos. Während die Band *The Last Time* spielte, kam seine Gitarre mit seinem Mikrofon in Kontakt.

10 In San Francisco organisiert der 34-jährige Konzertveranstalter **Bill Graham** sein erstes Rockkonzert im Fillmore Auditorium. Bei einem Benefitzkonzert für die San Francisco Mime Troupe (eine Straßentheatergruppe, die Graham managt) treten drei der vielversprechendsten jungen Bands der Stadt auf, die alle aus dem Künstler- und »Hippy«-Viertel Haight-Ashbury kommen: die elektrisch verstärkte Countryfolk-Combo **Charlatans**, **Jefferson Airplane** (mit Gründer, Frontmann und Sänger **Marty Balin**) und die **Grateful Dead**.

Keith Moons Plateauschuhe waren für seine Verhältnisse dezent. 1971 war er in der Anzeige für *Won't Get Fooled Again* von The Who mit blonder Perücke, Korsett und Strapsen zu sehen.

ROOTS In diesem Jahr gründen Schulfreunde von der Cortez High School in Phoenix, Arizona, die Earwigs und spielen v.a. Rolling-Stones- und Who-Coverversionen; nächstes Jahr werden sie unter dem Namen Spiders und mit dem Sänger Vincent Furnier nach Los Angeles ziehen und sich zunächst in The Nazz und dann in Alice Cooper umbenennen ... gründen einige Kunststudenten am Londoner Goldsmith's College die schräge, von der Avantgarde der 20er inspirierte Bonzo Dog Dada Band ... nimmt der Singer/Songwriter Boz Scaggs nach Reisen durch Dänemark, Frankreich und Spanien in Stockholm sein Debütalbum *Boz* auf ... wird der 15-jährige Bruce Springsteen nach zweimaligem Vorspielen in die High-School-Band The Castiles aufgenommen ... trifft Isaac Hayes, der noch in einer Fleischkonservenfabrik in Memphis arbeitet, den Versicherungsvertreter und Songschreiber David Porter; die beiden schließen einen exklusiven Autoren- und Produktionsvertrag mit Stax Records ... trifft Jimmy Cliff auf einer von der jamaikanischen Regierung organisierten US-Tour Chris Blackwell, den Chef von Island Records, der ihn überredet, nach Großbritannien zu ziehen ... setzt sich John Denver beim Vorspielen für das Chad Mitchell Trio gegen 250 Mitbewerber durch ... schließt sich Justin Hayward den Wilde Cats um den Rock'n'Roll-Veteranen Marty Wilde an; an Heywards Songs zeigt auch Lonnie Donegan Interesse, der ihm einen Verlagsvertrag verschafft ...

(I'm) A Road Runner

1966

Nr.1 US-SINGLES

01. Jan. The Sounds Of Silence **Simon And Garfunkel**
08. Jan. We Can Work It Out **Beatles**
05. Febr. My Love **Petula Clark**
19. Febr. Lightnin' Strikes **Lou Christie**
26. Febr. These Boots Are Made For Walkin' **Nancy Sinatra**
05. März The Ballad Of The Green Berets **SSgt. Barry Sadler**
09. Apr. (You're My) Soul And Inspiration **Righteous Brothers**
30. Apr. Good Lovin' **Young Rascals**
07. Mai Monday, Monday **Mamas And The Papas**
28. Mai When A Man Loves A Woman **Percy Sledge**
11. Juni Paint It Black **Rolling Stones**
25. Juni Paperback Writer **Beatles**
02. Juli Strangers In The Night **Frank Sinatra**
16. Juli Hanky Panky **Tommy James And The Shondells**
30. Juli Wild Thing **Troggs**
13. Aug. Summer In The City **Lovin' Spoonful**
03. Sept. Sunshine Superman **Donovan**
10. Sept. You Can't Hurry Love **Supremes**
24. Sept. Cherish **Association**
15. Okt. Reach Out I'll Be There **Four Tops**
29. Okt. 96 Tears **? & the Mysterians**
05. Nov. Last Train To Clarksville **Monkees**
12. Nov. Poor Side Of Town **Johnny Rivers**
19. Nov. You Keep Me Hangin' On **Supremes**
03. Dez. Winchester Cathedral **New Vaudeville Band**
10. Dez. Good Vibrations **Beach Boys**
31. Dez. I'm A Believer **Monkees**

Nr.1 UK-SINGLES

01. Jan. Day Tripper/We Can Work It Out **Beatles**
22. Jan. Keep On Running **Spencer Davis Group**
29. Jan. Michelle **Overlanders**
19. Febr. These Boots Are Made For Walkin' **Nancy Sinatra**
19. März The Sun Ain't Gonna Shine Anymore **Walker Brothers**
16. Apr. Somebody Help Me **Spencer Davis Group**
30. Apr. You Don't Have To Say You Love Me **Dusty Springfield**

Brian Wilson

Mick Jagger

Befreit von den Zwängen der Liveauftritte mit den Beach Boys, zog sich Brian Wilson ins Studio zurück und schuf sein Meisterwerk *Pet Sounds* ... Mit dem komplett von Jagger und Richard komponierten Album *Aftermath*, zu dem Jack Nitzsche wertvolle musikalische Beiträge lieferte, entfernten sich die Rolling Stones weiter von ihren Anfängen als R&B-Band.

In diesem Jahr lebte man nicht nur künstlerisch gefährlich. Drogen und Anti-Kriegs-Demos schufen eine wachsende Kluft in der Gesellschaft, vor allem in den USA. Nicht nur die **Beatles** und die **Beach Boys** experimentierten mit Songstrukturen und Aufnahmetechniken. Eine psychedelische Stimmung machte sich breit. Das LSD-Verbot der US-Behörden kam im Oktober viel zu spät. Die Beatles lernten eine nicht nur wohlwollende, sondern auch feindselige Öffentlichkeit kennen. Der Widerstand gegen den Vietnamkrieg führte zu Aktionen zivilen Ungehorsams. **Joan Baez** verbrachte nach einer Protestaktion einige Zeit hinter Gittern.

Und die Musik? Die Beatles experimentierten mit Effekten und fernöstlicher Mystik auf ihrer bislang kühnsten LP ***Revolver***, von **Ravi Shankar** beeinflusst und mit **George Harrison** an der Sitar. Die Stones bannten den Sound schwer verzerrter Gitarren und bizarre Arrangements auf ihr Album ***Aftermath***. In den USA verschob sich das musikalische Gleichgewicht zu Gunsten der Westküste. Das ambitionierteste Werk des Jahres war ***Pet Sounds*** von den Beach Boys. Mit **Brian Wilsons** Studiotechnik betrieb die Surfband Innenschau. **Lennon** und **McCartney** staunten ehrfürchtig.

Das Viertel Haight Ashbury in San Francisco wurde zum spirituellen Zentrum der Hippiebewegung und brachte ein Kaleidoskop an musikalischen und kulturellen Stilen hervor. Den **Jefferson Airplane**, **Grateful Dead** und **Quicksilver Messenger Service** schlossen sich bisweilen **Frank Zappa** und die **Mothers of Invention** an. In England spielten **Pink Floyd** und **Soft Machine** für die psychedelische Undergroundszene. In London avancierte der amerikanische Gitarrist **Jimi Hendrix** zum heißesten Tipp der Stadt.

Bob Dylan, stets ein Garant für Eigenwilligkeit, würzte sein Doppelalbum ***Blonde On Blonde*** mit einer sanften Prise Countrymusik. Einige Texte darauf gehören zu seinen gefühlvollsten. Noch immer löste Dylan mit seinem »verstärkten« Rocksound, den er mit seiner Band **The Hawks** live darbot, heftige Debatten aus.

Es gab 1966 nicht nur drogenbeeinflusste Experimente. Motown produzierte weiterhin klassische R&B-Songs und wurde mit den **Supremes, Stevie Wonder** und den **Four Tops** dieses Jahr zum erfolgreichsten Label in den USA. Auch für das Label Stax, die Heimat des Memphis-Soul, lief dieses Jahr alles hervorragend.

Das Verhältnis zwischen der Welt der Musik und dem Fernsehen änderte sich: Die **Monkees**, eine Band, die ausschließlich fürs Fernsehen konzipiert wurde, hatte große Charterfolge. Nicht gerade The Mothers Of Invention – aber nette Vorabendunterhaltung.

»Die Monkees waren keine Musikgruppe.« Michael Nesmith, **Off The Record**, 1988

07. Mai Pretty Flamingo **Manfred Mann**
28. Mai Paint It Black **Rolling Stones**
04. Juni Strangers In The Night **Frank Sinatra**
25. Juni Paperback Writer **Beatles**
09. Juli Sunny Afternoon **Kinks**
23. Juli Get Away **Georgie Fame And The Blue Flames**
30. Juli Out Of Time **Chris Farlowe And The Thunderbirds**
06. Aug. With A Girl Like You **Troggs**
20. Aug. Yellow Submarine/Eleanor Rigby **Beatles**
17. Sept. All Or Nothing **Small Faces**
24. Sept. Distant Drums **Jim Reeves**
29. Okt. Reach Out I'll Be There **Four Tops**
19. Nov. Good Vibrations **Beach Boys**
03. Dez. Green, Green Grass Of Home **Tom Jones**

Januar

1966

Warhol und Velvet Underground ... *Pet Sounds* ... Lennon über Jesus ...

James Brown durfte aufgrund seines ersten Grammys für *Papa's Got A Brand New Bag* erstmals in der »Ed Sullivan Show« auftreten – und dann erst wieder 21 Jahre später.

Januar

1 Zum Jahresbeginn ist das Folkpop-Duo **Simon And Garfunkel** mit *The Sounds Of Silence* zum ersten Mal die Nr. 1 der US-Charts. **Paul Simon** schrieb den Song drei Jahre zuvor.

4 Die **Temptations** nehmen *Ain't Too Proud To Beg* in den Motown Studios auf. Der Ko-Autor Norman Whitfield ist zum ersten Mal auch Produzent. Der Song wird ihre nächste Single, die ab dem 25. Juni acht Wochen lang die Spitze der R&B-Charts anführt. Damit ist sie dieses Jahr der größte Hit dieses Genres.

13 **The Velvet Underground** treten beim jährlichen Gala-Dinner der New-Yorker Gesellschaft für klinische Psychiatrie im Hotel Delmonico an der Park Avenue, New York im Rahmen der Veranstaltung »Die schicke Aura von Andy Warhol« auf. Im **New York Herald Tribune** steht, dass »eine Minderheit altmodischer Freudianer« die Flucht ergriff, aber »die Neo-Jungianer, Harry-Stack-Sullivanitaner, Existenzialisten und gewöhnlichen Nervenärzte eine unvergessliche Schocktherapie erlebten«. Laut **Newsweek** und einem Psychiater war es »eine spontane Eruption unseres Es«. Die experimentelle Rockgruppe The Velvet Underground wurde vor zwei Jahren von dem Sänger und Gitarristen **Lou Reed** aus Long Island und dem walisischen Multiinstrumentalisten **John Cale** gegründet. Zur Besetzung gehören auch **Sterling Morrison**, die Schlagzeugerin **Maureen Tucker** und die deutsche Sängerin **Nico**. Der Popart-Künstler Warhol nahm sie als Manager unter seine Fittiche, woraufhin sie zur Hausband seines Factory-Künstlerkollektivs in New York avancierten. Warhol integrierte die Band in seine zunehmend avantgardistischen Multimedia-Shows. Dazu gehörte auch im kommenden Monat das 70-minütige »Exploding Plastic Inevitable«, ein Multimedia-Happening im New-Yorker Cinematique.

18 **Brian Wilson**, der schon letzten November die Instrumentalspuren für *Trombone Dixie* und *Pet Sounds* aufgenommen hat, konzentriert sich auf das Projekt ***Pet Sounds***, den anerkannten Höhepunkt seiner Plattenproduktionen. Heute arbeitet der Beach Boy in den Gold Star Studios an *Let's Go Away For A While*, *Wouldn't It Be Nice* entsteht am Wochenende und *You Still Believe In Me* kommende Woche. Wilson setzt für die Instrumentalteile seines akustischen Meisterwerks auch die Studiomusiker seines Mentors **Phil Spector** ein: **Hal Blaine** (Schlagzeug), **Carol Kaye**, **Lyle Ritz** und **Ray Pohlman** (Bässe), **Al DeLory**, **Larry Knechtel** und **Don Randi** (Piano und Orgel), **Glen Campbell**, **Al Casey**, **Jerry Cole**, **Barney Kessel**, **Bill Pitman** und **Billy Strange** (Gitarren), **Steve Douglas**, **Jim Horn**, **Plas Johnson** und **Jay Migliori** (Saxophon und Holzbläser) und **Frank Capp** (Percussion).

Produzent Tom Wilson fügte dem akustischen *The Sounds Of Silence* E-Gitarren und Schlagzeug hinzu und bescherte Simon And Garfunkel damit einen Überraschungshit.

25 **Bob Dylan** nimmt in den Columbia Studios, New York, zwei Stücke für sein neues Album ***Blonde On Blonde*** auf – *One Of Us Must Know (Sooner Or Later)* und *Visions Of Johanna*. Sechs weitere Aufnahmetage folgen in den Columbia Music Row Studios in Nashville, an denen ihn die Crème de la Crème der Nashville-Musiker begleitet, darunter **Charlie McCoy**, **Hargus »Pig« Robbins**, **Kenny Buttrey**, **Jerry Kennedy** und **Wayne Moss**.

Februar

3 Bei einem Englandbesuch tritt **Stevie Wonder** im Londoner Nachtclub Scotch Of St. James, Mason's Yard auf. Im Publikum sitzt **Paul McCartney**, der sich nach der Show vorstellt.

6 Der Londoner Marquee Club lädt erstmals zum »Spontaneous Underground« ein, einer Psychedelic-Party am Sonntagnachmittag mit den **Pink Floyd** als Hausband. Die englische Gruppe, letztes Jahr Teilnehmer beim »**Melody Maker** National Beat Contest« im Wimbledon Palais, besteht aus dem 21-jährigen Sänger und Bassisten **Roger Waters**, dem 20-jährigen Keyboarder **Rick Wright**, dem 21-jährigen Schlagzeuger **Nick Mason** und dem 20-jährigen Sänger **Syd Barrett**. Anstatt des früheren Bluessounds spielen sie inzwischen ausufernde Psychedelic-Stücke, meistens von Barrett verfasst.

16 **James Brown** nimmt *It's A Man's, Man's, Man's World* in den Talent Masters Studios in New York auf. Es wird sein dritter, richtungsweisender Top-10-US-Hit innerhalb von zwölf Monaten.

17 **Brian Wilson** arbeitet ab 23:30 Uhr in den Gold Star Studios an den Instrumentalspuren für seine neue Komposition *Good Vibrations* (Text **Mike Love**). Erst nach elf weiteren, langen Sessions in den Studios Gold Star, Western, RCA und Columbia, ist der Singer/Songwriter und Produzent mit dem Ergebnis zufrieden. Nachdem er akribisch an unzähligen Schichten aus Overdubs und einzigartigen Harmonien feilte, beschließt Wilson *Good Vibrations* nicht auf ***Pet Sounds*** zu veröffentlichen. Damit wird es die bis dato teuerste Single eines Künstlers. Kritiker und

> **»Das Christentum wird verschwinden ... es wird sich zeigen, dass ich Recht habe. Wir sind jetzt berühmter als Jesus. Ich weiß nicht, was zuerst verschwinden wird, der Rock'n'Roll oder das Christentum.«**
>
> John Lennon, **Evening Standard**, 4. März 1966

Fans gleichermaßen machen sie aber zu Wilsons größtem Triumph. Am 17. November ist sie die britische Nr. 1, am 10. Dezember die Nr. 1 der US-Charts (und seltsamerweise der letzte US-Top-10-Hit der **Beach Boys** für zehn Jahre).

März

1 **Gene Clark** von den **Byrds** gibt bekannt, dass er die Band verlassen wird, angeblich wegen seiner Flugangst (was er später teilweise dementiert). Die Band veröffentlicht eine Pressemitteilung: »Er ging nicht im Streit, und er wurde nicht gefeuert. Er ging, weil ihm die unzähligen Verpflichtungen, die eine erfolgreiche Rockband mit sich bringt, zu viel wurden. Er war das Reisen, die Hotels und das Essen leid. Er hatte genug von den unbarmherzigen Autogrammjägern, hatte das dauernde Geschrei satt, die Fotografen und Interviews, ihn schlauchte einfach diese ganze Szene.« Clark wird nicht ersetzt, denn die Band ist mit drei Sängern gut bestückt. Er gründet die **Gene Clark Group** mit **Joel Larson** von den **Grass Roots**, **Bill Reinhardt** von **The Leaves** und **Chip Douglas** vom **Modern Folk Quartet**.

3 Die **Rolling Stones** leiten eine neue Runde von Aufnahmesessions in den RCA Studios in Hollywood ein. Die Songs erscheinen auf *Aftermath*, dem ersten Stones-Album, auf dem ausschließlich Jagger/Richard-Kompositionen zu hören sind. *Paint It Black* ist die erste Hit-Single mit dem Klang einer Sitar, gespielt von **Brian Jones** (**George Harrison** setzte das traditionelle indische Instrument für *Norwegian Wood* aus dem letztjährigen **Beatles**-Album ein).

4 Ein Interview von Maureen Cleave mit **John Lennon** erscheint im **Evening Standard**, unter der Überschrift: »Wie lebt ein Beatle? So lebt John Lennon.« Cleave verbrachte einen Tag in seiner Villa in Weybridge, und irgendwann machte Lennon zwischendurch die Bemerkung, dass die **Beatles** populärer als Jesus seien, was auch im Artikel steht. In England reagieren Medien und Fans eher gelassen. Der Artikel hat jedoch ernsthafte Folgen für die **Beatles**, als er im Sommer vor ihrer Amerikatournee auch dort erscheint.

9 Polydor Records ist per einstweiliger Verfügung dazu verpflichtet, die **Who**-Single *Substitute* solange nicht auszuliefern und zu verkaufen, bis das Gericht eine Klage des ehemaligen Plattenmanagers der Band, Shel Talmy, gehört hat. Doch die gewitzten Manager von Polydor umgehen das Verbot und lassen die Single mit einer neuen B-Seite pressen: *Waltz For A Pig*, gespielt von Studiomusikern mit dem Namen The Who Orchestra.

Pink Floyd erlangten durch ihre Experimente mit Rückkopplungen und elektronischen Klanglandschaften schnell den Ruf der interessantesten Band in der Londoner Psychedelic-Szene.

MAMAS AND PAPAS

19. Februar **The Mamas And The Papas spielen bei ihrem USA-weiten Fernsehdebüt auf »American Bandstand« ihren ersten Hit *California Dreamin'*, der nächsten Monat auf Platz 4 der US-Charts seine höchste Platzierung erreichen wird.**

Das Quartett von der Westküste gründete sich 1965, als die Folksänger John Phillips und seine Braut Michelle (geborene Gilliam), Denny Doherty und Cass Elliot nahezu ohne Geld Ferien auf den Virgin Islands machten.

River Deep, Mountain High ... *Wild Thing* von den Troggs ... Buffalo Springfield ...

11 Elektra Records, seit dem bescheidenen Start 1950 zu einem beachtlichen Multi-Genre-Label gewachsen, veröffentlicht das Debütalbum ***Love*** der gleichnamigen Progressive-Rockgruppe. Angeführt von Sänger **Arthur Lee**, gehören **Love** aus Los Angeles zu einer wachsenden Zahl von Rockkünstlern – wie etwa **Velvet Underground** (der keine einzige US-Chart-Single gelingt) – die mit ihren Alben mehr Erfolg haben als auf dem Single-Sektor.

15 Die vermutlich peinlichste Grammy-Verleihung aller Zeiten ist ein Affront für **Bob Dylan**, die **Beach Boys** und die **Rolling Stones** – sogar bei den Nominierungen. Bei der achten Preisverleihung kassiert Countrysänger **Roger Miller** mit sechs Statuetten so viele wie noch nie, sicher auch, weil Nashville dieses Jahr in der Grammy-Jury stark vertreten ist. Der Trend zieht sich durch den ganzen Abend: die Countrycombo **The Statler Brothers** schlägt die **Beatles** in der Kategorie beste Aufnahme einer Gruppe. Nicht **Paul McCartney** gewinnt mit *Yesterday* als bester Sänger, sondern Miller mit *King Of The Road*. Und das **Anita Kerr Quartet** übertrumpft mit ***We Dig Mancini*** als beste Gesangsgruppe die Beatles, die mit *Help!* keinen Preis bekommen. (Kerr ist Vizepräsidentin des Nashville-Büros der Recording Academy.) Die Beatles, in neun Kategorien nominiert, erhalten für *Yesterday* fünf Stimmen und vier für *Help!* und gehen praktisch leer aus.

April

1 Das raue, englische Rockquartett **The Troggs** nimmt seine zweite Single *Wild Thing* in den Londoner Regent Sound Studios auf. Bandleader und Sänger ist Reginald Ball, der sich auf Anregung von Journalist Keith Altham vom **New Musical Express** bald **Reg Presley** nennen wird. Manager ist Kinks-Betreuer Larry Page, der sie für seine von Fontana vertriebene Produktionsfirma Page One unter Vertrag nimmt. *Wild Thing*, von US-Songschreiber Chip Taylor (Bruder des Schauspielers Jon Voight), wurde in Amerika von **Jordan Christopher And The Wild Ones** eingespielt. Page bekam es über einen amerikanischen Verlagsmitarbeiter. Die Troggs warten in einem Bus vor dem Studio – in dem das Larry Page Orchestra zu Gange ist – für den Fall, dass sich freie Studiozeit auftut. Schließlich

IKE AND TINA TURNER

7. März Ike Turners Ehefrau Tina nimmt in den Gold Star Studios ihren Gesangspart für Phil Spectors neuestes Opus auf. Die aus Nutbush bei Brownsville, Tennessee, gebürtige 26-jährige Tina trat erstmals 1956 als Backgroundsängerin in St. Louis mit Ikes Band Kings Of Rhythm auf und heiratete ihn zwei Jahre später. Nachdem sie seit 1960 auf dem Label Sue nur sechs kleinere Charterfolge hatten, suchten sie einen neuen Plattenvertrag und haben im Januar bei Spector unterschrieben. Der Produzent hatte 20 000 $ für einen Produktionsvertrag mit Tina geboten, deren Stimme er bewundert. Ikes Produktionstalent beeindruckt ihn weniger, weshalb die Zahlung unter der Bedingung erfolgt, dass Ike an den Sessions nicht teilnimmt. Die Autoren Jeff Barry und Ellie Greenwich haben mit Spector unter anderem *River Deep, Mountain High* komponiert, für dessen »Wall of Sound«-Instrumentalteil Spector vor der Aufnahme von Tinas Stimme bereits 22 000 $ ausgegeben hat. Das Lied kommt in England im Juli auf Platz 3 der Charts, in den USA nur auf Platz 88. Dieses Desaster verbittert Spector so sehr, dass er sich praktisch aus dem Musikgeschäft zurückzieht, sein Label Philles einstellt und nur noch sehr gelegentlich Platten produziert.

The Troggs

Buffalo Springfield

Die Troggs (vormals The Troglodytes) verwendeten ein kleines Blasinstrument namens Okarina auf ihrer Single *Wild Thing*, einem der größten Hits des Jahres 1966 ... Buffalo Springfield benannten sich nach einer Dampfwalze, die sie sahen, als die Fountain Avenue in Los Angeles neu geteert wurde.

bleiben ihnen genau 45 Minuten, um ihr Equipment aufzubauen, die Regler einzustellen, den Song aufzunehmen und wieder zu verschwinden. Die Single ist im Mai auf Platz 2 der UK-Charts, bevor sie am 30. Juli überraschend die Nr. 1 der US-Charts wird und sich dort über eine Million Mal verkauft.

2 **Sonny And Cher** sind die Stargäste eines Benefitprogramms in der Hollywood Bowl, Los Angeles. Alle Einnahmen gehen an das Braille Institute. Ebenfalls dabei **Jan And Dean**, **Otis Redding**, **Donovan** (er hat im September einen US-Nr.-1-Hit mit *Sunshine Superman*), **Bob Lind** und die **Turtles** – eine Folkpop-Rockband, 1961 von den Teenagern **Mark Volman** und **Howard Kaylan** an der Westchester High School, Los Angeles, gegründet. Und auch **The Mamas And The Papas**, deren zweite Veröffentlichung *Monday, Monday* nächste Woche in die US-Charts einzieht und ihr erster (und einziger) Charttopper wird.

6 Die ersten Aufnahmen zum **Beatles**-Album ***Revolver*** entstehen abends im Studio 3, Abbey Road. Dabei spielt die Band die Basic-Tracks zu *Mark 1* ein, das später *Tomorrow Never Knows* heißen wird.

9 Gitarrist **Jeff Beck**, **Eric Claptons** Nachfolger bei den **Yardbirds**, wird bei einem Konzert in Marseilles auf der Bühne ohnmächtig. Der Verdacht auf Hirnhautentzündig bestätigt sich im Krankenhaus nicht. Zurück in England, tritt er am 16. in Southport, Lancashire wieder mit der Band auf.

12 **Jan Berry** von **Jan And Dean**, wahrscheinlich abgelenkt durch den soeben zugestellten Einberufungsbefehl und ein bevorstehendes Medizinexamen, donnert mit seinem Corvette Stingray in einen geparkten Lastwagen am Whittier Boulevard in Los Angeles. Er wird dabei fast getötet, fällt sofort ins Koma und ist wegen einer Gehirnverletzung sieben Monate lang völlig gelähmt. Seine Genesung dauert Jahre, und er bleibt teilweise gelähmt.

15 Nach ihrem Livedebüt im Troubadour in Los Angeles Anfang der Woche spielen **Buffalo Springfield** im Vorprogamm der **Byrds** im Swing Auditorium auf den National Orange Showgrounds in San Bernardino, Kalifornien. Obwohl die Band erst wenige Wochen existiert, hat sie erfahrene Mitglieder: Singer/Songwriter **Neil Young** aus Kanada (Ex-**Squires**-Frontmann und **Mynah-Birds**-Mitglied), Mynah-Birds-Kollege und Bassist **Bruce Palmer**, die Folksänger und Songwriter **Stephen Stills** und **Richie Furay** (Ex-**Au Go-Go Singers**) und Ex-**Dillards**-Schlagzeuger **Dewey Martin**. Nach einem Vorzeige-Gastspiel im Whisky A Go-Go, das im kommenden Monat beginnt, sichert sich Atlantic Records die Band für einen Vorschuss von 22 000 $.

22 Mit dem Produzenten-Neuling Andy Warhol machen **The Velvet Underground** in den inzwischen heruntergekommenen Scepter Records Studios in New York die ersten Aufnahmen für ihr Debütalbum ***Velvet Underground & Nico***. Die Aufnahmen sind nach vier Tagen im Kasten – zwei im Scepter und zwei in den T. T. G. Studios in Los Angeles – für den Preis von etwa 1500 $, davon kommen 700 $ von Warhol. Einige der Songs werden später von Musikkritikern als zukunftsweisende Rockklassiker eingestuft, wie etwa *Heroin* und *Venus In Furs*. Das auffallende Cover – ein Warhol-Original – ziert eine gelbe Banane, und, nach Abzug der Schale, eine rosa Frucht. Die Herstellung des Abziehbildes auf dem Cover verzögert die Albumveröffentlichung auf Verve Records bis ins nächste Jahr. Die Rechte auf dem MGM-Label hat Warhol an den ehemaligen Dylan-Produzenten Tom Wilson verkauft.

»Eine äußerst sonderbare Platte mit einem Text, bei dem man genau hinhören muss, sowie seltsamen Pausen.«

Record Retailer über *Wild Thing* von den Troggs, 21. April 1966

Mai

1 Der erste Auftritt der **Beatles** seit Dezember dauert nur 15 Minuten. Er findet beim jährlichen **New Musical Express** Poll Winners' Concert im Empire Pool in Wembley, Nordlondon statt. Sie spielen *I Feel Fine, Nowhere Man, Day Tripper, If I Needed Someone* und *I'm Down*. Es wird der allerletzte Liveauftritt der Band in England sein. Für die neue britische Mod-Beatgruppe **The Small Faces** aus London ist es hingegen der erste. Sie wurde letzten Sommer von **Ronnie Lane** (Bass), **Kenney Jones** (Schlagzeug), dem Sänger und Gitarristen **Steve Marriott** (einem ehemaligen Kinderdarsteller) und **Ian McLagan** (Orgel) gegründet. Ihr Debütalbum ***Small Faces*** erscheint morgen auf Decca und enthält ihren künftigen englischen Nr.-1-Hit *All Or Nothing*.

17 Nach Solokonzerten in Schweden, Dänemark, Irland und acht Gigs in England tritt **Bob Dylan** in der Manchester Free Trade Hall auf. Ein heimlicher Konzertmitschnitt wird zum populärsten Bootleg aller Zeiten (obwohl fälschlich und mysteriöserweise als The Royal Albert Hall Concert gehandelt). Bevor Dylan zu *Like A Rolling Stone* ansetzt, der Schlussnummer zu seinem zweiten, rein elektrischen Teil, schreit ein Zuschauer »Judas«. Daraufhin fordert Dylan die Band auf, »scheißlaut« zu spielen.

Die Small Faces benannten sich einerseits so, weil ihre Mitglieder alle recht klein waren, aber auch wegen der positiven Bedeutung des Wortes »face« im Jargon der Mod-Szene.

The Grateful Dead ... Cream gegründet ... Beatles kehren nach Hamburg zurück ...

19 **The Grateful Dead** debütieren im Avalon Ballroom in San Francisco. Schon nächsten Monat werden sie als Kommune in der Ashbury Street 710 leben, im Zentrum der aufblühenden Hippie-Szene. Für das Scorpio Label, Ableger von Fantasy Records in Berkeley, nehmen sie die Debütsingle *Don't Ease Me In* mit der B-Seite *Stealin'* auf.

20 Der **Who**-Auftritt im Ricky Tick Club in Newbury, Berkshire, endet mit einem heftigen Streit. **Keith Moon** trägt ein blaues Auge davon, eine Wunde am Bein muss mit drei Stichen genäht werden. Da Moon und **John Entwistle** nicht zum Konzert erschienen, traten **Pete Townshend** und **Roger Daltrey** mit der Vorgruppe auf, um das ungeduldige Publikum zu besänftigen. Als Moon und Entwistle dann zu *My Generation* auftauchen, bezieht Moon von Townshend Hiebe. Der meinte später: »Zum Schluss der Show flippen wir bei *Generation* immer aus. Ich war sauer, weil mir bei dieser Nummer sein Schlagzeugbecken aufs Bein fiel. Verletzt war es nicht, aber ich war wütend und sauer.« Der verärgerte Moon teilt der Presse mit, er würde mit Entwistle ein Duo gründen. Nach einem Aufenthalt in einer Privatklinik kehrt er in der kommenden Woche zur Band zurück.

Die Wohngemeinschaft der Grateful Dead in der Ashbury Street 710 bildete die Basis für eine lange Reihe freier Konzerte.

27 **Bob Dylan** gibt zum Ende seiner England-tournee sein letztes Konzert in der Londoner Royal Albert Hall. Wieder machen Puristen ihrem Unmut Luft, weil Dylan ihrer Meinung nach den »Ausverkauf« der Folkmusik betreibt.

Juni

10 Die 23-jährige Blues- und Rocksängerin **Janis Joplin** hat ihre texanische Heimat am 4. Juni verlassen und tritt heute erstmals mit **Big Brother & the Holding Company**, einer weiteren neuen Rockband aus San Francisco, im dortigen Avalon Ballroom auf. Die letzten Herbst von Bassist **Peter Albin** und Gitarrist **Jim Gurley** gegründete Band tritt mit ihrer bluesbasierten Musik in der Region auf und hat kürzlich beschlossen, eine Sängerin in die Gruppe aufzunehmen.

10 **Ray Charles**, die **Byrds**, die **Beach Boys**, **Stevie Wonder**, **Jerry Butler**, die **McCoys**, die **Marvelettes** und die **Cowsills** (eine neue Popband-Familie aus Newport, Rhode Island) spielen beim Soundblast-'66-Konzert im Yankee Stadium, New York. Zur Show gehören auch die Go-Go Girls, 66 Teenies, die auf Fahrrädern übers rechte Feld des Übungsplatzes fahren, bei den Grundlinien absteigen und den neuen Tanz »The Bike« vorführen, eine Kreation des jamaikanischen Musikers Sir Lon de Leon. Weitere Go-Go Girls spielen Cheerleader. Die 9000 Fans hatten in dem 70 000-Plätze-Stadion mit den »Isadora Duncans des Modetanzes ihren Spaß«, so die **New York Times**.

11 Der **Melody Maker** meldet die Gründung der ersten »Rock-Supergruppe« – **Cream**. Damit verlieren **John Mayall's Bluesbreakers** den Gitarristen **Eric Clapton**, **Manfred Mann** muss sich von Bassist **Jack Bruce** verabschieden und die **Graham Bond Organization** vom Schlagzeuger **Ginger Baker**. Diese Besetzung beschert dem Trio einen Plattenvertrag mit Robert Stigwoods Reaction Records und in den USA mit Atlantic.

Brian Epstein

Cat Stevens

Brian Epstein hatte mit diplomatischen Verwicklungen zu kämpfen, als die Beatles bei einem Besuch auf den Philippinen versehentlich Ferdinand und Imelda Marcos beleidigten ...
Cat Stevens alias Steven Demetri Georgiou, der Sohn eines in London lebenden griechischen Gastwirts und einer schwedischen Mutter, trat zunächst als Steve Adams auf.

14 Ron Tepper, Pressemann von Capitol Records, erklärt den US-Medien, man würde das Cover der neuen **Beatles**-LP ***Yesterday And Today*** zurückziehen, auf dem die grinsenden Bandmitglieder inmitten blutverschmierter, geköpfter Babypuppen zu sehen sind. Der Capitol-Präsident Alan Livingston schreibt: »Das in England gestaltete Cover ist eine ›Pop-Art‹-Satire. Reaktionen aus den USA lassen jedoch befürchten, es könnte zu Fehlinterpretationen führen.« Das Orginal, auch als »Schlachter«-Cover bekannt geworden, wird ein heißbegehrtes Sammlerstück.

21 Weil einige Tophotels in New York City die Vermietung von Zimmern an die **Rolling Stones** ablehnten, verklagt die Band 14 Hotels auf 5 Mio. $ wegen Boykotts, »was dem Ansehen der Gruppe schadet und eine Diskrimierung in Sinne der New-Yorker Bürgerrechte ist.«

24 Drei Tage nach Abschluss der neuen LP starten die **Beatles** eine Drei-Städte-Tour durch Deutschland im Münchner Circus-Krone-Bau. Ihr Gig in Hamburg am Wochenende wird zum Triumphzug: Die acht Wagen der Band werden von Polizeimotorrädern eskortiert. Die zwei Konzerte in der Ernst-Merck-Halle sehen über 11 000 Fans. Seit ihrem Star-Club-Auftritt am 31. Dezember 1962 war die Band nicht mehr in der Stadt.

25 **Jackie Wilson** wird beschuldigt, einen Aufruhr angezettelt und sich der Polizei widersetzt zu haben. Die Polizei, die zum Flamingo Nr. 2 Club in Port Arthur, Texas, gerufen wird, findet 200 bis 400 Personen vor, eine Menge, die »außer sich ist, randaliert und mit Möbeln um sich wirft«. Trotz Anordnung der Polizei hört Wilson nicht auf zu singen. Der Clubbesitzer erklärt, die Menge sei in Wut geraten, weil Wilson seinen Auftritt mit drei Stunden Verspätung um 23 Uhr begann. Er wird wegen Trunkenheit zu 30 $ verurteilt.

»Wir ruhen uns jetzt ein paar Wochen aus, bevor wir uns von den Amerikanern einmachen lassen.« George Harrison, 5. Juli 1966

Juli

4 Nach drei Konzerten in der Nippon-Budokan-Halle in Tokio, am 30. Juni, 1. und 2. Juli (für jedes Konzert wurden 500 Polizisten als Ordner rekrutiert), treten die **Beatles** im Rizal Memorial Football Stadium in Manila auf. Am Flughafen von etwa 600 Fans begrüßt, spielt die Band bei den zwei Konzerten vor 80 000 Fans.

5 Die **Beatles** stehen im Mittelpunkt diplomatischer Verwicklungen und werden morgens mit der **Manila-Times**-Schlagzeile »Imelda versetzt« konfrontiert. Aufgrund administrativer Fehler erschienen sie gestern nicht zum Empfang von Präsident Ferdinand Marcos und seiner Frau Imelda im Malacanang Palace. Ein Steuerkommissar verweigert der Band die Ausreise, so lang, bis sie die Steuern auf die Konzerteinnahmen von gestern beglichen haben. Brian Epstein bezahlt, und die Beatles fahren zum Flughafen, wo sie nach etlichem Gedränge und Geschiebe mit Verspätung die Philippinen verlassen.

10 Singer/Songwriter und Gitarrist **Cat Stevens** (18) nimmt mit den Sessionmusikern **Nicky Hopkins** (Klavier) und **John Paul Jones** (Bass) *I Love My Dog* im Decca Studio in West Hampstead, London, auf. Nach drei Stunden und sieben Durchgängen ist die Komposition des muslimischen Songschreibers Yusef Lateef, genannt Plum Blossom, im Kasten. Stevens sang dem Manager und Produzenten **Mike Hurst** (Ex-**Springfields**-Gitarrist) am 6. Februar in Knightsbridge, London, vor. Das führte zu einem Vertrag mit Deccas Progressive-Label Deram. *I Love My Dog* wird im November sein erster UK-Hit auf Platz 28.

18 **Bobby Fuller** – dem im Februar als Frontmann der **Bobby Fuller Four** mit *I Fought The Law* der einzige US-Top-10-Hit gelang, wird von seiner Mutter in ihrem Oldsmobile vor der gemeinsamen Wohnung an der Sycamore 1776 in West Hollywood tot aufgefunden. Seine benzingetränkte Leiche weist schwere Schlagverletzungen auf. Die Umstände seines Todes werden nie geklärt. Label-Chef Bob Keane schließt sich in einer Erklärung dem Polizeibericht an – Tod durch Unfall oder Selbstmord. Hinsichtlich eines Gewaltverbrechens wird nie ermittelt.

Melody Maker verkündete die Gründung von Cream, »eine sensationelle neue Supergruppe mit Eric Clapton, Jack Bruce und Ginger Baker«.

The Association waren die einzige Band mit sechs Leadsängern. Anders als die Beach Boys, deren Harmoniegesang von den Four Freshmen geprägt war, orientierten sie sich an den Limeliters und den Hi-Lo's.

Cavern Club wieder eröffnet ... Beatles im Candlestick Park ... Hendrix in London ...

22 **The Association**, ein Harmoniegesangs-Sextett aus Los Angeles, ritt zum Start seiner ersten Amerikatournee mit **Quicksilver Messenger Service** im Fillmore West, San Francisco, auf. Gerade ist es mit *Along Comes Mary* auf Erfolgskurs, wenn auch von vielen Radiosendern wegen angeblicher Drogenanspielungen boykottiert. The Association wird in den kommenden drei Jahren eine der erfolgreichsten Livebands mit drei Millionenseller-Singles (*Cherish, Windy* und *Never My Love*) und drei Millionenseller-Alben (***Along Comes … The Association***, ***Insight Out*** und ***The Association's Greatest Hits***).

23 Premierminister Harold Wilson eröffnet den neuen Cavern Club in Liverpool und erklärt den Anwesenden: »Tatsache ist, wir alle haben Pflichten. Trübsinn ist jedoch nicht gefragt, wir brauchen Entschlusskraft, Arbeitswillen, Lebensfreude und Sinn für Spaß.« Auf ihrem Weg von London nach Liverpool trifft sich die englische Beatcombo **Dave Dee, Dozy, Beaky, Mick And Tich** – die soeben ihr erstes, gleichnamiges Album veröffentlicht hatten – mit dem Premier und seiner Frau Mary zum Frühstück. Der Cavern wurde Anfang 1966 mit mehr als 10 000 £ Schulden geschlossen und am 18. April von dem Gastronom Joseph Davey für 5500 £ gekauft.

29 **Bob Dylan** wird ernsthaft verletzt (keine konkreten Angaben, doch offenbar ein gebrochener Halswirbel), als er mit seiner Triumph 55 vor dem Haus von Albert Grossman in Woodstock, New York, verunglückt. Bei Cape Cod erholt er sich davon angeblich; es beginnt eine Phase der Passivität, die von vielen, nach zwei berauschenden Jahren im Rampenlicht, als Rückzug ins Privatleben interpretiert wird.

Scott und John Walker waren die Stimme der Walker Brothers – Gary Walker konnte aus vertraglichen Gründen auf keiner Aufnahme der Gruppe mitspielen.

30 **Marius Müller-Westernhagen** spielt mit einer seiner ersten Bands vor drei Leuten, weil fast jeder lieber das Fußball-WM-Finale guckt.

31 Nach einem Testauftritt am 29. Juli im Twisted Wheel, Manchester, geben **Eric Clapton**, **Jack Bruce** und **Ginger Baker** – unter ihren Namen angekündigt – das erste große Konzert beim 6. National Jazz & Blues Festival.

August

11 Nach Ankunft der **Beatles** zu ihrer vierten Amerikatournee übertragen alle drei US-Fernsehsender die Pressekonferenz aus dem Astor Towers Hotel in Chicago. Vor zwei Wochen konnte man im US-Magazin **Datebook** das **John-Lennon**-Interview von Maureen Cleave lesen. Lennon entschuldigt sich für den »Jesus«-Vergleich: »Hätte ich behauptet, das Fernsehen ist populärer als Jesus, wäre ich vielleicht damit durchgekommen. Ich habe nur bei einem Gespräch mit Freunden die ›Beatles‹ im weitesten Sinne als x-beliebigen Vergleich angeführt. Nicht, wie ich die Beatles sehe, sondern wie andere sie sehen. Ich meinte nur, dass ›sie‹ die Jugend insgesamt mehr beeinflussen als alles andere, inklusive Jesus.« Lennons Worte schlagen hohe Wellen: Sendeverbot für die Beatles bei diversen Radiostationen, Verbrennungen von Beatles-Platten und -Souvenirs, nicht ausverkaufte Konzerte. Thurman H. Babbs, Pastor der New Haven Baptist Church in Cleveland, schwört, jedes Gemeindemitglied zu exkommunizieren, das ein Beatles-Konzert besucht oder ihre Musik anhört.

11 Während die **Beatles** unter zu großer Aufmerksamkeit leiden, nehmen die **Rolling Stones** in aller Ruhe neues Material in den RCA Studios in Los Angeles auf, darunter *Have You Seen Your Mother, Baby, Standing In The Shadow?* und *Let's Spend The Night Together*. Beide sorgen für Diskussionsstoff: Letzteres wegen eindeutig sexueller Anspielungen, ersteres wegen der Plattenhülle, die die Band in Transvestitenkluft zeigt.

12 Die vierte und letzte Nordamerikatournee der **Beatles** durch 14 Städte beginnt im Chicagoer International Amphitheatre mit **The Cyrkle**, den **Ronettes**, den **Remains** und **Bobby Hebb** im Vorprogramm.

14 Die Radiostation KLUE in Longview, Texas, die gestern zu öffentlichen Verbrennungen von **Beatles**-Platten aufrief, fällt durch einen

Die Beatles beendeten das letzte Livekonzert ihrer Karriere stilecht mit Little Richards *Long Tall Sally.*

Blitzschlag in den Sendeturm komplett aus. Der Schaden ist beträchtlich, der Nachrichtenredakteur ist nach dem Einschlag bewusstlos.

15 **Scott Walker** wird vom Roadmanager der Band bewusstlos in seiner Londoner Wohnung am Marble Arch gefunden. Es riecht nach Gas. Er wird ins St. Mary's Hospital in Paddington eingeliefert, aber nach der Behandlung wieder entlassen. Der Pressesprecher der Band erklärt morgen, dass Scott »körperlich und geistig gesund ist, mal abgesehen von den Kopfschmerzen, und sich nicht an den Abend erinnern kann«.

19 Die **Beatles** erhalten vor ihrem Konzert in Memphis einen anonymen Anruf. Demnach sei ein Attentat auf eines oder alle Bandmitglieder geplant. Während ihres zweiten Auftritts fliegt neben jeder Menge Obst auch Müll, Blitzlichter und ein Feuerwerkskörper auf die Bühne, der explodiert. Ein Zuschauer meint zum Konzert: »Sie haben keine Note verpasst.« Sechs Ku-Klux-Klan-Mitglieder sind vor dem Coliseum postiert.

20 Etwa 14 000 Fans besuchen das Forest Hills Music Festival in Queens, New York, um den besten Motown-Dreierpack zu erleben: die **Supremes**, die **Temptations** und **Stevie Wonder**.

29 Genau vor sieben Jahren traten **John Lennon**, **Paul McCartney** und **George Harrison** zum ersten Mal bei der Eröffnung vom Casbah Coffee Club in Liverpool gemeinsam auf. Heute findet das letzte **Beatles**-Konzert im Candlestick Park in San Francisco statt. Etwa 25 000 Fans erleben das Elf-Song-Set, das mit Chuck Berrys *Rock And Roll Music* beginnt und mit Little Richards *Long Tall Sally* aufhört, dem letzten Song, den die Band live spielen sollte. Die Entscheidung, künftig nicht mehr live aufzutreten, war eine Reaktion auf das Verhalten der Fans. Diese veranstalteten bei den Konzerten so einen Krach, dass weder die Band sich hören konnte noch die Besucher die Musik.

September

6 Gestern flog Beatle **John Lennon** nach Celle, Westdeutschland, zu den Dreharbeiten von Richard Lesters Film »Wie ich den Krieg gewann«, in dem er die Rolle des Soldaten Gripweed spielt. Er lässt sich von Klaus Baruck einen ganz normalen Kurzhaarschnitt verpassen.

12 Die Fernsehserie **Monkees** hat auf NBC Premiere, eingeleitet mit der musikalischen Zeile »Hey, hey we're the Monkees – and people say we monkey around.« Nach dem Vorbild des **Beatles**-Films »Yeah, Yeah, Yeah« wird sie zu einer der beliebtesten Musikserien überhaupt. Jede Folge besteht aus einem (sehr) losen Handlungsstrang, verrückten Schelmereien und getexteten Sketchen zu geschauspielerten Songs (die Band singt zwar bei den Studioaufnahmen, darf aber nur selten zum Instrument greifen). Die Songschreiber Tommy Boyce und Bobby Hart – die bereits *Last Train To Clarksville* und *The Monkees Theme* lieferten – sind auch die Musikproduzenten, und Lester Sill formt den Monkees-Sound und die musikalischen Charaktere. Man hat die Songschreiber Gerry Goffin und Carole King, Barry Mann und Cynthia Weil, den 25-jährigen Neil Diamond aus Brooklyn und Neil Sedaka – alle bei Kirshners Aldon Music Company – engagiert, um für die Band zu komponieren. Die Serie läuft bis 1969 und wird jahrzehntelang auf vielen Sendern wiederholt werden.

24 Der **Animals**-Bassist **Chas Chandler**, der am 21. September aus den USA zurückkehrte, trifft in London mit seinem Protegé, dem 23-jährigen, linkshändigen Gitarristen **Jimi Hendrix**, ein. Chandler hatte ihn im Juli im Café Wha in Greenwich Village, New York, bei einem Gig gesehen. Der Legende nach hat der ehemalige Luftwaffen-Fallschirmspringer während eines Fallschirmsprungs seinen Namen von Jimmy in Jimi geändert. Der kleine Jimmy Hendrix kaufte sich seine erste »Rechtshänder«-Gitarre mit zwölf (und lernte sie verkehrt herum). Seine weiteren Lehrjahre absolvierte er bei einer Reihe früher 60er-Jahre R&B-Künstler, wie etwa The **Isley Brothers** (spielte auf allen ihren 1964er-Platten) und **Little Richard**. Er zieht in das Hyde Park Towers Hotel, Inverness Terrace, und jammt spät abends im Nachtclub Scotch Of St. James. In nur einer Woche hat Hendrix bei einem organisierten Vorspielen zwei englische Musiker gefunden – Bassist **Noel Redding** und Schlagzeuger **Mitch Mitchell** – und gründet The **Jimi Hendrix Experience**. Einen Monat später, am 8. Oktober, spielen sie als Vorgruppe für den französischen Popstar **Johnny Hallyday** in der Olympia Music Hall in Paris.

Die in Anlehnung an den Spitznamen der Beatles, Fab Four, auch als Prefab Four (*prefab* = aus Fertigteilen) verspotteten Monkees waren die erste »gecastete« Band und durften auf ihren Platten nicht selbst spielen. Mike Nesmith beklagte schließlich in aller Öffentlichkeit, dass sie als etwas ausgegeben würden, was sie gar nicht seien.

Oktober 1966

Grace Slick kommt zu Jefferson Airplane ... John lernt Yoko kennen ... Jimi Hendrix nimmt *Hey Joe* auf ...

Jefferson Airplane

Oktober

7 Der englische Rock'n'Roller **Johnny Kidd** wird mit 26 Jahren bei einem Frontalzusammenstoß auf der A48 Bury New Road nahe Radcliffe getötet. Er war Beifahrer, gelenkt wurde der Wagen von Wilf Isherwood, Ehemann der Fanclub-Sektretärin Chris. Isherwood und der **Pirates**-Bassist Nick Simper werden verletzt.

7 Der einflussreiche R&B-Sänger und Gitarrist **Smiley Lewis** aus New Orleans, bestens durch den oft gecoverten 1955er-Hit *I Hear You Knocking* bekannt, stirbt mit 46 Jahren an Krebs.

8 Nach einem 20-minütigen Schlagzeugsolo beim **Cream**-Konzert in der Universität Sussex kollabiert **Ginger Baker**. Er kommt mit Grippe ins Krankenhaus; die Diagnose: akute Erschöpfung. Bassist und Sänger **Jack Bruce** rät der Arzt ebenfalls zu pausieren, da er letzte Woche vier Auftritte wegen Krankheit absagen musste. Die Debütsingle der Gruppe, *Wrapping Paper,* wird heute mit einem Tag Verspätung veröffentlicht. 100 000 Kopien mussten wegen eines technischen Fehlers neu gepresst werden.

14 Leadsängerin **Signe Toly Anderson** erscheint nicht wie geplant zu ihrem letzten Auftritt mit **Jefferson Airplane** im Fillmore Auditorium in San Francisco. Es steht bereits fest, dass die 26-jährige **Grace Slick** sie ersetzen wird. Grace bringt zwei Songs mit, die sie bei ihrer früheren Gruppe **The Great Society** sang: das vom Bolero beeinflusste *White Rabbit* und *Somebody To Love.*

15 Die Zeitung **The International Times** feiert eine Nacht lang ihren Start. Beim »Pop/Op/Costume/Masque/Fantasy-Loon/Blowout/Drag Ball« im Roundhouse, Chalk Farm, London, spielen die Psychedelic-Rockgruppen **Pink Floyd** und **Soft Machine**. Dem Kritiker vom **San Francisco Examiner** entgeht, dass es sich um Pink Floyd handelt. Er hält die Gruppe für »eine zusammengewürfelte Band mit allerlei Instrumenten auf einer kleinen, zentralen Bühne«.

23 Zurück aus Frankreich, macht **The Jimi Hendrix Experience** ihre ersten Plattenaufnahmen in den De Lane Lea Studios in London. Es entstehen *Hey Joe* und *Stonefree,* noch heute die populärsten Songs des Hendrix-Repertoires. Der in England lebende Hendrix hat dort Erfolg, wird respektiert und eröffnet mit *Hey Joe* seine Chartbilanz, ganze acht Monate, bevor man in seiner Heimat auf ihn aufmerksam wird.

28 Innenminister Stewart Udal erklärt die Beale Street in Memphis, die **W. C. Handy** in seinem *Beale Street Blues* verewigt hat, zum Nationaldenkmal. Die »Heimat des Blues« hat allerdings ihr Zuhause in einem der schlimmsten Slums der Stadt.

November

2 **Mississippi John Hurt**, ein flinker Gitarrist mit sanfter Bluesstimme, der fast ein Leben lang im Verborgenen wirkte, bis er vor drei Jahren von Folkblues-Fans entdeckt wurde, stirbt in Grenada, Mississippi mit 73 Jahren an einem Herzinfarkt.

9 **John Lennon** trifft erstmals die 33-jährige japanische Konzeptkünstlerin **Yoko Ono** bei einer Privatführung durch ihre Avantgarde-Ausstellung »Unfinished Paintings and Objects« in der Indica Gallery in Masons Yard, London.

10 Der abergläubische **Brian Wilson** nimmt abends eine Streicherpassage für das Stück *Fire* auf. Da in der Nähe der Gold Star Studios in Los Angeles brennt, glaubt er, er sei für das Feuer verantwortlich. Das Stück kommt in seinen Tresor.

22 **Ray Charles** steht in Boston vor Gericht, um sein Urteil wegen Drogenbesitzes zu erfahren, nachdem vor einem Jahr das Verfahren verschoben wurde. Den vom Gericht verordneten Heroinentzug hatte er im McLean Hospital in Belmont, Massachusetts, hinter sich gebracht. Im April war er »clean« und wurde entlassen. Er wird nun zu 10 000 $ Geldstrafe und vier Jahren Haft verurteilt; die Strafe wird fünf Jahre zur Bewährung ausgesetzt.

24 Nach einer langen Sommer- und Herbstpause kommen die **Beatles** wieder im Studio 2, Abbey Road, zusammen. Sie beginnen mit den Aufnahmen zu ihrer komplexesten Single – *Strawberry Fields Forever*

24 Tausende Teenager steigen vor dem Municipal Auditorium in Kansas City, wo **James Brown** auftritt, auf die Barrikaden. Ein Frau zieht sich Stichwunden zu, eine andere Schnittwunden, mehrere Polizisten werden durch Wurfgeschosse verletzt, und mindestens 20 Personen werden festgenommen. Der Aufstand brach los, als die Polizei die Show aufgrund »angeblich obszöner Tanzerei auf der Bühne« abbrechen ließ.

25 **The Jimi Hendrix Experience** wird der Presse bei einem Showcase-Konzert im Bag O' Nails Club in der Kingly Street, London, vorgestellt. Ihr erstes Interview in England mit Peter Jones vom **Record Mirror** erscheint am 10. Dezember.

Dezember

1 **Tom Jones'** Gefühlsballade *Green, Green Grass Of Home* steht ab heute sieben Wochen auf Platz 1 der UK-Charts. Die Coverversion des letztjährigen Countryhits von **Porter Wagoner** wird zur erfolgreichsten Single des Sängers. Allein in England werden über 1 220 000 Stück verkauft: für Decca Records der erste Millionenseller in England von einem einheimischen Künstler. Der Songschreiber Curly Putman investiert einen Teil der Tantiemen in einen knallgrünen Cadillac.

The Who gastierten in der letzten Sendung von »Ready Steady Goes Live!«. Ihr Fernsehdebüt in der Show im Januar 1965 hatte ihre wachsende Popularität noch gefestigt ... Tommy James gründete mit 12 seine erste Band und nahm mit 15 seine erste Platte *Long Pony Tail* auf. *Hanky Panky* spielte er ein, nachdem er es in einem Club in South Bend, Illinois, gehört hatte.

Tommy James And The Shondells

Grace Slick ging von The Great Society, die das letzte Jahr über als Vorband für Jefferson Airplane gespielt hatten, zu letzteren ... Tom Jones gelang mit der Coverversion eines 1965er Countryhits von Porter Wagoner sein einziger britischer Millionenseller ... Jeff Beck verließ die Yardbirds und gründete eine erfolglose Band mit Rod Stewart, Ron Wood und Aynsley Dunbar.

Die Yardbirds bei »Ready Steady Go!«

3 Die **Monkees** geben ihr ausverkauftes Livedebüt vor 8364 Besuchern in der International Center Arena, Honolulu. Die Reaktion der Fans ist der Beatlemania nicht unähnlich.

5 **Buffalo Springfield** nehmen *For What It's Worth* in den Columbia Recording Studios in Los Angeles auf. **Stephen Stills** hatte den Song geschrieben, nachdem ein Riesenpolizeiaufgebot auf Drängen der ortsansässigen Ladeninhaber den Sunset Boulevard von ›herumlungernden‹ Teenagern räumte, die man als geschäftsschädigend betrachtete. Der Song wird zur Hymne der Jugendlichen, die in anderen Teilen Amerikas ähnliche Erfahrungen machen.

6 Die **Beatles** nehmen in der Abbey Road den Song *When I'm Sixty-Four* auf. Es wird die erste Nummer für ihr neues Projekt, das Album ***Sgt. Pepper's Lonely Hearts Club Band***.

19 Nachdem eine Radiostation in Los Angeles den Tod von **Mick Jagger** meldete, erklärt Les Perrin, Pressesprecher der **Rolling Stones**, dem **Melody Maker**: »An diesem hektischen Wochenende war wohl ganz Amerika an meinem Telefon.« Auf der Titelseite der Ausgabe von dieser Woche steht: »Das Gerücht ›Jagger tot‹ überrollt Amerika.«

23 Nach dreieinhalb Jahren wird die Sendung »Ready Steady Go!« – umbenannt in »Ready Steady Goes Live!« – zum letzten Mal ausgestrahlt, weil die Musikergewerkschaft per Erlass die Play-back-Praxis sofort verbietet. Zu den Gästen der letzten Ausgabe gehören **Mick Jagger**, **Eric Burdon**, die **Spencer Davis Group**, **Dave Dee, Dozy, Beaky, Mick And Tich**, **Donovan**, **Paul Jones** (bei **Manfred Mann** zu Gunsten einer Solokarriere ausgestiegen), **Alan Price** (der nach einem Streit mit Burdon die Animals verließ) und **The Who**.

23 Die Tamla-Motown Motor Town Revue startet ihr einwöchiges Gastspiel im Fox-Theater in Detroit mit den **Temptations**, **Stevie Wonder**, **Martha And The Vandellas**, **Jimmy Ruffin**, den **Underdogs**, **Chris Clark**, **J. J. Barnes**, der **Earl Van Dyke Band** und **Gladys Knight And The Pips** – The Pips sind neu bei Motown und beim Sublabel Soul Records unter Vertrag. Das Trio begann 1952 mit der damals achtjährigen Sängerin Knight, die inzwischen Kopf der Gruppe ist, als Familienbetrieb. 1961 gelang ihnen für *Vee-Jay* der US-Nr.-6-Crossover-Hit *Every Beat Of My Heart*.

24 **Tommy James And The Shondells** mit dem 19-jährigen Frontmann James aus Dayton, Ohio, nehmen *I Think We're Alone Now* des Songschreibers Ritchie Cordell auf. Im Juli gelang ihnen mit der Ellie-Greenwich/Jeff-Barry-Komposition *Hanky Panky* der erste US-Nr.-1-Hit.

31 **George Harrison** wird vom Nachtclub Annabel's am Berkeley Square, London, abgewiesen, weil er keine Krawatte trägt. Also feiert er mit seinem Gefolge, zu dem seine Frau Patti, Brian Epstein und **Eric Clapton** gehören, Silvester im Lyons' Corner House in der Coventry Street.

»Mr Jagger möchte dementieren, dass er tot ist, und betonen, dass die Gerüchte stark übertrieben wurden.« Les Perrin, 19. Dezember 1966

Tom Jones

ROOTS In diesem Jahr lernen sich der Pianist Benny Andersson und der Folkgitarrist Björn Ulvaeus auf einer Party im schwedischen Vestervik kennen und beschließen, zusammen Songs zu schreiben ... Walter Parazaider, Lee Loughnane, James Pankow und Danny Seraphine, Studenten der Chicagoer DePaul University, die Missing Links, heuern noch drei Musiker an, nennen sich kurz Big Thing und dann Chicago Transit Authority ... nimmt Eddy Grant, geboren in Guyana, die jamaikanischen Zwillinge Derv und Lincoln Gordon in seine Band an der Acland Burghley School im englischen Hornsey Rise auf; sie nennen sich Equals ... nimmt der Folksänger Tom Rush *Urge For Going* von der kanadischen Songschreiberin Joni Mitchell auf, die nach Auftritten mit ihrem Ex-Mann in der Folkszene im Nordosten der USA seit kurzem in New York wohnt ... tun sich Jimmy Seals und Dash Crofts, die früher bereits bei den Champs zusammen gespielt haben, mit Louie Shelton und Joseph Brogan als The Dawnbreakers zusammen ... wird man im Folk- und Rockclub Paradise in Los Angeles auf den minderjährigen Soldatensohn Jackson Browne aufmerksam, der daraufhin kurz bei der Nitty Gritty Dirt Band spielt ... machen die Allman Joys (mit dabei die Brüder Duane und Gregg Allman) in den Bradley's Barn Studios in Nashville Demoaufnahmen ...

San Francisco (Be Sure To Wear Some Flowers In Your Hair)

1967

Nr. 1 US-SINGLES

07. Jan. I'm A Believer **Monkees**
18. Febr. Kind Of A Drag **Buckinghams**
04. März Ruby Tuesday **Rolling Stones**
11. März Love Is Here And Now You're Gone **Supremes**
18. März Penny Lane **Beatles**
25. März Happy Together **Turtles**
15. Apr. Somethin' Stupid **Nancy Sinatra And Frank Sinatra**
13. Mai The Happening **Supremes**
20. Mai Groovin' **Young Rascals**
03. Juni Respect **Aretha Franklin**
17. Juni Groovin' **Young Rascals**
01. Juli Windy **Association**
29. Juli Light My Fire **Doors**
19. Aug. All You Need Is Love **Beatles**
26. Aug. Ode To Billie Joe **Bobbie Gentry**
23. Sept. The Letter **Box Tops**
21. Okt. To Sir, With Love **Lulu**
25. Nov. Incense And Peppermints **Strawberry Alarm Clock**
02. Dez. Daydream Believer **Monkees**
30. Dez. Hello Goodbye **Beatles**

Nr. 1 UK-SINGLES

07. Jan. Green, Green Grass Of Home **Tom Jones**
21. Jan. I'm A Believer **Monkees**
18. Febr. This Is My Song **Petula Clark**
04. März Release Me **Engelbert Humperdinck**
15. Apr. Somethin' Stupid **Nancy Sinatra And Frank Sinatra**
29. Apr. Puppet On A String **Sandie Shaw**
20. Mai Silence Is Golden **Tremeloes**
10. Juni A Whiter Shade Of Pale **Procol Harum**
22. Juli All You Need Is Love **Beatles**
12. Aug. San Francisco (Be Sure To Wear Some Flowers In Your Hair) **Scott McKenzie**
09. Sept. The Last Waltz **Engelbert Humperdinck**
14. Okt. Massachusetts **Bee Gees**
11. Nov. Baby Now That I've Found You **Foundations**
25. Nov. Let The Heartaches Begin **Long John Baldry**
09. Dez. Hello Goodbye **Beatles**

The Beatles

Pink Floyd

Mit ihrem epochalen Album *Sgt. Pepper's Lonely Hearts Club Band* schrieben die Beatles ein weiteres Mal Musikgeschichte ... Pink Floyd hatten bereits einen treuen Kreis von Fans und legten jetzt ihr zukunftsweisendes Debütalbum *The Piper At The Gates Of Dawn* vor.

Rockmusik waren Rowdytum – damit verglichen war Popmusik banal, naiv, ja fast belanglos. Während in Vietnam ein Guerillakrieg tobte, blühte eine Gegenkultur auf – Rock wurde zur gesellschaftlichen Macht und zu einer Waffe im Kulturkampf.

Trotz der Drogen brachte eine Art kreativer Gärungsprozess im Jahr 67 zunehmend anspruchsvolle Musik hervor. Das epische **Beatles**-Album ***Sgt. Pepper's Lonely Hearts Club Band*** verursachte ein Erdbeben. **Brian Wilson** verbannte danach ein Album, an dem er gerade für die **Beach Boys** arbeitete. Nach diesem Meisterwerk der Beatles lag die kreative Latte auf einem bis dahin ungehört hohen Niveau – für manche bis heute unübertroffen.

Drei **Rolling Stones** wurden 1967 wegen des illegalen Besitzes von Drogen angeklagt, **Paul McCartney** gestand, er habe LSD probiert, und alle **Grateful-Dead**-Mitglieder wanderten wegen Marihuanabesitzes hinter Gitter. Das Debütalbum der **Doors** war eine kraftvolle Blues/Rock-LP. Oft gecovert wurde *Light My Fire* mit der Zeile »Girl, we couldn't get much higher«. **Jim Morrison**, Texter und treibende Kraft der Band, erlebte eine Reihe von Verhaftungen aufgrund »anstößigen Verhaltens«.

Beim ersten großen Open-Air-Festival in Monterey wurden die Fans gebeten, »sich so wild wie möglich zu kleiden«, und sie erlebten die Großen der Rockgeschichte: **Jimi Hendrix**, **Simon And Garfunkel**, **Eric Burdon And The Animals**, die **Mamas And The Papas**, **Buffalo Springfield**, **Janis Joplin** ... untermalt von der Lichterkulisse San Franciscos und einer gehörigen Portion Acid. Kein Wunder, dass **Ravi Shankars** dreistündiges Set alle verzückte. Dieser Sound ließ die Erde beben. Das Ergebnis war die Herausbildung verschiedenster Stile: Progressive- und Symphonic-Rock, so genanntem »Artrock« und vieler Sub-Genres. **Velvet Underground** würzten den Drogencocktail mit *Heroin* und *I'm Waiting For The Man*. **Pink Floyd** gaben dem Londoner Underground neue Bedeutung und schoben die Progressive-Szene mit ihrem Debütalbum ***The Piper At The Gates Of Dawn*** an. Schon 1967 in der Ferne zu vernehmen und durch das Auftauchen von Jimi Hendrix forciert – Heavy Metal. **Jeff Beck** (ehemals **Yardbirds**), einer der wichtigsten Vorläufer, gründete die **Jeff Beck Group** mit Sänger **Rod Stewart** und Bassist **Ron Wood**.

Teenager hatten es schwer. Zu jung für die oft harten und experimentellen Rockklänge, sprangen sie lieber auf den Motown-Zug auf. Die **Temptations** feierten Charterfolge, und auch den **Supremes** gelangen auf die Schnelle noch zwei Hits. Doch eine Ära war zu Ende. **Holland/Dozier/Holland** verließen Motown und gründeten ein eigenes Label. **Florence Ballard** stieg bei den umbenannten **Diana Ross And The Supremes** aus. Ein sehr tragischer Verlust war der Tod von **Otis Redding**. Er starb bei einem Flugzeugabsturz, kurz nach der Aufnahme von *Sittin' On The Dock Of The Bay*, das posthum ein Nr.-1-Hit wurde.

»Jim Morrison schreibt, als wäre Edgar Allan Poe in Gestalt eines Hippies zurückgekehrt.«

Vogue, 1967

Die Doors im Fernsehen ... Aretha Franklin bei Atlantic Records ...

Van Morrison

Marvin Gaye

Januar

1 Die **Doors**, ein Rockquartett aus Los Angeles, haben ihren ersten Fernsehauftritt bei »Shebang« auf KTLA Channel 5 (eine kurzlebige, lokale Musiksendung aus Los Angeles; Produzent Dick Clark; Moderator Casey Kasem). Letzten November schlossen sie mit Jac Holzman, Label-Chef von Elektra Records, den einmaligen Vertrag über sieben Alben ab. Die Band gastierte letztes Jahr drei Monate lang im Whiskey A Go-Go und besteht aus dem 23-jährigen Leadsänger und Dichter **Jim Morrison**, Gitarrist **Robbie Krieger**, Keyboarder **Ray Manzarek** und Schlagzeuger **John Densmore**. Densmores Schlagzeug mitten auf der Bühne wird links von Morrison und Manzarek flankiert und rechts von Krieger. Sie mimen den Gesang zu ihrer ersten Single *Break On Through* aus dem Debütalbum ***The Doors***, das am 4. Januar erscheint. Es wurde in nur sechs Tagen aufgenommen, steigt im März in die US-Charts ein und bleibt dort über zwei Jahre.

9 Ex-**Them**-Sänger **Van Morrison**, der noch in seinem Elternhaus in Belfast lebt, unterzeichnet einen Solovertrag bei Bang! Records für einen Vorschuss von 3500 $.

14 **Grateful Dead**, **Jefferson Airplane** und drei weitere Rockbands aus San Francisco – **Country Joe And The Fish**, **Quicksilver Messenger Service** und Janis Joplins **Big Brother And The Holding Company** – spielen beim The Human Be-In – A Gathering of the Tribes auf den Polo Grounds im Golden Gate Park. An die 25 000 sind gekommen. Das freizügige Open Air vor einem Massenpublikum gibt einen Vorgeschmack auf die kommenden Mammut-Rockfestivals und den »Summer of Love« der Hippies.

15 Etwa 2000 Fans verabschieden die **Walker Brothers** am Londoner Flughafen. Der Abflug zu einer sechswöchigen Tournee durch Australien und Fernost verzögert sich durch das Versagen der Hydraulik um vier Stunden. **Scott Walker** muss Beruhigungsmittel nehmen.

22 Bei der Sunday Night At The London Palladium Show spielen die **Stones** *Let's Spend The Night Together, Ruby Tuesday, It's All Over Now* und *Connection.* Ihre Weigerung, beim traditionellen Schlussbild aller beteiligten Bands auf der Drehbühne mitzumachen, sorgt für Schlagzeilen.

24 **Aretha Franklin** beginnt nach einem Vorschuss von 25 000 $ mit den ersten Plattenaufnahmen für Atlantic Records. In den Rick Hall's Florence Alabama Music Emporium (FAME) Studios in Muscle Shoals, Alabama, nimmt sie mit Produzent Jerry Wexler *I Never Loved A Man (The Way I Love You)* und *Do Right Woman – Do Right Man* auf. Frühmorgens nach Abschluss der Sessions und zu viel Alkohol kommt es zwischen Hall and Franklins Ehemann Ted White zu einer Schlägerei. Am folgenden Nachmittag machen sich White und Franklin nach New York auf. Dort setzt Wexler mit der Muscle Shoals Rhythm Section, aber ohne Hall, die Aufnahmen in den Atlantic Studios fort.

Der 26-jährige Sänger, Gitarrist und Songschreiber Frank Zappa war der Kopf der experimentellen Mothers Of Invention, die bereit waren, ihren Stil immer wieder neu zu erfinden.

Van Morrison verließ die R&B-Band Them und begann eine lange Solokarriere mit vielen Entwicklungsphasen ... Marvin Gaye nahm mit Tammi Terrell einige Motown-Klassiker auf. Er war an ihrer Seite, als sie später in diesem Jahr auf der Bühne zusammenbrach – Diagnose: Gehirntumor.

ARETHA FRANKLIN

14. Februar In den New Yorker-Atlantic Studios stellt Aretha Franklin die von Jerry Wexler produzierte Aufnahme von *Respect* fertig, eine Otis-Redding-Komposition, mit der dieser 1965 auf Platz 35 in den USA kam. *Respect* kommt schnell auf den Markt und folgt ihrer ersten Atlantic-Single *I Never Loved A Man (The Way I Love You)*, die bis auf Platz 9 kam. Der Song erreicht am 3. Juni Nr. 1 (in England ist es mit Nr. 10 ihr erster Charthit), wird das Markenzeichen der Lady of Soul in den 60ern, ein Kontrast zu den mageren Columbia-Jahren.

Franklins Schwester Carolyn machte während der Session Vorschläge, in welchem Tempo Aretha die Buchstaben »R-E-S-P-E-C-T« bringen sollte und half dadurch bei der Entstehung eines zeitlosen Klassikers mit.

Februar

3 An **Buddy Hollys** achtem Todestag erschießt der legendäre, britische Plattenproduzent **Joe Meek** in der Holloway Road 304, London, seine Vermieterin Mrs Violet Ethel Shenton und richtet dann die Waffe gegen sich selbst.

5 Das britische Sonntagsblatt **News of the World** titelt »Popstars und Drogen – schockierende Fakten« und meldet, **Mick Jagger**, **Keith Richard** und **Pete Townshend** hätten auf einer Party der **Moody Blues** LSD konsumiert. Kurz danach droht Jagger in der »Eamonn Andrews Show« mit einer Verleumdungsklage. (Am 7. Februar reicht Jagger offiziell Klage ein.)

6 Zehn Tage nach einem Vertrag über weitere neun Jahre gibt EMI, die Plattenfirma der **Beatles**, bekannt, dass die Band in viereinhalb Jahren weltweit 180 Millionen Platten verkauft hat.

10 Für die einzigartige, orchestrale Begleitung von *A Day In The Life* – auf dem kommenden **Beatles**-Album ***Sgt. Pepper's Lonely Hearts Club Band*** – werden 40 Sessionmusiker eingesetzt.

12 Auf einen Hinweis der **News of the World** durchsuchen 15 Polizisten aus Chichester in West Wittering **Keith Richards** Landsitz »Redlands«. Mit einer richterlichen Vollmacht aufgrund herrschender Drogengesetze beschlagnahmen sie diverse Substanzen für forensische Tests. Acht Männer und eine Frau sind anwesend.

17 Im San Francisco Avalon Ballroom beginnen **Big Brother And The Holding Company** und **Quicksilver Messenger Service** ein zweitägiges Engagement. Im nahe gelegenen Fillmore bestreiten **Canned Heat** und das **Blues Project** das Vorprogramm der **Mothers of Invention**, die ihr Debütalbum ***Freak Out!*** vorstellen. Vor einem Jahr hat sie der ehemalige Dylan-Produzent Tom Wilson auf Verve Records, dem Jazz/R&B-Label von MGM, für 2500 $ Vorschuss untergebracht. Sein Interesse gilt weniger **Frank Zappas** sozialkritischer Satire als seiner R&B-starken Band.

22 **Marvin Gaye**, derzeit die US-Nr.-14 mit dem Kim-Weston-Duett *It Takes Two*, tritt bei der Neueröffnung des Ciro's Club in Los Angeles auf. Lange Zeit ein Bistro für Caféhausbesucher, ist es nun ein R&B-Nachttreff. Gaye veröffentlicht in Zukunft etliche Duette mit der neuen Motown-Künstlerin **Tammi Terrell**. Die Hits der beiden werden von den Motown-Mitarbeitern Nickolas Ashford und Valerie Simpson geschrieben und produziert.

1967 Februar

Traffic

Die Bee Gees ... Sinatra bei den Grammys ... Hendrix auf Tour ... Elvis heiratet...

24 Die **Bee Gees** , die in den letzten neun Jahren in ihrer Wahlheimat Australien zehn Charts-Hits hatten, darunter eine Nr. 1 mit *Spicks And Specks,* unterzeichnen einen Fünfjahresvertrag mit dem Manager Robert Stigwood (Partner von Brian Epstein bei NEMS Enterprises). Die Gibb-Brüder, der 19-jährige **Barry** und seine 17-jährigen Zwillingsbrüder **Robin** und **Maurice**, traten erstmals 1955 in Manchester unter dem Namen **Rattlesnakes** auf. Das Gesangstrio wurde durch das australische Fernsehen populär und begann 1962 unter neuem Namen eigene Songs zu schreiben. Nach einem beeindruckenden Vorsingen im Londoner Saville Theatre (nach der vorangegangenen Ablehnung durch die Grade Organization) verschafft Stigwood ihnen sofort einen langfristigen Plattenvertrag mit Polydor.

27 Während einer UK-Club- und College-Tour nehmen **Pink Floyd** mit Produzent Joe Boyd ihre erste Single *Arnold Layne* in den Sound Techniques Studios in London auf, die ihnen einen Plattenvertrag mit EMI Records einbringt.

Der Legende nach soll ein Plattenboss, als ihm Pink Floyd vorgestellt wurden, gefragt haben: »Wer von euch ist Pink?«

März

1 Etwa 3000 Fans randalieren bei einem **Animals**-Konzert im Coliseum in Ottawa, Kanada. Weil die Band fast eine Stunde auf sich warten lässt, gehen die Bühne, ein Schlagzeug und die Lautsprecheranlage, Fenster und Sitze zu Bruch. Das Konzert wird noch vor Beginn abgesagt.

2 **Frank Sinatra** räumt bei der neunten Grammy-Verleihung ab. *Strangers In The Night* wird zur Platte des Jahres und er damit zum besten Sänger der Jahres. ***Sinatra: A Man And His Music*** wird Album des Jahres. **Lennon** und **McCartneys** *Michelle* sticht *Strangers In The Night* als Song des Jahres aus. Das **Anita Kerr Quartet** setzt die Tradition der Grammy-Veteranen fort und wird zur besten Gesangsgruppe gewählt. In dieser Kategorie waren auch **The Association** (Cherish), die **Beach Boys** (*Good Vibrations*) und die **Mamas And The Papas** (*Monday, Monday*) nominiert. Alle drei verlieren zudem in der Kategorie beste Rock'n'Roll-Aufnahme gegen die **New Vaudeville Band** mit *Winchester Cathedral.* **Ray Charles** dominiert weiterhin beim R&B mit Preisen für *Crying Time.* Sie bringt ihm die Auszeichnungen beste Rhythm'n'Blues-Aufnahme und bester Rhythm'n'Blues-Sänger ein.

9 Ein Geschworenengericht in St. Pancras, London, kommt zum Schluss, dass der Produzent **Joe Meek** seine Vermieterin Mrs Violet Ethel Shenton ermordet und sich anschließend selbst erschossen hat. Meeks Freund, Mr Patrick Pink, sagt aus, der verwirrte Produzent war davon überzeugt, eine konkurrierende Plattenfirma würde ihn durch die Wohnzimmerwand abhören, um Songideen zu klauen. Einem Polizeibericht zufolge wurden in Meeks Wohnung Amphetamin-Pillen, Purple Hearts, Barbiturate und Dexedrin gefunden. Der Pathologe bestätigt, dass man in Meeks Leiche Spuren eines Amphetamins gefunden habe: »Ich glaube, man unterschätzt das Risiko dieser Tabletten. Zu den Folgen zählen starke Psychosen und Verfolgungswahn. Bei einer Überdosis bildet man sich plötzlich ein, dass man verfolgt würde.«

11 Northern Songs – der Musikverlag mit den Rechten an den Lennon/McCartney-Kompositionen – teilt mit, dass 18 Monate nach Veröffentlichung von **Paul McCartneys** *Yesterday* 446 Coverversionen erschienen sind.

17 Die 13-tägige Soul Concert Sensation '67 Tour startet im Finsbury Park Astoria, London, mit großem Stax-Aufgebot: **Otis Redding**, **Sam And Dave** (ihr signifikanter Hit *Soul Man* entsteht kurz darauf), *Knock-On-Wood*-Hitstar **Eddie Floyd**, **Arthur Conley** (ein Redding-Protegé, dessen Atco-Records-Debüt Sweet Soul Music – komponiert von Redding – auf Platz 2 der US-Charts katapultiert wird), **Carla Thomas**, die **Mar-Keys** und **Booker T. And The MG's**.

18 Zwei Wochen, nachdem Island-Records-Boss Chris Blackwell angekündigt hatte, die Winwood-Brüder würden die **Spencer Davis Group** verlassen, berichtet der **New Musical Express**, **Steve Winwood** werde mit Gitarrist **Dave Mason**, Schlagzeuger **Jim Capaldi** und Saxofonist **Chris Wood** eine neue Rockband gründen. (Sie werden als **Traffic** bei Island unterzeichnen.)

20 Ex-**Animal Alan Price** steigt mit *Simon Smith And His Amazing Dancing Bear* neu in die Top 20 ein. Tim Matthews, Radioreporter bei BBC »Today«, macht mit einem »Tanzbär« in Londoner Hotels und Restaurants die Runde und testet, ob »a boy and a bear would be well-accepted everywhere«, wie es im Songtext heißt. (Kom-

Rolling-Stones-Fans und Polizisten in Zürich

poniert hat den Hit der Songwriter und Pianist **Randy Newman**, der in den frühen 60er-Jahren diverse Hits schrieb, etwa für die **Fleetwoods**, **Jerry Butler** und *I've Been Wrong Before* für **Cilla Black**.)

20 Mr Timothy Hardacre, der Rechtsanwalt von **Mick Jagger** und **Keith Richard**, bestätigt den Eingang einer Vorladung seiner Klienten Jagger und Richard wegen angeblicher Verstöße gegen diverse Betäubungsmittelgesetze aus dem Jahre 1964 und 1965, darunter der Vorwurf des Besitzes rezeptpflichtiger Tabletten. Er fügt hinzu: »Wir werden gegen diese Unterstellungen energisch vorgehen.«

Play-back zu *Simon Smith And His Amazing Dancing Bear* von Alan Price auf. Daraufhin meint Jimi Hendrix lakonisch: »Mann, den Text dazu kenn ich nicht.«

31 **Jimi Hendrix** muss nach dem Auftakt zu seiner ersten Englandtournee im Finsbury Park Astoria ins Krankenhaus. Er hat sich beim Anzünden seiner Gitarre leichte Verbrennungen an den Händen zugezogen. Neben Gitarrenrückkoppelungen und Feedback-Pedalen gehört zu seinem Bühnen-Ritual, die Gitarre mit den Zähnen zu spielen und sie dann anzuzünden. Die Rank Theatres forderten ihn auf, seine Show zu entschärfen.

»Ich verstehe das alles gar nicht. Ich will doch nur singen und Gitarre spielen.«

Jimi Hendrix, 31. März 1967

23 Die **Beatles** gewinnen bei den zwölften Ivor Novello Awards zwei weitere Statuetten. *Michelle* ist der meistgespielte Song des Jahres und *Yellow Submarine* die bestverkaufte A-Seite 1966. Der Titel *Winchester Cathedral* von Geoff Stephens erhält die Auszeichnung Internationaler Song des Jahres.

30 In den Chelsea Manor Studios in der Flood Street, London, findet mit dem Fotografen Michael Cooper eine Fotosession für das Cover zu ***Sgt. Pepper's Lonely Hearts Club Band*** statt. Die Montage ist ein Entwurf des Popkünstlers Peter Blake. EMI besteht darauf, dass man für alle Fotos von Berühmtheiten, die die **Beatles** für ihr Fantasiepublikum ausgewählt haben, eine Genehmigung einholt. Also werden alle noch Lebenden vor Veröffentlichung des Albums kontaktiert. Mae West lehnt ab. Sie möchte nicht Mitglied bei einem Lonely Hearts Club sein, wird aber von der Band noch überredet. Diverse Vorschläge von **Lennon** (etwa Jesus, Gandhi und Hitler) werden schließlich aus der Montage entfernt. **Bob Dylan** und **Dion** sind die einzigen Sänger auf dem Plattencover.

30 Bei dem Fernsehauftritt von **Jimi Hendrix** in »Top Of The Pops« auf BBC 1 legt ein Studiotechniker statt *Purple Haze* versehentlich das

April

7 Discjockey-Pionier Tom Donahue legt beim Radiosender KMPX-FM in San Francisco erstmals für ein unabhängiges, progressives Format 24 Stunden täglich Stücke aus Rockalben auf. Das ist der Beginn des amerikanischen UKW-Radios (FM-Rock).

13 Die polnische Polizei geht mit Schlagstöcken und Tränengas gegen Teenager vor, die Warschaus Kulturpalast stürmen, um das erste **Stones**-Konzert hinter dem Eisernen Vorhang zu sehen.

29 Als Ersatz für die extrem unzuverlässige **Florence Ballard** hat **Cindy Birdsong** ihren ersten Auftritt mit den **Supremes** in der Hollywood Bowl während einer Benefizshow für den United Negro College Fund und die UCLA School of Music – mit dabei die **5th Dimension** und **Johnny Rivers**. Laut Tamla-Motown ist sie für die erkrankte Ballard eingesprungen, doch wenige Wochen später wird sie als deren Nachfolgerin bestätigt.

29 Beim 14-Hour Technicolour Dream, einer Benefiz-Großveranstaltung der **International Times** in der Great Hall des Alexandra Palace im Norden Londons, treten etwa 30 Künstler auf, darunter **Pink Floyd**, die Londoner R&B-Beatveteranen **Pretty Things**, **The Move**, **Savoy Brown**, **Soft Machine** und der britische Bluesmusiker **Graham Bond**. Doch ganz gleich, wer spielt, das Publikum ist von anderen Dingen benebelt.

Die Doors debütierten am 3. und 4. März 1967 im Avalon Ballroom ... Traffic unterschrieben bei Island Records und zogen sich zur Arbeit am Debütalbum in ein Bauernhaus im englischen Dorf Aston Tirrold, Grafschaft Berkshire, zurück ... Bei der Europatournee der Rolling Stones kommt es in Schweden, Polen und der Schweiz zu Tumulten.

Mai

1 Mit einer Heiratsurkunde, die beim Clark Country Courthouse 15 $ kostet, heiratet **Elvis Presley** um 9:41 Uhr vor 100 geladenen Gästen seine Freundin Priscilla Beaulieu in Zimmer 246 des Aladdin Hotels von Las Vegas, Nevada, – der Privatsuite des Besitzers Milton Prell. Joe Esposito, Presleys Assistent, ist sein Trauzeuge, Priscillas Brautjungfer ist ihre Schwester Michelle.

Elvis und Priscilla Presley heirateten am 1. Mai. Nach der Feier im Aladdin Hotel in Las Vegas flogen sie in Frank Sinatras Learjet *Christina* nach Palm Springs in die Flitterwochen.

Mai 1967

Procol Harum ... *Sgt. Pepper's Lonely Hearts Club Band* ... Das Monterey International Pop Festival ...

1 **Beach Boy Carl Wilson** wird vom FBI in New York verhaftet und zur Anhörung nach Los Angeles gebracht. Er ist seinem Einberufungsbefehl nicht nachgekommen und hat den Treueeid verweigert. Nach Erhalt seiner Einberufung im Februar verweigerte er aus Gewissensgründen den Kriegsdienst. Wilson wird auf Kaution freigelassen und nimmt eine Chartermaschine nach Dublin, um sich der Band für die bevorstehende England- und Irlandtournee anzuschließen

9 Die Aufnahmen zu *Reflections* werden am West Grand Boulevard 2648 in Detroit beendet. Die erste Single, die unter dem Namen **Diana Ross And The Supremes** veröffentlicht wird (was **Mary Wilson** nicht passt), ist der 18. Sofothit von Holland/Dozier/Holland für die Gruppe.

10 **Mick Jagger** und **Keith Richard** müssen vor dem Chichester Magistrates Court erscheinen: Die Anklage lautet Besitz von Aufputschtabletten ohne Rezept und Marihuana. Mit Robert Hugh Fraser, dem Direktor einer Mayfair-Kunstgalerie, stimmen sie dem Prozessbeginn am 22. Juni zu. Sie plädieren auf nicht schuldig und wollen Einspruch einlegen. Der Prozess wird angesetzt, beide auf Kaution entlassen, die jeweils 100 £ beträgt. Gleichzeitig werden in London Bandkollege **Brian Jones** sowie Prinz Stanislas Klossowski de Rola und Baron de Watteville in Jones' Wohnung, Courtfield Road, South Kensington, wegen des unerlaubten Besitzes von Cannabis verhaftet. In der Wohnung werden außerdem Kokain und Methedrin gefunden.

11 Anzeigen in der Musikpresse preisen die **Bee Gees** als »bedeutendstes musikalisches Newcomertalent 1967«, was sie beim Fernsehdebüt in »Top Of The Pops« bei BBC 1 mit dem einzigartigen Falsettharmonie-Gesang auf *New York Mining Disaster 1941* eindrucksvoll beweisen.

Juni

4 **Procol Harum** geben ihr Londoner Konzertdebüt als Vorgruppe von **Jimi Hendrix** im Saville Theatre. Das Londoner Quintett, vom 22-jährigen Pianisten und Singer/Songwriter **Gary Brooker** gegründet, fand sich durch eine Anzeige im **Melody Maker**. Die Debütsingle *A Whiter Shade Of Pale* eroberte England im Sturm und war drei Wochen nach Erscheinen bereits über 356 000 verkauft. Diese Woche wird sie Nr. 1 der UK-Charts. Die zeitlose Melodie von Sänger Gary Brooker basiert teilweise auf zwei Themen Johann Sebastian Bachs – »Air« und »Wachet auf, ruft uns die Stimme« – und passt perfekt zum surrealen Text des 20-jährigen Keith Reid.

6 Columbia Records lädt zur großen Presseparty im Avalon Ballroom für ihre neue Vertragsgruppe **Moby Grape** aus San Francisco ein, um das Debütalbum ***Moby Grape*** zu promoten – Produktionskosten 11 000 $ plus einer irren Werbekampagne und der zeitgleichen Veröffentlichung von fünf Singles zum LP-Start. Frühmorgens werden die Bandmitglieder **Peter Lewis**, **Jerry Miller** und **Skip Spence** wegen des Verdachts der Verführung Minderjähriger verhaftet, nachdem man sie im kalifornischen Marin County angeblich mit drei jungen Mädchen erwischt hat. Die Anklage wird fallen gelassen.

9 **Love** beginnen die Aufnahmen zum dritten Album ***Forever Changes*** im Sunset Sound Recorders (später fortgesetzt in **Leon Russells** Skyhill Studios) in Los Angeles, mit den Sessionmusikern **Hal Blaine**, **Billy Strange** und **Don Randi**.

10 **Jimi Hendrix** wird der Zutritt zum Botanischen Garten in Kew verwehrt, denn »auffällig gekleidete Personen sind nicht erlaubt«.

16 Die kalifornische Harmoniegruppe **The Association** eröffnet das Monterey International Pop Festival in Kalifornien. Anschließend treten

Die Bee Gees kehrten aus Australien zurück und hatten noch vor Jahresende den ersten Nr.-1-Hit ... Procol Harum waren erst die sechste Band, die mit einem Debüt auf Platz 1 in England kam ... Moby Grape starteten ihre Karriere mit fünf simultan veröffentlichten Singles, von denen eine, *Omaha*, in die US-Charts kam – auf Nr. 88.

Bee Gees

Procol Harum

Moby Grape

THE BEATLES

10. Juni ***Sgt. Pepper's Lonely Hearts Club Band*** **erreicht in England Platz 1. Der wie immer von George Martin produzierte Meilenstein kostete 25 000 £ und 700 Stunden Studiozeit und setzte neue Standards in der modernen Musik. Die Innenhülle ist mit einem psychedelischen Design bedruckt, und als erstes Album enthält es auch eine Textbeilage. Auf Drängen der Band erscheint es weltweit überall zur gleichen Zeit. Zudem ist es das erste amerikanische Beatles-Album auf Capitol, das dem britischen exakt entspricht. Das hohe musikalische Niveau der Platte veranlasst Brian Wilson, von der Veröffentlichung des Beach-Boys-Albums Abstand zu nehmen, an dem er derzeit zusammen mit Van Dyke Parks unter dem Titel *Smile* arbeitet.**

Sgt. Pepper **galt einigen Kritikern als wichtigste Platte der Rockära und anderen als Höhepunkt in der Entwicklung der Beatles.**

unter anderem die **Paupers**, **Lou Rawls**, **Beverly**, **Johnny Rivers**, **Eric Burdon And The Animals** und **Simon And Garfunkel** auf. In der Rockszene ist es das erste Ereignis dieser Art. Das Konzept stammt von Alan Pariser, der die Idee dazu beim Besuch des Monterey Jazz Festival im letzten Jahr hatte. Mit der Starthilfe von Leuten wie Bill Graham und Harry Cohn Jr. wurde das Festival von Lou Adler und **John Phillips** von den **Mamas And The Papas** übernommen. Pariser wollte die Mamas And The Papas als Hauptgruppe fürs Festival haben, und sie beschlossen, daraus ein Non-Profit-Event zu machen. Adler, John und **Michelle Phillips**, **Terry Melcher**, **Johnny Rivers** und **Paul Simon** kauften Alan Pariser die Rechte an dem Festival für 50 000 $ ab. Sie gründeten die Monterey Pop Foundation und baten etwa **Paul McCartney**, **Mick Jagger**, **Brian Wilson**, **Smokey Robinson**, **Donovan**, **Jim McGuinn** den Vorsitz zu übernehmen. D. A. Pennebaker filmt das Ereignis (später unter dem Titel »Monterey Pop« veröffentlicht), das drei Tage lang von Mittag bis Mitternacht stattfindet.

17 Am zweiten Tag des Monterey Pop Festivals treten auf: **Canned Heat** (bekommen danach einen Vertrag bei Liberty Records), **Big Brother And The Holding Company**, **Country Joe And The Fish**, **Al Kooper**, die **Butterfield Blues Band**, **Quicksilver Messenger Service**, die **Steve Miller Band** (noch eine neue San-Francisco-Bluesrock-Band mit dem 23-jährigen Singer/Songwriter und Gitarristen Steve Miller aus Milwaukee als Frontmann), **Electric Flag**, **Moby Grape**, Exilsüdafrikaner und Trompeter **Hugh Masekela**, die **Byrds**, die 19-jährige Newcomerin, Singer/Songwriterin **Laura Nyro**, **Jefferson Airplane**, **Booker T. And The MG's** mit **The Mar-Keys** und **Otis Redding**. Redding – in letzter Minute für die **Beach Boys** eingesprungen – beschließt den Abend mit einem glänzenden Fünf-Song-Set. Mit seinem Auftritt wollten die Organisatoren die Aufmerksamkeit eines überwiegend jungen, weißen Rockpublikums erregen. Reddings größtes Kapital ist seine leidenschaftliche Livedarbietung. Er erobert viele der Hippies im Publikum im Sturm.

18 **Ravi Shankar**, das **Blues Project**, **Big Brother And The Holding Company**, die **Group With No Name**, **Buffalo Springfield**, **The Who**, die **Grateful Dead**, **The Jimi Hendrix Experience**, **Scott McKenzie** – der seinen aktuellen US-Top-20-Hit singt, die Hippie-Hymne San Francisco (*Be Sure To Wear Flowers In Your Hair*) – und die **Mamas And The Papas** treten am letzten Tag des unglaublich erfolgreichen Monterey-Festivals auf.

20 **Paul McCartney** gestand kürzlich in einem Interview in der Zeitschrift **Life**, dass er LSD genommen und dass ihm dies Gott näher gebracht habe. Nachdem er dies gestern im Fernsehen wiederholte, wird er von dem Evangelisten Dr. Billy Graham wie folgt kritisiert: »Die Jugend sollte LSD meiden wie die Pest. Paul sagt, es hätte ihm Gott näher gebracht. Ich sage ihm, es gibt nur eine Antwort. Der einzige Weg, auf dem man zu Gott findet, ist durch Jesus Christus.«

Juni

1967

All You Need Is Love via Satellit ... Jagger und Richard vor Gericht ...

Paul McCartney und George Harrison waren im Publikum, als Jimi Hendrix sein Konzert im Londoner Saville Theatre mit *Sgt. Pepper's Lonely Hearts Club Band* eröffnete.

24 Leadgitarrist **Zal Yanovsky** verlässt **Lovin' Spoonful** nach dem Gig der Band beim Forest Hills Music Festival und nach aufgebrachten Medienberichten über seine Festnahme wegen Marihuanabesitzes. Angeblich belastete er andere, um seine Haut zu retten. Seine Erklärung für den Ausstieg: »Ich war gelangweilt. Ich will schauen, was in den letzten beiden Jahren passiert ist. Ich habe wohl den Bezug verloren. Es gibt so vieles, was ich alleine machen möchte.« Er wird durch den Ex-**Modern Folk-Quartet**-Gitarristen **Jerry Yester** ersetzt.

25 Die Produktion der **Beatles**-Hymne *All You Need Is Love* in den Abbey Road Studios in London wird weltweit ausgestrahlt. Die Aufnahme ist Teil der ersten Satellitensendung »Our World«, die weltweit von schätzungsweise 400 Millionen Zuschauern gesehen wird. George Martin benutzt neben anderen Musikzitaten auch Glenn Millers *In The Mood* im Glauben, die Rechte seien frei. Der Musikverlag Miller verklagt ihn mit Erfolg auf eine Tantiemenzahlung. Neben 13 Studiomusikern liefern Freunde wie Mick Jagger, Keith Richard, Marianne Faithfull, Eric Clapton, Keith Moon, Jane Asher, McCartneys Bruder Mike McGear, Gary Leeds (Walker Brothers) und Graham und Rose Nash den Backgroundgesang.

29 **Keith Richard** steht vor Gericht, weil er in seinem Haus den Gebrauch von Cannabis geduldet hat. Er behauptet, der Amerikaner David Schneiderman könnte mit den **News of the World** unter einer Decke stecken, die berichtet hatte, dass **Mick Jagger** Drogen genommen habe, worauf der sie wegen Verleumdung verklagte. Richard wird zu einem Jahr Gefängnis und 500 £ Geldstrafe verurteilt. Jagger wird nach Brixton gebracht, Richard ins Gefängnis von Wormwood Scrubs.

30 Man entlässt **Jagger** und **Richard** gegen eine Kaution von 14 000 £; die Berufung läuft.

Eric Claptons Gitarre

Juli

1 Im Leitartikel von William Rees-Mogg in der **Times** heißt es: »Wer bindet einen Schmetterling aufs Rad?« Er schreibt: »Es gibt viele ... die meinen, Mr Jagger hätte nur ›bekommen, was er verdient‹. Sie lehnen die anarchische Art der Rolling-Stones-Konzerte ab, hassen ihre Songs, missbilligen ihren Einfluss auf Teenager und halten sie weitgehend für dekadent ... Es bleibt der Verdacht, dass Mr Jagger bei diesem Prozess gerade deshalb eine besonders harte Strafe bekommen hat, weil er kein unbekannter junger Mann ist.«

2 Die **News of the World** dementiert. Sie habe der Polizei nicht zur Razzia in **Keith Richards** Haus angestiftet, um Rache für **Mick Jaggers** Klage zu nehmen. Sie habe die Polizei jedoch aus Bürgerpflicht informiert: »Wir halten den illegalen Tablettenkonsum bei uns in England für eine Gefahr und sehen uns im Recht, wenn wir bei einem Verdacht öffentlich darauf hinweisen.«

24 Die **Times** veröffentlicht eine ganzseitige Anzeige unter der Überschrift »Das Marihuana-Gesetz ist im Prinzip unmoralisch und in der Praxis undurchführbar«, ein Plädoyer für neue Cannabis-Gesetze. Zu den 65 Unterzeichnenden – darunter Graham Greene, David Hockney, Dr. R. D. Laing, Jazzmusiker **George Melly**, Kenneth Tynan und der Abgeordnete Brian Walden – gehören alle vier Beatles und Brian Epstein.

31 Das Berufungsgericht hebt **Keith Richards** Verurteilung aus Mangel an Beweismitteln auf. **Mick Jaggers** Strafe wird zur Bewährung ausgesetzt, mit der Auflage, zwölf Monate gute Führung zu zeigen.

»Jagger, wohl doch eher ein Kohlweißling als ein Pfauenauge, wurde von den Verhörenden pfleglich behandelt.« William Rees-Mogg in seinem mit einem Pope-Zitat betitelten Artikel »Wer bindet einen Schmetterling aufs Rad?«, **The Times**, 1. Juli 1967

8 Die **Monkees** starten in Jacksonville eine US-Tour mit **The Jimi Hendrix Experience** als Vorgruppe. Für das Teeny-Publikum ist Hendrixs Musik und seine ausgeflippte Bühnenshow viel zu extrem. Schon nach acht Konzerten lädt man Hendrix aus. Manager Chas Chandler hat die seltsame Erklärung parat, der Protest des patriotischen Frauenvereins Daughters Of The American Revolution sei daran schuld, obwohl man bei Hendrix mit Kontroversen rechnen musste.

22 Die **Doors** spielen bei »American Bandstand« *Crystal Ship* und *Light My Fire*. Die **Bee Gees**, derzeit in London, präsentieren per Filmeinspielung ihre erste US-Platzierung, *New York Mining Disaster 1941*, seit kurzem die US-Nr.-14.

31 **Mick Jagger** spricht in »World in Action« auf Granada-TV über seinen Prozess mit William Rees-Mogg, **Times**-Redakteur, Dr. John Robinson, Bischof von Woolwich, dem führenden Jesuiten Father Thomas Corbishley und dem Ex-Innenminister Lord Stow Hill. Jagger landet mit dem Helikopter im Garten der Spain's Hall in Finchingfield, Essex. Man diskutiert, ob die Gesellschaft korrupt und absolute Freiheit wünschenswert sei.

Während des »Sommers der Liebe« konnten die Fans Cream, Pink Floyd und die Jimi Hendrix Experience live erleben ... Mit *Light My Fire* von den Doors hatte Jac Holzmans seit 17 Jahren bestehendes Label Elektra am 29. Juli seinen ersten Nr.-1-Hit in den USA.

The Doors

Dass vor Gericht sein guter Schulabschluss hervorgehoben wurde, bewahrte Mick Jagger nicht davor, eine Nacht im Gefängnis der Kleinstadt Lewes in Sussex zu verbringen.

28. Juni Mick Jagger wird wegen unrechtmäßigen Besitzes von vier Benzedrintabletten mit Amphetaminsulfat und Methylamphetamin-Hydrochlorid, die er legal in Italien erworben hat, zu drei Monaten Gefängnis und einer Geldstrafe von 100 £ verurteilt. Der Staatsanwalt erwähnt, dass die Polizei beim Betreten von Keith Richards Haus im Februar einen intensiven weihrauchartigen Geruch wahrnahm und dort eine nur mit einem Pelz bekleidete junge Frau auf dem Sofa antraf. Sie »ließ ab und zu den Pelz herunterrutschen und entblößte ihren Körper. Die Frau war ziemlich fidel und von einer nebelhaften Unbekümmertheit.« Jagger erhält das Recht auf Revision und bleibt in Lewes über Nacht in U-Haft.

August 1967

Tony Blackburn

Am 30. September um 7:00 Uhr nahm BBC Radio 1 den Betrieb auf. Nach der von George Martin komponierten Titelmusik sagte Sendeleiter Robin Scott den Discjockey Tony Blackburn an, der zuerst seine Erkennungsmelodie, Johnny Dankworth's *Beefeaters*, und dann *Flowers In The Rain* von The Move spielte ... Strawberry Alarm Clock waren eine von vielen fantasievoll benannten Psychedelic-Rock-Bands, die 1967 ihr großes Jahr hatten.

Brian Epstein stirbt ... Sendebeginn von Radio 1 ... Woody Guthrie ...

Es war verabredet, dass Brian Epstein die Beatles und den Maharishi Mahesh Yogi in Nordwales treffen sollte. Er wurde jedoch tot in seiner Londoner Wohnung aufgefunden.

August

11 Am Eröffnungsabend des 7. National Jazz, Pop, Ballads & Blues Festivals in Windsor steht die Hauptgruppe **The Small Faces** nach zwölf Minuten in völliger Dunkelheit. 6000 Fans protestieren, als sie merken, dass die Behörden den Strom abgedreht haben. Der Name ist dieses Jahr nicht Programm, denn Rockmusiker dominieren die Bühne. In den zwei folgenden Tagen treten bei strömendem Regen unter anderem auf: die Progressive-Newcomer **The Nice** (mit Keyboarder **Keith Emerson**), die **Crazy World of Arthur Brown**, **Ten Years After** (eine Bluesrock-Band mit dem Gitarristen und Sänger **Alvin Lee**, Manager ist Chris Wright, von der künftigen Chrysalis Management Company), die R&B-Beatgruppe **Amen Corner** (mit dem Sänger und Gitarristen **Andy Fairweather-Low**), **Jeff Beck** – inzwischen Solokünstler –, **Chicken Shack** und **Cream**. Morgen stehen auf dem Programm **Fleetwood Mac**, eine neue, englische Bluesrock-Combo, gegründet von Ex-**John Mayall's-Bluesbreakers**-Gitarrist **Peter Green**, Bassist **John McVie** und Schlagzeuger **Mick Fleetwood** und Ex-**Levi-Set**-Gitarrist **Jeremy Spencer**.

14 Der »Marine Offences Act« tritt in Kraft. Postminister Tony Benn hatte letztes Jahr erklärt, die Piratensender würden internationales Recht verletzen, illegal Wellenlängen benutzen und keine Tantiemen für Musik abführen. Die Regierung zitiert ein Dutzend europäischer Staaten, alle Signatarmächte des Strassburger Abkommens, die Beschwerden wegen Überlagerung ihrer authorisierten Sendebereiche melden. Radio London schließt um drei Uhr nachts, Radio 270 um 23:59 Uhr und Radio Scotland um Mitternacht. Radio Caroline widersetzt sich und sendet weiter.

15 **Joan Baez** lässt verlauten, dass sie nicht über die Daughters Of The American Revolution verärgert sei. Nach Baez' angeblich unpatriotischen Bemerkungen letzte Woche in Cleveland darf sie nicht in deren Constitution Hall auftreten. Dafür gibt sie ein Open-Air-Konzert vor schätzungsweise 30 000 Besuchern. Die Generalpräsidentin der DAR, Mrs William Sullivan Jr., meint: »Wir stehen voll hinter dem Kurs und der Politik unserer Regierung in Vietnam, und wir stehen voll hinter unseren Jungs, die dort sterben.«

23 Johnnie Stewart, der »Top Of The Pops«-Produzent, lehnt das **Stones**-Video zur Single *We Love You* mit der Begründung ab, dass es ihm »für die Art von Publikum, das unsere Sendung sieht, unpassend erscheint.« Der Film ist eine Parodie auf den Oscar-Wilde-Prozess. **Mick Jagger** spielt Wilde, **Marianne Faithfull** Bosie und **Keith Richard** Lord Queensberry. Die BBC betont, es handle sich keinesfalls um Zensur, sondern nur um die Einzelentscheidung eines Produzenten.

25 Die **Beatles** nehmen an der Konferenz der Spiritual Regeneration League am Normal College in Bangor teil, um mit dem indischen Guru Maharishi Mahesh Yogi transzendentale Meditation zu studieren. **Paul McCartney** sagt dazu: »Junge Leute, die Drogen zur Bewusstseinserweiterung nehmen, sollten es lassen und stattdessen lieber meditieren. Ich habe mit Drogen aufgehört, bevor ich mich mit den Techniken des Yogi beschäftigte. Die Leute nehmen nur Drogen, weil man so viel über bewusstseinserweiternde Erfahrungen redet. Beim Meditieren kann man das ohne Drogen und ihre schädlichen Wirkungen erreichen. Meditation ist eine natürliche Bewusstseinserweiterung.«

26 Die Hippy-Kultur ist über den Atlantik geschwappt. In Woburn Abbey beginnt das dreitägige Festival Of The Flower Children, unter anderem mit den Nichthippies **Bee Gees**, **The Marmalade**, **The Alan Price Set**. Das Magazin **People** zitiert die glückselige Unwissenheit der Herzogin von Bedford mit den Worten: »Ich dachte, es handelt sich um eine Blumenschau mit Wettbewerben, Preisen und vielen Blumen.«

27 Beatles-Manager Brian Epstein wird zu Hause in Belgravia tot im Bett gefunden. Er litt unter Depressionen und starb vermutlich an einer Überdosis Drogen. In ihrem Nachruf bezeichnet die **New York Times** ihn als »den Mann, der die Popmusik unserer Zeit revolutionierte«.

»Ich denke, sie verstehen Freiheit anders als ich und sehen sich darin durch mich bedroht. Ich mich durch sie aber nicht.«

Joan Baez über die Daughters of the American Revolution, 15. August 1967

September

1 Der britische Premierminister Harold Wilson setzt eine einstweilige Verfügung gegen **The Move** und ihren Manager Tony Secunda durch. Damit unterbindet er Druck, Herstellung, Verbreitung oder Vertrieb einer Werbe-Postkarte zur aktuellen Single der Band, *Flowers In The Rain*. Die angeblich beleidigende Karte ziert die Karikatur des nackten Mr Wilson im Bett.

2 Das dreitägige Sound-Out-Festival beginnt in Woodstock. Organisator »Jocko« Moffitt ist Makrobiotik-Gastronom des Ortes. Die etwa 1000 Hippies zahlen den täglichen Eintrittspreis von 2,50 $ und sind herzlich eingeladen, beim Bühnenaufbau, der Installation von Ton- und Lichtanlage, der Regelung des Verkehrs und beim Saubermachen mitzuhelfen. **Eric Andersen**, **Richie Havens** und **Phil Ochs** sollen am 4. September auftreten. Die **New York Times** beschreibt den ersten Veranstaltungstag als »cool am Lagerfeuer«.

Strawberry Alarm Clock

11 Die **Beatles** beginnen mit Aufnahmen zu ihrem Fernsehfilm »Magical Mystery Tour« in Teignmouth. *All You Need Is Love* überschreitet in den USA die Millionengrenze bei den Verkäufen.
14 **Mick Jagger** und **Keith Richard** trafen gestern in New York ein, um verschiedene Geschäfte abzuwickeln, und erkundigen sich bei der Einwanderungsbehörde im Justizministerium Manhattan, wie es um ihren Status nach amerikanischem Recht steht. Die Auskunft lautet: »Wir können zur tatsächlichen Art ihrer Rechtsverstöße, sofern sie vorliegen, nichts sagen. Folglich mussten wir Angaben aus Übersee anfordern.« Es geht um eine Liste verbotener Drogen, die eine Einreise von Drogenhändlern verhindern soll.
17 Remmidemmi im amerikanischen TV: Die Doors werden bei den Proben zur »Ed Sullivan Show« gebeten, bei *Light My Fire* die Zeile »Girl, we couldn't get much higher« nicht zu singen. Sie willigen ein, aber **Jim Morrison** singt sie doch. Gleich danach treten in der »Smothers Brothers Comedy Hour« **The Who** auf. **Keith Moon** montiert an sein Schlagzeug eine Leuchtpulver-Rakete, nicht wissend, dass die Techniker bereits eine installiert hatten. Nach der Explosion hat **Pete Townshend** angesengte Haare und einen Hörschaden und Moon dank des zertrümmerten Schlagzeugbeckens eine Beinverletzung. Die Gäste Bette Davis und Mickey Rooney schauen belämmert.
23 Die Psychedelic-Rockgruppe **Strawberry Alarm Clock** von der Westküste spielt ihren Überraschungshit *Incense And Peppermints* bei »American Bandstand«. Leadsänger ist der 16-jährige **Greg Munford**. Die Debütsingle steht am 25. November auf Platz 1 der US-Charts.
25 Die aktuelle Nr. 1 der USA, *The Letter* von den **Box Tops**, gerade mal 1'58 Minuten lang, erhält Gold. 30 Durchläufe waren bei den Aufnahmen in den Chips Momans American Recording Studios nötig. Produzent Dan Penn peppte den Schluss der Single mit einem Flugzeuggeräusch auf. Die Box Tops wurden letztes Jahr in Memphis vom High-School-Studenten, Sänger und Gitarristen **Alex Chilton** gegründet (der 1970 mit **Chris Bell** die Powerpop-Band **Big Star** formiert).
30 BBC Radio 1 startet mit täglich 18 Stunden Sendezeit – von 5:30 bis 19:30 Uhr und 22:00 bis 2:00 Uhr. Die Discjockeys Kenny Everett, Dave Cash, Pete Murray, John Peel, Mike Raven, Emperor Rosko und Ed Stewart sind ehemalige Moderatoren der BBC oder von Piratensendern und wurden vom Sendeleiter Robin Scott engagiert.

Oktober

2 Alle sechs **Grateful-Dead**-Musiker werden in ihrer Kommune in der Ashbury Street 710 von Drogenfahndern wegen des Besitzes von Marihuana verhaftet. Nach sechs Stunden im Gefängnis werden sie auf Kaution entlassen.
5 Bei ihrer Ankunft in Southampton mit dem Schiff aus den USA wird die Sängerin **Cass Elliot** von den **Mamas And The Papas** wegen angeblichen Diebstahls zweier Decken und Schlüssel verhaftet, die Graham Dennis gehören. Elliot übernachtete in dessen Hotel, als sie im Februar mit der Band auf Tour war. Sie wird morgen entlassen und erscheint am 9. Oktober vor Gericht. Der Verdacht lässt sich nicht erhärten.

WOODY GUTHRIE

3. Oktober Der legendäre Folksänger, der wegen der erblichen Nervenkrankheit Chorea Huntington bereits seit 1961 im Krankenhaus ist, stirbt mit 55 Jahren im New-Yorker Stadtteil Queens. Seine Asche wird im Atlantik verstreut. Als produktiver Songschreiber und fahrender Sänger profilierte sich Guthrie während der Weltwirtschaftskrise als Unterstützer von Roosevelts New-Deal-Politik und wortmächtiger Anwalt der Rechte von Gewerkschaftern und verarmten Bauern. In den 30ern nahm er für das Archiv der Library of Congress wertvolles Material auf, das später von Elektra veröffentlicht wurde. 1940 gründete er mit Pete Seeger die Almanac Singers. 1943 schloss er seine hochgelobte Autobiografie *Bound for Glory* (dt. *Dies Land ist mein Land*) ab und ging dann bis Ende des zweiten Weltkriegs zur US-Marine. Guthrie machte über 200 Aufnahmen für das Label Folkways, bis Anfang der 50er seine Krankheit ausbrach, und beeinflusste alle Vertreter des Folkbooms der 60er. Sein ältester Sohn Arlo ist ebenfalls Singer/Songwriter.

Oktober

1967

The Move hatten fünf Top-5-Hits in Serie, der letzte davon war ihre einzige Nr. 1, *Blackberry Way*. Alle wurden von Roy Wood geschrieben.

Das Musical »Hair« ... Erste Ausgabe des Rolling Stone ... Tod von Otis Redding ...

7 Der New-Yorker Konzertveranstalter Sid Bernstein bietet den **Beatles** eine Million Dollar für ein Livekonzert, das erste von zahlreichen lukrativen Angeboten, die die Band immer wieder erhalten und ablehnen wird.

11 Der Innenminister Roy Jenkins hebt den Ausweisungsbefehl für die Begleitmusiker der **Bee Gees** auf. Die Arbeitsgenehmigungen von **Vince Melouney** und **Colin Petersen** laufen am 30. November ab. Jenkins führt dabei den merkantilen Wert der Gruppe während der britischen Finanzkrise an.

11 **The Move** bedauern vor Gericht den so genannten »gewaltigen, böswilligen und persönlichen Angriff« auf Premier Harold Wilson. Sie erklären sich bereit, alle Tantiemen für *Flowers In The Rain* – die sich auf 7000 £ belaufen – für die Spastikergesellschaft und das Stoke Mandeville Hospital zu spenden. *Cherry Blossom Clinic*, als nächste Single geplant, wird nicht veröffentlicht. Man befürchtet, der Text, in dem es um eine Nervenklinik geht, würde noch mehr unerwünschte Aufmerksamkeit bringen. Das Stück erscheint auf dem ersten Album der Band.

16 **Joan Baez**, erneut in vorderster Front der politischen Agitation, wird mit 123 weiteren Anti-Vietnam-Demonstranten verhaftet, die den Eingang zu einem Rekrutenzentrum der Streitkräfte in Oakland, Kalifornien blockieren.

17 Ein Stück des New-Yorker Shakespeare Festival Public Theater, das Rockmusical »Hair«, hat im Anspacher-Theater, einem Off-Broadway-Betrieb, Premiere. Die Autoren sind Gerome Ragni (er spielt die Rolle des Berger), James Rado und Galt MacDermo. Im Dezember wird die Aufführung bis Januar ins Cheetah-Theater verlegt. Am 29. April kommenden Jahres wird das Stück im Biltmore-Theater am Broadway neu ins Programm genommen.

30 **Brian Jones** bekennt sich schuldig, was den Besitz von Cannabis und das Rauchen von Hanf in seiner Wohnung betrifft. Er wird zu neun Monaten Gefängnis und einer Geldstrafe über 262,50 £ verurteilt Er plädiert auf nicht schuldig in den Punkten Besitz von Kokain und Methedrin. Morgen wird er bis zur Berufung auf Kaution entlassen, mit der Auflage, bis zur Verhandlung den Entzug unter ärztlicher Aufsicht fortzusetzen.

November

3 **Pink Floyd** geben endlich ihr Amerikadebüt im Winterland Ballroom, San Francisco. Die geplane US-Tournee wurde im vergangenen Monat wegen Visa-Problemen abgesagt. Die laufende Tournee wird in der kommenden Woche abgebrochen, weil **Syd Barrett** sich immer merkwürdiger verhält. Morgen wird er sich bei »American Bandstand« weigern, lippensynchron zu *Arnold Layne* zu singen. Am 5. November starrt er in der »The Pat Boone Show« auf Fragen einfach vor sich hin. Die Band macht Werbung für ***Pink Floyd*** (eine gekürzte Fassung ihrer ersten England-LP ***The Piper At The Gates of Dawn***).

»Eine Zeitschrift nicht nur über Musik, sondern auch über die Dinge und die Einstellungen, die dazugehören.« **Rolling Stone**, 9. November 1967

9 Die erste Ausgabe des **Rolling Stone** kommt in den Handel. Gratis dazu gibt es einen Joint-Halter. Das Titelblatt des ersten Heftes ziert ein Foto von **John Lennon** aus dem Film »Wie ich den Krieg gewann«. Gegründet hat die New-Yorker Zeitschrift der 21-jährige Jann Wenner, ein Studienabbrecher der University Of California, Berkeley. Der Name bezieht sich auf einen **Muddy-Waters**-Song und wurde von Wenners Mentor, dem Musikkritiker Ralph Gleason aus San Francisco vorgeschlagen. Die Zeitschrift wird zum Eckpfeiler der amerikanischen Rockkultur.

11 **Van Morrison** trägt bei »American Bandstand« sein erstes Solostück *Brown Eyed Girl* vor, in den USA bereits ein Top-10-Hit. Der erste Hit in England gelingt ihm erst 1979.

Dezember

2 Die **Beatles** landen mit der Singleauskopplung *Hello Goodbye* aus dem Album ***Magical Mystery Tour*** ihren 15. US-Nr.-1-Hit – und zwar für drei Wochen.

6 **Otis Redding** beginnt in den Stax/Volt Studios in Memphis mit den zweitägigen Studioaufnahmen zu seiner jüngsten Komposition *(Sittin' On) The Dock of The Bay.* Co-Autor und Produzent ist **Steve Cropper**.

9 Das Konzert der **Doors** in der New Haven Arena wird abgebrochen, **Jim Morrison** verhaftet. Auslöser ist ein Vorfall backstage. Lieutenant James Kelly erwischt Morrison mit einem 18-jährigen Mädchen beim Knutschen in der Dusche. Er erkennt den Sänger nicht und fordert ihn auf zu verschwinden. Bei dem Handgemenge setzt Kelly Tränengas ein, um Morrison zu überwältigen. Morrisons Manager Bill Siddons erwirkt schließlich doch die polizeiliche Genehmigung für das Konzert. Bei seinem Song *Back Door Man* gibt Morrison die Geschichte, mit Obszönitäten gespickt, zum Besten. Daraufhin gehen die Lichter an und zwei Polizisten zerren Morrison von der Bühne. Kelly erklärt das Konzert für beendet,

»Hair« hatte am 17. Oktober seine Off-Broadway-Premiere in New York. Im April 1968 fand die erste von 1750 Broadway-Vorstellungen statt, was »Hair« den sechsten Platz unter den am längsten gespielten Musicals aller Zeiten einbrachte. Die Plattenaufnahme mit der Broadway-Besetzung wurde ein Bestseller. 1978 wurde »Hair« verfilmt.

worauf eine Rangelei zwischen Publikum und Polizei beginnt. Morrison wird Ruhestörung, Widerstand gegen die Staatsgewalt sowie »unanständige und unmoralische Zurschaustellung« hinter der Bühne vorgeworfen. Er wird gegen eine Kaution von 1500 $ freigelassen.

9 **Otis Redding** fliegt mit seiner neuen, zweimotorigen Beechcraft H 18 nach Cleveland. Er tritt in der Fernsehsendung »Upbeat«, die von Don Webster moderiert wird, auf und singt *Knock On Wood* im Duett mit **Mitch Ryder**.

10 An Sam Cookes drittem Todestag ist **Otis Redding** unterwegs zu einem Auftritt im Factory in Madison, versucht bei dichtem Nebel eine Instrumentenlandung. Die Maschine stürzt um 15:28 Uhr ins eisige Wasser des Lake Monoma bei Madison. Dabei werden der Pilot Richard Fraser, der 26-jährige Redding, sein 17-jähriger Assistent Matthew Kelly und vier Mitglieder seiner Tourband **The Bar-Kays** getötet – der 18-jährige **Jimmy King** (Gitarre), der 19-jährige **Ronnie Caldwell** (Orgel), der 18-jährige **Phalin Jones** (Saxophon) und der 18-jährige **Carl Cunningham** (Schlagzeug). Der 20-jährige Trompeter **Ben Cauley** überlebt als Einziger. Die Polizei sucht den See bis zur Dunkelheit drei Stunden lang ab. (Sargträger bei Reddings Trauerfeier im Macons City Auditorium sind die Soulsänger **Joe Tex**, **Joe Simon**, der *Jesus Keep Me Near The Cross* vorträgt, **Johnnie Taylor**, **Solomon Burke**, **Percy Sledge**, **Don Covay** und **Sam Moore** von **Sam And Dave**. Jerry Wexler hält die Grabrede. Redding wird zu Hause bei seiner Familie in Round Oak, Jones County in Georgia begraben. Labelkollege **Eddie Floyd** verpasste die Beisetzung. Auf dem Rückweg von einer Englandtournee muss er via Washington D. C. den Anschlussflug nach Atlanta nehmen. Weil die Bremsen des Flugzeugs vor dem Start blockieren, hat er sechs Stunden Verspätung).

Das drei Tage vor seinem Tod aufgenommene *(Sittin' On) The Dock Of The Bay* war Otis Reddings einziger Nr.-1-Hit in den USA.

12 **Brian Jones'** Berufung gegen seine Verurteilung vom 30. Oktober hat Erfolg. Er bekommt 1000 £ Geldstrafe und drei Jahre auf Bewährung. Zeugen sagten vor Gericht aus, er sei psychisch instabil und selbstmordgefährdet.

26 Das BBC-Fernsehen strahlt die »Magical Mystery Tour« der **Beatles** aus. Kein Inhalt, keine Regie, lautet die Kritik. Der Kritiker vom **Daily Express** meint, er habe noch nie »so einen banalen Blödsinn« gesehen. In der **Times** schreibt Henry Raynor: »Bei diesem Film ging es weniger ums Verstehen als vielmehr ums Erleben. Leider fehlte mir der nötige Zugang.«

29 Der 21-jährige Songwriter, Arrangeur und Produzent **Jim Webb**, mit dessen Song *Up, Up And Away* den 5th Dimension im Juli ein US-Nr.-7-Hit gelang, nimmt in den Sound Recorders in Hollywood die Arbeit an einer dreiteiligen Kantate auf, für ein Album des irischen Schauspielers **Richard Harris**. Die drei Akte – *In The Park, After The Loves Of My Life* und *Allegro* – dauern 7'14 Minuten. Die LP ***MacArthur Park*** macht 1968 von sich reden, als es Harris gelingt, damit im Juni auf Platz 2 der US-Charts zu steigen. Die stark symbolischen Texte bleiben ein Geheimnis, weil der Autor jede Erklärung verweigert.

31 Der Songwriter und Produzent **Bert Burns** stirbt mit 38 Jahren in New York nach einem Herzanfall. Burns (auch als Bert Russell bekannt) war Präsident von Web 4 Music und an vielen Hit-Kompositionen wie *Hang On Sloopy, Twist And Shout, Here Comes The Night, Brown Eyed Girl* und *Cry To Me* beteiligt.

ROOTS **In diesem Jahr gründen die Schulfreunde John Osbourne, Tony Iommi, Bill Ward und Terry Butler aus Birmingham die Bluesband Polka Tulk, die sie bald in Earth umbenennen; nach ersten Liveerfolgen entwickeln sie sich als Black Sabbath in eine andere Richtung ... gründen die Geschwister Richard und Karen Carpenter mit drei Freunden die Summerchimes und nehmen in den United Audio Studios im kalifornischen Orange County neun Songs auf ... spielt der Pianist Reg Dwight bei der Spencer Davis Group vor, doch die vorhandene Lücke wird mit Eddie Hardin besetzt ... nehmen sechs Studenten des Tuskegee Institute als R&B-Band The Mighty Mystics an einem Talentwettbewerbteil, um bei den Mädchen Eindruck zu machen; nach dem Zusammenschluss mit einer anderen Studentenband, den Jays, benennen sie sich mithilfe eines Wörterbuchs, in dem das Bandmitglied William King nach Zufallsprinzip auf ein Wort zeigt, in Commodores um ... treffen sich zwei Studenten der Temple University, die beide in Bands spielen (Daryl Hall bei den Temptones und John Oates bei den Masters), bei einer Tanzveranstaltung im Adelphi Ballroom in Philadelphia ... treten die Saxons (bei denen mit den Brüdern Alan und Derek Longmuir zwei künftige Bay City Rollers mitspielen) in einem Pfarrsaal in Edinburgh zum ersten Mal live auf ...**

People Got To Be Free

1968

Nr. 1 US-SINGLES

06. Jan. Hello Goodbye **Beatles**
20. Jan. Judy In Disguise (With Glasses) **John Fred And His Playboy Band**
03. Febr. Green Tambourine **Lemon Pipers**
10. Febr. Love Is Blue **Paul Mauriat**
16. März (Sittin' On) The Dock Of The Bay **Otis Redding**
13. Apr. Honey **Bobby Goldsboro**
18. Mai Tighten Up **Archie Bell And The Drells**
01. Juni Mrs. Robinson **Simon And Garfunkel**
22. Juni This Guy's In Love With You **Herb Alpert**
20. Juli Grazin In The Grass **Hugh Masekela**
03. Aug. Hello, I Love You **Doors**
17. Aug. People Got To Be Free **Rascals**
21. Sept Harper Valley P.T.A. **Jeannie C. Riley**
28. Sept. Hey Jude **Beatles**
30. Nov. Love Child **Diana Ross And The Supremes**
14. Dez. Heard It Through The Grapevine **Marvin Gaye**

Nr. 1 UK-SINGLES

06. Jan. Hello Goodbye **Beatles**
27. Jan. The Ballad Of Bonnie And Clyde **Georgie Fame**
03. Febr. Everlasting Love **Love Affair**
17. Febr. Mighty Quinn **Manfred Mann**
02. März Cinderella Rockerfella **Esther And Abi Ofarim**
23. März The Legend Of Xanadu **Dave Dee, Dozy, Beaky, Mick And Tich**
30. März Lady Madonna **Beatles**
13. Apr. Congratulations **Cliff Richard**
27. Apr. What A Wonderful World/Cabaret **Louis Armstrong**
25. Mai Young Girl **Union Gap featuring Gary Puckett**
22. Juni Jumping Jack Flash **Rolling Stones**
06. Juli Baby Come Back **Equals**
27. Juli I Pretend **Des O'Connor**
03. Aug. Mony Mony **Tommy James And The Shondells**
17. Aug. Fire **Crazy World of Arthur Brown**
24. Aug. Mony Mony **Tommy James And The Shondells**
31. Aug. Do It Again **Beach Boys**

James Brown

Jimi Hendrix Experience

James Brown erhielt für seinen Aufruf zur Besonnenheit ein Dankschreiben vom Weißen Haus ... Für *Electric Ladyland* reizte Hendrix alle studiotechnischen Möglichkeiten in Sachen elektronische Effekte und Mehrspurtechnik aus.

Eine Revolution lag in der Luft. Die Welt wurde von gewalttätigen Demonstrationen und politischen Morden erschüttert. Auf den »Sommer der Liebe« folgten Gewalt, Entfremdung und Studentenunruhen, als Abbie Hoffman mit seinen streitbaren »Yippies« die drogenseligen Blumenkinder aus Haight Ashbury verdrängte. Die Stimmung war so angespannt, dass einige US-Radiosender *Street Fighting Man* von den **Rolling Stones** verboten. Während der Unruhen, die nach der Ermordung von Martin Luther King Jr. in den USA ausbrachen, mahnte **James Brown** bei einer bewegenden Rede im Fernsehen landesweit zur Besonnenheit. Die **Rascals** reagierten mit dem leidenschaftlichen *People Got to Be Free* auf die Ermordung Martin Luther Kings und Robert Kennedys. Der Song wurde weltweit zum Hit.

Die **Beatles** beendeten den kurzen Flirt mit der fernöstlichen Mystik, entfernen sich aber auch untereinander. **Ringo Starr** schmeißt eine Studiosession, **John Lennon** verbringt mehr Zeit mit **Yoko Ono** als mit der Band. **Paul McCartney** begibt sich ebenfalls auf Solopfade. Dennoch wird das Weiße Album zu einer unglaublich vielseitigen Doppel-LP. Gleichzeitig reflektiert es die unterschiedliche Entwicklung der einzelnen Bandmitglieder.

Die **Rolling Stones** feierten gemeinsame Triumphe (sieht man von **Brian Jones**' Drogenproblem ab). Dem US-Nr.-1-Hit *Jumping Jack Flash* folgte das fantastische ***Beggars Banquet***, eine Mischung aus Blues, R&B, Gospel – und **Bob Dylan** – sowie Knallern wie *Sympathy For The Devil*, *Factory Girl* und *Stray Cat Blues*. **Jimi Hendrix Experience** hatte mit ***Electric Ladyland*** Erfolg, einem der drei Studioalben, die zu Hendrix' Lebzeiten erschienen. **Cream** halfen dem Heavy-Bluesrock mit der Doppel-LP ***Wheels On Fire*** endgültig auf die Beine. Nach ihrer Auflösung standen schon **Led Zeppelin** und **Yes** bereit, um die entsprechenden Signale für Hardrock und Progressive-Rock auszusenden.

Vor allem durch den Erfolg der Beatles, der Stones und von Jimi Hendrix übertrafen die Verkäufe von LPs erstmals die der Singles. Durch den neuen Trend brach in den USA ein Krieg zwischen den neuen, eher LP-orientierten UKW-Radiostationen (FM) und den Mittelwellensendern (AM) aus. Neue Vorschriften erschwerten den UKW-Sendern den Wettbewerb und die Kontrolle über das eigene Programm. Im Juni organisierte der »Vater des Progressive-Radios« Tom Donahue mit Kollegen einen historischen Streik bei KMPX-FM in San Francisco, als Protest gegen die »behördliche Einschüchterung«.

Einige neutralisierten den Revoluzzergeist (abgesehen von Richard Nixons Wahl zum US-Präsidenten). **Elvis** präsentierte noch mehr Gospel, **Aretha Franklin** übertraf mit vier zukunftsweisenden Top-10-R&B-Hits aus ***Soul Lady*** alle Superlative, und **Simon And Garfunkel** graduierten mit dem ultimativen Filmsoundtrack-Hit *Mrs. Robinson.*

07. Sept. I've Gotta Get A Message To You **Bee Gees**
14. Sept. Hey Jude **Beatles**
28. Sept. Those Were The Days **Mary Hopkin**
09. Nov. With A Little Help From My Friends **Joe Cocker**
16. Nov. The Good The Bad And The Ugly **Hugo Montenegro And His Orchestra**
14. Dez. Lily The Pink **Scaffold**

»Es war die beste Musik seines Lebens. Wenn es je Musik gegeben hat, die blutet, dann war es diese.«

Greil Marcus, **Mystery Train**, über das Fernsehspecial von 1968

Erstmals mehr Umsatz mit Alben als mit Singles ... Dylan spielt wieder live ...

Syd Barrett

»Die Reifeprüfung« mit Dustin Hoffman

Januar

1 **Billboard** berichtet, die Amerikaner hätten im letzten Jahr über 1 Mrd. $ für Platten ausgegeben und zum ersten Mal mehr für Alben (192 Mio.) als für Singles (187 Mio.).

4 **The Jimi Hendrix Experience** startet eine viertägige Skandinavientour im Lorensberg Cirkus in Göteborg mit dem zweiten Album ***Axis: Bold As Love*** im Gepäck. Hendrix muss die Nacht im Gefängnis verbringen und eine Geldstrafe zahlen. Er hatte bei einem Streit mit **Noel Redding** das Hotelzimmer verwüstet.

6 »Happening '68«, eine Musiksendung von Produzent Dick Clark, startet tagsüber auf ABC-TV. Die Moderatoren **Mark Lindsay** und **Paul Revere** und ihre Band **Raiders** machen die Sendung so beliebt, dass sie ab Juli fünf Mal pro Woche läuft, und zwar bis September 1969.

20 **Bob Dylan** tritt seit seinem Motorradunfall erstmals wieder öffentlich auf. Er nimmt am Woody Guthrie Memorial Concert in der Carnegie Hall teil. **Pete Seeger, Arlo Guthrie, Odetta, Richie Havens, Judy Collins** und **Ramblin' Jack Elliott** zollen ihren musikalischen Respekt. Auch die **Hawks** sind dabei, die als Bob Dylans Begleitgruppe auf der Welttournee 1965/66 viel Kritikerlob erhalten. Die Band mit **Robbie Robertson** (Gitarre, Gesang), **Richard Manuel** (Klavier, Gesang), **Rick Danko** (Bass, Gesang), **Garth Hudson** (Orgel) und **Levon Helm** (Schlagzeug, Gesang) wird von Albert Grossman gemanagt und ist seit kurzem bei Capitol unter Vertrag.

26 Der zunehmend unzuverlässige **Syd Barrett** ist vor einem Auftritt der **Pink Floyd** an der Universität Southampton unauffindbar. **Roger Waters** bittet seinen Freund **David Gilmour** der Gruppe beizutreten, damit Barrett von Liveauftritten befreit werden und sich auf das Songschreiben konzentrieren kann. Gilmour war Mitglied der Lokalband **Ramblers**, später **Jokers Wild** genannt, die einmal bei einem Konzert der früheren **Pink Floyd Sound** und **Paul Simon** spielte.

28 **Jim Morrison** von den **Doors** macht sich einen Spaß mit dem Parkwächter auf einem Parkplatz vor einem Pornokino in Las Vegas und tut so, als ob er einen Joint rauchen würde. Daraufhin greifen Kollegen des Wächters Morrison an. Die Polizei verhaftet den Sänger wegen Landstreicherei und Trunkenheit.

Während einer US-Tour spielt Jimi Hendrix in der Garfield High School, die er als Junge besuchte, und erhält die Ehrenbürgerwürde von Seattle.

Die Beatles beim Maharishi Mahesh Yogi

Syd Barrett wurde von seinen Pink-Floyd-Kollegen aus der Band gedrängt ... Simon And Garfunkel nahmen *Mrs. Robinson* für Mike Nichols' Film »Die Reifeprüfung« auf ... Die Beatles flogen nach Indien, um weiter beim Maharishi zu lernen ... Hendrix verließ in Chicago die Bühne, nachdem seine Verstärker plötzlich Radiosignale auffingen.

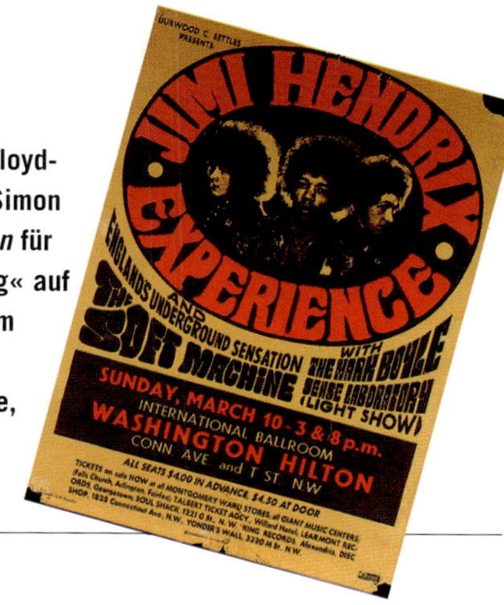

Februar

2 Mit dem Ko-Produzenten Roy Hale nehmen **Simon And Garfunkel** in New York *Mrs. Robinson* auf. Der stimmliche Synchronklang, Markenzeichen des Duos, entsteht durch das Verdoppeln der Gesangsspuren beider Sänger und die perfekte Überlagerung der Harmonien.

14 Die **Hollies** sind auf US-Tournee und geben an einem freien Tag ein Gratiskonzert im Whisky A Go-Go in Los Angeles. Im Publikum sitzen **The Mamas And The Papas**, die **Beach Boys**, die **Doors**, **David Crosby**, **Stephen Stills** und **Neil Young**. Crosby, Stills und Young halten angeblich nicht viel von der Gruppe, sind aber von **Graham Nashs** Harmoniegesang begeistert.

15 **Harrison** und **Lennon** fliegen mit Gefolge nach Indien, um in Rishikesh beim Maharishi Mahesh Yogi Meditation zu studieren. **McCartney**, Jane Asher und die **Starrs** folgen kommende Woche. Starr kehrt schon am 1. März nach London zurück. Er vergleicht den Aschram mit einem Ferienlager. Die anderen reisen ab, weil der Maharishi der Schauspielerin Mia Farrow Avancen gemacht haben soll. Vielleicht lag es aber auch am Essen!?

15 Der Bluessänger **Little Walter** stirbt nach einer alkoholbedingten Rauferei in Chicago an einer Kopfverletzung. Little Walter, der eigentlich Marion Walter Jacobs heißt, zog Anfang der 50er-Jahre nach Chicago und wurde Studiomusiker bei Chess Records. Er spielte Mundharmonika und Gitarre, war Mitglied der Band von **Muddy Waters** und nahm zahlreiche Bluesklassiker auf.

27 **Frankie Lymon**, von der Army in Georgia beurlaubt, um Aufnahmen für Roulette Records zu machen, wird in New York im Haus seiner Großmutter – bei der er aufwuchs – tot aufgefunden. Neben der Leiche liegt eine benutzte Spritze. Lymon, mit 13 ein Star, mit 14 fast am Ende, starb mit 25 an einer Überdosis Heroin. Er wird auf dem Friedhof St. Raymond in der Bronx begraben, der Ruhestätte von **Billie Holiday**.

29 Obwohl die **Beatles** mit ***Sgt. Pepper's Lonely Hearts Club Band*** bei der zehnten Grammy-Verleihung mit dem Album des Jahres den Hauptpreis kassieren – sie sind insgesamt sechsmal nominiert – gehört der Abend dem 21-jährigen Songschreiber **Jim Webb** aus Oklahoma. Seine Komposition *Up, Up And Away* für die **5th Dimension** gewinnt die Auszeichnungen Song des Jahres, Platte des Jahres, beste Gesangsgruppe, bester aktueller Titel und beste aktuelle Aufnahme einer Band. Die **Johnny Mann Singers** werden für ihre Version als bester Chor ausgezeichnet. Mit Webbs Ballade *By The Time I Get To Phoenix* bekommt **Glen Campbell** die Auszeichnungen als bester Sänger und bester aktueller Solosänger und schafft damit als Solist seinen Durchbruch.

27 Die erste große Englandtournee der **Bee Gees** beginnt in der Londoner Royal Albert Hall mit einem 67-köpfigen Orchester, einem Chor und der 50 Mann starken Royal-Airforce-Band.

30 Weil er einen Massenandrang durch Schaulustige befürchet, hat Maharishi Mahesh Yogi laut Mitteilung der **Times** den Plan fallen gelassen, mit **John Lennon** und **George Harrison** am 13 April eine Prozession durch Hardwar am Ganges durchzuführen. Der 13. April ist der höchste Feiertag des Ard-Khumb-Festes, an dem gläubige Hindus im heiligen Fluss baden.

»Die Beatles haben ihren Riesenerfolg nicht als Krücke, sondern als Sprungbrett zu künstlerischen Entwicklungen genutzt, der faszinierenderweise auch ihre Fans gefolgt sind.«

Downbeat, 1. Januar 1968

März

1 Informationen der Musikergewerkschaft zufolge hat das Londoner Popquintett **Love Affair** auf seiner aktuellen UK-Nr.-1-Hit-Single mit dem Titel *Everlasting Love* nicht selbst gespielt. Daraufhin werden für die Plattenbranche Richtlinien bezüglich fairer Praktiken verabschiedet. Der Generalsekretär Hardie Ratcliffe meint: »Einige Punkte sollen jene Praxis unterbinden, bei der hoch qualifizierte Musiker für Mitglieder von Popgruppen einspringen, die ihr Handwerk nicht beherrschen.«

2 **Cat Stevens** wird mit Tuberkulose in eine Londoner Privatklinik eingeliefert und dann ins King Edward VII Hospital verlegt. Nach der dreimonatigen Behandlung muss er sich zu Hause weitere neun Monate schonen.

2 **Big Brother And The Holding Company**, **Tim Buckley** und **Albert King** treten beim Eröffnungsabend des Fillmore East auf. Das ehemalige New-Yorker Kino an der Ecke Second Avenue und 60ste Straße ist die erste Konzerthalle an der Ostküste des Veranstalters Bill Graham.

20 Bei einer Party in **Stephen Stills** Haus werden elf Gäste verhaftet, weil sie sich »dort aufhalten, wo Marihuana konsumiert wird«, darunter **Eric Clapton** und die **Buffalo-Springfield**-Musiker, **Neil Young**, **Jim Messina** und **Richie Furay**. Sie werden sich der Ruhestörung für schuldig bekennen – bis auf Stills, der durch ein Fenster flüchten konnte.

April

4 Die **Beach Boys**, deren USA-Collegetour mit **Buffalo Springfield** und **Strawberry Alarm Clock** in Nashville beginnen sollte, sagen ab, nachdem sie vom Mord an Martin Luther King im nahe gelegenen Memphis erfahren haben. **Jimi Hendrix**, **B. E. King** und **Buddy Guy** erreicht die Nachricht in Virginia Beach. Sie versammeln sich daraufhin zu einer Bluessession.

Tim Buckley, der nur 28 Jahre alt wurde, gilt durch seine introspektiven Songklassiker als stilbildender Sänger des Folk und Rock der 60er.

April 1968

Der einzigartige »weiße« Soulstil der Young Rascals verdankte sich ihren beiden Leadsängern Felix Cavaliere und Eddie Brigati.

Das Debüt von Deep Purple ... Das Ende von Buffalo Springfield ... Bubblegum-Rock ...

Jim Morrisons zunehmende Drogen- und Alkoholabhängigkeit führte zu mehreren Verhaftungen wegen Erregung öffentlichen Ärgernisses.

5 Nach dem Attentat auf Martin Luther King brechen in 30 Städten der USA Unruhen aus. Bei einer landesweiten Fernsehübertrag aus dem Boston Garden appelliert **James Brown** an alle, Ruhe und Besonnenheit zu bewahren. Sein Einsatz bringt ihm ein offizielles Lob des US-Vizepräsidenten Hubert H. Humphrey ein.

12 Die **Mothers Of Invention** treten beim jährlichen Dinner des Grammy-Komitees in New York auf und nehmen, wie erwartet, die Gäste mit spitzen Bemerkungen aufs Korn. **Frank Zappa** scherzt: »Ein ganzes Jahr habt ihr diesen Mist fabriziert, jetzt müsst ihr ihn eben anhören.« In der Zeitschrift »Life« erscheint ein **Doors**-Portrait unter der Überschrift »Die Doors sind ganz schlimm«. **Jim Morrison** wird als »launisch, impulsiv, geistig verwirrt und mit irgendetwas extrem zugedröhnt« beschrieben.

20 Die **Stones** spielen in den Olympia Sound Studios in Barnes, London, das jüngste Werk von **Jagger/Richard** ein – *Jumping Jack Flash*. Im Sommer ist es Nr. 3 in den USA und Nr. 1 in England.

20 Vor kurzem noch **Roundabout** genannt, tritt die englische Hardrock-Band **Deep Purple** erstmals unter neuem Namen in Tastrup, Dänemark auf. Zur neuen Bandbesetzung gehören der 23-jährige Gitarrist **Ritchie Blackmore**, der 26-jährige Keyboarder **Jon Lord**, der 19-jährige Schlagzeuger **Ian Paice**, der 21-jährige Bassist **Nick Simper** und der 23-jährige Sänger **Rod Evans**. Kommenden Monat sichert sich EMI Records die Gruppe, die ihr erstes Album ***Shades Of Deep Purple*** in nur einer einzigen 18-stündigen Session einspielt. Mit weitaus größerem Erfolg erscheint es auf dem Label Tetragrammaton des Schauspielers Bill Cosby.

28 **Country Joe And The Fish** treten auf der Farm von Larry Van Over in Duvall, Washington, auf. Zuvor hat ein Helikopter ein Klavier abgeworfen, weil irgendjemand gefragt hatte: »Wie klingt es, wenn ein Klavier vom Himmel fällt?« Es klang zwar eher dumpf, aber alle hatten ihren Spaß. Hier wird auch die Idee geboren, die zum ersten Sky River Rock Festival und zur Lighter Than Air Fair Anfang September führt.

30 The Kaleidoscope Club, selbst ernannter Multimedia-Rocktreff, eröffnet am Sunset Boulevard in Hollywood mit **Canned Heat**, **Jefferson Airplane** und **Fever Tree**.

Mai

3 Die **Beach Boys** starten in der Universität Georgetown, Washington D. C., eine Tour, auf der Maharishi Mahesh Yogi die spirituelle Erneuerung lehrt. Morgen wird das Ereignis in der New-Yorker Singer Bowl abgesagt, weil nur 300 Besucher erscheinen und der Maharishi nicht auftreten will. Die Liveshow der Gruppe, im Wesentlichen ein altmodisches Greatest-Hits-Programm, wirkt in Zeiten von Progressive-Rock zunehmend anachronistisch. **Al Jardine** meint: »Wenn jemand an dieser Tour verdient, dann die Blumenhändler.« Die Hälfte der Termine werden abgesagt.

5 **Stephen Stills** bestätigt das Gerücht, die **Buffalo Springfield** würden sich auflösen, und meint: »Das war's dann«, kurz bevor die Band die Bühne der Long Beach Arena betritt. Es ist ihr letztes Konzert. Stills tut sich kurz danach mit **David Crosby** und **Graham Nash** zusammen. **Bruce Palmer** beginnt eine kurzlebige Solokarriere. **Neil Young** hat sowohl als Solokünstler für Reprise Records und als viertes Zusatzmitglied der **Crosby, Stills And Nash** Erfolg. **Richie Furay** schließlich gründet **Pogo**. Dank solcher Nachfolger erweist sich Buffalo Springfield im Nachhinein als ein zukunftsweisendes Folkrock-Unternehmen.

12 Die **Rolling Stones** stehen nach über einem Jahr wieder auf der Bühne. Zugleich ist ihr Auftritt beim jährlichen **New Musical Express** Poll Winners Concert im Empire Pool, Wembley, seit Oktober 1966 der erste auf heimischem Boden. Sie stellen ihre neue Single *Jumping Jack Flash* vor. Noch ahnt niemand, dass es das letzte Konzert mit **Brian Jones** sein wird.

14 Die **Rascals** (der Zusatz »Young« wurde fallen gelassen) nehmen *People Got To Be Free* auf. Komponiert wurde ihre vierte und letzte Millionseller-Single von **Felix Cavaliere** und **Eddie Brigati**. Der behauptet später, der Song sei nach

> **»Nicht terrorisieren. Organisieren! Nicht Feuer legen. Den Kindern eine Ausbildung geben. Die wahre Antwort auf die Rassenprobleme in diesem Land ist Bildung.«**
>
> James Brown, 5. April 1968

STEPPENWOLF

4. Mai Steppenwolf spielen *Born To Be Wild* bei »American Bandstand«. Der 24-jährige Sänger John Kay (in Deutschland als Joachim Krauledat geboren) gründete die nach einem Hermann-Hesse-Roman benannte Band 1967 in Los Angeles. *Born To Be Wild*, geschrieben von Dennis Edmonton (alias Mars Bonfire), dem Bruder des Schlagzeugers Jerry Edmonton, wird mit der Textzeile »heavy metal thunder« der Heavy-Metal-Szene einen Impuls geben und in den US-Charts Nr. 2 erreichen. 1969 wird es durch die Verwendung im Film »Easy Rider« zur absoluten Biker-Hymne. Der Hit fördert den Verkauf der ersten LP *Steppenwolf*, die für 9000 $ in der American Recording Company, einem früheren chinesischen Restaurant am Ventura Boulevard in Studio City, aufgenommen wurde.

Wie viele britische und US-Bands folgten Steppenwolf dem von Cream vorgezeichneten Pfad in Richtung Hardrock.

den Morden an King und Kennedy entstanden. Die Band hatte Kennedys Wahlkampf unterstützt. Tatsächlich entstand die Platte einen Monat vor dessen Tod. Als die Band im März durch Florida tourte, gab ihr Wohnwagen bei Fort Pierce den Geist auf, und sie wurden von Rock-Gegnern und Rassisten belästigt. Dieses Erlebnis bestärkte sie darin, nur noch dann live aufzutreten, wenn mindestens ein schwarzer Künstler im Programm ist.

14 **John Lennon** und **Paul McCartney** geben bei der »Tonight Show« auf NBC-TV die Gründung der Firma Apple bekannt. Für den verhinderten Moderator Johnny Carson springt Joe Garagiola ein, der ehemaliger Fänger des St.-Louis-Cardinal-Baseballteams. Gast der Sendung ist auch die legendäre Schauspielerin Tallulah Bankhead.

30 Die **Beatles** treffen sich in den Abbey Road Studios von EMI, um an einem neuen Album zu arbeiten. Als erstes Stück entsteht *Revolution*.

Juni

6 Einen Tag nach dem Mord an Robert Kennedy in Los Angeles nehmen die **Rolling Stones** *Sympathy For The Devil* auf und bauen noch schnell einen Hinweis auf das Attentat ein. Die Hommage von **Stephen Stills** – sein Song *Long Time Gone* –, den **Crosby, Stills And Nash** einspielen, fällt erheblich länger aus.

7 Bubblegum in der Carnegie Hall. Jerry Kasenetz und Jeff Katz von Buddah Records präsentieren den **Kasenetz-Katz Singing Orchestral Circus** bestehend aus acht ihrer »Bubblegum-Rock«-Künstler, ein Modegenre mit seichtem Garagenrock. Mit von der Partie sind die **1910 Fruitgum Company**, **Ohio Express**, **Music Explosion**, die **Teri Nelson Group**, **Lt. Garcia's Magic Music Box**, **1989 Musical Marching Zoo**, **St. Louis Invisible Marching Band** und **J.C.W. Rat Finks**. Die insgesamt 50 Musiker geben auch Solodarbietungen. Robert Shelton, Kritiker der **New York Times**, schreibt: »Wären die Bands so einfallsreich wie ihre Namen, hätte die Musik an diesem Abend länger nachgewirkt … So war es eine Art Weltausstellung der Rockmusik, nicht das Beste vom Besten, sondern das Meiste von allem.« Der Abend habe angedeutet, »was passiert wäre, hätte in der Weimarer Republik ein Elektronik-Zirkus existiert.«

9 Die kanadische Sängerin und Songwriterin **Joni Mitchell** beendet ihr erstes Los-Angeles-Gastspiel nach sechs Tagen im Troubadour. Seit 1967 bei Reprise Records, macht die 24-Jährige Promotion für ihr Debütalbum ***Joni Mitchell***.

10 Bei den Filmaufnahmen der **Stones** zu der Dokumentation »One By One« fängt der Kamin in dem Olympic Studios in Barnes Feuer. Die Feuerwehr rückt zum Löschen an.

11 Die Entfremdung der **Beatles** ist nicht mehr aufzuhalten. Im Studio 3 der EMI Studios arbeitet **John Lennon** allein an *Revolution 9*, während **Paul McCartney** in Studio 2 *Blackbird* aufnimmt. **George Harrison** und **Ringo Star** sind derzeit in Amerika.

David Crosby entdeckte Joni Mitchell 1967 bei ihrem Auftritt im Gaslight Club in Coconut Grove, Florida.

Rockkonzert im Hyde Park ... Tim Hardin ... Die Beatles nehmen *Hey Jude* auf ...

14 Die **Jeff Beck Group** geben ihr erstes US-Konzert. Bald steht ihr Debütalbum ***Truth***, Produzent Mickie Most, auf Nr. 15 der US-Charts. Zur Band des Gitarristen gehören der 21-jährige Bassist **Ron Wood**, Schlagzeuger **Aynsley Dunbar** sowie der 23-jährige Leadsänger **Rod Stewart** aus London.
28 **Aretha Franklin** ist die Hauptattraktion beim Soul-Together-Konzert im Madison Square Garden, bei dem sie mit **Sam And Dave**, den **Rascals**, **Sonny And Cher**, **Joe Tex** und **King Curtis** Geld für den Martin Luther King Memorial Fund sammelt. Zuschauer **Jimi Hendrix** spendet 5000 $. Aretha Franklin – mit ***Aretha: Lady Soul*** die Nr. 2 der US-Charts – veröffentlicht kommenden Monat den Nachfolger ***Aretha Now***.
29 **Pink Floyd** sind beim ersten großen Gratisrockkonzert im Londoner Hyde Park die Hauptgruppe. Vor ihnen tritten **Jethro Tull** auf, eine neue Progressive-Rock-Gruppe mit Leadsänger und Flötist **Ian Anderson**. Sie wird von der Konzertagentur Chrysalis gemanagt (Chris Wright und Terry Ellis – der Firmenname ist eine Kombination aus »Chris« und »Ellis«). Sie sind bei Chris Blackwells Island-Label unter Vertrag und arbeiten an ihrem Debütalbum ***This Was*** und haben gerade ein Engagement im Londoner Marquee Club beendet. Ebenfalls im Programm sind der 27-jährige Singer/Songwriter **Roy Harper** aus Manchester und **Tyrannosaurus Rex**, deren Kopf der 20-jährige Singer/Songwriter **Marc Bolan** aus Hackney, London, ist. Zuvor war er Sänger und Gitarrist der **John's Children**.

Juli

3 *Baby Come Back* von den **Equals** – kürzlich als A-Seite neu veröffentlicht – führt für drei Wochen Platz 1 der UK-Charts an und verdrängt die **Rolling Stones** mit *Jumping Jack Flash*. Das Londoner Quintett wurde vor zwei Jahren von dem in Guyana geborenen Songwriter und Gitarristen **Eddy Grant** gegründet, gemeinsam mit Leadsänger **Derv Gordon**, Rhythmusgitarrist **Lincoln Gordon**, Bassist **Pat Lloyd** und Schlagzeuger **John Hall**. Die Equals spielen vom Ska beeinflusste R&B-Songs, meist von Grant komponiert, der in den 70er-Jahren als Solokünstler ein Comeback hat.
7 Nach ihrer letzten Amerikatour ist für die Bluesrock-Veteranen **Yardbirds** mit dem heutigen Gig in Luton Schluss. Mit fünf Charts-Alben waren sie in den USA weitaus beliebter.

ELVIS PRESLEY

27. Juni **Um 18:00 Uhr beginnt im NBC-Studio 4 in Burbank die Arbeit an einem Fernsehspecial mit Elvis Presley. Produzent und Regisseur Steve Binder hat sich nach langen Querelen mit seinem Ziel, Presleys immense Bühnenpräsenz wiederherzustellen, gegen »Colonel« Tom Parker durchgesetzt, der wollte, dass Elvis sich nach 20 Weihnachtsliedern verabschiedet. Zwischen zwei langen Jamsessions werden choreografierte Teile gefilmt. Die vielen Stunden Filmmaterial werden zu einer einstündigen Sendung zusammengeschnitten.**

Bei zwei langen Sessions an zwei Tagen jammten Presley, Scotty Moore, Charlie Hodge und D.J. Fontana im Kreise eines Studiopublikums auf der Basis von altvertrautem Material.

Jethro Tull

Jethro Tull benannten sich nach einem Ackerbauern und Erfinder aus dem 18. Jahrhundert ... Im Zeichentrickfilm »Yellow Submarine« wurden die Rollen der Beatles von Schauspielern gesprochen.

8 Nach einem Konzert von **Smokey Robinson And The Miracles** im Carter Playground, South End, Boston werden zwei Polizisten verletzt, sieben Jugendliche und sechs Erwachsene verhaftet. Bei der Show drängten Zuschauer zur Bühne. Die Polizei versuchte sie zurückzuhalten, während die Gruppe die Bühne verließ. Danach begannen tausende außerhalb des Parks zu randalieren. Sie demolierten Schaufenster, warfen mit Steinen und klauten gar einen Bus.

8 **Pink Floyd** promoten ihr neues Album ***A Saucerful Of Secrets*** auf der gleichnamigen US-Tournee, die im Kinetic Playground in Chicago beginnt. Zu den 18 Stationen der Tour gehören auch Detroit, New York, Philadelphia, Los Angeles, San Francisco, Seattle und Sacramento.

16 **Tim Hardin** beginnt seine erste Englandtournee in der Londoner Royal Albert Hall. Nachdem **Bob Dylan** ihn vor Jahren als den größten, lebenden Sänger und Songwriter gepriesen hatte, wurde der 26-jährige Folkblues-Künstler zur populären Fixgröße auf dem College-Campus und auf Bluesfestivals in den USA. **Bobby Darin** hatte mit seinem *If I Were A Carpenter* 1966 einen Nr.-8-Hit in den USA. Hardins sechstägiger Besuch gerät jedoch zur Farce. Die britische Begleitband kann ihm nicht folgen, da er offenbar völlig von Drogen umnebelt ist. Somit rückt die Vorgruppe **Family** automatisch ins Rampenlicht.

17 Der **Beatles**-Zeichentrickfilm »Yellow Submarine«, gezeichnet von Heinz Edelman unter der Regie von George Dunning, hat im Londoner Pavilion Premiere. Mit Ausnahme von **Ringo**, der den Leadgesang zum Titelsong beisteuerte, sind alle Bandmitglieder anwesend.

28 Kurz vor dem Aufbruch zur ersten US-Tournee der **Bee Gees** wird **Robin Gibb** mit einem schweren Nervenzusammenbruch in die Privatklinik Regent's Park eingewiesen. Es folgt ein Aufenthalt auf einer Gesundheitsfarm in Sussex, aus der er kommende Woche entlassen wird.

29 Bevor die **Byrds** während ihrer Welttournee nach Südafrika aufbrechen, verlässt der 21-jährige Keyboarder und Sänger **Gram Parsons** – seit Februar Bandmitglied – sein Londoner Hotel und auch die Band. Er will nicht vor einem nach Rassen getrennten Publikum auftreten. Auf der restlichen Tournee vertritt ihn der Ex-Byrds-Roadie Carlos Bernal. Parsons gründet kurz darauf mit einem weiteren Ex-Byrds-Mitglied, **Chris Hillman**, die **Flying Burrito Brothers**.

31 Die **Beatles** nehmen in den Trident Studios, nähe Wardour Street in London, in zwei Tagen *Hey Jude* auf, das **Paul McCartney** für **John Lennons** Sohn **Julian** geschrieben hat. Im Achtspurverfahren aufgenommen, wird es mit dem Arrangement eines 36-Mann-Orchesters ergänzt.

»Zu keinem Zeitpunkt der amerikanischen Geschichte war die Jugend stärker als jetzt. Die von Musik geprägte und verbundene Jugend hat die Macht, die Welt zum Guten zu verändern. Ihre Kehrseite ist die Macht zum Bösen.« Ralph J. Gleason, **Rolling Stone**, 22. Juni 1968

August

6 Die **Times** berichtet, das britische Marktforschungsinstitut würde ab November eigene Umsatz-Charts für Singles und Alben erstellen. Die Idee, dass täglich 300 Plattenläden eine Verkaufsstatistik erstellen, stammt vom stellvertretenden Direktor Peter Meneer. Die Charts ergeben sich aus einer per Computer ermittelten Hochrechnung. Sechs Plattenfirmen haben bereits zugestimmt, der Rest soll sich bis zum 23. August entscheiden.

9 Beim 8. National Jazz And Blues Festival im Kempton Park, Sunbury-on-Thames, machen Fans der Rock'n'Roll-Legende **Jerry Lee Lewis** Ärger. Der erste Abend endet abrupt, als ein Lewis-Fan einen Kupplungsbolzen in die Basstrommel von **Andrew Steel** schleudert und sich die Hauptgruppe **The Herd** weigert aufzutreten.

10 Das National Jazz und Blues Festival macht seinem Namen alle Ehre und präsentiert am Nachmittag unter anderem das **Ronnie Scott Quintet**, **Jon Hendricks** und die **Mike Westbrook Band**. Am Abend läuft sozusagen ein Kontrastprogramm mit Auftritten der Bands **Nice** und **Ten Years After**, **Joe Cocker** (dem 24-jährigen, weißen Soulsänger aus Sheffield, der kürzlich eine Coverversion der **Lennon/McCartney**-Kompositon *With A Little Help From My Friends* aufnahm), **Crazy World of Arthur Brown**, **Jeff Beck**, **Deep Purple**, **Tyrannosaurus Rex**, der **Spencer Davis Group** und **Traffic** (die soeben ihr zweites Album ***Traffic*** fertig gestellt haben).

Die Equals wurden von dem in Guyana geborenen Eddy Grant an der Acland Burghley School im Londoner Stadtviertel Hornsey Rise gegründet.

August

1968

Isle Of Wight Festival ... John Peel auf Radio 1 ... aus den New Yardbirds werden Led Zeppelin ...

Sly And The Family Stone

11 Das Programm am zweiten Tag des National Jazz und Blues Festival wird vom Folk dominiert und Auftritten von **Al Stewart**, der **Incredible String Band** und Englands jüngsten Folkrock-Vertretern, der **Fairport Convention**. Zur Besetzung gehören Gitarrist **Richard Thompson**, Sänger **Ian Matthews** und als Leadsängerin die Songschreiberin **Sandy Denny**. Ihr erstes Album, ***Fairport Convention***, von Joe Boyd produziert, wurde soeben auf Polydor veröffentlicht. Im Abendprogramm spielen **John Mayall's Bluesbreakers**, **Chicken Shack** und **Jethro Tull**.

22 **Ringo** steigt bei den Aufnahmen zum neuen **Beatles**-Album aus. Während er in die USA fliegt (und am 3. September reumütig zurückkehrt), arbeitet die Band weiter an der LP. Das Schlagzeug bei *Back In The USSR* spielt **Paul**. In der Zwischenzeit reicht **John Lennons** Frau Cynthia wegen **Yoko Ono** die Scheidung ein (die am 8. November ausgesprochen wird).

24 **Joe McDonald**, **Barry Melton** und **David Cohen** von **Country Joe And The Fish** wollen bei einer Demonstration während des Parteitags der Demokraten spielen. In der Lobby des Lake Shore Drive Hotels werden sie attackiert und müssen anschließend im Wesley Memorial Hospital behandelt werden. Bei den Angreifern handelt es sich angeblich um Vietnam-Veteranen.

31 Etwa 10 000 Besucher kommen zur Great South Coast Bank Holiday Pop Festivity (allseits bekannt als das Isle Of Wight Pop Festival) auf Hayles Field bei Godshill, dem Bauernhof der Gebrüder Ray und Ron Foulk. Sie wollen mit den Einnahmen ein Schwimmbad finanzieren. Das Festival beginnt um 18 Uhr und dauert ohne Pause bis um zehn Uhr am nächsten Morgen. Discjockey John Peel kündigt die 14 Künstler an: **Jefferson Airplane** (die einzige US-Band im Programm), **The Move**, **Fairport Convention**, die **Pretty Things**, **Tyrannosaurus Rex**, **Aynsley Dunbar Retaliation**, **Plastic Penny**, **Smile**, **Orange Bicycle**, **Hunter's Muskett**, **The Mirage**, die Lokalbands **Halcyon Order** und **Harsh Reality** sowie die **Crazy World of Arthur Brown**. Brown will mit einem Ballon landen, muss die Idee aber wegen des heftigen Windes aufgeben. Aus dem gleichen Grund kann er beim Song *Fire* seinen Feuerhelm nicht in Brand setzen.

Die Einnahmen des ersten Isle Of Wight Pop Festivals sollten der Isle Of Wight Swimming Pool Association zufließen.

September

2 Die **Doors**, derzeit mit **Jefferson Airplane** auf Europatournee, müssen in Amsterdam als Trio auftreten. Leadsänger **Jim Morrison** hatte während des Auftritts der Airplane so wild auf der Bühne getanzt, dass er die Besinnung verlor.

4 Der **Evening Standard** berichtet, mehrere amerikanische Radiostationen hätten die neue **Rolling-Stones**-Single *Street Fighting Man* verboten, weil sie erneut Unruhen auslösen könnte. **Mick Jagger** meint dazu: »Solang sie noch in den Geschäften erhältlich ist, finde ich den Boykott gut. Als sie das letzte Mal eine Single von uns in Amerika verboten haben, verkauften wir davon eine Million Stück.«

7 Die **New Yardbirds** geben ihr Livedebüt im Gladsaxe in Kopenhagen, wo ihre zwölftägige Skandinavientour beginnt. Die neue Band wurde von **Jimmy Page** und **Chris Dreja** gegründet. Doch Dreja ist ausgestiegen, um Fotograf zu werden. Page hat den 22-jährigen erfahrenen Studiomusiker, Arrangeur und Bassisten **John Paul Jones** angeheuert sowie den 19-jährigen Ex-**Listen**-Sänger **Robert Plant**, den Page und Manager Peter Grant kürzlich mit einer Band namens **Hobbstweedle** in Birmingham sahen. Auf Plants Empfehlung kam der 20-jährige Schlagzeuger **John Bonham** dazu, der das Quartett komplettiert.

8 Die **Beatles** spielen *Hey Jude*, mit 7'10 Minuten wohl der längste englische Nr.-1-Song, in David Frosts LWT-Sendung »Frost on Sunday«.

11 **Sly And The Family Stone** treffen in London zu ihrer Englandtour ein. Die Zollbeamten finden beim Bassisten **Larry Graham** Cannabis, worauf die BBC ihren Fernsehauftritt absagt. Eine Woche später verlässt die Band England, ohne ein einziges Mal gespielt zu haben. **Sly Stone**, Ex-Discjockey und Hausproduzent von Autumn Records, formierte diese multikulturelle Psychedelic-Soul-Truppe, die eine Mischung aus Funk, Jazz, Rock, R&B und anarchischem Humor bietet, letztes Jahr in San Francisco. Sie sind bei Epic Records unter Vertrag und nehmen bald ihre dritte Single *Everyday People* auf, die im kommenden Februar der erste US-Nr.-1-Single-Hit für Stone wird, der bereits mit dem funky *Dance To The Music* einen Top-10-Hit in England und den USA hatte.

14 **Roy Orbison** erlebt eine weitere Tragödie. Während er durch England tourt, brennt es in seinem Haus in Nashville, und seine beiden ältesten Söhne, Roy Jr. und Tony, kommen um.

Jim Morrisons Ohnmachtsanfall auf der Bühne bei einem Jefferson-Airplane-Konzert in Amsterdam markierte einen weiteren Schritt in den Abgrund ... Sly Stone war als Produzent der Beau Brummels und Radio-Discjockey bei KDIA in Oakland bereits ein alter Hase im Musikgeschäft.

15 **Lou Rawls** und **Martha And The Vandellas** treten unter anderem in der ersten »Soul!«-Sendung von NBC auf, eine wöchentliche Unterhaltungsshow für ein schwarzes Publikum.

23 Bei ihrem ersten Englandbesuch macht **Joni Mitchell** in Begleitung der **John Cameron Group** Aufnahmen für die Sendung »Top Gear« von Radio 1. Seit dem Sendestart im vergangenen Jahr wird sie von dem kosmopoliten Discjockey John Peel moderiert. Bald entsteht hieraus seine eigene, überaus populäre Nachtsendung, die »John Peel Show«. Peel verbrachte etliche Jahre in den USA und arbeitete u. a. für WRR Radio in Dallas, KOMA in Oklahoma City und KMEN in Kalifornien. 1967 kehrte er nach England zurück und ging zu Radio London. Dort moderierte er seine eklektische Sendung »The Perfumed Garden«. Vom ersten Tag an auf BBC Radio 1 dabei, wird Peel zum exzentrischen Radiomacher mit trockenem Humor und dem Talent, der Plattenindustrie um Jahre voraus zu sein. Er entdeckt neue Talente und stellt sie vor. Die Bänder der »Sessions« hunderter von Studiogästen werden in Kleinauflagen hochgelobte Archivplatten.

26 **Brian Jones** wird wegen unerlaubtem Cannabisbesitz verurteilt. Er muss 50 £ Strafe und die Gerichtskosten in Höhe von 105 £ bezahlen. Der Vorsitzende R. E. Seaton zu Jones: »Wenn Sie nochmal Schwierigkeiten machen, dann kriegen Sie wirklich welche.«

26 **Dusty Springfield**, bei Atlantic Records neu unter Vertrag, beginnt in Memphis mit Plattenaufnahmen, unterstützt von den besten lokalen Studiomusikern unter Leitung der Label-Produzenten Tom Dowd, Arif Mardin und Jerry Wexler. Die LP ***Dusty In Memphis***, in knapp einer Woche eingespielt, wird von der Kritik gefeiert. Der Soulklassiker enthält ihren Hit *Son Of A Preacher Man*.

Oktober

2 Motown Records verklagt das Songschreiber- und Produzenten-Team **Holland/Dozier/Holland** auf über 4 Mio. $ Schadenersatz. Das Hit-

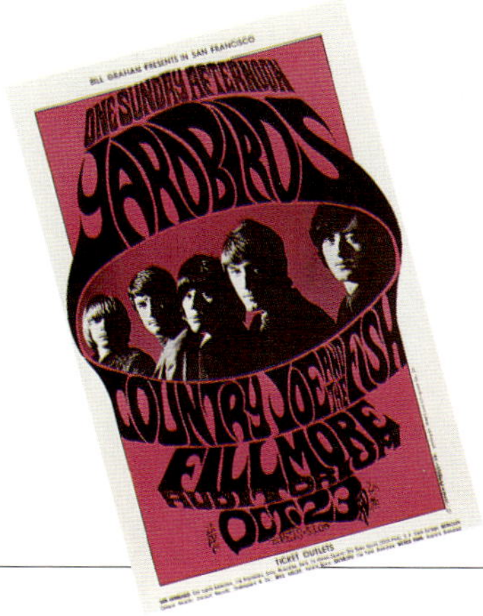

Led Zeppelin

Die Yardbirds, die im Oktober 1966 im Fillmore Auditorium gespielt hatten, lösten sich im Juli auf, weil Jimmy Page und Chris Dreja die New Yardbirds gründeten. Aus diesen gingen dann Led Zeppelin hervor. Der Name verdankt sich einem Ausdruck, mit dem Musiker verheerende Auftritte beschrieben: »Going down like a lead Zeppelin« (»abgestürzt wie ein Blei-Zeppelin«).

macher-Trio soll seinen Vertrag gebrochen haben, weil es seit letztem Jahr für die Firma weder neues Material geschrieben noch produziert hat.

7 Der Virtuose auf der Akustikgitarre, **José Feliciano**, ein 23-jähriger, blinder Puertoricaner – seine Version des Doors-Hits *Light My Fire* kam in den USA auf Platz 3 – spielt vor der Begegnung der Detroit Tigers und der St. Louis Cardinals im Detroiter Tiger Stadium die umstrittene Version der amerikanischen Hymne *Star-Spangled Banner*.

17 Nach monatelangen Sessions in den Abbey Road und Trident Studios ist das neue **Beatles**-Album fertig. Die Doppel-LP erscheint am 22. November und beinhaltet 30 Songs von Schwindel erregender Mannigfaltigkeit.

18 Die **New Yardbirds** geben im Marquee Club ihr Livedebüt in England. Nach zwei weiteren Konzerten werden sie kommende Woche an der Universität Surrey als **Led Zeppelin** auftreten.

18 In der Londoner Wohnung von **John Lennon** und **Yoko Ono** findet die Polizei Cannabis. Beide werden zur Polizeistation Paddington Green gebracht, weil sie sich dem polizeilichen Durchsuchungsbefehl widersetzt haben.

19 Der 18-jährige Gitarrist **Peter Frampton**, Mitglied von **The Herd**, springt beim Londoner Konzert der **Small Faces** ein. Der Leadsänger **Steve Marriott** und er harmonieren gesanglich so perfekt, dass die beiden Pläne für eine neue Band schmieden , die dann auch tatsächlich kommenden April als **Humble Pie** an den Start geht.

22 Die revolutionäre Straßen-Gang »The Motherfuckers« will die Fillmore-East-Halle in New York »befreien«. Ihre Rechtfertigung lautet, der Besitzer und Veranstalter Bill Graham sei »ein Blutsauger, der sich auf Kosten der Gemeinde und der Rockmusik bereichert, die allen gehört«. Graham kontert: »Vor einem Jahr war das hier noch ein Rattenloch, das keiner befreien wollte. Warum besetzt ihr nicht die Oper?«

26 Am ersten Tag des San Francisco International Pop Festivals, das am Wochenende auf den Alameda County Fairgrounds in Pleasanton, Kalifornien stattfindet, treten **Johnny Rivers**, **José Feliciano**, **Eric Burdon And The Animals**, die **Fraternity of Man**, **Rejoice** und **The Buddy Miles Express** auf. Der 22-jährige R&B-Schlagzeuger und -Sänger **Buddy Miles** hat seine Meriten bei **Mike Bloomfield** und **Wilson Pickett** verdient. Außerdem sind **Iron Butterfly** zu hören, eine neue Heavy-Metal-Truppe aus San Diego mit dem Keyboarder und Sänger **Doug Ingle**. Seit dem letzten Jahr ist die Band bei Atco Records unter Vertrag. Ihr zweites Album, ***In-A-Gadda-Da-Vida*** (den Namen entwickelten die Bandmitglieder aus »In the Garden of Eden«, nachdem sie ausreichend Drogen zu sich genommen hatten), steht 140 Wochen in den US-Charts – höchste Notierung ist Platz 4. Die Kritiker preisen es als das erste echte »Heavy-Metal«-Album. Der Titelsong, auf dem Album 17 Minuten lang, erreicht in einer vierminütigen Kurzversion Platz 30 in den USA.

30 Elektra Records schneidet heute und morgen die wilden Auftritte der Detroiter Garagenpunkband **MC5** im heimischen Grande Ballroom für die LP ***Kick Out The Jams*** mit. Die grimmige, gesellschaftskritische Experimental-Rockband wurde 1965 als The Motor City Five gegründet. Mitglieder sind der Sänger **Rob Tyner**, die Gitarristen **Fred »Sonic« Smith** und **Wayne Kramer**, Bassist **Michael Davis** und Schlagzeuger **Dennis Thompson**.

Die MC5 waren die Hausband der linksradikalen White Panther Party und der ihr nahe stehenden Trans Love Commune.

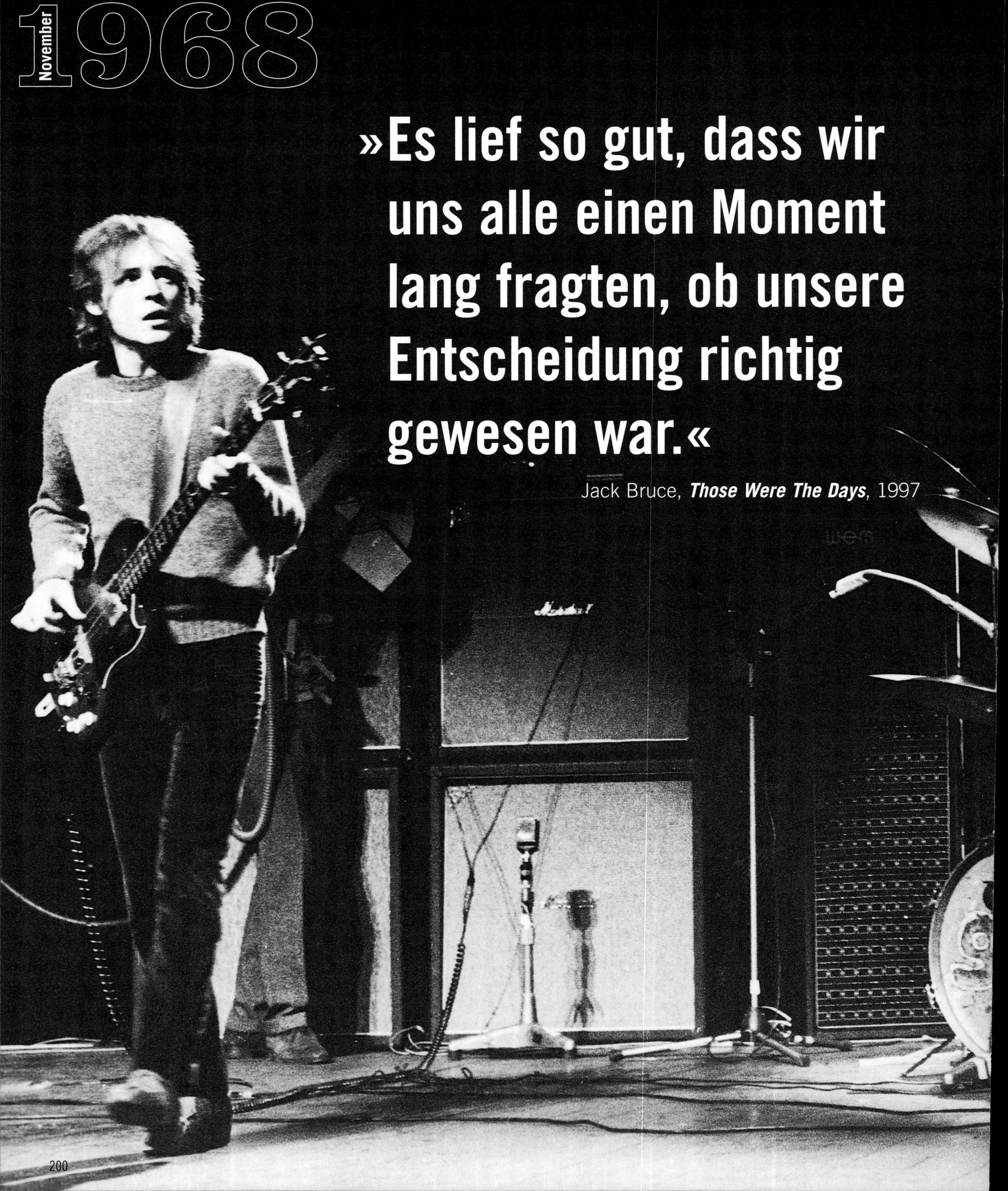

»Es lief so gut, dass wir uns alle einen Moment lang fragten, ob unsere Entscheidung richtig gewesen war.«

Jack Bruce, ***Those Were The Days***, 1997

18. November Cream spielen das letzte Konzert ihrer Karriere in der ausverkauften Royal Albert Hall in London. Sie erklären, dass die Musik der Band sich nun so weit entwickelt habe, wie es ihr möglich sei. In den zwei Jahren und vier Monaten ihres Bestehens hatten sie über 300 Auftritte. Tony Palmer dokumentiert das Konzert für seinen Film »Goodbye Cream«.

Nur zwei Monate nach der Auflösung von Cream hatten Eric Clapton und Ginger Baker bereits zusammen mit Ric Grech und Steve Winwood Blind Faith gegründet. Jack Bruce nahm einige Soloalben auf, bevor er sich mit Leslie West und Corky Laing zusammentat.

November 1968

Beggars Banquet von den Stones ... Das Weiße Album ... Marvin Gaye kommt auf Nr. 1 ...

Im Oktober spielten die Monkees im japanischen Osaka ihre letzten Konzerte als Quartett. Zum Jahresende stieg Peter Tork aus.

November

1 Das Apple Label veröffentlicht mit ***Wonderwall Music*** von **George Harrison** das erste Soloalbum eines Beatle. Was niemanden überrascht, denn Harrison, der große musikalische Kreativität besitzt, ist schon lange frustriert: Bei den Beatles-Alben ist sein kompositorischer Einfluss verschwindend gering.

6 »Head«, der erste Kinofilm der **Monkees**, hat in New York Premiere. Columbia Pictures wollte von Bob Rafelson für das Budget von 750 000 $ einen konventionellen Teeny-Steifen. Doch sein Film zeigt, wie die Band manipuliert wird, garniert mit Zitaten aus klassischen Hollywood-Filmen. Als Kreativpartner fungiert Schauspieler Jack Nicholson, Mitglied der Monkees-Clique. Viele Gastauftritte peppen das bizzare Potpourri auf: vom Boxer Sonny Liston bis zum Schauspieler und Muskelprotz Victor Mature als Großer Victor, einer Figur, die den »Kapitalismus« verkörpert. In einer Szene begehen die Monkees Selbstmord und stürzen sich von einer Brücke, außerdem sind Konzertaufnahmen mit Bildern von Vietnam-Greueltaten zusammengeschnitten. Der Film ist ein totaler Flop und wird in England erst im März 1977 gestartet.

9 Der **New Musical Express** verbreitet weltweit die Exklusiv-Meldung, die **Beatles** würden kommenden Monat drei Konzerte im Roundhouse in Camden Town geben – eine Ente.

10 **Jefferson Airplane** treten in der »Smothers Brothers Show« auf, **Grace Slick** ist am Schluss von *Crown Of Creation* im Gesicht schwarz geschminkt und ballt die Faust zum Black-Power-Gruß.

18 **Diana Ross** tritt mit den **Supremes** bei der Royal Command Performance im Londoner Palladium auf. Nach dem Song *Somewhere* hält sie vor dem aufmerksamen Publikum ein leidenschaftliches Plädoyer für Rassengleichheit: »Es ist genug Platz für uns alle, für Schwarz und Weiß, Juden und Nichtjuden, Katholiken und Protestanten. So sah Martin Luther Kings ideale Welt aus. Wenn wir daran denken, können wir seine Arbeit fortsetzen.« Manche glauben, ihre Ansprache sei auf die Black & White Minstrels gemünzt, eine populäre Komikertruppe der BBC mit rassistischen Untertönen, weil sie auch meint: »Endlich frei! Großer Gott, endlich frei!«

18 Die Countryrock-Band **Pogo** aus Los Angeles gibt nach langen Wochen des Probens in Topanga Canyon ihr Debüt beim wöchentlichen »Hoot«-Folktreff im Troubadour. **Richie Furay**, **Rusty Young**, **Jim Messina** und **Randy Meisner** spielen einen Set mit fünf Songs, darunter Furays *Nobody's Fool* und *What A Day* und Youngs Instrumentalstück *Grand Junction*.

28 **John Lennon** wird als erster Beatle wegen eines Drogendelikts, dem Besitz von Cannabis, verurteilt. Er bekennt sich schuldig und wird zur Zahlung von 150 £ zuzüglich 21 £ Gerichtskosten verurteilt. **Yoko Ono** wird freigesprochen.

Diana Ross nutzte den Auftritt der Supremes bei der alljährlichen Royal Command Performance in London zu einem Statement gegen Rassismus.

Dezember

5 Die Präsentation des **Rolling-Stones**-Albums ***Beggars Banquet*** gerät im Queensgate Hotel in London zum echten Bankett und artet in eine Sahnetortenschlacht aus. Der erkrankte **Keith Richard** ist nicht dabei, er wird von Lord Harlech vertreten. Das weiße Plattencover ist im

Bill Grahams Bühnen – das Fillmore East in New York und das Fillmore West in San Francisco – wurden prägende Veranstaltungsorte der 60er-Jahre. Es kam nicht selten vor, dass an einem Abend so unterschiedliche Künstler wie Led Zeppelin und Woody Herman oder Neil Young und Miles Davis auftraten.

Beggars-Banquet-Party

John Lennon und Yoko Ono

Gäste der *Beggars-Banquet*-Party wurden um passende Kostümierung gebeten ... John Lennons Gerichtstermin wegen Drogenbesitzes war sein zweiter innerhalb eines Monats, da vorher seine Frau Cynthia wegen seiner ehebrecherischen Beziehung zu Yoko Ono auf gerichtlichem Wege erfolgreich die Scheidung verlangt hatte.

Stil einer Einladungskarte gehalten. Ende des Monats ist die LP mit den überwiegend akustischen Untertönen in England auf Platz 3; produziert von Jimmy Miller und dem Tontechniker Glyn Johns. Viele halten das Album mit dem hochgelobten *Sympathy For The Devil* für den kreativen Höhepunkt der Stones. **Brian Jones** wird allmählich von den Bandaktivitäten ausgeschlossen. Der Drogenmissbrauch und das Leben auf der Überholspur haben ihn bereits schwer gezeichnet. Auch das Verhältnis zwischen den Stones und Decca Records hat sich verschlechtert. (Decca hat im Juli die Veröffentlichung der LP verschoben. Grund war der Coverentwurf: eine Toilette voller Graffiti-Schmierereien. Das Label veröffentlicht in den 80er-Jahren das Album erneut – diesmal mit dem umstrittenen Klo-Cover.)

7 Die Doppel-LP ***The Beatles*** ist die Nr. 1 der UK-Charts. Es bietet 30 höchst unterschiedliche, experimentale Stücke und ein komplettes Orchester. Wegen des schlicht weißen Covers von Richard Hamilton (ein bewusster Kontrast zum opulenten ***Sgt. Pepper***) wird es nur das Weiße Album genannt. Erstmals führten die Risse im kreativen Kleeblatt dazu, dass die **Beatles** allein an verschiedenen Stücken gearbeitet haben.

11 In den Intertel Studios, Stonebridge Park im Norden Londons, wird »The Rolling Stones' Rock and Roll Circus«, von der Band als Fernsehsendung geplant, mit Regisseur Michael Lindsay-Hogg gedreht. In der 50 000 £ teuren Show mimt **Mick Jagger** einen Zirkusdirektor, und neben Artisten des Sir Robert Fossetts Circus agieren **The Who**, **Jethro Tull**, **Eric Clapton**, **Marianne Faithfull**, **Mitch Mitchell**, Pianist **Julius Katchen**, Geiger **Ivry Gitlis**, **John Lennon**, **Yoko Ono** und **Julian Lennon**. (Die Show wird nie ausgestrahlt.)

14 Mit seiner dreißigsten US-Charts-Single *I Heard It Through The Grapevine* steht **Marvin Gaye** sieben Wochen lang auf Platz 1. Letztes Jahr war die Komposition von Norman Whitfield und Barrett Strong ein Millionenseller für die Labelkollegen **Gladys Knight And The Pips**. Gayes dramatische Version, im Februar 1967 aufgenommen, wird zur bestverkauften Single in der 20-jährigen Geschichte von Motown und stammt aus seinem aktuellen Album ***In The Groove***.

21 Im September gab Manager Albert Grossman bekannt, dass sich **Janis Joplin** und **Big Brother** Ende 1968 trennen werden. Heute tritt Joplin in Begleitung der **Kozmic Blues Band** beim Stax-Volt Yuletide Thing anlässlich des jährlichen Firmentreffens in Memphis auf, als einzige Künstlerin, die nicht aus Memphis kommt.

23 Bei einer Weihnachtsfeier im Londoner Apple-Büro für die Kinder der Angestellten spielen **John Lennon** und **Yoko Ono** »Herrn und Frau Weihnachtsmann«. Vor zwei Wochen veröffentlichte das Label erstmals das Album eines Sängers/Songwriters, der kein Beatle ist: ***James Taylor***. Der 20-jährige Taylor aus Boston zog kürzlich nach Notting Hill in London, um seine Heroinsucht zu überwinden. Der A&R-Mann **Peter Asher** (Ex-Peter And Gordon) nahm ihn für Apple Records unter Vertrag und produzierte sein literarisches Folkdebüt.

»Arrogant wie ein Totschläger und erotisch bis zur offenen Verführung.« Ed Ochs in **Billboard** über das Konzert der Jimi Hendrix Experience in der New Yorker Philharmonic Hall, 14. Dezember 1968

26 Das Debütalbum für Atlantic Records steht kurz vor Fertigstellung, als **Led Zeppelin** ihre erste Nordamerikatournee mit einem Konzert in der Denver Auditorium Arena beginnen. Die Reise umfasst mehrere Auftritte im Whisky A Go-Go in Los Angeles und im Fillmore West in San Francisco. Sie kommen beim Publikum besser an als die Hauptgruppe, **Vanilla Fudge**, aus New York. Der Psychedelic-Rockgruppe gelang kürzlich mit der wieder veröffentlichten Debütsingle *You Keep Me Hangin' On* ein Nr.-6-Hit in den Vereinigten Staaten.

Marvin Gayes Version von *I Heard It Through The Grapevine* wurde sein erster Nr.-1-Hit in Amerika.

ROOTS In diesem Jahr wird der junge Singer/Songwriter Don McLean vom New York State Council zum »Hudson River Troubador« ernannt ... wird Donna Summer aus dem englischen Dorchester nach dem Vorsingen für eine Nebenrolle der Broadway-Produktion Hair eine Hauptrolle in der Münchner Truppe angeboten ... gründen Gerry Rafferty und Billy Connolly die Folkband Humblebums ... begegnen sich Ralf Hütter und Florian Schneider bei einem Kurs am Düsseldorfer Konservatorium; ihre Faszination für elektronische Musik führt zur Gründung von Kraftwerk ... nennen John Lennon und Paul McCartney bei einer Pressekonferenz zur Gründung von Apple Harry Nilsson als ihren Lieblingsmusiker ... gründen sich REO Speedwagon (benannt nach einem Feuerwehr-Autotyp) in Champaign, Illinois ... bucht der Decca-Manager Jonathan King ein Studio, in dem die Schülerband Genesis in den Sommerferien ein Album aufnehmen soll ... touren die New Yardbirds durch Skandinavien ... gründen Vangelis Papathanassiou und Demis Roussos, die vor dem Obristenputsch in Griechenland geflohen sind, in Paris Aphrodite's Child ... veröffentlichen der Multi-Instrumentalist Mike Oldfield (15) und seine ältere Schwester Sally als Sallyangie ihre erstes Album *Children Of The Sun* ... gründet der zwölfjährige Herbert Grönemeyer aus Bochum seine erste Band ...

Good Times, Bad Times

1969

Nr. 1 US-SINGLES

04. Jan. I Heard It Through The Grapevine **Marvin Gaye**
01. Febr. Crimson And Clover **Tommy James And The Shondells**
15. Febr. Everyday People **Sly And The Family Stone**
15. März Dizzy **Tommy Roe**
12. Apr. Aquarius/Let The Sunshine In **5th Dimension**
24. Mai Get Back **Beatles**
28. Juni Love Theme From Romeo And Juliet **Henry Mancini And His Orchestra**
12. Juli In The Year 2525 (Exordium & Terminus) **Zager & Evans**
23. Aug. Honky Tonk Women **Rolling Stones**
20. Sept. Sugar, Sugar **Archies**
18. Okt. I Can't Get Next To You **Temptations**
01. Nov. Suspicious Minds **Elvis Presley**
08. Nov. Wedding Bell Blues **5th Dimension**
29. Nov. Come Together/Something **Beatles**
06. Dez. Na Na Hey Hey Kiss Him Goodbye **Steam**
20. Dez. Leaving On A Jet Plane **Peter, Paul And Mary**
27. Dez. Someday We'll Be Together **Diana Ross And The Supremes**

Nr. 1 UK-SINGLES

04. Jan. Ob-La-Di Ob-La-Da **Marmalade**
11. Jan. Lily The Pink **Scaffold**
18. Jan. Ob-La-Di Ob-La-Da **Marmalade**
01. Febr. Albatross **Fleetwood Mac**
08. Febr. Blackberry Way **Move**
15. Febr. (If Paradise Is) Half As Nice **Amen Corner**
29. Febr. Where Do You Go To My Lovely **Peter Sarstedt**
29. März I Heard It Through The Grapevine **Marvin Gaye**
19. Apr. The Israelites **Desmond Dekker And The Aces**
26. Apr. Get Back **Beatles with Billy Preston**
07. Juni Dizzy **Tommy Roe**
14. Juni The Ballad Of John And Yoko **Beatles**
05. Juli Something In The Air **Thunderclap Newman**
26. Juli Honky Tonk Women **Rolling Stones**
30. Aug. In The Year 2525 (Exordium & Terminus) **Zager And Evans**
20. Sept. Bad Moon Rising **Creedence Clearwater Revival**

Crosby, Stills And Nash ...

... und Neil Young

Crosby, Stills And Nash waren vorher bei den Byrds, Buffalo Springfield und den Hollies gewesen. Neil Young spielte auf Vorschlag von Atlantic-Chef Ahmet Ertegun mit, zunächst nur vorübergehend und unter der Bedingung, dass er parallel dazu seine Karriere mit Crazy Horse verfolgen konnte. Der Auftritt in Woodstock war erst der zweite gemeinsame Livegig von CSNY.

Dies war das Jahr der Festivals. Zu den hedonistischen Massenveranstaltungen im Freien fanden sich hunderttausende ein, um die Crème des Rock zu sehen. Die Veranstalter von Woodstock rechneten mit 150 000 Fans, doch über 400 000 kamen, um **The Who**, **Jefferson Airplane**, **Janis Joplin**, **Creedence Clearwater Revival**, **The Grateful Dead** und **Santana** zu sehen. Damit alles friedlich zuging, durften tausende umsonst zuhören, und die Bands spielten bis spät in die Nacht. Trotz Regen, schlechter Trips und fehlender sanitärer Anlagen kam es kaum zu nennenswerten Ausschreitungen. Doch wenn Woodstock der Zenith war, dann war Altamont der Nadir. Das letzte Festival der Dekade wurde von Gewalt bestimmt und war das pure Gegenteil von Flower-Power. Die **Rolling Stones** flohen nach ihrem Auftritt überstürzt.

Die Rockmusik erlebte Sternstunden: **Elvis Presley** fand kurzzeitig zu seiner alten Form zurück, **Simon And Garfunkel** arbeiteten über 800 Stunden an ihrem zukunftsweisenden Album ***Bridge Over Troubled Water***. Und mit dem »Pinball Wizard« wurde die Rockoper geboren. »Tommy« – nach einer Idee von **Pete Townshend** – erschloss Neuland in der Rockmusik. **Led Zeppelin** behaupteten sich mit zwei LPs, die **Jimmy Pages** Virtuosität und den flehenden Gesang von **Robert Plant** herausstellten. Es war die Zeit, als sich Supergruppen zu gemeinsamen Projekten trafen und zusammenschlossen. **Graham Nash** gestand, Woodstock hätte ihm Angst gemacht, nicht wegen der Menschenmassen, sondern weil so viele andere Bands **Crosby, Stills, Nash And Young** zuhörten. Auch **Blind Faith** mit **Eric Clapton** (ex-**Cream**) und **Steve Winwood** (ex-**Traffic**) war eine Formierung von Superstars. Das erste und letzte Album der Band wurde zum internationalen Charttopper. Doch gingen sie so schnell, wie sie gekommen waren. Dank der erfolgreichen Platten von Blind Faith, The Who und Led Zeppelin wurden mehr Alben als Singles verkauft.

The Band zierte nach der Veröffentlichung ihrer zweiten LP ***Music From Big Pink*** das Titelblatt von **Time**. Das war moderner Rock von virtuosen Songschreibern – gleich Gemälden aus dem alten Amerika (obwohl vier Kanadier zur Band gehörten) – und von Produzent John Simon außergewöhnlich arrangiert. Sie spielten beim legendären Isle-of-Wight-Festival 1969, wie auch **Bob Dylan**, der nach drei Jahren Pause wieder groß rauskam.

Die Fab Four standen am Ende einer *Long And Winding Road*. Für die Aufnahmen zu ***Abbey Road*** fanden die **Beatles**, die nur noch selten zusammenkamen, dennoch Zeit. **George Harrison** schmiss eine Session; **Lennon** und **Yoko Ono** feierten ihre Hochzeit öffentlich im Bett – als Demonstration für den Weltfrieden.

»Es ist schon nett, wenn ein Song von dir im Aufzug gespielt wird.«

Paul Simon über *Bridge Over Troubled Water*, **Playboy**, 1984

11. Okt. Je T'Aime Moi Non Plus **Jane Birkin And Serge Gainsbourg**
18. Okt. I'll Never Fall In Love Again **Bobbie Gentry**
25. Okt. Sugar Sugar **Archies**
20. Dez. Two Little Boys **Rolf Harris**

Der Abschied der Beatles ... Creedence Clearwater Revival ...

Zwei Monate, nachdem ihr Song *Proud Mary*, eine Geschichte über einen Mississippidampfer, auf Platz 2 gekommen war, bot man Creedence Clearwater Revival 10 000 $ für einen Auftritt in Woodstock.

Januar

2 In den Twickenham Studios werden die Proben zu einem neuen **Beatles**-Album gefilmt, das unter dem Motto »Back to the Roots« steht (Es entstehen der Film und die LP ***Let It Be***). Bei dem Projekt führt Michael Lindsay-Hogg Regie.

4 **Lulu**, das kesse Schottenmädchen, moderiert ihre Unterhaltungsshow »Happening for Lulu« bei BBC 1. Ehrengäste sind **The Jimi Hendrix Experience**. Hendrix sorgt für Verwirrung, als er beim Auftritt plötzlich mit *Sunshine Of Your Love* von Cream loslegt, was nicht abgesprochen war.

10 Nach einem Streit zwischen **Lennon** und **McCartney** marschiert **George Harrison** einfach wortlos aus den Twickenham Studios, fährt zu seinem Haus in Esher und besucht anschließend seine Eltern in Liverpool.

13 **Elvis Presley** beginnt eine zehntägige Studiosession in Chips Momans American Sound Studio in Memphis. Seit den Million-Dollar-Quartet-Aufnahmen im Dezember 1956 mit Sam Phillips nimmt er erstmals wieder in seiner Heimatstadt auf. Er spielt 20 Songs ein, die die Basis für diverse erfolgreiche Singles (darunter *Suspicious Minds*) und ein Album bilden.

15 Den Proben von **Crosby, Stills And Nash** – in der Moscow Road, London, dann in **John Sebastians** Haus auf Long Island – folgt ein Vertrag mit Atlantic. Das Label tritt sämtliche Rechte, Titel usw. »zum alleinigen Nutzen von Richard Furay« an CBS ab, im Austausch für **Graham Nash**, der mit den **Hollies** bei Epic unter Vertrag ist. **Furay** darf als Mitglied von **Poco** (vormals **Pogo**) weiterhin für Epic arbeiten. In Kürze fliegt das Trio zu Plattenaufnahmen nach Kalifornien.

24 US-Staatsanwalt Leo Kaplowitz aus New Jersey weist die Plattenläden an, ***Two Virgins*** von **John Lennon** und **Yoko Ono** »ja nicht zu verkaufen«. Vor drei Wochen wurden 30 000 LPs von der Flughafen-Polizei in Newark beschlagnahmt. Anlass ist das Albumcover mit einem Nacktfoto von John und Yoko, das als »Pornografie« eingestuft wird. Die Polizei beschlagnahmt zudem 22 300 Plattenhüllen – 300 inklusive der LPs – bei Bestway Products in Mountainside.

30 Die **Beatles** machen auf dem Dach des Apple-Gebäudes in der Savile Row in London Musik; an der Orgel der 22-jährige »Shindig«-Dauergast **Billy Preston**, ein amerikanischer R&B-Singer/Songwriter und Keyboarder. Die Idee wurde am Wochenende geboren. Nach 42 Minuten wird das Konzert jedoch unterbrochen, weil der Chefbuchhalter der nahe gelegenen Royal Bank wegen der Lärmbelästigung die Polizei gerufen hat. Mit dem Stück *Get Back* endet der allerletzte öffentliche Auftritt der Beatles.

> **»Ich möchte mich bedanken, auch im Namen der Gruppe. Ich hoffe, wir haben den Test bestanden.«**
> John Lennon, 30. Januar 1969

Anita Bryant, Kate Smith, die Lettermen und das Miami Drum And Bugle Corps spielten bei einer Protestkundgebung gegen Jim Morrisons unanständiges Verhalten in Los Angeles.

Februar

1 **Joni Mitchell** tritt während der Aufnahmen zum zweiten Album ***Clouds*** erstmals in der New-Yorker Carnegie Hall auf.

3 **John Lennon**, **George Harrison** und **Ringo Starr** heuern den Geschäftsmann Allen Klein als Berater an. Der abtrünnige **Paul McCartney** spielt in den AIR Studios, London, bei *My Dark Hour* von der **Steve Miller Band** Schlagzeug und liefert den Backgroundgesang.

17 **Bob Dylan** hat letzte Woche neun Songs für sein neues Album ***Nashville Skyline*** aufgezeichnet. Außerdem macht er Aufnahmen mit **Johnny Cash** in Nashville. Doch das einzige Duett, das von den beiden je veröffentlicht wird, ist *Girl From The North Country*.

24 Kurz vor ihrer Auflösung geben **The Jimi Hendrix Experience** ihr letztes gemeinsames Englandkonzert in der ausverkauften Londoner Royal Albert Hall.

März

1 **Jim Morrison** wird nach einem Konzert im Dinner Key Auditorium von Miami wegen »unsittlichen, anstößigen Benehmens in der Öffentlichkeit, der Zurschaustellung seiner Genitalien und der Simulation von Masturbation und Oralsex« angeklagt, außerdem werden ihm

Nach ihrer Hochzeit veranstalteten John und Yoko ein »Bed-in« für den Weltfrieden und gaben eine Pressekonferenz im Pyjama.

Gotteslästerung, Trunkenheit und andere Vergehen zur Last gelegt. Das drohende Verfahren durchkreuzt alle Tourpläne für fünf Monate.

2 **Glen Campbell**, der große Abräumer vom letzten Jahr, wird bei der elften Grammy-Verleihung für ***By The Time I Get To Phoenix*** mit dem Album des Jahres geehrt. Der Wettbewerb ist so offen wie lange nicht mehr: *Mrs. Robinson* von **Simon And Garfunkel** wird Platte des Jahres und beste Pop-Aufnahme einer Gruppe; Song des Jahres wird *Little Green Apples* von **Bobby Russell**; **José Feliciano** erhält die Auszeichnungen als bester Nachwuchskünstler und bester Popsänger für seine Version des Doors-Titels *Light My Fire*. Die Rhythm'n'Blues-Preise gehen an **Otis Redding**, **Aretha Franklin** und die **Temptations**. **Mason Williams** gewinnt zwei Grammys für sein Barock-Instrumental *Classical Gas*; **Judy Collins** gewinnt mit ***Both Sides Now*** ihren ersten Grammy für die beste Folk-Aufnahme. ***Hair*** wird als beste Filmmusik aus einem Soundtrack-Album ausgezeichnet, und **Jim Webb** erweitert seine Trophäensammlung mit dem besten Begleitarrangement auf *MacArthur Park*.

25 **John Lennon** und **Yoko Ono**, die letzte Woche im britischen Konsulat von Gibraltar geheiratet haben, starten ihr siebentägiges »Bed-in« für den Weltfrieden, in der Präsidenten-Suite im 9. Stock des Amsterdamer Hilton Hotels.

29 *Time Of The Season*, von den **Zombies** im August 1967 für ihr Konzeptalbum ***Odessey And Oracle*** aufgenommen, ist die Nr. 3 der USA. Auf Drängen von **Al Kooper**, der es in England hörte, auf Epic erschienen, wird es zum zweiten Millionenseller der Band. Sie lehnt alle Angebote aus den USA für eine Reunion ab, selbst eines über 20 000 $ für ein einziges Konzert, weil der Keyboarder **Rod Argent** seine eigene Band **Argent** zusammenstellt.

Die Stimme von Glen Campbell, ehemals ein exzellenter Studiogitarrist, erwies sich als ideal geeignet für die Songs von Jim Webb.

29 Kess wie immer vertritt **Lulu** England beim diesjährigen Grand Prix im Teatro Real in Madrid. Das Ergebnis ist kurios, denn am Ende gibt es vier Sieger, weil England, Frankreich, Spanien und Holland punktegleich sind. Lulu hatte in den letzten sechs Wochen in ihrer BBC-Fernsehsendung »Happening For Lulu« sechs der nominierten Beiträge vorgestellt, u. a. auch *I Can't Go On Living Without You*, von einem jungen Songschreiber-Team, dem 22-jährigen Sänger, Pianisten und Komponisten **Elton John** und dem 18-jährigen Texter **Bernie Taupin**. John spielte in den 60er-Jahren bei der englischen Bluesrock-Band **Bluesology**, die später von **Long John Baldry** angeführt wird.1967 hatte er einen kurzen Solovertrag bei Liberty Records, die ihn mit Taupin zusammenbrachten. Als Lohnschreiber bei Dick James Music (DJM) komponieren sie 1967 die B-Seite, *Lord You Made The Night Too Long*, von Baldrys UK-Nr.-1-Hit-Single *Let The Heartaches Begin*. John hat soeben einen kurzfristigen Plattenvertrag mit Philips abgeschlossen, hofft auf eine Solokarriere und setzt seine Zusammenarbeit mit Taupin fort.

April

1 Im Zuge ihres Rechtsstreits mit Capitol Records verklagen die **Beach Boys** das Label auf zwei Mio. $ wegen angeblich ausstehender Tantiemen und Produktionskosten – respektive für **Brian Wilson** – sowie zusätzlicher Verluste durch Misswirtschaft. Die Gruppe gründet kurz danach ihre eigene Firma Brother Records.

10 Die derzeit heißeste San-Francisco-Band **Creedence Clearwater Revival** wird für die geplante Woodstock Music And Art Fair gebucht (auch **Canned Heat**, mit dem progressiven Bluesrocker **Johnny Winter**, sowie **Janis Joplin** sagen in den nächsten zehn Tagen für das Festival zu). Kopf der Creedence sind die Gebrüder **Fogerty** – Chefsongschreiber, Sänger und Gitarrist **John** und Rhythmusgitarrist **Tom** – die seit 1964 als **The Golliwogs** für das Label Fantasy Aufnahmen machten. Vor zwei Jahren änderten sie ihren Namen und schafften kürzlich mit *Proud Mary* Platz 2 in den USA und somit ihren endgültigen Durchbruch. John hatte das Stück am Morgen nach der Entlassung aus der Army geschrieben. Der Song wird zum ersten Millionenseller der Band und ihre meistkopierte Nummer: darunter Covers von **Ike And Tina Turner** 1971, von **Solomon Burke**, **Sonny Charles And Checkmates Ltd.** und **Elvis Presley**. Das zugehörige Album ***Bayou Country***, mit dem sie das Genre »Swamp-Rock« begründen, befindet sich kurz danach als ihr erster LP-Millionenseller auf Platz 7 in den USA.

April 1969

Die Rockoper von The Who ... Debüt von Blind Faith ... Brian Jones verlässt die Stones ...

Bassist Rick Danko entdeckte das rosarot gestrichene alte Haus in West Saugerties, New York, in dem The Band ihr wichtiges Debütalbum aufnehmen sollten.

14 **John Lennon** und **Paul McCartney** müssen *The Ballad Of John And Yoko* allein einspielen, denn **George Harrison** bleibt der Session ohne Begründung fern und **Ringo Starr** dreht mit Peter Sellers »The Magic Christian«. In den kommenden Wochen wird zügig weitergearbeitet, aber nur selten mit allen vier Beatles zugleich. Nach der Veröffentlichung wird *The Ballad Of John And Yoko* von vielen US-Radiosendern wegen der Textzeile »Christ you know it ain't easy« boykottiert.

16 Elektra trennt sich von den **MC5**, nachdem die Band in einer Detroiter Underground-Zeitung der Plattenladenkette Dayton Hudson vorwarf, ihr Album nicht zu ordern. Label-Chef Jac Holzman meint dazu: »Ich denke, ›Scheiß auf Hudson‹ in Verbindung mit dem Elektra-Logo zu schreiben, das geht zu weit.« Dayton Hudson entfernt sämtliche Elektra-Platten aus den Regalen, inklusive MC5s ***Kick Out The Jams***. Im Text des Titelsongs heißt es provokant: »Kick out the jams, motherfuckers.«

17 Das überwiegend kanadisch besetzte Rockquintett **The Band** aus New York hat sich als Begleitgruppe von **Bob Dylan** einen Namen gemacht und ist als eigenständige Gruppe bei Capitol Records unter Vertrag. Ihr erstes Konzert im Fillmore West in San Francisco, zugleich Auftakt einer US-Tournee, platzt beinahe, weil der 24-jährige Leadsänger und Gitarrist **Robbie Robertson** hohes Fieber und seit zwei Tagen nicht gegessen hat. Auf Anregung des Veranstalters Bill Graham versetzt ihn ein Hypnotiseur, der sich während des Auftritts hinter der Bühne bereithält, in Trance. Das Debütalbum von The Band, ***Music From Big Pink*** – benannt nach dem rosa Haus in West Saugerties, wo die Gruppe 1967/68 oft mit Dylan jammte und Plattenaufnahmen machte –, ist immer noch in den US-Albumcharts, in die es auf Platz 30 einstieg.

22 In einer Zeremonie, die von dem Notar Señor Bueno de Mesquita auf dem Dach des Apple-Gebäudes in der Savile Row durchgeführt wird, ändert **John Lennon** seinen zweiten Vornamen Winston in Ono.

Pete Townshends »Tommy«-Projekt wurde ausgerechnet in Bolton, Lancashire, in der englischen Provinz uraufgeführt.

BLIND FAITH

7. Juni **Blind Faith – eine Rock-Supergruppe aus den Ex-Cream-Mitgliedern Eric Clapton und Ginger Baker sowie Steve Winwood und Ric Grech, beide vorher bei Traffic, treten bei einem freien Konzert im Londoner Hyde Park erstmals live auf. Ihr demnächst bei Polydor (UK) bzw. Atco (USA) erscheinendes Debütalbum *Blind Faith* kommt in beiden Ländern auf Platz 1 der Albumcharts, ohne je eine Charts-Single abzuwerfen, und demonstriert damit die kommerzielle Dominanz des Albumformats. Das umstrittene Originalcover, das ein nacktes junges Mädchen zeigt, wird bald durch ein Foto der Band ersetzt.**

Mai

2 Die Rockoper »Tommy« von **The Who**, Idee und Ausführung von **Pete Townshend**, wird in Ronnie Scott's Jazzclub in Soho, London, der Presse vorgestellt. Die Band spielt alle Songs des Albums komplett (die erste Liveaufführung des ambitionierten Projekts fand am 22. April in Bolton statt). Das einzigartige Konzeptalbum – und erste seiner Art – wird von der Kritik als Meilenstein bezeichnet. Erzählt wird die Geschichte eines taubstummen, blinden Jungen, der zunächst zum Flipper-Helden und dank seiner Anhänger zum Propheten aufsteigt.

3 **Jimi Hendrix** wird am Flughafen Toronto, auf dem Weg zu einem Konzert in den Maple Leaf Gardens, verhaftet. Die Anklage lautet Heroinbesitz. Er wird nach Zahlung einer Kaution von 10 000 $ entlassen, bestreitet, harte Drogen zu nehmen, und wird im Dezember freigesprochen.

5 **Billy Preston** nimmt im Trident Studio *That's The Way God Planned It* auf, das morgen fertig gestellt wird. **George Harrison** produziert die Aufnahmen und heuert eine illustre Runde von Studiomusikern an: **Eric Clapton** (Gitarre), **Keith Richard** (Bass), **Ginger Baker** (Schlagzeug) und **Doris Troy** (Backgroundgesang).

10 Die **Temptations**, deren progressiver, psychedelischer Soul-Groove ***Cloud Nine*** derzeit in den US-Top-10 steht, und **The Turtles** spielen auf Einladung von Tricia Nixon bei einem Maskenball im Weißen Haus. Pressegerüchten zufolge sollen **Howard Kaylan** und **Mark Volman** von den Turtles an Abraham Lincolns Schreibtisch Kokain geschnupft haben.

12 Die britische Folkgruppe **Fairport Convention** verunglückt auf der M1. In ihrem Bus sterben der 19-jährige Schlagzeuger **Martin Lamble** und **Richard Thompsons** Freundin, die Modedesignerin Jeannie Franklyn. Die Band kam von einem Konzert in Birmingham zurük, wo sie mit den **Mothers Of Invention** auftrat.

16 **Pete Townshend** verbringt eine Nacht im Gefängnis, weil er bei einem **Who**-Konzert im Fillmore East in New York einen Polizisten in Zivil beleidigt hat. Der Gitarrist griff den Polizisten Daniel Mulhearn an, als dieser versuchte, ans Mikrofon zu gelangen, um die Zuschauer wegen eines Feuers in einem nahe gelegenen Lebensmittelladen zu warnen.

17 Dem **New Musical Express** zufolge sind auch in England die Verkaufszahlen der Alben erstmals höher als die der Singles, ein Trend, der in den USA schon vor über einem Jahr einsetzte.

22 Bei den 14. Ivor Novello Awards wird *Hey Jude* von den **Beatles** zur bestverkauften A-Seite 1968. Der britische Grand-Prix-Beitrag *Congratulations* ist der meistgespielte Song des Jahres, und *Delilah* (für **Tom Jones** ein Riesenhit) ist der internationale Song des Jahres. Sonderpreise gibt es für *Massachusetts (The Lights Went Out In)* von den **Bee Gees** und *Fool On The Hill* von **John Lennon** und **Paul McCartney**.

26 Die **Lennons** betten sich in Zimmer 1742, Hotel Reine-Elizabeth, Montreal, für den Weltfrieden zum zweiten, diesmal achttägigen »Bed-in«.

Juni

8 Bei einem gemeinsamen Treffen der **Stones** auf **Brian Jones'** Farm Cotchford legt man ihm nahe zu gehen. Die offizielle Erklärung wird lauten, der Gitarrist habe die Band verlassen. Jones dazu: »Ich möchte meine Art von Musik machen, und die hat nichts mehr mit den Stones zu tun. Meinem Geschmack nach ist das, was Mick und Keith komponiert haben, zu eingleisig.«

9 Die **Rolling Stones** geben bekannt, dass Jones durch **Mick Taylor** ersetzt wird, derzeit Gitarrist bei **John Mayall's Bluesbreakers**.

13 Das große R&B-Musikspektakel Soul Bowl '69 im Houston Astrodome wird als größtes Soulfestival aller Zeiten angekündigt. Unter anderem treten **Aretha Franklin**, **Ray Charles**, **Sam And Dave**, die **Staple Singers** und **Percy Sledge** bei diesem Ereignis auf.

Auf Anraten des Produzenten Norman Whitfield führten die Temptations mit *Cloud Nine* ihren »Psychedelic-Soul«-Stil ein. Mit dieser Platte gewannen sie einen Grammy.

Juni 1969

Festivalfieber in den USA und England … Der Tod von Brian Jones … Elvis kehrt auf die Bühne zurück …

ABC-TV sendete ein Special aus der Grand Ole Opry mit Bob Dylan und Johnny Cash. Es wurden mehrere Songs aus Dylans Album *Nashville Skyline* gespielt.

David Bowie führte mit seiner innovativen Aufnahme der Weltraumgeschichte *Space Oddity* die interessante Figur des Major Tom ein.

14 Der R&B-Pionier, Sänger und Schlagzeuger **Wynonie Harris** stirbt mit 53 Jahren in Los Angeles an Krebs. Harris gelangen schon vor der Rock'n'Roll-Ära zwei zukunftsweisende US-R&B-Charttopper mit *Good Rockin' Tonight* (1948) und *All She Wants To Do Is Rock* (1949).

20 **David Bowie** nimmt Space Oddity in den Londoner Trident Studios neu auf – die erste Aufnahme entstand im Februar – ausnahmsweise mit Produzent Gus Dudgeon. Die Session hat Bowies eigentlicher Produzent Tony Visconti organisiert. Bowie singt, spielt Gitarre und Stylophone, der 20-jährige **Rick Wakeman** ist an den Keyboards, Visconti spielt Bass und **Terry Cox** Schlagzeug. Bowie gilt in der Londoner Szene als Kultfigur. Seit 1964 wartet er auf seinen Durchbruch. Damals gründete er unter seinem richtigen Namen David Jones die **King Bees** (Aufnahmen für das Decca-Label Vocalion), schloss sich später den **Manish Boys** (Parlophone) an, um 1965 zu den **Lower Third** (Pye Records) zu wechseln. In diesem Jahr änderte er auch seinen Nachnahmen. 1966 schloss er mit dem Decca-Label Deram einen Solovertrag ab (veröffentlichte 1967 seine Debüt-LP ***David Bowie***) und tat sich mit dem Produzenten Visconti zusammen. Auf Betreiben von Mercury-Mitarbeiter Calvin Lee ist der Singer/Songwriter seit kurzem beim Philips/Mercury-Label. Die *Space Oddity* wird rechtzeitig zur ersten Apollo-Mondlandung über Nacht in England und den USA veröffentlicht und mit Platz 5 Bowies erster Hit in England.

20 Die Festivalwelle rollt an, und Newport 69, das erste große Rockfestival in diesem Jahr, beginnt am San Fernando Valley State College in Kalifornien. In den folgenden drei Tagen kommen 150 000 Zuschauer, um die folgenden Künstler zu sehen: **Marvin Gaye**, **Johnny Winter**, **Joe Cocker**, **Jimi Hendrix**, **Janis Joplin**, **Spirit** (eine eklektische Rocktruppe aus Los Angeles mit Leadsänger **Jay Ferguson**, Gitarrist **Randy California**, Bassist **Mark Andes**, Keyboarder **John Locke** und dem 46-jährigen Schlagzeuger **Ed Cassidy**), **Ike And Tina Turner**, die **Rascals**, **Poco**, **Steppenwolf**, **Three Dog Night** (eine weitere neue Los-Angeles-Rockcombo mit **Danny Hutton**, **Cory Wells** und **Chuck Negron**, die derzeit mit ihrem ersten US-Nr.-5-Hit *One* für Furore sorgt), **Buddy Miles**, **Edwin Hawkins**, die **Full Tilt Boogie Band**, die Sängerin und Songschreiberin **Tracy Nelson** und **Eric Burdon**.

27 Nachdem Toronto letzte Woche sein erstes Rockfestival ausrichtete, wollen viele nordamerikanische Städte um nichts nachstehen. Heute beginnt das dreitägige Denver Pop Festival, das **Reverend Cleophus Robinson**, **Joe Cocker**, **Zephyr**, **Creedence Clearwater Revival**, **The Jimi Hendrix Experience**, **Big Mama Thornton**, **Sweetwater**, **Tim Buckley**, **Poco**, **Johnny Winter**, **Aum**, die **Flock**, **Iron Butterfly** und die **Mothers of Invention** präsentiert.

28 Auch Großbritannien wird vom Festivalfieber angesteckt. Das Bath Festival Of Blues geht im Freizeitpark der Stadt mit den **Fleetwood Mac**, **John Mayall**, **Ten Years After**, **Led Zeppelin**, **Nice**, **Chicken Shack**, Jon Hisemans **Colosseum**, Mick Abrahams **Blodwyn Pig**, **Keef Hartley**, **Group Therapy**, **Liverpool Scene**, **Taste**, **Champion Jack Dupree**, **Savoy Brown**, **Clouds**, **Principal Edwards Magic Theatre**, **Babylon**, **Doop Blues Band**, **Just Slowing Down** und Discjockey John Peel über die Bühne.

29 **Jimi Hendrix'** Auftritt am letzten Tag des Denver Pop Festivals ist zugleich das letzte gemeinsame Konzert mit The Experience. Hendrix macht den Sommer über in New York Plattenaufnahmen mit dem Schlagzeuger und Sänger **Buddy Miles** von **Electric Flag** und dem Bassisten **Billy Cox**, einem Freund aus Armeezeiten.

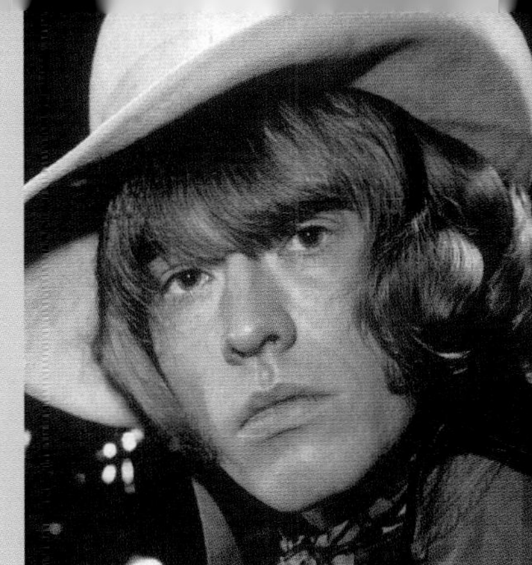

Drei Tage nach Brian Jones' Tod trug Mick Jagger zu seinen Ehren beim freien Konzert der Rolling Stones das Gedicht »Adonais« von dem britischen Dichter Shelley vor.

Juli

1 Nach einem Verkehrsunfall in Golspie, Schottland, werden **John**, **Yoko**, **Julian Lennon** und Yokos Sohn Kyoko im Lawson Memorial Hospital behandelt. Die restlichen **Beatles** begeben sich im Studio 2 in der Abbey Road mit George Martin wieder an die Arbeit.

1 **Sam Phillips** verkauft Sun Records an den Musikimpresario Shelby Singleton aus Nashville, der damit die Originalbänder etlicher früher Rock'n'Roll-Pioniere übernimmt.

3 Nach einem Saufgelage mit Freunden nimmt der 27-jährige Ex-Rolling-Stones-Gitarrist **Brian Jones** ein nächtliches Bad. Er wird auf seiner Farm Cotchford von seiner Freundin Anna Wohlin tot im Swimmingpool aufgefunden.

4 Auf dem International Raceway in Hampton beginnt das zweitägige Atlanta Pop Festival. Vor etwa 125 000 Besuchern treten **Led Zeppelin**, **Creedence Clearwater Revival**, **Canned Heat**, **Johnny Winter**, **Joe Cocker**, **Chuck Berry** und **Blood, Sweat And Tears** auf. Die Jazzrock-Formation wurde 1967 von dem erfahrenen Keyboarder **Al Kooper** mit Gitarrist **Steve Katz**, Bassist **Jim Fielder** und Schlagzeuger **Bobby Colomby** gegründet. Die Band landete mit *Spinning Wheel* zum zweiten Mal über Nacht einen Hit (Nr. 2 in den USA), von Koopers Nachfolger und neuem Frontmann **David Clayton-Thomas** geschrieben. Des Weiteren spielen **Grand Funk Railroad**, eine Hardrock-Band aus Michigan, angeführt von Gitarrist **Mark Farner**. Obwohl ihre Platten, seit kurzem bei Capitol Records, heftige Medienkritik auslösen, gehört die Gruppe Ende des Jahres in Amerika zu den erfolgreichsten Liveattraktionen.

5 Die **Rolling Stones** geben mit dem neuen Gitarristen **Mick Taylor** vor etwa 250 000 Besuchern ein Free Concert im Londoner Hyde Park. **Mick Jagger** rezitiert im Gedenken an **Brian Jones** das Shelley-Gedicht »Adonais«. Dazu lässt man tausende von Schmetterlingen fliegen. Mit dabei sind auch **King Crimson**, eine neue Progressive-Rockband, geleitet von den Ex-**Giles-And-Fripp**-Mitgliedern, Gitarrist **Robert Fripp** und Schlagzeuger **Mike Giles**, mit Ex-**Gods** Bassist **Greg Lake** und dem Saxophonisten und Flötisten **Ian McDonald**. Seit kurzem bei Island Records unter Vertrag, wird ihr Debütalbum ***In The Court Of The Crimson King*** – mit Texten von **Pete Sinfield** – Anfang nächsten Jahres veröffentlicht.

5 Der Londoner Band **Thunderclap Newman** – Sänger **Speedy Keen**, Gitarrist **Jimmy McCulloch** und der schrullige Pianist **Andy Newman** – ist mit dem Überraschungshit *Something In The Air* Nr. 1 der britischen Charts. Keens Popjuwel, von **Pete Townshend** von den Who produziert, vermittelt die Aufbruchsstimmung einer Dekade.

7 Im Bericht des Pathologen steht, **Brian Jones** hatte zum Zeitpunkt des Todes den Alkoholgehalt von »etwa sieben Whisky« im Blut. In seinem Urin wurden zudem Spuren einer »amphetaminähnlichen Substanz« gefunden. Im Bericht heißt es weiter, dass man Jones noch »taumelnd auf dem Sprungbrett gesehen« habe, bevor er »in den Pool gesprungen und dort mit jemand anderem noch herumgeschwommen« sei. Der Coroner von East Grinstead hält den Tod durch einen Unglücksfall für erwiesen.

8 **Marianne Faithfull**, die mit **Mick Jagger** im Film »Kelly, der Bandit« spielt, wird am australischen Drehort im Koma aufgefunden. Sie hat sich selbst eine Überdosis verpasst, angeblich, weil Jagger ihre Beziehung beendet hat. Sie wird von der Produktionsfirma gefeuert und wegen Heroinsucht in eine Drogenklinik eingeliefert.

10 **Brian Jones'** Trauerfeier findet in der Hatherley Road Parish Church in Cheltenham statt, wo er einst als Chorknabe sang. Er wird auf dem Priory Road Cemetery nahe Prestbury beigesetzt. Beim Gottesdienst sind alle **Stones**, außer **Mick Jagger**, anwesend. Kanonikus Hugh Evan Hopkins verliest Jones' eigenen Grabspruch: »Bitte urteilt nicht so streng über mich.«

12 **Blind Faith**, als »die ultimative Supergruppe« angekündigt, gibt ihr US-Konzertdebüt im New-Yorker Madison Square Garden. Es ist der Auftakt zu einer ausverkauften Stadientournee quer durch die USA. Obwohl finanziell rentabel, kommen die Musiker dabei zu der Überzeugung, Blind Faith sei für sie ein unbefriedigendes Unternehmen. Deshalb wollen sie sich nach Ende der Tournee trennen.

14 **The Band** tritt beim Mississippi River Festival in Edwardsville, Illinois auf. Für eine Zugabe absolviert **Bob Dylan** ganz in Cowboy-Kluft als »Elmer Johnson« verkleidet einen Gastauftritt. Sie spielen gemeinsam vier Songs, darunter *I Ain't Got No Home, Slippin' And Slidin'* und *In The Pines*.

20 **Pink Floyd** spielen *What If It's Just Green Cheese?* bei einem »Omnibus«-Special im BBC-Fernsehen über die Weltraummission Apollo 11 live im Studio.

31 **Elvis Presley** eröffnet im Showroom des International Hotels, Las Vegas, sein vierwöchiges Engagement mit 57 Shows, das netto 1,5 Mio. $ einbringen wird. Es ist sein erstes Livekonzert seit dem 25. März 1961. Da er seine magnetische Bühnenpräsenz nicht eingebüßt hat und Presley sowohl sein 50er-Jahre-Repertoire als auch neue Songs darbietet, werden seine Auftritte allerseits hochgelobt. Zur neuen Begleitgruppe gehören der Ex-**Rick-Nelson**-Gitarrist **James Burton**, Bassist **Jerry Scheff**, die Gitarristen **John Wilkinson** und **Charlie Hodge**, die Gitarristen **Larry Muhoberac** (den bei späteren Auftritten der Ex-**Cricket Glen D. Hardin** ersetzt) und Schlagzeuger **Ronnie Tutt**. Den Backgroundgesang liefern **The Imperials** (die **Jordanaires** mussten wegen Nashville-Verpflichtungen absagen) und **The Sweet Inspirations**.

»Waren Keith und Mick Geist und Körper der Stones, so war Brian eindeutig die Seele.«

Rolling Stone, August 1969

August 1969

Woodstock … Paul McCartney lebt … Erster Fernsehauftritt der Jackson 5 …

Die Schauspielerin Jane Birkin (22) nahm mit ihrem neuen Freund, dem 41-jährigen französischen Multitalent Serge Gainsbourg, eine Single auf, die in England auf Platz 1 kam, aber nicht überall gespielt werden durfte.

August

2 Zum zehnjährigen Klassentreffen des Jahrgangs 1959 an der Hibbing High School taucht überraschend **Bob Dylan** mit seiner Frau Sara auf. Das Ehepaar geht nach einer Stunde, als ein betrunkener Gast eine Schlägerei anzettelt.

8 Um zehn Uhr morgens stoppt ein Polizist den Verkehr auf der Abbey Road. Dort entsteht das Coverfoto für das neue Album ***Abbey Road***, auf dem die **Beatles** den Zebrastreifen vor den EMI Studios überqueren. Zu den Stücken des Albums gehört die Ballade *Something*, die erste A-Seite einer Beatles-Single (Rückseite ist **Lennon/McCartneys** *Come Together*), die von **George Harrison** stammt. Sie wird im Oktober veröffentlicht.

15 Um 17:07 Uhr beginnt die The Woodstock Music And Art Fair mit dem Folksänger und Gitarristen **Richie Havens** auf der Farm von Max Yasgur in Bethel, Sullivan County, New York, 113 km von dem Städtchen Woodstock entfernt. Das Programm am ersten Tag gehört dem Folk. Nach Havens treten **Sweetwater**, **Bert Sommer**, **Tim Hardin**, **Ravi Shankar**, die 22-jährige Newcomerin **Melanie**, **Arlo Guthrie** und als Stargast **Joan Baez** auf. Auf dem Höhepunkt der idealistisch gesinnten Hippie-Friedensbewegung im selbst ernannten »Sommer der Liebe« werden sich an die 450 000 Menschen versammeln. An den folgenden vier Tagen kommt es zu drei natürlichen Todesfällen, zwei Geburten, vier Frühgeburten, unzähligen Befruchtungen, übermäßigem Drogen- und Alkoholkonsum, der Schließung der New York State Thruway und zu einem der größten Verkehrsstaus in der Geschichte Amerikas.

16 Am zweiten Tag ist die Zuschauermenge auf 250 000 angewachsen. Die Auftritte von **Quill**, **Country Joe McDonald**, **John B. Sebastian**, **Keef Hartley**, **Santana**, **Incredible String Band**, **Canned Heat**, den **Grateful Dead**, **Creedence Clearwater Revival**, **Janis Joplin**, **Sly And The Family Stone**, den **Who** und **Jefferson Airplane** dauern bis weit in die Nacht hinein. Die Idee und Organisation des Festivals liegt in den Händen von vier Jungunternehmern, die im März die Woodstock Ventures Inc. gründeten: Joel Rosenman, Artie Kornfeld, Michael Lang und John Roberts. Roberts, Erbe eines Drugstores und einer Zahnpastafabrik, hat das Ereignis überwiegend finanziert.

17 **Joe Cocker**, **Country Joe And The Fish**, **Leslie West And Mountain**, **Ten Years After**, **The Band**, **Johnny Winter**, **Blood, Sweat And Tears** und **Crosby, Stills, Nash And Young** treten am dritten Tag in Woodstock auf. Das Publikum ist mittlerweile auf etwa 450 000 angewachsen.

18 Nach den morgendlichen Auftritten der **Paul Butterfield Blues Band** und der 50er-Jahre-Retro-Combo **Sha Na Na** endet das Woodstock Festival um neun Uhr morgens mit **Jimi Hendrix**, der *Star-Spangled Banner* zum Besten gibt.

Die Veröffentlichung des ersten Albums von Santana fiel in denselben Monat wie der beeindruckende Woodstock-Auftritt der Band um den in Mexiko geborenen Carlos Santana.

20 **Frank Zappa** entlässt nach einer kurzen Kanadatournee die **Mothers Of Invention** (zum aktuellen Line-up gehört Sänger **Lowell George**), weil er es »satt hat, für Leute zu spielen, die aus den falschen Gründen klatschen«, (und auch, weil die große Formation auf Tournee beträchtliche Kosten verursacht).

20 Zum letzten Mal treffen sich alle vier **Beatles** in EMIs Abbey Road Studios, um *I Want You (She's So Heavy)* für das neue Album ***Abbey Road*** fertig zu stellen.

September

6 **James Brown**, der »Schwerarbeiter im Showgeschäft«, verkündet am Ende eines Gigs in Memphis, er werde nach dem Independence Day nicht mehr live auftreten: »Leute, ich bin müde. Mein Kopf wird immer schwerer.«

13 **John Lennon's Plastic Ono Band** gibt ihr Debüt an der Universität Toronto. Ursprünglich hatte Lennon eine Rock'n'Roll-Revival-Show mit **Chuck Berry**, **Bo Diddley**, **Fats Domino**, **Jerry Lee Lewis**, **Little Richard** und **Gene Vincent** geplant. In letzter Minute stellt er jedoch eine Band mit **Eric Clapton**, dem Bassisten **Klaus Voormann** und dem Schlagzeuger **Alan White** zusammen.

17 In einem Artikel in der Universitätszeitung der Drake University, **Times-Delphic**, behauptet der Autor Tim Harper, **Paul McCartney** sei am 9. November 1966 bei einem Autounfall in Schottland getötet worden (tatsächlich war er zu diesem Zeitpunkt mit seiner Freundin Jane Asher in Kenia). Sein Ersatz, William Campbell, der Gewinner eines Beatle-Doppelgänger-Wettbewerbs, hätte sich einer Gesichtsoperation unterzogen. Das Gerücht zieht Kreise, als die Universitätszeitung **Northern Star** aus Illinois die Geschichte aufgreift, die Detroiter Radiostation WKNR sie meldet und auch große Zeitungen die Story verbreiten. **Sunday-People**-Journalist Hugh Farmer stöbert McCartney auf seiner schottischen Farm bei Campbeltown auf. Er wird mit den Worten begrüßt: »Sieht so ein Toter aus? Ich fühle mich pudelwohl!«

> **»Sieht so ein Toter aus? Ich fühle mich pudelwohl!«**
>
> Paul McCartney, 1969

ISLE OF WIGHT

30. August In Wootton auf der Isle Of Wight beginnt vor über 100 000 Zuschauern das zweite Isle Of Wight Festival mit Bob Dylan, den Moody Blues, The Nice, Joe Cocker, Richie Havens, dem britischen Pop-Kabarett Bonzo Dog Doo-Dah Band, den Pretty Things, Fat Mattress, Julie Felix, Marsha Hunt And White Trash, Eclection, Third Ear Band, Family, Aynsley Dunbar, Blodwyn Pig, Gypsy, Free (eine neue britische Rockband mit Leadsänger Paul Rodgers, Gitarrist Paul Kossoff, Bassist Andy Fraser und Schlagzeuger Simon Kirke), der Edgar Broughton Band (auch ein neuer britischer Act), Blonde On Blonde, Mighty Baby, dem Folk-Singer/Songwriter Tom Paxton, Pentangle, Gary Farr, Liverpool Scene, Indo-Jazz Fusions und The Who.

Dylan, der in Woodstock nicht auftreten wollte, spielte eine knappe Stunde mit The Band. Bei einer Pressekonferenz vor dem Auftritt hatte er erklärt: »Ich will nicht mehr protestieren. Ich habe nie behauptet, dass ich ein zorniger junger Mann bin.«

19 **Neil Young**, dessen Solodebüt, die LP *Everybody Knows This Is Nowhere*, im Juni auf Reprise Records erschien, tritt im New-Yorker Fillmore East zum ersten Mal mit **Crosby, Stills And Nash** auf. Der Vorschlag, sich dem Trio anzuschließen, kam von Atlantic-Label-Chef Ahmet Ertegun. Der hat Young auch garantiert, dass er weiterhin als Solist und mit seiner Band **Crazy Horse** arbeiten kann. Mike Jahn, Kritiker der **New York Times**, lobt CSN&Y für ihre »exquisit ausgefeilte Stimmfertigkeit«, meint aber auch, »das ist schon fast zu schön und lässt eine gewisse Begeisterung vermissen«.
21 Die Reggae-Pioniere **Desmond Dekker**, **Johnny Nash**, **Jackie Edwards**, **Jimmy Cliff** und **Max Romeo** machen beim ersten Caribbean Music Festival im Empire Pool in Wembley mit.
25 **John Lennon**, **Yoko Ono**, **Eric Clapton**, **Klaus Voormann** und **Ringo Starr** nehmen als **Plastic Ono Band** im Studio 3 der EMIs Abbey Road Studios *Cold Turkey* auf.

Oktober

9 Erstmals seit dem fünfjährigen Bestehen sendet »Top Of The Pops« nicht die Nr. 1 der Woche – das verbotene *Je T'Aime Moi Non Plus* von **Jane Birkin And Serge Gainsbourg**. Nach einem Medienaufschrei hat Philips Records den Erotiksong in England vom Markt genommen, der dort zur Rarität avancierte. Das Indie-Label Major Minor übernahm die Lizenz für den Einzelhandel.
16 R&B-Pionier **Leonard Chess** – er gründete 1948 mit seinem Bruder **Phil** das innovative Chess-Label – stirbt in Chicago an Herzversagen.
18 **Bill Haley** bekommt bei Richard Naders erstem Rock'n'Roll-Revival-Konzert im Felt Forum, Madison Square Garden in New York, eine achtminütige Ovation. Neben ihm treten auf **Chuck Berry**, die **Platters**, die **Coasters** sowie die **Shirelles**, **Jimmy Clanton** und **Sha Na Na**.
18 Die **Jackson 5**, nach Los Angeles umgezogen, von Berry Gordy aufgebaut und als Protegés von **Diana Ross** bei Motown vermarktet, haben in »Hollywood Palace« ihr Fernsehdebüt. Das R&B-Quintett aus Gary, Indiana, besteht aus den Brüdern **Jackie** (18), **Tito** (15), **Jermaine** (14), **Marlon** (12) und dem 10-jährigen Leadsänger **Michael**. **Gladys Knight** und **Bobbie Taylor** brachten sie zum Label, die Mitarbeiterin Suzanne De Passe machte Berry Gordy auf sie aufmerksam.
20 **The Who** beginnen mit »Tommy« ein sechstägiges Gastspiel im New-Yorker Fillmore East. Die Rockoper wird hier wesentlich größere Popularität genießen als in England. Dort ist ***Tommy*** lediglich neun Wochen in den Charts – in den USA hingegen über zwei Jahre.

November

7 Die **Stones** starten an der State University in Fort Collins, Colorado, ihre erste Nordamerikatour seit drei Jahren (und ihre sechste). Die 17-tägige Tour wird am 30. beim Miami Pop Festival in West Palm Beach enden. Albert Goldman vergleicht in der **New York Times** **Jagger** mit Hitler.

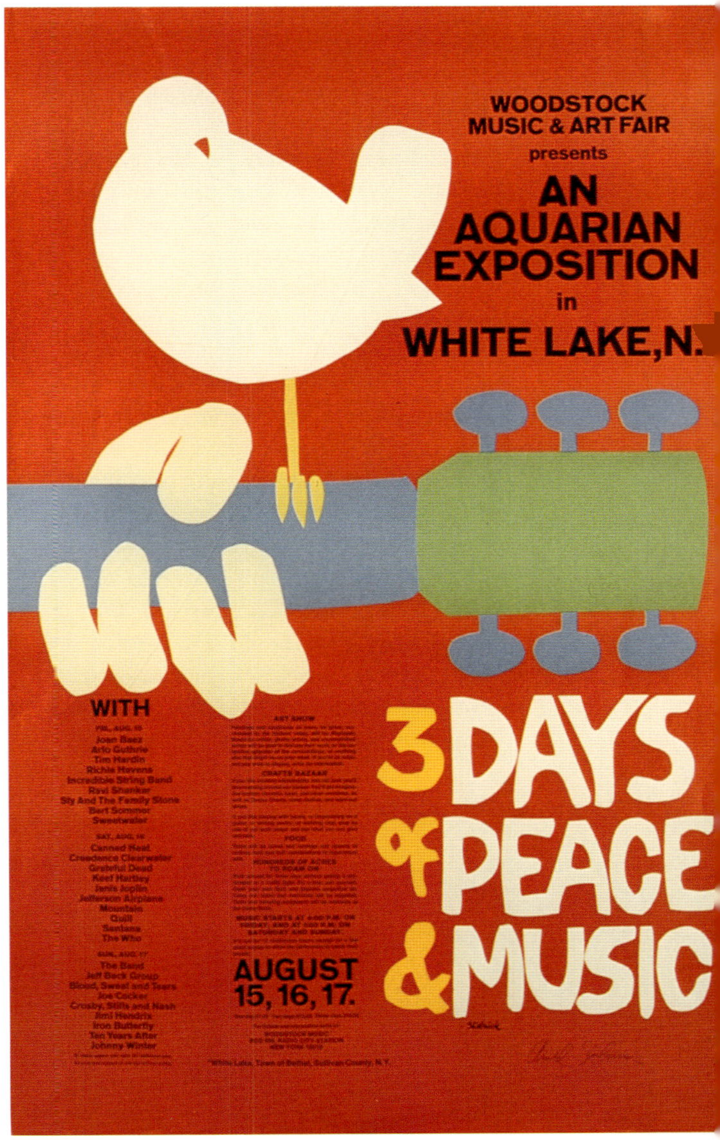

Etwa 450 000 Musikfans, fast alle ohne Eintrittskarten, besuchten in Woodstock das größte Rock- bzw. Kulturfestival, dass es bis dahin gab.

November 1969

Bridge Over Troubled Water ...
Lennon gibt Orden zurück ...
Blood, Sweat And Tears ...

Simon And Garfunkel verbrachten für das Album *Bridge Over Troubled Water* angeblich 800 Stunden im Studio.

Led Zeppelin wurden in London bei den Board of Trade Awards von Gwyneth Dunwoody, einer wichtigen Funktionärin der britischen Handelskammern, ausgezeichnet.

9 **Simon And Garfunkel** nehmen *Bridge Over Troubled Water* in den Columbia Studios, New York, auf. Höhepunkt der Ballade, von **Paul Simon** komponiert und vom bewährten Roy Halee mitproduziert, ist der engelhafte Sopran von **Art Garfunkel**. Sie wird ein internationaler Hit, sechs Wochen die Nr. 1 in den USA, drei Wochen in England, und damit Markenzeichen des Duos. Das gleichnamige Album, das im Februar 1970 erscheint, wird sein am besten verkauftes, führt aber bis dahin auch zur Auflösung des Duos.

11 Direkt nach ihrer dreiwöchigen Nordamerikatournee bekommen **Led Zeppelin** bei den Board Of Trade Awards im Londoner Savoy Hotel zweimal Platin und einmal Gold. Seit letzter Woche klettert die zweite LP der Band, ***Led Zeppelin II***, sowohl die englischen als auch amerikanischen Charts bis auf Platz 1 hoch. Der bluesgetränkte Heavy Metal, von **Robert Plants** einzigartigem Stakkatogesang und **Jimmy Pages** virtuosem Gitarrenspiel geprägt und von Kritikern als Meilenstein gepriesen, beeinflusst in Zukunft unzählige Hardrock/Heavy-Metal-Bands. Sie liefert auch den ersten und einzigen US-Top-10-Hit, die Nr. 4 *Whole Lotta Love* (in England werden keine Zeppelin-Singles veröffentlicht).

16 **Janis Joplin** macht sich angeblich bei einem Auftritt in der Curtis Hixon Hall in Tampa über einen Polizisten lustig und wird wegen »vulgärer, anstößiger Sprache« verhaftet.

25 **John Lennon** retourniert seinen MBE-Orden an den Buckingham Palace mit der Notiz: »Eure Majestät, mit Rückgabe dieses MBE protestiere ich dagegen, dass England sich an der Nigeria-Biafra-Sache beteiligt, dass wir die Amerikaner in Vietnam unterstützen und dagegen, dass *Cold Turkey* in den britischen Charts fällt. Liebe Grüße, John Lennon von Sack.«

29 **Jefferson Airplane** beenden im New-Yorker Fillmore East ihr dreitägiges Gastspiel. Dabei tritt **Grace Slick** als Adolf Hitler verkleidet auf, und der Schauspieler Rip Torn mimt Richard Nixon.

30 Die **Monkees** geben ihr letztes Livekonzert im Oakland-Alameda County Coliseum, Oakland. Beim Auftritt gibt **Mike Nesmith** bekannt, dass er eine neue Band namens **First National Band** gründen will. **Mickey Dolenz** und **Davy Jones** hingegen versichern, als The Monkees weiterzumachen. (Die Band wird allerdings tatsächlich erst in 15 Jahren wieder live auftreten).

Dezember

1 **Barry Gibb** hat die **Bee Gees** verlassen und erklärt, »ich habe es satt, bin unglücklich und völlig desillusioniert.« Nachdem sich **Robin**

Levon Helm war der Schlagzeuger von The Band, aber sein Mandolinenspiel prägte ihren Sound noch mehr ... Auf der US-Tour der Rolling Stones 1969 wurde das Etikett »größte Rock'n'Roll-Band der Welt« erfunden ... Jefferson Airplane wollten jedermann lieben, aber das beruhte nicht auf Gegenseitigkeit: Jack Casady und Paul Kantner wurden wegen Drogenbesitzes verhaftet, Grace Slick musste am Hals operiert werden und zu allem Überfluss trat die Gruppe in Altamont auf ...

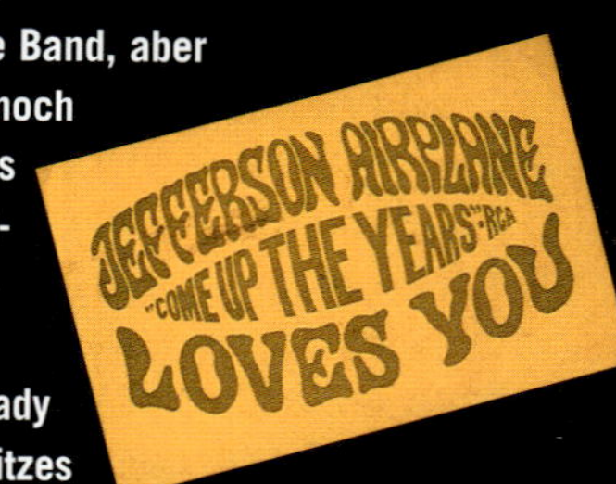

kürzlich für eine Solokarriere entschieden hat, bestehen die Bee Gees – einst ein Quintett – praktisch nur noch aus **Maurice Gibb**.

2 Als gestern **Delaney And Bonnie And Friends** in der Londoner Royal Albert Hall ihre Englandtournee eröffneten, war auch **George Harrison** da, der beim zweiten Auftritt unerkannt mitspielte. Das amerikanische Ehepaar **Delaney** und **Bonnie Bramlett** bestritt mit einer losen Truppe befreundeter Musiker kürzlich das Vorprogramm zur US-Tournee der **Blind Faith**. Spontane Jamsessions und Plattenaufnahmen mit **Eric Clapton** folgten.

10 Nach achtstündiger Beratung spricht eine Jury in Toronto **Jimi Hendrix** von den Anklagepunkten Besitz von Heroin und Marihuana frei. Er hat gestanden, Pot, Haschisch und LSD ausprobiert zu haben, sei aber seiner Experimentierphase längst »entwachsen«, wie er sagt.

15 Die **Plastic Ono Band** gibt als Hauptgruppe beim UNICEF-Konzert Peace For Christmas im Londoner Lyceum Ballroom ihr britisches Bühnendebüt. Die Ono-Band-Veteranen **Lennon**, **Ono**, **Clapton**, **Voormann** und **White** haben in nur 48 Stunden zusätzlich **George Harrison**, **Bobby Keyes**, **Billy Preston**, **Keith Moon**, **Jim Gordon** und **Delaney And Bonnie** rekrutiert. Seit dem 1. Mai 1966 stehen damit erstmals wieder zwei Beatles gemeinsam auf der Bühne. Für Lennon sollte es der letzte Liveauftritt in England sein.

20 Zu Ende eines erstaunlich erfolgreichen Jahres für die Band druckt die **Los Angeles Times** folgendes Fazit: »**Blood, Sweat And Tears** dürften wohl die wichtigste neue Popgruppe dieser Dekade sein. So groß der Einfluss der Beatles auch war, sie repräsentierten mit ihren Werken den Abschied von allem, was die Blood, Sweat And Tears in die Rockmusik einbringen: einen orchestralen Sound, warme, inspirierte Harmonien, Ideen und improvisierte Jazzsoli auf hohem Niveau.«

20 ***Let It Bleed*** von den **Rolling Stones** steigt auf Platz 1 der UK-Charts ein und verdrängt ***Abbey Road*** von den **Beatles**. Als Gastmusiker mit dabei sind der großartige 22-jährige Gitarrist **Ry Cooder** aus Los Angeles und die amerikanische Sängerin **Merry Clayton**. Höhepunkte sind *Midnight Rambler*, bei dem **Jagger** den Bostoner Würger Albert de Salvo verkörpert, und *Country Honk*, das ursprüngliche Country-Konzept für *Honky Tonk Women* (das bereits der Nr.-1-Sommerhit in den USA und England war).

21 **Diana Ross And The Supremes** absolvieren ihren letzten, gemeinsamen Fernsehauftritt in der »Ed Sullivan Show«. Im Rahmen des Jahrzehnterückblicks »The Swinging, Soulful Sixties« singen sie ein Supremes-Medley und *Someday We'll Be Together*.

21 Die **Rolling Stones** beschließen das Jahr mit dem letzten von vier Livekonzerten in London – im Lyceum Ballroom. Peter Smith, Manager des Lyceums, meint: »Weil Weihnachten ist, wollten wir alle überraschen, obwohl es schneller als geplant passierte.« Die Schlange der erwartungsvollen Fans reicht bis zu The Strand, wo dutzende Polizisten im Einsatz sind.

31 Beim Silvesterkonzert im New-Yorker Fillmore East stellt **Jimi Hendrix** Bassist **Billy Cox** und Schlagzeuger **Buddy Miles** als seine neue Band **Band of Gypsys** vor. Ein Mitschnitt des Gigs wird später als ***Band of Gypsys*** veröffentlicht.

Blood, Sweat And Tears waren die Idee von Al Kooper (ganz rechts), aber erst der Einstieg von David Clayton-Thomas als Leadsänger brachte ihnen den Erfolg.

ROOTS **In diesem Jahr beginnt Bonnie Raitt, die gerade vom Radcliffe College kommt, in kleinen Cafés rund um Boston zu spielen und wird in der Folk- und Blues-Szene der Ostküste immer erfolgreicher ... gründet Nils Lofgren nach einigen Wochen der Obdachlosigkeit in Greenwich Village Paul Dowell And The Dolphin, die erfolgreich bei Sire Records vorspielen ... sponsert der holländische Millionär Stanley August Miesegaes eine neue Band um Rick Davies, der per Anzeige weiteren Mitstreitern eine »echte Gelegenheit« für eine Bandgründung anbietet; sie benennen sich nach dem Buch »The Autobiography of a Supertramp« ... sieht Mickie Most in einem Club in Detroit, wo er gerade Jeff Beck produziert, die Band Cradle und lädt deren Leadsängerin Suzi Quatro zu Aufnahmen für sein Label RAK nach London ein ... zieht die Birmighamer Coverband 'N Betweens, die bisher in mittelenglischen Clubs auftrat, nach London; unter dem Manager und Produzenten Chas Chandler benennen sie sich in Ambrose Slade um, werden aber erst ohne »Ambrose« bekannt ... lösen sich die texanischen Bands American Blues und Moving Sidewalks auf, worauf Billy Gibbons von den Moving Sidewalks den Schlagzeuger Frank Beard anheuert, der Dusty Hill von American Blues dazuholt; sie verwerfen Z.Z. Hill und Z.Z. Brown und nennen sich schließlich ZZ Top ...**

»Man sah sofort, dass er nicht durchkommen würde. Es gab keine Behandlungsgeräte.«

Robert Hiatt vom Public Health Hospital in San Francisco, der erste Arzt, der zu Meredith Hunter kam, **Rolling Stone**, 30. Januar 1970

Schon zu Beginn hatte ein Hell's Angel Marty Balin von Jefferson Airplane auf der Bühne angegriffen. The Grateful Dead waren wegen der »schlechten Schwingungen« längst geflüchtet.

6. Dezember In der Absicht, ihr erfolgreiches Hyde-Park-Konzert vom Juli zu wiederholen, schließen die Rolling Stones ihre USA-Tournee mit einem Free Concert als Headliner ab. Es findet mit Santana, The Flying Burrito Brothers und Jefferson Airplane auf dem Altamont Speedway in Livermore, Kalifornien, vor ungefähr 300 000 Besuchern statt (ursprünglich war als Veranstaltungsort der Sears Point Raceway geplant, was sich aber in nur 20 Stunden nicht realisieren ließ). In London fungierten die britischen Hell's Angels als Ordner, für heute hat die Gruppe deren weniger friedliche Kollegen aus San Francisco angeheuert. Mit Alkohol und Drogen abgefüllt, provozieren sie gewalttätige Auseinandersetzungen. In der aufgeheizten Atmosphäre wird der 18-jährige Schwarze Meredith Hunter von Hell's Angels erstochen, als er während des Stones-Auftritts beim Song *Under My Thumb* vor der Bühne eine Pistole zieht. Die Stones hetzen durchs Programm und verschwinden mit einem Helikopter. Drei weitere Besucher sterben an diesem Abend: Zwei werden in ihren Schlafsäcken zu Tode getrampelt, ein weiterer ertrinkt im nahe gelegenen See. Dieses Konzert, das im Desaster endet, wird von vielen als Totengesang der Love-, Peace- und »Flower-Power«-Bewegung betrachtet und damit als das Ende einer Ära.

»Die 70er waren die beste Zeit der Rockmusik ... Bowie, Floyd, Hendrix, The Who ... Led Zeppelin, die Sex Pistols, Queen, Elton ... eine unglaubliche Liste. Ihre ... Aufnahmen stehen für sich und überdauern die Zeit.« **Bryan Adams**

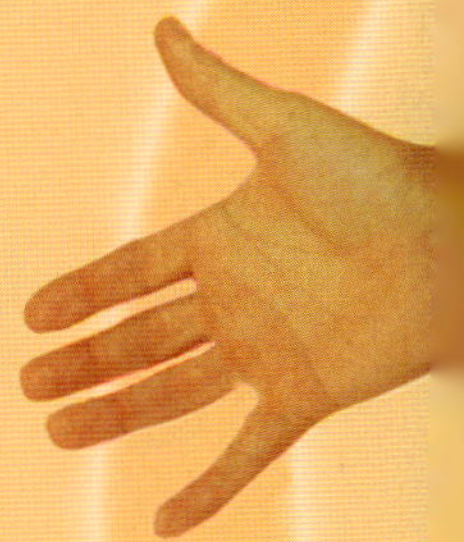

»Wir waren alle Hippies ... Wir empfanden das als gemeinsames Ding von uns allen.« **Joni Mitchell**

»1965–1975 war meiner Meinung nach eine Glanzzeit der Musik. Britische Musiker ... amerikanischer R&B ... Memphis-Soul ... amerikanischer Pop, Rock und Folk ... einige gute Disco- und Jazzsachen waren wunderbar. In jener Zeit kamen alle diese Kräfte zusammen und bildeten ein fantastisches musikalisches Mosaik.« **Arif Mardin**

1970–1979

Let's Work Together

1970

Nr. 1 US-SINGLES

03. Jan. Raindrops Keep Fallin' On My Head **B. J. Thomas**
31. Jan. I Want You Back **Jackson 5**
07. Febr. Venus **Shocking Blue**
14. Febr. Thank You (Falettinme Be Mice Elf Agin)/ Everybody Is A Star **Sly And The Family Stone**
28. Febr. Bridge Over Troubled Water **Simon And Garfunkel**
11. Apr. Let It Be **Beatles**
25. Apr. ABC **Jackson 5**
09. Mai American Woman/No Sugar Tonight **Guess Who**
30. Mai Everything Is Beautiful **Ray Stevens**
13. Juni The Long And Winding Road **Beatles**
27. Juni The Love You Save **Jackson 5**
11. Juli Mama Told Me (Not To Come) **Three Dog Night**
25. Juli (They Long To Be) Close To You **Carpenters**
22. Aug. Make It With You **Bread**
29. Aug. War **Edwin Starr**
19. Sept. Ain't No Mountain High Enough **Diana Ross**
10. Okt. Cracklin' Rosie **Neil Diamond**
17. Okt. I'll Be There **Jackson 5**
21. Nov. I Think I Love You **Partridge Family**
12. Dez. The Tears Of A Clown **Smokey Robinson And The Miracles**
26. Dez. My Sweet Lord **George Harrison**

Nr. 1 UK-SINGLES

03. Jan. Two Little Boys **Rolf Harris**
31. Jan. Love Grows (Where My Rosemary Goes) **Edison Lighthouse**
07. März Wand'rin' Star **Lee Marvin**
28. März Bridge Over Troubled Water **Simon And Garfunkel**
18. Apr. All Kinds Of Everything **Dana**
02. Mai Spirit In The Sky **Norman Greenbaum**
16. Mai Back Home **England World Cup Squad »70«**
06. Juni Yellow River **Christie**
13. Juni In The Summertime **Mungo Jerry**
01. Aug. The Wonder Of You **Elvis Presley**
12. Sept. The Tears Of A Clown **Smokey Robinson And The Miracles**
19. Sept. Band Of Gold **Freda Payne**
31. Okt. Woodstock **Matthews Southern Comfort**
21. Nov. Voodoo Chile **Jimi Hendrix Experience**
28. Nov. I Hear You Knocking **Dave Edmunds**

Yoko Ono und John Lennon

Phil Spector und George Harrison

Die meisten Stücke für sein Album *John Lennon And The Plastic Ono Band* schrieb Lennon nach einem sechsmonatigen Intensivkurs in Urschrei-Therapie ... George Harrison produzierte zusammen mit Phil Spector sein Dreifachalbum *All Things Must Pass*, auf dem u.a. Eric Clapton, Ringo Starr und Billy Preston mitspielten.

Die Achterbahnfahrt der 60er-Jahre war vorbei. 1970 erschien im Vergleich dazu wie eine kalte Dusche – ein Jahr der Tragödien, in dem sich die Popmusik in einzelne Genres aufsplitterte.

Kurz hintereinander starben zwei große Rocklegenden, **Jimi Hendrix** und **Janis Joplin**, an den Folgen ihres Drogenkonsums. Joplin erlag in einem Motel in Hollywood einer Überdosis Heroin. Hendrix stand unter finanziellem Druck und kämpfte mit den widersprüchlichen Anforderungen, die an ihn als Musiker und Showman gestellt wurden. Über sein musikalisches Erbe kam es zu einem langen Rechtsstreit; unbestritten bleibt, dass er das Spiel der Rockgitarre revolutionierte.

Die **Beatles** hatten die Popmusik revolutioniert, doch auf ihrem letzten Album ***Let It Be*** sind die Spannungen in der Band spürbar, und es macht, gemessen an ihren hohen Standards, den Eindruck eines Flickwerks. **John Lennon** konzentrierte sich 1970 auf sein Engagement für den Frieden und prophezeite, das Mantra »Make love not war« würde »wieder aufleben«. Sein Album ***Plastic Ono Band*** ist gekennzeichnet durch Protestsongs wie *Working Class Hero,* aber auch durch die ungewöhnlich minimalistische Produktion von **Phil Spector**. **Paul McCartneys** Soloalbum erschien im April; er verklagte Ende des Jahres den Rest der Band.

Diana Ross und die **Supremes** lösten sich auf. Aber Motown war ohnehin mit seinen jüngsten Hit-Machern, den **Jackson 5**, beschäftigt. R&B wurde aufgrund des wachsenden schwarzen Selbstbewusstseins zunehmend politischer. Bei *Ball Of Confusion* von den **Temptations** ging es um soziale Missstände wie Unruhen und Rassentrennung. **James Brown** hatte bereits sein *Say It Loud, I'm Black And Proud* eingespielt.

Eine faszinierende Flut neuer Künstler und einzelner Genres strömte heran. Reggae, der Sound aus den Slums von Kingston, Jamaika, eroberte die Popszene – zumindest in Großbritannien – mit Stars wie **Desmond Dekker** und **Jimmy Cliff**. **Bob Dylan** bezeichnete Cliffs *Vietnam* als den besten Protestsong, den er je gehört hatte; **Paul Simon** nutzte den Titel zwei Jahre später als Vorlage für *Mother And Child Reunion*. Aber erst einmal bot das sanfte *Bridge Over Troubled Water* 1970 einen beruhigenden Gegenpol zu den Umbrüchen der späten 60er-Jahre. **James Taylor** sorgte mit seinem Album ***Sweet Baby James*** ebenfalls für nachdenklichere Töne.

Noch sanftere Klänge kamen von den **Carpenters**, die mit *(They Long To Be) Close To You* ins Rampenlicht traten. Weder **Dionne Warwick** noch **Dusty Springfield** hatten mit diesem Song von **Burt Bacharach** zuvor großen Erfolg gehabt, aber die Carpenters erreichten damit in den USA Platz 1.

Zu den Höhepunkten zählte **Eric Claptons** bahnbrechende erste *Layla*-Aufnahme. **Elton Johns** US-Debüt in Los Angeles kam bei der Kritik bestens an. »And you can tell everybody, This is your Song ...« Wie wahr!

»Die Carpenters sind eine junge Gruppe, deren solides musikalisches Handwerk auf Talent gegründet ist.«

Billboard, 19. Dezember 1970

1970

Januar

Diana Ross und die Supremes trennen sich ... Reggae-Welle in England ... *Bridge Over Troubled Water...*

Blood, Sweat And Tears

Januar

3 Im EMI-Studio 2 in der Abbey Road findet die letzte gemeinsame Aufnahmesession der **Beatles** statt. Paul, George und Ringo arbeiten an Overdubs für den Harmoniegesang und spielen neue Gitarren- und Schlagzeugelemente für ihr Abschiedsalbum ***Let It Be*** ein.

4 Nach der Eröffnung einer Diskothek im südenglischen Hatfield gerät der **Who**-Schlagzeuger **Keith Moon** beim Verlassen des Clubs an eine Gruppe Skinheads. Sie umringen seinen Bentley und werfen mit Münzen und Steinen. Als der Chauffeur Neil Boland aussteigt, um den Weg freizumachen, tritt Moon – der keinen Führerschein besitzt – aufs Gas und lässt den Wagen die Straße entlangrasen. Boland wird erfasst und stirbt auf dem Weg ins Krankenhaus. Das Unglück wird später als Unfalltod eingestuft.

14 Nach zwölf US-Tophits seit 1964 treten **Diana Ross And The Supremes** im Frontier Hotel in Las Vegas zum letzten Mal gemeinsam auf. Diana Ross stellt ihre Nachfolgerin **Jean Terrell** auf der Bühne vor. Motown-Kollege **Marvin Gaye** ist als Überraschungsgast dabei.

27 In zehn Takes entsteht **John Lennons** *Instant Karma*: Die Single wird in einer neunstündigen Session geschrieben, aufgenommen, abgemischt und von **Phil Spector** produziert. Lennon spielt Akustik- und **George Harrison** Leadgitarre; von der **Plastic Ono Band** sind dabei: **Billy Preston** (E-Piano), **Klaus Voormann** (Bass) und **Alan White** (Schlagzeug).

31 Nachdem Reggae in England immer beliebter wird, startet eine Tour mit den größten Stars in der Londoner Albert Hall. Mit dabei: der 27-jährige Sänger und Songschreiber **Desmond Dekker**, der im April 1969 mit *The Israelites* Platz 1 der UK-Charts erreichte, der 22-jährige **Jimmy Cliff**, der 1963 als Ska-Sänger für den legendären Produzenten Leslie Kong anfing und seinen Debüterfolg *Wonderful World Beautiful People* für das britische Reggae-Label Trojan Records aufnahm, **Max Romeo**, dessen *Wet Dream* im letzten Sommer in England bis auf Platz 10 kam, sowie drei Reggae-Bands: die **Upsetters** (ihr *Return Of Django/Dollar In The Teeth* erreichte in England Platz 5), **Harry J's All Stars** und die **Pioneers**.

Februar

2 Gitarrist **Ronnie Wood**, Bassist **Ronnie Lane**, Keyboarder **Ian McLagan** und Schlagzeuger **Kenney Jones** spielen mit ihrem neuen Sänger **Rod Stewart**, der nach seinem Ausstieg bei der **Jeff Beck Group** im letzten Herbst zur Band stieß, im Top Rank von Southampton. Sie haben das »Small« aus ihrem Bandnamen gestrichen und spielen hier erstmals als **The Faces**. Kürzlich haben sie einen Plattenvertrag bei Warner Brothers unterschrieben, wobei Stewart als Solokünstler weiterhin bei Mercury unter Vertrag steht.

17 **Joni Mitchell**, die gerade das Album ***Ladies Of The Canyon*** eingespielt hat, kündigt bei einem Konzert in der Royal Festival Hall – ihrem fünften Liveauftritt in London – ihren Abschied von der Bühne an. Eine etwas verfrühte Erklärung: Im August nimmt sie schon wieder am Festival auf der Isle Of Wight teil.

21 **Simon And Garfunkels** Album ***Bridge Over Troubled Water*** erreicht in England Platz 1 und bleibt dort 13 Wochen lang. Dieser Bestseller des Jahrzehnts kehrt in den nächsten eineinhalb Jahren immer wieder an die Spitze der Charts zurück (für insgesamt 41 Wochen) und führt sie im Januar 1971 erneut für elf Wochen an. In den USA kommt es zwei Wochen später auf Platz 1 und hält diese Position zehn Wochen lang.

Die Faces, jetzt nicht mehr »Small«, heuern Rod Stewart als Leadsänger an, der auch eine sehr erfolgreiche Karriere als Solist verfolgt.

Jimmy Cliff

Peter Green

Blood, Sweat And Tears spielen mit Jimi Hendrix, den Rascals bei einem Benefizkonzert für die Gegner des Vietnamkriegs im Madison Square Garden ... Jimmy Cliff hat in England einen Hit mit *Wonderful World, Beautiful People* ... Peter Green verließ Fleetwood Mac, weil ihm der Druck des Starruhms zu groß wurde.

28 Im **New Musical Express** erscheint ein Bericht mit dem Titel »Weshalb **Peter Green** sein Geld verschenken will«. Der **Fleetwood-Mac**-Gitarrist, »der immer mehr aussieht wie eine Gestalt aus der dicken gebundenen Bibel, die auf einem Regal zwischen seiner riesigen Plattensammlung steht«, erklärt darin die Absicht, alles Geld, das er selbst nicht braucht, anderen geben zu wollen: »Hunger darf es nicht geben. Nur weil jemand auf der anderen Seite der Welt geboren wurde, soll er nicht hungern müssen.«

28 Weil Eva von Zeppelin, verwandt mit dem Luftschiffbauer Ferdinand von Zeppelin, **Led Zeppelin** wegen ihres Namens mit einer Klage gedroht hat, treten die britischen Hardrocker in Kopenhagen unter dem Namen The Nobs auf.

März

11 Die zweite LP von **Blood, Sweat And Tears** wird bei der zwölften Grammy-Verleihung zum Album des Jahres gewählt. Die zehnmal nominierte Band erhält für *Variations On A Theme By Erik Satie* außerdem den Preis für die beste Instrumentalaufnahme. Die Grammy-Favoriten **5th Dimension** räumen erneut ab: *Aquarius/Let The Sunshine In,* das **Bones-Howe**-Medley aus dem Musical »Hair«, wird als beste Platte und die Band für die beste weibliche Gesangsaufnahme einer Gruppe ausgezeichnet. In der Kategorie bester Nachwuchskünstler, in diesem Jahr ungewöhnlich hochkarätig besetzt, ziehen **Crosby, Stills And Nash** an **Chicago** und **Led Zeppelin** vorbei. **Joe South** erhält für *Games People Play* zwei Preise, darunter Song des Jahres.

16 Die Motown-Sängerin **Tammi Terrell** stirbt im Alter von 24 Jahren in einem Krankenhaus in Philadelphia an einem Gehirntumor. In den vergangenen eineinhalb Jahren wurde sie achtmal operiert. Sie wird auf dem Mount Lawn Cemetery in Sharon Hill, Pennsylvania, beerdigt. In tiefer Trauer zieht sich ihr Gesangspartner **Marvin Gaye** für den Rest des Jahres völlig aus der Öffentlichkeit zurück.

27 **Joe Cocker** gibt im Rahmen einer Tournee mit 65 Shows in 57 Tagen das erste von zwei Konzerten im Fillmore East in New York. Diese Höhepunkte der Tour Mad Dogs And Englishmen werden später als Film und als Livealbum unter demselben (von Noel Coward inspirierten) Titel veröffentlicht. Die Platte wird zu Cockers größtem Erfolg (Platz 2 in den USA). Zu den 43 Musikern in Cockers Tross zählen u. a. **Leon Russell** und **Kris Kristoffersons** Freundin **Rita Coolidge**, eine aus Nashville stammende Sängerin, die kürzlich bei A&M unterschrieben hat.

»The Band sind mit weitem Abstand die beste amerikanische Rockgruppe, die es derzeit gibt.«

Billboard, 17. Januar 1970

BLACK SABBATH

9. März **Das Heavy-Metal-Quartett Black Sabbath aus Birmingham hieß bis letztes Jahr noch Earth. Heute haben sie ihren ersten Londoner Auftritt im Roundhouse in Camden Town. Die von Jim Simpson gemanagte Band wurde 1967 von den Schulfreunden Ozzy Osbourne (Gesang), Tony Iommi (Gitarre und Orgel), Geezer Butler (Bass) und Bill Ward (Schlagzeug) gegründet. Ihr selbst geschriebenes Debütalbum Black Sabbath ist am Freitag, dem 13. Februar auf dem neuen innovativen Rock-Label Vertigo erschienen. Es wurde in nur drei Tagen für 600 £ aufgenommen. Im Sommer wird die Band in den Londoner Studios Regent Sound und Island ebenso ähnlich schnell das zweite Album einspielen, das im Septmber unter dem Titel *Paranoid* erscheinen soll.**

April 1970

Crosby, Stills, Nash And Young

Die Beatles trennen sich ... Derek And The Dominos ... In Amerika beginnt die Ära des Top-Forty-Radios ...

April

1 Bei den letzten Aufnahmen für ein **Beatles**-Album ist nur noch **Ringo Starr** zugegen, der Schlagzeug-Overdubs für *Across The Universe, I Me Mine* und *The Long And Winding Road* einspielt – drei Tracks, die auf dem von Phil Spector produzierten Album *Let It Be* erscheinen.

4 Zur Veröffentlichung des Albums *Brinsley Schwarz* der gleichnamigen britischen Rockband (zu der neben Frontmann Brinsley Schwarz auch der 21-jährige Bassist **Nick Lowe** gehört, der sechs Tracks des Albums beigesteuert hat) fliegt die PR-Firma Famepushers eine ganze Flugzeugladung von 133 britischen Journalisten und Fotografen für 30 000 Pfund nach New York, wo die Band als Support für **Van Morrison** im Fillmore East auftritt. Der Schuss geht unvermeidlich nach hinten los – die Band scheitert, und die Sache geht als eine der katastrophalsten und teuersten Promo-Aktionen in die Geschichte ein.

10 **Paul McCartney** gibt die Trennung der **Beatles** bekannt. In seiner Presseerklärung behauptet er nicht zu wissen, »ob die Trennung vorübergehend oder endgültig« sei; das Team Lennon/McCartney werde jedenfalls auf absehbare Zeit nicht mehr zusammenarbeiten. Ringo erklärt bezüglich dieser Nachricht, ihm sei das »völlig neu«, George lässt durch einen Freund ausrichten, man möge ihn bitte in Ruhe lassen, und Lennon reagiert mit typischem Witz: »Er ist nicht gegangen. Er wurde gefeuert.« Zwar wurde die Trennung einmütig beschlossen, aber dennoch wird Paul McCartney auf ewig das Etikett »der Mann, der die Beatles auflöste« anhaften. Sein erstes Soloalbum, *McCartney*, erscheint kommende Woche auf Apple.

17 Auf Einladung des amerikanischen Präsidenten Nixon spielt **Johnny Cash** im Weißen Haus. Der oberste Befehlshaber wünscht sich vor allem *Okie From Muskogee* und *Welfare Cadillac*, aber Cash verweigert das Ansinnen höflich und singt stattdessen *A Boy Named Sue*.

24 **Grace Slick** wird in Begleitung des Aktivisten Abbie Hoffman (der vor Gericht steht, weil er beim Parteitag der Demokraten 1968 in Chicago zu Protesten aufgerufen haben soll) vor dem Tor des Weißen Hauses abgewiesen – obwohl sie von Präsidententochter Tricia Nixon zu einer Teestunde für Absolventen des renommierten New-Yorker Finch College eingeladen worden war, wo beide Mädchen von 1957 bis 1958 zur Schule gingen.

Iggy (James Jewel Osterberg) And The Stooges waren auf einer Halloween-Party in Ann Arbor, Michigan, zum ersten Mal aufgetreten.

Mai

1 **Bob Dylan** und **George Harrison** jammen im Columbia Studio B in New York, begleitet von **Charlie Daniels, Bob Johnston** und **Billy Mundi.** Bei der Session entstehen acht Songs, darunter Neufassungen von *Don't Think Twice It's Alright, Just Like Tom Thumb's Blues* und *One Too Many Mornings,* aber auch Coverversionen von *Da Doo Ron Ron* und **Paul McCartneys** *Yesterday*.

8 Das letzte reguläre **Beatles**-Album, *Let It Be,* erscheint in einer Luxus-Box mit einer Fotodokumentation der letztjährigen Sessions. Der New Musical Express beschreibt die Platte als »Grabstein aus Pappe« und spricht vom »traurigen und schäbigen Ende einer musikalischen Fusion«. Während die **Rolling Stones** und **The Who** weiter lange aktiv bleiben, entstand das überwältigende musikalische Vermächtnis der Beatles in nur sieben Jahren: In den USA kamen 20 Singles und 13 Alben bis auf Platz eins, in England 18 Singles und elf Alben – eine unerreichte Sammlung legendärer Aufnahmen.

10 Die **Stooges** begeben sich für zwei Wochen in die Elektra Studios, Los Angeles, um ihr zweites Album *Fun House* aufzunehmen, produziert von Don Gallucci. Die vor drei Jahren gegründete Garagenrockband unterschrieb 1969 bei Elektra und besitzt mit dem 23-jährigen **Iggy Pop** aus Michigan einen beeindruckend drahtigen, drogenbefeuerten Frontmann. Als zweiter Gitarrist ist Iggys Kumpel **James Williamson** dabei.

15 Nach ihrem Reunion-Gig am 11. im Fillmore East stellen die **Mothers of Invention** gemeinsam mit Zubin Mehta und dem von ihm dirigierten Los Angeles Philharmonic Orchestra **Frank Zappas** jüngstes Werk »200 Motels« vor. Bei dem Musikfestival im 13 000 Zuschauer fassenden Pauley Pavilion stehen außerdem Mel Powells »Immobiles 1–4« und Edgar Varèses »Intégrales« auf dem Programm.

21 **Crosby, Stills, Nash And Young** (ihr zweites Album, und Meilenstein, *Déjà Vu,* erreichte in der Vorwoche Platz 1 der US-Charts) nehmen im Record Plant in Los Angeles den Song *Ohio* auf. **Neil Young** schrieb ihn beeinflusst von den Ereignissen an der Kent State University in Ohio, wo bei Protesten gegen das US-Engagement in Vietnam und Kambodscha vier Menschen von der Nationalgarde erschossen wurden.

24 Auf dem Land des Bauern Ted Askey bei Newcastle-under-Lyme geht mit dem Auftritt von **Traffic** das zweitägige Hollywood-Festival zu Ende. Am Sonntag geben nicht nur die **Grateful Dead** ein dreieinhalbstündiges Konzert (ihr erstes in England),sondern auch das Rock-Quintett **The Flamin' Groovies, Jose Feliciano, Black Sabbath, Free** und **Mungo Jerry,** deren überwältigende Show den Höhepunkt des Festivals darstellt (*In The Summertime,* ihr erster Hit, ist drei Wochen später auf Platz 1 der britischen Charts).

***Déjà Vu*, das erste Album von Crosby, Stills, Nash And Young wurde angeblich in 800 Stunden aufgenommen und kam während seiner 97-wöchigen Präsenz in den US-Charts bis auf Platz 1... Die Allman Brothers formierten sich auf die Anregung von Phil Walden hin, der seit 1969 das Label Capricorn betrieb.**

The Allman Brothers

26 **George Harrison**, schon lange frustriert, weil er kaum Songs zum Repertoire der Beatles beisteuern durfte – beginnt in den Abbey Road Studios mit den Aufnahmen für sein erstes Soloalbum. Bei den von **Phil Spector** betreuten Sessions entsteht Harrisons episches Meisterwerk ***All Things Must Pass***, ein Dreifach-Album, das auch den Welthit *My Sweet Lord* enthält.

»**Ich möchte hier mal klarstellen, dass das alles Blödsinn ist. Wir fühlen uns wohler denn je, und ich möchte, dass das jeder weiß.**«

John Bonham über Trennungsgerüchte bei Led Zeppelin, **New Musical Express**, 27. Juni 1970

Juni

6 **Eric Clapton** will laut **Melody Maker** bei der kommenden Wahl in Großbritannien für **B. B. King** stimmen: »Ein neues Parlamentsmitglied sollte sich zuerst mal auf die Konstruktion einer sich selbst stimmenden E-Gitarre konzentrieren.«

7 In der renommierten Metropolitan Opera in New York führen **The Who** die Rockoper »Tommy« auf. Es ist der Auftakt einer vierwöchigen Tournee quer durch die USA. Einem Sprecher zufolge könnte es die letzte »Tommy«-Show der Band gewesen sein: »Was kann nach einem Auftritt in der Met denn noch kommen?«

9 **Bob Dylan** erhält von der Universität Princeton die Ehrendoktorwürde in Musik.

14 **Eric Clapton** gibt im Londoner Lyceum Ballroom zur Unterstützung der Vietnamkriegsgegner ein Benefizkonzert für die Dr.-Spock-Stiftung zur Verteidigung der Bürgerrechte und lässt sich dabei von **Carl Radle** (Bass), Bobby Whitlock (Keyboards), Jim Gordon (Schlagzeug) und **Dave Mason** von **Traffic** (Gitarre) begleiten. Nach der Probe beschließen sie zehn Minuten vor ihrem Auftritt, sich **Derek And The Dominos** zu nennen.

22 Einen Tag nach dem **The-Who**-Konzert im Ellis Auditorium, Memphis, wird **Pete Townshend** von FBI-Agenten aus dem Flugzeug heraus verhaftet, weil er »Bombe« gesagt hatte. Townshend erklärt, das sei englischer Slang. Der Abflug hatte sich verzögert, und als man aus den Bordlautsprechern ein Wimmern vernahm, soll Townshend gebrüllt haben: »Ich sage alles! Ich sag, wo die Bombe versteckt ist!« Als er schließlich wieder freigelassen wird, kann die Band nach Atlanta fliegen, kommt aber zu spät zu ihrem nächsten Auftritt.

28 Beim ereignisreichen ›Bath Festival Of Blues & Progressive Music‹ im englischen Shepton Mallet kommen **Canned Heat** statt um 20 Uhr 45 am Vorabend erst um fünf Uhr früh auf die Bühne und spielen drei Stunden lang. Der als Zuschauer angereiste **Donovan** gibt ein zweistündiges Spontankonzert, weil der eigentlich angekündigte Künstler im Stau steckt. Außerdem spielen an diesem Wochenende **Led Zeppelin**, die **Mothers of Invention**, **Pink Floyd** und **John Mayall** – kein übles Programm für eine Veranstaltung, die schlappe zwei Pfund und zehn Schilling kostet.

Juli

3 »The American Top 40« – eine Hitparadensendung mit dem Discjockey Casey Kasem – wird um 19 Uhr erstmals von KDEO in El Cajon bei San Diego ausgestrahlt und für ursprünglich elf US-Sendegebiete, darunter Boston und San Francisco, übernommen. In der dreistündigen Show spielt Kasem die 40 größten Hits der Hot-100-Singles des Branchenmagazins **Billboard**. (Die Sendung ist sehr beliebt und läuft Anfang der 80er-Jahre bei über 500 Sendern. Die letzte »AT 40« geht am 6. August 1988 über den Äther, danach präsentiert Kasem beim Sender Westwood One die Chart-Show »Casey's Top 40«.)

3 Zum zweiten Mal beginnt auf dem Middle Georgia Raceway in Byron das jährlich stattfindende Atlanta Pop Festival. In den drei Tagen treten unter anderem **Jimi Hendrix**, **Jethro Tull**, **B. B. King**, **Procol Harum**, **Led Zeppelin** und **Mountain** auf. Außerdem sind die **Allman Brothers** dabei, eine neue Lokalband, die von Phil Walden, dem Macher des jungen Labels Capricorn, gemanagt wird. Das Rockquintett um die Brüder **Duane** und **Gregg Allman** aus Nashville ist im Süden bereits recht beliebt und stellt nun sein Debütalbum ***The Allman Brothers Band*** vor. Bei dem Festival geht jedoch nicht alles glatt: Wegen der Gerüchte über den wilden Drogenkonsum versuchen Ärzte und Gesetzeshüter die Behörden zu veranlassen, die Gegend zum »gesundheitlichen Katastrophengebiet« zu erklären.

11 ***Woodstock*** – das bereits mit Gold ausgezeichnete Audiodokument des historischen Musikfestivals im letzten Sommer – erreicht als erste Dreifach-LP Platz 1 der US-Charts.

31 Der Decca-Vertrag der **Rolling Stones**, der in den vergangenen sieben Jahren über 60 Mio. Pfund eingebracht hat, läuft aus – einen Tag, nachdem die Stones sich von Allen Klein getrennt haben und beide Parteien einen langen Rechtsstreit beginnen. Um den Vertrag mit Decca zu erfüllen, veröffentlicht die Band *Cocksucker Blues*.

Led Zeppelin kehrten von einer Tournee nach Island zurück und spielten beim Bath Festival. Zuvor hatten sie ein Angebot über 200 000 $ für zwei Konzerte in den USA abgelehnt.

August

1970

Claptons *Layla* ... Isle Of Wight Festival ... Jimi Hendrix stirbt ...

August

6 Am 25. Jahrestag des Atombombenabwurfs über Hiroshima findet im New-Yorker Shea Stadium ein zwölfstündiges Konzert für den Frieden statt, an dem unter anderem **Paul Simon**, **Janis Joplin**, **Steppenwolf**, **Poco** und **Johnny Winter** teilnehmen.

8 **Janis Joplin** kauft einen Grabstein für die Sängerin, die sie am meisten beeinflusst hat: **Bessie Smiths** Grab auf dem Mount Lawn Cemetery in Philadelphia war bisher nicht gekennzeichnet. Die Inschrift stammt von Columbia-Boss **John Hammond**, Smiths Produzenten, und lautet: »Die größte Bluessängerin der Welt wird nie zu singen aufhören. Bessie Smith 1895–1937.« Smith starb am 26. September 1937 nach einem Verkehrsunfall. Es wird gemunkelt, dass sie verblutet sei, weil ein nur Weißen vorbehaltenes Krankenhaus sich weigerte, sie aufzunehmen.

14 Auf der US-Tournee von **Crosby, Stills, Nash And Young** wird **Stephen Stills** wegen des Verdachts auf Drogenbesitz in einem Motel in San Diego verhaftet, nachdem er völlig verwirrt über einen Flur gekrochen war. Gegen 2500 $ Kaution kommt er wieder frei.

23 **Emerson, Lake And Palmer**, die legendäre Supergruppe des Progressive-Rock, gibt ihr erstes Konzert in der Guildhall von Plymouth.

23 Im Max's Kansas City in New York spielt **Lou Reed** zum letzten Mal mit **Velvet Underground**. Ein Mitschnitt der zwei Konzerte erscheint im Mai 1972. Den Rest des Jahres verbringt Reed im Haus seiner Eltern in Freeport, Long Island, wo er für 40 $ die Woche bei seinem Vater, einem Wirtschaftsprüfer, als Schreibkraft arbeitet, bevor er schließlich einen Solo-Deal mit RCA abschließt.

26 **Derek And The Dominos** nehmen in den Criteria Studios in Miami auf. **Eric Clapton** lädt **Duane Allman** zu den Sessions ein, den er bei einem Gig der **Allman Brothers** gesehen hatte. In weniger als zehn Tagen entsteht die Doppel-LP ***Layla***. Clapton erklärt, Allman sei der »Katalysator« des Projekts gewesen. Seine Gitarre, die auf dem Titeltrack im Wechsel mit Claptons zu hören ist, ist seine berühmteste Arbeit außerhalb der eigenen Band.

Ralph McTell, einer der vielen Teilnehmer am Isle Of Wight Festival, blieb stets ein beliebter Livekünstler. Seine Chartserfolge in England beschränkten sich auf zwei Hits, darunter seine Erkennungsmelodie *Streets Of London*.

ELTON JOHN

25. August **Bei der Tour zu seinem ersten Soloalbum gibt Elton John sein erstes Konzert auf amerikanischem Boden: *Your Song* ist der Auftakt bei den Feierlichkeiten zum 20. Jubiläum von Doug Westons Troubadour-Club in Los Angeles. Wie üblich wird der Sänger, Songwriter und Pianist von Bassist Dee Murray und Schlagzeuger Nigel Disson begleitet; Leon Russell und Quincy Jones sitzen im Publikum. Elton spielt sieben mit Bernie Taupin verfasste Songs und schließt mit dem Stones-Song *Honky Tonk Women* und *Get Back* von den Beatles.**

Elton Johns erster Auftritt in den USA wurde von den Medien begeistert aufgenommen – Kritikerlob, das sein Leben veränderte, wie er später sagte.

Emerson, Lake And Palmer bestanden aus dem Organisten Keith Emerson (Ex-Nice), dem Bassisten und Sänger Greg Lake (Ex-Gods und Ex-King Crimson) und dem Schlagzeuger Carl Palmer (Ex-Crazy World Of Arthur Brown und Ex-Atomic Rooster).

28 Nach zwei kostenlosen Tagen eröffnen **Arrival** (ein Septett aus Liverpool) das Festival auf der Isle Of Wight, gefolgt von der irischen Bluesrockband **Taste. Chicago**, die vor vier Jahren gegründete, jazzverliebte, achtköpfige Rockpop-Band, deren *25 Or 6 To 4* gerade in den USA die Top 5 erreicht hat, gibt anschließend ihr erstes Konzert in England. Den Höhepunkt des Tages bildet der lang erwartete Auftritt von **Procol Harum**; abschließend spielen **Voices of East Harlem**.

29 Bezug nehmend auf die Spekulationen über die Zukunft der **Beatles** im **Melody Maker** vom 15. August erscheint auf der Leserbriefseite des Blattes folgender Text: »Um die lahme Meldung, die während des letzten Jahres durch eure Postillen gehumpelt ist, endlich von ihrem Elend zu erlösen, hier die Antwort auf die Frage, ob die Beatles jemals wieder zusammenkommen werden: Nein. **Paul McCartney**.«

29 Der zweite Tag des Isle-Of-Wight-Festivals wird vom Ex-**Lovin'**-**Spoonful**-Sänger **John Sebastian** eröffnet, dessen Gig vom spontanen Erscheinen seines Ex-Kollegen **Zal Yanovsky** gekrönt wird; die beiden singen erstmals seit drei Jahren wieder zusammen. **Emerson, Lake And Palmer** geben ihr Festival-Debüt vor **Ten Years After** und den **Doors. Joni Mitchell** wird von einem Typ gestört, der die Bühne stürmt und brüllt: »Das hier ist ein Konzentrationslager für Hippies.«

30 Am letzten Tag des Festivals spielen **Kris Kristofferson** (dessen *Me And Bobby McGee* kürzlich von **Janis Joplin** interpretiert wurde), der britische Folksänger **Ralph McTell, Heaven, Free, Donovan, Pentangle**, die **Moody Blues, Jethro Tull, The Jimi Hendrix Experience, Joan Baez, Richie Havens** sowie der 35-jährige kanadische Singer/Songwriter und Dichter **Leonard Cohen And His Army**. Über den erfolgreichen Festivalverlauf sagte der zuständige Polizeichef Douglas Osmond: »Es gab keine Gewalt, das war besonders positiv. Hier ging es weniger gewalttätig zu als bei einem Fußballspiel«, und das trotz der »durchgedrehten Fraktion« und ihrer Einstellung zur Polizei. Osmond empfand das Ganze als sehr angenehm.

»**Die Rockmusik ... hat einen neuen Star, den 23-jährigen Engländer Elton John, der am Dienstag im Troubadour sein in fast jeder Hinsicht großartiges Debüt gab.**« Robert Hilburn, **Los Angeles Times**, 27. August 1970

September

3 Während seine Kollegen von **Canned Heat** vor dem Abflug nach Berlin auf dem Flughafen von Los Angeles auf ihn warten, wird der 27-jährige **Al Wilson** tot in seinem Schlafsack unter den Mammutbäumen des kalifornischen Topanga Canyon gefunden. Neben dem Sänger und Gitarristen, der an schweren Depressionen litt, liegt ein Röhrchen Beruhigungsmittel.

6 Nach schlechten Erfahrungen in Dänemark (wo er die Bühne mit den Worten »Ich bin schon sehr lange tot« verlässt) und in Deutschland (wo das Publikum ihn wegen des verspäteten Konzertbeginns ausbuht) gibt **Jimi Hendrix** in Puttgarden auf Fehmarn beim Love And Peace Festival sein letztes Konzert. Nach dem Abbruch der Europatournee kehrt **Billy Cox** in die USA zurück, während Hendrix sich vom Festival per Hubschrauber nach Hamburg bringen lässt und dann nach London weiterfliegt.

25 »**The Partridge Family**«, eine Fernsehserie, die auf dem Leben der singenden Familie **The Cowsills** basiert, wird erstmals auf ABC ausgestrahlt. Der eigentliche Star ist zwar Partridge-Mutter **Shirley Jones**, aber mit der Serie beginnt die Karriere ihres Stiefsohns, des 20-jährigen Sängers und Schauspielers **David Cassidy** (dem Sohn von Schauspieler Jack Cassidy). Er hat zuvor kleine Fernsehrollen gespielt und wird durch seine Darstellung des Keith Partridge zum echten Popstar. In der ersten Folge bitten die Partridge-Kinder ihre Mutter, ihnen bei der Aufnahme ihres Songs *I Think I Love You* zu helfen – der ihnen nach dem Verkauf an eine Plattenfirma den ersten Nr.-1-Hit verschafft. In der Realität steht *I Think I Love You* nur zwei Monate später tatsächlich an der Spitze der US-Charts.

26 Zwei Tage nach seiner Rückkehr aus New York beginnt **John Lennon** in den Abbey Road Studios gemeinsam mit Phil Spector mit neuen Aufnahmen. Die Songs, die als Demo bereits während Lennons Urschrei-Therapie in Los Angeles erarbeitet wurden, legen den Grundstein zur LP ***John Lennon/Plastic Ono Band***.

JIMI HENDRIX

18. September Ein Krankenwagen hält vor der Souterrainwohnung von Jimi Hendrix' deutscher Freundin Monika Dannemann im Londoner Samarkand Hotel, wo die Sanitäter Hendrix' regungslosen Körper finden. Im Mund hat er Reste von Erbrochenem. Monika Dannemann hatte den Notarzt alarmiert, nachdem sie ihren Freund, der offenbar neun ihrer Schlaftabletten genommen hatte, nicht mehr wecken konnte. Der Krankenwagen bringt Hendrix ins St. Mary Abbot's Hospital in Kensington, wo bei seiner Ankunft nur noch sein Tod festgestellt werden kann. In den frühen Morgenstunden hatte er bei Chas Chandler auf den Anrufbeantworter gesprochen: »Mann, ich brauche unbedingt Hilfe.« Das Ergebnis der gerichtsmedizinischen Untersuchung am folgenden Montag lautet: »Einatmen von Erbrochenem, Barbiturat-vergiftung (Quinalbarbiton), Todesursache ungeklärt.« Demzufolge starb der 27-jährige Jimi Hendrix etwa um 5:30 Uhr im Schlaf.

Oktober 1970

Janis Joplin stirbt ...
Viermal Nr. 1 für die Jackson 5 ...
Elvis im Weißen Haus ...

Nach dem Verbot von drei Konzerten in Texas sagt Berry Gordy: »Die Jackson 5 sind größer als jeglicher Rassenhass.«

Oktober

1 **Jimi Hendrix** wird im Greenwood Memorial Park begraben. Zuvor fand eine Trauerfeier in der Dunlap Baptist Church in Renton im Staat Washington statt, wo seine Tante zu seiner Kinderzeit Orgel spielte. Sein Grabstein trägt die Inschrift »Auf ewig in unseren Herzen, James ›Jimi‹ Hendrix 1942–1970«. Unter den Trauernden sind auch **Miles Davis**, **Johnny Winter**, **Noel Redding** und **Mitch Mitchell**.

4 Nach ausgiebigem Feiern in Barney's Beanery auf dem Santa Monica Boulevard wird die 27-jährige **Janis Joplin** im Landmark Hotel auf der Franklin Avenue in Hollywood in Zimmer 105 tot aufgefunden. (Für den nächsten Tag waren die Gesangsaufnahmen für *Buried Alive In The Blues* geplant.) Thomas Noguchi von der Gerichtsmedizin in Los Angeles, der auch den Tod von Marilyn Monroe, Robert F. Kennedy und Sharon Tate untersuchte, stellt am folgenden Tag bei der Autopsie einen »Unfalltod« durch »akute Heroin-Morphin-Vergiftung nach Spritzen einer Überdosis« fest. Außerdem wies die Leiche zahlreiche Einstichstellen in beiden Armen auf.

15 Die **Rattles**, deren aktuelle Single *The Witch* Nr. 8 in England werden wird, spielen den Song bei »Top of the Tops« auf BBC1-TV. Im Juli gelang es ihnen damit als erster deutscher Band, in die US-Hot-100 zu gelangen (auf Platz 1). Die Band fand 1961 zusammen, als die Musiker neben vielen der neuen britischen Beatbands im Hamburger Star-Club spielte. 1966 waren sie Vorband der Beatles im Münchener Zirkus-Krone-Bau. Sie bleiben bis zu ihrer Auflösung 1977 in Deutschland erfolgreich. 1988 kommt es zu einer Reunion mit Beteiligung der Urmitglieder **Herbert Hildebrandt** und **Reinhard Tarrach**.

17 Die **Jackson 5** erreichen mit der von **Michaels** vertrauter Sopranstimme geprägten Ballade *I'll Be There* – geschrieben von Berry Gordy, Produzent Hal Davis und Willie Hutch – zum vierten Mal Platz 1 in den USA.

30 **Jim Morrison** wird in Miami für unsittliches Entblößen und Fluchen verurteilt, aber bezüglich unzüchtigen Verhaltens und Trunkenheit in der Öffentlichkeit freigesprochen. Die Strafe lautet sechs Monate Haft und 500 $ Bußgeld.

November

4 **Jethro Tull** treten während der Tour zu ihrem dritten Album ***Benefit*** als Headliner einer Wohltätigkeitsshow zu Gunsten des Phoenix-House-Zentrums für Drogenrehabilitation in der New-Yorker Carnegie Hall auf.

5 Bei den vier Konzerten der **Beach Boys** im Whisky A Go-Go, Los Angeles, ist auch **Brian**

Fünf Tage nach ihrem Auftritt in den bescheidenen Räumlichkeiten des Marquay Club im südenglischen Torquay flogen Derek And The Dominos zu Aufnahmen für ihr erstes Album nach Miami ... Janis Joplin starb in einem Motel in Hollywood an einer Überdosis Heroin. Sie hinterließ das unvollendete Album *Pearl*, das neben ihrer viel gelobten Version von Kris Kristoffersons *Me And Bobby McGee* auch Stücke enthielt, auf denen man ihrer Stimme die Qualen anhört.

Janis Joplin

Ian Anderson von Jethro Tull

Das Benefizkonzert von Jethro Tull in der New-Yorker Carnegie Hall wurde vom Herzog und der Herzogin von Bedford besucht und spielte 10 000 $ ein. Billboard beschrieb Ian Anderson: »Sieht aus wie ein wild gewordener Karnevalszauberer.«

Wilson dabei. Da er psychisch sehr labil ist und sich sein chronisches Ohrenleiden verschlimmert hat, wird er, wie schon in den vergangenen fünf Jahren, lange Zeit nicht mehr mit ihnen auftreten.

17 **Elton John** gibt in den WABC Studios ein Livekonzert für einen New-Yorker Radiosender. Die Show wird vom Studiotechniker Phil Ramone mitgeschnitten und unter dem Titel *11-17-70* (*17-11-70* in Großbritannien) veröffentlicht.

Dezember

5 Das aus New Haven stammende Geschwisterduo **The Carpenters** spielt bei »American Bandstand« seinen jüngsten US-Charthit, das Bacharach/David-Original *(They Long To Be) Close To You* und die Nachfolgesingle *We've Only Just Begun*, derzeit auf Platz 2. Songwriter **Richard** (Keyboards) und seine jüngere Schwester **Karen** (Schlagzeug und Gesang) standen vor vier Jahren kurzzeitig bei RCA unter Vertrag, unterschrieben aber letztes Jahr auf Betreiben von Labelboss Herb Alpert bei A&M. Ihre romantischen, reifen Balladen stehen in starkem Kontrast zur politisch aktiven Hippiebewegung der späten 60er-Jahre, aber auch zu Heavy Metal und Progressive-Rock, die gerade die Radioszene in den USA erobert haben.

10 **Desmond Dekker**, der in England mit *You Can Get It if You Really Want* bis auf Platz 2 vorrücken konnte, wird in Jamaika von Premierminister Hugh Shearer mit dem Musgrave-Preis ausgezeichnet. Dekker tritt außerdem bei einer Benefiz-Show auf.

16 **Creedence Clearwater Revival** haben inzwischen elf goldene Schallplatten eingeheimst: für die Singles *Bad Moon Rising, Down On The Corner, Lookin' Out My Back Door, Travelin' Band* und *Up Around The Bend* sowie für die ***Bayou Country***, ***Cosmo's Factory***, ***Creedence Clearwater Revival***, ***Green River***, ***Pendulum*** und ***Willy And The Poor Boys***.

21 **Elvis Presley**, der unter dem Decknamen Joe Burrows in einem Hotel in Washington abgestiegen ist, trifft im Weißen Haus Präsident Richard Nixon und erhält von ihm das Abzeichen eines Bundesagenten der Behörde zur Rauschgift- und Drogenbekämpfung. Zwei Monate zuvor hat er bereits eine Mitgliederurkunde der Vereinigung kalifornischer Drogenermittler CNOA erhalten, die ihm bescheinigt, ein angesehener Freund besagter Organisation zu sein.

31 Während der **Melody Maker** berichtet, dass die **Beatles** auf der Suche nach einem neuen Bassisten seien, reicht **Paul McCartney** eine Klage gegen seine ehemaligen Bandkollegen John, George und Ringo ein. Sein Ziel ist es, die Personengesellschaft The Beatles & Co. aufzulösen und einen Treuhänder für die Abwicklung der Geschäfte der Gruppe benennen zu lassen. Er beendet zudem alle geschäftlichen und privaten Verbindungen zu Allen Klein. Die Klageschrift zielt darauf ab, dass »der eingetragene Name The Beatles & Co. gelöscht und die am 19. April 1967 von den genannten Parteien gegründete Personengesellschaft gleichen Namens aufgelöst wird«.

»Der schrill gekleidete [Elton] John überzeugt als Livekünstler mit Blues, Boogie und Rock.« **Billboard** über das Konzert im Fillmore East, 20. November 1970

THE DOORS

12. Dezember Nach dem triumphalen Auftritt Tags zuvor in Dallas, wo sie mit *Riders On The Storm* einen neuen Track vorstellten, spielen die Doors im Warehouse in New Orleans. Morrison schleudert sein Mikrofon mehrmals auf den Bühnenboden und wirft dann die Einzelteile ins Publikum. Es wird der letzte Auftritt sein, den die Doors gemeinsam geben.

Drei Monate nach diesem Gig ging Jim Morrison nach Paris.

ROOTS In diesem Jahr spielen Benny Andersson, Björn Ulvaeus, Agnetha Fältskog und Frida Lyngstad erstmals als Festfolk Quartet in einem Göteborger Restaurant ... trifft der Gitarrist Joe Perry in der Eisdiele The Anchorage in Sunape, New Hampshire, den Rocksänger Steven Tyler und lädt ihn ein, in seiner Gruppe Jam Band im örtlichen Club The Barn zu singen ... gründen die amerikanischen Singer/Songwriter Dewey Bunnell und Gerry Beckley in London das akustische Folkquintett Daze ... steigt Freddie Mercury, geboren in Tansania, mit Brian May und Roger Taylor bei Smile ein ... reagiert das Songschreiberteam Walter Becker und Donald Fagen auf eine Anzeige des Gitarristen Denny Dias in der *Village Voice*, der »Musiker mit Hang zum Jazz« sucht ... nehmen die nach ihrem früheren Sportlehrer benannten Lynyrd Skynyrd auf Anregung von Capricorn-Records-Chef Phil Walden in Sheffield, Alabama, Demos auf ... bringt Maurice White seine Salty Peppers nach Los Angeles und benennt sie um in Earth, Wind And Fire . . steigt Robert Palmer aus Yorkshire mit Elkie Brooks aus Lancaster bei der experimentellen Jazzrockband DaDa ein ... wird Ray Parker Jr. Gitarrist in der Hausband von Detroits größtem Club, dem Twenty Grand ...

Thin Line Between Love And Hate

1971

Nr. 1 US-SINGLES

02. Jan. My Sweet Lord **George Harrison**
23. Jan. Knock Three Times **Dawn**
13. Febr. One Bad Apple **Osmonds**
20. März Me And Bobby McGee **Janis Joplin**
03. Apr. Just My Imagination (Running Away With Me) **Temptations**
17. Apr. Joy To The World **Three Dog Night**
29. Mai Brown Sugar **Rolling Stones**
12. Juni Want Ads **Honey Cone**
19. Juni It's Too Late **Carole King**
24. Juli Indian Reservation (The Lament Of The Cherokee Reservation Indian) **Raiders**
31. Juli You've Got A Friend **James Taylor**
07. Aug. How Can You Mend A Broken Heart **Bee Gees**
04. Sept. Uncle Albert/Admiral Halsey **Paul And Linda McCartney**
11. Sept. Go Away Little Girl **Donny Osmond**
02. Okt. Maggie May/Reason To Believe **Rod Stewart**
06. Nov. Gypsys, Tramps & Thieves **Cher**
20. Nov. Theme From Shaft **Isaac Hayes**
04. Dez. Family Affair **Sly And The Family Stone**
25. Dez. Brand New Key **Melanie**

Nr. 1 UK-SINGLES

02. Jan. I Hear You Knocking **Dave Edmunds**
09. Jan. Grandad **Clive Dunn**
30. Jan. My Sweet Lord **George Harrison**
06. März Baby Jump **Mungo Jerry**
20. März Hot Love **T. Rex**
01. Mai Double Barrel **Dave And Ansil Collins**
15. Mai Knock Three Times **Dawn**
19. Juni Chirpy Chirpy Cheep Cheep **Middle of the Road**
24. Juli Get It On **T. Rex**
21. Aug. I'm Still Waiting **Diana Ross**
18. Sept. Hey Girl Don't Bother Me **Tams**
09. Okt. Maggie May **Rod Stewart**
13. Nov. Coz I Luv You **Slade**
11. Dez. Ernie (The Fastest Milkman In The West) **Benny Hill**

Marvin Gaye

Ravi Shankar

Marvin Gayes *What's Going On* gilt heute als Meilenstein seines vielseitigen Werks ... Ravi Shankar richtete eine perönliche Bitte an George Harrison, der daraufhin das Concert for Bangladesh organisierte, um den Opfern von Hunger und Krieg in diesem Land zu helfen.

Waren die späten Sechziger von Protestsongs und Gegenkultur beherrscht, so zeigte sich 1971 eine andere Form musikalischen Protests. Führende schwarze US-Künstler schrieben vom harten Leben in den Städten, und im Land machte sich Unsicherheit breit. Mit **Rod Stewart**, **Elton John** und **David Bowie** trat zudem eine neue Generation von Rockidolen in Erscheinung.

Motown wollte **Marvin Gayes** LP ***What's Going On*** zunächst nicht veröffentlichen, weil sie nicht dem typischen Stil der Hitfabrik entsprach. Aber der Sänger bestand darauf, und die gesellschaftskritischen Texte trafen den Nerv all jener, denen Armut, Diskriminierung, Umweltverschmutzung und Korruption gegen den Strich gingen. Gayes gefühlvoller, sinnlicher Gesang verband sich mit einem fließenden Sound, der **Stevie Wonder** und **Curtis Mayfield** inspirierte. Das Album gilt vielerorts als bedeutendste Soulplatte aller Zeiten. Während Gaye noch an Erlösung glaubte, fiel ***There's A Riot Goin' On***, das Nr.-1-Album von **Sly And The Family Stone**, düsterer und härter aus; es reflektierte sowohl drogenbeeinflusste innere Konflikte als auch die Missstände in den USA. Dieses Engagement war jedoch nicht nur den Soul- und Funkmusikern vorbehalten. **George Harrison** trommelte für das Concert For Bangla Desh einige Kollegen – darunter **Ringo Starr**, **Eric Clapton**, **Billy Preston** und **Ravi Shankar** – zusammen; **Bob Dylan** erschien als Überraschungsgast.

Maggie May machte Rod Stewart als Solosänger zum Star. Er war bereits mit der **Jeff Beck Group** und den **Faces** bekannt geworden, machte jedoch nicht nur mit seiner Musik, sondern auch mit seinem Privatleben ständig Schlagzeilen. 30 Jahre lang sollte er mit seinem Mix aus ruppigem Bluesrock und introvertierten Balladen weltweit Erfolge feiern. Ebenso Elton John, der mit *Your Song* den ersten eigenen, gemeinsam mit **Bernie Taupin** geschriebenen Hit feiern konnte. John, der sich für seine einzigartigen Melodien bei Country, Progressive-Rock und Pop bediente, galt als Inbegriff von Vielseitigkeit.

1971 funkelte dank **Marc Bolan** und **T. Rex** erstmals der Glamrock auf. Bolan zufolge war der Glitter zunächst als Witz gedacht, der dann zum Selbstläufer wurde. Das nutzte auch David Bowie, der seine Bühnenpräsenz mit skandalösen Kostümen, androgynem Image und Glitzer-Make-up aufpeppte. Nebenbei war die Musik auch nicht schlecht.

Nach **Janis Joplin** und **Jimi Hendrix** starb nun **Jim Morrison** an einer Überdosis. Auch die Jazzlegende **Louis Armstrong** und der Rock'n'Roll-Star **Gene Vincent** waren nicht mehr.

Es gab auch fröhliche Momente. Die gnadenlose Gute-Laune-Nummer *Joy To The World* von **Three Dog Night** kam auf Platz 1, und zum Jahresende stand bei den Briten **Benny Hill** mit *Ernie (The Fastest Milkman in the West)* an der Spitze der Charts. Ein verrücktes Jahr.

»Ich glaube ganz stark an die Bildmedien. Ich bin ein Medienmensch.«

Marc Bolan, **Sounds**, 3. April 1971

1971

Januar

Judy Collins' *Amazing Grace* ... The Osmonds (und Donny) ... Led Zeppelins Dankeschön ...

Auf dem künstlerischen und kommerziellen Höhepunkt der Singer/Songwriter-Strömung kam James Taylor aufs Titelbild der Zeitschrift *Time.*

Januar

3 **James Taylor** beginnt in den Crystal Recording Studios in Hollywood damit, neue Plattenaufnahmen zu machen. Wieder wird er von dem Produzenten **Peter Asher** betreut. Dabei entsteht die LP ***Mud Slide Slim And The Blue Horizon***, die dank des von **Carole King** verfassten Tophits *You've Got A Friend* (bei dem **Joni Mitchell** als Backgroundsängerin zu hören ist) in den USA Platz 2 und in England Platz 4 erreicht.

31 Die **Jackson 5** unterstützen mit einer Show an der Westside High School in Gary, Indiana, die Wiederwahlkampagne von Bürgermeister Richard Hatcher. Die Jackson Street wird für diesen Tag in Jackson 5 Boulevard umbenannt, und die Gruppe erhält die Schlüssel der Stadt.

»Ich habe mir *Layla* nicht richtig angehört. Was ich mir angehört habe, fand ich aber nicht so besonders.« Paul Kossoff, **Sounds**, 20. März 1971

19 In London beginnt der gerichtliche Prozess über die Auflösung der **Beatles. Ringo** sagt unter Eid aus, Paul habe sich wie ein verwöhntes Kind verhalten. Dennoch entscheidet das Gericht am 12. März zu **McCartneys** Gunsten.

27 **David Bowie** besucht erstmals die USA. Aufgrund arbeitsrechtlicher Bestimmungen darf er auf dieser Reise zwar nicht live auftreten, aber er erregt reichlich Aufmerksamkeit, als er bei Promotionterminen in Texas und Kalifornien im Kleid auftaucht.

Februar

8 **Frank Zappa** und die **Mothers of Invention** müssen die Aufführung von »200 Motels« mit dem Royal Philharmonic Orchestra in London absagen, weil den Verantwortlichen der Royal Albert Hall das Libretto »obszön« erscheint. Zappa stürzt sich unbeeindruckt auf die Produktion des Films »200 Motels«, einer fiktiven Dokumentation über die Mothers, bei der u. a. **Ringo Starr** und **Keith Moon** von **The Who** in Gastrollen zu sehen sind.

15 **Pete Townshends** »Lifehouse« ist ab sofort für kurze Zeit immer montags im Londoner Young Vic Theatre zu sehen – ein Multimediaprojekt, das »den Wunsch, Rock in seiner derzeitigen Form zu erleben, völlig aufheben sollte«. Townshend hat bereits die Musik für ein weiteres **Who**-Doppelalbum fertig, wird jedoch später nur einen Teil der Titel als einfache LP unter dem Titel ***Who's Next*** herausbringen.

Judy Collins sang *Amazing Grace*, dessen Text 1772 von John Newton geschrieben wurde, nachdem er sich vom Sklavenhändler zum Gegner der Sklaverei gewandelt hatte.

THE OSMOND BROTHERS

21. Februar Die Osmond Brothers stellen ihren aktuellen Hit *One Bad Apple,* derzeit Nr. 1 in den USA, in der TV-Show »The Glen Campbell Goodtime Hour« vor. Die fünf Söhne der gläubigen Mormonen George und Olive Osmond aus Ogden, Utah – Alan, Wayne, Merrill, Jay und der 13-jährige Donny – haben bereits TV-Erfahrung. Labelboss Mike Curb, der die neuen Jackson 5 aus ihnen machen möchte, holte sie im letzten Jahr zu MGM Records. Curb hat zudem Donnys Teenyidol-Appeal erkannt und ihm einen Solovertrag gegeben. Donny wird noch vor Jahresende zwei Millionenhits veröffentlichen: *Sweet And Innocent* (Platz 7 in den USA) und *Go Away Little Girl*, seinen ersten Nr.-1-Hit.

Frank Zappa nahm *200 Motels* mithilfe des Los Angeles Philharmonic Orchestra unter dem Dirigenten Zubin Mehta auf.

20 **Judy Collins'** Bearbeitung des Traditionals *Amazing Grace* – aufgenommen in der St. Paul's Chapel der Columbia University und auf ihrem aktuellen Album ***Whales And Nightingales*** enthalten – erreicht Platz 15 in den USA und Platz 5 in England. Dort wird es ihr größter Hit, der zudem extrem lange in der Hitparade bleibt. Nach einer Verweildauer von 32 Wochen steigt der Titel immer wieder im unteren Chartsbereich ein, erreicht Mitte 1972 wieder Platz 20 und fällt nach 67 Wochen im Januar 1973 endgültig heraus.

März

3 In der ausverkauften Royal Festival Hall in London stellt **Elton John** ein Programm aus 21 Songs vor. Der Abend läuft unter dem Motto »der erste Londoner Auftritt Elton Johns mit Orchester« und wird für eine spätere Fernsehausstrahlung gefilmt. John und seine Band spielen mit dem von Paul Buckmaster dirigierten Royal Philharmonic Orchestra.

5 Nach ihrem Auftritt in der Royal Albert Hall am 9. Januar starten **Led Zeppelin** als Dankeschön für ihre Fans eine Tour in den kleinen Clubs, in denen sie 1968 unterwegs waren. Sie geben sich zudem mit der Gage dieser Zeit zufrieden – vorausgesetzt, die Veranstalter halten sich ihrerseits auch an die Ticketpreise von 1968.

8 Der in New York von Abbie Hoffman und seinen Yippies (den Mitgliedern der Youth International Party) gegründete Radiosender WPAX Hanoi geht auf Sendung. Das Programm für die US-Truppen in Vietnam wird vom Band über Radio Hanoi ausgestrahlt; als erster Titel läuft *Star-Spangled Banner* von **Jimi Hendrix**.

16 Die 13. Grammy-Verleihung im Hollywood Palladium steht wie erwartet ganz im Zeichen von **Simon And Garfunkel**. *Bridge Over Troubled Water* wird als Platte des Jahres, Song des Jahres und bester aktueller Titel prämiert. Die dazugehörige LP erhält die Hauptauszeichnung, Album des Jahres, vor den **Carpenters**, **Chicago**, **Crosby, Stills, Nash And Young**, **Elton John** und **James Taylor**. Die Carpenters werden als beste Newcomer gewählt, und ihr *Close To You* verschafft ihnen den Preis in der Kategorie beste Gesangsaufnahme einer Gruppe.

20 In der britischen Musikpresse erscheinen ganzseitige, selbst finanzierte Anzeigen der **Rolling Stones**, in denen sie sich von Deccas neuer LP ***Stone Age*** distanzieren. Es heißt darin: »Unserer Ansicht nach liegt die Platte unterhalb des von uns angestrebten Standards.« Die Band hat daher für kommende Veröffentlichungen ihr eigenes Rolling-Stones-Label gegründet.

22 Auf ihrer aktuellen US-Tournee wird die gesamte **Allman Brothers Band** auf einer Raststätte in Jackson wegen des Verdachts des Heroin- und Marihuanabesitzes festgenommen. Nationalgardisten aus Alabama war aufgefallen, dass einige Bandmitglieder sich seltsam verhielten. Bei der Durchsuchung ihres Autos finden sich prompt Drogen auf dem Rücksitz.

27 **Tom Shipley** – vom Folkpop-Duo **Brewer And Shipley** – reagiert in der **New York Times** auf den Radioboykott seines Hits *One Toke Over The Line*, der gerade die Charts hinaufklettert: »Im elektronischen Zeitalter entspricht es der Bücherverbrennung in den 30er-Jahren, wenn man eine Platte aufgrund ihres Texts nicht spielt.« Prompt erreicht die Single in der nächsten Woche Platz 10 in den USA.

29 Die BBC sendet im »Radio One Club« eine Session mit **T. Rex**, (eine Lieblingsband des Moderators John Peel), u. a. mit den Songs *Beltane Walk, Seagull Woman* und dem aktuellen ersten UK-Tophit, dem Glamrock-Popsong *Hot Love*. T. Rex – eine Verkürzung von Tyrannosaurus Rex – ist in erster Linie die Band des Sängers und Songwriters **Marc Bolan**, verstärkt durch den Perkussionisten **Mickey Finn**. *Hot Love*, aufgenommen mit **David Bowies** Produzenten Tony Visconti, läutet in Großbritannien die Glamrock-Ära ein und bleibt sechs Wochen lang auf Platz 1.

April

1 Bei einem Konzert im Londoner Paris Theatre, das für die BBC-Sendung »John Peels Rock Hour« mitgeschnitten wird, bringen **Led Zeppelin** einen neuen Song von **Page** und **Plant** – *Stairway To Heaven*. Bei der Ausstrahlung der Show am Wochenende läuft der Titel erstmals im Radio. Die Band hat ihn bereits bei den Sessions in ihrem Headley Grange Studio und in den Londoner Island Studios für ihr viertes Album aufgenommen. *Stairway To Heaven*, ein mystischer Track von epischer Länge (7'55), wird zum meistgespielten Rocksong im amerikanischen Radio. Das Album, auf dem er enthalten ist, und das – obwohl offiziell ohne Titel veröffentlicht – später unter dem Titel ***Led Zeppelin IV*** bekannt wird, verkauft sich weltweit über 25 Millionen Mal. Außerdem werden mehr als eine Million Notenblätter für *Stairway To Heaven* gedruckt und vertrieben.

Das letzte von Jimi Hendrix eingespielte Album *The Cry Of Love* enthielt Songs, die er für sein geplantes Konzeptalbum *First Rays Of The New Rising Sun* vorgesehen hatte.

2 **Rod Stewart** beginnt in den Morgan Sound Studios in Nord-London mit den Aufnahmen für sein drittes Soloalbum. Bei ***Every Picture Tells A Story***, das Stewart selbst produziert, ist **Faces**-Kollege **Ron Wood** an Bass und Gitarre zu hören, während **Maggie Bell** und **Long John Baldry** den Backgroundgesang übernehmen. Mit diesem Album schafft Stewart den Durchbruch, vor allem wegen der Single *Maggie May* (das gemeinsam mit Sessiongitarrist Martin Quittenton geschrieben wurde), bei dem **Ray Jackson** von Lindisfarne Mandoline spielt.

5 Auf der Tournee zu ihrem neuen Album ***Chicago III*** spielen **Chicago** als erste Rockband der Welt in der Carnegie Hall in New York. Heute findet das erste von sechs aufeinander folgenden ausverkauften Konzerten statt, bei denen die Stücke der Vierer-LP ***Chicago At Carnegie Hall*** mitgeschnitten werden.

6 Die 25-jährige New-Yorkerin **Carly Simon**, seit kurzem bei Elektra unter Vertrag, gibt ihr erstes Konzert. Mit ihrem Debütalbum ***Carly Simon*** im Gepäck spielt sie mit ihrer Begleitband (**Jim Ryan**, **Paul Glanz** und **Russ Kunkel**) im Vorprogramm von **Cat Stevens**. Nach ihrem Set begibt sich **James Taylor** hinter die Bühne, um sie kennen zu lernen.

April 1971

Stevie Wonder wird 21 ... *American Pie* ...
Jim Morrison stirbt ...

Grand Funk Railroad feuerten 1972 ihren Manager Terry Knight, was zu mehreren erbitterten Prozessen um viele Millionen Dollar führte.

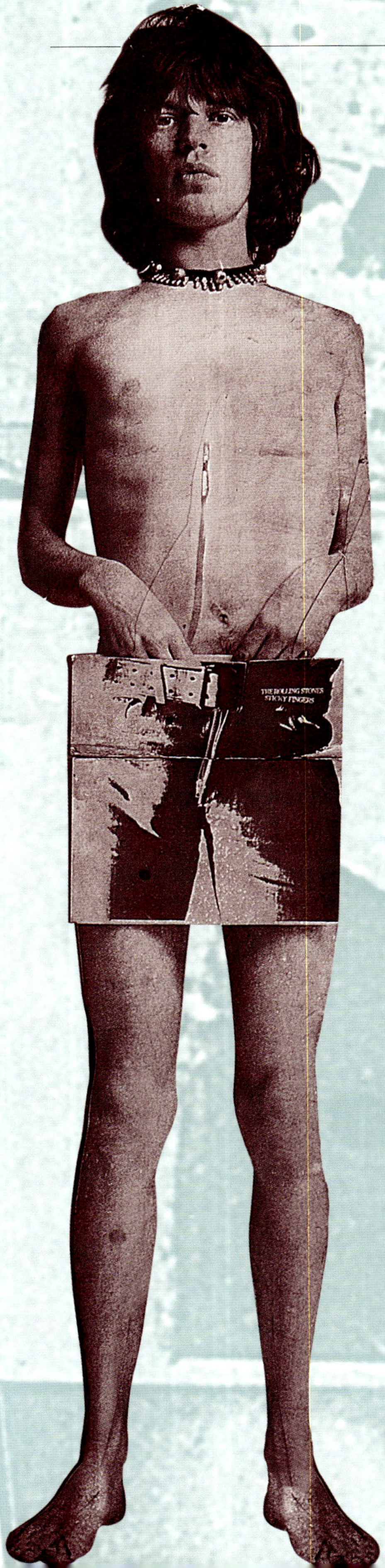

23 Bei einem Medienempfang an der französischen Riviera präsentieren die **Rolling Stones** ihre eigene Plattenfirma und das neue Album *Sticky Fingers*. Das von Andy Warhol entworfene LP-Cover zeigt einen Männertorso in einer Jeans mit echtem Reißverschluss. Als Gastmusiker sind **Billy Preston**, **Jim Price**, **Bobby Keyes**, **Ry Cooder**, **Jack Nitzsche** und der allgegenwärtige **Ian Stewart** dabei; zu den stärksten Songs darauf zählt die erste Single des Stones-Labels *Brown Sugar*.

26 **John**, **George** und **Ringo** beschließen, gegen **Paul McCartneys** richterlichen Beschluss zur Auflösung der **Beatles** doch nicht in Berufung zu gehen.

»Sticky Fingers könnte die [Rolling] Stones in die Kontroverse über die Texte von Rocksongs verwickeln, die derzeit zwischen amerikanischen Radiosendern und der Regierung geführt wird.« **Time**, 1971

Mai

12 **Mick Jagger** heiratet Bianca Perez Morena de Macias in der Chapelle Ste. Anne von St. Tropez. Auf der Gästeliste stehen u. a. ausgewählte **Stones**-Musiker, **Paul McCartney**, **P. P. Arnold**, **Ringo Starr**, **Eric Clapton**, **Stephen Stills** sowie **Michael Shrieve** und **David Brown** von **Santana**. Polizeichef Jean-Pierre Harambourne spannt zwei **Daily-Mirror**-Reporter ein, um dem Paar einen Weg durch die Menschenmenge zu bahnen.

13 An seinem 21. Geburtstag erhält **Stevie Wonder** Vollmacht über die Einkünfte aus seiner Kindheit: eine Million Dollar – obwohl er über 30 Milo. erwirtschaftet hat. Die Verhandlungen mit Motown über die Erneuerung seines Vertrags führen zur Gründung seiner eigenen Firmen Taurus Productions und Black Bull Publishing.

20 **Chicago**-Sänger **Peter Cetera** wird auf einem Baseball-Heimspiel der Los Angeles Dodgers gegen die Chicago Cubs von vier Männern verprügelt, denen angeblich sein langes Haar ein Dorn im Auge ist. Cetera verliert vier Zähne und muss fünf Stunden zahnärztlich operiert werden.

29 Bei einem **Grateful-Dead**-Konzert im Winterland Ballroom von San Francisco müssen 36 Fans nach dem ahnungslosen Konsum von Cider mit einer Prise LSD ärztlich betreut werden.

Die Schwarzhändler verlangten für Eintrittskarten zum Abschiedskonzert der Rolling Stones bis zu 10 £. Wenn die geahnt hätten ...

Juni

1 **Elvis Presleys** Geburtshaus in Tupelo wird für Touristen geöffnet. Sein neues Album, ***Love Letters From Elvis***, das letztes Jahr in Nashville eingespielt wurde, erscheint diese Woche – die 52. Elvis-LP, die es in die US-Charts schafft.

5 **Grand Funk Railroad** übertreffen den **Beatles**-Rekord beim Ticketverkauf: Ihr Konzert im New-Yorker Shea Stadium, organisiert vom legendären Veranstalter Sid Bernstein, ist in nur 72 Stunden ausverkauft und bringt 306 000 $ ein. Mit ***Survival*** stellt die Band auf ihrer Tournee schon ihr viertes Platin-Album in Folge vor.

10 **Jethro Tull** präsentieren ihr Hitalbum ***Aqualung*** im Red Rock Amphitheatre, Denver. Die Polizei hat gegen das Publikum von über 10 000 Zuschauern Tränengas eingesetzt.

20 **David Bowie** spielt einen Solo-Akustik-Set vor dem Hippiepublikum des Glastonbury Faire Festivals im südenglischen Pilton.

26 *American Pie*, der vier Wochen alte Song des 25-jährigen Singer/Songwriters und Gitarristen **Don McLean**, wird vom New-Yorker Sender WNEW-FM erstmals im Radio gespielt. Der Titeltrack von McLeans zweitem Album verstößt schon wegen der Länge von 8'36 Minuten gegen jede Konvention. Der epische Song dokumentiert amerikanisches Rock'n'Roll-Feeling: die Zeile »the day the music died« bezieht sich auf den Tod **Buddy Hollys**. Ende 1971 ist ***American Pie*** einer der meistgewünschten Songs im US-Radio.

Juli

3 **Jim Morrison** wird von seiner Freundin Pamela Courson in seinem Pariser Apartment, Rue Beautrellis 17, tot aufgefunden, wo beide während Jims Arbeitspause wohnen. Den Abend davor hatten sie im Kino verbracht und anschließend

CAROLE KING

18. Juni Carole King spielt mit Gaststar James Taylor in der New-Yorker Carnegie Hall. Ab morgen wird ihre Doppel-A-Seite *It's Too Late/I Feel The Earth Move* fünf Wochen auf Platz 1 der US-Charts sein. *Tapestry,* die dazugehörige Meilenstein-LP, führt die Albumcharts an. Die selbst verfassten Songs, eingespielt mit Taylor, Bassist Charles Larkey, Gitarrist Danny »Kootch« Kortchmar und Schlagzeuger Russ Kunkel, wurden von Lou Adler produziert. Die Platte bleibt sagenhafte 302 Wochen in den Charts, davon 15 Wochen auf Platz 1, und verkauft sich weltweit über 15 Millionen Mal (obwohl die dazugehörige Auszeichnung durch den Verband der amerikanischen Schallplattenindustrie, RIAA, bis Ende der Neunziger übersehen wird).

Vor ihrem amerikanischen Nr.-1-Hit *It's Too Late* war Carole King bereits an 72 Hits als Autorin beteiligt.

Graffiti bei Jim Morrisons Grab

Don McLean

Auf Jim Morrisons Grabstein steht »Kata ton daimona eaytoy« (griechisch »Seinem eigenen Geiste treu«) ... Don McLean war Ende der 60er als »Hudson River Troubadour« Stipendiat des New York State Council of the Arts gewesen.

zu Hause im Bett. Morrison hatte in der Nacht über Schmerzen in der Brust geklagt, stand früh auf und nahm ein Bad. Pamela entdeckte seinen reglosen Körper in der Badewanne. Offiziell lautete die Todesursache »Herzversagen«, aber da die Behörden keine Autopsie durchführen lassen, wird viel darüber spekuliert, ob Drogen im Spiel waren. Jim Morrisons persönlicher Besitz wird Pamela Courson übereignet. Sein Vater, Admiral George S. Morrison, erhält am 11. August im Pentagon eine Kopie der Sterbeurkunde.

6 Einen Monat vor seinem 70. Geburtstag erleidet der bekannteste und beliebteste Jazzmusiker der Welt, **Louis Armstrong**, einen Herzanfall und stirbt in New York. Der unglaublich talentierte Entertainer, Sänger, Trompeter und Schauspieler landete sogar auf beiden Seiten des Atlantiks Hits im Popbereich – 1964 mit *Hello Dolly* in den USA und vier Jahre später in Großbritannien mit *What A Wonderful World.* 25 000 Menschen kommen bei seiner Beerdigung in New York zusammen, und in seiner Heimatstadt New Orleans findet ihm zu Ehren ein traditioneller Trauermarsch statt. Er wird auf dem Flushing Cemetery in Queens begraben.

9 Da seine Familie ihn enterbt hat, wird **Jim Morrison** auf dem Friedhof Père Lachaise in Paris begraben, auf dem auch Größen wie Oscar Wilde, Edith Piaf, Frédèric Chopin und Honoré de Balzac bestattet sind.

12 Der Coca-Cola-Werbespot mit dem Text *I'd Like To Buy The World A Coke*, im letzten Jahr von der australisch-britischen Gesangsgruppe **The New Seekers** auf einem Berg in Italien eingespielt und bereits als Radiojingle bekannt, läuft im US-Fernsehen an: 200 junge Leute halten Colaflaschen in die Kamera und bewegen die Lippen zur Musik. Das britische Songwriter-Team Roger Greenaway und Roger Cook beschließt angesichts der phänomenalen Zuschauerreaktion, das Juwel von den New Seekers mit anderem Text neu aufnehmen zu lassen. Ohne jeglichen Verweis auf Coca-Cola stürmt der Song – unter dem Titel *I'd Like To Teach The World To Sing* – im Dezember weltweit die Hitparaden .

17 **John Lennon** und **Yoko Ono** sind bei der fünften Ausstrahlung der noch neuen Talkshow »Parkinson« im BBC-Nachtprogramm zu Gast. Talkmaster Michael Parkinson wendet sich darin an Yoko: »Die Ablehnung Ihnen gegenüber liegt seit Neuestem auch daran, dass Sie in der Presse als die Frau dargestellt wurden, die die Beatles auseinander gebracht hat.« Lennon schaltet sich ein: »Das ist nicht wahr. Die Leute auf der Straße, die Fans, lehnen uns überhaupt nicht ab. Das tun nur die Medien. Wenn wir rausgehen, winken uns die LKW-Fahrer zu, hallo John, hallo Yoko und so, und danach urteile ich. Meine Platten verkaufen sich noch immer gut, und ihre auch.« Er fügt hinzu: »Die britische Presse hat sie tatsächlich als hässlich bezeichnet. Das würde ich über keinen anderen Menschen je sagen, selbst wenn er wirklich hässlich ist.«

22 **Slade**, in diesem Jahr ununterbrochen auf Tour unterwegs, geben ihr erstes Londoner Konzert im Marquee Club. Das Quartett aus Wolverhampton, bestehend aus Sänger/Gitarrist **Noddy Holder**, Gitarrist **Dave Hill**, Bassist/Pianist/Violinist **Jim Lea** und Schlagzeuger **Don Powell**, trat erstmals 1966 als **The 'N Betweens** auf. Nach der Umbenennung in **Ambrose Slade** wurden sie 1969 von Manager **Chas Chandler** entdeckt, der bereits **Jimi Hendrix** in England aufgebaut hatte. Nach ersten Aufnahmen für Fontana unterschrieb die Band bei Polydor und feiert nun den ersten Hit mit *Get Down And Get With It.* Um sich an die in England gerade angesagte Skinhead-Welle anzuhängen, hat Chandler Slade stilgerecht zu den Kurzhaarfrisuren mit Knobelbechern und Hosenträgern ausstatten lassen.

»Ich glaube, auf so was wie uns haben viele Kids in Großbritannien gewartet. Wir spielen gut, wir spielen Songs und keine ausufernden langen Stücke, und wir sehen passabel aus.«

Andy Scott von Sweet, **Melody Maker**, Juli 1971

Juli

1971

Marvin Gayes *What's Going On* ...
Concert for Bangladesh ...
Bowie trifft Warhol ...

Gilbert O'Sullivan

31 **Marvin Gayes** ***What's Going On*** erreicht in den USA Platz 6. Den größten Teil des gefeierten Albums hat Gaye selbst geschrieben und produziert – mit Ausnahme des gesellschaftskritischen, millionenfach verkauften Titelsongs (Platz 2 der US-Charts am 10. April). Den schrieb **Four-Tops**-Sänger **Renaldo Benson** mit Co-Autor Al Cleveland, nachdem er 1969 miterlebt hatte, wie es in San Francisco über den so genannten People's Park, eine innerstädtische Brachfläche, zu Zusammenstößen zwischen Demonstranten und der Polizei gekommen war. Gaye identifizierte sich sofort mit dem Text und gab dem Titel den letzten Schliff. Das soulige Album ist ein kreativer Kraftakt und eine große Richtungsänderung für Gaye. Mit Themen wie Überleben in den Ghettos, Krieg und Umweltverschmutzung enthält es zwei weitere US-Hits: *Mercy Mercy Me (The Ecology)* und *Inner City Blues (Make Me Wanna Holler)*.

August

1 Auf Bitte seines Freundes **Ravi Shankar** organisiert **George Harrison** das Concert For Bangladesh zu Gunsten der Opfer von Krieg und Hunger. Das bis dahin größte Benefizkonzert besteht aus zwei Shows, die an einem Tag im New-Yorker Madison Square Garden stattfinden. Mit dabei sind **Eric Clapton**, **Bob Dylan**, **Billy Preston**, **Leon Russell**, **Ringo Starr** (der sich bei seinem aktuellen Hit *It Don't Come Easy* verhaspelt) und Shankar, unterstützt von **Badfinger**, **Jesse Ed Davis**, **Jim Horn**, **Jim Keltner**, **Don Nix** und **Carl Radle**. Wegen rechtlicher Probleme werden die Einnahmen eingefroren, sodass Harrison die Spende aus seiner Privatschatulle bezahlt. Die Show wird gefilmt und mitgeschnitten und erscheint als Harrisons zweites Dreifach-Album, ***The Concert For Bangladesh***, das Anfang nächsten Jahres Platz 2 in den USA und Platz 1 in England erreicht.

3 **Paul McCartney** gibt die Gründung seiner neuen Band **Wings** bekannt, die aus ihm selbst, seiner Frau **Linda**, Gitarrist **Denny Laine** (früher Moody Blues) und Drummer **Denny Seiwell** besteht.

7 Die nachdenkliche **Bee-Gees**-Ballade *How Can You Mend A Broken Heart* ist der erste Titel, den **Barry** und **Robin** nach 15 Monaten Zer-

Bob Dylan trat in diesem Jahr nur ein einziges Mal live auf, bei dem von George Harrison organisierten Concert For Bangladesh.

Gilbert O'Sullivan spielte bei Rick's Blues, der Band des späteren Supertramp-Gründers Rick Davies ... Isaac Hayes ließ den Text von Shaft mit der einprägsamen Textzeile »Who's the black private dick that's a sex machine to all the chicks?« beginnen.

strittenheit gemeinsam geschrieben haben. Er erreicht Platz 1 in den USA und hält die Position vier Wochen – ein weiterer Millionenhit und Dauerbrenner im US-Radioprogramm.

8 Der irische Songschreiber und Pianist **Gilbert O'Sullivan** stellt seinen Hit *We Will* bei »It's Lulu« vor, der wöchentlich ausgestrahlten BBC-Show der schottischen Sängerin. O'Sullivan trägt dabei zu seinem Topfdeckelhaarschnitt Weste, Schlips, ein altes Hemd, Hosenträger, knielange Hosen, Nagelschuhe und Stoffmütze. Der Sänger steht beim neu gegründeten MAM-Label von Impresario Gordon Mills, dem Manager von **Tom Jones** und **Engelbert Humperdinck**, unter Vertrag.

13 R&B-Saxophonlegende **King Curtis**, er schrieb das prägnante Motiv des Coasters-Hits *Yakety Yak*, wird bei einem Streit vor seinem Apartment in der 86. Straße West, New York, erstochen.

30 Nachdem sie den Vormittag auf ihrem Anwesen Tittenhurst Park bei London verbracht haben, fliegen **John Lennon** und **Yoko Ono** vom Flughafen Heathrow nach New York. Der Sänger wird nie wieder britischen Boden betreten.

31 Bei der zweiten Klage in sechs Wochen ziehen die **Rolling Stones** und **Brian Jones'** Vater gegen ihre ehemaligen Manager Eric Easton und Andrew Oldham wegen »Vorenthaltung von Tantiemen« vor Gericht. Der Band zufolge haben diese beiden 1963 einen Deal mit Decca Records abgeschlossen und Brian Jones überredet, einen Stones-Anteil von sechs Prozent des Handelspreises ihrer Platten zu akzeptieren, während Oldham und Easton von Decca 14 Prozent bekamen. Oldham kassierte aus dem Management-Vertrag noch weitere 25 Prozent.

September

8 Die National Academy Of Recording Arts And Sciences verleiht **Elvis Presley** den Bing-Crosby-Preis, der Künstlern vorbehalten ist, die »zu ihren Lebzeiten im Bereich phonographischer Aufnahmen einen kreativen Beitrag von besonderem künstlerischen oder wissenschaftlichen Wert« geleistet haben. Er ist der sechste Preisträger nach **Bing Crosby**, **Frank Sinatra**, **Duke Ellington**, **Ella Fitzgerald** und **Irving Berlin**.

9 **David Bowie** unterschreibt bei RCA in New York und trifft am nächsten Tag in der Factory erstmals Andy Warhol.

17 Bei einem Festival in Montreux führen **Pink Floyd** als einzige Künstler außerhalb des Klassikbereichs ihr Progressive-Rock-Epos »Atom Heart Mother« auf.

21 Das frisch von Warner Bros. verpflichtete Folkrock-Akustiktrio **America** (das sind **Dewey Bunnell**, **Gerry Beckley** und **Dan Peek** – alles Söhne in England stationierter Airforce-Offiziere) tritt in der Erstausstrahlung einer neuen BBC-Fernseh-Rockshow, »The Old Grey Whistle Test«, auf. Die Sendung, präsentiert vom ehrfürchtigen, sanften »Whispering« Bob Harris, unterscheidet sich von »Top Of The Pops« durch die Auswahl seriöser, live auftretender Künstler. Sie wird zunächst in einem winzigen Studio im vierten Stock des BBC-Gebäudes produziert und bleibt bis 1987 ein einflussreicher und beliebter Fernseh-Dauerbrenner.

24 »Shaft« läuft in den USA an. Der Film um den Privatdetektiv John Shaft (gespielt von Richard Roundtree) wird der bekannteste der von Schwarzen für Schwarze gedrehten Krimis seiner Zeit. Regisseur Gordon Parks engagiert für den Soundtrack den 29-jährigen Stax-Session-musiker **Isaac Hayes** (der für die Titelrolle abgelehnt wurde, aber auch als R&B-Songwriter, Keyboarder, Saxophonist, Produzent und Arrangeur aktiv ist). Theme From Shaft drängt mit seiner einprägsamen Wah-Wah-Gitarre und den Stakkato-Bläsersätzen in den ersten zwei Novemberwochen an die Spitze der US-Charts und wird zum Markenzeichen und Millionenhit für Hayes.

30 **Yes** absolvieren das erste von 23 Konzerten ihrer Englandtour in der De Montfort Hall in Leicester; erstmals ist der ehemalige Keyboarder der **Strawbs**, **Rick Wakeman**, mit dabei. Das Progressive-Rock-Quintett entstand 1968 um Sänger **Jon Anderson**, Bassist **Chris Squire** und Schlagzeuger **Bill Bruford** und hatte seinen größten Auftritt im Vorprogramm von **Cream** bei deren Abschiedskonzert in der Royal Albert Hall. Ergänzt um Gitarrist **Steve Howe** erhielt die Band einen Vertrag bei Atlantic und hat gerade die Aufnahmen ihres dritten Albums ***Fragile*** beendet.

»Wenn wir nicht verwandt wären, hätten wir wahrscheinlich nie wieder zusammen gespielt.« Robin Gibb von den Bee Gees über deren Versöhnung, **Time**, 1971

Oktober

2 Die neue Fernsehshow »Soul Train«, die R&B in einer clubähnlichen Atmosphäre mit Tänzern präsentiert, wird erstmals in sieben US-Marktbereichen ausgestrahlt. Mit dabei sind **Gladys Knight And The Pips**, der jetzt solo aktive Ex-**Temptations**-Sänger **Eddie Kendricks**, **The Honey Cone** (ein Gesangstrio aus Los Angeles, jüngst in den USA mit dem Hit *Want Ads* auf Platz 1) und Newcomer **Bobby Hutton**. Die Show wird wöchentlich vom Chicagoer Radiomoderator Don Cornelius präsentiert und produziert. Sein 1969 gedrehter Film über einen Piloten hatte der Sears Roebuck Company gefallen, die ihm eine Finanzierung anbot, um »Soul Train« gleichzeitig als Werbeträger für eine neue Plattenspielerreihe zu nutzen. Mit diesem Geld startete Cornelius die Show bei einem Chicagoer UKW-Sender. Der Wechsel nach Hollywood gelang mit einem neuen Sponsor, der Johnson Products Company, die die Haarpflegeserie Afro-Sheen herstellt.

Renaldo Benson von den Four Tops, einer der Autoren von Marvin Gayes (Bild) *What's Going On?*, hatte die Idee dazu, als er Zeuge von Zusammenstößen von Polizei und Demonstranten wurde.

Oktober 1971

Rod Stewart auf Platz 1 in England und USA ... Duane Allman stirbt ... Ziggy Stardust ... *Imagine* von John Lennon ...

9 **Rod Stewart** gelingt das Kunststück, gleichzeitig in den USA und England die Nr. 1 der Singles- und Albumcharts zu sein. *Maggie May,* das nur als B-Seite zur Coverversion von Tim Hardins *Reason To Believe* gedacht war und nachträglich zur A-Seite avancierte, bleibt in England fünf Wochen an der Spitze – in den USA sogar sechs. Das dazugehörige Album ***Every Picture Tells A Story*** führt schon die zweite Woche die LP-Hitlisten von beiden Ländern an.

12 Rock'n'Roll-Pionier **Gene Vincent**, der seit seinem Motorradunfall 1955 an starken Beinschmerzen leidet, ist in die USA zurückgekehrt, um Geld aufzutreiben. Er hält sich bei seinen Eltern im kalifornischen Saugus auf, als er so unglücklich stürzt, dass seine Magengeschwüre zu bluten beginnen. Er stirbt im Alter von 36 Jahren im Inter-Valley Hospital in Newhall.

15 **Rick Nelson**, der gemeinsam mit **Gary »US« Bonds**, den **Coasters**, den **Shirelles**, **Bobby Rydell**, **Bo Diddley** und **Chuck Berry** beim 7. Rock'n'Roll Revival Concert im Madison Square Garden auftritt, wird ausgebuht, als er neben seinen alten Hits auch neues Material spielt. Als Reaktion darauf verfasst er *Garden Party* – seinen ersten US-Top-10-Hit seit neun Jahren.

David Bowie enthüllte im Januar 1972 in einem Interview des Melody Maker, er sei bisexuell.

23 Bei »American Bandstand« präsentiert der aus Arkansas stammende 24-jährige Songwriter, Soul- und Gospelsänger **Al Green** erstmals im Fernsehen seinen aktuellen Hit *Tired Of Being Alone* und die Nachfolgesingle *Let's Stay Together.* Bei »Soul Train« stellt die 26-jährige R&B-Sängerin **Freda Payne** aus Chicago derweil *Band Of Gold* vor (Platz 1 in England, Platz 3 in den USA). Anschließend bringen die **Staple Singers**, ein R&B-erprobtes Familienunternehmen um den 55-jährigen **Roebuck »Pops« Staples** (derzeit bei Stax unter Vertrag) ihren Soulpophit *Respect Yourself.*

29 Der 24-jährige Gitarrist **Duane Allman**, Mitbegründer der **Allman Brothers Band**, fährt von der Geburtstagsparty der Frau seines Bandkollegen **Berry Oakley** mit dem Motorrad heim und verunglückt kurz vor Macon, Georgia, bei dem Versuch, einem LKW auszuweichen. Er stirbt nach dreistündiger Operation im Macon Medical Center.

November

1 Bei **Duane Allmans** Trauerfeier in der Memorial Chapel von Macon spielt die **Allman Brothers Band** *Stormy Monday, In Memory Of Elizabeth Reed* und *Statesboro Blues,* begleitet von **Thom Doucette** (Mundharmonika), **Dr. John** (Gitarre), **Bobby Caldwell** (Schlagzeug) und **Delaney Bramlett** (Gesang). Duane wird auf dem Rose Hill Cemetery beigesetzt.

8 **Paul McCartney** feiert im Londoner Empire Ballroom die Veröffentlichung von ***Wings Wild Life***. Es spielen **Ray McVay And His Band of the Day**; die Frank And Peggy Spencer Formation tanzt.

8 **David Bowie** beginnt in den Londoner Trident Studios mit den Aufnahmen zu einem neuen Album. Als erstes werden *Rock'n'Roll Star* (später *Star* genannt) und *Hang On To Yourself*

JOHN LENNON

30. Oktober ***Imagine*, bereits als John Lennons ausgereiftestes Solowerk gefeiert, erreicht die Spitze der britischen und amerikanischen Charts. Das Album wurde von John und Yoko mit Phil Spector produziert und in mehreren Sessions im Mai auf einem Achtspurstudio in Lennons Anwesen Tittenhurst Park eingespielt. Das Material – darunter auch zwei kaum versteckte Angriffe auf Paul McCartney, *Crippled Inside* und *How Do You Sleep?* – entstand mit Nicky Hopkins (Klavier), Jim Keltner und Alan White (Schlagzeug) und Klaus Voormann (Bass); zu den Gastmusikern zählten George Harrison an der Gitarre, Badfinger, der alte King Curtis, Mike Pinder (Moody Blues) am Tamburin, Schlagzeuger Jim Gordon und der allgegenwärtige Spector. Der Titeltrack, die klaviergeprägte Utopie-Ballade *Imagine*, erreicht in den USA Platz 3 und gilt später als der klassische Lennon-Solosong schlechthin.**

Der Singer/Songwriter Bruce Springsteen aus Freehold, New Jersey, gründete seine 10-köpfige Gruppe *The Bruce Springsteen Band*, die auch Bläser und Backgroundsängerinnen umfasste.

»Ich verstehe nicht, warum die Single so ein Hit ist. Sie hat doch gar keine richtige Melodie.«

Rod Stewart über seinen US- und UK-Nr.-1-Hit *Maggie May*, **New Musical Express**, 9. Oktober 1971

Machine Head **von Deep Purple wurde im April 1972 Nr. 1 in England. Es bekam als einzige Platte der Band mehrfach Platin in den USA.**

eingespielt. In nur zwei Wochen entsteht ein Großteil der musikalischen Welt von Bowies erster Bühnenpersönlichkeit »Ziggy Stardust«. Der Song *Ziggy Stardust* wird gegen Ende der Woche fertig.

18 Nach mehreren Gehirnoperationen stirbt der Bluessänger und Mundharmonikaspieler **Little Junior Parker** 39-jährig in Blue Island, Illinois. Er verbuchte mit *Feelin' Good* 1953 einen R&B-Hit für Sun Records und schrieb den Klassiker *Mystery Train*, den **Elvis Presley** im folgenden Jahr coverte.

18 **Procol Harum** spielen mit dem Sinfonieorchester von Edmonton und den Da Camera Singers im Jubilee Auditorium von Edmonton, Alberta, größtenteils neu arrangierte Versionen älterer Albumtracks. Ein Livemitschnitt der Show erscheint im nächsten Jahr.

23 **Slade** – derzeit Nr. 1 der britischen Charts mit ihrem zweiten Hit, der stampfenden Poprockhymne *Coz I Luv You* (wobei der Titel wie auch bei den nächsten sechs Hits absichtlich falsch geschrieben ist) – kommen mit 26-stündiger Verspätung in Bremerhaven an. Schon seit zwei Tagen sind sie auf dem Weg, um Fernsehauftritte auf dem Kontinent zu absolvieren, doch bei Windstärke neun kam es an Bord der Fähre zu einem Brand; einige Passagiere müssen auf Krankentragen vom Schiff gebracht werden.

Dezember

3 **Deep Purple** – deren aktuelles Album den Titel ***Fireball*** trägt – arbeiten in der Nähe des Casinos von Montreux an neuen Aufnahmen, als das Gebäude während eines Konzerts von **Frank Zappas Mothers of Invention** niederbrennt. Diesen Vorfall verarbeiten die Briten in *Smoke On The Water* auf ihrem nächsten Album ***Machine Head***.

8 **Ton Steine Scherben** um Sänger und Gitarrist **Rio Reiser** fordern bei einem Konzert in der TU Berlin dazu auf, bei einer Hausbesetzung zu helfen. Rund 300 Leute aus dem Publikum ziehen zum Mariannenplatz, bilden Barrikaden und hindern die Polizei am Eindringen ins Haus.

10 Bei einem Konzert in London hat **Frank Zappa** gerade mit *I Want To Hold Your Hand* eine Zugabe gegeben, als er vom 24-jährigen Trevor Howell – dem eifersüchtigen Freund einer begeisterten Zappa-Verehrerin – von der Bühne in den Orchestergraben gestoßen wird. Zappa bricht sich das Bein mehrfach und erleidet Schädelbrüche. Er verbringt die nächsten neun Monate im Rollstuhl und weitere drei in einem Stützverband.

30 Der 26-jährige jamaikanische Reggaesänger und Songwriter **Bob Marley** sucht den Island-Gründer Chris Blackwell in seinem Londoner Büro auf. Der Sohn des britischen Armeeoffiziers Norval Sinclair Marley aus Liverpool ist in Jamaika ein Star als Leadsänger und Gitarrist der **Wailin' Wailers**, die er gemeinsam mit Gitarrist und Sänger **Peter Tosh** sowie dem Perkussionisten und Sänger **Bunny Wailer** gegründet hat. In den 60er-Jahren arbeitete er mit den besten jamaikanischen Reggae-Produzenten, darunter **Leslie Kong** und **Lee »Scratch« Perry**. Blackwell bietet Marley und den Wailers einen Langzeitvertrag über ihr eigenes, Anfang des Jahres in Jamaika gegründetes Tuff-Gong-Label an. Die Wailers hat der amerikanische Sänger **Johnny Nash**, der mit Reggaeeinflüssen arbeitet, nach Europa geholt, damit sie ihn bei einer Tour durch britische Mittelschulen begleiten.

Slade spielten im Black Prince Pub in Bexley, Kent, während sie mit *Coz I Luv You* ihren ersten Nr.-1-Hit hatten.

ROOTS **In diesem Jahr schlagen Alan Gorrie und »Molly« Duncan ihren schottischen Landsleuten Roger Ball und Onnie McIntyre die Gründung einer Soulgruppe mit Instrumenten vor, die sich um weitere schottische Musiker ergänzt und Average White Band nennt ... gibt Peter Criss im *Rolling Stone* eine Anzeige auf: »Schlagzeuger, zu allem bereit, um den Durchbruch zu schaffen.« Gene Simmons und Paul Stanley melden sich bei ihm ... erleben Paul Anka und Kris Kristofferson ein Spontankonzert des jungen Singer/Songwriters John Prine im Earl Of Oldtown in Chicago ... geben Kraftwerk im »Beatclub« mit *Truckstop Gondolero* ihr TV-Debüt ... lernt Gram Parsons im Clyde's, einer Bar in Washington D. C., die Country-Folk-Sängerin Emmylou Harris kennen ... spielen Dr. Feelgood, R&B-Rocker aus Canvey Island, als Begleitband des früheren Tornadoes-Sängers Heinz und werden in der wachsenden britischen Pubrock-Szene immer beliebter ... trifft die Kellnerin Annie Lennox im Londoner Restaurant Pippins in Hampstead, London, Dave Stewart ... macht Tom Pettys Band Mudcrutch im Criteria Studio in Miami mit Produzent Ron Albert ihre ersten Aufnahmen, die Gerald Maddox, ein Paprikafarmer aus Bushnell in Florida, finanziert ... engagiert Linda Ronstadt als Begleitband für eine dreimonatige Tournee Glenn Frey, Don Henley, Bernie Leadon und Randy Meisner ... wird der Sänger, Songwriter und Pianist Tom Waits im berühmten Troubadour in Los Angeles bei einem Amateurwettbewerb von Manager Herb Cohen entdeckt ...**

Children Of The Revolution

1972

Nr. 1 US-SINGLES

01. Jan. Brand New Key **Melanie**
15. Jan. American Pie – Parts I & II **Don McLean**
12. Febr. Let's Stay Together **Al Green**
19. Febr. Without You **Nilsson**
18. März Heart Of Gold **Neil Young**
25. März A Horse With No Name **America**
15. Apr. The First Time Ever I Saw Your Face **Roberta Flack**
27. Mai Oh Girl **Chi-Lites**
03. Juni I'll Take You There **Staple Singers**
10. Juni The Candy Man **Sammy Davis Jr.**
01. Juli Song Sung Blue **Neil Diamond**
08. Juli Lean On Me **Bill Withers**
28. Juli Alone Again (Naturally) **Gilbert O'Sullivan**
26. Aug. Brandy (You're A Fine Girl) **Looking Glass**
02. Sept. Alone Again (Naturally) **Gilbert O'Sullivan**
16. Sept. Black & White **Three Dog Night**
23. Sept. Baby Don't Get Hooked On Me **Mac Davis**
14. Okt. Ben **Michael Jackson**
21. Okt. My Ding-A-Ling **Chuck Berry**
04. Nov. I Can See Clearly Now **Johnny Nash**
02. Dez. Papa Was A Rollin' Stone **Temptations**
09. Dez. I Am Woman **Helen Reddy**
16. Dez. Me And Mrs. Jones **Billy Paul**

Nr. 1 UK-SINGLES

01. Jan. Ernie (The Fastest Milkman In The West) **Benny Hill**
08. Jan. I'd Like To Teach The World To Sing **New Seekers**
05. Febr. Telegram Sam **T. Rex**
19. Febr. Son Of My Father **Chicory Tip**
11. März Without You **Nilsson**
15. Apr. Amazing Grace **Pipes And Drums Of The Royal Scots Dragoon Guards**
20. Mai Metal Guru **T. Rex**
17. Juni Vincent **Don McLean**
01. Juli Take Me Bak 'Ome **Slade**
08. Juli Puppy Love **Donny Osmond**
12. Aug. School's Out **Alice Cooper**
02. Sept. You Wear It Well **Rod Stewart**
09. Sept. Mama Weer All Crazee Now **Slade**
30. Sept. How Can I Be Sure **David Cassidy**
14. Okt. Mouldy Old Dough **Lieutenant Pigeon**

Cat Stevens

Pink Floyd

1972 hatte Cat Stevens seinen ersten Nr.-1-Hit mit *Catch Bull At Four*, dem ersten von vier Top-10-Alben in Folge ... Pink Floyd spielten im Februar erstmals ihr neues Werk *Eclipse*, aus dem später *Dark Side Of The Moon* wurde.

Glamour, Zügellosigkeit und Flirt mit der Homoerotik – das waren die Schlagworte eines Jahres, das vom politischen und gesellschaftlichen Bewusstsein der 60er-Jahre weit entfernt schien. Aber etwas Eskapismus war im Jahr des Terroranschlags bei den Olympischen Spielen in München, der Watergate-Affäre und den B-52-Bombenangriffen auf Vietnam wohl verzeihlich.

David Bowie schockierte viele britische Eltern mit seinem Bekenntnis zur Bisexualität und spielte dann im Fernsehen den lasziven Starman, doch Album und Tour zu ***The Rise And Fall Of Ziggy Stardust And The Spiders From Mars*** machten 1972 zu seinem großen Jahr. Theatralische Gesten und ausgefallene Kostüme gehörten auch bei **Alice Cooper**, **Elton John** und **T. Rex** dazu. Schockrocker Cooper, der mit der Rebellenhymne *School's Out* durchstartete, nutzte Guillotine und elektrischen Stuhl für seine Show und trug eine lebende Schlange wie ein Kleidungsstück. **Roxy Music** und ihr androgyner Keyboarder **Brian Eno** präsentierten *Virginia Plain* – den ersten Hit für den von Warhols Pop-Art beeinflussten **Bryan Ferry**. Billige Imitationen gab es natürlich auch – etwa **Gary Glitter** mit dem Schlachtruf *Rock'n' Roll* und reichlich Brusthaar unter dem Glitzerkostüm.

Sogar »ernsthafte« Rockbands gaben sich theatralisch. **Genesis** ergänzten ihren Progressive-Rock um symphonische Elemente. Ihr erstes US-Konzert fand passenderweise in der New-Yorker Philharmonic Hall statt, wo **Peter Gabriel** seine Kostüm- und Stimmungswechsel in voller Breite auslebte. Auch **Yes** und **Emerson, Lake And Palmer** brachten den Progressive-Sound von England nach Amerika. Zu diesen Posen war **Carly Simons** *You're So Vain* (mit **Mick Jagger** als Backgroundsänger) der ideale Kommentar. Der Song richtete sich wohl an einige Freunde und Geliebte (darunter auch Ehemann **James Taylor**) und war 1972 typisch für den locker autobiografischen Stil vieler Songwriter.

Wer die großen Gesten nicht vertrug, wandte sich dem Folkrock zu. *The Teaser and The Firecat* von **Cat Stevens** setzte zu seinem weltweiten Höhenflug an – der 23-Jährige lieferte damit einen nachdenklichen Gegenpol zum Zeitgeist. Die **Eagles** schufen auf ihrem Debütalbum und der ersten Single *Take It Easy* einen weniger grüblerischen Mix aus West-Coast-Rock, Folk und Country. Gesellschaftskritische Töne blieben zwei Ex-Beatles überlassen. Die BBC weigerte sich, **Paul McCartneys** *Give Ireland Back To The Irish* zu spielen, und die amerikanischen Sender reagierten ebenso auf *Woman Is The Nigger Of The World* von **John Lennon** und **Yoko Ono**. Das vehemente Plädoyer für die Rechte der Frauen verrät den Einfluss des radikalen Hippies Jerry Rubin.

Während der Glamrock 1972 im Zentrum stand, schufteten **Pink Floyd** in den verwaisten Abbey Road Studios. Ende des Jahres war das Werk fast fertig. **Roger Waters** erklärte: »Ich bin von der Wahrheit besessen und davon, wie sehr die sinnlose Jagd nach materiellen Dingen uns bei der Suche nach einem erfüllteren Leben behindert. Darum geht es auf ***The Dark Side Of The Moon***.«

11. Nov. Clair **Gilbert O'Sullivan**
25. Nov. My Ding-A-Ling **Chuck Berry**
23. Dez. Long-Haired Lover From Liverpool **Little Jimmy Osmond**

»Ich denke, [die Leute] sehen in mir einen neuen Typ Frau, sehr stark, sehr, sehr emanzipiert, eine Frau, die lächeln, aber auch die Zähne zeigen kann ...«

Carly Simon, **Rolling Stone**, 20. Januar 1972

Januar

1972

Paul McCartneys Wings gehen auf Tour ... Grammys für Carole King ...

Januar

13 Mit einem Konzert im Hammersmith Odeon in London beginnt die Englandtournee **Stevie Wonders**, der sich auf seinem jüngst vollendeten Album ***Music Of My Mind*** soulorientierter und ernsthafter zeigt.

22 Im aktuellen **Melody Maker** bekennt sich **David Bowie** – seit zwei Jahren verheiratet mit Mary Angela Barnett – gegenüber dem Journalisten Michael Watts zu seiner Bisexualität und behauptet: »Ich bin schwul.« Das sei er schon immer gewesen, »auch schon als David Jones«. Er prophezeit zudem: »Ich werde sehr erfolgreich sein, das macht fast schon Angst.« Über sein Faible für Frauenkleidung sagt Bowie: »Ich mag die Sachen nicht, die man im Laden kaufen kann. Aber ich trage nicht nur Kleider. Das wechselt jeden Tag. Ich bin nicht skandalös. Ich bin David Bowie.«

22 **Curtis Mayfield**, der kürzlich die Impressions verlassen und mit Curtom sein eigenes Label gegründet hat, stellt bei »Soul Train« seine erste Solosingle *Move On Up* vor. Der R&B-Star arbeitet am Filmsoundtrack zu ***Superfly***, der bis zum Jahresende zwei US-Top-10-Hits hervorbringen wird.

31 **Paul McCartney** schreibt *Give Ireland Back To The Irish* als Kommentar zu dem schon lange schwelenden Nordirlandkonflikt und nimmt den Titel auf – keine 24 Stunden nach dem »Bloody Sunday«, bei dem britische Soldaten durch Schüsse auf einen Bürgerrechtsmarsch in Derry 13 Katholiken getötet haben. Die Platte wird von der BBC sofort auf den Index gesetzt.

Februar

9 Für die erste Englandtournee der **Wings** plant **Paul McCartney** so viel Volksnähe wie möglich: Die Band erscheint unangekündigt in Universitäten und erkundigt sich, ob sie abends in den dortigen Räumlichkeiten spielen kann. Das erste Konzert findet heute in der Universität Nottingham statt. Insgesamt gibt es mit dem Neuzugang **Henry McCullough** (Ex-**Grease-Band**) an der Gitarre elf Auftritte, bevor die Tournee Ende des Monats in der Universität Oxford endet.

10 **T. Rex**, die momentan größte Popband Englands, beginnt in Seattle ihre erste Headliner-Tournee in den USA. Zu Hause landen sie vor Jahresende zwei Nr.-1-Hits, darunter das mitreißende *Metal Guru;* zwei weitere Singles schaffen es auf den zweiten Platz.

THE EAGLES

13. März **Das voriges Jahr in Los Angeles gegründete Countryrock-Quartett The Eagles, das seit kurzem bei Asylum Records unter Vertrag ist, beginnt mit dem Produzenten Glyn Johns in den Londoner Olympic Studios mit den Aufnahmen für das erste Album. Glenn Frey (Gesang/Gitarre), Don Henley (Schlagzeug), Randy Meisner (Bass) und Bernie Leadon (Gitarre) nehmen in drei Wochen zehn Songs auf, die am 1. Juni unter dem Titel *Eagles* erscheinen, vom amerikanischen Radio sofort begeistert aufgenommen werden und schließlich Platz 22 der US-Charts erreichen. Die Songs *Nightingale* und *Take It Easy* (ihre erste Hitsingle) wurden zusammen mit dem befreundeten 23-jährigen Singer/Songwriter Jackson Browne geschrieben, dessen Debüt *Jackson Browne* kurz zuvor als erstes Album auf Asylum erschien. Der Manager David Geffen aus Brooklyn, der bereits Joni Mitchell und Crosby, Stills, Nash And Young gefördert hat, nahm Browne und die Eagles selbst für sein neues Label unter Vertrag.**

Das im beschaulichen grünen Vorort Barnes im Südwesten Londons aufgenommene erste Album der Eagles war der Inbegriff des kalifornischen »Westcoast«-Softrocks.

Curtis Mayfield

Lennon vor der Einwanderungsbehörde

Neil Young

Curtis Mayfields *Superfly* war seine erste goldene Schallplatte ... John Lennons Antikriegshaltung beunruhigte die Behörden mehr als seine Verurteilung wegen Drogen vier Jahre vorher ... Auf Neil Youngs *Harvest* spielten Crosby und Nash mit, Stills aber nicht.

11 Auf seiner ausgedehnten Englandtour, die heute beim Lanchester Arts Festival in Coventry beginnt, stellt der extravagante Rocker **David Bowie** mit Ziggy Stardust seine neue Bühnenpersönlichkeit vor. Seine Begleitband – Gitarrist **Mick Ronson**, Bassist **Trevor Boulder** und Schlagzeuger **Woody Woodmansey** – spielen als **Spiders from Mars**.

14 **John** und **Yoko Lennon** präsentieren vier Tage lang die amerikanische Talksendung »The Mike Douglas Show«. Sie interviewen den Freidenker Ralph Nader und den Schauspieler Louis Nye. Für Musik sorgen die Chambers Brothers; und die Lennons selbst spielen mit ihrer neuen Begleitband **Elephant's Memory** *It's So Hard*. In den nächsten Tagen erscheinen immer ungewöhnlichere Gäste, darunter der Chef der amerikanischen Gesundheitsbehörde, ein makrobiotischer Koch und **Chuck Berry**.

17 **Pink Floyds** neues Werk ***The Dark Side Of The Moon*** (Arbeitstitel: »Eclipse«), geschrieben von Roger Waters, wird vorab an vier aufeinander folgenden Tagen im Londoner Rainbow Theatre vorgestellt.

19 **Nilssons** epische Ballade *Without You* wird für vier Wochen Nummer 1 in den USA. Sänger und Songschreiber Harry Nilsson aus Brooklyn hatte den Titel von **Pete Ham** und **Tom Evans** erstmals in **Badfingers** Originalfassung gehört, als er im Vorjahr für Aufnahmen mit dem Produzenten **Richard Perry** in England war. Das dazugehörige Album ***Nilsson Schmilsson***, von Perry produziert, kommt in den USA ebenfalls bis auf Platz 3. Für beide Platten gibt es am 3. März Gold, bevor *Without You* am 11. März für fünf Wochen in England Platz 1 erobert.

März

1 **John Lennon** droht nach Ablauf seines Einreisevisums die Ausweisung aus den USA. Es beginnt ein langwieriger Kampf mit den Behörden, während das FBI geheime Erkundigungen einzieht. Der Einwanderungsbehörde missfällt es, dass Lennon 1968 wegen Drogenbesitzes verurteilt wurde.

10 Allen Klein überreicht der UNICEF in New York eine Million Dollar – die erste Tantiemenzahlung für ***The Concert For Bangladesh***.

11 **Neil Youngs** viertes Soloalbum ***Harvest*** erreicht in den USA und England Platz 1 – vorangetrieben durch den Welthit *Heart Of Gold*, der mit der 25-jährigen **Linda Ronstadt** (Ex-**Stone Poneys**) und **James Taylor** im Background in der Folgewoche die Spitze der US-Hot-100 erreicht. Auf dem akustisch gehaltenen Album befindet sich auch das gegen die konservativen Rednecks gerichtete *Southern Man* (auf das die Südstaatenrocker **Lynyrd Skynyrd** mit *Sweet Home Alabama* antworten) und die Ballade *A Man Needs A Maid*, die von seiner Freundin, der Schauspielerin Carrie Snodgress, handelt. Die Platte wurde mit Elliot Mazer, Henry Lewy und Jack Nitzsche produziert; **David Crosby** und **Graham Nash** sind als Gäste dabei.

14 **Carole Kings** ***Tapestry***, das bestverkaufte Album von 1971, wird bei der 14. Grammy-Verleihung im Felt Forum des New-Yorker Madison Square Garden zum Album des Jahres erklärt. King dominiert die Feier, bei der sie zudem für die Platte des Jahres (*It's Too Late*), den Song des Jahres (*You've Got A Friend*) und als beste Popsängerin (*Tapestry*) ausgezeichnet wird. **James Taylor** wird mit seiner Version von *You've Got A Friend* bester Popsänger, und *Smackwater Jack* von **Quincy Jones** wird als bestes Popinstrumental geehrt. **Bill Withers** – ein 33-jähriger Soulsänger, Songwriter und Gitarrist aus West Virginia – muss in der Kategorie »bester Nachwuchskünstler« zwar **Carly Simon** das Feld überlassen, aber sein Titel *Ain't No Sunshine* wird als bester Rhythm'n'-Blues-Song prämiert.

16 **John Lennon** legt bei der amerikanischen Einwanderungsbehörde Widerspruch gegen die Ausweisung ein, die aufgrund seiner Vorstrafe wegen Cannabisbesitzes verfügt wurde. Würde er das Land verlassen – freiwillig oder gezwungenermaßen – dürfte er wahrscheinlich nie wieder einreisen. Daher wird New York zu seiner Dauerheimat.

18 **T. Rex** gibt das erste von zwei ausverkauften Konzerten im Londoner Empire Pool, in dem erstmals Rockshows stattfinden. Regie-Neuling **Ringo Starr** filmt das Ereignis für Apples Dokumentation über die Karriere von T. Rex, »Born To Boogie«, in der auch **Elton John** zu sehen ist.

18 Die R&B-Gesangsgruppe **Chi-Lites** um Frontmann Eugene Record tritt zum zweiten Mal bei »Soul Train« auf und singt *Oh Girl*, das steil die US-Charts emporklimmt und am 17. Mai Platz 1 erreicht.

»Wir waren auf ein Image und einen Musikstil festgelegt und hatten nichts mehr zu erwarten.«

John Kay zur angekündigten Auflösung von Steppenwolf, 14. Februar 1972

Nilsson war Computerexperte bei der Security First National Bank im kalifornischen Van Nuys, bevor er seine Musikkarriere begann.

Bruce Springsteen kommt zu Columbia ... *The Dark Side Of The Moon* ... Roxy Music ...

April

7 Im Empire Pool, Wembley, beginnt die 22 Konzerte umfassende Europatournee der **Grateful Dead**, die auch durch Dänemark, Deutschland, Frankreich, Holland und Luxemburg führt.
10 Bei der 44. Oscarverleihung im Dorothy Chandler Pavilion des Music Centers von Los Angeles erscheint **Isaac Hayes** mit Ketten behängt aus dem Nebel unterhalb der Bühne und präsentiert *Theme From Shaft*. Sein Soundtrack zum Film erhält jedoch keinen Oscar; in dieser Kategorie wird stattdessen **Michel Legrand** für *Sommer Of '42* ausgezeichnet.
16 Das **Electric Light Orchestra** gibt sein Livedebüt im Greyhound-Pub in Croydon. Damit ist das Ende der britischen Band **The Move** besiegelt, denn die Rockpop-Klassik-Fusionäre sind das neue Projekt von Move-Frontmann **Roy Wood** und seinen Birminghamer Kollegen, dem 24-jährigen Sänger, Songschreiber und Gitarristen **Jeff Lynne** und dem Schlagzeuger **Bev Bevan**. Für den Mini-Orchestersound der Band sorgt die Streichergruppe um den Cellisten **Hugh McDowell**. Wood verlässt die Band jedoch im Juli, um mit **Wizzard** poppigere Wege einzuschlagen.

Mai

3 **Les Harvey**, der 25-jährige Leadgitarrist der Britischen Bluesrocker **Stone The Crows** (und der jüngere Bruder des schottischen Rocksängers **Alex Harvey**) erhält bei einem Konzert an der Universität Swansea einen tödlichen Stromschlag. Als er einen losen Kontakt an einem Mikrofonkabel berührt, schleudert ihn ein Stromstoß durch die Luft. Er stirbt drei Stunden später in einem örtlichen Krankenhaus. Sängerin **Maggie Bell** – Harveys Freundin und mit ihm Gründerin der Band – muss mit einem Schock ebenfalls ins Krankenhaus eingeliefert werden.
11 **David Cassidy**, soeben auf Platz 2 in Großbritannien und dabei, sein aktuelles erstes Soloalbum *Cherish* vorzustellen, ziert mit nackter Brust die Titelseite des **Rolling Stone**.
18 Laut New York Times haben sich **Paul McCartney** und die **Beatles** außergerichtlich geeinigt – teilweise, um Zugriff auf die etwa 10 Millionen britische Pfund zu haben, die wegen des Rechtsstreits unter Verschluss gehalten wurden.

Juni

3 Mit der neuen Doppel-LP *Exile On Main Street* im Gepäck starten die **Stones** in Vancouver ihre achtwöchige ausverkaufte Nordamerikatour. Nach **Stevie Wonder** und **Martha Reeves** spielen die Stones eine Stunde und 40 Minuten vor 17 000 Zuschauern; 30 Polizisten werden verletzt, als Fans ohne Tickets die Eingänge stürmen.
5 **George Harrison** und **Ravi Shankar** werden von UNICEF für ihren Einsatz zu Gunsten der Hungernden in Bangladesh mit dem Preis »Child Is Father To The Man« ausgezeichnet.
9 Auf Betreiben von Labelboss John Hammond bekommt der 22-jährige Sänger, Songwriter und Gitarrist **Bruce Springsteen** nach zähen Verhandlungen durch seinen Manager Mike Appel einen internationalen Zehnjahresvertrag bei Columbia, der einen Vorschuss von 25 000 $ und ein Aufnahmebudget von 40 000 $ beinhaltet und sich über zehn Alben erstreckt. Der aus New Jersey stammende Springsteen hat in den letzten sieben Jahren in verschiedenen Bands gespielt, darunter in der Schülerband **The Castles**, bei **Earth**, **Child**, **Steel Mill** und **Dr. Zoom And The Sonic Boom**. Vor neun Monaten gründete er die **Bruce Springsteen Band** mit **David Sancious** (Keyboards), **Garry Tallent** (Bass), **Steve Van Zandt** (Gitarre), **Vini Lopez** (Schlagzeug), **Danny Federici** (Keyboards) und **Clarence Clemons** (Saxophon). Zwar sieht Columbia ihn als Solokünstler, aber Springsteen nimmt die Band drei Wochen später ins 914 Sound Studio nach New York mit.
13 **Clyde McPhatter**, der ehemalige Leadsänger von **Billy Ward And The Dominoes** und den **Drifters**, stirbt mit 39 Jahren nach langer Drogen- und Alkoholsucht in Teaneck, New Jersey.
17 Während eines Konzerts in der Oxford Town Hall macht ein Fotograf ein Bild von **David Bowie**, der auf erotische Weise **Mick Ronsons** Gitarre »leckt«. Zu Ronsons Missfallen erscheint

David Bowie betrat im Juli bei einem Benefizkonzert für Save The Whales (»Rettet die Wale«) die Bühne der Royal Festival Hall in London und erklärte: »Ich bin Ziggy.«

PINK FLOYD

1. Juni Pink Floyd beginnen mit den Aufnahmen für ihr erstes Konzeptalbum *The Dark Side Of The Moon*. Bis zur Fertigstellung des vom Thema »Wahnsinn« durchzogenen Werks werden acht Monate vergehen. Viele der verwendeten Sprachfetzen stammen von Leuten, die rund um die Abbey Road Studios befragt wurden. Der Studiopförtner Jerry Driscoll liefert das Schlusswort: »Der Mond hat gar keine dunkle Seite. Er ist komplett dunkel.« Der 22-jährige Toningenieur Alan Parsons, der schon für die Beatles gearbeitet hat, steuert viele Soundeffekte bei, z. B. die Uhren-Montage am Anfang des dritten Stücks *Time*. Das Prismen-Cover stammt vom Designteam Hipgnosis.

das Foto erst im **Melody Maker** und findet dann den Weg in die Boulevardpresse.

20 **Roxy Music**, kürzlich erst im Vorprogramm von **Rory Gallagher** in England unterwegs, stellen bei ihrem ersten Fernsehauftritt bei »The Old Grey Whistle Test« ihre Debütsingle Virginia Plain vor. Die Artrock-Combo wurde vom smarten Frontmann und Sänger **Bryan Ferry**, Saxophonist **Andy McKay** und Elektronik- und Synthesizerfachmann **Brian Eno** gegründet. Über das Londoner Unternehmen E.G.-Management stehen sie seit kurzem bei Island Records unter Vertrag. Mit Gitarrist **Phil Manzanera**, der im Februar zur Band stieß, entstand im März in den Command Studios in London das erste Album ***Roxy Music***. Die Aufnahmen kosteten 5000 Pfund und wurden vom ehemaligen King-Crimson-Texter **Pete Sinfield** produziert.

20 Die Tallahatchie-Brücke über den Mississippi stürzt ein. Seit ihrer Erwähnung in **Bobbie Gentrys** US-Tophit *Ode To Billie Joe* war sie zu einer beliebten Touristenattraktion geworden.

22 Im **Rolling Stone** erscheint eines der seltenen Interviews mit dem pressescheuen Sänger und Songwriter **Van Morrison** (dessen US-Tour kürzlich mit zwei Shows im Winterland von San Francisco zu Ende ging). Er sagt über sein neues Album: »Eigentlich wollte ich nach dieser Tour ein paar Monate Pause machen, aber jetzt bin ich mir nicht mehr sicher. Erst muss ich die Platte fertig machen, damit sie bis Juli erscheinen kann. Wir haben den Titel von ***Green*** in ***Saint Dominic's Preview*** geändert. Es fehlen noch zwei Songs, und ich weiß im Moment nicht, wo ich die hernehmen soll. Ich bin gerade ziemlich durcheinander, aber ich habe das Gefühl, so langsam kommt alles zusammen. Es wird schon klappen.«

Juli

1 In Philadelphia nehmen die **Spinners** (in England Detroit Spinners genannt, weil es dort die Folkband Spinners gibt) in den Sigma Sound Studios *I'll Be Around* und *How Could I Let You Get Away With It* auf. Die R&B-Gesangsgruppe begann 1955 als **The Domingos** und war in den 60er-Jahren etwas glücklos, als eine der wenigen Bands bei Motown ohne Hit. Jetzt haben sie mit **Philippe Wynne** einen neuen Sänger und wurden auf Empfehlung **Aretha Franklins** zu Atlantic geholt. Das Label brachte sie mit Songwriter und Produzent **Thom Bell** zusammen, der freiberuflich bei Sigma mit den Gründern des Philadelphia-International-Labels **Kenny Gamble** und **Leon Huff** arbeitet. Mit besagter Doppel-A-Seite wendet sich das Geschick der Band: Die Single wird zum Millionenseller und der erste von 19 US-Charthits, den die Spinners/Bell-Kombination in den nächsten sechs Jahren produziert. Bell nutzt dieselbe Formel und dasselbe Studio wie schon mit den **Stylistics**, einem Soulquintett, das mit dem von ihm geschriebenen und produzierten *You Are Everything* und *Betcha By Golly* einen Hit gelandet hat.

Roxy Music spielten im Juli als Vorband von Alice Cooper im Empire Pool in Wembley. Die positive Presse galt vor allem ihnen.

Juli 1972

Die Rolling Stones haben Ärger ... Peter Framptons Solodebüt ... Philadelphia-Soul ...

Paul und Linda McCartney wurden wenige Stunden vor einem Konzert im schwedischen Göteborg wegen Cannabisbesitzes verhaftet.

3 In Memphis stirbt **»Mississippi« Fred McDowell** mit 68 Jahren an Unterleibsgeschwüren und Krebs. Der einflussreiche Sänger, Songwriter und Gitarrist spielte den traditionellen Delta-Blues mit Bottleneck-Elementen im Stil von **Charlie Patton** und **Son House** und war ein beliebter Dauergast auf Blues- und Folkfestivals in den 60er-Jahren. Die **Stones** coverten McDowells *You Gotta Move* im letzten Jahr auf dem Album ***Sticky Fingers***, und der Slide-Guitar-Stil der 22-jährigen aufstrebenden Bluesrock-Sängerin **Bonnie Raitt** verrät auf ihrem kommenden zweiten Album ***Give It Up***, dass sie viel von McDowell gelernt hat.
9 Die **Wings** geben ihr offizielles Livedebüt im Theatre Antique in Chateauvallon, Frankreich. Es ist das erste von 25 Konzerten ihrer Europatour, bei der sie in einem umgebauten Londoner Doppeldeckerbus reisen.
16 Beim Abschlusskonzert einer sechsmonatigen US-Tournee tritt **Smokey Robinson**, der die **Miracles** schon seit 1970 zu Gunsten eigener Projekte verlassen will, im Carter Barron Amphitheatre in Washington zum letzten Mal mit der Band auf. Reportern sagt er: »Wir hatten einen Wahnsinnsspaß.« Er bleibt als Solokünstler bei Motown.
23 Auf dem T.-F.-Green-Flughafen von Rhode Island werden **Mick Jagger**, **Keith Richards** und drei Mitglieder aus ihrem Tross – Stanley Moore, Marshall Chess und Robert Frank – bei der Anreise zu einem Konzert in Boston nach einem Streit mit dem Fotografen Andy Dickerman vom **Providence Journal** festgenommen. Der Bostoner Bürgermeister Kevin White setzt sich telefonisch beim Gouverneur von Rhode Island für ihre Freilassung auf Kaution ein. Schließlich kann das Konzert nachts um halb eins beginnen. Keith Richards und Stanley Moore verklagen die Zeitung später.

August

5 Im Wembley Stadion findet die erste Rock'n'Roll Revival Show statt – mit **Bill Haley**, **Chuck Berry**, **Little Richard**, **Emile Ford**, **Heinz**, **Billy Fury**, **Jerry Lee Lewis**, **MC5**, **Wizzard** und **Bo Diddley**. Die 50 000 Zuschauer, größtenteils Teddyboys und Rocker, bereiten den Künstlern einen miserablen Empfang und buhen sogar Little Richard von der Bühne. Dort spielt auch der aufstrebende britische Glamrock-Popstar **Gary Glitter**, dessen Tanz- und Mitsing-Hymne *Rock'n'Roll* im Juni in England Platz 2 erreichte. Der über 30-jährige Glitter – bürgerlich Paul Gadd – war seit 1958 unter zahlreichen Pseudonymen (Paul Russell, Paul Raven, Paul Monday und sogar Rubber Bucket) wenig erfolgreich. Das änderte sich für ihn und seinen Co-Autor, Produzenten und Mitarbeiter **Mike Leander** nach dem Imagewechsel zu engen Glitzeranzügen und hohen Plateauschuhen im letzten Jahr: Glitters erste Hitsingle erreicht auch in den USA Platz 7 (und wird dort ein beliebter Stadion-Koral bei Sportveranstaltungen).
19 NBC strahlt die erste Folge der Sendung »Midnight Special« aus, in der unter anderem die Band **War** ihren jüngsten Millionenhit *Slippin' Into Darkness* vorstellt, der in den USA Platz 16 erreicht. Im letzten Jahr verließ Ex-**Animals**-Frontmann **Eric Burdon** die siebenköpfige Bluesrock-Truppe, die er 1969 als seine Begleitband zusammengestellt hatte.

»Slade musizieren mit der Subtilität eines Abbruchkommandos auf Betriebsausflug ... Sie verkörpern alles, was Eltern an der heutigen Gesellschaft abstößt.« **The Times**, 8. September 1972

21 Als **Jefferson Airplanes** Bühnenmanager Polizisten »Bullen« nennt, kommt es in der Rubber Bowl von Acron, Ohio, zum Handgemenge, bei dem **Grace Slick** Tränengas abbekommt und **Paul Kantner** leicht verletzt wird. **Jack Casady** wird zudem festgenommen und von der Bühne gezerrt.
30 **John** und **Yoko Lennon** präsentieren das Benefizkonzert One On One im New-Yorker Madison Square Garden. Bei *Give Peace A Chance*, dem ergreifenden Finale, sind **Stevie Wonder**, **Roberta Flack** und **Elephant's Memory** dabei. Über 250 000 $ kommen für geistig behinderte Kinder zusammen.

September

7 **Slade**, die nach vier Singles mit *Mama Weer All Crazee Now* schon die dritte Nr. 1 in England feiern, fliegen während einer US-Tour nach London, um als Headliner die Sundown-Konzerthalle in der Mile End Road einzuweihen.
10 **Iggy Pop** und die **Stooges** – **Ron** und **Scott Asheton** sowie **James Williamson** – beginnen in den Londoner CBS-Studios mit der vierwöchigen

In ihrer über 35-jährigen Karriere schrieben Leon Huff und Kenny Gamble mehr als 100 US-Hits, von denen fünf auf Platz 1 der Charts gelangten.

Aufnahmesession zum Album *Raw Power.* Am Mischpult sitzen David Bowie und Iggy Pop; James Williamson produziert.

16 Unterstützt von seiner eigenen Begleitband, **Frampton's Camel**, steht Ex-**Humble-Pie**-Gitarrist **Peter Frampton** im Vorprogramm der **J. Geils Band** in New York City erstmals solo auf der Bühne und stellt sein erstes Album *Wind Of Change* vor.

27 **Rory Storm** (bürgerlich Alan Caldwell), der frühere Leadsänger der Merseybeat-Band **Rory Storm And The Hurricanes**, begeht mit Alkohol und Tabletten in seinem Haus in Liverpool Selbstmord. Da auch seine Mutter tot aufgefunden wird, entstehen Gerüchte über einen Selbstmord-Pakt.

Oktober

10 Die verbliebenen Rechtsstreitigkeiten zwischen den **Rolling Stones**, Allen Kleins Firma ABKCO, Decca, Eric Easton und Andrew Oldham sind endlich beigelegt.

14 Im britischen Branchenmagazin Music Week gibt EMI die weltweiten Plattenverkäufe der **Beatles** inklusive der Soloaktivitäten zehn Jahre nach der Veröffentlichung der Single *Love Me Do* mit 545 Millionen Exemplaren an.

16 **Creedence Clearwater Revival** verkünden in einer Presseerklärung ihre Trennung: »Wir wollen uns lieber einzelnen statt gemeinschaftlichen Projekten widmen.« Die Band hat in nur vier Jahren sechs mehrere Millionen Mal verkaufte Alben herausgebracht. Doch schon im Februar 1971 war **Tom Fogerty** wieder ausgestiegen. Sein Bruder, Frontmann und wichtigster Songschreiber, **John Fogerty**, ist zunehmend unzufrieden mit der Band und ihrem Label Fantasy. Seine späteren Aufnahmen, eine Mischung aus Bluegrass, Country und Rock, veröffentlicht er unter dem Namen **Blue Ridge Rangers.**

21 Bei »Soul Train« stellen die **O'Jays**, ein altgedientes R&B-Gesangstrio aus Canton, Ohio – bestehend aus **Eddie Levert**, **Walter Williams** und **William Powell** – den Hit *Back Stabbers* vor, mit dem sie auch den Popbereich erobern. Die Band unterschrieb beim vor zwei Jahren gegründeten Label Philadelphia International von **Kenny Gamble** und **Leon Huff**, die sich anschicken, die neuen Holland/Dozier/Holland zu werden. Gamble und Huff schreiben und produzieren eine Reihe hervorragender, eingängiger R&B-Hits (kollektiv als Philly-Sound bekannt) für die frisch verpflichteten **Harold Melvin And The Blue Notes** und ihren Frontmann **Teddy Pendergrass** (mit der Ballade *If You Don't Know Me By Know* gerade auf Platz 3 in den USA), für die O'Jays und den Lokalmatador **Billy Paul**, der im Dezember mit der Single *Me And Mrs. Jones* den ersten Nr.-1-Hit für das Label erzielt.

Gary Glitter verabschiedete sich von seinem früheren Bühnen-Ich Paul Raven, indem er dessen Utensilien in einen Sarg packte und in der Themse versenkte.

Oktober 1972

Der Schlagzeuger Billy Murcia war das erste Mitglied der New York Dolls, das an Drogen starb – aber nicht das letzte.

Carly und James heiraten ... Erstes Konzert von Genesis ... MC5 treten ab ...

Bob Dylan spielte in Sam Peckinpahs Western »Pat Garrett jagt Billy the Kid« die Rolle des Alias und schrieb die Filmmusik.

23 Der 25-jährige Londoner Schauspieler und Sänger **David Essex** setzt sieben Wochen mit dem Rockmusical-Hit »Godspell« aus, um auf der Isle Of Wight den Rockfilm »Trau keinem über 18« zu drehen. In der von Ray Connolly verfassten Geschichte aus dem England Ende der 50er-Jahre spielt Essex den Rockstar Jim MacLaine. **Keith Moon**, **Billy Fury**, **Ringo Starr** und **Dave Edmunds** sind ebenfalls dabei.

November

1 Nach ihrem Livedebüt letzten Monat im Under The Ice House von Glendale, Kalifornien, spielen **Steely Dan** eine Woche lang im Max's Kansas City in New York. Die beiden Songschreiber der Band, Keyboarder und Sänger **Donald Fagen** und Bassist **Walter Becker**, werden von den Gitarristen **Jeff »Skunk« Baxter** und **Denny Dias**, Sänger **David Palmer** und Schlagzeuger **Jim Hodder** unterstützt und vom Produzenten **Gary Katz** betreut, der sie jüngst nach Los Angeles holte. Dorthin werden sie nächste Woche in den Village Recorder Studios ihr akribisches Debütalbum ***Can't Buy A Thrill*** aufnehmen, das im nächsten März bei ABC erscheint.

3 **Carly Simon** heiratet Singer/Songwriter **James Taylor** in ihrem Apartment in Manhattan. Am Abend kommt sie in der New-Yorker Radio City Music Hall bei der Zugabe zu ihm auf die Bühne und verkündet dem Publikum die frohe Nachricht.

6 Nach einer Show im Londoner Imperial College stirbt der 21-jährige Drummer der **New York Dolls**, **Billy Murcia**, in einer Wohnung in Chelsea. Er erstickt an dem Kaffee, den ihm seine Freundin einflößt, um ihn wieder wach zu bekommen. Die Gerichtsmedizin stellt zudem schwere Erschöpfung als Todesursache fest. Beeinflusst von der rauen Energie der **Stooges** und **MC5**, gründeten sich die Dolls Anfang des Jahres rund um den extravaganten 22-jährigen Sänger **David Johansen** und den 20-jährigen Gitarristen **Johnny Thunders** und bauten schnell ein schillerndes Glamrock- und Punkimage auf.

11 **Allman-Brothers**-Bassist **Berry Oakley** stirbt in Macon, als sein Motorrad mit einem Bus zusammenstößt und er über die Straße geschleudert wird – nur drei Straßen entfernt von der Stelle, an der ein Jahr zuvor **Duane Allman** verunglückte. Berry wird wie Duane auf dem Rose Hill Cemetery von Macon begraben. Beide wurden nur 24.

18 Bei seinem zweiten »Soul-Train«-Auftritt singt **Bill Withers** seinen US-Nr.-1-Hit aus dem Sommer, die selbst verfasste Ballade *Lean On Me* und die Nachfolgesingle *Use Me,* derzeit in den USA Nr. 2. **Harold Melvin And The Blue Notes** spielen ihre Hitballade *If You Don't Know Me By Know.*

23 In Durango in Mexiko beginnen für **Bob Dylan** die Dreharbeiten zu Sam Peckinpahs Western »Pat Garrett jagt Billy The Kid«, in dem er den Gesetzlosen Alias spielt . Der Soundtrack enthält drei Dylan-Songs, darunter auch den neuen Titel *Knockin' On Heaven's Door.*

24 ABC strahlt erstmals die tagsüber in der Hofstra University von Long Island aufgezeichnete Sendung »Don Kirshner's Rock Concert«

»Frank Zappa Sr. bietet Privatunterricht nach mathematischen Methoden in Würfeln, Roulette, Keno und Blackjack. Auf Wunsch auch Hausbesuche.«

Variety, 8. Dezember 1972

Schlagzeuger unter sich: Ringo Starr (rechts) und David Essex, der bei der halbprofessionellen Band The Everons aus dem Osten Londons angefangen hatte ... Das New-Yorker Kaufhaus Alexander's ließ Alice Cooper nach Ende der Ladenöffnungszeit seine Weihnachtseinkäufe erledigen.

David Essex und Ringo Starr

Alice Cooper

GENESIS

11. Dezember **Die 1966 von Peter Gabriel, Tony Banks und Mike Rutherford am Internat Charterhouse gegründete innovative Artrock-Band Genesis spielt ihr erstes US-Konzert in der Brandeis University in Waltham, Massachusetts. Nach wechselnden Besetzungen in den ersten Jahren spielen sie seit 1970 mit dem Gitarristen Steve Hackett (Ex-Quiet-World) und dem Schlagzeuger Phil Collins, der als Kinderschauspieler in einer Massenszene des Beatles-Films »A Hard Day's Night« mitwirkte. Ihre ausgefeilten Bühnenshows, bei denen Gabriel zunehmend Masken und andere Requisiten einsetzt, haben ihnen in England viele Fans verschafft, wodurch auch ihr eben erschienenes viertes Album *Foxtrot* erstmals ein britischer Chartserfolg wird: Es gelangt auf Platz 12.**

aus, eine Schöpfung des erfolgreichen Musikverlegers und Fernsehproduzenten. Mit dabei ist Schockrocker **Alice Cooper**, Frontmann der gleichnamigen Band. Der 24-jährige Sohn eines Priesters aus Detroit konnte im Sommer mit der Rockhymne *School's Out* einen Welthit verbuchen. Zu den anderen Gästen zählen die **Allman Brothers**, **Chuck Berry**, **Poco** und das Popduo **Seals And Crofts** (**Jim Seals** und **Dash Crofts**), deren erster Hit *Summer Breeze* in den USA noch immer in den Hitparaden ist.

24 Die **Eagles** kehren nach sieben Konzertauftritten in Großbritannien in die USA zurück, um am ersten Tag des vom Rocksender KROQ gesponserten Wochenend-Festivals Woodstock Of The West aufzutreten. Trotz groß angelegter Werbung und eines beeindruckenden Staraufgebots – mit dabei **Sly And The Family Stone**, **Stevie Wonder**, die **Bee Gees** und **Mott the Hoople** – werden von den 100 000 Tickets für das Memorial Coliseum nur 32 000 verkauft.

30 Zum zweiten Mal in nur zehn Monaten setzt die BBC eine Single von **Paul McCartney** auf den Index, diesmal das neu veröffentlichte *Hi Hi Hi*. Der Titel lief ein einziges Mal in der »Tony Blackburn Breakfast Show« auf Radio 1.

Dezember

6 Die Staatsanwaltschaft von Nizza bestätigt, dass sie Haftbefehle gegen **Keith Richards** und seine Freundin Anita Pallenberg wegen Verstoßes gegen die französischen Drogengesetze erlassen hat. Richards Kommentar dazu: »Ich habe von diesem Haftbefehl erst heute Morgen hier durch die Zeitung erfahren.«

9 Mit großer Starbesetzung – darunter **Roger Daltrey** in der Titelrolle, **Rod Stewart**, **Steve Winwood**, Peter Sellers, **Merry Clayton** und **Richie Havens** – führen **The Who** in Begleitung eines ganzen Orchesters ihre Rockoper »Tommy« im Rainbow Theatre in London auf.

11 Nach einem Konzert in Knoxville, Tennessee, wird **James Brown** bei einem Gespräch mit Fans über Drogenmissbrauch festgenommen und des ordnungswidrigen Verhaltens bezichtigt, da ein Informant der Polizei erzählt hat, Brown würde zu Unruhen aufrufen. Dieser droht den Behörden mit einer Millionenklage, und die Sache wird schnell als »Missverständnis« abgetan.

23 Bei den Proben der **Grand Funk Railroad** für eine »Live«-Aufnahme im New-Yorker Madison Square Garden tauchen Ex-Manager Terry Knight, sein Anwalt und zwei Sherriffs mit Möbelwagen und einem Gerichtsbescheid auf, laut dem Knight berechtigt ist, zur Begleichung laufender Verfahrenskosten eine Mio. $ in bar oder in Sachwerten zu beschlagnahmen. Das Equipment der Band wird nach dem Auftritt konfisziert.

31 Die **MC5** geben ihr letztes Konzert, passenderweise im Grande Ballroom von Detroit, und lösen sich endgültig auf. Für einen Abend harter Arbeit erhalten sie 200 $.

ROOTS **In diesem Jahr schließt sich Gordon Sumner, Grundschullehrer an der St. Paul's First School im englischen Newcastle, der Newcastle Big Band an, wo ihm sein Bandkollege Gordon Soloman den Spitznamen Sting (Stachel) gibt, weil er oft ein schwarz-weiß gestreiftes Fußballtrikot trägt ... gründen Bernard Edwards und Nile Rodgers mit Tony Thompson die Fusionrock-Gruppe Big Apple Band ... tritt die Multimediakünstlerin Laurie Anderson im Stadtpark von Rochester, Vermont, erstmals auf; die Bürger von Rochester steuern die Geräusche von Auto-, Lkw- und Motorradhupen bei ... zieht Jimmy Buffett nach Key West, Florida, und beginnt in Bars zu spielen, u. a. im Green Parrot und in Ernest Hemingways altem Stammlokal Sloppy Joe's ... holt der Schlagzeuger Charles Smith seinen Cousin Prince Rogers Nelson in seine Schülerband Grand Central ... spielen die Patches um den quirligen Sänger Leo Sayer auf eine Anzeige im Lokalblatt Evening Argus hin im Brightoner Pavilion-Theater bei David Courtney vor; dieser ist beeindruckt, nimmt die Band unter Vertrag und macht Sayer zu seinem Ko-Autor ... beginnt der 19-jährige Mike Oldfield in den Londoner Abbey Road Studios mit der Arbeit an einer 50-minütigen Instrumentalkomposition mit klassischen Zügen; finanziell unterstützt wird er vom Besitzer der Virgin-Plattenläden, Richard Branson, der ein eigenes Label gründen möchte ... verdient die Underground-Dichterin Patti Smith 5 $ pro Abend im Vorprogramm des Mercer Art Centers in New York ...**

Do You Wanna Touch Me (Oh Yeah)

1973

Nr. 1 US-SINGLES

06. Jan. You're So Vain **Carly Simon**
27. Jan. Superstition **Stevie Wonder**
03. Febr. Crocodile Rock **Elton John**
24. Febr. Killing Me Softly With His Song **Roberta Flack**
24. März Love Train **O'Jays**
07. Apr. The Night The Lights Went Out In Georgia **Vicki Lawrence**
21. Apr. Tie A Yellow Ribbon Round The Ole Oak Tree **Dawn featuring Tony Orlando**
19. Mai You Are The Sunshine Of My Life **Stevie Wonder**
26. Mai Frankenstein **Edgar Winter Group**
02. Juni My Love **Paul McCartney And Wings**
30. Juni Give Me Love – (Give Me Peace On Earth) **George Harrison**
07. Juli Will It Go Round In Circles **Billy Preston**
21. Juli Bad, Bad Leroy Brown **Jim Croce**
04. Aug. The Morning After **Maureen McGovern**
18. Aug. Touch Me In The Morning **Diana Ross**
25. Aug. Brother Louie **Stories**
08. Sept. Let's Get It On **Marvin Gaye**
15. Sept. Delta Dawn **Helen Reddy**
22. Sept Let's Get It On **Marvin Gaye**
29 Sept. We're An American Band **Grand Funk Railroad**
06 Okt. Half-Breed **Cher**
20 Okt. Angie **Rolling Stones**
27 Okt. Midnight Train To Georgia **Gladys Knight And The Pips**
10 Nov. Keep On Truckin' (Part 1) **Eddie Kendricks**
24 Nov. Photograph **Ringo Starr**
01 Dez. Top Of The World **Carpenters**
15 Dez. The Most Beautiful Girl **Charlie Rich**
29 Dez. Time In A Bottle **Jim Croce**

Nr. 1 UK-SINGLES

06. Jan. Long Haired Lover From Liverpool **Little Jimmy Osmond**
27. Jan. Blockbuster! **Sweet**
03. März Cum On Feel The Noize **Slade**
31. März The Twelfth Of Never **Donny Osmond**
07. Apr. Get Down **Gilbert O'Sullivan**
21. Apr. Tie A Yellow Ribbon Round The Ole Oak Tree **Dawn featuring Tony Orlando**
19. Mai See My Baby Jive **Wizzard**
16. Juni Can The Can **Suzi Quatro**
23. Juni Rubber Bullets **10cc**

David Bowie

David Cassidy

David Bowie kündigte im Juli an, dass er nicht mehr live auftreten werde. Tatsächlich war dies sein letzter Auftritt in der Maske des Ziggy Stardust ... Teenie-Popstars durften in der BBC-TV-Sendung »Top Of The Pops« nicht mehr live spielen, nachdem David Cassidys Auftritt zu Tumulten geführt hatte.

Es handelte von der Verderbtheit und Bedeutungslosigkeit des Lebens, und es steckte voller Dialogfetzen und klanglichem Feuerwerk: Mit ***The Dark Side Of The Moon*** hatte **Pink Floyd** das Konzeptalbum schlechthin abgeliefert, das in keiner studentischen Plattensammlung fehlen durfte.

Das ist umso bemerkenswerter, da sich 1973 sonst nicht durch Tiefgang auszeichnete. Mit **David Cassidy** und **Donny Osmond** wurden hübsche Boys clever an Teeny-Girls vermarktet. Das erfolgreichste Beispiel für seichten Schlagerpop waren **Tony Orlando And Dawn** mit *Tie A Yellow Ribbon Round The Ole Oak Tree.*

R&B wartete mit sehr verführerischen Sounds auf: **Roberta Flacks** *Killing Me Softly With His Song* sollte ein Klassiker werden, **Marvin Gaye** versuchte es bei *Let's Get It On* mit Liebe statt mit Politik, und **Gladys Knight** saß im *Midnight Train To Georgia.* Mit den Songs von 1973 allein ließe sich spielerisch ein »Soul-Greatest-Hits«-Album zusammenstellen. Mit seiner dunklen Stimme verquickte **Barry White** eingängige Soulpop-Melodien und schmeichelnde Arrangements. Disco kam in Mode.

Die Rockszene war nicht weniger munter. Bei Watkins Glen in New York kam mit 600 000 Zuschauern das größte Rockpublikum aller Zeiten zusammen. Die **Grateful Dead** spielten fünf, **The Band** drei, die **Allman Brothers** vier Stunden. Nachdem Vietnam vorbei war, engagierten Musiker sich nun für andere Themen: **Bruce Springsteen**, dessen Karriere gerade begann, trat bei Konzerten »für eine Zukunft ohne Kernkraft« auf, und die **Stones** sammelten Geld für die Erdbebenopfer in Nicaragua. Heavy-Rock fand immer mehr Fans. **Lynyrd Skynyrd** nahmen den Gitarrenklassiker *Freebird* auf und durften daraufhin als Vorgruppe von **The Who** auf Tour. **Led Zeppelin** brachen auf ihrer US-Tour alle Rekorde. **David Bowie**, der in England acht Millionen Platten verkauft hatte, erklärte zum Ende seiner Ziggy-Stardust-Tour, dass er nie mehr auftreten werde – ein melodramatischer Schwindel. Stattdessen kümmerte er sich um die Abmischung von ***Raw Power***, dem letzten und einflussreichsten Werk von **Iggy And The Stooges**. Die Kultband aus Detroit spielte anarchischen, oft dreckigen und bluesigen Rock, und ihr aggressiver Minimalsound sollte großen Eindruck auf spätere Punkrocker machen.

Drogen gehörten – in der einen oder anderen Weise – irgendwie zur Rockmusik dazu. **Keith Richards** wurde verurteilt, weil er Marihuana besaß, **Paul McCartney** zahlte ein Bußgeld, weil er es angepflanzt hat. Countryrock-Pionier **Gram Parsons** – vormals bei den **Byrds** und **Flying Burrito Brothers** – traf es schlimmer: Er starb an einer Überdosis, kurz nachdem er *Falling Angel* mit **Emmylou Harris** aufgenommen hatte. **Elvis** wurde schwer medikamentenabhängig. Aber das Jahr 1973 begann für ihn hervorragend – weltweit schalteten 1,5 Millionen Menschen die Übertragung seines Konzerts »Aloha From Hawaii« ein.

30. Juni	Skweeze Me, Pleeze Me	**Slade**
21. Juli	Welcome Home	**Peters And Lee**
28. Juli	I'm The Leader Of The Gang (I Am!)	**Gary Glitter**
25. Aug.	Young Love	**Donny Osmond**
22. Sept.	Angel Fingers (A Teen Ballad)	**Wizzard**
29. Sept.	Eye Level (Thema von »Van Der Valk«)	**Simon Park Orchestra**
27. Okt.	Daydreamer/Puppy Song	**David Cassidy**
17. Nov.	I Love You Love Me Love	**Gary Glitter**
15. Dez.	Merry Xmas Everybody	**Slade**

»Wir lieben dich, Donny, wir lieben dich so!«

Obligatorischer Ausruf britischer Osmond-Fans

1973 Januar

Eric Claptons Comeback … Elvis grüßt aus Hawaii … Die Byrds trennen sich …

Januar

5 **Queen**, seit letzten November bei EMI unter Vertrag, nehmen bei der BBC in London ihre erste Radiosession auf. Dabei spielen sie vier Songs, darunter auch ihre kommende Debütsingle *Keep Yourself Alive,* die in der Sendung von Kult-Discjockey John Peel ausgestrahlt werden. Queen gründeten sich vor zwei Jahren, als Gitarrist **Brian May** und Schlagzeuger **Roger Taylor** (vormals beide bei der Gruppe **Smile**) den in Sansibar geborenen Leadsänger **Freddie Mercury** und den Bassisten **John Deacon** in ihre Band holten. Offiziell stellt EMI die Band bei einem Showcase am 9. April im Londoner Marquee vor.

7 Zur Feier des britischen Beitritts zur EWG findet im Londoner Palladium die Show »Fanfare For Europe« statt. Headliner **Slade** sind auf persönliche Einladung von Premierminister Edward Heath dabei – er ist offenbar ein Fan der Band.

13 Im Londoner Rainbow Theatre findet mit großem Staraufgebot das von **Pete Townshend** organisierte Comeback-Konzert von **Eric Clapton** statt, der seine Heroinsucht überwunden hat. Neben Clapton spielen u. a. **Ron Wood**, **Steve Winwood** und **Jim Capaldi**. Ein Mitschnitt der Show wird später als ***Eric Clapton's Rainbow Concert*** veröffentlicht. Trotz der offenen Unterstützung seiner Musikerkollegen zieht sich Clapton danach wieder aus der Öffentlichkeit zurück.

14 »Elvis: Aloha From Hawaii« lautet der Titel einer **Elvis-Presley**-Show, die über Intelsat IV live aus der Honolulu International Center Arena nach Japan, Australien, Neuseeland, Südvietnam, Thailand, Hongkong, Singapur, Malaysia und auf die Philippinen übertragen wird. In den USA und Europa wird eine Aufzeichnung gezeigt, nur die britischen Sender kaufen sie nicht ein. Weltweit sehen etwa eine Milliarde Menschen die Show – das bis dahin größte TV-Publikum. Dabei werden 75 000 $ für die Kuiokalani-Lee-Krebshilfe eingespielt, und Presley singt bei der Übertragung Lees bekanntesten Song, *I'll Remember You.*

18 Im Los Angeles Forum kommt es im Namen und unter Mitwirkung der **Rolling Stones** zu einem Benefizkonzert für die Opfer des jüngsten Erdbebens in Nikaragua (der Heimat von Jaggers Frau Bianca). Dabei werden 200 000 $ erspielt, die Band spendet noch einmal 150 000 $. Die 18 625 Konzertbesucher sind auch von der Musik der Vorgruppe **Santana** und den Späßen von Cheech & Chong begeistert.

23 **Neil Young** unterbricht sein Konzert im Madison Square Garden für eine aktuelle politische Nachricht: Es gibt eine Friedensregelung für Vietnam. Auf der Bühne wird ihm ein Zettel überreicht, auf dem der Text steht, den er vorlesen wird. Er beginnt mit den Worten »Peace has come« – und muss zehn Minuten warten, bis sich der Jubel des Publikums gelegt hat.

30 Das New-Yorker Hardrock-Quartett des Bassisten **Gene Simmons**, der Gitarristen **Paul Stanley** und **Ace Frehley** und des Schlagzeugers **Peter Criss**, im letzten Jahr als Wicked Lester gegründet, tritt im Popcorn Club in Queens zum ersten Mal unter dem Namen **KISS** auf.

»Lou ist ein ganz neuer Mensch … er trinkt jetzt zum Beispiel wesentlich weniger und isst Kresse-Sandwiches.«

Sekretärin von Lou Reeds Manager in New York, **New Musical Express**, 28. April 1973

Roberta Flacks *Killing Me Softly With His Song* war Nr. 1 der US-Charts und brachte der Sängerin einen Grammy für die Platte des Jahres ein.

Free spielten im Februar ihr letztes Konzert. Wendell Richardson von Osibisa ersetzte Paul Kossoff als Gitarristen.

Februar

11 **Aretha Franklin**, **Roberta Flack**, **Chicago** und **Ray Charles** treten in der CBS-Fernsehshow »Duke Ellington … We Love You Madly« auf.

13 **Elvis Presley** erkrankt während eines Konzerts in Las Vegas; Dr. Sidney Bowers, der ihn behandelt, erhält als kleine Anerkennung einen Lincoln Continental. ***Aloha From Hawaii Via Satellite*** hat inzwischen Goldstatus erreicht.

14 Auf seiner Welttournee bricht **David Bowie** – der heute, am Valentinstag, im weißen Kleid auftritt – bei einem zweistündigen Konzert in New Yorks Radio City Music Hall zusammen, kurz nachdem er von einem Fan überfallen worden war, der versucht hatte ihn zu küssen.

17 Mit ihrem Abschiedsalbum ***Heartbreaker*** im Gepäck geben **Free** ihr letztes Konzert im Hollywood Sportatorium in Florida. Der Gitarrist **Wendell Richardson** von **Osibisa** springt für **Paul Kossoff** ein. Frontmann **Paul Rodgers** und Schlagzeuger **Simon Kirke** gründen später **Bad Company**.

24 Der letzte Liveauftritt der **Byrds** findet im Capitol Theatre in Passaic, New Jersey statt – mit dem zurückgekehrten **Chris Hillman** und seinem **Manassas**-Kollegen **Joe Lala**, der am Schlagzeug einspringt. Anschließend löst **Roger McGuinn** die Band auf.

24 **Roberta Flack** feiert ihren zweiten Nr.-1-Hit in den USA: Die soulige Ballade *Killing Me Softly With His Song* bleibt fünf Wochen an der Spitze. Die Originalversion von **Lori Lieberman** hörte Flack auf einem TWA-Flug von Los Angeles nach New York. Als Norman Gimbel und Charles Fox den Titel für Lieberman schrieben, ließen sie sich davon inspirieren, wie emotional die Sängerin auf ein Konzert von **Don McLean** im Troubadour in Los Angeles reagiert hatte. Flack verbrachte drei Monate im Studio, um mit Produzent Joel Dorn die perfekte Version zu erarbeiten.

Eric Clapton

Elvis Presley

Pete Townshend (rechts) holte Eric Clapton (Mitte) für ein Allstar-Konzert im Londoner Rainbow Theatre zurück auf die Bühne. Mit dabei: Ron Wood (links) ... Elvis Presley gewann erst seinen zweiten Grammy, diesmal für das beste Album mit Sakralmusik.

26 **Alice Cooper** sitzt Salvador Dalí Modell, angetan mit Diamanten für über eine Million Dollar, die der Juwelier Harry Winston bereitgestellt hat, – unter der anatomischen Nachbildung eines Gehirns mit den Dalí-Symbolen zerflossene Uhr, Kaffee-Eclair und einigen Ameisen. Das Mikrofon in Coopers Hand hat die Form einer geteilten Venus von Milo, um »die Zerstörung der Antike durch die Stimme dieses Rockstars« darzustellen. Die Sitzung wird holographisch, unter Verwendung von Laserstrahl und Lichtbrechung, aufgezeichnet. Die Gallery Knoedler, New York City, erhält das dreidimensionale Porträt am 3. April.

März

3 Das Album ***The Concert For Bangladesh***, der Mitschnitt des von **George Harrison** organisierten Konzerts im letzten August, wird bei der 15. Grammy-Verleihung als Album des Jahres ausgezeichnet. Zur Platte des Jahres wird **Roberta Flacks** *The First Time Ever I Saw Your Face*, das seinem Komponisten **Ewan MacColl** die Trophäe für den Song des Jahres einbringt. **Nilsson** wird mit *Without You* Popsänger des Jahres. **Don McLean** siegt in keiner der vier Kategorien, in denen er nominiert ist. **Helen Reddy** bekommt für ihren US-Nr.-1-Hit, die feministische Hymne *I Am Woman*, den Preis als beste Pop-, Rock- und Folksängerin und dankt »allen bei Capitol, meinem Mann und Manager Jeff Wald … und Gott, weil SIE alles möglich macht.«

7 **Bruce Springsteen** gibt im Max's Kansas City in New York ein Konzert. Während der Show erleidet der Columbia-Talentsucher **John Hammond**, der den Sänger zum Label holte, seinen dritten Herzinfarkt, den er aber glücklicherweise überleben wird. Der Grund für diesen Infarkt liegt, seinem Arzt zufolge, in Hammonds großer Begeisterung über Springsteens Auftritt.

8 **Ron »Pigpen« McKernan** stirbt mit 27 an durch Alkoholvergiftung verursachter Magenblutung und Leberversagen im Hof eines Apartments im kalifornischen Corte Madera. Er war Mitbegründer der **Mother McCree's Uptown Jug Champions**, die sich später **The Warlocks** und dann **The Grateful Dead** nannten.

17 **David Cassidy**, in Großbritannien schon ein größerer Star als in den USA – gibt im Rahmen einer Englandtour im Londoner Empire Pool die ersten beiden von vier Konzerten in zwei Tagen.

21 Die BBC verbietet Liveauftritte von »Teenybopper«-Bands bei »Top Of The Pops«, nachdem es heute während des Auftritts von **David Cassidy** zu Tumulten gekommen ist.

23 Die US-Einwanderungsbehörde teilt **John Lennon** mit, dass er die USA binnen 60 Tagen verlassen muss. Für Lennon beginnt damit eine neue Runde von Anträgen und Prozessen wegen der »Green Card«, der notwendigen Aufenthaltsgenehmigung. In einer Presseerklärung heißt es: »Kurz nach unserem vierten Hochzeitstag sind wir nicht bereit, in getrennten Betten zu schlafen. Love and peace, John und Yoko.«

24 **Lou Reed** wird bei einem Konzert in Buffalo in den Po gebissen – von einem Fan, der auf die Bühne springt und »Leder!« brüllt. Der Mann wird von Sicherheitskräften vor die Tür gesetzt. Reed stellt auf seiner US-Tournee sein neues, hochgelobtes zweites Soloalbum ***Transformer*** vor, das in London von seinen Fans und Freunden **David Bowie** und **Mick Ronson** produziert wurde. Es enthält die Hitsingle *Walking On The Wild Side*, die trotz der Anspielung auf Oralsex (»giving head«) nicht (!) von der BBC boykottiert wird.

29 Für **Dr. Hook And The Medicine Show**, die Poprock-Combo aus New Jersey um **Ray Sawyer**, den Sänger mit der Augenklappe, erfüllt sich ein Traum aus ihrem zweiten US-Hit *The Cover Of The Rolling Stone*: Sie kommen tatsächlich aufs Cover des Magazins. Von der BBC wird die Single wegen der Erwähnung der Zeitschrift nicht gespielt, weil deren Statuten die Werbung für kommerzielle Unternehmen verbieten. (Die Band nimmt den Song neu auf – als *The Cover Of »Radio Times«*, nach der BBC-eigenen Fernsehzeitung.) Nach dem letztjährigen Nr.-5-Hit, *Sylvia's Mother*, ist es der zweite Millionenseller der Band. Beide Songs wurden vom Humoristen, Songschreiber und Schriftsteller Shel Silverstein verfasst.

April

21 Don Kirshners Schützlinge **Tony Orlando And Dawn** präsentieren *Tie A Yellow Ribbon Round The Ole Oak Tree* bei »American Bandstand«. Nach *Knock Three Times* von 1970 ist es der zweite US-Tophit für die Band, und er bleibt vier Wochen lang gleichzeitig in den USA und in England an der Spitze. Dem New-Yorker Orlando wurde die Platte von den Produzenten Hank Medress (Ex-**Tokens**) und Dave Appell (Ex-**Applejacks**) vorgeschlagen, die den Song von den Songwritern Irwin Levine und L. Russell Brown erhalten hatten. Er erzählt die wahre Geschichte eines Sträflings, der seine Frau darum gebeten hatte, in seiner Heimatstadt White Oak in Georgia ein gelbes Band um die Eiche auf dem großen Platz zu binden, sollte sie ihn noch lieben. So wüsste er gleich bescheid, wenn er mit dem Buss ankommen würde.

Lou Reeds Kommentar, nachdem ihn ein Fan in Buffalo, New York, in den Hintern gebissen hatte: »Amerika bringt offenbar Tiere hervor.«

April 1973

Elton John startet sein Label Rocket ... Washington feiert den »Marvin Gaye Day« ... *Tubular Bells* ... Watkins Glen ...

John Denver

26 **Elton John** präsentiert sein neues Label Rocket mit einer riesigen Presse-Sause in einem Fußball-Sonderzug auf der Fahrt in das englische Dörfchen Moreton-in-the-Marsh. Die Moretoner Blaskapelle stimmt *Congratulations* an, als die Gesellschaft im Rathaus eintrifft. Erst spielen dann die Rocket-Künstler **Mike Silver** und **Longdancer**, bevor Elton John selbst eine spontane Jamsession anregt. Elton Johns Mitgesellschafter sind Texter Bernie Taupin, die Produzenten Gus Dudgeon und Steve Brown sowie Manager John Reid; als Erstes nimmt Rocket die Chanteuse **Kiki**

Smoke On The Water **war Deep Purples einziger Millionenseller in den Vereinigten Staaten.**

Bread

Mike Oldfield

Die Zeitschrift Rolling Stone fand, dass John Denver »aller menschlichen Züge entbehrt« ... Bread lösten sich auf; angeblich hatten sich David Gates und James Griffin zerstritten, weil es Griffin offenbar störte, dass seine Songs nicht als Singles erschienen waren ... Mike Oldfield hatte zusammen mit seiner Schwester Sally als Duo Sallyangie bereits mit 15 Jahren seine erste Platte *Children Of The Sun* veröffentlicht.

Dee unter Vertrag. John selbst ist in England noch an DJM und in den USA an MCA gebunden und wird erst ab 1976 auf Rocket veröffentlichen.

27 Die **Wailers** starten ihre erste UK-Headliner-Tour im Coleman Club in Nottingham. Weitere Stationen der einmonatigen Reise sind das Mr. B's in Peckham, Boobs in Bristol, Hitchin Town Hall und Fantasia in Northampton.

29 Der 29-jährige Singer/Songwriter **John Denver**, der in seiner amerikanischen Heimat erste Erfolge als Countrypopstar feiert, führt in England erstmals durch die »John Denver Show«, eine wöchentlich ausgestrahlte Livesendung der BBC.

»Eine Platte, die wirklich neue und unerforschte Gebiete erschließt ... hier verbinden sich Logik und Überraschung, Sonne und Regen.«

John Peel über Mike Oldfields *Tubular Bells*

Mai

1 Washington D. C. feiert den »Marvin-Gaye-Tag«: In der Aula der dortigen Cardoza High School singt der Künstler *What's Going On,* bevor er am Abend im Kennedy Center auftritt.

6 **Paul Simon**, inzwischen ohne **Art Garfunkel**, startet seine erste Solotour in der Music Hall in Boston. Gegen Ende seines Akustik-Sets treten das lateinamerikanische Quartett **Urubamba** und die Gospelgruppe **The Jessy Dixon Singers** mit ihm auf.

10 »James Paul McCartney« wird im britischen Fernsehen ausgestrahlt. Der musikalische Bilderbogen zeigt **Paul McCartney**, wie er eine Menschenmenge in Liverpool zum Mitsingen bringt und nach Fred-Astaire-Manier tanzt. Zum Abschluss spielt er ganz allein *Yesterday.*

23 Columbia-Präsident **Clive Davis** wird nach einer Steuerprüfung gefeuert. Man wirft ihm vor, Firmengelder für private Zwecke verwendet zu haben – darunter 20 000 $ für die Bar-Mizwa seines Sohnes und 53 700 $ für die Umgestaltung seines New-Yorker Apartments. Der unverwüstliche Davis, der Columbia in den 60er-Jahren zu großen Höhen führte und über eines der perfektesten Gehöre im Musikgeschäft verfügt, gründet bald darauf Arista Records.

25 ***Tubular Bells*** erscheint in Großbritannien als Erstveröffentlichung des jungen Virgin-Labels, das Richard Branson, der Besitzer des Schallplattenversands Virgin, gegründet hat. Der 20-jährige Komponist und Multiinstrumentalist **Mike Oldfield** hat sein erstes, fast rein instrumentales Album mit 20 Instrumenten und etwa 2000 Bandüberspielungen allein aufgenommen und sich nur ein wenig vom ehemaligen Sänger der Bonzo Dog Doo-Dah Band **Viv Stanshall** (Sprecher) sowie **Mundy Ellis** (Gesang), **Steve Broughton** (Drums) und **Jon Field** (Flöte) helfen lassen. Das einzigartige, wegweisende Werk, das sowohl in der Abbey Road als auch in Bransons neuen Manor Studios entstand, wird von der Kritik und den Fans gefeiert. In den USA erreicht es Platz 3 – wohl auch, weil das Hauptthema im Soundtrack des Horrorfilms »Der Exorzist« verwendet wird – und bleibt fünf lange Jahre in den britischen Albumcharts.

Juni

1 Bei einer Party in London fällt der Soft-Machine-Schlagzeuger und -Sänger **Robert Wyatt** fünf Stockwerke tief aus einem Fenster und bricht sich das Rückgrat. Er bleibt von der Hüfte abwärts gelähmt.

5 **Gram Parsons**, der bei Countryrock-Festivals in Baltimore und Philadelphia sein Solodebüt, das wegweisende Countryrock-Album ***Gram Parsons***, vorgestellt hat, gibt im Tower-Theater von Philadelphia sein letztes Konzert, bevor er mit seiner Freundin, der 26-jährigen Countrysängerin **Emmylou Harris** im Studio am selbst produzierten Nachfolgealbum weiterarbeitet.

21 Das heutige **Bread**-Konzert vor 13 000 Zuschauern im ausverkauften Salt Palace von Salt Lake City ist laut Band die letzte gemeinsame Show. Sie spielt mit geliehenem Equipment, da ihr LKW sich wegen eines geplatzten Reifens in Flagstaff überschlagen hatte und Ausrüstung im Wert von 30 000 $ beschädigt wurde.

29 Nach dem Abschlusskonzert der Japantour in Osaka verlässt Leadsänger **Ian Gillan Deep Purple**, obwohl die Band mit *Smoke On The Water* gerade ihren größten Erfolg feiert. Er wird kurzzeitig vom ehemaligen **Marbles**-Sänger **Graham Bonnet** ersetzt, bevor **David Coverdale** seinen Posten dauerhaft übernimmt. Auch **Roger Glover** steigt aus, zunächst, um das neue Purple-Label als Talentsucher zu betreuen. Für ihn kommt **Glenn Hughes**.

Juli

3 **David Bowies** Englandtournee endet im Londoner Hammersmith Odeon. Am Schluss des Konzerts, bei dem als besonderer Gast auch **Jeff Beck** auftritt, verkündet Bowie seinen Abschied von der Bühne. »Diese Show wird uns am längsten in Erinnerung bleiben, weil sie nicht nur die letzte dieser Tour ist, sondern die letzte überhaupt.« Obwohl er tatsächlich völlig erschöpft ist, sickert durch, dass sich nur das Geschöpf Ziggy Stardust zurückzieht, nicht Bowie selbst.

13 Die persönlichen Spannungen zwischen den **Everly Brothers** kommen bei einem Konzert im John Wayne Theater in Hollywood endgültig zum Ausbruch. Entertainment-Manager Bill Hollinghead ist mit **Dons** Leistung unzufrieden und bricht die Show mitten im zweiten Set ab. **Phil** zerschlägt seine Gitarre und stürmt von der Bühne. Don spielt daraufhin den dritten Set allein und verkündet den Split mit der galligen Bemerkung: »Die Everly Brothers sind schon seit zehn Jahren tot.« Die Brüder werden erst 1984 wieder gemeinsam auftreten.

14 Der 29-jährige Ex-**Byrds**-Gitarrist **Clarence White** wird von einem Betrunkenen überfahren, als er nach einer Show Instrumente verlädt.

28 MCA Records stellen der Presse ihren jüngsten Neuzugang, die Südstaaten-Rocker **Lynyrd Skynyrd** (sprich: Leh-nerd Skin-nerd) mit ihrem gleichnamigen Debütalbum vor, die bereits als Vorgruppe für die nächste US-Tournee von **The Who** verpflichtet wurden.

28 Die **Allman Brothers Band**, **The Grateful Dead** und **The Band** spielen – bei schlechtem Wetter – auf dem größten Rockfestival aller Zeiten vor 600 000 Zuschauern auf dem Watkins Glen Raceway im Staat New York.

30 **Led Zeppelins** Konzert im Madison Square Garden – der letzte von drei aufeinander folgenden Gigs – wird für den Film »The Song Remains The Same« aufgezeichnet. Am Abend zuvor wurden der Band aus einem Schließfach im New-Yorker Drake Hotel 180 000 $ gestohlen, darunter auch die Einnahmen der ersten beiden Shows.

18. Juli Bruce Springsteen And The E Street Band – ergänzt um Keyboarder David Sancious – treten gemeinsam mit Bob Marley And The Wailers sechs Nächte hintereinander als Headliner im New-Yorker Club Max's Kansas City auf. Springsteen präsentiert einige neue Songs, darunter auch *4th July Asbury Park (Sandy)*.

Von Bruce Springsteens erstem Album *Greetings From Asbury Park* wurden zunächst nur magere 25 000 Exemplare verkauft.

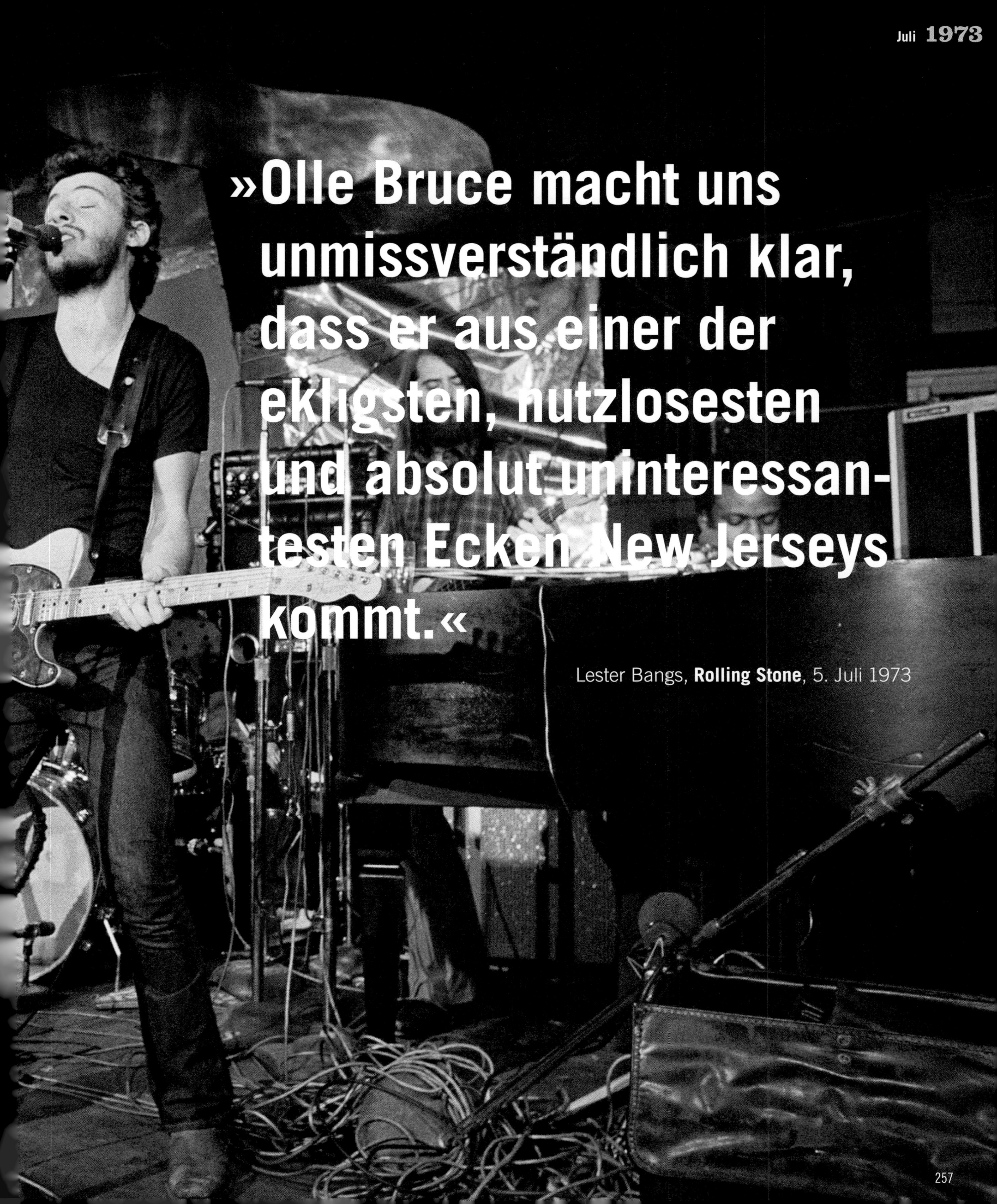

»Olle Bruce macht uns unmissverständlich klar, dass er aus einer der ekligsten, nutzlosesten und absolut uninteressantesten Ecken New Jerseys kommt.«

Lester Bangs, **Rolling Stone**, 5. Juli 1973

1973 August

Stevie Wonder schwer verletzt ... Gram Parsons stirbt ... Debüt von 10cc ...

10cc

10cc kamen als Studioband des Produktionsteams Kasenatz–Katz erstmals zusammen ... Innnerhalb von 24 Stunden sterben zwei amerikanische Singer/Songwriter an einer Überdosis (Gram Parsons) bzw. bei einem Flugzeugabsturz (Jim Croce).

August

1 Am 31. Geburtstag wird **Jerry Garcia** mit einer nackten Tänzerin überrascht, die während des **Grateful-Dead**-Konzerts im Roosevelt Stadium von New Jersey aus einer riesigen Torte springt.

6 **Stevie Wonder** wird während seiner US-Tour schwer verletzt, als sein Auto auf dem Weg von Greenville nach Durham in North Carolina bei Winston-Salem auf einen LKW auffährt, der Baumstämme geladen hat. Er erleidet schwere Kopfverletzungen (die ihn den Geruchssinn kosten) und liegt sieben Tage im Koma.

13 **Udo Lindenberg** gründet als Liveband für die Tournee zu seinem erfolgreichen aktuellen Album *Andrea Doria* das **Panikorchester**, das ihn in wechselnden Besetzungen jahrelang begleitet.

17 **Paul Williams**, Mitbegründer und Bariton der **Temptations**, der seit seinem Ausstieg 1971 trotz Krankheit die Choreographie der Band gestaltet, schießt sich in seinem Auto in den Kopf. Er war nur mit einer Badehosen bekleidet und hatte den Wagen nur wenige Straßen vom Motown-Gebäude in Detroit entfernt geparkt. Williams, der mit 34 stirbt, hatte 80 000 $ Steuerschulden und war kürzlich mit seiner Celebrity Boutique gescheitert.

25 Da **Rod Stewarts** Solokarriere prima läuft und der kürzlich als Ersatz für **Ronnie Lane** engagierte japanische Bassist **Tetsu Yamauchi** in England von der Musikergewerkschaft keine Arbeitserlaubnis bekommt, lösen sich die **Faces** auf.

26 Zu Beginn ihrer UK-Tour geben **10cc**, ihr gleichnamiges erstes Album im Gepäck, ihr Livedebüt im Douglas Palace Lido auf der Isle Of Man. Die vier Musiker aus Manchester sind keine Unbekannten: Sänger, Songwriter und Gitarrist **Graham Gouldman** schrieb Hits für die **Yardbirds**, (u. a. *For Your Love*), die **Hollies** (*Bus Stop*) und **Herman's Hermits**, Gitarrist **Eric Stewart** war bei **Wayne Fontana And The Mindbenders**, Gitarrist und Songwriter **Lol Creme** bei **Whirlwind** und Schlagzeuger **Kevin Godley** bei den **Mockingbirds**. Bevor sie im letzten Jahr bei UK, dem Label des britischen Impresarios **Jonathan King**, unterschrieben, veröffentlichte das Quartett 1970 als **Hotlegs** bereits den zwei Millionen Mal verkauften Hit *Neanderthal Man.* Unter ihrem neuen, von King gewählten Namen erzielten sie mit *Rubber Bullets* am 23. Juni ihre erste Nr. 1 in England.

September

1 **Paul McCartney**, seine Frau **Linda** und **Denny Laine** beginnen eine dreiwöchige, äußerst produktive Aufnahmesession in einem Achtspurstudio der EMI in Lagos, bei der das dritte **Wings**-Album ***Band On The Run*** entsteht, das noch vor Weihnachten erscheinen soll.

9 Der 25-jährige Sänger, Songschreiber, Musik-Virtuose und Produzent **Todd Rundgren**, der mit seinem größten Hit *Hello It's Me* im November in den USA Platz 5 erreichen wird, nimmt bei einer Mammut-Aufnahmesession im Golden Gate Park von San Francisco 1000 Stimmen auf. Den daraus entstehenden Sound verwendet er für den linken Kanal von *Songs Of 1984*, einem

ELTON JOHN

7. September **Beim Auftakt seiner ausverkauften US-Tournee spielt Elton John im Hollywood Bowl vor 25 000 Zuschauern. Die Pornodarstellerin Linda Lovelace kündigt ihn als den »größten, längsten und gigantischsten Mann und Ko-Star eines gemeinsamen Projekts« an. Seine Extravaganz erreicht bei den Shows neue Höhen: Auf der Bühne stehen fünf farbige Flügel, auf deren aufgestellten Deckeln die Buchstaben ELTON stehen, eine Treppe und Palmen. Bei *Your Song,* dem letzten Titel, fliegen hunderte weißer Tauben auf. John spielt 16 Lieder, darunter den Titelsong seines kommenden Albums *Goodbye Yellow Brick Road* (im Mai in Frankreich aufgenommen) und seinen Riesenhit *Crocodile Rock* (Platz 5 in England, Platz 1 in den USA). Bei Letzterem wird er von seinem Toningenieur Clive Franks begleitet, der als Krokodil verkleidet am Klavier sitzt, während eine lebende Echse über die Bühne kriecht.**

Gram Parsons

Jim Croce

Track auf seinem nächsten Album *Todd.* Die rechte Tonspur des Titels ist schon fertig: Dort hört man 5000 Stimmen aus dem Central Park in New York.

19 **Gram Parsons**, dessen Leiche in einem Zimmer des Hotels Joshua Tree Inn gefunden wurde, wird um 0 Uhr 15 im Hi Desert Memorial Hospital von Yucca Valley, Kalifornien, für tot erklärt. Es ist der zweite Tod eines Ex-**Byrds**-Musikers in nur zwei Monaten. Die Todesursache lautet auf »akute Vergiftung nach längerem Missbrauch verschiedener Drogen«.

20 Nach einem Auftritt an der Northwestern State University, Louisiana, bricht der 30-jährige Sänger **Jim Croce** zu einem zweiten Gig im 113 km entfernten Sherman in Texas auf. Sein Charterflugzeug streift beim Take-off einen Baum. Croce und fünf weitere, darunter seine langjährige Gitarristin **Maury Muehleisen**, sterben. Mit Jims Karriere war es in den letzten zwei Jahren rasant aufwärts gegangen. Sein erstes Soloalbum *You Don't Mess Around With Jim,* veröffentlicht im Juni 1972, bewegt sich in den USA weiter auf Platz 1 zu, und *Bad Bad Leroy Brown* von der in den Charts ebenfalls steigenden zweiten LP *Life And Times* führte im Juli die US-Hot-100 an.

21 Da **Gram Parsons** stets gesagt hatte: »Wenn ich abtrete, möchte ich, dass meine Asche in Joshua Tree verstreut wird«, fahren seine Roadmanager Phil Kaufman und Michael Martin in einem Leichenwagen zum Van Nuys Airport und überreden einen Gepäckbeauftragten von Western Airlines, ihnen den Sarg mit Parsons Leiche auszuhändigen. Bei Cap Rock in der kalifornischen Wüste schütten sie Benzin über Parsons' Körper und verbrennen ihn. Seine Asche wird nach New Orleans geflogen und im Garden Of Memories in Matairie bestattet.

Oktober

4 In San Franciscos Winterland Ballroom kommen **David Crosby** und **Graham Nash** zu **Stephen Stills** auf die Bühne, der dort mit seinem Nebenprojekt **Manassas** (u. a. mit dem Ex-Byrds-Gitarristen **Chris Hillman**) spielt. **Neil Young** stößt später zu ihnen, und so kommt es zu einer 50-minütigen **CSN&Y**-Reunion. Eine Woche darauf schafft es das Gerücht, Neil Young sei an einer Überdosis gestorben, sogar in die BBC-Radionachrichten.

15 **Chet Atkins** wird mit 49 bei der jährlichen Preisverleihung in Nashville das jüngste Mitglied der Country Music Hall Of Fame. Bei der Zeremonie wird **Patsy Cline** zudem als erste weibliche Solokünstlerin in die altehrwürdige Institution aufgenommen.

24 **John Lennon** beginnt neue Prozesse gegen die US-Regierung, die er der illegalen Überwachung beschuldigt; auch sei sein eigenes und das Telefon seines Anwalts Leon Wildes abgehört worden. Damit erscheint ein faires Ausweisungsverfahren sehr unwahrscheinlich.

30 Mit ihrem neuen Album *The Plan* im Gepäck werden die **Osmonds** am Flughafen Heathrow von 10 000 kreischenden Fans, vor allem jungen Mädchen, empfangen. Ähnlich wie **David Cassidy** lösen auch die Osmonds – und vor allem **Donny** – in England hysterische Bewunderung aus und haben mehr Chartserfolge als in ihrer Heimat: Allein in diesem Jahr war **Little Jimmy** in der Neujahrswoche in England auf Platz 1, Donny feierte mit den Cover-Balladen *The Twelfth Night* und *Young Love* seinen zweiten und dritten Nr.-1-Hit, und die jüngste Single der Band, *Let Me In,* klettert gerade auf Nr. 2.

November

1 **Fleetwood Macs** Manager Clifford Davis ärgert sich darüber, dass die Band die Tour zum neuen Album *Mystery To Me* verkürzen will. In einem Brief informiert er den Gitarristen **Bob Welch** (der seit 1971 **Jeremy Spencer** ersetzt), dass er im Januar eine neue Fleetwood-Mac-Besetzung in die USA schicken möchte, und fragt an, ob Welch Interesse hätte, dabei zu sein. Welch kontaktiert sofort seine Bandkollegen im englischen Benifolds (nur **Mick Fleetwood** befindet sich zu dieser Zeit gerade in Afrika) und berichtet von diesem Plan. Davis stellt trotzdem eine Band aus Doppelgängern zusammen, um die geplanten Termine wahrzunehmen, was zu einem bitteren Rechtsstreit führen wird.

Ende 1973 gab es Gerüchte, dass Mick Jagger die Titelrolle in der Verfilmung von »Tommy« angeboten worden sei.

November 1973

Gary Glitter ... Bobby Darin stirbt ... Kiss und AC/DC debütieren an Silvester ...

2 **Bob Dylan** kommt zu neuntägigen Aufnahmen in die Village Recorder Studios in Santa Monica; bei fünf Tracks sind **Robbie Robertson** und **The Band** mit von der Partie. Dylan hat beschlossen, seinen im September abgelaufenen Vertrag mit Columbia nicht zu erneuern, sondern lieber für ein einziges Album bei David Geffens angesagtem Asylum-Label zu unterschreiben. Das Album dieser Session, ***Planet Waves***, wird Dylans erste Nr.-1-LP in den USA.

8 Bei einem Auftritt bei »Top Of The Pops« erhält **David Bowie** eine besondere Trophäe für 1 056 400 verkaufte Alben und 1 024 068 Singles seit seinem Vertragsabschluss bei RCA vor zwei Jahren. Zudem wurden schätzungsweise 120 000 Achtspur-Endloskassetten, Kassetten und Tonbänder umgesetzt sowie 200 000 Exemplare seiner alten Decca-Single *The Laughing Gnome*.

15 **Gary Glitter** präsentiert bei »Top Of The Pops« zu Playback seinen Stampfrhythmus-Hammer *I Love You Love Me Love*. Wie all seine großen Hits stammt er aus der Feder von Glitter und Produzent Mike Leander. In England schießt der Titel von null auf eins, bleibt vier Wochen an der Spitze und verkauft sich allein dort mehr als eine Million Mal. Es ist sein zweiter Tophit in diesem Jahr, nach *Leader Of The Gang (I Am)*. Zuvor gab es zwei Nr.-2-Hits: *Do You Wanna Touch Me (Oh Yeah)*, und *Hello Hello I'm Back Again*. Glitter, mit überzogenen Glitzerkostümen und enorm hohen Plateauschuhen gerade auf dem kommerziellen Höhenflug, lässt die ausverkauften Konzerte im Londoner Rainbow Theatre für den Dokumentarfilm »Remember Me This Way« aufzeichnen.

20 Bei der Aufführung von »Quadrophenia« von **The Who** im Cow Palace von San Francisco bricht **Keith Moon** zusammen (angeblich war sein Drink mit einem Beruhigungsmittel für Pferde versetzt). Für die letzten drei Titel springt ein Schlagzeuger aus dem Publikum, der 19-jährige Scott Halpin aus Muscatine, Iowa, ein.

Steven Tyler und Joe Perry von Aerosmith lernten sich in der Eisdiele The Anchorage in Sunapee, New Hampshire, kennen.

»Ich verstehe nicht, was an einem Kleinwüchsigen so toll ist.«

Buddy Rich in der BBC-Sendung »Parkinson« über die Osmonds, 27. Oktober 1973

Dezember

2 Alle vier **The-Who**-Musiker werden mit anderen in Montreal verhaftet und verbringen sechs Stunden in der Zelle einer Polizeiwache, weil sie in der Suite des Hotels Place Bonaventure einen Schaden von 7000 $ angerichtet haben. Sie zahlen schließlich 3200 $ Schadensersatz, während das Hotelmanagement auf eine Anzeige verzichtet. Diese Erfahrung inspiriert Bassist **John Entwistle** zu seinem *Cell Block No. 7*.

15 Die Hardrocker **Aerosmith** aus Boston präsentieren ihren ersten Hit *Dream On* in der TV-Show »American Bandstand«. Die Band wurde 1970 von Sänger **Steven Tyler**, Leadgitarrist **Joe Perry** und Bassist **Tom Hamilton** gegründet und um den Rhythmusgitarristen **Brad Whitford** und den Schlagzeuger **Joey Kramer** erweitert. Nachdem Atlantic Records sie abgelehnt hatte, nahm Columbia-Boss Clive Davis sie letztes Jahr unter Vertrag. In zwei Tagen beginnen die Aufnahmen für ihr zweites Album ***Get Your Wings*** in den New-Yorker Record Plant Studios.

20 **Bobby Darin** stirbt mit 37 Jahren im Cedars Of Lebanon Hospital in Hollywood nach einer Herzklappenoperation, der zweiten in zwei Jahren. Seine frühe Überzeugung, er würde keine 30, ist damit beinahe wahr geworden. Seinem Wunsch gemäß wird sein Körper nicht beerdigt, sondern der Medizinischen Fakultät der University of California in Los Angeles übergeben.

22 ***Goodbye Yellow Brick Road*** hält über Weihnachten in England und den USA Platz 1 und beschließt **Elton Johns** bisher erfolgreichstes

»Er hat von uns sicher mehr gelernt als wir von ihm.«

Kelly Isley über Jimi Hendrix, **Melody Maker**, 3. November 1973

Plateauschuhe wurden zu einem modischen Muss für die Rockmusiker der 70er-Jahre. Von Elton John bis Gene Simmons von KISS (dessen Schuhe hier zu sehen sind) wählte jeder seine Fußbekleidung nach dem Motto »Je höher, desto besser«.

SLADE

15. Dezember Slades *Merry Christmas Everybody* schießt in England von null auf eins und wird damit zum dritten Spitzenreiter für die Band in diesem Jahr. Die Platte, geprägt von Noddy Holders heftigem »It's Christmas«-Schrei am Schluss, wird zur Weihnachtszeit ein Dauerbrenner bei den Briten und kommt zwischen 1981 und 1986 jedes Jahr wieder in die Charts.

***Merry Christmas Everybody* wurde mitten im Sommer in New York eingespielt.**

Jahr. Das dritte von sechs Weihnachtskonzerten im Londoner Hammersmith Odeon wird live auf BBC Radio 1 übertragen. Den Höhepunkt der Show bildet *Saturday Night's Alright For Fighting.*
24 **Tom Johnston**, der Sänger und Gitarrist der **Doobie Brothers**, wird in Visalie, Kalifornien, wegen des unerlaubten Besitzes von Marihuana festgenommen, die Anhörung wird am 10. Januar stattfinden. Passenderweise benannte sich die vor drei Jahren von Johnston und dem Gitarristen und Sänger **Patrick Simmons** gegründete Band nach einem kalifornischen Slangausdruck für einen Joint. Die Band, die mit ***What Were Once Vices Are Now Habits*** gerade ihr viertes Album eingespielt hat, feierte ihren Durchbruch mit *Listen To The Music* (im November letzten Jahres auf Platz 11 in den USA), das zum Dauerbrenner im amerikanischen Radio avanciert ist.
29 **Jim Croce** schafft mit der selbst geschriebenen, vor über zwei Jahren eingespielten Ballade *Time In A Bottle* posthum Platz 1 in den USA und verdrängt damit den Countrysänger **Charlie Rich** mit seiner romantischen Ode an *The Most Beautiful Girl* vom Spitzenplatz.
31 **KISS** geben ihr Debüt als Profimusiker in der Academy Of Music in New York neben **Iggy Pop And The Stooges**, **Teenage Lust** und **Blue Öyster Cult**, dem Hardrock-Quintett aus Long Island um Sänger **Eric Bloom** und Leadgitarrist **Donald »Buck Dharma« Roeser**.
31 Die in Schottland geborenen Brüder **Angus** und **Malcolm Young**, die im Jahr 1963 mit ihrer Familie nach Australien ausgewandert waren, stellen ihre soeben gegründete Hardrock-Band **AC/DC** im Chequers-Club in Sydney vor. Ihren Bandnamen – die Abkürzung für Wechselstrom/Gleichstrom (Englisch: »Alternating Current/Direct Current«) – entdeckten sie auf der Rückseite eines Staubsaugers.

Gary Glitter zufolge kam Brian Eno auf sein Konzert, um es zu verreißen, soll es dann aber für das Beste befunden haben, was er je sah.

ROOTS In diesem Jahr gründen Harry Casey und Richard Finch die Gruppe KC And The Sunshine Junkanoo Band, die mit wechselnder Besetzung von bis zu elf Beteiligten rund um Miami auftritt … schreibt die aus Akron in Ohio nach England übergesiedelte Chrissie Hynde für den New Musical Express; als Erstes rezensiert sie Neil Diamonds *Rainbow* … entdeckt Chris Stein das frühere Playboy-Bunny Debbie Harry bei einem Auftritt der Frauenband Stilettos in der Boburn Tavern in New York … gründet Declan McManus, der für Elizabeth Ardens Kosmetikfirma arbeitet, mit Flip City seine eigene Band; er nennt sich D. P. Costello, entscheidet sich später aber für Elvis … erlebt Wally Gold, stellvertretender Geschäftsführer von Kirshner Records, ein Konzert von White Clover im Opera House von Ellinwood, Kansas, und empfiehlt Don Kirshner, die Band unter Vertrag zu nehmen, die sich ab jetzt Kansas nennt … wird der in Deutschland lebende Südtiroler Produzent Giorgio Moroder auf Donna Summer aufmerksam, die bei einem Demo von Blood, Sweat And Tears im Background singt … stößt Joe Jackson zur Pubrock-Band Arms And Legs … beginnt die aus Chicago stammende Rickie Lee Jones, in einem italienischen Restaurant in der Nähe von Echo Park in Los Angeles zu kellnern, außerdem spielt sie eigene Songs, darunter auch einige als Monolog gesprochene Titel, in den örtlichen Clubs, so auch im Troubadour …

Love Me For A Reason

1974

Nr. 1 US-SINGLES

05. Jan. Time In A Bottle **Jim Croce**
12. Jan. The Joker **Steve Miller Band**
19. Jan. Show And Tell **Al Wilson**
26. Jan. You're Sixteen **Ringo Starr**
02. Febr. The Way We Were **Barbra Streisand**
09. Febr. Love's Theme **Love Unlimited Orchestra**
16. Febr. The Way We Were **Barbra Streisand**
02. März Seasons In The Sun **Terry Jacks**
23. März Dark Lady **Cher**
30. März Sunshine On My Shoulders **John Denver**
06. Apr. Hooked On A Feeling **Blue Swede**
13. Apr. Bennie And The Jets **Elton John**
20. Apr. TSOP (The Sound Of Philadelphia) **MFSB**
04. Mai The Loco-Motion **Grand Funk Railroad**
18. Mai The Streak **Ray Stevens**
08. Juni Band On The Run **Paul McCartney And Wings**
15. Juni Billy, Don't Be A Hero **Bo Donaldson And The Heywoods**
29. Juni Sundown **Gordon Lightfoot**
06. Juli Rock The Boat **Hues Corporation**
13. Juli Rock Your Baby **George McCrae**
27. Juli Annie's Song **John Denver**
10. Aug. Feel Like Makin' Love **Roberta Flack**
17. Aug. The Night Chicago Died **Paper Lace**
24. Aug. (You're) Having My Baby **Paul Anka**
14. Sept. I Shot The Sheriff **Eric Clapton**
21. Sept. Can't Get Enough Of Your Love, Babe **Barry White**
28. Sept. Rock Me Gently **Andy Kim**
05. Okt. I Honestly Love You **Olivia Newton-John**
19. Okt. Nothing From Nothing **Billy Preston**
26. Okt. Then Came You **Dionne Warwicke And The Spinners**
02. Nov. You Haven't Done Nothin' **Stevie Wonder**
09. Nov. You Ain't Seen Nothing Yet **Bachman-Turner Overdrive**
16. Nov. Whatever Gets You Thru The Night **John Lennon with the Plastic Ono Nuclear Band**
23. Nov. I Can Help **Billy Swan**
07. Dez. Kung Fu Fighting **Carl Douglas**
21. Dez. Cat's In The Cradle **Harry Chapin**
28. Dez. Angie Baby **Helen Reddy**

Nr. 1 UK-SINGLES

05. Jan. Merry Xmas Everybody **Slade**
19. Jan. You Won't Find Another Fool Like Me **New Seekers**

Patti Smith im CBGB's

New York Dolls

Der Journalist Charles Shaar Murray beschrieb das CBGB's in der Bowery 315 im New-Yorker East Village, wo Patti Smith als eine der ersten Furore machte, als »Toilette« ... Sein Kollege Nick Kent charakterisierte die New York Dolls: »Als hätte ein neuerdings Tranquilizer konsumierender und mit Fangzähnen versehener Donny Osmond seine Brüder rausgeschmissen, um sich mit ein paar schweren Jungs aus der üblen Gegend um die 42. Straße zusammenzutun.«

In einem Jahr ohne klare musikalische Richtung entstanden sowohl Punk als auch Disco – wobei Disco sich wesentlich schneller durchsetzte. Im Rockbusiness baute man auf die alten Werte und die wachsende Fangemeinde von **Bruce Springsteen**; **Abba** brachen das angelsächsische Popmonopol. Überraschend viele Käufer stürzten sich aber auf seichte, bedeutungslose Singles.

Auch wenn sie »Rock« im Titel führten, ging es bei **George McCraes** *Rock Your Baby* und *Rock The Boat* von **Hues Corporation** nur ums Tanzen. Beides waren Riesenhits, ebenso wie **Barry Whites** *You're The First, The Last, My Everything*. **Gloria Gaynor** wurde zur ersten Disco-Diva. Soul wurde für ein weißes Publikum zurechtgemacht, während erstmals ein schwarzes Model aufs Cover eines großen Modemagazins kam. Die Discoisierung des Funk (*Pick Up The Pieces* von der **Average White Band** und *Jungle Boogie* von **Kool And the Gang**), aber auch Eintagsfliegen wie *El Bimbo* von **Bimbo Jet** brachten die Glitzerkugel mächtig in Schwung. Der Erfolg von **Carl Douglas**' *Kung Fu Fighting* zeigte den wachsenden Einfluss der Diskotheken und machte viel mehr Spaß als die meisten anderen Popsingles dieses Jahres. **Terry Jacks**' *Seasons In The Sun* und *Billy Don't Be A Hero* von **Paper Lace** trieften vor Schmalz. Wenigstens gab es noch Abba, die bald zu Schwedens wichtigstem Exportartikel nach Volvo wurden. Mit dem Triumph von *Waterloo* beim wie üblich eher peinlichen Grand Prix d'Eurovision begann der globale Siegeszug des Quartetts, das gerade bei den vernachlässigten älteren Hörern ankam, die wenig aufregenden, aber gut produzierten Pop zu schätzen wussten.

Eben diese Hörer konnten gar nichts mit der Punk-Revolution anfangen, die ihre Schatten bereits deutlich vorauswarf. Es bleibt weiter strittig, ob sie ursprünglich in den USA entstand, mit den **Ramones** und **Television**, in Clubs wie dem CBGB's oder gar mit den von **Malcolm McLaren** gemanagten Glampunks wie den **New York Dolls** – oder in England, wo sich bald ein rauer Unterschichtssound entwickeln sollte. Aber noch blieb Punk im Untergrund. Der Rockmusik drohte keine Gefahr.

Eher konventioneller Arbeiter-Rock tönte derweil aus New Jersey, wo Bruce Springsteen bereits eine begeisterte Fangemeinde besaß. Er ging nun landesweit mit seiner **E Street Band** auf Tour und erntete wahre Lobeshymnen. Bei Columbia war man über den mangelnden kommerziellen Erfolg dennoch sehr unzufrieden. 1975 sollte sich sein Schicksal entscheiden.

»Freddy [sic] Mercury ... ist eine durchaus einnehmende Person ... hüpfend und tänzelnd.« **The Times**, 21. November 1974

- **26. Jan.** Tiger Feet **Mud**
- **23. Febr.** Devil Gate Drive **Suzi Quatro**
- **09. März** Jealous Mind **Alvin Stardust**
- **16. März** Billy – Don't Be A Hero **Paper Lace**
- **06. Apr.** Seasons In The Sun **Terry Jacks**
- **04. Mai** Waterloo **Abba**
- **18. Mai** Sugar Baby Love **Rubettes**
- **15. Juni** The Streak **Ray Stevens**
- **22. Juni** Always Yours **Gary Glitter**
- **29. Juni** She **Charles Aznavour**
- **27. Juli** Rock Your Baby **George McCrae**
- **17. Aug.** When Will I See You Again **Three Degrees**
- **31. Aug.** Love Me For A Reason **Osmonds**
- **21. Sept.** Kung Fu Fighting **Carl Douglas**
- **12. Okt.** Annie's Song **John Denver**
- **19. Okt.** Sad Sweet Dreamer **Sweet Sensation**
- **26. Okt.** Everything I Own **Ken Boothe**
- **16. Nov.** Gonna Make You A Star **David Essex**
- **07. Dez.** You're The First, The Last, My Everything **Barry White**
- **21. Dez.** Lonely This Christmas **Mud**

1974

Januar

Die ersten American Music Awards ... Debüts von Television und Bad Company ... Chinnichap ...

Steve Miller

Januar

1 **Mike Oldfield** bekommt für ***Tubular Bells*** die erste goldene Schallplatte der British Phonographic Industry verliehen; *I Love You Love Me Love* von **Gary Glitter** wird die erste Platinsingle. Bis Ende 1974 werden 75 Platten – 30 Singles und 45 Alben – ausgezeichnet: 18 mit Gold und 57 mit Silber.

3 **Bob Dylan** und **The Band**, die auch eigene Songs vorstellen, eröffnen im Chicago Stadium ihre 39 Konzerte umfassende US-Tour (Dylans erste seit knapp acht Jahren). Am 30. Januar spielen sie im New-Yorker Madison Square Garden. Für die 660 000 Tickets gab es mehr als fünf Millionen Nachfragen, und einige Auftritte werden für das im Juni erscheinende Live-Doppelalbum *Before The Flood* mitgeschnitten.

4 **Marvin Gaye** tritt im Oakland-Alameda Country Coliseum in Kalifornien erstmals seit fünf Jahren wieder live auf. Er wird begleitet von **Ray Parker Jr.**, **James Jamerson**, **Joe Sample**, **Ernie Watts**, **Ed Greene**, **David T. Walker** und anderen.

12 *The Joker,* **Steve Millers** selbst geschriebener, von Akustikgitarre geprägter Radiohit, der am 11. bereits Gold erhielt, erreicht in den USA Platz 1. Bei »American Bandstand« spielen **Kool And The Gang** derweil den Dancehit, dem sie ihren Durchbruch verdanken – *Jungle Boogie And Funky Stuff*, derzeit Platz 4 in den USA. Die erfahrene R&B-Gruppe wurde als The Jazziacs bereits 1964 auf der High School von Bassist **Robert »Kool« Bell** und seinem Bruder **Ronald** am Saxophon gegründet.

20 **Stevie Wonder** tritt erstmals nach seinem beinahe tödlichen Autounfall vor fünf Monaten wieder auf: Er spielt beim MIDEM-Musikfestival in Cannes.

26 *You're Sixteen* – mit **Paul McCartney** am Kazoo und **Nilsson** als Backgroundsänger – wird **Ringo Starrs** zweiter Nr.-1-Hit in den USA. Der Titel wurde, wie schon *Photograph*, von Richard Perry produziert; beide stammen vom Album ***Ringo***. Der einzige Ex-Beatle, der bisher noch keine zwei US-Spitzenhits geschafft hat, ist **John Lennon**.

Februar

7 Der 29-jährige R&B-Sänger, Songschreiber, Produzent und Arrangeur **Barry White** erhält vier goldene Schallplatten: zwei für seine eigenen Werke, *Never, Never Gonna Give Ya Up* und *Stone Gon'*, zwei weitere als Leiter seines 40-köpfigen Orchesters **Love Unlimited** für *Love Theme* und ***Under The Influence Of Love Unlimited***. White sammelte bereits in den 60er-Jahren Erfahrung als Sänger der **Upfronts** und entwickelt derzeit einen einzigartigen und beliebten Mix aus Soul und Dance, der von seiner tiefen Bassstimme und üppigen Streicherarrangements geprägt ist.

13 Bei der Eröffnung des 500 Zuschauer fassenden Bottom Line Clubs in New York jammt **Stevie Wonder** mit **Johnny Winter** und **Dr. John**; weitere Partygäste sind **Mick Jagger** und **Carly Simon**.

18 **David Essex** beginnt mit den Dreharbeiten zu »Stardust«, der Fortsetzung von »Trau keinem über 18«, die – mit **Adam Faith** und Larry Hagman in weiteren Rollen – den Aufstieg und Fall des Popstars Jim McLaine erzählt. Essex hatte mit *Lamplight* kürzlich seinen zweiten UK-Top-10-Hit; *Rock On*, der Vorgänger, steht in den USA auf Platz 5.

19 Erstmals werden die von Fernseh-Altmeister Dick Clark erdachten American Music Awards verliehen. Diese populistische Alternative zu den Grammys, bei der die Gewinner nach Verkaufszahlen, Radioeinsätzen und Publikumsabstimmung ermittelt werden, wird zur erfolgreichen jährlichen Veranstaltung, die stets für höhere Einschaltquoten sorgt als die eher steife Konkurrenzverleihung der Plattenindustrie. Zu den Gewinnern zählen dieses Jahr die **Carpenters** (beliebteste Pop/Rockband), **Jim Croce** (beliebtester Pop/Rocksänger), **Roberta Flack** (beliebteste Soul/R&B-Sängerin), **Al Green** mit ***I'm Still In Love With You*** (beliebtestes Soul/R&B-Album), **Tony Orlando And Dawn** mit *Tie A Yellow Ribbon Round the Ole Oak Tree* (beliebteste Pop/Rocksingle), **Stevie Wonder** selbst (beliebtester Soul/R&B-Sänger) und mit *Superstition* (beliebteste Soul/R&B-Single). **Bing Crosby** wird für besondere Verdienste ausgezeichnet.

23 Im **New Musical Express** interviewt die Journalistin **Chrissie Hynde** Glamrock-Starlet **Suzi Quatro**, die heute zum zweiten Mal die englischen Charts anführt. Der Artikel beginnt mit den Worten: »Macht euch nichts vor: Die Zeit von Titten und Ärschen ist langsam vorbei.«

Elvis lud Suzi Quatro ein, nachdem er ihre Version von *All Shook Up* gehört hatte, aber sie war zu verlegen, um die Einladung anzunehmen.

Steve Miller bekam seine erste Gitarre als Fünfjähriger von Les Paul geschenkt, einem Freund seiner Familie ... *Tubular Bells* wurde erst in England und dann in den Staaten vergoldet ... Barry White hatte 1974 mit *Love's Theme* und *Can't Get Enough Of Your Love, Babe* zwei Nr.-1-Singles in den USA – zwei von vier Singles, die in diesem Jahr über eine Million Mal verkauft wurden.

Barry White

März

1 **Queen**, die mit der Single *Seven Seas Of Rhye* nächste Woche erstmals in die Charts einsteigen, gehen mit dem Album ***Queen 2*** nun auch als Headliner auf Tour; das erste Konzert findet im Winter Gardens in Blackpool statt.

2 **Stevie Wonders** wegweisendes Album ***Innervisions*** räumt bei der 16. Grammy-Verleihung fünf Preise ab: Album des Jahres (vor Paul Simons ***There Goes Rhymin' Simon***), beste Tontechnik (nichtklassisch) für **Robert Margouleff** und **Malcolm Cecil**, bester R&B-Song für *Superstition*, außerdem wird Wonder für seinen Song *You Are The Sunshine Of My Life* zum besten Popsänger gekürt und außerdem noch zum besten R&B-Sänger. **Roberta Flack**, deren Titel *The First Time I Ever Saw Your Face* letztes Jahr als beste Platte prämiert wurde, erhält diesen Preis mit *Killing Me Softly With His Song* in diesem Jahr erneut. Mit diesem Titel werden zudem **Norman Gimbel** und **Charles Fox** für den besten Song ausgezeichnet und Roberta Flack als beste Popsängerin. **Bette Midler** wird 1974 zur besten Nachwuchskünstlerin gewählt.

2 **Television** geben ihr Livedebüt im New-Yorker Townhouse-Theater. Die Band, bisher noch ohne Vertrag, wurde letzten Dezember von dem Sänger und Gitarristen **Tom Verlaine**, Bassisten **Richard Hell**, Rhythmusgitarristen **Richard Lloyd** und Schlagzeuger **Billy Ficca** gegründet und erspielt sich schnell eine Fangemeinde in der New-Yorker Underground-Szene. Verlaine kann daher den Besitzer eines kleinen Clubs in der Bowery, des CBGB's, überzeugen, Livebands auftreten zu lassen. Dadurch erhält die wachsende Zahl von Alternative-Bands der Stadt ab sofort eine Basis.

9 **Paul Rodgers** und Schlagzeuger **Simon Kirke**, ehemals bei **Free**, geben mit dem Gitarristen **Mick Ralphs** und dem Bassisten **Boz Burrell** in der City Hall von Newcastle-upon-Tyne ihr Livedebüt als **Bad Company**. Sie stehen in England noch bei Frees Plattenfirma Island unter Vertrag, werden aber in den USA auf **Led Zeppelins** neuem Label Swan Song erscheinen.

»Ich glaube, dass es schädliche Auswirkungen hat, wenn 13- und 14-Jährige im Bann von Alice Cooper mit ansehen, wie er auf der Bühne Puppen verstümmelt.« Cliff Richard, **New Musical Express**, 23. Februar 1974

Neben seinem Soloerfolg in diesem Jahr hatte Marvin Gaye 1974 auch zwei Hits im Duett mit Diana Ross.

CHINN UND CHAPMAN

23. Februar Die Songwriter Nicky Chinn und Mike Chapman lösen sich selbst an der britischen Chartsspitze ab, als Suzi Quatros *Devil Gate Drive* *Tiger Feet* von Mud verdrängt. Das bringt auch dem Produzenten Mickie Most und seinem RAK-Label zwei aufeinanderfolgende Nr.-1-Hits. Die meisten poppigeren Songs des Glamrock-Booms in England stammen vom »Chinnichap«-Team. Der gebürtige Australier Chapman tat sich unter Mosts Ägide 1971 mit Chinn zusammen; ihre ersten Hits schrieben sie für die Pop-Combo New World. Seitdem haben sie mehr als 20 britische Charthits verfasst.

Die Künstler waren nur so lange erfolgreich, wie sie zur kreativen Hitfabrik von Chinn und Chapman gehörten.

März 1974

Eric Clapton

Bruce Springsteen

Abba gewinnen Grand Prix ... Eric Clapton wieder im Studio ... Dolly Partons zweite Country-Nr.-1 ...

13 Nach der vorläufigen Trennung von **Yoko Ono** wird ein angeheiterter **John Lennon** (der neuerdings mit seiner Assistentin May Pang gesehen wird) am frühen Morgen mit seinem Trinkkumpan **Harry Nilsson** aus dem Troubadour-Club in Los Angeles geworfen, wo er die dort spielenden Smothers Brothers beleidigt und auf ihren Manager und die Cocktail-Kellnerin eingeprügelt hat.

26 Die **Spinners** und **Dionne Warwicke** (seit kurzem endet der Nachname mit einem »e«) nehmen unter Erfolgsproduzent **Thom Bell** in den Sigma Sound Studios in Philadelphia *Then Came You* auf. Bell sorgt sich nach der Session, dass Warwicke – seit Jahren ohne Hit – nicht zufrieden ist und erinnert sich später: »Es gefiel ihr nicht, aber ich wusste, es hatte was. Also zerrissen wir einen Dollarschein, unterschrieben die Hälften und tauschten sie. Ich sagte ihr, wenn es keine Nr. 1 würde, bekäme sie meine Hälfte zurück. Als der Song durchstartete, schickte Dionne mir ihre, mit einer Entschuldigung darauf.«

28 **Arthur »Big Boy« Crudup** stirbt mit 69 Jahren in Nassawadox, Virginia, am Schlaganfall. Der R&B-Pionier schrieb u. a. *Rock Me, Mama* von 1945 ebenso wie **Elvis Presleys** Hit *That's All Right, Mama*. Er starb in Armut und zählt zu den einflussreichen Wegbereitern des R&B, die von der Plattenindustrie wiederholt abgezockt wurden.

April

6 200 000 Menschen kommen zum California Jam Festival auf dem Ontario Motor Speedway bei Los Angeles und erleben dort **Deep Purple**, **Black Sabbath**, **Black Oak Arkansas** (eine sechsköpfige Südstaatenband um **Jim »Dandy« Mangrum**), die Detroit-Rocker **Rare Earth**, **Emerson Lake And Palmer**, **Seals And Crofts** und die **Eagles** – die seit dem Einstieg des zweiten Gitarristen **Don Felder** zu fünft sind. Mit dabei sind auch **Earth, Wind And Fire**, eine R&B-Gruppe aus Los Angeles um den Produzenten, Songschreiber, Sänger, Perkussionisten und hervorragenden Kalimbaspieler **Maurice White**, früher Sessionmusiker bei Chess Records und Mitglied des **Ramsey Lewis Trios**. Nachdem während der Dauer ihres Vertrags mit Warner Bros. wenig passierte, geht es nun für die Band seit der Unterzeichnung bei Columbia stetig aufwärts.

10 Nachdem **Eric Clapton** erklärt hat, nun wieder zu neuen Aufnahmen bereit zu sein, gibt Robert Stigwood, Boss des Labels RSO, eine Party in einem chinesischen Restaurant im Londoner Stadtteil Soho. Er hat den Produzenten Tom Dowd eingeladen, Claptons nächstes Projekt zu betreuen, das ab nächsten Monat in den Criteria Boulevard Studios in Miami aufgenommen werden

Eric Claptons Comeback-Album 461 *Ocean Boulevard* brachte ihm seine erste Nr. 1 in den USA ... Der Rockkritiker Jon Landau sah Bruce Springsteen auf dem Harvard Square, Cambridge, Massachusetts, im Vorprogramm von Bonnie Raitt.

ABBA

6. April **Der Pop-Ohrwurm *Waterloo* des schwedischen Quartetts Abba gewinnt den Grand Prix d'Eurovision de la Chanson in Brighton. (Der Dirigent des Begleitorchesters, Sven-Olof Walldoff, ist als Napoleon verkleidet.) Der Song wurde von dem Manager der Band, Stig Anderson (der auf den Sieg der Band 20 : 1 gewettet hat), dem Keyboarder Björn Andersson und dem Gitarristen Benny Ulvaeus verfasst, die Abba 1971 unter dem Namen Festfolk Quartet mit ihren Ehefrauen und Leadsängerinnen Frida Lyngstad und Agnetha Fältskog gründeten. In Skandinavien sind sie bereits sehr beliebt, und ihr (abgelehnter) Titel für den Grand Prix 1973, *Ring Ring*, war dort ein großer Hit. *Waterloo* kommt im Mai in England auf Platz 1 und sorgt im August für ihre erste Chartsnotierung in den USA.**

soll, wo man ein Haus am Ocean Boulevard 461 mietet. Die dafür zusammengestellte Begleitband aus **Carl Radle** (Bass), **Jamie Oldaker** (Schlagzeug), **Dick Sims** (Keyboards), **George Terry** (Gitarre) sowie **Yvonne Elliman** und **Marcy Levy** (Gesang) wird Clapton für die nächsten vier Alben treu bleiben.

20 *TSOP* (*The Sound Of Philadelphia*) von **MFSB** stürmt die Spitze der US-Charts und markiert den Höhepunkt des »Philly-Sounds« von **Kenny Gamble** und **Leon Huff**. Bei diesem Song – der Titelmelodie zur Fernsehserie »Soul Train« – ist auch das Frauentrio **The Three Degrees**, Neuzugang beim Philadelphia-Label, zu hören. Sie werden mit *When Will I See You Again*, einem weiteren Gamble/Huff-Klassiker, im Sommer Nr. 2 in den USA und Nr. 1 in England.

Bad Company (deren erste Single, *Can't Get Enough Of Your Love*, nächste Woche in Großbritannien erscheint) und **Humble Pie**, die mit ***Thunderbox*** gerade in den US-Charts vertreten sind.

18 Novelty-Songs sind in diesem Jahr echte Charts-Renner. **Ray Stevens**, 1962 mit *Ahab, The Arab* Nr. 5 in England und 1969 mit *Gitarzan* auf Platz 8 in den USA und Spezialist dieses »Genres«, wird mit dem selbst verfassten und produzierten *The Streak* Spitzenreiter in den USA. Der Titel besingt die neue Mode, unbekleidet durch die Öffentlichkeit zu »flitzen«. Weitere Novelty-Songs schaffen es auf Platz 1 der US-Charts: *Hooked On A Feeling* von **Blue Swede** (der ersten schwedischen Band, der ein US-Nr.-1-Hit gelingt), *The Night Chicago Died* von **Paper Lace**, *Billy Don't Be A Hero* von **Bo Donaldson And The Heywoods** und *Kung Fu Fighting* von **Carl Douglas**. Glücklicherweise kehrt keiner dieser Künstler je wieder an die Spitze der Charts zurück.

»Ich sah die Zukunft der Rockmusik – sie heißt Bruce Springsteen.«

Jon Landau, **The Real Paper**, Mai 1974

Mai

8 Der 36-jährige Keyboarder **Graham Bond**, der kürzlich einen durch Heroinmissbrauch besonders schweren Nervenzusammenbruch erlitt, wirft sich im Londoner U-Bahnhof Finsbury Park vor einen Zug. Bond gehörte zu den britischen Blues-Pionieren, und in seiner **Graham Bond Organization** gingen Musiker wie **Jack Bruce**, **John McLaughlin** und **Ginger Baker** in die Lehre. Im letzten Jahr versuchte er, mit der britischen Folksängerin **Carolanne Pegg** eine kurzlebige letzte Band, **Magus**, zusammenzustellen.

9 **Bruce Springsteen** spielt im Vorprogramm von **Bonnie Raitt** im Harvard Square Theatre in Cambridge, Massachusetts, und präsentiert erstmals die neuen Kompositionen *I Sold My Heart To The Junkman* und *Born To Run*. Im Publikum ist der 26-jährige Rockkritiker Jon Landau, der für den **Rolling Stone** und **The Real Paper** aus Boston schreibt. Landau verkündet nach dem Gig: »Ich sah die Zukunft der Rockmusik – sie heißt Bruce Springsteen.« Der oft falsch zitierte Satz bringt Columbia dazu, die ersten beiden Springsteen-Alben wieder intensiv zu promoten. Außerdem entwickelt sich eine dauerhafte Freundschaft zwischen dem Sänger und Landau, der beim nächsten Album Springsteens Ko-Produzent wird.

18 **The Who** sind die Headliner eines Open-Air-Konzerts im Londoner Charlton Athletic Football Club. Dort spielen außerdem **Lou Reed**,

26 Im Londoner White City Stadium kommt es bei einem Konzert des Teenieschwarms **David Cassidy** zu einer Tragödie. Über tausend Fans aus der ekstatischen Menge müssen von Sanitätern versorgt werden. Sechs Mädchen kommen ins Krankenhaus, darunter die 14-jährige Bernadette Whelan, die vier Tage später an Herzversagen stirbt. Cassidy ist erschüttert und fühlt sich teilweise dafür verantwortlich.

Juni

5 **Sly Stone** heiratet die 21-jährige Kathy Silva auf der Bühne vor einem Konzert im New-Yorker Madison Square Garden. »Soul-Train«-Moderator Don Cornelius führt durch die Zeremonie; im Vorprogramm spielt **Eddie Kendricks**. (Kathy reicht am 30. Oktober die Scheidung ein.)

8 Keyboarder **Rick Wakeman**, der mit dem jüngsten **Yes**-Album ***Tales From The Topographic Ocean*** unzufrieden ist und mit seinem Soloalbum ***Journey To The Centre Of The Earth*** (Nr. 1 in England) einen erfolgreichen Solokarrierestart hingelegt hat, verlässt die Band. Er wird im August vom ehemaligen **Refugee**-Keyboarder **Patrick Moraz** ersetzt.

DOLLY PARTON

8. Juni Nach ihrem Hit *Jolene* im Februar steht Dolly Parton mit *I Will Always Love You* zum zweiten Mal auf Platz 1 der amerikanischen Country-Charts. Beide Hits wurden von der 28-jährigen Sängerin, Songwriterin und Gitarristin selbst geschrieben, die 1958 ihr Debüt in der Grand Ole Opry gab. Parton trat erstmals mit zehn Jahren in Cass Walkers Radioshow in Knoxville auf. Über ihr glamouröses Countrystar-Image sagt sie: »Meine irren Kleider, Frisuren und der glitzernde Schmuck sehen vielleicht angeberisch aus. Aber so ist das nicht. Als ich klein war, hatte ich kein Spielzeug. Ich war immer sehr beeindruckt, wenn jemand gut angezogen war. Ich sagte dann immer zu mir: Eines Tages, Mädel, eines Tages.«

Juni

1974

Mama Cass stirbt ... Die Ramones im CBGB's ... Schicksalsschlag für die Average White Band ...

John Denver

Werbeplakat von Joni Mitchell

14 Der Nordamerika-Abschnitt von **David Bowies** Diamond-Dogs-Tournee beginnt in Montreal. Die ausgefeilte, straff choreografierte Bühnenshow umfasst eine zehnköpfige Begleitband und dreidimensionale Kulissen, die Mark Ravitz nach Konzepten von Bowies Hitalbum ***Diamond Dogs*** entworfen hat. Das Albumcover stammt vom holländischen Maler Guy Peellaert, der das Musiker-Chamäleon hierfür als Hund dargestellt hat (ursprünglich mit Genitalien, was jedoch Bowies Label RCA gar nicht gefiel).
29 *Sundown* wird zum ersten US-Nr.-1-Hit für den kanadischen Folkpop-Singer/Songwriter und Gitarristen **Gordon Lightfoot.** Das gleichnamige Album führt schon die zweite Woche die LP-Charts an. Lightfoot ist bereits seit Anfang der Sechziger aktiv, und zwei seiner früheren Kompositionen – *For Lovin' Me* und *Early Morning Rain* – waren 1965 Hits für **Peter, Paul And Mary**.

Juli

4 **Steely Dan** treten am Unabhängigkeitstag im Civic Center von Santa Monica auf und ziehen sich danach von der Bühne zurück. Erst 18 Jahre später werden sie wieder gemeinsame Konzerte geben. Die Studio-Perfektionisten **Walter Becker** und **Donald Fagen** freuen sich gerade über den US-Platinerfolg von ***Pretzel Logic*** und dem Nr.-4-Hit *Rikki Don't Lose That Number.*
17 **Cat Stevens** beendet seine Bamboozle-Amerikatournee im Madison Square Garden mit einem Konzert für das Kinderhilfswerk der Vereinten Nationen UNICEF. Er wird der erste UNICEF-Botschafter aus dem Popmusikbereich.
20 Der 29-jährige Soulsänger **George McCrae** aus Florida präsentiert den Falsett-Chartsstürmer *Rock Your Baby* bei »American Bandstand«. Der Song kommt in den USA und England auf Platz 1 und ist in den Diskotheken enorm beliebt. Geschrieben und produziert wurde er von McCraes Labelkollegen bei TK Records, Sänger und Keyboarder **Harry Wayne Casey** und Bassist **Richard Finch**, die im letzten Jahr in Miami **KC And The Sunshine Band** gegründet hatten. **Rufus And Chaka Khan**, die heiße R&B/Soul-Band um die 21-jährige Sängerin **Chaka Khan** aus Illinois, bringt in der Sendung zudem ihren ersten großen Dancehit, *Tell Me Something Good,* aus der Feder von **Stevie Wonder**.
27 *Annie's Song*, ein Liebeslied, das **John Denver** während einer Ehekrise für seine Frau schrieb, ist für zwei Wochen Nr. 1 in den USA. Die Ballade entstand während der zehnminütigen Fahrt in einem Skilift. In England wird der Titel am 31. Oktober Spitzenreiter in den Charts.
29 **Cass Elliot** stirbt mit 32 Jahren in der Londoner Wohnung des Sängers **Harry Nilsson**. Aufgrund erster Polizeiberichte – in denen von einem Sandwich auf dem Nachtschrank die Rede war – heißt es am nächsten Tag bezüglich der Todesursache: »Sie verschluckte sich im Bett an einem Sandwich und erstickte an Erbrochenem.« Diese Geschichte erscheint auch in der Presse. Bei der Autopsie wird jedoch festgestellt, dass Cass Elliot an einem Herzinfarkt starb, der wohl auch durch ihr Übergewicht bedingt war.

Die beiden Konzerte von David Bowie im Tower-Theater, Philadelphia wurden im Juli aufgenommen und als *David Live* veröffentlicht.

John Denvers *Greatest Hits* kamen im März auf Platz 1 in den USA und wurden 9 Mio. Mal verkauft ... *Court And Spark* war Joni Mitchells erstes komplett elektrisches Album. Larry Carlton, Joe Sample, Wilton Felder, Robbie Robertson und die Band L. A. Express spielten mit.

»Ich bin immer noch die Nr. 1 – mein einziger Rivale ist David Bowie.«

Marc Bolan, **Record Mirror**, 20. Juli 1974

August

1 Die **Carpenters**-Compilation ***The Singles 1969–1973*** wird als erstes Album in England mit Platin ausgezeichnet. In den USA beginnt **Bruce Springsteen** in den 914 Sound Studios mit den Aufnahmen für sein drittes Album, das den herausragenden Titeltrack *Born To Run* enthalten wird.
1 **Eric Claptons** aktuelle Single *I Shot The Sherriff* – eine lockere Version von **Bob Marleys** Reggae-Klassiker – stürmt wie auch das Album ***461 Ocean Boulevard*** an die Spitze der US-Charts. Clapton, inzwischen drogenfrei, spielt

Die Average White Band war eine schottische Band, die wie eine schwarze Soulband klang. Laut Sänger Alan Gorrie war ihr Ziel, »die (Detroit) Spinners zu sein, aber gleichzeitig Instrumente zu spielen«.

heute auf seiner US-Tournee in Atlanta und bekommt bei *Layla* Gesellschaft von **Pete Townshend** und **Keith Moon**, wobei Townshend »Gott« Clapton eine Plastikukulele auf den Kopf schlägt.

3 **Bruce Springsteen And The E Street Band** spielen im Vorprogramm der 29-jährigen kanadischen Sängerin **Anne Murray** beim Schaefer-Festival in New York – zum letzten Mal mit **Ernest Carter** (der schon früher für **Vini Lopez** kam) und **David Sancious**, die für lange Zeit von dem Schlagzeuger **Max Weinberg** und dem Pianisten **Roy Bittan** ersetzt werden.

12 Die erste von sechs abendlichen Fernsehshows mit den **Osmonds** wird aus dem Londoner BBC Television Theatre in Shepherd's Bush ausgestrahlt. Während *I'm Leaving It All Up To You*, ein Duett von **Donny** und seiner 14-jährigen Schwester **Marie** (die im letzten Jahr mit *Paper Roses* ihre Solokarriere startete) in England bereits auf Platz 2 ist, wird nächste Woche die neue Ballade der Gruppe, *Love For Me For A Reason*, veröffentlicht, die für sie am 31. zum ersten Nr.-1-Hit in England wird.

16 Die **Ramones** haben mehrere Gigs im angesagten New-Yorker New-Wave-Club CBGB's. Die Band, die ein kleines Repertoire hitziger, schneller »Punk«-Garagenrocksongs spielt, gründete sich kürzlich in Forest Hills und spielte erstmals am 30. März bei einer privaten Party im Performance Studio, einem Proberaumkomplex an der 23. Straße Ost in Manhattan. Obwohl nicht miteinander verwandt, nennen sich alle Ramone mit Nachnamen: Leadsänger **Joey** (**Jeffrey Hyman**), Gitarrist **Johnny** (**John Cummings**), Bassist **Dee Dee** (**Douglas Glenell Colvin**) und Schlagzeuger/Manager **Tommy** (der gebürtige Ungar **Thomas Erdelyi**).

23 Das dreitägige 13. Philadelphia Folk Festival beginnt in Schwenksville, Pennsylvania. Zu den Höhepunkten zählen die Auftritte des 28-jährigen Countryfolk-Singer/Songwriters und Gitarristen **John Prine** (bei Atlantic unter Vertrag), des 26-jährigen Singer/Songwriters und Gitarristen **Steve Goodman** (den sich gerade Asylum geschnappt hat), **Arlo Guthrie**, des Folk-Songwriters **David Bromberg** und des kanadischen Singer/Songwriters **Bruce Cockburn**.

24 **Traffic**, die jüngst die Aufnahmen ihres Albums ***When The Eagle Flies*** abgeschlossen haben, geben beim 14. National Jazz & Blues Festival bei Reading ihr letztes Konzert in England. Dort stellt auch die Hardrock-Band **Thin Lizzy** um Sänger und Bassist **Phil Lynott** ihr neues Line-up vor. Die Band, die vor fünf Jahren von Lynott und dem Schlagzeuger **Brian Downey** gegründet wurde, hat seit dem Weggang von Kurzzeit-Mitglied **Gary Moore** im Januar zwei Leadgitarristen: den Schotten **Brian Robertson** und **Scott Gorham** aus Kalifornien. Nachdem ihre drei letzten Alben für Decca nicht in die Charts kamen – trotz ihres ersten großen Hits *Whisky In The Jar* im letzten Jahr – wechseln sie demnächst zu Phonograms Progressive-Rock-Unterlabel Vertigo.

28 **Television** geben das erste von fünf Konzerten im Max's Kansas City im Vorprogramm der Underground-Poetin **Patti Smith**. Die Musikjournalistin aus Chicago wurde bei früheren Lesungen von dem befreundeten Gitarristen **Lenny Kaye** begleitet und hat nun mit dem Gitarristen **Ivan Kral** und dem Schlagzeuger **Jay Dee Daugherty** die **Patti Smith Group** gegründet. Für das Label Mer des Künstlers Robert Mapplethorpe (zunächst für Seymour Steins Sire Records lizenziert) nehmen sie die Doppel-A-Seite *Hey Joe/Piss Factory* auf.

September

9 Mit drei aufeinander folgenden Konzerten im Londoner Alexandra Palace starten die **Grateful Dead** eine einwöchige Europatournee.

13 **Stevie Wonder**, dessen jüngstes Album ***Fulfillingness' First Finale*** gerade Platz 1 in den USA erreicht hat, gibt im Rahmen seiner US-Tournee im Nassau Veterans Memorial Coliseum von Uniondale, New York, ein Konzert.

14 **Joni Mitchell**, die mit der aktuellen, auf Asylum erschienenen LP ***Court And Spark*** (Platz 2 in den USA) ihr kommerziell erfolgreichstes Werk vorgelegt hat, tritt im Wembley Stadion neben **The Band** und **Crosby, Stills, Nash And Young** auf, die sich für die US-Tour im Juli wieder vereint haben.

23 Nach einem einwöchigen Engagement im Troubadour in Los Angeles stirbt der 24-jährige Schlagzeuger der **Average White Band**, **Robbie McIntosh**, an einer mit Strychnin versetzten Überdosis Heroin, die er für Kokain gehalten und auf einer Party für **Gregg Allman** im Haus des Millionärs Kenneth Moss in Los Angeles geschnupft hat. Bandkollege **Alan Gorrie** hat dieselbe Droge konsumiert, überlebt jedoch dank der Geistesgegenwart von **Cher**, die ihn bei Bewusstsein hält. Die schottische, auf R&B, Funk und Soul spezialisierte und ausschließlich aus blauäugigen Mitgliedern bestehende Band stellt in den Staaten ihr von Atlantic-Produzent Arif Mardin betreutes Erfolgsalbum ***AWB*** vor, das sich ebenso wie die ausgekoppelte Single *Pick Up The Pieces* auf dem Weg an die Chartsspitze befindet. Die Band ersetzt McIntosh durch ihren langjährigen Freund und Ex-**Bloodstone**-Schlagzeuger **Steve Ferrone**, der damit das einzige schwarze Mitglied der Average White Band wird.

Oktober 1974

Al Green

Taylor verlässt Stones ... Nick Drake stirbt ... Buckingham und Nicks neu bei Fleetwood Mac

Oktober

5 **Randy Newman**, Sänger, Songwriter und Pianist aus Los Angeles, auf dessen neuem, von seinem typisch bissigen Humor geprägten Album *Good Ole Boys* die **Eagles Don Henley** und **Glenn Frey** zu hören sind, spielt in der Atlanta Symphony Hall mit einem 87-köpfigen Orchester unter der Leitung seines Onkels Emil Newman.

18 Als **Al Green** zu Hause in Memphis unter der Dusche steht, stürmt seine Ex-Freundin Mary E. Woodson herein, übergießt ihn mit kochend heißer Grütze und erschießt sich mit seinem Gewehr. In ihrem Abschiedsbrief heißt es: »Je mehr ich dir vertraue, desto mehr enttäuschst du mich. Ich halte es nicht mehr aus, verzeih mir. Du ahnst nicht, wie sehr ich dich liebe, aber du wendest dich von mir ab und willst die Fakten nicht hören.« Green kommt mit Verbrennungen zweiten Grades auf Rücken, Hals und Armen ins Krankenhaus. Gerüchten nach machte dieser Vorfall aus Green einen wieder geborenen Christen, wobei er jedoch behauptet, seine spirituelle Wiedergeburt habe sich schon im Jahr zuvor ereignet. Sein Glaube tritt jedoch ab sofort mehr in Erscheinung: Green wird in der Gemeinde Full Gospel Tabernacle in Memphis zum Pastor geweiht.

25 Der englische Folksänger/Songwriter **Nick Drake** stirbt zurückgezogen im Haus seiner Eltern in Tanworth-in-Arden an einer Überdosis des Antidepressivums Tryptasol. Er ist erst 26. Die Gerichtsmedizin geht von Selbstmord nach langer psychischer Krankheit aus, während seine Eltern, Molly und Rodney Drake, bezweifeln, dass sein Tod Absicht war. Er wird bei der Kirche von Tanworth begraben. Drake hinterlässt drei Alben (zwei davon von Joe Boyd produziert), die in ihrer matten Melancholie später immer mehr als einflussreiche und ausgereifte Werke gelten.

Al Green hatte 1972 und 1973 sechs amerikanische Top-10-Hits in Serie ... Nick Drakes melancholische Lieder fanden erst nach seinem Tod die verdiente Wertschätzung.

November

2 **George Harrison** geht als erster **Beatle** solo auf Welttournee. Der Nordamerika-Abschnitt mit 30 Konzerten beginnt für seine Band George Harrison And Friends im Pacific Coliseum von Vancouver. Zu besagten Freunden zählen **Ravi Shankar** und **Billy Preston**, der jüngst mit *Nothing From Nothing* Platz 1 in den USA erreichte. Höhepunkt der US-Tour ist der Auftritt im Madison Square Garden am 20. Dezember. Zu den Spitzenmusikern seiner Begleitband gehören **Tom Scott**, **Chuck Findley**, **Jim Horn** und **Andy Newmark**.

8 Der R&B-Sänger, Pianist und Komponist **Ivory Joe Hunter** stirbt in Memphis mit 63 Jahren an Lungenkrebs. Hunter war in den 40er- und 50er-Jahren im Pop- und R&B-Sektor erfolgreich (*I Almost Lost My Mind*), wechselte in den 60ern ins Countryfach und wurde regelmäßiger Gast in der »Grand Ole Opry«.

8 Nach einem Auftritt bei der Veranstaltung Westbury Music Fair wird die Sängerin **Connie Francis** im zweiten Stock eines Howard Johnson Motels überfallen, mit einem Messer bedroht und vergewaltigt. Sie wird später wegen dieses Vorfalls 3 055 000 $ Schadensersatz erhalten. Doch ist sie psychisch so stark mitgenommen, dass sie sich bis 1981 aus der Öffentlichkeit ganz zurückziehen wird.

9 Die kanadischen Hardrocker **Bachman-Turner Overdrive** führen die US-Charts mit dem Stotter-Tophit *You Ain't See Nothing Yet* an. Frontmann **Randy Bachman** (Ex-Gitarrist und

Nick Drake

Der Rolling Stone meinte, die New York Dolls würden vor ihren Auftritten statt eines Joints (wie bei anderen Bands) einen Max-Factor-Lippenstift herumgehen lassen ... Eine Fender-Stratocaster-Gitarre von Eric Clapton wurde für 35 000 $ versteigert.

Elton John und John Lennon

Fleetwood Mac

Während seiner 44 Konzerte umfassenden US-Tour (mit John Lennon als Gast) ging Elton John während eines Stooges-Konzerts in Atlanta im Gorilla-Anzug auf die Bühne ... Mick Fleetwood wurde auf Buckingham und Nicks durch einen ihrer Songs aufmerksam, den ihm der Produzent Keith Olsen in den Sound City Studios vorspielte.

-Sänger von **Guess Who**) schrieb den Song für seinen Bruder, den früheren Roadmanager Gary, der tatsächlich stottert.

17 Im Falkontheater von Kopenhagen beginnt die Europa-Tournee von **Abba**, die erstmals außerhalb Schwedens auftreten. Sie spielen außerdem in Deutschland, Österreich und der Schweiz.

28 An Thanksgiving tritt **John Lennon** im Madison Square Garden zum letzten Mal live auf, als er gemeinsam mit **Elton John** drei Songs singt: *Whatever Gets You Through The Night* (Lennons erster Solo-Nr.-1-Hit in den USA) und Coverversionen der **Beatles**-Songs *Lucy In The Sky With Diamonds* und *I Saw Her Standing There*. Nach dem Konzert kommen John und Yoko hinter der Bühne wieder zusammen.

Taylor dazu: »Die letzten fünfeinhalb Jahre mit den Stones waren sehr aufregend und für mich eine sehr inspirierende Zeit. Was die anderen vier Mitglieder angeht, so respektiere ich sie sowohl als Musiker wie auch als Menschen. Ich bringe der Band nur Bewunderung entgegen, aber es ist an der Zeit, sich weiterzuentwickeln.« **Mick Jagger** fügt hinzu: »Mick möchte etwas Neues ausprobieren und neue Herausforderungen und Aufgaben annehmen. Es tut uns allen sehr Leid, dass er geht, und wir wünschen ihm viel Glück und Erfolg.« Für den Rest der Sessions arbeiten die Stones mit drei Gitarristen – **Ron Wood**, **Wayne Perkins** und **Harvey Mandel** – an der Fertigstellung des Albums, das später ***Black And Blue*** heißen wird.

21 **Harry Chapins** *Cat's In The Cradle* – nach *WOLD*, einem Song über das Leben eines Discjockeys, seine zweite Hitsingle in diesem Jahr – kommt auf Platz 1 in den USA. Der 23-jährige New-Yorker Sänger, Songschreiber und Gitarrist Chapin sagt später: »Ich fand *Kung Fu Fighting* von Carl Douglas immer klasse, und dass ich diesen Titel als Nr. 1 ablöste, sagt einiges über die Bandbreite der Popmusik.«

»Sie tut so, als wäre ich nicht ihres.« David Bowie auf Dick Cavetts Frage, was seine Mutter von ihm halte, in der TV-Sendung »Wide World Of Entertainment«, Dezember 1974

Dezember

9 **Mike Oldfield**, dessen zweites Album bereits im September an die Spitze der britischen Charts gelangte, präsentiert in der Royal Albert Hall neben anderen mit dem Dirigenten **David Bedford** und **Gong**-Gitarrist **Steve Hillage** das Werk »Orchestral Hergest Ridge Parts 1 & 2«.

12 Nach fünf Jahren Bandzugehörigkeit verlässt **Mick Taylor** die **Rolling Stones** während der Aufnahmen des neuen Albums in München.

31 Der 27-jährige **Lindsey Buckingham** und die 26-jährige **Stevie Nicks** verstärken als Sänger/Songwriter auf Einladung der Band die zehnte Besetzung der **Fleetwood Mac** seit 1967. **Mick Fleetwood** lernte die beiden bei einem Besuch des Sound City Studios im kalifornischen Van Nuys kennen. Das Paar, das zuvor zur Gruppe **Fritz** aus der Nähe von San Francisco gehörte, zog 1971 nach Los Angeles und nahm dort sein Debütalbum ***Buckingham Nicks*** für Polydor auf.

BRYAN FERRY

19. Dezember Bryan Ferry, der die meiste Zeit des Jahres auf Roxy-Music-Welttour zu den Alben *Stranded* und *Country Life* (beide Nr. 1 in England) zugebracht hat, tritt mit Schlips und Kragen solo in der Londoner Royal Albert Hall auf – mit Begleitband und einem von Martyn Ford dirigierten Orchester. Der geleckte Dinner-Jacket-Look ist zu Ferrys Solo-Markenzeichen geworden (obwohl er bei Roxy Music gerade den Militär-Chic bevorzugt). Er spielt 18 Songs von seinen Soloalben, dem aktuellen *Another Time, Another Place* und *These Foolish Things* von 1973. Die LPs, auf denen Ferry elegant und gefühlvoll eine Reihe von Popklassikern covert, kamen beide in die britischen Top 5.

ROOTS In diesem Jahr gründen Jerry Casale und Mark Mothersbaugh, Kunststudenten der Kent State University, mit weiteren Mothersbaughs, Bob und Jim, eine absichtlich anonyme Band, aus der De-Evolution und später Devo hervorgeht ... steigt Nancy Wilson bei Heart ein, der Hardrock-Band ihrer älteren Schwester Ann, die in kleinen Clubs rund um Vancouver auftritt ... veröffentlicht der in Trinidad geborene Billy Ocean, derzeit in den Diensten eines Herrenschneiders in der Londoner Savile Row, unter dem Bandnamen Scorched Earth seine erste Single ... macht das Quartett Los Lobos Del Este De Los Angeles, das die traditionelle Chicano-Musik neu beleben möchte, als Backup-Band für die Benefizplatte *Si Se Puede* für die Gewerkschaft hispanischer Landarbeiter seine ersten Aufnahmen ... tritt der elfjährige Sealhenry Samuel bei einer Schul-Talentshow mit dem Song *I Can See Clearly Now* erstmals auf ... setzt Graham Parker eine Anzeige in den Melody Maker, die ihn über Umwege zu Dave Robinson führt, der ihn Ende der 70er für sein Stiff-Label unter Vertrag nimmt ... gründet Alan Parsons, Toningenieur und Produzent der Abbey Road Studios, mit Eric Woolfson das Alan Parsons Project ... gründet Joe Strummer mit Alvaro Pena-Rojas die 101ers ... nimmt Kim Carnes, früher bei New Christy Minstrel, für das Label Amos ihr Solodebüt *Rest On Me* auf.

I Wanna Dance Wit Choo

1975

Nr. 1 US-SINGLES

04. Jan. Lucy In The Sky With Diamonds **Elton John**
18. Jan. Mandy **Barry Manilow**
25. Jan. Please Mr. Postman **Carpenters**
01. Febr. Laughter In The Rain **Neil Sedaka**
08. Febr. Fire **Ohio Players**
15. Febr. You're No Good **Linda Ronstadt**
22. Febr. Pick Up The Pieces **Average White Band**
01. März Best Of My Love **Eagles**
08. März Have You Never Been Mellow **Olivia Newton-John**
15. März Black Water **Doobie Brothers**
22. März My Eyes Adored You **Frankie Valli**
29. März Lady Marmalade **LaBelle**
05. Apr. Lovin' You **Minnie Riperton**
12. Apr. Philadelphia Freedom **Elton John Band**
26. Apr. (Hey Won't You Play) Another Somebody Done Somebody Wrong Song **B. J. Thomas**
03. Mai He Don't Love You (Like I Love You) **Tony Orlando And Dawn**
24. Mai Shining Star **Earth, Wind And Fire**
31. Mai Before The Next Teardrop Falls **Freddy Fender**
07. Juni Thank God I'm A Country Boy **John Denver**
14. Juni Sister Golden Hair **America**
21. Juni Love Will Keep Us Together **Captain And Tennille**
19. Juli Listen To What The Man Said **Wings**
26. Juli The Hustle **Van McCoy And The Soul City Symphony**
02. Aug. One Of These Nights **Eagles**
09. Aug. Jive Talkin' **Bee Gees**
23. Aug. Fallin' In Love **Hamilton, Joe Frank And Reynolds**
30. Aug. Get Down Tonight **KC And The Sunshine Band**
06. Sept. Rhinestone Cowboy **Glen Campbell**
20. Sept. Fame **David Bowie**
27. Sept. I'm Sorry **John Denver**
04. Okt. Fame **David Bowie**
11. Okt. Bad Blood **Neil Sedaka**
01. Nov. Island Girl **Elton John**
22. Nov. That's The Way (I Like It) **KC And The Sunshine Band**
29. Nov. Fly, Robin, Fly **Silver Convention**
20. Dez. That's The Way (I Like It) **KC And The Sunshine Band**
27. Dez. Let's Do It Again **Staple Singers**

Earth, Wind And Fire

Peter Frampton

Earth, Wind And Fire erlebten 1975 den Durchbruch in den USA mit erster Nr.-1-Single und Album ... Peter Frampton hatte mit dem an zwei Sommerabenden in Kalifornien aufgenommenen *Frampton Comes Alive!* einen riesigen Soloerfolg.

In den 50er-Jahren hatten sich weiße Künstler schwarze Musik zu Eigen gemacht. Und die fand jetzt gerade ihr größtes Publikum seit Motown-Zeiten. Disco brach über die Musikwelt herein. **Donna Summer**, **KC And The Sunshine Band**, **Tavares**, **Van McCoy** und andere drängten in die Popcharts. Der Discosong schlechthin war wohl Donna Summers *Love To Love You* – die Disco-Antwort auf *Je t'aime*. Mit ihrer Definition des Funk führten **Earth, Wind And Fire** Disco auf eine neue Ebene. Ihr Album ***That's The Way Of The World*** präsentierte 1975 einen Mix aus straffen Bläsern, Percussion und üppigem Gesang mit viel Soul und ausgewogenen Harmonien. Der Erfolg der Discowelle blieb von weißen Künstlern nicht unbemerkt. Die **Bee Gees** stürzten sich mit *Jive Talkin'* auf die Tanzflächen und begannen damit ihr spektakuläres Comeback.

Rockfans aber fanden den Glitzerkram, die banalen Texte und den künstlichen Beat furchtbar. Sie flüchteten zu **Led Zeppelin**, deren Tourneen in England und den USA enorm erfolgreich waren. **Bruce Springsteen** wurde mit dem druckvollen *Born To Run* zum Superstar und kam auf die Titelseiten der Nachrichtenmagazine. Seine Themen sprachen Millionen an: der Lockruf der Straße, Gefahr und Verlockungen der Nacht, der schmale Grat zwischen Verzweiflung und Glück. **Patti Smiths** Debütalbum ***Horses*** dagegen kam mit einem intellektuellen Anspruch daher und lebte von rauer Drei-Akkord-Emotion. **Aerosmith** erlebten in diesem Jahr mit ***Toys In The Attic*** ihren Durchbruch. Böse Zungen sprachen zwar von formelhaftem Heavy-Rock, aber ihr Hardrock-Evergreen *Walk This Way* bot das perfekte Gegengewicht zu Disco (und sollte später sogar zum Rap-Klassiker werden).

Dem Mainstream-Rockpop ging es 1975 bestens. **Elton Johns** ***Captain Fantastic And The Brown Dirt Cowboy*** wird zum Höhepunkt seiner Zusammenarbeit mit **Bernie Taupin**. Die **Eagles** bewiesen mit ***One Of These Nights*** ihre Vielseitigkeit und ihre kommerzielle Zugkraft. In *Take It To The Limit* steckte ein Hauch von Walzer, und *Lyin' Eyes* war perfekter Countryrock.

Die Amerikaner **Lindsey Buckingham** und **Stevie Nicks** machten **Fleetwood Mac** zu einer völlig anderen, besonderen Band. Ihr neuer kalifornischer Rocksound kombinierte perfekten Harmoniegesang mit unwiderstehlichen Melodien; **Christine McVie** und Nicks gehörten zu den besten Sängerinnen ihrer Zeit. **Peter Frampton** nahm ***Frampton Comes Alive!*** auf.

»An Led Zeppelin beeindruckt ihre Unangestrengtheit, die innere Harmonie, die der Gruppe anzumerken ist.«

Philip Norman, **The Times**, 26. Mai 1975

Nr. 1 UK-SINGLES

04. Jan.	Lonely This Christmas	**Mud**
18. Jan.	Down Down	**Status Quo**
25. Jan.	M/S Grace	**Tymes**
01. Febr.	January	**Pilot**
22. Febr.	Make Me Smile (Come Up And See Me)	**Steve Harley And Cockney Rebel**
08. März	If	**Telly Savalas**
22. März	Bye Bye Baby	**Bay City Rollers**
03. Mai	Oh Boy	**Mud**
17. Mai	Stand By Your Man	**Tammy Wynette**
07. Juni	Whispering Grass	**Windsor Davies And Don Estelle**
28. Juni	I'm Not In Love	**10cc**
12. Juli	Tears On My Pillow	**Johnny Nash**
19. Juli	Give A Little Love	**Bay City Rollers**
09. Aug.	Barbados	**Typically Tropical**
16. Aug.	Can't Give You Anything (But My Love)	**Stylistics**
06. Sept.	Sailing	**Rod Stewart**
04. Okt.	Hold Me Close	**David Essex**
25. Okt.	I Only Have Eyes For You	**Art Garfunkel**
08. Nov.	Space Oddity	**David Bowie**
22. Nov.	D.I.V.O.R.C.E.	**Billy Connolly**
29. Nov.	Bohemian Rhapsody	**Queen**

1975

Januar

Beatles and Co. aufgelöst ... Stevie Wonder sahnt Grammys ab ... *J-J-J-Jive Talkin'* ...

Little Feat verdankten ihren Namen der geringen Schuhgröße ihres hoch talentierten Frontmanns Lowell George.

Januar

6 Mehr als 2000 ungeduldige **Led-Zeppelin**-Fans, die über Nacht vor den Boston Gardens auf den Beginn des Vorverkaufs für das Konzert im nächsten Monat warten, werfen Bierflaschen gegen das Gebäude und verursachen einen Schaden von etwa 75 000 $. Die 60 000 Tickets für die geplanten drei Konzerte im Madison Square Garden sind in einer Rekordzeit von vier Stunden ausverkauft.

9 Die Personengesellschaft The Beatles & Co. wird unter Ausschluss der Öffentlichkeit vom Obersten Gericht in London offiziell aufgelöst. Allerdings leiten alle vier **Beatles** nach wie vor die Firma Apple und könnten gesetzlich gezwungen sein, sich zu Vorstandssitzungen zu treffen.

16 **Paul McCartney And Wings** beginnen mit dem Produzenten Alain Toussaint in seinem Sea Saint Studio in New Orleans mit den Aufnahmen zum Album ***Venus And Mars***.

17 Prominenz findet sich in der amerikanischen Botschaft in London zu einem Empfang von Warner Bros. Records UK und dem Kulturbüro der US-Botschaft ein, um die Warner Brothers Music Show zu promoten: Bei dieser Europatournee mit 18 Konzerten in neun Städten spielen **Little Feat** (die gerade mit ***Feats Don't Fail Me Now***, Nr. 36 in den US-Albumcharts, ihren Durchbruch erleben), die **Doobie Brothers**, **Ronnie Montroses** Heavy-Metal-Band **Montrose**, **Tower of Power** (eine R&B-Gruppe aus weißen wie schwarzen Top-Sessionmusikern) und **Graham Central Station**, das neue R&B-Projekt des Ex-Bassisten von **Sly And The Family Stone**, **Larry Graham**.

23 Das britische Rockpop-Quintett **Supertramp** startet eine 13 Gigs umfassende Tour und stellt sein drittes Album ***Crime Of The Century*** vor. Die Band entstand 1969, wobei die Gründer **Rick Davies** (Gesang, Keyboards, Mundharmonika) und **Roger Hodgson** (Vocals, Gitarre, Klavier) die Besetzung mit Schlagzeuger **Bob C. Benberg**, Saxophonist **John Anthony Helliwell** und Bassist **Dougie Thomson** gründlich verändert haben. Mit *Dreamer* kommt nächste Woche erstmals eine ihrer Singles in die britischen Charts.

30 Die **Bee Gees** schlagen eine neue musikalische Richtung ein: In den Criteria Recording Studios in Miami entsteht das funkige, von den Gibb-Brüdern selbst geschriebene *Jive Talkin'* mit seinem gestotterten Intro »J-J-J-Jive talkin'«; den Leadgesang übernimmt **Barry Gibb**. Die Brüder nehmen derzeit mit dem Atlantic-Produzenten Arif Mardin das Erfolgsalbum ***Main Course*** auf.

Nachdem sie 1974 zeiweise im Batley Variety Club in Nordengland aufgetreten waren, standen die Bee Gees nun vor einem erneuten Karriereschub.

Februar

4 **Louis Jordan** stirbt mit 66 Jahren in Los Angeles an einem Herzanfall. Der Sänger und Altsaxophonist gehörte zu den Schlüsselfiguren der jungen R&B-Szene der 40er- und 50er-Jahre und beeinflusste viele aufstrebende Künstler, darunter auch **Chuck Berry**. Kein anderer Musiker verbrachte zudem so viele Wochen an der Spitze der amerikanischen R&B-Charts wie er mit 113; ganze 18 Wochen lang war er 1946 mit *Choo Choo Ch'Boogie* Nr. 1.

8 *Fire* von den **Ohio Players** wird Nr. 1 in den USA, und das dazugehörige, gleichnamige Album führt die LP-Charts an. Die siebenköpfige, vor 15 Jahren in Dayton gegründete Gruppe hat ihren früher eher traditionellen R&B durch den angesagten Funk-Sound à la **Sly And The Family Stone** ersetzt.

13 Beim Konzert der **Ohio Players**, **Graham Central Station** und **Parliament/Funkadelic** erlebt das Publikum in der Radio City Music Hall in New York Funk-Musik. Parliament/Funkadelic ist eine schon jetzt einflussreiche und produktive Gruppe von bis zu 40 Musikern, zusammengestellt und geführt vom erfahrenen R&B-Produzenten, Songschreiber und Leadsänger **George Clinton**, der die **Parliaments** 1955 ursprünglich als Doo-Wop-Band gründete. 1968 wurde dann die eigenständige Rhythmusgruppe Funkadelic geschaffen, wobei beide oft auf dasselbe Repertoire zurückgreifen

16 Nach Unruhen bei einem **Lou-Reed**-Konzert am 13. Februar in Mailand, wo eine politische Gruppe das Konzert stoppen wollte und Reed von einem Stein im Gesicht getroffen wurde, wird seine Show im Palazzo dello Sport in Rom abgebrochen, nachdem die Polizei eine Gruppe von Unruhestiftern mit Tränengas beschossen hat.

27 Der 26-jährige britische Sänger **Leo Sayer**, der in England bereits drei Top-10-Hits und zwei Top-5-Alben verbuchen konnte, beginnt seine zweite US-Tournee mit einem Dauerengagement bis zum 3. März im New-Yorker Bottom Line. Nachdem er bei seinem ersten Besuch als Miniatur-Pierrot auftrat, erscheint er jetzt schlicht in Jeans.

März

1 **Stevie Wonder** triumphiert zum zweiten Mal bei den Grammys: Bei der diesjährigen 17. Verleihung räumt er vier Preise ab. Mit *Boogie On Reggae Women* wird er zum besten R&B-Sänger und für ***Fullfillingness' First Finale***, – dem Album des Jahres – als bester Popsänger gekürt; *Living For The City* wird der beste R&B-Song. **Olivia Newton-John** wird als beste Popsängerin ausgezeichnet und ihr Titel *I Honestly Love You* zur Platte des Jahres gewählt. **Marvin Hamlisch** erhält den Preis als bester Nachwuchskünstler – vor **Bad Company**, dem R&B-Sänger und Songschreiber **Johnny Bristol** und der Singer/Songwriterin und Gitarristin **Phoebe Snow**, die in den USA mit ihrem Top-5-Hit *Poetry Man* den Durchbruch schaffte.

8 »Stones wählen Wayne« heißt es im **New Musical Express**: Die **Rolling Stones** haben sich für den dauerhaften Ersatz von **Mick Taylor** entschieden. Es handelt sich um den amerikanischen Gitarristen **Wayne Perkins**, früher bei **Smith, Perkins And Smith**. Er hat bereits den letzten Monat mit **Keith Richard** in **Ron Woods** Heimstudio in Richmond gemeinsam geprobt.

16 Das in der Rockwelt berühmte Londoner Rainbow Theatre schließt seine Pforten mit einem letzten Konzert: Neben den Headlinern **Procol Harum** spielen der sanfte schottische Folksänger/Songwriter **John Martyn**, der ehemalige **Fairport-Convention**-Mitbegründer **Richard Thompson**, seine Frau **Linda** und Singer/Songwriter **Kevin Coyne**.

22 Der Sänger und Pianist **Barry Manilow** aus Brooklyn, dem gerade mit *Mandy* der Durchbruch gelang, präsentiert den melodramatischen Nr.-1-Hit und die neue Single *It's A Miracle* bei »American Bandstand«, direkt nach der 27-jährigen Soulsängerin **Minnie Riperton**, mit der Ballade *Loving You*, die gerade die US-Charts stürmt und zwei Wochen später Spitzenreiter wird.

April

5 Mit ihrer neuen LP ***The Original Soundtrack*** im Gepäck starten **10cc** im Göteborger Konserthuset ihre Europatournee. Die zweite Single aus dem Album, *I'm Not In Love*, erscheint nächsten Monat. Der von **Eric Stewart** und **Graham Gouldman** geschriebene Song entstand im bandeigenen Strawberry Recording Studio in Stockport unter Einsatz von 256 Gesangsüberlagerungen aus drei Stimmen, die jeweils 16-fach auf einer chromatischen 13-Ton-Skala aufgezeichnet wurden – eine innovative Vorgehensweise, die vorher noch bei keiner Ballade zu hören war. Den Satz »Big boys don't cry« sprach die Rezeptionistin des Studios, Kathy Redfern. *I'm Not In Love*, das sich sofort zum großen Radiohit entwickelt, erreicht am 28. Juni in England und am 26. Juli in den USA Platz 1, verkauft sich weltweit mehrere Millionen Mal und wird der bekannteste Titel der Band.

6 Das erfahrene R&B-Gesangstrio **LaBelle** – Soulröhre **Patti LaBelle**, **Nona Hendryx** und **Sarah Dash** – stellen ihren provokativen Hit *Lady Marmalade* bei »Cher« vor. Mit der Einladung »Voulez-vous coucher avec moi ce soir?« hat die britische Nr. 1 der letzten Woche – und Spitzenreiter der US-R&B-Charts – enorm Furore gemacht.

12 Nach der Premiere von Ken Russells »Tommy«-Verfilmung mit **The Who**, Oliver Reed, Ann-Margret, Jack Nicholson und **Elton John** stehen nun der Soundtrack auf Nr. 27, eine neue klassische Interpretation des Werks durch das **London Symphony Orchestra** auf Nr. 78 und das Original-Doppelalbum von The Who auf Nr. 124 in den amerikanischen LP-Charts.

24 Einen Tag, nachdem er sich mit dem **Badfinger**-Mitbegründer **Tom Evans** auf einen Drink in einem Pub getroffen hat, und vier Tage vor seinem 28. Geburtstag erhängt sich **Pete Ham**. Seine Freundin entdeckt seinen Leichnam in der Garage seines Hauses in Woking. Angeblich liegt bei ihm ein Abschiedsbrief: »Stan Polley ist ein seelenloses Arschloch.« Polley hatte Badfinger seit 1970 gemanagt und streitet mit der Band über finanzielle Belange vor Gericht.

»Mr. [Duke] Ellington hat der Musik mehr gegeben, als ich es in tausend Jahren könnte. Stevie Wonder bei der Grammy-Verleihung, 1. März 1975

Eine Woche nach der Verleihung von vier Grammys erhielt Stevie Wonder den NARM Presidential Award »zu Ehren eines Künstlers, der jeden Aspekt eines vollendeten Musikers verkörpert«.

LINDA RONSTADT

27. März Die 28-jährige Sängerin Linda Ronstadt, die (mit ihrer Neuauflage von Betty Everetts *You're No Good* und mit *Heart Like A Wheel*) am 15. Februar sowohl die Singles- als auch die Albumcharts anführte, ziert die Titelseite des Rolling Stone. Die in Tucson geborene Tochter mexikanisch-deutscher Eltern trat erstmals 1964 mit ihren Geschwistern Mike und Suzi als The Three Ronstadts auf. 1966 unterschrieb sie als Mitglied des Folktrios The Stone Poneys bei Capitol und arbeitet seit 1968 solo. Zu ihrer Begleitband gehörten 1971 die späteren Eagles Bernie Leadon, Glenn Frey, Randy Meisner und Don Henley, wodurch sie 1973 einen Vertrag mit Asylum Records bekam, obwohl sie Capitol noch ein Album schuldete – das spätere *Heart Like A Wheel*. Inzwischen managt und produziert sie Ex-Peter-And-Gordon-Star Peter Asher.

Mai 1975

Rummel um die Bay City Rollers ...
Tim Buckley stirbt ...
Epic nimmt Jackson 5 unter Vertrag ...

Peter Gabriel

Tammy Wynette

Mai

13 **Bob Wills** stirbt nach mehreren Herzinfarkten mit 70 Jahren in Fort Worth. Mit seiner Band, den **Texas Playboys**, war er ein Vorreiter des Western Swing, einem schnellen Mix aus Country, Jazz, Swing und Blues. In seinem Testament vermacht er seine Geige dem Countrysänger **Merle Haggard**, der sie auf der Bühne weiter spielen wird.

17 **Tammy Wynettes** *Stand By Your Man* ist für drei Wochen auf Platz 1 in England. Dieser seltene Erfolg für eine Countryplatte ist umso überraschender, als der Song schon 1968 (zum Ärger der damals sehr aktiven Feministinnen) die US-Country-Charts anführte. Im gleichen Jahr kam auch Wynettes wohl bekannteste Ballade D.I.V.O.R.C.E. auf Platz 1 in dieser Hitparade.

18 Vor dem Auftritt der **Bay City Rollers** beim BBC Radio 1 Fun Day auf der Mallory-Park-Rennbahn bei Leicester müssen 40 Fans aus einem See gerettet werden. Die Mädchen hatten versucht, zu ihren Idolen zu schwimmen, die von einer Insel zum Veranstaltungsort übergesetzt wurden. Zu der Show kamen 47 000 Besucher, und man setzt Wasser- und Schaumfeuerlöscher ein, um die kreischende Menge zu beruhigen. Vier Mädchen kommen ins Krankenhaus, 35 werden ambulant behandelt. Die Band verlässt das Gelände im Hubschrauber, ohne gespielt zu haben. Ein Sprecher dazu: »Leider gerieten die Ereignisse außer Kontrolle, und die Show musste beendet werden.«

21 Die britische Flughafenbehörde teilt mit, dass die **Osmonds** – die am Wochenende für eine Tour in England eintreffen sollen – nicht auf dem Gatwick Airport landen dürfen: Man ist besorgt, weil Polydor ihre Ankunft vorab bekannt gegeben hat. Beim letzten Besuch der Band im Oktober 1973 wurden am Flughafen Heathrow 20 junge Mädchen verletzt, als eine Brüstung nachgab.

23 Als Abschluss der äußerst erfolgreichen Tour zum Konzeptalbum ***The Lamb Lies Down On Broadway*** gibt **Peter Gabriel** im Palais des Sports in St. Etienne sein letztes Konzert mit **Genesis**. Trotz der Gerüchte über seinen Ausstieg wird erst im August offiziell bekannt, dass er eine Solokarriere anstrebt.

24 **Barry White** übernimmt einen Abend lang die »Soul Train«-Sendung und präsentiert eine Auswahl seiner Solohits – *Can't Get Enough Of Your Love Babe, You're The First, The Last, My Everything, What Am I Gonna Do With You* – und Titel des **Love Unlimited Orchestras**: *Love's Theme, Making Believe That It's You* und *Wanna Stay*.

Juni

2 Nach der gestrigen Show der **Bay City Rollers** im Hammersmith Odeon beschwert sich das Parlamentsmitglied Marcus Lipton über die »absichtlich von Konzertveranstaltern heraufbeschworene Massenhysterie«. Beim heutigen Auftritt im New Theatre in Oxford springt ein hysterisches Mädchen in den Orchestergraben. Als zwei Sanitäter sie festhalten, kommt es zu einer Rangelei. Mehr als 60 Mädchen benötigen erste Hilfe. Sie sind hysterisch oder im Schockzustand. Drei werden ins Krankenhaus gebracht.

14 Das heutige Konzert **Peter Framptons** im Winterland Ballroom von San Francisco wird ebenso wie der gestrige Gig im Marin Civic Center von San Rafael für das im nächsten Januar erscheinende Doppelalbum ***Frampton Comes Alive!*** mitgeschnitten. Über dieses Album,

LaBelle kamen im April mit der offenherzigen Frage »Voulez-vous coucher avec moi ce soir?« auf Platz 1 der amerikanischen Charts.

Peter Gabriels erstes Soloalbum nach dem Weggang von Genesis sollte erst 1977 erscheinen ... Tammy Wynettes *Stand By Your Man*, 1968 Nr. 1 der Country-Charts in den USA, kam erstaunlicherweise 1975 auf Platz 1 der britischen Charts.

das Rockgeschichte macht, sagte Frampton später: »Das Konzert, bei dem das Album entstand, war unser erster Gig als Headliner … einer dieser tollen Abende, bei denen man denkt, Mann, hätten wir das heute bloß aufgenommen! Und glücklicherweise hatten wir das!«

16 **John Lennon** reicht im Manhattan Federal Court eine Klage gegen Regierungsbeamte (darunter der ehemalige Justizminister John Mitchell) ein, »da das Ausweisungsverfahren gegen ihn mit unlauteren Mitteln betrieben wurde«.

23 Mitten auf der Welcome To My Nightmare Tour fällt **Alice Cooper** in Vancouver während des Eröffnungssongs von der Bühne, bricht sich sechs Rippen und verletzt sich am Kopf.

24 Der Staatsanwalt von New Jersey erhebt nach zweijährigen Untersuchungen gängiger Praktiken in der Plattenindustrie Anklage gegen 19 Führungskräfte von Schallplattenfirmen, u. a. wegen Steuerhinterziehung und Payola, darunter gegen Clive Davis (hat soeben Arista Records gegründet), **Kenny Gamble** und **Leon Huff** sowie gegen sieben Mitarbeiter des Labels Brunswick.

29 Der Singer/Songwriter und Gitarrist **Tim Buckley**, der bewusstlos aufgefunden wurde, stirbt im Santa Monica Hospital. Er ist 28. Richard Keeling, Forschungsassistent an der University of California, L. A., sagt den Ärzten, der Sänger habe eine Überdosis Barbiturate eingenommen. Er wird später angeklagt, Buckley ermordet und ihm Heroin beschafft zu haben, das Buckley zu Hause in dem Glauben konsumierte, es sei Kokain.

30 Die **Jackson 5** geben bekannt, dass sie seit 10. März bei Epic unter Vertrag stehen und ihre Zeit bei Motown beendet ist. Es stellt sich heraus, dass die Gruppe 469 Songs für Motown aufgenommen hatte, von denen nur 174 erschienen, dass sie zudem nur 2,7 Prozent Tantiemen aus den Verkäufen erhielt und ihre Songs nicht selbst schreiben durfte. Berry Gordy strebt daraufhin einen Prozess über 5 Mio. $ wegen Vertragsbruchs an und wird im Gegenzug verklagt, weil die Gruppe Produktionskosten in Höhe von 500 000 $ für nicht veröffentlichte Songs selbst tragen musste. Die Jacksons weigern sich, weitere Songs für Motown aufzunehmen. Schließlich einigt man sich auf einen Kompromiss, laut dem Gordy 600 000 $ erhält. Wie sich herausstellt, hat Gordy den Bandnamen am 30. März 1972 als Patent eintragen lassen; die Gruppe veröffentlicht ihre Epic-Platten daher als The Jacksons.

KRAFTWERK

11. Mai Kraftwerk geben das letzte von 24 Konzerten ihrer ersten USA-Tour im Keystoke Club von Berkeley. Der einzigartige Titeltrack ihrer LP *Autobahn*, der durch ständige Wiederholung über 22'50 Minuten die Eintönigkeit einer Autobahnfahrt einfängt, wird in den USA und England ständig im Radio gespielt und kommt im Mai in bearbeiteter Fassung auf Platz 11 der UK- und Platz 25 der US-Charts. Das Album klettert in England bis auf Nr. 4, in den USA auf Nr. 5. Ihr Synthesizer-Stil wird New Wave und Techno, aber auch kommerzielle Elektronik-Acts jahrzehntelang prägen.

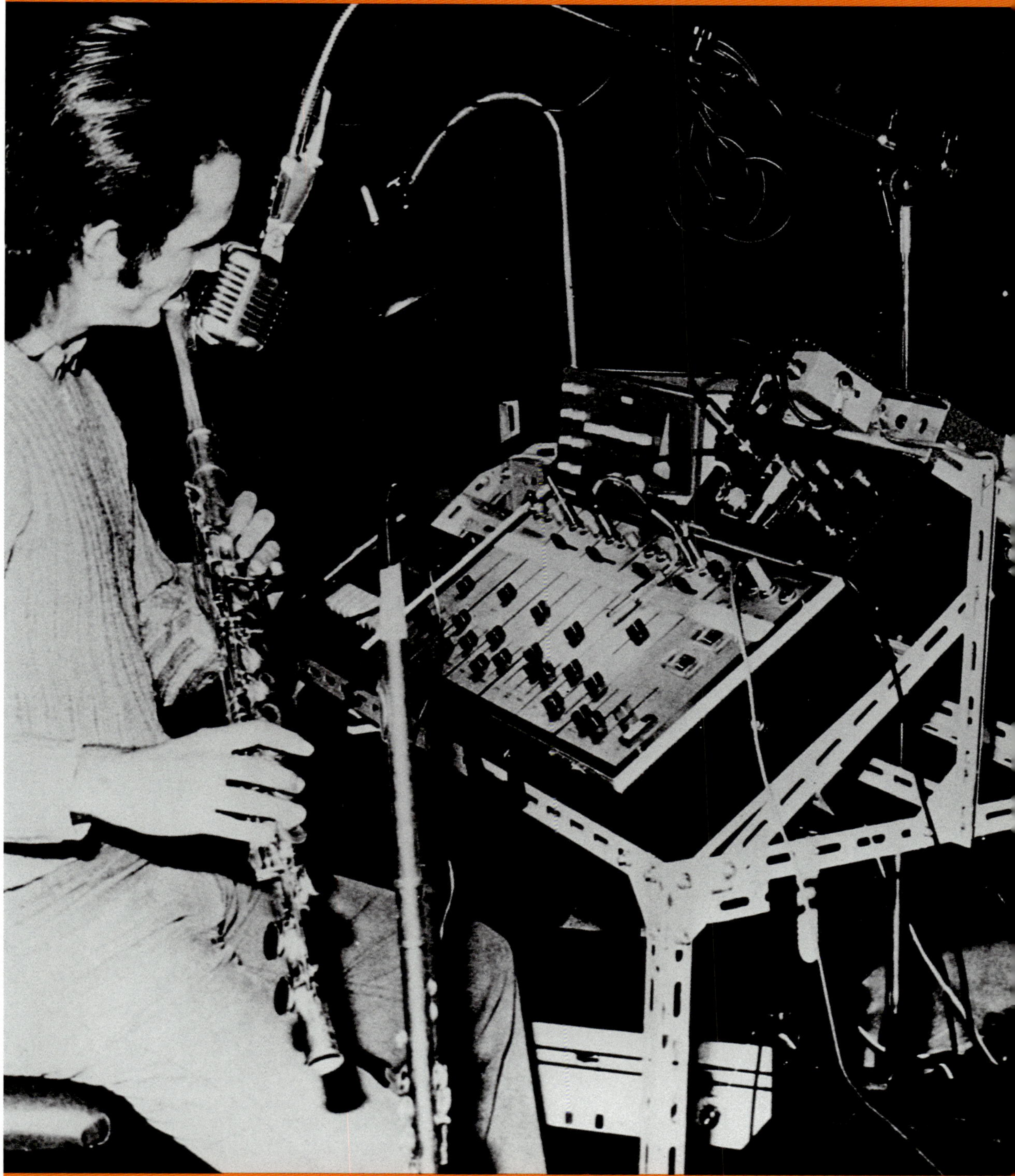

Die innovative Gruppe wurde 1970 in Düsseldorf von den Keyboardern Ralf Hütter und Florian Schneider-Esleben gegründet, die beinahe im Alleingang eine Avantgarde-Form elektronischer Rockmusik erschufen.

Juli 1975

Irische Band wird Opfer von Terror ... Robert Plant schwer verletzt ... Start von Saturday Night Live ...

Juli

18 Während das Album *Natty Dread,* das den Durchbruch bescheren wird, fast vollendet ist, geben **Bob Marley And The Wailers** das erste von zwei Konzerten im Londoner Lyceum Ballroom.

26 **Van McCoys** *The Hustle* – vor zwei Wochen bereits Nr. 1 in den amerikanischen R&B-Charts – erreicht als erste Discoplatte Platz 1 der Hot 100. McCoy – Songschreiber, Produzent, Arrangeur und Dirigent der **Soul City Symphony** – hatte sein Album *Disco Baby* schon fertig, als ihm die Idee zu dem fast nur instrumentalen Track kam, den er in nur einer Stunde einspielte.

28 **Bob Dylan** arbeitet in den New-Yorker Columbia Studios an seinem neuen Album *Desire*. Bei *Romance In Durango* ist **Eric Clapton** auf der Dobro-Gitarre zu hören.

30 Der von Kritikern bereits sehr geschätzte 25-jährige Singer/Songwriter und Pianist **Tom Waits** beginnt in seiner kalifornischen Heimat eine Aufnahmesession über zwei Abend im Record Plant in Hollywood. Er spielt vor eingeladenen Freunden, um Liveatmosphäre zu erzeugen, wobei sein drittes Album *Nighthawks At The Diner* entsteht. Seinen Song *Ol' 55* nahmen auch die **Eagles** für ihr letztjähriges Album *On The Border* auf.

31 In einem Hinterhalt während der Unruhen in Nordirland ermordet eine Gruppe paramilitärischer Loyalisten der Ulster Volunteer Force drei Mitglieder der beliebten irischen Rockband **The Miami Showband.** Die Musiker sind nach einem Gig in Banbridge auf dem Rückweg nach Dublin, als sie in der Nähe von Newry an der irisch-irischen Grenze von den als Armeepatrouille getarnten Bewaffneten gestoppt werden. Sie müssen ihren VW-Bus verlassen und sich an einer Hecke aufstellen. Zwei der Paramilitärs, Harry Boyle und Wesley Sommerville, sterben, als die Bombe explodiert, die sie in den Wagen verladen. Die Musiker werden niedergeschossen, als sie zu flüchten versuchen. Leadsänger **Fran O'Toole, Tony Geraghty** und **Brian McCoy** sterben, **Steve Travers** wird in Brust und Bauch getroffen. Nur **Desmond McAlea** entkommt und schlägt Alarm.

> **»Sonderbarerweise bekam fast jeder, der sich einfand, um zu spielen, auch gleich einen Preis verliehen.«**
>
> **The New York Times**, 9. August 1975, über die ersten Annual Rock Music Awards

August

2 Den **Eagles** gelingt der zweite Nr.-1-Hit in den USA mit *One Of These Nights*, geschrieben von **Don Henley** und **Glenn Frey.** Das gleichnamige Album führt bereits die zweite Woche die amerikanischen LP-Charts an.

5 **Robert Plant** und seine Frau Maureen werden bei einem Autounfall auf Rhodos schwer verletzt. Ein extra gecharterter Jet mit zwei Ärzten und einem Vorrat an Blutplasma an Bord bringt sie nach London. Beide werden auf der Intensivstation behandelt, doch als sich herausstellt, dass Plant kurz davor steht, mehr Tage in England zu verbringen, als er aus steuerlichen Gründen dürfte, wird er rundum in Gips auf die Kanalinsel Jersey ausgeflogen. Maureen bleibt auf der Intensivstation.

5 **Stevie Wonder** und Motown schließen den bisher höchstdotierten Plattenvertrag ab, der sogar **Elton Johns** Acht-Millionen-Deal mit MCA und **Neil Diamonds** fünf Millionen schwere Vertragsverlängerung mit Columbia übertrifft. Wonder erhält über sieben Jahre insgesamt 13 Millionen $ und muss pro Jahr ein Album abliefern.

13 **Bruce Springsteen and the E Street Band** treten im New-Yorker Bottom Line auf, wo sie für fünf Nächte mit jeweils zwei Gigs ihr kommendes Album *Born To Run* vorstellen.

Bob Marley schaffte 1975 mit dem von Vincent Ford geschriebenen *No Woman, No Cry* den Durchbruch. Es war sein einziger Hit, den er nicht selber schrieb.

Van McCoy

Bay City Rollers

Sha-La-La (Make Me Happy) **war im Januar 1975 die letzte von Al Greens acht goldenen Singles ... Van McCoy schrieb 34 US-Hits, aber *The Hustle* war die einzige Nr. 1... Die Bay City Rollers waren bei Howard Cosell in der Saturday Night Variety Show auf ABC-TV in derselben Sendung zu Gast wie John Wayne.**

30 Der ehemalige **Free**-Gitarrist **Paul Kossoff** ist 35 Minuten lang »tot« und wird mit Elektroschocks in einem Nordlondoner Krankenhaus behandelt. Er bleibt zehn Tage auf der Intensivstation und wird dann für weitere vier Wochen in eine Privatklinik bei Hindhead verlegt.

September

6 **Rod Stewarts** Ballade *Sailing* – geschrieben von **Gavin Sutherland** – ist für vier Wochen Nr. 1 in England. Der Titel stammt von der LP ***Atlantic Crossing***, die bereits die zweite von insgesamt fünf Wochen an der Spitze der UK-Albumcharts steht.

9 Die **Wings** starten im Gaumont Cinema von Southampton ihre 13-monatige Welttour, auf der sie vor über zwei Millionen Zuschauern in zehn Ländern spielen werden. In Australien wird **Linda McCartney** in der Talkshow-Parodie »The Norman Gunston Show« gefragt, ob sie nur deshalb in der Band sei, weil sie mit dem Leadsänger schläft.

29 Bei Dick Clarks Good-Ol'-Rock'n'Roll-Revue in Cherry Hill, New Jersey, hat **Jackie Wilson** gerade die Zeile »My heart is crying …« aus *Lonely Teardrops* gesungen, als er einen Infarkt bekommt und sich beim Sturz den Kopf verletzt. Er wird sofort ins Krankenhaus gebracht, bleibt aber vier Monate im Koma. Aufgrund des Sauerstoffmangels erleidet Wilson dauerhafte Gehirnschädigungen, die ihn beim Sprechen und Laufen beeinträchtigen.

30 Die **Bay City Rollers** werden bei ihrer Ankunft auf dem Kennedy Airport von Kamerateams, Reportern und etwa 200 Fans erwartet. Der Promoter Sid Bernstein verkündet, die Band im nächsten Juni im Yankee und im Shea Stadium vorstellen zu wollen und damit seinen Erfolg mit den **Beatles** von vor zehn Jahren noch zu übertreffen. Er wurde auf die Band aufmerksam, als er hörte, **Eric Faulkner** und **Woody Wood** seien die kommenden **Lennon** und **McCartney**. »Das genügte – ich nahm das nächste Flugzeug.« Der künstliche Rummel um die Band bringt ihr im Februar zumindest einen Nr.-1-Hit in den USA, *Saturday Night*, der wie die meisten ihrer Hits in England von **Bill Martin** und **Phil Coulter** stammt.

Oktober

1 **Al Jackson**, Schlagzeuger von **Booker T. And The MG's** und wichtiges Mitglied der Stax-Hausband, wird mit 39 in seinem Haus in Memphis von einem Einbrecher erschossen. Im Juli war er bereits von seiner Frau angeschossen worden.

4 **Bob Marley**, **Bunny Wailer** und **Peter Tosh** tun sich bei einem Konzert zu Gunsten des jamaikanischen Blindeninstituts ein letztes Mal für einen Auftritt als **The Wailers** zusammen. Auch **Stevie Wonder** kommt für *I Shot The Sheriff* und *Superstition* zu Marley auf die Bühne.

7 Das höchste Berufungsgericht des Staates New York hebt mit zwei Stimmen gegen eine die Verfügung zur Ausweisung von **John Lennon** auf: Seine frühere Verurteilung wegen eines britischen Drogendelikts sei nach amerikanischem Gesetz nicht rechtens. Übermorgen bringt **Yoko** ihren Sohn Sean Ono Lennon zur Welt.

11 NBC sendet die erste Folge von »Saturday Night Live«, einer wöchentlich von Lorne Michaels produzierten und aus dem Rockefeller Center in New York ausgestrahlten satirischen Fernsehshow. In dieser Sendung, die der Komiker George Carlin präsentiert, treten neben dem Komiker Andy Kaufman auch **John Belushi** und Chevy Chase vors amerikanische Fernsehpublikum. Für Musik sorgen **Billy Preston** sowie die Singer/Songwriterin **Janis Ian** mit ihrer aktuellen introspektiven Ballade *At Seventeen*.

13 Nach dem Konzert für die UNESCO in der New-Yorker Radio City Music Hall wird **Marvin Gaye** bei den Vereinten Nationen von der UNO-Botschafterin Ghanas, Shirley Temple Black, und von UNO-Generalsekretär Kurt Waldheim gelobt.

Obwohl er bisher erst ein Album in die Top 50 gebracht hatte, erschien Bruce Springsteen zeitgleich auf den Titelbildern von Newsweek und Time. In den Artikeln geht es denn auch um die wichtige Rolle von Presseagenten beim Aufbau neuer Stars.

1975

26. Oktober **Elton John** beschließt seine West-Of-The-Rockies-Amerikatournee im Dodger Stadium in Los Angeles. Er ist der erste Künstler seit den **Beatles**, der dort spielt, und als kleinen Tribut singt er – in strassbesetztem Dodgers-Outfit – *Lucy In The Sky With Diamonds* und *I Saw Her Standing There.* Zudem bekommt er auf der Bühne Unterstützung von **Bernie Taupin** im Kilt, Tennisstar Billie Jean King und einem Kirchenchor.

Elton John bekam während der »Elton-John-Woche« einen Stern auf dem Walk of Fame in Hollywood. Es war das erste Mal, dass das Organisationskomitee die umliegenden Straßen absperren musste.

Oktober 1975

Dylans Rolling Thunder Revue Tour ... Erster Auftritt der Sex Pistols ... *Bohemian Rhapsody* ...

Bob Dylan

KC And The Sunshine Band

18 **Paul Simon**, dessen Album ***Still Crazy After All These Years*** diese Woche in den USA erschien, führt durch die zweite Folge von »Saturday Night Live« mit den Gästen **Randy Newman**, **Phoebe Snow** und den **Jessy Dixon Singers**. Zur Überraschung aller erscheint auch **Art Garfunkel** (dessen Album ***Breakaway*** mit dem UK-Tophit *I Only Have Eyes For You* ebenfalls gerade in die Läden gekommen ist) und singt mit Simon zusammen die Klassiker *The Boxer* und *Scarborough Fair*.

23 **David Essex**, der gerade mit *Hold Me Close* seinen zweiten Nr.-1-Hit in England feiert, gibt – angefeuert von seinen Landsleuten **Ian Hunter** und drei Mitgliedern von **Slade** – im Bottom Line in New York sein Livedebüt in den USA.

30 **Bob Dylan** startet seine zunächst in kleinem Rahmen und spontan geplante Rolling Thunder Revue Tour durch Nordamerika in der Memorial Hall von Plymouth, Massachusetts. Am ersten Abend sind **Joan Baez**, **Roger McGuinn**, **Mick Ronson**, **Ramblin' Jack Elliott**, **Bobby Neuwirth**, **Ronee Blakley** und Allen Ginsberg mit dabei, die allesamt mit Lone-Ranger-Masken auftauchen.

November

1 Nach fünf Jahren ununterbrochener Tourneen und Aufnahmen wird **Karen Carpenter**, die aufgrund massiver Essstörungen nur noch 41 kg wiegt, krank und nimmt zwei Monate Auszeit, um sich zu erholen; die geplante Englandtournee wird daraufhin abgesagt.

6 Der erste Gig der **Sex Pistols** findet im Gemeinschaftsraum der St. Martin School Of Art in London statt und dauert nicht einmal 20 Minuten. Gitarrist **Steve Jones**, Bassist **Glen Matlock**, Schlagzeuger **Paul Cook** und der Sänger **John Lydon** (der von Jones den Namen **Johnny Rotten** verpasst bekommt) wurden von **Malcolm McLaren** zusammengebracht, dem Ex-Manager der **New York Dolls** und Mitbesitzer der »Sex«-Boutique auf der Londoner King's Road. McLaren möchte eine neue Art rauer, musikalisch wenig ausgefeilter »Punk«-Musik präsentieren, die mit anarchischer Kultur und ebensolchem Lebensgefühl gepaart sorgfältig auf möglichst große Schockwirkung abzielt.

10 Das Video zu **Queens** jüngster Single *Bohemian Rhapsody* wird in vier Stunden für etwa 4000 Pfund in den Elstree Studios gedreht. Der unvergleichliche Titel – von Produzent Roy Thomas Baker üppig produziert und von ursprünglich 7'00 Minuten auf 5'52 gekürzt – zeigt das Faible des Songwriters **Freddie Mercury** für nahezu opernhafte Werke und wird zum Meilenstein für die Band. Als der Song vor zwei Wochen erschien, legte ihn der Discjockey Kenny Everett beim Londoner Capital Radio in nur zwei Sendungen 14-mal auf; am 29. November erreicht er Platz 1 in England und bleibt dort neun Wochen lang. Dieser Erfolg wird durch den ebenso innovativen Minifilm noch verstärkt – ein Promotioninstrument, das für die Musikvideoproduktion neue Maßstäbe setzt.

18 **Bruce Springsteen** spielt zu Beginn seiner ersten Europatour beim ersten von zwei Gigs im Londoner Hammersmith Odeon erstmals in England. Poster verkünden in der ganzen Stadt: »Endlich ist London bereit für Bruce Springsteen.« Ein Spaßvogel fügt das Graffiti hinzu: »Wenn nicht, hat CBS das Budget für dieses Jahr vergeigt.«

20 Bay City Roller **Les McKeown** wird von der Tötung der 76-jährigen Euphemia Clunie freigesprochen. Dennoch wird er von einem Edinburgher Gericht wegen rücksichtslosen und gefährlichen Fahrens zu einem Bußgeld von 150 Pfund verurteilt und verliert für ein Jahr den Führerschein. McKeown hatte Miss Clunie im Mai angefahren, nachdem sie beim Überqueren der Costorphine Road viermal die Richtung gewechselt hatte.

Paul Simons Album *Still Crazy After All These Years* enthielt den Song *My Little Town*, ein Duett mit Art Garfunkel.

Bob Dylan beendete seine Rolling Thunder Revue Tour im Dezember mit einem Benefizkonzert für den zu Unrecht wegen Mordes verurteilten Boxer Rubin »Hurricane« Carter ... KC And The Sunshine Band hießen zuerst KC And The Sunshine Junkanoo Band.

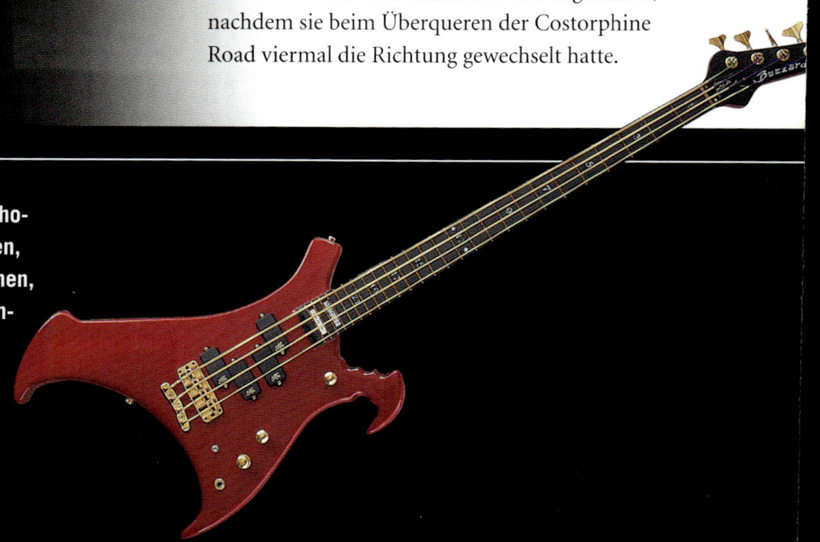

Jimmy Pages Kleidung zeigte, dass ihn mythologische und magische Symbole faszinierten, vor allem das alchemistische »Zoso«-Zeichen, das auf dem Cover des vierten Led-Zeppelin-Albums auftaucht ... John Entwistle über seine selbst entworfene Bassgitarre: »Falls Batman Bass spielen sollte, spielt er diesen.«

22 Die Discowelle bricht über die USA herein, und **KC And The Sunshine Band** feiern ihren zweiten Nr.-1-Hit mit *That's The Way I Like It*, der ihnen den Durchbruch beschert.

Dezember

6 In Tallahassee erklärt ein Prediger, **Rolling-Stone**-Platten seien »Sünde«, nachdem er bei einer Befragung von 1000 unverheirateten Müttern herausgefunden hat, dass 984 davon bei der Empfängnis Rockmusik (wenn auch nicht nur die der Stones) gehört hatten. Seine Gemeinde veranstaltet ein Freudenfeuer aus Platten der Rolling Stones und **Elton Johns**.

13 Die chilenische Regierung lehnt eine Anfrage der **Rolling Stones** ab, auf der Osterinsel auftreten zu dürfen, zum Teil, weil laut Tourismusbehörde »die gesamte Zukunft der Insel gefährdet« werden könnte. Die wegen ihrer großen Steinstatuen berühmte Osterinsel liegt 3700 km vor der chilenischen Küste. Die Promoter hatten um die 100 000 Fans mit Charterflugzeugen und Fähren für ein dreitägiges Festival dorthin bringen wollen.

19 Das britische Boulevardblatt **Daily Mirror** verkündet unter der Schlagzeile: »Weshalb **Rod Stewart** bei den **Faces** aussteigt« – offiziell das Aus für die Band. Rod Stewart erklärt jegliche Zusammenarbeit für beendet, unter anderem, weil **Ron Wood** permanent an die **Rolling Stones** ausgeliehen wird. Stewart, der im nächsten Jahr mit Stammproduzent Tom Dowd ein neues Album aufnehmen möchte, sucht eine neue Begleitband.

20 **Led Zeppelin** geben ein 45-minütiges Spontankonzert vor 350 Zuschauer im Behan's West Park auf Jersey. **Robert Plant**, der noch an Krücken geht, erfüllt ein Versprechen gegenüber Hauspianist Norman Hale, eine Mischung aus eigenen Titeln und Rockklassikern wie *Blue Suede Shoes* zu bringen. (Beim Abschlusskonzert der letzten US-Tour spielten sie vor 85 000 Fans.)

24 Während ihr Album ***A Night At The Opera*** Platz 1 der britischen Charts erreicht, endet **Queens** bisher erfolgreichstes Jahr mit der Liveübertragung ihres Konzerts im Hammersmith Odeon auf Radio 1 und in der Fernsehsendung »The Old Grey Whistle Test«.

Freddie Mercury gestand dem Melody Maker: »In bestimmten Bereichen legen wir es immer darauf an auszuflippen.«

ROOTS In diesem Jahr fährt John Mellencamp, der seinen Job bei einer Telefongesellschaft verloren hat, nach New York – eine Aufnahme von Paul Revere And The Raiders, *Kicks*, in der Tasche. Er trifft Tony Defries, Boss der Management-Firma Mainman, der ihn unter Vertrag nimmt … nimmt das deutsche Label Metronome ein Hardrock-Quintett aus Hannover, die Scorpions, unter Vertrag, die ab sofort nur noch Englisch singen … gründet Bob Geldof, der für den New Musical Express bereits Elton John und Little Richard interviewt hat, die Nightlife Thugs in Dun Laoghaire bei Dublin … hört Pink-Floyd-Gitarrist Dave Gilmour Songs von Kate Bush und beschließt, der Schülerin der St. Joseph's Convent Grammar School bei ihrer Karriere zu helfen … schlägt Malcolm McLaren den Ex-Television-Sänger Richard Hell als neuen Leadsänger der Swankers vor; nachdem sie sich in Sex Pistols umbenannt und Johnny Rotten an Bord geholt haben, geht es ab … sichern sich die frisch gegründeten Ian Dury And The Kilburns und ihr Manager Dave Robinson einen echten Gig im Hope & Anchor Pub in London … gewinnt der 16-jährige Sänger und Gitarrist Randy Travis einen Talentwettbewerb im Country City USA Club von Charlotte, North Carolina, und bekommt mit Schützenhilfe des Club-Betreibers und späteren Travis-Managers Lib Hatcher dort ein Dauerengagement …

Love Really Hurts Without You

1976

Nr. 1 US-SINGLES

03. Jan. Saturday Night **Bay City Rollers**
10. Jan. Convoy **C. W. McCall**
17. Jan. I Write The Songs **Barry Manilow**
24. Jan. Theme From Mahogany (Do You Know Where You're Going To) **Diana Ross**
31. Jan. Love Rollercoaster **Ohio Players**
07. Febr. 50 Ways To Leave Your Lover **Paul Simon**
28. Febr. Theme From S.W.A.T. **Rhythm Heritage**
06. März Love Machine (Part 1) **Miracles**
13. März December, 1963 (Oh, What A Night) **Four Seasons**
03. Apr. Disco Lady **Johnnie Taylor**
01. Mai Let Your Love Flow **Bellamy Brothers**
08. Mai Welcome Back **John Sebastian**
15. Mai Boogie Fever **Sylvers**
22. Mai Silly Love Songs **Wings**
29. Mai Love Hangover **Diana Ross**
12. Juni Silly Love Songs **Wings**
10. Juli Afternoon Delight **Starland Vocal Band**
24. Juli Kiss And Say Goodbye **Manhattans**
07. Aug. Don't Go Breaking My Heart **Elton John And Kiki Dee**
04. Sept. You Should Be Dancing **Bee Gees**
11. Sept. (Shake, Shake, Shake) Shake Your Booty **KC And The Sunshine Band**
18. Sept. Play That Funky Music **Wild Cherry**
09. Okt. A Fifth Of Beethoven **Walter Murphy And The Big Apple Band**
16. Okt. Disco Duck (Part 1) **Rick Dees And His Cast of Idiots**
23. Okt. If You Leave Me Now **Chicago**
06. Nov. Rock'n Me **Steve Miller**
13. Nov. Tonight's The Night (Gonna Be Alright) **Rod Stewart**

Nr. 1 UK-SINGLES

03. Jan. Bohemian Rhapsody **Queen**
31. Jan. Mamma Mia **Abba**
14. Febr. Forever And Ever **Slik**
21. Febr. December, 1963 (Oh, What A Night) **Four Seasons**
06. März I Love To Love (But My Baby Loves To Dance) **Tina Charles**
27. März Save Your Kisses For Me **Brotherhood of Man**
08. Mai Fernando **Abba**
05. Juni No Charge **J. J. Barrie**

The Ramones

George Benson

Das erste Album der Ramones wurde für 6400 $ aufgenommen. Angeblich benannte sich die Band nach einem früheren Pseudonym von Paul McCartney, Paul Ramon ... George Benson machte bereits seit einem Jahrzehnt Platten, und Alben auf A&M und CTI kamen auch in die Charts, aber erst das 3 Mio. Mal verkaufte *Breezin* bescherte ihm eine Nr. 1 in den USA.

Die Rockmusik kam allmählich etwas zahmer daher: Der Geist der Revolution war ihr offensichtlich abhanden gekommen. Radiosender bevorzugten etablierte Musiker, Experimente waren nicht angesagt. Die Aufnahmetechnik hatte sich verbessert, denn Ecken und Kanten konnten nun geglättet werden. Diese Eintönigkeit musste in der Rockszene irgendwann Unruhe stiften.

Sie kam in der Gestalt des Punk. Als Erstes tat sich ein Quartett aus Forest Hills, New York, hervor: die **Ramones**. Ihre zerzausten Zwei-Minuten-Songs, die von Überdruss und kaputten Familien erzählen, brachten den Rock wieder in die Garage. Sie landeten zwar keinen Hit, aber beeinflussten die kommende Generation von Rockmusikern. Britische Musiker gerieten in ihren Bann und übertrafen sie. Bands wie die **Sex Pistols** und **The Clash** schwammen auf der Welle des wachsenden Unmuts angesichts von Arbeitslosigkeit, Snobismus und dem Zerfall der Großstädte. Die Musik war urwüchsig, die Musiker ohne jede Ausbildung, die Rhythmen forciert, und die Songs begannen und endeten abrupt. Na und? Es zählte allein die Einstellung.

Punk schaffte den Durchbruch mit *Anarchy In The U. K.* von den Sex Pistols. Die erste in England weit verbreitete Punk-Single kam jedoch von **The Damned**, in der Gründungsphase des Labels Stiff Records. Punk rüttelte eine Industrie wach, die von Disco, Heavy Metal, Progressive-Rock und von leichter Kost geprägt war. ***Their Greatest Hits 1971–1975*** von den **Eagles** wurde zum ersten Platin-Album. Sie hatten den sanften Countryrock ins ***Hotel California*** eingeschleust und so einen Klassiker geschaffen. **Fleetwood Mac** sollte ein weiterer gelingen. **Bostons** technisches Können im Studio und **Peter Framptons** Mut auf der Bühne wurden bald von Sendern genutzt. Der Soulmusiker **Johnnie Taylor** kam aus dem ruinierten Label Stax und machte *Disco Lady* zur ersten Platin-Single. Die Discowelle rollte an: Selbst **Abba** wurden davon erfasst und brachte *Dancing Queen,* ihre beliebteste Single, heraus

Eine Gattung allerdings war immun gegen das Discofieber: Reggae. Doch Reggae beeinflusste die aufkommende Punkkultur, mit der ihn das Gespür für Entfremdung und Ungerechtigkeit verband. Der bekannteste Export der Karibik waren die **Wailers**, die 1971 bei Island Records einen Vertrag erhalten hatten. Damit war ihr Zugang zu neuester Aufnahmetechnik und zu einer riesigen Werbemaschinerie garantiert. **Eric Clapton** machte 1974 aus **Bob Marleys** *I Shot The Sheriff* die Nr. 1 in den USA. Unter ihrem neuen Namen **Bob Marley And The Wailers** wurden sie 1976 vom **Rolling Stone** zur Band des Jahres gekürt.

»Abba sind derzeit die beste europäische Popgruppe.«

Melody Maker, 4. Dezember 1976

12. Juni	The Combine Harvester (Brand New Key) **Wurzels**
26. Juni	You To Me Are Everything **Real Thing**
17. Juli	The Roussos Phenomenon (EP) **Demis Roussos**
24. Juli	Don't Go Breaking My Heart **Elton John And Kiki Dee**
04. Sept.	Dancing Queen **Abba**
16. Okt.	Mississippi **Pussycat**
13. Nov.	If You Leave Me Now **Chicago**
04. Dez.	Under The Moon Of Love **Showaddywaddy**
25. Dez.	When A Child Is Born (Soleado) **Johnny Mathis**

Joe Walsh kommt zu den Eagles ... Gary Glitter tritt ab ... Erste Platinplatte ...

Nachdem er einige Zeit als Tomatenpflücker auf der Kanalinsel Guernsey gearbeitet hatte, schickte Graham Parker ein Demoband mit seinen R&B-Kompositionen an den Hope & Anchor Pub, womit er Dave Robinson, den zukünftigen Chef von Stiff Records, auf sich aufmerksam machte.

Januar

3 **George Benson** ist zu Warner Bros. Records gewechselt und hat seine erste Session im Studio von Capitol Records in Hollywood. Das neue Label und die Kooperation mit dem Produzenten Tommy LiPuma bringen dramatische Veränderungen für das frühere Wunderkind. Benson war bereits ein angesehener Jazzgitarrist. LiPuma ermutigte ihn, eine Fusion von Jazz, R&B und Pop zu schaffen, die die enormen, bisher unterschätzten Fähigkeiten seiner Stimme betonten. Hieraus entsteht *Breezin'*, das im Juli Nr. 1 in den US-Charts wird. *This Masquerade* von **Leon Russell** und der Titelsong von **Bobby Womack** leisten hierbei Schützenhilfe.

9 Der 25-jährige Londoner R&B- und Rocksänger sowie Songschreiber **Graham Parker** erhält einen Vertrag bei Vertigo Records. Plattenchef Nigel Grainge hatte zuvor Demos von *Between You And Me* und *Nothing's Gonna Pull It Apart* aus der einflussreichen BBC-Sendung »Honky Tonk« von Charlie Gillett gehört.

10 Der Bluesmusiker **Howlin' Wolf** stirbt im Veterans Administration Hospital an Nierenversagen. Sein Gesundheitszustand hatte sich im Laufe der Jahre ständig verschlechtert.

15 **Bernie Leadon** gibt bekannt, dass er die **Eagles** verlassen hat. Der erfolgreiche Rocksänger, Songschreiber und Gittarist **Joe Walsh** (früher bei **James Gang** und **Barnstorm**) gibt sein Live-Debüt als Mitglied der Gruppe bei dem ersten von einer Reihe von Auftritten in Australien, Neuseeland und Japan.

19 Der amerikanische Promoter Bill Sargent bietet den **Beatles** über Zeitungsanzeigen 30 Millionen Dollar für einen gemeinsamen Auftritt am 5. Juli an einem Ort ihrer Wahl an. Sargent versucht zurzeit die Fernsehrechte für ein »Death-Match« zwischen dem australischen Haifischjäger und Leichtgewichtsboxer Wally Gibbins und einem Boxer mit dem Beinamen »Geißel von Samoa« zu vermarkten. Er betont, dass die Beatles auch als Solisten auftreten können, wenn sie mindestens 20 Minuten gemeinsam spielen.

26 Der Neunjahres-Vertrag der **Beatles** mit EMI läuft heute aus.

27 Der 31-jährige **Gary Glitter** verkündet, er werde sich aus »persönlichen Gründen« zurückziehen. Zu den Spekulationen über diese Gründe gehört eine Meldung des **Evening Standard**, dass er »den Kindern zuliebe« aufhört. **Sunday People** erzählte er: »Ich will nicht Frank Sinatra nacheifern und in wenigen Monaten mein Comeback starten.« Er verabschiedet sich mit einer Farewell-Tour. Seine Rückkehr zur Bühne wird später von Forderungen des Finanzamts beschleunigt.

Februar

12 Die **Sex Pistols** sind die Vorgruppe für **Eddie And The Hot Rods** im Marquee Club. Es ist ihr erster bemerkenswerter Auftritt in London. Ihre Show lässt ahnen, was noch alles kommen wird. Zwei dürftig bekleidete Girls tanzen im Publikum, Mobiliar fliegt durch die Luft. Die Pistols erhalten sofort ihre Kündigung. **Malcolm McLaren** schafft in London eine Kultgemeinde. Sie spielen einen neuartigen, unberechenbaren, nihilistischen Stil, der nach spontanem Garage-Rock klingt. Sie öffnen so die Tür für die neue Punkszene. McLaren pflegt die gesellschaftsfeindliche Einstellung der Gruppe und deren Ablehnung jeglicher Moden. Sie treten in Sadistenpose

Johnny Rotten bewarb sich bei den Sex Pistols, indem er bei Alice Coopers *School's Out* mitsang, das in der Jukebox von Malcolm McLarens Laden Sex in der Londoner King's Road lief.

auf mit Nadeln in der Haut, mit gefärbtem Kurzhaarschnitt. Alles ist ein bewusster Kontrast zu den langen Haaren der Progressive-Rock-Bands, die in den letzten Jahren die Szene dominierten.

22 Nach schweren Schicksalsschlägen – einem Rechtsstreit um 8,7 Millionen Dollar gegen Motown und der Trennung von ihrem Mann, der sie der Sozialhilfe überlassen hat – stirbt die frühere **Supremes**-Sängerin **Florence Ballard** im Alter von 32 Jahren in Detroit. Sie hatte eine Überdosis Tabletten und Alkohol zu sich genommen. The **Four Tops** und **Marv Johnson** tragen ihren Sarg in der New Bethel Baptist Church, in der Pfarrer C. L. Franklin die Grabrede hält. **Diana Ross** wird von Bodyguards komplett abgeschirmt.

24 Nach den starken Umsatzzuwächsen führt die RIAA neue Preise ein. Erstmals werden in den USA Platin-Schallplatten verliehen, und zwar an die **Eagles** für ***Their Greatest Hits 1971–1975***. Platin gibt es für den Verkauf von einer Million Alben oder von zwei Millionen Singles. Im kommenden Monat beginnen die Aufnahmesessions der Eagles in den Criteria Studios in Miami und bei Record Plant in Los Angeles. Die Aufnahmearbeiten dauern bis in den Oktober hinein und führen zum nächsten Album ***Hotel California***.

28 Bei der 18. Verleihung der Grammy Awards erhält **Paul Simon** für ***Still Crazy After All These Years*** die Preise Album des Jahres und bester Popsänger. Bei der Preisverleihung sagt Simon zum Publikum: »Ich danke **Stevie Wonder** dafür, dass er dieses Jahr kein Album herausgebracht hat.« **Natalie Cole**, die 25-jährige Tochter von **Nat King Cole**, wird als beste Rhythm'n'Blues-Sängerin für *This Will Be* sowie beste Newcomerin geehrt. Sie ist die erste schwarze Künstlerin in dieser Kategorie. Als Anerkennung für die aufkommende Discoszene erhalten **Van McCoy**, **KC And The Sunshine Band**, **Earth, Wind And Fire** und **Silver Convention** Preise. Die **Eagles** bekommen den Preis in der Kategorie beste Pop-Aufnahme einer Gruppe für *Lyin' Eyes*.

29 Nachdem sie fast ein Jahr durch kleine Clubs getourt sind, spielen die **Stranglers** beim Special Leap Year Concert als Vorband für **Deaf School**, **Nasty Pop** und die **Jive Bombers** erstmals in einer größeren Halle, dem Londoner Roundhouse. Die vor zwei Jahren als **Guildford Stranglers** gegründete Band besteht aus Sänger und Gitarrist **Hugh Cornwell**, dem früheren Jazzschlagzeuger und Eisverkäufer **Jet Black**, dem französischen Bassisten **Jean-Jacques Burnel** sowie dem Keyboarder **Dave Greenfield**.

Die Stranglers wurden als Guildford Stranglers im englischen Dorf Chiddingfold gegründet und probten dort in einer Pfadfinderhütte.

März

3 **Fleetwood Mac** befinden sich immer noch im Aufwind, als sie schon neues Material für ihr nächstes Album sammeln. Heute nehmen sie eine Liveversion der Ballade *Songbird* von **Christine McVie** im Zellerbach Auditorium der University of California in Berkeley auf. Der Rest des neuen Werkes (das ***Rumours*** heißen wird) wird in mehreren Studios aufgenommen: bei Record Plant in Sausalito und Los Angeles, den Wally Heider Recording Studios in Los Angeles, den Davlen Recording Studios in North Hollywood und den Criteria Studios in Miami. **Lindsey Buckingham** und **Stevie Nicks** spielen eine immer wichtigere Rolle bei **Fleetwood Mac**, wobei sich die persönlichen Konflikte zwischen den beiden und zwischen Mr und Mrs McVie als musikalisch fruchtbar erweisen. Buckingham bemerkt hierzu: »Stevie und ich haben Songs über uns geschrieben … und Christine über John. Die Dialoge von einem zum anderen schossen nur so hin und her, und man hört regelrecht das Knistern auf der Platte.«

13 **Johnnie Taylors** *Disco Lady* steht ab heute sechs Wochen an der Spitze der US-R&B-Charts. Zum ersten Mal erscheint das Wort »Disco« im Titel eines Spitzenreiters. Am 3. April wird Platz 1 der US-Hot 100 erreicht, und am 22. April verleiht die RIAA zum ersten Mal Platin für eine Single. Zwölf Jahre nach ihrer letzten Nr. 1 mit *Rag Doll* stehen die **Four Seasons** mit dem nostalgischen *December, 1963 (Oh, What A Night)* drei Wochen an der Spitze der Hot 100. Die Gruppe erlebte im letzten Jahr eine Renaissance mit dem Tanzhit *Who Loves You*, ihrem ersten Hit nach einem neuen Plattenvertrag bei Warner Bros. Ihr jetziger Spitzenreiter hält *All By Myself* auf Platz 2. Diese überschwänglich orchestrierte und ausgesprochen dramatische Popballade des Ex-Leadsängers der **Raspberries**, **Eric Carmen**, basiert auf einer Interpretation von Rachmaninows Klavierkonzert Nr. 2 in c-Moll.

19 Der 25-jährige Ex-**Free** und **Back-Street-Crawler**-Gitarrist **Paul Kossoff** war im letzten Jahr nur knapp dem Tod entgangen. Heute stirbt er während eines Fluges von Los Angeles nach New York auf dem Weg zu seiner Plattenfirma Atlantic. Todesursache ist ein Ödem im Gehirn und in der Lunge.

21 **David Bowie**, der zurzeit als »the Thin White Duke« auftritt, wird mit **Iggy Pop** (der unter dem Namen James Dituberg eingecheckt hatte), Dwain Vaughns und Chivah Soo im Flagship Americana Hotel in Rochester festgenommen. Ihnen wird der Besitz von Marihuana vorgeworfen. Die Kaution wird auf 2000 $, für Frau Soo auf 1000 $ festgesetzt. Die Anklage wird unter der Bedingung ausgesetzt, dass keiner innerhalb eines Jahres rückfällig wird.

»Es ist wohltuend, zur Abwechslung einmal eine unverzerrte elektrische Gitarre zu hören.« **New York Times** über ein George-Benson-Konzert, 28. Februar 1976

März **1976**

Talking Heads live im CBGB's ... *Frampton Comes Alive* ... The Who kommen ins Guinness-Buch ...

25 Die **Talking Heads** sind in New Yorks New-Wave-Treffpunkt CBGB's zu einem Begriff geworden. Sie stehen ab heute drei Abende im Mittelpunkt des Clubs. Ursprünglich waren sie ein Trio ehemaliger Studenten der Rhode Island School of Design: **David Byrne** (Gitarre/Gesang), **Tina Weymouth** (Bass) und **Chris Frantz** (Schlagzeug). Sie behielten zunächst ihre Jobs: Byrne in einer Werbeagentur, Frantz im Lager von Design Research und Weymouth in der Schuhabteilung von Henri Bendel. Im September wird die Band zu einem Quartett. **Jerry Harrison**, früher Keyboarder bei **Jonathan Richman And The Modern Lovers** kommt hinzu, bevor sie einen Vertrag mit Sire Records abschließen, und zwar auf ausdrücklichen Wunsch des Labelbosses Seymour Stein.

27 Nach einem Trip nach Moskau wird **David Bowie** mehrere Stunden in einem Zug an der russisch-polnischen Grenze festgehalten. Zollbeamte nehmen Anstoß an nationalsozialistischen Büchern und Symbolen in seinem Gepäck. Sie sind offensichtlich Studienmaterial für einen Film über Propagandaminister Joseph Goebbels.

30 Nach einem Auftritt im Ellis Auditorium in Memphis lassen sich **Bruce Springsteen**, **Stevie Van Zandt** und der Journalist Glen Brunman um drei Uhr von einem Taxi nach Graceland, dem Haus von **Elvis Presley**, fahren. Springsteen klettert über die Mauer, aber ein Wachposten, der ihn für einen hartnäckigen Fan hält, ergreift ihn. Er wird vom Gelände weggeführt, obwohl er ständig versucht zu erklären, wer er ist.

»Ich wollte immer als der beste Gitarrist der Welt bekannt werden.«

Peter Frampton, **Los Angeles Times**, 23. Mai 1976

28 **Status Quo** steht zum dritten Mal an der Spitze der britischen Charts (mit ***Blue For You***), als **Francis Rossi**, **Rick Parfitt** und **Alan Lancaster** am Flughafen in Wien festgenommen werden. Lancaster soll einen Beamten angegriffen und die beiden anderen sich ihrer Festnahme widersetzt haben. Sie werden auf Kaution freigelassen.

April

9 **Phil Ochs**, Protestsänger und Zeitgenosse von **Bob Dylan**, erhängt sich im Hause seiner Schwester in New York. Er litt seit sechs Monaten unter Depressionen. Er wurde 35 Jahre alt.

10 Nach vier mäßigen Erfolgen mit Studioalben klettert **Peter Framptons** Doppelalbum ***Frampton Comes Alive!***, das im Juni vergangenen Jahres aufgenommen wurde, an die Spitze der US-Charts. Mit Unterbrechungen hält es sich zehn Wochen, im Oktober werden es noch einmal ununterbrochen fünf Wochen sein. Mit der breiten Unterstützung der US-Rock-Radios wird es mit weltweit mehr als 25 Millionen zum erfolgreichsten Livealbum in der Geschichte des Rock. Das Album präsentiert Framptons einzigartige Gitarrentechnik, die »Talkbox«: Er bildet Wörter, indem er den Klang durch ein Mundstück leitet. Drei echte Poprock-Hits gehören hierzu: *Show Me The Way, Baby I Love Your Way* und eine Version der fast 14 Minuten dauernden Radiohymne *Do You Feel Like We Do.*

Die Talking Heads lehnten Angebote von Arista, CBS, RCA, Berserkley und Sire Records ab – bis sie dann doch bei Sire unterschrieben.

Mai

12 Der 33-jährige **Keith Relf**, früher einmal Leadsänger bei den **Yardbirds** und Mitbegründer von **Renaissance**, wird von seinem achtjährigen Sohn in seinem Haus in Hounslow tot aufgefunden. Er soll durch einen Stromschlag getötet worden sein, als er seine Gitarre ergriff.

19 **Keith Richards** schläft am Steuer seines Bentleys ein und gerät in der Nähe von Newport Pagnell von der Autobahn ab. Er fährt durch eine Hecke und einen Zaun auf ein Feld. Die Polizei findet im Auto mehrere Drogen-Utensilien. Richards wird im Januar vor Gericht erscheinen.

20 Die **Sex Pistols** fertigen in den Majestic Recording Studios in London mit dem Produzenten Chris Spedding drei Demos an: *No Feelings, Pretty Vacant* und *Problems.*

31 Das Konzert Who Put the Boot In mit **The Who** im Charlton Athletic Football Club wird von 65 000 Fans besucht. **Little Feat**, die **Sensational Alex Harvey Band**, die **Outlaws**, **Streetwalkers** und **Widowmaker** wirken mit. Das Konzert kommt als lauteste Veranstaltung einer Rockband (120

Stevie Wonder brachte in den 70ern fünf Nr.-1-Singles in die amerikanischen Charts.

STEVIE WONDER

14. April **Motown Records und Stevie Wonder geben acht Monate nach Abschluss eines 13 Mio. $ schweren Verlängerungsvertrags eine Pressekonferenz, um den Vertrag bekannt zu geben, der sich sofort auszahlt: Wonder arbeitet gerade an dem Doppelalbum *Songs In The Key Of Life* (samt EP mit vier Bonus-Songs). Das Album erreicht am 16. Oktober Platz 1 in den USA und bleibt dort 14 Wochen, was seit Carole Kings Album *Tapestry* 1971 keine LP geschafft hat. Aus dem epochalen Album, das auch über ein Jahr in den britischen Charts bleiben wird, werden zwei US-Nr.-1-Singles in Folge ausgekoppelt: *I Wish* und *Sir Duke*, eine Hommage an Duke Ellington.**

Paul McCartney kaufte im Juli den Verlag Edwin H. Morris Music und damit die Rechte an allen Buddy-Holly-Songs ... Die Buzzcocks veröffentlichten ihr Debüt *Spiral Scratch* auf ihrem mit einem Kredit über 500 £ gegründeten eigenen Label New Hormones. Am Tag von Elvis Presleys Tod im August 1977 unterschrieben sie dann aber einen Vertrag mit dem Mainstream-Label United Artists.

Wings

The Buzzcocks

Dezibel werden gemessen) ins **Guinness-Buch der Rekorde**. Bei zwei den Konzerten in den Fußballstadien von Glasgow und Swansea werden die Bands etwas leiser spielen.

Juni

7 Die **Steve Miller Band** startet in Dallas die Tour Summer Serenade '76. Miller präsentiert sein neues Album ***Fly Like An Eagle***, in dem der künftige Spitzenreiter der US-Charts *Rock'n Me* enthalten ist. Der Titeltrack folgt auf Platz 2.

10 **Paul McCartneys** *Silly Love Songs* steht in den USA auf Platz 1. Während einer Rekordtour durch die USA – seiner ersten seit fast zehn Jahren – erzielen die **Wings** einen neuen Besucherrekord in einer Halle: 67 100 zahlende Besucher kommen zum Kingdome in Seattle. Die Konzerte dieser Tour werden auf drei Platten mit 30 Tracks in dem Album ***Wings Over America*** verewigt. Im Januar steht es in den USA auf Platz 1.

15 Nach einer anstrengenden Konzertserie in den USA startet das **Electric Light Orchestra** in Bristol eine erste größere Tour durch Großbritannien. **Jeff Lynne** überarbeitet das sechste Album ***A New World Record*** noch einmal.

18 **Abba** gibt in Stockholm ein Konzert für Schwedens König Carl XVI Gustaf und Silvia Sommerlath am Abend vor deren Hochzeit.

Juli

4 Die **Ramones** machen in Europa Werbung für ihr Debüt ***The Ramones***. Mit furiosem Tempo und beinhartem Punk feiern sie den 200. Jahrestag der amerikanischen Unabhängigkeit im Roundhouse in London. Mit dabei ihre Landsleute **Flamin' Groovies** und die sehr britischen **Stranglers**. Im September sind die Stranglers auf UK-Tour mit der Punk-Poetin **Patti Smith**.

20 Die **Buzzcocks** haben ihren Namen einer Rezension über das Musical »Rock Follies« aus dem Magazin **Time Out** entnommen. Sie geben ihr Livedebüt gemeinsam mit den **Sex Pistols** und **The Damned** in Manchester. Gegründet hatte die Buzzcocks deren Leadsänger, der Philosophiestudent **Howard Devoto**. Die Band hatte im Februar die Sex Pistols in High Wycombe zum ersten Mal gesehen und zwei Monate später einen Auftritt der Pistols in Manchester unterstützt. Howard Devoto tat sich mit dem Gitarristen und Sänger **Pete Shelley** zusammen, einem ehemaligen Mitglied von **Jets of Air**. Mit von der Partie sind der Bassist **Steve Diggle** und der Schlagzeuger **John Maher**. **The Damned**, eine weitere Punkgruppe, haben ihre Karriere erst vor wenigen Wochen durch einen Liveauftritt als Vorgruppe der Pistols im Club 100 gestartet. **Dave Vanian** ist der Leadsänger, **Brian James** spielt Gitarre, **Captain Sensible** den Bass und **Rat Scabies** das Schlagzeug. Keine dieser Punkbands konnte bisher einen Plattenvertrag unterzeichnen.

A New World Record **war das erste von fünf US-Top-5-Alben und fünf Platinalben für das Electric Light Orchestra.**

Juli 1976

John Lennon erhält eine Green Card ... Der erste Auftritt von The Clash ... Fleetwood Mac ganz oben ...

Der Singer/Songwriter William Royce »Boz« Scaggs lernte Steve Miller auf der Schule in Dallas kennen und schloss sich seiner Band The Marksmen als Sänger und Tamburinspieler an.

Donna Summer wurde bei der Arbeit als Studiosängerin in München bei einer Demosession von Blood, Sweat And Tears entdeckt. Sie lebte seit ihrer Hauptrolle in einer deutschen Produktion des Musicals »Hair« in Europa.

20 John »Scooter« Herring, früher Tourleiter und Bodyguard der **Allman Brothers Band**, wird zu einer Höchststrafe von 75 Jahren verurteilt. Er soll **Gregg Allman** mit Kokain und Tabletten versorgt haben. Allman wurde im vergangenen Monat zwei Tage lang als Zeuge der Anklage verhört. Der Richter Wilbur Owens Jr. sagt zu, das Urteil nach drei Monaten zu überprüfen und bestätigt, dass »nach Ansicht der Öffentlichkeit eigentlich Mr Allman angeklagt werden müsste«. Die öffentliche Meinung übersehe hierbei allerdings »den enormen Unterschied zwischen Drogenkonsum und Drogenhandel«. Allman wird von den anderen Bandmitgliedern geächtet, da er die brüderliche Loyalität verraten hat. Sie geloben, nie mehr mit ihm zusammenzuarbeiten.

27 Nach einem 90-minütigen Hearing in der Immigrationsbehörde von New York gewährt der Richter Ira Fieldsteel **John Lennon** die Green Card (Nr: A17-597-321). Diese erlaubt ihm den ständigen Aufenthalt in den USA. Gloria Swanson, Norman Mailer, Geraldo Rivera und der Bildhauer Isamu Noguchi unterstützen als Zeugen diesen Antrag. John und Yoko feiern diese Entscheidung in dem Eiscafé Serendipity.

August

10 **Elton John** und **Kiki Dee** halten mit *Don't Go Breaking My Heart* einen Monat Platz 1 der US-Charts. In den britischen Charts wird der Song sechs Wochen auf diesem Platz stehen. Es ist kurioserweise Elton Johns erster ›Heimsieg‹. Er beginnt heute als Freiheitsstatue verkleidet sieben Shows im Madison Square Garden. Der Ticketverkauf erbringt 1, 25 Mio $. Der von den **Rolling Stones** im letzten Jahr aufgestellte Rekord wird damit gebrochen.

11 EMI schließt einen Vertrag mit der sowjetischen Plattenfirma Melodiya ab. Es geht um den Vertrieb von *Band On The Run* von den **Wings** in der Sowjetunion.

13 **The Clash** geben ihr erstes Konzert: eine Präsentationsveranstaltung für Medienvertreter in einem Probenraum in Chalk Farm, London.

Manager ist Bernie Rhodes, der in einer Sexboutique arbeitet. Im Juni hatte der Gitarrist **Mick Jones**, nach neun frustrierenden Monaten in der Punkband **London SS**, die Gruppe zusammengestellt: **Paul Simonon** am Bass, **Terry Chimes** am Schlagzeug und **Joe Strummer**, den Ex-Leadsänger der **101ers**.

14 Die Debütsingle des Sängers und Songwriters **Nick Lowe** *So It Goes* und *Heart Of The City* mit dem Koproduzenten Jake Riviera ist die erste Platte, mit der Katalognummer BUY 1, des neuen britischen Labels Stiff. Lowe und Riviera haben sich von **Lee Brilleaux** (von **Dr. Feelgood**, für den Riviera Tourmanager war) 600 £ als Startkapital ausgeliehen. Lowes Single wurde als Demo für 45 £ aufgenommen. Er wird auch als Produzent verantwortlich sein für das Debütalbum von **The Damned** und für **Elvis Costellos** erste Single *Less Than Zero*. Neben seiner Arbeit für dieses Label produziert er *Chicken Funk* von **Clover** (mit **Huey Lewis** und dem künftigen **Doobie Brother John McFee**) und für *Get It* von **Dave Edmunds** .

18 Die erste Ausgabe des Punk-Fanzines Sniffin' Glue wird in Großbritannien von Mark P. aufgelegt. Die alternative Zeitschrift wird schnell zur Pflichtlektüre einer neuen Generation und wird bis September 1977 erscheinen.

26 **Donna Summer** präsentiert ihren Discohit *Love To Love You Baby* bei »American Bandstand«, einen erotischen Song, bei dem sie orgiastisch seufzt und stöhnt. Die über 16 Minuten lange Version wird gekürzt und erreicht in den USA Platz 2, in England im Februar Platz 4. Die 25-jährige Summer kommt aus Massachusetts. Sie traf **Pete Bellotte**, den Eigentümer und Produzenten der Münchner Musicland Studios, als sie bei »Godspell« in Deutschland mitspielte. Er schrieb diesen Hit mit dem Produzenten **Giorgio Moroder**, der ihn Neil Bogarts US-Label Casablanca übertrug.

29 Das Screen on the Green, ein beliebtes Programmkino im Norden von London, organisiert eine mitternächtliche Punkmusik-Veranstaltung mit den **Sex Pistols**, **The Clash** und den **Buzzcocks**.

September

4 Das Album ***Fleetwood Mac*** steht endlich – 15 Monate nach Aufnahme in die Charts – auf Platz 1 in den USA. In Großbritannien erreicht **Abba** zum dritten Mal die Spitzenposition, nach *Mama Mia* und *Fernando* nun mit *Dancing Queen*. Wie alle ihre Hits stammen auch diese von **Benny Andersson** und **Björn Ulvaeus** und dem Manager Stig Anderson.

18 **Queen** tritt bei einem Gratis-Konzert im Hyde Park vor ungefähr 150 000 Besuchern auf. Als Vorgruppen spielen **Kiki Dee** und **Supercharge**.

20 Die **Sex Pistols** sind die Stars eines Punkrock-Festivals im Club 100 in London. Ihre Premiere erleben **Subway Sect** und **Siouxsie And The Banshees** mit dem 19-jährigen **John Beverly** – alias **Sid Vicious** – als Schlagzeuger. Bei einem anderen Festival, bei dem **The Damned** auftreten, verliert ein Mädchen ein Auge durch die Splitter einer Glasflasche, die vermutlich von Vicious geworfen wurde. Die Bandmitglieder von The Damned besuchen das Mädchen im Krankenhaus.

25 Das amerikanische Sänger- und Songwriter-Duo **Kenny Loggins** und **Jim Messina** trennt sich nach einem Konzert in Hawaii, mit dem die 34 Auftritte umfassende US-Tour beendet wird. Beide Künstler bleiben bei Columbia Records. Sie haben in den letzten vier Jahren fünf Mal Platz 1 der Top 20 belegt. Im US-Fernsehen ist der Soulsänger und Songschreiber **Boz Scaggs** Gast bei »Saturday Night Live«. Er präsentiert den Hit *Lowdown* aus seinem Soul-Pop-Album ***Silk Degrees***, das es bis auf Platz 2 in den USA schafft und jetzt 24 von insgesamt 115 Wochen in den Charts hinter sich hat.

27 Die **Runaways** sind auf ihrer ersten Europatour, um für ihr Debütalbum ***The Runaways*** zu werben. In Dover werden sie an der Fähre von der Polizei festgenommen. Mehrere angeblich im Londoner White House Hotel gestohlene Gegenstände wie Hotelschlüssel und Haartrockner werden in einem ihrer Autos gefunden. Sie verbringen die Nacht im Gefängnis. Die weibliche Glam-Punkband wurde von ihrem Impresario und Produzenten **Kim Fowley** zusammengestellt. Leadsängerin ist **Cherie Currie**, Gitarre spielen **Joan Jett** und **Lita Ford**, am Bass ist **Jackie Fox** und am Schlagzeug **Sandy West**.

Oktober

1 **David Bowie** zieht nach West-Berlin in den Bezirk Schöneberg. Er wird dort drei Jahre zurückgezogen leben. Er ist mit **Iggy Pop** hierher gezogen, um mit ihm gemeinsam (und erfolgreich) ihre Drogensucht zu bekämpfen.

2 **Joe Cocker** tritt zum ersten Mal bei »Saturday Night Live« auf und muss sich an **John Belushis** gekonnter Cocker-Imitation messen lassen. Sie singen gemeinsam *Feelin' Alright* von **Traffic**. Der Moderator **Eric Idle** hat versprochen, die **Beatles** mitzubringen, wenn der Produzent Lorne Michaels ihm 3000 $ zahlt.

8 Eine Woche nachdem **Johnny Rotten** das Titelblatt des **New Musical Express** zierte, vereinbaren die **Sex Pistols** mit EMI einen Vorschuss über 40 000 £. Es folgen Angebote von Chrysalis, RAK und Polydor. Polydor hatte die Gruppe zu einer Session mit dem Produzenten Chris Parry erwartet. Ein EMI-Sprecher sagt: »Hier ist endlich eine Band, die so viel Biss mitbringt, dass sich junge Leute mit ihr identifizieren.«

23 Drei Tage nach der Premiere ihres Films »The Song Remains the Same« in London gibt es den ersten Auftritt von **Led Zeppelin** im amerikanischen Fernsehen. Sie singen *Black Dog* und *Dazed And Confused* in »Don Kirshner's Rock Concert«.

29 Ein Konzert der **Sex Pistols** in Lancaster wird verboten. Die Behörden wollen »diese Art von Dreck nicht in ihrer Stadt«. Dieses Verbot lässt ahnen, was noch alles kommen sollte.

Der altgediente Produzent und Impresario Kim Fowley wollte die Runaways als weibliche Antwort auf die Ramones etablieren.

BOSTON

9. August **Epic Records veröffentlicht in den USA das erste Album von Boston. *Boston* wurde von dem 29-jährigen Gitarristen und Keyboarder Tom Scholz nahezu im Alleingang neben seiner Arbeit in der Produktentwicklung von Polaroid aufgenommen. Brad Delp steuerte den Gesang und zwei Kompositionen bei. Scholz stammt aus Toledo, Ohio, und hat am MIT seinen Abschluss als Ingenieur gemacht. Das Album besteht aus aufwändig produzierten Demos aus einem selbst gebauten Kellerstudio in Swampscott, Massachusetts.**

***Boston* wurde das meistverkaufte Debütalbum aller Zeiten.**

November 1976

The Band verabschieden sich ... Sex Pistols im Fernsehen ... Mordanschlag auf Bob Marley ...

George Harrison und Paul Simon

November

13 **Chicagos** gefällige Ballade *If You Leave Me Now* hat letzte Woche den Spitzenplatz der Hot 100 belegt und bleibt ab sofort drei Wochen auf Platz 1 in Großbritannien. Dieser Hit wurde von Leadsänger **Peter Cetera** geschrieben und von Chicagos langjährigem Manager und Produzenten James Guercio produziert.

19 **Van Morrison** erhält für ***Moondance*** in den USA seine erste Goldene Schallplatte. Dieses Album ist bereits vor sechs Jahren erschienen, schaffte es aber nie in die Top 30. Es gilt jedoch bis heute als innovatives Werk und wird zum Dauerbrenner für Warner Bros.

20 **John Sebastian,** früher bei **Lovin' Spoonful** und als Solist Nr. 1 mit *Welcome Back in May,* ist mit **Joni Mitchell** Stargast bei der Benefizveranstaltung California Celebrates the Whales, die von Gouverneur Jerry Brown im Memorial Auditorium in Sacramento organisiert wird.

20 **Paul Simon** ist zum zweiten Mal Gastgeber von »Saturday Night Live«, dieses Mal mit **George Harrison** als Gast. Sie singen *Here Comes The Sun* und *Homeward Bound* gemeinsam. Simon präsentiert, als Truthahn verkleidet, *Still Crazy After All These Years.* Harrison fragt den Produzenten Lorne Michaels, ob er die 3000 $ erhält, die für einen gemeinsamen Auftritt der **Beatles** versprochen waren. Michaels antwortet: »Wenn es nach mir ginge, könntest du das Geld haben, aber NBC will nicht.« **Paul McCartney** besucht zurzeit **John Lennon** in New York, und beide sehen die Show.

25 Nach 16 Jahren verabschiedet sich **The Band** am Thanksgiving Day im Winterland Ballroom von San Francisco, in dem ihr erstes Kon-

KISS hinterließen Anfang des Jahres ihre Fußabdrücke vor Grauman's Chinese Theater in Hollywood und kamen Ende des Jahres in die Top 30.

Für seine Collage überklebte Jamie Reid ein Bild der britischen Königin mit den Schriftzügen »God Save The Queen« (über den Augen) und »Sex Pistols« (über dem Mund). Die Tournee der Sex Pistols war von Anfang an ein einziges Fiasko: nur drei von 19 Konzerten fanden überhaupt statt.

The Band und Gäste

George Harrison war der Ansicht, er solle für seinen Auftritt in »Saturday Night Live« ein Viertel der Gage bekommen, die für eine Reunion der Beatles geboten wurde; Paul Simon indessen musste *Still Crazy After All These Years* in einem Truthahnkostüm darbieten ... Robert Hilburn von der Los Angeles Times beschrieb The Last Waltz als die hochkarätigste Versammlung von Rockmusikern, die es bei einem Einzelkonzert je gab.

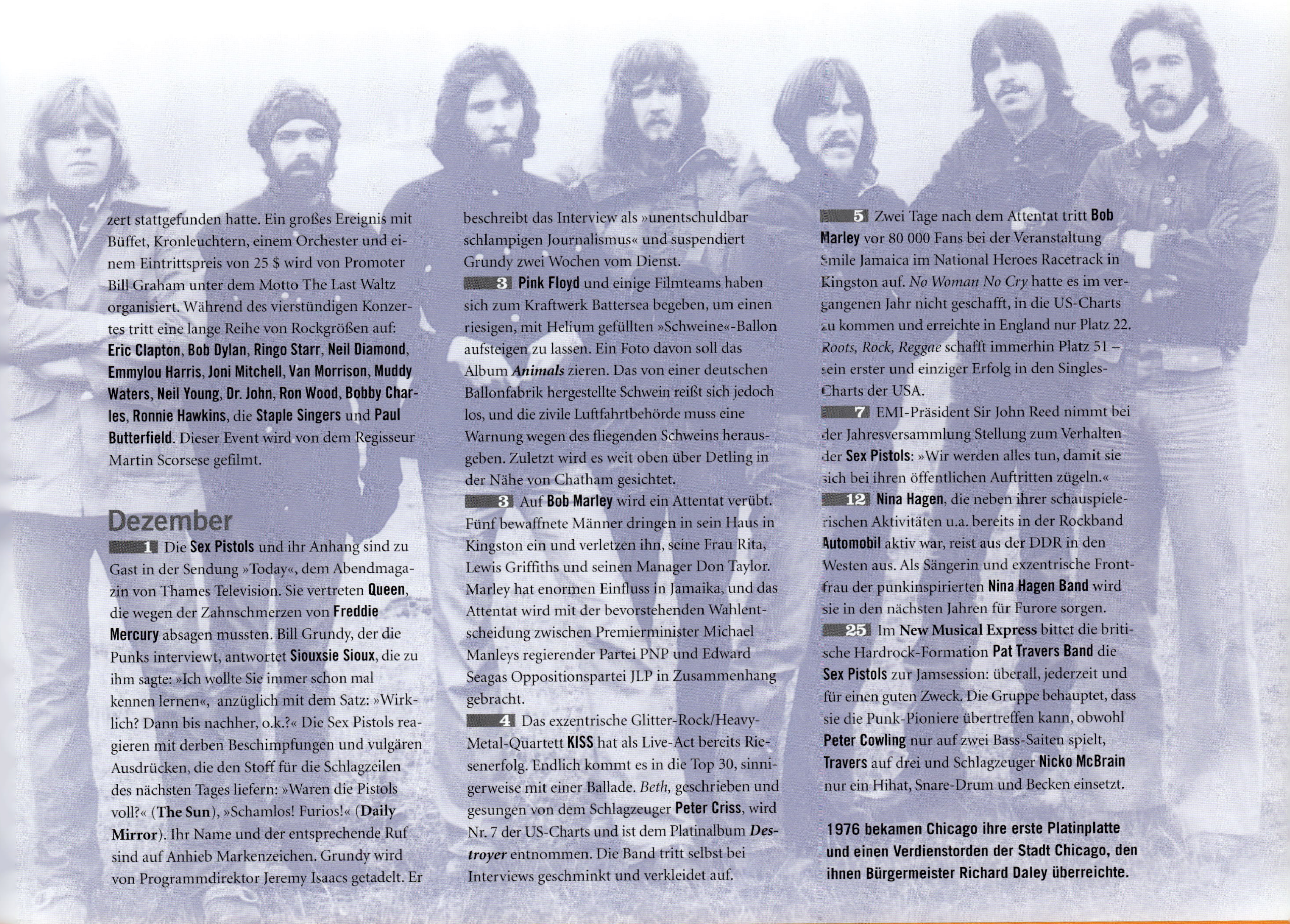

zert stattgefunden hatte. Ein großes Ereignis mit Büffet, Kronleuchtern, einem Orchester und einem Eintrittspreis von 25 $ wird von Promoter Bill Graham unter dem Motto The Last Waltz organisiert. Während des vierstündigen Konzertes tritt eine lange Reihe von Rockgrößen auf: **Eric Clapton**, **Bob Dylan**, **Ringo Starr**, **Neil Diamond**, **Emmylou Harris**, **Joni Mitchell**, **Van Morrison**, **Muddy Waters**, **Neil Young**, **Dr. John**, **Ron Wood**, **Bobby Charles**, **Ronnie Hawkins**, die **Staple Singers** und **Paul Butterfield**. Dieser Event wird von dem Regisseur Martin Scorsese gefilmt.

Dezember

1 Die **Sex Pistols** und ihr Anhang sind zu Gast in der Sendung »Today«, dem Abendmagazin von Thames Television. Sie vertreten **Queen**, die wegen der Zahnschmerzen von **Freddie Mercury** absagen mussten. Bill Grundy, der die Punks interviewt, antwortet **Siouxsie Sioux**, die zu ihm sagte: »Ich wollte Sie immer schon mal kennen lernen«, anzüglich mit dem Satz: »Wirklich? Dann bis nachher, o.k.?« Die Sex Pistols reagieren mit derben Beschimpfungen und vulgären Ausdrücken, die den Stoff für die Schlagzeilen des nächsten Tages liefern: »Waren die Pistols voll?« (**The Sun**), »Schamlos! Furios!« (**Daily Mirror**). Ihr Name und der entsprechende Ruf sind auf Anhieb Markenzeichen. Grundy wird von Programmdirektor Jeremy Isaacs getadelt. Er beschreibt das Interview als »unentschuldbar schlampigen Journalismus« und suspendiert Grundy zwei Wochen vom Dienst.

3 **Pink Floyd** und einige Filmteams haben sich zum Kraftwerk Battersea begeben, um einen riesigen, mit Helium gefüllten »Schweine«-Ballon aufsteigen zu lassen. Ein Foto davon soll das Album ***Animals*** zieren. Das von einer deutschen Ballonfabrik hergestellte Schwein reißt sich jedoch los, und die zivile Luftfahrtbehörde muss eine Warnung wegen des fliegenden Schweins herausgeben. Zuletzt wird es weit oben über Detling in der Nähe von Chatham gesichtet.

3 Auf **Bob Marley** wird ein Attentat verübt. Fünf bewaffnete Männer dringen in sein Haus in Kingston ein und verletzen ihn, seine Frau Rita, Lewis Griffiths und seinen Manager Don Taylor. Marley hat enormen Einfluss in Jamaika, und das Attentat wird mit der bevorstehenden Wahlentscheidung zwischen Premierminister Michael Manleys regierender Partei PNP und Edward Seagas Oppositionspartei JLP in Zusammenhang gebracht.

4 Das exzentrische Glitter-Rock/Heavy-Metal-Quartett **KISS** hat als Live-Act bereits Riesenerfolg. Endlich kommt es in die Top 30, sinnigerweise mit einer Ballade. *Beth*, geschrieben und gesungen von dem Schlagzeuger **Peter Criss**, wird Nr. 7 der US-Charts und ist dem Platinalbum ***Destroyer*** entnommen. Die Band tritt selbst bei Interviews geschminkt und verkleidet auf.

5 Zwei Tage nach dem Attentat tritt **Bob Marley** vor 80 000 Fans bei der Veranstaltung Smile Jamaica im National Heroes Racetrack in Kingston auf. *No Woman No Cry* hatte es im vergangenen Jahr nicht geschafft, in die US-Charts zu kommen und erreichte in England nur Platz 22. *Roots, Rock, Reggae* schafft immerhin Platz 51 – sein erster und einziger Erfolg in den Singles-Charts der USA.

7 EMI-Präsident Sir John Reed nimmt bei der Jahresversammlung Stellung zum Verhalten der **Sex Pistols**: »Wir werden alles tun, damit sie sich bei ihren öffentlichen Auftritten zügeln.«

12 **Nina Hagen**, die neben ihrer schauspielerischen Aktivitäten u.a. bereits in der Rockband **Automobil** aktiv war, reist aus der DDR in den Westen aus. Als Sängerin und exzentrische Frontfrau der punkinspirierten **Nina Hagen Band** wird sie in den nächsten Jahren für Furore sorgen.

25 Im **New Musical Express** bittet die britische Hardrock-Formation **Pat Travers Band** die **Sex Pistols** zur Jamsession: überall, jederzeit und für einen guten Zweck. Die Gruppe behauptet, dass sie die Punk-Pioniere übertreffen kann, obwohl **Peter Cowling** nur auf zwei Bass-Saiten spielt, **Travers** auf drei und Schlagzeuger **Nicko McBrain** nur ein Hihat, Snare-Drum und Becken einsetzt.

1976 bekamen Chicago ihre erste Platinplatte und einen Verdienstorden der Stadt Chicago, den ihnen Bürgermeister Richard Daley überreichte.

ROOTS In diesem Jahr gründen die Dubliner Schüler Paul Hewson, David Evans, Adam Clayton, Larry Mullen und Dick Evans in Mullens Elternhaus die Band Feedback, die sich auf einen Zettel von Mullen am schwarzen Brett der Mount Temple High School zusammenfand ... löst der Sänger und Songschreiber Bryan Adams bei der kanadischen Rockband Sweeney Todd den bisherigen Leadsänger Nick Gilder ab ... gründet Gary Kemp mit seinen Freunden Tony Hadley, John Keeble, Steve Norman und Richard Miller von der Owens Grammar School die Makers (später Spandau Ballet) ... arbeiten Graham Russell und Russell Hitchcock, die später Air Supply gründen, erstmals als Mitglieder der Truppe von »Jesus Christ Superstar« in Melbourne zusammen ... gründet der DJ Kevin Donovan (alias Afrika Bambaataa) aus der Bronx die Zulu Nation, ein afroamerikanisches Musik- und Kulturkollektiv ... unterschreibt die 11-jährige isländische Sängerin Björk einen Plattenvertrag mit dem einheimischen Label Fálkkin und nimmt ihr erstes Album auf, das auch eine Coverversion von Syreetas *Your Kiss Is Sweet* enthält ... gründen Billy MacKenzie und Alan Rankine in MacKenzies schottischer Heimatstadt Dundee das Kabarettduo The Absorbic Ones; nach einigen Jahren bei diversen kurzlebigen Bands erleben sie Ende der 70er als Associates den Durchbruch ... veröffentlicht Adam Ant im Melody Maker die Anzeige: »Beat On A Bass With The B-Sides« (»Auf den Bass bollern bei den B-Sides«) ...

Dezember 1976

Keine zwei Monate, nachdem die Band bei EMI unter Vertrag genommen worden war, entschuldigte sich der Präsident der Firma, John Reed, auf der Jahreshauptversammlung für das Verhalten der Sex Pistols.

»Nichts wird uns davon abhalten können, in Großbritannien zu spielen.«

Malcolm McLaren, **Melody Maker**, 11. Dezember 1976

6. Dezember Die Anarchy in the UK Tour der **Sex Pistols** (mit dabei: **The Clash**, **The Damned** und die **Heartbreakers**) beginnt im Leeds Polytechnic. Dies ist schon die vierte geplante Station; nur drei von 19 Konzerten finden überhaupt statt. The Damned werden rausgeschmissen, nachdem sie bereit waren, Stadträten in Derby ein Privatkonzert zu geben, um ihre Eignung für die Jugend der Stadt zu prüfen. Die Sex Pistols bringen so gut wie alle gegen sich auf (**Johnny Rotten** beschwert sich einmal beim Publikum: »Jetzt zerlegt schon den Saal! Die **News Of the World** ist sonst enttäuscht.«) und werden entsprechend geschmäht. Die Worte des konservativen Londoner Stadtrats Bernard Brook-Partridge sind durchaus typisch: »Die meisten dieser Gruppen würden meines Erachtens durch einen plötzlichen Tod stark verbessert. Am schlimmsten sind die Sex Pistols, dieser Widerpart alles Menschlichen. Ihre vollständige Nichtexistenz würde die ganze Welt stark verbessern.«

Dance, Dance, Dance (Yowsah, Yowsah, Yowsah)

1977

Nr. 1 US-SINGLES

01. Jan.	Tonight's The Night (Gonna Be Alright) **Rod Stewart**
08. Jan.	You Don't Have To Be A Star (To Be In My Show) **Marilyn McCoo And Billy Davis Jr.**
15. Jan.	You Make Me Feel Like Dancing **Leo Sayer**
22. Jan.	I Wish **Stevie Wonder**
29. Jan.	Car Wash **Rose Royce**
05. Febr.	Torn Between Two Lovers **Mary MacGregor**
19. Febr.	Blinded By The Light **Manfred Mann's Earth Band**
26. Febr.	New Kid In Town **Eagles**
05. März	Love Theme From »A Star Is Born« (Evergreen) **Barbra Streisand**
26. März	Rich Girl **Daryl Hall And John Oates**
09. Apr.	Dancing Queen **Abba**
16. Apr.	Don't Give Up On Us **David Soul**
23. Apr.	Don't Leave Me This Way **Thelma Houston**
30. Apr.	Southern Nights **Glen Campbell**
07. Mai	Hotel California **Eagles**
14. Mai	When I Need You **Leo Sayer**
21. Mai	Sir Duke **Stevie Wonder**
11. Juni	I'm Your Boogie Man **KC And The Sunshine Band**
18. Juni	Dreams **Fleetwood Mac**
25. Juni	Got To Give It Up (Pt. I) **Marvin Gaye**
02. Juli	Gonna Fly Now (Theme From »Rocky«) **Bill Conti**
09. Juli	Undercover Angel **Alan O'Day**
16. Juli	Da Doo Ron Ron **Shaun Cassidy**
23. Juli	Looks Like We Made It **Barry Manilow**
30. Juli	I Just Want To Be Your Everything **Andy Gibb**
20. Aug.	Best Of My Love **Emotions**
17. Sept.	I Just Want To Be Your Everything **Andy Gibb**
24. Sept.	Best Of My Love **Emotions**
01. Okt.	Star Wars Theme/Cantina Band **Meco**
15. Okt.	You Light Up My Life **Debby Boone**
24. Dez.	How Deep Is Your Love **Bee Gees**

The Clash

Debbie Harry von Blondie

Drei Monate nach dem Vertrag mit CBS Records legten The Clash mit dem Punkklassiker *White Riot* ihre erste Platte vor... Chrysalis Records hatten einen guten Riecher, als sie Blondie vom Label Private Stock abwarben und alle Rechte an den bisherigen Aufnahmen erwarben, um dann *Plastic Letters* rauszubringen.

Im Todesjahr von **Elvis** führten die **Sex Pistols** die Punk-Revolte an, Disco eroberte mit »Saturday Night Fever« die Leinwand, und Bands wie **Foreigner**, **Journey** und **Rush** bewiesen, wie unverwüstlich der Rock war: gar nicht so einfach, jetzt ein Teenager zu sein.

Der Liedzeilen der **Eagles** »Du kannst jederzeit gehen, aber du wirst uns nie verlassen« passte exakt auf **Elvis**. Seine Legende und seine Musik brachten nach seinem Tod mehr Geld ein als zu seinen Lebzeiten. Selbst 2003 garantiert er noch Spitzenumsätze: Elvis wird uns nie wirklich »verlassen«.

Malcolm McLaren, Manager der Sex Pistols, beherrscht die Klaviatur der Plattenindustrie, und Virgin Records veröffentlicht *God Save the Queen*: Es wird nie im Radio gespielt, steigt aber in Großbritannien auf Platz 2. Es folgt ihr erstes und letztes Album, das auf Platz 1 steigt. Doch die Band fällt plötzlich auseinander.

Die Sex Pistols hatten das prägnanteste Image, waren aber nicht die begabteste Punkband. **The Clash**, **The Stranglers**, **The Damned** und einige andere hatten da mehr zu bieten. Künstler wie **Elvis Costello And The Attractions** verliehen Angstgefühlen einen niveauvolleren Ausdruck. Die britischen Bands erreichten in den USA Kultstatus, aber es fehlten die großen Zielgruppen für Chartserfolge. New-Yorker Bands wie **Blondie**, **Television** und die **Talking Heads** beschritten eigenwillige Wege und wurden unter New Wave katalogisiert. Den Mainstream repräsentierten **Fleetwood Mac**, deren Meisterwerk ***Rumours*** als Quintessenz des kalifornischen Poprock gilt. Persönliche Probleme verliehen den Texten echte Emotionen, die Melodien waren zeitlos. Beides kam bei einem reiferen Publikum gut an, das von Disco und Punk abgeschreckt wurde. Das Album war länger an der Spitze der Charts als jedes andere seit *West Side Story*.

Und die Discowelle roll weiter. **Donna Summer** hat mit *I Feel Love* einen weiteren Megahit, und Klassiker bevölkerten die Tanzsäle und die Charts. Allen voran »Saturday Night Fever« und die unglaubliche Verbindung von Disco und den **Bee Gees**. Ein unfreundlicher Kritiker beschrieb sie als »Klone der **Beatles**, die wie Aufziehmäuse singen und dies mit einem unnatürlichen Gespür für Rhythmus«. Aber ihre angespannte Energie, ihre pulsierenden Beats und die typischen Falsetto-Harmonien machten aus dem Doppelalbum den bisher meistverkauften Soundtrack. In einem Jahr der Gegensätze präsentierten **The Clash** ihre White Riot Tour in Großbritannien, und in der Diskothek Studio 54 in New York wird elegante Kleidung verlangt. Wie chic!

»Das Gehabe der Band ist furchtbar ... viele finden es unwiderstehlich.«

Melody Maker über die Stranglers, 14. Mai 1977

Nr. 1 UK-SINGLES

- **01. Jan.** When A Child Is Born (Soleado) **Johnny Mathis**
- **15. Jan.** Don't Give Up On Us **David Soul**
- **12. Febr.** Don't Cry For Me Argentina **Julie Covington**
- **19. Febr.** When I Need You **Leo Sayer**
- **12. März** Chanson D'Amour **Manhattan Transfer**
- **02. Apr.** Knowing Me, Knowing You **Abba**
- **07. Mai** Free **Deniece Williams**
- **21. Mai** I Don't Want To Talk About It/First Cut Is The Deepest **Rod Stewart**
- **18. Juni** Lucille **Kenny Rogers**
- **25. Juni** Show You The Way To Go **Jacksons**
- **02. Juli** So You Win Again **Hot Chocolate**
- **23. Juli** I Feel Love **Donna Summer**
- **20. Aug.** Angelo **Brotherhood of Man**
- **27. Aug.** Float On **Floaters**
- **03. Sept.** Way Down **Elvis Presley**
- **08. Okt.** Silver Lady **David Soul**
- **29. Okt.** Yes Sir, I Can Boogie **Baccara**
- **05. Nov.** The Name Of The Game **Abba**
- **03. Dez.** Mull Of Kintyre/Girls' School **Wings**

1977

EMI kündigen Sex Pistols ... CBS nehmen Clash unter Vertrag ... Fleetwood Macs *Rumours* erscheint ...

Hotel California **wurde mit über 16 Mio. verkauften Exemplaren allein in den USA das bestverkaufte Album der Eagles (außer Samplern).**

The Jam spielten während ihres einmonatigen Engagements im Red Crow Pub auch für EMI vor, die sie ablehnten. Die Band kam später bei der Plattenfirma Polydor unter Vertrag.

Januar

1 Londons ehrwürdige Rockstätte, das Rainbow Theatre, startet mit einem Konzert von **Genesis**. Der kleinere und flottere Roxy Club eröffnet in Covent Garden offiziell mit **The Clash**. Am 14. Dezember waren hier bereits einige Punks aus der Nachbarschaft: **Siouxsie And The Banshees** und **Generation X** (mit Frontmann **Billy Idol**).

4 Die **Sex Pistols** fliegen von Heathrow zu einer Tournee mit 24 Terminen in Holland, Dänemark, Norwegen, Schweden und Finnland. Sie amüsieren sich damit, möglichst viele Leute im Flugzeug zu beleidigen. Ein Flugbegleiter bemerkt: »Das sind die abstoßendsten Menschen, die ich jemals gesehen habe. Sie haben uns alle beleidigt und beschimpft. Einer kotzte auf den Gang.«

6 Noch vor einem geplanten Treffen der **Sex Pistols** mit Vertretern von EMI veröffentlicht das Label ein Statement: »EMI und die Sex Pistols sind übereingekommen, ihren Vertrag aufzuheben. EMI fühlt sich nicht im Stande, für die Platten dieser Gruppe zu werben – angesichts der in den letzten beiden Monaten entstandenen ablehnenden Einstellung der Öffentlichkeit.«

10 **Keith Richard** wird wegen Drogenbesitzes verurteilt. Er muss wegen Kokainbesitzes 750 £ Strafe plus 250 £ Gerichtskosten zahlen. Er wird jedoch vom Vorwurf des LSD-Besitzes freigesprochen. Hinzu kommen 25 £ Bußgeld, da für sein Auto keine Steuern gezahlt wurden. Auf die Frage seines Verteidigers, Sir Peter Rawlinson, was man unter der Berufsbezeichnung »Gitarre spielen« zu verstehen habe, anwortet Richards: »Das heißt, dass ich einen Höllenlärm produziere.«

10 Die **Bee Gees** geben ihren Songs den letzten Schliff und beginnen in Frankreich mit dem Mix ihrer Live-Aufnahmen für ihr neues Album ***Here At Last ... Bee Gees Live!***. Ihr Manager Robert Stigwood, Gründer des RSO-Labels, bittet sie telefonisch, für einen Film vier Songs zu schreiben und aufzunehmen. Er produziert einen Film, der auf dem Artikel »Tribal Rites of the New Saturday Night« basiert, der im Magazin **New York** erschien. Darin geht es um die Disco-Szene der Arbeiter in Brooklyn. Die Bee Gees liefern fünf Songs ab: *Stayin' Alive, How Deep Is Your Love, Night Fever, More Than A Woman* (den sie der R&B-Combo **Tavares** überlassen) und *If I Can't Have You* (für die Sängerin **Yvonne Elliman** aus Hawaii).

15 Das von Bill Szymczyk produzierte Album ***Hotel California*** der **Eagles** hat Platin erhalten und ist Nr. 1 der Charts. Es war überwiegend von **Don Henley** und **Glenn Frey** geschrieben worden. Drei Single-Hits sind darin enthalten, darunter die Spitzenreiter *New Kid In Town* und der Titeltrack mit seinen typischen Gitarrensoli von **Joe Walsh** und **Don Felder**.

22 Die **Sex Pistols** und EMI geben offiziell ihre Trennung bekannt. Die Band erhält 30 000 £ plus 10 000 £ als Abfindung.

23 **Patti Smith** singt gerade *Ain't It Strange*, als sie in Tampa von der Bühne stürzt und sich dabei einen Nackenwirbel bricht. Ihre Gruppe bestreitet das Vorprogramm für **Bob Seger**. Der 31-jährige, in Michigan geborene Rocksänger, Songschreiber und Gitarrist ist auf Promotion-Tour für sein Album ***Night Moves***, das in den USA zur Nr. 8 wird und im März Platin erreicht.

26 **The Clash** unterschreiben einen Vertrag bei der Plattenfirma CBS. Der Deal soll 100 000 £ für sechs Alben wert sein – trotz der weit verbreiteten Bedenken gegenüber der unberechenbaren Punk-Bewegung.

30 Ihre erste Single *(Get A) Grip (On Yourself)* ist gestern erschienen, und die **Stranglers** treten im Londoner Rainbow Theatre mit der **Climax Blues Band** auf. Die Show wird wegen **Hugh Cornwells** obszönem T-Shirt abrupt beendet. Trotz einer Vereinbarung zwischen den Behörden und dem Rainbow-Management, dass bestimmte Wörter »nicht auf der Kleidung oder über die Lautsprecher verbreitet werden«, hatte Cornwell ein T-Shirt mit dem entsprechenden Wort auf dem Rücken getragen. Er zieht es aus, dreht es um und zieht es wieder an.

Februar

12 **The Police** nehmen ihre erste Single *Fall Out* auf. Sie werden in den Pathway Studios von Nothing Achieving begleitet. Die gesamte Session kostet 150 £. Zu der im vergangenen Monat gegründeten Band gehören der Ex-Schlagzeuger von **Curved Air**, der 24-jährige **Stewart Copeland** aus

FLEETWOOD MAC

15. Februar **Die McVies trennen sich, die Beziehung von Buckingham und Nicks ist in der Krise, und Mick Fleetwood lässt sich scheiden – all diese Dinge schlagen sich in den Texten auf Fleetwood Macs *Rumours* nieder, das heute in den USA erscheint. Lindsey Buckingham, Stevie Nicks und Christine McVie haben die Songs geschrieben (nur *The Chain* stammt von der ganzen Band), produziert hat es die Band zusammen mit Richard Dashut and Ken Caillat. Aus dem Softrock-Album, ein Meilenstein für die Band wie für die Popmusik insgesamt, werden vier große Hits ausgekoppelt: *Go Your Own Way*, *Dreams* (eine Nr. 1 in den USA) *Don't Stop* und *You Make Loving Fun*.**

***Rumours* verkaufte 19 Mio. Stück in den USA. Das wird nur von dem Eagles-Album *Their Greatest Hits 1971–1975*, Michael Jacksons *Thriller* und *Led Zeppelin IV* übertroffen.**

Virginia (Sohn eines CIA-Agenten), und der 25-jährige britische Sänger und Bassist von **Last Exit**, **Gordon Sumner**. Copeland nennt ihn **Sting** (Englisch für ›Stachel‹) wegen seiner schwarz und gelb gestreiften Strickjacke, die ihn an eine Biene erinnert. Zu Beginn gehört der Gitarrist **Henri Padovani** zur Band.

14 Die **B-52's** fanden im letzten Oktober nach einer durchzechten Nacht in einem chinesischen Restaurant zusammen. **Fred Schneider** (Keyboard/Gesang), **Kate Pierson** (Orgel/Gesang), **Keith Strickland** (Schlagzeug), **Cindy Wilson** (Gitarre/Gesang) und ihr älterer Bruder **Ricky Wilson** (Gitarre) treten zum ersten Mal gemeinsam bei einer privaten Feier zum Valentinstag in einem Treibhaus in ihrer Heimatstadt Athens, Georgia, auf.

19 **Stevie Wonder** erhält bei der 19. Grammy-Verleihung – und zwar zum dritten Mal – das Album des Jahres für die LP ***Songs In The Key Of Life***. Er wird außerdem Produzent des Jahres, bester Popsänger (***Songs In The Key Of Life***), und bester R&B-Sänger (für den Titel *I Wish*). Während einer Live-Schaltung mit (dem blinden) Stevie Wonder nach Lagos fällt der Ton aus, und der Moderator Andy Williams sagt: »Na ja, wenn du uns nicht hören kannst, dann hoffen wir, dass du uns zumindest sehen kannst.« **George Benson** erhält insgesamt drei Preise, darunter die Platte des Jahres für *This Masquerade*. **Chicago** wird für *If You Leave Me Now* zur besten Gesangsgruppe gekürt, zusätzlich erhalten Jimmie Haskell und James William Guercio den Preis für den besten Backgroundgesang.

19 **Bruce Springsteen** hat seinen ersten Nr.-1-Hit in den US-Charts – allerdings nur als Songschreiber. **Manfred Mann's Earthband** bringt *Blinded By The Light* an die Spitze.

22 **Rose Royces** bekommt Platin für *Car Wash*. **Norman Whitfield** hat den Song geschrieben, produziert und die Gruppe um den Sänger Gwen Dickey zusammengestellt. Das Ex-Motown-Idol Whitfield hatte bereits fünf Spitzenreiter geschafft, bevor er sich selbstständig machte. Er lieferte die Songs für den Film »Car Wash« (1976) – der erste Film mit einem kompletten Disco-Soundtrack.

25 Polydor übernimmt das neue Mod/Punk-Trio **The Jam**, mit einem Vorschuss von 6000 £.

März

5 Die **Rolling Stones** geben das zweite ihrer beiden Konzerte im Nachtclub El Mocambo in Toronto vor 350 Zuschauern, die den Eintritt zu diesem zweistündigen Programm über eine Sendung der Radiostation CHUM gewonnen hatten. Es ist der erste Auftritt in einem Club seit 1964 in Bristol. **Jagger** sagt, es habe zwar Spaß gemacht, aber aus finanziellen Gründen wäre es nicht noch einmal möglich. »Wir haben gestern 371 $ aus der Bar mitgenommen«, behauptet er. Einige dieser Songs werden auf dem nächsten Stones-Album ***Love You Live*** im September zu hören sein.

»Wir haben ein bisschen mehr Rock, ein bisschen mehr Rhythm'n' Blues eingesetzt ... Das heißt aber nicht, dass wir die Countrymusik aufgeben, wir erkunden nur eine Zeit lang neues Gebiet.«

Don Henley über ***Hotel California***, Interview in **Country Rambler**, Januar 1977

Der Talentsucher Chris Parry hatte von **Shane MacGowan**, dem Leadsänger der Punkgruppe **Nipple Erectors**, eine Empfehlung erhalten. **Paul Weller** (Sänger/Gitarrist und Songschreiber), Bassist **Bruce Foxton** und Schlagzeuger **Rick Buckler** werden von Wellers Vater John gemanagt. Er wickelt seine Geschäfte von einer Baustelle in Ash Vale aus ab, auf der er zurzeit arbeitet. Die Mitglieder von Jam tragen Mohair-Anzüge und spielen auf Rickenbacker-Gitarren. Sie schaffen sich eine Nische auf dem wachsenden Punk/New Wave-Markt.

7 Atlantic Records bringt in den USA ***Foreigner*** von der gleichnamigen Band heraus. Zu der 1976 gegründeten Gruppe gehören erfahrene britische Musiker wie der Gitarrist und Bandgründer **Mick Jones** (früher bei **Nero And The Gladiators**) und das Multitalent **Ian McDonald.** Hinzu kommen vier relativ neue Musiker: der Brite **Dennis Elliott** (Schlagzeug) und die Amerikaner **Ed Gagliardi** (Bass), **Lou Gramm** (Leadsänger) und **Alan Greenwood** (Keyboard). Das Album enthält zwei Hits: *Feels Like The First Time* und *Cold As Ice*.

März 1977

The Damned

Sex Pistols bei A&M unter Vertrag – und gekündigt ... *Rumours* auf Platz 1... Studio 54 in New York eröffnet ...

9 Nach zweimonatigen Verhandlungen unterschreiben die **Sex Pistols** bei Rondor Music, dem Verlag von A&M Records. Der »Bassist« **Sid Vicious** ersetzt **Glen Matlock**. Sie erhalten 150 000 £ im Laufe von zwei Jahren für 18 Songs pro Jahr. Die Entscheidung, diese umstrittene Gruppe zu übernehmen, kommentiert der zuständige Direktor von Rondor: »Ich habe es getan, weil ich die Band so lange wie möglich von A&M fern halten wollte. Ich mochte diese Musik, aber ich wollte den Konflikt zwischen der Band und meinen Mitarbeitern so lange wie möglich vermeiden. Es war für alle ein Schock, dass Glen Matlock nicht mehr in der Band war. Während der Verhandlungen fiel immer nur sein Name, aber bei der Vertragsunterzeichnung war da auf einmal Sid Vicious, eine unbekannte Größe.«

12 Bob Harris, Moderator von »Old Grey Whistle Test«, wird im Club Speakeasy in London von dem Musiker **Jah Wobble** gefragt, wann er die neue Platte der **Sex Pistols** in seiner Show präsentieren wird. Harris übergeht die Frage und wird geschlagen. In dem folgenden Handgemenge soll **Johnny Rotten** einen Bierkrug über dem Kopf des Ingenieurs George Nicholson zertrümmert haben.

16 Es kursieren Gerüchte, dass andere Künstler von A&M Druck auf das Unternehmen ausgeübt haben, die **Sex Pistols** vor die Tür zu setzen. Den Anlass lieferten jedoch eher die Ereignisse im Club Speakeasy: Das Label gibt bekannt, dass der Vertrag aufgehoben wurde und die Produktion der Single *God Save The Queen* gestoppt worden sei. **Malcolm McLaren** erhält von Labelboss Jerry Moss die Antwort, dass die Entscheidung auf »humanitären Erwägungen« beruhe. Er erzählt dem **New Musical Express**, dass A&M froh war, dass die Band zu diesem Label gehörte, und dass »sie nicht immer nur mit **Captain And Tennille** arbeiten mussten«. Die Band erhält 75 000 £ als zusätzliche Abfindung. McLaren kommentiert später: »Ich gehe ständig in Büros ein und aus, um Schecks abzuholen!«

18 Debüt-Singles von **The Clash** (*White Riot*) und **Elvis Costello** (*Less Than Zero*) kommen auf den Markt. Die erste ist dem 14 Songs umfassenden Debütalbum von ***The Clash*** entnommen, das zum Punk-Schlachtruf wird und das Establishment attackiert. CBS wird es im April herausbringen. Das zweite Album wird von **Nick Lowe** produziert und von Stiff Records vertrieben.

21 Die **Sex Pistols** absolvieren den ersten Londoner Gig des Jahres in den Notre Dame Halls, dem Anbau einer katholischen Kirche. Alles wird für ein NBC-Aufnahmeteam organisiert, das einen Dokumentarfilm über die Punkszene dreht. Für **Sid Vicious** ist es das Debüt in dieser Gruppe. Im Publikum sind **Dave Vanian** von **The Damned**, **TV Smith** (Gitarre/Gesang) und **Gaye Advert** (Bass) von den **Adverts** – und Nancy Spungen, eine wohlhabende junge Amerikanerin, deren Schicksal unerbittlich mit Vicious verknüpft sein wird.

April

2 Die aktuelle Tour von **Kansas** erlebt ihren Höhepunkt im Palladium in New York. ***Leftoverture***, ihr viertes Album, erreicht Platz 5 der US-Charts. Kansas wurde von dem Gitarristen **Kenny Livgren** und dem Schlagzeuger **Phil Ehart** 1969 in Topeka, Kansas, gegründet. Der erste Hit des Rocksextetts war der von Livgren geschriebene Song *Carry On Wayward Son*.

2 Das Album ***Rumours*** von **Fleetwood Mac** wird in den USA zur Nr. 1 und bleibt es 31 Wochen. Weltweit werden mehr als 20 Millionen LPs ver-

THE SEX PISTOLS

10. März **Um 7:00 Uhr wird die Unterzeichnung ihres Vertrags mit A&M auf einem Tapeziertisch bei einer Pressekonferenz vor dem Buckingham-Palast nachgestellt. Manager Malcolm McLaren kommentiert *God Save The Queen*, die erste Single für das Label: »Das ist keine Punkrock-Version der Nationalhymne, sondern eine ganz eigene Huldigung der Jungs an die Queen.« Bei einem Kennenlern-Termin mit A&M-Mitarbeitern am Nachmittag feiern die Pistols, indem sie ein Fenster der Damentoilette zerschlagen, eine Angestellte wüst anmachen, auf den Fußboden kotzen und eine Blutspur auf dem Teppich hinterlassen.**

Boomtown Rats

Vor der Karriere bei den Damned war Dave Vanian Totengräber, Rat Scabies spielte Schlagzeug im Musical »Der gestiefelte Kater« … Boomtown-Rats-Gründer Bob Geldof interviewte zuvor als Journalist für den New Musical Express unter anderen Elton John und Little Richard.

kauft. Es bleibt 134 Wochen in den US-Charts, mehr als 400 Wochen in den UK-Charts – dort allerdings nur eine Woche (Januar 1978) an der Spitze.

7 **The Damned** treten als erste britische Punkband in den USA auf, und zwar vier Abende im CBGB's, dem Zentrum der New-Yorker Punkszene.

26 Der Discosound erfreut sich in den USA immer größerer Beliebtheit: In einem umgebauten Fernsehstudio in New York eröffnet die Diskothek Studio 54. Besitzer sind Steve Rubell und Ian Schrager. Sie machen den Laden schon bald zum Kultlokal. Zum Erfolgsrezept gehören: glitzernde Dekorationen, intime Nischen, berühmte Künstler, die Einstellung, »dass alles erlaubt ist«, Drogenkonsum, sexuelle Freiheit. Die elitäre Kleiderordnung des Clubs wird bald auf der ganzen Welt kopiert, denn es wird zum Treffpunkt der vergnügungssüchtigen, reichen, berühmten und exzentrischen Schickeria.

29 Während des letzten Konzertes seiner UK-Tour im Londoner Rainbow Theatre verlässt **Eric Clapton** plötzlich die Bühne. Das Licht im Zuschauerraum geht an. Nach zehn Minuten kommt er zurück und erzählt dem Publikum beschönigend, dass er »müde und aufgewühlt« sei. Er beendet das Konzert, und **Pete Townshend** macht mit bei *Layla* und *Crossroads*.

Mai

6 **The Boomtown Rats**, eine Pop-Punkband aus Dublin, hat ihren Namen von einer Gang aus dem Film »Bound for Glory«, der das Leben von **Woody Guthrie** erzählt, übernommen. Sie geben ihr Debüt im Londoner Studio 51 vor Mitarbeitern von Phonogram Records. Sie haben bei Ensign unterschrieben, nachdem sich auch fünf andere Labels um sie bemüht hatten. Der Leadsänger, der 22-jährige **Bob Geldof**, sagt: »Wir machen das, um an Geld, Ruhm und Frauen heranzukommen.«

8 In der Sendung des London Weekend Television »The London Programme« wird behauptet, dass die **Sex Pistols** mit der ultrarechten Partei National Front sympathisieren. Malcolm McLarens Reaktion wird im **Evening Standard** veröffentlicht: »Die Sex Pistols gehören keiner politischen Partei an, am wenigsten der widerlichen National Front. Ich finde es absolut unverantwortlich und dumm, dieser würdelosen Organisation eine solche Werbung zu liefern, indem man sie mit uns in Verbindung bringt. Anarchie bedeutet nicht Faschismus, sondern Selbstbestimmung und die Überzeugung, seinen eigenen Lebensstil zu entwickeln, ohne irgendeine Form von Diktatur und Nationalismus. Wir hassen diese Art von Militär-Blödsinn.«

10 Die neue Punkband **Adam And The Ants** gibt ihr offizielles Debüt in der Mittagsstunde im Restaurant des Londoner Institute of Contemporary Arts. **Ant** (der 22-jährige Sänger **Stuart Goddard**) hat hier erzählt, dass es sich um eine Countryband handelt. Er tritt in Lederkleidung, mit Hut und Ketten auf und legt mit *Beat My Guest* los. Nach diesem Stück zahlt der Organisator die vereinbarten 8 £ und bittet sie, unauffällig zu verschwinden.

12 Virgin Records meldet einen Vertragsabschluss mit den **Sex Pistols**. Der dritte Vertrag in acht Monaten bringt der Band erst einmal 15 000 £. Es wird erwartet, dass die Pistols im nächsten Jahr ein Album herausbringen. Im nächsten Monat wird Virgin weitere 50 000 £ für die Übernahme aller Rechte zahlen. **Johnny Rotten** hält wieder einmal den passenden Kommentar parat: »Ich habe Richard Branson schon immer gemocht. Egal, wie stinkreich dieser Dreckskerl ist, er hat einen Sinn für Aufmüpfigkeit.«

13 **The Damned** beginnen im Porterhouse in Retford eine Tour durch Großbritannien. Die **Adverts** sind mit dabei. Die Tourankündigung bestätigt: »Jetzt kann diese Band drei Akkorde spielen, die Adverts auch noch einen. Kommen Sie und hören Sie alle vier …« Die Tour wird zur Farce. Mehrere Gigs werden storniert oder verschoben. Die Punkbands **The Jam** und **The Stranglers** werden ebenfalls an einigen Orten verboten.

> **»Als ausgefallenes Avantgarde-Erlebnis hatte es durchaus seinen Reiz, aber man würde es ungern öfters wiederholen.«**
>
> John Rockwell über die Damned, **The New York Times**, 8. April 1977

Als seine erste Single erschien, arbeitete Elvis Costello noch als Computer-Operator in einer Fabrik der Kosmetikfirma Elizabeth Arden.

Mai 1977

The Clash waren der Hauptact bei einem Konzert auf dem Birminghamer Rag Market, das den passenden Titel trug: Britain's Burning – The Last Big Event Before We All Go To Jail (»Großbritannien brennt – Das letzte große Ding, bevor wir alle in den Knast kommen«).

Punk ist voll im Gange ... Sex Pistols prügeln sich ... The Clash werden verhaftet ... Elvis Costello macht Straßenmusik ...

19 **The Jam** treten als erste Band aus dem Punk-Umfeld bei »Top of the Pops« auf und präsentieren ihre aktuelle Single *In The City.*

22 Die amerikanische New Wave schwappt nach Großbritannien. Zwei New-Yorker Underground-Bands, **Television** und **Blondie**, starten ihre erste UK-Tour im Apollo-Theater, Glasgow. Blondie präsentiert das Album *Blondie* des unabhängigen Labels Private Stock. Gegründet wurde die Band 1974 von dem Gitarristen **Chris Stein** und seiner Freundin, der Sängerin **Debbie Harry**, die früher einmal Kosmetikerin und Playboy-Bunny war.

27 *God Save The Queen* der **Sex Pistols** wird von Virgin veröffentlicht. Viele Plattenläden und die BBC lehnen es ab. Dennoch werden in fünf Tagen 150 000 Platten verkauft. Die BBC kommentiert: »Wir haben nicht vor, diese Platte zu spielen, da sie vulgär und primitiv ist.« Die letzte von Radio 1 verbotene Platte war **Max Romeos** *Wet Dream*; hier wurde nur »eine Platte von Max Romeo« erwähnt. Produzent Robin Nash hält *God Save The Queen* »für eine Unterhaltungssendung wie ›Top of the Pops‹ für völlig ungeeignet«.

Juni

1 Zum Abschluss der viermonatigen US-Tour präsentiert **Billy Joel** den ersten von vier Abenden in der Carnegie Hall in New York. Er hatte 1974 einen Fehlstart mit *Piano Man*. Aber der in Long Island geborene 28-jährige Popsänger, Songschreiber und Pianist wird bald seine Aufnahmen für sein fünftes Album ***The Stranger*** beenden. Zu diesem ersten gemeinsamen Projekt mit dem Produzenten Phil Ramone gehört sein Markenzeichen, die Ballade *Just The Way You Are.*

5 **Alice Coopers** Boa constrictor, seine ständige Begleiterin auf der Bühne, erhält einen tödlichen Biss von einer Ratte, die als Futter gedacht war. Nächste Woche wird der verzweifelte Künstler eine öffentliche Bewerbershow arrangieren, bei der **Flo And Eddie** die Suche nach einer neuen Boa leiten sollen. Eine Schlange namens Angel wird schließlich engagiert.

7 Die River Party der **Sex Pistols** auf der Themse auf dem Schiff mit dem passenden Namen *Queen Elizabeth* gerät aus dem Ruder. Ein Streit zwischen einem französischen Kameramann und **Jah Wobble** ist der Auslöser. Der Kapitän ruft die Wasserpolizei, die dem Boot folgt und elf Personen verhaftet. Diese werden zur Polizeiwache in der Bow Street gebracht.

11 *God Save The Queen* steigt auf Platz 2 hinter **Rod Stewarts** *I Don't Want To Talk About It/First Cut Is The Deepest*. Obwohl viele Sender den Song der **Sex Pistols** boykottieren und viele Verkaufsstellen ihn ablehnen, wird *God Save The Queen* zur meistverkauften Single der Woche. Das für die Charts verantwortliche Marktforschungsbüro legt willkürlich fest, dass alle Verkaufszahlen von Virgin-Plattenläden nicht einbezogen werden, da die Platte von Virgin selbst publiziert wurde. Das Establishment gewinnt diese Runde und erreicht, dass die verhassten Sex Pistols in der Woche des Silberjubiläums der Queen nicht die Charts dominieren.

13 **Joe Strummer** und **Topper Headon** von **The Clash** wurden letzten Freitag von der Polizei aufgegriffen und nach Newcastle gebracht, wo sie das Wochenende im Gefängnis verbringen mussten. Sie stehen wegen des Diebstahls von Kissenbezügen und einem Schlüssel des Hotels Holiday Inn in Seaton Burn vor Gericht. Beide erschienen letzte Woche nicht zum Gerichtstermin, da sie in London waren und dort zu jeweils 5 £ verurteilt wurden, weil sie das Wort »Clash« auf eine Wand gesprüht hatten. Die folgende Tour der Gruppe erhält den passenden Namen Out on Parole (auf Bewährung frei).

18 **Johnny Rotten**, Produzent Chris Thomas und Studiomanager Bill Price machen nach Aufnahmen im Wessex Studio, London, Pause. Vor einem Pub werden sie von einer mit Messern und Rasierklingen bewaffneten Gang angegriffen. Rotten werden zwei Sehnen im linken Arm zertrennt, und er wird ins Gesicht geschlagen. Thomas erhält eine Schnittwunde im Gesicht, Price am Arm.

19 **Paul Cook**, Schlagzeuger der **Sex Pistols**, wird vor der U-Bahnstation Shepherd's Bush von sechs Männern mit einem Brecheisen niedergeschlagen. Seine Kopfwunden werden im Krankenhaus mit fünfzehn Stichen genäht. Er sagt: »Ich wurde angegriffen, weil diese alten Teds wohl meine feinen Lederschuhe nicht mochten!«

30 Die **Boomtown Rats** treten in der Music Machine in Camden Town auf. Passend zu der Welle von Gewalt wird der Leadsänger **Bob Geldof** auf der Bühne attackiert. Er steht die Show mit blutigem Gesicht und wackligen Zähnen durch.

Nach 14 selbst geschriebenen Hits seit 1970 ließen sich Hot Chocolate von Russ Ballard ihren ersten britischen Nr.-1-Hit *So You Win Again* schreiben ... CBS Records gab in London einen Empfang für Billy Joel, bei der er im Boxdress von den britischen Boxprofis Terry Downes, Alan Minter, Colin Powes und John H. Stracey herumgetragen wurde.

Hot Chocolate

Juli

2 Das Sextett **Hot Chocolate** steht mit *So You Win Again,* ihrem 15. britischen Hit, auf Platz 1 der UK-Charts. Ihr Welterfolg bleibt dennoch *You Sexy Thing* (1975). 1970 wurde die vom jamaikanischen Sänger/Songschreiber **Errol Brown** geleitete Gruppe gegründet, die überwiegend aus Musikern der Karibik besteht und beim Label RAK von Mickie Most unter Vertrag steht.

14 **Elvis Costello** und seine Begleitband **The Attractions** werben für ihr Debütalbum ***My Aim Is True***. Sie haben ihren ersten gemeinsamen Auftritt als Vorgruppe für **Wayne** (später **Jayne**) **County And The Electric Chairs** in Penzance. Zur Band gehören der Bassist **Bruce Thomas** (früher **Sutherland Brothers And Quiver**), am Keyboard **Steve Nieve** (Absolvent des Royal College of Music) und Schlagzeuger **Pete Thomas** (früher **Chilli Willi And The Red Hot Peppers**).

16 Die bei Motown unter Vertrag stehenden **Commodores** erreichen mit *Easy* ihre dritte Nr. 1 der R&B-Charts. Es ist der zweite vom Sänger und Keyboarder **Lionel Richie** geschriebene Spitzenreiter. Ursprünglich handelte es sich um eine R&B-Combo namens **The Mighty Mystics**, die von Richie und dem Leadgitarristen **Thomas McClary** während des Studiums in Alabama gegründet worden war. Das Schicksal der Gruppe hängt von Richies Talent ab, gefühlvolle Balladen zu komponieren. Eine Ausnahme bildet der auf *Easy* folgende Funk-Hit *Brick House,* der im Oktober auf Platz 5 steigt.

23 In den USA ist **Donna Summers** *I Feel Love* noch nicht auf dem Markt, in Europa schon ein Riesenhit, in den UK-Charts vier Wochen die Nr. 1. Geprägt wird der Song von einem Groove mit hoher Schlagzahl und einem umwerfenden, urwüchsigen, elektronisch gesteuerten Rhythmus, den der Produzent **Giorgio Moroder** besorgt hat.

26 **Elvis Costello** singt vor dem Londoner Hilton Hotel, in dem Columbia seine jährliche Verkaufskonferenz hält. Mit einem Verstärker über der Schulter singt er für die ankommenden Konferenzteilnehmer *Welcome To The Working Week, Waiting For The End Of The World* und *Less Than Zero.* Eine Konfrontation zwischen den Sicherheitskräften des Hotels und Costellos Manager Jake Riviera führt zu einem Eingreifen der Polizei. Riviera protestiert: »Er ist kein Straßenkünstler, er singt einfach nur auf der Straße. Sie können Menschen nicht das Singen verbieten!« Costello wird aufgefordert weiterzugehen, singt weiter und wird verhaftet. Er wird zur Polizeiwache mitgenommen, wo er wegen Belästigung bestraft wird und 5 £ bezahlen muss.

»Wir verschweigen die Platte nicht. In den Hitlisten erwähnen wir sie, aber wir weigern uns, sie zu spielen.«

Radio-1-Pressesprecher James Conway über *God Save the Queen* von den Sex Pistols, 27. Mai 1977

Nach drei amerikanischen Top-10-Hits in Folge mit Balladen kehrten die Commodores mit *Brick House* zu ihrem vertrauten schnellen Funk-Stil zurück. Ihren größten Hit hatten sie dann 1978 wieder mit dem softeren *Three Times A Lady*.

August 1977

18. August 150 Trauergäste und 75 000 Menschen vor den Friedhofstoren begehen den von Reverend C. W. Bradley abgehaltenen Trauergottesdienst für **Elvis Presley,** den der Sänger **J. D. Sumner** organisiert hat. Presley starb vor zwei Tagen, nachdem seine Freundin ihn um 2:20 Uhr in einem Badezimmer entdeckt hatte. Er hatte auf der Toilette **The Scientific Search For The Face Of Jesus** gelesen, ein Buch über das Turiner Grabtuch. Als er gefunden wurde, hatte er seine goldene Pyjamahose um die Knöchel und lag mit dem aufgedunsenen Gesicht in einer Lache aus Erbrochenem auf dem Flokati. Alden rief den Leibwächter Al Strada und den Assistenten Joe Esposito, die tagsüber noch mit Presley Rakettball gespielt hatten. Nach Espositos erfolglosen Wiederbelebungsversuchen wurde Presley ins Baptist Memorial Hospital gebracht, wo im »Trauma Room No. 1« um 3:30 Uhr der Tod festgestellt wurde. (Einem Obduktionsbericht zufolge enthielt Presleys Körper zum Zeitpunkt des Todes Butabarbital, Kodein, Morphium, Pentobarbital, Placidyl, Quaalude, Valium und Valmid.) Sein durch »kardiale Arrhythmie« verursachter Tod im Alter von 42 Jahren machte sofort weltweit Schlagzeilen. Tausende von Fans aus aller Welt kamen gestern in Memphis an, um dem »King« die letzte Ehre zu erweisen. 25 000 Menschen schritten in Graceland an seinem Sarg vorbei. Die Teenagerinnen Alice Hovatar und Juanita Johnson kommen bei einer nächtlichen Totenwache ums Leben, als ein Auto in die Menge rast.

Eine Eskorte aus 19 Cadillacs bringt den Kupfersarg mit Elvis' Leichnam, der noch seinen berühmten Ring mit der Inschrift »TCB« (»Taking Care of Business«) trägt, auf den Friedhof Forest Hill in Memphis, wo er um 16:30 Uhr in einem Mausoleum neben seiner Mutter bestattet wird. Um die vielen tausend Blumengestecke von Graceland zum Friedhof zu bringen, waren über 100 Lieferwagen nötig.

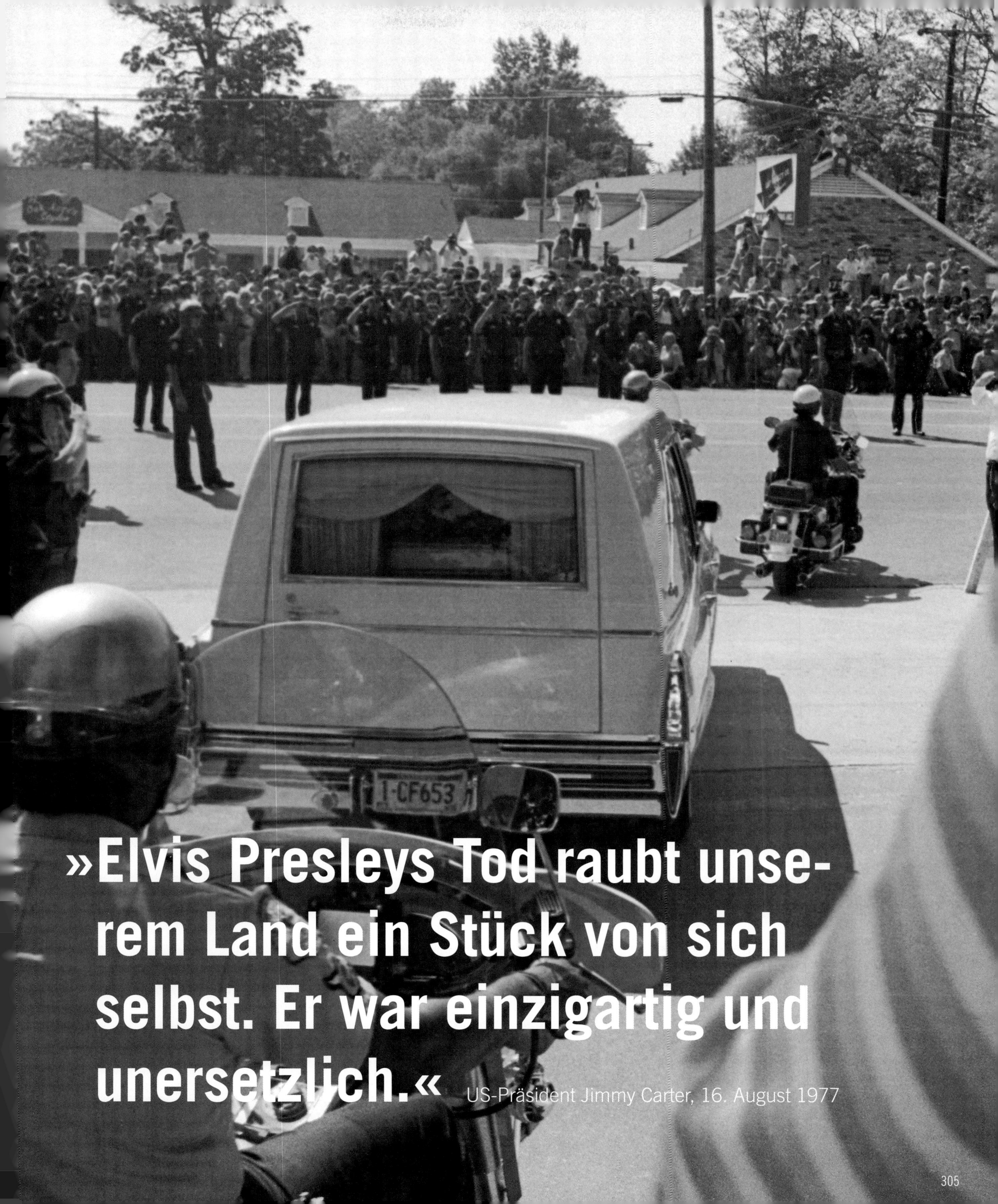

»Elvis Presleys Tod raubt unserem Land ein Stück von sich selbst. Er war einzigartig und unersetzlich.« US-Präsident Jimmy Carter, 16. August 1977

August 1977

Elvis stirbt ... Debüt der Dire Straits ... Britische Plattenfirmen feiern 25. Thronjubiläum der Queen ...

David Soul baute seine Beliebtheit als Ken Hutchinson in der Krimiserie »Starsky & Hutch« zu einer kurzen, aber erfolgreichen Gesangskarriere mit drei britischen Hits in Folge aus.

August

1 Ballantine Books veröffentlicht **Elvis: What Happened?**. Steve Dunleavy vom **National Star** dokumentiert den skurrilen Bericht der ehemaligen Bodyguards Sonny und Red West sowie Dave Hebler über das Leben mit **Presley**, der als neurotischer, übergewichtiger Eigenbrötler dargestellt wird. Das Buch, das von der Kritik verspottet wird, verkauft sich drei Millionen Mal.

11 In einem schlecht durchdachten Treffen der Kulturen spielen **The Clash**, **The Damned** und **Elvis Costello** vor Jazzfans und Hippies bei einer »Punk-Nacht« auf dem Bilzen-Festival in Lüttich. Die Veranstalter haben, dem Ruf der Punkbands und ihrer Fans folgend, einen hohen Zaun zwischen der Bühne und dem Publikum errichtet. Das Publikum ist mehr an der Absperrung als an der Musik interessiert und macht sich an das Ausgraben der Betonpfosten. Mehrere Zuschauer werden gegen den Zaun gedrückt und verletzt.

19 Die **Sex Pistols** gehen »anonym« unter dem Decknamen **S.P.O.T.S.** (»Sex Pistols On Tour Secretly«) auf Tournee und spielen im Lafayette Club in Wolverhampton. Sie spielen auch unter den Pseudonymen **Tax Exiles**, **Special Guest**, **The Hamsters** und **Acne Rebble**.

26 Stiff Records bringt **Ian Durys** Song *ex And Drugs And Rock And Roll* heraus. Geschickt werden hier die Pub-Rockszene der 70er-Jahre, in der Dury eine führende Rolle als Frontmann bei **Kilburn And The High Roads** spielte, mit der so überaus erfolgreichen New-Wave/Punk-Bewegung verknüpft. Der 35-jährige Sänger und Songschreiber hatte im Alter von sieben Jahren Kinderlähmung, seither sind ein Bein und eine Hand gelähmt. Sein neues Album ***New Boots And Panties!*** wird von der Kritik gelobt und als bahnbrechendes Werk bezeichnet. Der Ruf von Stiff Records als fantasievolles und innovatives Label wird hiermit gefestigt.

September

3 **Elvis Presley** erreicht mit *Way Down* posthum zum 17. Mal die Nr. 1 in den UK-Charts und hält diesen Platz fünf Wochen.

4 Nach der Entführung des deutschen Arbeitgeberpräsidenten Hanns-Martin Schleyer gestern in Köln wird die britische Punkband **The Vibrators**, die vorübergehend in Deutschland wohnt, im Morgengrauen unsanft von dreißig Polizisten geweckt. Die Polizei durchsucht das Haus und das Auto der Band, findet allerdings nur heraus, dass es sich bei den Vibrators um eine Punkband und nicht um Terroristen handelt.

9 **David Bowie** ist Gast bei **Marc Bolans** Fernsehshow »Marc« und singt *»Heroes«* (den Titelsong aus seinem zweiten Album des Jahres) und, im Duett mit Bolan, *Standing Next To You*. In einer weniger konventionellen Konstellation singt Bowie mit **Bing Crosby** am 28. in der US-Fernsehshow »Bing Crosby's Merrie Olde Christmas« *The Little Drummer Boy* und *Peace On Earth*. (Es grenzt an Mystik, dass Bolan und Crosby innerhalb von wenigen Wochen sterben werden.)

16 Nach einer langen Nacht in einem Londoner Club befinden sich **Marc Bolan** und seine Freundin **Gloria Jones** auf dem Heimweg. Um fünf Uhr kommt ihr Auto (Gloria Jones ist am Steuer) von der Straße ab und prallt gegen einen Baum. Gloria wird schwer verletzt, Marc Bolan wird zwei Wochen vor seinem 30. Geburtstag getötet. (An dem Auto, einem roten Mini 1275 GT, war Anfang der Woche ein Reifen ersetzt und die Räder ausgewuchtet worden. Nach dem Unfall wird festgestellt, dass der Reifendruck viel zu niedrig war und dass zwei Schrauben an einem der Vorderräder nicht richtig befestigt waren.) Bolan wird am 20. September eingeäschert.

Oktober

3 Die Package-Tour Stiff Live Stiffs umfasst 24 Termine und startet in der High Wycombe Town Hall. Es wirken mit: **Elvis Costello**, **Nick Lowe**, **Ian Dury And The Blockheads**, der Ex-Pub-Rocker und jetzige Pop-Punker **Wreckless Eric** und der Gitarrist und Ex-**Pink Fairie Larry Wallis**. Nach dieser Tour werden Costello und Lowe von Stiff zu Jake Rivieras neuem Label Radar Records wechseln.

6 Eine der wenigen Punkbands ohne Plattenvertrag, die **Siouxsie And The Banshees**, erfahren, dass jemand auf die Mauern von fünfzehn Plattenfirmen den Satz »Sign the Banshees Do it now« gesprüht hat. Die Gruppe behauptet, von dieser Aktion ihres Freundes Les Mills nichts gewusst zu haben.

8 Punk dominiert die britische Musikszene. Gegen den Trend landet der amerikanische Schauspieler **David Soul** (»Starsky & Hutch«) mit *Silver Lady* einen zweiten Chartssieg nach seinem Platin-Erfolg *Don't Give Up On Us* (im April auch in den USA Nr. 1).

12 Nach weniger als einer Hand voll Gigs geben die **Dire Straits** ihr Debüt im Rock Garden in Covent Garden. Ihr Leadsänger **Mark Knopfler** war als Lehrer, Pubrocker und Songschreiber

»Elvis war schon tot, bevor er starb. Sein Bauch war so groß, dass er jahrelang die Rockmusik verfinstert hat.« Johnny Rotten, August 1977

25 Jahre nach seinem Tod unterhalten Fans noch immer einen Schrein bei dem Baum am Queen's Ride in Putney, wo Marc Bolan ums Leben kam.

aktiv und ehemals Journalist bei der **Yorkshire Evening Post**. Zur Gruppe gehören sein Bruder **David** (ein Sozialarbeiter) an der Gitarre, der Soziologiestudent **John Illsley** und der Sessionschlagzeuger **Pick Withers**. Den Namen Dire Straits (ernste Notlage) hat sich ein Freund ausgedacht, der ihre finanzielle Lage kannte. Sie kratzten 120 £ zusammen, um in den Pathway Studios im Juli ein Demo mit fünf Songs aufzunehmen. Eine Kopie erhielt der Discjockey Charlie Gillett, der die Songs in seiner BBC-Radiosendung »Honky Tonk« präsentierte. John Stainze von Phonogram Records gehörte zu den Zuhörern, die von den Demos beeindruckt waren. Er kontaktiert die Band, und nach kurzen Verhandlungen entsteht im Dezember ein Vertrag mit dem Label Vertigo von Phonogram.

18 Zum Silbernen Thronjubiläum von Queen Elisabeth findet die Verleihung der BPI Awards im Wembley Conference Centre statt, um die beste Musik seit 1952 zu ehren. Die **Beatles** erhalten Preise für das beste britische Popalbum (für ***Sgt. Pepper's Lonely Hearts Club Band***) und werden beste britische Popgruppe. **Cliff Richard** wird bester britischer Solokünstler. *A Whiter Shade Of Pale* von **Procol Harum** und *Bohemian Rhapsody* von **Queen** werden beste britische Popsingles. (Procol Harum kommen zu diesem Anlass noch einmal zusammen.) **Simon And Garfunkel** erscheinen gemeinsam im Smoking und benötigen wegen Kameraproblemen sechs Anläufe für *Bookends/Old Friends*. ***Bridge Over Troubled Water*** wird beste internationale Single und bestes internationales Album.

20 **Lynyrd Skynyrds** Leadsänger **Ronnie Van Zant**, Gitarrist **Steve Gaines** (der letztes Jahr hinzukam), seine Schwester **Cassie Gaines** (eine der drei Backgroundsängerinnen) und Manager Dean Kilpatrick werden beim Absturz eines gecharterten Flugzeugs getötet. Die Maschine stürzt wegen Treibstoffmangels in einen Sumpf in Mississippi ab. Sie waren unterwegs von Greenville in South Carolina nach Baton Rouge, wo die Gruppe in der Universität von Louisiana spielen sollte. **Gary Rossington**, **Allen Collins**, **Billy Powell** und **Leon Wilkeson** werden schwer verletzt. MCA zieht das soeben veröffentlichte Plattencover von ***Street Survivors*** zurück. Es zeigt die Gruppe mitten in einem Flammenmeer.

20 Ein belgisches Reisebüro erhebt Anklage gegen die **Sex Pistols** und Virgin Records, da diese eine seiner Broschüren für das Cover von *Holidays In The Sun* verunstaltet haben.

28 **Journey** gibt drei Sonderveranstaltungen im Old Waldorf in San Francisco. Der 24-jährige kalifornische Sänger **Steve Perry** betritt – ganz in Weiß gekleidet – die Bühne und ergänzt die Band bei ihrer Zugabe, dem Song *Lights*. Herbie Herbet, der Manager der Gruppe, hatte ihn auf einem Demoband mit der früheren Gruppe **Alien Project** gehört. Perry wird zum ständigen Mitglied der Hardrock-Combo und wird mit dem kommenden Album ***Infinity*** deren Zukunft dramatisch verändern.

Zum Zeitpunkt ihrer Teilnahme am Punkfestival des 100 Club 1976 arbeitete Siouxsie Sioux als Kellnerin. Während ihres 20-minütigen Auftritts sprach sie unter anderem das Vaterunser.

Bat Out Of Hell ... Premiere von »Saturday Night Fever« ... Elvis Costello bei »Saturday Night Live« ...

November

3 Während eines Konzertes im Empire Pool, Wembley, verkündet **Elton John**, der bereits bei zwei Auftritten einen Kollaps erlitt: »Ich habe mich heute entschieden. Dies ist meine letzte Show.« (Er wird in Schweden, am 3. Februar 1979, auf die Bühne zurückkehren.)

5 Die Polizistin Julie Dawn Storey sieht in Nottingham im Plattengeschäft von Virgin eine Werbung für das Album ***Never Mind The Bollocks Here's The Sex Pistols***. Sie warnt den Geschäftsinhaber Christopher Seale vor Konsequenzen wegen unsittlicher Werbung. Seale entfernt das Poster, hängt es aber später wieder auf. Storey kommt zurück und verhaftet ihn. Vor Gericht erhält Seale die Unterstützung des bekannten Anwalts John Mortimer. Das Album der **Sex Pistols** erreicht in der kommenden Woche Platz 1. In den USA wird es von Warner Bros. veröffentlicht, erreicht aber nur Platz 106. Es wird aber zu einem langfristigen Erfolg, erhält Platin und wird zu einem Klassiker des Punk.

Fünf der 13 Songs auf dem Ramones-Album *Leave Home* von 1977 waren kürzer als zwei Minuten.

16 Die kanadische Progressive-Hardrock-Formation **Rush** erhält drei Goldene Platten für ***2112***, ***All the World's A Stage*** und ***A Farewell To Kings***. Rush wurde 1973 von **Alex Lifeson** (Gesang, Gitarre) und **Geddy Lee** (Bass) gegründet und ein Jahr später durch **Neil Peart** (Schlagzeug) ergänzt.

19 **Joey Ramone** von den **Ramones** zieht sich vor dem Konzert im Capitol-Theater in Passaic, bei der Explosion eines provisorischen Luftbefeuchters, schwere Verbrennungen zu. Er erhält eine Notversorgung und führt seine Show fort. Nach der letzten Zugabe wird er in eine Spezialklinik gebracht, wo er eine Woche bleiben muss. Der Genesungswunsch »Get Well« ist am Times Square in Riesenlettern zu lesen.

22 Im Pub Hope & Anchor in Islington beginnt das dreiwöchige Front Row Festival. An dieser Präsentation unterschiedlicher neuer

MEAT LOAF

28. November **WNEW-FM überträgt ein Meat-Loaf-Konzert live aus dem Bottom Line in New York, während *Bat Out Of Hell* unaufhaltsam die Charts erklettert, wo es 82 (England) bzw. unglaubliche 472 (USA) Wochen bleibt. Produzent und Komponist Jim Steinman, der die Songs eigentlich für »Neverland« (eine futuristische Musical-Version von »Peter Pan«) vorgesehen hatte, und der Sänger Meat Loaf (Marvin Lee Aday) begannen im Januar mit den Proben für das Projekt. Von einem Vertrag mit RCA sind sie zurückgetreten, weil das Label Todd Rundgren nicht als Produzenten akzeptierte. Ihr Manager David Sonenberg hat über die neu gegründete Firma Cleveland nun Epic Records dazu gebracht, das Album zu veröffentlichen. Mit weltweit über 20 Mio. verkauften Einheiten wird es eines der erfolgreichsten Alben der Rockära werden.**

»Wenn er, wie behauptet wird, der Vater des Punkrock ist, muss ich sagen: Ich würde gerne die Mutter sehen.« **The Times Diary** über Iggy Pop, 4. Oktober 1977

britischer Talente beteiligen sich die **Stranglers**, die **Dire Straits**, die Reggae-Formation **Steel Pulse**, die von Virgin Records verpflichteten **XTC** mit dem äußerst begabten Frontmann **Andy Partridge**, die **Tom Robinson Band** (seit dem 9. August bei EMI, mit dem nach eigenem Bekenntnis schwulen, politisch motivierten Sänger und Songschreiber Robinson) und die **Wilko Johnson Band** (früher **Dr. Feelgood**).

26 Die Polarisierung und die Vielfalt des britischen Musikgeschmacks wird deutlich: Das 20 Tracks umfassende Album ***The Sound Of Bread***, das schließlich doppelten Platin-Erfolg verzeichnen wird, kommt auf Platz 1 und verdrängt ***Never Mind The Bollocks Here's The Sex Pistols*** von den **Pistols**. Diese zeitlose Sammlung wird im Januar wiederum zur Nr 1.

Dezember

1 *Mull Of Kintyre* von den **Wings** ist Nr. 1 der UK-Charts und erhält Platin. Neun Wochen bleibt der Song Spitzenreiter, wird zur meistverkauften Single in Großbritannien und überholt *She Loves You* der **Beatles**. **Paul McCartney** und **Denny Laine** haben den Walzer über die Halbinsel Kintyre verfasst, die sich vor McCartneys schottischer Farm befindet. In den USA kommt der Song nicht in die Charts; die B-Seite *Girls School* wird aber Nr. 33.

14 Der Film »Saturday Night Fever« mit **John Travolta** erlebt seine Weltpremiere in New York. In diesem Discofilm wird die Geschichte des 19-jährigen italienischen Arbeiters Tony Manero erzählt, den es jeden Samstagabend in seinen Tanzclub zieht. Das Drehbuch des britischen Autors Nik Cohn basiert auf seinem eigenen Feature für das Magazin **New York**. Der Film wird zum Inbegriff der weltweiten Discobewegung. An dem Doppelalbum des Soundtracks wirken mit: die **Trammps**, **Kool And The Gang**, **KC And The Sunshine Band**, **Ralph McDonald**, **Walter Murphy And The Big Apple Band**, **Yvonne Elliman**, **MFSB**, **Tavares**, **David Shire**. Hinzu kommen drei neue Aufnahmen der **Bee Gees**. Am 21. Januar steht das Album auf Platz 1 in den USA und bleibt dort 24 Wochen – eine Rekordzeit –, in England werden es 18 Wochen sein. Insgesamt werden weltweit mehr als 20 Millionen LPs verkauft. Es ist bisher der erfolgreichste Soundtrack. Durch die fünf Kompositionen der **Gibb**-Brüder, von denen vier in den USA zur Nr. 1 werden, werden die Bee Gees – sehr zu ihrem Verdruss – unauslöschlich mit der Disco-Ära assoziiert.

15 Die **Sex Pistols** erhalten wegen ihres Strafregisters keine Visa für die USA. In zwei Wochen sollte ihre US-Tournee in Homestead, Pennsylvania, starten. Aber auch ohne das Land zu betreten, verärgern sie die Produzenten der Sendung »Saturday Night Live«. Vor drei Tagen haben sie ihre Beteiligung abgesagt, da sie lieber ein Live-Konzert geben. An ihrer Stelle wird **Elvis Costello** eingeladen.

17 **George Harrison** gibt in seinem Stammlokal, dem Row Barge in Henley-on-Thames, England ohne vorherige Ankündigung und ganz spontan ein Konzert.

Von den 17 Tracks auf dem Soundtrack-Album zu *Saturday Night Fever* kamen elf in die Hot 100 und sieben auf Platz 1 der US-Charts.

17 **Elvis Costello And The Attractions** kommen statt der **Sex Pistols** zu »Saturday Night Live«. Costello absolvierte diese Woche sein Debüt in New York im Bottom Line. Mitten im Song *Less Than Zero* hält er inne und sagt: »Sorry, Ladies and Gentlemen, es gibt keinen Grund, diesen Song zu singen.« Er beginnt mit *Radio Radio*, obwohl ausdrücklich vereinbart worden war, dass dieser Song nicht gesungen werden sollte.

22 *Boogie Nights* von den **Heatwaves** erhält Platin. Es war Nr. 2 in den USA und in den britischen Charts. Der erfolgreiche Discoklassiker wurde von dem Keyboarder **Rod Temperton** verfasst, der ab dem kommenden Jahr nicht mehr live auftreten und sich nur noch dem Schreiben von Songs widmen wird.

23 **Cat Stevens** tritt offiziell zum Islam über und nennt sich Yusuf Islam.

25 Die **Sex Pistols** geben ihr letztes Konzert in Großbritannien bei einer Benefizveranstaltung in Huddersfield. Das Publikum besteht überwiegend aus Kindern.

30 Am Ende eines der umstrittensten Jahre der britischen Rockmusik revidieren die amerikanischen Behörden ihre Entscheidung und erteilen den **Sex Pistols** eine Einreisegenehmigung. Ted Jaffe, Rechtsanwalt von Warner Bros., argumentiert, dass die Tatbestände in den USA keine Verbrechen, sondern lediglich Vergehen wären.

ROOTS **In diesem Jahr startet der Musikjournalist Martin Fry sein Fanzine Modern Drugs ... hat die R&B-Band Manchild, bei der auch der junge Gitarrist und Backgroundsänger Kenneth »Babyface« Edmonds mitspielt, einen kleinen US-Hit mit *Especially For You* ... gründet Tom Bailey, der klassisches Klavier studiert, mit Peter Dodd und John Roog in Chesterfield die Thompson Twins ... gründet Green Gartside unter dem Eindruck eines Sex-Pistols-Konzerts in Leeds die nach den politischen Schriften von Antonio Gramsci benannten Scritti Politti ... zieht Madonna Ciccone auf Anraten ihres Ballettlehrers nach New York, wo sie zunächst in einem Doughnut-Laden am Times Square arbeitet ... beginnt Suzanne Vega, die am Empfang eines Büros arbeitet, mit ihren Konzerten in der Folkszene des New-Yorker Greenwich Village ... antworten Easy Cure neben hunderten anderer Bands auf eine Anzeige der deutschen Plattenfirma Hansa im Melody Maker: »Wer will Popstar werden?«; Hansa nimmt sie für 1000 £ unter Vertrag, die sie für Equipment ausgeben ... bewirbt sich Stephen Morris mit einem Vorspielen vor dem Gefängnis Strangeways in Manchester um die Position des Schlagzeugers von Joy Division ... verlässt Chris Rea die Beautiful Losers, die vom Melody Maker 1975 zu den besten Newcomern des Jahres gekürt worden waren, um bei Magnet Records eine Solokarriere zu beginnen ...**

You're The One That I Want

1978

Nr. 1 US-SINGLES

07. Jan. How Deep Is Your Love **Bee Gees**
14. Jan. Baby Come Back **Player**
04. Febr. Stayin' Alive **Bee Gees**
04. März (Love Is) Thicker Than Water **Andy Gibb**
18. März Night Fever **Bee Gees**
13. Mai If I Can't Have You **Yvonne Elliman**
20. Mai With A Little Luck **Wings**
03. Juni Too Much, Too Little, Too Late **Johnny Mathis/Deniece Williams**
10. Juni You're The One That I Want **John Travolta And Olivia Newton-John**
17. Juni Shadow Dancing **Andy Gibb**
05. Aug. Miss You **Rolling Stones**
12. Aug. Three Times A Lady **Commodores**
26. Aug. Grease **Frankie Valli**
09. Sept. Boogie Oogie Oogie **A Taste of Honey**
30. Sept. Kiss You All Over **Exile**
28. Okt. Hot Child In The City **Nick Gilder**
04. Nov. You Needed Me **Anne Murray**
11. Nov. MacArthur Park **Donna Summer**
02. Dez. You Don't Bring Me Flowers **Barbra And Neil**
09. Dez. Le Freak **Chic**
16. Dez. You Don't Bring Me Flowers **Barbra And Neil**
23. Dez. Le Freak **Chic**

Nr. 1 UK-SINGLES

07. Jan. Mull Of Kintyre/Girls' School **Wings**
04. Febr. Up Town Top Ranking **Althia And Donna**
11. Febr. Figaro **Brotherhood of Man**
18. Febr. Take A Chance On Me **Abba**
11. März Wuthering Heights **Kate Bush**
08. Apr. Matchstalk Men And Matchstalk Cats And Dogs **Brian And Michael (Burke And Jerk)**
29. Apr. Night Fever **Bee Gees**
13. Mai Rivers Of Babylon/Brown Girl In The Ring **Boney M**
17. Juni You're The One That I Want **John Travolta And Olivia Newton-John**
19. Aug. Three Times A Lady **Commodores**
23. Sept. Dreadlock Holiday **10cc**
30. Sept. Summer Nights **John Travolta And Olivia Newton-John**
18. Nov. Rat Trap **Boomtown Rats**
02. Dez. Da' Ya' Think I'm Sexy? **Rod Stewart**
09. Dez. Mary's Boy Child – Oh My Lord **Boney M**

The Sex Pistols

Boney M

Als sich die Sex Pistols im Januar 1978 trennten, besuchten Steve Jones und Paul Cook den Postzugräuber Ronald Biggs in Rio de Janeiro ... Boney M wurden von Frank Farian »zusammengestellt«, weil er aufgrund des Erfolgs seiner Single *Baby Do You Wanna Bump?* in den Niederlanden eine Gruppe brauchte, um den Song live zu spielen. Und dann kamen Milli Vanilli.

Dance, Dance, Dance. Die Musik von **Chic**, eine Erfindung der Produzenten **Bernard Edwards** und **Nile Rodgers**, flackerte über die Tanzflächen. *Le Freak* war eine Sonderausgabe für Discjockeys und wurde zur meistverkauften Single von Atlantic Records. Disco war überall. Selbst die **Stones** machten mit und lieferten *Miss You*. Auch **Rod Stewart** ließ sich auf diese neue Gattung ein und sang *Da' Ya' Think I'm Sexy?* **Funkadelic** reagierte mit *One Nation Under A Groove*, um nicht ganz aus dem Nachtleben verbannt zu werden. Ihre Synthese von Gitarren, Bass, Rhythmus und Bläsern verkündete die Macht des Funk. Die Texte waren anspruchsvoller als die des deutschen Produzenten **Frank Farian** für seine enorm erfolgreiche Dance/Pop-Schöpfung **Boney M**.

Die **Sex Pistols** hatten den britischen Medien Schlagzeilen geliefert, aber in den USA kamen nur wenige 100 Zuschauer. Nach ihrer Show im Winterland Ballroom in San Francisco kommentierte **Rolling Stone**: »Man konnte die Hand ausstrecken und jede zerzauste Note anfassen.« Die Show war eher zerstreut als zerzaust. Die Band brach wenige Tage danach auseinander. Der ehrwürdige Winterland Ballroom schloss Ende 1978.

Die britische Szene hatte besseren Punk zu bieten. **The Clash** produzierte ein Album von elementarer Kraft – Symbol einer kaputten und polarisierten Gesellschaft. Aber ihre Musik wurde auch »rock-freundlicher«. Sie fand ein breiteres Publikum, jedoch kaum Glaubwürdigkeit bei den Hardcore-Punks. **Sham 69** spielte urwüchsig und beteiligte sich an Rock Against Racism. Viele britische Talente waren bei Stiff Records gelandet. Dies bezeugten die klugen Texte von **Ian Dury And The Blockheads**, die Punk und Funk in Meisterwerken wie *Sex And Drugs And Rock'n'Roll* und *Hit Me With Your Rhythm Stick* zusammenbrachten. **Elvis Costello And The Attractions** waren ebenfalls bei Stiff. Das Debütalbum ***My Aim Is True*** gehörte zu den wenigen aus diesem Haus, die auch in den USA Erfolge erzielten.

Im Herbst erschienen **Police** im britischen Fernsehen und traten im CBGB's in New York auf. Die **Dire Straits** waren eine weitere britische Band, die den Durchbruch schaffte, zumindest im eigenen Land. Ihr Bluesrock entsprach nicht dem Trend der Zeit, aber **Mark Knopflers** dahinfließende Gitarre bei *Sultans Of Swing* brachte einen einzigartigen Sound und einen Single-Hit.

New Wave, die vorzeigbare Variante des Punk, kam in den USA auf. Die **Talking Heads** produzierten ***More Songs About Buildings and Food***, eine kunstvolle Pop-Funk-Kreation von **Brian Eno**. **Blondie** nahmen das erfolgreiche Album ***Parallel Lines*** auf, das mit **Debbie Harry** den Mainstream-Durchbruch schaffte. Das Debütalbum von **The Cars** wurde zum Dauerbrenner in den Charts.

Die Welt der Rockmusik musste 1978 bittere Verluste verkraften: **Terry Kath**, Gitarrist von **Chicago**, **Keith Moon**, Schlagzeuger von **The Who**, und **Sid Vicious**, der seine Freundin in einem Anfall von Zerstörungswut umbrachte, starben.

»[Die Talking Heads sind] eine der interessantesten originellen Rockbands, die die letzten Jahre hervorgebracht haben.«

Newsweek, 21. August 1978

Januar

1978

Sex Pistols in den USA ... *Wuthering Heights* ... Bee Gees dominieren US-Charts ...

Januar

5 Die amerikanischen Medien dokumentieren jede Bewegung der **Sex Pistols**, die ihre US-Tournee vor vollbesetztem Haus in der Great Southeast Music Hall in Atlanta beginnen. Johnny Rotten begrüßt das amerikanische Publikum mit der Frage: »Wo ist mein Bier?«. Die Band legt los mit *God Save The Queen*. Danach sagt Rotten: »Wir sind hässlich, und wir wissen es ... Da könnt ihr sehen, was für eine tolle Jugend England heutzutage auf die Beine bringt.« Sie selbst sagen nachher, dass dies ihr schlechtester Auftritt war.

Zwischen dem 24. Dezember 1977 und dem 9 Juni 1979 hatten die Bee Gees in den USA sechs Nr.-1-Hits.

14 Nach Shows an so exotischen Orten wie Randy's Rodeo, Kingfisher Club und Cain's Ballroom stehen die **Sex Pistols** im Winterland Ballroom in San Francisco vor 5000 Zuschauern. Es soll ihr letzter gemeinsamer Auftritt werden. Zum Abschluss sagt Rotten: »Ha! Ha! Hattet ihr jemals das Gefühl, reingelegt worden zu sein? Gute Nacht.« Er wird morgen die Tour verlassen und **Malcolm McLaren** für die Verwirrung verantwortlich machen. Er führt so die Tour und die kurze Herrschaft der Sex Pistols zu einem abrupten Ende.

21 **Randy Newman** gastiert bei »Saturday Night Live«. Er singt *Rider In The Rain* und seinen aktuellen US-Hit *Short People*. Die Zeile »Short people got no reason to live« (Kleine haben keinen Grund zu leben) wird kleine Amerikaner ohne Sinn für Humor aufbringen.

Kate Bush wurde am 30. Juli geboren, demselben Tag (nur 140 Jahre später) wie Emily Brontë, die Autorin des Romans Wuthering Heights (deutsch: Sturmhöhe), auf den Kate Bush sich bezieht.

23 **Terry Kath**, der 32-jährige Gitarrist von **Chicago**, ist seit Jahren ein eifriger Waffensammler. Er schießt sich selbst unbeabsichtigt in den Kopf, als er im Haus eines Freundes in Woodland Hills mit einem Gewehr spielt, von dem er glaubt, dass es nicht geladen sei. Er ist sofort tot.

25 **Elvis Costello** beginnt in den Armadillo World Headquarters in Austin eine sechswöchige Tour durch Nordamerika. Er wird begleitet von **Mink DeVille** , der New-Yorker New-Wave-Combo von **Willy DeVille**, und der neuen Band **Rockpile** von **Dave Edmunds** und **Nick Lowe**.

Februar

3 **Harry Chapin** hat sich vier Monate erfolgreich im Senat und im Repräsentantenhaus darum bemüht, eine Kommission zur Bekämpfung des Hungers zu gründen. Er trifft Präsident Carter im Weißen Haus. Bei einer Zusammenkunft im Kabinettraum kündigt Carter die Gründung einer Kommission an, die sich mit Fragen des Hungers und der Unterernährung beschäftigt.

14 **Dire Straits** beginnen in London unter Produzent **Muff Winwood** mit den Aufnahmen für ihr erstes Album. Die Kosten für die Sessions, aus denen der Hit *Sultans Of Swing* und das Album ***Dire Straits*** entstehen, betragen 12 500 £. Das von **Mark Knopfler** geschriebene Album soll im Mai erscheinen und wird sein typisches, gekonnt flüssiges Gitarrenspiel und seinen vom Blues geprägten Gesang demonstrieren. Beides erinnert an den eigenbrötlerischen amerikanischen Singer/ und Songwriter **J. J. Cale** (der eines Tages sagen wird: »Ich hoffe, dass Knopfler irgendwann einen meiner Songs covert, anstatt immer nur so wie sie zu klingen.«)

14 Nach ihrem ersten Fernsehauftritt bei »Bios Bahnhof«, einer Sendung aus einem ehemaligen Eisenbahndepot, letzte Woche, präsentiert die 19-jäh-

Van Halen

Heart

Van Halen ließen sich in den Verträgen für ihre Tourneen zusichern, dass bei hinter der Bühne gereichten bunten M&M-Schokoladenbonbons keine braunen dabei sein durften ... Heart, eine Rockband aus Seattle um die Schwestern Ann und Nancy Wilson, schafften 1979 mit *Dreamboat Annie* den Durchbruch.

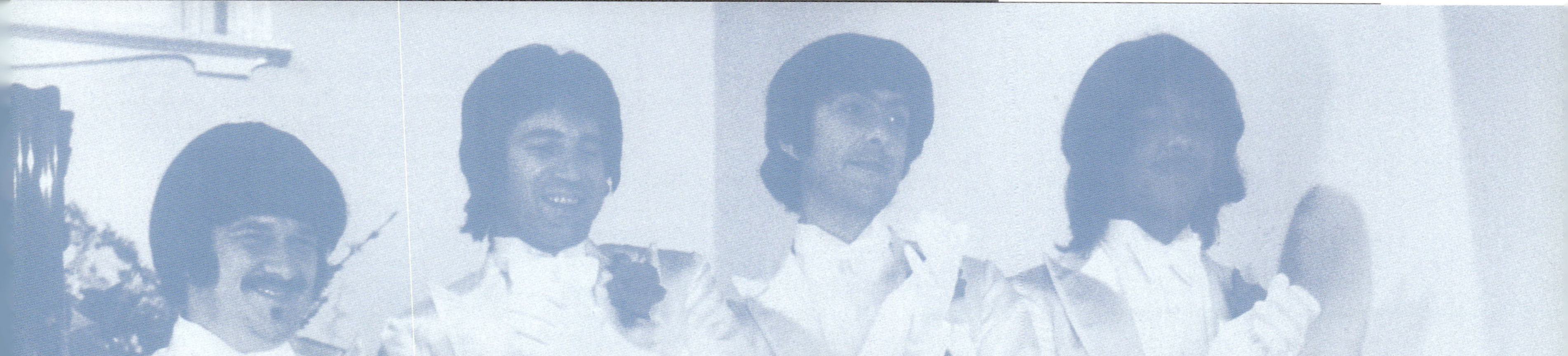

rige englische Sängerin und Songschreiberin **Kate Bush** nun ihren ersten Hit *Wuthering Heights* bei »Top of the Pops«. Der Song setzt sich vom gängigen Mainstream deutlich ab. Eine üppige Orchesterbegleitung umgibt ihre einzigartige, geradezu ätherisch klingende Sopranstimme. Der Song steht am 11. März auf Platz 1 der UK-Charts. Kate Bush etabliert sich schon bald als neues Talent.

22 Ein Werbespot für Wrigleys Kaugummi mit **Police** ist im US-Fernsehen zu sehen. Die Band musste für die Aufnahme mit blond gefärbten Haaren auftreten und prägt so ihr neues Image für den Rest des Jahres.

23 In einem in Großbritannien vom Punk dominierten Jahr sind die eher sanften amerikanischen Rockgruppen die großen Gewinner bei der 20. Verleihung der Grammy Awards. **Fleetwood Mac** und die **Eagles** erhalten die beiden wichtigsten Preise: Album des Jahres (***Rumours***), und Platte des Jahres (*Hotel California*). Der 39-jährige Country-Pop-Sänger **Kenny Rogers**, der die Eagles gefördert hatte, wird mit seiner Ballade *Lucille* zum besten Countrysänger.

23 **Sid Vicious**, zurzeit in New York mit Soloauftritten bei Max's und CBGB's beschäftigt, wird mit seiner amerikanischen Freundin Nancy Spungen wegen Drogenbesitzes festgenommen.

März

3 **Van Halen** startet die erste US-Tour im Aragon Ballroom, Chicago. Sie promoten ihr erstes Album ***Van Halen***. **Ted Templeman**, Produzent bei Warner Bros., der sie im letzten Jahr zu diesem Label brachte, leitete die Produktion. Das Hardrock/Heavy-Metal-Quartett nennt sich nach den aus Holland stammenden Brüdern **Van Halen**, dem Gitarristen **Eddie** und dem Schlagzeuger **Alex**. Sie tun sich 1973 mit Leadsänger **David Lee Roth** und dem Bassisten **Michael Anthony** (früher bei **Snake**) zusammen.

17 Nach Auftritten in Dubliner Pubs und Clubs gewinnt die couragierte Rockband **U2**, deren Mitglieder alle noch zur Schule gehen und die sich vor kurzem noch **The Hype** nannten, den Wettbewerb der Limerick Civic Week Pop '78, gesponsert vom **Evening Press** und von Guinness Harp Lager. Sie gewinnen 500 £ und die Chance, sich im Juni in den Keystone Studios für CBS zu präsentieren. Das Quartett war ursprünglich als Coverband mit dem Namen **Feedback** gegründet worden. Mitglieder sind **Paul Hewson** (der sich den Spitznamen **Bono** nach einer Werbung für die Hörgerätefirma Bono Vox gab), Gitarrist **David Evans** (der sich den Namen **The Edge** zugelegt hatte), Bassist **Adam Clayton** (der letzte Woche aus der Dubliner Gesamtschule Mount geflogen ist) und Schlagzeuger **Larry Mullen Jr.**

18 Ungefähr 350 000 Menschen kommen zum Festival California Jam II in Ontario. Es spielen **Aerosmith**, **Heart**, der französische Synthesizer-Künstler **Jean Michel Jarre** (der im letzten Jahr seinen Durchbruch mit ***Oxygène*** schaffte), das kanadische Hardrock-Trio **Frank Marino And Mahogany Rush**, Ex-**Fleetwood-Mac**-Singer/Songwriter und Gitarrist **Bob Welch**, Ex-**Traffic**-Gitarrist **Dave Mason**, **Ted Nugent** und **Santana**.

18 Auf dem Höhepunkt ihres kommerziellen Erfolges ersetzt der Discoklassiker der **Bee Gees** *Night Fever* den Song des jüngeren Bruders **Andy Gibb** *(Love Is) Thicker Than Water* auf Platz 1 in den USA. Es ist der fünfte Spitzenplatz für das Label RSO, während *Stayin' Alive* auf Platz 2 steht. Die Bee Gees haben auch *Emotion* von **Samantha Sang** geschrieben, das auf Platz 3 steht.

22 Das Interesse an der legendären Liverpooler Band **The Rutles** wird durch die NBC-Fernsehsendung »All You Need Is Cash« – »Their lives, their loves, their trousers, their music« geweckt. Der Film enthält Behauptungen der Bluessänger Blind Lemon Pye und Rambling Orange Peel, dass die Rutles ihre Musik kopierten. Noch obskurer sind Vorwürfe der Medien, dass die Rutles nur eine Satire auf die **Beatles** seien, die von **Eric Idle** (von Monty Python) und **Neil Innes** (Mitglied der **Bonzo Dog Doo Dah Band**) erfunden worden seien. Sie sollen **Ricky Fataar**, den Ex-Musiker der **Beach Boys**, und den Rock-Session-Schlagzeuger **John Halsey** dazu überredet haben, eine fiktive Gruppe zu gründen, deren Story und deren Songs den Beatles glichen. **Mick Jagger**, **Paul Simon** und **George Harrison** versuchen in dieser Dokumentation, die Absurdität dieser skurrilen Vorstellungen zu beweisen.

30 **Paul Simonon** von **The Clash** und **»Topper« Headon** werden in London verhaftet, da sie Brieftauben mit Luftgewehren vom Dach der Chalk Farm Studios abgeschossen haben. Vier Streifenwagen und ein Hubschrauber werden eingesetzt. Die beiden sind bereits an Bußgelder gewöhnt und werden um 800 £ erleichtert.

April

1 *Because The Night*, eine Gemeinschaftsproduktion von **Patty Smith** und **Bruce Springsteen**, steigt auf Platz 5 der UK-Charts und in den USA auf Platz 13. Patty tritt drei Mal vor ausverkauftem Haus im Rainbow Theatre auf. Das Album ***Easter***, Favorit der Kritik, wurde mit dem Produzenten Jimmy Iovine aufgenommen.

14 Die im letzten Jahr in Manchester gegründete Post-Punk-Underground-Band **Joy Division**, mit **Ian Curtis** (Gesang), **Bernard Albrecht** (Gitarre), **Peter Hook** (Bass) und dem Schlagzeu-

Der einbeinige Apotheker Leggy Mountbatten übernahm das Management der Rutles, weil er vom perfekten Sitz ihrer Hosen so angetan war.

Boney M mit *Rivers Of Babylon* ... Dylan und Clapton ... Keith Moon stirbt ...

Gerry Rafferty

Steely Dan

ger **Stephen Morris**, nimmt an dem Wettbewerb Stiff Test/Chiswick Challenge der beiden unabhängigen Labels im Rafters Club teil. Sie spielen als letzte Gruppe gegen zwei Uhr morgens, aber sie beeindrucken den Discjockey (und ihren zukünftigen Manager) Rob Gretton. Der Fernsehjournalist Tony Wilson, Chef von Factory Records, ist ebenfalls von der Band überzeugt.

21 Die ehemalige Leadsängerin von **Fairport Convention**, die 31-jährige **Sandy Denny**, stirbt nach dem Sturz von einer Treppe an Gehirnblutungen. Gemeinsam mit **Trevor Lucas**, ihrem späteren Ehemann, hatte sie 1969 Fairport verlassen, **Fotheringay** gegründet und 1970 das Album gleichen Namens herausgebracht. Danach nahm sie drei von der Kritik gelobte Soloalben auf, bevor sie sich 1975 wieder für ein Jahr Fairport Convention anschloss.

22 **Bob Marley And The Wailers** sind die Stars des One Love Peace Concert in Kingston. Außerdem wirken die Reggae-Musiker **Dennis Brown**, **Culture**, **Inner Circle**, die **Mighty Diamonds** und der als Solist auftretende **Peter Tosh** mit. Marley bringt Premierminister Michael Manley und Oppositionsführer Edward Seaga auf die Bühne, die zusagen, sich für das Gemeinwohl einzusetzen.

28 **Cheap Tricks** Auftritt in der Budokan Hall in Tokio wird ihre Karriere verändern. Das amerikanische Rockquartett wurde von dem Gitarristen **Rick Nielsen** gegründet und präsentiert den Leadsänger **Robin Zander**. Sie sind in Japan, wo eine regelrechte »Trickmania« ausbricht, bekannter als in den USA. Das heutige Konzert wird durch das Album ***Cheap Trick At Budokan*** bekannt.

Als einziger Act sind Boney M zweimal in der Liste der meistverkauften britischen Singles vertreten: *Rivers Of Babylon/Brown Girl In The Ring* (1 985 000 Exemplare) und *Mary's Boy Child – Oh My Lord* (1 790 000 Exemplare).

Gerry Rafferty war Mitglied von Stealers Wheel, die 1973 mit *Stuck In The Middle With You* einen Hit hatten ... Steely Dan hatten ihren Namen aus W. S. Burroughs' Roman The Naked Lunch.

Eagles, **Neil Young**, **Billy Joel**, den 31-jährigen Sänger, Songschreiber und Pianisten **Warren Zevon** (der gerade mit *Werewolves of London* Erfolg hat), **Steve Miller**, **Foreigner**, die **Doobie Brothers**, **Bob Seger**, den 26-jährigen Sänger und Songschreiber **Dan Fogelberg** (der bereits drei Platinerfolge aufweisen kann), **Queen**, **Joe Walsh** (immer noch bei den Eagles, aber auch Solokünstler; bald wird sein größter Hit *Life's Been Good* herauskommen) und **B. B. King** – und als Krönung das Titelthema von **Steely Dan**.

13 Bei »American Bandstand« gastiert **Chic**, eine neue Discoband des Labels Atlantic Records. Zu ihr gehören die Sänger, Songschreiber und Produzenten **Bernard Edwards** (Bassist) und **Nile Rodgers** (Gitarrist). Sie präsentieren ihren zweiten Hit *Everybody Dance*. Der Soul/Rock-Sänger und Ex-**Vinegar-Joe**-Frontmann **Robert Palmer** aus Yorkshire folgt mit seinem *Every Kind Of People*.

»Einer der begabtesten Rockschlagzeuger der zeitgenössischen Musik.«

Aus dem Nachruf der **Times** auf Keith Moon, 9. September 1978

Mai

1 *Rivers Of Babylon/Brown Girl In The Ring* von **Boney M** erhält Platin. Die Gruppe ist das Produkt des deutschen Produzenten Frank Farian, der 1976 vier in München ansässige Sessionmusiker aus der Karibik zusammenbrachte, um seine elektronischen Dance/Pop-Kreationen zu präsentieren. Hierbei setzt er eine stilisierte Kombination von Frauen- und Bass-Männerstimmen ein. Nach ihrem Hit *Daddy Cool* im letzten Jahr erobert die Gruppe Europa mit ihren Ohrwürmern im Sturm. *Rivers Of Babylon* wird im Mai Nr. 1 der UK-Charts. Im Sommer ist dann die B-Seite an der Reihe und wird Nr. 2. Im Oktober schafft die erfolgreichste europäische Gruppe des Jahres noch einmal den zweiten Platz mit *Rasputin*, bevor dann im Dezember mit dem Cover von Harry Belafontes Hit (1957) *Mary's Boy Child* wieder die Spitze erklommen wird.

3 »FM«, ein Film über das Alltagsleben in einem amerikanischen Radiosender, feiert in Los Angeles Premiere. Der Film wird ein kommerzieller Flop, aber der Soundtrack bringt es in den USA bis auf Platz 5 und wird zum Platin-Erfolg. Der Soundtrack präsentiert die besten Künstler, die zurzeit im Radio zu hören sind, wie die

13 Fünf Jahre nach seinem letzten Hit erreicht der 32-jährige R&B-Sänger **Donny Hathaway** Platz 2 in den USA hinter **Yvonne Ellimans** *If I Can't Have You*. Hathaways neuer Hit ist sein viertes Duett mit **Roberta Flack**, das langsame, gefühlvolle *The Closer I Get You*, eine Komposition von **James Mtume**/**Reggie Lucas** aus ihrem Album ***Blue Lights In The Basement***. Hathaway ist ein perfekter Musiker, Sänger und Produzent, der in den letzten zehn Jahren für mehrere Labels wie Chess, Stax und **Curtis Mayfields** Curtom Records gearbeitet hat. Er und Flack haben einen Grammy für ihren Hit *Where Is The Love* (1972) erhalten.

26 **The Cure** ist eine neue Art-Punkband, bestehend aus dem 19-jährigen Sänger und Gitarristen **Robert Smith**, dem Keyboarder **Lol Tolhurst** und dem Gitarristen **Porl Thompson**. Sie nehmen in den Chesnut Studios in Sussex *Boys Don't Cry* auf und ergänzen so ihre Demos, durch die sie bei Fiction Records einen Vertrag erhalten werden, einem neuen Label des ehemaligen Programmchefs von Polydor Chris Parry.

Als sie im Haus der Großmutter ihres Gitarristen Bernard Albrecht in Manchester zu proben begannen, nannten sich Joy Division noch Stiff Kittens.

Juni

9 The Factory, ein neuer Underground-Musikclub, wird von Tony Wilson in Manchester mit einer Show von **Joy Division** eröffnet. Das Plakat hatte Peter Saville entworfen, der viele Veröffentlichungen des Labels Factory gestalten wird.
17 **Andy Gibb** schafft als erster Künstler mit seinen ersten drei Werken die Nr. 1: *Shadow Dancing* führt die Hot 100 an.
29 Auf Wunsch von Bernie Rhodes, Manager von **The Clash**, sind die **Special AKA** Vorgruppe der Band im Friars Club in Aylesbury beim Start ihrer UK-Tour On Parole. Sie erhalten anfangs 25 £ pro Abend. Special AKA ist eine vom Punk geprägte Ska-Band aus Coventry. Der 23-jährige Keyboarder **Gerald Dankin** (alias **Jerry Dammers**) hat eine internationale Gruppe mit dem Sänger **Terry Hall**, dem Perkussionisten **Neville Staples**, dem Gitarristen **Lynval Golding** und dem Bassisten **Sir Horace Gentleman** zusammengestellt.

Juli

8 Nachdem er Gast der Talkshow »David Frost« war, steht der 31-jährige schottische Sänger, Songschreiber und Gitarrist **Gerry Rafferty** mit dem Album ***City To City*** an der Spitze der Charts. Er verdrängt ***Saturday Night Fever*** (der Soundtrack war fast sechs Monate auf diesem Platz). Raffertys exzellente Sammlung von Folkrockstücken hat in England und in den USA Platinerfolg. Zu seinem Markenzeichen wird der Hit *Baker Street*, der von einem fesselnden Saxophon-Riff des Sessionmusikers **Raphael Ravenscroft** geprägt wird.
13 Radio BBC verbietet zum dritten Mal eine Single der **Sex Pistols**: *No One Is Innocent (A Punk Prayer By Ronnie Biggs)*, auf der der Postzugräuber Ronnie Biggs höchst persönlich zu Wort kommt. **Paul Cook** und **Steve Jones** reisten zu Biggs nach Brasilien, wo er sich der britischen Justiz zu entziehen versuchte, um diese Aufnahme zu machen. Virgin weigerte sich, die Single unter ihrem ursprünglichen Titel *Cosh The Driver* zu veröffentlichen. Aber jetzt kommt sie als Doppel-A-Seite auf den Markt, gekoppelt mit einer Version des Klassikers *My Way* von **Sid Vicious**.
15 **Bob Dylan, Eric Clapton, Graham Parker, Joan Armatrading** und andere sind die Stars des Picnic at Blackbushe Aerodrome auf einem Flugplatz in der Nähe von Camberley in Surrey vor ungefähr 200 000 Menschen. Dylan, der mit dem Zug angereist war, wird am Ende seines dreistündigen Programms bei *Forever Young* von Eric Clapton unterstützt
22 **Rick James**, früher bei **Main Line** und jetzt Frontmann bei **Stone City Band**, interpretiert seinen Hit *You And I* bei »American Bandstand«. Der Funkrock-Sänger, Songschreiber und Gitarrist (ein Neffe des Sängers **Melvin Franklin** von den **Temptations**) hat eine wilde Vergangenheit: er verließ die Schule mit 15 Jahren, war zwei Mal wegen Autodiebstahls im Gefängnis und quittierte den Dienst bei der Marine ohne Erlaubnis, bevor er 1965 nach Toronto kam. Dort gründete er mit seinem Zimmergenossen **Neil Young** die Rock/Soul-Band **Mynah Birds**. James steht beim Motown-Label Gordy Records unter Vertrag. Gerade ist dort sein Debüt-Album ***Come And Get It!*** erschienen.
25 **Johnny Rotten** trägt wieder seinen richtigen Namen **John Lydon** und verkündet die Gründung der Band **Public Image Limited**. Nach einem Urlaub auf Jamaika ist Lydon zurückgekehrt, um diese neue Formation mit **Keith Levene**, dem Ex-Mitglied von **The Clash**, und dem noch unbekannten Bassisten **Jah Wobble** ins Leben zu rufen. Hinzu kommt der Kanadier **Jim Walker**, der früher Schlagzeuger bei den **Furys** war. Ihn hatte man über eine Anzeige gefunden. Die Band versteht ihren Namen als verstecktes Anti-Rock'n'Roll-Statement. Sie werden von Virgin Records übernommen.

August

9 Zwei Tage vor seinem 24. Geburtstag unterschreibt **Joe Jackson**, Sänger, Songschreiber, Pianist und Absolvent des Royal College of Music, einen Vertrag bei A&M Records. Danach fährt Jackson zu den Eden Studios, um die Aufnahmen für sein Debütalbum ***Look Sharp!*** mit dem Produzenten David Kershenbaum zu beginnen.
19 Die **Cars** traten gestern gemeinsam mit **Journey**, der **Marshall Tucker Band** und **Thin Lizzy** im California Expo Center in Sacramento auf. Heute spielen sie allein im Old Waldorf in San Francisco. Sie spielen zwölf Songs, unter anderem ihren neuen Hit *Just What I Needed* und *My Best Friend's Girl*. Die schrullige New-Wave-Rockband aus Boston wird von dem Sänger, Songschreiber und Gitarristen **Ric Ocasek** geleitet und wurde letzten November bei Elektra Records verpflichtet. Sie sind auf Tour, um für ihr Debütalbum ***The Cars*** zu werben, das sich 139 Wochen in den Charts tummeln wird.
26 Das erste Festival Canada Jam findet in Ontario vor 80 000 Besuchern statt. Zu hören sind die **Commodores** (die mit der von **Lionel Richie** verfassten Ballade *Three Times A Lady* in den USA auf Platz 1 stehen), **Earth, Wind And Fire, Kansas, Dave Mason** und die **Village People**, eine forsche Disco-Pop-Combo des französischen Produzenten und Songschreibers Jacques Morali. Die Sänger dieser Gruppe stellen jeweils einen ganz bestimmten Typ von Amerikaner dar: einen Cowboy, einen Indianer, einen Polizisten, einen Radfahrer, einen Soldaten und einen Bauarbeiter. Ihren Durchbruch schaffen sie mit *Macho Man*, das nächste Woche in die Charts kommen wird.

September

2 Der Soulsänger **Teddy Pendergrass** hat die Gruppe **Harold Melvin And The Blue Notes** 1976 verlassen, um eine Solokarriere zu starten. Sein zweites Soloprojekt, das Album ***Life Is A Song Worth Singing***, hat bereits Platin erhalten. Er bietet in der Avery Fisher Hall in New York ein Mitternachtskonzert an, das allein Frauen vorbehalten ist. Die Frauen erhalten weiße Schokolade und Lutscher im Teddybär-Format. Einige bedanken sich bei dem Sänger, indem sie ihm ihre Unterwäsche zukommen lassen. Weitere »Ladies-Only«-Konzerte (es gibt grundsätzlich nur Stehplätze) werden als PR-Gag des Managers Shep Gordon folgen, um den Ruf von Pendergrass als Charmeur auszuschlachten.
7 **Keith Moon** von **The Who** kehrt mit seiner Freundin Annette Walter-Lax in seine Wohnung am Curzon Place zurück. Er hatte auf Einladung von **Paul McCartney** die Premierenfeier des Films »The Buddy Holly Story« besucht. Er sieht sich bis vier Uhr morgens das Video »The Abominable Dr. Phibes« an. Dann nimmt er einige Tabletten, die ihm verschrieben wurden, um seinen Alkoholismus zu bekämpfen. Er schläft ein und wacht gegen halb neun auf, isst ein Steak, sieht sich den Film noch einmal an und nimmt weitere Tabletten, bevor er wieder einschlummert. Gegen 16 Uhr findet ihn seine Freundin bewusstlos vor und ruft den Arzt Dr. Geoffrey Dymond. Im Krankenhaus wird sein Tod festgestellt. Eine Autopsie ergibt, dass sich 28 unaufgelöste Tabletten in seinem Magen befinden, die vierzehnfache Dosis. Der Nachruf der **Times** beschreibt ihn als »einen der talentiertesten Rock'n'Roll-Schlagzeuger der Gegenwart«.
9 **The Tubes**, die theatralische Rockformation um **Fee Waybill** aus San Francisco, beendet ihren Beitrag zu dem Festival Oh God, Not Another Boring Old Knebworth … mit einem **Who**-Medley zu Ehren von **Keith Moon**. **Peter Gabriel, Frank Zappa**, die **Boomtown Rats**, **Rockpile** mit **Dave Edmunds** und **Nick Lowe** und **Wilko Johnson's Solid Senders** runden das Programm ab. Mr Pruett, zuständig für die Genehmigung des Events, sagt zu dem Geräuschpegel des Festivals: »Seit dem Sperrfeuer der Artillerie beim Überschreiten des Rheins im Zweiten Weltkrieg habe ich so etwas nicht mehr gehört.«

16. Juni Der auf einem erfolgreichen Broadway-Musical basierende Film »Grease« mit **John Travolta** als ledergekleidetem Danny Zuko und **Olivia Newton-John** als Sandy Olsen sowie Stockard Channing als Rizzo kommt in die US-Kinos. Der von Robert Stigwood produzierte Film zeichnet unter der Regie von Randall Kleiser ein verklärtes Bild des Lebens an einer amerikanischen High School der 50er-Jahre. Trotz böser Verrisse liebt das Publikum den Film. Das Soundtrack-Album erobert während 12 Wochen auf Nr. 1 in den USA und 13 Wochen in den UK-Charts mehrfaches Platin. Die Single *You're The One That I Want*, die vorige Woche auf Platz 1 kam, wird ein internationaler Nr.-1-Hit. Der von **Barry Gibb** komponierte Titelsong bringt dem Ex-**Four-Seasons**-Sänger **Frankie Valli** im August seinen zweiten US-Nr.-1-Hit ein.

Mit 3388 Vorstellungen in über acht Jahren belegt die Bühnenvorlage für »Grease« Platz 8 unter den am längsten gespielten Musicals aller Zeiten. Barry Bostwick war der erste Danny Zuko, später spielte auch Richard Gere diese Rolle.

»›Grease‹ ist das Zauberwort.«

Barry Gibb

September

1978

Grateful Dead in Ägypten ... Cars veröffentlichen erste Picture-Disc in England ... Chic und *Le Freak* ...

---

14 **The Grateful Dead** geben das erste von drei Konzerten im Sound & Light Amphitheatre neben der Pyramide von Gizeh. Der letzte Termin wurde so geplant, dass es während einer Mondfinsternis stattfindet. Der Erlös der Konzerte geht an die ägyptische Denkmalpflege und an eine Hilfsorganisation für Behinderte.

Oktober

5 **Jeff Waynes** ***War Of The Worlds***, ein Rockmusical nach dem Roman von H. G. Wells, erhält Platin. Das Doppelalbum wird eines der meistverkauften Alben der 80er-Jahre und verzeichnet vierfachen Platinerfolg. Es wirken mit: **Julie Covington** als Beth, **David Essex** als Artillerie-Mann, **Phil Lynott** als Pfarrer und **Jo Partridge** als Heat Ray. Richard Burton spielt einen Journalisten und führt als Erzähler durch die Geschichte. **Justin Hayward** von **The Moody Blues** steuert zwei Songs bei, unter anderem *Forever Autumn*, der es bis auf Platz 5 der UK-Charts schaffen wird.

9 Der belgische Chansonsänger **Jacques Brel** stirbt im Alter von 49 Jahren. Vor zwei Tagen war er wegen einer Lungenembolie ins Krankenhaus eingeliefert worden. Der in Brüssel geborene Sänger, Songschreiber, Schauspieler und Regisseur beeinflusste zahlreiche Künstler, von **David Bowie** über **Leonard Cohen** bis **Rod McKuen** (der Brels Chansons in die englische Sprache übertrug) und **Scott Walker**. *If You Go Away*, die Übersetzung von *Ne me quitte pas*, wurde zum Klassiker, der unter anderem von **Frank Sinatra**, **Neil Diamond**, **Tom Jones**, **Dusty Springfield** und **Glen Campbell** interpretiert wurde.

14 Die vier Mitglieder von **KISS** kommen mit ihren vier Soloalben in die Charts. Jedes LP-Cover zeigt das passende Porträt des jeweiligen Künstlers, gemeinsam bilden sie ein vierteiliges Wandbild. (Also muss man alle vier Alben kaufen, um ein vollständiges Bild zu erhalten.) Jede Platte hat bereits Platin erbracht, aber die Verkaufszahlen sind nicht so hoch wie erwartet. **Gene Simmons** schneidet am besten ab und erreicht Platz 22 in den USA, es folgen **Ace Frehley** (Nr. 26), **Paul Stanley** (Nr. 40) und **Peter Criss** (Nr. 43). Simmons wird durch seine Strategie zum Sieger: Er setzt **Helen Reddy**, **Cher** und **Janis Ian** als Backgroundsängerinnen ein und beschließt das Album mit dem Disney-Klassiker *When You Wish Upon A Star.*

20 **Sting** und **Andy Summers** sind mit dem Billigflieger Laker Skytrain nach New York geflogen und haben ihre Instrumente im Handgepäck mitgenommen. Der Schlagzeuger **Stewart Copeland** war bereits gestern zum heutigen US-Debüt von **Police** im CBGB's angereist. Die gesamte Tournee umfasst 23 Termine.

November

4 **Van Morrison** gastiert bei »Saturday Night Live« und singt *Kingdom Hall* und *Wavelength* aus seinem von der Kritik hochgelobten neuen Album. Gleichzeitig legen die **Trammps** bei »Soul Train« mit ihrem Hit *Disco Inferno* los. Es folgt **Shalamar**, ein R&B-Trio, das im letzten Jahr von

Der Plattenproduzent Dick Griffey heuerte für die Gruppe Shalamar zwei Tänzer aus der Fernsehshow »Soul Train« an – Jody Watley, ein Patenkind von Jackie Wilson, und Jeffrey Daniel. Ihre akrobatischen Bewegungen tragen viel zum Image der Gruppe bei.

SID VICIOUS

12. Oktober **Sid Vicious, der zurzeit mit seiner Freundin Nancy Spungen in Zimmer 100 des Chelsea Hotels in der 23. Straße West 222 in New York wohnt, ruft die Polizei an, weil er Nancy tot aufgefunden hat. Detective Gerald Thomas, Sergeant Thomas Kilroy und der Polizist William Sportiello finden sie in blutgetränkter Unterwäsche mit tödlichen Stichwunden von einem Jagdmesser auf dem Badezimmerboden sitzen. Vicious wird wegen Totschlag verhaftet und in eine Ausnüchterungszelle gesperrt. In einer oft widersprüchlichen »freiwilligen Aussage«, die die Polizei später veröffentlicht, behauptet Vicious gegenüber den Ermittlern: »Ich habe sie gestochen, aber ich wollte sie nicht töten. Ich habe sie geliebt, aber sie hat mich wie Scheiße behandelt.« Während eines viertägigen Gefängnisaufenthalts im Rikers Jail unternimmt Vicious zwei Selbstmordversuche. Malcolm McLaren holt ihn später gegen eine von Virgin gestellte Kaution von 50 000 $ heraus.**

Don Cornelius gegründet wurde. Hierzu gehören die Sänger und Tänzer **Jody Watley** und **Jeffrey Daniel** und der Sänger **Gerald Brown**. Sie präsentieren ihren R&B-Erfolg *Take That To The Bank* und *Tossin', Turnin', Swingin'*. (Brown wird nächstes Jahr durch den neuen Leadsänger **Howard Hewett** ersetzt.)

16 **Queen** singen im New-Yorker Madison Square Garden *Fat Bottomed Girls*, während dem Publikum halbnackte Frauen auf Fahrrädern präsentiert werden (wie auch im Video). Die Gruppe erhält das Gold Ticket dieses Veranstaltungsortes, da sie vor über 100 000 Fans spielen.

25 *My Best Friend's Girl*, die neue Single der **Cars**, ist die erste Picture-Disc in Großbritannien und erreicht Platz 3 der Charts. Es wird zehn Jahre dauern, bis die Gruppe wieder unter die Top 10 kommt.

Dezember

4 Auf Radio 1 ist in der »John Peel Show« *Killing An Arab* von **The Cure** zu hören. Es sollte am 22. erscheinen, aber Polydor ist besorgt, es so kurz vor Weihnachten auf den Markt zu bringen, da der Titel missverstanden werden könnte. Das Indie-Label Small Wonder soll die ersten 15 000 Exemplare herausbringen, danach wird Fiction übernehmen. Im Februar geschieht dies.

8 **Sid Vicious** wird wegen Körperverletzung angeklagt. Er hatte ein Bierglas in das Gesicht von **Patti Smith'** Bruder **Todd** geworfen und ihn in die Genitalien getreten. Smith benötigt medizinische Behandlung. Die Attacke findet im Hurrah Club in New York statt. Der wegen Mordes an Nancy Spungen angeklagte Vicious war auf Bewährung freigelassen worden.

23 Das Album *C'est Chic* mit der Hit-Single *Le Freak* kommt in den USA auf Platz 4. Dieses Kultalbum der Tanzszene wurde von **Bernard Edwards** und **Nile Rodgers** geschrieben und produziert. Als Gaststars wirken die Sänger **David Lasley** und **Luther Vandross** mit. **Chic** war anfangs von allen Labels in New York abgewiesen worden, auch von Atlantic. Dort erhielten sie dann auf Drängen von Direktor Jerry Greenberg einen Vertrag. Zu Chics Markenzeichen werden Rodgers stark akzentuierte Disco-Rhythmen, Edwards' gekonntes Bassspiel, **Tony Thompson** am Schlagzeug, die Stimmen von **Alfa Anderson** und **Luci Martin** und die melodischen Streicher-Arrangements von **Gene Orloff**. Sie machen Edwards und Rodgers zum erfolgreichsten Songschreiber- und Produzententeam der Discoszene. Ihr nächstes Projekt – für das R&B-Quartett **Sister Sledge** aus Philadelphia – ist bereits in Vorbereitung.

27 **Chris Bell**, Sänger, Songschreiber und Gitarrist bei **Box Tops** und **Big Star**, wird bei einem Autounfall getötet. Sein Triumph TR6 fährt am frühen Morgen in Memphis gegen einen Telefonmast. Er ist 27 Jahre alt.

31 **The Grateful Dead** geben ihr 48. und letztes Konzert im Winterland Ballroom in San Francisco. Danach wird Bill Graham diesen Saal endgültig aufgeben. Zum Programm gehören die **New Riders of the Purple Sage** und die **Blues Brothers**, mit **John Belushi** (**Joliet Jake Blues**) und **Dan Ackroyd** (**Elwood Blues**), die mit ihrem beliebten Sketch »Saturday Night Live« auf Tour gehen und in die Charts kommen: Ihr Debütalbum *Briefcase Full Of Blues* kam in der letzten Woche in die Charts und erreicht innerhalb von sechs Wochen Platz 1.

Chic hießen zuerst Big Apple Band und dann Allah And The Knife-Wielding Punks, womit sie wahrscheinlich keine Chance auf große Hits gehabt hätten.

ROOTS In diesem Jahr gründen Boy George und Discjockey Mikey Craig die Band In Praise Of Lemmings, die sich in Sex Gang Children umbenennt, als der Gitarrist John Suede dazustößt ... zieht Damon Albarn (10) mit seinen Eltern nach Colchester; der in Deutschland geborene Graham Coxon ist einer seiner neuen Mitschüler an der Stanway Comprehensive School – am Ende des nächsten Jahrzehnts werden sie die treibende Kraft der Britpop-Band Blur werden ... veröffentlicht das Label BF Deal in Austin, Texas, *There's A Light Beyond These Woods*, das Debütalbum der ortsansässigen Folk-Singer/Songwriterin Nanci Griffith ... spielt der 14-jährige Sänger und Gitarrist Roddy Frame bei der britischen Punkband Forensics ... gründen Belinda Carlisle und Jane Wiedlin die Misfits, die sich nach einem Jahr mit vielen Auftritten in der Punkszene von Los Angeles in Go-Go's umbenennen ... gründen die Brüder Bruce und Bobby Hornsby mit ihrem schlagzeugspielenden Kumpel John Molo die Bruce Hornsby Band und beginnen eine schier endlose Tour durch die Bars und Clubs der Südstaaten; sieben Jahre nehmen sie Demos ihrer Kompositionen auf, die alle von den Plattenfirmen abgelehnt werden ... erhält der Discjockey Neal Kay vom Bandwaggon Soundhouse in London das Demo der Heavy-Metal-Band Iron Maiden, die daraufhin regelmäßig in dem Club spielt: ihre Platte wird ein Rockdisco-Hit ...

He's The Greatest Dancer

1979

Nr. 1 US-SINGLES

06. Jan. Too Much Heaven **Bee Gees**
20. Jan. Le Freak **Chic**
10. Febr. Da' Ya' Think I'm Sexy? **Rod Stewart**
10. März I Will Survive **Gloria Gaynor**
24. März Tragedy **Bee Gees**
07. Apr. I Will Survive **Gloria Gaynor**
14. Apr. What A Fool Believes **Doobie Brothers**
21. Apr. Knock On Wood **Amii Stewart**
28. Apr. Heart Of Glass **Blondie**
05. Mai Reunited **Peaches And Herb**
02. Juni Hot Stuff **Donna Summer**
09. Juni Love You Inside Out **Bee Gees**
16. Juni Hot Stuff **Donna Summer**
30. Juni Ring My Bell **Anita Ward**
14. Juli Bad Girls **Donna Summer**
18. Aug. Good Times **Chic**
25. Aug. My Sharona **Knack**
06. Okt. Sad Eyes **Robert John**
13. Okt. Don't Stop 'Til You Get Enough **Michael Jackson**
20. Okt. Rise **Herb Alpert**
03. Nov. Pop Muzik **M**
10. Nov. Heartache Tonight **Eagles**
17. Nov. Still **Commodores**
24. Nov. No More Tears (Enough Is Enough) **Barbra Streisand/Donna Summer**
08. Dez. Babe **Styx**
22. Dez. Escape (The Pina Colada Song) **Rupert Holmes**

Nr. 1 UK-SINGLES

06. Jan. Y.M.C.A. **Village People**
27. Jan. Hit Me With Your Rhythm Stick **Ian Dury And The Blockheads**
03. Febr. Heart Of Glass **Blondie**
03. März Tragedy **Bee Gees**
17. März I Will Survive **Gloria Gaynor**
14. Apr. Bright Eyes **Art Garfunkel**
26. Mai Sunday Girl **Blondie**
16. Juni Ring My Bell **Anita Ward**
30. Juni Are »Friends« Electric? **Tubeway Army**

Michael Jackson

The Doobie Brothers

Michael Jacksons *Off The Wall* erhielt im Dezember 1979 Platin und deutete auf seine späteren Mega-Erfolge hin. Seine sieben Soloalben wurden allein in den USA über 37 Mio. Mal verkauft ... Die Doobie Brothers landeten in beiden Phasen ihrer Karriere Nr.-1-Hits in den Vereinigten Staaten.

Der Teufelskreis der Zerstörung hatte sich für Sid Vicious geschlossen. Disco erhielt eine neue Energiespritze; Ska wurde zum Faktor der britischen Musikszene; die erste Rap-Platte kam in die Charts. 1979 lebte von seiner Vielfalt. Elf Disco-Singles erhielten Platin in den USA. Disco war nicht kleinzukriegen, noch nicht einmal durch die Gegenbewegung ›Disco sucks‹. Die Discogegner hatten nicht mit dem Verkaufstalent von **Bernard Edwards** und **Nile Rodgers** gerechnet, den Produzenten hinter **Chic** und **Sister Sledge**. Die **Bee Gees** gewannen fünf Grammys, und **Michael Jackson** war mit *Off The Wall* dabei. **Donna Summer** behauptete mit *Hot Stuff* und *Bad Girls* ihren Thron als Disco-Queen.

Hip-Hop konzentrierte sich in den Clubs von Harlem und in der Bronx und hatte die Studios erobert. *Rapper's Delight* von der **Sugar Hill Gang** zeigte mit seinem Platinerfolg, wie beliebt diese Musik war. **Grandmaster Flash and the Furious Five**, **Funky 4+1** und **Sequence** entwickelten das Genre weiter.

Punk war in Großbritannien am Ende der Blütezeit, neue Gattungen drängten ins Rampenlicht, u. a. mit Synthesizern arbeitende Pop-/Rockbands (**Joy Division**, **Human League**), ebenso die neue Welle des britischen Heavy Metal (**Iron Maiden**). Das wohl interessanteste Phänomen war die Renaissance des Ska aus der Karibik (**Specials**). Das von **Jerry Dammers** gegründete Label 2-Tone Records gehörte zu den innovativsten britischen Firmen und betreute Gruppen wie **The Beat**, **Madness** und **The Selecter**.

Die USA waren immun gegen die Post-Punk-Bewegungen und blieben ein Bollwerk des Rock (trotz des Disco-Booms). **Bruce Springsteen** festigte seinen Ruf als Boss des amerikanischen Rock; in Stadien und Arenen waren **Aerosmith**, **Boston** und **Foreigner** und die australische Heavy-Rock-Combo **AC/DC** zu Hause. Die britischen Neulinge **Dire Straits** hatten mit ihrer ausverkauften US-Tour Erfolge bei Kritik und Publikum. **Bob Dylan** besuchte den Gig der Band in Los Angeles und bat **Mark Knopfler** und Schlagzeuger **Pick Withers**, ihn bei seinem nächsten Album zu unterstützen. Es entstand ***Slow Train Coming***, die erste Platte Dylans als »Wiedergeborener Christ«, die sein Engagement für Gerechtigkeit unterstrich. Die fast vergessenen **Doobie Brothers** legten sich einen Touch Funk zu und kamen mit dem Bestseller ***Minute By Minute*** – typisch der Sound von **Michael McDonald** – wieder auf die Beine. Supertramp setzte Keyboards ebenso gekonnt ein und brachte das sechste und erfolgreichste Album Breakfast In America heraus.

1979 war ein Jahr des technischen Fortschritts. Die moderne Elektronik konnte Keyboards so steuern, dass Bands total vom Synthesizer dominiert wurden (wie **Kraftwerk** und **Gary Numan**). Sony brachte den Walkman auf den Markt. **Ry Cooder** produzierte das erste komplett digitale Album, das vom Soul und R&B geprägte ***Bop Till You Drop***.

28. Juli	I Don't Like Mondays	**Boomtown Rats**
25. Aug.	We Don't Talk Anymore	**Cliff Richard**
22. Sept.	Cars	**Gary Numan**
29. Sept.	Message In A Bottle	**Police**
20. Okt.	Video Killed The Radio Star	**Buggles**
27. Okt.	One Day At A Time	**Lena Martell**
17. Nov.	When You're In Love With A Beautiful Woman	**Dr. Hook**
08. Dez.	Walking On The Moon	**Police**
15. Dez.	Another Brick In The Wall Part II	**Pink Floyd**

»Ich glaube, die Fans erwarten mittlerweile, dass ich sie trage.«

Angus Young von AC/DC über seine Schuluniform,
Melody Maker, 10. November 1979

Januar 1979

Blondies erster Nr.-1-Hit ...
Sid Vicious stirbt ...
Das Ska-Label 2-Tone ...

Chris Stein und Debbie Harry von Blondie schrieben *Heart Of Glass*, das 1979 ein Nr.-1-Hit auf beiden Seiten des Atlantiks wurde. Stein schrieb auch *Sunday Girl*, mit dem sie noch eine UK-Nr.-1 nachlegten.

Am 2. Januar begann in New York der Mordprozess gegen Sid Vicious. Einen Monat später war er tot.

Januar

1 **Bruce Springsteens** siebenmonatige Tour Darkness at the Edge of Town startete im Mai im Shea Theatre in Buffalo und endet nach 109 ausverkauften Shows in 86 Städten im Richfield Coliseum in Cleveland.

4 Der Jazzmusiker **Charles Mingus** stirbt im Alter von 56 Jahren in Cuernavaca in Mexico an einem Herzinfarkt. Er litt schon länger unter motorischen Störungen. Mingus war ein begabter Pianist, Bassist und Komponist. Bei einem seiner letzten Projekte lieferte er Songs für **Joni Mitchells** Set ***Mingus***, zu dem auch ihre Version des bekannten *Goodbye Pork Pie Hat* gehört.

9 Das Konzert Music for UNICEF findet im Plenarsaal der UNO in New York statt. Mit diesem Konzert will man im Jahr des Kindes das Bewusstsein für den Hunger in der Welt wachrütteln und 500 000 $ sammeln. Zu den Mitwirkenden gehören die **Bee Gees**, **Abba**, **Elton John**, **Kris Kristofferson**, **Rita Coolidge**, **Donna Summer**, **Olivia Newton-John**, **Rod Stewart**, **John Denver**, **Earth, Wind And Fire** und **Andy Gibb**. Morgen wird es vom Fernsehsender NBC unter dem Titel »A Gift of Song« ausgestrahlt.

13 Soulsänger **Donny Hathaway** stirbt mit 33 Jahren nach einem Sturz aus dem Fenster des 15. Stocks des Essex House Hotels in New York. Die Polizei stellt fest, dass seine Zimmertür von innen abgeschlossen war und dass das Sicherheitsglas entfernt wurde und auf dem Bett lag. Alles deutet auf Selbstmord hin. Er wird in St. Louis beerdigt. **Roberta Flack**, **Stevie Wonder** und Reverend Jesse Jackson gehören zu den Trauergästen.

29 Die 16-jährige Schülerin Brenda Spencer tötet den Schulleiter Burton Wragg und den Klassenlehrer Mike Suchar und verwundet neun andere mit einem Gewehr des Kalibers 22 auf dem Schulhof einer Grundschule in San Diego. Auf die Frage eines Reporters nach dem Motiv für dieses Verbrechen antwortet sie: »Ich hasse Montage, und das hier bringt Abwechslung.« Sie wird zu 25 Jahren Gefängnis verurteilt. **Bob Geldof**, Frontmann der **Boomtown Rats**, ist von diesem Ereignis besonders fasziniert.

Februar

1 **Blondies** *Heart Of Glass* wird heute bei »Top of the Pops« präsentiert. Der Titel hat bereits Platin erreicht, bevor er vier Wochen in den britischen Charts auf Platz 1 bleibt. Am 28. April wird er in den USA zum Spitzenreiter. Dieser von **Debbie Harry** und **Chris Stein** verfasste Song markiert die radikale Trendwende weg von New Wave und hin zu einem Pop/Disco-Sound unter der Leitung des Glam-Pop-Veteranen Mike Chapman. *Parallel Lines* aus dem gleichnamigen Album wird am 17. Februar Nr. 1 in England und Nr. 6. in den USA. Der Hit katapultiert die Formation Blondie und ganz besonders die attraktive Leadsängerin Debbie in die Spitzengruppe der Rockmusik. Aus diesem Album wird mit *Sunday Girl* im Mai ein weiterer Spitzenreiter ausgekoppelt.

1 **Sid Vicious** wird auf Kaution vorübergehend aus der Haft entlassen, nachdem er bereits sieben Wochen wegen Gewalttätigkeit eingesessen hat. Er trifft sich mit seiner Mutter, Anne Beverly, einigen New-Yorker Junkie-Bekanntschaften und seiner neuen Freundin Michelle Robinson. Sie gehen in Robinsons Wohnung in Greenwich Village, um seine kurze Freiheit zu feiern. Seine Mutter hat ihm Heroin besorgt und ist bei der Injektion anwesend. Sie wird später aussagen, dass sie befürchtet habe, er werde verhaftet, wenn er es selbst kauft.

2 **Sid Vicious** liegt den ganzen Abend matt auf dem Bett und verliert kurz nach Mitternacht das Bewusstsein. Es wird ein Arzt gerufen, aber der 21-Jährige stirbt auf dem Weg ins Krankenhaus. Die offiziell bescheinigte Todesursache ist Tod durch »akute intravenöse Narkotisierung«. Vicious wird eingeäschert, der Aufbewahrungsort seiner Asche wird geheim gehalten.

9 Nach sechsmonatigen Proben gibt die Reggae-Formation **UB40** – benannt nach der Nummer des Formulars über die Arbeitslosenbescheinigung – ihr Debüt im Pub Horse and Hounds in ihrem Geburtsort Birmingham. Sie spielen gemeinsam mit einer anderen neuen

THE SPECIALS

23. März The Special AKA beginnen mit der Aufnahme der Jerry-Dammers-Komposition *Gangsters*, das in der Tradition von Prince Busters Skaklassiker *Al Capone* steht und auf dem von der Band betriebenen unabhängigen Label 2-Tone erscheinen wird. Das von Dammers entworfene Logo mit den schwarzweißen Karos wird alle 2-Tone-Platten prägen. Die 5000 Exemplare werden über den Indie-Vertrieb Rough Trade verkauft, bis Chrysalis Records 2-Tone einen Langzeitvertrag gibt, der dem Label komplette kreative Freiheit gibt – ein Unikum.

Jerry Dammers, Special AKA und ihr Indie-Label 2-Tone setzten in England ein schnelles und intensives Ska-Revival in Gang, das sich mit einer linken politischen Haltung und der Garagenästhetik des Punk verband.

Dire Straits

Elvis Costello

Band, den **Au Pairs**. Die meisten der acht Mitglieder kennen sich seit zehn Jahren, einige besuchten gemeinsam die Kunstakademie. Der Leadsänger und Gitarrist **Ali Campbell** und sein Bruder **Robin Campbell** (Leadgitarre) leiten die Gruppe; sie sind Söhne des schottischen Folksängers **Ian Campbell**. Trotz des Interesses von Majorlabels verpflichtet sich die Formation beim unabhängigen Label Graduate Records von David und Susan Virr, die einen Plattenladen in Dudley betreiben.

15 Die **Bee Gees** werden bei der 21. Grammy-Verleihung in sechs Kategorien nominiert und erhalten fünf Preise, darunter auch Album des Jahres. **Billy Joels** *Just The Way You Are* wird Platte des Jahres und Song des Jahres. Die **Rolling Stones** werden 16 Jahre nach ihrer Gründung erstmals nominiert: für ***Some Girls*** als Album des Jahres. In dieser Kategorie werden außerdem die **Cars**, **Elvis Costello**, **Chris Rea** und **Toto** nominiert. Das Discoquartett **A Taste of Honey**, das im letzten Jahr mit *Boogie Oogie Oogie* Erfolg hatte, wird bester neuer Künstler. (In einer heiß umstrittenen Entscheidung gewinnt Orson Welles gegen Richard Nixon den Preis für die beste Sprechschallplatte.)

17 Im New-Yorker Palladium Theater setzt **The Clash** die Tour Pearl Harbor '79 fort und legt los mit *I'm So Bored With The USA*. **Bo Diddley** eröffnet die Show.

23 **Dire Straits** beginnen im Paradise Club in Boston ihre erste Tour durch Nordamerika mit 51 ausverkauften Shows innerhalb von 38 Tagen.

24 **Bonnie Pointer** verlässt die R&B-Gruppe **Pointer Sisters**, um eine Solokarriere bei Motown zu starten. Die verbleibenden Schwestern **June**, **Anita** und **Ruth** (die bei Planet mit dem Produzenten Richard Perry arbeiten) landen ihren größten Hit mit dem von **Bruce Springsteen** geschriebenen *Fire*. Sie kommen auf Platz 2 der US-Charts.

März

16 **Elvis Costello** sitzt während seiner Armed Funk US-Tour im Holiday Inn in Columbus mit **Bonnie Bramlett** und **Stephen Stills** zusammen. Costellos angebliche rassistische Bemerkungen über **Ray Charles**, **James Brown** und amerikanische Musik ärgern Bramlett so, dass sie ihn schlägt. Das Handgemenge wird von Costello später erläutert: »Wir haben einem dummen Streit schnell ein Ende gemacht … und dies sehr effektiv.«

Das für 12 500 £ aufgenommene Debütalbum Dire Straits erhielt in England und den USA mehrfach Platin … Während seiner US-Tour 1979 spielte Elvis Costello in einer Nacht drei Gigs in drei New-Yorker Clubs – im Great Gildersleeves, im Lone Star Cafe und im Bottom Line.

17 Die **Chieftains**, Veteranen der traditionellen irisch-keltischen Musik, gastieren in der Fernsehsendung »Saturday Night Live«. Sie singen die Nummern *If I Had Maggie In The Woods* und *Morning Dew*. Der Dudelsack- und Tin-Whistle-Spieler **Paddy Maloney** und der Geigenspieler **Martin Fay** hatten die Formation 1963 gegründet. 1975 wirken sie beim Opus ***Ommadawn*** von **Mike Oldfield** mit und 1976 bei dem Soundtrack zu Stanley Kubricks Film »Barry Lyndon«. Im September werden sie eine Messe mit dem Papst aus Rom vor 1,35 Millionen Menschen im Dubliner Phoenix Park eröffnen.

> »Elvis ist kein Rassist. Seine Mutter und ich waren in diesem Punkt immer sehr strikt.«
>
> Elvis Costellos Vater Ross McManus, **New Musical Express**, 4. April 1979

April

3 **Kate Bush** hat im Empire Theatre in Liverpool ihren ersten Liveauftritt bei dem ersten von 28 Konzerten ihrer Tour of Life. Die Show besteht aus Tanzeinlagen und szenischen Choreografien mit 17 Kostümwechseln. Sie reist durch ganz Europa. Der Höhepunkt ihrer britischen Shows ist für das Londoner Palladium geplant. Sie ist am Ende so erschöpft, dass sie nie mehr auf Tour gehen wird.

7 **Rickie Lee Jones** tritt nach einer kurzen Serie von Shows in kleinen Clubs, in denen sie ihr erstes Album vorstellt, das schlicht ihren Namen trägt, bei »Saturday Night Live« auf. Vor der Auswahl der Songs kommt es zu Meinungsverschiedenheiten. Sie setzt sich jedoch durch und singt *Coolsville* und *Chuck E.'s In Love*. Die 24-jährige Sängerin und Songschreiberin aus Chicago erhält großes Lob für ihre Kompositionen, ihre Hinwendung zu Jazz-Folk und ihren eigenwilligen Gesangsstil.

April 1979

Elton John spielt in der UdSSR ... Lowell George stirbt ... Der Walkman von Sony ...

Supertramp

22 **Keith Richards** (der seinen Namen wieder angenommen hat) gibt zwei Wohltätigkeitskonzerte für eine kanadische Blindenorganisation im Civic Auditorium in Oshawa. Das Gericht hatte ihn hierzu im Oktober 1978 wegen Heroinbesitzes verurteilt. Die **Rolling Stones** und die von Richards zusammengestellten **New Barbarians**, die eine US-Tour planen, wirken mit. Hierzu gehören **Ron Wood** (Gitarre), **Ian McLagan** (Keyboard), **Stanley Clarke** (Bass), **Ziggy Modeliste** (Schlagzeug) und **Bobby Keyes** (Saxophon).

Mai

1 Nachdem er ein dreimonatiges Bibelseminar in Los Angeles beendet hat, beginnt **Bob Dylan** mit den Aufnahmen für ein Album mit Gospelsongs. Gastmusiker sind **Mark Knopfler** von den **Dire Straits** und **Pick Withers**. Für dieses Projekt arbeiten sie mit den Musikern des Studios von Muscle Shoals zusammen, **Barry Beckett** (der neben **Jerry Wexler** als Co-Produzent mitwirkt) und **Tim Drummond**. In elf Tagen entstehen dabei zehn neue Tracks für Dylans neues Album ***Slow Train Coming***.

2 Nach dem Tod von **Keith Moon** geben **The Who** ihr erstes Konzert im Rainbow Theatre mit **Kenney Jones** (früher bei den **Faces**) am Schlagzeug und **John »Rabbitt« Bundrick** am Keyboard. **Roger Daltrey** stellt **Pete Townshend** und **John Entwistle** als neue Bandmitglieder vor. In zwei Wochen startet ihre Frankreichtour. Sie besuchen auf dem Filmfestival in Cannes die Premieren von »The Kids Are Alright« (eine Dokumentation über The Who) und »Quadrophenia«, ein Film nach dem Doppelalbum der Gruppe (1973), zu dem auch ein Beitrag von **Sting** gehört.

4 **Kate Bush** gewinnt bei der 24. Verleihung der Ivor Novello Awards im Londoner Grosvenor House Hotel mit ihrem Titel *The Man With The Child In His Eyes* in der Kategorie herausragender britischer Songtext. Das **Electric Light Orchestra**, dessen Doppelalbum ***Out Of The Blue*** zum Millionenseller wurde, erhält die Auszeichnung für herausragende Verdienste um die britische Musik.

21 **Elton John** ist der erste britische Solokünstler, der in Russland auftritt. Er startet im Bolschoi-Theater in Leningrad eine Reihe von acht Shows in zwei Städten. Die Konzerte werden für die Fernsehdokumentation »To Russia … With Elton« gefilmt. Die russischen Diplomaten, die die Shows überwachen, ersuchen Elton John, doch bei *Bennie And The Jets* bitte nicht den Klavierhocker umzuwerfen.

23 **Tom Petty** meldet Insolvenz an, damit er seine Finanzen neu regeln kann. Seine Lage ist teilweise auf Konflikte mit Plattenfirmen zurückzuführen: Sein Label Shelter wurde an ABC verkauft, das wiederum von MCA aufgekauft wurde. Petty soll MCA 575 000 $ schulden, die automatisch als zurückgezahlt gelten, wenn er dem Unternehmen sechs Alben liefert. MCA klagt wegen Vertragsbruch, aber Pettys Konkurs offenbart, dass er nur 56 000 $ besitzt, was die Forderungen gegenstandslos macht. Eine Lösung wird durch die Gründung des neuen MCA-Labels Backstreet Records gefunden, das von Danny Bramson geführt wird. Es ist auf **Tom Petty And The Heart-**

Sting spielte die Rolle des Ace in »Quadrophenia«, während er andere Filmrollen offenbar abgelehnt hatte, so etwa die eines Bösewichts in dem James-Bond-Streifen »In tödlicher Mission«.

Tom Petty

Sony produzierte zunächst 30 000 Walkmans – allein in den USA sollten sie letztlich 100 Mio. Stück verkaufen ... Supertramp schafften 1977 zwei Goldene Alben in den USA, gefolgt von ihrem einzigen Nr.-1-Album *Breakfast In America* ... Tom Petty And The Heartbreakers hingen mit *Damn The Torpedoes* sieben Wochen lang auf Platz 2 hinter Pink Floyds *The Wall.*

breakers spezialisiert. Es wird sein überaus erfolgreiches Album ***Damn The Torpedoes*** im November herausbringen.

31 Ihr Erfolgsalbum ***Breakfast In America*** ist auf dem Weg zum Spitzenplatz, als **Supertramp** zum ersten Mal im New-Yorker Madison Square Garden auftreten. Während dieses ausverkauften Konzerts erhalten sie Platin für den Verkauf von einer Million Platten. In Großbritannien kommt das Album auf Platz 3. Aus der LP, die letztes Jahr in Los Angeles aufgenommen wurde, kristallisieren sich drei Radiohits heraus: *The Logical Song, Goodbye Stranger* und *Take The Long Way Home,* die alle von **Rick Davies** und **Roger Hodgson** verfasst wurden.

heißt Walkman. Der Weltkonzern produziert ursprünglich 30 000 Exemplare des TPS-L2, um den Markt zu testen. Der Erfolg ist sensationell: Im Laufe der nächsten 20 Jahre werden allein in den USA mehr als 100 Millionen Walkmen verkauft.

8 Die **B-52's** sind eine New-Wave-Band, die bei Island Records und in den USA bei Warner Bros. unter Vertrag steht. Sie geben ihr Livedebüt in London. Es ist der Start einer kurzen Tour, die das von **Chris Blackwell** produzierte Album ***The B-52's*** vorstellt. Sie sind die Vorgruppe der **Tourists**, einer britischen Poprock-Combo, die von Ex-Mitgliedern der Gruppe **Catch**, der 24-jährigen Sängerin **Annie Lennox** und dem 26-jährigen Keyboarder und Gitarristen **Dave Stewart** geleitet wird. Die

»Disco in Amerika ist hirnlos und abstoßend ... nach einer knappen halben Stunde in einer Disco muss ich auf die Toilette rennen.«

Errol Brown von Hot Chocolate, **Feature**, Mai 1979

Juni

10 Nach mehreren Wochen mit Aufnahmearbeiten in den Compass Point Studios in Nassau, Bahamas, im Januar und Februar beginnen die **Rolling Stones** ihre Sessions in den Pathé Marconi Studios in Boulogne-Billancourt bei Paris.

12 *Born To Run* wird von New Jersey als inoffizielles Youth Rock Anthem übernommen.

28 **Elton John** erhält den renommierten Preis der Organisation Nordoff-Robbins bei deren vierten Treffen in London. Nordoff-Robbins ist eine Vereinigung, die »behinderten Kindern und Menschen in psychiatrischer Behandlung durch den Einsatz kreativer Musiktherapie helfen möchte. Sie geht von der Einsicht aus, dass jedem Menschen eine angeborene Musikalität innewohnt, die für die persönliche Entwicklung aktiviert werden kann.«

29 Zwei Monate nach der Trennung von **Little Feat**, am Tag nach einer ausverkauften Solovorstellung in Washington D. C., wird der 34-jährige ehemalige Leadsänger **Lowell George** in einem Hotelzimmer in Arlington tot aufgefunden. Todesursache ist Herzversagen nach Drogenmissbrauch.

Juli

2 Der erste tragbare Kassettenspieler wird verkauft. Er wurde von Sony entwickelt und

Tourists werden es mit ihrer Version von **Dusty Springfields** *I Only Want To Be With You* nächsten Monat auf Platz 4 schaffen.

12 Die Gegenreaktion auf Disco hat in den USA Aufwind: Jeder, der eine Disco-Platte in den Comiskey Park mitbringt, kann zwei Spiele der Chicago White Sox und der Detroit Tigers für 98 Cents sehen. Discjockey Steve Dahl fordert alle auf, ihre Platten auf einen Scheiterhaufen zu werfen. Dieses Feuer richtet solchen Schaden an, dass der Platz für das zweite Match unbespielbar ist.

22 Als Reverend Richard Penniman predigt **Little Richard** bei einem Gottesdienst in North Richmond in Kalifornien. Er sagt: »Wenn Gott einen Homosexuellen wie mich retten kann, dann kann er jeden retten.«

23 Der Ayatollah Khomeini verbietet Rock'-n'Roll im Iran wegen seines »verderblichen Einflusses«.

28 70 000 Menschen kommen zum Konzert World Series of Rock ins Stadion von Cleveland. Sie wollen **Aerosmith**, **Journey**, **Ted Nugent**, **Thin Lizzy** und das deutsche Metal-Quintett **Scorpions** (mit dem Sänger **Klaus Meine** und den Gitarristen **Rudolf** und **Michael Schenker**) hören. Die australische Heavy-Metal-Band **AC/DC** wird begeistert aufgenommen; sie touren gerade durch die Vereinigten Staaten, um für ihr sechstes Album, das mitreißende ***Highway To Hell***, zu werben.

GARY NUMAN

7. Juli **Zwei sehr verschiedene Bands besetzen diese Woche die Spitzen der britischen Charts: *Are »Friends« Electric* ist die vierte Single der Synthi-Band Tubeway Army um den 21-jährigen Londoner Sänger und Songschreiber Gary Numan, dessen roboterartige Ästhetik stark von Kraftwerk beeinflusst ist. Auf Platz 2 steht *Up The Junction* von dem britischen New-Wave-Quintett Squeeze. Es wurde 1974 von den Songschreibern Chris Difford und Glenn Tilbrook gegründet. An den Keyboards sitzt der 24-jährige Jools Holland. Nach *Cool For Cats*, das im April auf Platz 2 kommt, ist dies der zweite Nr.-2-Hit der Londoner Band in Serie.**

The Knack mit *My Sharona* ...
Das MUSE-Konzert ...
Rapper's Delight ...

Echo And The Bunnymen ersetzten ihre Drum-Maschine »Echo« durch den lebendigen Schlagzeuger Pete de Freitas.

31 Das von Lee Herschberg produzierte Album ***Bop Till You Drop*** des Bluesrock-Gitarristen/Komponisten **Ry Cooder** wird als erste digital aufgenommene Rock-LP veröffentlicht. Es ist in den Warner Bros. Recording Studios in Hollywood entstanden. Eingesetzt werden Geräte, die die Eigenschaften des Klangs numerisch aufzeichnen. Beteiligt sind die Sänger **Chaka Khan**, **Bobby King** und **David Lindley**.

Message In A Bottle **wurde im September in England der erste von fünf Nr.-1-Hits für Police. In den USA kam nur *Every Breath You Take* so weit nach oben.**

August

4 Nach zwei Start-Shows in Kopenhagen ist die Band **Led Zeppelin** vor 12 000 Besuchern Star des Knebworth-Festivals: ihr erster Termin in Großbritannien in vier Jahren.

10 *The Prince*, die zweite Single des Labels 2-Tone und die erste von **Madness**, ist im Handel erfolgreich. *Madness* und *My Girl* waren an der Aufnahme in den Pathway Studios beteiligt, die nur 200 £ gekostet hat. Es wird der erste von zahllosen Hits für die siebenköpfige Ska-Band aus Camden Town. Ihr Leadsänger **Suggs** hatte mit den **Specials** nach einem Konzert im Pub Hope & Anchor in Islington im März Kontakt aufgenommen. Daraus entstand ein befristeter Vertrag mit 2-Tone. Nach ihrem Erfolg (Nr. 16 in den britischen Charts) unterzeichnen sie eine Vereinbarung mit Dave Robinsons Stiff Records, wo sie mit den Produzenten Clive Langer und Alan Winstanley bei ihrem erfolgreichen Debütalbum ***One Step Beyond*** kooperieren.

18 Mit jeder Veröffentlichung wird die Technik von **Chic** ausgefeilter. Der von **Bernard Edwards** und **Nile Rodgers** geschriebene und produzierte Disco-Klassiker *Good Times* ist Spitzenreiter der US-Charts. Das Stück ist rund um die typischen Bass-Passagen angelegt. Es wird zu einem der meistimitierten Songs (die berühmteste Nachahmung ist die von **Queen** im kommenden Jahr: *Another One Bites The Dust*) und ist der am häufigsten aufgelegte Song in New-Yorker Clubs, vor allen Dingen in Harlem, wo MCs ihn als Grundlage für Sampling und Live-Rapping einsetzen. *Good Times* folgt in seiner auf acht Minuten gekürzten Album-Version auf den vorherigen Erfolg von Edwards und Rodgers mit dem genauso mitreißenden Dancefloor-Knüller *We Are Family*, das für **Sister Sledge** geschaffen wurde. Die beiden überaus talentierten Songschreiber komponieren und produzieren auch für **Sheila B. Devotion** (*Spacer*), **Diana Ross**, **Debbie Harry** und **David Bowie** Hits wie am Fließband.

25 **Cliff Richard** erreicht nach elf Jahren wieder Platz 1 mit dem Pophit *We Don't Talk Anymore*, den **Alan Tarney** geschrieben und produziert hat.

25 **Knacks** Debütsingle *My Sharona* handelt von Sharona Alperin, einer 17-jährigen Schülerin aus Los Angeles. Sie wird auf Anhieb ein Hit. Innerhalb von zwei Wochen werden mehr als eine Million Scheiben verkauft, eine weitere Million kommt im folgenden Monat dazu. Diese Single wird zum US-Bestseller des Jahres. In Großbritannien wird Platz 6 erreicht. Das Album ***Get The Knack*** verzeichnet ähnliche Erfolge und ist in den USA fünf Wochen Spitzenreiter. Bis Ende 1979 werden mehr als fünf Millionen verkauft. Das Quartett aus Los Angeles orientiert sich in Musik und Stil stark an den **Beatles**. Seit Mai besteht diese Gruppe, die von dem Leadsänger und Gitarristen **Doug Fieger** und dem Leadgitarristen **Berton Averre**, Mitverfasser von *My Sharona*, gegründet wurde. Sie wollen eine straffe, modernisierte Variante des Stils der 60er-Jahre schaffen. Die Präzision ihrer Interpretation erweist sich als Segen (beim Erfolg ihres ersten Hits), aber auch als Handicap, da die Band dem ständigen Vergleich mit den Beatles nicht standhalten kann. Zumindest verschwenden sie nicht ihr Geld mit

ihrem nächsten, relativ erfolglosen Album, das sie nur 10 000 $ kostet. Drei Jahre nach *My Sharona* existiert die Band nicht mehr.

Der Rolling Stone sah in den Anti-Atom-Konzerten der Kampagne MUSE (»Musicians United for Safe Energy« – »Musiker für sichere Energie«) eine Anknüpfung an die Werte der 60er-Jahre.

September

3 Das britische Post-Punk-Quartett **Bauhaus** mit Leadsänger **Pete Murphy**, dem Gitarristen **Daniel Ash**, den Brüdern **David** (alias **David Jay**, Bass) und **Kevin Haskins** (Schlagzeug) nimmt in Wellingborough (England) seinen ersten Song auf. Der klangvoll düster tönende Song *Bela Lugosi's Dead* benötigt weniger als 50 £ Produktionskosten. Das von der Gruppe selbst geschriebene und selbst aufgenommene Werk kommt über einen Deal mit dem Indie-Label Small Wonder auf den Markt. Die Charts werden nicht erreicht, aber es entsteht ein Dauerseller und ein Dauergast der neuen UK-Independent-Charts, ein regelrechtes Kultobjekt. Die alternative Musikpresse nimmt die Gruppe mit großen Sympathien auf und verbindet sie definitiv mit der aufkommenden Punk-Goth-Bewegung.

8 Futurama '79: The World's First Science Fiction Music Festival beginnt in der Queen's Hall in Leeds. An diesem Ereignis sind innovative, alternative sowie Indie-Bands beteiligt, die zurzeit Aufsehen erregen: **Public Image Limited**, **Joy Division**, **Cabaret Voltaire**, **Orchestral Manoeuvres in the Dark** und **A Certain Ratio**. Hinzu kommt eine neue Combo aus Liverpool, die von Frontmann **Julian Cope** geführten, psychedelisch angehauchten **Teardrop Explodes** ebenso **Echo And The Bunnymen** mit dem Gitarristen **Will Sergeant** und dem Bassisten **Les Pattinson**. Gründer ist der Leadsänger **Ian McCulloch** (Copes Ex-Kollege bei den **Crucial Three** mit **Pete Wylie** von **Wah!**).

23 Zum Abschluss einer fünftägigen Konzertreihe findet im Madison Square Garden eine Show statt, die von Künstlern und Aktivisten organisiert wurde, die sich gegen Atomenergie und Atomwaffen einsetzen. **Bruce Springsteen**, der seinen 30. Geburtstag feiert, kommt auf Einladung von **Jackson Browne**. An den insgesamt fünf Tagen haben mitgewirkt: die **Doobie Brothers**, **Crosby, Stills And Nash**, **James Taylor**, **Carly Simon**, **Bonnie Raitt**, **Tom Petty And The Heartbreakers**, **Raydio** (eine R&B-Gruppe, die mit dem 25-jährigen Gitarristen, Sänger und Songschreiber **Ray Parker Jr.** auftritt, der letztes Jahr mit *Jack And Jill* seinen Durchbruch schaffte), **Nicolette Larson**, **Poco**, **Chaka Khan**, **Ry Cooder** und **Gil Scott-Heron**.

29 **Police** gastieren im New-Yorker Diplomat Hotel. Hier beginnt eine Tournee durch die Vereinigten Staaten. Außerdem ist ein Abstecher ins Kennedy Space Center geplant, um ein Video für *Walking On The Moon* zu drehen, das in den UK-Charts Nr. 1 ist und auch in den USA bald veröffentlicht wird.

Oktober

10 In Hollywood ist »Fleetwood Mac Day«: Die Gruppe erhält ihren Stern auf dem Walk of Fame (vor der berühmten Unterwäsche-Boutique Frederick's). Das Doppelalbum ***Tusk*** hat mehr als eine Million $ gekostet. Es kommt nächste Woche in die Plattenläden.

SUGAR HILL

18. September **Sugar Hill Records veröffentlicht *Rapper's Delight* von der Sugar Hill Gang. Sylvia Robinson (unten) hat das Label als Plattform für den neuen Rap-Stil gegründet, dessen Entwicklung 1969 in Harlem begann, als die Last Poets Sessions mit Jimi Hendrix' Produzent Alan Douglas machten. Die Rap-Technik hat in der afroamerikanischen Kultur eine lange Tradition – man findet sie im frühen Blues, Gospel, Ragtime und sogar in der Vaudeville-Musik. Heute sind es Discjockeys in Harlem und der Bronx, die über die instrumentalen »Breaks« der Platten improvisierte Reime sprechen und teilweise ihre eigenen Mixkassetten aufnehmen. Die Maxisingle *Rapper's Delight* kommt in den Clubs der nordöstlichen USA und bei den R&B-Sendern gut an, wird als Gag aber auch im Top-40-Radio gespielt. Mit über 2 Mio. verkauften Exemplaren etabliert sie den Rap in der Musikbranche, obwohl er zunächst als Mode gesehen wird.**

Oktober 1979

Iron Maiden

Neues im britischen Heavy Metal ... Dylan wird fromm ... Konzerte für Kambodscha ...

13 Letztes Jahr hat **Michael Jackson** einen Solo-Vertrag mit Epic Records unterzeichnet. Jetzt landet er in den USA mit dem dynamischen Tanzhit *Don't Stop Till You Get Enough* seine erste Nr. 1 seit fünf Jahren. Von diesem Stück existiert ein Demo, das Jackson mit seinem Bruder **Randy** im eigenen Studio aufgenommen hatte. Dieser Song ist dem Album ***Off The Wall*** entnommen, seinem zweiten Gemeinschaftsprojekt mit dem erfahrenen Komponisten, Produzenten und Arrangeur **Quincy Jones** (dem auch der Soundtrack für »The Wiz« mit Jackson und **Diana Ross** entstammt). Jones hatte im Disco/Dance-Bereich mit den **Brothers Johnson** Erfolg und hat erstklassige Sessionmusiker, Sänger und hitverdächtiges Material (wie Songs des Ex-**Heatwave**-Schreibers **Rod Temperton**) für dieses Projekt zusammengebracht. Es werden weltweit zehn Millionen verkauft, sehr zur Überraschung von Epic. Dort war man lange gegen die Kombination Jones/Jackson.

27 **Iron Maiden** zieren das Cover von **Sounds**. Der Journalist Geoff Barton fasst seinen Beitrag mit »New Wave of British Heavy Metal« zusammen. Er beschreibt mit diesem Begriff die heraufkommenden Hardcore-UK-Rockbands, die eine unbändig wilde, rasante Variante von Heavy Metal liefern. Barton hörte sie zum ersten Mal im Mai bei der Heavy Metal Crusade in der Music Machine. Hier präsentierten sich Iron Maiden (1976 von dem Leadgitarristen **Dave Murray** und dem Bassisten **Steve Harris** gegründet), **Samson** (mit dem zukünftigen Maiden-Leadsänger **Bruce Dickinson**) und **Angel Witch**.

Iron Maiden nahmen in den Spaceward Studios in Cambridge im Dezember 1978 vier Stücke auf, konnten aber das Masterband nicht bezahlen. Als sie es später kaufen wollten, war es bereits gelöscht worden.

November

1 **Bob Dylans** Gospel-Tour Slow Train Coming wird im Fox Warfield Theater in San Francisco eröffnet. 14 Termine sind geplant. Die ersten Abende in Santa Monica werden noch positiv aufgenommen: Mitglieder von World Vision International, einer christlichen Wohltätigkeitsorganisation, sind anwesend. Die Tour wird jedoch dadurch belastet, dass Dylan darauf besteht, ausschließlich seine neuen Gospelsongs zu singen.

6 **Paul Simon** beginnt seine UK-Tour im Londoner Hammersmith Odeon. Er bietet jeden Abend seinem Publikum kostenlose Getränke an, was ihn jedes Mal ungefähr 1000 £ kosten wird. Es ist seine erste Live-Show in Großbritannien seit fünf Jahren

11 **The Human League**, eine Formation aus Sheffield, die Elektronik und Synthesizer einsetzt, wurde von **Martyn Ware** und **Ian Craig Marsh** gegründet. Mit ihrem Leadsänger **Philip Oakey** geben sie in London im Lyceum Ballroom ihr letztes Konzert als Quartett. Oakey und **Adrian Wright** machen mit einer neu formierten Human League weiter und engagieren den Bassisten **Ian Burden** sowie zwei Sängerinnen – **Joanne Catherall** und **Suzanne Sulley**. Marsh und Ware gründen die **British Electric Foundation** (und später **Heaven 17**).

24 **Donna Summer** ist mit *Hot Stuff* im Juni und mit *Bad Girls* im Juli zur Nr. 1 in den USA geworden. Sie landet einen dritten Coup im Duett mit **Barbra Streisand** bei *No More Tears (Enough Is Enough)*. Dies ist die zwölfte Disco-Single in elf Monaten, die Nr. 1 wird. Und selbst **Herb Alpert** hat bei *Rise,* seinem ersten Hit nach elf Jahren, am Dancefloor Geschmack gefunden.

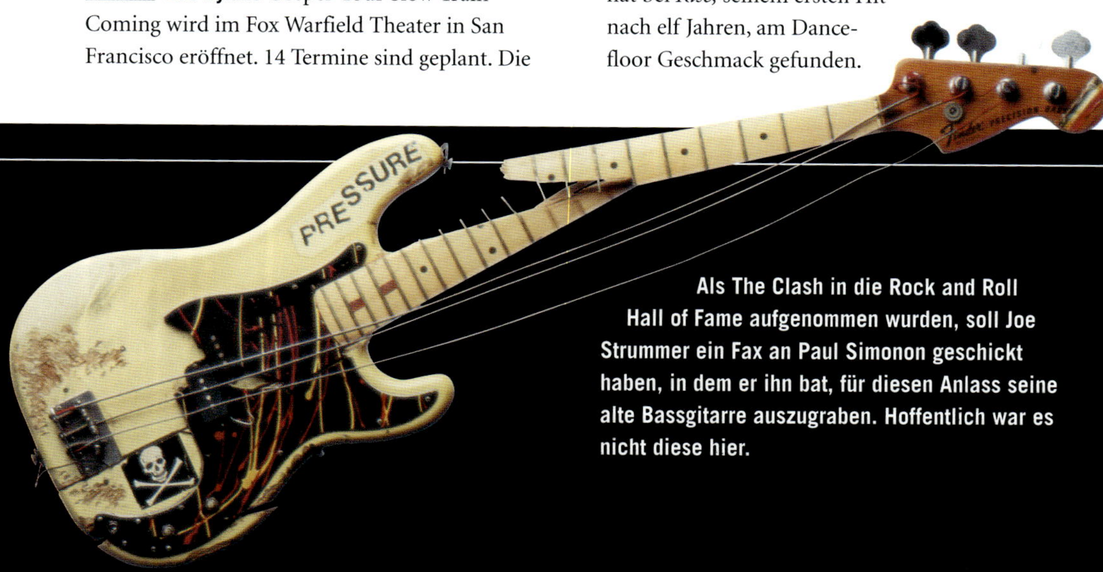

Als The Clash in die Rock and Roll Hall of Fame aufgenommen wurden, soll Joe Strummer ein Fax an Paul Simonon geschickt haben, in dem er ihn bat, für diesen Anlass seine alte Bassgitarre auszugraben. Hoffentlich war es nicht diese hier.

THE PRETENDERS

26. Oktober **Die Pretenders spielen das erste von vier aufeinander folgenden Montagskonzerten im Londoner Marquee, während ihre dritte Chartssingle *Brass In Pocket* sich in Richtung Nr. 1 der britischen Charts bewegt. Die 28-jährige Amerikanerin Chrissie Hynde, die singt, Gitarre spielt und Songs schreibt, hat die Band voriges Jahr mit drei Musikern aus Hereford gegründet: James Honeyman-Scott (Gitarre), Pete Farndon (Bass) und Martin Chambers (Schlagzeug). Hyndes perfekter Rock-Lebenslauf weist 1967 einen Auftritt in »Saturday Sunday Matinee« mit dem späteren Devo-Keyboarder Mark Mothersbaugh auf, ferner eine journalistische Tätigkeit für den New Musical Express und einen Teilzeitjob in der Boutique Sex, die der Punk-Guru Malcolm McLaren in Chelsea betrieb.**

Dezember

1 Am 10. November war **U2** auf dem Titelblatt des Magazins **Record Mirror** abgebildet. Sie treten jetzt zum ersten Mal außerhalb Irlands auf und geben das erste von elf Londoner Konzerten im Moonlight Club. Zur Veranstaltung am 4. im Hope & Anchor in Islington (als »The U2s« angekündigt) kommen neun Zuschauer.

3 Beim dritten Termin der US-Tour von **The Who** und Stunden vor dem heutigen Konzert versammeln sich am Riverfront Coliseum in Cincinnati die Fans bei eisiger Kälte. Gegen 18 Uhr machte die Gruppe ihren Soundcheck. Die große Menge von Wartenden drückt heftig gegen die vier verschlossenen Türen, die erst um 19 Uhr 15 Uhr geöffnet würden. Es entsteht ein extremer Engpass, als die Fans in die Arena stürzen. Der erste Tote wird um 17 Uhr 54 gefunden, elf Menschen werden vor dem Gebäude zerdrückt oder zu Tode getrampelt. Die Band spielt weiter, denn sie bemerkt nichts von der Katastrophe. Der Leiter der Feuerwehr fordert, dass das Konzert abgebrochen wird. Aber der Manager der Gruppe argumentiert, dass dies weitere Unruhe schaffen würde. Die Band wird nach der Show informiert. Sie sind zutiefst schockiert und geben am kommenden Tag eine Pressekonferenz. Sie drücken den Angehörigen ihr Beileid aus, weisen aber Vorwürfe zurück, dass ihre Bühnenshow zu Gewalt animiert oder dass sie an den Sicherheitsproblemen ihren Anteil haben.

»Ihr habt alle gehört, was passiert ist. Wir sind total fertig. Wir haben gestern viele von uns verloren. Dieses Konzert ist für sie.«

Roger Daltrey, 4. Dezember 1979 im Buffalo Memorial Auditorium

8 **Styx'** Rockballade *Babe* von Leadsänger **Dennis DeYoung** erreicht den Spitzenplatz der US-Charts und hält ihn zwei Wochen. Es wird ihr Bestseller. Diese Version ist eine kaum veränderte Neuauflage von DeYoungs ursprünglichem Demo.

15 **Pink Floyd** gehört zu den Bands, die man hauptsächlich wegen ihrer Alben kennt (seit 1967 war keine Single von ihnen in den Charts). Ihre Single *Another Brick In The Wall Part II* ist jedoch fünf Wochen Nr. 1 der UK-Charts, am 1. Januar gibt es sogar Platin.

18 Mitten in ihrer Tour mit zwölf Terminen gibt **Police** heute zwei Konzerte an zwei verschiedenen Orten in London. Sie werden in einem gepanzerten Auto vom Hammersmith Odeon zum nahe gelegenen Hammersmith Palais gebracht, wo die Show um 22 Uhr beginnt.

29 Bei dem letzten von vier Benefizkonzerten Concert for the People of Kampuchea in London ist **Paul McCartney** der Stargast. Er versammelt um sich das so genannte **Rockestra**, ein improvisiertes Orchester mit **Robert Plant**, **Pete Townshend**, **Billy Bremner**, **Dave Edmunds**, **James Honeyman-Scott**, **John Paul Jones**, **Ronnie Lane**, **Bruce Thomas**, **Kenny Jones**, **Gary Brooker** und **John Bonham**.

Johnny Rotten beschrieb Human League in einer Rezension ihrer Single *Being Boiled* 1978 im New Musical Express als »trendige Hippies«.

Michael Jacksons Karriere bei Epic begann eher unspektakulär mit der Platzierung seiner Single *You Can't Win* auf Nr. 81 der US-Charts.

ROOTS In diesem Jahr nehmen Duran Duran ein Demo mit dem Indie-Produzenten Bob Lamb auf; der neue Sänger Andy Wickett und der Gitarrist John Curtis verlassen die Band bald wieder, worauf über die Anzeige »Gitarrist unter Starkstrom gesucht« Andy Taylor zur Band stößt ... unterschreibt Cyndi Lauper einen Plattenvertrag mit Polydor, nachdem ihr die Ärzte vor zwei Jahren noch gesagt hatten, sie werde nie mehr singen können und sie voriges Jahr mit John Turi die Band Blue Angel gegründet hatte ... gründen die Schulfreunde George Michael, Andrew Ridgeley, Paul Ridgeley, David Austin und Andrew Leaver von der Bushey Meads Comprehensive School die Ska-geprägte Band Executive ... gründen Colin Hay und Ron Strykert, die sich durch ihre Rollen im Musical »Heroes« in Sydney kennen lernten, Men at Work, die zunächst ein Akustikduo sind ... gründen Michael Timmins und Alan Anton in Toronto das Hunger Project, für das sie Timmins' Schwester Margo nicht haben wollen, doch acht Jahre später betreten sie gemeinsam als Cowboy Junkies die Szene ... nimmt die nach einem Buch von J. R. R. Tolkien benannte Band Silmarillion mit den neuen Mitgliedern Steve Rothery und Brian Jelliman nach einer Verkürzung ihres Namens ihre erste Platte *The Web* auf ... bekommt die 11-jährige Kylie Minogue, die Tochter des australischen Buchhalters Ron und der Waliserin Carol, ihre erste Schauspielrolle als holländisches Mädchen in der australischen Soap »The Sullivans« ...

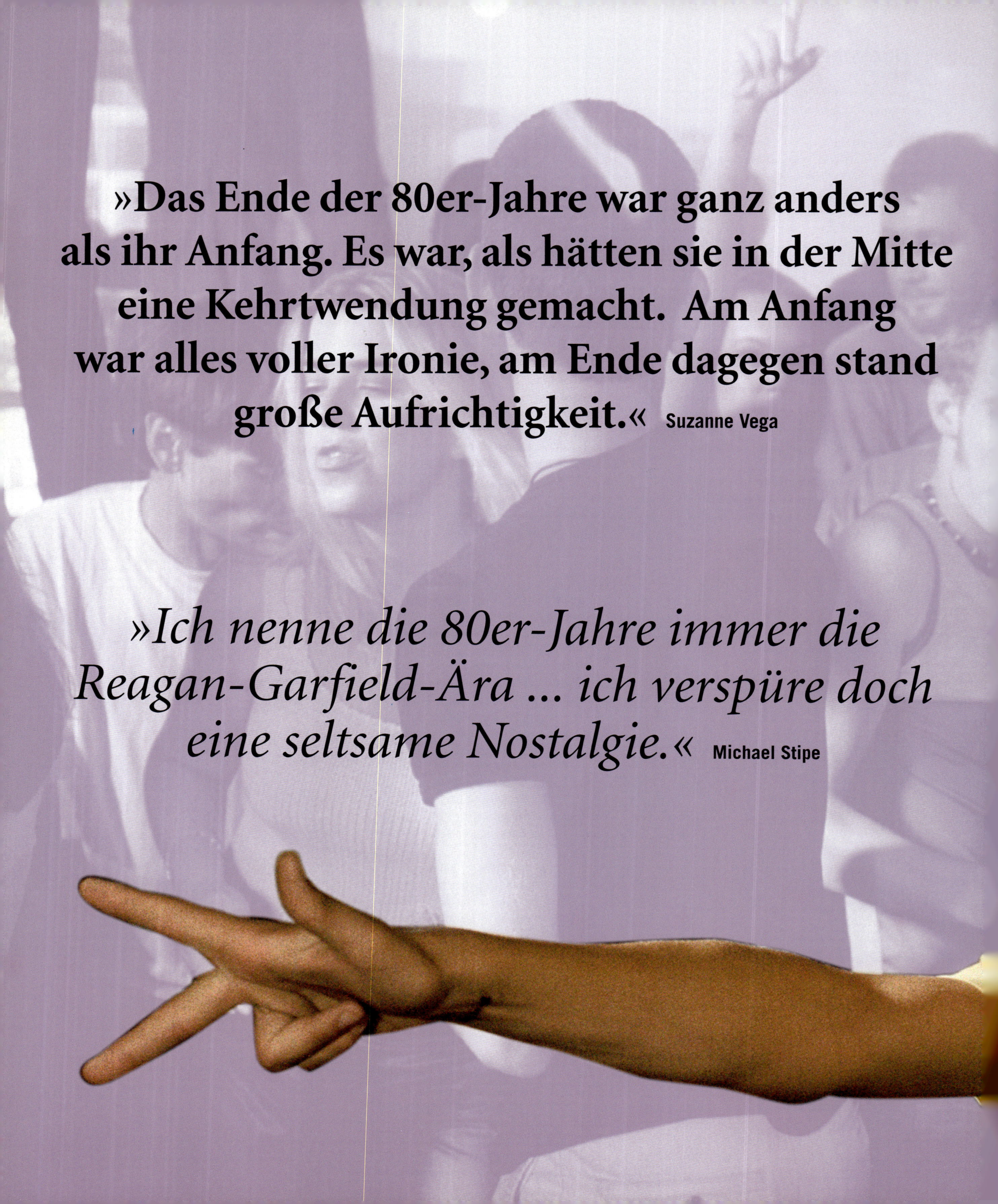

»Das Ende der 80er-Jahre war ganz anders als ihr Anfang. Es war, als hätten sie in der Mitte eine Kehrtwendung gemacht. Am Anfang war alles voller Ironie, am Ende dagegen stand große Aufrichtigkeit.« **Suzanne Vega**

»Ich nenne die 80er-Jahre immer die Reagan-Garfield-Ära ... ich verspüre doch eine seltsame Nostalgie.« **Michael Stipe**

1980–1989

(Just Like) Starting Over

1980

Nr. 1 US-SINGLES

05. Jan. Please Don't Go **KC And The Sunshine Band**
19. Jan. Rock With You **Michael Jackson**
16. Febr. Do That To Me One More Time **Captain And Tennille**
23. Febr. Crazy Little Thing Called Love **Queen**
22. März Another Brick In The Wall Part II **Pink Floyd**
19. Apr. Call Me **Blondie**
31. Mai Funkytown **Lipps, Inc.**
28. Juni Coming Up (Live At Glasgow) **Paul McCartney**
19. Juli It's Still Rock And Roll To Me **Billy Joel**
02. Aug. Magic **Olivia Newton-John**
30. Aug. Sailing **Christopher Cross**
06. Sept. Upside Down **Diana Ross**
04. Okt. Another One Bites The Dust **Queen**
25. Okt. Woman In Love **Barbra Streisand**
15. Nov. Lady **Kenny Rogers**
27. Dez. (Just Like) Starting Over **John Lennon**

Nr. 1 UK-SINGLES

05. Jan. Another Brick In The Wall Part II **Pink Floyd**
19. Jan. Brass In Pocket **Pretenders**
02. Febr. Special A.K.A. Live! (EP) **Specials**
16. Febr. Coward Of The County **Kenny Rogers**
01. März Atomic **Blondie**
15. März Together We Are Beautiful **Fern Kinney**
22. März Going Underground/The Dreams Of Children **Jam**
12. Apr. Working My Way Back To You – Forgive Me Girl **Detroit Spinners**
26. Apr. Call Me **Blondie**
03. Mai Geno **Dexy's Midnight Runners**
17. Mai What's Another Year **Johnny Logan**
31. Mai Theme From M*A*S*H (Suicide Is Painless) **Mash**
21. Juni Crying **Don McLean**
12. Juli Xanadu **Olivia Newton-John/Electric Light Orchestra**
26. Juli Use It Up And Wear It Out **Odyssey**
09. Aug. The Winner Takes It All **Abba**
23. Aug. Ashes To Ashes **David Bowie**
06. Sept. Start **Jam**
13. Sept. Feels Like I'm In Love **Kelly Marie**
27. Sept. Don't Stand So Close To Me **Police**

Yoko Ono und John Lennon

Prince

An seinem 40. Geburtstag kündigte John Lennon seine Rückkehr in die Musikwelt mit den Worten an: »So Gott will, kommen noch 40 produktive Jahre auf mich zu.« Leider sollte es anders kommen ... Prince stand für einen neuen Sound, der aus Minneapolis kam.

Das Jahr begann mit **Paul McCartneys** Verhaftung in Japan und sollte noch mit vielen Katastrophen aufwarten. Der Lebensstil, der mit dem Starruhm scheinbar zwangsläufig einherging, beraubte die Musik um manches große Talent. Einen ganz großen Verlust bedeutete **John Lennons** Tod. Er wurde an einem Dezemberabend von einem geisteskranken Mann in New York auf offener Straße erschossen. Zehn Jahre nach Auflösung der **Beatles** verdrängte sein Tod alle anderen Nachrichten von den Titelseiten. **John Bonham** hingegen lebte exzessiv, trank viel und starb »standesgemäß« nach einem Wodka-Gelage. Im Gegensatz zu anderen Bands, die ein wichtiges Mitglied verloren, zeigten **Led Zeppelin** Größe und lösten sich auf. Bonham, Hohepriester aller Hardrock-Schlagzeuger, gehörte mit seinen improvisierten Jams und dem berühmten Moby-Dick-Solo einfach zu einem Led-Zep-Auftritt dazu. Mit dem Selbstmord von **Ian Curtis** kam für **Joy Division** viel zu früh das Aus. Ihr Einfluss war trotz weniger Platten und dem frostigen Destillat aus Romantik und Entfremdung groß. Alternative-Rock verlor damit ein sehr viel versprechendes Talent.

So viel zum traurigen Teil. Gleichzeitig verbreiteten **The Specials** und **The Beat** mittels energiegeladener Rhythmen ihren politisch gefärbten 2-Tone-Ska. **Madness** gaben sich mit einer Reihe von eingängigen Ska-Pop-Hits weniger politisch, und **The Jam** stiegen wie Phönix aus dem Punk-Trümmerfeld und wurden dank **Paul Wellers** literarischer Führung ernsthafte Musiker.

Der Preis für das spektakulärste Live-Konzert ging an **Pink Floyd**. Von der kostspieligen Liveversion »The Wall«, dem letzten epischen Meisterwerk von Pink Floyds kreativem Kopf **Roger Waters**, gab es nur zwölf Konzerte an zwei Orten in den USA. Die Doppel-LP, 1979 veröffentlicht, strotzte nur so vor Hass und Wut. Die Single *Another Brick In The Wall*, mit einem Londoner Kinderchor (gratis), wurde zum internationalen Nr.-1-Hit, überraschend für eine Band, deren Erfolg auf Alben beruhte.

Der neue R&B-Champion war 21 und kam aus Minneapolis. **Prince**, von **James Brown** und **Jimi Hendrix** beeinflusst, gelang dieses Jahr mit der Single *I Wanna Be Your Lover* der Durchbruch. Das Album ***Prince***, randvoll mit unwiderstehlichen Motiven und vordergründigem Sex, stammte überwiegend aus der Feder des Multiinstrumentalisten. Der **Rolling Stone** meinte: »Etwas mehr Klasse und er wäre ein Solo-Bee-Gee der Libido.«

Die Musikindustrie begann Rap ernst zu nehmen. Mercury Records veröffentlichte das einflussreiche, gleichnamige Debütalbum von **Kurtis Blow**, der sich als extravaganter MC in Harlem einen Namen machte. Eine Rap-LP war sehr ungewöhnlich in einem Genre, das von Singles bestimmt wurde.

Und doch wurde das Jahr nur von einem Ereignis am 8. Dezember bestimmt: »Man shot. One West 72nd.«

25. Okt.	Woman In Love	**Barbra Streisand**
15. Nov.	The Tide Is High	**Blondie**
29. Nov.	Super Trouper	**Abba**
20. Dez.	(Just Like) Starting Over	**John Lennon**
27. Dez.	No One Quite Like Grandma	**St. Winifred's School Choir**

»Der Pop von Madness ist ... der perfekte Soundtrack für das Leben der Teenager von heute.«

Garry Bushell, **Sounds**,
27. September 1980

Januar

1980

Paul McCartney verhaftet ... Joy Divisions *Love Will Tear Us Apart* ... Bob Dylan dankt dem lieben Gott ...

Januar

2 Der Rock'n'Roll-Singer/Songwriter und Pianist **Larry Williams**, dessen 50er-Jahre-Kompositionen *Bad Boy, Dizzy Miss Lizzy* und *Slow Down* die **Beatles** aufgenommen hatten, wird von seiner Mutter tot aufgefunden. Offenbar hat er sich erschossen, die Todesursache lautet Selbstmord.

8 **Joy Division** nehmen *These Days* und *Love Will Tear Us Apart* in den Pennine Sound Studios in Oldham auf. Im März wird *Love Will Tear Us Apart* in **10ccs** Strawberry Studios in Stockport neu eingespielt. Der karrierebestimmende Ohrwurm ist im Juli Nr. 13 der UK-Charts und bis heute der größte Hit des Factory-Labels. Viele Alternative-Rock-Kritiker halten sie für die beste Single des Jahres. Sie erscheint auch auf dem nicht minder gelobten zweiten Album *Closer*. Die visionären, von Verzweiflung geprägten Post-Punk-Songs der Band werden von dem eindringlichen Gesang von **Ian Curtis** und den unwiderstehlichen Bassmotiven von **Peter Hook** angetrieben.

16 **Paul McCartney** wird am Narita International Airport in Tokio verhaftet. Zollbeamte haben in seinem Gepäck 281,30 Gramm Marihuana gefunden. Die geplante elftägige Japantournee der **Wings** wird sofort abgesagt.

25 Die **Specials** starten im New-Yorker Hurrah Club eine sechswöchige USA-Tournee. Sie endet mit vier ausverkauften Auftritten im Whisky A Go-Go in Los Angeles, wo viele Fans im schwarzweißen »2-Tone«-Stil gekleidet sind.

26 **Prince** gibt sein heimisches Fernsehdebüt bei »American Bandstand« mit seinen ersten US-R&B-Charttopper *I Wanna Be Your Lover*. Der 21-jährige Singer/Songwriter, Gitarrist, Pianist und Produzent aus Minneapolis machte bereits Musik, bevor er mit 16 Jahren die Central High School in Minneapolis verließ. Dabei scharte er die besten lokalen Talente um sich. Vor drei Jahren unterschrieb er einen langfristigen Vertrag bei Warner Bros. Der großartige Songschreiber und Interpret ist stark von **James Brown** beeinflusst, den er 1968 zum ersten Mal live erlebte. Obwohl der Durchbruch zum Massenpublikum auf sich warten lässt – vor allem aufgrund der offenkundig sexuellen Songs – bringt ihm nächsten Monat das zweite Album, *Prince*, eine Platin-LP ein. Der Erfolg in anderen Sparten bleibt ihm noch zwei Jahre versagt.

28 **Adam Ant**, seine Band hatte sich nach Meinungsverschiedenheiten mit Malcolm McLaren aufgelöst, trifft sich mit dem ehemaligen Gitarristen der **Models** und von **Siouxsie And The Banshees**, **Marco Pirroni**, in einer Bäckerei im Londoner Covent Garden. Sie beschließen als Songschreiberteam die »Antmusic« zu kreieren. Kurz darauf tun sie sich mit dem neuen Manager Falcon Stewart zusammen und heuern den Schlagzeuger und Produzenten **Chris Hughes** an.

30 Der R&B-Pianist **Professor Longhair** stirbt mit 62 Jahren in seiner Heimatstadt New Orleans. 1949 machte er für das junge Label Atlantic die ersten Aufnahmen, die **Fats Domino**, **Huey »Piano« Smith**, **Allen Toussaint**, **James Booker** und **Dr. John** stark beeinflusst hatten. Longhair, der in New Orleans ein wohlgehütetes Geheimnis blieb, stieg 1964 aus dem Musikgeschäft aus. 1971 gab er sein Comeback beim New Orleans Jazz & Heritage Festival, das in den folgenden Jahren traditionell mit seinem Auftritt endete.

Paul McCartney blieb zehn Tage in japanischer Untersuchungshaft, bis die Behörden das Verfahren fallen ließen.

»Ich hab mit dem Rock'n'Roll nur aus Spaß angefangen, und um ein paar Jahr lang ein bisschen was von der Welt zu sehen.«

Bill Wymans Ankündigung, dass er die Rolling Stones verlassen werde, **Daily Express**, 18. Februar 1980

Februar

7 Seit drei Wochen steht das Doppelalbum ***The Wall*** von **Pink Floyd** an der Spitze der US-Charts – insgesamt 15 Wochen am Stück –, als die Liveproduktion ihres Opus in der Sports Arena in Los Angeles Premiere hat. Nach sechs weiteren Aufführungen gastieren sie fünf Mal im Nassau Veterans Memorial Coliseum in Union-

Pink Floyds *The Wall* wurde größtenteils von Roger Waters geschrieben, der zu dieser Zeit der kreative Motor der Band war. Ihr Klassiker *The Dark Side Of The Moon* ging im März in seine 303. Woche in den Billboard-Charts und wurde damit das Album mit der längsten ununterbrochenen Chartspräsenz in der Geschichte der Billboard-Statistiken.

dale. Beim ersten Teil der Show sind Gruppe und Publikum durch eine 48,77 Meter breite und 9,15 Meter hohe Mauer aus 1,13 Tonnen Styropor-Blöcken getrennt, die nach der Pause effektvoll zerstört wird. The Wall, als eines der besten Bühnenspektakel der Rockgeschichte gefeiert, wird trotz enormer Kosten nur 29-mal aufgeführt. Mehr als wettgemacht wird der finanzielle Verlust durch den Multiplatin-Erfolg des Albums und den internationalen Nr.-1-Hit *Another Brick In The Wall (Part II)*, mit dem rebellischen Refrain des Kinderchors »We don't need no education«.

12 **The Beat**, die letztes Jahr ihre erste Single auf dem 2-Tone-Label veröffentlichten und gerade ihr eigenes Label Go-Feet gegründet haben, beginnen im Londoner Roundhouse Studio die Aufnahmen zu *Mirror In The Bathroom*. Die Sessions zur ersten in England digital produzierten Single sind nicht unproblematisch: Ein Techniker der Hardware-Firma 3M (der sogar im Studio übernachtet) kümmert sich um die Sache. Zur Besetzung der Ska-Poptruppe aus Birmingham gehören die vier Gründungsmitglieder – der Sänger und Gitarrist **Dave Wakeling**, der Gitarrist **Andy Cox**, der Bassist **David Steele** und der Schlagzeuger **Everett Morton** – kürzlich durch den Post-Punk-Rapper **Ranking Roger** und den Saxophonisten **Saxa** aus Jamaika ergänzt.

13 **John Lydons** Haus in London wird von einer Polizeirazzia heimgesucht. Polizisten schlagen die Haustür ein, er bedroht sie von der Treppe aus mit einem Zeremonienschwert. Doch man findet nur einen Kanister mit verbotenem Tränengas, der zur Verteidigung gegen Einbrecher dienen soll.

19 **AC/DC**-Leadsänger **Bon Scott**, für Plattenaufnahmen in England, verbringt mit Alisdair Kinnear einen Abend in der Music Machine in Camden Town, London. Beim Auftritt von **Protex** und **The Trendies** schlucken sie jede Menge Alkohol. Kinnear fährt Scott zu seinem Haus in East Dulwich und lässt ihn schlafend im Auto zurück.

20 Kinnear findet **Bon Scott** bewusstlos in seinem Auto und bringt ihn ins nahe gelegene King's College Hospital, wo man seinen Tod feststellt. Der Leichenbeschauer erklärt »Tod durch Unglücksfall – akute Alkoholvergiftung«, und meint, Scott hätte sich buchstäblich zu Tode gesoffen. Seine Leiche wird nach Fremantle geflogen und verbrannt. Seine Asche wird im Fremantle Cemetery's Memorial Garden beigesetzt.

27 Um am Puls der Zeit zu bleiben, werden bei der 22. Grammy-Verleihung erstmals 57 Preise verliehen. Damit wird auch wieder der beste Rocksänger gekürt, und zwar **Bob Dylan**, der seinen allerersten Grammy für das Gospel-verbrämte *Gotta Serve Somebody* kassiert. Dylan, der zu den sieben Künstlern gehört, die sich an diesem Abend bei Jesus oder Gott bedanken, meint: »Das kommt überraschend. Als Erstes möchte ich Gott dafür danken.« *What A Fool Believes* von den **Doobie Brothers** – als einzige sechs Mal nominiert – wird Platte des Jahres und bringt den Komponisten **Michael McDonald** und **Kenny Loggins** den Preis Song des Jahres ein. **Rickie Lee Jones** wird beste Nachwuchskünstlerin und **Gloria Gaynors** *I Will Survive* die beste Disco-Aufnahme.

29 Nach über 21 Jahren findet man in einer Polizeiakte **Buddy Hollys** Brille, die er bei seinem Tod trug – und außerdem die Armbanduhr von **Big Bopper**.

März

3 Das Londoner Auktionshaus Sotheby's führt die allererste Auktion mit Pop-Memorabilien durch. Unter anderem kommen dabei vier von den **Beatles** signierte Dollarnoten für 220 £ unter den Hammer und eine von **Elvis Presley** signierte Papierserviette aus dem Riviera Hotel in Las Vegas, die 500 £ einbringt. Es wird noch einige Jahre dauern, bis interessantere Stücke, etwa Musikinstrumente, zur Versteigerung kommen. Die Rock-Memorabilien-Industrie wird zum großen Geschäft, ausgelöst durch die äußerst Gewinn bringende Kette der Hard Rock Cafés.

7 **Spandau Ballet** treten im Londoner Scala Cinema auf – und zwar im Kilt. Es ist der letzte einer Reihe von ungewöhnlichen Einzelterminen, die der Manager Steve Dagger organisiert, um die Medien neugierig zu machen. Zum Stil der Band gehören extravagante Kostüme, Make-up und Nachtclubbesuche (in angesagten Londoner Trendtreffs wie Blitz, Billy's, Le Kilt und Le Beat Route), was sie zu Vorreitern der »New Romantic«-Bewegung macht. Das Quintett wurde letztes Jahr von Songschreiber/Gitarrist **Gary Kemp** aus Islington gegründet, sein Bruder **Martin** spielt Bass, Leadsänger ist **Tony Hadley**.

23 Der 27-jährige **Jacob Miller** wird bei einem Autounfall in der Hope Road in Kingston, Jamaika, getötet. Als Teenager nahm er *Love Is A Message* auf, betreut von Coxsone Dodd. Mitte der 1970er machte er mit **Augustus Pablo** Plattenaufnahmen. Ab 1976 wurde er als Leadsänger der Reggae-Gruppe **Inner Circle** zur Stimme der jamaikanischen Ghettobevölkerung.

26 **Police** treten während ihrer Regatta-de-Blanc-Welttournee als erste westliche Popgruppe seit zehn Jahren (**Hawkwind** spielten dort 1970) in Bombay vor 5000 Fans auf der Freilichtbühne Homi Bha Bha Auditorium auf. Das Konzert bringt 12 000 $ für kranke Kinder ein. Organisiert wurde es vom Time And Talents Club, einer Gruppe von 48 Frauen mittleren Alters. Die Werbebanner in der Stadt verkünden: »Police – keine Cops, sondern Pops.«

28 Nach einem Konzert von **The Who** im Zürcher Hallenstadion sagt **Pete Townshend** dem Musikgeschäft Adieu. Nur mit Pass, Brieftasche und einer Flasche Brandy bewaffnet, will er zu Fuß nach Bern, um die Bären im berühmten Stadtzoo zu besuchen. Bei seiner Ankunft erfährt er jedoch, dass die Saison zu Ende sei und die Bären Winterschlaf halten. Er kippt im Bärengehege um. Tags darauf fährt er nach Wien, um am Wochenende mit The Who aufzutreten.

April

1 **Iron Maidens** erste Headliner-Tournee beginnt mit einem Auftritt im Londoner Rainbow Theatre, nach einer 19-tägigen UK-Tour als Vorgruppe für die Metalkollegen **Judas Priest** (die Band aus Birmingham, geleitet von **Rob Halford**, hat kürzlich ***British Steel*** veröffentlicht, bis dato ihre erfolgreichste LP). Iron Maidens erster Auftritt außerhalb Großbritanniens findet am 5. April auf dem Wheel Pop Festival in Belgien statt. Ende des Jahres sind sie bei der Europatournee von **KISS** im Vorgrogramm.

17 **Bob Marley** tritt bei den Feierlichkeiten zum Unabhängigkeitstag im Rufaro Stadium in Salisbury vor Prinz Charles und Präsident Robert Mugabe auf. Demnächst beginnt die große Europatournee von **Marley And The Wailers**, auf der sie ihr neues Album promoten. Sie spielen in der Schweiz, in Westdeutschland, Frankreich, England, Norwegen, Schweden, Dänemark, Ostdeutschland, Belgien, Holland, Spanien, Irland und Schottland und vor 100 000 Menschen im ausverkauften San-Siro-Stadion in Mailand.

Going Underground/The Dreams Of Children **von The Jam war am 22. März die neunte Platte, die auf Platz 1 in die britischen Charts einstieg.**

April 1980

Ian Curtis von Joy Division stirbt ... Donna Summer erste Künstlerin beim Label Geffen ... Led Zeppelin treten zum letzten Mal auf ...

19 Der **New Musical Express** meldet in dieser Woche, dass Ex-**Geordie**-Sänger **Brian Johnson** den Leadsänger **Bon Scott** bei **AC/DC** ersetzen wird. Kurz darauf trifft er in den Compass Point Studios auf Nassau ein, wo die Band ein neues Album mit dem südafrikanischen Produzenten Robert John »Mutt« Lange aufnimmt. Bei den siebenwöchigen Sessions entsteht ***Back In Black***, ein Meilenstein der Musikgeschichte.

25 Der Leadsänger **Hugh Cornwell** von den **Stranglers** wird nach sechs Wochen wegen Heroinbesitzes aus dem Pentonville-Gefängnis entlassen.

Mai

2 Der Gig an der Universität Birmingham wird der letzte von **Joy Division** sein. **Ian Curtis**, den Schmerzen plagen, letzten Monat war er wegen einer Überdosis Phenobarbital im Krankenhaus, muss von der Bühne geholfen werden.

2 *Another Brick In The Wall* von **Pink Floyd** wird in Südafrika mit der Begründung verboten, es »gefährde die Staatssicherheit«. Farbige Schüler haben den Song zur Protesthymne gegen ihre mangelhafte Ausbildungschancen gemacht.

3 *Geno* von den **Dexy's Midnight Runners** – eine Hommage an **Geno Washington**, einen britischen Soulsänger der 60er-Jahre – führt zwei Wochen die britischen Charts an. Es ist der erste Triumph für den 26-jährigen Singer/Songwriter und Gitarristen **Kevin Rowland**, Gründer, Frontmann und Chef der Band. Der rebellische, freimütige Musiker veröffentlichte kürzlich im Anzeigenteil britischer Musikzeitungen kontroverse, pathetische Essays, in denen er Fans und Musikindustrie kritisierte. Rowland, im Dauerclinch mit EMI Records, entwendet dem Produzenten **Pete Wingfield** die Originalbänder zum Debütalbum der Band, ***Searching For The Young Soul Rebels***. Bevor man ihm nicht bessere Vertragsbedingungen anbietet, verweigert er die Rückgabe. Im Juli einigt man sich in dieser Sache, da ist die erfolgreiche LP bereits Nr. 6 der UK-Charts.

4 Ein offensichtlich ahnungsloser Veranstalter hat die Hispano-Band **Los Lobos** als Vorprogramm für **Public Image Ltd.** im Olympic Auditorium in Los Angeles gewählt. Die Hardcore-Punks reagieren auf den Akustikvortrag der Band mit fliegenden Bierflaschen, Münzen und Gespucke. Die Gruppe gibt nach zehn Minuten auf. (Die innovative Band ließ sich jedoch nicht beirren. Durch regionale Auftritte wird sie von der angloamerikanischen Musikindustrie vorort entdeckt, da sie die ursprünglich rein akustischen, spanisch-amerikanischen Melodien des Latino-Genre elektrisch verstärkt umsetzt.)

17 **Paul** und **Linda McCartney** präsentieren bei »Saturday Night Live« die neue Single *Coming Up*. Amerikanische Discjockeys ziehen der Studioversion auf der A-Seite die Liveaufnahme auf der B-Seite vor. Im 17. Dezember letzten Jahres in Glasgow mitgeschnitten, bringt sie am 28. Juni McCartney seine siebte Solo/**Wings**-Nr.-1 in den USA ein. In England steht *Coming Up* bereits auf Platz 2, u. a. auch dank des frechen Videos dazu, in dem Paul McCartney fünf Musiker verkörpert: **Frank Zappa**, **Ron Mael** (vom exzentrischen Synthi-Duo **Sparks**), **Buddy Holly**, **Andy Mackay** von **Roxy Music** und sich selbst – als **Beatle** – mit einem kragenlosen Anzug in einer Band namens The Plastic Macs.

»... der deprimierendste, frustrierendste, unmenschlichste Ort, an dem ich je war.« Hugh Cornwell (The Stranglers) nach Haftentlassung, 25. April 1980

18 Die beiden **Buggles**-Mitglieder (letztes Jahr die britische Nr. 1 mit dem eingängigen Synthi-Popsong *Video Killed The Radio Star*), Produzentengenie **Trevor Horn** (Gesang, Gitarre) und **Geoff Downes** an den Keyboards, stoßen zur Formation **Yes**. Sie ersetzen die ausgestiegenen Musiker **Jon Anderson** und **Rick Wakeman**, bleiben jedoch nur für ein Album, ***Drama***, liefern aber den größten Hit der Band, *Owner Of A Lonely Heart*.

27 **Van Halen** promoten in Europe ihr neues Album ***Women And Children First***. Bei der Aufzeichnung eines Specials fürs italienische Fernsehen im Piper Club in Rom kollidiert **David Lee Roth** beim Sprung von **Alex Van Halens** Schlagzeugpodest mit den tief hängenden Bühnenscheinwerfern. Er zieht sich einen Nasenbeinbruch, mehrere Quetschungen und eine Gehirnerschütterung zu.

30 **Carl Radle** – bekannter Sessionmusiker und Bassist für **Leon Russell**, **J. J. Cale** und **Derek And The Dominos** – stirbt mit 37 Jahren im Krankenhaus von Tulsa an Nierenversagen.

JOY DIVISION

18. Mai Iggy Pops *The Idiot* liegt noch auf dem Plattenteller und Werner Herzogs »Strojek« im Videorecorder, als sich Ian Curtis von Joy Division in den frühen Morgenstunden erhängt, vier Tage, bevor die Band in die USA fliegen sollte. Er ist 23 Jahre alt. Angeblich hinterlässt er eine Nachricht: »Im Moment wäre ich am liebsten tot. Ich schaffe es einfach nicht mehr.« In seinen Grabstein auf dem Friedhof von Macclesfield bei Manchester werden die Worte »Love Will Tear Us Apart« eingemeißelt. Joy Division erleben ihren größten kommerziellen Erfolg nach Curtis' Tod (*Love Will Tear Us Apart* und *Closer* werden in den nächsten Wochen wie geplant erscheinen), aber durch die Musik der Band und seine legendäre Persönlichkeit wird er viele Alternative-Rockbands der nächsten 20 Jahre beeinflussen. Der Rest der Band beschließt, bei Tony Wilsons Label Factory unter neuem Namen weiterzumachen. Bei einem Brainstorming in einer Kneipe kommen sie auf Khmer Rouge und The Witch Doctors of Zimbabwe, entscheiden sich dann aber auf Drängen von Bernard Sumner und Peter Hook letztlich für New Order.

Pat Benatar, die bürgerlich Patricia Andrzejewski hieß und kurz an der Juilliard School Musik studiert hatte, wurde als Kabarettsängerin im Catch a Rising Star in New York entdeckt.

Juni

13 Die amerikanische Rockmusikerin **Pat Benatar** tritt vor dem heutigen Heimspiel der Philadelphia Phillies Baseballmannschaft auf. Dabei wirbelt sie mit dem Team-Maskottchen, der grünen Ente, über die provisorische Bühne im Innenfeld. Benatar, 27, seit letztem Jahr bei Chrysalis Records, gelingt demnächst ihr erster großer US-Hit mit *Hit Me With Your Best Shot.*

14 **Peter Gabriel**, ehemaliger Frontmann von **Genesis**, ist die Nr. 1 der UK-Charts und beginnt im Clubhouse in Santa Ana, Kalifornien, eine 20-tägige USA-Tournee. Im Herbst folgt eine 31-tägige Europatour durch Schweden, Deutschland, Frankreich, die Schweiz, Italien und Portugal. Er wird erst wieder 1982 live auftreten.

19 **Donna Summer** unterzeichnet als erste Künstlerin bei David Geffens neuem Label Geffen. Schon bald stehen weitere Stars bei ihm unter Vertrag, darunter **Elton John** und **Neil Young**. Den größten Coup landet er erst im September.

21 **The Stranglers** werden in Nizza verhaftet. Angeblich haben sie Krawalle ausgelöst, weil sie ein Konzert an der Universität absagten, da kein Generator zur Verfügung stand. Die Band bat die Fans deshalb, es »nicht an uns, sondern der Universität auszulassen.« **Jean-Jacques Burnel** wird auf eine Kaution von 10 000 £ entlassen, die restliche Band ohne Auflagen.

25 **Billy Joel** erhält für sein Konzert vor über 100 000 Fans im New-Yorker Madison Square Garden das »Gold Ticket«. Sein aktuelles Album ***Glass Houses*** hat bereits drei von sechs Wochen als US-Nr.-1 absolviert. Seine Single *It's Still Rock'n'Roll To Me* erreicht demnächst Platz 1.

27 Das **Led-Zeppelin**-Konzert in Nürnberg wird nach drei Songs abgebrochen, weil der Schlagzeuger **John Bonham** ohnmächtig wird.

Juli

2 **Sheena Easton**, 21-jährige Popsängerin aus Glasgow, tritt heute bei »The Big Time« auf. In der BBC-Fernsehshow, moderiert von Esther Rantzen, können Normalbürger ihre Träume verwirklichen. Easton wird beim Vorsingen für EMI Records gefilmt, bei den Aufnahmen zu ihrer ersten Single, und in der üblichen Aufbau- und Marketing-Phase, mit der ein Label neue Künstler lanciert. Dank so viel Präsenz schnellt ihre Debütsingle, das beschwingte Popliedchen *9 To 5*, nächsten Monat auf Platz 3 der UK-Charts.

4 Die **Beach Boys** geben am Unabhängigkeitstag vor einer halben Million Zuschauern in Washington D. C. ein Gratiskonzert. Der alljährliche Gig am 4. Juli wird das ganze Jahrzehnt über für die Band zu einer festen Einrichtung.

7 Mit dem Auftritt in der Eissporthalle in Berlin endet die zweiwöchige Europatournee der **Led Zeppelin**, genau zwölf Jahre nach Auflösung der **Yardbirds**. Sie beenden mit *Whole Lotta Love* das Konzert, das ihr letztes sein soll.

14 **Roxy-Music**-Leadsänger **Bryan Ferry** kollabiert in seinem Hotelzimmer in Port Barcares im Südwesten Frankreichs. Tags darauf kommt er in England mit einer Niereninfektion ins Krankenhaus. Derzeit ist Roxy Music mit ***Flesh And Blood*** zum zweiten Mal die Nr. 1 der UK-Charts.

Roxy Music begannen gerade eine 60 Konzerte umfassende Europatournee, als ihr Sänger Bryan Ferry erkrankte.

Juli 1980

John Lennon macht wieder Aufnahmen ... Erstes Monsters of Rock Festival ...

Kurtis Blow war der erste Rapper, der bei einem Majorlabel (Mercury) unter Vertrag kam ... Bei dem Trinkgelage, das zu seinem Tod führen sollte, konsumierte John Bonham von Led Zeppelin angeblich 40 Gläser Wodka.

Kurtis Blow

14 **Malcolm Owen**, Leadsänger der Reggae-Punktruppe **The Ruts** und Anführer der »Rock Against Racism«-Bewegung, wird zu Hause tot in der Badewanne aufgefunden. Er war seit langem heroinabhängig.

25 **Eric Carr**, der neue Schlagzeuger von **KISS**, gibt – als Fuchs geschminkt – im Palladium Theatre, New York, sein Livedebüt mit der Band. Vorgänger **Peter Criss** (er trat stets als Katze auf) gab am 17. Mai seinen Abschied.

28 Beim Dalymount Festival in Dublin treten so prominente neue Gruppen wie **Police**, **U2** und **Squeeze** auf.

August

4 **Pink Floyd** beginnen im Londoner Earls Court mit der einwöchigen Konzertserie »The Wall« ihre erste Englandtournee seit März 1977. Gleichzeitig verbietet der Londoner Stadtrat den Auftritt der US-Band **The Plasmatics** im nahe gelegenen Hammersmith Odeon. Bei ihrem Debüt in Großbritannien wollte die Band der Punkerin **Wendy O. Williams**, die stets barbusig, aber in Lederkluft auftritt, auf der Bühne ein Auto in die Luft sprengen. Es war die jüngste Idee der Band, die sich für ihre Shows immer verrücktere Aktionen ausdenkt.

4 **John Lennon** nimmt nach mehr als fünf Jahren Babypause – in denen er für seinen Sohn Sean die Mutterrolle übernommen hatte – mit **Yoko** in der Hit Factory, New York, erstmals neue Songs auf, die kürzlich bei einem Urlaub auf den Bermudas entstanden waren. Ko-Produzent ist Jack Douglas, zu den Musikern gehören **Hugh McCracken** und **Earl Slick** (Gitarren), **Tony Levin** (Bass), **George Small** (Keyboards) und **Andy Newmark** (Schlagzeug). Bei den Sessions entstehen 22 fertige Song, darunter die heutigen Aufnahmen von *(Just Like) Starting Over* und die Ono-Titel *Kiss Kiss Kiss*, *I'm Moving On* und *Every Man Has A Woman Who Loves Him*.

16 **Rainbow** sind die Hauptgruppe beim ersten Monsters Of Rock Festival auf Schloss Donington in Leicestershire. Leadsänger **Graham Bonnet** und Schlagzeuger **Cozy Powell** treten zum letzen Mal mit der Band auf. Ebenfalls im Programm sind **Judas Priest**, **The Scorpions**, die Kanadischen Rocker **April Wine**, **Saxon**, **Riot** und **Touch**.

19 **Kurtis Blow** bekommt für *The Breaks (Part 1)*, das weiterhin die US-Charts hochklettert, Gold. Damit ist es der erste registrierte Rap-Millionenseller und die erste vergoldete Maxisingle. (Das über eine Million Mal verkaufte *Rapper's Delight* der **Sugar Hill Gang** wurde nicht ausgezeichnet. Viele Widersprüche bei den Gold-Verleihungen entstehen durch eine mangelhafte Buchhaltung der Labels.) Der 21-jährige Blow aus New York, Geburtsname Kurt Walker, begann 1976 mit dem Rappen als DJ in den Harlemer Clubs, lernte drei Jahre lang sein Handwerk in den örtlichen Clubs wie dem Small's Paradise und arbeitere danach mit dem Rap-Pionier **Grandmaster Flash**.

23 **David Bowie** hat mit *Ashes To Ashes* die erste UK-Nr.-1-Single seit der Wiederveröffentlichung von *Space Oddity* im Jahr 1975. Der Song ist die Fortsetzung der »Major Tom«-Saga, die mit *Space Oddity* begann. Zum Erfolg trug sicher auch das visuell bestechende, innovative Video von David Mallet bei.

»Bowies Premierendarbietung war ergreifend – er sprach stockend und undeutlich, aber unüberhörbar, und sein kantiger Körper zeichnete ein perfektes Bild von [John] Merricks grotesker Statur.«

Rezension von David Bowies Auftritt in »The Elephant Man« in Denver, **Record Mirror**, 9. August 1980

September

6 *Upside Down*, von **Bernard Edwards** und **Nile Rodgers** komponiert und produziert, ist der erste US-Nr.-1-Hit für **Diana Ross** nach fünf Jahren.

21 **Bob Marley**, der gestern und den Tag zuvor mit den **Commodores** zwei Konzerte im New-Yorker Madison Square Garden gegeben hatte, bricht beim Joggen mit seinem Freund Skilly Cole im Central Park zusammen. Seine Frau Rita möchte, dass er die Tournee abbricht, doch Marley will weitermachen.

22 **John Lennon**, dessen Soloalben bisher auf dem Apple Label der Beatles erschienen, unterschreibt bei Geffen Records, nachdem David Geffen ihm, ohne einen Ton von der kommenden LP gehört zu haben, einen Vertrag anbietet.

23 **Bob Marley** bricht im Stanley Theater, Pittsburgh, auf der Bühne zusammen. Er wird in das New-Yorker Sloan-Kettering Hospital eingeliefert. Die Diagnose ergibt, dass er einen Gehirntumor hat und eine Lebenserwartung von nur noch einem Monat. Die Tournee wird abgesagt.

25 Am Tag vor einer US-Tournee stirbt der 32-jährige Schlagzeuger von **Led Zeppelin**, **John Bonham**, im Old Mill House von **Jimmy Page** in Windsor. Er erstickt nach einem heftigen Saufgelage an seinem Erbrochenen. Die intime Trauer-

Das goldene Händchen von Bernard Edwards und Nile Rodgers verhalf Diana Ross zum fünften US-Nr.-1-Hit ihrer Solokarriere.

John Bonham

feier findet in der Kirche von Rushock, Worcester statt. Vor dem Grab wird ein Schlagzeugbecken errichtet.

Oktober

1 **Paul Simons** semiautobiografischer Film »One-Trick Pony« läuft in den US-Kinos an. Der Erfolg ist bescheiden. Zu sehen sind auch Kurzauftritte von den **B-52's**, der neu formierten **Lovin' Spoonful** und **Lou Reed** als Plattenproduzenten.

3 **Bruce Springsteen** startet in der Crisler Arena der University Of Michigan in Ann Arbor seine River-Tour, um sein neues, fünftes Album ***The River*** zu promoten. Zum ersten Mal überhaupt eröffnet er mit *Born To Run*. Später begleitet ihn bei *Thunder Road* Michigans populärster Sohn, **Bob Seger**. Die von der Kritik hochgelobte Doppel-LP, aus 60 Songs zusammengestellt, wird für Springsteen das erste US-Nr.-1-Album.

4 **Lindsey Buckingham**, **Stevie Nicks** und **Mick Fleetwood** überreichen der Trojan Marching Band von der University Of Southern California im Dodger Stadium, Los Angeles, in der Halbzeit eines Spiels die Platin-LP für ihr Mitwirken an dem Album ***Tusk***.

4 Die Nr. 1 der US-Charts sind **Queen** mit *Another One Bites The Dust*. Das Bassmotiv haben sie bei *Good Times* von **Chic** ausgeliehen. Nach dem Popabilly-Hit *Crazy Little Thing Called Love* ist es dieses Jahr ihre zweite US-Nr.-1.

6 **John Lydon** wird nach einer Kneipenrauferei in Dublin wegen Beleidigung verhaftet. Das Urteil lautet drei Monate Gefängnis aufgrund ordnungswidrigen Verhaltens. Er legt Berufung ein.

9 Geffen Records veröffentlicht zu **John Lennons** 40. Geburtstag mit *(Just Like) Starting Over* seine erste Single seit fünf Jahren.

27 In London verbrät **Steve Peregrine Took** – neben **Marc Bolan** Mitbegründer von **Tyrannosaurus Rex** – einen Tantiemenscheck für Morphium und »Magic Mushrooms«. Weil die giftigen Pilze sämtliche Gefühlsnerven im Hals betäubt haben, erstickt er an einer Kirsche. Er ist 31 Jahre alt.

November

4 **Bob Marley** wird in der Ethiopian Orthodox Church, Kingston getauft und konvertiert zum christianisierten Rastafari namens Berhane Selassie (»Licht der heiligen Dreifaltigkeit«).

BLONDIE

15. November Blondie landen ihren dritten britischen Nr.-1-Hit dieses Jahres (nach *Atomic* im März und *Call Me* im April) mit *The Tide Is High*, einer flockigen Reggaenummer aus der Feder von John Holt, die bereits von den Paragons aufgenommen wurde. *The Tide Is High* ist Blondies fünfte Nr. 1 in England und wird im Januar auch die Spitze der US-Charts erreichen. Die Single wurde aus Blondies aktuellem Album *Autoamerican* ausgekoppelt, der dritten LP, die sie in Zusammenarbeit mit dem Produzenten Mike Chapman aufgenommen haben.

Blondie standen auf dem Zenit ihrer Karriere, doch Debbie Harry orientierte sich bereits in Richtung einer Solokarriere, die im kommenden Jahr mit *Koo Koo* ihren Anfang nehmen sollte.

1980

8. Dezember John Lennon und Yoko Ono verlassen das Record Plant Studio in New York um 22:30 Uhr. Als sie das Dakota Building, in dem sie wohnen, durch den Eingang an der 72. Straße West betreten, dreht Lennon sich um, weil er hört, dass jemand »Mr Lennon« sagt. Der 25-jährige Mark David Chapman verwundet ihn mit vier Schüssen, ein fünfter verfehlt ihn. Lennon kämpft sich die sechs Stufen in die Pförtnerloge hinauf, wo er gegen 22:50 Uhr zusammenbricht. Zwei Kugeln haben ihn in den Rücken getroffen und sind durch die Brust ausgetreten, nachdem sie seine Lunge durchbohrt haben. Die anderen trafen die Schulter, eine hat das Schulterblatt zerschmettert, während die andere in die Brust abgelenkt wurde und die Aorta durchtrennte. Die Polizei erhält einen fünf Worte umfassenden Funkspruch: »Schussverletzter. 72. West, Nummer 1.« Der stark blutende Lennon wird auf dem Rücksitz des Streifenwagens von Police Officer James Moran ins 15 Häuserblocks entfernte Roosevelt Hospital gefahren, wo um 23:30 Uhr der Tod durch Verbluten festgestellt wird. Lennon ist 40 Jahre alt. Noch gegen 17 Uhr am vorangehenden Nachmittag hatte er Chapmans Exemplar von ***Double Fantasy*** mit den Worten »John Lennon 1980« signiert.

»Man shot. One West 72nd.« Polizeifunker, 8. Dezember 1980

Der Sportreporter Howard Cosell überbrachte während eines »Monday Night Football«-Spiels zwischen den Miami Dolphins und den New England Patriots als einer der Ersten die Nachricht von John Lennons Tod.

November 1980

U2 erstmals in den USA ... *Sandinista!* von The Clash ... Mord an John Lennon ...

Motörhead

The Clash

21 **Eagles**-Sänger/Schlagzeuger **Don Henley** wird verhaftet und wegen verschiedener Drogendelikte angeklagt (er soll Marihuana, Kokain und Quaaludes besessen haben) sowie »Verführung Minderjähriger zu Straftaten«. Man hatte bei ihm in Los Angeles eine unbekleidete 16-Jährige mit einer Überdosis Drogen gefunden. Er bekommt 2000 $ Geldstrafe, zwei Jahre Bewährung und die Auflage, die Drogenberatung zu konsultieren.
26 **Motörhead** beginnen ein viertägiges Gastspiel im Londoner Hammersmith Odeon, um das Album ***Ace Of Spades*** zu promoten. Es wird die Nr. 4 in England und bringt den Durchbruch. Der verkürzte Mitschnitt des Gigs wird unter ***No Sleep Till Hammersmith*** veröffentlicht (nächstes Jahr die UK-Nr.-1). Die Band wurde vor fünf Jahren von Ex-**Jimi-Hendrix**-Roadie und Ex-**Hawkwind**-Bassist **Lemmy** gegründet, der stolz tönte: »Wenn unsere Band bei euch nebenan einzieht, dann geht der Rasen ein.« Sie entwickeln eine furios aufgemotzte Spielart des Heavy Metal (diese Variante wird sowohl als Thrash als auch als Speed Metal bekannt). Die Kombination aus Lemmys ruhelosem, wildem Lebensstil und seiner Spielweise verschafft Motörhead ein einmaliges Image: Sie verkörpern das Ideal aus Garagenrock und anarchischem Punkstil und sind zugleich die überzeugendsten Vertreter der New Wave im britischen Heavy Metal. Das Livealbum, das so ohrenbetäubende Publikumsfavoriten wie *Ace Of Spades, Overkill, Bomber* und *Motörhead* so direkt und unverfälscht einfängt, beeinflusst die kommenden Speed/Thrash-Metal-Bands und auch die künftigen Punkbands sowohl in Großbritannien als auch in den USA enorm.

Nach einer einwöchigen Tour durch die Niederlande spielten U2 im Oktober ausgerechnet als Vorband von Slade im Lyceum Ballroom, London.

Dezember

2 ***Greatest Hits*** des Countrypop-Veterans **Kenny Rogers** bekommt Platin. Die LP, demnächst Nr. 1 der US-Charts, ist dieses Jahr sein dritter Millionenseller nach ***Kenny*** (16. Januar) und ***Gideon*** (28.Mai). Dem 42-jährigen Texaner gelangen in den USA dutzende Countryhits, sowohl als Solist als auch als ehemaliger Frontmann der **First Edition**. Derzeit steht er mit *Lady* seit drei Wochen auf Platz 1 der Hot 100. Die Ballade wurde von **Lionel Richie**, Frontmann der **Commodores**, in nur vier Stunden geschrieben und produziert. Richie bereitet gerade seine Solokarriere bei Motown vor.
4 **Jimmy Page**, **Robert Plant** und **John Paul Jones** erklären, **Led Zeppelin** würden sich nach dem »Verlust unseres lieben Freundes« auflösen. Grund ist der Tod von **John Bonham** im September.
6 **U2** treten im Ritz in New York auf. Damit beginnt ihr erster und neuntägiger Konzertbesuch in Nordamerika. Sie werben für ihr Debütalbum ***Boy***, das Steve Lillywhite in den Windmill Lane Studios produziert hat. (Der fotogene »Junge« auf dem Cover des Albums heißt Peter und ist der Bruder von **Guggi**, dem Sänger der **Virgin Prunes**).
10 **John Lennons** Leichnam wurde aus der Leichenhalle des Krankenhauses in die Frank E. Campbell Funeral Chapel an der Ecke Madison und 81. Straße verlegt, um heute im Ferncliff Mortuary in Hartsdale, New York, verbrannt zu werden. (Lennons Mörder, Mark Chapman, kündigte im Oktober seinen Job als Wartungsmonteur in Honolulu. Am 27. Oktober kaufte er bei J&S Sales Ltd. für 169 $ eine Charter Arms 38 Special mit fünf Kugeln. Nach einem Besuch in Atlanta, wo er die High School besuchte, kehrte er nach Hawaii zurück. Am 5. Dezember reiste er endgültig ab. Am 6. kam er in New York an, nahm für 16,50 $ ein Zimmer im YMCA, neun Blocks vom Dakota. Am 7. zog er ins Sheraton Center Hotel um, in ein Tageszimmer für 82 $. Seine japanische Ehefrau ist älter als er. Auf seinem Namensschild bei der Arbeit stand John Lennon. Er spielte ständig **Beatles**-Songs auf seiner Gitarre. Der Gerichtspsychiater: »Da er bereits vergeblich versucht hatte, sich umzubringen, beschloss er, stattdessen Lennon zu töten. Der Mord war eine Art umgedrehter Selbstmord.«)
14 Während Fans in aller Welt die Ermordung von **John Lennon** immer noch nicht fassen können, bittet **Yoko Ono** alle, die seiner gedenken wollen, um 14 Uhr östlicher Zeit eine zehnminütige Schweigepause einzulegen. Während immer noch hunderte vor dem Dakota-Gebäude Totenwache halten, versammeln sich etwa 100 000 Menschen im Central Park von New York City. Vor der St. George's Hall an der Lime Street in Liverpool finden sich 30 000 Menschen ein.
20 ***Sandinista!***, das Dreifachalbum von **The Clash**, das wegen des ausufernden Inhalts unterschiedlich aufgenommen wird, steht auf Platz 19

Afrika Bambaataa, Soulsonic Force und Kurtis Blow wurden als Pioniere des Genres Rap/Electro/Hip-Hop zunächst in ihren Wohnvierteln in der Bronx enorm beliebt.

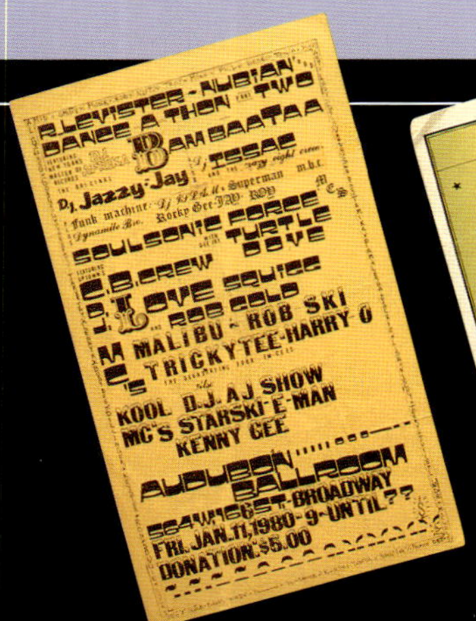

Motörhead-Frontman Ian Kilminster alias Lemmy war ein Pfarrerssohn aus dem englischen Stoke-on-Trent ... The Clash veröffentlichten ihr 3 LPs umfassendes Mammutalbum *Sandinista!*

»Ich kann gar nicht sagen, wie weh das tut. Sein Tod ist ein bitterer, grausamer Schlag. Ich habe den Kerl echt geliebt.«

Paul McCartney, 9. Dezember 1980

der UK-Charts. Auf Wunsch der Band veröffentlichte CBS das ambitionierte Werk zum Preis einer Doppel-LP. Dafür müssen sie auf die Tantiemen für die ersten 200 000 Exemplare verzichten. Zum musikalischen Inhalt des Albums meint **Mick Jones**: »Aufgepasst, grundsätzlich ist es so, man kann zu jedem Stück auf ***Sandinista!*** tanzen. Es fragt sich nur, auf welche Weise man es tut.«

21 **Police**, fünf Monate nach dem Start ihrer Welttournee Zenyatta Mondatta wieder in England, geben das erste von zwei weihnachtlichen Wohlfahrtskonzerten in einem großen Zelt auf dem Tooting Bec Common in Südlondon.

27 Der leicht ironische Song *(Just Like) Starting Over* ist in der zweiten Woche auf Platz 1 (blockiert das wieder veröffentlichte *Happy Xmas (War Is Over)* auf Platz 2)und wird **John Lennons** erster, posthumer Hit an der Spitze der US-Charts. Das dazugehörige Album ***Double Fantasy*** zieht in die US-Albumcharts ein. In England gelingt das erst am 7. Februar.

29 Der 39-jährige Folkblues-Singer/Songwriter **Tim Hardin** stirbt in seiner Wohnung in Los Angeles an »akuter Heroin-Morphium-Vergiftung durch eine Überdosis«. Im September hatte ihn seine Partnerin Susan verlassen. Der enorm talentierte Sänger und Texter, u. a. durch Songs wie *If I Were A Carpenter* (interpretiert von **Bobby Darin**, den **Four Tops**, **Johnny Cash**, **Bob Seger** und **Leon Russell**) und *Reason To Believe* (ein Favorit im **Rod-Stewart**-Repertoire) bekannt, wurde Zeit seiner Karriere sein Drogenproblem nicht los.

Am Lincoln Memorial in Washington, D. C. sangen Trauernde *Give Peace A Chance.* In Los Angeles wurde mit Kerzen John Lennons Lebenswerk gedacht, und tausende von Menschen besuchten in New York den Ort seines Todes.

ROOTS In diesem Jahr verlässt die Sängerin Anita Baker die R&B-Gruppe Chapter 8 und nimmt einen Bürojob in Detroit an ... nimmt John Bongiovi, auf Wunsch seines Cousins Tony, *R2-D2 We Wish You A Merry Christmas* für das Album *Christmas In The Stars: Star Wars Christmas* auf ... schließt Enya Ni Bhraonain, Gesang und Keyboards, sich Clannad, der Band ihrer Geschwister, an und spielt unerwähnt auf *Cran Ull* ... schickt Michael Dion ein Demoband seiner Schwester Celine an die Adresse auf dem Plattencover ihres Idols, der französischen Sängerin Ginette Reno ... schließt sich Sade Adu, Studentin an der St. Martin's School Of Art in London, ihrer ersten Gruppe Arriva an und schreibt weiterhin eigene Songs ... gehen Roland Orzabal und Curt Smith zur Pop/Ska-Band Graduate ... absolviert Joan Osborne die High School, studiert dann 18 Monate Theaterwissenschaft und arbeitet kurz im Burt Reynolds Dinner Theater in Jupiter, Florida ... wird Simon Le Bon auf Empfehlung seiner Ex-Freundin Fiona Kemp Mitglied der neuen Synthi-Popband Duran Duran ... gründen Michael Stipe, Student der University of Georgia in Athens, und Peter Buck, die sich vor zwei Jahren im Plattenladen Wuxtry Records kennen lernten, R.E.M. mit Bill Berry und Mike Mills, die sie auf einer Party trafen ... schreibt Thom Yorke seinen ersten Song *Mushroom Cloud* ...

Don't Stand So Close To Me

1981

Nr. 1 US-SINGLES

03. Jan. (Just Like) Starting Over **John Lennon**
31. Jan. The Tide Is High **Blondie**
07. Febr. Celebration **Kool & the Gang**
21. Febr. 9 To 5 **Dolly Parton**
28. Febr. I Love A Rainy Night **Eddie Rabbitt**
21. März Keep On Loving You **REO Speedwagon**
28. März Rapture **Blondie**
11. Apr. Kiss On My List **Daryl Hall And John Oates**
02. Mai Morning Train (Nine To Five) **Sheena Easton**
16. Mai Bette Davis Eyes **Kim Carnes**
20. Juni Medley **Stars On 45**
25. Juli The One That You Love **Air Supply**
01. Aug. Jessie's Girl **Rick Springfield**
15. Aug. Endless Love **Diana Ross And Lionel Richie**
17. Okt. Arthur's Theme (Best That You Can Do) **Christopher Cross**
07. Nov. Private Eyes **Daryl Hall And John Oates**
21. Nov. Physical **Olivia Newton-John**

Nr. 1 UK-SINGLES

03. Jan. No One Quite Like Grandma **St. Winifred's School Choir**
10. Jan. Imagine **John Lennon**
07. Febr. Woman **John Lennon**
21. Febr. Shaddup You Face **Joe Dolce Music Theatre**
14. März Jealous Guy **Roxy Music**
28. März This Ole House **Shakin' Stevens**
18. Apr. Making Your Mind Up **Bucks Fizz**
09. Mai Stand And Deliver **Adam And The Ants**
13. Juni Being With You **Smokey Robinson**
27. Juni One Day In Your Life **Michael Jackson**
11. Juli Ghost Town **Specials**
01. Aug. Green Door **Shakin' Stevens**
29. Aug. Japanese Boy **Aneka**
05. Sept. Tainted Love **Soft Cell**
19. Sept. Prince Charming **Adam And The Ants**
17. Okt. It's My Party **Dave Stewart with Barbara Gaskin**
14. Nov. Every Little Thing She Does Is Magic **Police**
21. Nov. Under Pressure **Queen And David Bowie**
05. Dez. Begin The Beguine (Volver A Empezar) **Julio Iglesias**
12. Dez. Don't You Want Me **Human League**

Simon And Garfunkel

Grandmaster Flash

Simon And Garfunkel traten nach über einem Jahrzehnt erstmals wieder gemeinsam auf ... Grandmaster Flash wurde als Joseph Saddler auf Barbados geboren und zog Anfang der 60er mit seinen Eltern in die New-Yorker Bronx. Dort begann er später als mobiler DJ zu arbeiten.

Das Jahr 1981 begann ernst, denn **John Lennons** posthume Hits warfen weltweit Schatten. Und es kam noch schlimmer. Die Musikwelt musste sich von zwei weiteren Legenden verabschieden: **Bill Haley** starb im Februar, **Bob Marley** im Mai. Haley gelang als erstem weißen Musiker, in der Anfangszeit des Rock'n'Roll, die Verschmelzung von Country und schwarzem R&B. Doch war seine Karriere 1960 zu Ende. Bob Marley wurde verdientermaßen zum ersten Reggae-Superstar und verbreitete in einer zunehmend komplizierten Welt seine Botschaft von Frieden und spirituellem Wachstum. Die Pionierarbeit von Haley ist unvergesslich, Marleys untadeliges Werk gewann nach seinem Tod noch an Popularität.

Die Musikbranche plagten noch andere Probleme. Disco und Punk zerplatzten endgültig wie Seifenblasen, und weltweit gingen die Plattenverkäufe zurück. Viele machten dafür die Raubkopien auf Kassette verantwortlich. Spielverderber Island-Boss Chris Blackwell veröffentlichte »1+1«-Kassetten, mit einer Musik- und einer Leerseite zum »Aufnehmen«. Die Kassetten-Sache hatte keinen Einfluss auf die phänomenalen Plattenumsätze der so genannten »Adult«-Rockstars: **REO Speedwagon** lieferten das bestverkaufte US-Album des Jahres. Weitere melodische Hardrock-Bands folgten, wie **Styx**, **Survivor** und **Journey**. Die Mainstream-Ware der Adult-Rocker dominierte auch das amerikanische Radio, **Chicago** und der Newcomer **Christopher Cross** liefen im Autoradio praktisch tagaus, tagein.

Die Szene in Großbritannien kontrastierte dramatisch mit der in den Vereinigten Staaten: dort die »New-Romantic«-Bewegung, hier Mainstream-Ware. Synthesizer waren angesagt, und Bands wie **Duran Duran** und **Ultravox** posierten in Capes, Rüschenhemden und Make-up im Gesicht. Anderenorts wurde England, wie es **The Specials** dokumentierten (ihre Auflösung 1981 markierte das Ende des Ska-Revivals), zur »Geisterstadt«. Mit Rassenkrawallen und hoher Arbeitslosigkeit bekam die Punkära eine bittere Fußnote – die von Skinheads angeführte, rassistische »Oi«-Bewegung. Die Erneuerung des britischen Heavy Metal wurde deutlich, als die authentischen **Motörhead** sowie **Iron Maiden** und **Saxon** aus den Clubs heraustraten und mit ihren Songs in die Charts kamen.

Die unvergesslichste Wiedervereinigung war wohl die von **Simon And Garfunkel**, die kurzzeitig ihre Differenzen hintenanstellten, um im New-Yorker Central Park aufzutreten.

Rap, in New York verwurzelt, breitete sich immer weiter aus und gewann mit jedem Jahr deutlich an Boden. Der Rap-Pionier **Grandmaster Flash** verhalf Sampling und der Fingerfertigkeit von DJs zu neuen Höhen, **Blondie** brachten mit *Rapture* und der einzigartigen Stimme von **Debbie Harry** das Genre einem Massenpublikum nahe.

»Neben der Musik und der Optik war es auch ganz wichtig, sich ein Publikum zu schaffen, statt es zu bedienen.«

Adam Ant, **Smash Hits**, 1981

Januar 1981

Phil Collins' erste Soloplatte ... Oi! ... Christopher Cross räumt Grammys ab ...

Ultravox

Christopher Cross

Januar

9 Das Strafgericht Cambridge verdonnert **Jerry Dammers** und **Terry Hall** von den **Specials** zu einer Geldstrafe von jeweils 400 £ wegen des Gebrauchs von »Drohworten und -gebärden« bei einem Auftritt letzten Oktober in der Stadt. Ihr Versuch, die Rangelei zwischen Fans und Ordnern zu stoppen, wurde als Aufwiegelung der Menge missverstanden. Dammers verteidigt sich mit folgenden Worten: »Die Beweise sind unhaltbar, die 3000 Konzertbesucher werden diese Ungerechtigkeit erkennen. Wir hassen Gewalt bei unseren Konzerten.« Und Gitarrist **Roddy Radiation** sagt: »Es begann als große Party und endete in ›Einer flog übers Kuckucksnest‹.«

10 **Phil Collins**, Schlagzeuger und Leadsänger von **Genesis**, nimmt beim »The Old Grey Whistle Test« eine Session auf. Für seinen Kumpel, den schottischen Folksänger/Songwriter **John Martyn** spielt er bei *Sweet Little Mystery* Schlagzeug und singt im Background. Collins ist seit letztem Jahr in England bei Virgin Records und in den USA bei Atlantic unter Vertrag. Seine Solokarriere steht kurz vor dem Durchbruch. Diese Woche werden *In The Air Tonight* und das autobiografische Debütalbum ***Face Value*** veröffentlicht. Am 21. Februar auf Platz 1 in Großbritannien, bleibt es 193 Wochen in den Charts und 164 Wochen in den US-Charts. Dort verkauft es sich über vier Millionen Mal.

12 Die RIAA stiftet der Kongressbibliothek an die 800 Rockalben, darunter ***Never Mind The Bollocks ... Here's The Sex Pistols*** von den **Pistols**, *Blonde On Blonde* von **Bob Dylan** und ***Alive!*** von **KISS**.

14 **Ultravox** – sie schaffen mit *Vienna* den Durchbruch. Diese Woche in die UK-Charts eingestiegen, wird es zur Nr. 2 – spielen 40 Minuten lang live bei »In Concert« auf BBC Radio 1. Die Band mit dem melodramatischen Synthesizer-Sound kam mit der aufblühenden New-Romantic-Bewegung hoch und besteht aus den Ex-**Visage**-Mitgliedern **Midge Ure** (Gitarre, Leadgesang) und **Billy Currie** (Keyboards), **Chris Cross** (Synthesizer, Bass) und **Warren Cann** (Schlagzeug).

16 **Stevie Wonder** setzt sich mit einer Rede im Capitol Hill, Washington, D. C. für den Antrag ein, den Geburtstag von Martin Luther King Jr. am 15. Januar zum Nationalfeiertag auszurufen (ein Gesetzentwurf wird 1983 verabschiedet). Bei einem Auftritt in der Hauptstadt singt er aus seinem aktuellen Album ***Hotter Than July*** den neuen Song *Happy Birthday*, eine musikalische Hommage an den Bürgerrechtler.

Ultravox waren seit 1976 mit geringem Erfolg aktiv, aber eine Neubesetzung um Ex-Slik-Frontmann Midge Ure sollte mit einem Vertrag bei Chrysalis Records in die Gänge kommen ... Nach seiner eigenen Aussage fanden viele Hausfrauen die Musik von Christopher Cross ideal zum Bügeln.

17 Die Fans von **Echo And The Bunnymen** werden per Bus an einen geheimen Auftrittsort gebracht oder müssen ihn mit einem Stadtplan im Peak District suchen. Es ist Pavilion Gardens in Buxton, ein 9,3 Hektar großer öffentlicher Park, 1871 von Edward Milner gestaltet. Bill Butt, Lichtdesigner der Bunnymen, filmt das Konzert mit. Es wird als »Shine So Hard« (eine Zeile aus dem Bandsong *Stars Are Stars*) veröffentlicht.

19 Die Leadsängerin der **Plasmatics**, **Wendy O. Williams**, wird nach ihrem Auftritt im Palms-Nachtclub in Milwaukee wegen »simulierter

DURAN DURAN

16. Januar **Duran Duran nehmen für die »Peter Powell Show« ihre erste Session bei BBC Radio 1 auf. Sie spielen *Planet Earth*, *Anyone Out There*, *Friends Of Mine* und *Sound Of Thunder*. Die fotogene Gruppe wurde vor drei Jahren in Birmingham von den Schulfreunden Andy Rhodes (Keyboards) und John Taylor (Bass) gegründet. Nach dem Ausstieg einiger Gründungsmitglieder, darunter Sänger Stephen Duffy, bilden sie jetzt mit Andy Taylor (Gitarre), der nicht mit den anderen Taylors verwandt ist, Roger Taylor (Schlagzeug) und dem 22-jährigen Simon Le Bon (Gesang) ein dauerhaftes Quintett. Ihren Bandnamen haben sie von der Figur übernommen, die Milo O'Shea in Roger Vadims Sciencefiction-Film nach Jean-Claude Forests »Barbarella« (1968) spielt. *Planet Earth* soll am 2. Februar als erste Single bei EMI erscheinen und wird Duran Duran sofort als prägende Band der »New-Romantic«-Bewegung etablieren, die sich in Großbritannien derzeit als Reaktion auf die im Punk verwurzelte New Wave rasch ausbreitet. Außer der synthibasierten Musik zeichnet die New Romantics aus, dass sie großen Wert auf ihre Kleidung legen.**

Depeche Mode fanden ihren Namen in einem französischen Modemagazin. Klugerweise verwarfen sie Peter Bonetti's Boots, The Lemon Peels, The Runny Smiles und The Glow Worms.

»Private Aufnahmen zerstören allmählich die britische Musikbranche. Es ist daher sehr unglücklich, dass Island zum jetzigen Zeitpunkt diesen Schritt tut.« BPI zu Islands »1+1«-Kassetten, 11. February 1981

Masturbation mit einem Holzhammer vor einem Publikum« verhaftet. Williams, die alles abstreitet, wird von der Polizei weggetragen. Eine Schnittwunde über dem Auge muss genäht werden. Ein weiterer Vorwurf lautet Widerstand gegen die Festnahme. Die Band wird gegen eine Kaution von 2000 $ aus der Haft entlassen und zum nächsten Auftritt in Cleveland gebracht, wo Williams wegen »fortgesetzter Obszönität« abgeführt wird (im März veranstalten Bands aus Milwaukee ein Plasmatics-Benefizkonzert).

24 Die Zeitschrift **Sounds** bringt diese Woche ein zweiseitiges Special über Oi!. Das Hardcore-Genre, aus späten Punkbands wie **Sham 69** und den **Angelic Upstarts** entstanden, fasziniert mit politisierten Arbeiterklasse-Bands und Ablehnung der Gesellschaft eine neue Generation extrem rechtsradikaler, britischer Skinheads und faschistischer Mitglieder der National Front. Speerspitze der zunehmend gewalttätigen Bewegung sind **4-Skins**, **Last Resort** und **Infa Riot**. Die kurzfristige Popularität bei der Großstadtjugend – von Befürworter Garry Bushell, **Sounds**-Journalist, dokumentiert – wird durch die Rekordarbeitslosigkeit und städtische Unruhen in England geschürt.

31 Some Bizzare – das von Musikimpresario Stevo gegründete New-Wave-Label – veröffentlicht in England ***Some Bizzare***. Das Compilation-Album stellt diverse »futuristische« Bands vor, die alle bei Konzert- oder Club-Events auftraten, die Stevo organisiert hatte. *Photographic* ist die erste Aufnahme der Synthi-Band **Depeche Mode** aus Basildon. Sie wurde letztes Jahr von **Vince Clarke** und **Martin Gore**, dem Bassisten **Andy Fletcher** und dem Leadsänger **Dave Gahan** gegründet und bekam unlängst einen langfristigen Vertrag beim innovativen Indie-Label Mute von Produzent Daniel Miller. Weitere heiße Tipps auf dem Album sind **The The** – alias Sänger/Songwriter/Gitarrist **Matt Johnson** – und **Soft Cell**, eine Synthesizer-orientierte Combo bestehend aus dem Sänger **Marc Almond** und dem Keyboarder **David Ball**. Beide Künstler unterschreiben bei Some Bizzare.

Februar

7 Die R&B-Veteranen **Kool And The Gang** führen mit dem Song *Celebration*, mit dem am 26. Januar die Heimkehr der amerikanischen Geiseln nach 444 Tagen Gefangenschaft im Iran gefeiert wurde, erstmals die US-Charts an. Seit **James »J. T.« Taylor** 1978 neuer Leadsänger und Songschreiber der Band wurde, ging es mit ihr stetig bergauf.

8 Im Londoner Palladium spielen **Adam And The Ants** bei der Royal Children's Variety Performance ihren aktuellen UK-Nr.-2-Hit *Antmusic* und werden anschließend Prinzessin Margaret vorgestellt. Ant, derzeit mit ***Kings Of The Wild Frontier*** die UK-Nr. 1, hat mit seinen perkussiven Popsongs im Burundi-Stil eine Marktlücke entdeckt. Unterstrichen wird dies durch das neue Piratenimage in den Abenteuerfilm-Videos von Regisseur Steve Barron.

9 **Bill Haley**, 56, wird völlig bekleidet in seinem Bett zu Hause in Harlingen, Texas tot aufgefunden. Jahrelang litt er an einem Gehirntumor. Die letzten Konzerte gab er letztes Jahr in Südafrika. Seit dem Beginn seiner Karriere als Rock'n'Roll-Pionier hat Haley schätzungsweise 60 Millionen Platten verkauft.

13 Island Records bringt in Großbritannien »1+1«-Kassetten auf den Markt. Eine Seite ist mit einem Album bespielt, die andere mit Leerband für den Käufer bespielbar. Der Gag ist ein Schlag ins Gesicht der Musikindustrie, die beklagt, dass das »Aufnehmen« auf Leerkassetten für die rückläufigen Plattenverkäufe verantwortlich ist. Der erste Titel in der neuen Reihe ist ***Arc Of A Diver*** von **Steve Winwood**. Das Debütalbum des Ex-**Spencer-Davis-Group**-, Ex-**Blind-Faith**-, Ex-**Traffic**-Sängers und Gitarristen markiert den Beginn einer ähnlich erfolgreichen Solokarriere.

15 Der 36-jährige Bluesgitarrist **Mike Bloomfield** wird in San Francisco tot in seinem Auto aufgefunden. Er starb, offenbar aus versehen, an einer Überdosis Heroin. Bekannt wurde er vor allem als festes Mitglied der **Paul Butterfield Blues Band**, die 1965 **Bob Dylan** beim Newport Folk Festival elektrisch verstärkt begleitet hatte. Bloomfield hat soeben sein neues Album ***Living In The Fast Lane*** eingespielt.

25 Alle gehen davon aus, dass die Veteranen **Frank Sinatra** und **Barbra Streisand** bei der 23. Grammy-Verleihung die Toppreise kassieren werden. Umso größer ist die Verstimmung, als ein Newcomer zum Gewinner des Abends wird. Der 29-jährige Singer/Songwriter und Gitarrist **Christopher Cross**, der noch vor einem Jahr bei der Party einer Studentenverbindung in Austin aufspielte, dann von Warner Bros. eingekauft und mit Produzent Michael Omartian verkuppelt wurde, gewinnt fünf Preise: Album des Jahres (für ***Christopher Cross,*** einen Mainstream-Bestseller, auf dem **Michael McDonald**, **Nicolette Larson**, **Don Henley** und **J. D. Souther** singen), Platte des Jahres (*Sailing*), Song des Jahres (*Sailing*), bester Nachwuchskünstler und bestes Begleitarrangement (*Sailing*). Von Sinatra und Streisand bekommt allein Barbra eine Auszeichnung: der Preis für die beste Pop-Aufnahme eines Gesangsduos für *Guilty*, ihr Duett mit **Barry Gibb**.

The Adventures of Grandmaster Flash ... Bob Marley stirbt ... Das Glastonbury Festival ...

Der Name der psychedelisch angehauchten Liverpooler Gruppe Teardrop Explodes um den Waliser Julian Cope zitierte eine Bildunterschrift aus einem Marvel-Comic der 60er-Jahre um den Superhelden Daredevil.

März

7 In Robert W. Morgans Radiosendung »Special Of The Week« läuft der erste Teil eines zweiteiligen Interviews mit **Daryl Hall And John Oates** (der zweite Teil wird morgen gesendet). Das Popsoul-Duo formierte sich 1972 und war einige Jahre bei Atlantic, bevor es 1976 bei RCA unterschrieb. Daryl Hall And John Oates, denen seit ihrer US-Nr.-1 von 1977, *Rich Girl*, kein Tophit mehr gelang, werden in einem Monat mit *Kiss On My List* ihre zweite US-Nr.-1 landen.

14 Nach seinem achten Konzert auf seiner USA-Tournee Another Ticket gestern im Dane County Exposition Center in Madison wird **Eric Clapton** mit durchgebrochenen Magenschwüren ins United Hospital in St. Paul eingeliefert. Die restliche 60-Tage-Tour wird abgesagt. Er wird erst wieder im September live auftreten.

19 **Bruce Springsteen**, der fast das ganze Jahr auf Tournee ist und schon etliche Termine wegen Krankheit absagen musste, beginnt mit zwei Konzerten in London seinen ersten Besuch in Großbritannien seit 1975.

19 **Teardrop Explodes** spielen bei »Top Of The Pops« ihren größten Hit, *Reward*, die UK-Nr.-6 mit **»Hurricane« Smith** an der Trompete. Der hymnische Song wurde auch in das kürzlich wieder veröffentlichte, von **Julian Cope** konzipierte Debütalbum ***Kilimanjaro*** aufgenommen.

21 *Rapture* von **Blondie** steht an der Spitze der US-Charts. Der Nonstop-Rap von **Debbie Harry** (geschrieben mit ihrem Partner **Chris Stein**), begleitet vom Jazzsaxophonisten **Tom Scott**, wurde von **Mike Chapman** produziert. Damit hält der Rap Einzug in die amerikanischen Top-40-Radiosender und ist weltweit in den Plattenläden vertreten. Es ist nicht das erste Mal in der Musikgeschichte, dass weiße Künstler einen typisch schwarzen Musikstil adaptieren und an den Geschmack des Mainstream angepassen. Gleichzeitig tritt mit der **Sugar Hill Gang** erstmals eine Rap-Gruppe im amerikanischen Fernsehen auf. Sie stellen bei »Soul Train« *Rapper's Delight* und *Bad News Don't Bother Me* vor.

April

4 Das quirlige, englische Quartett **Bucks Fizz** gewinnt den »Grand Prix« in Dublin mit dem flotten *Making Your Mind Up* (Ko-Autor und Produzent Andy Hill), das drei Wochen die UK-Charts anführt. Die erfolgreiche Europakarriere der Band hält bis Mitte der 80er-Jahre an.

5 Der Leadsänger und Mundharmonikaspieler **Bob Hite** von **Canned Heat** stirbt mit 36 an einem Herzinfarkt, nachdem ihm in der Konzertpause im Palamino Club, North Hollywood, übel wurde. Die Hits der Band sind *On The Road Again*, *Going Up The Country* und *Let's Work Together*.

15 **R.E.M.** (die Abkürzung von »Rapid Eye Movement«), die am 8. Februar in den Bombay Studios in Smyrna, Georgia, ihr Studiodebüt absolvierten, spielen in dem Drive-In Studio des Produzenten Mitch Easter in Winston-Salem *Sitting Still, Radio Free Europe* und zwei Versionen von *White Tornado* neu ein. Das Quartett aus dem 21-jährigen Leadsänger und Ex-Studenten **Michael Stipe**, dem Gitarristen **Peter Buck**, dem Bassisten **Mike Mills** und dem Schlagzeuger **Bill Berry** existiert seit 1980. Ihr Livedebüt gaben sie am 5. April als **The Twisted Kites** auf der Party von Kathleen O'Brien, einer Freundin, im Steeplechase, einer umgebauten Episkopalkirche an der Oconee Street in Athens. Die heutige Aufnahme wird in 400 Kopien als *Cassette Set* an Clubs, Zeitschriften und Plattenfirmen versendet. Dies ist der Auftakt der langjährigen Zusammenarbeit mit Easter.

24 **New Orders** zweiwöchige Sessions für das erste Album mit Produzent Martin Hannett beginnen in den Strawberry Studios. Außerdem dreht die Gruppe ein Fernseh-Special für Granada Television – gemeinsam mit Factory-Oberboss Tony Wilson.

28 **Gary Numan** verkündet beim letzten von drei ausverkauften Konzerten in der Wembley Arena seinen Rückzug aus dem Livegeschäft. Nächstes Jahr im Oktober kehrt er jedoch mit der 18-tägigen Assassin Tour in den USA zurück.

Mai

5 Sugar Hill Records veröffentlicht *The Adventures Of Grandmaster Flash On The Wheels Of Steel* in den USA. Das Pionierwerk stammt vom Rapper, DJ und Produzenten Joseph Saddler alias **Grandmaster Flash** aus der Bronx. Die Maxisingle, nicht in den Hot 100 und nur auf einem bescheidenen Platz in den US-R&B-Listen, wird später als ultimativer Beitrag zur Entwicklung des Hip-Hop/Rap-Genres gepriesen. Sie besteht aus hart abgemischten Samples von *Rapture* von **Blondie**, *Good Times* von **Chic**, *Birthday Party* von **The Furious Five**, *Monster Jam* von **Spoonie Gee**, *Another One Bites The Dust* von **Queen** und *8th Wonder* von der **Sugar Hill Gang**. Die Auswahl dieser Stücke traf Labelchefin **Sylvia Robinson**.

15 **Public Image Ltd.**, jetzt unter dem Kürzel **PiL** tätig, spielen im New-Yorker Ritz Club (als Ersatz für **Bow Wow Wow**. Sie posieren hinter einem Videoschirm, während die Musik vom Band kommt. **John Lydon** und **Jah Wobble** beschimpfen das Publikum, 1500 Zuschauer, das sie ausbuht und mit Knallfröschen bombardiert. Die Band hält den Abend für einen Erfolg. Das Debakel wird für einen Film auf Video aufgezeichnet. Der morgige Auftritt wird dennoch abgesagt).

16 *Bette Davis Eyes*, **Jackie DeShannons** Song aus dem 1974er Album ***New Arrangement***, führt ab heute in der Version der 34-jährigen kalifornischen Sängerin **Kim Carnes** neun Wochen lang die US-Charts an. Der Titel verdrängt *Morning Train* der EMI-America-Labelkollegin **Sheena Easton** (er wurde für den US-Markt geändert, um eine Verwechslung mit **Dolly Partons** Filmsong *9 To 5* zu vermeiden, der im März die US-Nr.-1 war). Nach fünf Wochen in den Charts wird *Bette Davis Eyes* vom holländischen Novelty-Hit-Medley *Stars On 45* eine Woche auf Platz 1 abgelöst, kehrt aber für weitere vier Wochen an die Spitze zurück. In England erreicht der Titel Platz 10.

21 Nach einer äthiopisch-orthodoxen Trauerfeier in der National Heroes Arena in Kingston wird Jamaika-Legende **Bob Marley** (mit seiner Bibel und Gibson-Gitarre) bei einem Staatsbegräbnis in Nine Miles, St. Ann's, Jamaika, beigesetzt. Tausende sind beim Gottesdienst anwesend, darunter Premierminister Edward Seaga. Der jamaikanische Generalgouverneur Michael Manley ehrt Marley: »Seine Botschaft war der Protest gegen die Ungerechtigkeit, die Unterstützung der Unterdrückten. Hier stand er, hier trat er auf und verbreitete seine Botschaft in die Welt. Damit hat sich unser Sohn um dieses Begräbnis weltweit verdient gemacht. In einer bescheidenen Hütte neun Meilen von Alexandrea in der Gemeinde St. Ann geboren, kam er als Kind nach Kingston und musste sich im Ghetto behaupten. Als Jugendlicher lernte er den Überlebenskampf in Kingstons Westend. Doch mit seinem ungeschliffenen Talent, der eisernen Disziplin und großen Ausdauer wurde er nicht zu einem der vielen Opfer des Ghettos, sondern in der Unterhaltungsindustrie zu einem hochkarätigen Superstar aus der Dritten Welt.«

29 **The Clash** müssen den zweiten Gig ihres 17-tägigen Engagement im Bond's, New York – im Vorprogramm spielt **Grandmaster Flash** – absagen. Feuerwehr und Manhattans Gebäudeinspektion lassen 3500 Besucher im Club nicht zu.

Kim Carnes nahm eine von Bill Cuomo radikal umarrangierte Version eines Songs von Jackie DeShannon auf und machte ihn zum Welthit.

Juni

16 Das neuntägige Noise Festival startet in der New-Yorker White Columns Gallery in der Spring Street mit Alternative-Künstlern, die aus der No-Wave-Bewegung im New-Yorker East Village Ende der 1970er hervorgingen. Mitveranstalter ist **Thurston Moore**, Leadsänger/Gitarrist der neuen Alternative-Rocktruppe **Sonic Youth**, die am 18. Juni erstmals auf der Bühne steht.

20 Das Glastonbury Festival, vor einem Jahrzehnt als »Glastonbury Fayre« gegründet, unterstützt die Kampagne für atomare Abrüstung. Die 18 000 Besucher erleben ein abwechslungsreiches Programm – mit **New Order**, **Hawkwind**, **Taj Mahal** und den britischen Reggae-Pionieren **Aswad**.

30 **Jerry Lee Lewis** wird mit blutenden Magengeschwüren ins Memphis Methodist Hospital eingewiesen. Vom Bett aus verklagt er Elektra Records auf 5 Mio. $. Ein Streit mit dem Label endete mit seiner Kündigung. Am 9. Juli findet die erste von zwei schweren Operationen statt. Die Ärzte schätzen seine Überlebenschance auf 50 Prozent. Vier Monate später ist er bereits auf Tour und macht Aufnahmen für MCA Records.

BOB MARLEY

11. Mai **Bob Marley stirbt gegen 11:30 Uhr im Cedars of Lebanon Hospital in Miami in Gegenwart seiner Mutter Cedella Booker und seiner Anwältin Diane Jobson. Er ist 36 Jahre alt. Erst gestern war Marley aus Deutschland eingetroffen, wo er sich in Rottach-Egern in der Klinik des unter Schulmedizinern umstrittenen »Krebsarztes« Dr. Josef Issels behandeln ließ, und hätte in der kommenden Woche von Jamaikas Premierminister Edward Seaga einen Verdienstorden entgegennehmen sollen. Der Krebs hatte sich bereits bis ins Gehirn und in die Leber ausgebreitet. Bob Marley hinterlässt elf Kinder und ein Vermögen im Wert von schätzungsweise 30 Mio. $.**

Marleys Leichnam wurde nach Kingston überführt und zwei Tage in der National Arena aufgebahrt.

»Es wäre etwas anmaßend, wenn ich sagen würde, dieses Album wird das Denken der Menschen verändern.«

Sting, **New Musical Express**, September 1981

15. Juni **Police** beginnen in den AIR Studios auf der Karibikinsel Montserrat mit den Aufnahmesessions, aus denen ihr viertes Album ***Ghost In The Machine*** entstehen wird. Auf Empfehlung von **Andy Partridge** von **XTC** arbeiten sie mit Hugh Padgham als Ko-Produzenten zusammen. Das nach Arthur Koestlers Essay **Das Gespenst in der Maschine** benannte Album ist weniger stark vom Reggae geprägt als sein Vorläufer und enthält den Welthit *Every Little Thing She Does Is Magic.*

Im Dezember gaben Police ein »geheimes« Clubkonzert im Londoner Marquee, wegen einem Schneesturm kam aber fast niemand. Die Veranstalter versuchten deshalb, Passanten in den Club zu locken, aber viele wollten gar nicht glauben, dass die Band dort wirklich spielte.

Juli 1981

Die Jacksons auf Tournee ... Sendebeginn von MTV ... Soft Cells *Tainted Love* ...

»Fernseher reparieren, Waschmaschinen, das war so mein Ding. Und dann hab ich irgendwie ... mit dem Auflegen angefangen.«

Grandmaster Flash, **New Musical Express**, 26. September 1981

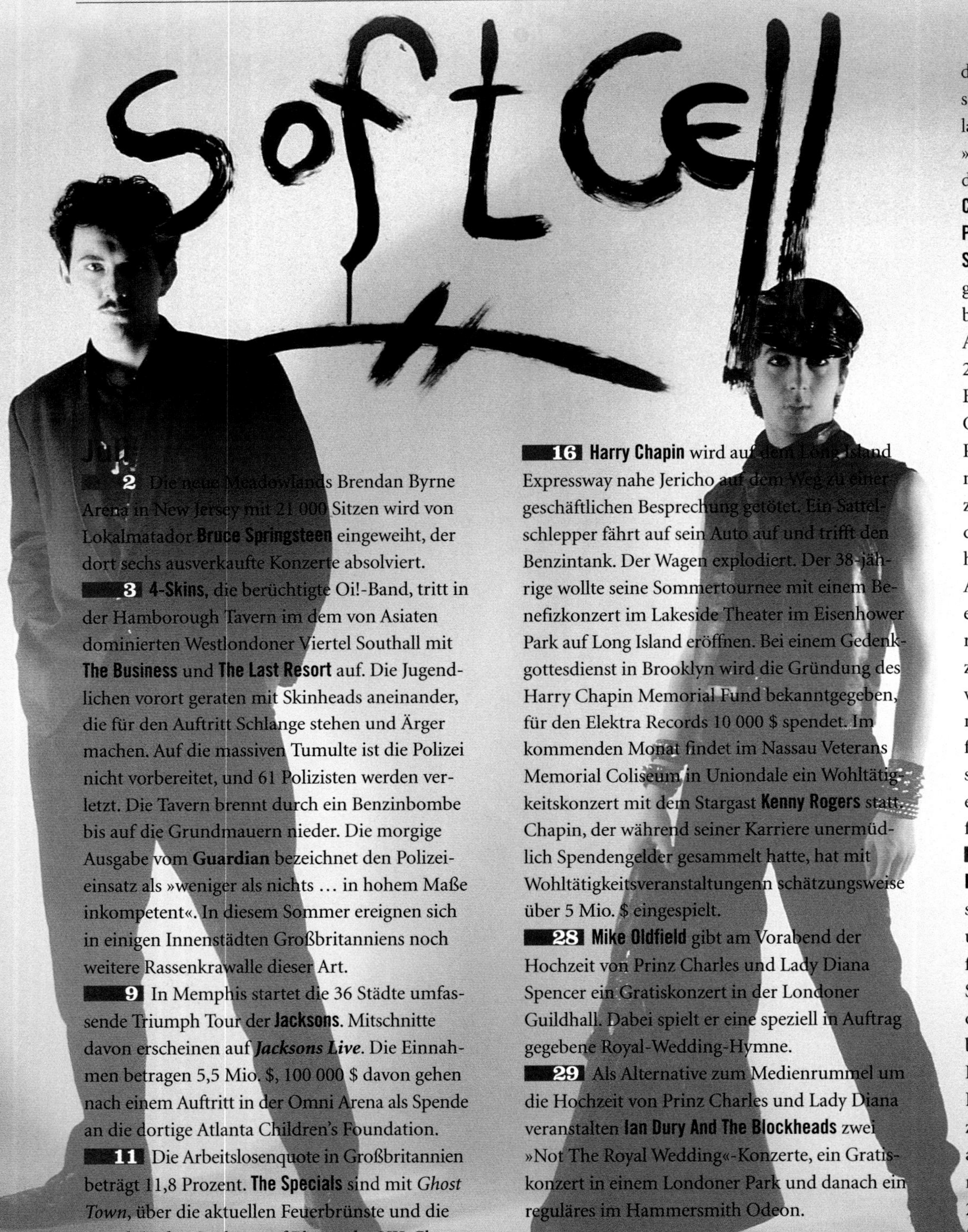

Juli

2 Die neue Meadowlands Brendan Byrne Arena in New Jersey mit 21 000 Sitzen wird von Lokalmatador **Bruce Springsteen** eingeweiht, der dort sechs ausverkaufte Konzerte absolviert.

3 **4-Skins**, die berüchtigte Oi!-Band, tritt in der Hamborough Tavern im dem von Asiaten dominierten Westlondoner Viertel Southall mit **The Business** und **The Last Resort** auf. Die Jugendlichen vorort geraten mit Skinheads aneinander, die für den Auftritt Schlange stehen und Ärger machen. Auf die massiven Tumulte ist die Polizei nicht vorbereitet, und 61 Polizisten werden verletzt. Die Tavern brennt durch ein Benzinbombe bis auf die Grundmauern nieder. Die morgige Ausgabe vom **Guardian** bezeichnet den Polizeieinsatz als »weniger als nichts … in hohem Maße inkompetent«. In diesem Sommer ereignen sich in einigen Innenstädten Großbritanniens noch weitere Rassenkrawalle dieser Art.

9 In Memphis startet die 36 Städte umfassende Triumph Tour der **Jacksons**. Mitschnitte davon erscheinen auf ***Jacksons Live***. Die Einnahmen betragen 5,5 Mio. $, 100 000 $ davon gehen nach einem Auftritt in der Omni Arena als Spende an die dortige Atlanta Children's Foundation.

11 Die Arbeitslosenquote in Großbritannien beträgt 11,8 Prozent. **The Specials** sind mit *Ghost Town*, über die aktuellen Feuerbrünste und die Gewalt in den Städten, auf Platz 1 der UK-Charts.

13 Ein junger Farbiger wird bei einem Konzert der jamaikanischen Reggaeband **Black Uhuru** im Londoner Rainbow Theatre erstochen.

Soft Cell coverten das von Ed Cobb (Ex-Four-Preps, Ex-Piltdown-Men) komponierte *Tainted Love*, einen Kultsong der Northern-Soul-Szene.

16 **Harry Chapin** wird auf dem Long Island Expressway nahe Jericho auf dem Weg zu einer geschäftlichen Besprechung getötet. Ein Sattelschlepper fährt auf sein Auto auf und trifft den Benzintank. Der Wagen explodiert. Der 38-jährige wollte seine Sommertournee mit einem Benefizkonzert im Lakeside Theater im Eisenhower Park auf Long Island eröffnen. Bei einem Gedenkgottesdienst in Brooklyn wird die Gründung des Harry Chapin Memorial Fund bekanntgegeben, für den Elektra Records 10 000 $ spendet. Im kommenden Monat findet im Nassau Veterans Memorial Coliseum in Uniondale ein Wohltätigkeitskonzert mit dem Stargast **Kenny Rogers** statt. Chapin, der während seiner Karriere unermüdlich Spendengelder gesammelt hatte, hat mit Wohltätigkeitsveranstaltungenn schätzungsweise über 5 Mio. $ eingespielt.

28 **Mike Oldfield** gibt am Vorabend der Hochzeit von Prinz Charles und Lady Diana Spencer ein Gratiskonzert in der Londoner Guildhall. Dabei spielt er eine speziell in Auftrag gegebene Royal-Wedding-Hymne.

29 Als Alternative zum Medienrummel um die Hochzeit von Prinz Charles und Lady Diana veranstalten **Ian Dury And The Blockheads** zwei »Not The Royal Wedding«-Konzerte, ein Gratiskonzert in einem Londoner Park und danach ein reguläres im Hammersmith Odeon.

August

1 Mit dem Bild eines Astronauten, der eine Flagge auf der Mondoberfläche hisst, und der Großprojektion des eigenen Logos geht MTV in Amerika um 0:01 Uhr mit den Worten »Ladies and gentlemen, rock and roll«, die John Lack in die Kamera spricht, auf Sendung. Der neue Fernsehsender (Music Television) bietet 24 Stunden lang Musikvideos nonstop. Als erster Clip läuft »Video Killed the Radio Star« von den **Buggles**. In der ersten Stunde folgen unter anderem **The Who**, **Cliff Richard**, **Pat Benatar**, **Rod Stewart**, **Styx**, die **Pretenders**, **Todd Rundgren**, die New-Wave-Band **Split Enz** aus Neuseeland und die Südstaaten-Rockgruppe **38 Special**. Das erste VJ-Team von MTV besteht aus Nina Blackwood, Mark Goodman, Alan Hunter, J. J. Jackson und Martha Quinn. Mit 20 Mio. $ Startkapital von Warner Amex Satellite Entertainment wurde der Start von den MTV-Gründern Tom Freston und Programmchef Bob Pittman vorbereitet, einem Mitarbeiter von WASEC mit Radioerfahrung, der ein Zielpublikum von zwölf- bis 34-jährigen anpeilt. Anfangs kann man den Musikvideo-Kanal nur in 2,1 Millionen Haushalten, und weder in New York noch in Los Angeles, empfangen. Wenig später lancieren die ersten Musikfernsehmacher der Welt ihre erfolgreiche »I Want My MTV«-Kampagne. Um potenzielle Zuschauer zu ermutigen, Kabelbetreiber vorort mit Anfragen zu überschütten, verpflichtet man Musikstars für Werbeauftritte. Monatelang fällt keinem auf, dass die MTV-Spielliste ausschließlich weißen Rock und Pop aufweist. Im ersten Jahr sieht man bei MTV keinen einzigen farbigen Musiker auf dem Bildschirm.

8 MTV überträgt als erstes Stereokonzert **REO Speedwagon** live aus Denver. REO Speedwagon, seit einem Jahrzent eine der meistbeschäftigten und unablässig reisenden Vorgruppen in den USA, füllen inzwischen als Hauptgruppe selbst große Stadien. Das verdankt die Band zum Großteil dem Erfolg ihrer aktuellen LP ***Hi Infidelity***, die bis Ende Juni in den USA 15 Wochen die Pole Position hielt (mit drei separaten Anläufen ab Februar). Schließlich werden in den USA über zehn Millionen Exemplare des Albums verkauft, aus dem die von **Kevin Cronin** komponierte Powerrock-Ballade *Keep On Loving You* stammt, die am 21. März zur US-Nr.-1 wurde, sowie *Take It On The Run* und der aktuelle Hit *Don't Let Him Go*.

15 **Stevie Wonder** schenkt Tami Ragoway seine Goldene Schallplatte, die er kürzlich für ***Hotter Than July*** erhalten hatte. Ihr Freund, Randy Burrell, war am 12. Dzember letzten Jahres auf dem Heimweg von Wonders Konzert im Great Western Forum in Inglewood, Kalifornien, erschossen worden. Wonder tritt bei der Black

FOREIGNER

22. August Die auf ein Quartett (Lou Gramm, Mick Jones, Rick Wills und Dennis Elliott) geschrumpfte Gruppe Foreigner gelangt mit ihrem Album *4* für zehn Wochen auf Platz 1 der US-Charts. Das von Jones und dem erfolgsverwöhnten Rockproduzenten Robert John »Mutt« Lange koproduzierte Album ist der Inbegriff des auf ältere Hörer abzielenden »Adult-Rock« und wird mit sechs Millionen verkauften Einheiten in den USA das erfolgreichste Werk der Gruppe. Neben den Radiostandards *Urgent* und *Juke Box Hero* enthält es eine eher untypische Ballade: *Waiting For A Girl Like You* von Jones und Gramm, das ab November zehn Wochen lang auf Platz 2 stehen und zum Millionenseller in den USA werden wird. In England gelingt Foreigner damit der erste Top-10-Hit.

Family Fair auf, einem Freiluftfestival in der Rose Bowl von Pasadena. Mit dabei sind unter anderem Disco-Hitstar **Evelyn King** (*Shame*), **Third World** und der großartige Jazz/R&B-Saxophonist **Grover Washington, Jr.**

20 **Bruce Springsteen** gibt in der Los Angeles Sports Arena ein Wohltätigkeitskonzert für die Vietnam Veterans Of America Foundation und die Mental Health Association.

26 Der 67-jährige **Lee Hays**, Mitbegründer der **Weavers** und Ko-Autor von *If I Had A Hammer*, stirbt in seinem Haus im Staat New York nach langer Zuckerkrankheit an einem Herzinfarkt.

»Wir waren ein Haufen Loser. Nur deswegen sind wir zusammen.«

Jim Brown (UB40), **Melody Maker**, 4. Juli 1981

September

3 **Soft Cell** spielen ihre aktuelle UK-Nr.-1, den Elektropop-Hit *Tainted Love* bei »Top of the Pops«. Ihr künftiger Superhit steht nächstes Jahr 43 Wochen lang in den US-Charts. Die Neuauflage von Gloria Jones' kaum bekanntem Original wurde mit Produzent Mike Thorne im Juli in den Londoner Advision Studios aufgenommen.

5 Die erste Solosingle von **Stevie Nicks**, mit dem Mainstream-Rockpop-Song *Stop Draggin' My Heart Around*, begleitet von **Tom Petty And The Heartbreakers**, ist Nr. 3 in den USA und Nr. 50 in Großbritannien. Das neue Label Modern Records wurde hauptsächlich für ihre parallel gestartete Solokarriere gegründet. In derselben Woche führt ihr erstes, fast ausschließlich selbst komponiertes Soloalbum ***Bella Donna*** die US-Charts an. Produziert wurde es von Jimmy Iovine, die Rhythmussektion lieferten The Heartbreakers.

12 **Journey** sind mit ***Escape*** die Nr. 1 der US-LP-Charts und spielen das erste von sechs Konzerten im Pine Knob Music Theatre in Clarkston, Michigan. Vorgruppe ist die **Greg Kihn Band** (neuester Zugang auf dem verrückten New-Wave-Label, Berserkley Records). Journey beginnen kurz darauf eine ausgedehnte 88-Tage-Tournee durch Nordamerika. Neben **REO Speedwagon** und **Foreigner** sind sie die Favoriten der amerikanischen Radiosender, vor allem wegen ihrer typischen Powerballaden (und ***Escape***-LP), *Who's Crying Now, Don't Stop Believin'* und *Open Arms*, die aus der Feder von Leadsänger **Steve Perry**, Keyboarder **Jonathan Cain** und **Neal Schon** stammen.

14 Der Bottleneck-Bluesgitarrist **Walter »Furry« Lewis** erliegt mit 88 Jahren einer Herzschwäche. 44 Jahre lang arbeitete er tagsüber als Straßenkehrer und trat nachts in den Clubs von Memphis auf. Lewis, der den Delta Blues nachhaltig beeinflusste, wurde von **Joni Mitchell** 1976 in dem Song *Furry Sings The Blues* verewigt.

15 Nach einem Monat Proben auf der Long View Farm in Brookfield, Massaschusetts, absolvieren die **Rolling Stones** unter dem Namen Blue Sunday And The Cockroaches frühmorgens im Sir Morgan's Cave – Fassungsvermögen 350 Leute – in Worcester ein Probekonzert. Als die Nachricht durchsickert, tauchen dort schätzungsweise 1500 bis 4000 Fans auf und wollen dabei sein.

19 **Simon And Garfunkel** treten im Central Park von New York City vor über 400 000 Zuschauern auf. Bei ihrem ersten gemeinsamen Auftritt seit elf Jahren spielen sie 22 Songs und gleich zu Beginn *Mrs. Robinson*. Nach diesem Erfolg, der für Film, Fernsehen (HBO) und Video aufgezeichnet wird, startet das Duo im nächsten Frühjahr eine zwölfmonatige Welttournee, wobei die Presse von zunehmenden Spannungen zwischen den beiden berichtet. Der heutige Abend wird für das Doppel-Live-Album ***The Concert In Central Park*** mitgeschnitten.

25 Die neue **Rolling-Stones**-LP ***Emotional Rescue*** ist Nr. 1 der US-Albumcharts. Mit **Tina Turner** im Vorprogramm beginnt ihre zehnte US-Tournee im ausverkauften JFK Stadium von Philadelphia, vor 90 000 Fans. Sie spielen in 50 Tagen vor über zwei Millionen Menschen und nehmen über 50 Mio. $ ein. Doch das Unternehmen wird am Rande von Zwischenfällen überschattet: Als Einbrecher versuchen, Karten für die bevorstehenden Gigs in Maryland zu stehlen, wird ein Mann getötet, ein weiterer verletzt; der 22-jährige Wesley Shelton wird bei einem Verkaufsstand im Astrodome in Houston von einem Jugendlichen ermordet (1986 erhält seine Familie 4,7 Mio. $ Schmerzensgeld, wegen Sicherheitsmängeln beim Konzert); beim Auftritt in Hartford werden zwölf Menschen verletzt und 56 verhaftet.

Journey, denen Steve Perry die charakteristische Stimme gab, erzielten 1981 und 1982 innerhalb eines halben Jahres drei Top-10-Hits.

Oktober

1981

Jean-Michel Jarre in China ... Olivia Newton-Johns *Physical* ... *Don't You Want Me* wird ein Millionenseller ...

Hall And Oates

Haircut 100

Daryl Hall und John Oates sind mit 16 Top-10-Hits in den USA das erfolgreichste Duo aller Zeiten ... Britische Plattenfirmen rissen sich nur so um Haircut 100 mit ihrem harmonischen Popsound und ihrem adretten Erscheinungsbild.

Oktober

1 Die US-Tournee der **Pretenders** muss abgesagt werden. Schlagzeuger **Martin Chambers**, so heißt es, habe sich in Philadelphia die Hand am Hotelfenster verletzt. Jahre später gesteht er die Wahrheit: »Damals hieß es, ich hätte versucht ein Fenster zu öffnen. Aber eigentlich schwang ich mich nach einem wunderbaren Abendessen auf einen Lampenständer aus Porzellan, völlig ohne Grund. Ich war weder betrunken noch sonst was. Der Lampenständer ging zu Bruch. Dabei habe ich mir an der Kuppe des Mittelfingers die Sehnen zu 50 Prozent durchgeschnitten.«

10 Die erste Amerikatournee von **Duran Duran** beginnt im Underground Club in New York. Die Musikvideos, der Vorreiter in diesem Genre, werden zunehmend zu durchgestylten Hochglanz-Clips. In diesem Jahr gelingt der britischen Formation kein Chartserfolg in den USA, dafür werden in England alle vier Singles-Veröffentlichungen zu Hits: *Planet Earth, Careless Memories, Girls On Film*, das sich dank eines besonders provokante Videos auf Platz 5 wiederfindet, und *My Own Way*.

16 *Endless Love* von **Diana Ross** und **Lionel Richie** wird mit Platin ausgezeichnet. Diese Dimensionen erreichen dieses Jahr nur zwei Singles (die zweite ist **Kool And The Gangs** *Celebration*). Die Richie-Ballade ist eine Auftragsarbeit von Filmproduzent Franco Zeffirelli. Er brauchte einen Song für seinen Film »Endlose Liebe« mit Brooke Shields und schlug auch Diana Ross als Duettpartnerin vor. Doch Diana Ross hatte Konzertverpflichtungen, und Lionel Richie war mit den **Commodores** zugange. Die viel beschäftigten Stars mussten sich im April zu den Aufnahmen in Reno treffen (da Ross am nahe gelegenen Lake Tahoe auftrat). Die Session begann um drei Uhr morgens, um fünf Uhr war die fertige Fassung im Kasten. Seit August stand *Endless Love* neun Wochen an der Spitze der US-Charts. Die 47. Nr. 1 von Motown ist bis dato deren erfolgreichste Single und der langlebigste Charttopper eines Duos in der US-amerikanischen Chartgeschichte.

19 BBC Radio zeichnet mit der 34-jährigen **Laurie Anderson**, Multimedia-Künstlerin, Sängerin/Songwriterin und Violonistin aus Chicago, ein Interview in den Londoner Riverside Studios auf. Anlass ist ihr siebenstündiges Musikwerk »United States« und die gekürzte Auskopplung, *O Superman*, das trotz 8'00 Minuten Spieldauer diese Woche die britische Nr. 2 wird. Die seltsam monotone, elektronisch verfremdete Platte – sie basiert auf *O Souverain*, einer Arie aus Jules Massenets Oper »Le Cid« von 1885 – wurde als limitierte Auflage von 5000 Exemplaren auf dem New-Yorker Indie-Label One Ten veröffentlicht (bezuschusst von der nationalen Kunststiftung). Inzwischen ist es an Warner Bros. verkauft, machte seinen Weg ins englische Radio und wird überraschend zu einem europäischen Hit.

21 **Jean-Michel Jarre** tritt als erster westlicher Musiker in China auf und gibt in Peking vor 400 000 Zuschauern das erste von fünf großen Konzerten, begleitet von 35 chinesischen Musikern. Das Ereignis wird von Andrew Piddington für ein Fernsehspecial gefilmt und für ein Album mitgeschnitten (***The Concerts In China***), um die astronomisch hohen Kosten einzuspielen. An die 15 Tonnen Ausrüstung, in 30 Armeelaster verpackt und transportiert, wurden für die fünf Auftritte nach China verschifft. Das Abschlusskonzert in Shanghai ist am 15. November.

»Ich sehe John als Opfer eines Krieges – es handelt sich um einen Krieg der geistig Gesunden gegen die Wahnsinnigen.«

Yoko Ono in einem Brief an den **Rolling Stone** zu John Lennons erstem Todestag, 8. Dezember 1981

November

2 **The Specials** teilen mit, sie würden sich vermutlich auflösen, nachdem Leadsänger **Terry Hall** mit den Kollegen **Neville Staples** und **Lynval Golding** bereits ausgestiegen sind, um die Formation **Fun Boy Three** zu gründen.

7 Mit *Private Eyes*, dem Titelsong ihrer neuen LP, haben **Daryl Hall** und **John Oates** dieses Jahr bereits die zweite Nr. 1 in den USA. Das derzeit heißeste Popduo ist auf dem besten Wege, die **Everly Brothers** als bisher erfolgreichstes Duo der amerikanischen Chartgeschichte zu überflügeln. Im April war das freche *Kiss On My List* drei Wochen die US-Nr.-1; angeblich der allererste Song, den Janna Allen verfasste, die jüngere Schwester von Halls Freundin Sara (die normalerweise mit ihm Songs schreibt). Die LP ***Private Eyes***, in vier Monaten in den New-Yorker Electric Lady Studios selbst produziert, wurde ihr erstes US-Top-10-Album. Eine weitere Auskopplung, die Popsoul-Mixtur *I Can't Go For That (No Can Do)*, wird im Februar ihr vierter Charttopper in den USA und

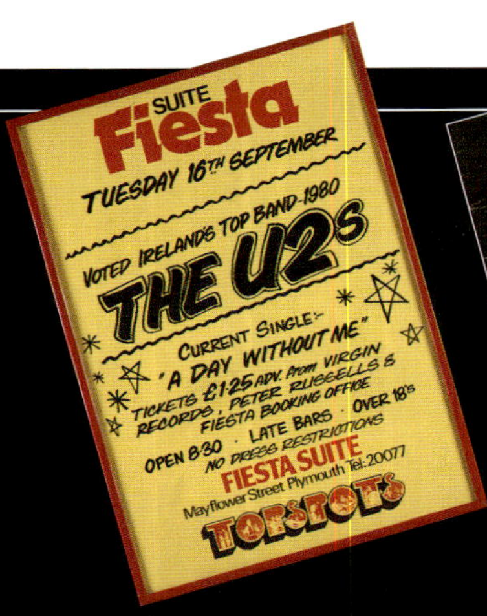

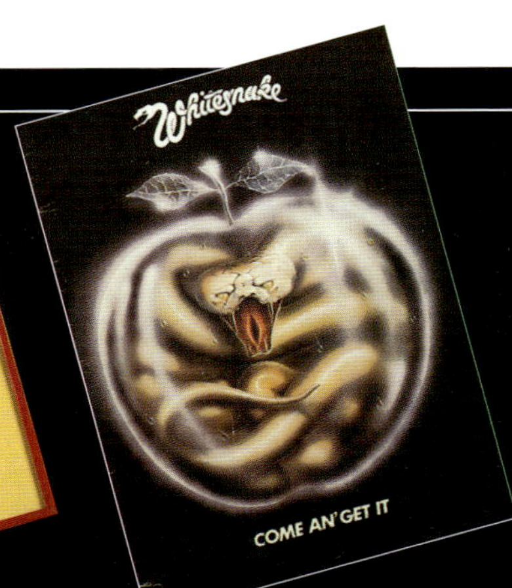

Während ihrer US-Tour 1981 spielten U2 im Vorprogramm eines Wet-T-Shirt-Wettbewerbs in Dallas ... Whitesnake-Frontman David Coverdale sang vorher bei Deep Purple und lud gelegentlich seine Ex-Kollegen zum Mitspielen ein ... Die Go-Gos begannen unter dem Namen Misfits als rein weibliche New-Wave-Band.

The Go-Go's

zum unerwarteten Crossover-Erfolg, als sie Platz 1 der US-R&B-Charts erreicht – was für weiße Künstler höchst ungewöhnlich ist. Das ist seit 1965 nur vier Mal vorgekommen, steht aber im Einklang mit Halls und Oates langjähriger Idee vom weißen Soul.

12 **Haircut 100** präsentieren *Favourite Shirts (Boy Meets Girl)*, ihre Debütsingle und die Nr. 4 in Großbritannien, bei »Top Of The Pops«. Arista Records nahm die gefragte Band mit dem telegenen Sänger undSongschreiber **Nick Heyward** in September unter Vertrag.

14 **The Go-Go's**, ein New-Wave-Pop-Quintett aus Los Angeles auf Miles Copelands Label I.R.S., absolviert bei »Saturday Night Live« sein Fernsehdebüt. Die Leadsängerin **Belinda Carlisle**, die Gitarristinnen **Jane Wiedlin** und **Charlotte Caffey**, Bassistin **Kathy Valentine** und Schlagzeugerin **Gina Schock** spielen ihren ersten Hit, *Our Lips Are Sealed* (komponiert von Wiedlin und **Fun-Boy-Three**-Frontmann **Terry Hall**, produziert von **David Byrne**) und den Nachfolgehit *We Got The Beat*, der im kommenden März Nr. 2 in den USA wird.

21 **Olivia Newton-John** ist mit *Physical*, von Steve Kipner und Terry Shaddick, ab heute zehn Wochen lang die Nr. 1 in den USA, obwohl von manchen Radiosendern wegen Zweideutigkeiten im Text boykottiert. Damit steht sie gleich hinter **Elvis Presley**, der mit *Hound Dog* (elf Wochen auf Platz 1) den Rekord in der Popgeschichte hält. Die Nr. 7 in England avanciert auch zum ersten Aerobic-Song mit großem Wiedererkennungswert.

21 **George Benson** präsentiert bei »Soul Train« seine beiden größten Crossover-Hits *Give Me The Night*, von **Rod Temperton** geschrieben und in den USA auf Platz 4, und die aktuelle US-Nr.-5 *Turn Your Love Around*. Beide Songs stammen aus dem von Quincy Jones produzierten Multiplatin-Album ***Give Me The Night***.

22 Auf ihrer US-Tournee veranstalten die **Rolling Stones Mick Jagger**, **Keith Richard** und **Ron Wood** mit **Muddy Waters** (sein Songtitel *Rollin' Stone* lieferte den Bandnamen), **Buddy Guy** und **Junior Wells** in der Checker Board Lounge in Chicago eine Jamsession. Dabei spielen sie die Bluesklassiker *Hoochie Coochie Man, Mannish Boy* und *Got My Mojo Working*.

Dezember

9 **Sonny Til**, Leadsänger der **Orioles**, stirbt mit 56 Jahren in Washington, D. C. an einem Herzinfarkt. Til lieferte den Leadgesang der Formation, die einst als »die erste R&B-Vokalgruppe« bezeichnet wurde, für Hits wie *Crying In The Chapel* und *It's Soon To Know*.

10 »Top Of The Pops« zeigt das Video zur aktuellen **Madness**-Single *It Must Be Love*, in dem die Band samt Gitarren in einen Swimmingpool springt. Discjockey Jimmy Savile warnt die Zuschauer davor, es daheim nachzumachen.

12 **Human League** steigen mit *Don't You Want Me* für fünf Wochen an die Spitze der UK-Charts. Zu dem Synthi-Popklassiker von Frontmann **Phil Oakey**, **Adrian Wright** und **Jo Callis**, mit dem Wechselgesang zwischen Oakey und **Joanne Catherall**, existiert ein beliebtes Film-im-Film-Video. Mit einer Million verkaufter Exemplare ist es die bestverkaufte, britische Single des Jahres. Die Gruppe revolutioniert mit ihrem Synthesizer-lastigen Sound die britische Popmusik und beschert Virgin Records die erste UK-Nr.-1-Hit-Single. Der Hit stammt aus dem Album *Dare!*, von der Band und dem angesagten Martin Rushent produziert, das vor zwei Wochen auf Platz 1 der UK-Charts stand. Die LP enthält noch mehr Hitsingles und verkauft sich weltweit über fünf Millionen Mal. *Don't You Want Me* ist nächsten Sommer Nr. 1 in den USA.

Virgin Records bedankten sich bei Phil Oakey von Human League für den ersten Nr.-1-Hit der Labelgeschichte mit einem BMW-Motorrad.

25 Der erst 15-jährige Heavy-Metal-Fan Christopher Tyrer stirbt an den Folgen seiner Euphorie beim **Saxon**-Konzert am 17. Dezember in Wolverhampton. Nach dreistündigem »Headbangen« wird er bewusstlos. Er erlangte zwar am 18. Dezember nochmal das Bewusstsein, ist aber einseitig gelähmt und stumm. Bei der Untersuchung wird Tod durch Unglücksfall konstatiert.

25 **Michael Jackson** ruft **Paul McCartney** an Weihnachten an und lädt ihn dazu ein, gemeinsam ein Stück zu komponieren und aufzunehmen (worauf der Ex-**Beatle** nach Los Angeles fliegt, um *The Girl Is Mine* einzuspielen).

25 Die **J. Geils Band** – mit *Centerfold* bald Nr. 1 in den USA – geben für die Insassen der Jugendstrafanstalt Norfolk in Massachusetts ein Weihnachtskonzert. Leadsänger **Peter Wolf** zum Publikum: »Wir möchten die Ersten sein, die euch einen Drink in Freiheit spendieren.«

27 Der legendäre Singer/Songwriter und Pianist **Hoagy Carmichael** stirbt mit 92 Jahren im Eisenhower Medical Center in Rancho Mirage nach einem Herzinfarkt, den er daheim erlitt. Zu seinem umfangreichen Werk gehören *Georgia On My Mind, Heart And Soul, I Get Along Without You Very Well, In The Still Of The Night, Lazy Bones, Rockin' Chair, Skylark* und der meisteingespielte Song der Musikgeschichte – *Stardust*.

31 **Elvis Costello** tritt während einer Dreistädte-US-Minitour im New-Yorker Palladium auf. Im ersten Teil spielt er eine Auswahl aus seinem aktuellen Countryalbum ***Almost Blue*** (mit der Produzentenlegende Billy Sherrill in Nashville aufgenommen), im zweiten rockt Costello mit Songs aus seinem älteren Repertoire los.

ROOTS **In diesem Jahr nimmt die Sängerin/Songwriterin in spe Myra Ellen Amos ein Engagement im Hilton Hotel in Myrtle Beach, South Carolina an ... lernt das Young-Aborigines-Mitglied Michael Diamond bei einem Konzert der Bad Brains Adam Yauch kennen; sie gründen die Beastie Boys – ein Kürzel für Boys Entering Anarchistic States Towards Internal Excellence ... schließt sich Neneh Cherry dem Alternative-Jazz/Funk/Punk-Kollektiv Rip, Rig & Panic an ... geht Natalie Merchant zu Still Life und studiert nebenbei am Jamestown Community College in Jameston, New York; nach Zugang von John Lombardo nennen sie sich fehlerhaft nach dem B-Horrorfilm »2000 Maniacs« ... wird Bob Deal alias Mick Mars von Mötley Crüe angeheuert; er hatte im *Recycler* in Los Angeles annonciert: »lauter, rüder, aggressiver Gitarrist zu haben« ... schlägt Ron Quintana aus San Francisco Freunden, die gerade eine Heavy-Metal-Band gründen, als Namen Metallica vor; ursprünglich sollte ein Fanzine von ihm so heißen ... spielt der Keyboard-Virtuose Thomas Dolby über 24 Stunden lang im Foyer des Bloomsbury Theatre in London beim wohltätigen »Marathon Music Quiz«, das von Radio 1 gesendet wird ... reisen die Cocteau Twins aus dem heimischen Falkirk in Schottland mit zwei Demobändern nach London ...**

Young Guns (Go For It)

1982

Nr. 1 US-Singles

02. Jan. Physical **Olivia Newton-John**
30. Jan. I Can't Go For That (No Can Do) **Daryl Hall And John Oates**
06. Febr. Centerfold **J. Geils Band**
20. März I Love Rock'n'Roll **Joan Jett And The Blackhearts**
08. Mai Chariots Of Fire – Titles **Vangelis**
15. Mai Ebony And Ivory **Paul McCartney (With Stevie Wonder)**
03. Juli Don't You Want Me **Human League**
24. Juli Eye Of The Tiger **Survivor**
04. Sept. Abracadabra **Steve Miller Band**
11. Sept. Hard To Say I'm Sorry **Chicago**
25. Sept. Abracadabra **Steve Miller Band**
02. Okt. Jack And Diane **John Cougar**
30. Okt. Who Can It Be Now? **Men At Work**
06. Nov. Up Where We Belong **Joe Cocker And Jennifer Warnes**
27. Nov. Truly **Lionel Richie**
11. Dez. Mickey **Toni Basil**
18. Dez. Maneater **Daryl Hall And John Oates**

Nr. 1 UK-Singles

02. Jan. Don't You Want Me **Human League**
16. Jan. The Land Of Make Believe **Bucks Fizz**
30. Jan. Oh Julie **Shakin' Stevens**
06. Febr. Computer Love/The Model **Kraftwerk**
13. Febr. Town Called Malice/Precious **Jam**
06. März The Lion Sleeps Tonight **Tight Fit**
27. März Seven Tears **Goombay Dance Band**
17. Apr. My Camera Never Lies **Bucks Fizz**
24. Apr. Ebony And Ivory **Paul McCartney (With Stevie Wonder)**
15. Mai A Little Peace **Nicole**
29. Mai House Of Fun **Madness**
12. Juni Goody Two Shoes **Adam Ant**
26. Juni I've Never Been To Me **Charlene**
03. Juli Happy Talk **Captain Sensible**
17. Juli Fame **Irene Cara**
07. Aug. Come On Eileen **Dexy's Midnight Runners And The Emerald Express**
04. Sept. Eye Of The Tiger **Survivor**
02. Okt. Pass The Dutchie **Musical Youth**
23. Okt. Do You Really Want To Hurt Me **Culture Club**
13. Nov. I Don't Wanna Dance **Eddy Grant**
04. Dez. Beat Surrender **Jam**
18. Dez. Save Your Love **Renée And Renato**

Die Schulfreunde George Michael und Andrew Ridgeley von der Bushey Meads Comprehensive School sollten 1984 und 1985 in England und den USA dreimal Nr. 1 erreichen ... Die aufwändigen Videos (Regie: Russell Mulcahy) trugen viel zum Erfolg von Duran Duran bei.

In den USA war es das Jahr von MTV, in England das der Synthesizer. »New Wave« bescherte der britischen Musikindustrie viele Newcomerbands, doch wegen der miesenWirtschaftslage sanken die Plattenumsätze weltweit. Die gedrückte Stimmung hielt Philips und Sony nicht davon ab, viel Geld in das CD-Format zu investieren.

Britische Bands wetteiferten um Sendezeit und Chartsplätze, mal mit Pop à la **Wham!**, mal rau wie **The Smiths**. Die New Romantics profitierten vom neuen Musikfernsehen. Damit wurde das Aussehen so wichtig wie die Musik. Die androgynen Pin-ups **Duran Duran**, von **David Bowie** und **Roxy Music** inspiriert, beschrieben sich so: »**Sex Pistols** treffen auf **Chic**«. Noch androgyner waren **Boy George** und **Culture Club**. Sie eroberten die Charts und verwirrten die britische Öffentlichkeit. Die Besten wurden bei den ersten BPI Awards, der britischen Version der Grammys, geehrt. Zu den Preisträgern gehörten die pompösen **Adam And The Ants**, **Soft Cell** und **Human League**, die mit *Don't You Want Me* den britischen Synthi-Poprock fest in der Welt verankerten.

Depeche Mode schüttelten das »New-Romantics«-Etikett ab und klotzen bei etlichen ausverkauften Europakonzerten mit drei Synthesizern zur Stimme von **Dave Gahan**. Die viel düstereren Synthesizerklänge von **The Cure** brachten ihnen mit ***Pornography*** ein Top-10-Album in England und eine noch größere Anhängerschaft. **XTC** heimsten mit ihrem Doppelalbum ***English Settlement*** Kritiker- und Verkaufserfolg gleichermaßen ein. **The Jam** , die im Vergleich mit anderen britischen Acts alte Hasen waren, münzten ihren Gefühlsaufruhr zu UK-Chartserfolgen um. Doch **Paul Weller** war nicht nur emotional, sondern auch beruflich ein rastloser Geist. Nach einer Abschiedstournee der Band gründete er die ebenso politischen, wenn auch mehr R&B-orientierten **Style Council**. Das letzte Vierteljahr dominierte die temperamentvolle australische Band **Men at Work** – die Hit-Überraschung des Jahres. Auch weil ihr amüsantes Video zu *Who Can It Be Now?* pausenlos auf MTV lief – ein sicherer Beweis für den zunehmenden Einfluss von Videos und Musikfernsehen. MTV waren geschickt genug, auch die eklektrischen Produkte der **Talking Heads** und die schrägen Sachen der einfallsreichen **Devo** der breiten Masse schmackhaft zu machen.

Metal blieb in den USA populär. **Ozzy Osbourne** machte eine ausgedehnte Tour, und **Iron Maiden** verärgerten rechtskonservative Christen in den USA durch wilde Liveauftritte, gespickt mit dilettantischem dämonischem Gehabe. Rap, im Wesentlichen noch New-Yorker Underground, wurde variabler und experimenteller. Pioniertaten wie *Planet Rock* von **Afrika Bambaataa And The Soul Sonic Force** bewiesen, dass dieses Genre mehr war als eine Eintagsfliege für abenteuerlustige Radiomacher und Privatpartys.

»Jetzt, wo der Neuheitsbonus weg ist, können wir es keinem mehr recht machen.«

Dave Gahan (Depeche Mode), **Melody Maker**, 2. Oktober 1982

Januar 1982

Ozzy und die Fledermaus ...
Die ersten BPI Awards ...
I Want My MTV ...

Ozzy Osbourne

Bob Dylan

Januar

7 Nach einem rassistischen Übergriff in einer Disco in Coventry musste **Lynval Golding** von den **Fun Boy Three** mit 29 Stichen genäht werden. Ein Messer hatte ihn in der rechten Gesichtshälfte verletzt. Kürzlich wurde er, noch als **Specials**-Mitglied, im Süden Londons Opfer von Rassisten.

12 Die Ex-Tourists **Annie Lennox** und **Dave Stewart** treten als **Eurythmics** im Barracuda Club in London zu Playbackmusik auf. Lennox trägt schwarzes Leder und eine schwarze Langhaarperücke, Stewart einen Anzug. Er spielt auf einer Doubleneck-Gitarre, die von der Decke hängt. Sie sind seit letztem Jahr bei RCA Records unter Vertrag und haben vor einem Monat eine neuntägige Tournee durch Großbritannien absolviert.

20 Beim Auftakt zu seiner US-Tournee beißt **Ozzy Osbourne** einer lebenden Fledermaus in den Kopf, die ein Fan beim Konzert in Des Moines auf die Bühne geworfen hatte. Osbourne hielt das Tier für eine Gummiattrappe, griff danach und biss zu. Doch die lichtscheue Fledermaus hatte sich vor Schreck nur tot gestellt. Von Osbourne derart traktiert, beißt sie zurück. Osbourne bekommt mehrere Impfungen gegen Tollwut.

23 **Wham!**, die 18-jährigen Schulfreunde und begeisterten Clubgänger **George Michael** und **Andrew Ridgeley**, mieten für 20 £ ein portables Studio und nehmen Demos der selbst komponierten Dance-Pop-Songs *Wham Rap!*, *Come On!*, *Club Tropicana* und *Careless Whisper* in Ridgeleys Elternhaus in Bushey auf. Sie klappern mit dem Band die durchwegs desinteressierten Londoner Plattenfirmen ab und lernen Mark Dean, Ex-Mitarbeiter bei Phonogram, kennen, der sein eigenes, kleines dance-orientiertes Label Innervision plant. Mit einem Darlehen von CBS bietet Dean Wham! einen Vertrag an (er erweist sich später als Knebelvertrag). Im April unterschreiben Michael and Ridgeley als Songschreiber beim Musikverlag Morrison Leahy.

30 Der 69-jährige texanische Bluessänger und Gitarrist **Lightnin' Hopkins** stirbt in Houston an Krebs. Mit acht bastelte er sich eine Gitarre aus einer Zigarrenkiste und Maschendraht. Zwei Jahre später musizierte er mit seinem Cousin **Alger Alexander** und **Blind Lemon Jefferson**. Nach dem Zweiten Weltkrieg entstanden seine ersten Platten für Aladdin Recordings in Los Angeles. Seinen Spitznamen gab ihm der Pianist **Wilson Smith**. 1959 tat er sich mit dem Produzenten Sam Chambers zusammen und begeisterte auch die weißen Fans. Anfang der 60er-Jahre trat er in der Carnegie Hall mit **Pete Seeger** und **Joan Baez** auf, Ende der 60er-Jahre im Vorprogramm von Bands wie **The Grateful Dead** und **Jefferson Airplane**. Zu den bahnbrechenden Aufnahmen auf seinen über 85 Alben gehören u. a. *Big Mama Jump*, *Short Haired Woman* und *Blues Is A Feeling*.

30 Der 33-jährige Waliser **Shakin' Stevens** – der einzige»Popabilly«-Sänger Großbritanniens– hat den dritten UK-Nr.-1-Hit in zwei Jahren, mit seiner ersten Eigenkomposition, *Oh Julie*. Davor feierte er mit den Covers von Stuart Hamblens *This Ole House* und dem Jim-Lowe/Frankie-Vaughan-Hit *Green Door* von 1956 Triumphe.

Kurz vor seiner Hochzeit biss Ozzy eine Fledermaus ... Bob Dylan blieb mit der Shot of Love Tour der christlichen Linie treu.

Die androgyne Annie Lennox und der mysteriöse Dave Stewart hatten mit einer ganzen Reihe radiotauglicher Synthi-Melodien Erfolg.

»Wir wissen nur, was wir sind. Wir haben an dieser Band etwas ganz Besonderes.«

Bono, **New Musical Express**, 27. Februar 1982

Februar

4 Rock'n'Roller **Alex Harvey**, wilder Ex-Frontmann der **Sensational Alex Harvey Band**, stirbt einen Tag vor seinem 47. Geburtstag in Zeebrügge an einem Herzinfarkt. Er wollte gerade an Bord der Fähre nach England gehen. Seine Bandkollegen erreicht die Nachricht mitten auf dem Ärmelkanal.

4 Die Verleihung der britischen Grammy-Version, der ersten British Phonographic Industry (BPI) Awards, findet im Grosvenor House Hotel in London statt. Die bescheidene Veranstaltung wird durch den posthumen Preis an **John Lennon** für herausragende Verdienste um die britische Musik gekrönt. *Tainted Love* von **Soft Cell** wird beste britische Single, **Adam And The Ants'** *Kings Of The Wild Frontier* das beste britische Album. **Police** werden als beste britische Gruppe ausgezeichnet und **Human League** als beste britische Newcomer. **Cliff Richard** wird zum besten britischen Sänger gekürt und **Randy Crawford** (in Macon geboren) zur besten britischen Sängerin. Martin Rushent wird bester Produzent.

6 **Kraftwerk** ist Nr. 1 der britischen Charts. Das bestätigt ihren Einfluss auf die Flut von Electropop-Bands, die letztes Jahr in England entstanden. Die wieder veröffentlichte teutonische Doppel-A-Seite *Computer Love/The Model* (Letzteres ist vier Jahre alt) ist inzwischen ein beliebtes Club- und Radiostück.

Adam Ant lehnte eine Rolle in der Operette »The Pirates of Penzance« ab, mit der Begründung, er habe das Piratending jetzt schon hinter sich.

12 **Depeche Mode** eröffnen im Top Rank in Cardiff eine 15-tägige Englandtour mit der Single *See You* im Gepäck. Für den 22-jährigen Sänger und Synthi-Spieler **Alan Wilder**, Ersatzmann für **Vince Clarke**, ist es der vierte Auftritt mit der Band. Clarke wiederum, auf der Suche nach einer Gesangspartnerin für ein neues Duo, antwortet auf die Anzeige von **»Alf«** (Genevieve Alison Jane) **Moyet**: »Stimmgewaltige Sängerin, Live- und Studioerfahrung, sucht semiprof. R&B/Soul/Blues-Band. – Alison, Basildon 44115.« Moyet war Sängerin bei R&B-Bands im Süden, u. a. bei **The Vicars** und **The Screaming Abdabs**. Die beiden gründen **Yazoo**, veröffentlichen im Juli ihre Debütsingle *Don't Go* bei Mute Records und starten im November ihre Guided Tour.

14 **Mötley Crüe** geben ihr zehntes und letztes Konzert in ihrem Lieblingsclub Whisky A Go-Go. Bei ihren regelmäßigen Auftritten in Los Angeles, wie etwa im Roxy und Troubadour, wurde ihre Bühnenshow immer irrwitziger – mal kettensägende Schaufensterpuppen, dann brennende Hosen. Das wüste Metal-Quartett wurde letztes Jahr von Sänger **Vince Neil**, Gitarrist **Mick Mars**, Bassist **Nikki Sixx** und Schlagzeuger **Tommy Lee** gegründet. Im Juni schnappte sich Elektra Records (sie kamen Virgin zuvor) die Band.

20 **Luther Vandross** präsentiert – aus dem gleichnamigen Debütalbum auf Epic – seinen Crossover-Hit *Never Too Much* bei »Saturday Night Live«. Der erfahrene 30-jährige New-Yorker Werbejingle- und Soulsänger, Songschreiber, Sessionmusiker und Produzent war an **David Bowies** 1974er Projekt *Young Americans* maßgeblich beteiligt und ist zudem auf den Hits von **Chic**, **Sister Sledge** und der aktuellen Post-Disco-Truppe **Change** zu hören.

23 **Paul McCartney** ist Gast beim 40-jährigen Jubiläum der Sendung »Desert Island Discs«, ein Dauerbrenner auf BBC Radio 4. Die Gäste müssen acht Platten und einen Luxusgegenstand nennen, die sie auf eine einsame Insel mitnehmen würden. McCartney wählt **Elvis Presleys** *Heartbreak Hotel*, **Chuck Berrys** *Sweet Little Sixteen*, **Gene Vincents** *Be Bop A Lula*, **John Lennons** *Beautiful Boy*, *Searchin'* von den **Coasters**, **Little Richards** *Tutti Frutti*, *Walking In The Park With Eloise* von den **Country Hams** and Julian Breams *Courtly Dances* aus Benjamin Brittens »Gloriana«. Luxusgegenstand ist seine Gitarre. Später meint er, das Programm würde »traditionelle britische Vergnügen wie ein großes britisches Frühstück oder Billy Cotton's Band Show« heraufbeschwören, »sehr altmodisch und entspannt. Ich mag dieses Schlichte«.

24 Bei den 24. Grammys wird die LP ***Double Fantasy*** von **John Lennon** zum Album des Jahres. Platte des Jahres wird *Bette Davis Eyes* von **Kim Carnes**. Damit gewinnt das Songschreiberteam **Jackie DeShannon** und Donna Weiss den Song des Jahres, obwohl dieser schon fünf Jahre alt ist. **Sheena Easton** wird zur besten Nachwuchskünstlerin gekürt und übertrumpft **Luther Vandross** und Soulsänger **James Ingram**. Verärgerung auch, als die 64-jährige **Lena Horne** mit ***Lena Horne: The Lady And Her Music Live On Broadway*** als beste Popsängerin augezeichnet wird. Der große Absahner ist jedoch der Produzent dieses Albums, **Quincy Jones**. In nicht weniger als elf Kategorien nominiert, gewinnt er die begehrte Trophäe als Produzent des Jahres sowie drei weitere für sein eigenes Album ***The Dude***. Das Komitee, für seine Fehlentscheidungen bekannt, wählt statt **Bruce Springsteen**, der das Album ***The River*** vorgelegt hatte, **Rick Springfield** mit dem Song *Jessie's Girl* zum besten Rocksänger.

25 **Prefab Sprout**, ein Trio aus Consett im Nordosten Englands, mit **Paddy McAloon**, Student der Universität Newcastle, seinem Bruder **Martin** und Schlagzeuger **Mick Salmon**, nimmt bei seiner ersten Studiosession *Lions In My Own Garden*, *Exit One* und *Radio Love* auf. Bald darauf kommt Sängerin **Wendy Smith** zur Band, die in Pubs in der Umgebung von Durham auftritt. Von den großen Plattenfirmen wird sie abgelehnt. Als sie ihre Songs mit 1000 Kopien auf dem eigenen Label Candle veröffentlicht (»The Wax That Won't Get On Your Wick«), wird Keith Armstrong, Geschäftsführer beim HMV-Plattenladen in Newcastle, auf sie aufmerksam. Er nimmt sie für seine Kitchenware Records unter Vertrag. Ab Oktober sind sie im Vertrieb der CBS.

März

1 MTV startet die Marketingkampagne »I Want My MTV« mit **Pete Townshend**, **Police**, **Mick Jagger**, **Stevie Nicks**, **Adam Ant**, **Pat Benatar** und **David Bowie**.

15 **Bob Dylan** wird beim Empfang zur 13. Preisgala im New-Yorker Hilton Hotel in die Songwriters Hall Of Fame aufgenommen.

18 **Teddy Pendergrass**, Ex-Leadsänger von **Harold Melvin And The Bluenotes** und ein unglaublich populärer Soul-Solist, verunglückt nach einem Basketballspiel in Philadelphia mit seinem Silver Spirit Rolls-Royce. Er ist zeitweilig vom Hals abwärts gelähmt und aufgrund der Verletzungen mehr als zwei Jahre arbeitsunfähig.

18 **Andy Partridge** von **XTC**, der ungern live spielte, verlässt bei einem Konzert im Le Palace in Paris nach 30 Sekunden wieder die Bühne, weil ihn das Lampenfieber packt. Die Band ist unterwegs, um ihr Album ***English Settlement***, die Nr. 5 der UK-Charts, zu promoten, und sagt die restliche Europatournee ab. Nach einem letzten Konzert in San Diego tritt die Band nie mehr live auf.

19 **Ozzy Osbourne** soll in der Tangerine Bowl beim jährlichen Rock Superbowl XVI auftreten. Übermütig schlägt der Pilot des Flugzeugs der Band Kapriolen, direkt über dem Tourbus. Das Flugzeug streift ihn mit den Flügeln, kracht in einen Baum und dann in ein Haus. Bei der Tragödie werden der 25-jährige Gitarrist **Randy Rhoads** (1981 vom Magazine **Guitar** zum besten neuen Talent gewählt), Osbournes Friseurin Rachel Youngblood und der Pilot Andrew Aycock getötet. Osbourne kommt unverletzt davon.

28 **David Crosby**, unterwegs zu einem Anti-Atomkraft-Treff bei San Clemente, verunglückt – auf Koks – mit dem Auto. Die Polizei findet neben der Droge auch eine geladene Pistole und erhebt Anklage wegen Waffen- und Drogenbesitz. Crosby sagt zur Waffe nur zwei Worte: »**John Lennon**.«

»Ich finde das sehr erstaunlich, weil ich keine einzige Note lesen oder schreiben kann. Danke.« Bob Dylan, Songwriters Hall of Fame, 15. März 1982

April 1982

The Clash

Joe Strummer setzt sich heimlich ab ... Die zweite »britische Invasion« ... Das erste WOMAD-Festival ...

April

26 Die Englandtour Know Your Rights wird am Vorabend von **The Clash** abgesagt, weil **Joe Strummer** verschwunden ist. Er wird in Paris entdeckt und gibt vor, seiner Freundin beizustehen, deren Mutter im Gefängnis ist. Und dann habe er beim Paris-Marathon mitgemacht. Anfangs hielt man es für einen Publicity-Gag, aber die Wahrheit war profaner. Die Begründung für sein Verhalten lautet Erschöpfungszustand. The Clash treten am 20. Mai beim Lochem-Festival in Holland auf.

29 Bei den 27. Ivor Novello Awards wird **John Lennons** *Woman* in der Kategorie herausragender britischer Texter ausgezeichnet. *Every Little Thing She Does Is Magic* von **Sting** ist der beste Popsong, **Phil Collins** *In The Air Tonight* der internationale Hit des Jahres. **Adam Ant** und **Marco Pirroni** bekommen den Preis als beste Songschreiber, ihr Song *Stand And Deliver* wird bestverkaufte A-Seite. **The Who** werden für ihre herausragenden Verdienste um die britische Musik geehrt.

30 Der anerkannte Rockkritiker Lester Bangs, 33, ständiger Mitarbeiter des **Rolling Stone**, von **Creem** und **Village Voice**, erliegt in New York einem Herzinfarkt. Sein Buch **Blondie – An Unauthorized Biography** erschien 1981.

Mai

8 Der 38-jährige Plattenfirmen-Boss **Neil Bogart** stirbt an einem Lymphom. Der gebürtige Neil Bogarz aus Brooklyn begann seine Laufbahn als Sänger. Als **Neil Scott** gelang ihm mit *Bobby* ein kleiner Hit. In drei Jahren stieg er vom Anzeigenverkäufer beim **Cashbox**-Magazin zum Vizepräsidenten von Cameo Parkway auf. Mit 24 wurde er Geschäftsführer und dann Präsident von Buddah Records. Dort betreute er »Bubblegum« als Label-Schwerpunkt, der die Charts mit **The 1910 Fruitgum Company**, **The Ohio Express** und **The Lemon Pipers** eroberte. Mit der Gründung von Casablanca Records 1973 und Vertragskünstlern wie **KISS**, **Donna Summer**, **Village People**, **Cher** und **Parliament** wurde er zur Branchengröße.

11 Der sechsmonatige Nordamerika-Teil von **Iron Maidens** Beast On The Road Tour beginnt in Flint, Michigan. Sie absolvieren 103 Auftritte, mal als Vorgruppe von **Rainbow**, **38 Special** und den **Scorpions**, aber auch als Headliner, u. a. bei einem ausverkauften Konzert im New-Yorker Palladium, wo ihr überlebensgroßes Bühnenmaskottchen Eddie den abgebissenen »Kopf« von **Ozzy Osbourne** hochhält. Leadsänger **Bruce Dickinson** muss nach übermäßigem »Headbangen« unterwegs sechs Wochen lang eine Stützkrause tragen.

15 *Asia*, das Debütalbum der gleichnamigen Band, ist die US-Nr.-1. Die progressive, britische Rock-Supergruppe besteht aus Ex-**Yes**-Gitarrist **Steve Howe**, Ex-**King-Crimson**/**Roxy-Music**-Bassist **John Wetton**, Ex-**ELP**-Schlagzeuger **Carl Palmer**, und Ex-**Buggles**/**Yes**-Keyboarder **Geoff Downes**.

22 **Madness**, die in drei Jahren zehn fröhliche UK-Top-10-Hits landeten, sind mit dem ersten Hitsampler ***Complete Madness*** Nr. 1 der britischen Albumcharts. Ihre neue Single *House Of Fun* steigt die Charts hoch und wird kommende Woche ihr erster Nr.-1-Hit in Großbritannien.

27 Die Spannungen in dem schwierigen Verhältnis zwischen den **Cure**-Mitgliedern **Robert Smith** und **Simon Gallup** eskalieren auf der Europatournee Fourteen Explicit Moments, die Smith eher als »eine Rugby-Tour denn eine Cure-Tour« beschreibt. Nach dem Auftritt in der Tivoli-Halle in Straßburg schlägt Gallup Smith in einem Club nieder. Zurück in England ist Gallup nur noch Ex-Mitglied der Band, und Smith fährt nach Wales zum Campen.

»Ich bin nicht so versessen darauf, Nr. 1 zu sein und ganz oben zu bleiben, dass ich davon gleich durchdrehe.« Billy Joel, **Playboy**, Mai 1982

29 ***Tug Of War*** ist **Paul McCartneys** siebtes US-Nr.-1-Album seit den **Beatles**. In England war es bereits am 1. Mai sein fünfter Charttopper. Den internationalen Erfolg brachte ihm auch das Nr.-1-Duett *Ebony And Ivory* mit **Stevie Wonder**.

29 Das synthesizerlastige ***Rio*** von **Duran Duran** wird Nr. 2 in England. Drei Hitsingles werden ausgekoppelt. Die dazugehörigenVideos, von Russell Mulcahy an exotischen Schauplätzen in Antigua und Sri Lanka gedreht, taten ihr Übriges.

Juni

6 **Stevie Wonder**, **Jackson Browne**, **Crosby, Stills And Nash**, **Bob Dylan**, **Joan Baez** – mit Dylan im Duett bei *Blowin' In The Wind* und *With God On Our Side*, **Linda Ronstadt**, **Dan Fogelberg** und

Asia

The Cure

Clash-Schlagzeuger Topper Headon begründete seinen Ausstieg mit politischen Meinungsverschiedenheiten ... Asias bei Geffen erschienenes Debütalbum Asia blieb zwei Monate auf Nr. 1 in den USA und wurde 4 Mio. Mal verkauft ... The Cure starteten 1977, indem sie auf eine Anzeige antworteten, in der Popstars gesucht wurden.

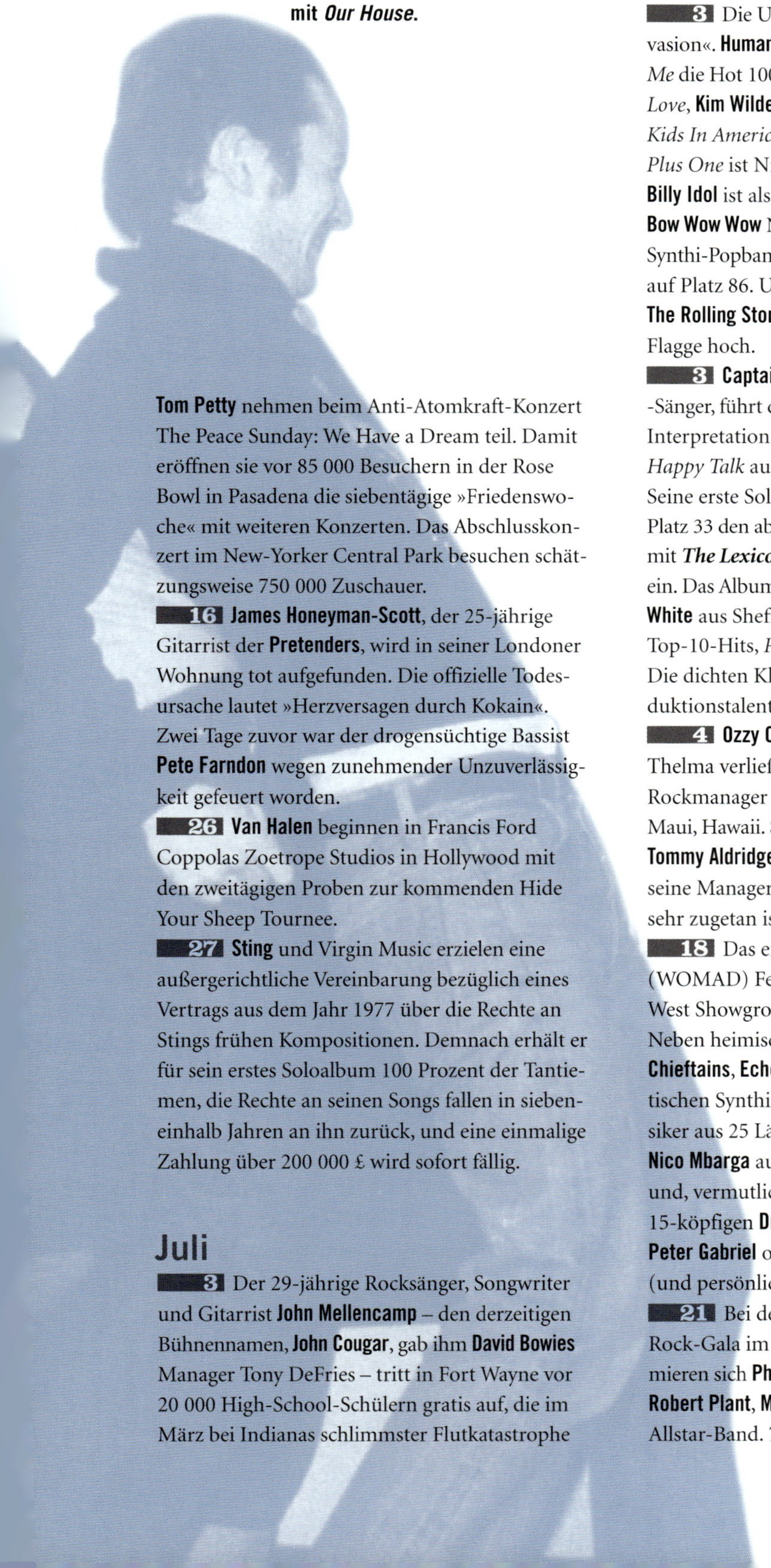
Der in jeder Hinsicht sehr britischen Gruppe Madness gelang nur ein einziger US-Top-10-Hit mit *Our House*.

Tom Petty nehmen beim Anti-Atomkraft-Konzert The Peace Sunday: We Have a Dream teil. Damit eröffnen sie vor 85 000 Besuchern in der Rose Bowl in Pasadena die siebentägige »Friedenswoche« mit weiteren Konzerten. Das Abschlusskonzert im New-Yorker Central Park besuchen schätzungsweise 750 000 Zuschauer.

16 **James Honeyman-Scott**, der 25-jährige Gitarrist der **Pretenders**, wird in seiner Londoner Wohnung tot aufgefunden. Die offizielle Todesursache lautet »Herzversagen durch Kokain«. Zwei Tage zuvor war der drogensüchtige Bassist **Pete Farndon** wegen zunehmender Unzuverlässigkeit gefeuert worden.

26 **Van Halen** beginnen in Francis Ford Coppolas Zoetrope Studios in Hollywood mit den zweitägigen Proben zur kommenden Hide Your Sheep Tournee.

27 **Sting** und Virgin Music erzielen eine außergerichtliche Vereinbarung bezüglich eines Vertrags aus dem Jahr 1977 über die Rechte an Stings frühen Kompositionen. Demnach erhält er für sein erstes Soloalbum 100 Prozent der Tantiemen, die Rechte an seinen Songs fallen in siebeneinhalb Jahren an ihn zurück, und eine einmalige Zahlung über 200 000 £ wird sofort fällig.

Juli

3 Der 29-jährige Rocksänger, Songwriter und Gitarrist **John Mellencamp** – den derzeitigen Bühnennamen, **John Cougar**, gab ihm **David Bowies** Manager Tony DeFries – tritt in Fort Wayne vor 20 000 High-School-Schülern gratis auf, die im März bei Indianas schlimmster Flutkatastrophe acht Tage lang Sandsäcke geschleppt hatten. Sein erster großer Hit *Hurts So Good* ist den ganzen August über die Nr. 2 in den US-Charts.

3 Die USA erleben die zweite »britische Invasion«. **Human League** führen mit *Don't You Want Me* die Hot 100 an, **Soft Cell** sind Nr. 9 mit *Tainted Love*, **Kim Wilde** (**Marty Wildes** Tochter) steht mit *Kids In America* auf Platz 41, **Haircut 100** mit *Love Plus One* ist Nr. 43, Ex-**Generation-X**-Leadsänger **Billy Idol** ist als Solist Nr. 65 mit *Hot In The City*, **Bow Wow Wow** Nr. 76 mit *I Want Candy* und die Synthi-Popband **A Flock of Seagulls** sind mit *I Ran* auf Platz 86. Und auch **Paul McCartney**, **Elton John**, **The Rolling Stones** und **Queen** halten die britische Flagge hoch.

3 **Captain Sensible**, Ex-**Damned**-Bassist und -Sänger, führt die UK-Charts mit der eigenwilligen Interpretation von Rodgers und Hammersteins *Happy Talk* aus dem Musical »South Pacific« an. Seine erste Soloplatte schaffte nach Einstieg auf Platz 33 den absoluten Rekordsprung. **ABC** steigen mit ***The Lexicon Of Love*** auf Platz 1 der LP-Charts ein. Das Albumdebüt von Duo **Martin Fry** und **Mark White** aus Sheffield enthält ihre beiden aktuellen Top-10-Hits, *Poison Arrow* und *The Look Of Love*. Die dichten Klangschichten beweisen das Produktionstalent des gefragten Trevor Horn.

4 **Ozzy Osbourne**, der 1981 seine Frau Thelma verließ, heiratet Sharon, die Tochter von Rockmanager und Impresario Don Arden in Maui, Hawaii. Sein Trauzeuge ist der Schlagzeuger **Tommy Aldridge**. Ohne Sharon – inzwischen auch seine Managerin –, so Osbourne, der den Drogen sehr zugetan ist, wäre er nicht mehr am Leben.

18 Das erste World Of Music, Arts & Dance (WOMAD) Festival geht auf dem Royal Bath & West Showground in Shepton Mallet zu Ende. Neben heimischen Künstlern wie **The Beat**, **The Chieftains**, **Echo And The Bunnymen** und den schottischen Synthi-Rockern **Simple Minds** waren Musiker aus 25 Ländern anwesend, darunter **Prince Nico Mbarga** aus Nigeria, **Konte Family** aus Gambia und, vermutlich der Höhepunkt des Festivals, die 15-köpfigen **Drummers of Burundi**. WOMAD, von **Peter Gabriel** organisiert, wird zum jährlichen (und persönlich kostspieligen) Ereignis.

21 Bei der Eröffnung der Prince's Trust Rock-Gala im Londoner Dominion Theatre formieren sich **Phil Collins**, **Kate Bush**, **Pete Townshend**, **Robert Plant**, **Midge Ure** und **Gary Brooker** zu einer Allstar-Band. 72 000 £ kommen für den 1976 von Prinz Charles gegründeten Trust zusammen, der die wichtigste britische Jugendwohlfahrtsstiftung ist. **Madness**, in einheitlichen Kilts, eröffnen das Programm. Auf Kazoos intonieren sie *God Save The Queen*. Danach tritt **Joan Armatrading** auf – extra aus Schweden eingeflogen – und **Jethro Tull** (mit Collins am Schlagzeug).

24 Die Rockpop-Hymne *Eye Of The Tiger* von **Survivor** ist ab heute sechs Wochen die Nr. 1 in den USA (am 23. August mit Platin ausgezeichnet). »Rocky«-Erfinder/Schauspieler Sylvester Stallone bat das relativ unbekannte Hardrock-Quintett aus Chicago, für »Rocky III« den Titelsong zu komponieren und aufzunehmen. Als er das letzte Album ***Premonition*** gehört hatte, kontaktierte er Freund Tony Scotti, Gründer des Labels Scotti Bros., bei dem die Gruppe unter Vertrag ist.

Kim Wilde schaffte acht britische Top-10-Hits, zwei mehr als ihr Vater Marty. Mit *You Keep Me Hangin' On* kam sie in den USA sogar auf Platz 1.

August 1982

Eine für John Mellencamp (der sich noch John Cougar nennt) angefertigte Fender-Gitarre. Im Oktober hatte er mit der Nr. 1 *Jack and Diane* einen von zehn amerikanischen Top-10-Hits.

Plattenverkäufe gehen weltweit zurück ... US Festival ... Erster CD-Player ...

August

6 »Pink Floyd The Wall«, zweistündige, surreale Verfilmung der Band-LP von 1979, hat in New York Premiere. Regie führte Alan Parker, **Bob Geldof** spielt die Hauptrolle von Pink, die Kosten betrugen 10 Mio. $, die Kritiken sind überwiegend Verrisse. (Parkers letzter Musikfilm war 1980 »Fame«, angeregt durch die New Yorks High School Of The Performing Arts. Der Titelsong von **Irene Cara** wurde dieses Jahr zur britischen Nr. 1.)

7 ***Garlands***, das Debütalbum der **Cocteau Twins**, ist Nr. 14 der UK-Independent-Albumcharts. Sängerin **Elizabeth Fraser** und Multiinstrumentalist **Robin Guthrie** reisten aus Falkirk in Scotland mit zwei Demobändern nach London. Eines bekam der BBC-Radio-1-Discjockey John Peel, das andere Keyboarder **Simon Raymonde** (Sohn von Ivor Raymonde, Arrangeur und Produzent, der in den 60er für die **Chucks** *Loo Be Loo* schrieb und Ko-Autor von **Dusty Springfields** *I Only Want To Be With You* war). Er arbeitete in einem Laden unter dem Büro der neuen Indie-Plattenfirma 4AD. Der Labelmanager Ivo Watts-Russell, beeindruckt von ihrem ätherischen Stil, nahm sie unter Vertrag

13 Die wirtschaftliche Situation der US-Plattenfirmen hat einen historischen Tiefpunkt erreicht. Atlantic, Capitol, Columbia, Elektra/Asylum und Warner Bros. entlassen Mitarbeiter.

17 Das neue deutsche Rockquintett **Nena**, nach Gabriele Susanne »Nena« Kerner (Gesag) benannt und mit Carlo Karges (Gitarre), Uwe Fahrenkrog-Petersen (Keyboards), Jürgen Dehmel (Bass) und Rolf Brendel (Schlagzeug), gibt in der Sendung »Musikladen« sein TV-Debüt mit der ersten Single *Nur geträumt.* Ihre zweite Single *99 Luftballons* wird in England und den USA vergoldet und macht sie zu einer der weltweit erfolgreichsten deutschen Bands.

28 Die Anarcho-Post-Punktruppe **Crass** gelangt mit ***Christ The Album***, ihrem einzigen UK-Charterfolg, auf Platz 26. 1978 gegründet, trat sie erstmals bei einem Hausbesetzer-Gratiskonzert auf. Nach einer LP für das Indie-Label Small Wonder gründeten sie ein eigenes Label. Ihre Platten sind teils Musik, teils anarchistische Propaganda. Ihre politisch unerschütterliche Haltung schockiert die Öffentlichkeit. Deshalb gelingt der Band trotz großen Indie-Chartserfolgen kein weiterer Einstieg in die UK-Charts. Musikhistoriker Barry Lazell meint: »Keine Band vor oder nach Crass hat den minimalistischen Punk-Lebensstil so konsequent ausgelebt.«

September

3 Das US Festival, finanziert vom Gründer von Apple Computers, Steve Wozniak, beginnt im Glen Helen Regional Park in Devore, San Bernardino. Schätzungsweise 400 000 Besucher kommen zum dreitägigen Ereignis, dem ersten, das Musik und neue Technologie zusammenführt. Die US-Festival-Technologie-Ausstellung füllt fünf große Zelte; die 400 000-Watt-Tonanlage ist die größte, die jemals gebaut wurde; fünf gigantische Video-Bildschirme flankieren die Bühne. Das erste Ereignis dieser Art wird live im Kabelfernsehen übertragen (auf MTV). Zur Eröffnung spielen heute neben der Hauptgruppe **Police** die **Talking Heads**, die **B-52's**, **Oingo Boingo**, **The Beat**, die **Ramones** und **Gang of Four**. Morgen treten **Tom Petty And The Heartbreakers**, **Pat Benatar**, **The Kinks**, **The Cars**, **Santana**, **Eddie Money** und **Dave Edmunds** auf. Höhepunkt des Labor-Day-Festivals sind übermorgen die Auftritte von **Fleetwood Mac**, **Jackson Browne**, **Jimmy Buffett**, *Mr.-Bojangles*-Hitmacher **Jerry Jeff Walker** und **The Grateful Dead**. Angeblich macht Wozniak mit der Veranstaltung 12,5 Mio. $ Verlust.

»Die Band als Pferd hat ihr Rennen gemacht, und jetzt brauchen die Jockeys andere Reittiere.« Squeeze kündigen ihre Auflösung an, 28. September 1982

DEXY'S MIDNIGHT RUNNERS

7. August ***Come On Eileen***, **eine fetzige Nummer mit unverkennbarem Geigenpart von Dexy's Midnight Runners kommt auf dem Weg zum Millionenseller für vier Wochen auf Platz 1 in England, das zugehörige Album *Too-Rye-Ay* kommt auf Platz 2. Die Gruppe hat sich unter Leitung von Kevin Rowland und zusammen mit drei als Emerald Express angekündigten Geigern eine neue stilistische Ausrichtung gegeben, die traditionellen Soul mit irischem Folk mischt. Auch optisch hat sich einiges verändert: Nachdem der ursprüngliche »Gammlerlook« ebenso verworfen wurde wie Anoraks, Skimützen und Sportkleidung, trägt die Band jetzt Overalls und Zigeunerklamotten. Und es wirkt: *Come On Eileen* wird in vielen Ländern ein Nr.-1-Hit, im nächsten Frühjahr sogar in den USA – keine geringe Leistung für den exzentrischen, keineswegs auf den Mund gefallenen und sehr britischen Kevin Rowland.**

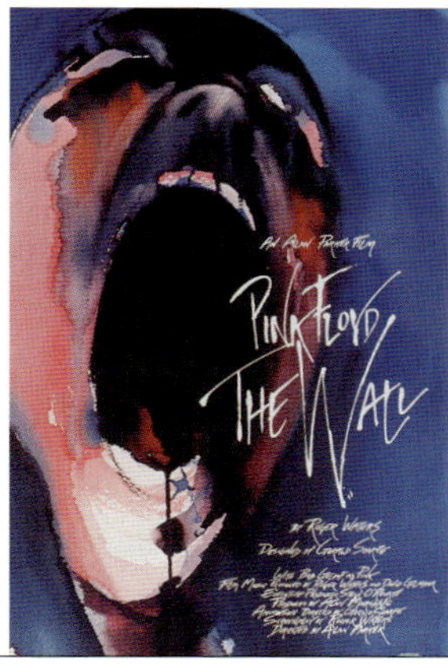

Queen

Der Künstler Gerald Scarfe schuf die eindringlichen Bilder für den Film »Pink Floyd The Wall« ... Queen sollten im August 1986 nach 658 Konzerten ihre Abschiedsvorstellung geben.

11 **Chicagos** *Hard To Say I'm Sorry* ist Nr. 1 der US-Charts. Die Komposition stammt von Songschreiber/Produzent David Foster, Leadsänger **Peter Cetera** (begann kürzlich mit dem gleichnamigen Album eine parallele Solokarriere) und Keybarder **Robert Lamm**. Mit dem neuen, zusätzlichen Sänger **Bill Champlin**, Ex-**Sons of Champlins**, dem Labelwechsel zu Blue Moon Records und der Zusammenarbeit mit Foster sind bis zum Ende der Dekade die Weichen für eine Reihe großer Chicago-Hits unter Fosters Betreuung gestellt.

11 **John »Cougar« Mellencamps** selbst komponiertes ***American Fool*** (koproduziert mit Don Gehman) ist Nr. 1 in den USA, und seine Provinz-Pubertätssaga *Jack And Diane* (**Mick Ronson** war stark beteiligt) steigt auf Platz 4 in den USA, und *Hurts So Good* fällt dafür auf Platz 8. Damit gelingen Mellencamp als einzigem männlichen Künstler gleichzeitig zwei US-Top-10-Hits und ein Nr.-1-Album. Durch den massiven Radioeinsatz bleibt ***American Fool*** neun Wochen auf Nr. 1 und erreicht Platinstatus.

16 **Afrika Bambaataa And The Sonic Sour Force** bekommen für *Planet Rock* eine Goldene Platte. Für die innovative Hip-Hop/Elektronik-Mischung hat der DJ aus der Bronx gesampelte Ausschnitte aus *Trans-Europe Express* von **Kraftwerk** mit einem Rap von Sonic Soul Force MCs unterlegt.

20 Das Gericht in Bromley ordnet wegen obszöner Inhalte die Beschlagnahmung von 8816 Platten der Single *So What* von der Post-Punkband **Anti-Nowhere League** an. Es ist wohl der erste Gerichtsfall dieser Art. Der Labelchef von WXYZ, John Curd, der sie veröffentlichte, will in Berufung gehen, da die Platte im Gerichtssaal nicht angehört wurde, wie es bei Büchern und Filmen in ähnlichen Fällen üblich ist.

22 **The Who** eröffnen ihre US-Stadien-Abschiedstournee im Capital Center in Landover, Maryland, mit **Santana** und **The Clash** im Vorprogramm. Die 40-tägige Reise, bei der **Eddie Money** und **David Johansen** etliche Male den Auftakt machen, endet eine Woche vor Weihnachten in Torontos Maple Leaf Gardens und ist 1982, mit 23 Mio. $ Einnahmen, die erfolgreichste Tournee. (Die Band tritt erst im Juli 1985 wieder auf.)

25 **Queen** – deren Auftritt am 15. September im Great Western Forum in Inglewood sich als ihre allerletzte US-Show herausstellt – gastieren bei »Saturday Night Live« mit *Crazy Little Thing Called Love* und *Under Pressure*.

27 Die CBS-Vertriebsabteilung vermeldet 102 000 Bestellungen (90 000 bis mittags) für die britische Nr. 1 der Woche – *Pass The Dutchie* von **Musical Youth**. Dem MCA-Label nach ist es somit die am schnellsten verkaufte britische Single seit **Art Garfunkels** *Bright Eyes* vor drei Jahren. Der Song ist eine Coverversion von *Pass The Kutchie* von den **Mighty Diamonds**(mit abgeändertem Titel: aus »kutchie«, dem Haschischpfeifchen, wurde »dutchie«, der Kochtopf) und verkauft sich weltweit über vier Millionen Mal. In den USA wird er auf Platz 8 auch zum größten Reggae-Hit seit **Johnny Nash** mit *I Can See Clearly Now* vor zehn Jahren. Das Quintett – alle zwischen 13 und 15 Jahren – verschwindet nach fünf weiteren Top-30-Hits von der Bildfläche.

30 Die **Dexy's Midnight Runners** spielen ihre neue Hitsingle *Jackie Wilson Said* bei »Top of the Pops«. Den TV-Leuten entging, dass sich **Van Morrisons** Hommage auf die Soul-Legende bezieht. Sie platzieren hinter der zigeunerhaften Truppe ein überdimensionales Foto der stattlichen, biertrinkenden Darts-Legende Jocky Wilson.

Oktober

1 In Tokio stellt Sony den ersten käuflichen Compact Discplayer, den CDP-101 (Preis 650 $) vor. **Billy Joels** Hitalbum ***52nd Street*** ist die erste CD auf dem japanischen Markt. Ende des Monats ist sie in Europa erhältlich, die Auslieferung in Nordamerika ist für das kommende Frühjahr geplant. Die digitale CD-Technologie wurde vom Elektronikkonzern Philips entwickelt, der das Format und technische Einzelheiten 1980 mit Sony standardisiert hatte. Die neue Technologie wird die Musikindustrie revolutionieren (und finanziell retten) und das Verkaufsverhalten weltweit drastisch verändern.

2 **Genesis** und ihr ehemaliger Leadsänger **Peter Gabriel** treten ein einziges Mal gemeinsam beim WOMAD-Benefizkonzert Six Of The Best in der Milton Keynes Bowl auf. Auch ihr früherer Gitarrist **Steve Hackett** macht zum Spaß bei der Zugabe *I Know What I Like* mit. Mit dem Benefiz werden die Verluste des WOMAD-Festivals im Juli teilweise gedeckt.

4 **The Smiths** sind bei ihrem ersten Auftritt im Ritz in Manchester die Vorgruppe von **Blue Rondo à la Turk**. Musikalisch konzentriert sich die Band auf den 18-jährigen Gitarristen **Johnny Marr** (Ex-Mitglied diverser Bands aus Manchester, darunter **Freaky Party**, **Paris Valentinos**, **Sister Ray** und **White Dice**) und den 23-jährigen Texter **Morrissey**, den Marr am 18. Mai über Steve Pomfret bei Morrissey zu Hause in der King's Road 384 kennen lernte. Morrissey, dessen Buch »James Dean Isn't Dead« beim ortsansässigen Verlag Babylon Books erschienen ist, war zudem UK-Präsident des **New-York-Dolls**-Fanclubs. (Sieben Wochen lang spielte er bei **The Nosebleeds** und bewarb sich auch bei **Slaughter And The Dogs**.) Die beiden rekrutierten als Bassisten **Andy Rourke**, einen früheren Schulfreund von Marr, und den Schlagzeuger **Mike Joyce**. Ein Angebot des örtlichen Labels Factory lehnen sie ab. Sie werden im kommenden Frühjahr beim führenden Londoner Indie-Label Rough Trade unterschreiben.

Billy Joels mehrere Millionen Mal verkauftes Album *52nd Street* wurde die Ehre zuteil, als erste CD im Handel erhältlich zu sein.

Oktober 1982

Men At Work kommen ... 20-jähriges Jubiläum der Beatles ... *Thriller* ...

5 20 Jahre nach der Erstveröffentlichung bringt EMI Records *Love Me Do* von den **Beatles** neu heraus, das Ende Oktober auf Platz 4 der UK-Charts ist. Nach und nach werden alle Singles zum jeweiligen Jubiläumstermin neu veröffentlicht. Die meisten erreichen respektable Chartsplatzierungen.

15 Hand Surgery Associates in New York diagnostiziert beim Röntgen von **Eddie Van Halens** linkem Handgelenk einen Bruch. Drei Konzerte der laufenden ***Diver-Down***-Tournee, mit der die Band ihr fünftes Platinalbum bewirbt, werden abgesagt. Nächste Woche wird in Worcester, Massachusetts der **Van-Halen**-Tag ausgerufen, nachdem der Radiosender WAAF mit 25 000 Unterschriften eine Petition für ein drittes Konzert der Band im örtlichen Zentrum unterstützt.

21 **Culture Club** präsentiert seine erste Nr. 1 in den UK-Charts, *Do You Really Want To Hurt Me*, bei »Top of the Pops«. Das Popsoul-Quartett entstand in der modebewussten New-Romantic-Szene in Londoner Clubs wie dem Hell and Blitz. Letztes Jahr kristallisierte sich die Besetzung heraus: Gitarrist/Keyboarder **Roy Hay**, Bassist **Mikey Craig** und Schlagzeuger **Jon Moss** fungieren als Rhythmussektion für den extravaganten Leadsänger **Boy George**. Der 21-jährige **George O'Dowd** erweist sich mit seinem androgynen Kleiderstil (von Sue Clowes entworfen), dickem Make-up und Dreadlocks als echter Hingucker. Seit Frühjahr bei Virgin Records unter Vertrag, schrieb Culture Club eiligst den Hit für ihren Durchbruch, als man sie um einen vierten Song für die Peter-Paul-Session bei Radio 1 im Juni bat.

November

3 Die einfallsreiche New-Wave-Hitband **Devo** (geleitet von den **Mothersbaugh**-Brüdern **Bob** und **Mark** sowie **Bob** und **Jerry Casale**) startet in Minneapolis eine Tournee durch die Vereinigten Staaten. Sie treten vor einem 15 Meter Videoschirm mit Rückprojektion auf, auf dem nonstop Trickfilme, Textfragmente und abstrakte Computergrafiken laufen, mit denen die Band während des Konzerts interaktiv arbeitet.

4 **Wham!**, mit *Young Guns (Go For It)* (UK-Nr. 42), werden diese Woche von »Top Of The Pops«-Produzent Michael Hurll ausnahmsweise eingeladen, obwohl sie nicht in der Top 40 stehen. Wham! revanchieren sich mit einem rasanten Auftritt, der ihre Platte auf Platz 3 katapultiert.

5 **The Jam** sind Gäste bei der Premiere der Sendung »The Tube« auf Channel 4. Malcolm Gerries und Andrea Wonfors Konzept einer reinen Livesendung gilt bald als wagemutigstes Hochglanzprodukt des britischen Fernsehens. Das Programm wird zur beliebten Plattform für neue Talente. Zu den frühen Erfolgen zählt die Ausstrahlung eines von Tube selbst gebastelten Videos mit dem neuen Liverpooler Poprock-Quintett **Frankie Goes To Hollywood** und ihrer Eigenkomposition *Relax*. Es weckt das Interesse von Plattenfirmen, insbesondere von Trevor Horn, Komponist der Titelmusik für die Sendung und Produzent.

9 **Eddy Grant** tritt bei »Top of the Pops« mit seinem UK-Charttopper, dem selbst verfassten *I Don't Wanna Dance* auf. Letztes Jahr verlegte er sein Unternehmen Ice Recording Studio/Record Company zurück in seine Heimat in St. Phillip auf Barbados. Das Cover zu Grants neuem Album ***Killer On The Rampage*** ziert ein Caribbean-Airways-Logo, Teil eines Tauschgeschäftes mit der Fluggesellschaft, die eine Gruppe englischer Journalisten zu einem Pressetermin einflog.

11 **Marvin Gaye** gelingt sein 13. (und letzter) US-R&B-Charttopper. *Sexual Healing* zeigt ihn in alter Form und hält sich zehn Wochen. Es ist seine erste Veröffentlichung auf CBS/Columbia Records, bei denen er in diesem Jahr einen Vertrag unterschrieb, und stammt aus dem Album ***Midnight Love***, im Herbst im Studio Katy in Ohaine, Belgien, aufgenommen.

Paula Yates und Jools Holland, der frühere Keyboarder von Squeeze, moderierten »The Tube«, Großbritanniens angesagteste TV-Musikshow.

13 Nach 43 Wochen verlässt *Tainted Love* von **Soft Cell** die Hot 100 und überflügelte damit **Paul Davis'** Dauerbrenner *I Go Crazy* um drei Wochen. (Seit 1955 kamen nur diese beiden Singles auf 40 Wochen, in den nächsten 20 Jahren gelingt dieses Kunststück 51-mal.) **Diana Ross** steht mit *Muscles* auf Platz 10. Es ist von **Michael Jackson** geschrieben und produziert. Wie der Songtitel heißt auch Jacksons Schlange, die zur wachsenden Anzahl seiner tierischen Freunde gehört. Er hat kürzlich die Aufnahmen zu seinem zweiten Epic-Records-Album in den Westlake Studios in Los Angeles abgeschlossen, wieder mit Produzent Quincy Jones.

22 Die elegante britische Artpop-Elektronikband **Japan** löst sich nach einem Abschlusskonzert im Londoner Hammersmith Odeon auf. Virgin Records – die Firma veröffentlichte die fünf LPs der Band – sichert sich Leadsänger **David Sylvian** für weitere 20 Jahre. Er liefert eine Reihe zunehmend avantgardistischer, von der Kritik hochgelobter Soloalben.

27 Das Finale des dreitägigen Jamaica World Music Festivals findet in Montego Bay statt. Das höchst unterschiedliche Programm mit Musikern wie **The Grateful Dead**, den **B-52's**, **Squeeze** (ihr letzter Gig), **Joe Jackson**, **Jimmy Cliff**, **Peter Tosh**, den **Beach Boys**, **Aretha Franklin**, **Toots And The Maytals**, **Gladys Knight** und **Black Uhuru** genossen 45 000 Zuschauer. Zum Abschluss treten **Rick James**, **The Clash**, **Jimmy Buffett**, **Yellowman** und **Rita Marley And The Melody Makers** auf.

Culture Club

U2

Culture Club waren die erste Band seit den Supremes 1965, die aus ihrem Debütalbum drei US-Top-10-Hits auskoppeln konnte ... Der mit dem Song *Sunday Bloody Sunday* verbundene Aufruf zum Frieden in Nordirland wurde ein wichtiges Element der Konzerte von U2.

MEN AT WORK

23. Oktober **Das australische Poprock-Quintett Men at Work spielt *Who Can It Be Now?*, das nächste Woche in den USA auf Platz 1 kommen wird, bei »Saturday Night Live«. Im Januar wird Down Under, derzeit Nr. 1 in Australien, in England und den USA den ersten Platz erreichen. Der aus Schottland gebürtige Sänger Colin Hay, der auch die meisten Songs schreibt, gründete die Band 1979 in Melbourne. Seit 1980 bei CBS unter Vertrag, haben sie gerade eine US-Tour als Vorband von Fleetwood Mac hinter sich. Bald beginnt ihre erste eigene Nordamerika-Tour mit 50 Konzerten. Ihre erste LP *Business As Usual* wird am 13. November für 15 Wochen Nr. 1 in USA.**

Down Under ist der einzige Hit, in dem ein »vegemite sandwich« vorkommt. Diesen Leckerbissen kennen nur Australier.

Dezember

1 Epic Records veröffentlicht *Thriller* von **Michael Jackson** – von Quincy Jones in nur acht Wochen produziert. Die Demos dazu entstanden in Jacksons Haus Encino, manche in Anwesenheit des britischen Songschreibers **Rod Temperton**. Vier Stücke sind von Jackson, der Rest wurde aus 600 Songs ausgewählt, die man Jones angeboten hatte, inklusive des Titelsongs von Temperton. Tontechniker war Bruce Swedien. Das Album entstand mit Jones' hochkarätigem Sessionteam, darunter Keyboarder **Greg Phillinganes**, Trompeter/Arrangeur **Jerry Hey**, Bassist **Louis Johnson**, Schlagzeuger **John Robinson** und Perkussionist **Paulinho DaCosta**. Es bricht alle Rekorde und wird zum erfolgreichsten Chartsalbum aller Zeiten, mit über 50 Millionen verkauften Exemplaren weltweit (allein in Los Angeles eine Million). In allen westlichen Ländern wird es die Nr. 1., inklusive England und den USA (mit rekordverdächtigen 37 Wochen auf Platz 1). Es wirft zudem sieben US-Top-10-Singlehits ab, was einmalig ist, und bekommt zwölf Grammy-Nominierungen. Die erste Auskopplung ist der momentane Hit *The Girl Is Mine*, ein verspieltes Duett mit **Paul McCartney**. Das wahre Verkaufspotenzial von *Thriller* wird sich erst nach Veröffentlichung der zweiten Single *Billie Jean* zeigen.

2 **David Blue**, **Bob Dylans** Zeitgenosse aus der 1960er-Greenwich-Village-Folkszene, erliegt beim Joggen im New-Yorker Washington Square Park einem Herzinfarkt. Von Mitte der 60er- bis Mitte der 70er-Jahre nahm Blue acht Alben für Elektra, Reprise und Asylum auf. Er war einer der geheimsten Geheimtipps der Musikwelt, von der Masse ignoriert, von Kennern geliebt.

8 Mit **Marty Robbins**, der 57-jährig nach einer Herzoperation in Nashville stirbt, geht ein ganz Großer der Countryszene. Der Grammy-, ASCAP-, und BMI-Gewinner, ein Mitglied der Songwriters Hall Of Fame, wurde mit dem 59er-Hit *El Paso* bekannt. Im Oktober wurde er in die Country Music Hall Of Fame aufgenommen.

11 **Lionel Richie**, der im Oktober seine Solokarriere mit dem gleichnamigen Album startete, gastiert bei »Saturday Night Live« mit den ersten beiden Singleauskopplungen, *You Are* und *Truly*, letzte Woche Nr. 1 in den USA. Die für ihn typische Ballade unterscheidet sich kaum von jenen, die er bei den **Commodores** sang und komponierte.

11 Zum Abschluss ihrer Dig The New Breed Tour mit fünf ausverkauften Konzerten in der Wembley Arena geben **The Jam** ihr allerletztes Konzert im Conference Centre in Brighton. Der Frontmann **Paul Weller** schließt mit Polydor einen Solovertrag ab, bevor er **Style Council** mit **Mick Talbot** gründet.

17 Die 79-jährige Blueslegende **Big Joe Williams** stirbt in Macon. Der Delta-Blues-Traditionalist und Sänger, Songschreiber und Gitarrist wurde mit *Baby Please Don't Go, Crawlin' King Snake* und *Sugar Hill* bekannt.

20 Bei einem Konzert im Maysfield Leisure Centre in Belfast stellt Bono den neuen **U2**-Song *Sunday, Bloody Sunday*.vor. Er stammt natürlich von **The Edge** und **Bono** und bestätigt ihren Ruf als begabte sozialkritische Songtexter.

29 **Billy Joels** Single *Allentown* klettert in den USA die Hot 100 hoch. Nach einem Wohltätigkeitskonzert in Allentown, Pennsylvania, der Stadt, von der Joels Song handelt, gibt er ein zweites im Nassau Veterans Memorial Coliseum in Uniondale. Die 125 000 $ fließen in seine Organisation Charity Begins At Home, die über 60 Einrichtungen betreut, für die Joel sich engagiert.

ROOTS

In diesem Jahr macht Billy Bragg per Bus und Bahn eine UK-Tournee; letztes Jahr kaufte er sich nach 90 Tagen aus der britischen Armee frei ... debütieren die Southern Death Cult im Londoner Heaven Club ... spielen New Edition, zuerst erfolglos, dem Impresario Maurice Starr vor ... bittet Ben Watt seine Kollegin Tracey Thorn vom Label Cherry Red auf der Pinnwand der Hull University um ein Treffen in der Vorhalle ... unterschreibt Janet Jackson bei A&M Records; das Debütalbum (mit einem Cliff-Richard-Duett!) promotet sie bei High-School-Konzerten und fordert die Kids dazu auf, den Schulabschluss zu machen ... musizieren Shane MacGowan und Jem Finer in der Londoner U-Bahn-Station Finsbury Park; später spielen sie mit »Spider« Stacy irische Protestsongs im Cabaret Futura in London ... geben Vortex Motion ihr Livedebüt im schottischen Clydebank Community Centre; später nennen sie sich Wet Wet Wet – nach einer Songzeile von Scritti Politti ... gewinnt die 12-jährige Debbie Gibson mit *I Come From America* bei einem Songwettbewerb 1000 $ ... unterschreiben Pulp beim Indie-Label Red Rhino, das ihr erstes Album *It* veröffentlicht ...

Is There Something I Should Know?

1983

Nr. 1 US-SINGLES

01. Jan.	Maneater	**Daryl Hall And John Oates**
15. Jan.	Down Under	**Men At Work**
05. Febr.	Africa	**Toto**
12. Febr.	Down Under	**Men At Work**
19. Febr.	Baby, Come To Me	**Patti Austin (with James Ingram)**
05. März	Billie Jean	**Michael Jackson**
23. Apr.	Come On Eileen	**Dexy's Midnight Runners**
30. Apr.	Beat It	**Michael Jackson**
21. Mai	Let's Dance	**David Bowie**
28. Mai	Flashdance ... What A Feeling	**Irene Cara**
09. Juli	Every Breath You Take	**Police**
03. Sept.	Sweet Dreams (Are Made Of This)	**Eurythmics**
10. Sept.	Maniac	**Michael Sembello**
24. Sept.	Tell Her About It	**Billy Joel**
01. Okt.	Total Eclipse Of The Heart	**Bonnie Tyler**
29. Okt.	Islands In The Stream	**Kenny Rogers with Dolly Parton**
12. Nov.	All Night Long (All Night)	**Lionel Richie**
10. Dez.	Say Say Say	**Paul McCartney And Michael Jackson**

Nr. UK-SINGLES

01. Jan.	Save Your Love	**Renée And Renato**
15. Jan.	You Can't Hurry Love	**Phil Collins**
29. Jan.	Down Under	**Men At Work**
19. Febr.	Too Shy	**Kajagoogoo**
05. März	Billie Jean	**Michael Jackson**
12. März	Total Eclipse Of The Heart	**Bonnie Tyler**
26. März	Is There Something I Should Know?	**Duran Duran**
09. Apr.	Let's Dance	**David Bowie**
30. Apr.	True	**Spandau Ballet**
28. Mai	Candy Girl	**New Edition**
04. Juni	Every Breath You Take	**Police**
02. Juli	Baby Jane	**Rod Stewart**
23. Juli	Wherever I Lay My Hat (That's My Home)	**Paul Young**
13. Aug.	Give It Up	**KC And The Sunshine Band**
03. Sept.	Red Red Wine	**UB40**
24. Sept.	Karma Chameleon	**Culture Club**
05. Nov.	Uptown Girl	**Billy Joel**
10. Dez.	Only You	**Flying Pickets**

Metallica

Mötley Crüe

Metallica und Mötley Crüe, zwei führende Bands in der Entwicklung des Heavy Metal, verbuchten zusammen in mehr als zwei Jahrzehnten über 70 Mio. verkaufter Alben in den USA.

Für die Popmusik begann ein fruchtbares Jahr, mit **Michael Jacksons** triumphalem Album *Thriller*, einer energiegeladenen britischen Popszene, mit dem Durchbruch von **Police** in den USA, einer neuerlichen Wiedergeburt von **David Bowie** und der Ankunft der 25-jährigen **Madonna** aus Bay City, Michigan.

Ende 1982 war ***Thriller*** erschienen, dessen Nachbeben das ganze Jahr hindurch zu spüren sind. Es erobert die Charts in der ganzen Welt und erhält zwölf Grammy-Nominierungen. Seine Wirkung wurde durch erstklassige Videos verstärkt. Alles war derart innovativ, dass MTV seine Ignoranz gegenüber schwarzen Musikern aufgab. Mit Singles wie *Billie Jean* und *Beat It* (auf dem ein Gitarrensolo von **Eddie Van Halen** zu hören ist) beherrschte Jackson die Tanzflächen, er erfand den Moonwalk und füllte im Alleingang die Kassen von Epic Records.

Prince führte mit seinem Doppelalbum ***1999*** sein vielseitiges musikalisches Talent vor sowie seine typischen, erotisch angehauchten Texte. Das Album war eine Verbindung von Funk, Pop und Rock, mal elegant, mal ordinär, mal sanft wie etwa bei *Little Red Corvette,* aber auch Ausdruck ungenierter Sexualität wie bei *Lady Cab Driver.*

Es war auch das Jahr von Dance-Pop. **Davie Bowies** ***Let's Dance*** traf den Nerv der Zeit: Der Verwandlungskünstler war auf Rock der tanzbaren Art umgestiegen. **Chic**-Gründer **Nile Rodgers** hatte ihn bei dieser Trendwende begleitet. **Culture Club** konnte sich einfach nicht gegen Hits in Europa und Amerika wehren. Das Debütalbum des Londoner Duos **Wham!** barg vier Top-10-Hits. **Madonna**, die bereits mit *Holiday* die Tanzflächen unsicher gemacht hatte, startete mit ihrem provokanten Debütalbum zum dreijährigen Dauerlauf durch die Charts. Synthesizer-Pop und New Romantic waren immer noch ein britisches Phänomen, vielleicht dazu geeignet, um Arbeitslosigkeit und depressive Stimmung zu vergessen. Geschniegelter weißer »Soul« brachte **Spandau Ballet** ihren größten Chartserfolg mit dem Album ***True*** und dessen zeitloser Titelsingle. Die britische Invasion wurde von **Police** mit *Every Breath You Take,* der Single des Jahres, und dem vielfachen Platinerfolg ***Synchronicity*** angeführt.

Die irische Rockband **U2** zeigte nach dem Erfolg von *Sunday, Bloody Sunday* auch in den USA Wirkung. Sie verstanden es, Hass auf Minderheiten und die Folgen von Drogenkonsum mit ihrer Musik anzuprangern. Dies machte etwas Besonderes aus ihnen. Das Album ***War*** enthielt die Hymne *New Year's Day* (war inspiriert von der Gewerkschaftsbewegung in Polen) und *Two Hearts Beat As One.*

Heavy Metal mobilisierte eine völlig andere Gefolgschaft. ***Kill 'Em All*** von **Metallica** war das Startsignal für »Thrash Metal.« ***Shout At The Devil*** ist **Mötley Crües** bisher heftigste Attacke, mit der sie Ängste und Aggressionen von Teenagern ansprachen. Es verhalf ihnen zum Durchbruch. Die ähnlich lautstarken **Quiet Riot** schufen das erste Metal-Album (***Metal Health***), das in den USA auf Platz 1 kam, verschwanden danach aber schnell wieder in der Versenkung.

»Im Leben geht es um Sex und Risiko, aber natürlich nicht nur.«

David Bowie, **Musician**, Mai 1983

Januar 1983

Toto

Bowie geht zu EMI ... Karen Carpenter stirbt ... Toto holen Grammys ...

Januar

5 Das Duo **Everything But The Girl** (benannt nach einem Secondhand-Möbelgeschäft in Hull) gibt sein Livedebüt im Institute For Contemporary Arts in London. **Tracey Thorn** und **Ben Watt** waren bereits als Solokünstler beim Londoner Indie-Label Cherry Red von Ian McNay unter Vertrag. Beide studierten an der Universität Hull. Watt wollte unbedingt seine Labelkollegin kennen lernen. Er verabredete sich über eine Nachricht am schwarzen Brett mit ihr in der Empfangshalle. Daraus entstand eine lange private und berufliche Beziehung.

12 Ex-**Traffic**-Perkussionist **Reebop Kwaku Baah** stirbt in Stockholm an einer Gehirnblutung. Der nigerianische Musiker arbeitete nach **Steve Winwoods Traffic** mit den deutschen Bands **Can** und **Zahara** zusammen und spielte auf den Alben der **Rolling Stones** und von **Ginger Baker**.

17 Die zehnten American Music Awards im Los Angeles' Shrine Auditorium werden zum großen Countryabend. **Kenny Rogers** erhält drei Trophäen, und zusätzlich den Sonderpreis für große Verdienste. **Willie Nelson** gewinnt zwei Mal. **Alabama** wird zur beliebtesten Countryband und besetzt diese Kategorie die nächsten zwölf Jahre.

27 **David Bowie** unterschreibt in New York einen neuen Fünfjahresvertrag mit EMI America Records, angeblich über 10 Mio. $. Sein erstes Album ***Let's Dance*** – überwiegend von **Chics Nile Rodgers** mitverfasst und -produziert – bekommt sowohl in England als auch den USA Platin. Der ausgekoppelte Titelsong beschert ihm die erste Nr. 1 in beiden Ländern. Der Dauererfolg der LP übertrifft all seine bisherigen Alben mit drei Welthits: dem Titelsong (mit dem 28-jährigen texanischen Gitarristen **Stevie Ray Vaughan**), *China Girl* (Ko-Autor ist **Iggy Pop**) und *Modern Love*.

28 Der 41-jährige **Billy Fury** stirbt an Herzversagen. Seit einem rheumatischen Fieber im Alter von sechs Jahren hatte er ein sehr schwaches Herz. Bei seiner Beerdigung wird sein Hit *I'm Lost Without You*, von 1965, gespielt.

29 **Men at Work** wiederholen **Rod Stewarts** 1971er Chartkunststück: sie sind sowohl in den USA als auch in GB Nr. 1 in den Singles- (*Down Under*) und Albumcharts (***Business As Usual***).

29 **Melle Mel** von **Grandmaster Flash and the Furious Five** singt bei »Soul Train« *The Message*. Die derzeitige Nr. 4 der US-R&B-Charts (das Crossover fand in den USA keinen Anklang) war letzten Oktober in Großbritannien auf Platz 8 ein großer Mainstreamhit. Die radikale Maxisingle – auf dem Plattenlabel steht der Name **Duke Bootee** – ist die erste Charts-Rap-Single mit einem starken, sozialpolitischen Bezug. Der in rebellischem Tonfall vorgetragene Ghetto-Refrain »Don't push me 'coz I'm close to the edge« unterscheidet sich von der bisherigen Dance-Party-Ware auf dem Label Sugar Hill durch eine ernsthafte Aussage. Die Platte nimmt den angriffslustigen, wütenden, schwarzen Rap von der Straße vorweg, der das Genre dominieren wird.

Michael Jacksons Auftritt auf NBC-TV in »Motown 25: Yesterday, Today, Forever« war ein bedeutender Augenblick für die amerikanische Popkultur.

Februar

1 *Now And Forever*, das dritte Album von **Air Supply**, bekommt Platin. Das mehr als altmodische australische Duo mit **Russell Hitchcock** und **Graham Russell** hat seit 1980, nach ***Lost In Love***, insgeheim internationale Hits eingeheimst. Bei Clive Davis' Arista-Label unter Vertrag, verbuchte es in den USA mit seinen überaus melodischen Mainstream-Balladen den größten Erfolg. Dort gelangen ihm seit 1980 sieben aufeinander folgende Top-5-Hits, u. a. *The One That You Love*, 1981 ein Charttopper. Ihr letzter Hit wird das für Songschreiber Jim Steinman typische, melodramatische *Making Love Out Of Nothing At All*, das im Oktober die Nr. 2 in den USA ist.

4 **Karen Carpenter**, die lange mit Magersucht und Bulimie kämpfte, wird im Haus ihrer Eltern, in Downey, Kalifornien, bewusstlos aufgefunden. Bis aufs Skelett abgemagert, stirbt sie mit 32 Jahren um 9 Uhr 51 im Downey Community Hospital. Die Sängerin mit der Engelsstimme hatte mit ihrem Bruder **Richard** in zwölf Jahren 29 US-Hits. Sie wird neben ihrem Vater im Forest Lawn Memorial Park in Cypress begraben.

5 Die R&B-Teenyband **New Edition** aus Boston eröffnen ihr erstes Engagement im New-Yorker Copacabana Club. Im Verlauf von zwei Jahren haben sie sich mit diversen Vollplayback-Auftritten in den nordöstlichen Staaten als Showtalente bewiesen. **Ricky Bell**, **Ralph Tresvant**, **Michael Bivins**, **Ronald DeVoe** und **Bobby Brown** (alle im Alter zwischen 13 und 15 Jahren) werden von dem Unternehmer, Manager und Produzenten Maurice Starr betreut, der ihnen bereits einen Plattenvertrag mit dem örtlichen Indie-Label Streetwise gesichert hat.

8 Bei den zweiten BPI Awards wird *Come On Eileen* von den **Dexy's Midnight Runners** die beste britische Single und **Barbra Streisands *Love Songs*** zum besten Album. **Paul McCartney** gewinnt als bester britischer Solokünstler, **Kim Wilde** als beste britische Solokünstlerin, **Dire Straits** werden beste britische Band. **Yazoo** – ein neues Duo aus **Vince Clarke** und **Alison Moyet**, das es letztes Jahr mit dem Synthi-Pop-Klassiker *Only You* schaffte – gewinnen als beste britische Newcomer. Die **Beatles** werden für ihre herausragenden Verdienste um die britische Musik geehrt.

9 **Frank Zappa** dirigiert die San Francisco Contemporary Music Players bei einem Edgar-Varèse-Gedächtniskonzert anlässlich des 100. Geburtstags des Komponisten. **Grace Slick** fungiert bei dem Ereignis im War Memorial Opera House in San Francisco als Zeremonienmeisterin.

11 **Bob Seger And The Silver Bullet Band** werden zum siebten Mal in Folge mit einer US-Platin-LP für ***The Distance*** ausgezeichnet. Seger hat mit seinem gradlinigen Melodikrock in seiner Heimat derzeit über 25 Millionen Alben verkauft.

23 Bei der 25. Grammy-Verleihung gewinnen **Toto** – eine Formation von Top-Studiomusikern aus Los Angeles – das Album des Jahres für ***Toto IV***, die Platte des Jahres für *Rosanna* sowie von elf Nominierungen drei weitere Preise. Leadgitarrist **Steve Lukather** erhält zudem den Grammy als Ko-Autor des besten Rhythm'n'Blues-Songs, *Turn Your Love Around*. *Always On My Mind* von John Christopher, Mark James und Wayne Carson Thompson – ein Hit für **Willie Nelson** – ist der erste Countrysong seit *Little Green Apples*, 1968, der Song des Jahres wird. **Marvin Gaye** gewinnt für *Sexual Healing* seine ersten Grammys als bester Rhythm'n'Blues-Sänger und bestes R&B-Instrumental. **Jennifer Holidays** erstaunliche Darbietung auf *And I Am Telling You I'm Not Going* macht sie zur besten R&B-Sängerin.

28 Die **Thompson Twins**, auf Platz 9 in Großbritannien mit *Love On Your Side*, treten im Hammersmith Palais auf, im Vorprogramm spielen **Kissing the Pink**. 1977 gründete der ehrgeizige Klassikpianist **Tom Bailey** das Sextett. Inzwischen ist es allerdings zum Trio geschrumpft. Mit dabei die Sängerin und Saxophonistin **Alannah Currie** (Baileys Freundin aus Neuseeland) und der Per-

Thompson Twins

Wham!

Toto fanden als Begleitband für Boz Scaggs' Album *Silk Degrees* zusammen ... Die Thompson Twins benannten sich nach den identischen Detektiven in Hergés »Tim und Struppi«-Comics, die auf Deutsch Schulze und Schultze heißen ... Als Wham! erstmals bei »American Bandstand« auftraten, hielt Dick Clark sie fälschlicherweise für ein Duo aus Detroit ...

cussionist **Joe Leeway**. Der Name stammt aus Hergés belgischen »Tim und Struppi«-Comics, in denen die Zwillingsdetektive Thompson und Thompson (Schulze und Schultze) vorkommen. In den letzten drei Jahren trat die Gruppe pausenlos in Pubs und Clubs auf und lässt verlauten, überall und jederzeit spielen zu können.

März

3 »Chuck«, ehemaliges Mitglied der Oakland-Fraktion der Hell's Angels, sagt vor einem Ausschuss des Senats aus, die kalifornischen Angels hätten seit dem Altamont-Konzert 1969 einen Hass auf **Rolling Stone Mick Jagger** geschoben. Die Motorradgang hätte angeblich einen Mordbefehl ausgegeben, doch zwei Attentate auf den Sänger seien fehlgeschlagen.

5 **Michael Jacksons** Eigenkomposition, der unwiderstehliche Radiohit *Billie Jean,* führt die US-Charts an. Der Song hält sich sieben Wochen und wird auch zum Nr.-1-Hit in Großbritannien. Mit dem Einstieg in die US-Hitlisten im Januar änderte sich vieles schlagartig: das Schicksal von ***Thriller***, die Karriere von Michael Jackson, die wirtschaftliche Situation von Epic Records und die Struktur der modernen Musikindustrie selbst. Erst als *Billie Jean* die Nr. 1 in den USA ist, zeigt MTV, das bislang Videos von Schwarzen ignorierte, den *Billie-Jean*-Clip (allerdings erst nachdem Epic/Columbia mit einem Boykott drohte). Die originellen, selbst choreografierten Tanzschritte, die Kombination aus Bild- und Klanginnovationen machen Video und Single in den Augen vieler Kritiker perfekt. Im Gegensatz zu später hat Jackson den Gesang für *Billie Jean* in einem Durchlauf geliefert, mit einem unerwähnten Lyricon-Solo von **Tom Scott**.

5 **Wham!** geben ihr US-Fernsehdebüt bei »American Bandstand« mit den beiden Dance-Popjuwelen *Wham Rap!* und *Young Guns (Go For It!)*.

7 Aisha und Keita, die Kinder von **Stevie Wonder**, nehmen für den Vater die Aufnahmeurkunde in die Songwriters Hall of Fame entgegen. Die jährliche Feier findet im Waldorf Astoria Ballroom, New York statt. Auch **Neil Sedaka** wird eingeführt und singt eine Auswahl alter Hits. **Willie Nelson** erhält den Preis für sein Lebenswerk.

25 Tamla Motown Records feiert sein 25. Bestehen mit einem spektakulären Konzert. Im Civic Auditorium in Pasadena treten **Stevie Wonder**, die **Supremes**, die **Four Tops**, die **Temptations**, die **Commodores**, **Lionel Richie**, **Jr. Walker And The All Stars**, **Martha Reeves** ohne die **Vandellas**, **Michael Jackson**, die **Jackson 5**, **Marvin Gaye** und **Smokey Robinson** auf. Höhepunkte des Abends sind ein »Bandwettbewerb« zwischen den Four Tops und den Temptations (der zu einer gemeinsamen Tour der beiden altgedienten Soulgruppen führen wird), **Linda Ronstadt**, die Smokey Robinson bei *Ooh Baby* begleitet, vor allem aber Michael Jacksons Darbietung von *Billie Jean*, bei dem er seinen gefeierten »Moonwalk«-Tanz vorführt. Als NBC die Show am 16. Mai als »Motown 25: Yesterday, Today, Forever« ausstrahlt, wird Jacksons bahnbrechende Choreografie – die Art, wie er auf den Schuhspitzen tanzt und seine Hutkrempe berührt – zum historischen Moment in der US-Popkultur.

31 Der »weiße« Sender MTV nimmt *Beat It* von **Michael Jackson** ins Programm auf. Das zweite Video zum Song, von Regisseur Bob Giraldi, sorgt für einen Dauereinsatz. Man sieht zwei rivalisierende Gangs, die perfekt synchronisierte Tanzschritte ausführen, von Jackson angeführt und choreografiert, aber auch unterstützt vom Choreografen Michael Peters. Die innovativen Tanzsequenzen werden in den nächsten zehn Jahren oft kopiert (vor allem von Jacksons jüngerer Schwester **Janet**).

April

2 ***The Final Cut*** von **Pink Floyd** wird ihr dritter UK-Charttopper und Nr. 6 in den USA. Das Album mit dem Antikriegsthema ist fast ein Alleingang von **Roger Waters** und von Michael Kamen koproduziert. (Es ist wegen der unüberbrückbaren Differenzen zwischen ihm und **David Gilmour** sein letztes Werk mit der Band.) Für die Platte wurde eine neue Aufnahmetechnik benutzt (bereits von der Band **Psychic TV** von **Genesis P. Orridges** eingesetzt): Holophonics, ein 3D-Klangeffekt, die Erfindung des argentinisch-italienischen Wissenschaftlers Hugo Zuccarelli.

»Wenn jeder für sie stimmt, der in den letzten paar Jahren mit ihnen im Studio war, werden sie haushoch gewinnen.«

Robert Hilburn über die Grammy-Chancen von Toto, **Los Angeles Times**, Februar 1983

5 **Danny Rapp**, 41-jähriger Leadsänger der 50er-Jahre-Rock'n'Roll-Band **Danny And The Juniors**, wird in Parker, Arizona, tot aufgefunden. Der Hitstar von *At The Hop* hat sich offenbar erschossen. Er wird im St. Mary's Cemetery, Bellmawr, New Jersey, beigesetzt.

5 James Watt, US-Sekretär des Inneren, erklärt, man habe den Auftritt der **Beach Boys** und der **Grass Roots** bei den jährlichen Feierlichkeiten zum 4. Juli in Washington, D. C. gestrichen, weil sie »die falschen Leute« anziehen. Daniel P. Moynihan, demokratischer Senator im Staat New York, meint: »Wenn ich's recht verstehe, dann haben sich die **Monkees**, die **Turtles**, die **Beatles** – auch die **Animals** – ohne Zutun von Mr. Watt allein erledigt.« Watts' Ersatz für die Beach Boys? **Wayne Newton**.

11 **Joe Cocker** und die 36-jährige Sängerin **Jennifer Warnes** singen ihren US-Charttopper *Up Where We Belong* (letztes Jahr auf dem Soundtrack zum Film »Ein Offizier und Gentleman«) bei der Oscar-Verleihung im Dorothy Chandler Pavilion in Los Angeles. Die Komposition bringt als bester Filmsong den Autoren Jack Nitzsche, Buffy Sainte-Marie und Will Jennings einen Oscar ein.

Joe Cocker aus Sheffield und die Kalifornierin Jennifer Warnes trafen sich erstmals am Abend der Aufnahme von *Up Where We Belong*.

April **1983**

Muddy Waters stirbt ... Run-D.M.C ... Die Smiths in der »John Peel Show« ...

14 **Pete Farndon**, den die **Pretenders** letztes Jahr gefeuert hatten (zwei Tage vor dem Drogentod von **James Honeyman-Scott**), und der gerade eine Band mit **Rob Stoner** und dem Ex-**Clash**-Schlagzeuger **»Topper« Headon** gründete, wird tot in seiner Badewanne aufgefunden. Der 30-jährige Bassist starb an einer Überdosis Heroin.

17 Gail Pappalardi, Ehefrau des Produzenten und Ex-**Mountain**-Bassisten **Felix Pappalardi**, startet um sechs Uhr morgens einen Notruf. Die Polizei findet Pappalardi durch einen Genickschuss getötet in der Wohnung des Ehepaars vor, im Waterside Plaza an der East Side. Es wird eine Derringer Kaliber 38 gefunden. Frau Pappalardi wird wegen Totschlags und illegalen Waffenbesitzes angeklagt. Der 41-jährige Pappalardi aus der Bronx begann seine Karriere in den 60er-Jahren als Folkmusiker im Greenwich Village. Er arbeitete mit **Joan Baez**, den **Lovin' Spoonful** und den **Youngbloods**, bevor er sich als Produzent des Rocktrios **Cream** einen Namen machte.

30 Einen Monat nach seinem 68. Geburtstag erliegt Blueslegende **Muddy Waters** im Schlaf einem Herzschlag. Es passiert in seinem Haus in dem Vorort Westmont, Illinois. Geboren in Rolling Fork, Mississippi, setzte Waters die große Tradition von Delta-Blueskünstlern wie **Charley Patton**, **Son House** und **Robert Johnson** fort und war ein Meister auf der »Bottleneck«-Gitarre. 1943 zog er nach Chicago, machte zuerst Aufnahmen für Columbia, dann für Chess und den Vorläufer Aristocrat. Es folgten eine Reihe historischer Bluesstücke, u. a. *Rollin' Stone, Rollin' And Tumblin', I Just Want To Make Love To You, Hoochie Coochie Man, Just To Be With You* und *Got My Mojo Working*. Anfang der 60er-Jahre wurde er zum Idol der britischen Bluesbewegung, beeinflusste insbesondere **Eric Clapton** und die **Rolling Stones**, die sich ihren Bandnamen von seinem Song *Rollin' Stone* ausliehen und zu Beginn ihrer Karriere mehrere Songs von ihm einspielten. Waters ist bis zuletzt öffentlich aufgetreten.

30 **Michael Jackson** ist mit *Beat It* die Nr. 1 in den Vereinigten Staaten. Eine Woche früher, und er hätte sein eigenes *Billie Jean* von der Spitze verdrängt. In so kurzem Zeitraum gelang das nur den **Beatles** 1964. Auf Jacksons Eigenkomposition brilliert **Eddie Van Halen** mit einem feurigen Gitarrensolo. Die Idee zu diesem Genre-Mix hatte Produzent Quincy Jones, Van Halen tat ihm den Gefallen und spielte ohne Honorar.

Mai

1 Der erste Liveauftritt von **Paul Wellers** neuer Band **The Style Council** findet im Empire Theatre, Liverpool, statt, anlässlich einer 1.-Mai-Veranstaltung für Frieden und Arbeit, die die Merseyside-Gewerkschaft und ein Erholungszentrum für Arbeitslose veranstalten. Außerdem treten auf: die neue Rockband **The Farm** aus Liverpool, **The High Five**, der Schriftsteller Alan Bleasdale, das Everyman Youth Theatre und Darsteller aus der TV-Serie »The Boys From The Blackstuff«.

5 Bei der Preisverleihung des Ivor Novello Award ist dieses Jahr nichts wie sonst. *Our House* von **Madness** ist der beste Popsong, *Come On Eileen* von **Dexy's Midnight Runners** wiederum die bestverkaufte A-Seite. Der meistgespielte Song des Jahres ist das »unpunkige« *Golden Brown* der **Stranglers**, die gälische Band **Clannad** gewinnt die beste Fernseh-Titelmusik für ihr einschmeichelndes *Theme From Harry's Game*, und **Mark Knopfler** wird für seine Komposition *Private Investigations* in der Kategorie bester britischer Text ausgezeichnet. **Peter Gabriel** und **Genesis** werden für herausragende Verdienste um die britische Musik geehrt. Und die **Shadows** bekommen den Sonderpreis für 25 Jahre Musikkarriere.

10 Das Heavy-Metal-Quartett **Metallica** beginnt mit dem Produzenten Paul Curcio mit den Aufnahmen zum ersten Album. Sie entstehen in den Music America Studios in Rochester, das 15 000 $ kostet. Am 27. Mai ist alles auf Band. Metallica wurde kürzlich neu besetzt. Der Ex-**Exodus**-Gitarrist **Kirk Hammett** kam als Ersatz für **Dave Mustaine**, der am 1. April ausgestiegen war (und bald **Megadeth** gründet). Die Band spielt eine heftige Form von Thrash Metal. Sie wurden 1981 von dem Ex-**Diamond-Head**-Schlagzeuger **Lars Ulrich** aus Dänemark gegründet. Er heuerte den Sänger und Gitarristen **James Hetfield** aus Los Angeles an sowie den ehemaligen **Trauma**-Bassisten **Cliff Burton**. Die Gruppe, in New Jersey ansässig, unterschrieb letztes Jahr beim US-Metallabel Megaforce, das ihr Debütalbum ***Kill 'Em All***, beim britischen, auf Metal spezialisierten Indie-Label Music For Nations unterbringt.

Mit ihrem dritten Album *Shabooh Shoobah* etablierten sich die in Australien bereits sehr bekannten INXS 1983 auch auf dem US-Markt.

21 **Run-D.M.C.** steigen mit *It's Like That* in die US-R&B-Charts ein, und die Single steigt bis auf Platz 15. Den sparsamen, aber kraftvollen Rap mit harten Beats und Wechselgesang hat Larry Smith, der ungekrönte König des neuen Großstadt-Rap, produziert und **Kurtis Blow** abgemischt. Blow kooperierte mit Russell Simmons, dem Manager von Run-D.M.C, der kürzlich die Hip-Hop-Managementfirma Rush Productions gründete. Die Band, letztes Jahr in Hollis, einer Mittelklassegegend in Queens, New York, gegründet, besteht aus **Joseph Simmons** (Russells Bruder, alias **Run**), **Darryl McDaniels** (**D.M.C.**) und DJ **Jason Mizell** (**Jam Master Jay**). Ihre Mischung aus ursprünglichem Straßen-Hip-Hop und Hardcore ist neu, zum Image gehören ausgebeulte Lederjacken und Adidas-Turnschuhe. Priority Records hat Russell Simmons einen Vorschuss von 2500 $ bezahlt und macht Werbung für *Sucker M.C.'s*, die B-Seite der Single. Die Ausdrücke »Sucker« und »M.C.'s« gehen ins Rap-Vokabular ein. Beide Singleseiten sind vom Ton her viel versprechend.

28 Steven Wozniak macht auch mit dem zweiten US Festival im Glen Helen Regional Park in San Bernadino Verlust. Am ersten Tag spielen **The Clash** (ihr letzter Auftritt mit Gitarrist **Mick Jones**), **The Cars**, **Men At Work**, die Rockabilly-Neuauflage **Stray Cats**, **The Beat**, **A Flock of Seagulls** und drei neue, angesagte New-Wave-Bands – **Oingo Boingo**, **Wall of Voodoo** und **The Divinyls**. A Flock Of Seagulls und The Beat streiten darüber, wer zuerst auftritt. **INXS**, ehrliche Rocker aus Australien, sind erstmals bei einem amerikanischen Festival vertreten. 1977 in Sydney als The Farriss Brothers von den Brüdern Tim, Andy und Jon Farriss gegründet, wird das Sextett von Kirk Pengilly, Gary Beers und dem telegenen Frontmann/Sänger **Michael Hutchence** komplettiert.

29 Beim »Heavy Metal Sunday« auf dem US Festival sind **Van Halen** Headliner. Außerdem dabei, die **Scorpions**, das kanadische Hardrock-

»Viele Bands vergessen, dass sie ein Produkt sind, sowas wie ein Supermarkt ... und du musst so gut sein wie die Konkurrenz.«

Boy George, **Record Mirror**, 9. April 1983

THE SMITHS

18. Mai **Die Smiths nehmen für die »John Peel Show« auf Radio 1, die am 1. Juni gesendet wird, ihre erste BBC-Session mit den Stücken *Miserable Lie, Reel Around The Fountain, Handsome Devil* und *What Difference Does It Make* auf. In den derzeitigen Konzerten der Band spielt Morrissey meist in geradezu obsessiver Weise auf seine Idole an: Die Gladiolen, die er sich hinten in die Hose steckt, stehen für Oscar Wilde, er trägt ein Hörgerät wie der 50er-Jahre-Sänger Johnnie Ray, und seine äußere Erscheinung, nicht zuletzt die Frisur, orientieren sich an seinem Lieblingssänger, dem kürzlich verstorbenen Billy Fury.**

Die Smiths unterschrieben bei Rough Trade. Ihre Debütsingle *Hand In Glove* wurde Nr. 1 der britischen Independent-Charts.

Trio **Triumph**, **Judas Priest**, **Ozzy Osbourne** (bekam für seine ersten drei Soloalben in den USA Platin), **Mötley Crüe** und **Quiet Riot**, ein raubeiniges Quartett aus Los Angeles. Ihre LP ***Metal Health***, letzten Monat in die US-Charts eingestiegen, ist auf dem Weg zur Nr. 1, dank ihres ersten Hits, dem **Slade**-Cover *Cum On Feel The Noize*.

30 Für die Rekordgage von 1 Mio. $ ist **David Bowie** Stargast am dritten Tag des US Festivals. Daneben treten auf **Stevie Nicks**, **Joe Walsh**, die **Pretenders**, das amerikanische New-Wave-Quintett **Missing Persons**, **U2** (derzeit als Vorgruppe von ***War*** auf Tour), die Rockband **Quarterflash** aus Oregon, Elektropop-Rockband **Berlin** und **Little Steven And The Disciples Of Soul** (angeführt von **Bruce Springsteens** Gitarristen **Miami Steve Van Zandt**). Insgesamt 300 000 Besucher kamen, mit 800 000 hätte Wozniak plus minus Null gemacht. Stattdessen beträgt sein Verlust 8 Mio. $.

Juni

3 Der namhafte Sessionschlagzeuger **Jim Gordon** fährt gegen 23 Uhr 30 zur Wohnung seiner Mutter in North Hollywood, greift sie zunächst mit einem Hammer an und ersticht sie schließlich. Er wird wegen Totschlags verurteilt. Gordon gehörte zur Elitegruppe von Schlagzeugern wie **Hal Blaine**, **Earl Palmer** und **Jim Keltner**, die die Musik der 60er- und 70er-Jahre bestimmten. Er spielte für **John Lennon**, **George Harrison**, die **Beach Boys**, die **Everly Brothers**, **Carly Simon**, **Jackson Browne**, **Frank Zappa**, **Joe Cocker**, **Traffic** und unzählige andere und gründete **Derek And The Dominos** mit **Eric Clapton**. (Der Piano-Schlussteil auf *Layla* stammt von Gordon.) Doch in den letzten drei Jahren war seine Krankheit, paranoide Schizophrenie, voll ausgebrochen. Er hörte Stimmen und steigerte sich in den Hass gegen seine Mutter hinein. Diese weigerte sich, in weiser Voraussicht, aus Angst, er könne seine Drohung wahr machen und sie umbringen, nach Seattle zu ziehen. Als Gordon in völlige Umnachtung fiel, passierte es. Sein Anwalt nannte das Drama »den tragischsten Fall meiner Laufbahn«.

5 Beim Open-Air-Konzert im Red Rocks Amphitheatre in Colorado spielen **U2** ihre mitreißende Version der inzwischen populären Hymne *Sunday, Bloody Sunday*. Das Gelände wird von Fackeln erleuchtet, und **Bono** schmettert das Stück bei strömendem Regen und Nebel gefühlsgeladen hinaus, marschiert mit einer weißen Flagge auf und ab und klettert auf das Gerüst der Tonanlage. Die Rhythmussektion der Band hämmert, angetrieben von **The Edge** und seinen erstaunlichen Gitarrenakkorden. Teile des Konzertes erscheinen mit Livemittschnitten aus Deutschland und Boston im Dezember auf der EP ***Under A Blood Red Sky*** und der nicht minder gefragten Videokassette gleichen Titels. Damit werden die kultigen College-Favoriten zu internationalen Rockstars der A-Liga.

17 **New Order** eröffnen ihre US-Tournee im Club 688 in Atlanta. *Blue Monday*, der Erkennungshit der Band, hat die 17 von insgesamt 34 Wochen in den englischen Charts hinter sich. Jemand im Publikum ruft »Wo ist Ian?«, womit **Ian Curtis**, der verstorbene Frontmann von **Joy Division** gemeint ist. (Bis 1987 wird der Klassiker *Blue Monday*, in England nur als Maxi erhältlich, über 600 000 Mal verkauft. Die bestverkaufte UK-Maxi kommt weltweit auf drei Millionen).

19 Das dreitägige Glastonbury Festival geht zu Ende. Organisator Michael Eavis musste dieses Jahr, wegen neuer Bestimmungen, vom Mendip District Council eine Genehmigung für öffentliche Veranstaltungen einholen. Die Zuschauermenge wurde auf 30 000 begrenzt, und leicht zugängliche Straßen, Waserversorgung und sanitäre Einrichtungen waren Vorschrift. Beim Festival, das mit Radio Avalon eine eigene Radiostation einführt, traten u. a. **UB40** auf (die gerade ihre kommende erste UK-Nr.-1 einspielten, ein Cover von **Neil Diamonds** *Red Red Wine*), **The Fun Boy Three**, **The Beat**, die britischen Progressive-Rocker **Marillion** (unter Leitung des schottischen Sängers **Fish**), R&B-Legende **Curtis Mayfield** und der nigerianische Juju-Gitarrist **King Sunny Ade**. Für die Kampagne zur atomaren Abrüstung und für regionale Hilfsorganisationen kommen 45 000 £ zusammen.

25 Zum ersten Mal stehen in den US-amerikanischen Hot 100 mehr ausländische als einheimische Platten. Obwohl die New-Yorkerin **Irene Cara** die Liste anführt, okkupieren Künstler aus England, Guyana, Brasilien und Australien sieben der Top-10-Plätze. Kanada ist mit **Bryan Adams**, **Loverboy**, **Paul Anka** und **Sheriff** in der Hitliste am häufigsten vertreten.

»Am Morgen hieß es, wir müssten es wegen schlechtem Wetter absagen, aber es kamen trotzdem Leute. Also spielten wir in einer Wolke, wodurch im Rückblick alles eine noch spektakulärere Optik bekam.«

The Edge über das Red-Rocks-Konzert von U2, 5. Juni 1983

Every Breath You Take ... The Clash trennen sich ... KISS ungeschminkt ...

30 Nach zehn Jahren Entfremdung legen die **Everly Brothers** ihre Differenzen endlich bei. Sie geben die Pläne für ein Reunionkonzert in September bekannt. Phil wird folgendermaßen zitiert: »Wir haben uns auf freundschaftliche Art geeinigt – mit einer großen Umarmung!«

Juli

1 Das Hardrock-Quintett **Bon Jovi** aus New Jersey unterschreibt bei Phonograms Mercury-Label in New York. Der 21-jährige Leadsänger **Jon Bon Jovi** und Keyboarder **David Bryan** gründeten die Band Anfang des Jahres. Die solide Besetzung mit Gitarrist **Richie Sambora**, Bassist **Alec John Such** und Schlagzeuger **Tico Torres** hielt bis ins kommende Jahrzehnt. Die Aufnahmen zum Debütalbum ***Bon Jovi*** beginnen im Herbst.

6 **Jean Michel Jarres** Album ***Musique Pour Supermarché*** wird im Pariser Hôtel Drouot an einen unbekannten Bieter für 15 000 $ versteigert. Jarre, der dadurch seinen Abscheu und seine Gleichgültigkeit gegenüber der Musikindustrie ausdrücken wollte, hatte nur ein Exemplar der LP pressen lassen. Radio Luxembourg hat die Platte gesendet. Jarre zerstörte die Originalbänder.

9 **Wham!**s selbst komponiertes, Pop-Dance-orientiertes Debütalbum, ***Fantastic***, von George Michael und Steve Brown produziert, steigt auf Platz 1 der UK-Charts ein, während die vierte Single ***Club Tropicana*** Nr. 4 in Großbritannien ist. Michael, der Haupt-Songschreiber, kontrolliert die musikalische Richtung, Andrew Ridgeley hingegen die Optik, das Image und die Bühnenpräsentation.

9 *Every Breath You Take*, **Stings** ruhiger Song über eine obsessive Liebe, ist erstmals für acht Wochen Nr. 1 in den USA. Er führte bereits einen Monat die britischen Charts an, was auch dem eleganten Schwarzweiß-Video zu verdanken ist. Es wurde von den Ex-**10cc**-Gründern **Kevin Godley** und **Lol Creme** kreiert und läuft ständig auf MTV. Das Stück stammt aus **Polices** letztem Album ***Synchronicity***, ein würdiger Nachlass. Sting schrieb es überwiegend im ehemaligen Haus von James-Bond-Autor Ian Fleming auf Jamaika. Die LP wurde in Montserrat und im Le Studio in Quebec mit dem genialen Produzenten Hugh Padgham aufgenommen. Vor zwei Wochen stieg es auf Platz 1 in den UK-Charts ein. In zwei Wochen startet es zu einem erstaunlichen, 17-wöchigen Marathon als US-Nr.-1-Hit. Das bestätigt die bescheidene Überzeugung von Gitarrist **Andy Summers**, dass »es wohl unser bestes Album überhaupt ist«. Sting war lange Zeit als kreative Kraft für den Banderfolg verantwortlich, insbesondere als Komponist. Die Texte für ***Synchronicity*** basieren auf den Werken von Arthur Koestler, und der Albumtitel bezieht sich auf C. G. Jungs Theorie, dass jeder Zufall Bedeutung hat.

12 **Chris Wood**, der ehemalige Flötist und Saxophonist von **Traffic**, stirbt mit 39 Jahren an Lungenentzündung im Queen Elizabeth Hospital, Birmingham, geschwächt nach zehnjähriger Krankheit durch Alkoholismus und Drogensucht.

»Man sollte nicht so tun, als würden wir was Neues machen. Wir machen es nur sehr gut. Es ist zwar Standard, aber doch sehr angenehm zu hören.«

George Michael, **Record Mirror**, 20. August 1983

***Every Breath You Take* brachte Sting seinen ersten Grammy für den Song des Jahres ein.**

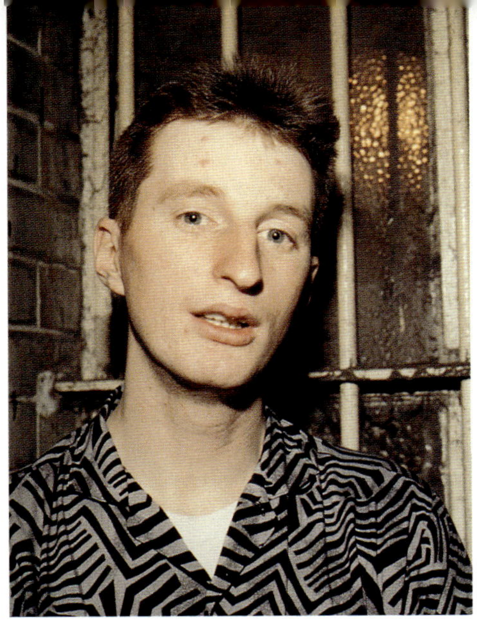

Billy Bragg stellte fest, dass er einen Fehler gemacht hatte, und kaufte sich nach 90 Tagen bei einer Panzerdivision aus der Armee frei.

18 EMI öffnet die Abbey Road Studios für Besucher. Sie gehören zeitweilig zu den größten Touristenattraktionen Londons.

19 **Simon And Garfunkel** starten erneut eine Wiedervereinigungstournee durch die USA: in der Rubber Bowl in Akron, Ohio. Die Tour wird ein großer Erfolg. Anschließend macht sich das Duo an die Arbeit zum neuen Album ***Think Too Much***, trennt sich aber erneut bei den Aufnahmen. Simon modelt die LP später zu seinem Soloalbum ***Hearts And Bones*** um.

27 **Billy Bragg** gibt sein britisches Radiodebüt in der »The John Peel Show«. Der 25-jährige Singer/Songwriter aus Barking macht Promotion für seine erste Platte, das im Zweispurverfahren aufgenommene Minialbum ***Life's A Riot With Spy Vs. Spy***. Der Chappell-Musikverlag hatte ihm für die Aufnahme von Demos drei Nachmittage Studiozeit zur Verfügung gestellt. Bestimmt wird das Kurzwerk von Braggs schroffem Essex-Gesangsstil, seinen linksgerichteten politischen Ansichten und der rauen Gitarrentechnik. Englands alternative Musikpresse reagiert positiv. Daraufhin übernimmt das innovative Londoner Indie-Label Go! Discs von Andy McDonald die LP, die anfangs beim Utility-Label erschien.

August

2 Der legendäre Motown-Bassist **James Jamerson** stirbt in Los Angeles. In Charleston geboren, zog Jamerson als Teenager nach Detroit und fing an der High School mit dem Bassspiel an. 1958 begann er als Sessionmusiker für diverse kleine Labels in Detroit, darunter Anna Gordys Anna Records. Als er beim aufstrebenden Label Motown am West Grand Boulevard 2648 auftauchte, mühte sich ein Musiker mit einem Bassmotiv ab. Jamerson übernahm und spielte die Passage mühelos. Berry Gordy heuerte ihn für seine Motown-Package-Tourneen an. 1964 wurde er als einer der legendären **Funk Brothers** zum festen Studiobassisten bei Motown und spielte praktisch auf allen 60er-Hits, häufig mit Schlagzeuger **Benny Benjamin**. In den späten 70er-Jahren wurde er aufgrund schwerer Alkoholprobleme ins Krankenhaus eingeliefert. Sein Gesundheitszustand hatte sich bis zu seinem Tod mit 45 Jahren durch Leberzirrhose und Herzprobleme verschlechtert.

3 **Prince And The Revolution** stellen erstmals sechs Stücke aus dem kommenden Album ***Purple Rain*** bei einem Wohltätigkeitskonzert im First Avenue Club in Minneapolis vor. Die Gitarristin **Wendy Melvoin** tritt zum ersten Mal mit The Revolution auf. ***1999***, das fünfte Album von Prince, ist nach sechs Monaten endlich auf Platz 9 in den USA (angeschoben durch die Crossover-Hits *Little Red Corvette* und *1999*, die Partyhymne der kommenden Jahrtausendwende).

5 Ein Gericht in Dallas verhandelt gegen **David Crosby**, der während der Sitzungen meist schläft, wegen Kokainbesitzes und dem Tragen einer Waffe in einer Bar. Richter Pat McDowell verurteilt ihn wegen Kokainbesitz zu fünf Jahren Gefängnis im Texas State Penitentiary und zu drei Jahren für den illegalen Waffenbesitz. Crosby bleibt nach einem Einspruch auf freiem Fuß.

14 **U2** sind Headliner beim irischen Open-Air-Rockfestival A Day At The Races im Dubliner Phoenix Park vor 20 000 Zuschauern. Einen Song widmet **Bono** dem **Red-Rockers**-Schlagzeuger **Jim Reilly**. Sein Bruder Tom wurde letzte Woche von einem britischen Soldaten in Belfast erschossen. Mit dabei sind die **Simple Minds**, die **Eurythmics**, die britische Reggaeband **Steel Pulse**, die Lokalband **Perfect Crime** sowie **Big Country**, ein neues britisches Rockquartett mit Ex-**Skids**-Gitarrist und Sänger **Stuart Adamson**. Deren Durchbruch gelingt mit zwei Hits, dem hymnischen *Fields Of Fire (400 Miles)* und *In A Big Country*, beide aus ***The Crossing***. Das kürzlich veröffentliche Debütalbum produzierte Steve Lillywhite

19 Der 29-jährige Journalist und Möchtegern-Popstar **Neil Tennant** soll in New York für die britische Popzeitschrift **Smash Hits** **Sting** interviewen. Er lernt sein großes Idol, den Überflieger-Dance-Produzenten Bobby »O« Orlando kennen, der ihm bei Cheeseburger und Karottenkuchen im Restaurant Applejack anbietet, Tennants neues Projekt, die **Pet Shop Boys**, zu produzieren. Das Duo entstand vor zwei Jahren mit dem Keyboarder **Chris Lowe**.

21 **Joey Ramone**, dem Leadsänger der **Ramones**, werden bei einer Notoperation Blutgerinnsel im Gehirn entfernt. Er hatte vor seiner Wohnung an der East 10th Street mit **Seth Micklaw**, einem Mitglied der Punkband **Sub Zero Construction**, eine Auseinandersetzung. Als Ramone seine Freundin Cynthia »Roxy« Whitney zusammen mit Micklaw entdeckte, flogen die Fäuste. Micklaw schlug Ramone zu Boden und trat mit den Stahlkappen seiner Stiefel auf ihn ein.

24 Die 25-jährige Shawn Michelle Stevens, **Jerry Lee Lewis'** fünfte Ehefrau (die Hochzeit war am 7. Juni), wird im Haus des Sängers in Mississippi tot aufgefunden. Die Autopsie ergibt als Todesursache eine Überdosis Methadon, das Schwurgericht vermutet kein Gewaltverbrechen. Der Pulitzer-Preisträger Richard Ben Cramer weist in einem späteren **Rolling-Stone**-Artikel auf verdächtige Todesumstände hin: zerbrochenes Glas auf dem Boden, ein Sack mit blutgetränkter Kleidung im Raum der Toten, Blut und Blutergüsse an der Leiche. Shawns Mutter behauptet, ihre Tochter hätte sie einen Tag vor ihrem Tod angerufen und mitgeteilt, sie würde Lewis nach wiederholten Handgreiflichkeiten verlassen. »The Killer« überlebte den Skandal.

25 **Mick Jagger** und **Keith Richard** einigen sich mit Walter Yetnikoff, dem Chef von Columbia Records. Sie unterschreiben um 15 Uhr im Pariser Ritz Hotel bei seinem Label, angeblich bekommen sie 28 Mio. $ für vier **Stones**-Alben.

27 *I'll Tumble 4 Ya* von **Culture Club**, nur in den USA veröffentlicht, ist dort die Nr. 9. Im März war *Do You Really Want To Hurt Me* auf Platz 2 in den USA. Die gleiche Position erreichte *Time (Clock Of The Heart)* im Juni.

James Jamerson prägte mit dem Schlagzeuger Benny Benjamin den Rhythmus zahlloser Tamla-Motown-Klassiker der 60er-Jahre.

Now That's What I Call Music! ... Beach Boy Dennis Wilson ertrinkt ...

September

10 In einem »**Clash** Communiqué« von CBS Records steht: »**Joe Strummer** und **Paul Simonon** haben beschlossen, dass **Mick Jones** die Gruppe verlässt. Sie meinen, dass Jones sich von der Ausgangsidee der Clash entfernt hat.« Jones kehrt mit seiner Hitband **Big Audio Dynamite** zurück.

15 Der Reggaemusiker **Prince Far I** wird in seinem Haus in der Marie Avenue, St. Catherine's, Jamaika, erschossen. Er bewirtet mit seiner Familie Gäste, als gegen 21 Uhr 30 zwei Killer eindringen, sie alle zu Boden zwingen und dann das Feuer eröffnen. Sie töten Far I und verletzen seine Frau Carol. Der Mord wird nie aufgeklärt. Far I arbeitete mit Coxsone Dodd und Joe Gibbs und war mit der beste Interpret der Dub-Musik, was sein Debütalbum ***Psalms For I*** beweist.

18 **KISS** promoten bei MTV ihr neues Album ***Lick It Up*** und stellen sich erstmals ohne Make-up »zur Schau«. (Letzten Monat mussten sie eine Dreitage-Tournee in Argentinien absagen. Die extremistische Bewegung Patria Libre, Comando Nacionalista drohte, die Tour in jedem Fall zu stoppen, auch wenn das »notfalls dieser unglückseligen Band das Leben kosten würde«.)

20 In der Londoner Royal Albert Hall findet ein Wohltätigkeitskonzert zu Gunsten von ARMS (Forschungsverband für Multiple Sklerose) und **Face Ronnie Lane** statt. Er wurde im März letzten Jahres wegen der Krankheit in einem Krankenhaus in Florida behandelt (es heißt, die **Rolling Stones** hätten seine Arztrechnungen beglichen). Zur Superstarbesetzung gehören **Eric Clapton**, **Jeff Beck**, **Steve Winwood**, **Jimmy Page**, **Paul Rodgers** und Lane selbst. Die heutige Hausband besteht aus Winwood, **Andy Fairweather-Low** (Gitarre und Gesang), **Chris Stainton** (Klavier), **Bill Wyman** (Bass), **Charlie Watts** und **Kenney Jones** (Schlagzeug) und **Ray Cooper** (Percussion).

24 *Karma Chameleon*, der jüngste selbst komponierte, eingängige Pophit von **Culture Club**, führt sechs Wochen die UK-Charts an. Er verkauft sich über eine Million Mal (dieses Jahr die einzige britische Platin-Single), was auch am beeindruckenden Video liegt, auf einem Mississippi-Raddampfer gedreht. Der dritte Top-3-UK-Hit der Band in zwölf Monaten stammt aus dem neuen Album ***Colour By Numbers***, abermals von Steve Levine produziert. Es wird am 22. Oktober für drei Wochen ebenfalls die Nr. 1 der UK-Charts (und steht ab 19. November nochmals zwei Wochen lang an der Spitze). Da der tuntenhafte **Boy George** derzeit international der größte Medienliebling ist, erreicht das Album in Australien, Kanada, Japan, Neuseeland und in den USA Mehrfach-Platinstatus. Das niedliche Mitsingliedchen *Karma Chameleon* wird im Februar auch der erste Nr.-1-Hit der Band in den USA.

24 ***Eliminator***, das siebte Album von **ZZ Top**, bekommt Platin. Obwohl das texanische Boogie-Rocktrio – Sänger/Gitarrist **Billy Gibbons**, Bassist **Dusty Hill** und Schlagzeuger **Frank Beard** – seit seinem Start 1970 eine beachtlich erfolgreiche Live- und Albumcharts-Karriere gemacht hat, gelingt ihm damit endlich eine Reihe internationaler Crossover-Hits. ***Eliminator*** klettert während seines 183-wöchigen Chartsaufenthalts in den USA auf Platz 9, in England in 135 Wochen auf Platz 3. Ein Eliminator ist ein dreifenstriges 1933-Ford Coupé, das häufig in den beliebten Albumvideos zu *Gimme All Your Lovin'*, *Sharp Dressed Man* und *Legs* auftaucht. Die Minifilme sind zudem mit den üblichen ZZ-Top-Insignien voll gepackt, darunter bestrumpfte, hübsche Mädchen, Heldengeschichten, der umwerfende ZZ-Top-Wagen und -Schlüsselbund, nicht zu vergessen die charakteristischen Rauschebärte von Gibbons und Hill. Sie haben sich seit 1979 nicht mehr rasiert.

Oktober

15 ***Genesis***, mit Hugh Padgham koproduziert, ist auf Platz 1 der UK-Charts. Auf einer Farm in Surrey aufgenommen, markiert dieses sehr geschlossene Album einen Richtungswechsel der Band. Statt dem grandiosen, theatralischen Progressive-Rock der 70er-Jahre bieten sie nun eingängigen, entspannten, entschlackten, melodischen Mainstreamrock, durchaus vergleichbar mit den immer erfolgreicheren Solowerken eines **Phil Collins**.

24 *Relax* wird als zweite Single von **Frankie Goes To Hollywood**, mit dem Leadgesang von **Holly Johnson**, auf dem englischen Label Zang Tumb Tumm veröffentlicht, produziert vom Labelchef Trevor Horn. Die B-Seite *Ferry Cross The Mersey* ist ein Cover der Merseybeatband **Gerry And The Pacemakers**. Die stampfende, sexy Dance-Pop-Hymne – letztes Jahr schon bei »The Tube« ausgestrahlt – wird mit »Relax«- und »Frankie Says ...«-T-Shirts beworben, eine Idee von Paul Morley, Journalist und Mitarbeiter von Zang Tumb Tumm. Das britische Fernsehen boykottiert das provokante Werbevideo, was eine unverfängliche Version erforderlich macht.

29 ***The Dark Side Of The Moon*** von **Pink Floyd** ist seit 491 Wochen in den amerikanischen LP-Charts. Damit bricht es den Rekord, den **Johnny Mathis** seit 1968 mit ***Johnny's Greatest Hits*** über 490 Wochen hielt.

»Wir sind R.E.M. Eigentlich sind wir's gar nicht. Sie konnten nicht kommen, drum sind wir jetzt hier und spielen alle aktuellen Hits.«

Michael Stipe von R.E.M. im Marquee, 22. November 1983

Im Zuge ihrer Worldwide Texas Tour reisten ZZ Top Mitte der 70er mit Büffeln, Stieren, Schlangen und weiterem texanischen Getier im Wert von 140 000 $ sowie einer Bühne in der Form von Texas durch die Welt.

MADONNA

24. September Madonna spielt *Holiday*, *Physical Attraction*, *Everybody* und *Burning Up* in Uncle Sam's Club in Levittown, New York. Die 25-jährige Sängerin und Komponistin hat bereits ein bewegtes Leben hinter sich. 1979 trat sie in Paris in der Patrick Hernandez Revue auf, im selben Jahr sang sie in ihrer ersten Band The Breakfast Club. 1980 kam sie nach einer Rolle in Stephen Jon Lewickis 60-minütigem Low-Budget-Thriller »A Certain Sacrifice« bei der Firma des Rockmanagers Adam Atler, Gotham Productions, unter Vertrag. Zu ihren Nebenjobs in dieser Zeit zählt auch die Arbeit als Aktmodell für Fotografen und Kunststudenten. Nach einigen zu Hause und in New-Yorker Studios aufgenommenen Demos kam 1982 die große Chance, als sie im Danceteria Club ein mit dem befreundeten Steve Bray aufgenommenes Demo ihrer Dancefloor-Musik dem Discjockey Mark Kamins überreichte. Kamins stellte sie Sire-Records-Manager Michael Rosenblatt und Labelchef Seymour Stein vor, die sie unter Vertrag nahmen. Ihre erste Single *Everybody* erschien im Oktober 1982 in den USA. Mittlerweile steht *Holiday* auf Platz 1 der Clubcharts und wird nächsten Monat ihre erste Single in den Hot-100-Charts werden. Das von Reggie Lucas produzierte Debütalbum *Madonna* ist seit drei Wochen in den US-Charts und wird im Lauf seiner 168-wöchigen Chartspräsenz bis auf Platz 8 steigen. Mehrere Stücke des Albums werden riesige Hits in den Diskotheken.

November

22 **R.E.M.**, die am Freitag bei »The Tube« ihren allerersten Fernsehauftritt hatten, geben ihr zweites London-Konzert im Marquee.

23 Acht Jahre nachdem sich **Pete Ham** erhängt hat, begeht Koautor und **Badfinger**-Kollege **Tom Evans** in seinem Haus in Surrey auf die gleiche Weise Selbstmord. Evans führte einen endlosen Kampf um einen fairen Tantiemenvertrag für seine Songs, insbesondere für den Multimillionen-Seller *Without You*. Er wurde 36 Jahre alt.

26 *Thriller*, Titelsong aus **Michael Jacksons** neuem Album, ist Nr. 10 in Großbritannien, sechs Monate vor der USA-Veröffentlichung. Zur Komposition von **Rod Temperton** gehört ein Geister-Rap mit Horrorfilmdarsteller Vincent Price (tritt aber nicht im Video von Regisseur Jon Landis auf, ein Mini-Epos, das alle Jackson-Clips übertrumpft).

30 Boxpromoter Don King kündigt bei einer Pressekonferenz in der Tavern On The Green, New York, für kommenden Sommer eine US-Tour der **Jacksons** (als Sextett mit **Jermaine**, der sich nach dem Weggang bei Motown seinen Brüdern anschließt) mit 40 Konzerten in 18 Städten an.

Dezember

16 **Pete Townshend** von **The Who** erklärt: »Ich werde keine Platten mehr mit den Who machen … ich werde nie mehr und nirgendwo auf der Welt wieder mit den Who auftreten.« **Roger Daltrey** bezeichnet diese Ankündigung als ein »tolles Weihnachtsgeschenk«.

17 Seit zwei Wochen ist ***Now That's What I Call Music!*** die Nr. 1 in England für insgesamt 50 Wochen. Diese Kooperation zwischen EMI und Virgin Records besteht aus einer Kollektion aktueller Hitsingles verschiedener Künstler auf unterschiedlichen Labels. Es ist der Beginn von phänomenal erfolgreichen Sampler-Reihen. ***Now That's What I Call Music! 2*** erscheint im Frühjahr darauf, gefolgt von weiteren im Abstand von etwa zwei Jahren. Die »***Now***«-Kollektion, u. a. mit ***Now – The Christmas Album*** und ***Now – The Summer Album***, verkauft sich ähnlich gut, was CBS und WEA veranlasst, ihre »***Hits***«-Reihen zu starten. Ende der 80er-Jahre arbeiten alle großen Plattenfirmen entweder im »***Now***«- oder »***Hits***«-Lager zusammen. Trotz der Umsatzerfolge in England zieht der amerikanische Markt erst 1998 nach.

23 Während *Relax* von **Frankie Goes To Hollywood** am untersten Ende der UK-Charts dümpelt, tritt die Band in der Weihnachtsausgabe von »The Tube« auf. Nach ihrem Auftritt steigt die Single in die Top 40 ein und läuft deshalb bei »Top Of The Pops«.

28 Die Leiche von **Dennis Wilson**, Schlagzeuger der **Beach Boys**, wird in Marina del Rey aus vier Meter tiefem, trübem Wasser geborgen. Ein paar Tage zuvor begab sich der 39-jährige Wilson in die toxische Abteilung des St. John's Hospital, Santa Monica, verließ es aber am Weihnachtstag. Am 26. ging er in das Daniel Freeman Marina Hospital, das er gestern verließ. Seit neun Uhr morgens hat er heftig getrunken und fährt danach mit Bill Osters Yacht zum Tauchen. Er trägt lediglich abgeschnitte Jeans und schießt sämtliche Warnungen in den Wind. Gegen 16 Uhr 15 taucht er zum letzten Mal auf. Seine Leiche findet man eine Stunde später. Präsident Reagan schickt seiner Familie ein Kondolenzschreiben und bewilligt für den einzig echten Surfer der Beach Boys die Sondergenehmigung für ein Seebegräbnis, das normalerweise Marinepersonal vorbehalten ist.

ROOTS In diesem Jahr legen die Adelphi-University-Studenten Chuck D und Hank Shocklee bei der dreistündigen»Super Special Mix Show« im Studentensender WBAU auf Wunsch von Programmdirektor Bill Stephney Platten auf. Später produzieren sie zu Hause Bänder und gründen Public Enemy … beauftragt der Hi-Fi-Hersteller Linn die schottische Band Blue Nile, Testmaterial für die Aufnahmetechnologie der Firma einzuspielen; vom Ergebnis beeindruckt, gründen sie nur für die Band ihre Linn Records … nennt sich die Liverpooler Band The Excitements nun The Farm … zieht Sänger Freddie Jackson aus Harlem nach Los Angeles und schließt sich der R&B-Gruppe Mystic Merlin an … erscheint das Debütalbum *A Truly Western Experience* der kanadischen Diseuse k.d. lang in ihrer Heimat … ändern Patrol ihren Namen in English Rose um; Ian Brown und John Squire, die Tür an Tür in Sale/Lancashire aufwuchsen, gründeten die Band vor drei Jahren … geht Henry Rollins, bereits Mitglied der erfolgreichen Gruppe Black Flag, als Spoken-Word-Künstler auf Tournee …

2. Dezember MTV sendet das bahnbrechende 14-Minuten-Video zu *Thriller* erstmals in voller Länge. Nachdem der Gemeindevorstand des Königreichsaals von Encino ihm wegen der Thematik mit Ausschluss gedroht hat, wurde am Anfang des Videos folgendes Statement von Jackson eingefügt: »Aufgrund meiner starken persönlichen Überzeugungen möchte ich betonen, dass dieser Film in keiner Weise ein Bekenntnis zum Okkultismus darstellt.«

Thriller **erhielt am 31. Januar 1983 Gold und Platin. Am 30. Oktober 1984 wurden ihm 20 Mio. Verkäufe bescheinigt. Im Jahr 2000 lag der Absatz bei 26 Mio. Damit ist es das am zweithäufigsten in den USA verkaufte Album aller Zeiten nach *Their Greatest Hits 1971–1975* von den Eagles mit 28 Mio.**

Do They Know It's Christmas?

1984

Nr. 1 US-SINGLES

07. Jan. Say Say Say **Paul McCartney And Michael Jackson**
21. Jan. Owner Of A Lonely Heart **Yes**
04. Febr. Karma Chameleon **Culture Club**
25. Febr. Jump **Van Halen**
31. März Footloose **Kenny Loggins**
21. Apr. Against All Odds (Take A Look At Me Now) **Phil Collins**
12. Mai Hello **Lionel Richie**
26. Mai Let's Hear It For The Boy **Deniece Williams**
09. Juni Time After Time **Cyndi Lauper**
23. Juni The Reflex **Duran Duran**
07. Juli When Doves Cry **Prince**
11. Aug. Ghostbusters **Ray Parker Jr.**
01. Sept. What's Love Got To Do With It **Tina Turner**
22. Sept. Missing You **John Waite**
29. Sept. Let's Go Crazy **Prince And The Revolution**
13. Okt. I Just Called To Say I Love You **Stevie Wonder**
03. Nov. Caribbean Queen (No More Love On The Run) **Billy Ocean**
17. Nov. Wake Me Up Before You Go-Go **Wham!**
08. Dez. Out Of Touch **Daryl Hall And John Oates**
22. Dez. Like A Virgin **Madonna**

Nr. 1 UK-SINGLES

07. Jan. Only You **Flying Pickets**
14. Jan. Pipes Of Peace **Paul McCartney**
28. Jan. Relax **Frankie Goes to Hollywood**
03. März 99 Red Balloons **Nena**
24. März Hello **Lionel Richie**
05. Mai The Reflex **Duran Duran**
02. Juni Wake Me Up Before You Go-Go **Wham!**
16. Juni Two Tribes **Frankie Goes to Hollywood**
18. Aug. Careless Whisper **George Michael**
08. Sept. I Just Called To Say I Love You **Stevie Wonder**
20. Okt. Freedom **Wham!**
10. Nov. I Feel For You **Chaka Khan**
01. Dez. I Should Have Known Better **Jim Diamond**
08. Dez. The Power Of Love **Frankie Goes To Hollywood**
15. Dez. Do They Know It's Christmas? **Band Aid**

R.E.M.

Bruce Springsteen

Während der R.E.M.-Tour 1984 kam Roger McGuinn auf die Bühne und spielte mit ihnen *So You Want To Be A Rock'n'Roll Star* ... Bruce Springsteen hatte es in fast zehn Jahren nur auf vier goldene und vier Platinschallplatten gebracht. *Born In The USA* verkaufte sich bis Ende 1984 dafür gleich drei Millionen Mal.

Musik und Botschaft bildeten stets eine organische Einheit. Doch seit George Harrisons Bangladesh-Konzert mobilisierte kein Musiker eine derart große Hilfsbereitschaft gegen menschliches Elend wie **Bob Geldof** mit seinem »Band Aid«-Kreuzzug. **Marvin Gaye**, eines der größten R&B-Talente, richtete das eigene Leiden an Entfremdung und Paranoia allzu früh zu Grunde. **Tina Turner** wiederum gelang das bedeutendste Comeback in diesem Jahr.

Im Radio dominierte weiterhin eingängiger Pop, ergänzt von der freizügigen **Madonna** und der Post-Punk-Göre **Cyndi Lauper**. **Prince**, auf seinem künstlerischen Zenith, übertraf die Dimensionen von *1999* mit dem Bestseller ***Purple Rain***. Es warf mehrere Klassiker ab, poppigen, ausgelassenen Elektro-Funk, mit flehendem Gesang verbrämt. Eine völlig andere Kategorie, jedoch nicht minder erfolgreich, bildete ***The Unforgettable Fire*** von **U2**. Die Band holte sich dafür die Produzenten **Brian Eno** und **Daniel Lanois**, die ihr Potenzial voll zur Geltung brachten.

Das jahrelange Tingeln durch Studentenkneipen und Pizzabuden schweißte **R.E.M.** zu einer soliden Einheit zusammen. **Michael Stipes** scharfe, rätselhafte Texte wurden um **Peter Bucks** klirrende Gitarre und **Mike Mills'** Bassmotive ergänzt. Sie spielten eine ganz besondere Variante von Post-Punkrock (anfangs coverten sie die **Sex Pistols**) und vertrauten auf musikalisches Können, ganz ohne Synthesizer. Bis heute ist das Album ***Reckoning*** ihre beste Produktion. Es fand Eingang in die Top 30 und avancierte bald zur Kultplatte bei Studenten in den USA und Europa.

Bruce Springsteen kehrte mit ***Born In The USA*** und noch mehr Arbeiter-Rock zurück. Das Album wurde Mehrfach-Platin und war der Vorstoß in die Singlecharts. Manche Texte klangen wie von einer Bluesband. Der Wunsch, das harte Leben und die Kleinstadt hinter sich zu lassen, verlieh Songs wie *My Hometown* große Tiefe. Doch Springsteen konnte die emotionale Bitterkeit auch mit einem übermütigen Rocktempo verbinden, das sich bestens als Begleitmusik zum Autobahnfahren eignete.

Hip-Hop marschierte zu einem völlig anderen Beat weiter aufwärts, mit Schützenhilfe von Def Jam Records. Die Gründer **Russell Simmons** und **Rick Rubin** operierten von einem New-Yorker Studentenheim aus. Für ihr Label kaperten die Freibeuter des Genres auch die **Beastie Boys**.

Viele engagierten sich in diesem Jahr. Die Anti-Atomkraft-Bewegung wurde unüberhörbar und profitierte von Festivals wie Glastonbury. Im November sah **Bob Geldof** einen schockierenden Fernsehbericht über die Hungersnot in Äthiopien. Nach zahlreichen Anrufen bei Musikerkollegen war **Band Aid** geboren. Wochen später stand die britische Popprominenz mit der Benefizsingle *Do They Know It's Christmas* auf Platz 1 – und strafte, wie auch *Wake Me Up Before You Go-Go* von **Wham!**, die Orwell'sche Vision von 1984 Lügen.

»Es stimmt, was man über mich sagt. Ich ändere die Regeln und tue, was *ich* will.«

Tina Turner, **Rolling Stone**, 11. Oktober 1984

BBC boykottiert *Relax* ... Jackson holt Grammys ... Marvin Gaye erschossen ...

Michael Jackson

Bei der 26. Grammy-Verleihung sah Michael Jackson aus, als sei er dem Cover von *Sgt. Pepper's Lonely Hearts Club Band* entstiegen. Er gewann acht Preise ... *Sports* von Huey Lewis wurde in etwas mehr als einem Jahr über 5 Mio. Mal in den USA verkauft ... Cyndi Lauper kam mit vier Singles hintereinander in die US-Top-5.

Januar

1 Der einflussreiche Bluesmusiker und Kettenraucher **Alexis Korner** stirbt in London mit 55 Jahren an Krebs. Der in Paris geborene Korner wurde Anfang der 60er-Jahre zur Vaterfigur der englischen R&B-Bewegung. Mit **Cyril Davies** modelte er den Londoner Skiffle Club in den Londoner Blues And Barrelhouse Club um, in dem sie dem britischen Publikum viele US-Bluesmusiker vorstellten.1961 gründeten sie die maßgeblichen **Blues Incorporated**, Hausband im Ealing Rhythm And Blues Club, den sie im Keller eines Kinos einrichteten. Eine Generation aufstrebender Musiker durchlief die Band, darunter **Charlie Watts**, **Jack Bruce**, **Graham Bond**, **Ginger Baker**, **Art Wood**, **Mick Jagger**, **Paul Jones** und **Long John Baldry**. Zehn Jahre später verbuchte Korner mit **CCS** seinen einzigen kommerziellen Erfolg. Der Pop-orientierten Bigband gelangen die Hits *Whole Lotta Love* – die Themamusik von »Top of the Pops« – *Walkin'* und *Tap Turns On The Water*. Seine hervorragende Radiosendung auf BBC Radio 1 war sein zweites Standbein.

13 Radio 1 boykottiert *Relax* von **Frankie Goes To Hollywood**, nach der Einmann-Kampagne von Discjockey Mike Read. Er spielt sie mehrfach, findet sie dann aber »eindeutig obszön«. BBC-TV schließt sich an. Ab Ende des Monats steigt die Single fünf Wochen an die Spitze der UK-Charts.

21 Der 49-jährige **Jackie Wilson**, seit 1975 nach einem Herzinfarkt ein Pflegefall, stirbt in Mount Holley, New Jersey. Die Beerdigung findet in der Chrysler Drive Baptist Church, Detroit, statt, wo er einst Gospels sang. **The Four Tops**, die **Spinners** und **Berry Gordy, Jr.** erweisen der R&B-Legende ihren Respekt.

27 **Michael Jackson** wird nach einem Unfall bei Dreharbeiten zu einem Pepsi-Werbespot (Regie Bob Giraldi) wegen »Hautverbrennungen zweiten Grades« im Cedars-Sinai Medical Center behandelt. Beim sechsten Durchlauf setzte ein Funke Jacksons Haare in Brand (Marlon Brandos Sohn Miko, und Bodyguard der **Jacksons**, löscht als Erster die Flammen). Präsident Reagan schreibt dem Star am 1. Februar folgenden Brief: »Erfreut habe ich erfahren, dass Sie bei Ihrem kürzlichen Unfall nicht ernstlich verletzt wurden. Aus eigener Erfahrung weiß ich, dass diese Dinge trotz größter Vorsichtsmaßnahmen beim Dreh passieren können.« Pepsi entschädigt Jackson mit 1,5 Mio. $, die er dem Brotman Memorial Hospital in Culver City, Kalifornien, spendet, wo er behandelt wird. Dort eröffnet man das Michael Jackson Burns Center, das jedoch im Oktober 1987 wegen Finanzproblemen schließt.

28 **Yes**, mit dem neuen Gitarristen **Trevor Rabin** aus Südafrika, gelingt ein überraschendes Comeback. Seit zwei Wochen führt *Owner Of A Lonely Heart* die US-Charts an. Der Produzent und Ex-Yes-Musiker **Trevor Horn** hat diese Nummer der Band auf Hochglanz poliert. Für ihn ist es eine spektakuläre Woche, denn *Relax*, ebenfalls von ihm produziert, ist Nr. 1 in Großbritannien. Der 34-jährige Studiozauberer und Keyboarder aus Hertfordshire hat sich vom Bandmusiker für Discosängerin **Tina Charles** über den **Camera Club** mit **Thomas Dolby**, 1978, bis zu den **Buggles**, 1979, hochgearbeitet. Horn produzierte Hits für das englische Popduo **Dollar**, **Malcolm McLaren** und das Debütalbum von **ABC**. Letztes Jahr war er Mitbegründer der ZTT Records, die Plattenfirma von **Frankie Goes To Hollywood**.

Der Produzent Trevor Horn hatte erst 11 Jahre später wieder einen Nr.-1-Hit – 1995 mit Seals *Kiss From A Rose*.

Februar

7 Weil sich ***Thriller*** weltweit über 25 Mio. Mal verkauft hat, wird **Michael Jackson** im New Yorker American Museum of Natural History ins **Guinness-Buch der Rekorde** aufgenommen.

21 Bei den dritten BPI-Awards im Londoner Grosvenor House Hotel wird **Culture Club** zur besten britischen Gruppe und *Karma Chameleon* zur besten britischen Single gewählt. **David Bowie** und **Annie Lennox** (sehr erfolgreich mit den **Eurythmics**) gewinnen als bester britischer Solokünstler und beste britische Solokünstlerin. Bester britischer Newcomer ist **Paul Young**, bestes Album **Michael Jacksons *Thriller***. Produzent **George Martin** wird für seine herausragende Leistung um die britische Musik geehrt.

28 Bei der 26. Grammy-Verleihung gewinnt **Michael Jacksons** Meisterwerk ***Thriller*** acht Preise, darunter den Preis für das Album des Jahres und beste Plattenaufnahme, Tontechnik (nichtklassisch) für Bruce Swedien, während die Auskopplung *Beat It* zur Platte des Jahres gewählt wird und Jackson zum besten Rocksänger. *Billie Jean* wird bester Rhythm'n'Blues-Song und macht ihn zum besten R&B-Sänger. Für ***Thriller*** wiederum bekommt er den Grammy als bester Popsänger. Jackson und **Quincy Jones** werden als Produzenten des Jahres ausgezeichnet. Im Schatten dieser Übermacht wird **Stings** *Every Breath You Take* Song des Jahres, und der Preis für die beste Popaufnahme geht an **Police**. Ihr Album ***Synchronicity*** bekommt den Preis als beste Rockaufnahme, Stings Solostück *Brimstone And Treacle* gewinnt in der Kategorie bestes Rock-Instrumental.

29 Das Album ***Sports*** von **Huey Lewis And The News** bekommt Platin. Der 33-jährige Ex-**Clover**-Sänger und Mundharmonikaspieler Lewis umgeht alle musikalischen Trends und hat sich mit seinem selbst komponierten melodischen Poprock Marke »ehrlich und sauber« eine glühende Fangemeinde aufgebaut. Zu den aufmerksamen Zuhörern des New-Yorkers, dessen Single *I Want A New Drug* schnell die Charts erklimmt, gehört auch **Ray Parker, Jr.** (Er wird Ende des Jahres Post von Lewis' Anwalt bekommen.) Der Charttopper ***Sports*** wirft noch weitere Lewis-typische Hits ab, darunter *The Heart Of Rock'n' Roll* und *If This Is It*, und verkauft sich allein in den USA sieben Millionen Mal.

März

1 *Relax* von **Frankie Goes To Hollywood** erhält in England Platin. Der Erfolg wurde durch den Radioboykott und unzählige Verkaufsformate angeheizt, allein sieben Remixes der Single als 7-Inch-Maxi, Picture Disc und »Cassingle«. Die Single-Verkäufe betragen weltweit über zwölf Millionen, und der 48-Wochen-Dauerlauf in den UK-Charts gilt als der längste seit dem von *Release Me* von **Engelbert** 1967 bis 1968.

Huey Lewis And The News

Cyndi Lauper

1 **Cyndi Lauper** tritt bei »The Tonight Show With Johnny Carson« erstmals im US-Fernsehen auf. Ihre erste Single *Girls Just Want To Have Fun* ist die Nr. 3 in den USA, eine Woche später die Nr. 2. Die 30-jährige New-Yorkerin begann 1974 ihre Karriere als Leadsängerin bei der Band **Doc West** aus Long Island. Als sie 1977 ihre Stimme verlor, hieß es, sie könne nie wieder singen. Doch sie erholte sich und wurde 1978 Leadsängerin von **Blue Angel**, die 1980 ein gleichnamiges Album veröffentlichten. Ihr Manager ist seit 1981 Freund David Wolff. Vergangenen März war Lauper bankrott, doch das Schicksal wendete sich mit einem Vertrag beim Columbia-Label Portrait Records. Das Soloalbum ***She's So Unusual*** entstand mit den Songschreibern **Eric Bazilian** und **Rob Hyman** von den **Hooters**. Damit gelingt Cyndi Lauper als erster Frau in der Rockgeschichte – unterstützt vom bunten Post-Punkimage, der überdreht-hohen Stimme und einer Mischung aus schnellen Rockern und geschliffenen Popballaden – ein Plattendebüt mit vier aufeinander folgenden US-Top-5-Hits: die Platin-Scheibe *Girls Just Want To Have Fun, Time After Time, She Bop* (beide Gold) und *All Through The Night.*

3 ***Thriller*** ist das allererste Album, das sieben US-Top-10-Hits abwirft, der Titelsong schafft Platz 4 in den US-Charts. (**Michael Jackson** hat damit während seiner aufregenden Regentschaft acht Top-10-Hits kassiert. *Say Say Say* – sein zweiter Erfolg mit **Paul McCartney** – und nur auf dessen Album ***Pipes Of Peace*** zu hören – eroberte vergangenen November die US-Charts.)

17 Die British Phonographic Industry verklagt Warner Bros. Records in Großbritannien wegen »Hypings« der **Van-Halen**-Single *Jump*. Sie rückt dennoch auf Platz 7 in den UK-Charts. Der USA-Erfolg dagegen ist korrekt. Dort steht sie seit vier Wochen auf Platz 1 und wird zum Markenzeichen der Band. Leadsänger **David Lee Roth** schrieb den Text zu **Eddie Van Halens** Gitarren-Melodie auf dem Rücksitz eines 1951 Mercury Lowrider.

22 **Bob Dylan** und **Liberace** sind als ungleiches Paar Gäste in der Show »Late Night With David Letterman« bei NBC. Dylan spielt, begleitet von der jungen Rockband **The Plugz**, drei Songs.

April

19 Die 29. Ivor Novello Awards erweisen sich wieder einmal als höchst glaubwürdig. *Every Breath You Take*, Karriere-Höhepunkt von **Police** und Komposition von **Sting**, erhält die Auszeichnung bester Song und Text und meistgespielter Song des Jahres. **David Bowies** Song *Let's Dance* wird zum internationalen Hit des Jahres. **Annie Lennox** und **Dave Stewart** werden Songschreiber des Jahres, und **Mark Knopflers** besinnliches Instrumental *Going Home* wird als beste Filmmusik ausgezeichnet.

21 In diesem Jahr laufen Filmsoundtracks besondern gut. ***Footloose*** – mit Songs aus dem gleichnamigen Erfolgsfilm mit Kevin Bacon und Lori Singer – beginnt einen zehnwöchigen Tanz an der US-Chartsspitze. Neben zwei Hot-100-Charttoppern (dem Titelsong mit **Kenny Loggins** und *Let's Hear It For The Boy* von der 32-jährigen R&B-Sängerin **Deniece Williams**) liefert das Album die US-Nr.-7 mit der Hitballade *Almost Paradise,* einem Duett des Loverboy-Leadsängers **Mike Reno** mit Heart-Sängerin **Ann Wilson** – und *Dancing In The Sheets* von **Shalamar** (Nr. 17).

27 WWSH-Radio in Philadelphia startet ein »**Michael-Jackson**-freies« Wochenende aus Protest gegen seine Radioüberpräsenz im letzten Jahr.

Mai

19 Während seiner laufenden European Express Tour fliegt **Elton John** aus Kopenhagen zum ersten FA-Cup-Finale seines geliebten Watford Football Club im Wembley. Sie verlieren gegen Everton 2:0.

28 ***Legend***, eine retrospektive Sammlung von **Bob Marley And The Wailers**, bekommt in England Doppelplatin. Die wachsende Popularität seit seinem Tod (die sich in den Plattenverkäufen niederschlägt) betrifft auch Marleys Nachlass. ***Legend*** wird in den nächsten 15 Jahren einer der dauerhaftesten Katalogtitel. Obwohl er als Frontmann der Wailers nur eine Platzierung in der US Hot 100 schaffte (*Roots, Rock, Reggae* Nr. 56), verweilt die Anthologie über zwei Jahre in den US-Charts, wobei sie sich über zehn Millionen Mal verkauft.

»Die Sun sagt: Frankie sind Müll! Sie ... beschimpfen Gene Kelly und sagen Schweinereien im Radio.«

Martin Dunn, **The Sun**, 13. Januar 1984

MARVIN GAYE

1. April Nachdem es bereits am Vorabend Streit »über Versicherungsangelegenheiten« gab, kommt es zu einem Handgemenge im Haus von Marvin (Senior) und Alberta Gay, 2101 South Grammercy, Los Angeles, wo ihr Sohn Marvin Gaye seit einiger Zeit völlig zurückgezogen lebt. Gay geht mit einer Pistole Kaliber 38 in das Zimmer seines Sohnes und schießt ihm vor den Augen Albertas zweimal in die Brust. Dann geht er nach unten, wirft die Waffe auf den Rasen vor dem Haus und setzt sich, um auf die Polizei zu warten. Alberta läuft zu ihrem Sohn Frank, der nebenan wohnt, und ruft die Polizei. Um 13:01 Uhr wird im California Hospital Medical Center der Tod von Gaye festgestellt, der morgen 45 geworden wäre. Der kokainabhängige und mit Steuerschulden belastete Gaye war in letzter Zeit immer unberechenbarer geworden. Die letzten Tage hatte er nur mit einem braunen Bademantel bekleidet verbracht. In dessen Tasche befand sich eine Pistole, weil Gaye sich von Mördern verfolgt fühlte.

Bei Gayes Beerdingung verlas Smokey Robinson Psalm 23. Stevie Wonder sang *Lighting Up The Candle.*

Juni 1984

Frankie Goes To Hollywood

The Jacksons

Born In The USA **... Tina Turners Comeback ... Die ersten MTV Awards ...**

Juni

9 **Jesus And Mary Chain** spielen in Alan McGees Living Room Club über dem Roebuck Pub in Londons Tottenham Court Road. Sänger und Gitarrist **William Reid** und sein jüngerer Bruder **Jim** gründeten letztes Jahr mit Bassist **Douglas Hart** die Band. Zuvor nahmen sie zu Hause selbst geschriebene Songs mit einem Vierspurrecorder auf (ihr Vater kaufte ihn von seiner Abfindung) und verschickten die Demos als **The Poppy Seeds**. Kürzlich zogen sie von Schottland nach Fulham, London, in ein Apartment, lernten McGee kennen, Inhaber des Indie-Labels Creation, der sie einkaufte und ihr Manager wurde.

16 Nach einem bitteren, aber endgültigen Abschied von seinen ehemaligen **Pink-Floyd**-Kollegen startet **Roger Waters** seine Solo-Welttournee The Pros And Cons Of Hitch Hiking im Isstadion in Stockholm. Waters spielt im ersten Teil Pink-Floyd-Klassiker aus seiner Feder, im zweiten sein Solomaterial. Das Bühnenbild entwarf Gerald Scarfe, die Filmzuspielungen Regisseur Nicholas Roeg, und zur großen Begleitband gehören **Eric Clapton**, **Chris Stainton**, **Andy Newmark**, **Michael Kamen** und **Tim Renwick**. Die Tournee führt durch sieben Länder und umfasst 19 Konzerte. Auch ohne den Markennamen Pink Floyd ist das Album ***The Pros And Cons Of Hitch Hiking*** in Großbritannien bereits auf Platz 13 und in den USA auf Platz 31.

16 *Two Tribes*, von Trevor Horn produzierte Nachfolgesingle der **Frankie Goes To Hollywood**, ist auf Anhieb Nr. 1 in Großbritannien. Mit großem Medienrummel gestartet und erstmals auf BBC Radio 1 gespielt, bekommt sie binnen zwei Tagen Silber und nach einer Woche Gold. Damit sind sie die erste Band, der das mit der zweiten Single gelingt. Auf der Einleitung imitiert der britische Schauspieler Chris Barrie die Stimme Ronald Reagans, im zugehörigen Video von **Godley And Creme** agieren Ronald-Reagan- und Konstantin-Tschernenko-Doppelgänger als Catcher. Die Single bleibt neun Wochen die Nr. 1 und verkauft sich in England über eine Million Mal. *Relax* kehrt ebenfalls in die UK-Charts zurück und steigt auf Rang 2, einen Platz unter *Two Tribes*.

22 Das dreitägige Glastonbury Festival beginnt auf Michael Eavis' Farm in Pilton. Heute treten u. a. **Joan Baez**, **Billy Bragg**, **Dr. John** und **Ian Dury** auf. Im Januar schmetterte Eavis erfolgreich fünf Klagen des Mendip District Council ab, die angebliche Verstöße gegen die Veranstaltungsauflagen im letzten Jahr betrafen.

24 Das Glastonbury Festival, das 35 000 Fans anzog, endet mit den Auftritten der Folkmusiker **John Martyn**, **Fairport Convention** und **Christy Moore**. 60 000 £ kamen für die Antiatomwaffenkampagne CND und weitere Wohlfahrtseinrichtungen zusammen. Gestern traten u. a. **Elvis Costello**, **The Smiths**, der irische Sänger und Songwriter **Paul Brady** und die **Waterboys** auf, eine neue keltisch gefärbte Rockband mit dem schottischen Sänger/Songwriter/Gitarristen **Mike Scott** (zur Besetzung gehört der Keyboarder **Karl Wallinger**, der nächstes Jahr **World Party** gründen wird).

29 **Bruce Springsteen** eröffnet seine Tournee Born In The USA im Civic Centre in St. Paul, Minnesota. Gitarrist **Nils Lofgren** ersetzt **Stevie Van Zandt** in der **E Street Band**, zu der erstmals auch die Backgroundsängerin **Patti Scialfa** gehört. Springsteens erste Livekonzerte nach der River-Tour finden in Europa, Australien, Nordamerika und Japan statt. Gestern Abend wurde im Civic Centre das Video zu *Dancing In The Dark* mit der jungen Schauspielerin Courteney Cox gedreht. Sie darf aus der Zuschauermenge hervortreten und mit dem Boss tanzen. Für den Promotion-scheuen Springsteen ist es das erste Video; Regie führt Brian De Palma. Mit dem Video und der Tournee wirbt er für ***Born In The USA***, sein erstes Album seit zwei Jahren, das vor zwei Wochen erschien und mit Mehrfach-Platin sein erfolgreichstes wird. Damit etabliert er sich als einer der dominaten Rockstars der 80er-Jahre. Kommende Woche steht die LP sieben Wochen lang auf Platz 1 der US-Charts, bleibt 139 Wochen in den Albumcharts und wirft sieben US-Top-10-Hits ab (und zieht mit **Michael Jacksons** jüngstem Rekord gleich), u. a. den hymnischen Titelsong. Die anfängliche Behauptung, er sei ein Poser, hat er mit seiner Fähigkeit, Arbeiterthemen mit Liebesliedern und Radio-kompatiblen Melodien zu verbinden, ebenso widerlegt wie mit seinen feurigen Liveauftritten bei vollem Einsatz.

> **»Neulich hat der Präsident meinen Namen erwähnt, und da hab ich mich doch gefragt, welches Album von mir ihm wohl am besten gefallen hat. *Nebraska* wohl kaum.«** Bruce Springsteen, 19. September 1984

Juli

5 Nachdem Vorwürfe aufkamen (sie beziehen sich auf die extrem hohen Eintrittspreise), er sei habgierig, erklärt **Michael Jackson** auf einer Pressekonferenz vor Beginn der Victory Tour der **Jacksons**, seine gesamten Tourneeeinkünfte kämen drei Wohlfartseinrichtungn zugute: dem Michael Jackson Scholarship Fund, eingerichtet vom United Negro College Fund, Camp Good Times für erkrankte Kinder und der T. J. Martell Foundation für Leukämie- und Krebsforschung.

6 Die 40-tägige Victory Tour der **Jacksons** beginnt im Arrowhead Stadium in Kansas City. Nach acht Jahren stehen alle sechs Brüder wieder gemeinsam auf der Bühne. Don King behauptet, dass »jeder, der diese Show erlebt, auf Jahre hin ein besserer Mensch wird«. (Vermutlich sieht das

Sade benannten sich nach ihrer Sängerin, der kühlen, unnahbar wirkenden 25-jährigen Helen Folasade Adu aus Ibadan in Nigeria.

AC/DC

Frankie Goes To Hollywood waren die einzige Band, die für ihre ersten beiden Platten Platin in England erhielt ... Nach acht Jahren traten die sechs Jackson-Brüder erstmals wieder gemeinsam auf ... AC/DC waren im August der Hauptact beim Monsters of Rock Festival ... Prince spielte in dem Film »Purple Rain« einen jungen Musiker, dessen Geschichte teilweise seiner eigenen Biografie entlehnt war.

Prince

Chuck Sullivan, der Hauptfinanzier der Tour, anders. Seine Verluste sind dafür verantwortlich, dass sich seine Familie vom nationalen Footballteam New England Patriots und deren Heimstadion in Foxborough trennen muss.)

8 Bei einer Begegnung widersprüchlicher Kulturen trifft der androgyne **Boy George** bei der CBS-Sendung »Face The Nation« auf den erzkonservativen Fernsehprediger Jerry Falwell.

14 Das britische Soulpop-Quartett **Sade** spielt erstmals außerhalb Großbritanniens beim Montreux Jazz Festival. Es ist der ideale Rahmen für die Londoner Band mit ihrer einzigartigen, jazzigen Fusionmusik. **Sade Adu** gründete die Band letztes Jahr mit Gitarrist/Saxophonist **Stuart Matthewman**, Keyboarder **Andrew Hale** und Bassist **Paul Denman**, der harte Kern ihrer früheren, funkorientierten Gruppe **Pride**. An diesem Abend präsentieren sie ihren ersten aktuellen UK-Nr.-6-Hit, das schwüle *Your Love Is King*, und weitere Stücke aus dem glänzenden Debütalbum ***Diamond Life*** (darunter *Why Can't We Live Together, Hang On To Your Love*, den Nachfolgehit *When Am I Going To Make A Living, Frankie's First Affair* und die nächste Single *Smooth Operator*). Das Album, am 28. Juli von Epic Records veröffentlicht, wird zum weltweiten Mehrfach-Platinerfolg und macht Sade zu einem der verführerischsten und stilsichersten Talente des Jahrzehnts.

25 Die 57-jährige Bluessängerin und Songschreiberin **»Big Mama« Thornton** erliegt in Los Angeles einem Herzinfarkt. Sie wurde gerade in die Blues Foundation Hall of Fame aufgenommen.

26 Im Chinese Theatre in Hollywood findet die Premierenfeier zum halbautobiographischen Film von **Prince**, »Purple Rain«, statt. Gleichzeitig erscheint der Soundtrack ***Purple Rain*** von **Prince And The Revolution**. Mit 24 Wochen auf Platz 1 der US-Charts bricht er alle Rekorde und katapultiert den Musiker in die A-Liga. Das selbst komponierte, selbst arrangierte und selbst produzierte Album enthält *When Doves Cry*, seinen ersten Charttopper und die meistverkaufte Single 1984, die bereits vier Wochen Nr. 1 in den US-Charts ist. Die LP wurde überwiegend im Sunset Sound Studio, Los Angeles, aufgenommen. Auf dem Album – das in den USA über zehn Millionen Mal verkauft wird – sind auch die Nachfolgehits *Let's Go Crazy* und die Titelballade, beide »live« im First Avenue Nachtclub in Princes geliebtem Minneapolis aufgezeichnet und gefilmt.

August

11 **Ray Parker, Jr.** – jetzt ohne seine Begleitgruppe **Raydio** – führt die Spitze der US-Charts mit der angeblichen Eigenkomposition *Ghostbusters*, Titelsong der Erfolgskomödie, an. (**Huey Lewis** verklagt Parker wegen Plagiats seines Hits vom März, *I Want A New Drug*. Lewis zuliebe einigt man sich außergerichtlich.)

15 **Norman Petty**, Songschreiber, Interpret und Produzent, auch bekannt als der Mann hinter **Buddy Holly**, stirbt mit 54 an Leukämie.

18 **AC/DC** spielen zum zweiten Mal als Headliner beim Monsters Of Rock Festival auf Castle Donington vor 65 000 Besuchern. Für **Mötley Crüe** ist es der erste Englandauftritt. Außerdem dabei: **Van Halen**, **Ozzy Osbourne**, **Gary Moore** und die Hardrock-Bands **Y&T** und **Accept**. Die Karawane zieht zu sechs weiteren »Monster«-Gigs in Schweden, der Schweiz, Deutschland und Italien. Mötley Crüe bleiben bis Mitte November in Europa. In Basel setzen **Tommy Lee** und **Nikki Sixx** aus Langeweile im Hotelzimmer mit einem Feuerwerfer eine Matratze in Brand und zerschmettern die Spiegel im Aufzug. Sie fliegen aus dem Hotel.

21 **Tina Turners** Comeback-Album ***Private Dancer*** ist Platin. Gleichzeitig bekommt die Hit-Auskopplung *What's Love Got To Do With It* Gold und steigt weiter die Charts hoch. 1976 verließ Tina ihren Ehemann **Ike**, der sie jahrelang ausnutzte und notorisch betrog. Als er sie im Dallas Hilton wieder schlug, floh sie auf der Stelle. Sie hatte nur 36 Cent und eine Mobil-Gas-Kreditkarte dabei. Bei der Scheidung 1978 bekam sie nichts. Um ihre vier Kinder durchzubringen, baute Turner ein neues Leben auf. Karrieremäßig ging es aufwärts, als sie sich 1980 mit dem jungen australischen Promoter Roger Davies zusammentat. 1981 nahm sie mit den Produzenten **Ian Craig Marsh** und **Martyn Ware**, den Gründern von **Heaven 17**, eine neue Version von **Al Greens** *Let's Stay Together* auf. Es wurde letzten Dezember Nr. 6 in England und rückte Turner in Europa erneut ins Rampenlicht, die danach bei Capitol Records unterschrieb. ***Private Dancer***, eine Melange aus R&B und Rockpop, wurde in weniger als einem Monat in Europa eingespielt und entstand mit Topsongschreibern (u. a. **David Bowie**, Mike Chapman, Nicky Chinn, **Graham Lyle**, Terry Britten, **Paul Brady** und **Mark Knopfler**) und Gästen (u. a. **Jeff Beck** und **The Crusaders**). Es ist in England Nr. 2, in den USA Nr. 3 und wird lange in den Charts verweilen.

September

1 **Tina Turner** beendet soeben, im Vorprogramm von **Lionel Richie**, eine US-Tournee und erreicht mit *What's Love Got To Do With It* für drei Wochen die US-Chartsspitze. Mit dem ersten Nr.-1-Hit gelingt ihr auch ein neuer Rekord. Zwischen ihrem ersten Eintritt in die US-Top-100 und ihrer ersten Nr.-1-Platte liegen 24 Jahre.

14 Die ersten MTV Video Music Awards werden in der New-Yorker Radio City Music Hall verliehen. **Michael Jacksons *Thriller*** bekommt Preise für die beste Choreografie, die beste Video-Gesamtdarbietung und den Zuschauerpreis. Auch **The Cars**, **Cyndi Lauper**, die **Eurythmics**, **Police**, **Van Halen** und **ZZ Top** werden prämiert. Der große Gewinner ist aber Jazzfusion-Keyboarder **Herbie Hancock**, der fünf Preise für sein bahnbrechendes Hi-Tech-Video zu *Rockit* kassiert, gedreht von den Avantgardisten **Godley And Creme**. Die **Beatles**, **David Bowie** und der Filmregisseur Richard Lester bekommen den Video-Innovationspreis. Doch **Madonna** stiehlt mit der Präsentation ihrer atemberaubenden neuen Single *Like A Virgin* allen die Schau. Sie sitzt im weißen Brautkleid auf einer Hochzeitstorte und enthüllt unterm Rock die weißen Strümpfe. (Anfangs von der Musikindustrie ignoriert, ist MTV nun im Geschäft und wird für etablierte Künstler und Anfänger zur Werbefläche. Da der angesagte Sender enormen Einfluss auf den Geschmack der Industrie ausübt, kann kaum ein Künstler auf ein Begleitvideo zu seiner Single verzichten.)

20 Der 36-jährige leukämiekranke **Steve Goodman** stirbt in Seattle nach einer Knochentransplantation. Der überzeugte Folksänger – Beweis sind fast ein Dutzend Alben in 14 Jahren – stellte Blues, Bluegrass, Country, Folk und Rock'n' Roll auf den Kopf. Er spielte im Vorprogramm von **Kris Kristofferson** im Quiet Knight, Chicago, und bekam danach einen Vertrag von Buddah Records. Sein erster Erfolg als Songwriter kam, als **Arlo Guthrie** mit *The City Of New Orleans* in die Top 20 einstieg. Goodman hatte es im gleichnamigen Zug geschrieben.

22 Während der Europatournee The Works stürzt **Freddie Mercury** von **Queen** während des Konzerts in der Europahalle in Hannover von der Show-Treppe, als er *Hammer To Fall* singt. Trotz einer schweren Knieverletzung macht er mit *Bohemian Rhapsody, We Will Rock You* und *We Are The Champions* weiter.

September 1984

Start von Def Jam ... Chaka Khan mit *I Feel For You* ... Band Aid ...

U2

Run-D.M.C.

26 Der Rapper **LL Cool J** veröffentlicht die erste Single *I Need A Beat* auf Def Jam. Das neue Label wurde vom Rap-Impresario, Manager, Promoter und Produzenten **Russell Simmons** aus New York und **Rick Rubin**, Teilzeit-DJ und Student der Universität New York, gegründet. LL Cool J ist der 16-jährige James Todd Smith. Vor drei Jahren fertigte er auf seiner DJ-Ausrüstung daheim in Queens Hip-Hop-Demos an, die Rubin beeindruckt hatten. (Die Def-Jam-Kreation *It's Yours* von **T La Rock** und **Jazzy Jay** wurde dieses Jahr an Arthur Bakers Indie-Label Streetwise verkauft.) Def Jam operierte anfangs von Rubins Zimmer im Studentenwohnheim aus und konzertriert sich auf Rap und Hip-Hop. Anfang kommenden Jahres geht es in den Vertrieb von Columbia Records. Russell Simmons (förderte als Manager von **Run-D.M.C.** den schmutzigen Großstadt-Hip-Hop) konzentriert sich auf schwarzen Rap; Rubin erweitert sein Repertoire und nimmt nächstes Jahr die weiße Thrash-Metal-Band **Slayer** unter Vertrag. Nächsten Monat nimmt er weitere weiße Künstler unter Vertrag: ein Punk-Rap-Trio aus der New-Yorker Mittelklasse namens **Beastie Boys: King Ad-Rock** (**Adam Horovitz**), **MCA** (**Adam Yauch**) als Sänger und **Mike D** (**Michael Diamond**).

28 »Eine wirklich neue, frische und klare Stimme in der New-Yorker Folkszene«, so beschreibt der Kritiker Stephen Holden von der **New York Times** die 25-jährige Sängerin und Songwriterin **Suzanne Vega**. Die Jubelkritik verhilft ihr im November zu einem Vertrag mit der Plattenfirma A&M. Suzanne Vega, die in einer spanischen Nachbarschaft aufwuchs, besuchte die New York High School Of Performing Arts, an der sie Tanz studierte. 1975 fing sie damit an zu komponieren. Ihre Lieder trug sie in der Folkszene des Greenwich Village vor, u. a. im Folk City, The Speakeasy und dem Bottom Line.

Oktober

11 **Bobby Gillespie**, der 20-jährige schottische Schlagzeuger und Sänger, der als Frontmann seiner kürzlich gegründeten Band **Primal Scream** fungiert, gibt im Glasgow's Venue mit **Jesus And Mary Chain** sein Schlagzeugerdebüt.

Obwohl *Unforgettable Fire* in den USA Platin bekam, sollten U2 dort erst 1987 ihre erste Nr. 1 haben ... Das Debüt von Run-D.M.C. wurde im Dezember als erstes Rap-Album vergoldet.

13 Das neue **U2**-Album ***The Unforgettable Fire*** ist die Nr. 1 in England. Die Produzenten – Ex-**Roxy-Music**-Keyboarder und Ambient-Musik-Pionier **Brian Eno** und der frankokanadische Perfektionist **Daniel Lanois** – nahmen es im Ballsaal von Slane Castle in Irland auf. Sie gaben der rauen Urwüchsigkeit der Band den rechten Schliff. U2 bereitet nach der Tournee Under Australian Skies eine 21-tägige Europatournee vor.

24 Cable Music Channel, ein 24-stündiger Musiksender des Medienvisionärs und CNN-Gründers Ted Turner, geht in den USA an den Start, angeblich mit 2,3 Millionen Abonnenten. Doch Ende des kommenden Monats kauft MTV das Start-Up-Unternehmen für 1 Mio. $ auf, erwirbt damit den Namen Cable Music Channel und die Abonnentenliste und schließt den Sender anschließend. Nicht zum letzen Mal sichert MTV auf diese Weise im Vorfeld seine Marktposition ab.

November

3 Bei ihrem ersten Auftritt in »Saturday Night Live« präsentiert **Chaka Khan** ihren aktuellen Hit *I Feel For You*. Auftakt zu der elektrifizierenden Coverversion des **Prince**-Songs (aus seinem 1979er-Album *Prince*) ist ein »Chaka Khan«-Rap von **Grandmaster Melle Mel; Stevie Wonder** steuerte die Mundharmonika bei.

Chaka Khans *I Feel For You* war drei Wochen die Nr. 1 in England. In den USA kam es bis auf Nr. 3 und wurde vergoldet.

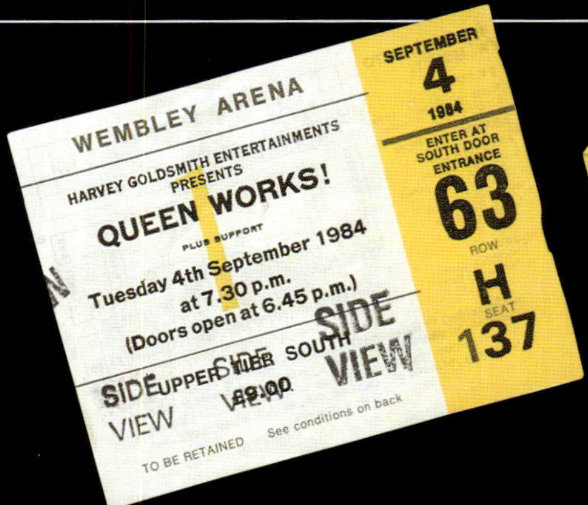

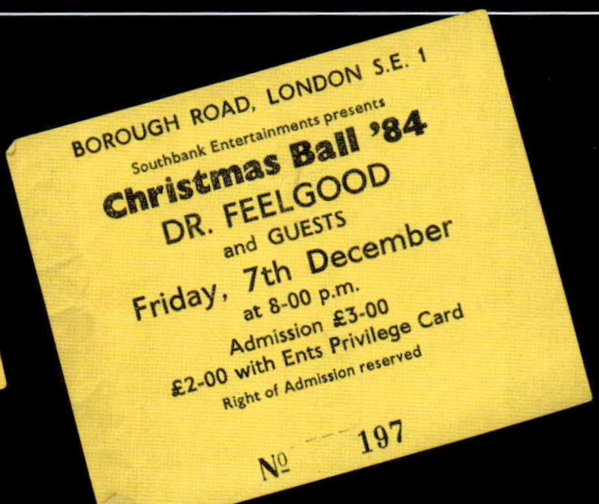

Nach ihrer Europatour spielten Queen sieben umstrittene Konzerte im Super Bowl von Sun City im südafrikanischen Bophuthatswana und wurden dafür auf die schwarze Liste der UNO gesetzt ... Auch fünf Jahre nach ihrem letzten Plattenhit waren Dr. Feelgood noch eine beliebte Liveband.

4 Die Purple Rain Tour von **Prince**, mit 96 Auftritten in Nordamerika, beginnt in der Joe Louis Arena in Detroit. Die 20 000 Plätze sind mehrmals ausverkauft, womit er **Neil Diamonds** Rekord bricht. (Bis zum Tourneeende im April 1985 in Miami werden 1 692 000 Karten verkauft. Nebenbei gibt Prince landesweit unangekündigte Gratiskonzerte für behinderte Kinder.)

11 **Bob Geldof**, Leadsänger der **Boomtown Rats**, sieht eine BBC1-Dokumentation über die Hungersnot in Äthiopien. Für ihn gilt jetzt Öffentlichkeit zu schaffen und einen Spendenfond einzurichten. Mit **Midge Ure** von **Ultravox** komponiert er einen Song und produziert mit vielen Stars eine Benefizplatte, an der keiner verdienen darf (weder Künstler noch Plattenläden). Damit beginnt das Hilfsprojekt Band Aid, dem sich Geldof in den kommenden fünf Jahren widmet. Seine Musikkarriere legt er dabei auf Eis, was praktisch zum Ende der Boomtown Rats führt.

25 Auf **Bob Geldofs** Geheiß versammeln sich 36 Künstler im SARM Studio, St. Luke's Mews in Notting Hill, London, um *Do They Know It's Christmas?* aufzunehmen, von und mit Geldof und **Midge Ure**. Es ist das größte Popstar-Aufgebot, das sich je für eine Platte versammelt hat, die Crème de la Crème der britischen Musikprominenz (und ein paar durchreisenden Musikern aus der USA): **Bananarama**, die **Boomtown Rats**, **Phil Collins**, **Culture Club** (**Boy George** und **Jon Moss**), **Duran Duran**, **Frankie Goes To Hollywood**, **Heaven 17** (**Glenn Gregory** und **Martyn Ware**), **Kool And The Gang** (**Robert Bell**, **James »J. T.« Taylor** und **Dennis Thomas**), **Annie Lennox**, **Marilyn**, **George Michael**, **Spandau Ballet**, **Status Quo** (**Rick Parfitt** und **Francis Rossi**), **Sting**, **U2** (**Bono** und **Adam Clayton**), **Ultravox**, **Jody Watley** von **Shalamar**, **Paul Weller** und **Paul Young**. Die historische Session wird von Ure produziert und für ein Promotionvideo mitgefilmt. Mit der logistischen Unterstützung von Mercury/Polygram und dem britischen Handel erscheint die Single in einer Blitzaktion zum Äthiopien-Benefizkonzert am 7. Dezember in der Londoner Royal Albert Hall, organisiert vom Save The Children Fund. Alle Einnahmen gehen an die Hungerhilfe in Äthiopien.

»*The Power Of Love* – die dritte Nr. 1 von Frankie Goes To Hollywood.«

Werbetext des Labels ZZT vor der Veröffentlichung von *The Power Of Love*, Dezember 1984

Dezember

1 **Peter Garrett**, Leadsänger von **Midnight Oil**, einer der populärsten Rockbands Australiens und Kopf der Partei für atomare Abrüstung, bewirbt sich um einen Sitz im australischen Senat. Der langjährige Umweltaktivist Garrett erreicht bei der Wahl neun Prozent.

6 **The Clash** geben das erste von zwei Wohltätigkeitskonzerten in Londons Brixton Academy für die streikenden Minenarbeiter Englands.

8 **Vince Neil** von **Mötley Crüe** ist mit Schlagzeuger **Nick »Razzle« Dingley** von **Hanoi Rocks** in seinem 1972 Ford Pantera Sportwagen auf dem Rückweg von einem Schnapsladen, wo sie für eine Party bei Neil in Redondo Beach, Kalifornien, Nachschub geholt hatten. Mit hohem Tempo rutscht der betrunkene Neil über die Fahrbahn und donnert seitwärts in ein anderes Auto. Zwei der Insassen werden verletzt, Dingley ist tot. Neil kommt mit ein paar Schrammen davon, wird verhaftet, aber gegen 2500 $ Kaution entlassen. Kommenden September ist seine Verhandlung.

8 Patrick Cavanaugh, Ex-Manager der **Coasters**, wird wegen Mordes am Bandmitglied, dem Basssänger **Nathaniel »Buster« Wilson**, verurteilt. Wilsons zerstückelte Leiche fand man in einem Canyon beim Hoover Damm nahe Modesto, Kalifornien, gut zwei Jahre nach seinem Verschwinden im April 1980. Er wurde erschossen und verstümmelt. Cavanaugh bekommt die Todesstrafe.

8 **Frankie Goes To Hollywoods** dritte Single, die festliche Ballade *The Power Of Love*, wird dank des Geburts-Videos von **Godley And Creme** die Nr. 1 in Großbritannien. Seit **Gerry And The Pacemakers** sind sie die erste Band, deren erste drei Singles Nr.-1-Hits wurden. Am 10. November stieg das Albumdebüt, die Doppel-LP ***Welcome To The Pleasure Dome***, auf Platz 1 der UK-Charts ein. Die über eine Million Vorbestellungen führten zur bislang größten Auslieferungsaktion in England.

9 Beim Abschlusskonzert der **Jacksons**-Victory-Tour gibt **Michael** bekannt, es sei die letzte Tournee mit seinen Brüdern gewesen. Zwei Millionen Zuschauer kamen zu den 55 Konzerten, die Rekordeinnahmen betrugen 75 Mio. $. Wie versprochen spendet Michael 5 Mio. $ für wohltätige Zwecke. Pepsi-Cola, Sponsor der Tournee, erreicht damit zum ersten Mal einen größeren Marktanteil als Coca-Cola.

15 Der Song *Do They Know It's Christmas?*, auf dem Mercury Label veröffentlicht, steigt für fünf Wochen auf Platz 1 der UK-Charts ein. Mit über drei Millionen verkauften Exemplaren ist es die bis dato meistverkaufte Single Englands. Nach ähnlichen Non-Profit-Vereinbarungen mit Ländern rund um die Welt erhält das Lied am 19. Dezember in den USA für eine Million verkaufter Singles eine Goldene. Eine offizielle Band-Aid-Wohlfahrtsstiftung wird eingerichtet. Sie soll für schnelle Sammelaktionen sorgen und die Weiterleitung an die Afrikahilfe garantieren.

31 Der **Def-Leppard**-Schlagzeuger **Rick Allen**, mit seiner Freundin unterwegs von Sheffield zu einer Silvesterfeier bei seiner Eltern im nahe gelegenen Dronfield, verunglückt mit seiner Corvette Stingray, als er sich mit einem Alfa-Romeo-Fahrer auf der A57 ein Rennen liefert. Dabei wird sein linker Arm abgerissen, sein rechter schwer verletzt. Im Royal Hallamshire Hospital nähen ihm Mikrochirurgen bei zwei Operationen den Arm wieder an. Doch wegen einer schweren Infektion bleibt den Ärzten keine andere Wahl, als den Arm zu amputieren. Ein Sprecher der Band meint dazu: »Wir sind froh, dass er überhaupt lebt.«

Ein BBC-Bericht über die Hungersnot in Äthiopien brachte Bob Geldof auf die Idee zu »Band Aid«.

ROOTS In diesem Jahr schließt sich Kim Thayil den Zimmergenossen Chris Cornell und Hiro Yamamoto von Soundgarden an, benannt nach einer Park-Skulptur in Seattle … gewinnt Paula Abdul bei den vierten MTV Video Music Awards mit der besten Choreografie zu Janet Jacksons »Nasty«; sie war Cheerleader-Tanzcoach beim Basketballteam Laker Girls … tritt die zehnjährige Sängerin und Schauspielerin Alanis Morissette bei Nickelodeons »You Can't Do That On Television« im US-Kabel auf und agiert danach in einer Filmrolle neben dem künftigen »Friends«-Star Matt LeBlanc … entdeckt Maurice Starr an der Copley Square High School in Boston für seine »weiße Ausgabe« von New Edition, die er Nynuk nennt, Donnie Wahlberg; Wahlberg empfiehlt frühere Klassenkameraden der William M. Trotter Elementary School. Nach einjähriger Betreuung von Starr kauft sie Columbia Records und besteht auf dem Namen New Kids On The Block … nach anfänglicher Ablehnung wird der 12-jährige Ricky Martin Mitglied der unsteten Besetzung der puertorikanischen Boyband Menudo … schreibt Fred Durst, Schüler der Hunter Huss High School in Gastonia, North Carolina, die ersten Texte … tritt die junge Geigenvirtuosin Alison Krauss John Pennells Gruppe Silver Rail bei …

Everybody Wants To Rule The World

1985

Nr. 1 US-SINGLES

05. Jan. Like A Virgin **Madonna**
02. Febr. I Want To Know What Love Is **Foreigner**
16. Febr. Careless Whisper **Wham! Featuring George Michael**
09. März Can't Fight This Feeling **REO Speedwagon**
30. März One More Night **Phil Collins**
13. Apr. We Are The World **USA For Africa**
11. Mai Crazy For You **Madonna**
18. Mai Don't You (Forget About Me) **Simple Minds**
25. Mai Everything She Wants **Wham!**
08. Juni Everybody Wants To Rule The World **Tears For Fears**
22. Juni Heaven **Bryan Adams**
06. Juli Sussudio **Phil Collins**
13. Juli A View To A Kill **Duran Duran**
27. Juli Everytime You Go Away **Paul Young**
03. Aug. Shout **Tears For Fears**
24. Aug. The Power Of Love **Huey Lewis And The News**
07. Sept. St. Elmo's Fire (Man In Motion) **John Parr**
21. Sept. Money For Nothing **Dire Straits**
12. Okt. Oh Sheila **Ready For The World**
19. Okt. Take On Me **a-ha**
26. Okt. Saving All My Love For You **Whitney Houston**
02. Nov. Part-Time Lover **Stevie Wonder**
09. Nov. Miami Vice Theme **Jan Hammer**
16. Nov. We Built This City **Starship**
30. Nov. Separate Lives **Phil Collins And Marilyn Martin**
07. Dez. Broken Wings **Mr. Mister**
21. Dez. Say You, Say Me **Lionel Richie**

Nr. 1 UK-SINGLES

05. Jan. Do They Know It's Christmas? **Band Aid**
19. Jan. I Want To Know What Love Is **Foreigner**
09. Febr. I Know Him So Well **Elaine Paige And Barbara Dickson**
09. März You Spin Me Round (Like A Record) **Dead Or Alive**
23. März Easy Lover **Philip Bailey (im Duett mit Phil Collins)**
20. Apr We Are The World **USA For Africa**
04. Mai Move Closer **Phyllis Nelson**
11. Mai 19 **Paul Hardcastle**
15. Juni You'll Never Walk Alone **Crowd**
29. Juni Frankie **Sister Sledge**
27. Juli There Must Be An Angel (Playing With My Heart) **Eurythmics**

Tears For Fears

Frankie Goes To Hollywood

Tears For Fears benannten sich nach einer Kapitelüberschrift in *Gefangen im Schmerz*, einem Buch des Urschreitherapeuten Arthur Janov ... Der Name Frankie Goes To Hollywood kam dagegen von einer Zeitungsschlagzeile, derzufolge der 50er-Jahre-Sänger Frankie Vaughan eine Hollywood-Karriere zu starten versuchte.

Mit Rockmusik wurde 1985 viel Geld für gute Zwecke gesammelt, für die Hungerhilfe und gegen Apartheid, um den geplagten Farmern in den USA zu helfen und den Arbeitslosen in Großbritannien. Durch **Bob Geldofs Band Aid** angeregt, versammelte sich im Januar eine Starbesetzung amerikanischer Künstler, um *We Are The World* aufzunehmen, das **Michael Jackson** und **Lionel Richie** aus dem Ärmel schüttelten. Auch für das Album ***USA For Africa*** formierten sich die Künstler, von **Bruce Springsteen** bis **Prince**. Danach folgen die beiden ambitioniertesten Konzerte der Rockgeschichte, parallel in London und Philadelphia. Schätzungsweise waren zwei Milliarden Fernsehzuschauer dabei. **Bob Dylan** und andere griffen mit dem ersten Farm Aid Konzert später im Jahr den gebeutelten Farmern Amerikas unter die Arme.

Madonna beeindruckte bei Live Aid enorm und war dabei, die Welt zu erobern. Sie brachte Provokation und Schmollmund-Sex in die Popmusik. Beide Posen wurde Image und Markenzeichen ihrer Songtexte und Videos. Sie hatte schnell gelernt, dass sich Sex verkauft und die Medien danach lechzen. Also wurde Madonna zu jenem provokanten, zynischen und funky Straßenpunk, den sie im Film »Susan – verzweifelt gesucht« verkörperte. Was ihr an Stimme fehlte, machte sie mit ihrem Gespür für Marketing doppelt wett. Gefördert wurde sie vom einflussreichen Labelmann **Seymour Stein**. Gute Ohren besaß auch der legendäre **Clive Davis** von Arista, der sich so erfolgreich um **Whitney Houston** und ihre 64-Karatstimme kümmerte. Mit über 20 Millionen weltweit verkauften Alben wurde ***Whitney Houston*** zum bis dato erfolgreichsten Debüt.

Aus England kamen die Bestseller-Duos des Jahres. **Wham!** liefen besser denn je, traten in Peking auf und verkauften in Japan mehr Platten als alle anderen ausländischen Künstler seit den **Beatles**. Dennoch wollten sie eigene Wege gehen. Zur Trennung meinte **George Michael**: »Ganz bestimmt wird es nicht meine musikalischen Ideen ruinieren.« Er war an vier Platten beteiligt, die im Dezember in der UK-Top-20 standen. **Tears For Fears**, ein ernsthafteres Duo aus England, entkam den kleinen Clubs zu Hause mit zwei internationalen Nr.-1-Singles. Das bisweilen melodramatische, keyboardlastige Duo kam mit der glänzenden Produktion (von **Chris Hughes**) und den voluminösen Strukturen auf ***Songs From The Big Chair*** zu einem Mehrfach-Platinerfolg.

Dank kräftezehrender Tournee-Reisen gelangten die **Dire Straits** mit ***Brothers In Arms*** in Großbritannien und in den USA auf Platz 1. Die saubere, glatte Produktion war für das CD-Format perfekt. Bisweilen begleiteten 13 Keyboarder **Mark Knopflers** blendende Gitarre. Das orchestrale Album enthielt den Song *Money For Nothing* – eine kritische Analyse des Ruhms im Musikbusiness, leichtfüßig von Gastsänger **Sting** intoniert und der erste Song dieser Art auf MTV.

- **03. Aug.** Into The Groove **Madonna**
- **31. Aug.** I Got You Babe **UB40 mit Chrissie Hynde**
- **07. Sept.** Dancing In The Street **David Bowie And Mick Jagger**
- **05. Okt.** If I Was **Midge Ure**
- **12. Okt.** The Power Of Love **Jennifer Rush**
- **16. Nov.** A Good Heart **Feargal Sharkey**
- **30. Nov.** I'm Your Man **Wham!**
- **14. Dez.** Saving All My Love For You **Whitney Houston**
- **28. Dez.** Merry Christmas Everyone **Shakin' Stevens**

»Der Song ist das Wichtigste – alles andere sollte sich ihm unterordnen.«

Mark Knopfler, **Musician**, September 1983

Elvis per Post ... *We Are The World* ... Whitney Houstons Debüt erscheint ...

Januar

1 VH-1, ein neuer Musiksender im Kabel, startet in den USA mit einem 24-stündigen Vollprogramm. Die Tochterfirma des Vorreiters MTV wird von Bob Pittman betreut. VH-1 (das Kürzel steht für Video Hits One) wurde als Musikvideo-Kanal für Erwachsene konzipiert und spekuliert auf die erwachsen gewordene Babyboomer-Generation. (MTV möchte sich ausschließlich auf den Teenagermarkt konzentrieren.) Als erster Clip läuft **Marvin Gayes** Version von *The Star-Spangled Banner*.

8 Die US-Post bringt einen Ersttagsbrief mit **Elvis Presley** zum 50. Geburtstag der verstorbenen Legende heraus. Während der rekordverdächtigen Aktion werden 500 Millionen Elvis-Briefmarken verkauft.

10 Mit der elftägigen Veranstaltung Rock in Rio im Barra da Tijua in Rio de Janeiro beginnt eines der ambitioniertesten Festivals. Zur Eröffnung singt **Ney Matogrosso** *South America*. Danach treten auf: **James Taylor**, **George Benson**, **AC/DC**, **Al Jarreau**, die **B-52's**, **Iron Maiden**, **Ozzy Osbourne And The Blizzard of Ozz**, die **Scorpions**, **Rod Stewart**, **Tina Turner**, die deutsche Sängerin **Nina Hagen**, **Whitesnake**, **Yes**, die **Go-Go's**, **Queen** (trotz der Einwände der Geistlichen vorort, die befürchten, die Band würde die Jugend Brasiliens verderben) sowie diverse brasilianische Künstler wie **Gilberto Gil**, **Ivan Lins** und **Moraes Moreira**. Manche Künstler werden mehrmals auf der Bühne erscheinen. The Go-Go's spielen zum ersten (und letzten) Mal mit der für **Jane Wiedlins** eingesprungenen **Paula Jean Brown** auf. Es wird geschätzt, dass sich bisweilen 1,4 Millionen Zuschauer auf dem Festivalgelände tummeln. Das ist gigantisch, denn ab der Hälfte des Festivals regnet es ununterbrochen. Zudem finden gleichzeitig die ersten demokratischen Präsidentschaftswahlen seit mehr als zwei Jahrzehnten in Brasilien statt.

28 Nach der Verleihung der diesjährigen American Music Awards in Los Angeles betreten um 22 Uhr 46 Topstars die A&M Studios in Hollywood. Zur Begrüßung meint Produzent **Quincy Jones**: »Egos bitte an der Tür abgeben.« Sie alle kommen auf Geheiß von Jones, **Harry Belafonte** (den **Bob Geldofs Band-Aid**-Single dazu inspirierte) und Ken Kragen (Kenny Rogers' Manager). Sie nehmen den Song *We Are The World* auf, den **Michael Jackson** und **Lionel Richie** nach drei Tagen Vorbereitung in nur zwei Stunden verfasst haben. Jones hat bereits die Instrumentalspuren eingespielt, für die Arrangements, Produktion und Technik sind neben ihm Tom Bahler und Humberto Gatica zuständig. Auf dem Studioboden sind mit Klebeband die Namen der Künstler in einem Halbkreis angebracht. (Bob Geldof macht mit vielen Gaststars im Chor mit.) Alle Leadsänger werden danach um eines der sechs Mikrofone gruppiert und nach dem Chor aufgezeichnet. Am Schluss ergeben sich 21 Soloteile, in dieser Reihenfolge: Lionel Richie, **Stevie Wonder**, **Paul Simon**, **Kenny Rogers**, **James Ingram**, **Tina Turner**, **Billy Joel**, **Michael Jackson**, **Diana Ross**, **Dionne Warwick**, **Willie Nelson**, **Al Jarreau**, **Bruce Springsteen**, **Kenny Loggins**, **Steve Perry**, **Daryl Hall**, **Huey Lewis**, **Cyndi Lauper**, **Kim Carnes**, **Bob Dylan** und **Ray Charles**. **Prince** war eingeladen, schaffte es aber nicht (er steuert zum nachfolgenden Album einen Song bei). Ein Videoteam von MTV zeichnet das historische Ereignis auf. Aus 75 Stunden Material wird anschließend die Promotion für den Song zusammengestellt. Nach zehn Stunden sind nur noch Richie und Jones im Studio, um der außergewöhnlichen Platte den letzten Schliff zu geben, die als **USA For Africa** veröffentlicht wird und zum Sammeln von Spendengeldern dient.

We Are The World **wurde in den A&M Studios in Hollywood aufgenommen. Jeder fuhr in seiner eigenen Limousine vor, nur Bruce Springsteen kam mit dem Kombi.**

John Fogerty

Sting

John Fogerty wurde von Fantasy Records verklagt, weil sein Song *The Old Man Down The Road* ihrer Meinung nach ein Plagiat seiner eigenen Komposition *Run Through The Jungle* war ... Sting wurde bei seinem Debüt im New-Yorker Ritz Club von einer Gruppe hochkarätiger Jazzmusiker begleitet.

31 Nach langer Pause tritt **John Fogerty** auf der Chaplin-Bühne im A&M Soundstage in Hollywood für ein geplantes Fernseh-Special erstmals wieder live auf. Das Publikum besteht hauptsächlich aus Mitarbeitern von Warner Bros., für die er ***Centerfield*** aufgenommen hat, sein erstes Soloalbum nach zehn Jahren. Mit **Albert Lee** (Gitarre), **Booker T. Jones** (Keyboards), **Donald »Duck« Dunn** (Bass), **Prairie Prince** (Schlagzeug) und **Steve Douglas** (Saxophon) spielt er eine Reihe von R&B-Covers. Keines davon erscheint auf seinem neuen Nr.-1-Album.

»Mit mir zu arbeiten ist schwer, weil ich Perfektion verlange.«

Boy George, **The Record**, Februar 1985

Februar

9 **Madonnas** ***Like A Virgin*** steigt für drei Wochen an die Spitze der US-Charts und wird nach einem über zweijährigen Chartsaufenthalt zu ihrem erfolgreichsten Album. In Amerika verkauft es sich über neun Millionen Mal und wirft fünf Top-5-Hits ab. Den 1. Platz in den UK-Charts erobert es erst im September. Der Welterfolg, angeheizt von einer Werbekampagne, mit der Madonnas Image als scheue »Jungfrau« im Spitzenschnürkorsett lanciert wird, bringt den Karrieredurchbruch und Madonna aufs Titelblatt von **Time**. Nachdem die US-Kaufhauskette Macy's eine Modelizenz für ihr »Madonnaland« bekommt, beeinflusst sie den Stil und Geschmack einer ganzen Generation. Jede Veröffentlichung geht mit immer provokanteren Videos und einem Imagewechsel einher. Madonna setzt neben ihrem Gesangs- und Tanztalent auf eine freche Darstellung sexueller Freiheit und geschickte Medienmanipulation. Damit hält sie sich, im Gegensatz zu anderen Künstlern, 15 Jahre lang ganz oben.

11 Nach ihrem erstaunlichen Welterfolg räumen **Frankie Goes To Hollywood** bei den vierten BPI Awards im Londoner Grosvenor House Hotel groß ab. Sie werden die besten britischen Newcomer, *Relax* die beste britische Single, und **Trevor Horn** wird bester britischer Produzent. **Wham!** wird zur besten britischen Gruppe gewählt, **Duran Durans** »Wild Boys« als bestes britisches Musikvideo ausgezeichnet. Bestes britisches Album wird ***Diamond Life*** von **Sade**. **Paul Young** und **Alison Moyet** gewinnen in den Kategorien bester britischer Künstler und beste britische Künstlerin. **Prince** wird zum besten internationalen Solokünstler gekürt und ***Purple Rain*** zum besten Filmsoundtrack. **Stings** Start in eine Solokarriere markiert das Ende von **Police**, die deshalb für herausragende Verdienste um die britische Musik geehrt werden.

14 Arista Records veröffentlicht pünktlich zum Valentinstag das Debütalbum der 21-jährigen R&B-Sängerin **Whitney Houston** aus Newark. Wie ihre Mutter **Cissy** und ihre Cousine **Dionne Warwick** begann sie ihre Gesangskarriere in einer Gospelgruppe. Mit acht Jahren trug sie als Mitglied des New Hope Baptist Junior Choir *Guide Me, O Thou Great Jehovah* vor. Labelchef Clive Davis förderte das Ex-Model persönlich, bot ihr 1983, nach einem Showcase in Manhattan, einen Vertrag zur weltweiten Vermarktung an und umgab sie mit den besten Songschreibern und Produzenten. Das Pop/R&B-Album ***Whitney Houston*** läuft erst zögerlich an, wird aber nach Veröffentlichung der Hitballade *Saving All My Love For You* von Michael Masser/Gerry Goffin im August ein Riesenerfolg. Houstons umwerfendes Aussehen und ihre überirdische Engelsstimme verhelfen ihr zu einer großen Karriere.

25 In Begleitung hochkarätiger Jazzmusiker gibt **Sting** sein Solodebüt im New-Yorker Ritz Club. Neben **Police**-Favoriten stellt er fünf neue Songs vor. Im Mai spielt er eine Woche im Theatre Mogador in Paris. Im August kehrt er für eine dreimonatige Tournee in die USA zurück, um das erste, jazzbeeinflusste Soloalbum ***The Dream Of The Blue Turtles*** zu promoten.

26 Während beim Grammy in den letzten Jahren einige groß abräumten, bekommen bei der 27. Verleihung alle ihren Anteil. **Tina Turners** Comeback übertrifft alles. Völlig überwältigt bedankt sie sich bei dem aufmerksamen Publikum im Shrine Auditorium in Los Angeles mit den Worten: »Darauf habe ich so lange gewartet.« *What's Love Got To Do With It* wird Platte des Jahres und sie damit zur besten Popsängerin; den Songschreibern **Graham Lyle** und Terry Britten bringt es den begehrten Song des Jahres ein. **Lionel Richies** ***Can't Slow Down*** wird Album des Jahres. **Prince** kassiert für *Purple Rain* seinen ersten Grammy als beste Rock-Aufnahme einer Gruppe und für den R&B-Song des Jahres für *I Feel For You* (für **Chaka Khan** ein Hit). **Billy Ocean** wird zum besten R&B-Sänger gekürt, für seinen Dancepop-Charttopper *Caribbean Queen*, mit dem der 35-jährige Sänger und Songwriter aus Trinidad letztes Jahr seinen internationalen Durchbruch hatte. Auch **Bruce Springsteen** ist erstmals Gewinner. Für *Dancing In The Dark* erhält er die Trophäe als bester Rocksänger. Auch die Klassikrock-Veteranen **Yes** erhalten ihren ersten Grammy für *Cinema* als bestes Rock-Instrumental. Zu den Programmhöhepunkten zählen Prince mit seiner achteinhalbminütigen Version von *Baby, I'm A Star* und **Stevie Wonders** Synthesizer-Medley mit **Herbie Hancock** und **Thomas Dolby**.

Whitney Houston war vor ihrer Gesangskarriere als Model für Glamour und Seventeen sowie als Fernsehschauspielerin in US-Serien wie »Silver Spoons« und »Gimme A Break« tätig.

März **1985**

Bryan Adams hatte Militärschulen in Israel, Österreich, Portugal und Frankreich besucht. Seine Chance im Musikgeschäft kam, als er Nick Gilder als Sänger der kanadischen Rockband Sweeney Todd ablöste.

Randy Travis in der Grand Ole Opry ... Wham! in China ... Dire Straits mit *Brothers In Arms* ...

März

7 Der Countrysänger **Randy Travis** tritt erstmals in der legendären »Grand Ole Opry«-Radio-Liveshow im Opryland, Nashville auf. Der altgediente Countrymusiker gründete mit zehn Jahren mit seinem Bruder Ricky ein Duo und gewann einen Talentwettbewerb im Country City USA Club in Charlotte, North Carolina. Seine erste Platte, mit *Dreamin'* und *She's My Woman*, nahm er für die lokalen Paula Records auf. Anfang der 80er-Jahre zog er nach Nashville, konzentrierte sich auf das Songschreiben und schlug sich zunächst als Koch und Tellerwäscher durch.

Wham! traten als erste westliche Popgruppe in China auf. Sie gaben zwei Konzerte in Peking.

In den nächsten vier Jahren reifte er zum Countryinterpreten und unterschrieb im Januar bei Warner Bros. Records. Seine erste Aufnahme für das Label war *Prairie Rose* für das Soundtrackalbum zum Spielfilm ***Rustler's Rhapsody***.

13 Nach ihrem Erfolg bei den BPI Awards vorigen Monat gewinnen **Frankie Goes To Hollywood** auch bei der 30. Ivor-Novello-Verleihung für *Two Tribes* den Preis für den besten Song. Erneut zeigt sich, dass hier die renommiertesten Preise der Musikindustrie vergeben werden. **Elton John** überreicht **George Michael** die Trophäe als Songschreiber des Jahres und erklärt, er sei ein »großer Songschreiber in der Tradition von **Paul McCartney** und **Barry Gibb**«. Michael, der bis dato jüngste Preisträger, ist sichtlich gerührt. Erwartungsgemäß werden **Bob Geldof** und **Midge Ure** mit der bestverkauften A-Seite für *Do They Know It's Christmas?* ausgezeichnet. **Duran Durans** *The Reflex* wird internationaler Hit des Jahres, während *We All Stand Together* von Paul McCartney zum besten Film-Titelsong wird und **Phil Collins** für *Against All Odds (Take A Look At Me Now)* in der Kategorie beste Musik und bester Text gewinnt. Für George Michael läuft es gut. *Careless Whisper* – zum meistgespielten Song des Jahres gekürt – führte weltweit die Charts an; letzten Monat sogar drei Wochen lang die US-Charts. Das Nachfolgealbum von **Wham!**, ***Make It Big***, bereits der Charttopper in Großbritannien, arrangiert, komponiert und produziert von Michael, peilt die US-Hitlisten an. Und die Auskopplung *Everything She Wants* ist schon auf dem Weg, die Nr. 1 in den USA zu werden.

14 **Bryan Adams**, zum zweiten Mal in Großbritannien, tritt im Vorprogramm zu **Tina Turners** Tournee Private Dancer in der Wembley Arena auf. Der 25-jährige Rocksänger, Songschreiber und Gitarrist aus Kingston, Kanada, arbeitet seit 1977 mit Koautor Jim Vallance im Team und ging 1979 zu A&M Records. Inzwischen ist der Komponist und Livemusiker mit seiner Mischung aus gradlinigen, feurigen Rockstücken und melodischen Balladen sehr populär. Soeben gelang ihm mit *Run To You* sein erster US-Top-10-Hit und als Nr. 11 auch der Einstieg in die UK-Charts.

25 Die 57. Oscar-Verleihung schreibt Geschichte. Erstmals gewinnen zwei Afroamerikaner die Preise für den besten Filmsong und die beste Filmmusik. **Stevie Wonders** *I Just Called To Say I Love You* (aus dem Soundtrack von »Die Frau in Rot«) gewinnt in der Kategorie bester Filmsong, **Prince** kassiert mit »Purple Rain« den Oscar für den besten Filmsoundtrack. Wonder widmet seinen Preis dem inhaftierten, südafrikanischen ANC-Führer Nelson Mandela.

26 Nach seinem gestrigen Mandela-Tribut verhängen die südafrikanischen Radiostationen ein Sendeverbot für **Stevie-Wonder**-Platten.

26 **Tears For Fears** starten in dem kleinen Nachtklub Golddiggers in Chippenham eine 25-tägige Englandtournee, um ihr zweites Album ***Songs From The Big Chair*** zu promoten. **Roland Orzabal** (Gitarre/ Keyboards/Gesang) und **Curt Smith** (Bass/Gesang) haben noch keine Ahnung, dass sie Ende des Jahres zum weltweit umsatzträchtigsten Duo nach **Wham!** aufsteigen werden. Das hymnische *Shout* wird Nr. 4 der UK-Charts und Nr. 1 in den USA . Die zweite Single, *Everybody Wants To Rule The World*, Nr. 2 in Großbritannien und Nr. 1 in den USA (Letzteres avanciert zum populärsten US-Radiosong und wird im Oktober 1994 für zwei Millionen Radioeinsätze ausgezeichnet). Die beiden Engländer – kreativer Kopf ist Orzabal – spielten in der Pop-Ska-Truppe **Graduate**, bevor sie 1981 Tears For Fears gründeten. Den Namen lieferte ein Kapitel über die Urschreitherapie aus Arthur Janovs Buch »Gefangen im Schmerz«.

April

1 Mit der Vier-Song-Solo-EP ***Crazy From The Heat***, derzeit Nr. 15 in den USA, startet **David Lee Roth** von **Van Halen** seine Solokarriere. Während Roths Karriere nach den beiden Platinalben ***Eat 'Em And Smile*** und ***Skyscraper*** zum Stillstand kommt, gelingen Van Halen mit dem Ex-**Montrose**-Leadsänger **Sammy Hagar** als neuem Frontmann drei US-Nr.-1-Alben in Folge.

1 Der erste Auftritt von **U2** im New-Yorker Madison Square Garden ist ausverkauft. Am 14. März 1985 prangte ihr Name auf der Titelseite des **Rolling Stone**, unter der Überschrift: »Unsere Wahl: Band der 80er«.

4 Columbia liefert 2,7 Millionen Stück der Eilveröffentlichung ***We Are The World*** in den USA aus. **Bruce Springsteen**, **Prince**, **Huey Lewis And The News**, **Chicago**, **Tina Turner**, die **Pointer Sisters**, **Kenny Rogers**, **Steve Perry**, **USA For Africa** und **Northern Lights** (die kanadische Gemeinschaftsproduktion) steuerten gratis Songs bei.

Auf *Tears Are Not Enough,* Produktion David Foster, hört man u. a. **Bryan Adams**, John Candy, **Burton Cummings**, **Corey Hart**, **Dan Hill**, **Gordon Lightfoot**, **Joni Mitchell**, **Anne Murray** und **Neil Young**.

5 Um 15 Uhr 50 Greenwich Mean Time spielen über 5000 Radiosender weltweit gleichzeitig das 7'02 Minuten lange Stück *We Are The World.*

5 **Neil Tennant**, der letzten Monat bei Parlophone unterschrieb, kündigt seinen Job bei **Smash Hits**. Ein Pseudo-Nachruf erscheint in der nächsten Ausgabe des Magazins. Man prophezeit, Tennant würde »auf den Knien angerutscht kommen«, falls es mit den **Pet Shop Boys** nicht klappt. Tennants Mutter erfuhr die Nachricht am Telefon: »Ich rief an und erzählte ihr, dass wir einen Vertrag mit EMI hätten, und sie meinte, ›Aber du wirst doch nicht kündigen, oder?‹ Ich gestand ihr, ich hätte das bereits letzte Woche getan.« Im Juli erscheint ihre erste Parlophone-Single, *Opportunities*, im August spielen sie erstmals live bei der ICA Rock Week in London. Im Januar 1986 können sie mit *West End Girls* die erste Nr. 1 feiern.

7 **Wham!** treten im ausverkauften Sportpalast in Peking vor 10 000 Zuschauern auf. Sie sind die ersten westlichen Rockstars, die in China live spielen. Den heutigen und morgigen Konzerten gingen zähe Verhandlungen zwischen Simon Napier-Bell, dem Manager des Duos, und der chinesischen Regierung voraus.

12 **Madonna** eröffnet ihre erste, umfassende Konzertreise, die Virgin Tour, im Paramount Theatre in Seattle. Insgesamt kaufen an die 355 000 Fans in 28 Städten Eintrittskarten, um sowohl das Material Girl als auch die aufsteigende Rap-Truppe **The Beastie Boys** zu sehen. Sie erscheinen im Straßenlook mit ausgebeulten Jeans, umgekehrten Baseball-Kappen, Adidas-Turnschuhen, klobigen Goldketten und Kapuzen-Sweatshirts. Beim Schlusskonzert im New-Yorker Madison Square Garden trägt Madonnas Vater Tony die Sängerin von der Bühne.

13 *We Are The World*, im Vertrieb von Columbia und bereits für vier Millionen US-Verkäufe ausgezeichnet, wird für vier Wochen die Nr. 1 in den USA. Es wird in fast allen westlichen Industriestaaten zum Charttopper, ab nächster Woche für zwei Wochen in Großbritannien. Gleichzeitig erklärt Jay Cooper, Rechtsberater der USA For Africa Foundation, dass gefälschte Werbeartikel, vor allem T-Shirts, in vielen Städten der USA auftauchen. Winterland, die offiziellen Merchandiser, wollen scharf gegen die Piraterie vorgehen.

23 Der New-Yorker Bundesrichter Vincent L. Broderick weist die Klage von Epic/Columbia Records gegen **Tom Scholz** von **Boston** ab. Scholz, ein notorischer Langsamarbeiter im Studio, und dessen Anwalt Don Engel vereinbarten letzten August mit MCA Records die Veröffentlichung des neuen Bandalbums ***Third Stage***. Columbia hörte davon und wollte Boston MCA nur gegen eine Abfindung über 900 000 $ überlassen. Broderick erklärt, Columbia könnte nicht nachweisen, dass sie ohne Veröffentlichung des Albums »irreparablen Schaden« erleiden würden, mit der Zahlungsforderung an MCA aber die Verhandlungen abwürgen. »Damit sind hier, meiner Meinung nach, alle Argumente eines irreparablen Schadens vom Tisch. Columbia hat bereits seinen Preis festgelegt, bevor dieser Prozess eröffnet wurde.« Die beiden ersten Boston-Alben wurden in den USA insgesamt 22 Millionen Mal verkauft.

»Meine Solokarriere kam einfach dadurch zu Stande, dass es mir richtig schlecht ging.«

Phil Collins, **Melody Maker**, 30. März 1985

Mai

16 Der Columbia-Mitarbeiter Al Teller überreicht Ken Kragen den ersten Scheck über 6,5 Mio. $ aus Tantiemen für die Verkäufe der Single und des Albums von **USA For Africa** in den USA. Platten und Merchandising bringen schließlich über 50 Mio. $ ein.

18 *Don't You Forget About Me* – aus dem Soundtrack zum US-Jugendfilm »Der Frühstücksclub« – ist in den USA auf Platz 1. Den **Simple Minds**, im heimischen England bereits eine feste Chartsgröße, gelingt damit der große Durchbruch in den USA. Die erste Fremdkomposition für die Band stammt von Keith Forsey und Steve Chiff und wurde von **Billy Idol** und **Bryan Ferry** abgelehnt. In England wird der Song die Nr. 7 und bleibt über sechs Monate in den Charts.

DIRE STRAITS

25. April **Die Dire Straits beginnen im Fußballstadion der jugoslawischen Stadt Split ihre 248 Konzerte in 117 Städten umfassende Welttournee zum Album *Brothers In Arms* durch 23 Länder, die der Band mit etwa drei Millionen Besuchern neue Dimensionen eröffnet und am 26. April 1986 im australischen Sydney enden wird. Während der Tour spielen sie im Dezember in London 23 Konzerte am Stück und treten auch bei Live Aid im Wembley-Stadion auf. Das Album ist ein Meilenstein ihrer Karriere und erschließt ihnen die wachsende Schicht gesetzter Rockmusikhörer. Es kommt im Mai auf Nr. 1 in England, im August wird es für neun Wochen ihre einzige Nr. 1 in den USA, und auch in 22 weiteren Ländern wird es die Charts anführen. Die Auskopplung des Titelsongs erscheint in England in einer limitierten Auflage von 400 Stück als erstes Stück überhaupt in Form einer CD-Single. *Money For Nothing*, mit Koautor Sting als Backgroundsänger, wird die erste Nr.-1-Single der Band in den USA. Insgesamt wirft das Album fünf Single-Hits ab. *Brothers In Arms* ist ein persönlicher Triumph für Sänger, Gitarrist und Songschreiber Mark Knopfler (links im Bild), auch weil es als meistverkaufte CD der 80er-Jahre den endgültigen Umschwung des Konsumverhaltens von der LP hin zur CD bringt.**

Hall And Oates im Apollo ... Live Aid ... Michael Jackson kauft die Beatles ...

Lemm's Rickenbacker-Bassgitarre sorgte für den Druck bei Motörhead, eine der Bands, die den britischen Heavy Metal der 80er-Jahre prägten.

20 **Daryl Hall And John Oates** zollen dem Soul, der sie in der Jugend inspirierte, bei der Neueröffnung des legendären Apollo Theater in Harlem Tribut. Auf Einladung begleiten sie **David Ruffin** und **Eddie Kendricks** von den **Temptations**. Gelder aus dem Ereignis – für ein Livealbum von Hall And Oates im September mitgeschnitten – gehen an den United Negro College Fund.

20 Benefizplatten haben Hochkonjunktur. Als **The Crowd** nehmen Künstler wie **Paul McCartney**, **John Entwistle**, **Phil Lynott**, **Kiki Dee**, **Denny Laine**, **Motörhead** und andere *You'll Never Walk Alone* auf, neu arrangiert von **Graham Gouldman** von **10cc**. Das Geld ist für die Familien der Opfer eines Brandes im Bradford City Football Club gedacht. 56 Zuschauer wurden dabei vor 14 Tagen getötet. **Gerry Marsden** – seine Songinterpretation führte 1963 die Charts an – übernimmt den Leadgesang im hymnischen Stil seiner Originalaufnahme. Kommenden Monat ist die Platte die Nr. 1 der UK-Charts und Marsden der erste Künstler, dem mit zwei verschiedenen Versionen eines Songs eine Nr. 1 gelang.

21 Nach der Auflösung der schrägen Gruppe **Split Enz** aus Australien startet **Neil Finns** Trio **The Mullanes** mit Ex-Split-Enz-Mann **Paul Hester** und **Nick Seymour** seine Australientournee Coaster To Coaster in der Arts Factory in Byron, New South Wales. Kommenden Monat ziehen sie nach Los Angeles um, weil Finn von Capitol Records vor Ort ein Vertragsangebot hat. Verstärkt durch den neuen Gitarristen **Craig Hooper** absolvieren sie als The Largest Living Things Akustikauftritte in lokalen Clubs. Schließlich nennen sie sich dann **Crowded House** (der Name bezieht sich auf ihre voll gestopfte Bleibe in einem Mietshaus am Sunset Boulevard).

Juni

14 Am 10. Juni starteten die ersten Flugzeuge mit Hilfsgütern nach Afrika. Diverse lokale Sammelaktionen sind immer noch im Gange. In Amerika soll »We Are The World – The Video Event«, heute von RCA/Columbia ausgeliefert, weitere Gelder bringen.

21 Da Michael Eavis' Glastonbury Festival als bestes britisches Musikfestival großen Auftrieb erlebt und längst die Kapazitäten seiner Worthy Farm sprengt, hat der Veranstalter die angrenzende Cockmill Farm gekauft, um das

Die Bangles fanden sich durch eine Anzeige im Magazin The Recycler: »Leute für Band gesucht. Einflüsse: Beatles, Byrds und Buffalo Springfield.«

David Bowie und Mick Jagger

The Housemartins

David Bowies Nr. 1 mit Mick Jagger war seine zweite mit einem anderen Künstler. 1981 war er bereits mit Queen auf Platz 1 gelandet ... Die Housemartins beschrieben sich selbstironisch als »viertbeste Band in Hull«.

»**Wir sind ehrliche Jungs, die mit dem, was ihnen Spaß macht, ein paar ehrliche Kröten verdienen wollen.**« Mick Jones (Foreigner), **Creem**, Juni 1985

Gelände um über 40 Hektar zu erweitern. In den kommenden drei Tagen treten unter anderem auf: **Echo And The Bunnymen**, **Joe Cocker**, **The Style Council**, die **Boomtown Rats** und **Aswad**, meist bei grauenhaftem Wetter. Fahrzeuge, die im Schlamm stecken bleiben, werden mit Traktoren flottgemacht, wozu Eavis meint: »Auch dieses Schlammbad hat bewiesen, dass wir Herr der Lage sind.«

22 Schlechtes Wetter beeinträchtigt auch das Festival im Knebworth Park. **Deep Purple** – gaben Anfang der Woche vier Konzerte in Stockholm – sind Headliner. Nach den Hardrockbands **Alaska**, **Blackfoot**, **Mama's Boys**, **Meat Loaf**, **Mountain**, die **Scorpions** und **U.F.O.** treten sie vor etwa 70 000 Menschen auf. An die 300 durchnässte Fans werden wegen Unterkühlung und Verletzungen verarztet, zehn im Lister Hospital in Stevenage, manche mit Verbrennungen, weil sie sich an einem Feuer wärmen wollten. Gleichzeitig besuchen 50 000 Zuschauer das Longest Day Konzert in der Milton Keynes Bowl. Neben der Hauptgruppe **U2** treten die **Ramones**, **Billy Bragg**, **R.E.M.**, **Spear of Destiny** und die **Faith Brothers** auf.

29 Zwei Wochen vor ihrem Live-Aid-Auftritt nehmen **Mick Jagger** und **David Bowie** in den Westside Studios, London, mit den wachsamen Produzenten Clive Langer und Alan Winstanley eine neue Version des Motown-Klassikers *Dancing In The Street* auf. Er wird später durch Remixes von Bob Clearmountain und Steve Thompson und eine Dub-Version ergänzt, erhält Gold und ist im September die Nr. 1 der UK-Charts.

29 **John Lennons** Rolls-Royce Phantom V wird bei Sotheby's in New York versteigert. Besitzer ist das Cooper-Hewitt Museum, denen John Lennon das Automobil 1977 geschenkt hatte. 250 000 $ werden für das psychedelisch bemalte Gefährt, Baujahr 1965 und mit dem Kennzeichen WEYBRIDGE 46676 versehen, erwartet. Nachdem Jim Pattison aus South Carolina, Besitzer des Ripley's Believe It Or Not Museums, am Schluss 2 299 000 $ bietet, ist der Rekord perfekt. Lennons Auto ist das teuerste Auto der Welt.

Juli

21 **The Housemartins**, ein skurriles und lokalpatriotisches Poprock-Quartett aus Hull im Norden Englands, ist in der »The John Peel Show« auf Radio 1 zu hören. Beim Radiodebüt spielen sie u. a. *Drop Down Dead*. Zur Besetzung gehören Sänger **Paul Heaton** und Bassist **Norman Cook**, Gitarrist **Stan Cullimore** und Schlagzeuger **Hugh Whitaker**. Ihre bitteren Texte zu betont einfachen Melodien führen im Oktober zu einem Vertrag mit dem hippen Label Go! Discs.

31 **Nina Hagen** tritt in David Lettermans Show erstmals im US-Fernsehen auf, um ihr aktuelles Album *Nina Hagen In Ekstacy* zu promoten. Die 30-jährige Sängerin wurde in Ostberlin geboren, arbeitete nach ihrer Ausreise aus der DDR 1976 mit der britischen Frauenpunkband **Slits** und lebt seit drei Jahren in New York.

August

11 Vor vier Wochen wurde **Duran Durans** James-Bond-Titelsong *A View To A Kill* zur Nr. 1 in den USA. Beim Fastnet-Rennen liegt die 70-Meter-Yacht Drum Of England des leidenschaftlichen Seglers **Simon Le Bon** Kiel oben und kentert drei Meilen vor Falmouth in Cornwall. Le Bon und fünf Mitglieder seiner 24-Mann-Besatzung sind 40 Minuten unter dem Boot gefangen. Sie überleben in einer Luftblase und werden von der Royal Navy geborgen. Die Yacht sinkt.

14 **Paul McCartney** ist schwer verärgert, als sein ehemaliger Freund und Musikerkollege **Michael Jackson** den Ex-**Beatle** beim Erwerb des Musikverlagkataloges von ATV überbietet. Zum Großteil besteht er aus **Lennon**- und McCartney-Kompositionen. Jackson kann die 47,5 Mio $ lässig bezahlen. Angeblich bekam er von Epic Records im Mai einen Tantiemenscheck über 58 Mio. $. McCartney hält die ganze Aktion für Verrat, der ihre Freundschaft auf ewig vergiftet.

16 An ihrem 27. Geburtstag heiratet **Madonna** den Schauspieler Sean Penn in Malibu. Während der Hochzeit kreisen Hubschrauber mit Nachrichtenreportern über der Steilküste. Nach den Flitterwochen im Highlands Inn in Carmel beginnt Madonna mit der Arbeit an ihrem dritten Album.

31 *Drive* von den **Cars**, letztes Jahr ein US-Millionenseller und nach dem Großeinsatz bei Live Aid (als Untermalung zu Bildern der afrikanischen Hungersnot) in England neu beworben, ist erneut die Nr. 4. Autor **Ric Ocasek** spendet alle künftigen Tantiemen aus *Drive* dem Band Aid Trust.

September

13 Wie erwartet gewinnt »We Are The World« bei den zweiten MTV Video Music Awards in der Radio City Music Hall, New York, als bestes Video einer Gruppe und den Zuschauerpreis. **Bob Geldof** bekommt als besondere Würdigung den Ehrensonderpreis verliehen. Ex-**Eagle** **Don Henleys** schicker Schwarzweiß-Clip »The Boys Of Summer« erhält vier Preise: bestes Video, beste Regie (John Baptiste Mondino), bestes Design (Bryan Jones), und beste Kamera (Pascal Lebeque). Regisseur Zbigniew Rybczynski kassiert für »Close To The Edit« von **Art of Noise** die Preise für den besten Schnitt und das experimentellste Video. **Bruce Springsteen** (»I'm On Fire«) und **Tina Turner** (»What's Love Got To Do With It«) gewinnen bestes Video eines Sängers und bestes Video einer Sängerin, Springsteen zusätzlich den besten Liveauftritt für das Video zu »Dancing in the Dark«.

14 ***Different Light***, das zweite Album der **Bangles**, das in diesem Sommer mit Produzent David Kahne in den Sunset Sound Studios in Hollywood aufgenommen wurde, ist fertig. Zur Frauenband aus Los Angeles, Manager ist Miles Copeland, gehören die Sängerin und Gitarristin **Susanna Hoffs**, die Gitarristin und Sängerin **Vicki Peterson**, die Bassistin und Sängerin **Michael Steele** und die Schlagzeugerin und Sängerin **Debbi Peterson**. Das Poprock-Quartett liefert am Montag die Bänder bei Columbia Records ab. Darauf ist auch die erste Singleauskopplung *Manic Monday* (komponiert von **Prince**, unter dem Pseudonym Christopher).

13. Juli Um 12:01 eröffnen **Status Quo** das Benefizkonzert Live Aid, das **Bob Geldof** und **Midge Ure** mithilfe der legendären Rockpromoter Harvey Goldsmith und Bill Graham als Nachfolgeprojekt von **Band Aid** organisiert haben. Das weltweit übertragene Event mit Beteiligung aller Rockgrößen findet an zwei Orten statt: im Londoner Wembley-Stadion, wo auch Lady Di und Prinz Charles anwesend sind, und dem JFK Stadium in Philadelphia. Bei dem 16-stündigen Megakonzert spielen **Paul Weller**, Bob Geldof mit den **Boomtown Rats**, **Adam Ant**, **INXS**, **Ultravox**, **Spandau Ballet**, **Elvis Costello**, die derzeit in England angesagten Sänger **Nik Kershaw** und **Howard Jones**, **B.B. King**, **Sade**, **Sting**, **Bryan Ferry**, **Paul Young**, **Alison Moyet**, **Bryan Adams**, **U2**, die **Beach Boys**, **Dire Straits**, **Queen**, **Simple Minds**, **David Bowie**, die **Pretenders**, **The Who**, **Santana**, der Fusionjazz-Gitarrist **Pat Metheny**,

»Wenn es ein Problem gibt ...

Elton John, **George Michael**, **Madonna**, die **Thompson Twins**, **Paul McCartney**, **Tom Petty**, **Neil Young**, **Power Station**, **Led Zeppelin** (bei dieser einmaligen Reunion spielt **Phil Collins** Schlagzeug), **Duran Duran**, **Cliff Richard**, **Daryl Hall And John Oates**, **Tina Turner**, **Bob Dylan**, **Mick Jagger**, **Keith Richards** und **Ron Wood** von den **Rolling Stones**, **Lionel Richie**, **Harry Belafonte** und **Patti LaBelle.** Collins tut etwas in der Rockgeschichte noch nie Dagewesenes, indem er zuerst in Wembley spielt, dann sofort nach Philadelphia fliegt und dort später nochmals spielt.

Live Aid war ein in der Rockgeschichte beispielloser Triumph der Kooperation. Das in 22 Ländern in Sondersendungen übertragene Ereignis wurde insgesamt von schätzungsweise zwei Milliarden Menschen gesehen und erbrachte Spendengelder in Höhe von 70 Mio. $.

muss man es lösen.« Bob Geldof, 13. Juni 1985

September 1985

Farm Aid ... Artists United Against Apartheid ... Rick Nelson stirbt ...

Dee Snider

Russell Simmons

Dee Snider von Twisted Sister sagte vor einem Senatsausschuss zum Thema Songtexte aus ... Russell Simmons war wohl die wichtigste Figur im schwarzen Musikbusiness seit Motown-Gründer Berry Gordy.

19 Aufgrund einer Eingabe des Parents Music Resource Centers diskutiert eine Komission des US-Senats aus Experten für Handel, Wissenschaft und Transport über den »Inhalt von Musik und Songtexten«. Zu den 17 Teilnehmern unter Vorsitz von John C. Danforth, Republikaner aus Missouri, gehören die Senatoren Al Gore, John D. Rockefeller, Barry Goldwater und Bob Packwood. Nach dem Vortrag des PMRC-Vizepräsidenten wird ein Ausschnitt aus dem Video »We're Not Going to Take It« von **Twisted Sister** gezeigt. **John Denver**, der gegen jegliche Form eines Bewertungssystems ist, dazu: »Ich finde, die gesellschaftliche Unterdrückung von Menschen beginnt mit der Zensur von Gedrucktem und Gesprochenem. So war es bei den Nazis.« Dann wird **Dee Snider** von Twisted Sister aufgerufen, der besonderen Anstoß an den Einwänden von Al Gores Frau Tipper gegenüber seiner Band nimmt. Snider meint danach: »Die waren ganz durcheinander, weil ich fließend Englisch spreche. Denen hab ich 'nen Arschtritt verpasst.« Als **Frank Zappa** aufgerufen wird, zitiert er den ersten Zusatzartikel der Verfassung: »Der Kongress darf kein Gesetz erlassen, das die Einführung einer Staatsreligion zum Gegenstand hat, die freie Religionsausübung verbietet, die Rede- oder Pressefreiheit oder das Recht des Volks einschränkt, sich friedlich zu versammeln und die Regierung durch Petition um Abstellung von Missständen zu ersuchen.« Trotzdem erklärt sich die Plattenindustrie schließlich bereit, bestimmte Platten mit einen Hinweissticker für Eltern zu versehen.

20 **Vince Neil** von **Mötley Crüe** wird wegen fahrlässiger Tötung schuldig gesprochen. Bei seinem Autounfall im Dezember kam **Nick »Razzle« Dingley** von **Hanoi Rocks** ums Leben. Neil wird zu 30 Tagen Gefängnis verurteilt, die er nach der laufenden Tournee nächstes Jahr absitzen soll – sowie 200 Stunden Gemeindearbeit. Dingleys Familie bekommt eine Entschädigung von 2,6 Mio. $. Seinem Anwalt nach könnte man die Party, die vor dem Unfall stattfand, auch als Geschäftstreffen bezeichnen, da alle Mitglieder von Mötley Crüe und Hanoi Rocks anwesend waren. Somit müsste die Haftpflichtversicherung der Band für den Schaden aufkommen, die sicher wesentlich mehr an die Opfer zahlen könnte als Neil selbst. Die Presse reagiert auf das milde Urteil mit Schlagzeilen wie: »Betrunkener Mörder Vince Neil zu einer Welttournee mit Rockband verurteilt.«

> **»Wer einen Song mit politischer Aussage schreibt, macht sich der Propaganda schuldig, weil er genau wie ein Politiker versucht, Menschen zu beeinflussen, sie umzustimmen, zu pervertieren ...«**
>
> Sting, **Playboy**, November 1985

21 *Money For Nothing* von den **Dire Straits** führt ab heute drei Wochen die US-Charts an, wird zum größten US-Hit der Band und ihre erste Millionen-Single. Das innovative Zeichentrick-Video dazu, von Regisseur Steve Barron gedreht, läuft ununterbrochen auf MTV.

22 Farm Aid findet im Memorial Stadium der University Of Illinois in Champaign statt, angeregt durch **Bob Dylans** Bemerkung bei Live Aid (»Wäre es nicht toll, wenn wir auch was für unsere amerikanischen Bauern machen würden?«). Das ganztägige Festival bringt 1,45 Mio. $ ein plus etwa 6 Mio. $ an Spenden. Zu den 60 teilnehmenden Musikern gehören Bob Dylan, begleitet von **Tom Petty And The Heartbreakers** (spielen noch einen eigenen Set), **Willie Nelson**, **John Mellencamp**, **Neil Young**, **B. B. King**, **Roy Orbison**, die Countrykönigin **Loretta Lynn**, die Rock-Newcomer **Bon Jovi** aus New Jersey, **Foreigner**, die ihre Hymne *I Want To Know What Love Is* mit einem 30 Köpfe zählenden Chor vortragen, **Billy Joel** und **Randy Newman** (die *Sail Away, Political Science, Only The Good Die Young* und *Stagger Lee* gemeinsam spielen). Das Ereignis – hauptsächlich von Nelson, Mellencamp und Young organisiert – findet bis in die 90er-Jahre jährlich statt.

Oktober

12 Drei Tage nachdem seine Schwester **Cindy** erfährt, dass er AIDS hat, stirbt der 32-jährige **Ricky Wilson**, Gitarrist und Gründer der **B-52's**, im Memorial Sloan Kettering Hospital als erster namhafter Musiker an dieser Krankheit.

21 In den Londoner Limehouse Studios wird ein Fernsehspecial anlässlich des 30. Jahrestags der Veröffentlichung von *Blue Suede Shoes* aufgezeichnet. Es spielen »Carl Perkins And Friends«, darunter **George Harrison**, **Ringo Starr**, **Eric Clapton**, **Dave Edmunds** (der die Band musikalisch koordiniert) sowie **Lee Rocker** und **Slim Jim Phantom** von den **Stray Cats**.

26 Der Soundtrack zum ersten Rap-Film »Krush Groove« findet Eingang in die US-amerikanischen Albumcharts. Auf dem Album und im Film, der auf dem Leben von **Russell Simmons** basiert – im Film heißt er Russell Walker und wird gespielt von Blair Underwood – agieren mit die heißesten Vertreter der Hip-Hop- und R&B-Szene, darunter **Run-D.M.C.**, die **Fat Boys**, die **Beastie Boys**, **Sheila E.**, **Kurtis Blow**, **New Edition**, Russell Simmons (als Crocket), **Rick Rubin**, und **LL Cool J**.

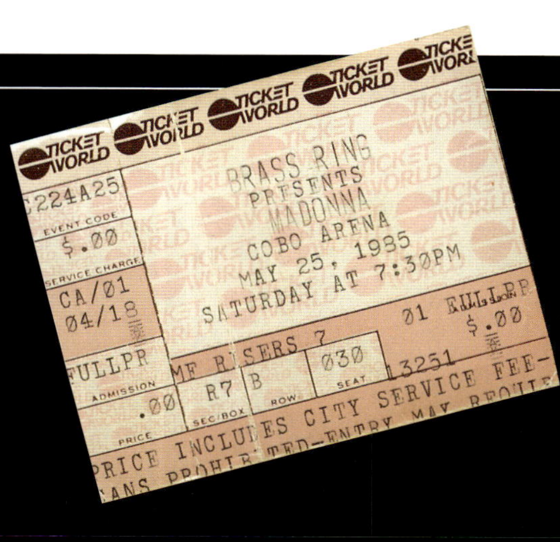

Bette Midler stellte Madonna bei Live Aid in Philadelphia in Anspielung auf die Redensart »pull oneself up by one's bootstraps« mit den Worten vor: »Eine Frau, die sich an den eigenen BH-Riemen emporgehangelt hat« ... Zu den Highlights von Farm Aid zählte ein gemeinsamer Auftritt von Billy Joel und Randy Newman sowie John Fogertys erster Soloauftritt.

Farm Aid

George Michael sang mit Elton John *Don't Let The Sun Go Down On Me* im Juli bei Live Aid. 1991 sollten sie den Song zusammen aufnehmen.

PHIL COLLINS

30. November **Phil Collins darf sich mit *Separate Lives* über seine dritte US-Nr.-1 des Jahres und den fünften Millionenseller unter seinen letzten sechs Platten freuen. Das Duett mit Marilyn Martin komponierte Stephen Bishop als Liebesthema für den Film »White Nights – Nacht der Entscheidung« mit Michail Baryschnikow und Gregory Hines. Für den Schlagzeuger und Sänger von Genesis geht damit ein erfolgreiches Jahr zu Ende. *Easy Lover*, eine schnelle Tanznummer, die er mit Philip Bailey von Earth, Wind And Fire aufnahm, war Nr. 2 in den USA und vier Wochen UK-Nr.-1. Im Februar wurde er bei den 27. Grammys für *Against All Odds* als bester Popsänger geehrt. Die Eigenkomposition wurde bei den 30. Ivor Novello Awards für den besten Text und die beste Musik prämiert. Auch das von Collins produzierte Clapton-Album *Behind The Sun* wurde ein Erfolg. Sein eigenes Album *No Jacket Required* stand über einen Monat an der Spitze der US- und UK-Charts, zudem spielte er zweimal bei Live Aid.**

November

17 **Prince**, der selten Interviews gewährt, gibt sein zweites in diesem Jahr. Nach einem wenig erhellenden Gespräch, das er im April mit Neal Karlen vom **Rolling Stone** führte, äußert sich Seine lila Hoheit nun bei MTV.

Dezember

6 Bei **John Mellencamps** Konzert im New-Yorker Madison Square Garden fällt die Tonanlage zweimal aus. Mellencamp wartet geduldig, bis das Problem gelöst ist, spielt dann zwei Stunden lang und erklärt dem Publikum, jeder könnte mit seinem Kontrollabschnitt sein Eintrittsgeld zurückverlangen.

7 **Mr. Mister** geben ihr Fernsehdebüt bei »Saturday Night Live«. Sie spielen ihren aktuellen US-Nr.1-Hit *Broken Wings* und die soeben veröffentlichte zweite Single *Kyrie* (die ebenfalls die Spitze erklimmt). Das Poprock-Quartett, derzeit ein Radiofavorit, entstand vor zwei Jahren aus den vormaligen **The Pages** aus Los Angeles, die ebenfalls von Leadsänger und Bassist **Richard Page** angeführt wurden.

12 Keyboarder **Ian Stewart**, auch bekannt als der »sechste **Rolling Stone**« – der gestern noch mit den **Rocket 88** in der Old Vic Tavern in Nottingham auftrat –, erliegt im Wartezimmer seines Arztes in der Harley Street einem Herzinfarkt. Bei seiner Beerdigung am 20. Dezember in Leatherhead sind alle Stones anwesend.

14 **George Michael** ist nach einem tollen Jahr Weihnachten mit vier Top-40-Platten in den UK-Charts vertreten, mit: *I'm Your Man* von **Wham!** (Nr. 2), *Do They Know It's Christmas?*, dem Neueinsteiger von **Band Aid** (Nr. 6), *Nikita* von **Elton John** (Nr. 18) – als Backgroundsänger – und mit Wham!s Sensationserfolg *Last Christmas* (Nr. 32).

14 Zum Ende eines Jahres, in dem es so viele Spendenprojekte wie noch nie gab, steht **Artists United Against Apartheid** mit *Sun City* auf Platz 38 der US-Charts und in Großbritannien auf Platz 21. Zum Musikerkollektiv, von **Little Steven** und Produzent **Arthur Baker** organisiert, gehören 49 Künstler, darunter **Peter Gabriel, Bono, Bob Dylan, Lou Reed, Bonnie Raitt, Jackson Browne, Pat Benatar, Bruce Springsteen, Bob Geldof, Herbie Hancock, Miles Davis, Pete Townshend, Gil Scott-Heron, Rubén Blades, Peter Garrett** und **Afrika Bambaataa**.

21 **Madness, Ian Dury, Marc Almond** nehmen an der Weihnachtsparty für Arbeitslose teil, die der Londoner Stadtrat im Finsbury Park organisierte.

21 *Do They Know It's Christmas?* steigt auf Platz 3 neu in die UK-Charts ein. Auf der B-Seite wünschen **David Bowie**, **Paul McCartney** und andere Musiker frohe Weihnachten. Die Single wird nun jährlich wieder veröffentlicht.

23 Raymond Belknap, 18, und James Vance, 20, die mehrere Stunden Bier und Marihuana konsumieren und sich das **Judas-Priest**-Album ***Stained Class*** anhören, schließen einen Selbstmordpakt. Auf einem Pfarrschulhof in Sparks, Nevada, führen sie ihren Plan aus. Belknap hält sich eine abgesägte Schrotflinte unters Kinn, drückt ab und stirbt sofort. Vance jedoch überlebt schwer verletzt. Ihre Familien verklagen die Band und Columbia Records auf 6,2 Mio. $.

31 Der 45-jährige **Rick Nelson**, eines der ersten Teenageridole des Rock'n'Roll, kommt mit seiner Verlobten Helen Blair, dem Toningenieur Clark Russell, Bobby Neal, Patrick Woodward, Rick Intveld und Andy Chapin bei einem Flugzugabsturz ums Leben. Die gecharterte DC3, mit der die Band nach Dallas unterwegs ist, fängt Feuer und stürzt bei De Kalb, Texas, ab. Das Gerücht, das Feuer sei durch den Kokaingenuss an Bord ausgelöst worden, erweist sich als unhaltbar.

ROOTS In diesem Jahr gründet Brett Anderson, Sohn eines Eisverkäufers in Haywards Heath, Sussex mit den Schulfreunden Mat Osman, Gareth Perry und Danny Wilder die Band Geoff ... lernt Comic-Sammler Rob Zombie die Bassistin Sean Yseult im New-Yorker Club CBGB's kennen ... trifft Nellee Hooper von Massive Attack aus Bristol auf Jazzie B von Soul II Soul, als er die Anlage für einen Band-Auftritt in London mietet ... gründet Billy Corgan die Gothic-Rockband Marked; mit 18 verließ er Chicago Richtung Florida ... bittet Hurby Azor für ein Klassenprojekt am New-Yorker Center For Media Arts die Freundinnen Cheryl James und Sandra Denton bei *The Show Stoppa* zu rappen; das Stück wird zu einem R&B-Hit und das Duo, immer noch von Azor betreut, zu Salt-N-Pepa ... schließt sich Kevin Wasserman den Manic Subsidal an; von Bryan Holland letztes Jahr gegründet, heißen sie jetzt Offspring ... tritt Sinéad O'Connor als Solistin in Dublins Pubs auf; bei ihren Brotjobs posierte sie auch schon mal als französisches Dienstmädchen für Kiss-O-Gram-Karten ... wird Trent Reznor, Mitarbeiter der Pi-Corporation-Musikalienhandlung in Cleveland, Ohio, Mitglied der Lokalband Exotic Birds ...

(You Gotta) Fight For Your Right (To Party!)

1986

Nr. 1 US-SINGLES

04. Jan. Say You, Say Me **Lionel Richie**
18. Jan. That's What Friends Are For **Dionne And Friends**
15. Febr. How Will I Know **Whitney Houston**
01. Mar Kyrie **Mr. Mister**
15. März Sara **Starship**
22. März These Dreams **Heart**
29. März Rock Me Amadeus **Falco**
19. Apr. Kiss **Prince And The Revolution**
03. Mai Addicted To Love **Robert Palmer**
10. Mai West End Girls **Pet Shop Boys**
17. Mai Greatest Love Of All **Whitney Houston**
07. Juni Live To Tell **Madonna**
14. Juni On My Own **Patti LaBelle And Michael McDonald**
05. Juli There'll Be Sad Songs (To Make You Cry) **Billy Ocean**
12. Juli Holding Back The Years **Simply Red**
19. Juli Invisible Touch **Genesis**
26. Juli Sledgehammer **Peter Gabriel**
02. Aug. Glory Of Love **Peter Cetera**
16. Aug. Papa Don't Preach **Madonna**
30. Aug. Higher Love **Steve Winwood**
06. Sept. Venus **Bananarama**
13. Sept. Take My Breath Away **Berlin**
20. Sept. Stuck With You **Huey Lewis And The News**
11. Okt. When I Think Of You **Janet Jackson**
25. Okt. True Colors **Cyndi Lauper**
08. Nov. Amanda **Boston**
22. Nov. Human **Human League**
29. Nov. You Give Love A Bad Name **Bon Jovi**
06. Dez. The Next Time I Fall **Peter Cetera mit Amy Grant**
13. Dez. The Way It Is **Bruce Hornsby And The Range**
20. Dez. Walk Like An Egyptian **Bangles**

Nr. 1 UK-SINGLES

04. Jan. Merry Christmas Everyone **Shakin' Stevens**
11. Jan. West End Girls **Pet Shop Boys**
25. Jan. The Sun Always Shines On T.V. **a-ha**
08. Febr. When The Going Gets Tough The Tough Get Going **Billy Ocean**
08. März Chain Reaction **Diana Ross**
29. März Living Doll **Cliff Richard And The Young Ones featuring Hank Marvin**
19. Apr. A Different Corner **George Michael**
10. Mai Rock Me Amadeus **Falco**

Pet Shop Boys

Janet Jackson

Die Geschichte der Pet Shop Boys begann, als sich Neil Tennant, Redakteur beim britischen Popmagazin Smash Hits, und der Architekturstudent Chris Lowe in einem Hi-Fi-Geschäft in der Londoner King's Road kennen lernten ... Janet Jackson trat bereits mit sieben Jahren in der Bühnenshow ihrer Brüder im MGM Grand Hotel in Las Vegas auf.

Es war ein Jahr des Stilgemischs, ohne nennenswerte Genres. Synthi- und Dance-Pop waren immer noch populär. Hip-Hop, die Rückkehr von Country und »Weltmusik« sorgten für zusätzliche Vielfalt, und Benefizkonzerte waren nach wie vor in Mode.

Janet Jackson kam zu Ruhm, wenn auch nicht, wie **Whitney Houston** im Jahr zuvor, mit ihrem Debütalbum. ***Control*** fiel wesentlich funkiger aus als Whitneys LP, nicht zuletzt wegen der Produktion von **Jimmy Jam** und **Terry Lewis**. Die Nr. 1 in den USA war der Beginn einer langen, profitablen Partnerschaft, die zu einer Reihe der besten Tanznummern aller Zeiten führte.

In November befanden sich auf den ersten drei Plätzen der **Billboard**-Singlecharts zum ersten Mal seit ihrem Bestehen nur Frauen. Janet war die Erste, **Tina Turner** die Zweite, und die Dritte war die seltsame (oder sagen wir exzentrische) **Cyndi Lauper**, deren Album ***True Colors*** eine Nr.-1-Single abwarf. **Madonna** klang auf ihrem Album ***True Blue*** wesentlich reifer.

Unter Madonna und anderen etablierten Stars tummelte sich erstmals seit **Abba** wieder eine nordische Band. Die hübschen Jungs von **a-ha** schlugen alle Rivalen bei den MTV Awards und eroberten die Charts mit ***Take On Me*** und ***The Sun Always Shines On T.V.*** Mehr Beständigkeit zeigte das Elektronikpop-Duo **Pet Shop Boys**. Die üppigen Melodien, respektlosen Texte und die Lust am ständigen Stilwechsel waren ein Garant für viele Hits, der erste war das kühle, elegante *West End Girls*.

Die weißen, männlichen Jugendlichen in den USA blieben Stammkunden des Hardrock; ihre jüngste Erfolgsband war **Bon Jovi** aus New Jersey. **Jon Bon Jovis** heiserer Gesang zu **Richie Samboras** Gitarre führte ihr Album ***Slippery When Wet*** direkt an die Chartsspitze. *Walk This Way* lieferte die ungewöhnlichste Kombination des Jahres – die Rock-Haudegen **Steven Tyler** und **Joe Perry** von **Aerosmith** im Verbund mit den Hip-Hop-Größen **Run-D.M.C. Rick Rubin** von Def Jam musste beide lange zur Aufnahme überreden. Der Song katapultierte Hip-Hop aus den Innenstädten in die Vororte der weißen Amerikaner.

Das einfallsreichste und liebenswerteste Album des Jahres ist wohl **Paul Simons** ***Graceland***. Simon nahm sich der Weltmusik an, und insbesondere südafrikanischer Harmonien – dabei gelangen ihm mit der Gesangsgruppe **Ladysmith Black Mambazo** eine Reihe unwiderstehlicher Kleinode. Das Interesse für die Weltmusik war geweckt.

Dreißig Jahre nachdem **Elvis** und seine Mitstreiter mit dem Rock'n'Roll loslegten, kam die offizielle Anerkennung durch die Gründung der Rock And Roll Hall Of Fame. Gerade noch rechtzeitig, bevor sich etliche der Pioniere verabschiedeten. Zu den ersten Mitgliedern gehörten **Sam Cooke**, **Chuck Berry** und **James Brown**. Ach ja, und **Sam Phillips**, der mit Sun Records die Anfänge von Rock unterstützte.

»Wir haben mehr Rock'n'Roll in uns als Def Leppard.«

Pal Waaktaar von a-ha, 1987

17. Mai The Chicken Song **Spitting Image**
17. Juni Spirit In The Sky **Dr. And The Medics**
28. Juni The Edge Of Heaven **Wham!**
12. Juli Papa Don't Preach **Madonna**
02. Aug. The Lady In Red **Chris De Burgh**
23. Aug. I Want To Wake Up With You **Boris Gardiner**
13. Sept. Don't Leave Me This Way **Communards**
11. Okt. True Blue **Madonna**
18. Okt. Every Loser Wins **Nick Berry**
08. Nov. Take My Breath Away (Love Theme From »Top Gun«) **Berlin**
06. Dez. The Final Countdown **Europe**
20. Dez. Caravan Of Love **Housemartins**
27. Dez. Reet Petite (The Sweetest Girl In Town) **Jackie Wilson**

Erste Mitglieder der Rock and Roll Hall of Fame … Guns N' Roses bei Geffen …

Sting und Andy Summers

Fine Young Cannibals

Januar

4 **Phil Lynott**, 36, Ex-Frontmann von **Thin Lizzy**, stirbt nach langer Heroinsucht im Salisbury General Infirmary. Bei ihm sind seine Frau Caroline und sein Schwiegervater Leslie Crowther. Bestattet wird er auf Howth, Friedhof von St. Fintan's mit Blick über Dublin Bay.

4 **Sting** eröffnet den 19-tägigen US-Teil seiner Welttournee Dream Of The Blue Turtles im Bournemouth International Centre in Begleitung seines Ex-Police-Kollegen **Andy Summers**. Summers spielt bei *Every Breath You Take, Need Your Love So Bad, Demolition Man* und *Message In A Bottle* Gitarre. Die Tour, zu der sechs Abende in der Londoner Royal Albert Hall gehören, endet mit einem Nachhol-Konzert in der Newcastle City Hall. Es musste wegen Stromausfall nach einer Explosion verschoben werden.

11 **Lionel Richies** jüngste Hitballade *Say You, Say Me* absolviert die letzte Woche als Nr. 1 der US-Charts. Dem Hitmacher ist seit neun Jahren jedes Jahr ein US-Charttopper gelungen – entweder als Sänger oder als Songschreiber.

16 Zum allerletzten Mal kommen **Abba**, mit **Benny Andersson** am Akkordeon, zusammen, um Manager Stig Anderson in der schwedischen Fernsehsendung »This is Your Life« zu ehren. Die vier präsentieren Stig Andersons ersten Song *Tivedshambo*, den er 1947 geschrieben hatte.

16 Die **Fine Young Cannibals** spielen ihren Nr.-8-Hit, den 1969er US-Nr.-1-Hit *Suspicious Minds* von **Elvis Presley**, bei »Top of the Pops«. Das Trio kombiniert die kompakte Rhythmussektion der Ex-**Beat**-Mitglieder **Andy Cox** und **David Steele** mit dem bemerkenswerten Gesangstalent des 23-jährigen Frontmanns **Roland Gift** aus Birmingham.

19 Bei einem Benefiz im Stone Pony, Asbury Park, für die entlassenen Arbeiter aus dem 3M-Werk in Freehold, New Jersey, treten überraschend **Bruce Springsteen And The E Street Band** auf. Sie spielen *The Promised Land, Badlands, Darkness On The Edge Of Town, Stand On It, Ramrod, Twist And Shout* und *My Hometown*, das die Arbeiter zu ihrer Hymne erkoren. Im Monat darauf bietet Lee Iacocca, der Chef der Chrysler Corporation, Springsteen 12 Mio. $ für das Recht an, den Song *Born In The USA* für eine Reihe von Chrysler-Autowerbespots verwenden zu dürfen. Der Boss lehnt das Angebot des Bosses ab.

20 Der erste Martin Luther King Day wird mit Konzerten in Atlanta, New York City und im John F. Kennedy Performing Arts Centre in Washington begangen. Dort singt **Bob Dylan** *I Shall Be Released, Blowin' In The Wind*, begleitet von **Peter, Paul And Mary** und **Stevie Wonder**, und, im Duett mit Wonder, *The Bells Of Freedom*. Der Höhepunkt des Konzerts ist es, als alle Anwesenden zum von **Quincy Jones** dirigierten Orchester gemeinsam Wonders *Happy Birthday* anstimmen.

Einige Monate vor Phil Lynotts Tod befand ihn die Dubliner Richterin Gillian Hussey des Rauschgiftbesitzes für schuldig und sagte prophetischerweise, Lynott zerstöre sich damit selbst.

Obwohl Police sich 1985 aufgelöst hatten, ging Andy Summers mit auf die Dream Of The Blue Turtles World Tour seines Ex-Kollegen Sting … Andy Cox und David Steele, die vorher bei The Beat gespielt hatten, luden den Schauspieler Roland Gift vom Hull Community Theatre Workshop zu ihrem Projekt Fine Young Cannibals ein.

> **»Es fällt mir schwer, Chuck Berry einzuführen, weil ich jedes Gitarrenriff geklaut habe, das er je gespielt hat!«**
>
> Keith Richards bei der ersten Einführungszeremonie der Rock and Roll Hall of Fame, 23. Januar 1986

23 Die erste Klasse der Anwärter betritt die Rock and Roll Hall of Fame: **Chuck Berry**, **James Brown**, **Ray Charles**, **Sam Cooke**, **Fats Domino**, die **Everly Brothers**, **Buddy Holly**, **Jerry Lee Lewis**, **Elvis Presley** und **Little Richard**. **Robert Johnson**, **Jimmie Rodgers** und **Jimmy Yancey** schaffen es in die Kategorie »Frühe Einflüsse«. Der Preis fürs Lebenswerk wird **John Hammond** verliehen, während **Alan Freed** und **Sam Phillips** als einzige Nichtmusiker aufgenommen werden. Die Eröffnungspremiere im Waldorf-Astoria Hotel in New York endet mit einer Jamsession aller Stars – eine Tradition, die beibehalten wird –, zu denen **Chubby Checker**, **Keith Richards**, **Ron Wood**, **John Fogerty**, **Billy Joel**, **Julian Lennon** und **Steve Winwood** gehören. Die Begleitband leitet **Paul Shaffer**. Die Rock and Roll Hall of Fame Foundation wurde 1983 von den führenden Kräften im Musikbusiness gegründet, um »den Beitrag jener, die einen wichtigen Einfluss auf die Entstehung, Entwicklung und das Weiterbestehen des Rock'n'Roll hatten, mit einem Platz in der Hall of Fame anzuerkennen«. In Zukunft wird die Anzahl der Aufgenommenen in der Hauptkategorie Musiker auf fünf bis sieben Künstler begrenzt. Sie werden aus einer langen Liste ermittelt, die das Nominationskomitee der Stiftung erstellt, und von »einer internationalen Wahlgruppe aus etwa 1000 Rockexperten« gewählt.

Februar

10 Bei den fünften BPI Awards in London wird **Phil Collins** bester britischer Solokünstler, sein Bestseller ***No Jacket Required*** zum besten Album. Das englische Popduo **Go West** (**Richard Drummie** und **Peter Cox**) gewinnen als beste britische Newcomer und beste britische Gruppe. Erstmals gehen beide Preise an denselben Künstler. Dabei hatten sie ihren größten Hit *We Close Our Eyes*, die britische Nr. 5, bereits letztes Jahr. **Annie Lennox** wird zum zweiten Mal beste britische Solokünstlerin, **Huey Lewis And The News** beste internationale Band. **Paul Young** erhält den Preis für das beste britische Video zu »Every Time You Go Away«. Damit gelang dem 30-Jährigen letztes Jahr sein erster US-Charttopper. *Everybody Wants To Rule The World* von **Tears for Fears** wird beste britische Single, **Elton John** und **Wham!** teilen sich die Auszeichnung herausragende Verdienste um die britische Musik.

13 Der **Rolling Stone** druckt das einzige bekannte Foto der Blueslegende **Robert Johnson** ab, das Anfang der 30er-Jahre in einem Fotoautomaten aufgenommen worden war. Er raucht eine Zigarette und streichelt mit den Fingern über den Hals einer Akustikgitarre.

25 Bei der 28. Grammy-Verleihung räumt die erfolgreichste Single der US-Geschichte, *We Are The World*, vier Preise ab: als Platte des Jahres, Song des Jahres, beste Pop-Aufnahme einer Gruppe und bestes Video (Kurzform). Der Produzent **Quincy Jones** nimmt die Trophäe für die Platte des Jahres entgegen und dankt »der Generation, die aus ›ich‹ ›wir‹, ›mein‹ ›unser‹, ›euch‹ ›uns‹ gemacht hat«. Für das Album des Jahres sind drei englische Künstler nominiert – ***No Jacket Required*** von **Phil Collins** wird die Auszeichnung bekommen.

März

4 Nach zwei Gigs in der Cheek To Cheek Lounge in Winter Park, Florida, während der Reunion-Tour von **The Band** (ohne **Robbie Robertson**) erhängt sich der 42-jährige Pianist und Sänger **Richard Manuel** in einem Motelzimmer des Quality Inn, offenbar wegen Depressionen.

8 Ein Jahr nach Veröffentlichung führt ***Whitney Houston***, im Dezember auf Platz 2 eingestiegen, die US-Charts an. Mit drei US-Nr.-1-Singles wird es weltweit schließlich 22 Millionen Mal verkauft. Es ist damit bislang das bestverkaufte Debütalbum einer weiblichen Künstlerin.

20 Die **Housemartins** treten im Laufe ihrer Tournee Twisted Roadshow im Clarendon Hotel Ballroom in Hammersmith auf. Angeblich aus Geldnot sammeln sie Coupons der Marsriegel-Verpackung, um die National-Travel-Busfahrten zu finanzieren, und machen Werbung mit dem Spruch »Adoptiere einen Housemartin«. Bei ihren Konzerten bitten sie das Publikum, eines der Bandmitglieder bei sich übernachten zu lassen, um Hotelkosten zu sparen.

24 Parlophone/EMI veröffentlicht in England ***Please***, das Debütalbum der **Pet Shop Boys**. Es enthält den aktuellen UK-Nr.-1-Hit *West End Girls*, der am 10. Mai auch in den USA auf Platz 1 sein wird. Damit beginnt eine der beständigsten Karrieren einer britischen Synthi-Popgruppe: mit dem kommerziell ansprechenden Format aus melodischer Dance-Pop-Konfektionsware zu intelligenten Textkonzepten und bahnbrechenden Videos haben der medienfreundliche Neil Tennant und sein medienscheuer Partner Chris Lowe bis ins nächste Jahrzehnt dauerhaft Erfolg.

25 **Guns N' Roses** unterzeichnen nach intensiven Liveaktivitäten in Kalifornien, das große Interesse bei Plattenfirmen ausgelöst hat, bei den A&R-Chefs Tom Zutaut und Teresa Ensenat weltweit auf Geffen Records. Das hedonistische Hardrock-Quartett aus Los Angeles besteht aus den Ex-**L.-A.-Guns**-Mitgliedern Leadsänger **Axl Rose** und Gitarrist **Izzy Stradlin**, Leadgitarrist **Slash**, Bassist **Duff McKagan** und Schlagzeuger **Steven Adler**. Im Dezember schließen sie die Sessions zu ihrem Debütalbum in den Rumbo Studios ab. Es erscheint mit dem Titel ***Appetite For Destruction*** nächstes Jahr.

29 **Cliff Richard** kassiert seine elfte britische Nr. 1 (die erste seit 1979) für die parodistische Version seines früheren Charttoppers *Living Doll*, eingespielt mit dem schrägen Fernseh-Comedy-Team **The Young Ones**. Langzeitkollege **Hank Marvin** ist Gastgitarrist. Alle Einnahmen kommen der Comic Relief Charity zugute.

31 **O'Kelly Isley** – der älteste der drei legendären **Isley Brothers** – erliegt mit 48 Jahren zu Hause in Alpine, New Jersey, einem Herzinfarkt.

April

4 **Cliff Richard**, **Kate Bush**, **Howard Jones**, **Bob Geldof** und **Midge Ure** sorgen beim Utterly Utterly Live Comic Relief Konzert (das erste von drei) im Londoner Shaftesbury Theatre für das Musikprogramm. **Billy Connolly**, Lenny Henry, Ben Elton, Rowan Atkinson und French And Saunders machen Comedy. Bush singt *Do Bears …* gemeinsam mit Atkinson, Richard mit den **The Young Ones** sein *Living Doll*, und Geldof und Ure interpretieren *Feed The World*.

4 Das Filmmusical »Absolute Beginners« startet mit einer Royal Charity Premiere im Odeon Cinema, Leicester Square, London, in Anwesenheit von Prinzessin Anne. Julien Temple führte bei der Verfilmung des 50er-Jahre Beatromans von Colin MacInnes Regie. Neben **Patsy Kensit** – aufstrebendes Starlet und Leadsängerin der UK-Synthi-Popband **Eighth Wonder** – wirken **David Bowie**, **Ray Davies**, **Sade**, der Punkabilly-Sänger **Tenpole Tudor**, der Reggaemusiker **Smiley Culture**, **Sandie Shaw** und **Zoot Money** mit. Trotz gemischter Kritiken läuft der Soundtrack – eine Mischung aus Bowie und Davies sowie der Jazzgröße **Gil Evans** – gut. Bowies Titelstück wird die UK-Nr.-2.

7 Beim 31. Ivor Novello Awards drängeln sich die Veteranen, als die besten britischen Songschreiber geehrt werden. **Elton John** wird für seine herausragenden Verdienste um die britische Musik bedacht und sein *Nikita* für die beste Musik und den besten Text. **Eric Clapton** gewinnt in der Kategorie beste Fernseh-Titelmusik, die er für den BBC-Fernsehthriller »Edge of Darkness« geschrieben hat. Der meistgespielte Song ist **Phil Collins**' *Easy Lover*, und das Duett von **Elaine Paige And Barbara Dickson**, *I Know Him So Well*, aus dem Musical »Chess« ist die bestverkaufte A-Seite 1985. Der relative Neuling **Roland Orzabal** wird für seine Hits mit **Tears For Fears** Songschreiber des Jahres.

9 Das Musical »Time«, nach einer Idee von Koautor, Produzent und Schlagzeuger **Dave Clark** (er lehnt alle Angebote für eine Reunion der **Dave Clark Five** ab), hat im Dominion Theatre in London Premiere. Für Milton Shulman vom **Evening Standard** wirkt **Cliff Richard** in der Hauptrolle wie »ein Mann, der ängstlich darauf bedacht ist, gut zu sein und für immer jung«. Trotz der schlechten Kritik von Shulman – »seit langem habe ich nicht mehr erlebt, dass die teuersten Technologie-Errungenschaften für ein derart infantiles Projekt verschwendet wurden« – läuft die Show so lange, dass im April darauf **David Cassidy** die Rolle von Richard übernimmt.

BON JOVI

20. Februar **In den Little Mountain Studios des Produzenten Bruce Fairbairn in Vancouver beginnen die Aufnahmen für das dritte Album von Bon Jovi. Jon Bon Jovi und Richie Sambora, die die meisten Songs der Band schreiben, haben sich Desmond Child zur Unterstützung geholt, mit dem sie vier der zehn Lieder des Albums *Slippery When Wet* schreiben. Die Mixtur aus treibendem Rock und kraftvollen Balladen bringt sie Ende der 80er an die Spitze des amerikanischen Hardrock. Ab 25. Oktober wird es für acht Wochen an der Spitze der US-Charts stehen. Mit über 1 Mio. in den USA verkaufter Exemplare wird es eines der bestverkauften Rockalben der 80er. Beide ausgekoppelten US-Nr.-1-Singles *You Give Love A Bad Name* (Nr. 1 ab 29. November, ihr erster weltweiter Millionenseller) und *Livin' On A Prayer* wurden von Bon Jovi/Sambora/Child in einem ähnlichen Stil komponiert. Die dritte Single *Wanted Dead Or Alive* kommt bis auf Nr. 7 der US-Charts. Flankiert von massiver Präsenz ihrer Videos auf MTV, brechen die Rocker aus New Jersey im Oktober zu einer zweijährigen Welttournee auf**

Der Frontmann von Bon Jovi hieß früher John Francis Bongiovi Jr.

Conspiracy of Hope ... »Sir Bob« ... Das letzte Konzert von Wham! ...

Bob Geldof und Paula Yates

Bob Geldof nahm seine Ehrung im Buckingham-Palast in Begleitung seiner damaligen Frau Paula Yates entgegen ... George Michael gab mit Wham! ein triumphales Abschiedskonzert im Wembley-Stadion.

Mai

3 **Robert Palmers** *Addicted To Love*, mit dem Gesangsarrangement von **Chaka Khan**, ist die US-Nr.-1 und wird seine erste internationale Millionenseller-Single. An diesem Überraschungserfolg ist auch das sexy Video des Fotografen Terence Donovan beteiligt. Hinter Palmer, wie immer im eleganten Anzug, klimpern unterkühlte Models in schwarzen Miniröcken ungerührt auf Instrumenten. Durch den Dauereinsatz bei MTV wird es zu einem Clip-Klassiker der Ära.

6 **Michael Jacksons** Manager Frank DiLeo, sein Geschäftsberater John Branca und Pepsi-Präsident Roger Enrico schließen Jacksons zweiten Vertrag mit dem Softdrink-Giganten über 15 Mio. $ ab. Er beinhaltet zwei zusätzliche Werbespots und Sponsorgelder für eine Welttournee.

»So Burschen in engen Hosen, die rumlaufen wie Frauen, brauchen wir hier nicht.« Der Rancher Dugan Wragge über Prince, 1. Juli 1986

13 **Ted Nugent**, Gast in der Fernsehsendung der Sextherapeutin Dr. Ruth, meint: »Das Leben ist eine einzige Frauen-Safari; Dr. Ruth ist die Führerin.« Nugent zog bei seiner US-Tour letzten Monat einen 19-jährigen weiblichen Fan bis auf die Unterwäsche aus: »Ich habe das so gut gemacht, dass sie mich nicht dafür verhaften können.«

14 **Prince** absolviert mit den **Bangles** im San Franciscoer Warfield Theater einen Gastauftritt. Er spielt seine eigene Nummer *Manic Monday* (letzten Monat die US-Nr.-2) und den Klassiker *Whole Lotta Shakin' Going On* von **Jerry Lee Lewis**.

17 An die 30 000 Fans kommen zum Self-Aid – Make It Work in die R.D.S. Jumping Arena in Dublin, einer Nachfolgeveranstaltung von Live Aid, um für Arbeitslose in Irland Geld zu sammeln (etwa 250 000 der 3,5 Millionenbevölkerung suchen derzeit Arbeit). Im 14-stündigen Programm treten 27 Künstler auf, neben den Headlinern **U2** auch **Van Morrison**, **Elvis Costello And The Attractions**, die **Boomtown Rats**, *Lady In Red*-Hitstar **Chris de Burgh** und **The Pogues**. Die Liveübertragung im irischen Fernsehen erzielt dort die bis dato höchsten Einschaltquoten.

31 **Mark Knopfler** pausiert, nachdem er ein Jahr mit den **Dire Straits** auf Welttournee war. Für einen einmaligen Gig im Grove Pub in Holbeck, einem Vorort von Leeds, tut er sich mit **Steve Phillips** und **Brendan Croker** zusammen. (Knopfler und Phillips lernten sich 1968 kennen – beide schrieben für die **Yorkshire Evening Post**. Als **The Notting Hillbillies** angekündigt, erhalten sie fürstliche 66 £. Die Sache macht allen Spaß und führt zu Plattenaufnahmen und einer Tournee, bei der Ed Bicknell, der Manager der Dire Straits, Schlagzeug spielt, **Guy Fletcher** Keyboards, **Paul Franklin** Pedal-Steel-Gitarre und **Marcus Cliff** Bass. Die LP, ein Tribut an den amerikanischen Bluegrass und Country, erscheint mit dem Titel ***Missing ... Presumed Having A Good Time.***)

Juni

4 Das erste der sechs Conspiracy-of-Hope-Benefizkonzerte findet im Cow Palace in San Francisco statt. Zum 25. Bestehen der Menschenrechtsorganisation Amnesty International absolvieren **Sting** – dem sich für die letzten drei Tourdaten **Stewart Copeland** und **Andy Summers** anschließen –, **Bono**, **Peter Gabriel**, **Bryan Adams**, **Lou Reed**, **Jackson Browne**, die **Neville Brothers** und **Joan Baez** erst ihre Soloauftritte, bevor sie alle gemeinsam *I Shall Be Released* singen. Die Karawane zieht nach Los Angeles, Denver, Atlanta und Chicago weiter und endet in East Rutherford, wo die zwölfstündige Show – mit 50 207 Besuchern – von MTV und dem Radiosender Westwood One simultan gesendet wird. **Whitney Houston**, **Jeff Beck**, **Pete Townshend**, **Carlos Santana**, **Third World**, **ZZ Top**, **Run-D.M.C.** und **Miles Davis** sind einige der zahlreichen Künstler bei der Abschlussveranstaltung. Über 116 000 Zuschauer kamen zu den Konzerten. In den folgenden Wochen wird sich die Zahl der Mitglieder von Amnesty International verdoppeln.

14 **Bob Geldof** steht beim Geburtstag der Queen auf der Ehrenliste. Als Anerkennung für seinen humanitären Einsatz wird er zum Ehrenritter (als Ire kann er nicht zum Ritter geschlagen werden). Dennoch wird Bob Geldof von der englischen Presse liebevoll »Sir Bob« genannt.

15 **Vince Neil** von **Mötley Crüe** tritt im Stadtgefängnis Gardena seine 30-tägige Haftstrafe an. Als privilegierter Sträfling putzt er Zellen, wäscht Polizeiautos und versorgt die Insassen mit Essen, auch um einen Strafnachlass zu bekommen. Sein Zellengenosse sitzt für den Diebstahl teurer Wagen ein. Als Prominenter genießt Neil Privilegien wie Burgers und Bier, teils als Belohnung für Fotos mit den Gefängniswärtern. Aufgrund guter Führung wird er bereits nach 18 Tagen entlassen – vielleicht das einzige Mal, dass im Zusammenhang mit »Vince Neil« auch von »guter Führung« gesprochen wurde.

20 Beim Jubiläumskonzert zum zehnten Bestehen des Prince's Trust – der jährlich Rekordspenden verzeichnet – in Anwesenheit von Prinz Charles und Prinzessin Diana, gibt es mit **Eric Clapton**, **Phil Collins**, **Elton John**, **Paul McCartney**, **George Michael**, **Rod Stewart**, **Tina Turner**, **Bryan Adams**, **David Bowie**, **Mick Jagger** und anderen in der Wembley Arena ein großes Staraufgebot. John begleitet McCartney bei *Get Back* und *I Saw Her Standing There* am Piano, **Sting** ist dabei, als die All-Star-Band *Money For Nothing* anstimmt.

20 Das Glastonbury Festival findet wie immer auf dem Gelände der Worthy Farm in Pilton, Somerset, statt, abermals erweitert, um seinem Ruf als wichtigstes Ereignis im Festivalkalender gerecht zu werden. Die Theater- und Kinderecke bekommen einen neuen Platz, und zum ersten Mal gibt es ein Zelt für klassische Musik. Die 60 000 Besucher bringen 130 000 £ für die Anti-Atomwaffen-Kampagne CND und lokale Wohlfahrtsverbände auf. In den folgenden drei Tagen kann man unter anderen **The Cure**, **Madness**, **The Pogues**, **The Waterboys** und die **Housemartins** hören. Auf dem Programm stehen auch zwei heiße englische Bands, die den internalen Durchbruch schaffen: **Level 42**, deren Pop-Funk vom virtuos slappenden Bassisten und Sänger **Mark King**

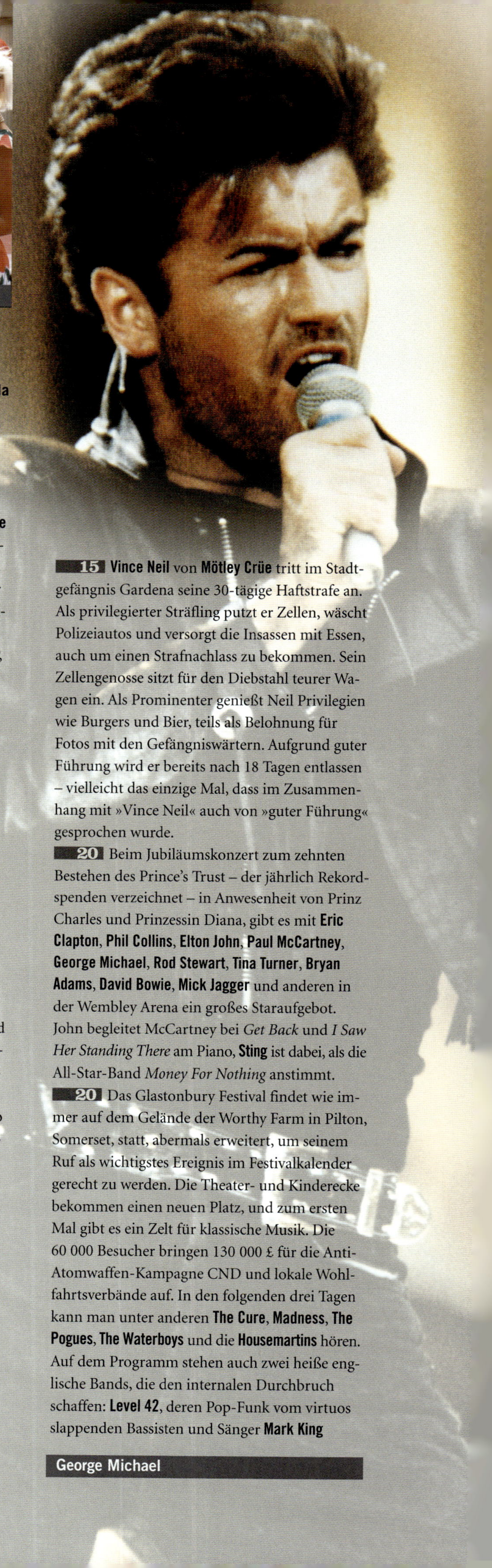
George Michael

bestimmt wird (ihr Album, ***World Machine***, war letzten Monat auf Platz 18 in den USA) sowie **Simply Red**, eine Gruppe aus Manchester, deren Mittelpunkt der 26-jährige, rothaarige Frontmann **Mick Hucknall** bildet, ein talentierter Songschreiber und Sänger. Ihr Soulpop-Juwel *Holding Back The Years* ist dabei, in Großbritannien die Nr. 2 und in den USA die Nr. 1 zu werden.

28 **Wham!** führen mit der letzten Single – eine Vier-Song-EP mit der Doppel-A-Seite *The Edge Of Heaven/Where Did Your Heart Go* – die UK-Charts an. Sie beenden ihre glänzende, vierjährige Karriere, während der sie zehn Mal in den britischen Top 10 und drei Mal Nr. 1 in den USA waren, mit dem Final Concert vor 72 000 begeisterten Fans im Wembley Stadium. Für **Gary Glitter**, der das Vorprogramm eröffnet, ist es nach 14 Jahren der erste Auftritt in der Arena, gefolgt von Solosänger **Nick Heyward**, der vormals bei **Haircut 100** war. Dann tanzt Michael zur Melodie von *Everything She Wants* über die Bühne. Bevor das Duo ihre größten Hits zum Besten gibt, erklärt Michael dem Publikum: »Das ist bestimmt von allen Konzerten unser wichtigstes. Wir müssen uns für vier Jahre bei euch bedanken, und das machen wir gerne, also legen wir los.« **Elton John** betritt als Ronald McDonald verkleidet die Bühne, um Michael bei *Candle In The Wind* zu begleiten, später nochmals im grünen Jackett und einer rosa Mohikanerperücke. **Simon Le Bon** gesellt sich beim Finale dazu, als das Duo *I'm Your Man* anstimmt.

28 **Boy George** erscheint kurz bei einem Anti-Apartheid-Konzert mit **Sting**, **Peter Gabriel**, **Sade** u. a. im Londoner Clapham Common. Unerklärlicherweise mit Mehl bedeckt, stellt er sich als »euer Lieblings-Junkie« vor. Binnen einer Woche lässt Georges Bruder, der um dessen Leben fürchtet, bei der Presse durchsickern, der Sänger sei auf Heroin. Der süchtige Star, der öffentlich Drogen anprangerte, widerspricht aber hartnäckigen Gerüchten, sein Gewichtsverlust sei Folge von AIDS. Er unterzieht sich einer Therapie in einem Zentrum für Heroinabhängige.

Juli

1 **Prince** besucht die Premiere seines neuen Films »Unter dem Kirschmond« im Centennial Twin Theater von Sheridan, Wyoming, in Begleitung von Lisa Barber, einem Zimmermädchen des örtlichen Motels. Lisa Barber, eine routinierte Teilnehmerin an Gewinnspielen, ergatterte das Treffen als 10 000. Anruferin bei der MTV-Hotline. Nach der Premiere spielt Prince 45 Minuten lang im nahe gelegenen Holiday Inn.

4 Nach der enorm erfolgreichen Veranstaltung Farm Aid im letzten Jahr beginnt das zweite Wohltätigkeitskonzert mit über 60 Künstlern in Manor Downs, Austin. Auch **Willie Nelson**, **John Mellencamp** und **Neil Young**, die Initiatoren und Veranstalter, treten wieder auf. Der Latino-Herzensbrecher **Julio Iglesias** kommt mit einer gecharterten Privatmaschine aus Las Vegas, wo er im Harrah's gastiert, und singt mit Nelson *To All The Girls I've Loved Before.* Des Weiteren dabei **Bon Jovi**, **Bob Dylan**, **Tom Petty And The Heartbreakers**, **Alabama**, **Bonnie Raitt** und der »New Country«-Pionier **Dwight Yoakam**.

5 Fünfzig Tage nach ihrem 20. Geburtstag ist **Janet Jackson** mit ***Control*** die Nr. 1 in den USA und damit, nach dem 13-jährigen **Little Stevie Wonder** 1963, die jüngste Künstlerin an der Spitze der Albumcharts. Die LP beinhaltet auch ihren Erfolgshit, die knackige Funk-Nummer *What Have You Done For Me Lately*, der bereits die US-R&B-Charts anführte und einen Richtungswechsel markiert. Jackson hat sich vom sanften Popsoul ihres 1984er-Debütwerks ***Dream Street*** verabschiedet, auf dem sie gar ein Duett mit **Cliff Richard** sang. Sie arbeitet bis Ende des Jahrzehnts mit den angesagten Songschreibern und Produzenten Jimmy Jam und Terry Lewis aus Minneapolis, die das Musikgerüst für ihr gesamtes Material liefern. Die Aufsteiger Jam und Lewis, Anfang der 80er-Jahre aus der R&B-Combo **Time** hervorgegangen, sind die Macher vieler aktueller R&B-Hits, etwa von der **S.O.S. Band**, **Patti Austin**, **Cherrelle**, **Alexander O'Neal** und **Force M.D.** Ihr schicker, urbaner Mix aus hochpolierten, schnellen Tanzrhythmen und weichen Balladen kam bei einer Teamarbeit kürzlich auch **Human League** zugute. Die viermonatigen Sessions mit der Band begannen im Februar. Die erste Veröffentlichung, die Jam-und-Lewis-Nummer *Human*, wird am 22. November auf Platz 1 in den US-Charts sein.

12 **Boy George**, sein Freund **Marilyn** und andere werden wegen Drogenbesitzes verhaftet. Kaum dass sie aus den Schlagzeilen sind, stirbt der New-Yorker Keyboarder **Michael Rudetski** in Georges Londoner Wohnung an einer Überdosis Heroin. Rudetski spielte auf dem letzten **Culture-Club**-Album und war für ein weiteres verpflichtet. George bestätigt dem Gericht bei seinem späteren Drogenprozess, er sei bereit, sich bei Dr. Meg Patterson einer Suchtbehandlung mit der elektronischen »Black Box« zu unterziehen.

19 Beim ersten Hip-Hop-Festival in Großbritannien sind **Grandmaster Flash** und **Afrika Bambaataa** Headliner. UK Fresh ist ein Rap-Segment beim Capital Music Festival in der Londoner Wembley Arena.

27 Der Konzertbesucher Jon Moreland, der von seiner Freundin verlassen worden war, stürmt bei einem **Cure**-Konzert in Los Angeles die Bühne und sticht wiederholt mit einem Jagdmesser auf sich ein. 18 000 Zuschauer johlen begeistert. Sie glauben, das Ganze sei Teil der Show.

30 RCA Records kündigt den Vertrag von **John Denver**. Branchenkenner vermuten, dass die neue RCA-Eignerin General Electric (ein wichtiger Rüstungsbetrieb) an dem Stück *Let Us Begin (What Are We Making Weapons For?)* Anstoß nahm, das Denver kürzlich mit dem sowjetischen Starsänger **Alexander Gradski** im Moskauer Melodija-Studio aufgenommen hat.

August

1 Die siebenmonatigen Aufnahmen zum neuen **U2**-Album beginnen mit Unterbrechungen in den Windmill Lane Studios in Dublin. Produzenten sind Brian Eno und Daniel Lanois. ***The Joshua Tree*** erscheint im kommenden Jahr.

4 **Michael Jackson** und Koproduzent **Quincy Jones** beginnen im Studio D der Westlake Studios die Arbeit am Nachfolger von ***Thriller***. Jackson hat bereits eine Auswahl von 62 eigenen Songs, aber Jones sichtet noch andere Angebote. (*Come Together* von den Beatles wird aufgenommen, aber verworfen.) Jackson besteht darauf, dass seine Schlange Crusher und sein ständiger Begleiter, der Schimpanse Bubbles, im Studio dabei sind. (Bubbles reitet auf der dänischen Dogge des Toningenieurs Bruce Swedien durchs Studio.)

9 **Queen**, die im Rahmen ihrer 25-tägigen Europatournee als erste westliche Künstler seit Louis Armstrong im Jahr 1964 ein Konzert in Ungarn gaben und danach drei Auftritte in Spanien absolvierten, sind die Hauptgruppe beim diesjährigen Knebworth Park Festival. Ihr 658. Auftritt – vor 200 000 Zuschauern – ist auch ihr letzter. Das Vorprogramm bestreiten u. a. **Status Quo** und **Big Country**.

9 ***Storms Of Life***, das Debütalbum von **Randy Travis**, das Warner Bros. bei nur 65 000 $ Produktionskosten 5,2 Mio. $ einbringt, führt die US-Country-Charts an und wird mehrfach mit Platin ausgezeichnet. Es wird neben der ersten, unlängst veröffentlichten LP ***Guitars, Cadillacs, Etc., Etc.*** von **Dwight Yoakam** als zukunftsweisendes Album der neuen Country-Bewegung gepriesen. »New Country« wurzelt zwar im traditionellen Country, hat aber nichts mit der abgestandenen Zuckerwatte zu tun, die seit Jahren die stagnierende Countryszene beherrschte.

Boy George gab seine erfolgreiche Suchttherapie und die Auflösung von Culture Club Anfang 1987 in der Fernseh-Talkshow »Wogan« auf BBC1 bekannt.

10. Mai **Paul Simon** und das bereits seit langen Jahren aktive südafrikanische Gesangsensemble **Ladysmith Black Mambazo** treten bei »Saturday Night Live« erstmals öffentlich zusammen auf. Sie geben damit einen ersten Vorgeschmack auf Simons neues Album ***Graceland***, in dem sich Simons Talent als Songschreiber auf bahnbrechende Weise mit Weltmusik-Einflüssen vor allem aus Südafrika verbindet. Simon hat dort 1985 im Ovation Studio neun Tage lang Aufnahmen mit einer Gruppe legendärer einheimischer Musiker gemacht. Auf Ladysmith wurde er durch den BBC-Dokumentarfilm »Rhythm Of Resistance: The Music Of South Africa« aufmerksam, worauf er mit ihnen in den

»Auch wenn die LP kein Hit wird ...

Londoner Abbey Road Studios das intensive Stück *Homeless* aufnahm, das das immense Gesangstalent von Leadsänger **Joseph Shabalala** voll zur Geltung bringt. Obwohl die südafrikanischen Elemente die meiste Aufmerksamkeit erhalten, hört man auf ***Graceland*** auch Cajun-Zydeco von **Rockin' Dopsie And The Twisters**, Chicano-Latin-Rock von **Los Lobos** und (auf dem Titelsong) den zeitlosen Harmoniegesang der **Everly Brothers**. Die Veröffentlichung des Albums im September bringt Simon seinen größten Soloerfolg und löst den ersten Weltmusik-Boom aus.

Für *The Rhythm Of The Saints*, den Nachfolger von *Graceland* (mit 5 Mio. Verkäufen in den USA sein erfolgreichstes Soloalbum), ließ sich Paul Simon von südamerikanischer Musik inspirieren, nachdem er den legendären brasilianischen Musiker Milton Nascimento auf einem Parkplatz in Los Angeles getroffen hatte.

will ich nichts daran ändern.«

Paul Simon, **The New York Times**, 24. August 1986

August 1986

MTV sendet *Walk This Way* ... Das erste Benefizkonzert für die Bridge School ...

Run-D.M.C.

Neil Young

16 Auf MTV läuft das neue **Run-D.M.C.**-Video »Walk This Way«. Die bahnbrechende Single – demnächst die US-Nr.-4 – ist eine gewagte Kollaboration zwischen dem Rap-Trio und den **Aerosmith**-Musikern **Steven Tyler** und **Joe Perry**. Für die Neuauflage des Aerosmith-Originals, 1977 die US-Nr.-10, Rockvergangenheit und Rap-Zukunft zu einem Rap-Metal-Crossover zu vereinen war die Idee von Rick Rubin, Mitinhaber des Def Jam Labels. Durch *Walk This Way* und das zugehörige Video der Protagonisten entdeckt auch die weiße Jugend Rap. Und es bringt die seit 1980 wegen Drogen und Alkohol stagnierende Karriere von Aerosmith wieder auf Trab. Run-D.M.C. sind nicht nur die erste Hardcore-Rap-Truppe in den Top 10, ihre LP ***Raising Hell*** ist auch das erste Rap-Album, das in den USA Platin bekommt.

17 Nach ständigen Zuschauertumulten bei den fünf Konzerten, die **Run-D.M.C.** und die **Beastie Boys** in den Vereinigten Staaten geben (in Pittsburgh, Cleveland, Atlanta, Cincinnati und New York), bricht bei einem Konzert in Long Beach ein Riesenkrawall zwischen den rivalisierenden Los-Angeles-Gangs – den Crips und den Bloods – aus. 42 Personen werden schwer verletzt. Nach weiteren Ausschreitungen erteilen viele US-Hallen ein Auftrittsverbot.

> **»Abartige Pläne: Michael Jackson will 150 Jahre alt werden.«**
>
> **The National Enquirer**, 21. September 1986

September

11 Die dritte Vergabe der MTV Awards findet gleichzeitig im Universal Amphitheatre in Universal City, Kalifornien, und im New-Yorker Palladium statt. **Van Halens** Liveauftritt in New Haven wird zugeschaltet. Die Abräumer des Abends sind, völlig überraschend, **a-ha**, ein telegenes Trio aus Norwegen. Ihre beiden Singles, *Take On Me* (das dazugehörige Video mit einer ungewöhnlichen Mischung aus Film und Animation; Regie Steve Barron, Trick Michael Patterson) und *The Sun Always Shines On TV*, gewinnen insgesamt sieben Preise. Der achte, der Zuschauerpreis, geht an die Band. Die **Dire Straits** kassieren zwei Auszeichnungen für das Trickfilm-Video »Money For Nothing«, die restlichen Preise teilen sich **Whitney Houston**, **Robert Palmer**, **Prince And The Revolution**, **ZZ Top**, **David Bowie** und **Mick Jagger**, **Bryan Adams** mit **Tina Turner**.

20 **Cameo** spielen im Londoner Town & Country Club anlässlich der »Rock Around The Clock«-Live-Nacht auf BBC 2. Das seit zehn Jahren existente Soulfunk-Trio aus New York, geleitet vom Sänger und Schlagzeuger **Larry Blackmon**, spielt den Hit *Word Up*. Mit Platz 3 der UK-Charts und Platz 1 in den US-R&B-Charts gelingt ihm der internationale Durchbruch. Der Titel stammt aus dem zwölften und erfolgreichsten Album *Word Up!*, das Nr. 7 in England und Nr. 8 in den USA wird.

21 Das Titelfoto der Zeitschrift **National Enquirer** zeigt **Michael Jackson**, angeblich in einem Sauerstoffzelt, mit der Überschrift: »Abartige Pläne: Michael Jackson will 150 Jahre alt werden.« (1993 weist Jackson bei einem TV-Gespräch mit Oprah Winfrey die Geschichte zurück. Angeblich ist das Foto entstanden, als er sich probehalber in einen Behandlungsapparat für Brandopfer legte, den er dem Michael Jackson Burns Center im Brotman Memorial Hospital gespendet hatte.)

27 **Metallica** sind auf Skandinavientournee, um das neue Album ***Master Of Puppets*** zu promoten. Zwischen Stockholm und Kopenhagen kommt ihr Bus bei Ljungby in Südschweden von der Straße ab. Der Bassist **Cliff Burton** wird aus dem Fenster geschleudert und dann unter dem Bus begraben. Er ist auf der Stelle tot. Ansonsten wird niemand ernstlich verletzt. Die Band kehrt zu seiner Beerdigung in San Francisco nach Kalifornien zurück. Burtons Asche wird in die Bucht gestreut.

Oktober

13 Das erste Bridge-School-Wohltätigkeitskonzert, von **Neil Young** und seiner Frau Pegi organisiert, findet im Shoreline Amphitheatre in Mountain View, Kalifornien, statt. Zeit und Talent investieren zudem **David Crosby**, **Stephen Stills**, **Graham Nash**, **Bruce Springsteen**, **Tom Petty**, **Nils Lofgren**, **Don Henley** und Schauspieler Robin Williams. Das Ereignis wird zum jährlichen Höhepunkt der musikalischen Herbstsaison in der Bay Area (1987 findet es nicht statt). Das Geld kommt den Programmen der Bridge School zugute. Entwickelt wurden sie, damit »körperbehinderte, schwer sprachgestörte Kinder Barrieren überwinden lernen und ihr volles Bildungs- und Sozialpotenzial entfalten können«.

16 Nach der gestrigen Generalprobe wird mit einem Sonderkonzert im Fox Theatre in St. Louis, organisiert von **Keith Richards**, **Chuck Berrys** 60. Geburtstag gefeiert. Die Veranstaltung soll auch die Basis zu einem Dokumentarfilm bilden. Richards führt die Backgroundband an, zu der **Eric Clapton**, **Julian Lennon**, **Linda Ronstadt**, **Joe Walsh**, der junge Bluesrock-Gitarrist **Robert Cray** und **Etta James** gehören. Danach folgen zwei Wochen Proben auf Berrys Farm in Wentzville. Trotz

Das letzte Konzert von Queen fand im August auf dem Knebworth Festival statt ... Metallica waren fast das ganze Jahr 1986 auf Welttournee mit ihrem Album *Master of Puppets*.

Metallica

Rick Allen von Def Leppard

Die Stadtverwaltung von Los Angeles zog die Einladung für Run-D.M.C. zum Los Angeles Street Scene Festival zurück, weil es bei mehreren Konzerten der Band zu Ausschreitungen gekommen war ... Neil Young organisierte das erste Benefizkonzert für die Bridge School im Oktober ... Dank eines speziell angefertigten Schlagzeugs konnte Rick Allen seinen ersten Auftritt mit Def Leppard in England absolvieren, seit er bei einem Autounfall einen Arm verloren hatte.

einer öffentlichen Fehde (ausgelöst durch die Verspätung des Fernsehteams) führen Richards und Berry den Film zu Ende. Später meinte Richards: »Ich hätte ihn umbringen können.«

25 Auf Betreiben der rührigen Nashville-Größe **Emory Gordy, Jr.** veröffentlicht MCA Records das Album ***Guitar Town*** des 31-jährigen Sängers, Songwriters und Gitarristen **Steve Earle**. Von Gordy Jr. und Tony Brown koproduziert, erobert Earle in 66 Chartswochen mit seinem rockigen, rebellischen Stil auch Platz 1 der US-Country-Charts. Nach dem Kritiker- und Publikumserfolg und einer ausverkauften US-Tournee wird Earle von der Zeitschrift **Rolling Stone** zum besten Countrykünstler gewählt. Mit **Randy Travis** und **Dwight Yoakam** wird er bei Country-Preisverleihungen als Pionier des »New Country« gepriesen.

25 Zum ersten Mal in der Chartsgeschichte der USA besetzen drei Künstlerinnen die ersten drei Positionen der Hot 100: **Cyndi Lauper** ist die Nr. 1 mit der Ballade *True Colors*, **Tina Turner** folgt mit *Typical Male* auf Platz 2, **Janet Jackson** schließlich fällt mit ihrem ersten Charttopper, *When I Think Of You*, auf Platz 3 zurück.

31 **Roger Waters** reicht bei einem Obersten Gericht in London Klage ein. Er will die Auflösung der Partnerschaft mit **Pink Floyd** und, als ihr Bandleader und kreativer Kopf, ein Verbot für **David Gilmour** und **Nick Mason** erwirken, bei künftigen Platten und Tourneen den Bandnamen zu verwenden. Gilmour, Mason und **Rick Wright** (inzwischen ein Lohnmusiker) reagieren am 11. November mit einer Presseerklärung und geben bekannt, die Band denke nicht an eine Auflösung, und ein neues Album sei auf dem Weg. Sie würden ihr Projekt als Pink Floyd veröffentlichen. Waters meint, dazu hätten sie kein Recht. Sie erreichen eine temporäre Nutzung des begehrten Namens und siegen später.

November

15 Der 23-jährige Ex-Bassist von **Flotsam And Jetsam**, **Jason Newsted** aus Battle Creek, Michigan, gibt in Tokio sein Debüt mit **Metallica** anlässlich der Fernost-Tournee der Band.

16 **Robert Cray** gewinnt bei den siebten amerikanischen National Blues Awards, von **B. B. King** und **Carl Perkins** moderiert, sechs Handy Awards. Der 33-Jährige aus Georgia veröffentlicht kommenden Monat sein drittes Album in diesem Jahr. ***Showdown!***, in Zusammenarbeit mit **Albert Collins** und **Johnny Copeland** entstanden, war im März die Nr. 124, ***False Accusations*** im Juni die Nr. 141 in den USA. Die Crossover-LP ***Strong Persuader*** wird sein Durchbruch. In den USA über zwei Millionen Mal verkauft, bringt sie dem Gitarristen und Sänger eine Reihe weiterer Preise.

29 ***Live 1975–1985*** steigt auf Platz 1 der US-Charts ein. Nach über 500 Konzerten in einer Dekade stellte **Bruce Springsteen** das beispiellose Fünffach-Album selbst zusammen. Seine letzten Stadienkonzerte sind dominant vertreten und vermitteln die Begeisterung, die seine Konzerte bei seinen treuen Fans so beliebt macht. Auch vier bislang unveröffentlichte Springsteen-Aufnahmen sind zu hören: das Instrumental *Paradise By The Sea*, seine Version von *Because The Night*, *Fire* und das neue *Seeds*, im Los Angeles Memorial Coliseum in September 1985 mitgeschnitten. Die Traumkollektion umfasst 40 Songs aus 21 Konzerten und ein 36-seitiges, farbiges Begleitheft.

Dezember

1 Der 61-jährige **Lee Dorsey** (Hitstar von *Working In A Coal Mine*) stirbt in New Orleans an einem Emphysem. Er war Gastmusiker auf dem Debütalbum von **Southside Johnny And The Asbury Jukes** und veröffentlichte 1976 die LP *Night People*. 1980 konnten ihn **The Clash** dazu überreden, für eine gemeinsame US-Tournee seinen Ruhestand zu unterbrechen.

13 **Bruce Hornsby And The Range** führt mit *The Way It Is*, einer eigenen Nummer über die Rassenfrage, geprägt von seinem typischen Pianostil, die US-Charts an. Seit September kletterte sie nach oben und hält sich 22 Wochen in der US-Hitliste. Für den 30-jährigen Sänger, Songschreiber und Pianisten ist es die längst überfällige Anerkennung. Seit seinem Abschluss an der renommierten Berklee School Of Music in Boston tingelte er zehn Jahre lang mit seiner Band unablässig durch Clubs. Er komponierte und nahm dutzende von Demos auf, die er über 70 Plattenfirmen vergeblich anbot, bis RCA ihm letztes Jahr eine Chance gab.

19 Ein kalifornischer Richter lehnt es ab, das Verfahren vom 13. Januar gegen **Ozzy Osbourne** und Columbia/CBS Inc. neu aufzunehmen. Die Klage warf Osbourne vor, indirekt am Selbstmord des Jugendlichen John McCollum aus Kalifornien schuld zu sein, weil sein Text zu *Suicide Solution* diesen zur Tat inspiriert hätte. Richter John L. Cole nach berührt der Fall Bereiche, die »der erste Zusatzartikel der Verfassung klar schützt«.

27 **Jackie Wilsons** erste Single, *Reet Petite*, nach 29 Jahren in England neu veröffentlicht und mit einem originellen Trickfilm-Video beworben, verdrängt in den britischen Weihnachtscharts *Caravan Of Love* von den **Housemartins** von der Spitze. Über 700 000 Platten werden verkauft.

Queen schafften etwas Einmaliges in der Geschichte der Charts: Jedes Bandmitglied schrieb je einen britischen Top-3-Hit.

ROOTS **In diesem Jahr gastiert die kommende Rapperin Erica Wright (Erykah Badu) beim Lokalsender KNON-FM in Dallas ... engagiert Johnny McElhone, Ex-Bassist von Altered Images und Hipsway, Sharleen Spiteri als Leadsängerin für seine neue Band Texas ... unterschreiben The Shamen, gegründet vom Teilzeit-Psychiatriepfleger Colin Angus, beim Indie-Label Moshka; dort erscheinen die beiden ersten Singles der Band ... gründen die schwedischen Musikprofis Marie Fredriksson und Per Gessle das Duo Roxette ... antwortet Kim Deal als Einzige auf die Anzeige – »stehe auf Hüsker Dü und Peter, Paul and Mary« – von Black Francis, der in Boston eine Band gründen will; beim Durchblättern eines Lexikons stößt man auf den Namen Pixies ... übersiedelt Dave Matthews nach Charlottesville, Virginia, und entzieht sich damit der allgemeinen Wehrpflicht seines Landes Südafrika; mit gleich gesinnten Musikern gründet er 1990 die erste Band ... sieht Mick Jagger die Band Living Colour live im CBGB's in New York; er heuert sie für sein neues Soloalbum *Primitive Cool* an ... nehmen Evan Dando, Ben Deily und Jesse Peretz, Absolventen der Commonwealth School in Boston, für 100 $ vier Stücke auf und veröffentlichen 1000 Maxisingles mit dem Titel *Laughing All The Way To The Cleaners* ...**

Pump Up The Volume

1987

Nr. 1 US-SINGLES

03. Jan.	Walk Like An Egyptian **Bangles**
17. Jan.	Shake You Down **Gregory Abbott**
24. Jan.	At This Moment **Billy Vera And The Beaters**
07. Febr.	Open Your Heart **Madonna**
14. Febr.	Livin' On A Prayer **Bon Jovi**
14. März	Jacob's Ladder **Huey Lewis And The News**
21. März	Lean On Me **Club Nouveau**
04. Apr.	Nothing's Gonna Stop Us Now **Starship**
18. Apr.	I Knew You Were Waiting (For Me) **Aretha Franklin And George Michael**
02. Mai	(I Just) Died In Your Arms **Cutting Crew**
16. Mai	With Or Without You **U2**
06. Juni	You Keep Me Hangin' On **Kim Wilde**
13. Juni	Always **Atlantic Starr**
20. Juni	Head To Toe **Lisa Lisa And Cult Jam**
27. Juni	I Wanna Dance With Somebody (Who Loves Me) **Whitney Houston**
11. Juli	Alone **Heart**
01. Aug.	Shakedown **Bob Seger**
08. Aug.	I Still Haven't Found What I'm Looking For **U2**
22. Aug.	Who's That Girl **Madonna**
29. Aug.	La Bamba **Los Lobos**
19. Sept.	I Just Can't Stop Loving You **Michael Jackson**
26. Sept.	Didn't We Almost Have It All **Whitney Houston**
10. Okt.	Here I Go Again **Whitesnake**
17. Okt.	Lost In Emotion **Lisa Lisa And Cult Jam**
24. Okt.	Bad **Michael Jackson**
07. Nov.	I Think We're Alone Now **Tiffany**
21. Nov.	Mony Mony »Live« **Billy Idol**
28. Nov.	(I've Had) The Time Of My Life **Bill Medley And Jennifer Warnes**
05. Dez.	Heaven Is A Place On Earth **Belinda Carlisle**
12. Dez.	Faith **George Michael**

Nr. 1 UK-SINGLES

03. Jan.	Reet Petite (The Sweetest Girl In Town) **Jackie Wilson**
24. Jan.	Jack Your Body **Steve »Silk« Hurley**
07. Febr.	I Knew You Were Waiting (For Me) **Aretha Franklin And George Michael**
21. Febr.	Stand By Me **Ben E. King**
14. März	Everything I Own **Boy George**
28. März	Respectable **Mel And Kim**
04. Apr.	Let It Be **Ferry Aid**
25. Apr.	La Isla Bonita **Madonna**
09. Mai	Nothing's Gonna Stop Us Now **Starship**

U2

Run-D.M.C.

Ihre 110 Konzerte umfassende Tour durch die Stadien der Welt machte U2 sogar zum Titelthema des Magazins Time ... Bei den MTV Music Awards spielten Run-D.M.C. zusammen mit Aerosmith *Walk This Way* – eine wichtige Neuerung in der Geschichte der Rapmusik.

Von Michigan bis Manchester wurde in den Clubs House aufgelegt, ein Beweis für den wachsenden Einfluss von Rap und Elektronik. Rap bekam Zuwachs von Bands wie den **Beastie Boys** und **Public Enemy**, während das reifere Publikum Zuflucht bei **U2**, **Dire Straits**, **Sting** oder **Whitney Houston** nahm. Sogar die **Bee Gees** feierten eine Rückkehr in die Charts.

Wie Punk vermittelte House jungen Fans eine Identität und ein ähnliches (jedoch modischeres) Gefühl der Rebellion. Von Chicago aus eroberte der Trend England, vor allem die Clubs in multikulturellen Städten. Dort entstand eine Undergroundkultur mit Dance-Events, den so genannten Raves. Die **Beastie Boys** begleiteten **Run-D.M.C.** auf Tour, und ihr Album ***License To Ill*** bewies, dass Rap auch weiße Fans fand. Andere Rapper standen in schlechtem Ruf. Weil Gewalt, Alkohol, Drogen und Sex im Vordergrund standen, kam es zu heftigen Reaktionen. Die Stadt Jacksonville versuchte die Warnung »nur für Erwachsene« auf den Konzertkarten der Beastie Boys durchzusetzen. Viele Läden boykottierten das Album der **2 Live Crew**, um Klagen wegen des Verkaufs an Minderjährige zu vermeiden.

George Michael war definitiv kein Rapper, bekam aber mit seiner funky Single *I Want Your Sex* trotzdem Ärger. BBC und etliche US-Radiosender boykottierten sie, und MTV schnitt das Video um. Daraufhin schoss die Single auf beiden Seiten des Atlantiks an die Spitze. Drei britische Produzenten, **Mike Stock**, **Matt Aiken** und **Pete Waterman**, erfanden eine höchst erfolgreiche Art von »Reißbrett-Pop« mit unglaublich eingängigen (bisweilen nervtötenden) Hits. **Rick Astleys** *Never Gonna Give You Up* wurde die meistverkaufte britische Single des Jahres (und die Nr. 1 in 16 weiteren Ländern). Das Produktionsteam fabrizierte in den kommenden Jahren noch ein Dutzend Nr.-1-Hits. Angeblich schrieben sie **Kylie Minogues** ersten Hit *I Should Be So Lucky* in zehn Minuten. Hätten andere bloß so viel Glück!

U2 legten kräftig zu. Ihr bahnbrechendes Album ***The Joshua Tree*** verkaufte sich weltweit über 20 Millionen Mal. Alles war wie immer – **Bonos** jubilierender Gesang, die abgehackten Gitarrenläufe von **The Edge**, zur Hochglanzproduktion von **Daniel Lanois** und **Brian Eno** –, doch die Texte führten von Sehnsucht zu Verzweiflung. Eine exzellente Melodieführung besänftigte die Düsternis und machte die Band mit diesem Album zur größten Rockgruppe der Welt.

MTV exportierte seinen Erfolg nach Europa. Aber das populärste Video stammte weder von einem Rapper noch einer gelackten Popband. Das Video zu *Sledgehammer*, von **Peter Gabriel**, eine aufwändige 3D-Animation, setzte neue Maßstäbe für das aufstrebende Genre.

»Ich seh nicht wie ein Sänger mit tiefer Stimme aus ... sondern wie ein junger Bursche.« Rick Astley, **NME**, 15. Aug. 1987

- **06. Juni** I Wanna Dance With Somebody (Who Loves Me) **Whitney Houston**
- **20. Juni** Star Trekkin' **Firm**
- **04. Juli** It's A Sin **Pet Shop Boys**
- **25. Juli** Who's That Girl **Madonna**
- **01. Aug.** La Bamba **Los Lobos**
- **15. Aug.** I Just Can't Stop Loving You **Michael Jackson**
- **29. Aug.** Never Gonna Give You Up **Rick Astley**
- **03. Okt.** Pump Up The Volume/Antina (The First Time I See She Dances) **M/A/R/R/S**
- **17. Okt.** You Win Again **Bee Gees**
- **14. Nov.** China In Your Hand **T'Pau**
- **19. Dez.** Always On My Mind **Pet Shop Boys**

Nach ihrer US-Tour als Vorband von Madonna nahm Rick Rubin die Beastie Boys 1984 für sein eben gegründetes Label Def Jam unter Vertrag.

Die »House«-Szene ... Paul Simons Graceland-Tour ... Die Beatles auf CD ...

Januar

1 **Elton John** sagt in Sydney den Rest seiner Tournee ab. Er muss sich einen gutartigen Knoten im Rachen operativ entfernen lassen und kann bis April nicht auftreten.

6 **Eric Clapton** eröffnet eine sechstägige Konzertreihe in der Londoner Royal Albert Hall (wird zu einem beliebten, jährlichen Ereignis). Zur hochkarätigen Band gehören **Mark Knopfler** (Gitarre), **Nathan East** (Bass), **Greg Phillinganes** (Keyboards) und **Steve Ferrone** (Schlagzeug). Am 8. Januar machen **Sting** und **Steve Winwood** bei den Zugaben *Money For Nothing* und *Sunshine Of Your Love* mit, während **Phil Collins** am 12. Januar am Schlagzeug sitzt.

21 Die zweite Aufnahmefeier der Rock and Roll Hall of Fame findet im Waldorf-Astoria Hotel, New York, statt. Geehrt werden **Bill Haley**, **Eddie Cochran**, **Rick Nelson**, **Bo Diddley**, **B. B. King**, **Clyde McPhatter**, **Aretha Franklin**, die **Coasters**, **Marvin Gaye**, **Roy Orbison**, **Carl Perkins**, **Smokey Robinson**, **Big Joe Turner** und **Jackie Wilson**, der auf den Tag genau vor drei Jahren starb. **Louis Jordan**, **T-Bone Walker** und **Hank Williams** werden als frühe Einflüsse aufgenommen. **Brian Wilson** führt die Songschreiber und Nichtmusiker **Leiber** und **Stoller** ein (danach macht ihm Sire-Records-Chef Seymour Stein das Angebot für ein Soloalbum).

24 Die »House«-Szene kommt groß heraus, die Nr. 1 in Großbritannien, *Jack Your Body* von **Steve »Silk« Hurley**, ist ihr erster internationaler Hit. Das Genre gärt seit zwei Jahren in Chicago, erdacht im Warehouse, das dem »House«-Gottvater DJ Frankie Knuckles gehört. Der Chicagoer DJ Hurley führt die Bewegung an: ein Dance-Mix aus Elektro, Rap, Gospel, Disco und Soul zum konstanten Beat der Rhythmusmaschine. Sein Spitzname steht für die Methode, mit der er unterschiedliche Musikelemente glatt und nahtlos sampelt und mischt. House explodiert in der hippen UK-Clubszene, respektive dem Hacienda in Manchester und dem Garage in Nottingham – dort fahren die Ersten auf einen anderen House-Erfinder ab, **Farley Jackmaster Funk** aus Chicago, letzten September mit *Love Can't Turn Around* die Nr. 10 in Großbritannien.

Februar

1 **Paul Simons** Europatournee Graceland beginnt im Rotterdamer Ahoy. Vor zwei Tagen erklärte er bei einer Pressekonferenz in London, dass ihn der Afrikanische Nationalkongress ebenso wie die UN von der schwarzen Liste gestrichen hätten. Simon hatte mit Plattenaufnahmen in Südafrika gegen deren Boykott verstoßen. Auf der Tour begleiten ihn **Ladysmith Black Mambazo** und die südafrikanischen Musiklegenden **Hugh Masekela** und **Miriam Makeba**. Die Konzerte in der Royal Albert Hall im April gleichen einer Besetzung durch Anti-Apartheid-Gegner.

9 Bei den sechsten BPI Awards im Londoner Grosvenor House Hotel wird **Eric Clapton** für herausragende Verdienste um die britische Musik geehrt und ***Brothers In Arms*** von den **Dire Straits** als bestes britisches Album ausgezeichnet. *West End Girls* von den **Pet Shop Boys** ist die beste britische Single, **Peter Gabriel** und **Kate Bush**, die kürzlich mit *Don't Give Up* einen gemeinsamen Top-10-Hit hatten, werden bester britischer Solokünstler bzw. Solokünstlerin (Bush gewann, obwohl sie im letzten Jahr keine Soloplatte veröffentlicht hat). Gabriel gewinnt auch das beste britische Video für seinen bahnbrechenden Trickfilmclip »Sledgehammer«. Die junge, britische R&B-Familienband **Five Star** werden zur besten britischen Gruppe gekürt. Ihre neueste Single *Stay Out Of My Life* erobert die Top 10 und zieht nächstes Jahr vier weitere Hits nach sich. Nach der letzten Top-10-Platzierung *The Slightest Touch* im Mai verschwindet die Band wieder von der Bildfläche. Die **Bangles**, Gewinner als beste internationale Gruppe, profitierten von zwei letztjährigen Hits – *Manic Monday*, Nr. 2, und *Walk Like An Egyptian*, Nr. 3. Ihr größter Hit wird im Mai 1989 der Charttopper *Eternal Flame*. The **Housemartins** sind beste britische Newcomer.

24 AIDS und Apartheid dominieren die 29. Grammy Awards im Shrine Auditorium, Los Angeles. Die Benefizsingle *That's What Friends Are For* wird Song des Jahres, und **Paul Simon** erhält für ***Graceland*** den begehrten Preis Album des Jahres. Er eröffnet die Verleihung mit *Diamonds On The Soles Of Her Shoes*, begleitet von **Ladysmith Black Mambazo**. Danach singt die Doppelsiegerin **Anita Baker** eine beeindruckende Interpretation von *God Bless America*. Die 29-jährige, ehemalige Leadsängerin der **Chapter 8** startet als neuer Soulstar durch. Sie kassiert Trophäen als beste R&B-Sängerin (für ***Rapture***), und für den besten R&B-Song (für die Hitauskopplung *Sweet Love*). **Steve Winwood** wird mit der Platte des Jahres und als bester Popsänger ausgezeichnet (beides für *Higher Love*), nach 20-jähriger Karriere seine ersten Nominierungen. **Tina Turner** wird auf Anhieb zum dritten Mal beste Rocksängerin, während **Bruce Hornsby And The Range** beste Nachwuchskünstler sind, sowohl von der Beliebheit als auch künstlerisch. *Peter Gunn* von **The Art of Noise** mit einem

Eric Clapton spielte 1987 in der Royal Albert Hall und während einer einmonatigen US-Tour im ausverkauften New-Yorker Madison Square Garden. Er spielt auch bei der Gala des Prince's Trust.

Gastauftritt des Twang-Gitarrengiganten **Duane Eddy** wird bestes Rock-Instrumental. (Der **Henry-Mancini**-Song, aus seinem Grammy-Album *The Music From Peter Gunn*, gewann bei der ersten Verleihung vor 28 Jahren.) Bei der TV-Übertragung der Feier zeigt Pepsi-Cola die Kurzfassung des Michael-Jackson-Werbespots: »This Spring … The Magic Returns.«

25 Aufmacher der **Sun** ist die erste von mehreren Schmuddelgeschichten über **Elton Johns** angebliche Schwulen- und Drogenorgien. Die heutige Schlagzeile: »Eltons Lustknaben-Skandal«. Der Star dementiert energisch und reicht eine Verleumdungsklage ein. Die morgige Schlagzeile lautet »Eltons perverse Spleens«, gefolgt von »Eltons Drogen-Dinger« und »Eltons rosa Tutu-Party«. Quelle ist der vermeindliche Callboy Stephen Hardy, in der Zeitung Mr Graham X. genannt. Die **Sun** hat ihm 2000 £ Vorschuss und eine wöchentliche Rate von 250 £ bezahlt. Hardy gibt in einem Artikel in der Zeitschrift **The Independent** zu: »97 Prozent war unwahr. Ich habe der **Sun** eine Zeile geliefert, und sie haben den Rest erfunden. Die Geschichten waren getürkt.« Als Johns Anwälte eine Gegendarstellung fordern, titelt die **Sun** mit »Du Lügner, Elton«, obwohl sie weiß, dass alles erlogen ist. Sie muss an den Künstler 1 Mio. £ Schadensersatz zahlen und eine Berichtigung drucken, die in bewährter **Sun**-Manier lautet: »Sorry, Elton.«

28 Das Titelblatt des NME ziert diese Woche der 24-jährige Newcomer **Terence Trent D'Arby** mit der Schlagzeile: »Der neue Pop-Prinz«. Der freimütige Sänger und Songschreiber mit dem beachtlichen Rock-R&B-Stimmvolumen war früher Box-Meister der Golden Gloves und als Rekrut der US-Armee bei der Dritten Panzerdivision in Frankfurt (Elvis Presleys Einheit). Der New-Yorker lebt seit 1984 in London und ergatterte letztes Jahr mit einem Demoband einen Vertrag bei CBS Records. Soeben wurde sein Debütalbum *Introducing The Hardline According To Terence Trent D'Arby* fertig gestellt. Nach dem starken Kritikerinteresse und den beiden UK-Top-10-Hits *If You Let Me Stay* und *Wishing Well* führt es im Juli die UK-Charts an.

März

7 Der **Beatles**-Backkatalog wird systematisch auf CD veröffentlicht. Die zeitlose Popularität der Band beweist ihre Rückkehr in die UK-Charts: *Please Please Me* ist Nr. 32, *With The Beatles* Nr. 40, *A Hard Day's Night* Nr. 30 und *Beatles For Sale* Nr. 45. Neun weitere Neuauflagen erobern dieses Jahr die Charts.

7 *Licensed To Ill*, das Debütalbum der **Beastie Boys**, führt als erstes Rap-Album die US-Charts an und bleibt sieben Wochen an der Spitze. Von Rick Rubin, Def-Jam-Mitinhaber, und dem Trio koproduziert und -komponiert, bietet es Samples von **Led Zeppelin** bis zur Fernsehserie »Mr. Ed.« Das raue, deftige *(You Gotta) Fight For Your Right (To Party)* wird als Singleauskopplung die Nr. 7 in den USA. Ihre schlagkräftige Mischung aus weißem Hardcore-Punk-Rap greift auch international sehr schnell: Die Single steht in zwei Wochen auf Platz 11 der UK-Charts, obwohl die BBC das Video dazu verbietet. Mit der kontroversen Bühnenshow und den rebellischen Mätzchen schüren sie die Hassliebe der Presse, besonders in Europa. Dort erfreuen sich die Fans an selbst gemachtem Beastie-Boys-Halsschmuck: Anhänger aus VW-Plaketten (von den Autos geklaut – versteht sich).

9 Island Records veröffentlicht das fünfte **U2**-Studioalbum, *The Joshua Tree*. Die Band gibt ab Mitternacht im Tower Records in Belfast Autogramme. Gleichzeitig stehen in London über 1000 U2-Anhänger – angeblich auch **Elvis Costello** – vor dem dortigen Tower-Laden für das Album Schlange. In England werden in der ersten Woche 235 000 Stück abgesetzt, das heißt Platin in nur 48 Stunden. Damit ist es das schnellstverkaufte Album in der britischen Chartsgeschichte. Die LP, produziert von **Daniel Lanois/Brian Eno**, gilt als Höhepunkt ihrer bisherigen Karriere und bestätigt, dass U2 eine der kommerziellsten Rockbands der Welt ist. Sie enthält drei Welthits: *With Or Without You*, das am 28. die UK-Nr. 4 ist und am 16. Mai U2s erster US-Charttopper wird, *I Still Haven't Found What I'm Looking For*, ebenfalls eine US-Nr. 1, und *Where The Streets Have No Name*. Gewidmet ist das Album Greg Carroll, dem persönlichen Assistenten der Gruppe. Er verunglückte im Juli 1986 in Dublin mit dem Motorrad tödlich.

16 Das irische Fernsehen feiert das 25. Jubiläum der legendären, irischen Folkgruppe **The Dubliners** mit der Sondersendung »The Late Late Show«, die ihm die bislang höchsten Einschaltquoten bringt. Gäste sind u. a. **U2**, **The Pogues** – die mit der Gruppe deren Erkennungshit *The Irish Rover* spielen – und **The Fureys And Davey Arthur**. Die Show endet mit einer gemeinsamen und mitreißenden Version von *The Auld Triangle*.

16 MTVs erster Auslandssender startet in Australien, ermöglich durch einen Lizenzvertrag mit Nine Network.

23 Im Santa Monica Civic Auditorium werden die ersten Soul Train Music Awards verliehen. **Gregory Abbotts** US-Nr.-1-Hit *Shake You Down* wird beste Single eines Sängers und er bester Nachwuchskünstler (kommt aber nie mehr in die Top 50). **Cameo** kassieren das Album und die beste Single des Jahres einer Gruppe, jeweils für *Word Up*. **Run-D.M.C.** gewinnen in den Kategorien beste Rap-Single (*Walk This Way*) und bestes Album (*Raising Hell*). **Janet Jacksons** *Control* ist Album des Jahres einer Sängerin und ihr »What Have You Done For Me Lately« bestes Video. Komoderator **Luther Vandross** erhält für *Give Me A Reason* das Album des Jahres eines Sängers. **Stevie Wonder** wird mit dem ersten Heritage Award für herausragende Leistungen als Entertainer geehrt.

1987 sagte Terence Trent D'Arby dem NME, er sei »ein Genie«. 2003 war er »nach wie vor voller Begeisterung dabei, dem Publikum seine kompromisslose Inspiration darzubieten«.

»Erfolg heißt für mich mehr als im Trend sein. Erfolg heißt 20 Mio. verkaufte Alben, Stadien mit 20 000 Leuten. Ich will, dass so viele Menschen wie möglich meine Musik hören.« Lionel Richie, **Playboy**, März 1987

März 1987

2 Live Crew … Das Comeback von Tom Jones … Tiffany beim Shoppen …

U2

Tiffany

***The Joshua Tree* von U2 war mit 235 000 Exemplaren in der ersten Woche das am schnellsten verkaufte Album der britischen Chartsgeschichte … Lange nach ihrer Chartskarriere zeigte sich Tiffany mit 30 nackt im Playboy.**

27 Die Dreharbeiten zum **U2**-Video »Where The Streets Have No Name«, auf dem Dach des Republic-Liquor-Ladens Ecke 7th Street und Main Street, Downtown, Los Angeles, ziehen tausende an. Schließlich schreitet die Polizei ein und bricht das Ganze ab. Das Ereignis wird für die Rock'n'Roll-Nachwelt auf Film festgehalten.

April

2 ***The Joshua Tree*** ist diese Woche auf Anhieb Nr. 7 in den US-Charts – der höchste Neueinstieg in den Albumcharts seit sieben Jahren. **U2** starten ihre 114-tägige Tournee Joshua Tree an der Arizona State University in Tempe. Aus Protest gegen die Abschaffung des öffentlichen Feiertags zu Ehren von Martin Luther King eröffnet die Band hier ihre Tournee.

15 Bei den 32. Ivor Novello Awards im Londoner Grosvenor House Hotel werden **Queen** für herausragende Verdienste um die britische Musik geehrt. **Annie Lennox** und **Dave Stewart** von den **Eurythmics** gewinnen in der Kategorie Songschreiber des Jahres und ihre Komposition *It's Alright (Baby's Coming Back)* als bester Song. *West End Girls* von den **Pet Shop Boys** wird als internationaler Hit des Jahres ausgezeichnet. Die in den Vereinigten Staaten produzierten, britischen Kompositionen *Sweet Freedom* (von **Michael McDonald** aufgenommen, aber von **Rod Temperton** verfasst) und *Chain Reaction* (von **Diana Ross** aufgenommen, aber aus der Feder der **Bee Gees** stammend) bekommen Preise als bester Filmsong beziehungsweise meistgespielter Song. *Don't Give Up* von **Peter Gabriel** gewinnt in der Kategorie beste Musik und bester Text.

17 Der Ex-Wailer **Carlton Barrett** wird vor seinem Haus in Manning Hills auf Kingston, Jamaika, erschossen. Seine Frau Albertine, ihr Liebhaber Glenroy Carter und der Komplize werden für das Mordkomplott verurteilt.

20 Weil er einem Minderjährigen die Kassette ***2 Live Is What We Are*** der umstrittenen Rapper **2 Live Crew** verkauft, wird ein Aushilfsverkäufer in einem Plattenladen in Callaway, Florida verhaftet. Der Laden wird geschlossen, der Verkäufer gefeuert. Woanders verschwindet das Album aus den Regalen. Anführer der Crew ist Rap-Unternehmer und Labelbesitzer **Luther Campbell** (alias Luke Skyywalker) aus Miami, der mit jeder Veröffentlichung mit frauenfeindlichen und pornografischen Texten und Videos die Grenzen des Obszönen überschreitet. Beginnend mit der Nachfolge-LP der Band ***Move Somethin'***, bietet er als erster »saubere« und »schmutzige« Versionen an.

25 Mit *La Isla Bonita* an der Chartsspitze wird **Madonna** die erste Künstlerin, der vier US-Nr.-1-Hits gelangen.

»Eine Rockband, die noch widerlicher ist als die Beastie Boys.«

Der **Daily Star** über Guns 'N Roses, Juni 1987

Mai

1 Nachdem er unlängst mit *The Boy From Nowhere* seine erste Single seit zehn Jahren veröffentlichte, singt **Tom Jones** auf Channel 4 in »The Last Resort With Jonathan Ross« eine dynamische Version von **Princes** *Kiss*. Der unvergessliche Auftritt führt zur ungewöhnlichen Zusammenarbeit mit **Art of Noise**, einem Nr.-5-Hit in den UK-Charts im November und Jones Comeback.

4 Nach langer Plattenpause brachte **Paul Butterfield** aus Chicago letztes Jahr in den USA ***The Legendary Paul Butterfield Rides Again*** auf Amherst Records heraus. Der 44-jährige Blues-

Die britische Hardrockband Whitesnake um David Coverdale hatte mit dem kürzlich erschienenen Album *Whitesnake 1987* weltweiten Erfolg.

DEF LEPPARD

24. Juni **Im Nooderligt im niederländischen Tilburg eröffnen Def Leppard ihre 16-monatige Welttournee. Im September spielen sie nur in Großbritannien, danach beginnt am 1. Oktober im Civic Center von Glens Falls, New York, der nordamerikanische Abschnitt. Das Album zur Tour wird am 29. August erscheinen. Die Arbeit daran dauerte drei Jahre: durch den schweren Autounfall von Schlagzeuger Rick Allen, einen weiteren Autounfall von Produzent Robert John »Mutt« Lange im November und eine Mumpserkrankung von Sänger Joe Elliott im Dezember 1986 wurde sie immer wieder verzögert. Die letzten Aufnahmen für *Hysteria*, dessen Produktion 1 Mio. $ gekostet hat, wurden im Februar gemacht. Langes unübertroffenes Talent, in seinen Produktionen knackige Gitarrenriffs mit soliden Harmonien zu verbinden, sorgt für 18 Mio. verkaufter Exemplare weltweit und sieben US-Charts-Singles, darunter die hymnische Nr. 1 *Love Bites*, die Nr. 2 *Pour Some Sugar On Me* und der Nr.-3-Hit *Armageddon It*. Def Leppard werden sich als eine der erfolgreichsten britischen Heavy-Metal-Bands des Jahrzehnts erweisen.**

musiker, wohl der beste Mundharmonikaspieler seiner Generation, wird in seinem Apartment in North Hollywood tot aufgefunden. Die Autopsie ergibt: Tod durch eine Überdosis Drogen.

18 **Bill Drummond**, ein in Südafrika geborener Rebell der Musikindustrie aus Liverpool, und der Gitarrist **Jimmy Cauty** veröffentlichen als **Justified Ancients of Mu Mu** *All You Need Is Love*. Die Attacke auf die Medienberichterstattung zur AIDS-Gesundheitskrise enthält Samples aus **Beatles**-Platten und BBC-Sendungen sowie vom singenden Busenmodel **Samantha Fox**. KLF Communications, eine Anarcho-Organisation, die einen Guerilla-Krieg gegen die etablierte Musikbranche führt, nimmt sich The Justified Ancients Of Mu Mu an. Damit bekommen Drummond und Cauty die Aufmerksamkeit der Medien und ein Label für etliche Musikprojekte ihres Duos unter wechselnden Namen wie **JAMs**, **Disco 2000**, **The Timelords** und **KLF**.

30 Während der Europatournee Together Forever mit **Run-D.M.C.** wird **Beastie Boy Adam Horovitz** in Liverpool verhaftet. Angeblich bekam die Zuschauerin Jo-Anne Clarke seine Bierdose ab, als es zehn Minuten nach Konzertbeginn zu Unruhen im Royal Court Theatre kam. (Er wird im November freigesprochen.)

Juni

1 ITV strahlt »It Was Twenty Years Ago Today« aus, eine Dokumentation über die Produktion und kulturelle Bedeutung von ***Sgt. Pepper's Lonely Hearts Club Band***. Das Album, für viele immer noch die wichtigste Platte der Rockära, ist auf CD neu veröffentlicht worden und wird kommende Woche Nr. 3 der UK-Charts.

3 In **Smash Hits** erscheint ein Interview mit **George Michael** über das BBC-Verbot seiner neuen Single *I Want Your Sex*. Michael beteuert, der Text würde für monogame Beziehungen werben, was er im Video dadurch demonstriert, dass seine derzeitige »Freundin«, die Visagistin Kathy Jueng, mitwirkt. Seine erste, funky Post-**Wham!**-Single erscheint vor dem Debütalbum, ist aber auf dem Soundtrack zu ***Beverly Hills Cop II*** und sorgt beiderseits des Atlantiks mächtig für Wirbel. Radio 1 gibt schließlich nach, sendet das Stück aber erst nach 21 Uhr. Erst nach drei Umschnitten findet MTV USA das provokante Video akzeptabel. Trotz (oder gerade wegen) der Zensur in den Medien erobert *I Want Your Sex* Platz 3 in den UK- und Platz 2 in den US-Charts.

5 Die fünfte Prince's Trust Rock Gala in der Londoner Wembley Arena glänzt mit dem besten Konzert-Line-Up aller Zeiten. **George Harrison** wird von **Eric Clapton** bei *While My Guitar Gently Weeps* begleitet, von **Jeff Lynne** bei *Here Comes The Sun* und unterstützt wiederum **Ringo Starr** bei *With A Little Help From My Friends*. **Phil Collins** und **Paul Young** singen *Reach Out (I'll Be There)* im Duett, **Elton John** intoniert *Saturday Night (Is Alright For Fighting)*. Außerdem treten auf: **Bryan Adams** (*Run To You*), **Ben E. King** (*Stand By Me*, als Neuauflage zum Werbespot der Levi's 501 im Februar die UK-Nr.-1), **Mark King** von **Level 42** (*Running In The Family*), **Alison Moyet** (*Invisible*) und **Midge Ure** (*If I Was*).

23 Die 15-jährige Popsängerin **Tiffany** aus Norwalk eröffnet ihre The Beautiful You: Celebrating The Good Life Shopping Mall Tour '87 in der Bergen Mall in Paramus, New Jersey. Sie wird vom Shopping Center Network organisiert, Sponsoren sind Toyota, Clairol und Adidas. Während der Schulferien wird Tiffany zehn Malls besuchen, inklusive dreier Auftritte am Wochenende. Sie singt vor einem Publikum aus Laufkundschaft. Die neue Idee erweckt enormes Medieninteresse. Tiffanys Geschicke lenkt der Produzent und Manager George Tobin, den sie 1984 live mit Countrysongs beeindruckte. Sie unterschrieb zunächst bei seiner Firma, dann bot ihr MCA Records letztes Jahr einen weltweiten Plattenvertrag an.

27 *I Wanna Dance With Somebody (Who Loves Me)* von **Whitney Houston** führt die US-Charts an. Parallel dazu steigt mit ***Whitney*** erstmals das Album einer Sängerin auf Platz 1 der **Billboard**-Charts ein. Es hält sich elf Wochen (vor zwei Wochen war es als Neuzugang Nr. 1 in England). Die Single stammt von **George Merrill** und **Shannon Rubicam** (haben später mit **Boy Meets Girl** Erfolg). Produziert hat der gefragte Dance-Pop-Produzent Narada Michael Walden (er belebte 1985 **Aretha Franklins** Karriere mit den ersten Top-10-Hits nach zwölf Jahren neu). Das Album setzt die bewährte Mischung aus edlen Dance-Pop-Nummern (der momentane Hit und *So Emotional*) und Balladen (*Didn't We Almost Have It All* und *The Greatest Love Of All*) fort und enthält ein Duett mit Whitneys Mutter **Cissy**, das *Cover I Know Him So Well* aus dem Musical »Chess«. Im Monat darauf schließt Arista mit Tri-Star Pictures einen zweijährigen Entwicklungsvertrag zu einem passenden Film für ihre größte Sängerin ab.

Juli

6 **Kris Kristofferson** entschuldigt sich öffentlich, als man in einem Mülleimer die Gedenkplakette findet, die ihm zuvor Veteranen beim Welcome Home Benefit überreicht hatten (es fand am 4. in Washington, D. C. mit **Stevie Wonder**, **Neil Diamond**, **John Fogerty**, **Bonnie Raitt** und **James Ingram** statt). Zusätzlich spendet er der Vietnamese Veterans Association 1000 $.

13 Die fünfzig wichtigsten Plattenhändler Amerikas sind in **Michael Jacksons** Haus in Encino zu einer Vorabpremiere seines neuen Albums ***Bad*** eingeladen, inklusive Abendessen und einem Rundgang durchs Herrenhaus. Gastgeber spielen **LaToya** und Joe Jackson, der notorisch scheue Michael taucht nur kurz für Fotos auf.

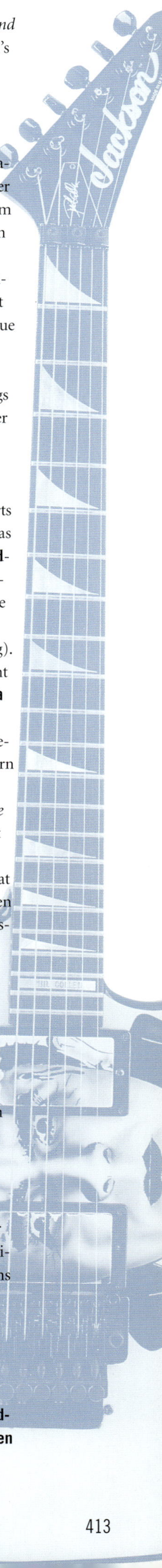

Die Players Choice Custom entwarf Def-Leppard-Gitarrist Phil Collen. Von dieser E-Gitarre wurden nur 100 Exemplare hergestellt.

Juli 1987

Start von MTV Europe ... Michael Jackson mit *Bad* ... A Black and White Night ...

Stock Aitken Waterman

Pete Waterman begann seine Chartskarriere eher unauffällig als Koautor und Produzent von Susan Cadogans Northern-Soul-Hit *Love Me Baby* und unter dem Künstlernamen 14/18 mit einem Cover des im ersten Weltkrieg populären Songs *Good-bye-ee* ... Peter Gabriels »Sledgehammer« revolutionierte die Kunst des Musikvideos.

17 **Ozzy Osbourne** führt bei einer sechswöchigen Tournee durch britische Gefängisse, Höhepunkt ist eine Heavy-Metal-Version von *Jailhouse Rock*, den neuen Gitarristen **Zakk Wylde** ein und promotet sein neues Album ***Tribute*** (dem verstorbenen **Randy Rhoads** gewidmet).

27 18 Monate wurde in den PWL Studios in London, die dem englischen Hitmacher-Trio **Mike Stock**, **Matt Aitken** und **Pete Waterman** gehören, geprobt, gehätschelt und gestylt. Jetzt startet der 21-jährige weiße Soulpop-Sänger **Rick Astley** in Großbritannien auf PWL über einen weltweiten Vertriebsvertrag mit RCA Records, die heute seine erste Single, den Ohrwurm *Never Gonna Give You Up*, veröffentlichen. Sie hebt sofort ab, ist kommende Woche die Nr. 32 der UK-Charts, springt dann für fünf Wochen an die Chartsspitze und wird zur meistverkauften Single des Jahres. Astley, in Newton-le-Willows, Merseyside, aufgewachsen, wurde von Pete Waterman bei einem Auftritt im Monks Sports And Social Club in Warrington entdeckt. Er stellte ihn bei PWL an, um die Bandmaschinen zu bedienen. Waterman tat sich 1984 mit Stock und Aitken zusammen. Die erste Zusammenarbeit des Songschreiber- und Produktions-Teams war die erfolglose **Andy-Paul**-Single *Anna-Marie Elena*. Noch im selben Jahr gelang SAW mit *You Spin Me Round (Like A Record)* von **Dead or Alive** die erste britische Nr. 1. SAW komponierten und betreuten jede Menge eingängiger, oft sehr ähnlich klingender Dance-Pop-Liedchen, darunter auch Hits für **Hazell Dean**, **Princess**, **Brilliant**, **Phil Fearon** und **Bananarama**. Im März landeten sie den zweiten britischen Charttopper mit *Respectable* für das Popduo **Mel And Kim** und einen dritten mit *Let It Be* von **Ferry Aid**. Für ihre Hit Factory fabrizierten SAW Massenware, die bis Ende des Jahrzehnts die englischen Singlecharts dominierte. Bis 1990 kassierten sie 13-mal die UK-Nr.-1 und zusätzlich elf Mal eine UK-Nr.-2, dann blieben die Spitzenplätze aus.

»Ich habe jetzt über ein Jahr die Rolle von Lenny Bruce gespielt, und ich glaube nicht, dass sie mir liegt.« Jello Biafra (Dead Kennedys) nach Einstellung des Verfahrens gegen ihn wegen »Verbreitung pornografischen Materials«, 27. August 1987

27 In Australien erscheint auf Mushroom Records *The Locomotion,* die erste Single der Seriendarstellerin **Kylie Minogue**. Die kesse 19-Jährige ergatterte im März 1979 ihre erste Rolle als Dänin in der australischen Soap »The Sullivans« und agierte danach in einer Reihe populärer Serien. Höhepunkt war ihre Rolle als Charlene Mitchell in dem Zuschauererfolg »Neighbours«, für die sie den Logie Award gewann (als Co-Star neben einem weiteren Popsänger in spe, **Jason Donovan**). In April wurde Kylie für ein Spiel der Australian Rules Football in Melbourne als Sängerin engagiert. Sie trug eine Version von **Little Evas** 1962er-Hit *The Locomotion* vor, was zu einem Vertrag mit Mushroom führte. Es wird die meistverkaufte Single des Jahres in Australien, steht dort acht Wochen auf Platz 1, wird dann Nr. 1 in den UK- und Nr. 3 in den US-Charts. Produziert hat die Platte der Toningenieur Mike Duffy, der **Pete Waterman** in London auf Kylie aufmerksam macht. Sie zieht nach London, und im September beginnen die zehntägigen Plattenaufnahmen in den PWL Studios. Bis 1990 schreiben und komponieren SAW für sie erstaunlich viele Hits (ebenso wie für Donovan).

29 Ben & Jerrys Eiscreme »Cherry Garcia«, benannt nach dem **Grateful-Dead**-Frontmann, kommt auf den US-Markt. Wie mit **Jerry Garcia** vereinbart, gehen fünfzig Prozent der Einnahmen an die Rex Foundation des Gitarristen.

Kylie Minogues Chartskarriere in England begann mit 13 Top-10-Hits in Folge. Das übertraf sogar den erstaunlichen Erfolg von Madonna.

August

1 Die **Los-Lobos**-Version von *La Bamba* – bereits auf dem Weg an die US-Chartsspitze – ist die erste Platte in spanischer Sprache, die auf Platz 1 der britischen Charts steht.

1 **Elton John** eröffnet im Amsterdamer Roxy um 12 Uhr 01 für 1,6 Millionen Haushalte MTV Europe. Das Programm des ersten, kontinentalen 24-Stunden-Musikvideo-Kanals startet mit **Stings** Refrain »I want my MTV«. Als erstes Video läuft »Money for Nothing« von den **Dire Straits**.

6 Die **Beastie Boys** verklagen die Stadt Jacksonville, nachdem ihre Konzertkarten, Anzeigen und Plakate dort mit der Warnung »Nur für Erwachsene« versehen wurden. Die Gruppe setzt durch, dass der Aufdruck wieder entfernt wird.

7 **Madonna** bezeichnet in einem Interview mit Jane Pauley für die NBC-Fernsehsendung »Today« ihre Heimatstadt Bay City als »stinkige Kleinstadt«, was deren Bewohner sehr verärgert. In zwei Wochen gelingt dem Material Girl der sechste US-Nr.-1-Hit in weniger als drei Jahren. *Who's That Girl* ist der Titelsong zu ihrem jüngsten Film, zu dem die Kritiken ähnlich ausfielen wie ihre Meinung über ihre Geburtsstadt.

14 **Roger Waters** und seine **Bleeding Heart Band** starten den USA-Teil ihrer Radio-KAOS-Welttournee im Civic Center in Providence. Aus extra installierten Telefonzellen können die Fans bei allen Konzerten, die sich zum Teil mit der

Peter Gabriel

Pink-Floyd-Tournee A Momentary Lapse Of Reason überschneiden, Waters ihre Songwünsche zur Bühne vermitteln. Jedes Konzert beginnt mit einem Video des 1967er Pink-Floyd-Klassikers *Arnold Layne*.

15 **Freddie Jacksons** *Jam Tonight* führt die US-R&B-Charts an. Damit ist der 28-jährige Soulsänger und Songschreiber aus New York, der als Backgroundsänger für **Melba Moore** und **Evelyn King** begann, der einzige Künstler, dem in den 80er-Jahren sechsmal ein R&B-Nr.-1-Hit gelungen ist.

25 Bei der Weltpremiere des Films »Dirty Dancing« in Los Angeles sind die Hauptdarsteller Patrick Swayze und Jennifer Grey anwesend. Im Gegensatz zum Film wird das Soundtrackalbum ein großer Erfolg. Es steigt am 19. September in die US-Charts ein und hält sich 143 Wochen. Mit einem Dauereinsatz im Radio werden *(I've Had) The Time Of My Life* von **Jennifer Warnes** und **Bill Medley**, Ex-**Righteous-Brother**, zum Nr.-1-Duett, *Hungry Eyes* von **Eric Carmen** Nr. 4 und die Hit-Ballade von Swayze, *She's Like The Wind*, Nr. 3 der US-Charts.

27 Vier Tage vor Veröffentlichung stellt ein Radiosender in Los Angeles **Michael Jacksons** neues Album *Bad* vor. Es gibt 2,2 Millionen Vorbestellungen, ein einmaliger Rekord in den USA.

September

11 **Peter Gabriels** Video zu »Sledgehammer« geht bei den vierten MTV Video Music Awards im Universal Amphitheatre mit neun Preisen als absoluter Sieger hervor: bestes Video eines Sängers, beste Video-Gesamtdarbietung, bestes Design (Stephen Johnson, Stephen Quay und Tim Quay), bestes Video-Konzept (Gabriel und Johnson), beste Regie (Johnson), bester Schnitt (Johnson und Colin Green), beste Spezialeffekte (Johnson und Peter Lord), experimentellstes Video (Johnson und Gabriel). Obendrein wird Gabriel mit dem Video-Innovationspreis ausgezeichnet. Den Rest teilen sich **Madonna** (bestes Video einer Sängerin für »Papa Don't Preach«), **Janet Jackson** (beste Choreografie für »Nasty«, choreografiert von der 25-jährigen **Paula Abdul**, die kommendes Jahr ihre eigene Karriere als Sängerin startet), **Talking Heads** (bestes Video einer Gruppe für »Wild Life«), **Robbie Nevil** (beste Kamera für »C'est la Vie«), **Bon Jovi** (bester Liveauftritt für »Livin' On A Prayer«), **Crowded House** (bestes Newcomer-Video für »Don't Dream It's Over«) und **U2** (Zuschauerpreis für »With Or Without You«).

11 Als erste CD-Video-Single kommt *It's Over* von **Level 42** in England auf den Markt, die niemand wirklich sehen kann, weil es noch keine CDV-Abspielgeräte gibt.

11 Fünf Monate nachdem **Wailer Carlton Barrett** erschossen wurde, wird der Reggae-Star **Peter Tosh** in seinem Haus in Barbican, Kingston, Jamaika, ermordet. Sein Freund Dennis Lobban, der nach einem Streit mit Marlene Brown, der Freundin von Tosh, das Haus verließ, kehrt mit zwei Killern zurück und fordert Geld. Tosh und sechs weitere Personen werden von Schüssen im Kopf getroffen. Discjockey Jeff »Free I« Dixon, Wilton »Doc« Brown und Tosh sterben, vier weitere – darunter Marlene Brown – überleben wie durch ein Wunder. Lobban bekommt die Todesstrafe.

***Bad* verkaufte sich in den USA binnen drei Monaten nach Erscheinen 4 Mio. Mal. Von *Thriller* dagegen waren in nur zwei Jahren 20 Mio. verkauft worden.**

12 Das Album ***Bad*** steigt diese Woche auf Platz 1 der UK-Charts ein (in zwei Wochen auch in den USA). **Michael Jacksons** erste Solotournee beginnt mit 14 ausverkauften Konzerten im Korakuen Stadium in Yokohama. Mit sieben Vorstellungen im Wembley Stadium in London, vor insgesamt 504 000 Besuchern, stellt er einen Weltrekord auf. Das 123. und letzte Konzert findet am 24. Januar 1989 in der Sports Arena in Los Angeles statt. Mit insgesamt 4,4 Millionen Zuschauern und einem Gesamtumsatz von über 125 Mio. $ schlägt Jackson sämtliche Rekorde von Unterhaltungskünstlern. Zu seiner 250 Mann-Entourage gehören Manager Frank DiLeo, der alle Interviews betreut, und die derzeitigen Geschäftsmanager **Jimmy Osmond** (Ex-**Osmonds**) sowie Miko Brando (Marlon Brandos Sohn).

14 »American Bandstand« kommt als die älteste Unterhaltungssendung im US-Fernsehen ins Buch der Rekorde.

19 Das dritte Farm-Aid-Benefizkonzert findet im Memorial Stadium der University of Nebraska in Lincoln statt. Wieder nehmen **John Mellencamp**, **Willie Nelson** und **Neil Young** daran teil. Dazu gesellen sich dieses Jahr **Steve Earle**, Ex-**Pure-Prairie-League**-Sänger **Vince Gill**, **The Grateful Dead**, **Kris Kristofferson**, die literarischen Singer/Songwriter **Delbert McClinton** und **John Prine**, **Emmylou Harris**, **Lou Reed** und **Lyle Lovett**. Für den 29-jährigen texanischen Sänger und Gitarristen ist es das erste große Konzert. Sein Debütalbum, *Lyle Lovett*, eine ausgefallene, urwüchsige Mischung aus Country, Folk, Blues und Swing, kam letztes Jahr gut an.

27 Paradise Garage, der Club in der King Street 84, New York, die Geburtsstätte von »Garage«, schließt. Seit 1977 war es der führende Underground-Dance-Treff und die Heimstätte des legendären Discjockeys/Produzenten Larry Levan, der diverse Club-Genres lancierte, wie unlängst »House« und »Garage«. Letzteres wird erst in zehn Jahren größere Anerkennung finden.

30 A Black And White Night heißt ein Clubkonzert im Coconut Grove im Ambassador Hotel von Los Angeles – ein Tribut an den Star **Roy Orbison**. An dieser Veranstaltung reinster Heldenverehrung nehmen teil: **Jackson Browne**, **T-Bone Burnette**, **Elvis Costello**, die kanadische Alternative-Country-Sängerin **k.d. lang**, **Bonnie Raitt**, Ex-**Alpha-Band**-Sänger und Gitarrist **Steven Soles**, Westcoast-Sänger und Songwriter **J. D. Souther**, **Bruce Springsteen**, **Tom Waits**, **Jennifer Warnes** sowie die Bandmitglieder **James Burton** (Gitarre), **Glen D. Hardin** (Piano), **Ron Tutt** (Schlagzeug), **Jerry Scheff** (Bass), **Alex Acuna** (Percussion) und **Mike Utley** (Keyboards).

Oktober 1987

***Pump Up The Volume ...* Dire Straits: Meistverkauftes britisches Album ...**

Michael Timmins und Alan Anton spielten unter dem Namen Hunger Project zunächst Musik, die stark von Velvet Underground und Siouxsie And The Banshees beeinflusst war ... Die Wurzeln von Public Enemy finden sich beim Collegeradio WBAU. Chuck D und Hank Schocklee präsentierten auf dem Sender ihre »Super Special Mix Show«.

Cowboy Junkies

Oktober

3 *Pump Up The Volume* von **M/A/R/R/S** ist die Nr. 1 der UK-Charts. Die Acid-House-Hymne ist eine bahnbrechende Aufnahme, ausgedacht von 4AD-Labelinhaber Ivo Watts-Russell. Sie vereint vier unterschiedliche Talente: **Martyn** und **Steve Young** von der innovativen Dub-Industrial-Gruppe **Colourbox**, die Ambient-Trip-Hop-Pioniere **A. R. Kane** (**Alex Ayuli** und **Rudi Tambala**), den heißen Dance-Remixer **Chris »C. J.« Mackintosh** und DJ **Dave Dorrell** aus London. *Pump Up The Volume* setzt neue Maßstäbe für Dance-Mischformen, die eine ganze Generation von Remixern, DJs und Dance-Produzenten beeinflusst: neueste Technologie, Soulklassiker, Platten-Scratching und House-Rhythmen, gekrönt von einem Titel-Rap-Sample des führenden Hip-Hoppers **Eric B. & Rakim**. Die englische House-Szene – samt ihrer Lieblingsdroge, dem Halluzinogen Ecstasy – wird durch eine wachsende Anzahl illegaler Dance-Treffs populär, Raves genannt, an Geheimorten abgehalten und nur per Mundpropaganda und Undergroundflyer bekannt gegeben.

8 Zur USA-Premiere der Filmbiografie »Hail! Hail! Rock'n'Roll« über die Rocklegende **Chuck Berry** wird ihm ein Stern auf dem Hollywood Walk Of Fame gewährt.

10 **ZZ Top** geben bekannt, sie hätten Plätze für den ersten Passagierflug zum Mond gebucht.

17 Die **Bee Gees** erobern wieder die UK-Charts. Seit 1979 waren ihnen die Top 10 verwehrt (die Brüder als Discoband stigmatisiert). Mit ihrer Nr. 1, dem hymnischen *You Win Again,* sind sie nun die einzige Band, die drei Jahrzehnte hintereinander an die UK-Chartsspitze gelangte.

Als 14-Jährige wurde Sinéad O'Connor gebeten, auf der Hochzeit eines ihrer Lehrer am Mayfield College in Drumcondra (Dublin) zu singen.

November

1 ***Brothers In Arms*** der **Dire Straits** wird für drei Millionen verkaufte Scheiben in England ausgezeichnet. Die LP profitiert von der Einführung der Compact Disc und ist das meistverkaufte UK-Album aller Zeiten – was Tonträger allgemein betrifft, liegt es auf Platz 2 hinter **Band Aid** mit *Do They Know It's Christmas?.*

10 **Terence Trent D'Arby** sagt ein Konzert in Wien aus Protest gegen Kurt Waldheims Wahl zum österreichischen Präsidenten ab. Waldheim wird der Beteiligung an Nazi-Kriegsverbrechen im Zweiten Weltkrieg beschuldigt.

13 **Sonny And Cher** singen *I Got You Babe* erstmals seit zehn Jahren bei »Late Night With David Letterman«.

13 Zwei Wochen nach einem Börsencrash geben **U2** ihr Konzert Save The Yuppies auf der Justine Hermine Plaza, das zum Chaos im Geschäftsviertel von San Francisco führt. Eine Stunde nach der Ankündigung in einem Lokalsender sind 20 000 Fans vorort. **Bono** erklärt: »Den Geschäftsleuten geht's diese Woche nicht so gut. Deshalb reichen wir den Hut … später herum.« Kommende Woche, bei zwei Konzerten im Los Angeles Coliseum, wird ein Zuschauer für *People Get Ready* auf die Bühne gezerrt (das fixe Kerlchen überreicht gleich ein eigenes Demoband), und die Band bestreitet ihr eigenes Vorprogramm, als Countryrock-Band The Dalton Brothers verkleidet – Alton (Bono), Luke (**The Edge**), Betty (**Adam Clayton**) und Duke (**Larry Mullen Jr.**).

18 Radio 1 sendet Simon Mayos erste UK-Radiosession mit der irischen Sängerin, Songwriterin **Sinéad O'Connor**, von Ex-**Adam-And-The-Ants**-Schlagzeuger **Marco Pirroni** und Gitarrist **Kevin Mooney** begleitet. Seit zwei Jahren singt die 20-Jährige, ist auf dem **The-Edge**-Soundtrack-Album zum Film »Im Bann der Entführer« zu

Bei Billy Joels Konzert in Leningrad im August gingen 200 Sitze zu Bruch, weil die begeisterten Fans darauf tanzten ... Die gemeinsame Tournee von Run-D.M.C. und den Beastie Boys machte ein Massenpublikum mit Rap vertraut.

Public Enemy

»Schlicht das Beste, was 1987 an Rockmusik veröffentlicht wurde.«

Robert Christgau in einer Rezension der Public-Enemy-Single *Bring the Noise*, 1987

hören und wurde bei einem Auftritt mit der irischen Gruppe **Ton Ton Macoute** entdeckt. Nigel Grainge und Chris Hill vermittelten sie letztes Jahr an Ensign Records. Das Debütalbum ***The Lion And The Cobra*** wurde gerade abgeschlossen. Bei der heutigen Session läuft auch ihre Single *Jump In The River*.

27 Das kanadische Quartett **Cowboy Junkies** nimmt sein zweites Album ***The Trinity Session*** an einem Tag in der Church Of The Holy Trinity, Toronto für gerade mal 162 $ auf. Die Geschwister **Timmins** (Leadsängerin **Margo**, Gitarrist **Michael** und Schlagzeuger **Peter**) sowie Bassist **Alan Anton** pflegen mit ihren Songs einen kargen Flüsterstil. Das Album, zuerst auf dem Indie-Label Latent erschienen, führt zu einem Vertrag mit RCA Records und wird weltweit über eine Million Mal verkauft, obwohl es bis zum Durchbruch zwei Jahre dauert.

Dezember

1 Die Berufung eines Lehrers aus Kentucky wird vom US-Gerichtshof abgelehnt. Ihm wurde gekündigt, weil er am letzten Schultag Schülern der neunten bis elften Klasse den Film »Pink Floyd – The Wall« gezeigt hatte.

3 ***Document*** ist das erste US-Top-10-Album von **R.E.M.** Unter der Headline »Amerikas beste Rock-Band« zieren sie das Titelblatt des **Rolling Stone.** Vier R.E.M.-Alben wurden zudem von den Lesern des **NME** in eine Top-100-Liste der besten Alben aller Zeiten gewählt.

5 Der Auftritt von **Jesus And Mary Chain** in der kurzlebigen US-Ausgabe von »Top Of The Pops« fällt flach. Die Bitte von CBS-TV, sie als JAMC anzukündigen, weil man den Namen für »Blasphemie« hält, lehnt die Band ab. Der Monat lief für sie nicht gut: der Weigerung, bei den Proben zu *Darklands* Playback zu singen, folgte der Rausschmiss bei ITVs »The Roxy«, und bei ihrer derzeitigen USA-Tour wurde **Jim Reid** nach dem Auftritt im RPM Club in Toronto verhaftet. Er soll aufdringliche Fans mit dem Mikrofonständer geschlagen haben. Er wird später freigesprochen.

7 ***The Black Album*** von **Prince**, das heute auf Warner Bros. erscheinen sollte – in einem unbedruckten, schwarzen Cover ohne Hinweis auf Künstler und Songs –, kommt nicht in die Läden. Mehrere tausend Stück wurden in Europa gepresst. Als sie eingezogen werden (angeblich auf Geheiß des Künstlers), verschwinden 100 Platten aus dem deutschen Werk der WEA Records. Sie bilden (direkt oder via einer deutschen Radiostation) mit Vorab-Promotionkassetten die Quelle für eine Flut von ***Black Album*** Bootlegs mit acht Hardcore-Erotik-Funk-Stücken: *Le Grind, Cindy C., Dead On It, When 2 R In Love, Bob George, Supercalifragisexi, 2 Nigs United 4 West Compton* und *Hard Rock In A Funky Place.*

13 **Paul Simon**, **Bruce Springsteen**, **Billy Joel**, **James Taylor** und **Lou Reed** gehören zum großen Staraufgebot, das im Madison Square Garden bei einem Benefiz für das New-Yorker Children's Health Project auftritt. Springsteen, Simon und Joel singen gemeinsam *Glory Days*, der Rock'n'-Roll-Veteran **Dion** intoniert seinen Klassiker *Teenager In Love* in Begleitung von Springsteen, Joel, Taylor, Simon, Reed und **Rubén Blades**. Mit weiteren Kollegen wie **Laurie Anderson**, **Ladysmith Black Mambazo**, der jamaikanischen Glamour-Club-Ikone **Grace Jones**, **Debbie Harry**, **Chaka Khan** und **Bill Cosby** geben sie unisono **Chuck Berrys** *Rock And Roll Music.*

19 Bei einem Konzert von **Public Enemy** in Nashville werden zwei Mädchen zu Tode getrampelt, als wegen einer angeblichen Schießerei das Publikum aus der Halle flüchtet. Das Hardcore-Rap-Quartett, mit den Sängern **Chuck D.** und **Flavor Flav**, DJ- Scratcher **Terminator X** und **Professor Griff**, steht bald im Ruf, der militanteste Protagonist des Genres zu sein. Sie sind bei Def Jam, ihre Manager und Produzenten sind zwei ehemalige Kommilitonen von der Adelphi University, Long Island, Hank Shocklee und Bill Stephney (bezeichnen sich als »Black Panther des Rap«). Ihr innovativer, aggressiver Großstadt-Rap wurde bereits nach Erscheinen des Debütalbums ***Yo! Bum Rush The Show*** im Mai zum Markenzeichen. Diese Woche pries es der **NME** als das wichtigste Album des Jahres. Und für den amerikanischen Rockkritiker Robert Christgau ist die aktuelle Single der Gruppe, *Bring The Noise* – mit Samples von **James Brown** (*Funky Drummer*), **Funkadelic** (*Let's Take It To The Stage* and *Get Off Your Ass And Jam*) und **Marva Whitney** (*It's My Thing*) –, »schlicht das Beste, was 1987 an Rockmusik veröffentlicht wurde«.

22 Zurück von einer Fernosttournee, landet **Nikki Sixx** von Mötley Crüe nach einem Drogen- und Alkoholexzess klinisch tot im Krankenwagen. Mit zwei Adrenalininjektionen in die Brust wird er wieder belebt. Als er im Cedar-Sinai Hospital zu sich kommt, richtet ein Polizist eine Taschenlampe auf seine Augen und will wissen, woher die Drogen sind. Gegen den ärztlichen Rat entfernt Sixx die Infusionsnadeln und verlässt nur mit seiner Lederhose bekleidet das Krankenhaus. Zu Hause ändert er die Ansage seines Anrufbeantworters: »Hey, hier ist Nikki. Ich bin zu Hause, weil ich tot bin.« Nach einer weiteren Dosis Heroin wird er abermals ohnmächtig.

31 Kurz vor Mitternacht betritt **Prince** die Bühne in den Paisley Park Studios in Chanhassen für ein Benefizkonzert für Minnesotas Obdachlosenverband. Als Höhepunkt seines Greatest-Hits-Programms spielt er als sechste Nummer *Auld Lang Syne.*

ROOTS **In diesem Jahr schließt sich der 16-jährige DJ Liam Howlett der Hip-Hop-Truppe Cut To Kill an; er hat das Geld aus Ferienjobs in zwei Plattenspieler investiert … tritt Eilleen Twain in Deerhurst Resort, Huntsville, Ontario, in einer Art Las-Vegas-Revue auf; nach dem Tod ihrer Eltern muss sie ihre drei jüngeren Geschwister durchbringen … lernen sich Scott Weiland und Robert DeLeo bei einem Black-Flag-Konzert in Long Beach kennen; sie gründen in ihrer Heimatstadt San Diego gleich darauf Mighty Joe Young, nennen sich dann Shirley Temple's Pussy, bevor es 1990 bei Stone Temple Pilots bleibt … formieren Kurt Cobain – er lebt derzeit mit seiner Mutter in einem Caravan-Park in Aberdeen – und Krist Novoselic, Sohn kroatischer Emigranten, in Seattle die Coverband Skid Row … beginnt Sarah McLachlan aus Halifax, Nova Scotia ihre Auftritte in der kanadischen Folkszene … beteiligt sich Brian Warner nach Abschluss der High School in South Florida an Dichterlesungen des Squeeze Clubs in Fort Lauderdale; von Heavy Metal, Gothic und Satanismus fasziniert, nennt er sich ab 1989 Marilyn Manson und gründet seine erste Band …**

Don’t Worry, Be Happy

1988

Nr. 1 US-SINGLES

02. Jan. Faith **George Michael**
09. Jan. So Emotional **Whitney Houston**
16. Jan. Got My Mind Set On You **George Harrison**
23. Jan. The Way You Make Me Feel **Michael Jackson**
30. Jan. Need You Tonight **INXS**
06. Febr. Could’ve Been **Tiffany**
20. Febr. Seasons Change **Exposé**
27. Febr. Father Figure **George Michael**
12. März Never Gonna Give You Up **Rick Astley**
26. März Man In The Mirror **Michael Jackson**
09. Apr. Get Outta My Dreams (Get Into My Car) **Billy Ocean**
23. Apr. Where Do Broken Hearts Go **Whitney Houston**
07. Mai Wishing Well **Terence Trent D’Arby**
14. Mai Anything For You **Gloria Estefan And Miami Sound Machine**
28. Mai One More Try **George Michael**
18. Juni Together Forever **Rick Astley**
25. Juni Foolish Beat **Debbie Gibson**
02. Juli Dirty Diana **Michael Jackson**
09. Juli The Flame **Cheap Trick**
23. Juli Hold On To The Nights **Richard Marx**
30. Juli Roll With It **Steve Winwood**
27. Aug. Monkey **George Michael**
10. Sept. Sweet Child O’ Mine **Guns N’ Roses**
24. Sept. Don’t Worry, Be Happy **Bobby McFerrin**
08. Okt. Love Bites **Def Leppard**
15. Okt. Red Red Wine **UB40**
22. Okt. Groovy Kind Of Love **Phil Collins**
05. Nov. Kokomo **Beach Boys**
12. Nov. Wild, Wild West **Escape Club**
19. Nov. Bad Medicine **Bon Jovi**
03. Dez. Baby, I Love Your Way/Freebird Medley (Free Baby) **Will To Power**
10. Dez. Look Away **Chicago**
24. Dez. Every Rose Has Its Thorn **Poison**

Nr. 1 UK-SINGLES

02. Jan. Always On My Mind **Pet Shop Boys**
16. Jan. Heaven Is A Place On Earth **Belinda Carlisle**
30. Jan. I Think We’re Alone Now **Tiffany**
20. Febr. I Should Be So Lucky **Kylie Minogue**
26. März Don’t Turn Around **Aswad**
09. Apr. Heart **Pet Shop Boys**
30. Apr. Theme From S-Express **S-Express**

Sting

INXS

Nachdem er in einem Monat einen BRIT Award und einen Grammy erhalten hatte, spielte Sting beim Konzert für Nelson Mandela und auf der Amnesty International Tour ... *Need You Tonight*, die erste US-Nr.-1 von INXS, war der erste von sechs Top-10-Hits.

In der Musikbranche mit ihren weltweiten Millardendollar-Umsätzen setzte aufgrund zahlreicher Übernahmen und Verkäufe eine zunehmende Firmenkonzentration ein. Acid, House und eine Flut von Subgenres entstanden im Underground, aus Australien kamen **INXS**, und die **Pixies** wurden zu Idolen des College-Rock.

Sonys Aufkauf von CBS/Columbia war das jüngste Beispiel der Zusammenschlüsse, die sich künstlerisch wie finanziell auswirkten. Bald ging es nur noch um schnellen Umsatz. Man scheute den Aufbau von Künstlern. Motowns Übernahme durch MCA war noch ein Schritt in diese Richtung. Doch **Berry Gordy** war klug genug, den überaus profitablen Musikverlag zu behalten.

Im Kontrast zu dieser Gleichschaltung stand die Explosion der hedonistischen Acid-Szene in den englischen Clubs und »Hothouse«-Musik von der mediterranen Insel Ibiza, die Twens aus ganz Europa anzog. DJs wurden selbst zu Interpreten, mit Remixes, zusätzlichen Bassmotiven und Endlos-Techno-Mustern.

Das erwachsene Publikum hielt sich an **George Michael**, **Sting**, **U2** und gar **George Harrison**, der mit einem Cover von Rudy Clarks *I Got My Mind Set On You* hervortrat. Dann schloss er sich **Tom Petty**, **Bob Dylan** und **Roy Orbison** an. Sie gründeten **The Traveling Wilburys**, eine völlig untypische Supergruppe, und machten ein fröhliches, entspanntes Album.

Das Jahr brachte auch eine Welle unterschiedlicher Sängerinnen/Songwriterinnen. **Enyas** einzigartiger Sound war dank vielschichtigem Gesang und der Fusion keltischer und New-Age-Musik unverkennbar. **Sinéad O'Connor**, ebenfalls aus Irland, veröffentlichte ihr Debütalbum ***The Lion And The Cobra***. Ihre spröde, oftmals gequälte Stimme ging mit altklugen Texten einher. Das absolute Gegenteil davon war **Tracy Chapman**, die mit der urbanen Folk-Odyssee *Fast Car* den Durchbruch schaffte.

Tracy Chapman war auch beim Tribut zum 70. Geburtstag von Nelson Mandela dabei. Die Anti-Apartheid-Sache bekam schon früh musikalische Unterstützung von **Peter Gabriel** (mit *Biko*) und dem Song *Nelson Mandela* von den **Specials**. Das Konzert, mit Stars wie **Stevie Wonder**, **Dire Straits** und **Whitney Houston**, wurde weltweit ausgestrahlt (jedoch nicht in Südafrika).

Sting ging in Begleitung von Elite-Studiomusikern (darunter **Brandford Marsalis** am Saxophon) mit seinem Album ***Nothing Like The Sun*** auf eine USA-Tournee. Selbst ein Vollblutmusiker, glänzte er mit Jazz, Dance und Rock, und das zu eher politischen, bisweilen auch sehr zärtlichen Texten. **George Michael** heimste mit *Monkey* eine weitere US-Nr.-1 ein – unterstützt von Jimmy Jam und Terry Lewis, den kreativen Köpfen hinter **Janet Jackson**. Das Stück stammte abermals aus dem phänomenal erfolgreichen ***Faith***, das den Grammy als Album des Jahres gewann.

»Ich sehe meine Musik nicht als weiß oder schwarz.«

Tracy Chapman, **Q**, Juni 1988

- **14. Mai** Perfect **Fairground Attraction**
- **21. Mai** With A Little Help From My Friends/ She's Leaving Home **Wet Wet Wet/ Billy Bragg with Cara Tivey**
- **18. Juni** Doctorin' The Tardis **Timelords**
- **25. Juni** I Owe You Nothing **Bros**
- **09. Juli** Nothing's Gonna Change My Love For You **Glenn Medeiros**
- **06. Aug.** The Only Way Is Up **Yazz And The Plastic Population**
- **10. Sept.** Groovy Kind Of Love **Phil Collins**
- **24. Sept.** He Ain't Heavy He's My Brother **Hollies**
- **08. Okt.** Desire **U2**
- **15. Okt.** One Moment In Time **Whitney Houston**
- **29. Okt.** Orinoco Flow (Sail Away) **Enya**
- **19. Nov.** The First Time **Robin Beck**
- **10. Dez.** Mistletoe And Wine **Cliff Richard**

1988

Paul McCartney gab als Grund für sein Fernbleiben von der Einführung der Beatles in die Rock and Roll Hall of Fame geschäftliche Differenzen an.

George Harrisons Comeback ... Demo von Nirvana ... *Graceland* gewinnt Grammy ...

Januar

16 **George Harrison** gelingt ein spektakuläres Comeback. Sein Song *Got My Mind Set On You* (ein Cover von **James Rays** 1962er-Original) führt die US-Charts an und war letzten Monat Nr. 2 in Großbritannien. Vor fast 24 Jahren stand er mit den **Beatles** und *I Want To Hold Your Hand* erstmals an der US-Spitze, vor 13 Jahren das letzte Mal als Solist mit *Give Me Love (Give Me Peace On Earth)*.

20 Nachdem viele Begründer des Rock'n' Roll bereits Mitglieder der Rock and Roll Hall of Fame sind, kommen bei der dritten Aufnahmefeier im New-Yorker Waldorf-Astoria die Thronfolger dran, u. a. die **Beatles**, die **Beach Boys** und **Bob Dylan**. Die Beatles, von **Mick Jagger** eingeführt, werden von **George Harrison**, **Ringo Starr** und **Yoko Ono** repräsentiert. **McCartney** begründet sein Fehlen mit geschäftlichen Differenzen. Bei seiner Rede meint Harrison: »Ich hab nicht viel zu sagen, ich bin ja der stille Beatle.« **Bruce Springsteen** führt **Bob Dylan** und **Elton John** führt **Mike Love** von den Beach Boys ein, der eine weitschweifige, etwas wirre Dankesrede hält. Ebenfalls eingeführt werden die **Drifters** und die **Supremes** (mindestens 40 Personen können ehrlich von sich behaupten, tatsächlich Drifters-Mitglieder in der 35-jährigen Bandgeschichte gewesen zu sein. Viele angebliche Mitglieder tourten jedoch mit Scheingruppen alias »The Drifters«). In die Kategorie »frühe Einflüsse« werden **Woody Guthrie**, **Leadbelly** und der Gitarrenbauer **Les Paul**, von **Jeff Beck** vorgestellt, aufgenommen. Als Nichtmusiker wird Berry Gordy Jr., Gründer des Motown-Imperiums, geehrt.

22 Nachdem der holländische Elektronikgigant Philips letztes Jahr Polygram aufgekauft hat, erwirbt die japanische Sony Corporation nun CBS/Columbia Records und deren Tochterfirmen für 2 Mrd. $. Durch Firmenübernahmen schrumpft die Branche weiter. Nächstes Jahr schluckt Polygram A&M und Island.

23 **Nirvana**, ein Trio aus Seattle, nimmt mit dem einheimischen Alternative-Rock-Produzenten Jack Endino zehn Songs als Demo auf. Gegründet wurde es letztes Jahr vom Schlagzeuger und Sänger **Kurt Cobain** (1967 in Hoquiam, Washington, geboren, lebt er mit seiner Mutter, Serviererin in einer Cocktailbar, in einer Wohnwagen-Anlage in Aberdeen) und Gitarrist **Krist Novoselic**. Als der **Melvins**-Schlagzeuger **Dale Crover** beitritt, wechselt Cobain zur Gitarre, bevor sie letztes Frühjahr ihren ersten Auftritt in Raymond absolvieren. Ende des Jahres gehören sie zu den heißesten neuen Alternative-Bands aus Seattle.

> **»Qualität setzt sich durch ... Wir brauchen keine Plattenmenschen, die neben uns stehen und sagen: ›Los, Jungs, schreibt 'n Hit!‹ Das ist schon in der Band drin.«** Michael Hutchence (INXS), **Rolling Stone**, 14. Januar 1988

Februar

8 Anlässlich ihrer Ehrung für herausragende Verdienste um die britische Musik reformieren sich **The Who** für ihren Auftritt zu den siebten BPI Awards in der Royal Albert Hall, London, von BBC1 live ausgestrahlt – mit jeder Menge Pannen. Weil sie mit den drei Songs *My Generation, Substitute,* und *Who Are You* die Sendezeit überziehen, kann **Rick Astley** seinen Preis für die beste britische Single nicht entgegennehmen. Man würgt sie mit den »Nine O'Clock News« ab. **Alison Moyet**, letztes Jahr mit der besten britischen Single geehrt, wird zum zweiten Mal beste britische Solokünstlerin, die **Pet Shop Boys** beste britische Gruppe. **George Michael** ist bester britischer Solokünstler, **Stings** ***Nothing Like The Sun*** das beste britische Album, **U2** wiederum die beste internationale Gruppe. **New Orders** innovatives Video »True Faith«, Regie Jean Baptiste Mondino, ist bestes britisches Video, **Wet Wet Wet** und **Terence Trent D'Arby** gewinnen als beste britische bzw. bester internationaler Newcomer. Die Pet Shop Boys und **Dusty Springfield** singen ihren gemeinsamen, eingängigen UK-Nr.-2-Hit *What Have I Done To Deserve This?* zum Playback, wozu Tennant lapidar meint: »Heute gilt es ja wohl als Macho zu beweisen, dass man live singen kann. Ich beweise lieber, dass wir das nicht live singen können. Wir sind eine Popband und keine Rock'n'Roll-Truppe.« (Stephen Hague produzierte die Hits der Gewinner Pet Shop Boys und New Order.)

11 **Run D.M.C.** unterstützen mit zwei 30-Minuten-Konzerten an der Eastside High School in Paterson, New Jersey, Schuldirektor Joe Clark,

Die schottische Poprock-Band Wet Wet Wet um Sänger Marti Pellow war 1987 mit ihrem Debütalbum *Popped In Souled Out* sehr erfolgreich.

THE TRAVELING WILBURYS

3. April **Die Traveling Wilburys, ein spontan entstandenes Quintett bestehend aus Lucky Wilbury (Bob Dylan), Otis Wilbury (Jeff Lynne), Nelson Wilbury (George Harrison), Charlie T., Jnr. (Tom Petty) und Lefty Wilbury (Roy Orbison), beginnen in Luckys Garagenstudio in Malibu mit den Aufnahmen für *Handle With Care.* Im Mai werden sie im Heimstudio von Eurythmic Dave Stewart in Los Angeles die Aufnahmen für ein komplettes Album abschließen. Das von Otis und Nelson produzierte *The Traveling Wilburys – Volume One* wird am 18. Oktober von der Wilbury Record Company veröffentlicht, von der Kritik gefeiert und dreimal mit Platin gewürdigt. Der Text auf dem Cover erhellt die Entwicklung der Wilburys: »Es entwickelte sich eine angesichts der Abwesenheit von Managern oder Agenten bemerkenswert komplexe Musikkultur ... sie zogen das Interesse vieler niederer Lebensformen auf sich – Clubbetreiber, Tourneeveranstalter und Plattenbosse.«**

Beim folgenden Album der Band, *Vol. 3*, waren Muddy, Boo, Clayton und Spike Wilbury dabei.

der wegen seines einzelgängerischen, harten Kurses unter Beschuss steht. **Russell Simmons** erklärt bei einer Pressekonferenz: »Wir hätten auch so einen strengen Rektor wie Joe Clark gebraucht.«

12 **Guns-N'-Roses**-Leadsänger **Axl Rose** haut bei einem Auftritt im Celebrity Theatre in Phoenix nach dem Stück *Nightrain* ab. Seitdem hat die Band den Ruf weg, unzuverlässig und launisch zu sein. Später werden mehrere Auftritte als Vorgruppe zu **David Lee Roth** abgesagt, weil Rose seine Stimme verlor, während andere behaupten, die Band hätte ihn gefeuert.

15 **Def Leppard** sagen in El Paso nach der Drohung ab, man würde das Konzert sprengen. Die Sache hängt mit einem Auftritt in Tucson am 7. September 1983 zusammen, wo Leadsänger **Joe Elliott** angeblich El Paso als »das Kaff mit diesen schmierigen Mexikanern« bezeichnet hatte.

– **Smokey Robinson**, **Bill Medley**, **Barry Mann** und Cynthia Weil erhalten ihren ersten Grammy überhaupt. **U2** bekommen zwei Trophäen für ***The Joshua Tree***: Album des Jahres und beste Rock-Aufnahme einer Gruppe. **The Edge** dankt in seiner Rede für das Album des Jahres »Jack Healy und Amnesty International für ihre Arbeit, Desmond Tutu für seinen Mut, Martin Luther King. Danke auch, äh, an **Bob Dylan** für *Tangled Up In Blue*, Flannery O'Connor, **Jimi Hendrix**, Walt Disney, Johannes den Täufer, Georgie Best, Gregory Peck, James T. Kirk, Morris Pratt, Dr. Ruth, Fawn Hall, Batman und Robin, Lucky the Dog, Pee Wee Herman, den YMCA, Eddie »The Eagle« Edwards, alle Sumo-Ringern weltweit und natürlich Ronald Reagan.« **Little Richard** zeigt bei der Ankündigung des besten Nachwuchskünstlers keinerlei Zurückhaltung: »Der Gewinner bin ich!

»Es fällt mir nicht leicht, höflich zu bleiben, wenn ich mit Leuten im selben Zimmer bin, die versuchen, meine Karriere zu ruinieren.«

George Michael zur Presse in Rotterdam, 12. April 1988

März

2 Die 30. Grammy Awards haben etliche Überraschungen parat. Nicht nur, dass **Michael Jackson**, mit ***Bad*** vier Mal nominiert, leer ausgeht, wozu die **Los Angeles Times** schreibt: »Er hätte nicht unglücklicher dreinblicken können, wenn jemand mit seinem zahmen Schimpansen abgehauen wäre.« Mit **Paul Simons** *Graceland* wird erstmals ein Tonträger ohne Top-40-Platzierung – es ist nur die Nr. 81 – Platte des Jahres. **Sting** wird mit *Bring On The Night*, das überhaupt nicht in den Charts war, bester Popsänger. **George Michael** und **Aretha Franklin** gewinnen für ihr Hit-Duett *I Knew You Were Waiting (For Me)* die beste R&B-Aufnahme einer Gruppe. Schon erstaunlich Ich habe noch nie einen Preis bekommen! Sie haben mir kein einzigen Grammy verliehen, dabei singe ich schon eine Ewigkeit ... und ich bin der Architekt des Rock'n'Roll. Ich bin sein Schöpfer.« Das sieht das Publikum wohl auch so und erhebt sich jubelnd. **Frank Zappa**, der seinen ersten Grammy für das beste Rock-Instrumental bekommt, erklärt: »Schwer zu glauben, dass **Whitney Houston** alle musikalischen Bedürfnisse Amerikas befriedigt.« **Aretha Franklin**, für ihr Album ***Aretha*** zur besten Rhythm'n'Blues-Sängerin gekürt, schlägt mit ihrem 14. Preis die bislang führende, weibliche Grammy-Gewinnerin Leontyne Price. Die 45-jährige **K. T. Oslin**, von der **Washington Post** als »erfahrene Newcomerin« bezeichnet, wird beste Countrysängerin. **Ray Charles** wird für sein Lebenswerk geehrt. In der Laudatio heißt es, er sei »der Vater des Soul, der mit seinem einzigartigen und überschäumenden Gesang und Pianostil den wahren Kern der Soulmusik personifiziert und es bei all seinen Platten und Auftritten versteht, die Essenz des Blues mit Popballaden, Jazz und sogar Country zu vereinen«.

6 Die deutsche Radiomoderatorin Ruth Rockenschaub legt in ihrer Radiosendung, die in ganz Deutschland, in Teilen der Schweiz und in Österreich zu empfangen ist, ***The Black Album*** von **Prince** auf (das letzten Dezember von der Plattenfirma zurückgezogen worden war). Nach einer Wiederholung am 9. fordert WEA tags darauf in einem Telex, das gefälligst zu unterlassen. Anderenfalls drohten 6300 $ Geldstrafe.

10 **Andy Gibb**, vor drei Tagen ins John Radcliffe Hospital in Oxford wegen schwerer Magenschmerzen eingeliefert, stirbt fünf Tage vor seinem 30. Geburtstag an Herzmuskelentzündung. Sein Herz war durch langen Kokainmissbrauch geschwächt. Er hatte auf dem Landsitz seines Bruders **Robin** an einem neuen Album gearbeitet.

20 Die US-Sängerinnen **Tracy Chapman** und **Natalie Merchant** spielen im Londoner Donmar Warehouse. Die 23-jährige Chapman aus Cleveland – ihr Gesangsstil erinnert an die Britin Joan Armatrading – unterschrieb letztes Jahr bei Elektra Records. Mit der New-Yorkerin **Suzanne Vega** (Durchbruch 1987 mit *Luka*) bildet sie die Speerspitze der neuen Welle weiblicher Folk/Pop-Singer/Songwriter. Ihr Debütalbum startet im Sommer über Nacht mit dem Hit *Fast Car* durch. Die 24-jährige New-Yorkerin Merchant ist als Leadsängerin der Folk/Rock-Lieblinge **10,000 Maniacs** (auch bei Elektra) erfolgreich. Sie kamen mit dem Album ***Blind Man Zoo*** – Produktion Peter Asher – letztes Jahr erstmals in die Charts.

April 1988

Geburtstagskonzert für Nelson Mandela ... MCA kauft Motown Records ...

The Pixies

Whitney Houston

April

8 Die amerikanischen College-Rock-Favoriten, **The Pixies**, starten im Londoner Mean Fiddler eine Europatournee im Vorprogramm der 4AD-Labelkollegen **Throwing Muses** mit sieben Konzerten in Großbritannien. Das Alternative-Rock-quartett aus Boston mit Leadsänger und Gitarrist **Black Francis**, Leadgitarrist **Joey Santiago**, Bassist **Kim Deal** und Schlagzeuger **David Lovering** stellt dabei sein zweites Album ***Surfer Rosa*** vor. Steve Albinis Produktion wird bereits als Underground-klassiker gehandelt. Ein Kritiker nennt die beiden Bands im Vergleich das beste Doppelpack, seit »die Römer die Christen und Löwen in ein Programm steckten«. Bei einem zweiten Englandbesuch im Oktober lernen sie den Produzenten Gil Norton kennen. Er macht mit ihnen in Boston sechs Wochen vor Jahresende Aufnahmen.

9 Die Brauerei McEwans merkt, dass *Happy Days* von **Shamen** – das die Band ihr für den Spot zu einer 1 Mio. £ teuren TV-Werbekampagne angeboten hatte – indirekt Kritik an Thatchers Politik übt und zieht die Werbespots zurück. McEwans wurde durch Schlagzeilen wie »Schande über Shamen« und »McEwans Manager eingeschäumt« in der **Glasgow Evening Times** auf den Songinhalt aufmerksam. Bandmitglied **Will Sinnott** dazu: »Wir konnten es gar nicht fassen, dass sie uns überhaupt haben wollten. Und als sie den Song akzeptierten, waren wir mehr als überrascht.« Keyboarder Sinnott (alias **Will Sin**) tat sich letztes Jahr mit dem Gründer, Sänger und Bassisten **Colin Angus** zusammen und lenkt die Gruppe in eine neue Techno-Dance-Richtung, die 1992 Früchte trägt.

9 Die Soulwelt hat einen zweifachen Verlust zu beklagen: **Brook Benton**, 56, stirbt in New York an Lungenentzündung, Folge einer spinalen Meningitis. **Dave Prater**, 50, von **Sam And Dave**, wird getötet, als er mit dem Auto in Ocilla, Georgia, gegen einen Baum fährt. Benton hatte in 23 Jahren 50 US-Charthits, den ersten 1958 mit *A Million Miles From Nowhere*, den letzten 1971 mit *Shoes*. Seine ultimative Version von **Tony Joe Whites** *Rainy Night In Georgia* brachte ihm Gold. Prater, zeitweilig mit seinem Soulbruder **Sam Moore** zerstritten, wurde vor allem mit *Soul Man* und *I Thank You*, beides Gold-Singles für das Duo, bekannt.

15 Die 30-jährige Folksängerin, Songwriterin und Gitarristin **Shawn Colvin** aus South Dakota tritt im Somerville Theater in Massachusetts auf. Live-mitschnitte verkauft die fahrende Musikerin bei ihren Konzerten als Kassette. Radio WERS-FM in Boston sendet Colvins Band. Das führt im September zu ihrem ersten Headlinerkonzert in der Harvard Paine Hall und, endlich, zu einem Vertrag mit Columbia Records. Colvin ist als Background-sängerin auf **Suzanne Vegas** Welthit *Luka* zu hören (sie lernten sich kennen, als beide für einen Abend im New-Yorker Bottom Line Club gebucht waren).

23 **Whitney Houston** zieht mit **Michael Jacksons** Rekord von vor zwei Wochen gleich. Ihre jüngste Ballade, *Where Do Broken Hearts Go*, ist die US-Nr.-1, knapp vor Billy Oceans *Get Outta My Dreams (Get Into My Car)*, und damit der vierte Charttopper aus demselben Album. Sie stellt auch mit sieben US-Nr.-1-Hits in Folge einen neuen Rekord auf, der bislang bei insgesamt sechs, jeweils von den **Beatles** und den **Bee Gees**, lag.

Die Pixies entstanden durch eine Anzeige, in der Black Francis einen Bassisten suchte, der auf Hüsker Dü und Peter, Paul And Mary steht ... Die ersten beiden Alben von Whitney Houston wurden in den USA zusammen 22 Mio. Mal verkauft.

30 Die Schweiz ist zum ersten Mal Grand-Prix-Sieger. Beim 33. Wettbewerb in der Royal Dublin Society gewinnt sie mit dem Lied *Ne Partez Pas Sans Moi* spielend vor Luxemburg. Sängerin ist die 20-jährige Franko-Kanadierin **Celine Dion**. Als jüngstes von 14 Kindern einer Musikerfamilie trat Dion zum ersten Mal mit fünf Jahren öffentlich auf. Mit zwölf machte sie mit ihrem Bruder Michael ein Demoband, das sie an die Adresse schickte, die auf dem Albumcover ihres Idols, der französischen Sängerin **Ginette Reno**, stand. Es war die Adresse von Renos Manager,

»Ich bin entsetzt darüber, was dieser Mann tut – das überschreitet die Grenzen der Unterhaltung ... Hier sieht man, dass wir uns auf eine kranke Gesellschaft zubewegen.« David Blunkett (Labour-Abgeordneter für Sheffield) kommentiert Berichte über ein Alice-Cooper-Konzert, 5. April1988

Atlantic Records feierte sein 40-jähriges Bestehen mit einem Konzert aller Stars des Labels im Madison Square Garden in New York.

dem Geschäftsmann René Angelil aus Quebec. Angelil nimmt die junge Sängerin mit der dramatischen, kraftvollen Stimme unter seine Fittiche. Mit einer Hypothek auf sein Haus finanziert er 1981 ihr Debütalbum ***La Voix Du Bon Dieu***. Dion singt danach neun weitere Alben auf Französisch ein. Vier davon werden in Kanada Platin. Internationale Aufmerksamkeit erreicht sie, als sie 1982 die Goldmedaille beim Yamaha World Song Festival in Tokio gewinnt und 1983 als erste Kanadierin eine Goldene Schallplatte in Frankreich bekommt (für 700 000 verkaufte Exemplare von ***D'Amour ou d'amitié***).

Mai

5 **Michael Jackson** ist der erste Ausländer, der im russischen Fernsehen Werbung macht, als der erste, bezahlte Werbespot von Pepsi-Cola bei »Pozner in America« läuft, einer amerikanisch-sowjetischen Koproduktion.

14 Atlantic Records feiert ihr 40. Jubiläum mit einem 13-stündigen Starmarathon-Konzert im New-Yorker Madison Square Garden. Zu den vielen Topstars des Labels, die auftreten, gehören die **Bee Gees**, **Yes**, **Crosby, Stills And Nash**, **Genesis**, **Iron Butterfly**, die **Rascals**, **Foreigner**, **Paul Rodgers**, **Bob Geldof**, **Booker T. Jones**, **The Average White Band**, **Wilson Pickett**, die **Coasters**, die **Spinners**, **Roberta Flack**, **Manhattan Transfer**, **Debbie Gibson** (17-jährige Sängerin/Songwriterin und neues Nesthäkchen des Labels), die R&B-Größen **Ruth Brown**, **LaVern Baker** und **Ben E. King** sowie **Vanilla Fudge**. Der stets elegante Ahmet Ertegun kündigt zum Schluss des Abends **Led Zeppelin** mit **Jimmy Page**, **Robert Plant** und **John Paul Jones** an, denen sich **John Bonhams** Sohn **Jason** anschließt.

19 Das Oberhaus lehnt die Eingabe der britischen Phono-Industrie ab, dem Elektronikkonzern Amstrad den Verkauf eines Doppel-Kassettendecks zu verbieten. Damit würde das Copyright-Gesetz von 1956 verletzt, da es den Käufern das illegale Kopieren geschützter Werke ermöglicht. Mal angenommen, das sei der Fall, so die Abgeordneten, hätte das Unternehmen nicht zum Gesetzesbruch angestiftet, weil Amstrads Geräten ein schriftlicher Hinweis beiligt, der auf das Gesetz aufmerksam macht.

Juni

7 Atlantic Records beschließt kurz nach dem 40. Jubiläum für einige ihrer ältesten Künstler eine neu kalkulierte Tantiemen-Beteiligung und richtet für in Not geratene Künstler einen 1,5-Mio.-$-Spendenfond für steuerfreie Zuschüsse ein.

11 Im Londoner Wembley Stadium findet eine Ehrenfeier zum 70. Geburtstag von Nelson Mandela statt, der seit 24 Jahren in politischer Gefangenschaft sitzt. Sie wird von BBC2 live in 40 Länder der Welt ausgestrahlt und von zirka einer Milliarde Zuschauer gesehen. **Phil Collins**, **Whitney Houston**, **Tracy Chapman**, die **Dire Straits**, **George Michael**, **Peter Gabriel**, die **Bee Gees**, die **Eurythmics**, **Al Green**, **Harry Belafonte**, **Stevie Wonder** und **Aswad** gehören zum Staraufgebot, das an diesem Tag bis spätabends auftritt. Die Frage der Apartheid und Mandelas Inhaftierung sind längst zum zentralen Thema der Rockgemeinde geworden. Mehrere Künstler veröffentlichten bereits Protestsongs, u. a. die **Simple Minds**, Peter Gabriel und **The Specials**. Mit ihrem 1984er-Hit *Nelson Mandela* als Schlusshymne klingt das Ereignis in einer All-Star-Besetzung aus. Der Bandgründer **Jerry Dammers** war Hauptorganisator der Tributveranstaltung. Drei Jahre nach Live Aid setzen alle auf die Kraft der Solidarität: Zwei Jahre später wird Mandela ein freier Mann sein.

18 Der KLF-Communications-Ableger **The Timelords** ist mit *Doctorin' The Tardis* eine Woche die Nr. 1 in England. Der Mix besteht aus einem Original-Rhythmus von **Jimmy Cauty**, der Themamusik zur BBC-Fernsehserie »Dr. Who« und **Gary Glitters** *I'm The Leader Of The Gang*. Mit der Platte wollten Cauty und **Bill Drummond** von KLF bewusst einen Charttopper produzieren, indem sie, wie Drummond meint, »den insgesamt kleinsten gemeinsamen Nenner« finden. Für den Maxisingle-Remix *Gary In The Tardis* konnten sie Glitter persönlich gewinnen. Die beiden veröffentlichen unter dem Pseudonym The Timelords im September für 5,99 £ das Buch »The Manual« als Anleitung für einen Nr.-1-Hit. (Mit einer Würdigung des Discjockeys Steve Wright: »Der Mann verdient Respekt, selbst wenn man ihn nicht mag. Er ist ein Genie. Er ist der populärste Discjockey im Land und seit 1985 der Herzschlag der britischen Seele.«)

25 **Debbie Gibson** ist mit dem Hit *Foolish Beat* die jüngste Künstlerin, die jemals eine US-Nr.-1-Single komponiert, produziert und interpretiert hat. Morgen macht Gibson ihren Schulabschluss an der Calhoun High School, Merrick.

27 Motown Records wird von MCA Inc. und Boston Ventures (einer Investmentbank) für 61 Mio. $ gekauft. Motown-Sprecherin Rosalind Stevenson erklärt, MCA wird das Motown-Plattenlabel übernehmen, Gordy jedoch den lukrativen Musikverlag Jobete Music Corp. und die Filmfirma mit dem Namen Gordy Co. behalten. MCA übernimmt 20 Prozent des Kaufpreises, und Boston Ventures deckt den Rest. Für MCA liegt es auf der Hand, die Boston-Ventures-Anteile später ebenfalls zu übernehmen. Gordy äußert sich gegenüber der **Variety**: »In der heutigen Wirtschaft werden die Großen größer und die Kleinen kaputtgemacht. Weil ich das verhindern und sicher sein wollte, dass Motown und sein Erbe weiter besteht, beschloss ich, MCA, einem Supergiganten unserer Branche, den Zuschlag zu geben.« (1996 kauft EMI für 132 Mio. $ Gordy 50 Prozent von Jobete ab.)

Jim Kerr von den Simple Minds musste sich von einem schottischen Landsmann, dem Abgeordneten Nicholas Fairburn, für seine Teilnahme am Konzert zu Nelson Mandelas 70. Geburtstag als »linke Zecke« bezeichnen lassen.

Juli

1988

Acid-House ... Die erste Rap-/Hip-Hop-Show auf MTV ... Amnesty-Tournee ...

Der Hacienda Club wurde von der Band New Order gegründet und 1982 mit einem Auftritt des Komikers Bernard Manning eröffnet. 1997 wurde er geschlossen und abgerissen. Teile davon wurden zu wohltätigen Zwecken versteigert – ein Ziegelstein kostete 5 £.

Juli

13 Der Hacienda Club in Manchester, längst der angesagteste Nachttreff, startet die neue, spezielle »House«-Nacht – »Hot«. Um eine Stimmung wie bei den Dance-Raves in Ibiza zu schaffen, die bei Europas Jugend in den letzten Jahren enorm populär wurden, hat man den Club mit Podesten auf der Tanzfläche in eine Strandpromenade verwandelt samt Swimmingpool, Beachball und Eis am Stiel. Jeden Mittwoch tanzen bei den »Hot-Nights« im so genannten britischen »Summer of Love« 2500 Leute zur Musik führender DJs aus Manchester, einem anziehenden, Trance erzeugenden Mix aus den neuesten »Acid-House«-Platten. Das Subgenre ist eine Fusion aus dem ursprünglichen Chicago-House mit Techno-Klängen und tiefen Bassmotiven (oft auf dem Synthesizer Roland TB-303 erstellt). Die derzeit führenden Club-DJs **Paul Oakenfold** und Danny Rampling brachten von den Balearen auch den Ibiza-Acid-House in die Londoner Clubs: das Spectrum, Future, Heaven und Shoom veranstalten wöchentlich ähnliche Rituale, bei denen die Modedroge Ecstasy reichlich genossen wird. Da illegale Raves mittlerweise bis zu 10 000 ausgeflippte Jugendliche anziehen, tauchen in den UK-Charts nach *Theme From S'Express* von **S'Express,** dem ersten großen Szenehit, etliche Acid-House-Hits von DJs/Produzenten auf.

»Wäre John schwul gewesen, hätte er mich doch in den 20 Jahren wohl mal angemacht.« Paul McCartney weist die Behauptungen aus Albert Goldmans Buch **John Lennon – Ein Leben** zurück, 7. August 1989

15 MTV boykottiert **Neil Youngs** Video »This Note's For You«. Darin fängt das Haar eines **Michael-Jackson**-Doubles in einem Werbespot, der dem von Pepsi ähnelt, Feuer, das wiederum von einem **Whitney-Houston**-Double mit einer Dose Coca-Cola gelöscht wird. Die Zensur an der Starparodie im Video, das das Firmen-Sponsoring anprangern soll, bezeichnet Young als »unsinnig«.

17 Ihre 14-monatige Tournee dauert noch an, und **Guns N' Roses** starten im Poplar Creek Music Theatre in Hoffman Estates eine Konzertreihe in großen US-Hallen als Vorgruppe zu den neuerdings wieder populären Rockveteranen **Aerosmith** (sie feiern mit ***Permanent Vacation*** den größten Erfolg seit Jahren). Aerosmith haben mit ihrer Drogenvergangenheit abgeschlossen und bestehen auf folgende Vertragsklausel: Die für ihre heftigen Parties bekannten Guns N' Roses dürfen Alkohol und Drogen nur in der eigenen Garderobe genießen. Im Verlauf der Tournee werden die Roses plözlich zur Hauptattraktion. In drei Wochen wird ihr Debütalbum ***Appetite For Destruction***, das sich seit seiner Veröffentlichung im letzten August nur schleppend verkaufte, in den US-Charts auf Platz 1 stehen. Die LP, produziert von Mike Clink, geschrieben und arrangiert von der Band, bringt es bis Ende des Jahres auf 6 Mio. verkaufte US-Tonträger. Sie wirft zudem vier große Crossover-Hits ab: *Sweet Child O' Mine* – handelt von Axls Freundin Erin Everly – **Dons** Tochter –, das im September die US-Charts anführt, die Los-Angeles-Stadthymne *Welcome To The Jungle* (im Film »Dirty Harry V – Das Todesspiel« zu sehen), *Paradise City* und *Patience*. Die Band wird ihrem Ruf als jüngste Rotzrüpel-Skandaltruppe mit größter Sorgfalt gerecht. Zum Image gehören auch das bunte Stirntuch des Leadsängers **Axl Rose** und der schwarze Zylinderhut des Gitarristen **Slash.**

23 Die selbst komponierte Rockballade *Hold On To The Nights* von Poprock-Singer/Songwriter **Richard Marx** aus Chicago führt die US-Charts an. Damit ist er der erste Sänger mit vier Top-3-Hits aus einem Debütalbum ***Richard Marx*** (einen Monat vor **George Michael**). Als seine Solokarriere stagniert, schreibt und produziert der Ex-Jingles-Macher Projekte mit anderen Künstlern, u. a. **Randy Meisner** (Ex-**Eagles**), **Fee Waybill** (Ex-**Tubes**) und der neuen Mädchenband **Vixen**.

Beim Auftritt von Guns N' Roses auf dem Monsters of Rock Festival im englischen Castle Donington werden zwei Fans in der tanzenden Menge getötet.

August

6 »Yo! MTV Raps«, die erste Hip-Hop/Rap-Sendung des Senders – von Ted Demme mit entwickelt – startet mit Fab 5 Freddy als Moderator.

14 Der Bluesgitarrist **Roy Buchanan**, 48, erhängt sich nach der Festnahme wegen eines geringfügigen Alkoholdelikts mit seinem Hemd in einer Zelle in Fairfax, Virginia. Das arg unterschätzte Talent – auch Thema der 1971er-Dokumentation »Der beste unbekannte Gitarrist der Welt« – fand offenbar nur Trost bei seinem Markenzeichen, der ramponierten Fender-Telecaster-Gitarre. Er hat bereits mehrere Selbstmordversuche hinter sich.

27 *Monkey* – ein Remix von Jimmy Jam und Terry Lewis – wird **George Michaels** vierte direkte US-Nr.-1 und die letzte aus seinem Solodebüt ***Faith***. Die **Wham!**-Hits mit eingerechnet, ist es Michaels achter US-Nr.-1-Hit in den 80er-Jahren, was nur noch **Michael Jackson** mit neun überbietet. Auf ***Faith***, von Michael komponiert, arrangiert und produziert, spielt er auch die meisten Instrumente selbst (mit dem Ex-Wham!-Bassisten **Deon Estus** als Studiomusiker). Die LP war bereits die Nr. 1 in Großbritannien (im Verlauf

»Natürlich schreiben wir Songs. Das geht so: Erst den Beat an und den Bass rein, dann singst du, was du willst – und das war's.«

Keren Woodward von Bananarama, **Q**, September 1988

---

von 72 Wochen), stand 87 Wochen in den US-Charts, davon zwölf Wochen an der Spitze. Nach dem Titelsong wurden auch *Father Figure* und die Ballade *One More Try* zu Hits. Im Juni wurde Michael eine gutartige Zyste auf den Stimmbändern entfernt. Derzeit absolviert er während der langen Welttournee, die am 19. Februar in Japan begann, den zweiten Abstecher nach Nordamerika. Mit seinen Videos, bei MTV im Dauereinsatz, und Spitzenkritiken von seinen Konzerten ist er derzeit Großbritanniens populärster Interpret.

28 Beim diesjährigen Reading Rock Festival spielen u. a. **The Ramones**, **Iggy Pop**, **Wonder Stuff** aus Birmingham, die irischen Kritikerlieblinge **Hothouse Flowers**, **Runrig**, die schottische Poprock-Gruppe **Deacon Blue** und Soul-Newcomer **Roachford**. Doch **Meat Loafs** Auftritt ist der absolute Höhepunkt. Zum Auftakt hagelt es Plastikflaschen, woraufhin er zum Publikum meint: »Wollt ihr gute Musik, oder wollt ihr Doofies mit Sachen herumwerfen?« Das Flaschen-Bombardement hört nicht auf, und er verlässt die Bühne. (Andere beschreiben den Zwischenfall so: »Wollt ihr Musik hören oder mit Scheiße werfen?«, Antwort aus der Menge: »Scheiße werfen!«) Als er für *Bat Out Of Hell* zurückkommt, fliegen abermals Flaschen, und er gibt endgültig auf. Als Ordner auf die Bühne kommen, um einzugreifen, ereilt sie das gleiche Schicksal.

September

7 Bei den fünften MTV Video Music Awards im Universal Amphitheatre, Universal City räumt die australische Band **INXS** mit fünf Preisen groß ab: bestes Video, beste Gruppe, bestes Newcomer-Video, bester Schnitt und den Zuschauerpreis, allesamt für ihr Video zum US-Nr.-1-Hit *Need You Tonight*. (Für sie läuft es dieses Jahr phänomenal. Das aktuelle Album ***Kick***, mit drei US-Top-10-Hits, kommt bald auf 10 Mio. verkaufte Tonträger weltweit.) Die britische Band **Squeeze**, 1985 reformiert, bekommt zwei Preise (bestes Design und beste Spezialeffekte) für den »Hourglass«-Clip. **Michael Jackson** erhält den Video-Innovationspreis. Live spielen **Guns N' Roses** – als beste Nachwuchskünstler in einem Video (»Welcome To The Jungle«) prämiert, **Crowded House**, **Aerosmith**, **Cher**, **Depeche Mode**, **Rod Stewart** und Rap-Trio **Fat Boys**. **Pink Floyd** erhalten ihren ersten Preis für das beste Konzeptvideo (»Learning To Fly«), und **Prince** gewinnt seine zweite und dritte Trophäe für das beste Video eines Sängers und besten Liveauftritt in einem Video, jeweils für »U Got The Look« (mit Gastsängerin **Sheena Easton**).

23 In England wird »The Complete Beatles Recording Sessions« des anerkannten Beatles-Spezialisten Mark Lewisohn veröffentlicht. Es enthält detailgenau Berichte über ihre Studioaktivitäten in chronologischer Reihenfolge und ist das Pendant zu seinem umfassenden Buch »The Beatles Live«, das 1986 erschien.

AMNESTY-TOUR

2. September **Amnesty International feiert den 40. Jahrestag der im Dezember 1948 von der UN-Vollversammlung verabschiedeten Allgemeinen Erklärung der Menschenrechte mit der Tournee Human Rights Now!, die heute im Wembley-Stadion beginnt. Nach 20 Konzerten in 15 Ländern (u. a. Costa Rica, Ungarn, Indien, Japan, Elfenbeinküste und Simbabwe) wird sie am 15. Oktober im Estadio River Plate in Buenos Aires enden. Mit dabei: Bruce Springsteen And The E Street Band, Sting, Peter Gabriel, Tracy Chapman, Youssou N'Dour.**

Die Künstler legten auf fünf Kontinenten über 50000 km zurück.

Oktober 1988

Erste Single von Nirvana ... Roy Orbison stirbt ... Die Smiths trennen sich ...

Enya

The Beach Boys am Times Square

Oktober

8 **Freddie Mercury** und die Opernsängerin Montserrat Caballé treten neben vielen anderen Stars im Stadion Avinguda de Maria Cristina in Barcelona in der Auftaktshow zu Barcelonas Bewerbung für die Olympiade 1992 auf.

16 **U2**, die beliebte Alternative-Rocker **Aztec Camera** (angeführt von Literat, Sänger und Songschreiber **Roddy Frame**), **Joan Armatrading**, **Eddy Grant**, **Keith Richard** und **Ziggy Marley And The Melody Makers** nehmen an Smile Jamaica teil, einem Wohltätigkeitskonzert im Londoner Dominion Theatre für den Wiederaufbau Jamaikas nach dem Hurrikan Gilbert. Richards begleitet U2 bei *When Love Comes To Town* und *Love Rescue Me.*

23 Vor seinen ausverkauften Konzerten am 25. und 26. im Palace von Auburn Hills besucht **Michael Jackson** das Haus am West Grand Boulevard, wo Berry Gordy Jr. 1959 Motown Records gründete. Jackson stiftet dem Motown Museum 125 000 $, eine Bühnenuniform von 1972, einen mit Bergkristall verzierten Handschuh und einen Hut. Der wortkarge Star erklärt: »Es macht mich sehr glücklich und stolz, auf dem Boden zu stehen, wo alles für mich anfing. Ich habe alles Berry Gordy zu verdanken. Ich sage also dankeschön, Berry, ich liebe dich.«

27 Vier Tage vor dem Start in Großbritannien findet im Savoy Cinema in Dublin die Weltpremiere der **U2**-Dokumentation »Rattle And Hum« statt. Vor der Filmvorführung spielt die Gruppe einen kurzen Akustik-Set. Der Film besteht im Wesentlichen aus Livematerial, das am 19. und 20. Dezember im Sun Devil Stadium in Tempe mitgeschnitten wurde. Auf dem dazugehörigen Doppelalbum, produziert von Jimmy Iovine, sind auch neun neue Studiostücke.

29 Eithne Ní Bhraonáin, kurz **Enya**, gelingt mit *Orinoco Flow*, Nr. 1 der UK-Charts, der Durchbruch. Die 27-jährige irische Sängerin, Songwriterin und Pianistin aus einer neunköpfigen Familie studierte bereits als Kind Klassik. Ab 1980 trat sie mit zwei Brüdern, einer Schwester und zwei Onkeln in der Keltik-Folkband **Clannad** auf und wirkte auf den Alben ***Crann Ull*** und ***Fuaim*** mit. Enya konzentrierte sich auf eine Solokarriere und bekam zwei Angebote: 1984 von Regisseur David Putnam für die Musik zu »The Frog Prince« und von der BBC für die Musik zu »The Celts«, einer TV-Dokumentation im letzten Jahr. Rob Dickins, Chef von WEA Records, nahm sie unter Vertrag. Ihre erste Single (benannt nach dem Fluss Orinoco in Venezuela und einer textlichen Anspielung auf Dickins), vermittelt ihren einzigartigen Sound: ein akribisch kunstfertiger, vielschichtiger, ätherischer Gesangstil, eingebettet in einem Ozean von Synthesizerklängen. Die Single ist auf dem innovativen Album ***Watermark***, das in 63 Wochen in den UK-Charts nächste Woche auf Platz 1 ist. Das teils englische, teils gälische Werk mit dem sinfonischen Kathedralen-Sound, von Enya komponiert und dem Freund und Ex-Clannad-Toningenieur Nicky Ryan produziert (mit Texten seiner Frau Roma), entstand in hunderten Aufnahmestunden in Ryans Heimstudio durch die Überlagerung unzähliger Gesangsspuren.

»Fakt ist: Ein typischer amerikanischer Plattenvertrag ist ein größeres Kunstwerk als ein typischer Popsong.«

Peter Garrett von Midnight Oil, **Spin**, November 1988

Enya veröffentlichte in 15 Jahren nur fünf Alben, die sich in den USA aber zusammen 18 Mio. Mal verkauften ... Vor ihrem Nr.-1-Hit *Kokomo* legten die Beach Boys *Wipeout* vor – eine eher misslungene Gemeinschaftsproduktion mit den Fat Boys.

November

1 Sub-Pop Records veröffentlicht 1000 Kopien von *Love Buzz/Big Cheese* (SP23), der ersten **Nirvana**-Platte. (Die A-Seite ist ein Cover der holländischen 70er-Jahre-Rockband **Shocking Blue**.) Das Independent-Underground-Label in Seattle ging aus der Musikkolumne von Bruce Pavitt »Sub/Pop« hervor, 1983 im **Rocket**-Magazin gestartet, und baut ein bahnbrechendes Repertoire mit heimischen Bands auf, u. a. **Green River** (1986 eine der ersten Vertragsbands von Pavitt, die sich kürzlich als **Mudhoney** neu formierte) und Nirvana. Auf Sub-Pop erschienen letztes Jahr *Hunted* und die EP ***Screaming Life***, die ersten Veröffentlichungen von **Soundgarden**, eines Quartetts mit dem depressiven Frontmann **Chris Cornell**. Gerade wurden sie vom Indie-Label SST Records für das Trendsetter-Debütalbum ***Ultramega OK*** unter Vertrag genommen, das Alternative-Rockkritiker über den Klee loben. Alle Bands erfreuen sich einer großen Fangemeinde vorort. In dieser Szene entsteht der »Grunge«-Sound, eine neue Spielart aus Seattle. Es handelt sich um eine Mischung aus der muskulösen Schwere von Heavy Metal und der wilden, rebellischen Text-Ästhetik des Punk.

5 **George Harrison** machte es im Februar vor, nun folgen die ehrwürdigen **Beach Boys** seinem Beispiel mit einem bemerkenswerten Comeback. Über 24 Jahre nach ihrem ersten Charttopper *I Get Around* sind sie die Nr. 1 der US-Charts mit *Kokomo*. Der Song aus dem Erfolgsfilm »Cocktail« ist ironischerweise ihr

Die Gewohnheit, einen einzelnen Handschuh an der rechten Hand zu tragen, nahm Michael Jackson während seiner Tournee 1984 an ... Der Totenkopf auf Slashs schwarzer Lederjacke trug denselben Zylinder wie der Gitarrist selbst.

ROY ORBISON

6. Dezember Nachdem Roy Orbison und sein Freund und Tourbusfahrer Benny Birchfield den Tag damit verbracht haben, Teile für ferngesteuerte Modellflugzeuge einzukaufen, isst er mit Birchfield und dessen Frau, der Countrysängerin Jean Shepard, zu Abend. Dann besucht er im Haus seiner Mutter seinen Sohn Wesley. Als Orbison gegen 23 Uhr längere Zeit nicht aus dem Bad zurückkehrt, bricht Wesley die Tür auf und findet seinen Vater leblos vor. Orbison wird ins Hendersonville Hospital gebracht, wo um 23:54 Uhr der Tod durch Herzinfarkt festgestellt wird. Der einst von Elvis Presley als »größter Sänger der Welt« beschriebene Orbison wurde 52 Jahre alt. Noch im Frühjahr nahm er das Album *Traveling Wilburys* auf, das gerade in den Charts steht, danach seine eigene Comeback-Platte *Mystery Girl*, die im Januar bei Virgin erscheinen wird. Orbison, der in den letzten Jahren mit seiner Frau Barbara in Malibu gelebt hatte, wird in einem anonymen Grab im Westwood Memorial Park in Los Angeles beerdigt. Während sein Leichnam nach Santa Monica überführt wird, erklärt Maxie Watts, der Bürgermeister von Orbisons texanischer Heimatstadt Wink, den 9. Dezember zum »Roy Orbison Day«.

LL Cool J bekam Teile seiner ersten DJ-Ausrüstung von seinem Großvater. Als er neun war, kaufte ihm seine Mutter ein Rhythmusgerät.

einziger großer Hit, der nicht von **Brian Wilson** stammt. Der wird derzeit vom umstrittenen Therapeuten Dr. Eugene Landy »betreut« (der im kommenden April seine Zulassung verlieren wird). Wilson, letzten Monat für UK-Promotion unterwegs, tauchte unerwartet beim zehnjährigen Treffen des Britischen Beach Boys Clubs im Parish Centre, Greenford, Westlondon, auf.

25 **David Gilmour** und **Nick Mason** von **Pink Floyd** verfolgen den Start der sowjetisch-französischen Weltraummission Sojus 7. Mit an Bord ist eine Kassette des neuen Albums der Band, ***Delicate Sound Of Thunder***, die erste Rockplatte, die im Weltall läuft.

30 **LL Cool J** geben ihr erstes Rap-Konzert im afrikanischen Abidjan, der Hauptstadt der Elfenbeinküste. Der Auftritt endet abrupt, als Leute in Ohnmacht fallen, ein Aufruhr entsteht und die Bühne gestürmt wird. Trotzdem gelingt es Cool, dort ein Krankenhaus einzurichten, woraufhin ihn die Dorfältesten aus Grand Bassan zum Häuptling Kwasi Achi-Brou krönen.

Dezember

10 **Cliff Richards** 100. Single, das weihnachtliche *Mistletoe And Wine,* ist Nr. 1 der UK-Charts und wird zur meistverkauften UK-Single des Jahres. Von den 100 waren zwölf eine Nr. 1 in Großbritannien, 55 standen in den Top 10, und nur neun schafften es nicht in die Top 40. Seit seinem Debüt 1958 machte Richard nur zwei Jahre eine Pause – 1975 und 1978. Und es geht weiter …

15 Zum Abschluss eines turbulenten Jahres – was sich allerdings nicht auf seine Musikkarriere bezieht – wird **James Brown** nach wiederholten Gesetzeskonflikten und fünf Verhaftungen binnen zwölf Monaten wegen tätlichem Angriff mit Tötungsabsicht, schwerer, tätlicher Körperverletzung, illegalem Drogen- und Waffenbesitzes und Widerstand bei der Festnahme zu sechs Jahren Gefängnis verurteilt. Auch will er sich von seiner Frau Adrienne scheiden lassen, obwohl er sie liebt. Der geht es nicht viel besser. Sie wurde zwei Mal wegen Drogenbesitzes verhaftet. Vor Gericht, wegen gefälschter Flugtickets, pochte sie als Ehefrau des »offiziellen Soul-Diplomaten« Brown auf diplomatische Immunität. Außerdem bestreitet sie, ein Hotelzimmer in Brand gesetzt zu haben. Dafür will sie eine Trennungsklage gegen Brown einreichen. Es läuft wirklich nicht gut für ihn.

16 **Sylvester**, Trendsetter der Homodisco-Szene, dem Hits wie *Dance (Disco Heat), You Make Me Feel (Mighty Real), I (Who Have Nothing)* und *Do Ya Wanna Funk* gelangen, stirbt in San Francisco an AIDS. Mit dem Mixer und Produzenten Patrick Cowley – der 1982 der Krankheit erlag – bereitete Sylvester den Boden für den aufblühenden High-Energy und House-Stil, der in den 80er-Jahren die Clubszene dominierte.

18 **Enya** wird von Gloria Hunniford in der ITV-Sendung »Sunday Sunday« interviewt und singt eine gälische Version von *Stille Nacht*. 1980 absolvierte sie in Nordirland ihr Fernsehdebüt in einer anderen Sendung von Gloria Hunniford.

22 **Morrissey**, dessen Solokarriere nach Auflösung der **Smiths** voll im Gang ist, gibt mit den Kollegen **Andy Rourke** und **Mike Joyce** in der Wolverhampton Civic Hall ein Abschiedskonzert. **Johnny Marr** glänzt durch Abwesenheit und wird von **Craig Gannon** ersetzt. Die ersten 1700 Fans, die ein Smiths- oder Morrissey-T-Shirt tragen, haben freien Eintritt. Das Konzert wird für ein Promotion-Video zu Morrisseys neuer Solosingle *The Last Of The International Playboys* mitgefilmt. Im Song geht es um das legendäre Gangsterduo Ronnie und Reggie Kray.

ROOTS In diesem Jahr gibt die 13-jährige Lauryn Hill ihr Bühnendebüt bei der Amateur Night im Harlemer Apollo Theater, New York mit Smokey Robinsons *Who's Loving You* … gründen die Studenten und Songwriter Steven Page und Ed Robertson in Scarborough, Toronto, Barenaked Ladies … gründen James Dean Bradfield und sein Cousin Sean Moore in Blackwood, Wales die Hardcore-Revivalband Blue Generation; nächstes Jahr erscheint mit den neuen Mitgliedern Richey Edwards und Nicky Wire die selbst finanzierte Single *Suicide Alley* … schließt sich Polly Jean Harvey nach ihrem kurzlebigen Trio Polekats John Parishs Band Automatic Dlamini an … ändern DVX ihren Namen in Cypress Hill, einem Southgate-Bezirk in Los Angeles; Mellow Man macht auf Solokarriere … wird Mariah Carey bei einem Vorsingen als Backgroundsängerin für Brenda K. Starr engagiert; diese spielt Columbia-Records-Präsident Tommy Mottola ihr Demoband zu … formieren sich Boyz II Men an der Philadelphia High School Of Creative And Performing Arts … unterschreibt Garth Brooks bei Capitol Records; Labelmann Len Scholds entdeckte ihn in Nashvilles Bluebird Café …

Another Day In Paradise

1989

Nr. 1 US-SINGLES

07. Jan. Every Rose Has Its Thorn **Poison**
14. Jan. My Prerogative **Bobby Brown**
21. Jan. Two Hearts **Phil Collins**
04. Febr. When I'm With You **Sheriff**
11. Febr. Straight Up **Paula Abdul**
04. März Lost In Your Eyes **Debbie Gibson**
25. März The Living Years **Mike And The Mechanics**
01. Apr. Eternal Flame **Bangles**
08. Apr. The Look **Roxette**
15. Apr. She Drives Me Crazy **Fine Young Cannibals**
22. Apr. Like A Prayer **Madonna**
13. Mai I'll Be There For You **Bon Jovi**
20. Mai Forever Your Girl **Paula Abdul**
03. Juni Rock On **Michael Damian**
10. Juni Wind Beneath My Wings **Bette Midler**
17. Juni I'll Be Loving You (Forever) **New Kids On The Block**
24. Juni Satisfied **Richard Marx**
01. Juli Baby Don't Forget My Number **Milli Vanilli**
08. Juli Good Thing **Fine Young Cannibals**
15. Juli If You Don't Know Me By Now **Simply Red**
22. Juli Toy Soldiers **Martika**
05. Aug. Batdance **Prince**
12. Aug. Right Here Waiting **Richard Marx**
02. Sept. Cold Hearted **Paula Abdul**
09. Sept. Hangin' Tough **New Kids On The Block**
16. Sept. Don't Wanna Lose You **Gloria Estefan**
23. Sept. Girl I'm Gonna Miss You **Milli Vanilli**
07. Okt. Miss You Much **Janet Jackson**
04. Nov. Listen To Your Heart **Roxette**
11. Nov. When I See You Smile **Bad English**
25. Nov. Blame It On The Rain **Milli Vanilli**
09. Dez. We Didn't Start The Fire **Billy Joel**
23. Dez. Another Day In Paradise **Phil Collins**

Nr. 1 UK-SINGLES

07. Jan. Especially For You **Kylie Minogue And Jason Donovan**
28. Jan. Something's Gotten Hold Of My Heart **Marc Almond featuring Gene Pitney**
25. Febr. Belfast Child **Simple Minds**
11. März Too Many Broken Hearts **Jason Donovan**
25. März Like A Prayer **Madonna**
15. Apr. Eternal Flame **Bangles**
13. Mai Hand On Your Heart **Kylie Minogue**
20. Mai Ferry 'Cross The Mersey **Christians, Holly Johnson, Paul McCartney, Gerry Marsden And Stock Aitken Waterman**

Don Henley

Madonna

Don Henley legte mit seinem dritten Album ***The End Of The Innocence*** sein ambitioniertestes Solowerk vor ... Wegen der Kontroverse um Madonnas »Like A Prayer« trat Pepsi-Cola von einem 5 Mio. $ schweren Sponsorenvertrag mit der Sängerin zurück.

Die Berliner Mauer fiel, Chinas Demokratiebewegung wurde zerschlagen, Ayatollah Khomeini starb. Und die feuchte Industriestadt Manchester, die Heimatstadt der einflussreichen **Smiths**, war plötzlich Mittelpunkt des Musikgeschehens. Inzwischen war der Hacienda Club das Herz der lokalen Musikszene. Hier fanden die »House«-Nächte mit Europas führenden DJs und Bands wie **Stone Roses** und **The Happy Mondays** statt. Im Süden kombinierte die Londoner Formation **Soul II Soul** Reggae, Hip-Hop und R&B auf sanfte, modische Art. Produzent/Komponist/DJ **Jazzie B** und **Nellee Hooper** (Ex-**Massive Attack**) verarbeiteten auf dem Debütalbum so unterschiedliche Einflüsse wie **Chic** und afrikanische Rhythmen zu coolen Harmonien und edlen Elektro-Grooves.

The Fine Young Cannibals baden dank ihres zweiten Albums ***The Raw And The Cooked*** im Erfolg. Mit zwei Ex-Mitgliedern von **The Beat** (deren Sound auf dem Album nachhallt) entstanden etliche hervorragende Stücke. *She Drives Me Crazy* erreichte schon kurz vor dem Album die Spitze der US-Charts. **Roland Gifts** charakteristischer, oft melodramatischer Gesang passte gut zu eingängigen Popsongs wie *Good Thing*.

In den USA gelangten **Gloria Estefan And The Miami Sound Machine** mit Latin-Dance und Balladen in die Charts, ein Beweis für die wachsende Bedeutung der spanischen Minderheit. Die Choreografin **Paula Abdul** hatte mit **Janet Jackson** für *Nasty* und auch mit **George Michael** und **Duran Duran** gearbeitet. 1989 trat sie, gestylt wie ein weiblicher Michael Jackson, aus dem Hintergrund ins Rampenlicht und landete drei US-Nr.-1-Hits.

Madonna produzierte immer noch unwiderstehliche, aber auch kontroverse Songs. Mit *Like A Prayer* brachte sie die katholische Kirche gegen sich auf, und Pepsi zog den umstrittenen Werbespot zurück. Das gleichnamige Album mit weniger Tanznummern und stärkeren Melodien zeigte sie als gereifte Sängerin und Songschreiberin. *Express Yourself* festigte Madonnas Status als dreiste Sex-Ikone, und *Till Death Us Do Part* war eine weitere Tophit-Ballade.

R.E.M. gingen mit dem Album ***Green***, das Ende 1988 erschien, auf eine ausgedehnte Tournee. Es war eingängiger als frühere Werke, was den Wandel der Formation vom College-Kult zum US-Rockstar unterstützte (in Europa spielten man weiterhin eher in Clubs als in Stadien). Zum erstaunlichen Erfolg trugen auch verständlichere Texte und griffigere Akkorde bei. Doch die lange Tour forderte auch ihren Tribut.

»[Gloria] Estefan ist Anne Murray mit einem Klecks Salsa.« **Los Angeles Times**, 23. Juli 1989

- **10. Juni** Sealed With A Kiss **Jason Donovan**
- **24. Juni** Back To Life (However Do You Want Me) **Soul II Soul**
- **22. Juli** You'll Never Stop Me Loving You **Sonia**
- **05. Aug.** Swing The Mood **Jive Bunny And The Mastermixers**
- **09. Sept.** Ride On Time **Black Box**
- **21. Okt.** That's What I Like **Jive Bunny And The Mastermixers**
- **11. Nov.** All Around The World **Lisa Stansfield**
- **25. Nov.** You Got It (The Right Stuff) **New Kids On The Block**
- **16. Dez.** Let's Party **Jive Bunny And The Mastermixers**
- **23. Dez.** Do They Know It's Christmas? **Band Aid II**

Grammy-Gewinner Bobby McFerrin ... *Like A Prayer* ...

Mit ihren Dreadlocks, den muskulösen Körpern in enger Kleidung und ihrem sexy Tanzstil wurden Milli Vanilli zu einem Lieblingsthema der Popmedien.

Januar

18 Mit 38 Jahren ist **Stevie Wonder** das jüngste Mitglied der Rock and Roll Hall of Fame. Bei der vierten Aufnahme im New-Yorker Waldorf-Astoria Hotel werden zudem die Interpreten **Dion**, **Otis Redding**, die **Stones** und die **Temptations** eingeführt. Zu ihren Vorbildern gehören **The Inkspots**, **Bessie Smith** und die **Soul Stirrers**. Als einziger Nichtmusiker wird dieses Jahr **Phil Spector** aufgenommen. Bei dem anschließenden, obligatorischen Jam singt **Mick Jagger** *Honky Tonk Women* im Duett mit **Tina Turner**, die die Laudatio auf Spector hielt, und mit **Little Richard**, der Redding einführte, *I Can't Turn You Loose*.

25 Ex-New-Edition-Sänger **Bobby Brown** verzückt mit provokanten Tanzposen sein Publikum und wird im Municipal Auditorium in Columbus, Georgia verhaftet. Er bekommt wegen Obszönität eine Geldstrafe von 652 $, weil der »eindeutig sexuelle Auftritt, auch eines bekleideten Künstlers, Minderjährige im Stadtbereich gefährdet«. Der 19-jährige R&B-Star war vor drei Wochen die US-Nr.-1 mit *My Prerogative*. Sein zweites Album *Don't Be Cruel* steigt für sechs Wochen an die Chartsspitze.

30 Der **Stone-Roses**-Auftritt im Hacienda wird für die BBC2-Serie »Snub TV« mitgefilmt. Das Quartett aus Manchester, bestehend aus dem Leadsänger **Ian Brown**, dem Gitarristen **John Squire**, dem Bassisten **Gary »Mani« Mounfield** und dem Schlagzeuger **Alan »Reni« Wren**, gehört zu den innovativen Rock-Dance-Bands der Stadt und den jüngsten Alternative-Rock-Lieblingen der Musikmedien. Die Band nahm 1987 den Indie-Klassiker *Elephant Stone* (produziert von **Peter Hook** von **New Order**) für das Silvertone-Label auf. Ihre aktuelle Veröffentlichung *Made Of Stone* wird vom NME am 11. März zur Single der Woche gewählt (»die Stone Roses sind im Kommen«). Das Debütalbum bekommt nach Erscheinen am 2. Mai ähnliche Elogen. Das Magazin Sounds schreibt: »ein Meisterwerk«.

30 Bei den 16. American Music Awards im Shrine Auditorium gewinnen **George Michael** und **Randy Travis** jeweils drei Preise. Michaels *Faith* ist das beliebteste Soul/Rhythm'n'Blues-Album, er der beliebteste Sänger sowohl im Pop/Rock- als auch Soul/Rhythm'n'Blues-Bereich. Travis besetzt zum zweiten Mal die Kategorie Country mit der beliebtesten Single, dem beliebtesten Album und als beliebtester Sänger. **Def Leppard**, **DJ Jazzy Jeff And The Fresh Prince** (Mainstream-Rap-Duo aus Philadelphia, mit **DJ Jeff Townes** und dem 20-jährigen Schauspieler/Rapper **Will Smith**) und **Whitney Houston** bekommen jeweils zwei Preise. **Willie Nelson** erhält den Sonderehrenpreis, und **Michael Jackson** wird für herausragende Leistungen geehrt, eine spezielle Auszeichnung zu diesem Anlass. **Gloria Estefan And The Miami Sound Machine** erhalten als beliebteste Poprock-Band ihren ersten großen Preis. Die kubanische Band aus Miami, 1974 von Glorias Ehemann, dem Songschreiber und Produzenten **Emilio Estefan** gegründet, wurde zum Sprungbrett für Glorias glänzende Solokarriere. Ihr Soloalbum *Cuts Both Ways* startet im Juli zu einem Multiplatin-Feldzug durch die US-Charts. Den Estefans gelingt mit ihrer eingängigen Mischung aus spanisch- und englisch-sprachigen Balladen und Popdance-Nummern das erfolgreichste Latin-Crossover seit **Ritchie Valens**.

Februar

2 Die Zeitung The Sun wird aufgrund einer Verleumdungsklage von **George Michael** zu mehr als 100 000 £ Schadensersatz verurteilt. Das Blatt hatte in Artikeln vom 13. und 15. Oktober 1986 behauptet, der betrunkene Michael habe uneingeladen auf einer Party von Andrew Lloyd Webber Gäste beschimpft.

13 Im achten Jahr heißen die BPI Awards nun also »Brits«. Doch die Preisverleihung gerät zur Farce. Allein die Doppelmoderation von Oben-Ohne-Model und Popsängerin **Samantha Fox** mit Schlagzeuger **Mick Fleetwood** ist schon absurd. Statt der angekündigten **Four Tops** marschiert **Boy George** auf die Bühne und erklärt: »Leider bin ich nur ein One Top.« Fox und Fleetwood verheddern sich im Text, kommen mit dem Teleprompter nicht klar, und etliche Mitwirkende erscheinen verspätet auf der Bühne. Eine Voraufzeichnung von **Michael**

Die Stone Roses waren zusammen mit den Happy Mondays Vorreiter der kurzlebigen »Madchester«-Szene.

R.E.M. mussten Deutschlandkonzerte ihrer Green World Tour absagen, weil Schlagzeuger Bill Berry an Felsengebirgs-Fleckfieber erkrankte.

»Ich spiele mit der Stimme, denn mit einer guten Stimme kannst du echt was rüberbringen.« Roland Gift (Fine Young Cannibals), **Melody Maker**, 4. April 1989

Jacksons Rede läuft aus völlig unerklärlichen Gründen auch nicht. Und im Gegensatz zum letzten Jahr (da wurde überzogen) endet die Veranstaltung verfrüht. Also hängt man überstürzt ein Video von **Brother Beyond** daran. Dabei gehen die erfolgreichen **Fairground Attraction** quasi unter. Ihr Folkpop-Charttopper *Perfect* aus dem letzten Jahr wird beste britische Single und ***First Of A Million Kisses*** zum besten britischen Album – zum ersten Mal gewinnt ein Künstler in beiden Kategorien. **Annie Lennox** wird zum dritten Mal beste britische Solokünstlerin und **Phil Collins** zum zweiten Mal bester britischer Solokünster. Mit »Buster« wird er für die beste Filmmusik ausgezeichnet. **Cliff Richard** wird für herausragende Verdienste um die britische Musik geehrt.

22 Überraschenderweise gewinnt der virtuose Jazzsänger **Bobby McFerrin** bei der Grammy-Verleihung vier Preise, u. a. die begehrten Auszeichnungen Platte und Song des Jahres für den Titel *Don't Worry, Be Happy*, der im Tom-Cruise-Film »Cocktail« zu hören ist. Der Hit macht ihn auch zum besten Popsänger. Zudem wird McFerrin bester Jazzsänger: für *Brothers*, ein Stück aus Rob Wassermans LP ***Duets***. **Tracy Chapman** wird mit *Fast Car* beste Nachwuchskünstlerin und beste Popsängerin, ***Tracy Chapman*** zur besten traditionellen Folk-Aufnahme. **Robert Palmer** – in starker Konkurrenz mit **Eric Clapton**, **Joe Cocker**, **Robbie Robertson** und **Rod Stewart** – wird mit *Simply Irresistible* bester britischer Rocksänger. **Tina Turner** kassiert zum vierten Mal den Preis als beste Rocksängerin für ***Tina Live In Europe***. **George Michael**, lediglich zweiter in der Kategorie bester britischer Solokünstler (nach **Phil Collins**), gewinnt mit dem Album des Jahres. Die Peinlichkeit war vorprogrammiert, als **Jethro Tull** statt **Metallica** den neu geschaffenen Preis für die beste Hardrock/Metal-Aufnahme kassieren, die ihre Hymne *One* live spielen. NARAS korrigiert den Fehler im kommenden Jahr, splittet das Genre in die Preise beste Hardrock-Aufnahme und beste Metal-Aufnahme, die dann *One* gewinnt. Besonders bemerkenswert ist der Liveauftritt von **Sinéad O'Connor** mit ihrem nominierten Song *Mandinka*.

24 Yusuf Islam billigt den Mordaufruf des Ayatollah Khomeinis gegenüber Salman Rushdie, dem Autor der »Satanischen Verse«. Tom Leykis, Radiomacher bei KFI, Los Angeles, zerstört kommenden Monat mit einer Dampfwalze alle **Cat-Stevens**-Platten. Viele US-Radiostationen boykottieren jetzt die Platten des islamischen Sängers.

März

1 Nach Japan, Australien und Neuseeland startet der US-Teil von **R.E.M.s** Green-Welttournee in Louisville, Kentucky. Zunächst bestreitet Kritikerliebling und Alternative-Rocker **Robyn Hitchcock** (er promotet ***Queen Elvis***) das Vorprogramm, später sind es die **Indigo Girls**, ein Folkrock-Duo aus Georgia, bestehend aus den Sängerinnen, Songwriterinnen und Gitarristinnen **Amy Ray** und **Emily Saliers**. Epic Records nahm sie letztes Jahr unter Vertrag und veröffentlichte soeben ihr zweites Album ***Indigo Girls***.

2 In der »The Cosby Show« ist erstmals das Gospel-inspirierte *Like A Prayer* zu hören, mit dem der **Madonna**-Sponsor Pepsi-Cola seine 5 Mio.-$-Werbekampagne startet. Zum ersten Mal läuft damit der Song eines Superstars im Werbefernsehen, bevor er im Handel ist. Gleichzeitig lösen die religiösen Anspielungen des Textes Kontroversen aus. Prediger Donald Wildmon von der American Family Association droht mit einem einjährigen Boykott aller Pepsi-Produkte, falls das Unternehmen nicht bis Monatsende Madonnas Vertrag auflöst.

4 Die katholische Gruppe Famiglia Domani protestiert in Italien gegen die Ausstrahlung von **Madonnas** Video »Like a Prayer«. Die Gruppe kündigt eine Klage wegen Gotteslästerung gegen das Video an, dessen Vermischung religiöser und erotischer Bilder weltweit die Gemüter erregt.

April

4 Nach weltweiten Protesten religiöser Gruppen erklärt Pepsi, man ziehe die Werbespots mit **Madonnas** *Like A Prayer* in den USA zurück. Der Jahres- und der Sponsorenvertrag für Madonnas Welttournee wird aufgelöst. (Pepsi in Kanada gibt morgen bekannt, man habe vor, das Video weiterhin zu senden.)

8 Als erster Song in der neu gestalteten US-Fernsehsendung »American Bandstand« – neuer Moderator David Hirsh – läuft *She Drives Me Crazy* von den **Fine Young Cannibals**. Das glänzende Gitarrenstück ist kommende Woche Nr. 1 in den USA, desgleichen sein Nachfolger *Good Thing* am 8. Juli, und stammt aus dem zweiten Album des Trios, ***The Raw And The Cooked***. Die geschickte Pop/Dance/Soul-Mischung aus überwiegend selbst geschriebenen und produzierten Songs startete vor zwei Monaten als UK-Nr.-1 einen 66-wöchigen Chartsaufenthalt und führt ab 3. Juni sieben Wochen lang die US-Charts an.

8 **Milli Vanilli** bewegen ihre Lippen bei ihrem ersten großen US-Fernsehauftritt in »Soul Train« zum Vollplayback ihres aktuellen US-Nr.-2-Hits *Girl You Know It's True* und ihrer neuen Single *Baby Don't Forget My Number*. Beide Songs sind Produkte des deutschen Hitmachers, Songschreibers und Produzenten **Frank Farian**, (der Mann, der auch hinter Formationen wie **Boney M**, **Far Corporation** und anderen steht), der den Franzosen **Fabrice Morvan** und den deutschen Tänzer **Rob Pilatus** als Galionsfiguren für sein Projekt ausgewählt hatte. **Milli-Vanilli**-Platten, mit drei US-Charttoppern bis November, beherrschen bis Ende des Jahres die internationalen Popcharts.

New Kids On The Block ... Politische Kontroverse um Public Enemy ...

21 Auf 10 Records/Virgin erscheint das Debütalbum ***Club Classics Volume One*** von **Soul II Soul**, eine Klangwelt aus Dance, Reggae, Hip-Hop und Soul, die am 15. Juli die UK-Nr.-1 ist. Die innovative Londoner Band formierte sich als Soulkollektiv um Frontmann **Jazzie B** und besteht aus dem führenden Arrangeur und Produzenten **Nellee Hooper** (Mitglied eines weiteren, bahnbrechenden Trip-Hop/R&B-Ensembles, **Massive Attack**) und DJ **Daddae Harvey**. Das Album ***Club Classics Volume One***, mit zahlreichen festen und zeitweiligen Mitgliedern eingespielt, bringt Jazzie Bs charakteristischen Rhythmen den Mainstream-Erfolg. **Caron Wheeler**, festes Mitglied der Soul II Soul, ist Leadsängerin auf der Erfolgssingle *Keep On Movin'*, derzeit Nr. 5 in England. Das Stück kreuzt einen weitläufigen Reggae mit prägnanten, schleppenden Dance-Percussionrhythmen. Sie bilden auch das Rückgrat der beiden Folgehits und inspirieren in den nächsten beiden Jahren dutzende Nachahmer. Am 15. Juli steht das Album an der UK-Chartsspitze. Jazzie B und Hooper, inzwischen gefragte Produzenten und Arrangeure, arbeiten kurz darauf mit **Sinéad O'Connor** an einem Cover der alten **Prince**-Komposition *Nothing Compares 2 U*.

Mai

4 **Shaun Ryder**, Sänger der **Happy Mondays**, wird in Jersey wegen Kokainbesitz verhaftet, dann aber gegen 5000 £ Kaution entlassen. Erst letzte Woche wurde sein Bandkollege **Mark »Bez« Berry** zu 700 £ Geldstrafe wegen Cannabisbesitz verurteilt. Die Mondays, die bei Tony Wilsons Label Factory unter Vertrag sind, sind eine der wichtigsten Bands der derzeitigen »Manchester-Rave«-Szene. Ihre aktuelle Single *Lazyitis (One Armed Boxer)*, auf der Ryder mit dem 60er-Jahre-Jodler **Karl Denver** singt, ist im Remix von **Paul Oakenfold** derzeit ein Hit auf den Tanzflächen.

7 **Elvis Costello** spielt das erste von vier Konzerten unter dem Titel »A Month of Sundays« im London Palladium. Er eröffnet damit eine einmonatige Englandtournee mit **Nick Lowe**, auf der sie auch drei Abende in Folge in der Royal Albert Hall spielen. Den Sommer über tritt Costello auf europäischen Open-Air-Festivals auf: Glastonbury, Le Ballon, Monza Rock, Roskilde, Torhout, Werchter und Montreux. Sein im Februar erschienenes erstes Album für Warner

NEW KIDS ON THE BLOCK

24. April **Der Gouverneur von Massachusetts, Michael Dukakis, hat den heutigen Tag zum »New Kids On The Block Day« bestimmt (die Kids werden dieses Jahr auch noch ein Benefizkonzert für eine von Dukakis gegründete Allianz gegen Drogen spielen). Die Sänger und Tänzer der angesagten Bostoner Boyband (Donnie Wahlberg, Danny Wood, Jordan Knight, Jonathan Knight und Joey McIntyre) wurden von Ex-Johnson-Brother Maurice Starr und seinem Bruder Michael Jonzun gecastet, um ihren früheren Erfolg mit New Edition zu wiederholen. Starr trainiert die Gruppe seit 1984 (damals hießen sie noch Nynuk) und hat 1986 einen Plattenvertrag mit CBS geschlossen. Bei den morgigen Boston Music Awards werden die Jungs aus Beantown in den Kategorien R&B-Single und Video ausgezeichnet, Starr selbst wird Produzent des Jahres. Ihr Pop/Rap-Hit *You Got It (The Right Stuff)*, der insgesamt ein halbes Jahr in den Charts bleibt, erreichte am 11. März Platz 3 der US-Charts. Im Zuge der ganz Nordamerika erfassenden New-Kids-Hysterie kam vorigen Monat auch das von Starr produzierte zweite Album *Hangin' Tough* auf Platz 4 in den USA. Die Platte, die den größten Teeniepop-Hype des Jahrzehnts auslöst, wird über zwei Jahre auf den Hitlisten bleiben und acht Platinalben kassieren. Die Ballade *I'll Be Loving You (Forever)* hat schon länger mit der Teenie-Diva Tiffany um die US-Nr.-1 zu kämpfen, erreicht sie aber am 17. Juni, während das nach seiner Veröffentlichung im vergangenen Frühjahr nur 5000-mal verkaufte Debütalbum *New Kids On The Block* in Richtung Platz 25 und 3 Mio. verkaufter Exemplare in USA aufholt. *You Got It (The Right Stuff)* wird bis Ende 1989 ein Welthit – im November ist es Nr. 1 in England, und kurz danach erscheint das dritte amerikanische Chartsalbum des Jahres, *Merry, Merry Christmas*.**

Von drei Videos der New Kids wurden in den USA jeweils über 1 Mio. Exemplare verkauft.

Elvis Costello

Soul II Soul

Elvis Costello gab im Mai im London Palladium vier Konzerte unter dem Motto »Ein Monat voller Sonntage« ... Jazzie B von Soul II Soul folgte dem Motto, dass lächelnde Gesichter und pulsierende Bässe die Menschen glücklich machen.

Brothers, ***Spike***, enthielt den zusammen mit **Paul McCartney** geschriebenen Singlehit *Veronica*. Die beiden haben auch auf McCartneys letzter Platte ***Flowers In The Dirt*** zusammengearbeitet, was den Ex-**Beatle** seinen Worten nach an die Arbeit mit **John Lennon** erinnert hat.

Juni

3 Bei Our Common Future, einem fünfstündigen Ökologie-Konzert, das via Satellit in über 100 Länder ausgestrahlt wird, treten Künstler aus aller Welt auf, u. a. **Sting**, **Stevie Wonder**, **Tom Jones**, **Elton John**, **Melissa Manchester**, **Manu Dibango**, **R.E.M.**, **Kenny Loggins**, **Maureen McGovern**, **John Denver**, die **Gipsy Kings** und **Diana Ross**, aber auch der noch relativ unbekannte **Lenny Kravitz**. Der 25-jährige Rock/R&B-Sänger und Songschreiber und Multi-Instrumentalist unterschrieb kürzlich bei Virgin Records.

»Die ... Aussagen von Professor Griff entsprechen nicht der Meinung von Public Enemy ... wir entschuldigen uns bei allen, die sich beleidigt fühlen. Uns geht es ebenso.«

Chuck D von Public Enemy, 21. Juni 1989

9 **Keith Whitley**, 34, ein aufstrebender Stern des Country aus Kentucky, wird zu Hause in Nashville mit einer Alkoholvergiftung tot aufgefunden. Er wurde 1970 Mitglied von **Ralph Stanleys** Gruppe **Clinch Mountain Boys** mit **Ricky Skaggs**. 1984 erschien bei RCA sein Debütalbum ***Hard Act***. Der Erfolg kam erst mit Produzent Garth Fundis und dem 1988 veröffentlichten Album ***Don't Close Your Eyes***. Es brachte ihm drei Country-Nr.-1-Hits. Seine Witwe ist die Countrysängerin **Lorrie Morgan**.

9 **R.E.M.** sagen das erste von vier Deutschlandkonzerten ihrer Green-Tour ab. **Bill Berry** kollabiert in München mit einem Bronchialinfekt (dem Rocky-Mountain-Fleckfieber), Folge eines Zeckenbisses bei der Gartenarbeit.

9 Drei Tage, nachdem **Chrissie Hynde** bei einer Greenpeace-Pressekonferenz in London erklärt hatte, ihr Umweltbeitrag wäre es »McDonald-Restaurants abzufackeln«, trifft eine Feuerbombe das McDonalds in Milton Keynes. Das Unternehmen droht Hynde mit rechtlichen Schritten, falls sie nicht einwilligt, per Unterschrift auf solche Aussagen zu verzichten. Sie unterschreibt das Dokument.

12 Die Graceland-Stiftung eröffnet das **Elvis** Automobile Museum in Memphis. WHBQ, der erste Radiosender, der seine Songs spielte, nimmt nun sämtliche Elvis-Platten aus dem Programm.

14 Der Schlagzeuger **Pete de Freitas**, 27, wird beim Zusammenstoß seines Motorrads mit einem Auto in Rugley getötet. Er war zu Proben der neu formierten **Echo And The Bunnymen** unterwegs (ohne **Ian McCulloch**, der Solowege geht).

16 **Cliff Richard** feiert sein 30. Jubiläum und über 100 Singleveröffentlichungen. Das erste von zwei ausverkauften Konzerten findet vor 72 000 Zuschauern im Wembley Stadium statt. Das Vorprogramm zu »Cliff Richard – The Event« hat er persönlich ausgewählt: **Aswad** (singen mit ihm im Duett *Share A Dream With Me*), **Gerry And The Pacemakers**, **The Searchers**, **The Kalin Twins** (mit denen er 1958 tourte; damals war er in ihrem Vorprogramm) und **The Shadows**. Cliff singt auch die neue Single *I Just Don't Have The Heart*, der von Stock/Aitken/Waterman produziert wurde.

20 *Ferry 'Cross The Mersey* steigt auf Platz 1 der UK-Charts ein. **Gerry Marsdens** Neuversion entstand mit ihm, **Paul McCartney**, **The Christians** und **Holly Johnson**, allesamt aus Liverpool. Die Produktion der rührigen **Stock Aitken Waterman** soll Geld für den Katastrophenfond der Hillsborough Football Grounds einspielen. Er wurde eingerichtet, nachdem 95 Liverpool-Fans am 15. April bei der Eröffnung zum Halbfinale der britischen Liga zu Tode getrampelt wurden.

21 **The Who** starten ihre The Kids Are Alright Tour: 1964–1989, eine Reunion-Tournee zum 25. Jubiläum, im Glen Falls Civic Center in New York. **Pete Townshend**, dessen Gehör rapide nachlässt, spielt Akustikgitarre. Zu den Begleitmusikern gehören **Steve »Boltz« Bolton** (Leadgitarre), **John »Rabbit« Bundrick** (Keyboards) und **Simon Phillips**. (Auf der ausverkauften 40-Städte-Tournee in den USA spielt die Band neben Who-Klassikern auch Stücke aus **Townshends** Album ***The Iron Man***, das auf Ted Hughes' Kindergeschichte basiert.)

21 **Chuck D.** von **Public Enemy** gibt die Trennung von **Professor Griff** bekannt. Grund ist dessen Interview vom 22. Mai mit dem **Washington-Post**-Reporter David Mills (am 14. Juni von **The Village Voice** nachgedruckt) mit antisemitischen Äußerungen wie: »Die Juden sind größtenteils Schuld an allem Bösen in dieser Welt.« Die Band würde sich trennen, wiederholt Chuck D. morgen bei der New-Yorker Radiostation WLIB. Im darauf folgenden MTV-Interview rudert er vorsichtig zurück. *Fight The Power*, die jüngste, wie immer provokante Single der Band ist ein Meilenstein ihrer Karriere. Sie ist das musikalische Leitthema zu Spike Lees Erfolgsfilm »Do The Right Thing« über Aufsteiger in der Großstadt.

24 **Madonna** nimmt am Don't Bungle The Jungle in der Brooklyn Academy Of Music teil, ein Benefizkonzert, um auf die Folgen der Regenwaldzerstörung aufmerksam zu machen. Mit Busenfreundin Sandra Bernhard singt sie **Sonny And Chers** *I Got You Babe* im Duett. Auch die **B-52's** und **Bob Weir** von **Grateful Dead** treten auf.

31 Die Verleihung der ersten International Rock Awards findet in der Lexington Avenue Armory in New York statt. **Keith Richards** wird als lebende Legende geehrt, die Elvis-Statue überreicht **Eric Clapton**, der als bester Gitarrist prämiert wird. **David Bowies** neue Band, **Tin Machine**, spielt bei ihrem Livedebüt *Heaven's In Here*.

The Who verkauften zwar weniger Platten, aber die The Kids Are Alright Tour zum 25-jährigen Jubiläum bewies ihre ungebrochene Popularität.

Juni

1989

Club MTV Live ... Izzy Stradlin sorgt für Ärger ...

Paula Abdul

Living Colour

Paula Abdul und Living Colour wurden neben Madonna bei den MTV Video Music Awards prämiert.

24 *Voodoo Ray* von **A Guy Called Gerald** steigt nach einem Kurzaufenthalt im April erneut in die UK-Charts ein und klettert auf Nr. 12. Die Kreation von Ex-**808-State**-Mitglied **Gerald Simpson** wird inzwischen als richtungsweisendes Stück der Acid-House-Szene Manchesters betrachtet. Die Gruppe, benannt nach ihrer Schlagzeugmaschine Roland 808, wurde letztes Jahr von **Martin Price** sowie **Graham Massey** und Simpson gegründet. Simpson geht solo, **808 State** veröffentlichten eben mit den DJs **Andrew Barker** und **Darren Partington** (die **Spinmasters**) die ähnlich richtungsweisende ***Quadrastate EP*** mit dem Clubhit *Pacific*. Die Gruppe unterzeichnet demnächst bei Trevor Horns ZTT-Label. Dessen neue Fassung von *Pacific* wird neben *Voodoo Ray* zu den einflussreichsten Acid-House-Hits des Jahres aus Manchester.

29 Die **Pet Shop Boys** beginnen ihre erste Welttournee im Coliseum von Hongkong, sie wird insgesamt 13 Konzerte zwischen Japan und England umfassen. Die Band ist sichtlich nervös, doch ihre hervorragende Show mit jeder Menge visueller Kunststücke kommt gut an. **Neil Tennant** erklärt auf der Aftershow-Party: »Und alle haben immer gesagt, wir würden das nie wagen.« Die Boys haben kürzlich das neue **Liza-Minnelli**-Album komponiert und aufgenommen.

30 »Club MTV: Live«, die Liveversion der populären Fernsehsendung, macht mit VJ Downtown Julie Brown und den Club MTV Dancers auf ihrer Tournee in der Miami Arena halt. Auf dem Programm stehen Rapper **Tone Lōc** mit der Bassstimme (gerade für den Hit *Wild Thing* in den USA mit Doppelplatin ausgezeichnet), **Was Not Was** (Detroiter R&B/Funk-Gruppe der Produzenten und Brüder **David** und **Don Was**), **Lisa Lisa** (Dance-Pop-Trio aus Harlem mit Frontfrau **Lisa Valez**, das 1987 zwei US-Nr.-1-Hits hatte), das Technodance-Popquartett **Information Society** und **Milli Vanilli**. Doch **Paula Abdul** ist die Überraschung. Die 26-jährige Ex-Lakers-Cheerleaderin und preisgekrönte Choreografin unterschrieb letztes Jahr bei Virgin America. Das Pop-Dance-inspirierte Debütalbum ***Forever Your Girl*** klettert langsam die US-Charts bis Platz 1 hoch und wirft erstaunliche vier Nr.-1-Singles ab.

Juli

11 Auf Bahnsteig 42 der Grand Central Station in New York findet die Pressekonferenz zur kommenden **Stones**-Tour statt. Die Band, zugestiegen in der 125th Street, kommt mit einem Wagen der Metro North an. Sie gibt Auskunft über die Tournee und das neue Album ***Steel Wheels***, das **Mick Jagger** den 500 versammelten Journalisten auf einem Ghettoblaster vorspielt.

11 Bei der TV-Übertragung des Major League Baseball All-Star Game läuft erstmals der Bo-Jackson-Nike-Werbespot, in dem **Bo Diddley** sagt: »Bo, you don't know Diddley [du hast keine Ahnung].« (Diddley später: »Da rackert man sich jahrelang ab, tourt durch die halbe Welt … Dann mache ich einen Werbespot mit Bo Jackson und sage nur: ›Bo, you don't know Diddley.‹ Und plötzlich bin ich wieder ganz oben. Ich kann's nicht fassen.«)

Auf der Steel Wheels Tour der Rolling Stones sang Mick Jagger zusammen mit Fans auf dem Parkplatz vor dem Foxboro Stadium in Massachusetts *You Can't Always Get What You Want*.

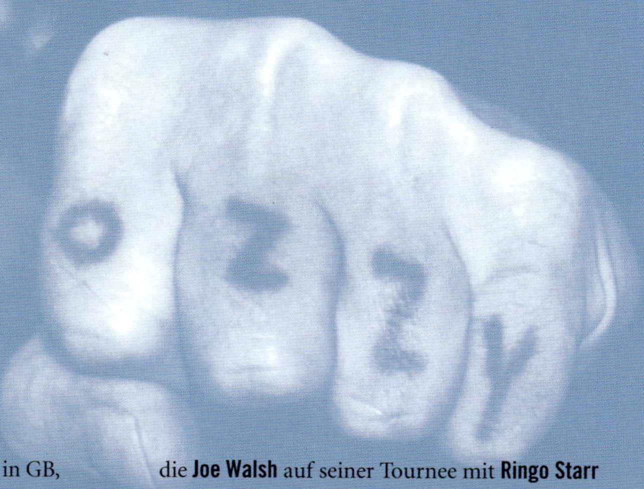

Ironischerweise spielte Ozzy Osbourne einen Monat vor dem Angriff auf seine Frau bei einem Benefizkonzert in Moskau, dessen Erlös zur Bekämpfung von Drogen und Alkoholismus bestimmt war.

22 **De La Souls** *Say No Go* ist Nr. 18 in GB, während *Me Myself And I* Nr. 34 in den USA wird. Beide Stücken stammen aus dem Debütalbum ***3 Feet High And Rising***. Die sanfte Psychedelic/Hip-Hop-Fusion, von der Kritik hochgelobt, enthält auch kurze Samples aus Soundtracks zu TV-Serien und Stücken von **Steely Dan** bis **Curiosity Killed The Cat**. Die aufregende LP bringt dem Trio **Kelvin Mercer** (alias **Posdnuos**), **Vincent Mason** (**Mase**) und **David Jolicoeur** (**Trugoy**) juristische Probleme. Ex-**Turtles**-Mitglieder und Songwriter **Mark Volman** und **Howard Kaylan** verklagen sie auf 1,7 Mio. $ wegen eines unerlaubten Samplings von *You Showed Me* als Rhythmusspur zu *Transmitting Live From Mars*. Illegales Sampling ist für die Musikindustrie inzwischen zum heißen Eisen geworden, deshalb einigt man sich außergerichtlich.

24 **Mick Jagger** sagt in einem **Newsweek**-Interview auf die Frage, ob die **Stones** nur des Geldes wegen touren: »Nein, das sind **The Who**.«

27 Auf einer Pressekonferenz im Londoner Playhouse Theatre kündigt **Paul McCartney** eine geplante Welttour an. Als Vorgeschmack auf die Live-Shows spielt er für 400 Fanclubmitglieder einen 90-Minuten-Set mit mehreren **Beatles**-Songs.

30 **Eric Claptons** einmonatige Tour durch Holland, die Schweiz, Israel, Swasiland, Simbabwe und Botswana endet vor 102 000 Fans im Estadio da Machava in Maputo in Mosambik mit einem Gratiskonzert für den King's Trust, der 1988 von König Mswati III. gegründet worden war.

August

5 *Batdance* ist Nr. 1 in den USA und damit der dritte US-Charttopper von **Prince**. Der Titel stammt aus dem Soundtrack zum Kinohit des Sommers »Batman«, von Prince komponiert und produziert und Mittelpunkt eines riesigen Multiunterhaltungsprojekts von Warner Bros.

6 **Adam Clayton** von **U2** wird auf dem Parkplatz des Blue Light Inn in Dublin verhaftet und wegen Marihuanabesitzes und versuchten Drogenhandels angeklagt.

17 **Pete Townshend** verletzt sich beim **Who**-Konzert im Tacoma Dome die rechte Hand, weil er bei *Won't Get Fooled Again* die Gitarre in typischer Windmühlenmanier herumwirbelt.

21 **Don Henley** äußert sich in der Presse über »die falsche Version von *Life In The Fast Lane*«, die **Joe Walsh** auf seiner Tournee mit **Ringo Starr** zum Besten gibt. Henley: »Walsh schrieb das kleine Gitarrenmotiv zum Intro, mehr nicht.« Henleys drittes Soloalbum ***The End Of The Innocence***, der Hit-Titelsong entstand mit dem Koautor und Interpreten **Bruce Hornsby**, wurde vergangenen Monat veröffentlicht. Mit über fünf Millionen verkauften US-Tonträgern wird es sein erfolgreichstes Soloalbum.

30 **Izzy Stradlin** von **Guns N' Roses** wird am Flughafen Phoenix wegen Erregung öffentlichen Ärgernisses verhaftet. Er hatte beim Flug von Los Angeles nach Indianapolis auf den Boden uriniert, eine Stewardess verbal beleidigt und im Nichtraucherbereich geraucht. Stradlin war anscheinend verärgert, weil er beim WC anstehen musste. Ein Pressesprecher meint später dazu, das sei Izzys »Art sich auszudrücken«. Stradlin bekennt sich im Oktober schuldig. Das Gericht verurteilt ihn zu 2000 $ Geldstafe, 1000 $ Reinigungskosten und sechs Monaten auf Bewährung mit der Auflage, sich einer Beratung zu unterziehen.

31 Die Steel Wheels North American Tour 1989 der **Stones** startet im ausverkauften Veterans Stadium, Philadelphia, vor 55 000 Zuschauern. Zum Line-up gehören **Bobby Keyes** (Saxophon), **Chuck Leavell** und **Matt Clifford** (Keyboards), **Cindy Mizelle**, **Bernard Fowler** und **Lisa Fischer** (Backgroundgesang). Vorgruppe ist die schwarze US-Rockband **Living Colour** – mit den Frontleuten **Vernon Reid** (Gitarre) und **Corey Glover** (Gesang).

September

1 **Adam Claytons** Marihuana-Urteil wird gegen die Zahlung von 25 000 £ an das Dubliner Women's Aid & Refuge Centre aufgehoben. (Paul Matthews, ein glühender Fan und Mitglied der **U2**-Tributband **Joshua Trio**, lässt zum Dank 25 000 weiße Schmetterlinge frei.) Clayton gesteht nachdenklich: »Es war meine Schuld. Ich war ganz bestimmt von Sinnen – emotional und auch sonst. Aber das ist eine ernste Sache, denn es ist illegal.«

2 **Ozzy Osbourne**, dessen größter Hit kürzlich die Single *Close My Eyes Forever* war, ein Duett mit Ex-**Runaway Lita Ford**, wird verhaftet. Die Anklage lautet, er habe seine Frau Sharon, zugleich seine Managerin, nach einem Trinkgelage und vier Flaschen Wodka mit dem Tod bedroht. Er wird auf Kaution entlassen, mit der Auflage, sich umgehend einer Entziehungskur zu unterziehen und sich Sharon nicht zu nähern. Das Paar versöhnt sich später wieder, und die Anklage wird fallen gelassen.

6 Bei den sechsten MTV Video Music Awards im Universal Amphitheatre in Universal City kassieren **Madonna**, **Paula Abdul** und **Living Colour** insgesamt elf Preise. Madonnas feministisches Video »Express Yourself« gewinnt in den Kategorien bestes Design, beste Kamera und beste Regie. »Like a Prayer« bekommt den Zuschauerpreis. Abdul erhält für »Straight Up« vier Auszeichnungen: bestes Tanzvideo, bester Schnitt, bestes Video einer Sängerin und beste Choreografie (keine Überraschung). »Cult of Personality« von Living Colour erhält drei Trophäen: bestes Video einer Gruppe, bester Liveauftritt und bestes Newcomer-Video. In der letzten Kategorie war auch die 24-jährige in Schweden geborene Sängerin und Songschreiberin **Neneh Cherry** mit dem Hit *Buffalo Stance* nominiert. Für sie lief es nicht gut. Angeblich wurde sie während der Preisverleihung in der Garderobe ohnmächtig. (Die Diagnose Borreliose wurde nie eindeutig bestätigt. Sie sagt eine große US-Tournee im Vorprogramm der **Fine Young Cannibals** ab.) Ein Triumph für **Neil Youngs** Video »This Note's For You« – letztes Jahr von MTV boykottiert – es wird als bestes Video prämiert. Der puertorikanische Popstar **Chayanne** erhält den ersten internationalen Video-Preis für »Este Ritmo Se Baila Asi«.

Ein Werbespot für De La Souls *3 Feet High And Rising* wurde im Dezember in England verboten, weil darin das »Peace«-Zeichen verwendet wird.

September 1989

McCartneys erste Solo-Welttournee ... A&M wird an PolyGram verkauft ... Madchester ...

13 **Bruce Springsteen** nimmt im One On One Studio, North Hollywood, *Viva Las Vegas* für das Benefizalbum ***The Last Temptation Of Elvis*** auf. Die LP mit Coverversionen von **Elvis-Presley**-Hits organisierte **Roy Carr** vom **New Musical Express**, um Spendengelder für die Nordoff-Robbins-Musiktherapie-Stiftung zu sammeln. Weitere Mitwirkende sind: **Paul McCartney** (*It's Now Or Never*), **Robert Plant** (*Let's Have A Party*), **The Jesus And Mary Chain** (*Guitar Man*) und die **Pogues** (*Got A Lot O' Livin' To Do*).

25 Ab heute wird **Bette Midlers** 10-Mio.-$-Klage gegen Ford und die Werbeagentur Young & Rubicam verhandelt. Diese hatte 1985 Midlers frühere Backgroundsängerin **Ula Hedwig** angeheuert, um Midlers Stimme nachzuahmen und in einem Werbespot für den Mercury Sable *Do You Want To Dance* zu singen, weil Midler nicht wollte. Ihr werden 400 000 $ zugesprochen. **Billy Joel** hat derweil seinen Ex-Manager Frank Weber auf Betrug und Veruntreuung auf 90 Mio. $ verklagt. Er wird 2 Mio. $ erhalten.

24 **Bob Dylan** spielt in der Show »L'Chaim – To Life!« auf dem jüdischen US-Kanal Chabad TV, an der Gitarre **Peter Himmelman** (Ehemann von Dylans Tochter Maria) und der Schauspieler Harry Dean Stanton. Sie spielen als **Chopped Liver** drei Lieder, darunter *Hava Nagila*, mit Dylan an Flöte und Blockflöte.

26 **Paul McCartneys** erste Welttournee seit 13 Jahren beginnt in den Drammenshallen, Drammen, Norwegen. Er mischt für seinen 32-Song-Set Altes mit Neuem. Über die Hälfte der Songs sind eine Hommage an seine **Beatles**-Zeiten. Die 103-Tage-Tournee endet kommenden Juli auf dem Soldier Field in Chicago.

29 **Bruce Springsteen**, aus Los Angeles kommend mit dem Motorrad unterwegs, macht in Matt's Saloon in Prescott, Arizona, Halt. Er singt mit der Hausband Mile High Band *Sweet Little Sixteen, Don't Be Cruel, Route 66* und *I'm On Fire.* Wenig später erhält Brenda Pechanec, Bardame im Matt's, einen 100 000 $-Scheck, damit sie ihre Krankenhausrechnungen bezahlen kann.

29 Obwohl trotz angeblicher Versuche im Studio eine komplette Reunion der **Eagles** eher unwahrscheinlich ist, begleitet **Glenn Frey**, erstmals nach Auflösung der Gruppe, **Don Henley** bei einem Konzert in Los Angeles. Nächstes Jahr treten die beiden am 24./25. April bei Henleys Benefizfestival Walden Woods in Worcester, Massachusetts mit **Timothy B. Schmit** auf.

Oktober

8 Vor zwei Tagen brachen **The Who** zur 25. Jubiläumstournee auf. **Pete Townshend** reagiert auf **Mick Jaggers** Behauptung, The Who würden nur des Geldes wegen spielen: »Mick braucht viel mehr Geld als ich. Sein letztes Album war ein Flop.«

11 **Michael Jackson** nimmt an einer Feier seiner ehemaligen Gardner Street Elementary School teil und weiht das Michael Jackson Auditorium ein. Seine Rede ist wie immer kurz: »Das ist der glücklichste Tag meines Lebens. Ich liebe euch alle.« Er verspricht, das Jahresgehalt des Musiklehrers der Schule zu bezahlen.

19 **Axl Rose** von **Guns N' Roses**, im Vorprogramm der **Rolling Stones**, hält eine fünfminütige Antidrogen-Rede. Es täte ihm Leid, dass er gesagt habe, er würde aufhören. Beim gestrigen Auftritt im Los Angeles' Memorial Coliseum polterte er los: »So was gehört nicht auf die Bühne. Aber ich hab verdammt noch mal alles versucht. Falls nicht gewisse Elemente in dieser Band endlich Vernunft annehmen, ist das, verdammt noch mal, der allerletzte Guns-N'-Roses-Auftritt. Ich hab diese Typen hier satt, die alle H schießen.« Dafür kam **Eric**

NIRVANA

23. Oktober **Kaum hat der Melody Maker eine Serie über Seattle-Grunge gebracht, spielen Nirvana im Riverside in Newcastle erstmals in Großbritannien. Es ist das erste Konzert der einwöchigen Labeltour von Sub Pop und Teil einer sechswöchigen Europa-Tournee. Sub Pop hat ihr erstes Album *Bleach* im Juni veröffentlicht. Auf dem von Jack Endino innerhalb von drei Tagen für 606,17 $ auf einem 8-Spur-Rekorder aufgenommenen Album ist auch der zeitweilige zweite Gitarrist Jason Everman von Mindfunk zu hören. Die Collegeradios mögen die Platte, vor allem KCMU von der University of Washington, die über ihren 401-Watt-Sender auch als Erste Songs von Soundgarden und Mudhoney spielten.**

Nach 126 Verhandlungstagen vor den höchsten britischen Gerichten und einem vor der Europäischen Kommission, die insgesamt etwa 7 Mio. £ gekostet haben dürften, wurden im November alle noch anhängigen Klagen zwischen Paul McCartney, George Harrison, Ringo Starr, Yoko Ono, Apple und EMI/Capitol beigelegt.

Roxette

Aerosmith

Per Gessle von Roxette schrieb schon 1982 einen Song für Frida Lyngstads (Ex-Abba) Album *Something's Going On* ... Als Werbung für die Aerosmith-Single *Love In An Elevator* wurde ein Paar während eines Konzerts im Lift getraut.

Clapton, Ex-Drogenabhängiger, aber Gentleman, bei einem Rolling-Stones-Konzert auf die Bühne und spielte bei *Little Red Rooster* die Leadgitarre.

21 Nach 27-jähriger Firmengeschichte, (das Startkapital betrug 200 $) verkaufen **Herb Alpert** und Jerry Moss für angeblich 500 Mio. $ A&M Records an Polygram. Die Almo/Irving/Rondor-Musikverlage bleiben jedoch weiterhin in ihrer Hand. Der Verkauf folgt Polygrams Übernahme von Chris Blackwells Island Records in August für 300 Mio. £. Die Musik- und Medienbranche schrumpft beständig, da Independent-Labels seit kurzem komplett geschluckt werden. Time Life bereitet den Aufkauf von Warner Communications vor (inklusive der Warner-Music-Gruppe). Kommenden Januar entsteht aufgrund dieses 14-Mrd.-$-Geschäfts der weltgrößte Unterhaltungskonzern.

25 Die Gitarrenvirtuosen **Jeff Beck** und **Stevie Ray Vaughan** starten ihre Tournee The Fire And The Fury durch die Arenen der Vereinigten Staaten im Northrop Memorial Auditorium in Minneapolis. Die beiden kennen sich nur durch eine flüchtige Begegnung bei einem Columbia-Records-Kongress 1984 auf Hawaii.

November

4 **Roxette** – das Sänger/Songschreiber-Duo **Per Gessle** und **Marie Fredriksson**, Schwedens populärster Export seit **Abba** – haben den zweiten US-Nr.-1-Hit mit der kraftvollen Ballade *Listen To Your Heart*. Erstmals gibt es einen Nr.-1-Hit nur auf Kassette.

5 **Sting** spielt in einer Neuinszenierung von Bertolt Brechts und Kurt Weills »Dreigroschenoper« im Lunt-Fontanne Theatre in New York, Premiere war im Washingtoner National Theatre. Der Kritiker Frank Rich von der **New York Times** schreibt über Stings Darstellung des Macheath: »Er wirkt steif und glaubt wohl, mit großem Spazierstock, Blasiertheit und beharrlichem Schmollen den gefährlichen Mörder, Vergewaltiger, Dieb und Brandstifter darstellen zu können.«

7 Zwei Tage, bevor die Berliner Mauer fällt, kann man MTV Europe in Ostberlin live empfangen. Am 11. November veranstalten **Joe Cocker** und die Bluesrockerin **Melissa Etheridge** (27) an der Mauer ein Gratis-Livekonzert.

23 Die **Happy Mondays** und die **Stone Roses**, Pioniere der so genannten »Madchester«-Bewegung, die aus Manchesters Rock-Dance-Szene entstand, debütieren bei »Top Of The Pops«. Der Stone-Roses-Auftritt verläuft problemlos, im Gegensatz zu ihrem ersten bei der »The Late Show« auf BBC2 vor zwei Tagen, als bei *Made Of Stone* nach 45 Sekunden der Strom ausfiel. Nach einer peinlichen Pause entschuldigte sich die Moderatorin Tracey MacLeod, während die Regie schnell das Bandvideo »One Love« einspielte. **Ian Brown** gab den Studiotechnikern die Schuld (»Ihr stehlt unsere Zeit, Jungs«) und beschimpfte sie als »Amateure«. Ein »Late Show«-Mitarbeiter verteidigte sich: »Die Sicherungen flogen raus, weil sie zu laut aufgedreht haben. Im Protokoll hier steht: ›zu viele Dezibel‹.«

Dezember

16 **Jive Bunny And The Mastermixers** gelingt nach *Swing The Mood* und *That's What I Like* mit *Let's Party* der dritte UK-Nr.-1-Hit in einem Jahr. Damit sind sie die dritte Band in der UK-Chartsgeschichte (nach **Gerry And The Pacemakers** und **Frankie Goes to Hollywood**), deren erste drei Platten allesamt zu Nr.-1-Hits wurden. Die Kreationen der Produzenten **Ian Morgan** und **John Pickles** sind eine Schwindel erregende Mixtur aus Popoldies-Zitaten und leichtfüßigem Dancefloor-Beat.

19 **Paul McCartney** beendete vor vier Tagen den US-Teil seiner Welttournee mit vier ausverkauften Konzerten im New-Yorker Madison Square Garden vor 62 351 Zuschauern und einem Umsatz von 1 759 290 $. Bei einem Galadinner im Londoner Claridge's Hotel ehrt ihn die Performing Rights Society für seine »einzigartigen Verdienste um die Popmusik«, eine Auszeichnung, die in der 70-jährigen Geschichte erstmals verliehen wird. Ihren kulinarischen Vorlieben entsprechend, wird McCartney und seine Frau Linda ein vegetarisches Menü serviert.

21 Als Werbung für die **Aerosmith**-Single *Love In An Elevator* wird während eines Konzerts der Band in der Scope Arena in Norfolk, Virginia ein Paar in einem Aufzug getraut.

23 *Do They Know It's Christmas?* von Band Aid II, eine Neuaufnahme von **Stock/Aitken/Waterman**, wird auf Anhieb die UK-Nr.-1. Darauf zu hören sind **Kylie Minogue, Jason Donovan** (der SAW-Protegé hatte dieses Jahr drei UK-Nr.-1.-Hits), **Chris Rea, Matt Goss** (von **Bros**), **Marti Pellow** von **Wet Wet Wet, Cliff Richard, Sonia** (noch eine SAW-Entdeckung) und die weiße Soul-Newcomerin **Lisa Stansfield** (letzten Monat mit *All Around The World* an der Chartsspitze).

27 Die **Grateful Dead** spielen die letzten Gigs des Jahres 1989 – vier am selben Tag im Oakland-Alameda County Coliseum mit **Bonnie Raitt** im Vorprogramm. **Forbes** setzt in seiner jährlichen Liste der 40 bestbezahlten Entertainer der Welt die Grateful Dead mit einem geschätzten Jahreseinkommen von 12,5 Mio. $ auf Platz 29.

ROOTS **In diesem Jahr beschließt Noel Gallagher aus Manchester nach einem Stone-Roses-Konzert, eine Musikerkarriere einzuschlagen ... suchen Brett Anderson und Mat Osman nach Auflösung der Suave And Elegant per Anzeige im NME einen nichtprofessionellen Gitarristen ... gründen die Ex-Mitglieder der Bag O' Bones, Stephen Malkmus und Scott Kannberg, daheim in Stockton, Kalifornien, eine Freizeit-Garagenband ... nehmen die Brüder Attrell und Jarrett Cordes, alias Prince Be und DJ Minutemix, den ersten Song *Check The Logic* im Long Island Studio auf ... annonciert Courtney Love aus San Francisco, kürzlich nach Los Angeles gezogen, im Recycler: »Möchte eine Band gründen. Bin beeinflusst von Big Black, Sonic Youth und Fleetwood Mac« ... nennen Billie Joe Armstrong und Mike Dirnt ihre Band Sweet Children in Green Day um; die Freunde kennen sich aus dem Gilman Street Project Club in Oakland, Kalifornien ... formiert sich Gin Blossoms, ein Byrds-inspiriertes Countryrock/Roots-Quintett in Tempe, Arizona; binnen zwölf Monaten erscheint das selbst finanzierte Debütalbum *Dusted* ... besteigt Beck Hansen einen Überlandbus nach New York; er schließt sich der Punk-Folk-Szene an und tritt an der Lower East Side auf ...**

»Es hat sich gezeigt, dass die 90er-Jahre eine der vielseitigeren Phasen der Musikgeschichte waren. Wir haben die Entstehung von Grunge erlebt, den Wiederaufstieg des Pop, und vor allem wurde Hip-Hop ein Teil des Mainstreams.« Sean »P. Diddy« Combs

»Grunge gab uns Kids eine geistige und gefühlsmäßige Ehrlichkeit, die vorher noch keine Musik ihren Fans gab … zugleich zeigte Grunge, wie hohl der amerikanische Traum für viele von uns war …« Fred Durst

»In den 90er-Jahren wurde sehr viel unterschiedliche Musik gehört. Anfang der 90er kamen Nirvana und lösten die ganze Grunge-Revolution aus, dann waren Hip-Hop und R&B auf den Spitzenplätzen der Charts, und gegen Ende des Jahrzehnts wurde dann die Popmusik ganz groß.« Britney Spears

1990–1999

The Humpty Dance

1990

Nr. 1 US-SINGLES

06. Jan. Another Day In Paradise **Phil Collins**
20. Jan. How Am I Supposed To Live Without You **Michael Bolton**
10. Febr. Opposites Attract **Paula Abdul**
03. März Escapade **Janet Jackson**
24. März Black Velvet **Alannah Myles**
07. Apr. Love Will Lead You Back **Taylor Dayne**
14. Apr. I'll Be Your Everything **Tommy Page**
21. Apr. Nothing Compares 2 U **Sinéad O'Connor**
19. Mai Vogue **Madonna**
09. Juni Hold On **Wilson Phillips**
16. Juni It Must Have Been Love **Roxette**
30. Juni Step By Step **New Kids On The Block**
21. Juli She Ain't Worth It **Glenn Medeiros**
04. Aug. Vision Of Love **Mariah Carey**
01. Sept. If Wishes Came True **Sweet Sensation**
08. Sept. Blaze Of Glory **Jon Bon Jovi**
15. Sept. Release Me **Wilson Phillips**
29. Sept. (Can't Live Without Your) Love And Affection **Nelson**
06. Okt. Close To You **Maxi Priest**
13. Okt. Praying For Time **George Michael**
20. Okt. I Don't Have The Heart **James Ingram**
27. Okt. Black Cat **Janet Jackson**
03. Nov. Ice Ice Baby **Vanilla Ice**
10. Nov. Love Takes Time **Mariah Carey**
01. Dez. I'm Your Baby Tonight **Whitney Houston**
08. Dez. Because I Love You (The Postman Song) **Stevie B**

Nr. 1 UK-SINGLES

06. Jan. Do They Know It's Christmas? **Band Aid II**
13. Jan. Hangin' Tough **New Kids On The Block**
27. Jan. Tears On My Pillow **Kylie Minogue**
03. Febr. Nothing Compares 2 U **Sinéad O'Connor**
03. März Dub Be Good To Me **Beats International featuring Linda Layton**
31. März The Power **Snap!**
14. Apr. Vogue **Madonna**
12. Mai Killer **Adamski**

Billy Joel

Mariah Carey

Billy Joel war im Juni 1990 der erste Künstler, der im New-Yorker Yankee Stadium spielte ... Columbia Records stellten die eben unter Vertrag genommene Mariah Carey bei einem privaten Abendempfang vor, bei dem sie drei Songs zur Klavierbegleitung von Richard Tee sang.

A&M hatte Polygram letztes Jahr für 500 Mio. $ gekauft. Im kommenden Jahrzehnt gab es weitere Übernahmen. MCA erwarb Geffen, EMI verschlang Chrysalis, und das größte Medienunternehmen der Welt entstand, als Time Life sich Warner Bros. einverleibte. Die Zahl der größeren unabhängigen Labels schrumpfte von Jahr zu Jahr – was viele Künstler beunruhigte. Wen wunderte es da, dass ein unternehmungslustiges, neu gegründetes Label in Seattle den Startschuss für die erste nennenswerte neue Musikgattung seit dem Punk gab, die sich auch an der Garagenästhetik des Punk orientierte. Das Label Sub Pop kümmerte sich um eine Reihe von unbekannten, aber vor Ort beliebten Post-Punk/Hardrock-Bands wie **Mudhoney**, **Soundgarden**, **Mother Love Bone** und **Nirvana**. Sie schufen gemeinsam den vibrierenden »Grunge«-Sound – eine Bewegung, die der Musik der rastlosen Generation X in der ersten Hälfte des Jahrzehnts neues Leben einhauchte.

Rap plätscherte im Mainstream dahin. **M.C. Hammer** kam mit seinen Pumphosen und mit *U Can't Touch This*, **Vanilla Ice** ebnete mit dem Hit *Ice Ice Baby* seinen kommenden Alben den Weg zu astronomischen Verkaufszahlen. Beide Rapper bedienten sich ungeniert bei alten Hits, etwa *Super Freak (Part 1)* von **Rick James** oder *Under Pressure* von **Queen** bzw. **Bowie**. Diese Titel wurden zu weltweiten Platin-Garanten und zu Markenzeichen für die Künstler. Doch verschwanden ihre Interpreten auch ebenso schnell in der Versenkung, wie sie aufgetaucht waren: Hammers enormes Vermögen schmilzt, und Vanilla Ice sollte sich von der Sensation, den ersten »weißen« Rap-Hit gelandet zu haben, nie mehr erholen.

Während Grunge das prägende Element in der US-amerikanischen Musikszene war, blieb das Interesse in Großbritannien stärker an Dance-Music ausgerichtet. Die britischen Musikmedien erfanden immer neue Unterkategorien: beispielsweise die zahlreichen Ableger von Acid-House wie Acid-Jazz, Ambient-House (an der Spitze dieses Genres **808 State**) und Jungle – eine Mischung aus House, Techno und Hip-Hop, die von der Underground-Combo **Meat Beat Manifesto** geschaffen wurde. Aus Jungle wiederum entstand der karge Sound des Drum'n' Bass.

Für den größten Skandal des Jahres sorgte die Unfähigkeit der Grammy-Organisatoren – und die Gruppe, der der Preis bester neuer Künstler verliehen wurde: **Milli Vanilli**. Die NARAS bemerkte nicht, dass das Duo – ganz im Gegensatz zu den ebenfalls nominierten **Neneh Cherry**, **Indigo Girls**, **Soul II Soul** und **Tone L_oc** – gar nicht selbst auf ihren Platten sang. Die glücklosen Milli-Boys mussten im November ihre Trophäe wieder abgeben – ein Novum in der Geschichte der Grammys.

09. Juni World In Motion **Englandneworder**
23. Juni Sacrifice/Healing Hands **Elton John**
28. Juli Turtle Power **Partners in Kryme**
25. Aug. Itsy Bitsy Teeny Weeny Yellow Polka Dot Bikini **Bombalurina**
15. Sept. The Joker **Steve Miller Band**
29. Sept. Show Me Heaven **Maria McKee**
27. Okt. A Little Time **Beautiful South**
03. Nov. Unchained Melody **Righteous Brothers**
01. Dez. Ice Ice Baby **Vanilla Ice**
29. Dez. Saviour's Day **Cliff Richard**

»Ich bringe Amerika wirklich aufregendes Entertainment. Meine Show überschreitet alle Grenzen und Barrieren.«

M.C. Hammer, **People Weekly**, 6. August 1990

Januar 1990

Premiere von »MTV Unplugged« … Benefizkonzert für den Regenwald … Grammy für Bonnie Raitt …

Das erste Benefizkonzert für Stings Rainforest Foundation fand in einer Villa in Beverly Hills statt.

Januar

8 Als Vorgeschmack auf ihr zweites Album bringt Ensign Records **Sinéad O'Connors** *Nothing Compares 2 U* heraus. Es ist die Coverversion eines Songs von **Prince**, den die Sängerin vor drei Jahren auf einem Album der Gruppe **Family** gefunden hatte. Das Arrangement von **Jazzie B** (**Soul II Soul**) und **Nellee Hooper**, ebenso wie die Produktion von O'Connor und Hooper, betonen bei dieser melancholischen Ballade von verlorener Liebe den gefühlsbetonten Gesangsstil der irischen Sängerin. Das Stück von Sinéad wird eine der am schnellsten verkauften Singles in der Geschichte der Charts. Beschleunigt wird alles noch durch ein verblüffend schlichtes Video von John Maybury. In 17 Ländern erreicht der Song Platz 1 der Charts. Der vielfache Platin-Erfolg des Albums mit dem Titel ***I Do Not Want What I Haven't Got*** ist programmiert. Sinéad O'Connor wird ihren Ruhm nutzen, um klar und deutlich Stellung zu beziehen.

17 Die **Platters**, **Hank Ballard**, **Bobby Darin**, die **Four Seasons**, die **Four Tops**, **The Who**, die **Kinks**, und **Simon And Garfunkel** werden im Waldorf-Astoria Hotel in New York in die Rock and Roll Hall of Fame aufgenommen. Während seiner Rede bricht Hank Ballard zusammen, als er seiner Frau und Managerin Theresa McNeil dankt. Diese war drei Monaten zuvor bei einem Autounfall ums Leben gekommen. Sein Status als einflussreicher R&B-Innovator – er schuf *The Twist* – ist endgültig gesichert. Am 26. Februar 1992 wird die Zeremonie wiederholt: Die Rhythm & Blues Foundation (eine gemeinnützige Organisation) ehrt Ballard wegen seiner Verdienste um diese Musikgattung. Die Original-Besetzung der **Kinks** ist zum ersten Mal seit Jahren wieder zusammen. Sogar der ehemalige Bassist **Pete Quaife**, der jetzt als Airbrush-Künstler in Ontario lebt, ist gekommen. In der Kategorie ›Frühe Einflüsse‹ benennt **Rickie Lee Jones Louis Armstrong; George Benson** und **Vernon Reid** von **Living Colour** tun das Gleiche mit dem verstorbenen Pionier der Elektro-Gitarre **Charlie Christian; Ma Rainey** wird von **Bonnie Raitt** benannt. In der Kategorie ›Nichtmusiker‹ werden die Songschreiber **Gerry Goffin** und **Carole King** (eingeführt von **Ben E. King**) sowie die Motown-Hitschreiber **Brian Holland, Lamont Dozier** und **Eddie Holland** (von **Diana Ross** benannt) aufgenommen. Den Höhepunkt der traditionellen After-Dinner-Show liefern **Simon And Garfunkel** mit *Bridge Over Troubled Water* und *The Boxer*.

21 MTV sendet die Premiere von »MTV Unplugged«, eine Reihe von überwiegend akustischen Interpretationen. Die heutige Show, die im Oktober im National Video Center in New York aufgezeichnet wurde, präsentiert **Squeeze, Elliot Easton** von den **Cars** und **Syd Straw**. In diesem Jahr treten noch auf: die **Smithereens, Graham Parker, 10,000 Maniacs, Michael Penn, The Alarm, Joe Walsh, Dr. John, Stevie Ray Vaughan, Michelle Shocked, Indigo Girls, Sinéad O'Connor, Don Henley, Crowded House, Daryl Hall And John Oates, Elton John, Aerosmith, Crosby, Stills And Nash**, die **Black Crowes**, die **Allman Brothers Band** und **Poison**.

26 CBS Records veröffentlicht Kassetten von **Billy Joels** neuem Hit *We Didn't Start The Fire* und eine zehnminütige Rede des Sängers. Die Kassetten werden über die Zeitschriften **Junior Scholastic** und **Update** an 40 000 Schüler verteilt, nachdem Schüler einer Grundschule in Menasha, Wisconsin, den Text des Songs im Geschichtsunterricht behandelt hatten.

30 Während eines viertägigen Engagements im Rex-Theater in Paris erhält **Bob Dylan** den höchsten Kultur-Ehrenpreis Frankreichs. Er wird von Kulturminister Jack Lang im Palais Royal zum Commandeur dans l'Ordre des Arts et des Lettres ernannt.

»Unsere Musik ist vielleicht nichts für jeden … Wir sehen uns selbst als Komiker.« Luke Skyywalker von 2 Live Crew, **Los Angeles Times**, 25. März 1990

30 Die **Stone Roses** sind wütend über ein Video, das die Neuauflage von *Sally Cinnamon* begleitet. Sie statten den Büros ihrer früheren Plattenfirma in Wolverhampton einen Besuch ab. Dabei übergießen sie den Direktor Paul Birch und dessen Freundin mit Farbe, bevor sie die Wände beschmieren. Draußen wirft **Ian Brown** einen Stein durch die Windschutzscheibe von Birchs Mercedes. Sie werden morgen verhaftet und auf Kaution freigelassen. Brown bezeichnet das Video als »beleidigend. Obstverkäufer, einige Tauben, eine schwarze Frau mit einem Baby, ein Bild von mir als Titelblatt von **The Face**, einige brennende Menschen … Da gingen wir hin und malten ihn an.«

Das Video zu Sinéad O'Connors *Nothing Compares 2 U*, in dem die Sängerin vor der Kamera weint, war 1990 das gefragteste Video auf MTV.

Februar

6 Zum ersten Mal werden die drei Spitzenplätze in Großbritannien weder von britischen noch amerikanischen Musikern besetzt: Die Irin **Sinéad O'Connor** ist Nr. 1, die Australierin **Kylie Minogue** Nr. 2 und **Technotronic** aus Belgien belegt Platz drei.

8 Die *Runaway*-Legende **Del Shannon** stirbt mit 51 Jahren an einer selbst zugefügten Schusswunde in Santa Clarita Valley, Kalifornien. Er nahm das umstrittene Anti-Depressivum Prozac ein. Seine Witwe beginnt im kommenden Jahr einen Rechtsstreit mit den Herstellern. Shannon hatte sich am vorigen Wochenende an dem **Buddy-Holly**-Gedächtniskonzert in Fargo beteiligt.

12 Der Produzent Ted Field und seine Frau Susie haben zum Evening in Brazil in ihr Anwesen in Beverly Hills eingeladen. Es erbringt mehr als eine Million Dollar für eine Umweltorganisation und Stings Stiftung zur Rettung des Regenwaldes. Es wirken mit **Sting**, **Bruce Springsteen**, **Don Henley**, **Paul Simon**, **Jackson Browne**, **Bruce Hornsby**, **Branford Marsalis** und **Herbie Hancock**. Henley erzählt dem Publikum: »Sting und ich waren an der Garderobe. Wir haben dort tote Tiere im Wert von etwa einer Viertel Million Dollar gesehen. Sting schlug vor, sie zu verbrennen. Die Sicherheitskräfte müssen das gehört haben. Sie haben jedenfalls alles umgeräumt. Ihre Mäntel sind also in Sicherheit.« Nach der Show taucht Springsteen im China Club auf, wo er mit Hornsby, Henley, Sting und Marsalis 45 Minuten aus dem Stegreif singt.

17 **Aerosmith** sind zu Gast bei »Saturday Night Live«. Sie beteiligen sich an einem Sketch in »Wayne's World« mit Mike Myers und Dana Carvey. Ihre Version des Titelsongs dieser Satiresendung wird eine gefragte Raubkopie.

21 Die 32. Verleihung der Grammys wird die spannendste in deren bisheriger Geschichte – im positiven und negativen Sinn. Zuerst die gute Nachricht: **Bonnie Raitt** gewinnt mehrere Preise. Ihr von Don Was produziertes ***Nick Of Time*** wird zum Album des Jahres und macht sie zur besten Rocksängerin. Wegen des Titeltracks wird sie zur besten Popsängerin. Sie gewinnt auch den Preis ›Beste Traditionelle Bluesaufnahme‹ mit *I'm In The Mood* aus **John Lee Hookers** Album ***The Healer***. Raitt, Tochter des Broadway-Musicalstars John Raitt (er spielte Billy Bigelow in »Carousel«), hat vor ***Nick Of Time*** im Laufe ihrer langen Karriere erst zwei Goldene Schallplatten geschafft. Endlich erhält die Musikerin ihren verdienten Lohn. Die schlechte Nachricht: Zum besten neuen Künstler wird **Milli Vanilli** ernannt. Die NARAS-Jurymitglieder haben als Einzige nicht bemerkt, dass das Duo vielleicht alles kann – außer singen. (Frank Farian, Produzent von Milli Vanilli, wird im November ein Geständnis ablegen.) Zumindest wird die Entscheidung des letzten Jahres korrigiert: **Metallica** – im letzten Jahr von **Jethro Tull** übertroffen – erhält den Preis ›Best Metal Performance, Vocal or Instrumental‹.

26 **Frank Zappa** ist Gastgeber bei der ersten von drei Talkshows »Frank Zappa's Wild Wild East« im Kabelfernsehen Financial News Network. Er interviewt aus diesem Anlass den tschechischen Präsidenten Vaclav Havel, der ihn vor kurzem zum Kultur- und Handelsattaché ernannt hat. Frank Zappa berichtet: »Er hat mir gesagt, dass er meine Platten mag, besonders ***Bongo Fury***.«

März

1 **Janet Jackson** erreicht mit ihrer Single *Escapade* Platz 1 der US-Charts. Sie beginnt ihre erste Welttour in der Miami Arena mit **Chuckii Booker**, der als musikalischer Leiter die Eröffnung übernimmt. Das Übersee-Debüt dieser neunmonatigen Rhythm Nation World Tour erlebt sie im Mai in Japan. Das Album ***Janet Jackson's Rhythm Nation 1814*** (1814 wurde die amerikanische Nationalhymne komponiert) stand letzten Herbst vier Wochen in den USA auf Platz 1. Es wurde von Jimmy Jam und Terry Lewis produziert, der alle Songs geschrieben hat oder an ihnen beteiligt war, mit Ausnahme des von Janet selbst geschriebenen *Black Cat* (mit **Vernon Reid** von **Living Colour** an der Gitarre wird es ebenfalls eine Nr. 1). *Rhythm Nation* kam im Januar auf Platz. 2. Der Videoclip zeigt ihre schwarz gekleidete Tanztruppe mit deren effektvoll synchronen Tanzeinlagen.

10 **Billboard** berichtet, dass die Hotline der **New Kids On The Block**, eine 1900er-Rufnummer, täglich 125 000 Anrufe erhält.

17 Die Künstler von Arista Records feiern den 15. Gründungstag ihres Unternehmens mit dem Konzert That's What Friends Are For in der New-Yorker Radio City Music Hall. Sie sammeln mehr als zwei Mio. $ für Gay Men's Health Crisis und andere AIDS-Organisationen. Mitwirkende sind **Whitney Houston**, **Dionne Warwick**, **Daryl Hall And John Oates**, **Barry Manilow**, **Lisa Stansfield**, **Jermaine Jackson**, **Melissa Manchester**, **Anderson Bruford Wakeman And Howe**, R&B-Sänger **Jeffrey Osborne**, das Dance/Pop-Trio **Exposé**, die **Jeff Healey Band** (ein kanadisches Bluesrock-Trio), die ehemalige »Dreamgirls«-Soulsängerin **Jennifer Holliday**, **Burt Bacharach**, der Saxophonist **Kenny G**, **Milli Vanilli**, **Eric Carmen**, **Air Supply**, **Patti Smith** (und ihr Mann Fred), **Bob Weir** und **Rob Wasserman** und der Countrystar, Sänger und Gitarrist **Alan Jackson**.

19 MCA Records gibt bekannt, dass es Geffen Records gekauft hat. David Geffen soll hierbei zehn Millionen Aktien im Wert von 550 Mio. $ erhalten haben. Dieser Wert wird in acht Monaten auf 710 Mio. $ steigen, wenn MCA an Matsushita verkauft wird. Es ist der zweite Superdeal von Glückspilz Geffen. Er hatte früher bereits Asylum Records an Warner Bros verkauft. Bei diesem Konzentrationsprozess verhandelt Thorn EMI über den verbleibenden Anteil von 50 Prozent an Chrysalis Records.

Janet Jackson gewann im März 1990 drei Soul Train Awards, so viele wie in den drei vorangegangenen Jahren zusammen.

Konzerte zum Earth Day ... Die Beatles greifen nach den Sternen ... Mariah Careys erster Fernsehauftritt ...

Elton John stiftete 1991 die Elton John AIDS Foundation, nachdem er den 18-jährigen Ryan White kurz vor dessen Tod begleitet hatte.

20 CBS verliert einen Rechtsstreit über 20 Mio. $ gegen **Tom Scholz** von **Boston**. CBS hatte vor Gericht dargelegt, dass Scholz seinen Vertrag nicht eingehalten hat. Er hatte sich verpflichtet, in fünf Jahren zehn Alben zu liefern. Scholz hatte im Gegenzug mehrere Millionen nicht bezahlter Tantiemen nachgefordert.

April

7 **Elton John** kommt als Überraschungsgast zur Benefiz-Veranstaltung Farm Aid in Indianapolis. Dort widmet er *Candle In The Wind* dem 18-jährigen Ryan White, der HIV-positiv ist. John hatte ihn gerade besucht. White stirbt wenige Stunden nach dem Konzert. Zu **Crosby, Stills And Nash** kommt ihr Partner **Neil Young**, **Bonnie Raitt** tritt mit **Jackson Browne** auf und **Bruce Hornsby** mit **Don Henley**. Zu den regelmäßigen Mitwirkenden bei Farm Aid gehört der 28-jährige Countrysänger **Garth Brooks** (im letzten Jahr mit *If Tomorrow Never Comes* zum ersten Mal Nr. 1 der Country-Charts).

11 **Elton John** singt *Skyline Pigeon* und gehört zu den Sargträgern bei Ryan Whites Begräbnis in der Second Presbyterian Church in Indianapolis.

12 Die Asteroide 4147 bis 4150, die 1983 und 1984 von Brian A. Skiff und Dr. Edward Bowell entdeckt wurden, heißen jetzt **Lennon**, **McCartney**, **Harrison** und **Starr**. Diese Entscheidung wird von den zuständigen Experten der International Astronomical Union in Cambridge, Massachusetts, bekannt gegeben.

22 **Michael Stipe** und **Peter Buck** von **R.E.M.**, **10,000 Maniacs**, **Indigo Girls** und **Billy Bragg** sind die Stars von A Performance for the Planet. In Columbia, Maryland, wird so der ›Earth Day‹ gefeiert. Im New-Yorker Central Park gibt **Ric Ocasek** von den **Cars** in einer Parallelveranstaltung sein Solodebüt. Außerdem wirken mit: **B-52's**, **Daryl Hall And John Oates**, Singer/Songwriter **Edie Brickell** und das Alternative-Folk-Gesangstrio **Roches**.

Hammer, der Mann mit dem riesigen Anhang und den riesigen Hosen, wurde ein Medienphänomen: Im September startete im amerikanischen Fernsehen seine eigene Show »Hammerman«.

5 **Robert Plant, Jimmy Page** und **John Paul Jones** singen zusammen mit **Jason Bonham**, der als Frontmann von **Bonham** seine eigene Karriere fortsetzt, fünf Stücke im Heath Hotel in Bewdley. Dort wird Bonhams Hochzeit mit seiner Jugendfreundin Jan Charteris gefeiert.

5 In Merseyside findet das John Lennon Tribute Concert statt, an dem sich die folgenden Künstler – live oder auf Video – beteiligen: **Al Green, The Christians, Joe Cocker, Lenny Kravitz, Kylie Minogue, Natalie Cole, Wet Wet Wet, Ringo Starr, Jim Keltner, Jeff Lynne, Tom Petty, Joe Walsh,** die **Moody Blues, Lou Reed, Terence Trent D'Arby, Randy Travis, Cyndi Lauper, Deacon Blue, Lou Gramm, Dave Stewart, Ray Charles, Dave Edmunds, Daryl Hall And John Oates** und **Roberta Flack**. Die Einnahmen der Veranstaltung gehen an die von **John** und **Yoko** gegründete Spirit Foundation.

10 **Adamski** (Adam Tinley) interpretiert die Nr. 1 der britischen Charts dieser Woche, seinen Acid-House-Song *Killer* in der Fernsehsendung »Top of the Pops«. Der Sänger **Seal** ist nach zehn Jahren vergeblicher Versuche plötzlich ein heißer Tipp. Der 27-jährige Sänger und Songschreiber wird bald einen Vertrag mit dem Verlag Beethoven Street von Trevor Horn abschließen, ebenso wie mit dem Label ZTT des Produzenten.

27 Das 19. Tokyo Song Festival beginnt. Das amerikanische Pop-Gesangstrio **Wilson Phillips** erhält für *Hold On* den Preis dieses Events. **Brian Wilsons** Töchter **Carnie** und **Wendy** und **Chynna Phillips** (die Tochter von **John** und **Michelle Phillips** von **The Mamas And The Papas**) warfen ihre musikalischen Erbanlagen in die Waage: Das harmonisch klingende Trio wird am 9. Juni die Nr. 1 in den US-Charts, auf den Tag genau 25 Jahre, nachdem die **Beach Boys** mit *Help Me Rhonda* dort standen.

30 **Midnight Oil** präsentiert in New York, in der Radio City Music Hall, ihr aktuelles und politisch engagiertes Werk *Blue Sky Mining*. In der Mittagsstunde geben sie vor dem Exxon-Gebäude in Manhattan ein Konzert. Sie protestieren gegen die globale Umweltverschmutzung, die dieses Unternehmen verursacht, nicht zuletzt durch die Ölpest, die die Exxon Valdez in Alaska verursacht. Zehntausend Zuhörer versammeln sich zu diesem kostenlosen Agit-Pop-Event. In Riesenlettern ist zu lesen: »Midnight Oil macht euch Laune … Exxon Oil macht uns krank«.

Juni

1 **Mariah Carey** gibt in der »The Arsenio Hall Show« ihr Fernsehdebüt mit dem Song *Vision Of Love*. Die Stimme der 20-jährigen amerikanischen Sängerin, deren Vorfahren aus Venezuela stammen, hat eine Bandbreite von sieben Oktaven. Sie jobbte als Kellnerin in New York, bis sie 1988 eine Bewerbung als Backgroundsängerin für **Brenda K. Starr** gewann. Brenda erkannte das außergewöhnliche Talent und gab Mariahs Demoband an den Präsidenten von CBS, Tommy Mottola, weiter, der sie sofort verpflichtete. Ihr heutiges sensationelles Debüt und eine ergreifende Interpretation der US-amerikanischen Nationalhymne beim Endspiel der Basketball-Liga machen Mariah Carey über Nacht zum Star. *Vision of Love* wird im August zum US-Spitzenreiter, gefolgt von ihrem Debütalbum *Mariah Carey*, das mehrfach Platin erhält. Ein zweiter Auszug, die Ballade *Love Takes Time*, wird im November drei Wochen zum Spitzenreiter, zwei weitere Stücke aus dem gleichen Set folgen im kommenden Jahr. Weltweiter Erfolg deutet sich an; **Whitney Houston** hat eine ernsthafte Rivalin.

2 **Billy Bragg**, die **Associates, Wet Wet Wet, Aswad**, die **Average White Band, Big Country, Deacon Blue, Sheena Easton, Nanci Griffith**, die **Hothouse Flowers** und **John Martyn** sind die Stars bei Big Day, Schottlands größtem Open-Air-Festival. Es lockt 250 000 Besucher an verschiedene Veranstaltungsorte in Glasgow und wird live im Fernsehen ausgestrahlt. **Michael Stipe** und **Natalie Merchant** singen mit Bragg **John Prines** *Hello In There*.

15 **Velvet Underground** spielt in Originalbesetzung zum ersten Mal seit 1969 wieder gemeinsam: Bei der Eröffnung der Andy-Warhol-Retrospektive in Paris tragen sie ihren Song *Heroin* vor.

16 **R.E.M.** beginnen mit ihren Studio-Aufnahmen in Athens, Georgia. Sie schreiben und proben Songs für ihr nächstes Album. Zu dem neuen Material gehören *It's A Free World, Baby; Radio Song; Shiny Happy People* und *Losing My Religion*. Im August wird die Gruppe weitere Demos aufnehmen: Es entstehen die endgültigen Fassungen von *Out Of Time* in den Bearsville Studios, Woodstock. Das Album wird von Scott Litt produziert, in den Prince's Paisley Park Studios in Minneapolis im November gemixt und im März ausgeliefert. Gastauftritte von **Kate Pierson** (**B-52's**) und dem Rapper **KRS-One** kommen hinzu. Alles wird jedoch von der Pop-/Rockhymne *Losing My Religion* überstrahlt, bei der Streichinstrumente und Mandoline eingesetzt werden. Dieses Kleinod wird das Image von R.E.M. prägen und aus einer gewöhnlichen College-Rockband internationale Rockstars machen.

20 **Run-D.M.C., KRS-One, Chuck D.** von **Public Enemy**, die Hip-Hop-Pionierin **Queen Latifah, MC Lyte, LL Cool J, Big Daddy Kane, Rebel MC** und **Ziggy Marley** sind in den Power Play Studios in Long Island, um H.E.A.L. aufzunehmen. Alle unterstützen so die Kampagne von KRS-One. (HEAL steht für Human Education Against Lies.)

23 Letzte Woche war **MC Hammer** mit *U Can't Touch This* auf Platz 8 der Hot 100 gestanden. Jetzt erreicht es Platz 1 der R&B-Charts. Es ist der erste Rap-Hit, bei dem eine vollständige Aufnahme – der Hit *Super Freak (Part 1)* von **Rick James** – mit dem Sampling-Verfahren neu gestaltet

Als umweltbewusste Band bestanden Midnight Oil darauf, dass das Verkaufsdisplay für ihre CD *Blue Sky Mining* aus Recyclingpappe gemacht wurde.

990

Hochaufragend in den Nachthimmel der amerikanischen Fantasie: Madonna.«

New Republic, August 1990

2. Juli Die italienischen Bischöfe starten eine Kampagne, um die drei Konzerte von **Madonna** zu verhindern. Sie veröffentlichen folgende Stellungnahme: »Ihre neue Show mit ihren Symbolen und Wertvorstellungen sind eine Beleidigung des guten Geschmacks.« Nach ihrer Ankunft in Rom gibt Madonna am Flughafen eine Pressekonferenz und verteidigt ihr Konzert, ihre Ansichten über künstlerischen Ausdruck und die Freiheit der Rede.

Die Konzertübertragung »Madonna – Live! Blonde Ambition World Tour '90« auf HBO TV im August 1990 wurde die meistgesehene Sendung in der 18-jährigen Geschichte des Senders.

Silver-Clef-Konzert in Knebworth ... Sinéad O'Connor sorgt für Zündstoff ... Stevie Ray Vaughan kommt ums Leben ...

wurde. Heute basieren die meisten Stücke des Rap/Hip-Hop auf kurzen Ausschnitten, wobei *Funky Drummer (Part 1)* von **James Brown** am häufigsten ausgeschlachtet wurde. Hammer hat hier das gesamte Werk bearbeitet. Der Song gehört zu dem Album ***Please Hammer Don't Hurt 'Em***, das sich in der dritten von insgesamt 21 Wochen auf Platz 1 in den USA befindet. Im Dezember hat es die seit 1963 längste ununterbrochene Dauer auf Platz 1 bzw. Platz 2 eines Albums erreicht. In den USA werden zehn Millionen Alben verkauft. Der Rapper erhält von Capitol Records einen Ferrari Testarossa: Er hatte gewettet, dass ***Please Hammer*** zum meistverkauften Rap-Album wird.

30 Nach einer vierjährigen Pause veranstaltet Knebworth House ein ganztägiges Rockkonzert mit der Mehrzahl der 15 bisherigen Gewinner des Silver Clef Awards: **Pink Floyd**, **Eric Clapton**, **Phil Collins**, **Genesis**, **Robert Plant** und **Jimmy Page**, **Paul McCartney**, **Cliff Richard** und die **Shadows**, **Status Quo**, **Mark Knopfler** und **Tears For Fears**. Der Erlös des Konzerts geht an das Nordoff-Robbins Music Therapy Centre und die BRIT School for the Performing Arts. Auch **Elton John** wirkt mit. Er ist mit *Sacrifice/Healing Hands* in den britischen Charts zur Nr. 1 geworden. Es ist seine erste Single, mit der er das schafft (abgesehen von seinem Duett mit **Kiki Dee**).

»Platten macht man für andere Leute ... Darum geht es. Ich mache das für den Markt.«

Van Morrison, **Rolling Stone**, 9. August 1990

Juli

18 Die britische Boulevardpresse wirft **Madonna** vor, dass sie sich ursprünglich an dem Album von ***Nobody's Child*** zu Gunsten rumänischer Waisenkinder beteiligen wollte. Madonna joggt derweilen im Hyde Park und absolviert ihre drei Konzerte im Wembley-Stadion.

29 **Elton John** folgt nach Jahren der Sucht dem Rat eines Freundes und verlässt den Weg der Selbstzerstörung. Er begibt sich für eine sechswöchige »Kur« in eine Rehabilitationsklinik in Chicago. Er möchte seine Bulimie und seine Abhängigkeit von Alkohol und Drogen bekämpfen. Anschließend nimmt er für ein Jahr eine Auszeit von sämtlichen Arbeiten in Aufnahmestudios und von Live-Shows.

August

13 Die Soul-Legende **Curtis Mayfield** wird bei einem Open-Air-Konzert in Brooklyn von einem herabstürzenden Teil der Beleuchtung getroffen, der sich durch eine Windstoß aus seiner Halterung gelöst hatte. Er ist vom Hals an

Curtis Mayfield wurde in den 90er-Jahren zu Recht mit zahlreichen Ehrungen bedacht. Unter anderem wurde er in die Rock and Roll Hall of Fame und die NAACP Hall of Fame aufgenommen.

ROBERT JOHNSON

28. August **CBS veröffentlicht *The Complete Recordings*, das gesamte Werk des Bluesmusikers Robert Johnson. Lawrence Cohn und der Wissenschaftler Steve LaVere (der bereits Johnsons Kompositionen für dessen Erben gerettet hatte) haben diese Sammlung zusammengestellt. Der 48 Seiten umfassende Begleittext enthält Essays von Eric Clapton und Keith Richards. Die Sammlung bleibt insgesamt 31 Wochen in den Charts und erzielt Platin-Erfolge. Im kommenden Jahr gibt es einen Grammy für die beste historische Aufnahme. Johnson war ein Bluesmusiker auf Wanderschaft und entwickelte eine ganz eigene Technik des Gitarrenspiels, die Generationen von Blues- und Rockgitarristen beeinflussen sollte. Die Rock and Roll Hall of Fame widmet ihm 1998 eine einwöchige Veranstaltung in der American Music Masters Series.**

Einen Monat vor seinem Tod schloss Stevie Ray Vaughan die Arbeit an dem Album *Family Style* ab, das er mit seinem Bruder Jimmie eingespielt hatte.

gelähmt und wird nächste Woche in eine Spezialklink in der Nähe seiner Heimatstadt Atlanta gebracht. Die Ärzte befürchten, dass er gelähmt bleiben wird.

18 **Jazzie B** von **Soul II Soul** erleidet bei einer Massenkarambolage auf der Interstate 290 eine Rückenverletzung. Die Gruppe ist auf dem Weg von Detroit nach Chicago zum Poplar Creek Music Theater Conzert. In den Unfall sind 31 Personen verwickelt. Die gesamte Nordamerika-Tour der Gruppe muss abgesagt werden.

24 Im Garden State Arts Center in New Jersey weigert sich **Sinéad O'Connor**, die Bühne zu betreten, falls die amerikanische Nationalhymne gespielt wird. Ihr Protest richtet sich ursprünglich gegen den amerikanischen Patriotismus und dann auch gegen die aktuelle Welle der Zensur in den USA. Der Vorfall wird in den Medien ausführlich behandelt.

27 Nach einem Konzert im Alpine Valley Music Theatre in East Troy, Wisconsin, wird der 35-jährige **Stevie Ray Vaughan** beim Absturz des Hubschraubers, der ihn nach Chicago bringen sollte, getötet. Der Pilot und drei Mitglieder aus **Eric Claptons** Team werden ebenfalls getötet. Stevie Ray Vaughans Konzert wurde an diesem Abend gemeinsam mit seinem Bruder **Jimmie**, Eric Clapton, **Robert Cray**, **Buddy Guy** und **Phil Palmer** beendet. Vaughan hatte fünf Platinalben in Folge erhalten und sich einen unbestrittenen Ruf als einer der begabtesten Gitarrenspieler im Bereich des Bluesrock erworben.

31 **Stevie Wonder**, **Bonnie Raitt** und **Jackson Browne** singen *Amazing Grace* bei dem Gottesdienst zum Gedenken an **Stevie Ray Vaughan**, im Laurel Land Memorial Park in Oak Cliff, Dallas

September

1 Von irgendwo strahlen **The Cure** eine vierstündige Sendung von einem Piratensender aus. Der Sendemast steht auf dem Dach des Büros ihres Managers. Auf diese Weise werben sie für ihr neues Album ***Mixed Up***. Die Show »Cure FM« beginnt nachts um zwei Uhr und bietet Interviews, unveröffentlichte Aufnahmen, Nachrichten, Wetterberichte, Verkehrsmeldungen und Werbespots – alles im unberechenbaren Stil von The Cure.

7 **Madonna** tritt bei der Verleihung der MTV Music Awards in historischen Kostümen auf und präsentiert ihren Song *Vogue*. Das Video erhält die Preise für den besten Schnitt, die beste Kinematographie und die beste Regie. **Sinéad O'Connor** gewinnt drei Preise für »Nothing Compares 2 U«: bestes Video, bestes Video einer Frau und bestes postmodernes Video. Außerdem macht Sinéad, die betrunken ist, **Vernon Reid** von **Living Colour** einen Heiratsantrag. **MC Hammer** gewinnt in den Kategorien bestes Tanz- und bestes Rapvideo mit »U Can't Touch This«, und die **B-52's** werden für »Love Shack« mit den Preisen bestes Video einer Gruppe und beste Regie geehrt. »Sowing the Seeds of Love« von **Tears For Fears** erhält die Preise für das beste Video eines Newcomers und beste Spezialeffekte, **Aerosmiths** umstrittenes Video »Janie's Got a Gun« wird zum besten Metal/Hardrock-Video und erhält den Zuschauerpreis. **Janet Jackson** erhält für »Rhythm Nation« neben dem Preis Einführung von Neuerungen auch den Preis für die beste Choreografie in einem Video.

15 **Steve Millers** US-Chartserfolg von 1974, *The Joker*, hat endlich auch jenseits des Atlantiks den gleichen Erfolg, nachdem der Song für einen TV-Werbespot von Levis-Jeans eingesetzt wurde.

Oktober

1 Das Magazin **Forbes** stuft die **New Kids On The Block** als fünftreichste Entertainer der USA ein. Ihr Einkommen vor Steuern beträgt 78 Mio. $.

4 Zwei Anklagen werden in Macon gegen **Ozzy Osbourne** und CBS Records erhoben, und zwar von den Eltern der Teenager Michael Waller und Harold Hamilton, die sich erschossen haben – Waller im Mai 86 und Hamilton im März 88 – anscheinend nachdem sie Osbournes *Suicide Solution* gehört hatten. Ozzy sagt dazu: »Wenn ich Musik für Menschen schreiben würde, die sich erschießen, wenn sie diese hören, dann hätte ich keine große Gefolgschaft.«

11 **Dan Peters** von **Mudhoney** hatte letzten Monat vorübergehend bei **Nirvana** am Schlagzeug ausgeholfen. Jetzt ist zum ersten Mal **Dave Grohl**, der früher bei **Scream** spielte, bei einem Live-Auftritt (im North Shore Surf Club in Washington) mit dabei.

13 **Bob Dylan** singt vor 4000 Kadetten in der Dwight D. Eisenhower Hall der Militärakademie in West Point, New York. Hunderte von Kadetten singen mit ihm gemeinsam *Blowin' In The Wind*.

Madonna war, anders als hier, nur mit einer US-Flagge bekleidet, als sie in einem TV-Spot von Rock the Vote dazu aufrief, wählen zu gehen.

1990 Oktober

2 Live Crew wegen Obszönität angeklagt ... Vanilla Ice ... Die Wahrheit über Milli Vanilli ...

20 Drei Mitglieder von **2 Live Crew** werden vom Gericht in Hollywood freigesprochen. Sie waren angeklagt wegen obszönen Verhaltens nach ihrem Konzert am 10. Juni im Club Futura. Bürgermeister Sal Oliveri hatte den Eigentümer des Clubs, Ken Geringer, aufgefordert, die Show abzusagen: »Mr Geringer, ich glaube, Sie erkennen die Warnung. Eine Stadt hat viele Mittel, um einen Geschäftsmann loszuwerden … ich hoffe, dass wir diese nicht einsetzen müssen.« Nach der Veranstaltung setzten sie diese ein. Die Polizei belästigte seine Gäste. Städtische Beamte ignorierten Verletzungen des Brandschutzes und ließen Einbrecher im Club randalieren. Geringers Verteidiger Stewart Karlin sagt: »Es ist empörend … Die Stadt Hollywood führte seit dem Konzert von 2 Live Crew einen Rachefeldzug. Leider war er erfolgreich.« Die Gruppe wirbt zurzeit für ihr neuestes, angriffslustiges Werk *Banned In The U.S.A.*

20 MTV Brasil wird in Brasilien nach Verhandlungen mit dem Zeitschriftenverlag Abril Group eröffnet.

22 Der Sänger **Eddie Vedder**, der Bassist **Jeff Ament**, die Gitarristen **Stone Gossard** und **Mike McCready** und der Schlagzeuger **Dave Krusen** haben sich letzte Woche zum ersten Mal getroffen. Heute geben sie ihr Debüt im Off Ramp Café in Seattle. Sie nennen sich **Mookie Blaylock** nach einer Karte, die sie in der Verpackung ihres Demobands gefunden hatten. Nachdem **Andrew Wood**, der Leadsänger von **Mother Love Bone**, am 19. März an einer Überdosis Heroin gestorben war, kam zu den beiden Ex-**Green-River**-Musikern Ament und Gossard der Lokalmatador McCready hinzu. Ihr Demoband mit drei Tracks erreichte Eddie Vedder in San Diego über **Jack Irons** von den **Red Hot Chili Peppers**. Er verfasst Texte für die Demos, ergänzt die Musik mit seinem Gesang und wird in die Band aufgenommen. Die Combo, die vorübergehend von **Matt Cameron** (**Soundgarden**) und **Chris Cornell** erweitert wird, erhält von **Vedder** einen neuen Namen: **Pearl Jam**. Unterschiedliche Legenden besagen, dass dieser Name von seiner Urgroßmutter stammt oder von einem Rezept für eine halluzinogene Marmelade.

Dave Grohl spielte sein erstes Konzert mit Nirvana im North Shore Surf Club in Olympia, Washington, im Oktober 1990.

Der sehr britische Humor von Beautiful South kam bei ihrer Tournee durch die Vereinigten Staaten nicht richtig rüber.

27 **Beautiful South**, die sarkastisch-witzige britische Combo mit **Paul Heaton** und **Dave Hemmingway**, führt mit *A Little Time* die Charts an. Es ist der zweite Spitzenreiter in diesem Jahr für eine Band, die mit den **Housemartins** kooperiert. Ihr Ex-Kollege **Norman Cook** hatte sich mit **Beats International** in die Clubs begeben. Mit *Dub Be Good To Me,* einem Update von *Just Be Good To Me* der **S.O.S. Band**, brachte er es im März auf Platz 1.

November

3 **Vanilla Ice** erreicht als erster weißer Solorapper in den USA Platz 1 mit seinem Hit *Ice Ice Baby.* Alles baut auf dem eingängigen Bassriff-Sample von *Under Pressure* (von **Queen** und **David Bowie**) auf. Es wird ein weltweiter Erfolg, der ab dem 1. Dezember vier Wochen Spitzenreiter der britischen Charts bleibt. **Chuck D** von **Public Enemy** hatte **Ice** (den 22-jährigen Robert Van Winkle aus Dallas) bei SBK/Capitol Records vorgestellt. Sein Platin-Erfolg ist von kurzer Dauer: Innerhalb von zwölf Monaten liegt seine Karriere auf Eis. Allerdings verkauft er von seinem Debütalbum ***To The Extreme*** sieben Millionen Stück.

David Bowie ließ bei seiner Welttournee 1990 das Publikum über die Reihenfolge seiner größten Hits in jedem Konzert abstimmen ... Vielleicht trug sein schlechter Modegeschmack zum schnellen Abstieg von Vanilla Ice bei.

»Nach der Nationalhymne eines Landes, in dem Kunst zensiert wird, gehe ich nicht auf die Bühne.«

Sinéad O'Connor, **Q**, Dezember 1990

14 Auf einer Pressekonferenz enthüllt Frank Farian, dass die Gerüchte darüber, der Gesang auf dem Debütalbum von **Milli Vanilli** würde nicht von denselben stammen, zutreffen: »Ich habe noch nie so schlechte Sänger gehört. Sie wollten singen. Sie wollten Songs schreiben. Es ist aber nie geschehen. Sie waren bis vier Uhr morgens in Diskotheken und schliefen den ganzen Tag.« Er fährt fort, dass er die ganze Aufregung nicht verstehe. »Wer wurde betrogen? Hat irgendjemand in Amerika geglaubt, dass die Village People oder die Monkees selbst gesungen haben? Oder die Archies? Na also! Alle machen das doch schon seit 25 Jahren.« Rob Pilatus sagt zu der **Los Angeles Times**: »Ich fühle mich wie eine Mücke, die zerdrückt wird. In den beiden letzten Jahren war unser Leben ein Albtraum. Wir mussten jeden belügen. Wir sind echte Sänger, aber dieser irre Frank Farian hat uns nie erlaubt, uns selbst auszudrücken.« Am 19. November wird die NARAS die dem Duo verliehene Würdigung bester neuer Künstler rückgängig machen – das erste Mal in der 33-jährigen Geschichte der Grammys.

26 **Janet Jackson** ist die Gewinnerin bei den **Billboard** Music Awards in Santa Monica. Sie gewinnt in den Kategorien beste Interpretin einer Single, bestes Pop-Album, beste Interpretin einer R&B-Single und eines R&B-Albums, bestes R&B-Album, beste R&B-Künstlerin, beste Dance-Club-Künstlerin und meistverkaufte Dance-Single.

Dezember

3 ABC sendet in »Nightline« **Madonnas** neuestes erotisches Werk in voller Länge: Das Video »Justify My Love« wurde von den meisten anderen Sendern verboten. Moderator Forrest Sawyer befragt die Sängerin zu ihrem heißen s/w-Clip, der in einem Hotelzimmer entstand und in dem ihr aktueller Liebhaber Tony Ward mitwirkt. Der Song wurde von Madonna und **Lenny Kravitz** geschrieben und von Kravitz produziert. Im Januar wird er Nr. 1 der US-Charts.

11 Die RIAA bestätigt den vielfachen Platin-Erfolg von **Led Zeppelin**: ***Presence*** (2 Mio.), ***Led Zeppelin*** (4 Mio.), ***In Through The Out Door*** (5 Mio.) und ***Physical Graffiti*** (4 Mio.).

12 Das Magazin **Q** verleiht zum ersten Mal seine Preise in Ronnie Scotts Club in London. Acht Preise werden vergeben: Bestes Album wird ***Goodbye Jumbo*** von **World Party**, bester Songschreiber **Prince**, beste Produzenten **Paul Oakenfold** und Steve Osborne, beste neue Gruppe **They Might Be Giants**, beste Live-Band die **Rolling Stones**, beste aktuelle Band weltweit **U2**, beste Musikaufnahme die CD ***Pet Sounds*** der **Beach Boys**, und der **Q**-Verdienstorden geht an **Paul McCartney**. In seiner Rede dankt McCartney seiner Band mit **Harry Secombe**, Jeffrey Archer, Edwina Currie und **Vic Reeves**. **Bill Wyman** stellt die Rolling Stones vor: »Im Namen meiner Begleitband mit **Mick**, **Keith**, **Charlie** und dem neuen … wie heißt er noch mal … **Ronnie Wood** möchte ich allen danken. Es ist richtig nett.«

19 Zum ersten Mal präsentiert **R.E.M.** den **Song** *Losing My Religion*, und zwar im 40 Watt Club in Athens, Georgia.

21 Das erste von zwei Konzerten zu Ehren von **John Lennon** findet in Tokio statt. **Miles Davis** spielt *Strawberry Fields Forever*, **Natalie Cole And Toshinobu Kubota** *Ticket To Ride*, **Linda Ronstadt** *Good Night*, **Daryl Hall And John Oates** *Julia* und *Don't Let Me Down* und **Sean Lennon** *You've Got To Hide Your Love Away*.

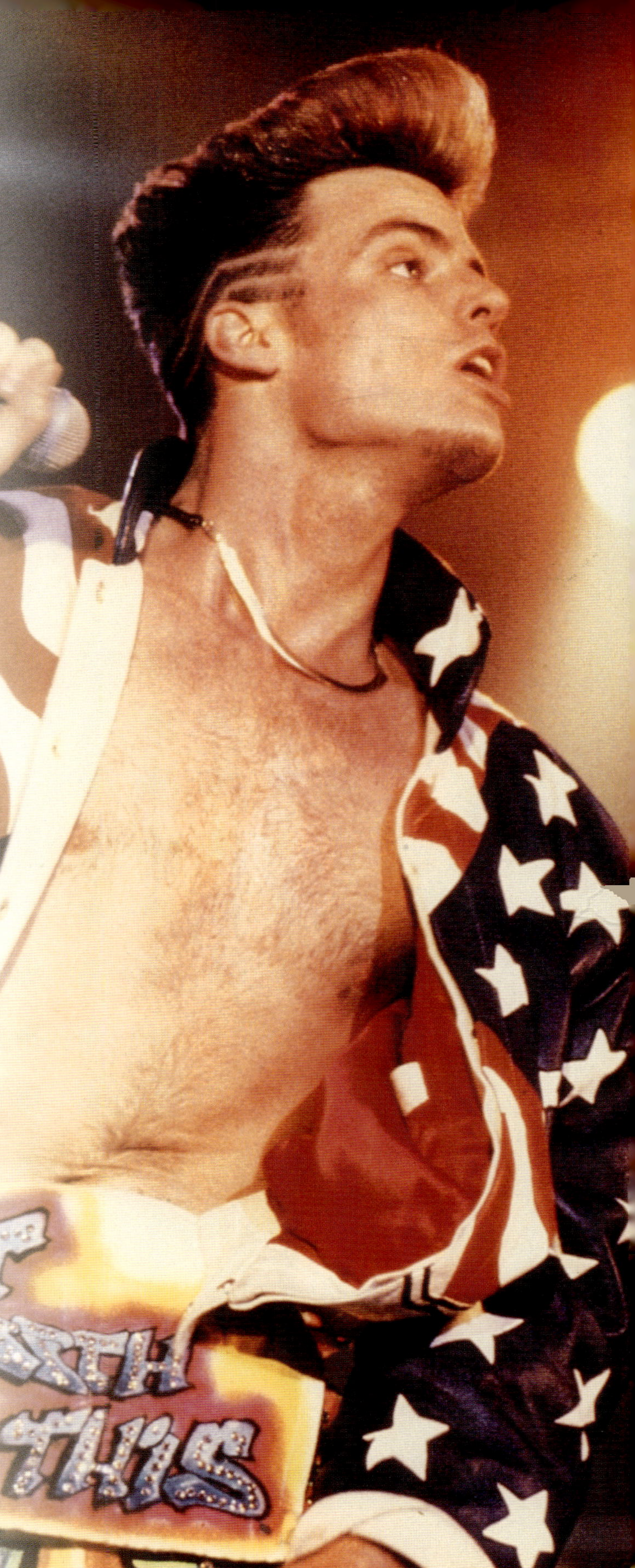

Das Debütalbum *To The Extreme* von Vanilla Ice wurde in den USA 7 Mio. Mal verkauft, das zweite, *Extremely Live*, nur 500000-mal.

ROOTS **In diesem Jahr wird auf MCA Records Canada *Alanis* veröffentlicht, das erste Album der 15-jährigen Popsängerin Alanis Morissette, das sich über 100 000-mal verkauft … gründet Bob Dylans Sohn Jakob seine erste Band The Apples, nachdem er kurz die Parson's Art School in New York besucht hat … gewinnt die Chicagoer R&B-Band MGM mit R. Kelly die TV-Talentshow »Big Break« … gründen die Brüderpaare Joel und Cedric Hailey und Donald und Dalvin DeGrate in Tiny Grove, North Carolina, Jodeci … erhält die 16-jährige Jewel Kilcher ein Gesangsstipendium für die Interlochen Fine Arts Academy in Michigan … nehmen die Cranberries aus dem irischen Limerick Dolores O'Riordan auf, die ihren ersten Auftritt mit der Band in dem Kellerclub Ruby's in einem Hotel in Limerick haben wird … spielen Adam Duritz und David Bryson ihre ersten Auftritte als Folkduo Sordid Humor in und um San Francisco … gründen vier Geschwister in ihrer irischen Heimat Dundalk die Corrs; das jüngste Mitglied des Quartetts, Andrea, bekommt eine kleine Rolle in Alan Parkers Film »The Commitments« …**

Smells Like Teen Spirit

1991

Nr. 1 US-SINGLES

05. Jan. Justify My Love **Madonna**
19. Jan. Love Will Never Do (Without You) **Janet Jackson**
26. Jan. The First Time **Surface**
09. Febr. Gonna Make You Sweat (Everybody Dance Now) **C&C Music Factory featuring Freedom Williams**
23. Febr. All The Man That I Need **Whitney Houston**
09. März Someday **Mariah Carey**
23. März One More Try **Timmy -T-**
30. März Coming Out Of The Dark **Gloria Estefan**
13. Apr. I've Been Thinking About You **Londonbeat**
20. Apr. You're In Love **Wilson Phillips**
27. Apr. Baby Baby **Amy Grant**
11. Mai Joyride **Roxette**
18. Mai I Like The Way (The Kissing Game) **Hi-Five**
25. Mai I Don't Wanna Cry **Mariah Carey**
08. Juni More Than Words **Extreme**
15. Juni Rush, Rush **Paula Abdul**
20. Juli Unbelievable **EMF**
27. Juli (Everything I Do) I Do It For You **Bryan Adams**
14. Sept. The Promise Of A New Day **Paula Abdul**
21. Sept. I Adore Mi Amor **Color Me Badd**
05. Okt. Good Vibrations **Marky Mark And The Funky Bunch featuring Loleatta Holloway**
12. Okt. Emotions **Mariah Carey**
02. Nov. Romantic **Karyn White**
09. Nov. Cream **Prince And The N.P.G.**
23. Nov. When A Man Loves A Woman **Michael Bolton**
30. Nov. Set Adrift On Memory Bliss **P.M. Dawn**
07. Dez. Black Or White **Michael Jackson**

Nr. 1 UK-SINGLES

05. Jan. Bring Your Daughter … To The Slaughter **Iron Maiden**
19. Jan. Sadeness Part 1 **Enigma**
26. Jan. Innuendo **Queen**
02. Febr. 3 A.M. Eternal **KLF featuring Children Of The Revolution**
16. Febr. Do The Bartman **Simpsons**
09. März Should I Stay Or Should I Go **Clash**
23. März The Stonk **Hale And Pace And The Stonkers**
30. März The One And Only **Chesney Hawkes**

The Smashing Pumpkins

Nirvana

Die Alternative-Rocker Smashing Pumpkins um den Ex-Gothic Billy Corgan veröffentlichten ihr erstes Album *Gish*, das Corgan mit Butch Vig produzierte … »Alles in allem klingen wir wie The Knack und die Bay City Rollers, wenn sie von Black Flag und Black Sabbath belästigt werden« – so Nirvanas Selbstbeschreibung in ihrem Bandinfo.

Die Rock-Landschaft sollte durch das Auftauchen einer neuen Welle des Alternative-Rock ein für allemal verändert werden. Die von **Billy Corgan** geführten **Smashing Pumpkins** aus Chicago hatten sich in wenig verheißungsvollen Treffs von Illinois herumgetrieben. Sie waren jetzt auf Erfolgskurs. Aber **Nirvanas** Punk hatte die stärkere Wirkung auf Amerikas entfremdete Jugend. Ihre Single *Smells Like Teen Spirit* war auf Anhieb ein Hit auf MTV. Ein wenig verbreitete sie das nihilistische Lebensgefühl der Alternative-Rock-Verbindung von Punk und Metal. Mit ihrem Album ***Nevermind*** besetzte die alternative Szene den Mainstream. Nirvana wurde zu den Anti-Helden des Rock, aber zuvor setzten sie Wegweiser für Gruppen wie **Soundgarden** und **Pearl Jam** und machten Seattle so zur Hochburg des Grunge.

Guns N' Roses erlebten ein ereignisreiches Jahr, das vor 120 000 Menschen beim zweiten Festival Rock in Rio begann. Bei einer US-Tour kam es in Missouri zu Krawallen, die von **Axl Rose** entfacht wurden. Die Alben ***Use Your Illusion I*** und ***Use Your Illusion II*** kamen gleichzeitig heraus und bildeten die Plattform für Axl Roses schnarrende und kreischende Stimme und **Slashs** vollendete Passagen mit der Gitarre. Guns N' Roses tourte mit **Metallica**, wovon beide profitierten. Das Album ***Metallica*** wurde zur Nr. 1 in Großbritannien und in den USA.

Country blieb durch den Erfolg von **Garth Brooks** weiter im Aufwind. Er verband traditionelle Countrymusik mit Pop und und lieferte mit untrüglichem Gespür nostalgische Botschaften für die Menschen in den amerikanischen Großstädten, das machte ihn zum Jungen von nebenan. Das Jahr war für ihn nicht ohne Kontroverse. Das Video für seinen Song *The Thunder Rolls* wurde wegen einer Szene, in der ein Ehemann von seiner Frau wegen seines Ehebruchs erschossen wird, nicht ausgestrahlt.

Sowohl **Janet** als auch **Michael Jackson** schlossen neue Plattenverträge ab, mit Virgin und Sony. Der selbst ernannte »King of Pop« verkaufte sein Album ***Dangerous*** massenweise, obwohl die Kritiker nicht so begeistert davon waren. **Mariah Carey** zog mit Janet Jackson gleich und konnte mit ihrem Titel *Emotions* zum fünften Mal Platz 1 für sich verbuchen.

Die Musikszene war in Großbritannien nicht ganz so vielfältig wie in den USA, aber **Simply Red**, **Seal** und **Massive Attack** bewiesen deren Lebendigkeit. Die Trip-Hop-Pioniere Massive Attack beschworen düster-sinnliche Klangwelten herauf, die über den Verkaufserfolg der Gruppe hinaus Einfluss haben sollten. Simply Red hatte ein fantastisches Jahr mit dem Pop-Soul-Set ***Stars***, dem Bestseller in Europa.

Zwei grundverschiedene Giganten der Musik starben 1991. **Miles Davis** verstarb im September. Sein Einfluss auf den Jazz ist unermesslich und auf den Rock nicht minder bedeutend. Einige Wochen später erlag **Freddie Mercury** von **Queen** seiner AIDS-Erkrankung. Die Musikszene hatte ihren spektakulärsten Champion des Glam-Rock verloren und einen der originellsten Sänger seiner Generation. Queen würden nie mehr sein, was sie waren.

- **04. Mai** The Shoop Shoop Song (It's In His Kiss) **Cher**
- **08. Juni** I Wanna Sex You Up **Color Me Badd**
- **29. Juni** Any Dream Will Do **Jason Donovan**
- **13. Juli** (Everything I Do) I Do It For You **Bryan Adams**
- **02. Nov.** The Fly **U2**
- **09. Nov.** Dizzy **Vic Reeves And The Wonder Stuff**
- **23. Nov.** Black Or White **Michael Jackson**
- **07. Dez.** Don't Let The Sun Go Down On Me **George Michael And Elton John**
- **21. Dez.** Bohemian Rhapsody/These Are The Days Of Our Lives **Queen**

»Ich bin dankbar für den Erfolg, aber ich habe überhaupt keine Erklärung dafür.«

Garth Brooks, **The New York Times**, 18. September 1991

Janet und Michael Jackson schließen hoch dotierte Plattenverträge ab ...

Steve Clark von Def Leppard

Quincy Jones

Flavor Flav von Public Enemy wurde im Februar nach einem Streit mit seiner Freundin Karen Ross verhaftet und kam wegen Körperverletzung 30 Tage ins Gefängnis. Ross wurde unter Polizeischutz gestellt.

Januar

8 **Steve Clark**, Gitarrist von **Def Leppard**, wird von seiner Freundin tot aufgefunden. Die Autopsie bestätigt als Todesursache Atemstillstand durch zu hohen Alkoholkonsum verbunden mit Antidepressiva und Schmerztabletten. Bis zu seinem Tod im Alter von 30 Jahren war er sechs Mal in Entziehungskuren gewesen.

8 Heute, am 56. Geburtstag von **Elvis Presley**, serviert das Hard Rock Café in Orlando seinen Gästen dessen Lieblingsspeisen: Roastbeef, Kartoffeln mit Butter, gemischtes Gemüse mit Butter, Erbsen mit gepökeltem Schweinefleisch, Maisbrot und als Nachspeise Bananen-Pudding.

Def Leppard erlebten durch den Tod ihres Gitarristen Steve Clark einen zweiten schweren Schlag ... Den ersten seiner 25 Grammys bekam Quincy Jones 1964 für das beste Arrangement.

»Ich denke, das Konzept von Steely Dan war ein Teil seiner Zeit, deshalb wollen wir es eher nicht wieder beleben.« Donald Fagen, **Vox**, Januar 1991

16 Bei seiner Einführungsrede in die Rock and Roll Hall of Fame als Mitglied der **Byrds** verkündet **David Crosby**: »Soeben wurde ein Angriff auf Bagdad geflogen.« Der Golfkrieg hat begonnen. Während der sechsten Veranstaltung dieser Art im Waldorf-Astoria Hotel in New York führt **Bonnie Raitt John Lee Hooker** ein, **Tracy Chapman** heißt die **Impressions** willkommen, und **Bobby Brown** ehrt **Wilson Pickett**. Der Blues-Musiker **Jimmy Reed** wird posthum aufgenommen, und **Phil Spector** übernimmt die Einführung von **Ike And Tina Turner**. **LaVern Baker** wird ebenfalls geehrt, und in der Kategorie Frühe Einflüsse erhält **Howlin' Wolf** seine Ehrung. **Nesuhi Ertegun** erhält den Preis für sein Lebenswerk. In der Katgorie Non-Performers werden **Dave Bartholomew** und **Ralph Bass** geehrt.

19 Das von Jimmy Jam und Terry Lewis geschriebene *Love Will Never Do (Without You)* bringt **Janet Jackson** zum fünften Mal an die Spitze der US-Charts. Sie ist die erste Künstlerin, die sieben Top-Hits aus dem gleichen Album erzielt.

22 ***Elvis' Golden Records*** erscheint in China auf Kassette für umgerechnet 1,73 $.

25 **Paul McCartney** nimmt in den Londoner Limehouse Studios akustische Stücke für die erste weltweite Ausstrahlung von »MTV Unplugged« am 3. April auf. Diese Sendung hatte in den USA bereits Erfolg. Es wirken mit **Paul »Wix« Wickens**, **Blair Cunningham**, **Robbie McIntosh**, **Hamish Stuart** und **Linda McCartney**. Er präsentiert 22 Songs, unter anderem den ersten von ihm mit 14 Jahren geschriebenen: *I Lost My Little Girl.* Er interpretiert auch einen Mix von Rock'n'Roll-Klassikern und mehrere **Beatles**-Melodien. Bei seinem letzten Stück, einer Coverversion von **Bill Withers**' *Ain't No Sunshine*, übernimmt McCartney das Schlagzeug und Stuart den Gesang.

27 Der Patriotismus in den USA schlägt während des Golfkriegs hohe Wellen. **Whitney Houston** gewinnt die Herzen der Amerikaner mit ihrer Interpretation von *The Star Spangled Banner* vor dem 25. Super-Bowl-Match im Joe Robbie Stadium in Miami. Sofort folgen eine Single und ein Video dieser Darbietung. **New Kids On The Block** liefern die Halbzeit-Unterhaltung und führen mit 2000 Kindern »A Small World Salute to 25 Years of the Super Bowl« auf.

29 **Pearl Jam** nehmen in den London Bridge Studios in Seattle *Alive, I've Got a Feeling* und *Wash* auf. Es ist der erste Schritt zu einem Plattenvertrag mit Epic Records.

Februar

1 **Sinéad O'Connor** hat schon angekündigt, dass sie sich an den nächsten Brit Awards nicht beteiligen wird. Jetzt teilt sie der NARAS mit, dass sie auch nicht daran denkt, die Grammy Awards zu besuchen, da sie die Wertvorstellungen der Musikindustrie ablehnt: »Ich habe mit 17 Jahren meinen Plattenvertrag unterschrieben, und ich habe bis heute gebraucht, um genügend Informationen zu sammeln, darüber nachzudenken und zu einem Ergebnis zu kommen. Wir lassen es zu, als bedeutender dargestellt zu werden als die Menschen, denen wir doch angeblich helfen durch die Art, wie wir uns kleiden, wie wir mit welchen Autos fahren, oder dadurch, dass unsere Shows in eine andere Welt entführen, und durch all das, was wir sagen.« (NARAS-Präsident Michael Greene antwortet lakonisch, dass sie keine Probleme hatte, an den MTV Awards und den American Music Awards teilzunehmen.)

5 Die Anarcho-Popgruppe **KLF** wird in London verhaftet, als sie auf einer Reklametafel der **Sunday Times** »Gulf« zu »KLF« ändern. Sie werden auf Kaution entlassen, aber zu 500 £ Schadenersatz wegen Vandalismus verurteilt. Ihr hymnischer elektronischer Tanzhit *3 AM Eternal* steht in der zweiten Woche auf Platz 1.

20 **Bette Midler** eröffnet die 33. Grammy Awards in New York mit einer Liveversion des patriotischen Liedes *From A Distance*, das auch Song des Jahres wird. Der Abend gehört jedoch dem Komponisten, Arrangeur und Produzenten **Quincy Jones**, dessen sechs Grammys seine Sammlung auf 25 erhöhen, womit er **Henry Mancini** übertrifft. Sein ***Back On The Block*** wird zum Album des Jahres, ebenso gewinnt es die Preise beste Rap-Performance eines Duos oder einer Gruppe, beste Jazz-Fusion Performance, bestes Arrangement eines Instrumentalstücks und bestes Instrumental-Arrangement als Gesangsbegleitung. Er wird zum dritten Mal zum Produzenten des Jahres. *Another Day In Paradise* von **Phil Collins** – er trägt diesen Song heute mit **David Crosby** vor – siegt über *From A Distance* in der Kategorie Platte des Jahres. **Mariah Carey** wird zur besten neuen Künstlerin des Jahres und mit *Vision Of Love* als beste Popsängerin ausgezeichnet. **Living Colour** erhalten den Preis für die beste Hardrock-Performance, und **Angelo Badalamentis** eindringliches *Twin Peaks Theme* wird zur besten Pop-Instrumental-Performance. Die Veteranen **Linda Ronstadt**, **Aaron Neville**, **Eric Clapton** und **Ray Charles** sind alle Gewinner. Posthum geht ein Gewinn an **Roy Orbison**, dessen Titel *Oh Pretty Woman* ihm den Preis bester Popsänger einbringt. **Bob Dylan** wird für sein Lebenswerk geehrt. In der für ihn so typischen, vieldeutigen Weise erklärt er, was sein Vater ihn lehrte: »Es ist möglich, in dieser Welt so sehr das Gesicht zu verlieren, dass selbst die eigenen Eltern dich nicht mehr erkennen. Aber Gott wird immer an dich glauben und daran, dass du selbst den rechten Weg finden wirst.«

März

1 MTV wird in das Kabelnetz der Stadt Leningrad eingespeist und wird so zum einzigen nichtsowjetischen TV-Sender, der rund um die Uhr in Russland zu empfangen ist.

11 Nachdem es Verkaufsgerüchte gab, erweitert Virgin Records seine Galerie der Superstars und unterschreibt mit **Janet Jackson** einen Vertrag über 50 Mio. $ für nur zwei Alben. Der Deal wurde vom Firmenchef Richard Branson persönlich begleitet. Branson sagt: »Einen Rembrandt kriegt man nicht alle Tage. Wenn man ihn haben kann, dann sind viele Leute entschlossen, ihn zu bekommen. Ich war entschlossen.«

16 Nach einem Privatkonzert für IBM-Manager in der Nähe von San Diego werden sieben Mitglieder der Begleitband von Country-Superstar **Reba McEntire** bei einem Flugzeugabsturz auf dem Weg nach Fort Wayne getötet: **Chris Austin**, **Kirk Cappello**, **Joey Cigainero**, **Paula Kaye Evans**, **Terry Jackson**, **Tony Saputo**, **Michael Thomas** und McEntires Manager Jim Hammon. McEntire und ihr Mann Narvel Blackstock reisen mit einem anderen Flugzeug und erfahren von dieser Tragödie bei einer Zwischenlandung in Memphis.

18 **U2** übernehmen die Strafe von 500 irischen Pfund, die der Irish Family Planning Association auferlegt wurden. Diese hatten illegal Kondome in einem Supermarkt in Dublin verkauft.

20 Eine Woche, nachdem Virgin mit **Janet Jackson** den lukrativsten Plattenvertrag der Popgeschichte verkündete, schließt ihr Bruder **Michael** mit Sony einen Vertrag ab, neben dem der von Janet wie ein Trinkgeld wirkt. Er wird als der erste Milliarden-Vertrag der Branche angekündigt und umfasst 18 Mio. $ Vorschuss alleine für das Album ***Dangerous***. Jackson wird zum Direktor seiner eigenen Firma Nation Records (später MJJ), eine Tochterfirma des Jackson Entertainment Complex, zu dem auch Fernseh-, Video- und Filmabteilungen gehören. Seine Tantiemen erreichen bisher unerreichte 2,08 Mio. $ pro Album, mit der Garantiesumme von 5 Mio. $ für jedes weitere Projekt nach ***Dangerous***. Es wird angekündigt, dass David Lynch, Tim Burton, Christoph Kolumbus und Sir Richard Attenborough sich um die Clips kümmern, die die ***Dangerous***-Singles begleiten.

21 Die aus Chicago kommenden Alternative-Rocker **Smashing Pumpkins** bauen ihren Ruf in Illinois ständig aus und erhalten einen Vertrag über sieben Alben bei Caroline Records/Virgin. Ihr Frontmann, der Sänger und Gitarrist **Billy Corgan**, Sohn eines Jazzgitarristen, ging mit 18 Jahren nach Florida, wo er die kurzlebige Goth-Rock-Band **Marked** gründete. Die Smashing Pumpkins entstanden 1988, ursprünglich als ein Duo mit dem Bassisten **D'Arcy** (**Wretzky-Brown**). Sie traten zum ersten Mal im Avalon Club auf und lockten 50 Zuhörer an. Zu der Gruppe gehören jetzt der Gitarrist **James Iha** und der Schlagzeuger **Jimmy Chamberlin**.

23 Während des zweiten Konzertes von **George Michael** im Londoner Wembley Stadion kommt **Elton John** vor der Intonation von *Don't Let The Sun Go Down On Me* für ein stimmungsvolles Duett auf die Bühne. Der Song wird aufgezeichnet und die Charts der Welt erobern, zuerst die britischen – im Dezember.

»Wenn ich zu Hause bin, höre ich mir die Carpenters an.«

Lemmy von Motörhead, **New Musical Express**, 2. Februar 1991

Whitney Houston erwärmte mit ihrer brillanten Playback-Version des *Star Spangled Banner* bei der Super Bowl XXV alle Patriotenherzen.

April 1991

Garth Brooks

The Manic Street Preachers

Garth Brooks' Country Music Awards ...
The Simple Truth ...
(Everything I Do) I Do It For You ...

April

5 Nach drei Tagen mit Konzerten der **Grateful Dead** im Omni in Atlanta, Georgia, werden 57 Personen verhaftet. Zu den gefundenen Drogen gehören 4856 LSD-Tabletten, 29 Tüten mit »Mushrooms«, 24 Döschen mit Marihuana, ein Fläschchen voll Kokain und 18 Gasflaschen mit Lachgas.

17 **Nirvana** stellt bei einem Konzert im OK-Hotel in Seattle einen neuen Song vor: *Smells Like Teen Spirit.* Er wurde von den Bandmitgliedern **Kurt Cobain**, **Dave Grohl** und **Krist Novoselic** geschrieben.

20 Das Debüt ***Blue Lines*** des aus Bristol kommenden R&B-Trios **Massive Attack** wird von der Kritik positiv aufgenommen. Mit gefühlvollen Beat-Grooves steigt es auf Platz 13 in die Charts ein. Zu den Pionieren des »Trip-Hop« gehören der Reggaesänger **Horace Andy**, der Rapper **Tricky** und die Soulsängerin **Shara Nelson** (bei dem bahnbrechenden Meisterwerk *Unfinished Sympathy*). Dieses Album wird für die Brit Awards nominiert und von dem Magazin **The Face** zum Album des Jahres ernannt. Der **New Musical Express** (**NME**) hat bereits Bestnoten verteilt. Zur Kerntruppe gehören Graffitikünstler, Songschreiber und Sänger **3-D** (**Robert Del Naja**), Songwriter **Daddy G** (**Grant Marshall**) und Sänger **Mushroom** (**Andrew Vowles**).

24 **Garth Brooks** erhält bei der diesjährigen 26. Verleihung der Country Music Awards in Los Angeles sage und schreibe sechs Preise. Sechsmal wird er in den 90er-Jahren zum ›Entertainer des Jahres‹ erklärt. Er wird bester Sänger des Jahres, seine von Allen Reynolds produzierte LP ***No Fences*** wird Album des Jahres. Video des Jahres wird »The Dance«. Song des Jahres wird *The Dance* (den Tony Arata geschrieben hat) und Single des Jahres *Friends In Low Places*. Garth Brooks wurde in Tulsa geboren und ist der Sohn von **Colleen Carroll**, einer erfolgreichen Countrysängerin aus den 50er-Jahren. Als Student spielte er in Bluegrass-Bands und arbeitete in einem Club. Dort lernte er Sandy Mahl kennen, die er 1986 heiratete. Sie zogen 1987 nach Nashville, wo Brooks in diversen Clubs spielte und seinen eigenen Stil entwickelte. 1988 wurde er dann von Capitol Records aufgenommen. Er öffnet der neuen Richtung »New Country« endgültig das von **Randy Travis** und **Dwight Yoakam** einen Spaltbreit geöffnete Tor und erlebt fantastische Erfolge. ***No Fences*** bringt flotte Stücke im Honky-Tonk-Stil mit gefühlvollen Folk-Balladen zusammen und ist auf dem Weg zu atemberaubenden Verkaufszahlen (13 Millionen in den USA). Es folgt das Album ***Ropin' The Wind***, das sich ab September insgesamt 18 Wochen an der Chartsspitze hält. Brooks wird bald die Stadien füllen und Country verändern. Er ist der erste Künstler dieser Gattung, der ein solches Massenpublikum anspricht.

30 **Kim Gordon**, der Bassist von **Sonic Youth**, stellt den Kontakt zwischen **Nirvana** und Geffen Records her. Capitol, CBS Records und andere waren ebenfalls interessiert. Nirvana und das Label DGC von Geffen Records einigen sich auf einen Vorschuss von 287 000 $.

Garth Brooks brach mit *Ropin' The Wind* im Dezember alle Rekorde: Es bekam gleichzeitig Gold und zweimal Platin ... Gitarrist Richey Edwards von den Manic Street Preachers schnitt sich mit einer Rasierklinge »4REAL« in den linken Unterarm, während ihn Steve Lamacq vom NME zur Ernsthaftigkeit der Band befragte.

Nachdem sich Sänger Chris Robinson im Laufe eines Konzerts im Vorprogramm von ZZ Top mehrfach abfällig über die Sponsoren der Recycler Tour geäußert hatte, müssen die Black Crowes nach dem zweiten von drei Konzerten im Omni in Atlanta aus der Tour aussteigen.

Mai

2 Die **Rolling Stones** erhalten bei den 36. Ivor Novello Awards den Preis für ›Herausragende Verdienste um die britische Musik‹, obwohl **Jagger** und **Richards** vorher noch nie von der britischen Akademie der Songschreiber, Komponisten und Autoren anerkannt wurden. **Phil Collins** wird Songschreiber des Jahres, **Elton Johns** *Sacrifice* wird zur besten A-Seite, zum besten Song und wegen des besten Songtextes ausgezeichnet. *All Around The World* von **Lisa Stansfield** wird zum internationalen Hit des Jahres und **Erasures** Titel *Blue Savannah* wird zum meistgespielten Song des Jahres. **Seal** erhält erstmals einen Preis, und zwar als Koautor von *Killer*, dem besten aktuellen Titel. Seine erste Soloaufnahme ist *Crazy*, das von Trevor Horns glänzender Produktion und durch einen innovativen Werbeclip auf Platz 2 der UK-Charts befördert wird. Es wird auch auf seinem Soulrock-Album *Seal* zu hören sein.

4 Die **Manic Street Preachers** stürmen von der Bühne des Downing Colleges der Universität Cambridge. Sie zertrümmern Verstärker und ihre Schlagzeuge, nachdem die Veranstalter **Nicky Wire** den Strom abgedreht haben, als er einen Mikrofonständer mit Fußtritten malträtierte. Das umstrittene Hardcore-Punk-Quartett wurde vor zwei Jahren von dem Sänger und Gitarristen **James Dean Bradfield**, seinem Vetter, dem Schlagzeuger **Sean Moore**, dem Gitarristen **Richey Edwards** und dem Bassisten Wire in Wales gegründet. Sie einigen sich mit Sony Records auf eine Vertragssumme von 250 000 £. Wire sagt: »Man hat keinen Traum und schnibbelt dann ein Leben lang an Fan-Magazinen herum. Bei einem Majorlabel zu landen ist der Lohn für eine Entwicklung, was immer sie auch mit uns tun. Die Glaubwürdigkeit von Indie-Labels ist ganz einfach beschissen.«

12 Mehr als 50 Millionen Fernsehzuschauer erleben das Wohltätigkeitskonzert für kurdische Flüchtlinge The Simple Truth aus dem Wembley-Stadion. Über Satellit wirken mit **Peter Gabriel**, **Sting** und **Sinéad O'Connor**, deren Aufnahme von *Games Without Frontiers* mit der Band von Sting letzte Woche in Den Haag entstanden war. **Paul Simons** Auftritt wird aus dem G-Mex (Manchester) übertragen, **New Kids On The Block** senden ihren Beitrag aus dem Ahoy in Rotterdam. **INXS** überträgt aus Melbourne, Australien. **Whitney Houston**, **Gloria Estefan**, **Daryl Hall And John Oates**, **Rod Stewart** und **Yes** werden über Satellit zugeschaltet, während **Lisa Stansfield**, **Alison Moyet**, **MC Hammer** und **Alexander O'Neal** live in Wembley auftreten.

20 Richter John Humphries annulliert den Vertrag zwischen den **Stone Roses** und Silvertone Records. Er bezeichnet ihn als »unfaire, ungerechte und nicht zu rechtfertigende Einschränkung«. Bald gibt es einen Vertrag mit Geffen Records über angeblich 4 Mio. $.

24 **Guns N' Roses** eröffnen heute mit dem ersten von insgesamt zwei Konzerten in East Troy, Wisconsin, ihre Tour Get in the Ring. Im Vorprogramm tritt die Heavy-Metal-Band **Skid Row** auf. Vor dem Konzert muss **Axl Rose** wegen eines Bänderrisses an seinem linken Fuß behandelt werden. Er hatte sich verletzt, weil er letzte Woche von einer Lautsprecherbox gesprungen war.

Juni

1 Der 50-jährige **David Ruffin**, ein früheres Mitglied der **Temptations**, stirbt um 3:55 Uhr in der Uniklinik der University of Pennsylvania an einer Überdosis. Der Fahrer der Limousine, der ihn in die Notaufnahme brachte, hat keine Angaben zur Person des Sängers gemacht, der erst durch eine Überprüfung seiner Fingerabdrücke durch das FBI identifiziert wird.

2 »Liquid Television«, die erste Zeichentrickserie von MTV, feiert Premiere. Hier werden erstmals Mike Judges urkomische Charaktere »Beavis and Butthead« vorgestellt. Ihre beliebten und völlig unangepassten, um nicht zu sagen asozialen Eskapaden und ihre Verehrung von Heavy Metal machen die beiden zu Kultfiguren, die alsbald ihre eigene Serie bekommen werden. Zweifellos sagt dies einiges über die Kernzielgruppe von MTV aus.

22 *Efil4zaggin* von **N.W.A.** ist geprägt durch die extrem provokativen Texte von **Eazy-E** und die immer ausgefeiltere Produktion von **Dr. Dre.** Heute erreicht es als erstes Gangsta-Rap-Album den ersten Platz der amerikanischen Hitliste.

Juli

2 **Axl Rose** entfacht einen Krawall bei einem Konzert in Maryland Heights, Missouri. Er hatte die Sicherheitskräfte aufgefordert, einem Fan die Kamera zu entreißen. Er sprang dann ins Publikum, um auf seine Weise das Problem zu lösen. Mehr als 50 Personen, darunter 15 Polizeibeamte, werden bei den folgenden Raufereien verletzt. Der Schaden an dem neu eröffneten Theater ist so groß, dass ein Konzert am 4. Juli ausfallen werden muss. Konzerte von **Guns N' Roses** in Chicago und Bonner Springs werden daraufhin abgesagt.

13 Mit *(Everything I Do) I Do It For You* steht **Bryan Adams** an der Spitze der britischen Charts, wo er 16 Wochen bleibt – die längste ununterbrochene Zeit in der Geschichte der Charts. Die Ballade wurde vom Komponisten

Vor einem Konzert von Guns N' Roses im Juli in Los Angeles zog die Polizei ein Strafmandat gegen Axl Rose zurück. Captain James Seymour: »19 000 Fans, die im Forum wegen eines Strafzettels randalieren, können wir nicht brauchen.«

Juli 1991

Bryan Adams

Lollapalooza ... Miles Davis stirbt ... *Smells Like Teen Spirit* ...

Der Rekordhit *(Everything I Do) I Do It For You* gab Bryan Adams nicht nur einen entscheidenden Karriereschub, sondern brachte ihm sogar zwei kanadische Verdienstorden ein.

und Arrangeur Michael Kamen, Bryan Adams und dem Produzenten Robert »Mutt« Lange für den Film »Robin Hood« mit Kevin Costner geschrieben. Kamen schickte eine Aufnahme mit Cembalo- und Lautenklängen an Adams, um einen Eindruck von der Melodie zu vermitteln, die er in den 60er-Jahren geschrieben hatte. Adams schrieb mit Lange den Text und gestaltete die Instrumentierung des Songs, der dann in London aufgenommen wurde. (Kamen hatte die Melodie bereits **Kate Bush** und **Annie Lennox** angeboten, die aber beide abgelehnt hatten. **Lisa Stansfield** war begeistert, aber Clive Davis setzte sich gegen sie durch.) In zwei Wochen steht er auch in den USA auf Platz 1 und wird zur meistverkauften Single seit *We Are The World*.

18 **Perry Farrell**, Frontmann von **Jane's Addiction**, setzt die Package-Tour Lollapalooza mit Musikern der alternativen Rockszene in Phoenix in Bewegung. Es gehen auf Tour: Jane's Addiction, **Living Colour**, **Siouxsie And The Banshees**, der Post-Punk-Poet **Henry Rollins** und die Lieblinge des Hardcore-Undergrounds, die **Butthole Surfers**. Farrell wird zu einer Schlüsselfigur des Alternative-Rock. Die beiden letzten Alben von Jane's Addiction ***Nothing's Shocking*** und ***Ritual De Lo Habitual*** haben beide Platin in den USA erreicht und eine neue Generation von Rockbands beeinflusst. Lollapalooza wird die erfolgreichste Festival-Tour des Jahrzehnts in der alternativen Rockszene. In diesem Jahr beeindrucken besonders **Nine Inch Nails**, eine kompromisslose Industrial-Rock-Combo mit ihrem Frontmann, dem 26-jährigen Multitalent **Trent Reznor**, der vor drei Jahren bei TVT Records einen Vertrag erhielt.

16 **Aerosmith** sind noch bei Geffen unter Vertrag. Sie einigen sich mit Sony über vier neue Alben ab 1995. Angeblich sollen 10 Mio. $ für jedes Album gezahlt werden plus 22 Prozent Tantiemen. Das Durchschnittsalter der Bandmitglieder liegt bereits bei 45 Jahren, als der Vertrag in Kraft tritt.

17 **Right Said Fred** kann **Bryan Adams** zwar nicht von der Topposition in den UK-Charts verdrängen, steht aber mit *I'm Too Sexy* auf Platz 2. Der Song gelangt in der Statistik der Jahres-Bestseller auf Platz 4 – nach Bryan Adams, *Bohemian Rhapsody* von **Queen** und *The Shoop Shoop Song (It's In His Kiss)* von **Cher**. Zum Trio Right Said Fred gehören die Brüder **Richard** und **Fred Fairbrass** sowie **Rob Manzoli**, die für diese Aufnahme 1500 £ gezahlt haben und in den USA auf Platz 1 vorrücken. Im nächsten Jahr erreichen sie diesen Platz in Großbritannien mit *Deeply Dippy*.

18 **Noel Gallagher** ist als Zuhörer wenig beeindruckt von dem ersten Auftritt der Gruppe **Oasis** in Manchester. Er war als Techniker und Roadie mit den **Inspiral Carpets** auf Tour und bietet an, bei Oasis mitzumachen, allerdings unter der Bedingung, dass nur noch seine Songs gesungen werden und er über alle Entwicklungen rund um die Band zu entscheiden hat. Nachdem sie sein Demo von *Life Forever* gehört haben, stimmen sie spontan zu. Zu der Gruppe (benannt nach dem Lokal Swindon Oasis) gehören Noels Bruder **Liam Gallagher** (Gesang), **Paul Arthurs** (Gitarre), **Paul McGuigan** (Bass) und **Tony McCarroll** (Schlagzeug).

August

3 Elektra Entertainment lädt zur Weltpremiere von **Metallicas** neuem Album zu einem Gratiskonzert in den Madison Square Garden ein. Ende des Monats steht ***Metallica*** in den USA und in Großbritannien auf Platz 1; bis Ende der 90er-Jahre werden mehr als zwölf Millionen Platten verkauft – so wird es der Heavy-Metal-Bestseller des Jahrzehnts. Ende der 70er-Jahre stand die Band an der Spitze der Entwicklung von Heavy Metal, jetzt gehören sie zur vordersten Front des Mainstreams. *Enter Sandman* aus diesem Album erhält nächsten Monat Gold. Am 29. Oktober starten Metallica in Peoria zu einer Welttournee.

Perry Farrell, Sänger von Jane's Addiction und Initiator des Alternative-Rock-Spektakels Lollapalooza, trat in der zweiten Hälfte des Abschiedsgigs seiner Band in Honolulu zur Feier des Tages splitternackt auf.

September

5 Die achte Verleihung der MTV Video Music Awards gehört **R.E.M.** Sie erhalten sechs Preise für »Losing My Religion« – beste künstlerische Gestaltung, beste Regie, bester Schnitt, bestes Video einer Gruppe, bestes Video und bestes Video eines Newcomers. **Chris Isaak** gewinnt drei Preise für »Wicked Game« – beste Kamera, bestes Video eines Sängers, bestes Video aus einem Film. **C&C Music Factory**, ein Tanzduo, das von den Produzenten **Robert Clivillés** und **David Cole** geleitet wird, gewinnen zwei Preise für »Gonna Make You Sweat (Everybody Dance Now)«, und zwar beste Choreografie eines Videos und bestes Tanzvideo. **LL Cool J** wird zurzeit ausführlich im **Rolling Stone** präsentiert und gewinnt den Preis bestes Rap-Video für »Mama Said Knock You Out« und singt *Don't Call It A Comeback*. **Prince** präsentiert *Gett Off*, bevor er zu eine Post-Show-Veranstaltung im Club 20/20 aufbricht. **Don Henley** singt *The Heart Of The Matter* in einer ansonsten von Rap und Metal geprägten Veranstaltung. Das britische Popquintett **EMF** sendet über Satellit aus London seinen Chartserfolg, das hymnische Poprock-Werk *Unbelievable*. **Jon Bon Jovi** war in zwei Kategorien mit »Blaze of Glory« nominiert. Seine Band erhält den Michael-Jackson-Video-Innovationspreis.

15 MTV-Asia kann über Star-TV nun in 30 Ländern empfangen werden. Die Kooperation zwischen Viacom und Hutchvision macht dies möglich.

17 Um 00:01 Uhr werden 4,2 Millionen Stück der **Guns-N'-Roses**-LPs ***Use Your Illusion I*** und ***Use Your Illusion II*** gleichzeitig zum Verkauf in den USA ausgeliefert. Es handelt sich um die größte Lieferung in der Geschichte der Popmusik.

19 In Pasadena findet das Konzert Ray Charles: 50 Years in Music, Uh-Huh! statt. Die Soul-Legende singt mit **Stevie Wonder**, **Willie Nelson**, **Michael Bolton**, **Randy Travis**, **James Ingram** und **Michael McDonald**. Es ist ein Benefizkonzert für die Starlight & Starlight Pavilion Foundations und wird am 6. Oktober über Fox gesendet.

28 **Garth Brooks** gelingt wieder ein Novum: Er wird der erste Countrymusiker, der direkt auf Platz 1 in die **Billboard**-Top-200-Albumcharts kommt. Es ist erst die neunte Platte aller Gattungen zusammengenommen, der dieses Kunststück gelingt: ***Ropin' The Wind*** wird auch das erste Album, das gleichzeitig bei **Billboards** Pop- und Countrybewertung an der Spitze steht. Dennoch, seitdem im Mai das neue Zählsystem SoundScan eingeführt worden war, mit dem sich die Charts präziser kompilieren lassen, gab es mehrere Debüts auf Platz 1 bei **Billboard**-Erhebungen.

28 Zwei Monate nachdem ein geschwächter **Miles Davis** ein letztes Konzert in der Royal Festival Hall in London gab, stirbt die Jazzlegende im Alter von 65 Jahren in Santa Monica an Lungenentzündung. Der Trompeter, Komponist und Bandleader, der mit Musikern von **Charlie Parker** bis **Prince** zusammengearbeitet hatte, sagte vor kurzem: »Ich will kreativ bleiben und mich entwickeln. Musik hat nichts mit Stillstand und sicherem Terrain zu tun.« Bei seiner letzten Europatour spielte Davis beim Jazz-Festival von Montreux mit einem großen, von **Quincy Jones** geleiteten Orchester zu Ehren seines früheren Mitstreiters **Gil Evans**. Ihm wurde im französischen Kulturministerium der Titel Commandeur dans l'Ordre des Arts et des Lettres verliehen, wo er mit seinen früheren Wegbegleitern **Wayne Shorter** und **Dave Holland** ein Konzert gab.

29 MTV sendet das Video zu **Nirvanas** neuer Single *Smells Like Teen Spirit*. Der Song und sein explosives Video, das in einer High-School-Turnhalle spielt, geben (obwohl nach einem Deodorant benannt) die im Titel angesprochene Gefühlslage wieder: die Angst und Wut der Generation X. Dies wird zum Kennzeichen des Jahrzehnts und weit darüber hinaus. Das Label DGC schätzt die Nachfrage falsch ein und liefert nur 50 000 Exemplare des Albums ***Nevermind*** aus, auf dessen Cover das Foto des vier Monate alten Spencer Elden zu sehen ist. Im Januar steht dieses von **Butch Vig** produzierte Pionieralbum des Grunge, in dem Punk und Metal zusammenfließen, in den USA auf Platz 1 und wird dort bis zum Ende des Jahrzehnts zehn Millionen Mal verkauft. Aber auch im großen Rest der Welt wird es zum Alternative-Rock-Dauerbrenner. Der Erfolg dieses Klassikers ist der Start der 90er-Rockbewegung »Grunge« in Seattle und öffnet die Tür für **Pearl Jam**, **Mudhoney** und **Soundgarden**. (Die CD ***Nevermind*** bietet eine zusätzliche Überraschung: Nach zehn Minuten Stille kommt ein 13. Song: *Endless, Nameless*.)

»Wenn ich als Weißer geboren wäre, hätte es nie einen Elvis Presley gegeben.«

Little Richard, **USA Today**, 19. Juli 1991

Oktober

3 **Mick Hucknall** von **Simply Red** wird von der amerikanischen Vereinigung der Komponisten, Autoren und Publizisten bei deren elfter Preisverleihung im Claridges in London wegen des Erfolgs von *Holding Back The Years* bei den Radiohörern geehrt. Nächste Woche wird das von Hucknall geschriebene Album ***Stars*** zum Spitzenreiter der UK-Charts. Es wird zum Bestseller der beiden nächsten Jahre in Großbritannien, ist fünfmal an der Spitze und erhält neunmal Platin. Alleine in den ersten 14 Wochen gehen 1,32 Millionen Exemplare über den Ladentisch. Weltweit wird es neun Millionen Mal verkauft. Seltsamerweise wird ***Stars*** trotz seiner einfühlsamen Produktion, seiner radiofreundlichen Pop-Kostbarkeiten und Hucknalls tadelloser Darbietung in den USA nur auf Platz 79 kommen – das einzige größere Land, das nicht erobert werden konnte.

11 Apple Computers und Apple Corps. erreichen bei ihrem Rechtsstreit über das Markenzeichen »Apple« eine gütliche Einigung. Der Fall wurde 116 Tage in erster und zweiter Instanz und vor dem Europäischen Gerichtshof verhandelt und verursachte 71 Mio. £ Gerichtskosten.

12 Die Freude ist groß, als **Mariah Carey** mit ihrer fünften Single *Emotions* zum fünften Mal zur Nr. 1 wird. Sie ist die erste Künstlerin, der

Metallica

Nachdem sie im Februar ihren zweiten Grammy in Folge geholt hatten, gingen Metallica mit Mötley Crüe, den Black Crowes und Queensryche auf die Monsters of Rock Tour.

Miles Davis, der einst an der Juillard School of Music studiert hatte, sagte einmal: »Ich höre immer auf das, was ich weglassen kann.«

Oktober 1991

Konzert für Walden Woods ... Bill Graham verunglückt ... Freddie Mercury stirbt ...

Mick Hucknall von Simply Red

Mariah Carey

dies gelingt, womit sie den Rekord der **Jackson 5** mit ihren ersten vier Singles bricht. Mariah Carey ist Koproduzentin des Tracks aus ihrem zweiten Album mit **Robert Clivillés** und **David Cole** aus der erfolgreichen **C&C Music Factory**.

24 Das letzte der insgesamt drei von **Don Henley** organisierten Wohltätigkeitskonzerte für die Erhaltung von Walden Woods findet im ausverkauften Madison Square Garden statt. Don Henley, **Bonnie Raitt** und **Jimmy Buffett** wirken daran mit. An den beiden ersten Konzerten waren **Sting** und **Billy Joel** mit Henley beteiligt. Die historischen Wälder von Massachusetts, die im 19. Jahrhundert zum Beispiel auch ein beliebter Aufenthaltsort des Schriftstellers und Philosophen Henry Thoreau waren, sind von Spekulanten bedroht, die das Gebiet als gewerbliches Bauland ausweisen lassen möchten. Henley macht aus der Protestbewegung sein persönliches Anliegen und sammelt fast drei Millionen Dollar.

26 Auf dem Heimflug von einer Veranstaltung mit **Huey Lewis And The News** im Pavilion in Concord, Kalifornien, wird der legendäre Promoter **Bill Graham** (zusammen mit seiner Begleiterin Melissa Gold und dem Piloten) getötet. Sein Hubschrauber fliegt bei heftigem Wind und Regen in eine Hochspannungsleitung nahe des Sears Point Raceway, nordwestlich von Vallejo, Kalifornien.

November

3 Beim Gedächtniskonzert Laughter, Love and Music: To Celebrate The Lives Of Bill, Steve and Melissa auf dem Golden Gate Park Polo Field in San Francisco zu Ehren des Promoters **Bill Graham** demonstrieren viele Musiker ihre Verehrung für diesen Kollegen. Vor 350 000 Besuchern singen **Crosby, Stills, Nash And Young** *Teach Your Children*, *Love The One You're With*, *Long May You Run*, *Long Time Gone*, *Southern Cross*, *Only Love Can Break Your Heart*, *Wooden Ships* und *Ohio*. **Steve Perry**, **Neal Schon** und **Jonathan Cain** von **Journey** kommen an diesem Tag wieder zusammen, **Jackson Browne** singt *For A Dancer*, und **John Fogerty** interpretiert *Born On The Bayou*, *Green River*, *Bad Moon Rising* und *Proud Mary*. Er wird von den **Grateful Dead**, die ihrerseits **Bob Dylans** *Forever Young* mit **Neil Young** präsentieren, begleitet. **Santana**, **Aaron Neville**, **Los Lobos** und **Tracy Chapman** beteiligen sich ebenfalls. Die Veranstaltung endet mit **Joan Baez**, **Kris Kristofferson** und **Graham Nash**, die *Amazing Grace* singen.

7 **Frank Zappas** Kinder **Moon** und **Dweezil** geben bekannt, dass ihr Vater Prostatakrebs hat und seine Konzerte anlässlich seines 51. Geburtstages absagen muss, ebenso das für heute geplante Interview bei »Showbiz Today« von CNN.

Das Album *Stars* von Simply Red wurde in England in den 14 Wochen vor Weihnachten 1,32 Mio. Mal verkauft ... Mariah Careys Single *Emotions* bekam Gold, ihre beiden ersten Alben zweimal Platin – alles binnen zwei Monaten.

30 Nach den aktuellen Änderungen in der Auflistung der Alben im Mai führt **Billboard** auch für die Singles ein neues System ein. Es werden die Verkaufszahlen und eine präzise Überwachung der Sendehäufigkeit von Radios erfasst. Die erste Nr. 1 nach diesem neuen System ist *Set Adrift On Memory Bliss*, ein Pop/Hip-Hop-Juwel von **P. M. Dawn: Prince Be** und **DJ Minutemix** (die Brüder **Attrel** und **Jarrett Cordes**) haben ihren melodiösen »Daisy-Age-Rap« mit einem Sample des Hits *True* von **Spandau Ballet** (1983) gekoppelt.

»Oper und Ballett haben das Eis im Kalten Krieg nicht gebrochen. Opern- und Ballettensembles und Zirkusse durften ein- und ausreisen, aber damit der Kalte Krieg aufhört, braucht es Rock.«

Brian Johnson von AC/DC vor 500 000 Zuhörern in Moskau, 28. September 1991

9 Die **Justified Ancients of Mu Mu**, die aktuelle Inkarnation von **Bill Drummond** und **Jimmy Cauty**, kommen mit *It's Grim Up North* in die Top 40. Am Autobahnkreuz der M1 und M25 sind Graffiti zu sehen, die diese Botschaft vom grausigen Norden verkünden. Ein Labour-Abgeordneter äußert seine Bedenken und fordert die Beseitigung, »um das regionale Gleichgewicht zu erhalten«. Er schlägt Alternativen vor: »Es ist schauerlich in den Midlands« oder »In London wohnen alle Menschen in Kartons«. Drummond und Cauty leugnen kategorisch, irgendetwas mit diesen Graffiti zu tun zu haben.

Dezember

9 Der Oberste Gerichtshof von Jamaika beendet ein Jahrzehnt gerichtlicher Auseinandersetzungen und entscheidet, dass **Bob Marleys** Nachlass für 11,5 Mio. $ an seine Witwe, seine Kinder und an Chris Blackwells Island Logic Ltd. verkauft wird – trotz des höheren Gebotes von MCA. **Ziggy Marley** nennt seine Tochter, die heute zur Welt kommt, daraufhin Justice.

14 Der sowjetische Präsident Gorbatschow ist so beeindruckt von der **Scorpions**-Hymne *Wind Of Change* zum Ende des Kalten Krieges, dass er die Band in den Kreml einläd.

Nach dem letzten Auftritt von Jane's Addiction im September wurde Perry Farrell wegen illegalen Drogenkonsums verhaftet ... Alice Coopers Album *Hey Stoopid* von 1991 enthielt das Stück *Snakebite* (Schlangenbiss), zu dem hier die passende Mütze zu sehen ist.

18 In einem historischen Rechtsstreit erwirkt **Gilbert O'Sullivan** eine einstweilige Verfügung, die dem Rap-Star **Biz Markie** das Sampling von O'Sullivans *Alone Again (Naturally)* für seine Single *Alone Again* verbietet. Der Rechtsstreit wird am 31. zu Gunsten von O'Sullivan entschieden.

20 Gegenüber **USA Weekend** sagt **Natalie Coles** Mutter, dass sie es nicht erträgt *Unforgettable ... With Love* (Natalies Vater **Nat** gewidmet und Spitzenreiter der US-Charts) zu hören. Sie könne auch die Konzerte ihrer Tochter nicht besuchen. Sie ergänzt: »Ich glaube einfach, dass das alles Nat gehört – es weckt solche Erinnerungen in mir.«

21 An einem Samstag unterschreibt die Rockgruppe **On A Friday** aus Oxford einen Vertrag bei Parlophone Records. Sie hatten im November vor 25 Talentsuchern gespielt. Im März wird die Gruppe mit dem Sänger, Gitarristen und Pianisten **Thom Yorke**, dem Gitarristen **Ed O'Brien** und **Jonny Greenwood**, seinem Bruder, dem Bassisten **Colin Greenwood** und dem Schlagzeuger **Phil Selway** sich **Radiohead** nennen, nach einem Song von dem **Talking-Heads**-Album *True Stories*.

28 **Sean Combs** organisiert in Manhattan ein Basketballspiel mit Rappern. Weil zu viele Fans zusehen wollen, kommt es zu einem tödlichen Zwischenfall. Das Spiel soll um 18 Uhr beginnen, die ersten Zuschauer kommen bereits um 14 Uhr. Um 15:45 Uhr kommt Combs und beginnt mit der Organisation des Kartenverkaufs. Um 16 Uhr stehen 1500 Menschen Schlange. Die Menge gerät außer Kontrolle, Barrikaden und Glastüren werden zerstört. Es sind nicht genug Polizisten da, und als der Ruf »bum rush« die Runde macht (der Hip-Hop-Aufruf für das Erstürmen von Clubs, die aus rassistischen Gründen Rap-Fans abweisen), wird die Unruhe noch größer. Eine Menge eilt eine Treppe hinunter und stoppt vor verschlossenen Türen, vor denen bereits 50 Personen warten. Es gibt fünf Tote und 29 Verletzte. (Ende der 90er-Jahre steht Combs immer noch wegen dieser Tragödie vor Gericht.) Trotzdem ist er auf Erfolgskurs. Er ist mit 18 Jahren A&R-Chef bei dem Motown-Ableger Uptown Records. Er lenkt zurzeit die Karrieren der Neuverpflichtungen **Father MC** und des 20-jährigen Hip-Hop-Talents **Mary J. Blige**.

31 Radio Luxemburg gibt auf. Disjockey Mike Hollis verabschiedet sich im Namen des ältesten Privatsenders in Europa, der 1929 mit seinen deutschsprachigen Sendungen begann.

FREDDIE MERCURY

24. November Freddie Mercury stirbt mit 45 Jahren in seinem Haus in Holland Park, London, an einer AIDS-bedingten Lungenentzündung. Queen und Jim Beach erklären: »Wir haben das liebste Mitglied unserer Familie verloren. Wir empfinden große Trauer über den Verlust von Freddie auf dem Höhepunkt seiner Kreativität, aber vor allem Stolz über den Mut, mit dem er lebte und starb. Wir hatten das Glück, diese magischen Zeiten mitzuerleben, und möchten sein Leben so bald wie möglich auf dieselbe Art feiern, wie er es zu tun pflegte.« Er wird auf dem Friedhof Kensal Green in West-London eingeäschert. Die Asche wird am Genfer See verstreut. Queen-Pressesprecher Rox Meade bittet um Spenden für den Terrence Higgins Trust.

Der in Sansibar als Farrokh Bulsara geborene Mercury war 20 Jahre lang der wichtigste Songschreiber und glamouröse Frontmann von Queen.

ROOTS In diesem Jahr bekommt Britney Spears (9) einen Studienplatz an einer New-Yorker Bühnenschule ... unterschreiben Tionne Watkins und Lisa Lopes als Teenie-Duo Second Nature einen Management-Vertrag mit Pettibone Productions ... gründen Gaz Coombes, der noch die Wheatley Park Comprehensive School in Oxford besucht, Andy Davies sowie die Brüder Danny und Nick Goffey die Jennifers ... gründen Tom Morello und Brad Wilk (Ex-Lock-Up) mit Zack de la Rocha und Timmy C die Band Rage Against The Machine ... spielen Zac Hanson (6) und seine älteren Brüder Isaac und Taylor Hanson den ersten Gig als Trio auf einem Maifest in ihrer Heimatstadt Tulsa, Oklahoma ... hört Andre Harrell von Uptown Records ein Demo, das Mary J. Blige in einem Karaokestudio in einer Einkaufspassage in Yonkers aufgenommen hat ... nehmen Ace of Base in ihrem Übungsraum in einer Göteborger Lagerhalle, die sie sich u. a. mit Automechanikern teilen müssen, ihr erstes Demo auf, das von Polar Records abgelehnt wird ...

Rhythm Is A Dancer

1992

Nr. 1 US-SINGLES

04. Jan. Black Or White **Michael Jackson**
25. Jan. All 4 Love **Color Me Badd**
01. Febr. Don't Let The Sun Go Down On Me **George Michael & Elton John**
08. Febr. I'm Too Sexy **R*S*F* (Right Said Fred)**
29. Febr. To Be With You **Mr. Big**
21. März Save The Best For Last **Vanessa Williams**
25. Apr. Jump **Kris Kross**
20. Juni I'll Be There **Mariah Carey**
04. Juli Baby Got Back **Sir Mix-A-Lot**
08. Aug. This Used To Be My Playground **Madonna**
15. Aug. End Of The Road **Boyz II Men**
14. Nov. How Do You Talk To An Angel **Heights**
28. Nov. I Will Always Love You **Whitney Houston**

Nr. 1 UK-SINGLES

04. Jan. Bohemian Rhapsody/These Are The Days Of Our Lives **Queen**
25. Jan. Goodnight Girl **Wet Wet Wet**
22. Febr. Stay **Shakespear's Sister**
18. Apr. Deeply Dippy **Right Said Fred**
09. Mai Please Don't Go/Game Boy **KWS**
13. Juni Abba-Esque (EP) **Erasure**
18. Juli Ain't No Doubt **Jimmy Nail**
08. Aug. Rhythm Is A Dancer **Snap!**
19. Sept. Ebeneezer Goode **Shamen**
17. Okt. Sleeping Satellite **Tasmin Archer**
31. Okt. End Of The Road **Boyz II Men**
21. Nov. Would I Lie To You **Charles And Eddie**
05. Dez. I Will Always Love You **Whitney Houston**

Pearl Jam

Eric Clapton

Pearl Jam um Eddie Vedder waren zusammen mit Nirvana eine der führenden Grunge-Bands ... Als Eric Clapton zehn Monate nach dem tragischen Tod seines Sohnes Conor auf »MTV Unplugged« *Tears In Heaven* spielte, war das einer der denkwürdigeren Momente des Jahres 1992.

In einem Jahr ohne besondere Höhepunkte wurden **Boyz II Men** die bedeutendste R&B-Gruppe, **Garth Brooks** verkaufte in den USA massenweise Platten, und **Madonna** und **Sinéad O'Connor** schockierten mehr als je zuvor. Boyz II Men dominierten 13 Wochen die US-Hot-100 und wurden zu Motowns größtem Erfolg seit **Lionel Richie**. Motowns wichtigste Produzenten **L. A. Reid** und **Babyface** wurden zum angesagtesten Produktionsteam: Neben ihrer Arbeit mit Boyz II Men leiteten die beiden Projekte von **TLC**, **Whitney Houstons** mehrfachen Platinerfolg mit ***Boomerang*** und **Bobby Browns** Karriere. Sie förderten auch die bei ihrem eigenen Label LaFace neu verpflichtete Künstlerin **Toni Braxton**.

MTVs geniale Serie »Unplugged« verzeichnete zwei Riesenerfolge und wurde allmählich Kult. **Eric Clapton** und **Mariah Carey** gaben denkwürdige Vorstellungen. Sie weckten solche Emotionen und zeigten solches Talent, dass ihre ***Unplugged***-Alben Platinerfolge hervorbrachten und noch eine Flut von Hitsingles und Preisen als Zugabe. An der Rockfront dominierten die Funk/Thrash-Pioniere **Red Hot Chili Peppers** mit ***Blood Sugar Sex Magik*** die alternative Rockszene der USA, und ihre Videos ergatterten drei Preise bei den MTV Video Music Awards.

Der größte Star in den Vereinigten Staaten war Garth Brooks. Jenseits aller Moden verkaufte er mehr als 100 Millionen Platten bis zum Ende des Jahrzehnts. Er hatte New Country nicht erfunden, aber er war der unbestrittene König mit einem gekonnten Mix aus sanften Balladen und emotionsgeladenem Pop/Rock/Country. Sein Liveauftritt war ebenso beeindruckend wie die Umsatzzahlen seiner Platten. Er trug einen riesigen schwarzen Hut, Jockeyhemden und viel zu enge Jeans.

Irgendwie wurde er in den Südstaaten zum Sexsymbol, vielleicht erregte es sie, wenn der Sänger rund um die Bühne galoppierte.

An der britischen Front tauchte ein neues Talent auf: **Seal** gewann als erster Künstler drei Brit Awards an einem Abend. Er war auch an A Concert for Life beteiligt, einem bemerkenswerten Event zu Ehren von **Freddie Mercury**. Der Erfolg von Seal war nicht zuletzt seinem Produzenten **Trevor Horn** zu verdanken. Er war im Laufe des vergangenen Jahrzehnts der Mann hinter einer Reihe von erfolgreichen britischen Talenten, der immer noch bezaubernde Popmusik schaffen konnte.

Rechtsstreitigkeiten gehörten immer schon zum Musikgeschäft. Aber zwei Verfahren waren 1992 Vorboten für zukünftige Entwicklungen: Die Soul-Ikone **Luther Vandross** berief sich auf das Arbeitsrecht, um sich von seinem Knebelvertrag mit Sony zu lösen. Sony hatte auch mit einem anderen »Freiheitskämpfer« zu tun: **George Michael** wehrte sich gegen Einschränkung des freien Handels bei einem (misslungenen) Versuch, sich von dem Unternehmen zu lösen. Beide Initiativen signalisierten: Eine wachsende Zahl von Künstlern war bereit, sich gegen immer selbstgefälligere und immer gierigere Plattenfirmen zu wehren.

»Eines Tages sangen wir im Bad, mehrstimmig, und sagten uns plötzlich: ›Yo! Das klingt doch super.‹«

Shawn Stockman von Boyz II Men, **Spin**, Juli 1992

Paul Simon spielt in Südafrika ... Eric Clapton bei »MTV Unplugged« ... Wayne's World ...

Januar

3 **Luther Vandross** klagt gegen Sony Entertainment, die Muttergesellschaft seines Labels Epic, und stützt sich dabei auf das Arbeitsrecht. Dieses legt fest, dass persönliche Dienstleistungen nicht länger als sieben Jahre dauern dürfen und daher sein langfristiger Vertrag nicht rechtmäßig ist. Sein Fall ist der Startschuss für einen langen Kampf zwischen Top-Musikern, die sich aus langfristigen Vertragsverhältnissen lösen möchten, und Plattenfirmen, die von ihren Stars endlos profitieren wollen.

7 In einer Sendung von »Larry King Live« wird angekündigt, dass an **Elvis Presleys** Geburtstag 1993 eine Sonderbriefmarke mit seinem Konterfei veröffentlicht werden soll.

7 Mit Zustimmung des Südafrikanischen Nationalkongresses und Nelson Mandela und auf Einladung der South African Musicians' Alliance reist **Paul Simon** nach Südafrika und veranstaltet fünf Shows. Der erste Veranstaltungstermin im Ellis Park Stadium von Johannesburg ist das 151. Konzert seiner Tour Born at the Right Time, die durch 27 Länder führte. Die radikale Azanian People's Organization (AZAPO) protestiert, und die Azanian National Liberation Army ist verantwortlich für eine Bombe, die bei Network Productions in Johannesburg explodiert, den Büros des Promoters. Die Eröffnungskonzerte sind schwach besucht, da weitere Attentate schwarzer Nationalisten befürchtet werden – besonders von der Azanian Youth Organization (AZAYO), deren Anführer verhaftet wird. Paul Simon versucht am 9. Januar in vielen Treffen, die Drohungen gegen sein Konzert am 11. zu zerstreuen.

12 **Bob Geldof** hat nichts von seiner Explosivität eingebüßt und wird wegen Unruhestiftung in einem Flugzeug verhaftet, das seit fünf Stunden auf dem Rollfeld von Stansted steht. Konstruktiver ist seine Arbeit für die Stiftung Band Aid Trust. Geldof bestätigt, dass mehr als 144 Mio. $ gesammelt wurden. Er gibt folgendes Statement: »Es kommt mir so lange vor, dass wir um Hilfe gebeten haben. Sieben Jahre. Es sollte nur sieben Wochen dauern. Aber ich hatte nicht damit gerechnet, dass so viele Millionen Menschen reagieren würden und dass so viel Geld gespendet würde. Sieben Jahre. Sie können diese Jahre jetzt zählen in Bäumen und Staudämmen, Feldern, Kühen, Kamelen, LKWs, Schulen, Krankenhäusern, Medikamenten, Zelten, Decken, Kleidern, Spielzeug, Schiffen, Flugzeugen, Werkzeugen, Weizen, Bohnen, Forschungsprojekten und Workshops. Vor sieben Jahren wollte ich keine Institution schaffen. Aber ich wollte auch nicht, dass die Idee von Band Aid stirbt. Ich wollte dieses Potenzial erhalten. Es gibt viele Hilfsorganisationen, und sie leisten viel, aber das war nicht unser Ziel. Wir wollten Chancen vermitteln. Es gibt eine Chance, den Hunger in Afrika zu beenden. Es kann und muss andere Band Aids geben; in neuen Zeiten auf neuen Wegen. Ich habe damals gesagt, dass wir in der Erinnerung mächtiger werden als in Wirklichkeit. Wir sind jetzt Erinnerung.«

15 **Booker T. And The MG's** werden als Säulen des Memphis-Soul-Sounds der 60er-Jahre mit der **Jimi Hendrix Experience** (vorgestellt von **Neil Young**), **Bobby »Blue« Bland** (**B. B. King**) und **Johnny Cash** (**Lyle Lovett**) in die Rock and Roll Hall of Fame aufgenommen. Bei der siebten Feier im Waldorf-Astoria sagt **Jeff Beck** als Mitglied der **Yardbirds**: »Wir haben der Barbarei den Weg geebnet und Feuer entfacht.« **Billy Joel** stellt **Sam And Dave** vor. **Sam Moore** singt *When Something Is Wrong With My Baby* nach der offiziellen Veranstaltung. **Little Richard** führt die **Isley Brothers** ein und singt mit ihnen *Shout*. Die **Neville Brothers** präsentieren **Professor Longhair** in der Kategorie Frühe Einflüsse. **Aaron Neville** nennt den legendären Pianisten »Großvater des Rock'n'Roll. Woher kam der Rock'n'Roll? Er ist das Baby des R&B.« **Robbie Robertson** heißt **Elmore James** willkommen. **Keith Richards** führt in der Kategorie ›Non-Performer‹ **Leo Fender** ein, **John Fogerty** den tödlich verunglückten Rockpromoter **Bill Graham**:

Paul Simon traf Nelson Mandela während seiner Tournee durch Südafrika. Im Mai 1994 wurde Mandela zum ersten schwarzen Präsidenten des Landes gewählt.

ERIC CLAPTON

16. Januar **Eric Clapton nimmt in den englischen Bray Studios ein rein akustisches Konzert für »MTV Unplugged« auf. Neben einer schlichten Version von *Layla* singt er u. a. neue Songs, in denen er den Tod seines 4-jährigen Sohnes Conor verarbeitet: *The Circus Left Town* und *Tears In Heaven.* Conor fiel im März 1991 in Manhattan aus dem offenen Fenster einer Wohnung im 53. Stockwerk, wo er sich mit seiner Mutter Lori Del Santo aufgehalten hatte.**

Der riesige kommerzielle Erfolg von Claptons Album *Unplugged* stellte einen neuen Höhepunkt seiner vielfältigen Karriere dar. Zugleich hob es das Renommee von MTV und leitete weitere erfolgreiche »Unplugged«-Konzerte von Topstars ein.

Michael Jackson

Seal

Während eines Besuchs in der Elfenbeinküste wurde Michael Jackson, den seine gute Freundin Elizabeth Taylor bereits als »König des Pop« bezeichnete, auch zum »König der Sanwis« ernannt ... 1995 brachte Seal den Karriereschub, aber schon 1992 bekam er drei Brit Awards und einen Ivor Novello.

Carlos Santana spielt *I Love You Much Too Much* als Ehrung für den Mann, von dem er diesen Song gelernt hat. Der legendäre Songschreiber **Doc Pomus**, der letzten März an Lungenkrebs verstarb, wird ebenfalls aufgenommen.

Februar

3 **Michael Jackson** kündigt auf einer Pressekonferenz in New York seine geplante Welttournee an, die vom Softdrinkhersteller Pepsi gesponsert werden soll. Es ist der höchst dotierte Werbevertrag aller Zeiten. Der Erlös soll an Jacksons Stiftung Heal the World gehen, die Kindern in aller Welt helfen will. Heute erlebt *Remember The Time*, ein Videoclip seines zweiten Ausschnitts aus ***Dangerous***, seine Fernsehpremiere. **Eddie Murphy** und das Model Iman (mit dem Jackson seinen ersten Filmkuss austauscht) wirken ebenso wie Earvin »Magic« Johnson an der Szenenfolge mit ägyptischen Motiven (Regie: John Singleton) mit.

12 Bei der elften Verleihung der Brit Awards wird **Seal** der erste Künstler, der in einem Jahr drei Preise erhält: Er wird zum besten britischen Solokünstler, sein »Killer« wird bestes britisches Video und ***Seal*** bestes Album. *These Are The Days Of Our Lives* von **Queen** wird beste britische Single, und der schmerzlich vermisste **Freddie Mercury** wird mit dem Preis für hervorragende Verdienste um die britische Musik geehrt. **U2** erhalten zum vierten Mal den Preis beste internationale Gruppe. Für Zündstoff sorgen die Mitglieder von **KLF**: Sie teilen sich den Preis beste britische Gruppe mit **Simply Red**, haben aber die Veranstaltung bereits verlassen, als ihnen die Trophäe überreicht werden soll. Vorher hatten sie mit **Extreme Noise Terror** eine Thrash-Metal-Version von *3 A.M Eternal* geliefert, in deren Anschluss **Bill Drummond** Maschinengewehr-Hülsen ins Fachpublikum feuert und ankündigt: »Meine Damen und Herren, KLF haben das Musikbusiness verlassen.« Drummond und **Jimmy Cauty** hatten vorher ein frisch geschlachtetes Schaf gebracht, konnten aber überredet werden, es nicht auf der Bühne aufzuschneiden. Sie werfen das Tier vor das Royal Lancaster Hotel, in dem die Award-Party steigt. Auf einem Plakat steht: »Ich bin für euch gestorben. Bon appétit!«

14 **Mötley Crües** Label Elektra veröffentlicht eine Pressemeldung: »Rennwagen fahren ist zur Lieblingsbeschäftigung von [**Vince**] **Neil** geworden. Er hat hierfür viel Zeit und Energie investiert. Das Verhältnis zwischen der Band und Vince hat sich verschlechtert, da er nicht mehr die gleiche Entschlossenheit und Leidenschaft für Musik aufbrachte. Vince war das einzige Crüe-Mitglied, das nicht mehr regelmäßig am Songschreiben beteiligt war.« Er kam am Anfang der Woche nicht mehr zu Proben und war am Wochenende in einen Streit im Roxy Club verwickelt.

14 »Wayne's World« – ein Kinofilm als Ableger der beliebten Sketchserie »Saturday Night Live« mit Mike Myers und Dana Carvey – feiert in den USA Premiere. Der Soundtrack mit Klassikern des Rock wie **Jimi Hendrix**, **Eric Clapton** und den **Red Hot Chili Peppers** steht im April auf Platz 1 in den USA. **Queens** *Bohemian Rhapsody* ist hier zu hören und wird den Erfolg dieses episch angelegten Songs in den USA beflügeln. 1976 schaffte er es nur bis auf Platz 9, jetzt bis auf Platz 2.

Obwohl Wayne Campbell und Garth Algar meinten, sie seien unwürdig, spielte »Wayne's World« in den USA mehr als 121 Mio. $ ein.

Februar 1992

EMI kauft Virgin ... A Concert for Life ... Madonnas Maverick Corporation ...

INXS

Madonna

22 **Madonna** kommt als Überraschungsgast zu der Sendung »Saturday Night Live«. Sie tritt in einem Sketch mit Mike Myers, der die ständige Gastgeberin Linda Richman spielt, als Liz Rosenberg auf (zufällig der Name der für Publicity bei Warner Bros. Records zuständigen Präsidentin). Die Situation wird noch vertrackter, als **Barbra Streisand** unangekündigt in diesen Sketch hereinplatzt und Madonna und Myers völlig perplex sind.

25 Bei der 34. Verleihung der Grammy Awards kommt es zu einer Kontroverse, als **Michael Bolton** für *When A Man Loves A Woman* den Preis als bester Sänger erhält. Er wurde im Auftrag der **Isley Brothers** von Three Boys Music Corp. angeklagt, den Song *Love Is A Wonderful Thing* (1966) für die gleichnamige Hitsingle kopiert zu haben. Es ist nicht sehr hilfreich, dass der Songschreiber Irving Gordon, dessen *Unforgettable* zum Song des Jahres wird, in seiner Rede diesen Vorfall kommentiert: »Es muss doch Spaß machen, wenn ein Song gewinnt, der einen beim Singen nicht sonderlich anstrengt.« Hinter den Kulissen fährt er fort: »Ich habe es direkt vor Michael Bolton gesagt. Es ist mein Gefühl – man braucht sich nicht zu verstellen und Liebeserklärungen abgeben.« Der Bolton-Skandal verhindert nicht, dass es für **Natalie Cole** ein unvergesslicher Abend wird: Sie gewinnt den Preis Album des Jahres, Platte des Jahres, beste traditionelle Pop-Darbietung für die Erinnerung an ihren verstorbenen Vater **Nat King Cole** – einer Sammlung seiner Klassiker. **Bonnie Raitt** erhält nach den vier Grammys im letzten Jahr zwei weitere in diesem Jahr. **Metallica** gewinnen zum dritten Mal den Preis beste Metal-Aufnahme. Ähnlich wie **Paul Simon** 1976 danken sie »Jethro Tull dafür, dass er dieses Jahr kein Album veröffentlicht hat«. **Boyz II Men** – ein harmonisch klingendes R&B-Gesangsquartett aus Philadelphia – erhält den Grammy für die beste R&B-Aufnahme einer Gruppe für ihr Album ***Cooleyhighharmony***. Sie singen an diesem Abend passend gekleidet in High-School-Kleidung der 50er-Jahre.

INXS spielten im März beim Concert for Life in Sydney, wohl der größten Benefizveranstaltung in der Geschichte Australiens ... Das Magazin Art & Antiques nahm Madonna in seine jährliche Liste der 100 wichtigsten Kunstsammler auf.

März

20 Thorn EMI übernehmen die Virgin Music Group für einen Kaufpreis von 560 Mio. £ von Richard Branson und dessen Geschäftspartner Fujisankei. Der britische Unternehmer wird dieses Geld in Virgin Airlines investieren (und mit dem Label V2 wieder auftauchen).

27 Während eines Konzertes von **U2** in Auburn Hills in Michigan bestellt **Bono** 10 000 Pizzen bei Speedy Pizza. Eine Stunde später werden 100 Pepperoni-Pizzen von drei Zustellern gebracht. Jeder erhält 50 $ Trinkgeld.

28 Das Concert for Life wird als die größte soziale Veranstaltung in der Geschichte Australiens angekündigt. Das Event, zu dessen Hauptacts **INXS** und **Crowded House** zählen, findet im Centennial Park von Sydney statt. Der Erlös dieser Wohltätigkeitsveranstaltung von 1,5 Mio. $ geht an das Victor Chang Cardiac Research Centre (ein Herzzentrum), an AIDS-Patienten und an ein medizinisches Forschungszentrum.

April

1 ***Blood Sugar Sex Magik*** ist immer noch im Aufwind und wird das erste Platinalbum der **Red Hot Chili Peppers**. Bis 1996 werden vier Millionen verkauft. Die Band steht bei Warner Bros. unter Vertrag, und der erfolgreiche Produzent Rick Rubin wirkte mit. Es bedeutet den Durchbruch für diese innovative Mischung aus Funk und Thrash. Mainstream-Hits wie *Under The Bridge* und *Give It Away* entstehen ebenfalls hieraus.

9 In Fort Smith, Arkansas, wird der 19-jährige Sean Pierce verhaftet, weil er »ein Statut gegen das Tragen eines obszönen Hemds verletzt« habe. Er hat beim Konzert von **Van Halen** ein T-Shirt mit der Aufschrift ›For Unlawful Carnal Knowledge‹ gekauft. Die Band ruft an und verspricht, die Strafe zu zahlen, falls es zu einer Verurteilung kommt.

Die Zoo TV/Zooropa Tour von U2 begann im Februar in Lakeland, Florida, und endete im Dezember 1993 in Tokio.

20 **Freddie Mercurys** Leben und sein Werk werden mit dem Wohltätigkeitskonzert A Concert for Life geehrt. Es wird aus dem Wembley-Stadion in 70 Länder übertragen. Zum Event gehört eine Ansprache zum Thema AIDS von Elizabeth Taylor und Darbietungen von **Metallica**, **Extreme**, **Bob Geldof**, **Spinal Tap**, **Def Leppard**, **Guns N' Roses** und **U2** (über Satellit aus Sacramento zugeschaltet). Es gibt eine erste Direktzuschaltung aus Südafrika und Versionen von **Queen**-Songs mit **George Michael**, **David Bowie** (der auch das Vater Unser rezitiert), **Annie Lennox**, **Seal**, **Paul Young**, **Robert Plant** und **Roger Daltrey**. **Elton John** interpretiert *Bohemian Rhapsody* – mit Unterstützung von **Axl Rose** – und *The Show Must Go On*, ein Mercury-Song, den Queen noch nie live spielen konnten. **Liza Minnelli** leitet den Chor all dieser Stars beim Finale mit *We Are The Champions*, und **Brian May** beendet einen emotionsgeladenen Abend mit *God Save The Queen* als Gitarrensolo. (**Spinal Tap** in glänzenden Kostümen kündigen ihren Auftritt mit dem Versprechen an, sie hätten ihn um 35 Songs gekürzt, »weil wir wissen, dass Freddie es so gewollt hätte«.)

Mai

8 Die Stadt Rolling Fork, Mississippi, errichtet ein Denkmal mit der Inschrift: »**Muddy Waters**, Meister des Blues, wurde 1915 in der Nähe von Rolling Fork geboren. Seine spezielle Technik und Interpretation beeinflussten die Entwicklung des Delta-Blues.«

9 **Bruce Springsteen** gab in dieser Woche eine private Vorstellung für die Mitarbeiter von Columbia Records und absolviert sein Debüt im amerikanischen Fernsehen – nach 17 Jahren Präsenz in den Charts. Er interpretiert *Lucky Town*, *57 Channels* und *Living Proof* bei »Saturday Night Live«. Gastgeber ist Tom Hanks.

9 **Kris Kross** stellt seinen aktuellen Spitzenreiter *Jump* bei »Soul Train« vor. Das Rap-Duo aus Atlanta hält mit dieser Single, die zweifach Platin erhält, acht Wochen diesen Platz. Entnommen wurde sie dem Debütalbum ***Totally Krossed Out***. Dieses wird in zwei Wochen nachziehen. Bei *Baby Got Back* wurde von **Sir Mix-A-Lot** (der aus Seattle stammende **Anthony Ray**) Hip-Hop in Mainstream-Pop integriert. Es entsteht ein eingängiger, aber durchaus gewagter Rap-Hit, der im Juli geschlagene fünf Wochen die Charts beherrscht. Es wird der größte Partyhit des Sommers und die erste Nr. 1 für Rick Rubins Label Def American.

»Meine Mutter mag unsere Musik, und wenn ich ihr damit eine Freude mache, liegen wir wohl nicht ganz falsch.« Kurt Cobain, **Q**, April 1992

20 Time Warner Inc. kündigt einen neuen Sieben-Jahres-Vertrag mit **Madonnas** neu gegründeter Maverick-Gruppe an. Zu dieser Firma gehören die Abteilungen Platten, Verlag, Buch, Fernsehen, Merchandising und Film. (Den Firmennamen hat die Popkünstlerin und Geschäftsfrau von den ersten beiden Buchstaben ihres Namens Madonna Veronica und den letzten drei des Vornamens ihres Managers Frederick DeMann abgeleitet.) Obwohl die Verkaufszahlen bei jedem ihrer Alben in den USA rückläufig waren, schätzt man den Wert des Vertrages auf 60 Mio. $. Zu den ersten Maverick-Projekten gehören Madonnas neuntes Soloalbum, Verträge mit neuen Musikern, die Produktion ihres Debüt-Sets von **Jose And Luis**, ein Buch mit Sexfotos, ein Porträt der mexikanischen Künstlerin Frida Kahlo für das Kabelfernsehen und der erste Film der Maverick Picture Co., das Zehn-Millionen-Dollar-Projekt »Snake Eyes« unter der Regie von Abel Ferrara und dem Star Madonna.

25 Die Band **Suede** erscheint auf dem Titelblatt des **Melody Maker**, ohne jemals irgendetwas veröffentlicht zu haben. Sie haben bei dem unabhängigen Label Nude im März auf Drängen des Label-Chefs Saul Galpern einen Vertrag abgeschlossen. Das deutlich vom britischen Glam-Rock geprägte Alternative-Rock-Quartett wird von dem Sänger **Brett Anderson** und dem Gitarristen **Bernard Butler** angeführt. Andersons Freundin, die Gitarristin **Justine Frischman**, hat die Band allerdings letzten Monat verlassen und wird bei der ebenfalls aufstrebenden Band **Elastica** wieder auftauchen.

16 Auf der Rückseite des **New Musical Express** erscheint eine ganzseitige Anzeige der originellen Band **KLF Communications** (die im vergangenen Jahr vier Top-5-Hits in Großbritannien schaffte): »Wir sind in den letzten fünf Jahren einem wilden und wankelmütigen, gemeinen und glorreichen, langweiligen und leuchtenden Weg gefolgt. Die beiden letzten haben uns auf kommerzielle Höhen emporgeführt. Wir stehen jetzt an dem Punkt, an dem es von sonnigen Höhen in unbekannte Niederungen gehen kann. In voraussehbarer Zukunft wird es daher keine weiteren Platten von den **Justified Ancients of Mu Mu**, den **JAMs**, den **Timelords**, **KLF** und anderen vergangenen, gegenwärtigen oder zukünftigen an unsere Aktivitäten geknüpften Namen geben.« Nach der Bestätigung, dass alle Aufnahmen des KLF-Labels gelöscht wurden, heißt es: »Es gibt keine weiteren Informationen.« Ein Anrufbeantworter bestätigt: »**Bill Drummond** und **Jimmy Cauty** haben sich aus dem Musikgeschäft zurückgezogen.« Der verwirrte Discjockey Steve Wright sagt: »Wir waren alle entsetzt. Wir hielten sie für die aufregendste und originellste Gruppe. Es ist die schlechteste Nachricht seit der Trennung von **Cliff Richard** und den **Shadows**.«

27 Ihr ***Southern Harmony And Musical Companion*** steht in den USA auf Platz 1, als die **Black Crowes** zu Gast in der NBC-»Tonight Show With Jay Leno« sind.

Im April spendete George Michael 500 000 $ aus den Verkaufstantiemen von *Don't Let The Sun Go Down On Me* an verschiedene britische und amerikanische AIDS-Hilfe-Stiftungen und Bildungseinrichtungen.

Juni 1992

Michael Bolton wird verklagt ... U2 und Abba ... *End Of The Road* ...

Boyz II Men

Juni

6 **Steven Tyler** und **Joe Perry** von **Aerosmith**, **Soundgarden**, **Lenny Kravitz** (der letztes Jahr mit seinem Retro-Soul-Pop-Hit *It Ain't Over 'Til It's Over* den Durchbruch schaffte) und der exzellente Gitarrist **Jeff Beck** sind Gäste bei »Guns N' Roses Invade Paris!«. In den USA ist diese Veranstaltung im Pay-TV zu sehen.

8 Der Rechtsstreit zwischen **Michael Bolton** und **Ronald Isley** geht weiter. Isley veröffentlicht ein Statement: »Michael hat ganz zweifellos meinen Song benutzt. Es ist eine Schande, dass er geehrt wird und die eigentlichen Verfasser ignoriert werden.« (Bolton hat in den letzten drei Wochen zwei Preise für *Love Is A Wonderful Thing* erhalten.) »Er soll die Preise zurückgeben. Der Song, den er als seinen Song ausgibt, hat den gleichen Hook, den gleichen Refrain, alles ist wie in unserem Song. Es ist nicht gerecht.« Isley fühlt sich durch einen »Kompromissvorschlag« beleidigt: Die Gruppe soll einen neuen Song schreiben und mit Bolton aufnehmen.

Das Synthi-Duo Erasure spielte auf seiner Phantasmagorical Entertainment Tour vor ausverkauften Häusern in Europa und den USA.

11 Bei ihrem Konzert in Stockholm, im Rahmen der Zoo-TV-Tournee, werden **U2** von **Benny Andersson** und **Björn Ulvaeus** von **Abba** beim Vortrag von *Dancing Queen* unterstützt. Zu den anderen Gästen auf dieser Tour gehören **Axl Rose** in Wien sowie **Steven Tyler** und **Joe Perry** von **Aerosmith** in Paris. Der europäische Teil der Tournee endet in Manchester am 19. mit einem Konzert als Greenpeace-Kampagne gegen das Atomkraftwerk Sellafield mit **Public Enemy**, **Big Audio Dynamite II** und **Kraftwerk**.

13 Steigendes Interesse an **Abba** deutet sich an, wie die EP *Abba-esque* von **Erasure** beweist, die in Großbritannien Nr. 1 wird. Dieser Erfolg ermutigt zur Neuauflage von *Abbas Greatest Hits* und fördert die Gründung der Gruppe **Björn Again**. Nach einer ungebrochenen sechsjährigen Erfolgsserie, die 18-mal in die Top 30 führte, kommt Erasures ***Pop! – The First 20 Hits*** im November in die britischen Charts auf Platz 1. Der öffentlichkeitsscheue Gründer von Erasure **Vince Clarke** hat seelenruhig einige der mitreißendsten und beliebtesten Hits der letzten elf Jahre (alle für Daniel Millers innovatives Indie-Label Mute) verfasst. Begonnen hat er am Keyboard und als wichtigster Songschreiber bei **Depeche Mode**, dann arbeitete Clarke mit **Alison Moyet** bei **Yazoo** (in den USA **Yaz** genannt) und schaffte 1983 Platz 4 mit seinem spontanen Kooperationsprojekt **Assembly** (mit dem Ex-**Undertones**-Frontmann **Feargel Sharkey**). Noch größere Erfolge erzielte er, gemeinsam mit dem Sänger **Andy Bell**, mit Erasure.

22 Die Nachfrage nach Tickets für das Konzert von **Garth Brooks** am 19. Juli ist so groß, dass in Phoenix die Telefonleitungen zusammenbrechen.

22 Der kalifornische Geschichtsprofessor Jonathan Wiener gewinnt die letzte Runde in einem neunjährigen Rechtsstreit mit dem FBI. Er erhält Einsicht in die Akte **John Lennon**, die bereits 1967 vom CIA angelegt worden war.

Juli

18 **Whitney Houston** heiratet **Bobby Brown** auf ihrem Gut in Mendham, New Jersey. **Anita Baker**, **Aretha Franklin**, **Freddie Jackson**, **Gloria Estefan**, **Luther Vandross**, **Natalie Cole**, **Patti LaBelle** und **Stevie Wonder** gehören zu den Gästen.

18 Nach dem Erfolg der Tournee Lollapalooza von den so genannten Altrockern im letzten Jahr startet eine zweite, gewagtere Tournee in Mountain View, Kalifornien. Auf den Weg durch die Vereinigten Staaten haben sich gemacht: die **Red Hot Chili Peppers**, **Pearl Jam**, **Jesus And Mary Chain**, **Soundgarden**, die Pioniere des Industrial-Rock **Ministry**, der frühere **N.W.A.**-Gründer **Ice Cube**, die verträumten Briten von **Lush** und verschiedene Gäste. Am 13. September findet das Finale in Laguna Hills statt. An 37 Terminen mit insgesamt 750 000 Besuchern wurden mehr als 19 Mio. $ eingenommen.

August

5 **Jeff Porcaro**, der Schlagzeuger von **Toto**, stirbt in Los Angeles an einem Herzinfarkt. Morgen wird **Bruce Springsteen** bei seinem Konzert in East Rutherford den Song *Human Touch* Porcaro widmen. **Don Henley**, **Donald Fagen**, **Boz Scaggs**, **Michael McDonald** und **Eddie Van Halen** nehmen am 14. Dezember an einem Gedächtniskonzert teil und schaffen einen Fonds für die Söhne von Jeff Porcaro. Toto, eine Gruppe aus sechs Sessionmusikern aus Los Angeles, schafften zwischen 1978 und 1988 eine Reihe von Hits, darunter die preisgekrönten Titel *Rosanna* und *Africa*.

9 **Madness** geben das zweite Open-Air-Konzert im Londoner Finsbury Park mit den Gästen **Ian Dury And The Blockheads** und **Flowered Up**. **Prince Buster** wirkt bei *One Step Beyond* und *Madness* mit, **John Lydon** kommt bei *Sex And Drugs And Rock'n'Roll* hinzu. (Der Gitarrist **»Chrissie Boy« Foreman** hatte angekündigt: »Wir werden uns am 8. August um halb zehn neu gründen und uns 90 Minuten später wieder trennen. Um Mitternacht werden wir wieder zu Kürbissen. Ich habe Geburtstag. Wenn mir also jemand ein Bier spendieren möchte, dann soll er sich schon mal anstellen.«) **Morrissey** hatte weniger Glück: Er wurde gestern Abend von Wurfgeschossen getroffen, als er in die britische Nationalflagge eingehüllt *Glamorous Glue* sang. Er kann heute nicht auftreten, und Madness-Sänger **Suggs** entschuldigt ihn: »Ein Zigarettenpapier ist gestern auf die Bühne geflattert und hat ihm fast beide Ohren abgerissen.«

Primal Scream

Boyz II Men kamen mit ihrem souveränen mehrstimmigen Gesang gut an: Ihre Single *End Of The Road* blieb über ein halbes Jahr in den Hot 100, davon 13 Wochen auf Nr. 1 ... Die experimentierfreudigen britischen Alternative-Rocker Primal Scream verbanden auf *Screamadelica* Funk mit Psychedelic-Rock. Dafür wurde ihnen von dem legendären Beatles-Produzenten George Martin der erste Mercury Music Prize überreicht.

15 **Boyz II Mens** traurige Ballade *End Of The Road* – in dem Film »Boomerang« zu hören – ist seit fünf Wochen in den Charts und steigt auf Platz 1, wo es die Rekordzeit von 13 Wochen bleiben wird (im Oktober wird der Song auch zum britischen Spitzenreiter). Das Album ***Cooleyhighharmony*** hat bereits einen Grammy gewonnen und ist mit vier Millionen die am meisten verkaufte Platte einer R&B-Gruppe in den USA. Diese erfolgreiche Single markiert den Beginn einer extrem fruchtbaren Kooperation der Produzenten **Babyface** und **L. A. Reid**, die neben **Jimmy Jam** und **Terry Lewis** zu den führenden Songschreibern und Produzenten der R&B-Szene werden. (An der Single war ein dritter beteiligt, und zwar Daryll Simons, ein viel versprechendes Talent als Komponist und Produzent.) Babyface und Reid erleben eine Erfolgsserie: **TLCs** *Baby-Baby-Baby* wird von dem eigenen Label LaFace herausgebracht (wiederum von dem Trio Reid/Babyface/Simmons geschrieben und produziert) und wird in den USA zur Nr. 2 hinter Boyz II Men. Es ist der zweite Hit für das schrille Girl-Trio TLC, **Tionne »T-Boz« Watkins**, **Rozonda »Chilli« Thomas** und **Lisa »Left Eye« Lopes**. Ihr Debütalbum ***Ooooooohhh ... On The TLC Tip***, selbstverständlich von Babyface/Raid geleitet, steuert Verkaufszahlen von mehr als vier Millionen an. Babyface und Reid produzierten im letzten Jahr das Hit-Album für **Whitney Houston** und waren an ***Bobby*** beteiligt, dem Werk für ihren Mann **Bobby Brown**. Ihr nächstes Projekt wird die Anleitung für das Debütalbum der 23-jährigen R&B-Newcomerin **Toni Braxton**, den LaFace über ihr Duett mit Babyface bei *Give You My Heart* in dem ***Boomerang***-Soundtrack präsentierte.

September

8 Inmitten chaotischer Szenen wird der Band **Primal Scream** durch George Martin der Mercury Music Prize für ***Screamadelica*** überreicht. Die Entscheidung fällt ansonsten nur zwischen Mainstream-Werken und obskuren Stücken. Dieser Preis wird für das »beste aktuelle Album einer britischen Gruppe« verliehen. Primal Screams Gemisch aus Acid-House-Dance-Grooves mit Elementen des psychedelischen Rock der späten 60er-Jahre wird von dem Magazin Q als zweitbestes Album zwischen 1986 und 2001 gepriesen.

9 Mehrere Jahre waren die MTV Video Music Awards jeweils von einem speziellen Video dominiert. Bei der neunten Verleihung gewinnt keines mehr als drei Trophäen. Die **Red Hot Chili Peppers** gewinnen in der Kategorie bestes Video eines Newcomers und bestes Design für »Give It Away« und den Zuschauerpreis. **Van Halen** erhält drei Preise für »Right Now«, unter anderem Video des Jahres. **Mick Jagger** dankt bei der Übergabe der Preise Woody Allen und Mia Farrow dafür, dass diese »unsere Rock'n'Roll-Ehen so wirkungsvoll darstellen«. **Brian May** und **Roger Taylor** von **Queen** spenden bei der Verleihung des Preises bestes Video aus einem Film für »Bohemian Rhapsody« 300 000 $ an Magic Johnsons Stiftung für die AIDS-Forschung. **Pearl Jam** präsentieren ihren Song *Jeremy*, und **Michael Jacksons** Liveperformance von *Black And White* wird aus dem Wembley-Stadion übertragen.

20 **Pearl Jam** geben ein kostenloses Konzert im Magnuson Park in Seattle, für das in nur zwei Stunden 20 000 Tickets ausgegeben werden und 3000 Registrierungen für Rock the Vote gesammelt werden. Epic hat den Vertrieb der hervorragenden Single *Jeremy* verzögert, um den Verkauf des Albums ***Ten*** nicht zu gefährden, das am 22. August auf Platz 22 der US-Charts stehen und mehr als zehn Millionen Mal verkauft wird. *Breath* und *State Of Love And Trust* sind auch auf dem aktuellen Soundtrack ***Singles*** zu hören, der in den USA auf Platz 5 steht. Die Band ist in dem Gen-X-Film als Begleitband Citizen Dick des Filmstars Matt Dillon zu sehen. Inzwischen hat Stardog Records (über A&M) ***Temple Of The Dog*** herausgebracht, ein vor zwei Jahren entstandenes Gemeinschaftswerk von Mitgliedern von **Soundgarden** und Pearl Jam zum Gedenken an **Andrew Wood**, dem früheren Leadsänger der Grunge-Pioniere **Mother Love Bone**, der 1990 an einer Überdosis Heroin gestorben war. Das Album schafft es in den US-Charts bis auf Platz 5 und erhält Platin.

22 Vize-Präsident Dan Quayle macht **2Pac Shakurs** Album ***2Pacalypse Now*** verantwortlich für die Ermordung eines Polizeibeamten. Der 19-jährige Mörder hatte dieses Album gehört. Dan Quayle sagt, dass diese Platte »keinen Platz in unserer Gesellschaft hat«. Gangsta-Rap-Fans sind

Das Quintett Pearl Jam brachte die Grunge-Explosion aus Seattle bis ins Radio und wurde neben Nirvana die bekannteste Grunge-Band.

September 1992

Sinéad O'Connor bei »Saturday Night Live« ... Bob Dylan seit 30 Jahren im Geschäft ...

Bob Dylans Jubiläumskonzert

Bodyguard

da ganz anderer Ansicht. Ein Mitglied der Rap-Funk-Combo **Digital Underground**, der provozierende 21-jährige Rapper und Schauspieler Tupac Amaru Shakur, hat bei dem Label Interscope des Produzenten Jimmy Iovine sein Debütalbum herausgebracht. Dieses erntet das Lob der Kritik und eine Goldene Schallplatte.

Oktober

3 **Sinéad O'Connor** ist zu Gast bei »Saturday Night Live« und singt *Success Has Made A Failure Out Of Me* und eine leidenschaftliche Version von **Bob Marleys** *War*. Am Ende des Songs verblüfft sie das Publikum: Sie zerreißt ein Bild des Papstes und ruft aus »Bekämpft den wirklichen Feind!«. Dies führt zu großer Empörung in der katholischen Kirche und zu einem lebenslangen Ausschluss von dieser Sendung.

8 »Later with Jools Holland«, eine neue Fernseh-Musikserie mit dem Ex-Keyboarder von **Squeeze**, feiert Premiere. Zu dieser Sendung gehören Liveauftritte von Künstlern. **Paul Weller**, die **Christians**, **D-Influence** und die **Neville Brothers** machen den Anfang.

10 Die **Spin Doctors** sind Gäste bei »Saturday Night Live«. Sie waren im Sommer auf ihrer US-Tour Horizon Rock Developing Everywhere. Mit dabei drei an **Grateful Dead** orientierte Bands: **Blues Traveler** (mit dem Sänger und Harmonika-Spieler **John Popper**), das Neo-Hippie-Quartett **Phish** und die urwüchsigen Southern-Rockers **Widespread Panic**. Ihre publikumswirksame Darbietung beschleunigt den Verkauf ihres Debüt-Studioalbums ***Pocket Full Of Kryptonite***. Das Quartett besteht aus **Chris Barron**, **Eric Schenkman** und **Aaron Comess**, Studenten an der New-Yorker New School, die sich zu Proben für einen Auftritt in einem Studentenheim trafen und den Bassisten **Mark White** hinzunahmen. Ihren Namen legten sie sich 1988 während des Präsidentschafts-Wahlkampfs auf Vorschlag eines Dozenten von Schenkman zu. ***Kryptonite*** steht auf Platz 38 der US-Charts, hat vor zehn Tagen eine Goldene Schallplatte erhalten und wird fünf Millionen Mal verkauft, woran das Pop-Blues-Gemisch von *Little Miss Can't Be Wrong* großen Anteil hat.

10 Sein vorzeitig veröffentlichtes Set zur Weihnachtszeit ***Beyond The Season*** lauert schon auf Platz 2, während das fünfte Album von **Garth Brooks** ***The Chase*** auf Nr. 1 steht. Innerhalb von acht Wochen wird es fünf Millionen Mal verkauft. Brooks wurde in einer Pressenotiz der Rocklegenden KISS so zitiert: »Mein größtes Vorbild in meiner Schulzeit waren **KISS**. Das war mein Ding.« Er ist der größte Solo-Star in den USA (im Ausland aber völlig unbekannt). **Time** widmete ihm im März seine Titelstory. Er wird demnächst einen 20-Jahres-Vertrag mit Liberty Records/Capitol abschließen.

15 **Madonnas** Party zum Erscheinen ihres Albums und Buches ***Sex*** findet in Manhattan mit 800 Gästen statt. Das mit einem Metalldeckel versehene Buch ist eine Sammlung von provokativen erotischen Fotos von Madonna. In der ersten Woche werden angeblich 500 000 Exemplare verkauft. Madonna kommt zu der Party mit einem Stofflamm auf dem Arm und als Hirtenmädchen Little Bo Peep verkleidet.

16 Im Madison Square Garden findet ein Konzert anlässlich des 30-jährigen Bühnenjubiläums von **Bob Dylan** statt. Mit dabei: **Booker T. And The MG's**, **Eric Clapton**, **George Harrison**, **Roger McGuinn**, **Tom Petty** und **John Mellencamp**. Außerdem **The Band** (ohne **Robbie Robertson**), **Johnny Cash** und **June Carter**, **Johnny Winter**, **Nanci Griffith** und **Carolyn Hester**, **Neil Young**, die **O'Jays**, **Eddie Vedder** von **Pearl Jam** und **Mike McCready**, **Chrissie Hynde**, **Lou Reed**, **Ron Wood**, **Stevie Wonder**, **Richie Havens**, **Tracy Chapman**, **Willie Nelson** und **Kris Kristofferson**. Als **Sinéad O'Connor** *I Believe In You* singen will, wird sie ausgebuht, sie singt daher trotzig *War* und bricht schließlich in Tränen aus. Bob Dylan interpretiert *My Back Pages* begleitet von Clapton, Harrison, McGuinn und Petty. Alle Beteiligten beenden die Show mit *Knockin' On Heaven's Door*.

25 Der Schöpfer des Hits *King Of The Road*, **Roger Miller**, stirbt in Los Angeles an Kehlkopfkrebs. Nach seinem Militärdienst in Korea versuchte er sein Glück in Nashville, wo er als Kellner arbeitete, bevor er zum Songschreiber wurde und mehr als 800 Kompositionen verfasste. Er gewann 1965 und 1966 elf Grammys. »Big River« nach dem Roman »The Adventures of Huckleberry Finn« war sein erster Versuch im Bereich Musical. Es brachte ihm 1986 sieben Tony Awards. Miller stirbt im Alter von 56 Jahren.

30 **George Michaels** Rechtsanwalt erhebt Anklage: Der Vertrag mit Sony Entertainment (der Muttergesellschaft von Epic Records) sei zu stark zu Gunsten des Unternehmens Sony angelegt und beschränke die Gewerbefreiheit des Künstlers. Außerdem werden die künstlerischen und unternehmerischen Fähigkeiten von Epic angezweifelt und gefordert, dass Michaels Vertrag aufgehoben wird und ihm alle Aufnahmen gehören. Diese Anklage setzt einen langwierigen Rechtsstreit in Gang. Nächsten Monat veröffentlicht George Michael folgende Verlautba-

Johnny Cash beschrieb Bob Dylan beim Konzert zu dessen 30-jährigem Jubiläum als »unseren größten amerikanischen Folk-Songwriter« ... Kevin Costner, Whitney Houstons Filmpartner in »Bodyguard«, schlug ihr vor, den Song *I Will Always Love You* aufzunehmen.

Pearl-Jam-Gitarrist Mike McCready spielte beim Konzert zu Bob Dylans 30-jährigem Jubiläum dessen Song *Masters Of War*, Eddie Vedder sang ... Die Red Hot Chili Peppers spielten im März acht Konzerte in England. Sie beendeten das Jahr mit einer Tour durch Australien und Neuseeland. Danach erkrankte Anthony Kiedis in Borneo an der Ruhr.

Das britische Quintett Take That löste eine neue Boygroup-Welle in Europa aus. Boyzone und Westlife sprangen auf den Zug auf.

rung: »Seitdem Sony meinen Vertrag und alles und jeden bei CBS aufgekauft hat, wurde das große amerikanische Unternehmen, in das ich als Teenager einst ganz stolz eingetreten bin, zu einem kleinen Bereich innerhalb eines riesigen Elektronikkonsortiums mit einer gigantischen Produktpalette. Dieses hat, um es ganz offen zu sagen, keinen Sinn für kreative Prozesse. Sony betrachtet Künstler als eine Art Software.«

November

13 **Sting** erhält von der Universität von Northumbria in Newcastle-upon-Tyne, England, einen Ehrendoktortitel für Musik – überreicht vom Vizekanzler Lord Glenamara in Anerkennung seiner Verdienste um die Künste und seines Einsatzes für Umweltfragen.

15 **Ozzy Osbournes** letzter Termin seiner US-Tournee wird als seine endgültig letzte Live-Darbietung angekündigt. Die Originalbesetzung von **Black Sabbath** kommt zusammen (das erste von vielen Treffen). An dem 30-minütigen Sabbath-Block beteiligen sich Osbourne, **Tommy Iommi**, **Geezer Butler** und der Schlagzeuger **Vinny Appice**. Ozzy wurde heute mit einem Stern auf dem Rock Walk in Hollywood geehrt. (Osbourne sagt zu seinem Rückzug: »Wer will denn noch mit 46 auf Tour gehen? Ich habe mir doch alle Groupies vorgenommen, als es noch klappte … Jetzt ist es Zeit, nach Hause zu gehen.«)

25 In dem Film »The Bodyguard« gibt **Whitney Houston** ihr Debüt als Partnerin von Kevin Costner (der sich persönlich für sie einsetzte). Der Film erhält schlechte Kritiken, wird aber zum Kassenschlager. Das Drehbuch wurde vor zwanzig Jahren von Lawrence Kasdan geschrieben und sollte mit Ryan O'Neal und **Diana Ross** verfilmt werden. Der Song *I Will Always Love You* entstand vor zehn Jahren. Er wurde von **Dolly Parton** geschrieben, jetzt auf Vorschlag von Costner aufgenommen und von David Foster produziert. Er steht 14 Wochen lang in den USA und zehn Wochen in Großbritannien auf Platz 1 der Charts. In einer Woche werden in den USA 399 000 Platten verkauft, mehr als **Bryan Adams**, der (1991) 392 000 Alben verkaufen konnte. Das Album ***The Bodyguard*** erreicht am 12. Dezember die Spitze der Charts. Es enthält mehrere Songs von Whitney Houston, ein Duett von **Kenny G And Aaron Neville** und Songs von **Lisa Stansfield**, **Joe Cocker** und vielen mehr.

»Dass ich ein Beatle war, hat meiner Karriere nicht geschadet.«

George Harrison, 9. Dezember 1992

Dezember

6 Mit ihrem Debütalbum ***Take That And Party***, das im September bis auf Platz 5 der britischen Charts vorrückte, erhält die britische Boygroup **Take That** bei den **Smash Hits** Readers Poll Party Awards sieben Preise. Das telegene Gesangsquintett wurde von Manager Nigel Martin-Smith persönlich zusammengestellt, der nach dem Vorbild von **New Kids On The Block** ein Teenager-Tanz-Popquintett schaffen wollte. Die fünf Sänger kommen alle aus Manchester: **Gary Barlow**, Ex-Mitglied von **Cutest Rush** (der wichtigste Songwriter der Gruppe neben dem Produzenten Ray Hedges und ein bemerkenswerter Sänger), der kesse, vormalige Verkäufer für Sicherheitsglas **Robbie Williams**, der frühere Bankangestellte **Mark Owen**, Ex-KFZ-Mechaniker **Howard Donald** und **Jason Orange**, der früher bei der Breakdance-Gruppe **Street Beat** mitwirkte.

9 Bei der dritten Verleihung der **Billboard** Music Awards übergibt **Tom Petty** den Preis Künstler des Jahrhunderts an **George Harrison**. Harrison sagt dazu: »Dass ich ein Beatle war, hat meiner Karriere nicht geschadet.«

11 **Nicky Wire**, der Bassist der **Manic Street Preachers**, hat in diesem Jahr einen japanischen Kameramann attackiert und einen Sicherheitsmann mit seinem Bass krankenhausreif geschlagen. Bei einem Konzert in London erzählt er dem Publikum, er hoffe, »dass **Michael Stipe** bald den gleichen Weg geht wie **Freddie Mercury**«.

ROOTS **In diesem Jahr werden Geoff Barrow und Beth Gibbons, die sich bei einem Arbeitsbeschaffungsprogramm der britischen Regierung kennen gelernt haben, von Neneh Cherry und ihrem Mann Cameron McVey in deren Heimstudio eingeladen … gründen Chris Ballew und Dave Dederer nach ihren Studienabschlüssen an der Ostküste im heimischen Seattle ihre erste Band Go! … gründet Gavin Rossdale mit den Malern Nigel Pulsford, Dave Parsons und Robin Goodridge die Band Bush, die ihr erstes Konzert auf einem Parkplatz gibt … nimmt David Gray sein völlig missachtetes Debütalbum *A Century Ends* auf … veröffentlicht Joan Osborne ihr erstes Album *Soul Show* auf dem Label Womanly Hips … kommt der Sänger, Gitarrist und Soul-/Folk-Songschreiber Ben Harper zu Virgin Records … erscheint *Northern Soul* von M People, einem Soloprojekt des Produzenten Mike Pickering mit diversen Gastmusikern … macht der Singer/Songwriter Duncan Sheik an der Brown University in Rhode Island seinen Abschluss in Semiotik; während seines Studiums ist er im Duo mit Lisa Loeb als Liz And Liza aufgetreten … folgen auf mehrere Demos von Maxwell die ersten Konzerte in New-Yorker Clubs … veröffentlichen Morphine um Mark Sandman ihr erstes Album *Good* auf dem Indie-Label Accurate …**

Livin' On The Edge

1993

Nr. 1 US-SINGLES

02. Jan. I Will Always Love You **Whitney Houston**
06. März A Whole New World (Aladdin's Theme) **Peabo Bryson And Regina Belle**
13. März Informer **Snow**
01. März Freak Me **Silk**
15. Mai That's The Way Love Goes **Janet Jackson**
10. Juli Weak **SWV (Sisters With Voices)**
24. Juli Can't Help Falling In Love **UB40**
11. Sept. Dreamlover **Mariah Carey**
06. Nov. I'd Do Anything For Love (But I Won't Do That) **Meat Loaf**
11. Dez. Again **Janet Jackson**
25. Dez. Hero **Mariah Carey**

Nr. 1 UK-SINGLES

02. Jan. I Will Always Love You **Whitney Houston**
13. Febr. No Limit **2 Unlimited**
20. März Oh Carolina **Shaggy**
03. Apr. Young At Heart **Bluebells**
01. Mai Five Live (EP) **George Michael And Queen With Lisa Stansfield**
22. Mai All That She Wants **Ace of Base**
12. Juni (I Can't Help) Falling In Love With You **UB40**
26. Juni Dreams **Gabrielle**
17. Juli Pray **Take That**
14. Aug. Living On My Own **Freddie Mercury**
28. Aug. Mr. Vain **Culture Beat**
25. Sept. Boom! Shake The Room **Jazzy Jeff And The Fresh Prince**
09. Okt. Relight My Fire **Take That featuring Lulu**
23. Okt. I'd Do Anything For Love (But I Won't Do That) **Meat Loaf**
11. Dez. Mr. Blobby **Mr. Blobby**
18. Dez. Babe **Take That**

Radiohead

Beck

Radiohead gingen Anfang des Jahres 1993 auf ihre einmonatige Anyone Can Play Guitar Tour durch Großbritannien. Bis zum Sommer waren sie zu Lieblingen der US-College-Szene avanciert ... Beck nahm mit 18 einen Greyhound-Bus nach New York, weil er Los Angeles als »kulturelle Einöde« empfand.

Das Jahr 1993 war für viele kein glückliches Jahr – trotz einiger künstlerischer Höhepunkte. **Michael Jackson** wurde beschuldigt, sein Schlafzimmer mit kleinen Jungen zu teilen, **Kurt Cobain** nahm mehr als einmal eine Überdosis Drogen, Rap zeigte eine starke Tendenz zur Kriminalität, und die Zensur zeigte ihr hässliches Gesicht. Die Herrschaft des King of Pop war gefährdet. Zur Queen of Pop wurde **Whitney Houston**, deren außergewöhnliche Stimme bei der Coverversion von **Dolly Partons** *I Will Always Love You* zur Geltung kam. Der Titel hielt sich 14 Wochen auf Platz 1 in den USA – Rekordzeit – und war weltweit ebenso erfolgreich. Und auch Whitneys Soundtrack ***The Bodyguard***, zum gleichnamigem Film, wurde ein Hit.

Nirvana eroberte die Alternative-Szene der Neunzigerjahre. ***In Utero***, das dritte und letzte Studioalbum ihrer kurzen explosiven Karriere, war voller Aggression und Melancholie. Dies war unmittelbare, urwüchsige und zutiefst emotionale Musik – die den Geisteszustand von Kurt Cobain reflektierte.

Dr. Dre veränderte mit seinem Debütalbum ***The Chronic***, das seinen Schützling **Snoop Doggy Dog** präsentierte, das Gesicht des Rap. Mit seinen brutalen Gangsta-Themen verlagerte er den Rap an die Westküste und weit hinein in die von Weißen bewohnten Vorstädte, obwohl die Texte nur Themen aus dem ›Milieu‹ behandelten. Death Row Records, das Label von Dr. Dre (Mitgründer war der berüchtigte **»Suge« Knight**), lancierte mit diesem Album West-Coast-Rapper wie **Nate Dogg**, **Tha Dogg Pound** und **Warren G**. Ebenso präsentierte Snoop sich selbst mit ***Doggystyle***, einem eigenen G-Funk-Produktionsstil und seinem unnachahmlichen Gangsta-Charisma. **Arrested Developments** Zwitter aus Roots und Rap belebte diese Szene und erhielt zwei Grammys. Aber Rap war vom Negativimage aus Drogen und Waffen belastet. **Tupac Shakur** und **Flavor Flav** von **Public Enemy** wurde wegen schwerer Vergehen angeklagt.

Zu einer der einflussreichsten Bands des Jahrzehnts wurde **Radiohead.** Sie beherrschten eine große Vielfalt von Stilen, wie ihr Debütalbum ***Pablo Honey*** bewies. Daneben hielt **Beck** im Bereich des Alternative-Rock die Stellung. Weil die fantasievolleren Radiosender der Westküste *Loser* rauf und runter spielten, stand er kurz vor dem Durchbruch. **Björk**, die Ex-**Sugarcubes**-Sängerin aus Island, setzte sich von allen Strömungen ab und fand mit ihrem Debütalbum ihr Publikum in Großbritannien.

Sting bestätigte mit ***Ten Summoner's Tales*** seinen Status als führender Songschreiber – ein wunderbar produziertes Set aus Balladen, sanftem Rock, von Jazz geprägtem Pop und mit unglaublich vielen Hooks. Zu seiner langen Tournee kamen als Gäste die **Grateful Dead** – eine ebenso seltsame Kombination wie Whitney Houston und Kevin Costner.

Eric Clapton erhielt für den 1992 entstandenen Klassiker ***Unplugged*** sechs Grammys.

»Auf der Bühne sind Nirvana nicht zu stoppen.«

The New York Times, 26. Juli 1993

Januar

1993

Stevie Wonder beendet Arizona-Boykott ... Michael Jackson bei »Oprah« ...

Nachdem Bill Clinton ihren Song *Don't Stop* als Werbemelodie für seinen Wahlkampf verwendet hatte, spielten Fleetwood Mac bei der Gala zu seinen Ehren ein einmaliges Reunion-Konzert.

Januar

2 **Elton John** bricht den Rekord von **Elvis**: Er hat 23 Jahre ohne Unterbrechung einen Hit unter den Top 40: *The Last Song* steht auf Platz 24.

12 Die früheren Mitglieder von **Cream**, **Eric Clapton** und **Jack Bruce**, begraben ihr Kriegsbeil und treten zusammen mit **Ginger Baker** zum ersten Mal seit 25 Jahren auf, und zwar aus Anlass der achten Einführung in die Rock and Roll Hall of Fame. Sie werden von **ZZ Top** vorgestellt. Nachdem **Creedence Clearwater Revival** von **Bruce Springsteen** eingeführt wurde, wird **Doug Clifford** und **Stu Cook** von **John Fogerty** der Zutritt zur Bühne verweigert, als Creedence-Hits präsentiert werden. **Eddie Vedder** von **Pearl Jam** stellt **The Doors** vor. Er wird oft mit **Jim Morrison** verglichen und gebeten, die Band zu ergänzen. Seine Reaktion: »Ich wusste es. Es würde entweder mich oder William Shatner erwischen.« **Stevie Wonder** führt **Frankie Lymon And The Teenagers** ein; **Sly And The Family Stone** werden von **George Clinton** geehrt. Der rätselhafte **Van Morrison** verpasst die Show: Er ist der erste lebende Künstler, der bei seiner Ehrung nicht anwesend ist. **Robbie Robertson** vertritt ihn. Drei Gigantinnen des Soul, R&B, Blues und Jazz – **Ruth Brown**, **Etta James** und **Dinah Washington** – erhalten ebenfalls ihren Platz in der Hall of Fame.

»Viele sehen manches anders als ich. Aber, hey: Man hat halt nur ein Leben – jedenfalls immer nur eines auf einmal.« Neil Young, **Q**, Januar 1993

Jamiroquai um den Hutträger Jason Kay waren 1997 mit der preisgekrönten Single *Virtual Insanity* auf dem Zenit des Erfolgs ihrer Mischung aus Acid-Jazz und anderen Stilrichtungen.

13 **Jamiroquai** geben ein ausverkauftes Konzert in Leeds. Diese Londoner Band wird von dem 22-jährigen Sänger **Jason Kay** geleitet. Sein Markenzeichen ist ein riesiger Pelzhut, den Ben Thompson (von **The Independent**) als »zwei bei der Begattung überrumpelte Bärenfelle« bezeichnet. Der Sohn von Karen Jay, einer Jazzsängerin aus den 70er-Jahren, kaufte sich Ende der 80er-Jahre einen Synthesizer, nahm Demos auf und klemmte sich dann den Track *When You Gonna Learn?* unter den Arm und präsentierte ihm beim Londoner R&B-Sender KISS. Das Stück wurde gesendet und weckte die Aufmerksamkeit des Indie-Labels Acid Jazz. Kay war daran interessiert, eine Acid-Jazz-Fusion zu schaffen, die Soul, Jazz, Hip-Hop, Funk und Pop verschmolz. Er scharte junge Musiker mit ähnlichen Ambitionen um sich und gründete die Band Jamiroquai. (Sie ist nach dem Indianerstamm benannt.) Nach dieser so beeindruckenden Single hat Kay vor kurzem einen lukrativen Vertrag über acht Alben bei dem Sony-Label Soho Square erhalten.

14 **Radiohead** gibt ein inoffizielles Konzert an der Universität von London. Der **Melody Maker** schreibt hierzu: »Radiohead 1993 zu beobachten hat eine seltsam magische Wirkung.« Ihr von der Kritik gelobtes Debütalbum ***Pablo Honey*** kommt im nächsten Monat heraus.

15 **Stevie Wonder** beendet seinen Boykott des Staates Arizona und tritt vor 17 000 Konzertbesuchern in der America West Arena in Phoenix auf. Zum ersten Mal wird in diesem Staat offiziell der Gedenktag an Martin Luther King begangen.

19 Die Einführungs-Gala zu Ehren des neu gewählten Präsidenten der Vereinigten Staaten, Bill Clinton, findet im Capital Center, Landover, Maryland, statt. An der Showveranstaltung wirken mit: **Michael Jackson**, der *Gone Too Soon*, im Gedenken an Ryan White, und *Heal The World* singt, **Aretha Franklin**, die *I Have A Dream singt*, **Judy Collins**, die *Amazing Grace* und **Michael Bolton** – Sohn eines Funktionärs der Demokratischen Partei –, der *Lean On Me* singt. Die Legenden des Rock'n'Roll **Chuck Berry** und **Little Richard** tragen *Reelin' & Rockin'* und *Good Golly Miss Molly* vor, begleitet von einer All-Star-Band aus **Stephen Stills**, **David Pack**, **Max Weinberg**, **Nathan East**, **Greg Phillinganes** und **Ingrid Berry**. **Fleetwood Mac** kommen, vom Publikum bejubelt, in ihrer beliebtesten Formation mit **Mick Fleetwood**, **Lindsey Buckingham**, den **McVies** und **Stevie Nicks** und interpretieren *Don't Stop*, die Melodie des Wahlkampfsongs von Bill Clinton.

28 Geffen Records stellt Strafantrag wegen Vertragsbruch gegen **Don Henley**. Er soll mindestens 30 Mio. $ Schadenersatz zahlen. Ebenso soll ihm verboten werden, für ein anderes Label Aufnahmen zu machen. Geffen behauptet, dass er die vereinbarte Zahl von Alben nicht geliefert hat, die in dem neu verhandelten Vertrag 1988 vereinbart wurden. Henley wird immer mehr zum Vorkämpfer für die Rechte von Künstlern inmitten von Schikanen der Großunternehmen.

Februar

5 **Rod Stewart** zeichnet für die Sendung »MTV Unplugged« auf, die am 5. Mai ausgestrahlt wird. **Ron Wood** beteiligt sich an dem Projekt. Zu den Songs gehört eine gefühlsbetonte Interpretation von **Van Morrisons** *Have I Told You Lately* – die ihm innerhalb von 15 Jahren erstmals Gold einbringen wird. Von dem Album ***Unplugged ... And Seated*** werden weltweit fünf Millionen verkauft.

6 Bei einem Konzert von **Van Morrison** im Point in Dublin wird der lebhafte Ire bei *It's All Over Now Baby Blue* von **Bono**, **Bob Dylan** (der sein Lied auf der Mundharmonika begleitet), **Elvis Costello**, **Steve Winwood**, **Chrissie Hynde** und **Kris Kristofferson** unterstützt. Bono spielt auch ein Medley aus *Gloria* und *Shakin' All Over* mit.

DR. DRE

13. Februar ***The Chronic*** **– das Debütalbum von Dr. Dre, dem ehemaligen Mitglied und Produzenten von N.W.A., wird zur Nr. 3 in den USA. (Der Titel ist ein Slangwort für Marihuana.) Die Kritik lobt Dr. Dres straffe, innovative Produktionstechnik, sein gekonntes Sampling, seine Großstadtthemen und den Rap seines Schützlings, des 21-jährigen ehemaligen Strafgefangenen und Ex-Mitglieds von Crips Calvin Broadus, der unter dem Namen Snoop Doggy Dog bekannt ist. Das Album erscheint bei Dr. Dres eigenem Label Death Row (gemeinsam mit Suge Knight gegründet), das er zum »Motown der 90er-Jahre« machen will. Im Laufe der nächsten Jahre (bis zum Zusammenbruch des Labels 1996) wird Dr. Dres Stil eine Reihe von Künstlern mit Multi-Platin-Platten prägen. Hierzu gehören Dogg (mit dem Album** ***Doggystyle*** **auf Platz 1 in den USA), Blackstreet, Tha Dogg Pound und Warren G (Dres Stiefbruder).** ***The Chronic*** **wird im November zum dritten Mal Platin erhalten.**

10 **Michael Jackson** gibt sein erstes Fernsehinterview seit 14 Jahren in einer Sondersendung von »Oprah Winfrey«, die live aus der Neverland Valley Ranch übertragen wird. Jackson erzählt: »… mit acht Jahren habe ich vor Einsamkeit geweint. Ich bin ohne Freunde aufgewachsen. Ich habe mein Gesicht im Dunkeln gewaschen, und mein Vater machte sich über mich lustig. Er war sehr streng.« Zu seiner häufig wechselnden Hautfarbe sagt er: »Ich habe eine Krankheit, die die Pigmente meiner Haut zerstört. Sie ist in unserer Familie. Wir versuchen, sie zu bezwingen. Ich bin ein schwarzer Amerikaner.« Als er gefragt wird, warum er sich beim Tanz ständig zwischen die Beine greift, antwortet er: »Ich bin total vom Rhythmus fasziniert.«. Zu seinem Privatleben sagt er, dass er mit Brooke Shields ausgeht und dass er sich bisher zweimal verliebt hat. Auf die Frage nach seiner Jungfräulichkeit antwortet er gelassen: »Ich bin ein Gentleman. Nennen Sie mich ruhig altmodisch.« Das Interview findet in seinem Haus, in seinem privaten Vergnügungspark und in seinem Kino, das auch für schwer kranke Kinder geeignet ist, statt. Das Video zum Song *Give In To Me* mit **Slash** erlebt in der Sendung seine Weltpremiere.

15 **Little Richard** ist verärgert darüber, dass ihm der Preis für sein Lebenswerk kommende Woche am Abend vor der offiziellen Verleihung bei einem Dinner überreicht werden soll. »Dies ist die Krönung meiner Karriere, und sie wollen mir den Preis heimlich überreichen. Es ist so, als ob ich in der Küche koche und die gesamte Arbeit erledige, aber die Kellner gelobt werden. Ich habe geweint [als ich das hörte] – ich habe doch schon so lange gehofft.« NARAS-Präsident Michael Greene antwortet: »Irgendjemand ärgert sich immer über uns. Über 400 werden nominiert und nur eine begrenzte Anzahl wird vergeben.«

16 Die Brit Awards zeigen ihr Selbstbewusstsein in einer Feier, die zum ersten Mal im Londoner Alexandra Palace stattfindet. **Peter Gabriel**, **Prince**, **Nirvana**, **R.E.M.**, **Simply Red** und **Annie Lennox** gehören zu den Gewinnern. Annie gewinnt ihren fünften und sechsten Preis: beste britische Solokünstlerin und bestes britisches Album einer Sängerin ***Diva***. Simply Red – die ***Stars*** weltweit acht Millionen Mal verkauft haben – werden beste britische Gruppe, und ihr Leadsänger **Mick Hucknall** wird bester britischer Sänger. Die Newcomer **Take That** erhalten für *Could It Be Magic* den Preis für die beste britische Single. **Long John Baldry**, früher Kollege bei **Steam Packet**, überreicht **Rod Stewart** den Preis für herausragende Verdienste um die britische Musik. Stewart kommt mit den **Faces** (ohne **Ronnie Lane**, den er bei seiner Danksagung vergessen hat) und **Bill Wyman** von den **Rolling Stones** am Bass auf die Bühne für eine Interpretation von *Ruby Tuesday* und *Stay With Me*.

20 **Buddy Hollys** Zeitlosigkeit wird deutlich – besonders wenn man seine kurze Schaffensperiode von zwei Jahren Ende der 50er-Jahre bedenkt: Wieder einmal steht eine Sammlung seiner Lieder, ***Words Of Love***, auf Platz 1 der britischen Charts. Holly war in jedem Jahrzehnt unter den Top 10 der britischen Album-Charts.

24 **Peter Gabriel** eröffnet die 35. Grammy-Verleihung, indem er gemeinsam mit dem Cirque du Soleil *Steam* vorträgt, und erhält den Preis für das beste Kurzvideo für »Digging in the Dirt«. **Eric Clapton**, der seine Konzertreihe in London unterbricht, sammelt sechs Trophäen ein: *Tears In Heaven* (das er live interpretiert) wird Platte des Jahres, Song des Jahres (gemeinsam mit Will Jennings verfasst) und macht ihn zum besten Popsänger, ***Unplugged*** wird Album des Jahres

Nach Veröffentlichung ihres Debütalbums ***Walthamstow*** **gab die Bürgermeisterin von Waltham Forest einen Empfang für East 17 im Rathaus von Walthamstow, das von 3000 kreischenden weiblichen Fans belagert wurde.**

Shaggy

Shaggy erzielte mehr Nr.-1-Hits (zwei in den USA und vier in Großbritannien) als irgendein anderer Musiker aus der Karibik ... Jonas Berggren gründete Ace of Base mit dem Equipment, das er sich dank eines Förderungsprogramms der schwedischen Regierung für angehende Musiker leisten konnte.

***I Will Always Love You* ... Ace of Base ... Prince feiert symbolisch seinen Geburtstag ...**

und bestes Rockalbum, *Layla* zum besten Rocksong. Als **Tina Turner** ihm den Preis für die beste Aufnahme des Jahres überreicht, sagt Clapton: »Ich möchte vielen Menschen danken, aber am meisten meinem Sohn für seine Liebe und für diesen Song.« ***Dangerous*** klettert wieder einmal die US-Charts hinauf (und erreicht nächste Woche Platz 10). **Michael Jackson** ist ungewohnt medienfreundlich, als seine Schwester **Janet** ihm nach einer endlosen Lobesrede den Grammy der Kategorie lebende Legende überreicht. Seine längste Dankesrede beginnt er folgendermaßen: »In den letzten Wochen beschäftigte mich die Frage ›Wo ist er eigentlich?‹ – Jetzt habe ich die Antwort ›Hier ist er wieder.‹« Die Newcomer **Arrested Development**, die für ihre Mischung aus Reggae und Rap gelobt werden, werden beste neue Künstler und beste neue Rap-Gruppe. **LL Cool J** und der Basketballstar Magic Johnson überreichen die Trophäen. **L. A. Reid** und **Babyface** werden zu Produzenten des Jahres, gemeinsam mit den U2-Produzenten **Daniel Lanois** und **Brian Eno**. NARAS-Präsident Michael Greene hatte **Little Richard** mitgeteilt, dass keine Zeit im Programm verbleibe, um sich für den Preis für sein Lebenswerk zu bedanken, hält aber selbst eine weitschweifige zehnminütige Rede. Entsprechend der Vielfalt der Musik gehen Preise auch an **Dr. John**, **Linda Ronstadt**, **Melissa Etheridge**, **Tom Waits** (sein erster), **Stevie Ray Vaughan** (sein Bruder **Jimmie** nimmt die Trophäe in Empfang), **Alison Krauss**, an Reggae-Pionier **Shabba Ranks**, **Enya**, **Nine Inch Nails**, die **Chieftains** und **U2**. Die **Red Hot Chili Peppers**, mit *Give It Away* Gewinner des Preises bester Hardrock-Song, bieten eine Show mit **George Clinton's P-Funk All-Stars**. **Natalie Cole** und **Tony Bennett** singen *The Lady Is A Tramp*.

27 **Whitney Houstons** *I Will Always Love You* steht seit 14. Woche auf Platz 1 der US-Charts und bricht den Rekord von **Boyz II Mens** Hit (1992) *End Of The Road* (der nach 32 Wochen die Charts verlässt). *I Will Always Love You* wurde in den USA vier Millionen Mal verkauft und erhält daher viermal Platin. Es steht in der Bestsellerliste nach *We Are The World* von **USA For Africa** auf Platz 2. Außerdem ist dieser Song auch in Österreich, Australien, Belgien, Kanada, Dänemark, Deutschland, Holland, Norwegen, Schweden und in der Schweiz die Nr. 1 und bleibt zehn Wochen an der Spitze der britischen Charts. Parallel dazu verteidigt ***The Bodyguard*** seit zwölf Wochen seine Spitzenposition in den USA mit mehr als sieben Millionen verkauften Alben (es wird insgesamt 20 Wochen Platz 1 halten). Es wurde weltweit bisher 15 Millionen Mal verkauft, Clive Davis, der Chef von Arista, rechnet mit eine Gesamtzahl von 30 Millionen.

März

2 Der 27-jährige Reggae-Musiker **Shabba Ranks** sollte morgen Gast der NBC-Sendung »The Tonight Show« sein. Nach Vorwürfen von Lesben- und Schwulenorganisationen wird er jedoch wieder ausgeladen. Er soll sich abwertend zur Homosexualität geäußert haben. Sein Kommentar: »Jeder hat eigene Ansichten. Wenn jemand sagt, Shabba ist gegen Schwule, ist das seine Ansicht. Wenn jemand sagt, Shabba ist schwul, so ist das auch seine Ansicht. Jeder soll seine Ansicht haben.« Ranks löste eine Kontroverse aus, als er letzten Dezember in der Sendung »The Word« sagte, dass »Schwule gekreuzigt werden sollten«.

3 **Sting** erhielt wieder eine Einladung zu »Saturday Night Live« im Februar und war in drei Shows Gast bei den **Grateful Dead**, als Vorbereitung auf seine Welttour. Er sagt hierzu: »Ich will dieses Phänomen Grateful Dead erleben, aus erster Hand.« Sting ist Gastgeber seines jährlichen Benefizkonzertes zu Gunsten des Regenwaldes in der Carnegie Hall. Die Gäste **Don Henley**, **Bryan Adams**, **George Michael**, **James Taylor**, **Tom Jones** und **Tina Turner** beenden die Show mit *River Deep, Mountain High*. ***Ten Summoner's Tales***, Stings viertes Album, erscheint in zwei Wochen und wird in den USA und in Großbritannien Nr. 2; es ist der kommerzielle Höhepunkt des angesehenen Sängers und Songschreibers. Es wurde wieder gemeinsam mit Hugh Padgham produziert und verbindet mühelos seinen anspruchsvollen vom Jazz geprägten Offbeat-Stil mit der reinen Pop/Rock-Gefühlswelt. Hierzu gehört der Welthit *If Ever I Lose My Faith In You* und die verblüffende, zeitlose Ballade *Fields Of Gold*. Sting bleibt bei Kritikern und Fans beliebt, ganz gleich ob jung oder alt, schwarz oder weiß.

20 Der in Jamaika geborene und in Brooklyn lebende Reggae-Sänger Orville Burrell (Künstlername: **Shaggy**) präsentiert *Oh*

»Meine Großmutter hat mir beigebracht: Musik ist alles, was angenehm für die Ohren ist ... wenn ich etwas höre, das angenehm für die Ohren ist, dann ist es Musik, mehr brauch ich nicht zu wissen.«

Willie Nelson, **New Musical Express**, 15. Mai 1993

Suede spielten *Animal Nitrate*, das ihr erster Top-10-Hit werden sollte, bei den 12. Brit Awards. 1996 und 1997 hatten sie noch weitere fünf Top-10-Hits.

Ace of Base

Carolina, das in dieser Woche die Charts dominiert, bei »Top of the Pops«. Shaggy nahm die Single während seiner Militärzeit auf. Es ist eine gelungene Version der Reggae-Originalaufnahme der **Folkes Brothers** aus den 60er-Jahren. Er ist fest entschlossen, nicht zu einer Eintagsfliege zu werden (wie man bei diesem Novelty-Hit vermuten könnte), und wird 1995 mit seinem Platin-Erfolg *Boombastic* den Markt erobern.

27 **Suede** starten in Dublin mit ihrer Tournee durch Großbritannien und Irland. Ihr Glamrock-Debütalbum ***Suede*** soll nächste Woche erscheinen. Die Songtexte liefert der Leadsänger **Brett Anderson.** Das Album ist sofort auf Platz 1 der britischen Charts und erreicht die höchsten Verkaufszahlen eines Newcomers seit dem erscheinen des Albums ***Welcome To The Pleasuredome*** von **Frankie Goes To Hollywood**.

April

9 **Nirvanas** erster öffentlicher Auftritt seit drei Monaten – im Januar in Rio de Janeiro – findet in San Francisco statt. An diesem Benefizkonzert zu Gunsten einer kroatischen Frauenorganisation nehmen drei weitere Alternative-Bands teil: **L7**, die **Breeders** und die **Disposable Heroes of Hiphoprisy**. Dieses Konzert wurde von **Krist Novoselic**, dessen Eltern aus Kroatien stammen, initiiert: »Ich war wirklich schockiert, all dies zu lesen und zu sehen und dass niemand etwas unternahm.«

29 **Mick Ronson**, früherer Gitarrist von **Mott The Hoople** und langjähriger Begleiter von **David Bowie**, stirbt mit 46 Jahren in London an Leberkrebs. Bowie veröffentlicht ein kurzes Statement: »Ich vermisse ihn ganz schrecklich.« **Joe Elliott** (von Def Leppard) sagt: »Wenn es da oben einen Gott gibt, warum tut er das? Er will bestimmt eine Super-Band gründen.«

30 **Andy McCluskey** von **Orchestral Manœuvres**, der unterschätzte Sänger und Songschreiber **Kirsty MacColl**, **World Party**, **Richard Thompson** und **Tim Finn** eröffnen die Veranstaltungsreihe von Virgin Radio im Piccadilly Theatre. Richard Bransons neueste Aktion soll dem Publikum »Klassiker und die beste aktuelle Musik« näher bringen. Um 12:15 Uhr beginnt im Virgin Megastore in Manchester eine weitere Veranstaltung. **INXS** präsentieren eine spezielle Fassung von *Born To Be Wild*, danach kommt **Cures** Version von *Purple Haze*, obwohl Discjockey Richard Skinner *Hey Joe* ankündigt.

Mai

9 Der Polizeibericht stellt fest, dass **Kurt Cobain** von **Nirvana** sich Heroin im Wert von 30 bis 40 $ spritzte und dass seine Frau **Courtney Love** ihm bei einer Party Buprenorphin injiziert hatte. Er wird in Seattle ins Krankenhaus eingeliefert und begibt sich dann freiwillig in ein kalifornisches Rehabilitationszentrum. Love versucht unermüdlich, mit ihrer Band **Hole** den Durchbruch zu schaffen.

22 *All That She Wants*, ein eingängiger Pop-Reggae-Ohrwurm von **Ace of Base**, führt in Deutschland bereits die Charts an und erreicht jetzt auch in Großbritannien die Spitzenposition. Das dänische Label Mega Records soll vorher für 2900 £ alle Rechte an London Records übertragen haben. Ihr Debütalbum ***Happy Nation*** kommt bald heraus, allerdings nur in Europa.

31 Der Chef von Creation Records, Alan McGee, ist eigentlich im King Tut's Wah Wah Club in Glasgow, um **18 Wheeler** zu sehen. Doch ist er von der Darbietung von **Oasis** so beeindruckt, dass er ihnen spontan einen Vertrag anbietet. Er ist überzeugt, die Kombination aus den **Sex Pistols** und den **Beatles** gefunden zu haben. Die Band war nicht im Programm vorgesehen, hatte aber gedroht, das Lokal zu demolieren, wenn man sie abweist.

Juni

2 PolyGram Holding Inc., die Muttergesellschaft von Islands, kündigt einen neuen langfristigen Vertrag mit **U2** an. Die **New York Post** berichtet, es gehe dabei um 200 Mio. $. Wahrscheinlicher ist jedoch ein Betrag von 50 Mio. $.

6 Die Bühnenversion von **Pete Townshends** »Tommy« wird in New York mit fünf Tonys aus-

An seinem 35. Geburtstag kündigte Prince an, er heiße künftig ⚥, woraufhin die Medien ihn stets als The Artist Formerly Known As Prince bezeichneten.

Juni 1993

Becks *Loser* ...
Björks Solodebüt ...
Pearl Jam sahnen bei MTV Awards ab ...

gezeichnet (in den Kategorien Musicalregie, Bühnenbild, Beleuchtung, Choreografie und Musik). Die Bühnenfassung der Rockoper entstand im La Jolla Playhouse und wurde dann am Broadway übernommen. Bis zur Absetzung des Stücks im Juni 1995 wird es 899-mal aufgeführt worden sein.

7 **Chuck Berry**, **Carl Gardner** von den **Coasters**, **Bill Pinkney** von den **Drifters**, **Sam Moore** von **Sam And Dave**, **Pete Townshend** und **Billy Joel** gehören zu den vielen Rockstars, die an der Feier zur Grundsteinlegung der Rock and Roll Hall of Fame und ihres Museums in Cleveland teilnehmen.

12 **UB40** hatten bereits 36 Hits in den UK-Charts und erreichen nun zum dritten Mal den Spitzenplatz mit *Can't Help Falling In Love*, einem Cover von **Elvis Presley** (die anderen waren ebenfalls Coverversionen: *Red Red Wine* und *I Got You Babe*). Die Single wird in dem Film »Sliver« mit Sharon Stone und William Baldwin zu hören sein. ***The Best Of UB40 Volume 1*** überschritt im März die Millionengrenze, am 24. Juli wird die Single die US-Charts anführen.

13 **Neil** und **Tim Finn** erhalten den Orden des Britischen Empire für ihre Verdienste um die Musik Neuseelands.

Juli

12 Bei »Morning Becomes Eclectic« vom Radiosender KCRW ist die Single des 23-jährigen Alternative-/Folk-Newcomers **Beck** zu hören. Bong Load Records hatte die Vinylplatte abgeliefert. *Loser* besteht aus einem Sample von **Dr. Johns** *I Walk On Gilded Splinters* und dem Text »I'm a loser, baby, so why don't you kill me?« (›Ich bin ein Verlierer, Baby, warum bringst du mich nicht um?‹). Sie wird bald überall zu hören sein. Wochenlang gibt es für die Club-Shows in der Region nur noch Stehplätze, und Capitol, Geffen,

Rage Against The Machine um den Sänger Zach de la Rocha und den ursprünglichen Gitarristen Tom Morello gründeten sich 1991.

BJÖRK

19. August **Björk tritt im Kentish Town Forum, London, mit ihrem Album *Debut*, das es am 17. Juli bis auf Platz 3 brachte, erstmals auf. Der Guardian schreibt, dass die isländische Künstlerin »jeden Superlativ« verdient. Das Avantgarde-Album der Sängerin und Songschreiberin wurde von Nellee Hooper produziert und wird in Großbritannien von One Little Indian und in den USA von Elektra vertrieben. Björk hatte letzten September ihre Alternative-Rockband Sugarcubes verlassen, um in London ihre Solokarriere zu starten.**

Das isländische Wunderkind Björk landete mit elf Jahren seinen ersten Hit mit seiner Interpretation von *I Love To Love* von Tina Charles.

Depeche Mode traten im September den USA-Teil ihrer Welttournee an. Ihr von Flood produziertes hartes, rockiges Album *Songs Of Faith And Devotion*, wie immer komponiert von Martin Gore und geprägt von Dave Gahans unverkennbarem Gesang, stieg im April sowohl in die britischen als auch in die US-Charts auf Nr. 1 ein.

Warner Bros. und andere überbieten sich gegenseitig. Beck wird nach einer persönlichen Intervention von David Geffen bei DGC einsteigen.

18 **Rage Against the Machine** kommen in Philadelphia splitternackt auf die Bühne und spielen 25 Minuten lang keine einzige Note. Sie haben sich den Mund zugeklebt und tragen die Initialen der Elterninitiative P-M-R-C auf der Brust, die sich für die Zensur einsetzt. Dieses umstrittene Quartett von der Westküste wurde vor zwei Jahren gegründet. Die Band um Zack de la Rocha und den Gitarristen Tom Morello wurde von Epic Records aufgenommen (nach der Absage von **Madonnas** Label Maverick), nachdem sie bei ihren urwüchsigen Live-Shows 5000 selbst kopierte Kassetten verkauft hatten. Ihr aggressives und kompromissloses Debütalbum ***Rage Against The Machine*** wird von den alternativen Medien des Musikmarktes gepriesen und erlebte in Großbritannien bereits seinen Durchbruch mit Platz 17 im März. Es ist eines der ersten Alben, bei dem Hardcore-Heavy-Metal mit Funk und Rap verschmelzen. In den USA kam es am 1. Mai in die Charts und klettert ein Jahr lang nach oben.

August

3 Die **Stone Temple Pilots**, ein aggressives Modern-Rock-Quartett mit dem 25-jährigen Sänger **Scott Weiland**, geben ihr erstes von zwei ausverkauften Konzerten in New York. Sie treten in der Verkleidung von **KISS**, den Helden ihrer Teenagerzeit, auf. Ihr Debütalbum ***Core*** ist vom Rock der 70er-Jahre beeinflusst. Es wurde von Brendan O'Brien produziert, erschien vor einem Jahr und stand letzten Monat auf Platz 3 in den USA.

7 **Cypress Hills** Album ***Black Sunday*** ist an der Spitze der US-Charts angekommen. Das Hardcore-Rap-Trio aus dem kubanischen Rapper **Sen Dog** (Senen Reyes)sowie **B-Real** und dem Produzenten und DJ **Muggs** von House of Pain hat seit 1991 einen Vertrag bei dem Rap-Label Ruffhouse. Sie erzielen mehrfach Platin-Erfolge mit ihrem Funk-Hip-Hop (immer wieder gekennzeichnet durch Pro-Marihuana-Botschaften).

11 Bei dem ersten von vier Konzerten im Wembley-Stadion während der Welttournee Zooropa kommt der Schriftsteller Salman Rushdie zu **U2** auf die Bühne. Er lebt im Untergrund, seitdem Ayatollah Khomeini zur Fatwa gegen ihn aufgerufen hat. Rushdie sagt zu **Bono** (der als Macphisto verkleidet ist): »Ich habe keine Angst vor Menschen mit Hörnern. Ich kenne die wirklichen Teufel.« Als Rushdie seinem 14-jährigen Sohn von seinen Plänen erzählte, sagte dieser: »Papa, sing aber nicht! Wenn du singst, bringe ich mich um.«

24 Einen Tag nachdem die Polizei von Los Angeles bestätigt, dass Ermittlungen gegen **Michael Jackson** laufen, machen vertrauliche Informationen die Runde. Dr. Evan Chandler, ein Zahnarzt aus Beverly Hills, behauptet, dass sein 13-jähriger Sohn von Michael Jackson sexuell missbraucht wurde. Jacksons privater Ermittler Anthony Pellicano bestätigt, dass Chandler versucht hatte, 20 Mio. $ von Michael Jackson zu erpressen. Als dieser Versuch scheiterte, habe dieser Anklage erhoben.

25 Philip Woldemariam, ein 20-jähriger äthiopischer Einwanderer und Mitglied der Gang By Yerself Hustlers, wird von **Snoop Doggy Doggs** Leibwächter McKinley Lee vor Snoops neuem Hause in Woodbine Park, Los Angeles, erschossen. Snoop, der wegen Waffenbesitz erst nach Zahlung einer Kaution von 10 000 $ freigelassen wurde, wird der Beihilfe beschuldigt. Er stellt sich der Polizei nach der Verleihung der MTV Awards am 2. September. Die Kaution beträgt 1 Mio. $.

September

2 **Pearl Jams** »Jeremy« gewinnt bei der zehnten Verleihung der MTV Awards vier Preise: bestes Video des Jahres, bestes Video einer Gruppe, bestes Metal-Hardrock-Video und beste Regie. Die Band präsentiert *Rockin' In The Free World* mit **Neil Young** (den sie aus irgendeinem Grund als ihren Grunge-Mentor ansehen). Das kesse R&B-Funk-Quartett **En Vogue** gewinnt den Preis bestes R&B-Video, bestes Tanz-Video und beste Choreografie mit »Free Your Mind«. **Arrested Development** werden für das beste Rap-Video (»People Everyday«) geehrt. **Lenny Kravitz** und **k.d. lang** erhalten den Preis bestes Video eines Mannes (»Are You Gonna Go My Way«) und bestes Video einer Frau (»Constant Craving«). **Madonna** eröffnet die Show mit *Bye Bye Baby*. Es folgen **Janet Jackson** (deren Album ***janet*** soeben

Eddie Vedder von Pearl Jam hatte 1991 gegenüber der Zeitschrift Meat gesagt: »Wir lassen uns von der Musik mitnehmen, wohin sie will.«

Juli

1993

23. Juli **Kurt Cobain** nimmt im Bad seines New-Yorker Hotels eine Überdosis Heroin, bevor er im Roseland Ballroom auftritt, wo **Nirvana** Teile ihres Albums *In Utero* präsentieren, das im September veröffentlicht werden soll. **Courtney Love**, die mit ihrem Anruf bei der Polizei letzten Monat nach einem Streit mit Cobain dessen Verhaftung erreichte, soll ihn mit einer illegalen Droge wieder belebt haben.

»Wir sind eine der größten Rockbands aller Zeiten.«

Kurt Cobain, 23. Juli 1993

Im Juni musste die Polizei in der Wohnung von Kurt Cobain und Courtney Love in Seattle einen Streit beenden. Cobain wurde für drei Stunden in Haft genommen.

MEN DON T
PROTECT YOU
ANYMORE
YC
PO

1993 September

Take That ... Frank Zappa stirbt ... Snoop Doggy Dogg an der Spitze ...

sechs Wochen auf Platz 1 war), **R.E.M.**, **Sting**, die Rockcombo **Soul Asylum** und die **Spin Doctors**. **Aerosmith** singen *Livin' On The Edge*, für das es den Zuschauerpreis gab.

8 **Suede** gewinnen mit ihrem Album ***Suede*** den dieses Jahr zum zweiten Mal verliehenen Mercury Music Prize. (Von dem Album werden in Großbritannien über 100 000 Stück verkauft, in Japan 69 000, in Deutschland 42 000, in Schweden 39 000 und in Frankreich 37 000, während es in den USA fast ignoriert wird). Sänger **Brett Anderson** sagt: »Der Sinn des Preises ist gar nicht das Geld, sondern die Ehre, dass man nominiert wird.« Die Band spendet das Preisgeld von 25 000 £ für die Krebsforschung.

28 Hunderte von kreischenden Fans begrüßen **Take That**, als diese in der Redaktion von **Sun** in London ankommen, um für dir morgige Ausgabe die Kolumne »Bizarre« zu verfassen. Ihr Debütalbum ***Take That And Party*** steht seit 56 Wochen in den britischen Charts. Sie werden zur führenden Teenyband ihrer Zeit und erzielen mit ihren eingängigen Popmelodien in der ganzen Welt Chartserfolge (allerdings nicht in Amerika). Sie werden zum Modell für ähnlich klingende Boygroups, die Ende des Jahrzehnts die Popmusik beherrschen werden. Take That kommen im Laufe des Jahres fünfmal unter die ersten drei, davon dreimal auf Platz 1 mit *Pray*, *Relight My Fire* (ein bezauberndes Duett mit der kessen Schottin **Lulu**) und *Babe*. **Gary Barlow**, der erstklassige Popmusik verfasst, dominiert mit seinen Kompositionen auch das nächste Album ***Everything Changes***, das nächsten Monat auf Anhieb Platz 1 einnimmt. Es wird nächstes Jahr für den dritten Mercury Music Award nominiert (eine Überraschung bei einem so offenkundig kommerziellen Ensemble). Das Take-That-Fieber greift in Europa um sich, und das Album wird bald drei Millionen Verkäufe erleben.

FRANK ZAPPA

4. Dezember **Frank Zappa stirbt, nachdem sein Prostatakrebs sich verschlimmert hatte. Zwei Jahre hatte er gegen diese Krankheit gekämpft. In einem Nachruf schreibt The Independent: »Frank Zappa war – selbst an den Maßstäben der Protestkultur der späten 60er-Jahre gemessen – ein Rebell. Er war Autodidakt und ein Komponist, dessen Kreativität eine Vielfalt von Werken hervorbrachte: von komplexen Orchesterwerken bis hin zu Stücken für Doo-Wop-Gesangsgruppen. Er war ein unerschütterlicher, freier, unabhängiger Geist. Er wurde während der 70er-und 80er-Jahre zu einem der profiliertesten Vorkämpfer gegen die Zensur in den Vereinigten Staaten.« Im Alter von 52 Jahren starb ein kreativer, ruheloser Musiker, der einer der Großen in der Geschichte des Rock bleiben wird. Er wird im Westwood Memorial Park in Los Angeles bestattet.**

»Ray Charles ist der Sänger, der mein musikalisches Leben am meisten prägte.«

Präsident Bill Clinton, 7. Oktober 1993

Oktober

16 In London machen **Bryan Adams** und **Sting** Aufnahmen für *All For Love*. Dieser Song wurde von Adams und seinen ständigen Partnern Michael Kamen und Produzent Robert John »Mutt« Lange verfasst. Es ist das zentrale Thema (und ein Hit auf beiden Seiten des Atlantiks) des Films »Die drei Musketiere«. Am 18. wird in Los Angeles, in Anwesenheit von Adams, der fehlende Beitrag von **Rod Stewart** aufgenommen.

23 Vor zwölf Jahren war **Meat Loaf** unter den britischen Top 10. Er hält Platz 1 mit *I'd Do Anything For Love (But I Won't Do That)*. In zwei Wochen erreicht er in den USA die gleiche Position. Der Track ist aus ***Bat Out Of Hell II – Back Into Hell***. Im September war er in Großbritannien Spitzenreiter, in der nächsten Woche wird er es in den USA. Meat Loafs Comeback fällt nicht zufällig mit seiner erneuten Kooperation mit »Bat«-Mitarbeiter und Komponist Jim Steinman zusammen.

November

1 **Flavor Flav** von **Public Enemy** wird wegen illegalen Waffenbesitzes in der Bronx verhaftet. Er soll auf einen Nachbarn geschossen haben. Flav begibt sich freiwillig in die Betty Ford Klinik, um seine Abhängigkeit von Kokain zu bekämpfen.

4 Dave Massey, Talentsucher für Sony Music, sieht ein Konzert von **Oasis** im Powerhaus, London. Er teilt die Begeisterung von Alan McGee (Creation ist jetzt mit Sony liiert). Er nimmt Oasis bei Sony für den Rest der Welt unter Vertrag.

18 **Eddie Vedder** von **Pearl Jam** wird nach einem Streit in einer Bar in New Orleans verhaftet. Die Band ist wegen der drei Konzerte in der UNO Lakefront Arena hier. ***Ten*** befindet sich nach zwei Jahren immer noch in den Album-Charts und überschreitet die 6-Millionen-Marke am

Neil Young erkor Pearl Jam zu einer seiner Lieblingsbands. Im September spielte er bei den alljährlichen MTV Video Music Awards mit ihnen sein *Rockin' In The Free World* ... Madonna sorgte für Wirbel, als ihr vorgeworfen wurde, sie habe während ihrer Girlie Show Tour die puertoricanische Flagge entweiht ... Nirvana beendeten das Jahr mit einem ausverkauften Konzert im Great Western Forum im kalifornischen Inglewood.

9. Dezember. Vor zwei Wochen kam das Album Vs. auf Platz 1 in den USA und erzielte mit 950 378 Platten in einer Woche einen Verkaufsrekord.
18 **Nirvana** macht in den Sony Studios in New York Aufnahmen für die MTV-Serie »Unplugged«. Das Album ***MTV Unplugged In New York*** wird die britischen Charts und die der USA im nächsten Jahr dominieren. Es werden alleine in den USA fünf Millionen verkauft.
23 **Tupac Shakur** wird vor dem Schwurgericht in Manhattan, New York City, der Sodomie in zwei Fällen, des versuchten sexuellen Missbrauchs in einem Fall, des sexuellen Missbrauchs in drei Fällen sowie wegen illegalen Waffenbesitzes angeklagt. Ihm wird darüber hinaus vorgeworfen, letzte Woche eine 19-jährige Frau in seiner Suite des Parker Meridien Hotels belästigt zu haben.
30 Einen Tag, nachdem **Michael Jacksons** ehemaliger Leibwächter in der Sendung »Hard Copy« erzählt hatte, dass dieser häufig Kinder in seinem Schlafzimmer übernachten ließ, gibt sein Chauffeur unter Eid an, dass sein Arbeitgeber mindestens 30 Nächte im Haus des Jungen verbrachte, den er sexuell missbraucht haben soll.

Dezember

5 **Doug Hopkins**, früher Gitarrist bei **Gin Blossoms**, wird in seiner Wohnung in Tempe, Arizona, tot aufgefunden. Er hat sich zwei Tage nach seiner Entlassung aus einer Entziehungskur mit einer Pistole in den Mund geschossen. Seine Schwester Sara sagt, es sei sein sechster Selbstmordversuch, der letzte liege erst zwei Wochen zurück. Als sie ihn vor drei Tagen das letzte Mal sah, suchte er gerade im Branchenverzeichnis nach Waffenhändlern. »Ich wusste, dass ich ihn nie mehr sehen würde. Ich sagte ›Goodbye, Doug‹, wie meine Mutter ein paar Tage davor.« Hopkins war letztes Jahr wegen seiner Alkoholprobleme aus der Band geworfen worden. Tragischerweise erlebt die 1987 gegründete urwüchsige Poprock-Combo zurzeit ihren ersten Hit mit dem von Hopkins geschriebenen *Hey Jealousy* aus ihrem Multiplatin-Set, dem College-Rock-Klassiker *New Miserable Experience.*

9 Eine Zusammenkunft der **Eagles** verstärkt die Gerüchte von einem Comeback. Sie treffen sich, um ein Video des Countrysängers **Travis Tritt** für dessen Coverversion von *Take It Easy* aufzunehmen. **Don Henley**, **Glenn Frey**, **Don Felder**, **Joe Walsh** und **Timothy B. Schmit** sind dabei.
10 Nach einem anonymen Hinweis (vermutlich von Ex-Freundin Kathy Etchingham), eröffnet Scotland Yard eine weitere Untersuchung der Umstände des Todes von **Jimi Hendrix**.
11 *Doggystyle* von **Snoop Doggy Dogg** wurde von **Dr. Dre** produziert. Die Rapper **Tha Dogg Pound**, die beim Label Death Row engagiert sind, wirkten mit. In den USA reicht es für Platz 1, in den UK-Charts bis Platz 38. Erstmals hat ein Debütalbum in der ersten Woche in den USA diesen Erfolg. In sieben Tagen werden 800 000 Platten verkauft. Insgesamt gehen mehr als vier Millionen in den USA und 140 000 in England über die Theken.
16 Am Ende eines für **Michael Jackson** schrecklichen Jahres gibt der Radiosender KEZK in St. Louis bekannt, dass er ab sofort die Musik von Michael Jackson nicht mehr senden wird.
22 **Michael Jackson** reagiert zum ersten Mal öffentlich auf die Anschuldigungen, er habe Kinder sexuell missbraucht. In einem vierminütigen Statement streitet er alles ab. »Ich bitte euch alle, zu warten und die Wahrheit zu hören, bevor ihr mich beurteilt und verurteilt. Behandelt mich nicht wie einen Verbrecher, denn ich bin unschuldig.« Er kommentiert eine Leibesvisitation der Polizei: »Sie hatten einen Durchsuchungsbefehl, der ihnen erlaubte, mich zu betrachten und zu fotografieren. Dazu gehörten auch meine Geschlechtsorgane, mein Unterleib, die Schenkel und alle anderen Körperteile, die sie sehen wollten … Noch nie bin ich so gedemütigt worden …« Trotz dieser Erniedrigung wird der »King of Pop« nächste Woche in Las Vegas mit dem »King of Junk Bonds«, dem auf Bewährung entlassenen Finanzjongleur Michael Milken, gesehen.
25 An einem absoluten Tiefpunkt bei Novelty- und Weihnachtshits in Großbritannien wird **Mr. Blobby** zum zweiten Mal Nr. 1 mit seinem absolut schrecklichen *Mr. Blobby*.
28 Nach monatelangem telefonischem Kontakt und einem Treffen Anfang des Jahres beim Nashville Fan Fair heiratet die 28-jährige Countrysängerin Shania Twain Robert John »Mutt« Lange, den berühmten Rockproduzenten von Künstlern wie die **Cars**, **Foreigner**, **Def Leppard** und **Bryan Adams**. Dieses Ereignis wird ihr privates und berufliches Leben total verändern (sie arbeiten bereits an einer ganzen Reihe von neuen Songs). Die in Kanada geborene Shania Twain (Eilleen Regina Edwards) musste sich schon früh um ihre drei jüngeren Geschwister kümmern, da ihre Eltern 1987 bei einem Verkehrsunfall ums Leben kamen. Sie verdiente ihren Lebensunterhalt durch Auftritte (unter ihrem Künstlernamen Eilleen Twain) im Las-Vegas-Stil in Huntsville, Ontario. Sie nannte sich ab 1990 Shania (in der Sprache der Ureinwohner: »Ich bin auf meinem Weg«). Mit mehreren überwiegend selbst geschriebenen Demos begab sie sich nach Nashville zu dem Rechtsberater Dick Frank. Es folgten offizielle Demo-Sessions mit dem Songschreiber Norro Wilson und Buddy Cannon, dem Talentsucher von Mercury Records, der sie letztes Jahr unter Vertrag nahm. Ihre ersten beiden Singles brachten es Anfang dieses Jahres nur bis auf Platz 55 der Country-Singles-Charts, und ihr Debütalbum *Shania Twain* verbrachte nur vier Wochen in den Country-Album-Charts.

Snoop Doggy Dog hieß früher Calvin Broadus und sang als Kind im Kirchenchor der Golgotha Trinity Baptist Church.

ROOTS **In diesem Jahr gründet Rob Thomas , der nach dem Abbruch der High School beim Tingeln durch den Südosten der USA sein Handwerk als Singer/Songwriter gelernt hat, seine erste Band Tabitha's Secret … lernen sich in Orlando, Florida, die Schüler Howie D., Nicholas Carter und A. J. McLean beim Vorsprechen für eine Schauspielrolle kennen und gründen mit Brian Littrell und dessen Cousin Kevin Richardson eine Gesangsgruppe, die zunächst auf Schulbällen auftritt … tritt Britney Spears (11) neben Christina Aguilera, Justin Timberlake und J. C. Chasez in der TV-Show »Mickey Mouse Club« auf … sehen die Schulfreunde Brian Welch und James Shaffer in einer Bar in Bakersfield, Kalifornien, einen Auftritt von Jonathan Davis mit der Hardrock-Band Sexart; nächstes Jahr werden die drei mit David Silveria und Reggie Arvizu die Band KoRn gründen … hält Louis Welch in Dublin ein Casting für eine irische Boygroup ab und wählt aus 300 Bewerbern fünf Jungs für Boyzone aus … unterschreiben All Saints (Melanie Blatt, Shaznay Lewis und Simone Rainford) bei ZTT Records … komplettiert LeToya Luckett ein Quartett mit Beyoncé Knowles, LaTavia Roberson und Kelly Rowland, das seinen Namen Destiny's Child im Buch Jesaja findet …**

Can You Feel The Love Tonight

1994

Nr. 1 US-SINGLES

01. Jan. Hero **Mariah Carey**
22. Jan. All For Love **Bryan Adams/Rod Stewart/Sting**
12. Febr. The Power Of Love **Celine Dion**
12. März The Sign **Ace of Base**
09. Apr. Bump N' Grind **R. Kelly**
07. Mai The Sign **Ace of Base**
21. Mai I Swear **All-4-One**
06. Aug. Stay (I Missed You) **Lisa Loeb And Nine Stories**
27. Aug. I'll Make Love To You **Boyz II Men**
03. Dez. On Bended Knee **Boyz II Men**
17. Dez. Here Comes The Hotstepper **Ini Kamoze**
31. Dez. On Bended Knee **Boyz II Men**

Nr. 1 UK-SINGLES

01. Jan. Mr. Blobby **Mr. Blobby**
08. Jan. Twist And Shout **Chaka Demus And Pliers with Jack Radics And Taxi Gang**
22. Jan. Things Can Only Get Better **D:Ream**
19. Febr. Without You **Mariah Carey**
19. März Doop **Doop**
09. Apr. Everything Changes **Take That**
23. Apr. The Most Beautiful Girl In The World ♀
07. Mai The Real Thing **Tony Di Bart**
14. Mai Inside **Stiltskin**
21. Mai Come On You Reds **Manchester United Football Squad**
04. Juni Love Is All Around **Wet Wet Wet**
17. Sept. Saturday Night **Whigfield**
15. Okt. Sure **Take That**
29. Okt. Baby Come Back **Pato Banton**
26. Nov. Let Me Be Your Fantasy **Baby D**
10. Dez. Stay Another Day **East 17**

Oasis

Alice In Chains

Die Band Oasis um die wenig umgänglichen, dafür umso trinkfreudigeren Gebrüder Gallagher waren die führende Band der Britpop-Welle ... Layne Staley beschrieb die Musik seiner Band Alice In Chains als »gewöhnungsbedürftig«.

Leider hatte dieses Jahr auch wieder mit Tod, Drogen, »beleidigenden« Liedtexten und Rechtsstreitigkeiten zu tun. Und die Musik? **Oasis**, die **Cranberries**, **Celine Dion** und **Sheryl Crow** schafften den Durchbruch – und **Boyz II Men** landeten Riesenerfolge.

Kurt Cobain hing an der Nadel, kam mit den an ihn gerichteten Erwartungen nicht zurecht und beging Selbstmord. Sein Aufstieg zum Ruhm war kometenhaft. Er wurde zum Idol einer verlorenen Jugend – obwohl er eher der Inbegriff des Anti-Helden war. Sein Einfluss war bei *Jars Of Flies* von **Alice In Chains** deutlich zu hören. Sie tendierten stärker zu Metal als **Nirvana**, waren aber ebenso nihilistisch und voller Selbstverachtung. **Layne Staleys** Stimme hatte etwas von der Bluesrock-Tradition an sich, und **Jerry Cantrells** Gitarren-Passagen waren voller Gestaltungskraft.

Andere Episoden dieses Jahres: **Lisa »Left-Eye« Lopes** von **TLC** brannte das Anwesen ihres Freundes nieder, und Rapper **Tupac Shakur** wurde angeschossen. In Großbritannien äußerte sich Gewalt eher mit den Fäusten, und meist waren **Oasis** darin verwickelt. Raufereien erhöhten ihren Bekanntheitsgrad; ihr Debütalbum ***Definitely Maybe*** schoss in den britischen Charts auf Platz 1. Dies war urwüchsiger Rock mit Anklängen an **T. Rex** und die **Smiths**. Geschrieben wurde er von **Noel Gallagher** und vorgetragen mit dem typischen Klageton seines Bruders **Liam,** mit heftigem Schlagzeugeinsatz und mit rasanter Leadgitarre. Vergleiche mit den **Beatles** waren absurd, doch trotz aller rüpelhafter Eskapaden: Die Jungs konnten Musik machen.

Michael Jackson und **George Michael** mussten viel Geld zahlen. Der eine, um Beschuldigungen wegen Kindesmissbrauch zu beenden – allerdings ohne den Gerüchten Einhalt gebieten zu können – der andere, um einen Vertrag zu beenden. Die Debatte über künstlerische Freiheit und der Streit zwischen George Michael und Sony zeigten die Kluft zwischen Künstler und Industrie.

Die erfolgreichste Popgruppe des Jahres war die R&B-Combo **Boyz II Men**. Mithilfe der talentierten Produzenten (**Babyface**, **Jimmy Jam** und **Terry Lewis**) schoss ihr Album ***II*** in den USA schnurstracks auf Platz 1. Ihre überschwänglichen Balladen waren reichlich naiv, kamen aber an: Junge trifft Mädchen, liebt es, verliert es oder kriegt es wieder zurück. Zu dem Album gehörte eine gewagte A-capella-Version des **Beatles**-Hits *Yesterday*.

Diese Urahnen des Rock waren auch 1994 noch nicht vergessen. **John Lennon** und **Bob Marley** wurden posthum in die Rock and Roll Hall of Fame eingeführt. **Axl Rose** stellte elegant **Elton John** vor. Nach 14 Jahren fanden die **Eagles** zu einer höchst lukrativen Tour zusammen. **Aerosmith** nutzten die Möglichkeiten des Cyberspace-Zeitalters: Sie veröffentlichten *Head First* über das Internet. Das Herunterladen dauerte eine Stunde, aber das Tor war geöffnet. Die **Rolling Stones** übertrugen 20 Minuten ihres Konzertes in Dallas live über das Internet. Die Zukunft hatte begonnen. Dieser technologische Wandel sollte den Rock wie ein Erdbeben erschüttern.

»Im Endeffekt spielen wir einfach Musik, die uns gefällt, und wenn sie sonst noch jemandem gefällt, umso besser.«

Noel Hogan von den Cranberries, **Vox**, November 1994

McCartney führt Lennon in die Hall of Fame ein … Casting für Spice Girls …

Der schnelle, harte Sound von Green Day orientierte sich an den britischen Punkpionieren der 70er-Jahre, vor allem an den Buzzcocks und den Sex Pistols.

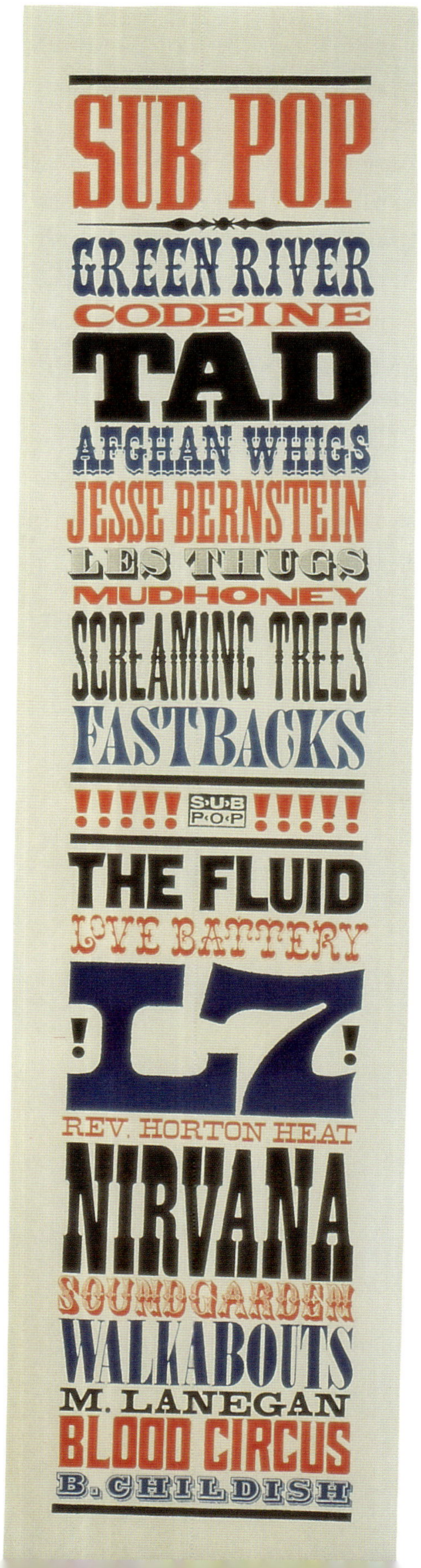

Sub Pop machte den Seattle-Sound bekannt. Die Bands Nirvana, Afghan Whigs, Mudhoney und Sebadoh brachten dem Label Chartserfolge ein.

Januar

19 Bei einer beeindruckenden Feier zur Einführung in die Rock and Roll Hall of Fame in New York sagt **Paul McCartney** über **John Lennon**: »Ich bin der erste John-Lennon-Fan gewesen, vergesst das bitte nicht! Ich habe ihn immer geliebt und liebe ihn bis heute. All diese Leute sind hierher gekommen, um dir für all das zu danken, was du für sie bedeutet hast. Heute bist du in der Rock and Roll Hall of Fame. Gott segne dich.« **Bono** führt den verstorbenen **Bob Marley** mit einer leidenschaftlichen Rede ein: »Mir, dem Iren, fällt es schwer, Bob Marley zu beschreiben. Aber Jamaika und Irland haben viele Gemeinsamkeiten. Chris Blackwell, grünes Kraut, jede Menge grünes Kraut. Religion. Aber auch die Philosophie der Verzögerungstaktik: Verschiebe nicht auf morgen, was du auch übermorgen kannst besorgen – mit Ausnahme der Freiheit … Er wollte alles auf einmal und war alles auf einmal: Prophet, einsamer Rebell, Rastaman, Medizinmann, ein urwüchsiger, wilder Mann, ein natürlicher, mystischer Mann, ein Mann der Frauen, ein Inselmann, Familienmann, Ritas Mann, Fußballmann, Showmann, Schamane, Mensch und Jamaikaner!« Wegen des Erdbebens in Los Angeles kann **Rod Stewart** nicht anreisen, den **Jeff Beck** mit den Worten vorstellt: »Er liebt mich, und ich hasse ihn.« **The Band** haben vor kurzem, nach 17 Jahren Abstinenz, ihr Album ***Jericho*** herausgebracht und werden von **Eric Clapton** präsentiert. Bei der folgenden Darbietung von *The Weight* kommt **Robbie Robertson** zum ersten Mal seit 15 Jahren zu der Gruppe. **Levon Helm** hingegen fehlt heute Abend. **Bruce Hornsby** führt die **Grateful Dead** ein – der abwesende **Jerry Garcia** wird von einem lebensgroßen Pappkameraden vertreten. Die **Animals** und **Duane Eddy** werden aufgenommen, ebenso **Willie Dixon** (Früher Einfluss) und **Johnny Otis** (Non-Performer). **Bruce Springsteen** singt zum Abschluss mit **Axl Rose** *Come Together.*

25 **Michael Jackson** zahlt viele Millionen an den Jungen, der ihn wegen sexueller Belästigung angeklagt hat. Die Verteidigung besteht darauf, dass die Entscheidung, ein Verfahren zu vermeiden, »keinesfalls ein Schuldeingeständnis ist«.

Februar

8 **Oasis** hatte den ersten Livegig im Ausland geplant und sollte mit dem britischen Indierock-Quartett **Verve** in Amsterdam auftreten. Nach Handgreiflichkeiten auf der Fähre müssen sie absagen. **Liam Gallagher** und **Paul »Guigsy« Arthurs** hatten zu viel Champagner getrunken und gemeinsam mit Jack Daniels verschiedene Vorrichtungen an Bord demoliert: Sie werden nach Großbritannien zurückverfrachtet.

10 **Snoop Doggy Dogg** ist auf Promo-Tour für sein neues Album ***Gin And Juice***. Er gibt seinen ersten Liveauftritt in Großbritannien. Das Ereignis wird dadurch überschattet, dass er das Milestone Hotel in Kensington verlassen muss, als man dort von der Mordanklage erfährt. Er wechselt in das Halcyon Hotel in Holland Park. Der **Daily Star** erscheint mit der Schlagzeile »Schmeißt dieses Ekel raus!«. Zu seinen Werbegags auf dieser Tour gehört der inszenierte Überfall auf Rod Hulls Emu-Puppe in der Sendung »The Word«.

12 ***Jar Of Flies*** von **Alice In Chains** kommt auf Platz 1 und ist somit die erste EP, die an der Spitze der **Billboard**-Charts steht. Der Frontmann **Layne Staley** und der Gitarrist **Jerry Cantrell** hatten diese Band 1987 gegründet, die die düsteren Trends der Grunge-Szene in Seattle pflegte.

19 Das von Rob Cavallo produzierte dritte Album von **Green Day**, ***Dookie***, kommt in die US-Charts, wo es über zwei Jahre bleibt und es bis auf Platz 2 bringt. Das kalifornische Trio demonstriert seinen Punk-Einfluss in seinen Attacken gegen das Establishment. Fans und alternative Medien beschuldigen sie des Verrats, als sie zu einem Majorlabel (Reprise/WEA) wechseln. Sie tun dies in großem Stil: Sie verkaufen weltweit zwölf Million Platten, davon zehn Millionen in den USA. Es wird das meistverkaufte »Punk«-Album aller Zeiten.

> **»Mich persönlich hat niemand mehr inspiriert als Elton John. Als ich *Bennie And The Jets* zum ersten Mal hörte, wusste ich: Ich muss Musiker werden.«**
>
> Axl Rose führt Elton John in die Hall of Fame ein, 19. Januar 1994

SHERYL CROW

19. März ***Tuesday Night Music Club*** **– das Erstlingswerk der Sängerin, Songschreiberin und Gitarristin Sheryl Crow – kommt in die US-Album-Charts. Sein Aufstieg auf Platz 3 dauert ein Jahr. In dieser Zeit entdecken die amerikanischen Radiosender drei melodische Poprockwerke:** ***Leaving Las Vegas*****, den Nr.-2-Hit** ***All I Wanna Do*** **(der sehr an den Stealers-Wheel-Hit** ***Stuck In The Middle With You*** **erinnert) und** ***Strong Enough*****. Sheryl Crow begann mit 13 Jahren damit, Songs zu schreiben, bevor sie 1984 ihr Musikexamen an der Universität von Missouri ablegte. Sie erhielt 1987 ihren ersten größeren Auftrag als Backgroundsängerin bei Michael Jacksons Welttournee Bad. Sie wurde bei Warner/Chappell als Songschreiberin engagiert. Ihr Freund Don Henley ermutigte sie, Coverversionen von Eric Clapton, Celine Dion und Wynonna Judd aufzunehmen. Gleichzeitig wirkte sie weiterhin als Backgroundsängerin bei mehreren Alben (z. B. Henleys** ***The End of The Innocence*****) und auf Tourneen (Rod Stewart, Joe Cocker und George Harrison) mit. Bei A&M blieben ihre ersten Sessions mit Hugh Padgham unveröffentlicht, bis ihr Multiplatin-Debüt mit Bill Bottrell beendet war. In Bottrells Haus nahm sie an den »Tuesday Night Music Club«-Jamsessions teil, die ihr Freund Kevin Gilbert initiiert hatte.**

23 Ein Senatsausschuss beschäftigt sich bei einem Hearing in Washington mit »Gangsta Rap«. Die Ausschussvorsitzende Carol Moseley-Braun, demokratische Senatorin von Illinois, sagt: »Trägt die Industrie, die viel Geld mit diesen Texten verdient, die Verantwortung für diese Musik? Das ist der Kernpunkt der Debatte.« Die Sängerin **Dionne Warwick** hält Gangsta-Rap für Pornografie, dagegen bezeichnet Nicholas Butterworth von Rock the Vote ihn als Poesie. Andere sprechen von Entfremdung der Jugend und diskutieren, ob die Musik oder die Gesellschaft verantwortlich sei.
24 **Tag Teams** Novelty-Hit *Whoomp! (There It Is)* schaffte es im letzten Jahr nicht auf Platz 1 der US-Charts, brachte es aber auf fünffachen Platinerfolg. Es wird eine der zehn meistverkauften Singles für das aus Atlanta stammende Hip-Hop-Duo **Cecil Glenn** und **Steve Gibson**.

März

1 Bei der 36. Verleihung der Grammy Awards singt **Whitney Houston** ihren Publikumshit *I Will Always Love You*. Sie erhält außerdem drei Grammys: für die Platte des Jahres, als beste Popsängerin (für *I Will Always Love You*) und für das Album des Jahres (***The Bodyguard***.) Die Band **U2** wird für das beste Album mit alternativer Musik (***Zooropa***) ausgezeichnet. **Bono** sagt dazu: »Wir werden weiterhin unsere Position nutzen und den Mainstream aufmischen.« Anschließend soll er **Frank Sinatra** als ›lebende Legende‹ ankündigen und setzt zu einer faszinierenden Tirade an. (Sinatras Dankesrede wird von den Produzenten der Show rüde unterbrochen.) **Bruce Springsteen**, **Steve Winwood**, **Bonnie Raitt**, **B. B. King**, **Steve Cropper**, **Don Was** und das R&B-Trio **Tony! Toni! Tone!** ehren mit ihrem Auftritt **Curtis Mayfield**, der als ›Legende‹ gewürdigt wird. **Ry Cooder** schafft eine Verbindung zwischen der Rockmusik und der aufkommenden Weltmusik. Sein Album ***A Meeting By The River*** mit der indischen Musikerin **Vishwa Mohan Bhatt** wird mit dem Preis für das beste Weltmusik-Album geehrt. **Meat Loaf** erhält den Preis für die besten Rock-Soloaufnahme für *I'd Do Anything For Love (But I Won't Do That)*, und **Ozzy Osbourne** gewinnt mit *I Don't Want To Change The World* den Preis als bester Metal-Sänger. Für beide Künstler ist es der erste Grammy. **Ray Charles** erhält seine 13. Trophäe als bester Rhythm'n'Blues-Sänger.
3 Die **Smashing Pumpkins** sind dabei, die beliebteste Gruppe des Alternative-Rock zu werden, und erleben diese Woche den höchsten Neueinstieg in die Charts. Doch werden sie – wegen des Textes von *Disarm* – nicht zu »Top of the Pops« eingeladen. Diese Single ist dem melodischen Grunge-Rock-Set ***Siamese Dream*** entnommen, dem im August ein dreifacher Platinerfolg bescheinigt wird. **Butch Vig**, der auch **Nirvana** und die Alternative-Rock-Lieblinge **Sonic Youth** produziert, hat die Produktion überwacht. Bald wird er die schottische Rocksängerin **Shirley Manson** – früher bei **Goodbye Mr. MacKenzie** – bei ihrer Darbietung von *Suffocate Me* in der MTV-Sendung »120 Minutes« mit ihrer neuen Band **Angelfish** sehen und sie einladen, die neue Gruppe **Garbage** zu ergänzen. Garbage besteht aus ausgezeichneten und erfahrenen Musikern, **Steve Marker** (Gitarre und Bass), **Duke Erikson** (Gitarre und Keyboards) und Vig (Schlagzeug). Das Poprock-Quartett wird Ende des Jahres bei Almo Sounds einen Vertrag erhalten.
4 Chris Herbert und sein Vater Bob, die die Managementfirma Heart leiten, hatten zunächst in Tanz- und Theaterschulen gesucht. Sie wollen eine weibliche Version von **Take That** gründen und haben nun eine Anzeige in **The Stage** veröffentlicht: »Bist du zwischen 18 und 23? Kannst du singen und tanzen? Bist du kontaktfreudig, unternehmungslustig, ehrgeizig und engagiert?« Es kommen 400 Mädchen zum Danceworks Studio in London. Jede darf sich 30 Sekunden lang vorstellen und erhält Punkte für Gesang, Tanz, Aussehen und Persönlichkeit. Unter den letzten zehn befinden sich zwei **Melanies** (**Brown** und **Chisholm**), **Michelle Stephenson** (die die höchste Punktzahl erreicht) und die Ex-**Persuasion**-Sängerin **Victoria Adams**. **Geri Halliwell**, die vor kurzem in »Secoakalim«, einer Spielshow des türkischen Fernsehens, als Gastgeberin fungierte, kommt erst am 28. April, da sie heute verhindert ist. Stephenson wird die Gruppe im Juli verlassen und von **Emma Bunton** ersetzt (die bei der Gesangslehrerin der Gruppe Unterricht erhielt). Sie beginnen mit den Proben unter dem Namen **Touch** (und später **Spice**).

Die Smashing Pumpkins um Billy Corgan waren die Stars des diesjährigen Lollapalooza-Festivals.

April
1994

Kurt Cobains Selbstmord ... George Michael verklagt Sony ... Woodstock 94 ...

Michael und Lisa Marie Jackson

The Cranberries

Michael Jackson und Lisa Marie Presley heirateten im Mai in La Vega in der Dominikanischen Republik, stritten dies aber über zwei Monate lang ab ... Der zauberhafte Song *Linger* brachte der irischen Band Cranberries ihre einzige goldene US-Single.

April

1 **Kurt Cobain** hatte sich gestern in ein Rehabilitationszentrum für selbstmordgefährdete Patienten in Marina del Rey, Kalifornien, begeben. (**Dave Grohl** und **Krist Novoselic** hatten gedroht **Nirvana** aufzulösen, wenn er sich nicht behandeln lässt.) Cobain sagt **Courtney Love** am Telefon: »Courtney, was immer auch passiert, du sollst wissen, dass du eine wirklich gute Platte gemacht hast. Denk daran, was immer auch passiert, ich liebe dich.« Um 19:25 Uhr klettert er über die fast zwei Meter hohe Mauer des Hospitals und macht sich auf den Weg nach Seattle, wo er morgen früh ankommen wird.

2 *The Sign*, eine neue Zusammenstellung des in Europa erfolgreichen Albums ***Happy Nation*** von **Ace Of Base** wird für den amerikanischen Markt um vier Stücke erweitert und erreicht tatsächlich Platz 1 in den US-Charts. Eine Woche kann diese Position gehalten werden, am 11. Juni beginnt eine weitere Woche. Der Titeltrack steht an der Spitze der Hot 100. Ace of Base ist die erste schwedische Gruppe, die die Album-Charts in den USA anführt. Dies gelang noch nicht einmal ihren Pop-Vorfahren **Abba**.

8 Drei Tage nach dem Selbstmord von **Kurt Cobain**, der offensichtlich seinen plötzlichen Ruhm und Reichtum nicht verkraften konnte, findet ein Elektriker, der eine Alarmanlage einbauen soll, seine Leiche auf dem Boden liegend mit einem Gewehr auf der Brust. Auf einem Zettel steht ein Zitat aus **Neil Youngs** *My My, Hey Hey (Out Of The Blue)*: »It's better to burn out than fade away.« (›Lieber ausbrennen als verblassen.‹) Er konnte der Heldenverehrung der Generation X in Seattle nicht gerecht werden. Die öffentliche Trauer ist überwältigend. Wie bei John Lennon halten Menschen vor seinem Haus Wache. Bei der Obduktion werden in seinem Blut eine hohe Konzentration von Heroin und Spuren von Valium nachgewiesen. Ein privates Begräbnis findet am 10. April in Seattle nach einer öffentlichen Gedenkfeier statt.

9 *Everything Changes* steigt auf Platz 1 in die Charts ein. **Take That** wird somit die erste Gruppe, der dies viermal gelingt.

10 Bei der öffentlichen Trauerfeier für **Kurt Cobain** am Seattle Center's Flag Pavilion erschießt sich – vom Tod des Sängers überwältigt – der **Nirvana**-Fan Daniel Kaspar.

13 **George Michaels** Rechtsstreit mit Sony Music endet nach 74 Tagen. Der Rechtsanwalt von George Michael bestreitet die künstlerischen und geschäftlichen Fähigkeiten von Sony und besteht auf der Ansicht, dass Michael nicht an seinen Vertrag gebunden ist und ihm alle Rechte an seinen Aufnahmen zustehen. Michael ergänzt: »Seitdem Sony meinen Vertrag und alles und jeden bei CBS aufgekauft hat, wurde das große amerikanische Unternehmen, in das ich als Teenager ganz stolz eingetreten bin, zum Teil einer Produktpalette für ein riesiges Elektronik-Konsortium. Dieses hat, offen gesagt, kein Verständnis für kreative Prozesse. Sony betrachtet Künstler als eine Art Software.«

13 Das Stück *Whatta Man* des innovativen Rap-Trios **Salt-N-Pepa** wird mit Platin ausgezeichnet. Der Erfolgshit von **Salt** (**Cheryl James**) und **Pepa** (**Sandy Denton**) mit DJ **Dee Dee »Spinderella«** (**Deirdre Roper**) und den R&B-Diven **En Vogue** verbindet die Talente der führenden weiblichen R&B-Trios der letzten fünf Jahre.

23 Vierzigmal war er in den UK-Singles-Charts, aber erst jetzt schafft ⚥ einen ersten Platz mit *The Most Beautiful Girl In The World.*

KURT COBAIN

5. April **Kurt Cobain, der im Februar 27 Jahre alt wurde, verbarrikadiert sich in dem Zimmer über der Garage in seinem Haus in Seattle. (Er wohnt hier mit Courtney Love, die zurzeit nicht in Seattle ist.) Er tötet sich mit einem Remington-Gewehr. Er kaufte diese Waffe kürzlich mit seinem Freund Dylan Carlson in einem Geschäft in Seattle – offensichtlich, weil er sich von den vielen Menschen, die sein Anwesen belagerten, bedroht fühlte.**

Cobain ging in die Annalen des Rock ein als Pionier des Grunge-Rock und als entwurzelte Symbolfigur für eine entfremdete Jugend.

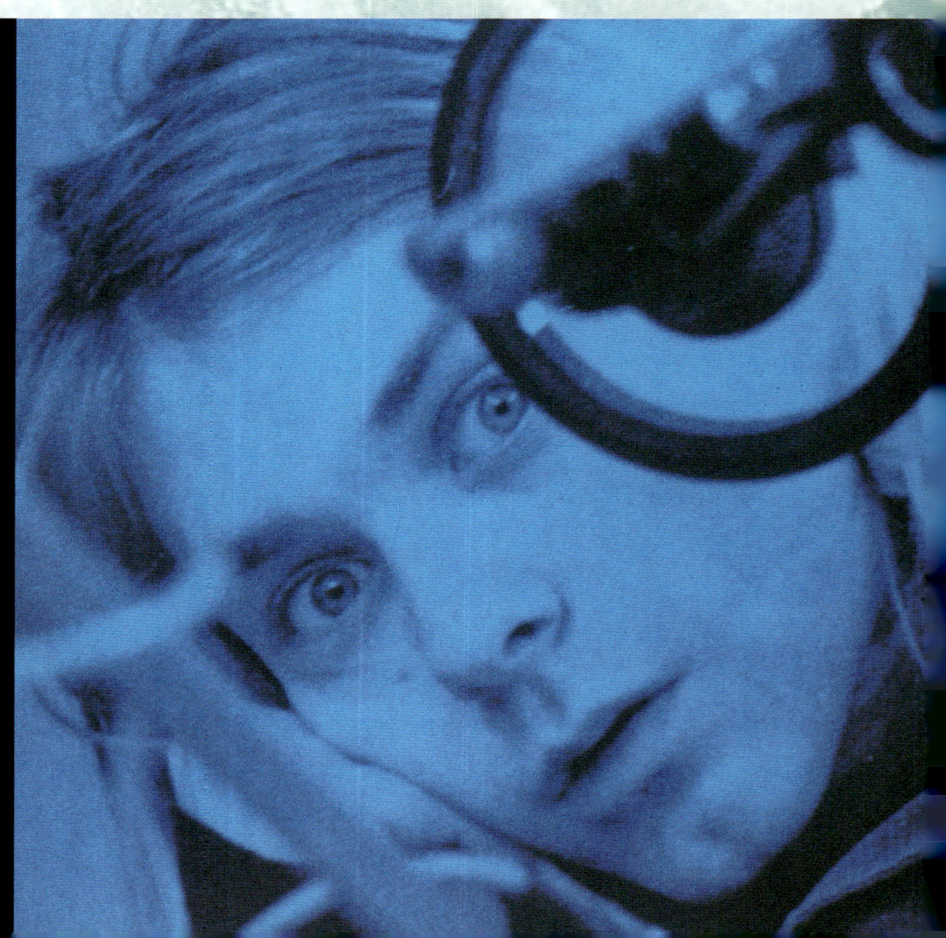

25 Nach einer gemeinsamen Darbietung von **Don Henley**, **Glenn Frey** und **Joe Walsh** vor ausverkauftem Haus in Aspen am 13. Februar sind heute alle Mitglieder der **Eagles** auf der Bühne in den Warner Burbank Studios. Es handelt sich um das erste von zwei Konzerten. Don Henley, Glen Frey, Joe Walsh, **Don Felder** und **Timothy B. Schmit** tragen ihre früheren Erfolgswerke, aber auch neue Kompositionen vor. Ihre erste gemeinsame Show nach 14 Jahren wird am 26. Oktober von mehr als zwei Millionen Zuschauern bei MTV eingeschaltet. Dieses Zusammentreffen ist teilweise dem Multiplatinerfolg von ***Common Thread: The Songs Of The Eagles*** zu verdanken. Das Album, das im letzten Oktober erschien, präsentiert Coverversionen von berühmten Countrystars und wurde von der Country Music Association zum Album des Jahres erklärt.

»Es wird immer zwei gegnerische Seiten geben – die der Künstler und die der Plattenfirmen. Die halten uns für verzogene Fratzen. Wir halten sie für überbezahlte, geschwätzige Stinker.«

Tori Amos über George Michaels Rechtsstreit mit Sony, 1994

Mai

21 *I Swear* von **All-4-One** ist elf Wochen auf Platz 1 der US-Charts vertreten. Die Country-Songschreiber Gary Baker und Frank J. Myers haben es vor fünf Jahren verfasst, und es stand mit **John Michael Montgomery** im Februar auf Platz 1 der Country-Charts. Doug Morris, Chef bei Atlantic Records, überzeugte das kalifornische Gesangsquartett All-4-One, eine Popversion aufzunehmen. Sie taten dies unter der Anleitung des Hitproduzenten David Foster.

27 Die 50 Termine umfassende US-Tour Hell Freezes Over (eine Anspielung auf ein Zitat von **Don Henley** über die Chancen eines gemeinsamen Auftritts der **Eagles**) startet im ausverkauften Meadows Amphitheater, Irvine, Kalifornien. Hieraus entsteht das Album ***Hell Freezes Over***, auf dem vier neue Kompositionen zu finden sind, u. a. die Singles *Get Over It* (USA) und *Love Will Keep Us Alive* (England). **Glenn Frey** kommentiert diese gemeinsame Tour: »Wir haben uns nie getrennt. Wir hatten nur 14 Jahre Urlaub.«

Juni

11 Die **Cranberries** sind Gäste bei »Later with Jools Holland«. Die Brüder **Noel** und **Mike Hogan** gründeten diese Band mit dem Schlagzeuger **Feargal Lawler** 1989 in Limerick und rekrutierten die Leadsängerin **Dolores O'Riordan**. Seit 1991 sind sie bei Island Records engagiert und arbeiten mit Stephen Street, dem Produzenten von **Morrissey**. Ihr Poprock-Debüt ***Everybody Else Is Doing It, So Why Can't We?*** findet großen Anklang. Letzten November waren sie damit Nr. 18 in den USA. In den britischen Charts steht es in zwei Wochen auf Platz 1, nicht zuletzt wegen des bemerkenswerten Modern-Rock-Stücks *Linger*.

Der in die Rolle des »Prototyps« der Generation X gedrängte Kurt Cobain wurde von Fans betrauert. Einer beging sogar ebenfalls Selbstmord.

21 Der Richter Jonathan Parker entscheidet in dem Rechtsstreit von **George Michael** zu Gunsten von Sony. Die Urteilsbegründung ist 273 Seiten stark. Nach der Entscheidung ist auf Michaels Anrufbeantworter folgende Nachricht zu hören: »Ich werde nie mehr singen, ihr Bastarde!«, begleitet von der Melodie von *Careless Whisper*. **Billy Bragg** sagt in einer BBC-Fernsehsendung, dass Michael bei einer Klage gegen seinen Friseur ein besseres Ergebnis erzielt hätte. Michael muss die Verfahrenskosten für beide Parteien tragen: Sie werden auf 3 Mio. £ geschätzt.

24 Der Walt-Disney-Zeichentrickfilm »König der Löwen« startet in den US-Kinos. Der Soundtrack wird ein Riesenerfolg für **Elton John**. Mit dem Texter **Tim Rice** wurde eine populäre Sammlung von Songs geschaffen, darunter die hymnische Ballade *Can You Feel The Love Tonight*, seit sechs Jahren Johns erster Solohit in den US-Top-5. Das Soundtrack-Album ist im Sommer zehn Wochen auf Platz 1 der US-Charts.

27 CompuServe beginnt eine einwöchige Werbeaktion: In dieser Zeit können Fans Musik von **Aerosmith** aus dem Internet herunterladen. Erstmals hat ein Majorlabel einen ganzen Song im Netzwerk freigegeben: ein historischer Augenblick für den Vertrieb von Musik. Geffen Records besteht darauf, dass die bisher unveröffentlichte Aufnahme von *Head First* – das Herunterladen dauert eine Stunde – nicht auf anderem Weg vertrieben wird und nur sieben Tage zugänglich ist. Geffen und CompuServe verzichten auf Gebühren für dieses einmalige Experiment.

Juli

21 **Oasis** geben ihr USA-Debüt mit einer Vorstellung beim New Music Seminar in New York auf der Bühne des Wetlands-Clubs. Diese kurze Darbietung findet noch vor dem Start ihrer US-Tournee statt, die am 23. September im Moe's in Seattle, Washington, beginnen wird.

25 **Alice In Chains** sagt die Beteiligung als Vorgruppe für **Metallicas** US-Tournee Shit in the Sheds einen Tag vor dem ersten von insgesamt zwanzig Terminen ab. Es geht das Gerücht um, dass der Sänger **Layne Staley** heroinsüchtig sei. Die Manager der Gruppe bestreiten das und stellen klar, dass sich Staley in guter Verfassung befinde, die Band aber »die ganze Sache vertraulich behandeln wolle«.

25 **Lisa Loeb** gibt ihr Debüt im US-Fernsehen und interpretiert ihren Hit *(Stay) I Miss You* bei der »Late Show with David Letterman«. Nächste Woche ist die New-Yorker Sängerin und Songschreiberin mit ihrer Band **Nine Stories** die erste Künstlerin der Popmusikgeschichte, die auf Platz 1 steht, ohne einen Plattenvertrag zu haben. *(Stay) I Miss You* wurde auf Bitte von Ethan Hawke zu dem Soundtrack des Films »Reality Bites« hinzugefügt. Loeb konnte seit ihrem Livedebüt 1990 keinen Vertrag erhalten. Aber jetzt überbieten sich die Plattenfirmen – und Geffen gewinnt das Rennen.

30 Da ihr Gitarrist **Richey Edwards** sich vor kurzem in eine psychiatrische Anstalt in Cardiff begeben hat, um sich wegen »nervöser Erschöpfung« und Anorexie (er wiegt noch etwa 45 kg) behandeln zu lassen, kommen nur drei **Manic Street Preachers** zum Festival T in the Park in Motherwell, Schottland. Die Fans müssen nicht nur auf Edwards verzichten, sondern auch noch eine Stunde auf die verspäteten **Cypress Hill** warten. Alles ist jedoch vergeben und vergessen, als die Britpopband **Blur**, ein innovatives Rockquartett mit dem Sänger **Damon Albarn** und dem Gitarristen **Graham Coxon**, am Ende des Tages ein fabelhaftes Set bieten. Wer bis morgen ausharrt, wird Zeuge dessen, was **Noel Gallagher** später als beste **Oasis**-Darbietung aller Zeiten beschreiben wird.

August

9 In Newcastle, der ersten Station auf der Europatournee von **Oasis**, bricht ein Chaos aus, als ein unbekannter Angreifer mitten in dem Song *Bring It On Down* auf die Bühne stürmt und **Noel Gallagher** ins Gesicht boxt. Die Band hat erst fünf Songs gespielt. Die Brüder Gallagher zögern nicht lange und springen in die Menge, um den Angreifer zu verfolgen. Das Konzert wird beendet, und Noel wird ins Krankenhaus gebracht. Als Reaktion auf die Stornierung des Konzerts werden die Fenster des Autos der Band zertrümmert. Die Unglücksserie geht weiter: **Liam** bricht sich den Fuß, als er am Ende der Woche beim Hultsfred Festival in Schweden von einem fahrenden Tourbus springt.

14 Das dreitägige Festival Woodstock 94 in Winston Farm, New York, ertrinkt am Ende im Schlamm. Die Worte des Organisators Michael Lang klingen noch im Ohr: »Wir wollen dem Geist von Woodstock treu bleiben. Wir hoffen, dass diese Generation diesen Geist übernimmt und dieses Festival zu etwas ganz eigenem macht. Woodstock 94 konzentriert sich auf die Ideale und die Musik von heute. Es soll ein großartiges Rockfestival werden, das uns ebenso lange in Erinnerung bleiben wird wie das erste.« Am Freitag spielten zur Eröffnung das Rockquartett **Candlebox**, die aus Georgia kommenden Rocker **Collective Soul**

August 1994

Jimmy Page und Robert Plant wieder vereint ... Bad Boy Records ... *Love Is All Around* ...

Salt-N-Pepa gewannen drei MTV Video Music Awards für das Video zu *Whatta Man*, in dem ein Sample aus Linda Lyndells R&B-Hit *What A Man* von 1968 verwendet wurde.

Robert Plant und Jimmy Page spielten im »Unledded«-Konzert für MTV neben akustischen Versionen von Led-Zeppelin-Klassikern auch neue Songs, die sie zusammen geschrieben hatten.

(mit den Brüdern **Ed** und **Dean Roland**), **Sheryl Crow**, das Quartett **Live**, das Punk-Folk-Trio **Violent Femmes** und andere. Gestern waren the **Cranberries** zu hören: die **Zucchero**, der senegalesische Weltmusik-Pionier **Youssou N'Dour**, **The Band**, **Salt-N-Pepa** (nur ein halbes Dutzend Schwarze sind unter den mehr als 30 Gruppen), **Blind Melon** (eine Rockband aus Los Angeles mit dem Sänger **Shannon Hoon**), die **Henry Rollins Band**, **Melissa Etheridge** (deren Album ***Yes I Am*** sechs Millionen Mal verkauft wird), **Nine Inch Nails**, **Metallica**, **Aerosmith** und zwei Veteranen des ursprünglichen Festivals, **Joe Cocker** und **Crosby, Stills And Nash**. **Bob Dylan** war beim ersten Woodstock-Festival nicht dabei. Er kommt am letzten Tag mit den **Neville Brothers**, **Santana**, **Arrested Development**, der **Allman Brothers Band**, **Traffic**, den **Spin Doctors**, **Porno For Pyros** (**Perry Farrells** neuer Alternative-Rock-Combo), den **Red Hot Chili Peppers**, **Peter Gabriel** und **Green Day**, die viele als den Höhepunkt des Festivals betrachten. Zwischen 235 000 und 350 000 Zuschauer kommen. Der Unterschied zu Woodstock 69 ist riesig. Der Eintritt kostet 135 $, und es gibt einen Exklusivvertrag mit Pepsi. Dies zeigt den Quantensprung von der gesellschaftlich und politisch aktiven Jugend von 1969 zur Spaßgesellschaft der 90er-Jahre. Parallel hierzu besuchen 15 000 Menschen ein alternatives Konzert auf dem ursprünglichen Bethel-Gelände mit **Country Joe McDonald**, **Arlo Guthrie**, **Melanie**, **Sha Na Na**, **Richie Havens**, **Ten Years After**, **Canned Heat** und den **Rascals**.

21 Bei einem Konzert in Anaheim, Kalifornien, während ihrer US-Tournee lässt **Whitney Houston** einen Scheinwerfer auf die im Publikum sitzenden Geschwister Sydney und Justin Simpson richten, deren Vater O. J. Simpson wegen Mordes an ihrer Mutter Nicole Brown vor Gericht steht.

25 **Jimmy Page** und **Robert Plant** nehmen in den LWT-Studios in London für die MTV-Reihe »Unplugged« eine Sendung mit dem Titel »Unledded« auf. Die am 12. Oktober ausgestrahlte Sendung erhält die bisher beste Bewertung. **John Paul Jones** war nicht eingeladen worden. Er setzt seine viel beachtete Karriere als Produzent fort, zurzeit für **Heart** und **Diamanda Galas**.

»Auf einer Skala von 1 bis 10 würde ich ihm 2 geben, weil er so ewig gebraucht hat. The Who hätten das in einer Minute geschafft.«

Roger Daltrey über Johnny Depps Versuch, ein Hotelzimmer zu verwüsten, 13. September 1994

31 Der aus Chicago kommende R&B-Sänger, Songschreiber und Produzent **R. Kelly** heiratet **Aaliyah** (Haughton) in Rosemont, Illinois, obwohl sie erst 15 Jahre ist. Das Mindestalter ist 16 Jahre. Die Ehe wird daher annulliert. *Back & Forth*, das vom 25-jährigen R. Kelly für Aaliyah geschrieben wurde und aus ihrem Debütalbum ***Age Ain't Nothing But A Number*** stammt, wird in den USA zur Nr. 5. Kellys eigene Karriere begann 1992 mit ***Born Into The '90s***. Sie befindet sich im Aufwind durch sein Multiplatin-Album ***12 Play***, das offen von Sex handelt und im März zur Nr. 2 in den USA wurde. Sein Hit *Bump N' Grind* wurde sogar zur Nr. 1. Er ist ein sehr gefragter Songschreiber und Produzent. Zu seinen aktuellen Erfolgen gehören Projekte für **Toni Braxton**, **Lisa Stansfield**, **Janet Jackson**, **Ex-Girlfriend**, **Gladys Knight**, **David Peaston**, die **Winans** und **N-Phase**.

September

8 Die frisch vermählten **Michael** und **Lisa Marie Jackson** küssen sich bei der elften Verleihung der MTV Video Music Awards. Ein ebenso ungewöhnliches Paar, TV-Moderator David Letterman und **Madonna**, verleiht **Aerosmith** den Preis bestes Video für »Cryin'«, das auch bestes Video einer Gruppe wird. Der kahl geschorene **Michael Stipe** von **R.E.M.** nimmt für *Everybody Hurts* vier Preise entgegen. **Nirvana** werden geehrt für das beste alternative Video und das beste Design. **Soundgarden** und die **Stone Temple Pilots**, beide in diesem Jahr erstmals an der Spitze der US-Charts, werden ausgezeichnet. Die Kategorie bestes Video eines Newcomers wird von den

HOOTIE AND THE BLOWFISH

2. September David Letterman hatte Hootie And The Blowfish im Radio gehört und sie daraufhin persönlich zu seiner Fernsehshow eingeladen. Der Song *Cracked Rear View* wurde von der Gruppe selbst geschrieben, von Don Gehman produziert und von Atlantic herausgebracht. Es ist ein überschwängliches, gradliniges und melodisches Rock-Set, das von dem kraftvollen Rock/Soul-Gesangsstil von Darius Rucker geprägt wird. Er und der Gitarrist Mark Bryan gründeten die Band als Studenten gemeinsam mit dem Schlagzeuger Dean Felber. 1989 übernahm Jim Sonefeld den Platz von Smith. Die aus eigenen Mitteln finanzierte EP *Kootchypop* wurde mit der Unterstützung des R.E.M.-Produzenten Don Dixon erstellt und im letzten Juli veröffentlicht. Der Talentsucher Tim Sommer war von dieser EP so beeindruckt, dass er die Band letzten Oktober für Atlantic übernahm.

Cracked Rear View **war im Mai 1995 Nr. 1 der US-Charts. Kein Debüt war in den USA jemals so erfolgreich.**

Counting Crows mit »Mr. Jones« erobert. Dieses Rock-Sextett war Vorgruppe der **Rolling Stones.** Ihren ersten großen Auftritt erlebten sie mit ihrem Frontmann **Adam Duritz** bei dem Dinner der Rock and Roll Hall of Fame im letzten Jahr, als sie den fehlenden **Van Morrison** vertraten.

13 Der Schauspieler Johnny Depp wird verhaftet, nachdem er sein Hotelzimmer im New-Yorker Mark Hotel demoliert hat. Von dieser Zerstörungswut wird **Roger Daltrey** im Nachbarzimmer geweckt.

13 Bad Boy Records bringt sein erstes Album heraus: **Notorious B.I.G.s** (prophetisches) Ready To Die, Nr. 73002, eine Woche vor Nr. 73001 (Projekt: Funk Da World von **Craig Mack**). Das neue Label wurde von **Sean Combs** gegründet, der unter dem Namen **Puff Daddy** aufnimmt und produziert. Er lockt viele talentierte New-Yorker R&B- und Hip-Hop-Künstler, bestimmt den Ton und lenkt die Szene der erfolgreichen Rap-Bewegung der Ostküste. Notorious B.I.G. (Rapper **Christopher Wallace**) wird Bad Boys größter Erfolg dieser Phase und erhält im nächsten Jahr zweimal Platin für seine Aufnahmen.

15 Im Auktionshaus Sotheby zahlt EMI Records 78 500 £ für ein Tonband, das Bob Molyneux, heute ein 53-jähriger Polizist im Ruhestand, bei einem Auftritt der **Quarry Men** auf einem Pfarrfest der St. Peter's Parish Church in Woolton am 6. Juli 1957 aufgenommen hatte. Zu hören sind die Titel *Puttin' On The Style* und *Baby Let's Play House.*

15 *Love Is All Around* von **Wet Wet Wet** muss nach 15 Wochen den Spitzenplatz der UK-Charts räumen, ist also nur eine Woche weniger als **Bryan Adams** Rekord mit *(Everything I Do) I Do It For You* dort vertreten. Der Manager der Gruppe, Elliot Davis, ruft den Direktor von Phonogram, Howard Berman, an und bittet ihn, die Platte aus dem Verkehr zu ziehen. Die Platte des Sommers 1994, eine Version des Originals der **Troggs** (1967, Nr. 5 der britischen Charts) wurde in den Soundtrack des Films »Vier Hochzeiten und ein Todesfall« übernommen.

17 Das Album *II* von **Boyz II Men** wurde in Grannys Privatstudio in Reno aufgenommen. Es steht als erstes Motown-Album seit **Stevie Wonders** *Songs In The Key Of Life* von Anfang an auf Platz 1. Es wurde von **Babyface,** Dallas Austin, Tim Kelly und Bob Robinson und **Jimmy Jam** und **Terry Lewis** produziert und wird bis Ende 1994 in den USA sechs Millionen Mal verkauft. Dieses Jahr wird von den Boyz geprägt. Zu dem Album gehört eine Version von *Yesterday*, die **Michael McCary** und **Nathan Morris** so im Schulchor gesungen haben, und ihre Ballade *I'll Make Love To You*, die 14 Wochen die Charts dominiert. *On Bended Knee*, geschrieben und produziert von Jam und Lewis, übernimmt danach diesen Spitzenplatz sechs Wochen lang. Boyz II Men sind erst die dritten Künstler, denen dies (nach **Elvis Presley** und den **Beatles**) gelingt.

***Definitely Maybe*, das von Mark Coyle produzierte erste Album von Oasis, stieg im September auf Platz 1 in die britischen Charts ein. Oasis hatten ihren Ruf als Britpop-Pioniere zementiert.**

18. November Die **Rolling Stones** sind die erste bekannte Band, die eine Veranstaltung über das Internet übertragen. Von dem heutigen Konzert in Dallas werden 20 Minuten von der Firma Thinking Pictures über das Internet zugänglich gemacht.

»Wir denken mal, die wollen sehen, ob wir es immer noch zwei Stunden lang durchhalten.«

Keith Richards auf die Frage, warum Fans die Voodoo-Lounge-Konzerte besuchen, **Mojo**, November 1997

Zum Auftakt der Voodoo Lounge Tour der Rolling Stones bot die Kreditkartengesellschaft National Affinity Cards zusammen mit der Maryland Chevy Chase Savings Bank Master- und Visacards im typischen Stones-Design mit Zungen-Logo an.

1994

Oktober

Konzert für Elvis Presley ... Erste MTV European Music Awards ...

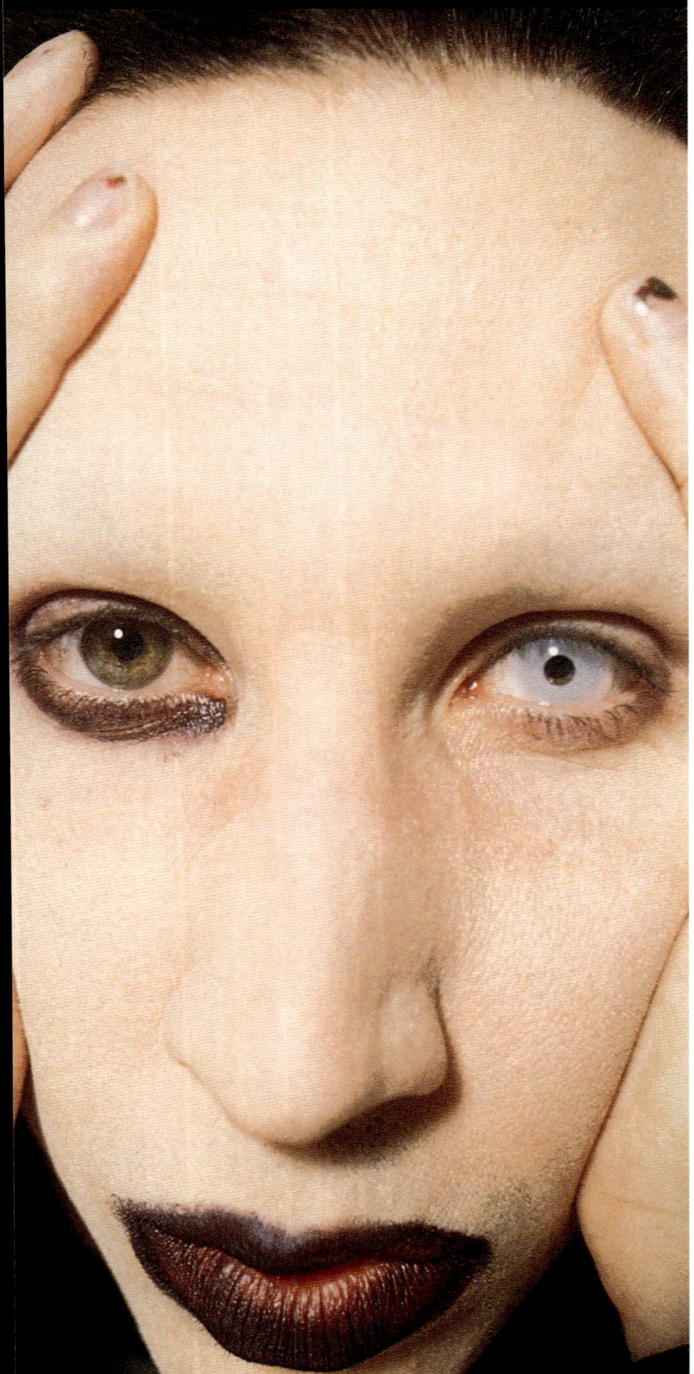

Oktober

1 Der **Daily Mirror** druckt ein Farbfoto von Michael Jackson (in der Uniform eines Pfadfinderführers) und fünf anderen Pfadfinderjungen ab. Als die Boy Scouts of America davon erfahren, erklären sie: »Michael Jackson war und ist kein Mitglied oder Führer der Boy Scouts of America. Der Verlag hat weder unsere Genehmigung für den Abdruck des Bildes eingeholt noch hat er auf unsere Nachfragen reagiert.«

8 »Elvis Aaron Presley: The Tribute« wird live aus der Pyramid Arena in Memphis von einem Pay-TV-Sender übertragen. **Lisa Marie**, die Tochter von Elvis, ihr Mann **Michael Jackson** und dessen Schwester **Janet** sind mit von der Partie. **Kris Kristofferson** ist der Erzähler. An dem Event beteiligen sich **Bryan Adams**, **Jeff Beck**, **Michael Bolton**, **John Cale**, **Cheap Trick**, **Cher** (die soeben ihren Versandhauskatalog Sanctuary veröffentlicht hat), **Sheryl Crow**, **Melissa Etheridge**, **Marianne Faithfull**, **Sammy Hagar**, **Michael Hutchence**, **Chris Isaak**, **Alan Jackson**, **Sam Moore**, **Aaron Neville**, **Iggy Pop**, **Paul Rodgers**, die **Scorpions**, **U2**, **Wet Wet Wet**, **Ann Wilson** von **Heart** und **Dwight Yoakam**. Musikalischer Leiter ist der Produzent **Don Was**, **Scotty Moore** und die **Jordanaires** übernehmen die musikalische Begleitung. **Fats Domino**, **Jerry Lee Lewis** und **Carl Perkins** nehmen ebenfalls teil.

12 Im Ramen der Tour Division Bell geben **Pink Floyd** 15 Konzerte im Londoner Earls Court; die ersten Gigs der Band in Großbritannien seit sieben Jahren beginnt mit einer Katastrophe. Ein Teil der Bestuhlung bricht nach einer Minute zusammen, und 1000 Menschen fallen zu Boden. Von der Tour profitieren mehrere Organisationen wie Amnesty International und Greenpeace. Das Album ***The Division Bell*** stand im Frühjahr vier Wochen an der Spitze der US-Charts.

18 Da die Bühnenauftritte von **Marilyn Manson** immer Kontroversen auslösen, erteilt das Delta Center in Salt Lake City der Vorgruppe von **Nine Inch Nails** Auftrittsverbot. Der androgyne Leadsänger, der 25-jährige Marilyn Manson (**Brian Warner**), wird von **Trent Reznor**, dem Leadsänger von NIN (der Marylin Manson bei seinem Label Nothing aufgenommen hat), auf die Bühne gebeten. Manson erklärt, warum er heute nicht spielt, zerfetzt dann das **Buch Mormon** und wirft es ins Publikum. Anschließend eilt er hinter die Bühne und demoliert die Garderoben des Hauses.

23 Das Benefizkonzert Stonewall Equality, das die Rechte von Lesben und Schwulen unterstützt, findet in der Royal Albert Hall statt. Es treten auf **Elton John**, **Sting**, die **Pet Shop Boys**, **Alison Moyet** und **Melissa Etheridge**.

»Politiker arbeiten nicht fürs Volk, aber das System arbeitet für sie ... Politiker stehen eine Stufe unter Gebrauchtwagenverkäufern.«

Chers Reaktion auf den Einzug ihres Ex-Mannes in den Kongress, **Washington Post**, 11. November 1994

»Reverend« Marilyn Manson wurde vom Gründer der Kirche Satans, Dr. Anton Szandor LaVey, im Oktober zum Priester geweiht.

November

8 Der Ex-Bürgermeister von Palm Springs, **Sonny Bono**, hat seine Musikkarriere zu Gunsten der Politik aufgegeben. Er gewinnt die Wahlen und wird Mitglied des Repräsentantenhauses.

24 Erstmals werden die MTV European Music Awards verliehen. Moderator dieser Sendung, die vor dem Brandenburger Tor in Berlin stattfindet, ist **Tom Jones**. Die Liste der Gewinner ist erfrischend abwechslungsreich: **Bryan Adams** und **Mariah Carey** werden bester Sänger und beste Sängerin, das originelle kanadische Quartett **Crash Test Dummies** wird zum besten Newcomer (mit *Mmm, Mmm, Mmm, Mmm*, vom Bariton **Brad Roberts** gesungen, haben sie auf beiden Seiten des Atlantiks Erfolg). **Aerosmith** wird als einzige Band mit zwei Preisen geehrt: beste Rockband und bester Rocksänger. **Neneh Cherrys** Duett mit **Youssou N'Dour**, *7 Seconds*, wird bester Song. **Take That** und **Prodigy** werden zur besten Gruppe und für den besten Tanz geehrt. Beste britische Band wird **Oasis**, die von den britischen Fernsehzuschauern auch zu den größten »Lokalhelden« gewählt werden. Die Techno/Electronica/Punk-Combo Prodigy mit dem Discjockey und Keyboarder **Liam Howlett** wird für ihre Tanzkünste ausgezeichnet; ihr provokatives Album ***Music For The Jilted Generation*** erreichte im Juli Platz 1 der UK-Charts

30 Der Rapper **Tupac Shakur** ist wegen Vergewaltigung und Waffenbesitz angeklagt. Davon unberührt macht er sich auf den Weg zum Stu-

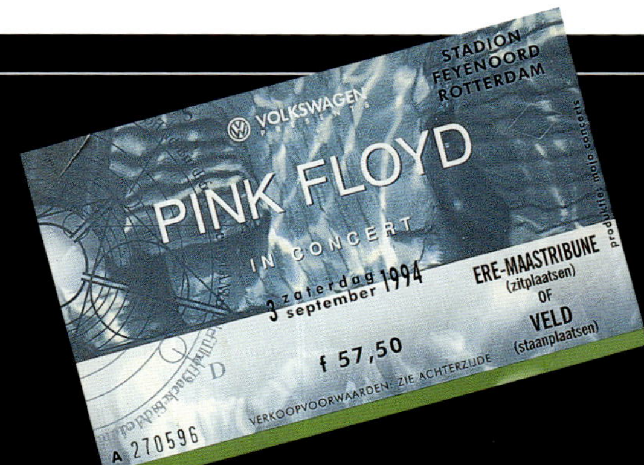

Zu den für Grunge eher untypischen Merchandising-Artikeln von Alice In Chains (hier als Puppen zu sehen) gehörten Bettwäsche, Spieluhren und Wanduhren ... Pink Floyds *The Division Bell*, das im Frühjahr vier Wochen Nr. 1 in den USA war, ist nach der Glocke benannt, die im britischen Unterhaus geläutet wird, wenn es an eine Abstimmung geht.

Ähnlich wie Green Day kupferten Offspring, die beim Hardcore-Label Epitaph unter Vertrag waren, vieles vom britischen Punk im Stil von 1976 ab, was ihnen großen Erfolg bei ihren Altersgenossen aus der Generation X bescherte.

dio am Times Square, um dort mit **Little Shawn** Aufnahmen zu machen. Er weiß, dass dies für einige Zeit die letzte Session sein kann. Als er das Studio mit drei Begleitern betritt, folgen ihm drei unbekannte Männer zum Aufzug, die Tupac für Sicherheitskräfte hält. Dort ziehen sie plötzlich Gewehre und befehlen: »Gebt euren Schmuck her und legt euch auf den Boden!« Tupac zieht seine Waffe und wird sofort fünfmal getroffen, zweimal am Kopf. Die Gangster entkommen mit Schmuck im Wert von 45 000 $, unter anderem mit Tupacs Diamantring im Wert von 30 000 $. Der schwer verwundete Musiker wird in den achten Stock gebracht, wo **Sean »Puffy« Combs** und **Biggie Smalls** arbeiten. Drei der Polizisten, die gerade zum Tatort gekommen sind, sollten Tupac eigentlich verhaften. Er wird ins Bellevue Hospital gebracht und dort an einem Blutgefäß an seinem rechten Bein operiert. Drei Stunden nach seiner Operation verlässt er gegen den ausdrücklichen Rat der Ärzte das Krankenhaus. Er fühlt sich immer noch bedroht.

Tupac Shakur wurde des sexuellen Missbrauchs in drei Fällen für schuldig befunden.

Dezember

1 Tupac begibt sich nach der Gerichtsverhandlung unter dem Namen Bob Day ins Metropolitan Hospital Center. Er und der Mitangeklagte Charles Fuller werden von den Anklagen Sodomie und Waffenbesitz freigesprochen. Schuldig ist er aber wegen dreifachen sexuellen Missbrauchs eines 20-jährigen Fans letzten November. Er bleibt gegen eine Kaution von 25 000 $ auf freiem Fuß.

6 Etwa 200 Fans stehen vor Tower Records am Piccadilly Circus Schlange, um als Erste das »neue« **Beatles**-Album ***Live At The BBC*** zu ergattern. Das Doppelalbum enthält 69 Tracks. Hierzu gehört Material, das für BBC-Radiosendungen wie »Easy Beat«, »Saturday Club«, »Top Gear« und »Pop Go the Beatles« zwischen März 1962 und Juni 1965 aufgenommen worden war. Es erweist sich wieder einmal, dass die Beatles unerreicht bleiben. Das Album steht sofort auf Platz 1 der britischen Charts, es werden bis zum 1. Januar 600 000 Stück in Großbritannien und zwei Millionen in den USA bis Anfang Februar verkauft.

7 **Offspring** eröffnen die fünfte Verleihung der **Billboard** Music Awards mit dem Song *Bad Habit.* Die kalifornische Punkszene befindet sich im Aufwind, und Offspring gehören zu deren populärsten Repräsentanten. Ihr erfolgreiches Album ***Smash***, eine Mischung aus Rock, Ska und Punk, stand im Oktober auf Platz 4 der US-Charts und wird insgesamt fünf Millionen Mal verkauft.

16 **Blur** war am 13. Dezember zu Gast in der Show »Later with Jools Holland« und präsentierten gestern »Top of the Pops«. Sie traten nach einem Appell von Nigel Hildreth, dem früheren Musiklehrer von **Damon Albarn** und **Graham Coxon**, vor 400 Schülern in einer Schule in Colchester auf. Das Schulorchester spielt Arrangements von Hildreth: *Parklife, End Of A Century* und *Girls And Boys.* Beim Konzert werden 3000 £ für ein Waisenhaus in Indien gesammelt. Albarn sagt dazu: »Wir haben die Lokalzeitung **Colchester Evening Gazette** nicht zugelassen. Sie haben unsere Musik ständig negativ bewertet. Sie waren immer so verbittert gegen uns.«

17 *December, 1963 (Oh, What A Night)* von den **Four Seasons** hat schon den Rekord der längsten Verweildauer in den Charts aufgestellt (38 Jahre und 7 Monate). Ein unnötiger Remix kommt am 13. August unter die Hot 100 und bleibt dort 46 Wochen – ebenfalls Rekord.

24 Das Album ***Vitalogy*** von **Pearl Jam** steht auf Platz 1 der US-Charts. In der ersten Woche wurden 877 000 Exemplare auf CD und Kassette verkauft, die zweitgrößte Anzahl eines Debütalbums innerhalb einer Woche nach ihrem Album ***Vs.*** (950 378). Die Vinyl-Version wurde zwei Wochen früher veröffentlicht und stand bereits auf Platz 55, ein seltener Erfolg für eine Vinylplatte. Das Album enthält *Spin The Black Circle,* die erste Single der Gruppe.

27 **Marilyn Manson** hat die US-Tour mit **Nine Inch Nails** beendet und spielt zum Beginn der American Family Tour im Club 5 in Jacksonville. Bei einem Teil der Show zeigt sich Manson nackt auf der Bühne und wird verhaftet. Er verbringt 16 Stunden im Gefängnis.

ROOTS **In diesem Jahr gründet sich in Chapel Hill, North Carolina, das Trio Ben Folds Five ... spielen Erykah Badu und Robert »Free« Bradford als Erykah Free erste Gigs in und um Dallas ... nimmt Andy Slater, der Chef von Clean Slate Records, Fiona Apple (16) unter Vertrag und arbeitet vor einer Veröffentlichung mit ihr am Ausbau ihres Talents ... spielt das schwedische Quintett The Hives erste Konzerte in und um Fagersta ... werden die Bluetones, die an Halloween 1993 erstmals auftraten, nach einem Konzert im Londoner Pub Bull & Gate von ihrem zukünftigen Manager Neil Burrow entdeckt ... gründet Ryan Adams aus North Carolina, der bereits bei der High-School-Punkband Patty Duke Syndrome spielt, Whiskeytown ... treffen sich Darren Hayes und der Engländer Daniel Jones, die beide in Barbands im australischen Queensland spielen; als Savage Garden unterschreiben sie sehr bald darauf einen Management- und Plattenvertrag mit JDM ... schließt sich die rappende Teenagerin Lil' Kim der Rapgruppe Junior M.A.F.I.A. um Notorious B.I.G. an und hat auf deren Album *Conspiracy* ihr Plattendebüt ...**

You Are Not Alone

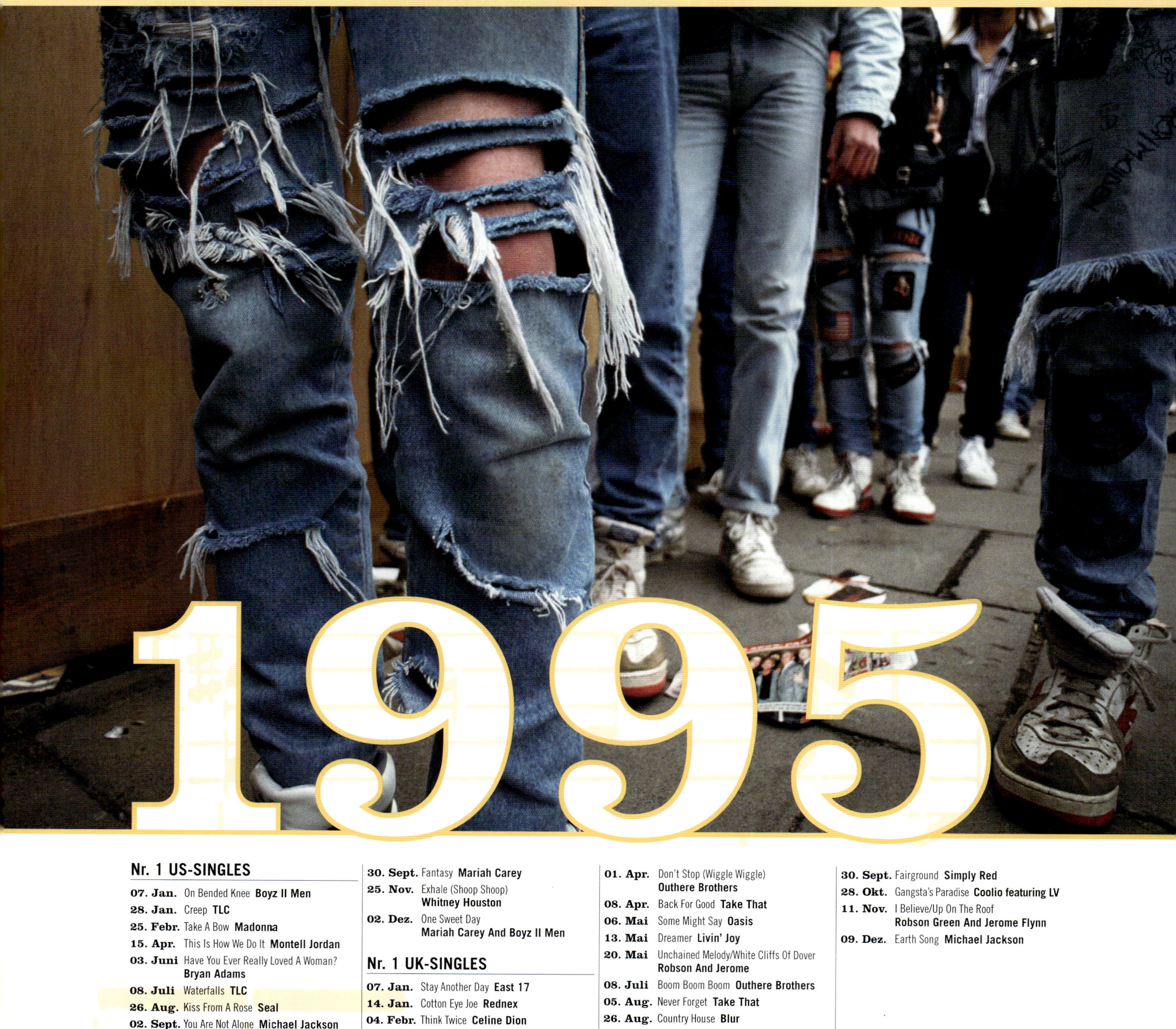

1995

Nr. 1 US-SINGLES

07. Jan. On Bended Knee **Boyz II Men**
28. Jan. Creep **TLC**
25. Febr. Take A Bow **Madonna**
15. Apr. This Is How We Do It **Montell Jordan**
03. Juni Have You Ever Really Loved A Woman? **Bryan Adams**
08. Juli Waterfalls **TLC**
26. Aug. Kiss From A Rose **Seal**
02. Sept. You Are Not Alone **Michael Jackson**
09. Sept. Gangsta's Paradise **Coolio featuring LV**
30. Sept. Fantasy **Mariah Carey**
25. Nov. Exhale (Shoop Shoop) **Whitney Houston**
02. Dez. One Sweet Day **Mariah Carey And Boyz II Men**

Nr. 1 UK-SINGLES

07. Jan. Stay Another Day **East 17**
14. Jan. Cotton Eye Joe **Rednex**
04. Febr. Think Twice **Celine Dion**
25. März Love Can Build A Bridge **Cher, Chrissie Hynde And Neneh Cherry With Eric Clapton**
01. Apr. Don't Stop (Wiggle Wiggle) **Outhere Brothers**
08. Apr. Back For Good **Take That**
06. Mai Some Might Say **Oasis**
13. Mai Dreamer **Livin' Joy**
20. Mai Unchained Melody/White Cliffs Of Dover **Robson And Jerome**
08. Juli Boom Boom Boom **Outhere Brothers**
05. Aug. Never Forget **Take That**
26. Aug. Country House **Blur**
09. Sept. You Are Not Alone **Michael Jackson**
23. Sept. Boombastic **Shaggy**
30. Sept. Fairground **Simply Red**
28. Okt. Gangsta's Paradise **Coolio featuring LV**
11. Nov. I Believe/Up On The Roof **Robson Green And Jerome Flynn**
09. Dez. Earth Song **Michael Jackson**

Radiohead

Alanis Morissette und ihre Begleitband

The Bends **von Radiohead tauchten Ende 1995 unter den 10 besten Alben des Jahres im Jahresrückblick vieler Musikzeitschriften auf, z. B. in People Weekly, Entertainment Weekly, Billboard, Musician, Melody Maker und im New Musical Express ... Alanis Morissette kam mit *Jagged Little Pill* im Oktober auf Platz 1 der US-Charts. Sie war die erste Kanadierin, der das gelang.**

Während Grunge und College-Rock weiterhin die US-Rockszene beherrschten, erlebte die britische Musik eine Renaissance, und die Geschichte des Rock bekam nun endlich ein festes Zuhause: In Cleveland, Ohio, wurde das Museum der Rock and Roll Hall of Fame eröffnet. Mit dem siebenstündigen Einweihungskonzert am 2. September wurde fast ein halbes Jahrhundert Rockmusik gefeiert. Die **Beatles** rundeten das Jahr – 25 Jahre nach ihrer Auflösung – mit einem neuen Nr.-1-Album ab: ***Anthology Volume 1*** verkaufte sich in der ersten Woche bereits fast eine Million Mal.

And der Spitze der britischen Talente standen **Oasis** und **Blur**, die sich um die Britpop-Krone stritten; Oasis repräsentieren die nordenglischen Proll-Rocker, Blur die südenglische Kunsthochschul-Fraktion. Blur heimsten für ***Parklife*** rekordverdächtig viele Brit Awards ein, und das mit Spannung erwartete Oasis-Album ***(What's The Story) Morning Glory?*** war gerade deshalb so gut, weil es auch von den Spannungen zwischen den Brüdern **Gallagher** lebte. Auch **Radiohead**, deren Album ***The Bends*** als bahnbrechend gefeiert wurde, gewannen erste Fans in den USA. Der durchdringende Gesang **Thom Yorkes**, die Gitarrenstrudel und die (manchmal schon zu) intelligenten Texte machten klar: In ihnen steckte viel mehr, als *Creep* bisher gezeigt hatte.

Portishead wurden die bekanntesten Vertreter der britischen Trip-Hop-Szene. Ihr Debütalbum folgte mit seinem Mix aus Hip-Hop, Soul und dem bluesigen Gesang von **Beth Gibbon** den Spuren von **Massive Attack**; ein Kritiker schrieb über die melancholischen Melodien und außerirdischen Soundeffekte: »Das perfekte Destillat des Gefühls, das man Sehnsucht nennt.« Die **Chemical Brothers** verquickten auf ***Exit Planet Dust*** Techno und Rock, Synthesizer-Bässe, Sampler und Computer und schufen einen faszinierenden Sound, der Electronica mainstreamtauglich machte.

Während **Pearl Jam** mit ihrem düsteren und mächtigen Mehrfachplatinalbum ***Vitalogy*** die Grunge-Szene in den USA am Kochen hielten, veröffentlichten die **Smashing Pumpkins** ihr Doppelalbum mit dem mehrdeutigen Titel ***Mellon Collie And The Infinite Sadness***, das offenbar die gesamte moderne Rockgeschichte einzufangen suchte. Ihr krachiger Metal-Sound war darauf genauso zu hören wie zartes Klavier und Einflüsse aus Rock, Pop und Klassik. **Alanis Morissette** verschrieb ihre ***Jagged Little Pill***, auf der sie wechselweise verletzlich, giftig, introvertiert und kämpferisch klang und dabei stets von Beziehungen und Sex erzählte.

Die größte Rocklegende, die sich 1995 auf immer verabschiedete, war **Jerry Garcia**. Er war bis zum Schluss auf Tour, und kaum eine Band hatte treuere Fans als die **Grateful Dead**. Er hatte einmal gesagt: »Die Dead sind für mich vor allem deswegen so interessant, weil eine richtige Gruppe von Leuten dahinter steckt. Der Dynamik dieser Gruppe vertraue ich.« Ohne ihn schien Weitermachen sinnlos, und die Band löste sich auf.

»Die britische Musik etabliert sich wieder. In Großbritannien wird jede Menge tolle Musik gemacht. Die Kids brauchen nicht mehr diesen Ami-Müll zu hören.« Damon Albarn bei den Brit Awards, 20. Februar 1995

1995 Januar

Led Zeppelin kommen in die Hall of Fame ... Tex-Mex-Superstar Selena ermordet ...

Steve Winwood sang bei der Trauerfeier für Vivian Stanshall, eine enge Freundin, die auch Texte für mehrere seiner Songs geschrieben hatte ... 25 Jahren verstrichen zwischen Joni Mitchells ersten zwei Auftritten in NBC-TV »The Tonight Show«, der dritte folgte nach nur zehn Monaten.

Steve Winwood

Januar

8 **Pearl-Jam**-Sänger **Eddie Vedder** führt durch die vierstündige Nachtsendung »Self Pollution Radio«, die aus seinem Abrisshaus in Seattle übertragen wird, in dem die Band probt. Pearl Jam spielen dabei im Zimmer nebenan zehn Songs, ebenso wie **Soundgarden**, **Mudhoney**, **The Fastbacks** und **Mad Season** (ein Projekt von **Pearl-Jam**-Mann **Mike McCready** und **Layne Staley** von **Alice In Chains**). Zudem sind Tracks vom kommenden Soloalbum des Ex-**Nirvana**-Schlagzeugers **Dave Grohl** und ein gesprochener Text vom Bandkollegen **Krist Novoselic** zu hören.

12 **Jimmy Page**, **Robert Plant** und **John Paul Jones** von **Led Zeppelin** jammen mit **Steven Tyler** und **Joe Perry** von **Aerosmith**, nachdem Led Zeppelin von den beiden **Toxic Twins** in die Rock and Roll Hall of Fame aufgenommen worden sind. **Eddie Vedder** führt bei dieser zehnten Feier auch **Neil Young** ein (der am Wochenende mit **Pearl Jam** zu Gunsten von Voters For Choice bei zwei Benefizkonzerten in Washington auftritt). **Willie Nelson** begrüßt die **Allman Brothers Band** und singt *Funny How Time Slips Away* mit Neuzugang **Al Green**, den **Natalie Cole** in der Hall Of Fame willkommen heißt. **Melissa Etheridge** führt **Janis Joplin** ein und ehrt die verstorbene Sängerin mit ihrer Version von *Piece Of My Heart*. **Lou Reed** ehrt **Frank Zappa**, und **Kate Pierson** and **Fred Schneider** von den **B-52's** begrüßen **Martha And The Vandellas**. Als früher Einfluss kommen die R&B-Pioniere **The Orioles** neu hinzu, und Journalist und Historiker **Paul Ackerman** ist als einziger Nichtmusiker vertreten.

21 Während **Holes** Australientournee wird **Courtney Love**, die Königin der von den Medien aufgebauschten Riot-Grrrl-Bewegung, auf dem Flug von Brisbane nach Melbourne wegen ungebührlichen Verhaltens festgenommen. Sie hatte ihre Füße gegen die Trennwand zur 1. Klasse gestemmt und weigerte sich, sie wegzunehmen; als man ihr mit einer Anzeige drohte, antwortete sie: »Dann zeigt mich doch an, ihr Wichser.«

24 **Portishead** werden bei den BRAT Awards (der vom **NME** organisierten Alternativveranstaltung zu den Brits der Musikindustrie) als bester Dance-Act ausgezeichnet. Ihr Album ***Dummy*** wurde u. a. von **The Face**, **Melody Maker**, **Mix Mag**, **ID** und dem **Daily Telegraph** zum Album des Jahres 1994 erklärt. Mit seinem Mix aus Soundtrackklängen mit Retro-Touch, Hip-Hop, Soul, Jazz und Blues, geprägt von **Beth Gibbons** kraftvoller Bluesstimme, gilt das Album als Meilenstein des immer beliebter werdenden Trip-Hop-Genres. Das innovative Quartett, zu dem auch **Geoff Barrow**, **Adrian Utley** und **Dave McDonald** gehören, stammt – ebenso wie das angesagte Produktionsteam Smith & Mighty und **Massive Attack** – aus der kreativen Dance/R&B-Szene Bristols.

26 Das deutsche Fraunhofer-Institut für integrierte Schaltungen meldet in den USA ein Patent auf seine MPEG-3-Technik an (das es im nächsten Jahr auch erhält), mit der sich digitale Musikdateien ohne Verlust der Soundqualität komprimieren lassen. 1987 wurde erstmals an diesem bahnbrechenden Format gearbeitet, und die erste Version, MPEG-1, wurde 1992 zum Industriestandard. MP3 revolutioniert die Art, wie Musik vertrieben, gespeichert und abgespielt wird, und entwickelt sich bei zunehmender Beliebtheit des Internets zur gängigen Methode weltweiten Musikaustauschs.

Februar

3 Nach ihrem Auftritt am 26. Januar im Wells Fargo Theatre des Gene Autry Museums von Los Angeles stellt **Joni Mitchell** ihr Album ***Turbulent Indigo*** (bei dem u. a. auch **Seal** mitwirkt) in der »Tonight Show« von Jay Lenos vor. Wie sie selbst sich erinnert, ist es ihr erster Fernsehauftritt seit der »Johnny Cash Show« im Jahr 1970.

17 Das Auto von **Richey Edwards**, Gitarrist der **Manic Street Preachers**, wird am Ostufer des Severn nahe der Autobahnbrücke gefunden. Edwards wurde zuletzt im Londoner Embassy Hotel gesehen, bevor er am 1. Februar in seine Wohnung nach Cardiff fuhr, wo man später nur seinen Ausweis, eine Packung Prozac-Tabletten, Kreditkarten sowie Songtexte und Gedichte fand.

17 Während **Garth Brooks**' Compilation ***Hits*** in den USA Platz 1 erreicht, wird er mit Mehrfachplatin ausgezeichnet – für ***The Chase*** (sechs Mio. verkaufte Exemplare), ***Ropin' The Wind*** (elf Mio.) und ***No Fences*** (13 Mio.). Damit ist er der erfolgreichste Countrysänger aller Zeiten. Außerhalb der USA ist er aber kaum bekannt.

20 Die Britpopper **Blur** erhalten die meisten Preise in der Geschichte der Brit Awards, die im Londoner Alexandra Palace zum 14. Mal verliehen werden: für die beste britische Single (*Parklife*), bestes britisches Video (*Parklife*), bestes britisches Album (***Parklife***) und als beste britische Band. Ihre Rivalen **Oasis** werden als beste Newcomer gekürt, und **Paul Weller** sowie die frühere Sängerin und Songschreiberin von **Fairground Attraction**, **Eddi Reader**, als die besten männlichen bzw. weiblichen Solokünstler. Nach einem überraschenden Duett mit dem besten britischen Dance-Act **M People** überreicht **Sting Elton John** den Preis für überragende Leistungen. Zu den Gewinnern zählen auch **R.E.M.** (schon zum zweiten Mal als beste internationale Künstler), ⚥ (bester internationaler Sänger), **k.d. lang** (beste

Courtney Love gab zu, dass sie während eines Fluges das Kabinenpersonal beschimpft hatte. Unter der Auflage, sich einen Monat nichts zu Schulden kommen zu lassen, wurde sie zu einer Geldstrafe von 500 $ verurteilt.

Joni Mitchell

internationale Sängerin) und **Lisa Loeb** (beste internationale Newcomerin). Die Zeremonie eröffnet **Madonna** mit *Unconscious*, sicher mehr als zufrieden, dass der Produzent ihres Albums *Bedtime Stories*, **Nellee Hooper**, als bester britischer Produzent gewürdigt wird.

25 **Elton John** enthüllt dem **New Musical Express** in einem selbstkritischen Interview, dass er in den letzten fünf Jahren über 1350 Therapiesitzungen gehabt hat. Über seine Kokainabhängigkeit sagt er: »Sting meinte, es sei Gottes Art mir zu sagen, dass ich zu viel Geld habe.«

Bruce Springsteens aufwühlender Song *Streets Of Philadelphia* gewann drei Grammys, auch als Song des Jahres, und einen Oscar.

26 **Neil Young** und **Pearl Jam** treten unter dem Namen **Piss Bottle Men** im Moore Theatre in Seattle auf.

März

1 **Bruce Springsteen** eröffnet mit seinem Stück *Streets Of Philadelphia* (für den er 1994 einen Oscar für den besten Filmsong bekam) die 37. Grammy-Verleihung im Shrine Auditorium in Los Angeles. Der Titel wird bei der diesjährigen Preisverleihung Song des Jahres und ausgezeichnet als bester speziell für Film oder Fernsehen geschriebener Song; Springsteen selbst wird bester Rocksänger. Die **Rolling Stones**, 1987 für ihr Lebenswerk geehrt, erhalten ihre ersten Grammys: bestes Rockalbum für *Voodoo Lounge* und den Grammy für den besten Musik-Videoclip (»Love Is Strong«). **Bob Dylan**, zuvor im Rockbereich ausgezeichnet, erhält für *World Gone Wrong* den Preis für das beste traditionelle Folkalbum. **Eric Clapton** bekommt seinen neunten Grammy in der Kategorie bestes traditionelles Bluesalbum für *From The Cradle*. **Sheryl Crow** wird für *All I Wanna Do* – die Platte des Jahres – als beste Popsängerin und gleichzeitig beste Newcomerin geehrt. Das Album *Rhythm Country & Blues*, von den besten Künstlern aus Rhythm'n'Blues und Country eingespielt, erhält zwei Preise: *I Fall To Pieces*, gesungen von **Aaron Neville** und **Trisha Yearwood**, wird bestes Countryduett, *Funny How Time Slips Away*, gesungen von **Al Green** und **Lyle Lovett**, bestes Popduett. **Tony Bennett**, der 1963 zweimal einen Grammy gewann, wird nach einer längeren Auszeit zum dritten Mal bester traditioneller Popsänger. Außerdem erhält er in der wohl beliebtesten Entscheidung des Abends für *MTV Unplugged* den Preis für das Album des Jahres.

15 **Madonna** erfüllt sich einen lang gehegten Wunsch und unterschreibt für die Rolle der Eva Peron in der Verfilmung des Hitmusicals »Evita« von **Andrew Lloyd Webber** und **Tim Rice**.

Ihr gemeinsam mit **Babyface** produziertes Take A Bow hat bereits die Hälfte seiner siebenwöchigen Zeit als US-Nr.-1 hinter sich.

18 **Annie Lennox** stellt das Album *Medusa*, den Nachfolger ihres sechs Mio. Mal verkauften Debüts *Diva*, bei »Saturday Night Live« vor. Unter den von Stephen Lipson produzierten Covers sind zu finden: **Procol Harums** *A Whiter Shade Of Pale* (die erste Platte, die sich Annie mit 14 gekauft hatte), **Al Greens** *Take Me To The River*, **Bob Marleys** *Waiting In Vain*, **Blue Niles** *Downtown Lights* sowie Titel von den **Temptations**, **Neil Young**, **The Clash**, **The Persuaders** und **Paul Simon**. *Medusa* wird Nr. 1 der UK-Charts.

21 **Steve Winwood** singt *Arc Of A Diver* beim Gedenkgottesdienst für **Vivian Stanshall** von der **Bonzo Dog Doo-Dah Band** in der Londoner St. Patrickskirche. Der exzentrische Stanshall, der heute 52 geworden wäre und erst kürzlich durch eine Bierwerbung wieder auf sich aufmerksam machte, war am 5. März bei einem Feuer in seiner Londoner Wohnung ums Leben gekommen. Von Winwood veröffentlichte Island am Vortag eine Werkschau aus vier CDs, *The Finer Things*, die von seinen Anfängen mit der **Spencer Davis Group** über **Blind Faith**, **Traffic**, die Fusion-Experimente mit **Stomu Yamashtas** Projekt **Go**, **Winwood/Kanaka/Amao** bis zu den Solohighlights für Island und Virgin reicht.

31 Grammy-Gewinnerin und Tejano-Superstar **Selena** wird 23-jährig im Days Inn Motel im texanischen Corpus Christi erschossen. Ihre Mörderin, die 32-jährige Yolanda Saldivar (ihre ehemalige Fanclubleiterin und frühere Angestellte) droht während der neunstündigen Verfolgung, sich umzubringen, wird aber schließlich von der Polizei verhaftet.

April

8 **Take That** erreichen mit *Back For Good* Platz 1 in England. Binnen einer Woche wurden 300 000 Stück verkauft – das schaffte kein anderer Neueinsteiger der letzten zehn Jahre.

16 70 000 Pfund kommen für die Aktion »Help A London Child« von Capital Radio zusammen, als **George Michael** dem Sender vorab die Single *Jesus For A Child* zur einmaligen Ausstrahlung überlässt – zum Ärger von Sony.

20 **Oasis**-Drummer **Tony McCarroll**, der seit einiger Zeit Krach mit seinen streitlustigen Bandkollegen hat, bekommt nach einem Gig im Pariser Bataclan Ärger mit den **Gallagher**-Brüdern. Nach dem Auftritt der Band bei »Top Of The Pops« am nächsten Wochenende ist er seinen Job los. Die Band behauptet offiziell, man habe sich in beiderseitigem Einvernehmen getrennt.

23 Die Sunday Times berichtet, dass der Schweißer Peter Hodgson auf dem Dachboden eine Aufnahme mit 16 Songs der **Quarry Men** entdeckte, die 1959 auf dem Tonbandgerät entstand, das sein Vater **Paul McCartney** geliehen hatte.

Mai 1995

The Eagles

Jagged Little Pill erscheint ... Wolfman Jack stirbt ... Abschiedstour der Ramones ...

Mai

15 Die 20-jährige in Utah geborene und in Anchorage aufgewachsene Folkpopsängerin **Jewel** tritt in der »Conan O'Brien Show« erstmals im Fernsehen auf. Ihr größtenteils selbst verfasstes Debüt ***Pieces Of You***, ein zerbrechliches Werk mit Café-Atmosphäre, erschien am 17. Februar in den USA auf Atlantic. Die darauf enthaltene erste Single *Who Will Save Your Soul* floppt zunächst, ebenso wie die um E-Gitarre ergänzte Remix-Version von *You Were Meant For Me*.

15 **Stone-Temple-Pilots**-Sänger **Scott Weiland**, der im Februar eine zweiwöchige Aufnahmesession abgesagt hat, wird in Pasadena wegen Heroin- und Kokainbesitz festgenommen.

16 Die US-Comebacktournee der **Eagles**, When Hell Freezes Over, geht zu Ende und hat mit mehr als zwei Millionen Zuschauern über 135 Mio. Dollar eingebracht – das ist Rekord.

20 *Unchained Melody* ist der erste Song, der in drei verschiedenen Versionen Nr. 1 in England wird. 1955 von Alex North und Hy Zaret geschrieben, kam er noch im gleichen Jahr mit **Jimmy Young** auf Platz 1, schaffte das in der 1990 wieder veröffentlichten Version der **Righteous Brothers** erneut und ist jetzt in einer überflüssigen Neuaufnahme der britischen Fernsehschauspieler **Robson** (**Green**) **And Jerome** (**Flynn**) wieder an der Spitze.

23 Anläslich der 40. Ivor Novello Awards im Londoner Grosvenor House wird der ehemalige **Troggs**-Sänger **Reg Presley** mit seinem Titel *Love Is All Around* für den bestverkauften Song, den meistgespielten Song und den internationalen Hit des Jahres ausgezeichnet. **Georgie Fame** überreicht **Van Morrison** die Auszeichnung für sein Lebenswerk, der wiederum würdigt **Lonnie Donegan**, der den Preis für herausragende Verdienste um die britische Musik erhält. Der Ambient-Pionier und Topproduzent **Brian Eno** erhält den Radio-1-Preis für musikalische Innovation. **Elvis Costello** wird für das beste Gesamtwerk geehrt, und das von **Elton John** und **Tim Rice** geschriebene *Circle Of Life* wird zum besten Song aus einem Film ernannt. **Celine Dions** *Don't Think Twice*, geschrieben von **Andy Hill** und **Pete Sinfield**, wird als musikalisch und textlich bester Song ausgezeichnet. **Tony Mortimer** von **East 17** wird Songwriter des Jahres, während das mitreißende *You Gotta Be* der in London geborenen R&B-Newcomerin **Des'ree** zum besten Song gewählt wird.

25 Die früheste bekannte Aufnahme von **Mick Jagger** und **Keith Richards**, ein Tonband von 1961, wird bei Christie's in London versteigert. Die halbstündige Aufnahme soll unter Mitwirkung von **Dick Taylor**, **Bob Beckwith** und **Allen Etherington** entstanden sein. Der anonyme Meistbietende ist niemand anders als Mick Jagger.

Jewel spielte 1995 die Rolle der Dorothy in einer All-Star-Aufführung von »Der Zauberer von Oz« in der New-Yorker Avery Fisher Hall.

27 **Paul Weller** drittes Soloalbum ***Stanley Road*** steigt auf Platz 1 der englischen Charts ein. Der Titel bezieht sich auf die Adresse seines Elternhauses in Woking; das Cover stammt von Peter Blake. Als Gäste sind u. a. **Steve Winwood**, **Noel Gallagher**, **Carleen Anderson** und Ex-**Style-Council**-Mann **Mick Talbot** dabei.

Juni

7 Beim achten Gig der Band **Radiohead** anlässlich ihrer US-Tour bricht **Jonny Greenwood** beinahe auf der Bühne in Cleveland zusammen. Aus seinem Ohr sickert Blut, und er hat Probleme mit seinem Arm, das vom langen Gitarrespielen herrührt. Die Band präsentiert derzeit ihr energiegeladenes, gefeiertes Album ***The Bends***, das in die Jahres-Top-10 vieler Magazine wie **People**, **Melody Maker**, **New Musical Express**, **Musician**, **Billboard** und **Options** kommt.

13 **Alanis Morissettes** hochgelobtes Debütalbum ***Jagged Little Pill*** erscheint in den USA auf **Madonnas** Maverick-Label. Die erste daraus veröffentlichte Single *You Oughta Know* – mit **Flea** und **Dave Navarro** von den **Red Hot Chili Peppers** – wird im August ihr erster Hit in England, erscheint jedoch in den USA – ebenso wie die nächsten beiden Singles *Hand In My Pocket* und *All I Really Want* – nur als Radioversion. Der erste echte Hit – *Ironic* – erreicht im nächsten Jahr Platz 4 der Hot 100. Die 21-jährige Singer/Songwriterin aus Ottawa ist kein Neuling im Showgeschäft. Sie schrieb mit neun ihre ersten Songs und begann mit zehn ein zweijähriges Engagement in einer Fernsehshow des Kinderkanals Nickelodeon. Ihre erste selbst veröffentlichte Single verschaffte ihr einen Vertrag mit MCA in Kanada, wo ihr danceorientiertes Debütalbum ***Alanis*** sich über 100 000-mal verkaufte und ihr den Juno Award als vielversprechendste kanadische Künstlerin einbrachte. Nach Veröffentlichung des von Pop und Soul geprägten Albums ***Now Is The Time*** zog sie 1992 nach Los Angeles, wo sie als Schauspielerin neben Corey Haim in der kurzlebigen Comedy-Serie »Just One Of The Girls« auftrat. Musikalisch schlug sie als Singer/Songwriterin eine neue,

»Wenn man 50 wird, merkt man nur zu gut, dass es irgendwann vorbei ist. Die Party kann nicht ewig dauern.« Rod Stewart, **Mojo**, Mai 1995

The Chemical Brothers

Die RIAA gab bekannt, dass die Verkaufszahlen von Eagles-Tonträgern in den USA 56 Mio. erreicht hatten ... Die Chemical Brothers Tom Rowlands und Ed Simons lernten sich 1989 als Geschichtsstudenten an der Universität Manchester kennen, wo sie dasselbe Seminar über Chaucer und denselben Russischkurs besuchten.

Robbie Williams' Solodebüt fand in der Sendung »Music Jam« auf Capital Radio statt.

ROBBIE WILLIAMS

17. Juli **Take That veröffentlichen folgende Erklärung: »Robbie Williams verlässt die Erfolgsband Take That, da er nicht länger in der Lage ist, sich in der Gruppe so langfristig zu engagieren, wie sie es erfordert.« Williams war in letzter Zeit öfter aufgefallen und erst kürzlich ziemlich angeheitert mit blondierten Haaren und Strubbelfrisur beim Glastonbury Festival erschienen. Er hatte bereits angekündigt, nach Abschluss der kommenden Tournee auszusteigen, wird nun aber fristlos entlassen, was zu bitteren Gerichtsprozessen mit Manager Nigel Martin-Smith und anhaltenden Reibereien mit seinen Ex-Kollegen führt.**

ernsthafte Richtung ein und tat sich, obwohl ohne Plattenvertrag, mit dem Rockpop-Produzenten Glen Ballard zusammen, den sie über den MCA-Vertriebsdirektor Kurt Denny kennen gelernt hatte. In seinem Heimstudio in San Fernando Valley entstand ***Jagged Little Pill***, das wiederum den 21-jährigen Talentsucher für Maverick, Guy Oseary, beeindruckte.

14 Der irische Blues/Rockgitarrist **Rory Gallagher** (46) stirbt nach einer Lebertransplantation. Gallagher, der mit **Taste** in den 60er-Jahren bekannt geworden war, blieb seinen musikalischen Wurzeln treu und verzichtete auf kommerziellen Erfolg. Im Nachruf der **Times** wird er als »mutiger, ehrlicher Musiker« bezeichnet, »der seine eigenen Songs schrieb und den Blues dabei als persönlichste musikalische Ausdrucksform betrachtete«.

15 Der Rummel um **Michael Jacksons** Doppel-LP ***HIStory: Past, Present And Future Book 1*** erreicht seinen Höhepunkt, als eine zehn Meter hohe Statue des Sängers (der gestern mit Lisa Marie von Diane Sawyer für die ABC-Fernsehsendung »Primetime Live« interviewt wurde) unter der Londoner Towerbrücke hindurchfährt. Die Platte enthält auch neue Produktionen von Jam And Lewis, David Foster, **R. Kelly** und Dallas Austin.

23 ***Exit Planet Dust*** von den **Chemical Brothers** erscheint in Großbritannien. Die von den Kritikern als bahnbrechendes Dance-Album gefeierte Platte führt mit ihren fetten Beats, innovativen Samples und hymnischen Soundscapes das neue »Big-Beat«-Genre ein, das aus den Clubs nun in die Charts vordringt. **Tom Rowlands** und **Ed Simons**, die ihre DJ-Talente in der Madchester-Szene Anfang der 90er-Jahre erprobt haben, gelten momentan als die angesagtesten britischen Club-DJs und legen regelmäßig beim Londoner Heavenly Sunday Social auf.

30 **Garth Brooks** vergräbt das Master von ***The Hits*** neben seinem Stern auf dem Hollywood Walk Of Fame vor dem Capitol-Büro, Ecke Sunset und Vine Boulevard. Die Platte war auf 10 Mio. Stück limitiert und ist seit dem 1. Juni vergriffen.

Juli

1 **Wolfman Jack** stirbt zu Hause in Belvedere, Nord-Carolina, am Herzinfarkt. Der in Brooklyn als Robert Smith geborene legendäre Discjockey hatte eine Stimme von hohem Wiedererkennungswert und baute sich im goldenen Zeitalter der Top-40-Sendungen ein rätselhaftes Image auf. 1973 wurde er durch »American Graffiti« einem breiten Publikum bekannt. Am gestrigen Abend moderierte er im Restaurant Planet Hollywood, Washington, D. C., seine letzte Sendung.

4 In George, Washington, beginnt das sechswöchige Festival Lollapalooza 95, mit **Sonic Youth**, **Hole**, **Cypress Hill**, **Pavement**, **Sinéad O'Connor**, **Beck** (der 1994 mit *Loser*, der Hymne der Generation X, den Durchbruch schaffte), den Underground-Industrialrockern **Jesus Lizard** und der Ska-Band **Mighty Mighty Bosstones**. Wegen ihrer Schwangerschaft steigt O'Connor nach acht Gigs aus. Auch dabei sind **Elastica**, der Electro-Punk-Crossover-Pionier **Moby** und die dem alten Indie-Geist verpflichteten Alternative-Rocker **Superchunk**.

13 Wie Sony erklärt, hat **George Michael** den Prozess um seine Loslösung von dem Unternehmen gewonnen und kann nun als erster Musiker bei Dreamworks SKG in den USA und bei Virgin Records für die übrigen Länder einen Vertrag über zwei Alben abschließen. Sony erhält dafür um die 40 Mio. $, drei Prozent vom Händlerpreis der nächsten zwei Alben, die Rechte an seinen alten Aufnahmen und ein Greatest-Hits-Album.

22 Bei der **R.E.M.**-Welttournee ereignet sich ein neues Unglück, als zwei Teenager während des R.E.M.-Auftritts beim nahe Dublin gelegenen Slane Castle im Fluss Boyne ertrinken. Vor 100 000 Fans spielen außerdem **Oasis**, das amerikanische Alternative-Quartett **Belly** (ein Projekt der Ex-**Throwing-Muses**- und Ex-**Breeders**-Sängerin **Tanya Donelly**), der irische Folk-Exzentriker **Luka Bloom**, die irische Akkordeonistin und Geigerin **Sharon Shannon** sowie **Michael Frantis** Funk-Rapper **Spearhead**.

August

2 Adios Amigos, die Abschiedstournee der **Ramones**, beginnt im Strand Theater von Providence; sie endet am 17. September im Ted Gormley Stadion in New Orleans, bevor es für fünf Auftritte nach Buenos Aires geht.

2 **Elvis Costello**, wieder vereint mit den **Attractions**, beginnt ein fünftägiges Gastspiel im New Yorker Beacon Theatre. Im Programm hat er einige für andere Künstler geschriebene Songs, darunter *Complicated Shadows* und *You Bow Down* sowie das mit **Burt Bacharach** per Fax und Telefon für den Allison-Anders-Film »Musik ist mein Leben« verfasste *God Give Me Strength.*

1995 August

Die ersten Lady Soul Train Awards ... Jerry Garcia stirbt ... Rock and Roll Hall of Fame and Museum wird eröffnet ...

6 Die Einweihungszeremonie der Lady Soul Train Awards findet im Civic Auditorium in Santa Monica statt. Die Gewinnerin des Abends ist die 16-jährige **Brandy**, die für *I Wanna Be Down* drei Preise (beste R&B/Soul-Solosingle, Soulsong des Jahres und beste R&B/Soul-Newcomerin) und einen weiteren für ***Brandy*** als bestes Soloalbum im Bereich R&B/Soul erhält. **TLCs** Nummer-1-Hit *Creep* wird als beste R&B/Soul-Single einer Gruppe und ihr ***CrazySexyCool*** als bestes R&B/Soul-Album einer Gruppe ausgezeichnet. **Salt-N-Pepa** erhalten als Entertainer des Jahres den Aretha Franklin Award 1995.

11 Die Trauerfeier für **Jerry Garcia**, der angeblich in schwarzem T-Shirt und Sporthosen beerdigt wird, findet in der St. Stephen's Episcopal Church in Belvedere, Kalifornien, statt. **Robert Hunter** verliest »An Elegy for Jerry«. Übermorgen wird eine von der Stadt San Francisco und den **Grateful Dead** veranstaltete Gedenkfeier auf dem Polo Field im Golden Gate Park stattfinden.

15 Die **Dave Matthews Band**, eine der am härtesten arbeitenden Bands der USA, tritt im beeindruckenden Red Rocks Amphitheatre in Denver auf: Ein Mitschnitt des Konzerts wird 1997 als Doppel-CD veröffentlicht. Das Rootsrock-Quintett, das Matthews – ein in Südafrika geborener Sänger, Songwriter und Gitarrist – 1991 in Charlottesville gründete, hat sich in den USA vor allem unter Collegestudenten eine treue Fangemeinde erspielt und ist dieses Jahr fast ununterbrochen unterwegs, um das mit Dreifachplatin ausgezeichnete zweite Album ***Under The Table And Dreaming*** vorzustellen.

24 Die TV-Werbung für die neue Software Windows 95 von Microsoft läuft in den USA, Großbritannien, Australien und Kanada an; musikalisch untermalt wird der Spot von *Start Me Up* von den **Stones**. Die Nutzung dieses Titels hat Bill Gates angeblich 12 Mio. $ gekostet.

26 Auf dem Höhepunkt der von den Medien entfachten Fehde zwischen den Britpop-Größen **Blur** und **Oasis** (die beide kürzlich Nr.-1-Hits verbuchten) steigt Blurs *Country House* in Großbritannien mit 274 000 verkauften Exemplaren von null auf eins. Oasis' *Roll With It* (216 000 verkaufte Exemplare) erreicht nur Platz 2.

30 Einen Tag nach seinem 53. Geburtstag stirbt **Velvet-Underground**-Mitbegründer **Sterling Morrison** nach langer Krankheit in Poughkeepsie, New York, am Non-Hodgkins-Lymphom. Nach seiner Zeit bei VU arbeitete er als Schlepperkapitän in Houston, als Englischprofessor und als Solist bei den Hudson-Valley-Philharmonikern.

September

2 Das Rock and Roll Hall of Fame Museum in Cleveland feiert seine Eröffnung mit Riesenstaraufgebot beim ausverkauften Concert For The Hall Of Fame im Cleveland Stadium. Mit dabei sind **Al Green**, **Aretha Franklin**, **Booker T. And The MG's**, **Bob Dylan**, **Dr. John**, **George Clinton**, **Bon Jovi**, **Chuck Berry**, **Bruce Springsteen**, **Heart**, **Iggy Pop**, **Jackson Browne**, **Jerry Lee Lewis**, **John Mellencamp**, **Johnny Cash**, **Little Richard**, **Melissa Etheridge**, **Natalie Merchant**, die **Pretenders**, **Sam Moore**, **Sheryl Crow**, **Soul Asylum**, die **Allman Brothers Band**, **Boz Scaggs**, **John Fogerty**, **Gin Blossoms**, **Robbie Robertson**, **James Brown**, **Ray Davies**, **Lou Reed**, **Bruce Hornsby** und **Martha Reeves**. Das Konzert ist Teil einer Reihe von Veranstaltungen rund um den amerikanischen Labor Day. Im Anschluss an die gestrige Rockin' In The Streets Parade wurde das Band vor dem Eingang des 92 Mio. $ teuren, von Ieoh Ming Pei entworfenen Bau am Ufer des Eriesees feierlich durchschnitten.

7 Bei den zwölften MTV Video Music Awards in der New-Yorker Radio City Music Hall bekommen **Janet** und **Michael Jackson** für »Scream« Awards für das beste Dance-Video, die beste Choreografie und das beste Design. **Seal** übergibt nicht nur Preise – sein »Kiss From A Rose« wird

JERRY GARCIA

9. August **Jerry Garcia stirbt in der kalifornischen Drogenklinik Serenity Knolls friedlich im Schlaf. Die Gerichtsmedizin gibt als Todesursache einen Herzinfarkt aufgrund von Arterienverhärtung an, deutet aber an, dass der langzeitabhängige 53-jährige Gitarrist möglicherweise am Tag vor seinem Tod Heroin gespritzt haben könnte. Auf Anordnung des Bürgermeisters Frank Jordan wehen in San Francisco die Fahnen auf Halbmast, und über dem Rathaus flattert zeitweise eine gebatikte Dead-Flagge. Bob Dylan wird wie folgt zitiert: »Man kann nicht vermitteln, was dieser Verlust bedeutet. Er trifft einfach sehr tief.«**

Hall of Fame Concert

Portishead

Ahmet Ertegun beschrieb die Rock and Roll Hall of Fame and Museum als einen »Versuch, den Menschen Anerkennung zu zollen, denen die weltweit populärste Musikform aller Zeiten zu verdanken ist« ... Geoff Barrow von Portishead erklärte gegenüber der Washington Post, die Band wolle einfach nur »jede Menge Platten rausbringen«.

zudem bestes Video; der Song aus »Batman Forever« war letzte Woche Nr. 1 in den USA. **Dr. Dres** »Keep Their Heads Ringin'« wird zum besten Rap-Video gekürt und **Hootie And The Blowfishs** »Hold My Hand« zum besten Newcomer-Video. »Take A Bow« von **Madonna** ist das beste Video einer Sängerin, und **TLC** erhalten für »Waterfalls« den Preis für das beste Video, das beste Video einer Gruppe, das beste R&B-Video und den Zuschauerpreis. **Tom Petty** wird mit »You Don't Know How It Feels« für das beste Video eines Sängers ausgezeichnet. Der Preis für die beste Kamera geht an »Love Is Strong« von den **Rolling Stones**. Die unkonventionellen Alternative-Newcomer **Weezer** räumen mit dem Clip zu »Buddy Holly« die Awards für bestes Alternative-Video, beste Regie (Spike Jonze), bester Schnitt (Eric Zumbrunnen) und bestes Newcomer-Video ab. Die von **Black Sabbath** beeinflussten **White Zombie** spielen mit ihrem Frontmann **Rob Zombie** (einem begeisterten Comic-Sammler) den Titel *More Human Than Human*, der den Preis für das beste Hardrock-Video bekommt. **R.E.M.** werden mit dem Video-Innovationspreis für ihr Lebenswerk geehrt.

8 **Annie Lennox** gibt ein kostenloses Konzert im Central Park. Es ist ihr erster Auftritt in New York seit 1988 und der Einzige in den USA für dieses Jahr. Die 6000 Tickets, die in zwei New-Yorker Läden verteilt wurden, waren binnen einer Viertelstunde vergriffen. Acht Titel der Show werden für das limitierte Album ***Live In Central Park*** mitgeschnitten und später dem ***Medusa***-Album teilweise beigelegt, sind in den USA jedoch erst im Frühjahr nächsten Jahres erhältlich.

12 Der begehrte Mercury Music Prize geht im Londoner Savoy Hotel diesmal an **Portisheads** Album ***Dummy***. Nominiert waren Künstler aus den verschiedensten Bereichen: **Guy Barker** (***Into The Blue***), **Elastica** (für ihr hochgelobtes Debütalbum ***Elastica***), **P. J. Harveys** Album ***To Bring You My Love***, das House-beeinflusste Produzenten- und Remixerduo **Leftfield** (***Leftism***), **James MacMillan** (***Seven Last Words From The Cross***), **Van Morrison** (***Days Like This***), **Oasis** (***Definitely Maybe***), die Oxforder Newcomer **Supergrass** (für ihr druckvolles, lebendiges Debüt ***I Should Coco***) und ***Maxinquaye*** von **Tricky**, einem jungen, provokanten Trip-Hopper aus dem Bristol-Umfeld von **Massive Attack** und **Portishead**.

12 Dem US-Plattenfirmenverband RIAA zufolge ist **TLC** mit 19 Millionen verkaufter Singles und Alben in den USA die erfolgreichste weibliche Gruppe aller Zeiten (ohne Brücksichtigung der Erfolge der **Supremes** in den 60er-Jahren). Von ***CrazySexyCool*** wurden in den USA bisher sechs Millionen Stück verkauft (es werden insgesamt über zehn) und drei Millionen von ***Ooooooohhh ... On The TLC Tip***. Das Trio heimste eine Reihe Gold- und Platinsingles ein, etwa für ihre jüngsten US-Nr.-1-Hits *Creep* (produziert von Dallas Austin) und *Waterfalls* (harmonieverliebt und radiotauglich produziert von Organized Noise).

14 **Paul McCartneys** handgeschriebener Text für *Getting Better* erzielt 249 200 $ bei einer Auktion von Sotheby's in London – der bisher höchste Preis für eine **Beatles**-Komposition.

19 Auf Go! Discs erscheint in England das Benefizalbum ***Help!***. Betreut von den Hauptinitiatoren **Brian Eno** und **Radiohead**-Sänger **Thom Yorke**, haben Bands wie Oasis, Portishead, Blur, Stone Roses, Suede, Radiohead, Massive Attack und viele andere in nur fünf Tagen zu Gunsten von War Child, einer Hilfsorganisation für von Kriegen betroffene Kinder, eine Reihe exklusiver Songs eingespielt.

25 **Courtney Love** gibt zu, **Kathleen Hanna** von **Bikini Kill** bei einem Lollapalooza-Konzert am 4. Juli tätlich angegriffen zu haben. Sie wird zu einem Jahr auf Bewährung verurteilt, unter der Bedingung, zwei Jahre lang gewaltfrei zu bleiben und eine Antiaggressionstherapie zu machen. Richter Richard Fitterer sagt: »Sie müssen einige Dinge in den Griff bekommen – Ruhm und Geld, den angeblichen Drogenkonsum, Trauer. Ihre Berühmtheit bringt viel Verantwortung mit sich.«

»Ich glaube, man sollte die zehn Alben des Jahres gar nicht bewerten. Wer möchte schon behaupten, dass es nur einen Sieger gibt?«

Geoff Barrow von Portishead nach dem Gewinn des Mercury Music Prize, 12. September 1995

TLC wurden mit 19 Mio. verkauften Tonträgern als bestverkaufte Interpretinnen der US-amerikanischen Musikgeschichte bestätigt.

Sir Cliff ... Soul Train feiert 25-jähriges Jubiläum ... »The Beatles Anthology« ...

Oktober

7 Als erste Kanadierin erreicht **Alanis Morissette** mit ***Jagged Little Pill*** Platz 1 der US-Charts. In den nächsten zwei Jahren entwickeln sich sowohl die Sängerin als auch ihr Album zu einem globalen Phänomen. ***Jagged Little Pill*** wird mit einem Umsatz von über 16 Mio. Exemplaren allein in den USA zum bestverkauften Album einer Künstlerin überhaupt. Seine als männerfeindlich empfundenen, von Ängsten durchzogenen Texte ergänzen den ehrlichen, rebellischen und impulsiven Stil, der die Generation X – vor allem den weiblichen Teil – anspricht. In England erhält das Album neun Platinauszeichnungen und eine Reihe weiterer Preise. Aufgrund seines Erfolgs ist Morissette, derzeit mitten in einer US-Tournee, bis Oktober nächsten Jahres live unterwegs.

21 **Shannon Hoon**, Leadsänger von **Blind Melon**, wird tot im Tourbus der Band gefunden – von einem Soundtechniker, der ihn für den Soundcheck im Tipitina-Club von New Orleans zu wecken versucht. Der 28-Jährige starb vermutlich an einer Überdosis Kokain. Er wird auf dem Dayton Cemetery in Tippecanoe County, Indiana, begraben.

23 Am so genannten **Def-Leppard**-Tag spielt die Band an einem Tag in drei verschiedenen Kontinenten: morgens um fünf in den Grotten des Herkules in Tanger, gegen Mittag im Londoner Club Bottom Line und schließlich um 21 Uhr im Commodore von Vancouver.

25 **Cliff Richard** wird als erster Popstar in den britischen Adelsstand erhoben. Nach der Verleihungszeremonie nimmt er in der Kirche von St. Martin In The Fields in London am Trauergottesdienst für **Jerry Lordan** teil, der einige Hits für Cliff Richard und vor allem für die **Shadows** geschrieben hatte, darunter *Apache*, *Wonderful Land* und *Atlantis*.

November

2 Die TV-Show »Soul Train« feiert im Shrine Auditorium ihren 25. Geburtstag und führt zehn Soul-Legenden (und den Rapper **Hammer**) in die neu gegründete Hall Of Fame ein. Bei der Feier, die am 22. im Fernsehen gezeigt wird, treten einige Soulgrößen live auf, darunter **Al Green**, **Bill Withers**, **Diana Ross**, **Patti LaBelle** und **Stevie Wonder**. Weiterhin aufgenommen wurden **Michael Jackson**, **Whitney Houston**, **Curtis Mayfield** und **Barry White**, der nicht dabei ist, da er aufgrund starker Erschöpfung in ein Krankenhaus in Las Vegas eingeliefert wurde. **Marvin Gaye** wird postum geehrt.

7 **Oasis**, die gestern und vorgestern zwei ausverkaufte Konzerte im Londoner Earl's Court gaben, werden bei den Q Awards im Park Lane Hotel als bester Liveact ausgezeichnet. Schlecht gelaunt wie immer lässt sich **Noel Gallagher** zu dem Kommentar herab: »Ich nehme diesen Preis für ein Scheiß-Album mit Scheiß-Texten entgegen.« Das Album ***(What's The Story) Morning Glory?*** ist geprägt von Noels **Beatles**-beeinflussten Melodien und **Liams** hervorragendem Gesang und kam vor drei Wochen auf Platz 1 der UK-Charts, die daraus ausgekoppelte Rockhymne *Wonderwall* steht auf Platz 2. Die momentan bei Publikum und Kritikern beliebteste Band Englands sorgt vor allem wegen ihrer wilden, oft von Alkohol und Drogen beeinflussten Ausfälle abseits der Bühne für Schlagzeilen. Beispielhaft für den Dauerkonfrontationskurs der Gallagher-Brüder ist Noels in **Billboard** zitierte Erklärung, weshalb sie nicht in Australien auftreten, wo sie sehr angesagt sind: »Wir haben keinen Bock, an den Arsch der Welt zu fliegen, um dann total beschissen zu spielen.«

7 **Eric Clapton**, der nach eigenem Bekunden »mit zunehmendem Alter ruhiger wird«, erhält von Prinz Charles im Buckingham-Palast den OBE-Orden und wird zusätzlich wenig später im Park Lane Hotel bei den Q Awards für besondere Verdienste geehrt. **David Bowie** und **Brian Eno** wird der Q-Inspirationspreis verliehen. **Jarvis Cocker** überreicht diese Auszeichnung mit einer lustigen Ansprache, indem er die beiden Rockgrößen mit britischen Komikern vergleicht. Eno kommentiert die Ehrung: »Wir dachten ja eigentlich, wir bekämen den Newcomer-Preis.«

Alanis Morrissette trat im Vorprogramm von Vanilla Ice auf, um ihr tanzbares Debütalbum *Alanis* zu promoten.

8 Als erster Popmusiker überhaupt wird **Paul McCartney** in die gelehrte Gesellschaft des Royal College Of Music aufgenommen.

11 Die **Smashing Pumpkins** treten in »Saturday Night Live« auf. Ihr auf Virgin erschienenes Doppelalbum ***Mellon Collie And The Infinite Sadness***, das letzte Woche auf Platz 4 in den UK-Charts einstieg, kam jetzt in den USA auf Platz 1. Der Erfolg des von Flood, Alan Moulder und **Billy Corgan** produzierten Albums (weltweit wurden über fünf Millionen verkauft) wird durch die beiden (in den USA mit Gold ausgezeichneten) Singles *Bullet With Butterfly Wings* und *1979* angefacht.

19 Der erste Teil der »Beatles Anthology« wird im US-Fernsehen ausgestrahlt (Teil zwei und drei folgen am 22. bzw. 23. November). Der Film versucht, mit den ausführlichen Kommentaren der verbliebenen drei Musiker, ergänzt um Ausschnitte aus alten Interviews mit **John Lennon** sowie persönlichen Anekdoten und Beobachtungen, die definitive Archiv-Dokumentation der frühen **Beatles**-Jahre anzubieten. Der erste Teil

Oasis

Oasis spielten um Mitternacht ein 40-minütiges Unplugged-Konzert im Virgin Megastore für etwa 500 Fans, die Schlange standen, um das neue Album der Band zu kaufen ... Alanis Morissettes erster Auftritt in England fand im Juni als Werbung für *Jagged Little Pill* im Londoner Hanover Grand statt.

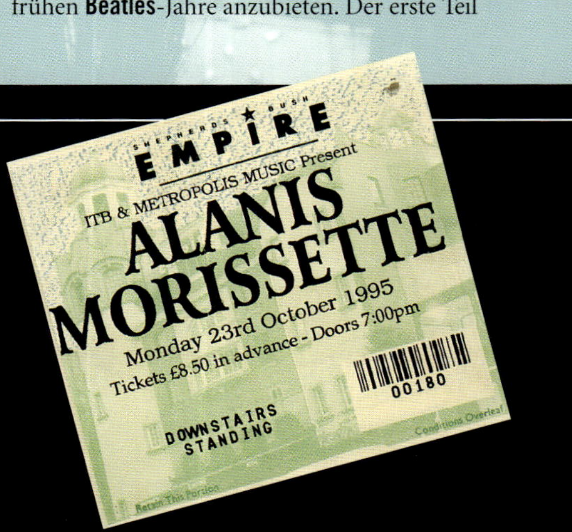

Ein Radiosender im australischen Sydney suchte über einen Wettbewerb einen neuen Namen für ♀. Die Hörer entschieden sich für »Davo«.

endet mit der Fernseh-Erstausstrahlung der ersten »neuen« Beatles-Aufnahme seit ihrer Trennung: *Free As A Bird* wurde aus einem bisher unveröffentlichten Demo John Lennons erstellt, das **Yoko Ono** (ebenso wie den Song *Real Love*) **Paul McCartney** übergeben hatte; die verbliebenen Beatles fügten unter der Leitung von Koproduzent **Jeff Lynne** ein Rhythmusgerüst und Gesangsharmonien hinzu. Die TV-Dokumentation ist der Auftakt einer Reihe neuer Beatles-Aktivitäten. Es folgen drei Anthologie-Doppel-CDs, die nach gewissenhafter Recherche von den drei Beatles und Produzent **George Martin** zusammengestellt und in chronologischer Folge veröffentlicht werden und dabei auch unveröffentlichtes Material, Outtakes, Alternativversionen, Proben, seltene B-Seiten, Studiogeplänkel und alte Hits enthalten.

20 Auf der Party nach dem Grand Prix von Australien im Hilton Hotel in Adelaide spielt ein DJ zum ersten Mal den neuen **Beatles**-Titel *Free As A Bird*. Partygast **George Harrison** hat ein Exemplar der Single dabei und gibt sie dem DJ 24 Stunden früher, als sie anderswo auf der Welt jemals gespielt wird.

21 Elektra Records US veröffentlicht seine erste E-CD, die Multimediatracks enthaltende Single *Wonder* von **Natalie Merchant**, ausgekoppelt aus ihrem kürzlich erschienenen und viel beachteten ersten Soloalbum ***Tigerlily***. Das **Wall Street Journal** schreibt: »Ein Juwel ... ***Tigerlily*** hat das Flair eines zeitlosen Klassikers.« In den USA werden mehr als vier Millionen Alben verkauft.

21 **Billie Joe** von **Green Days** wird beim Konzert in der Milwaukee Arena festgenommen, weil er dem Publikum den nackten Hintern gezeigt hat.

23 Der legendäre Motown-Saxophonist **Jr. Walker**, der im März bei der sechsten Zeremonie der Rhythm and Blues Foundation in Hollywood einen Pioneer Award erhalten hat, stirbt mit 64 Jahren in Battle Creek, Michigan, an Krebs.

23 **George Michael** und **Bono** nutzen ihren Auftritt bei den MTV Europe Music Awards im Pariser Le Zenith für politische Kommentare zur französischen Atomwaffenpolitik. Michael, der den Free Your Mind Award an Greenpeace übergibt, kritisiert den britischen Premier John Major für seine Unterstützung des französischen Programms: »Wenn Zusammenarbeit bedeutet, dass man wegguckt, wenn der Partner die Erde gefährdet, dann sind wir allein besser dran.« **U2** werden als beste Band gefeiert. Weitere Preise gehen an **Michael Jackson** (bester Sänger), **Take That** (bester Live-Act), **Björk** (beste Sängerin) und **East 17** (beste Tanzgruppe).

26 **Bruce Springsteen** präsentiert das düstere, überwiegend akustische Album ***The Ghost Of Tom Joad*** auf seiner ersten Solotour, die heute im Wiltern Theatre in Los Angeles beginnt.

»Was für eine Stadt. Was für ein Abend. Was für eine Bombe. Was für ein Fehler. Was ist euer Präsident doch für ein Wichser.«

Bono über die Atomwaffenpolitik des französischen Präsidenten Jacques Chirac, 23. November 1995

Dezember

6 **Michael Jackson**, der mit *The Earth Song* zum zweiten Mal Platz 1 in England erreicht hat, bricht bei den Proben für die Fernsehdokumentation »Michael Jackson: One Night Only« im New-Yorker Beacon Theatre zusammen und wird wegen Flüssigkeitsmangel behandelt.

6 Bei den sechsten **Billboard** Music Awards im New-Yorker Coliseum singt **Stevie Wonder** *Pastime Paradise* – mit dem Rap-Star **Coolio**, der mit *Gangsta's Paradise*, einer Hip-Hop-Bearbeitung von Wonders Song, einen US-Nr.-1-Hit hatte. Seine Version wird als Song des Jahres prämiert. Das erfahrene Alternative-Rocktrio **Goo Goo Dolls**, das vor zehn Jahren in Buffalo von **Johnny Rzeznik** (Gesang, Gitarre), **Robby Takac** (Bass) und **Mike Mallinin** (Drums) gegründet wurde und jetzt mit *Name* erstmals einen Nr.-1-Hit hat, nimmt einen Preis für den noch im Krankenhaus liegenden **Michael Jackson** entgegen.

8 **Michael Jackson** liegt (umgeben von gerahmten Postern von Shirley Temple, Mickymaus und Topo Gigio) noch immer auf der Intensivstation und wird wegen Magenentzündung, Flüssigkeitsmangel sowie Leber- und Nierenfunktionsstörungen behandelt. Er leidet offenbar an einer Virusinfektion und war schon eine Woche vor seinem Zusammenbruch krank.

9 ***Anthology Volume 1*** von den **Beatles**, schon in der ersten Woche 855 000-mal verkauft, kommt in den US-Charts sofort auf Platz 1 – das 16. Beatles-Album auf diesem Spitzenplatz. Damit liegen die Beatles weiter vor **Elvis** und den **Stones**, mit jeweils neun Topalben. Zudem setzt die Platte einen neuen Rekord: 31 Jahre und zehn Monate liegen zwischen der ersten und der letzten Nummer 1, die längste Zeitspanne, die je ein Künstler verzeichnen konnte. Der erste Teil umfasst 60 Titel aus der Frühphase der Band, angefangen 1958 mit Aufnahmen aus dem Liverpooler Phillips Sound Recording Service bis 1964, angeführt vom »neuen« Track *Free As A Bird*. Das Album verkauft sich in den USA bis zum nächsten April über drei Millionen Mal.

16 *Free As A Bird* erreicht mit Platz 2 (hinter **Michael Jacksons** *Earth Song*) seine Höchstplatzierung in den USA. **Paul McCartney** erzählt: »Wir stellten uns vor, **John** sei in Urlaub gefahren und hätte gesagt: Es ist alles fertig außer diesem einen Song, um den könnt ihr euch kümmern.«

26 ♀ erklärt, er habe Warner Bros. Records offiziell mitgeteilt, dass er seinen Vertrag zu beenden wünscht; als Gründe nennt er »unüberbrückbare Differenzen« und die »instabile und sich ständig verändernde Managementstruktur« innerhalb der Plattenfirma.

28 **Noel Gallagher** erzählt in einer BBC-Sendung, dass er weinen musste, als Fußballfans von Manchester City im Stadion *Wonderwall* sangen.

29 Die **Manic Street Preachers** geben ihr erstes Konzert seit dem Verschwinden von **Richey Edwards**. Zu dritt treten sie als Vorband der **Stone Roses** in der Londoner Wembley Arena auf. Edwards' Schwester Rachel hatte am Samstag zuvor in der Fernsehsendung »Missing At Christmas« den Fall ihres vermissten Bruders geschildert.

ROOTS **In diesem Jahr tritt die Sängerin und Pianistin Norah Jones an ihrem 16. Geburtstag erstmals auf einer offenen Bühne in einem Café in Dallas auf ... bekommt Ashanti Douglas (14) einen Vertrag bei Jive Records ... fragt DJ Lyfe nach einem Konzert von Incubus, ob sie einige seiner Hip-Hop-Beats verwenden möchten; nach einer Probe steigt er fest bei der Band ein ... formiert sich in Iowa die Band Slipknot, die bald darauf in Eigenregie ihr erstes Album *Mate, Feed, Kill, Repeat* herausbringt ... beginnt Alicia Keys (14) mit dem Komponieren und dem Aufnehmen von Demos, aufgrund derer Clive Davis sie mit 18 unter Vertrag nehmen wird ... tritt Kelly Clarkson auf Anregung eines Lehrers, der sie auf dem Flur singen hört, in den Schulchor der Pauline Hughes Middle School in Burleson, Texas ein ... gründen Mike Mushok und Aaron Lewis, die sich seit einer Weihnachtsfeier 1993 in Springfield, Massachusetts, kennen, die Band Staind, die im Februar zum ersten Mal auftritt ... ist Ja Rule als Gast auf *Time To Build*, einer B-Seite von Mic Geronimo, erstmals auf einem Tonträger zu hören ...**

You Must Love Me

1996

Nr. 1 US-SINGLES

06. Jan. One Sweet Day **Mariah Carey And Boyz II Men**
23. März Because You Loved Me **Celine Dion**
04. Mai Always Be My Baby **Mariah Carey**
18. Mai Tha Crossroads **Bone Thugs-N-Harmony**
13. Juli How Do U Want It **2Pac (featuring K-Ci And JoJo)**
27. Juli You're Makin' Me High **Toni Braxton**
03. Aug. Macarena (Bayside Boys Mix) **Los Del Rio**
09. Nov. No Diggity **Blackstreet (featuring Dr. Dre)**
07. Dez. Un-break My Heart **Toni Braxton**

Nr. 1 UK-SINGLES

06. Jan. Earth Song **Michael Jackson**
20. Jan. Jesus To A Child **George Michael**
27. Jan. Spaceman **Babylon Zoo**
02. März Don't Look Back In Anger **Oasis**
09. März How Deep Is Your Love **Take That**
30. März Firestarter **Prodigy**
20. Apr. Return Of The Mack **Mark Morrison**
04. Mai Fast Love **George Michael**
25. Mai Ooh Aah … Just A Little Bit **Gina G**
01. Juni Three Lions (The Official Song Of The England Football Team) **Baddiel And Skinner And The Lightning Seeds**
08. Juni Killing Me Softly **Fugees**
20. Juli Forever Love **Gary Barlow**
27. Juli Wannabe **Spice Girls**
14. Sept. Flava **Peter André**
21. Sept. Ready Or Not **Fugees**
05. Okt. Breakfast At Tiffany's **Deep Blue Something**
12. Okt. Setting Sun **Chemical Brothers**
19. Okt. Words **Boyzone**
26. Okt. Say You'll Be There **Spice Girls**
09. Nov. What Becomes Of The Broken Hearts/ Saturday Night At The Movies/You'll Never Walk Alone **Robson And Jerome**
23. Nov. Breathe **Prodigy**
07. Dez. I Feel You **Peter André**
14. Dez. A Different Beat **Boyzone**
21. Dez. Knockin' On Heaven's Door/ Throw These Guns Away **Dunblane**
28. Dez. 2 Become 1 **Spice Girls**

2Pac

Mick Hucknall und die Fugees

Wie bei so vielen vor ihm verkauften sich die Platten von 2Pac nach seinem Tod besser als davor – zwischen 1999 und 2003 bekamen drei Alben in den USA mehrfach Platin ... Lauryn Hill und Wyclef Jean von den Fugees feierten ihren MTV Video Music Award für »Killing Me Softly« mit Mick Hucknall von Simply Red.

Rap wurde inzwischen mit gewalttätigen Gangs assoziiert – nicht nur der Texte wegen. **Tupac Shakur** wurde Opfer eines Mafia-ähnlichen Anschlags in Las Vegas. Sein Tod schürte die ohnehin harte Rivalität zwischen Ost- und Westküsten-Rappern und eine Verbindung zwischen Gangs wie den Southside Crips und Rap-Künstlern. Trotz vieler Theorien blieb der Mord ungeklärt, doch es hielt sich das Gerücht, Rap-Rivale **Notorious B.I.G.** hätte damit zu tun (er wurde nächstes Jahr ermordet).

Michael Jackson schlug sich mit Problemen ganz anderer Art herum. Die Welt jubelte nicht gerade über sein neues Material, und »Wacko Jacko« saß in England fest. Der R&B hatte sich weiterentwickelt. **Mary J. Blige** etablierte sich als Königin des Hip-Hops, souliger hingegen war der R&B von **Toni Braxton**, deren Album ***Secrets*** die ganze Gefühlsskala von Liebe, Sehnsucht und dezenter Lust abdeckte. Mit gemäßigtem Tempo, geschmeidigen, klaren Arrangements von **Babyface** war es fürs Radio himmlisches Manna. **Boyz II Men** hatten eine andere Lizenz zum Geldmachen (mindestens für ein weiteres Jahr): *One Sweet Day*, ihr Duett mit **Mariah Carey**, wurde zur dauerhaftesten Nr.-1-Single der US-Chartsgeschichte.

Während Amerikas erfolgreichste Bar-Band **Hootie And The Blowfish** phänomenale Wellen schlug, lieferte die kalifornische Band **No Doubt** – mit der sexy Platinblondine Frontfrau **Gwen Stefani** – den wohl frischesten Rocksound. Fast zehn Jahre hatten sie sich in heimischen Clubs abgerackert, bevor der Durchbruch mit dem Ska-Beat-Album ***Tragic Kingdom*** kam. Es erhielt fünffaches Platin. Im Gegensatz zu Grunge mischten **No Doubt** Ska, Punk und Pop im **Blondie**-Stil.

»Heute beste Band. Morgen. Übermorgen. Und am Tag danach.«

Noel Gallagher bei den **Q** Awards, 8. November 1996

Oasis dominierten die britische Musikszene und Popbands, die auf den Teenie-Markt schielten. Oasis kassierten vier Goldene Singles, und ihre Alben (***What's The Story) Morning Glory?*** und ***Definitely Maybe*** verkauften sich insgesamt fast sechs Millionen Mal, also an etwa jeden zehnten Engländer. Die Gebrüder **Gallagher** kamen mit Berichten über Schlägereien, draufgängerisches Gehabe, Trinkgelage und Trennungsgerüchte nicht aus der Skandalpresse. Trotzdem lieferten nur wenige Bands so viele bewunderungswürdige Platten in so kurzer Zeit ab.

Die jungen Fans himmelten die neuen Boygroups an. Nach Auflösung von **Take That** führte ***A Different Beat***, das zweite Album des irischen Quintetts **Boyzone**, die britischen Charts an. Die Musik war meist banal, statt Eigenkompositionen gab es haufenweise Covers. Doch dank guter Harmonien und noch besserem Aussehen der Jungs wurden weltweit über zwei Millionen Exemplare verkauft. Da Boygroups in Europa besser liefen, präsentierten die cleveren Jive Records ihre **Backstreet Boys** aus Florida dort, bevor man sie dem amerikanischen Publikum verkaufte.

In Großbritannien gelang den Produzenten Stannard und Rowe Ähnliches mit den **Spice Girls**. Ihre ersten drei Singles wurden alle zu UK-Nr.-1-Hits. Mit eingängigem, frechem Pop, Tanzrhythmen und der neuen »Girlie-Power«-Philosophie eroberten sie Millionen junger Mädchen (und auch Jungs) und mit dem Debütalbum ***Spice*** sofort die UK-Chartsspitze. 1997 hatten sie dann weltweit phänomenalen Erfolg.

Januar 1996

Take That lösen sich auf ...
Jarvis gegen Jacko ...

Coolio wurde bei den American Music Awards als bester Rap-/Hip-Hop-Künstler ausgezeichnet ... Die im Ausland bis dato so gut wie unbekannte kubanische Musik des Buena Vista Social Clubs wurde unter anderem durch den gleichnamigen Film einem breiten Publikum bekannt. Das erfolgreiche Album der Kubaner erhielt Platin.

Coolio

Januar

6 O. J. Simpson wünscht sich bei einem Radiosender in L. A. per Telefon den Tageshit *One Sweet Day* von **Mariah Carey And Boyz II Men**. Er widmet ihn seiner ermordeten Ehefrau Nicole.

17 Bei der elften Aufnahmefeier in die Rock and Roll Hall of Fame im New-Yorker Waldorf-Astoria werden **Pink Floyd** (ohne **Roger Waters**) von **Smashing Pumpkin Billy Corgan** eingeführt, der sie als »ultimative Rock-Anomalie« bezeichnet. Den britischen Kollegen **David Bowie** führt **David Byrne** ein. **Jefferson Airplane**, ohne **Grace Slick** – sie ist wegen eines Fußleidens verhindert – werden von **Grateful Deads Phil Lesh** und **Mickey Hart** eingeführt. **Mariah Carey** führt **Gladys Knight And The Pips** ein, die seit 1990 nicht mehr gemeinsam gesungen haben. **Patti Smith** ist Patin der **Velvet Underground**: Sie treten nach 25 Jahren erstmals in den USA auf und singen *Pale Blue Eyes* und *Last Night I Said Goodbye To My Friend*, das sie einige Tage zuvor für den im August verstorbenen **Sterling Morrison** geschrieben hatten. **The Shirelles**, im Mai 1994 bei den fünften Rhythm And Blues Foundation Pioneer Awards geehrt, führen **Marianne Faithfull** ein. **Stevie Wonder** ist Pate der Bluesgröße **Little Willie John** und singt mit dessen Sohn **Keith** im Duett *Fever* und zu Ehren von **Gladys Knight And The Pips** deren Song *I Heard It Through The Grapevine* mit **Joan Osborne**. **Harry Belafonte** und **Arlo Guthrie** führen die Folklegende **Pete Seeger** als frühen Einfluss ein, während Elektra-Records-Chef **Bob Krasnow** den legendären Discjockey Tom Donahue aus San Francisco als Nichtmusiker einführt.

»Ich respektiere die Entscheidung der Jury, möchte den Preis aber lieber hierlassen.« Garth Brooks über die Auszeichnung als bester Künstler bei den American Music Awards, die seiner Ansicht nach Hootie And The Blowfish verdient hatten, 29. Januar 1996

Februar

13 Nach sieben Nr.-1-Singles und zwei Nr.-1-Alben geben **Take That** ihre Auflösung bekannt. Die 24-Stunden-Telefonseelsorge der Childline und der Samariter berichten, sie würden mit Anrufen verzweifelter Fans überschüttet.

14 Der ewige Junggeselle ♀ heiratet am Valentinstag die Bauchtänzerin, Sängerin und Songschreiberin **Mayte Garcia** in der Park Avenue United Methodist Church, Minneapolis (ursprünglich war Paris geplant). Als das Paar bei der Hochzeitsfeier die Tanzfläche betritt, läuft *Friend, Lover, Sister, Mother/Wife*, das der Bräutigam für seine Braut geschrieben hat.

19 Bei den 15. Brit Awards im Londoner Earl's Court singt **Michael Jackson** seinen *Earth Song* und wird mit dem Preis Künstler seiner Generation ausgezeichnet. **Jarvis Cocker** von **Pulp** entert die Bühne und stört die Ehrung. Beim folgenden Handgemenge werden angeblich einige Kinder, die Jackson auf der Bühne begleiten, verletzt. Cocker, der verhaftet, aber nicht angeklagt wird, erklärt sein Verhalten als »Protest gegen Michael Jacksons Vorstellung, er sei so eine Art Christus mit Heilerfähigkeiten«. Cockers unerwarteter Auftritt übertrifft noch **Oasis'** bissige Dankesrede. Sie beschimpfen Leute aus der Musikbranche als »Unternehmerschweine« und gewinnen trotzdem dreimal: bestes Video (für »Wonderwall«), beste Gruppe und bestes Album (***(What's The Story) Morning Glory?***). Tony Blair ehrt **David Bowie** für herausragende Verdienste um die britische Musik. **Annie Lennox** wird zum sechsten Mal beste britische Solokünstlerin, ein absoluter Rekord, während **Björk** beste internationale Künstlerin ist. **Alanis Morissette** – legt gerade eine Tourpause ein – wird als beste internationale Newcomerin geehrt, **Take That** bekommt für *Back For Good* den Preis beste Single. **Roger Taylor** überreicht den **Freddie Mercury** Award an die Kriegskinderhilfe, von **Brian Eno** eingerichtet, der bester Produzent wird wie auch **Radioheads Thom Yorke**.

Lisa Marie reichte in Los Angeles die mit »unüberbrückbaren Differenzen« begründete Scheidung von Michael Jackson ein.

März

2 Die Fusion der Plattenfirmen hält an. **Billboard** berichtet, dass MCA (inzwischen selbst durch Seagrams Übernahme von Universal betroffen) 50 Prozent von Interscope kauft, dem brandheißen Rap/Metal-orientierten Label, von Produzenten-Ass Jimmy Iovine gegründet.

2 ***All Eyez On Me*** von **2Pac** ist sofort die Nr. 1 der US-Charts. Auf Suge Knights Death Row Label erschienen, verkauft es in den USA fünf Millionen Tonträger. Das erste Doppel-Hip-Hop-Topalbum ist eine Tour de Force des Westcoast-Gangsta-Raps und liefert auch die künftige US-Nr.-1-Single *How Do U Want It* mit den ehemaligen **Jodeci**-Sängern **K-Ci** und **JoJo** und Samples von **Quincy Jones'** *Body Heat*. (Als Shakur bei Death Row unterschrieb, hinterlegte Knight angeblich

Buena Vista Social Club

einen Schuldschein über 1,5 Mio. $ als Revisionskaution, um **Tupac Shakur** nach der Verurteilung im Dezember 1994 freizubekommen.)

4 In einem Brief (erscheint am 23. als einseitige Anzeige in **Billboard**) ruft **Garth Brooks** die US-Radiosender zu einem gemeinsamen Musiktribut in Gedenken an das Bombenattentat in Oklahoma City am 19. April 1995 auf.

9 Eine Woche nach ihrem Auftritt bei den Grammy Awards brechen **Boyz II Men** ihren eigenen Rekord (mit 14 Wochen kürzlich noch im Gleichstand mit **Whitney Houston**). Ihr Duett mit **Mariah Carey** *One Sweet Day* – Koautor ist Produzent Walter Afanasieff – ist seit 15 Wochen die US-Nr.-1 (und bleibt es noch eine Woche).

10 Trotz lautem Protest verkündet **Madonna**, zum Playback von *Don't Cry For Me Argentina*, in der Rolle der Eva Peron, auf dem Balkon des Präsidentenpalastes dem Volk ihren Tod im Jahr 1951. Madonna hatte Präsident Carlos Menem persönlich dazu überredet, die Genehmigung für die Dreharbeiten zu »Evita« am historischen Schauplatz zu erteilen. Zuerst hatte er die Sache angeblich als »unglaublich große Schande« bezeichnet, »pornografisch und blasphemisch und eine Beleidung aller Frauen in Argentinien.«

12 In den staatseigenen Egrem Studios in Havanna beginnen **Ry Cooders** Plattenaufnahmen mit einheimischen Talenten. Der ***Buena Vista Social Club***, im Juni 1997 veröffentlicht, wird von der Kritik hochgelobt. Zu Cooders warmherzigem Musikensemble gehören Sänger **Ibrahim Ferrer**, die achtzigjährige Sängerlegende **Compay Segundo** und Meisterpianist **Rubén González**. Mitorganisator der ungewöhnlichen Sessions ist Nick Gold von World Circuit (der Chef des Londoner Labels verkauft die US-Rechte an Nonesuch Records).

18 Die **Sex Pistols** kündigen 20 Jahre nach ihrem Ende eine Comeback-Tour an. Auf der Pressekonferenz im Londoner 100 Club erklärt **Johnny Rotten** : »Wir haben einen gemeinsamen Grund gefunden, und zwar euer Geld.«

29 Höhepunkt der zehnten Soul Train Music Awards im Shrine Auditorium, Los Angeles, ist der atemberaubende Auftritt von **Mary J. Blige** (inzwischen »Queen Of Hip-Hop« genannt) mit ihrem US-Nr.-2-Hit *Not Gon' Cry*. Der Song aus dem Mehrfachplatin-Soundtrack – Produktion **Babyface** – zum Film »Warten auf Mr. Right« ist ihr bislang größter Erfolg. Für die R&B-Sängerin aus der Bronx, die im Januar 25 Jahre wurde, ist es ein erhebender Moment. Ihr Durchbruch kam 1992 mit ***What's The 411?*** als Schützling von **Sean »Puffy« Combs**.

30 Nr. 1 der UK-Charts ist die **Beatles**-LP ***Anthology Volume 2***, mit 45 Stücken aus den Jahren 1965–68. Die Mischung aus alternativen Songversionen und unveröffentlichtem Material wird kommende Woche Nr. 1 der US-Charts.

Mai

11 Beim Konzert der **Smashing Pumpkins** im The Point, Dublin, gibt es nach einer heftigen Drängelei (»Body surfing«) im Bühnenbereich sieben Verletzte, darunter die 17-jährige Studentin Bernadette O'Brien aus County Cork, Irland. **Billy Corgan** entscheidet, als er davon erfährt, sofort: »Tut mir Leid, wir machen nicht weiter. Der Gig ist vorbei. Da draußen liegt ein Mädchen im Sterben. Wir sind Menschen, wir können nicht hier oben spielen, wenn da unten Leute verletzt werden.« Das Mädchen erliegt am nächsten Morgen im Mater Hospital seinen schweren inneren Verletzungen.

»Wer auf unsere Gigs kommt, wird sehen, wie sich ein paar 40-Jährige den Arsch abspielen, und zwar weitaus besser als die öde Scheiße, die ich seit zehn Jahren ertragen muss.« Johnny Rotten, 18. März 1996

April

13 Das Fernsehdebüt von **Rage Against the Machine** bei »Saturday Night Live« löst Kontroversen aus, als bei ihrem Stück *Bulls On Parade* die US-Flagge verkehrt herum die Verstärker schmückt. Der Protest richtet sich gegen Moderator Steve Forbes (Herausgeber von **Forbes**) und General Electric, Inhaber von NBC. Die Band darf weder eine zweite Nummer spielen noch am Gesamt-Line-up zum Ende der Show teilnehmen.

16 Großes Erstaunen beim Grammy-Publikum, als **KISS** in Make-up und Kostüm eine Reunion-Tour ankündigen. Beim Eröffnungskonzert am 28. Juni im Detroiter Tiger Stadium treten erstmals seit 15 Jahren alle Mitglieder gemeinsam auf, und zwar zum ersten Mal seit 13 Jahren mit ihrem Markenzeichen, der Gesichtsbemalung.

18 Der ungewöhnliche Ex-**Chic**-Bassist **Bernard Edwards** wird in seinem Hotelzimmer von Chic-Mitbegründer **Nile Rodgers** tot aufgefunden. Kurz zuvor war sein Ex-Kollege neben **Steve Winwood**, **Slash**, **Sister Sledge**, **Simon Le Bon** in der Konzertreihe »J. T. Super Producers '96« in Tokio aufgetreten. Als Todesursache des 43-Jährigen wird Lungenentzündung genannt.

17 Das **Fugees**-Album ***The Score*** bekommt dreifach Platin und steigt weiter die US-Charts empor. Dem talentierten Hip-Hop-Trio gehören die beiden Haitianer **Wyclef Jean** (Rap-Gesang, Gitarre, Produzent), **Pras Michel** (Rapper/Produzent) und die 20-jährige Sängerin/Schauspielerin **Lauryn Hill** aus New Jersey an. *Killing Me Softly*, vom Top-Radiohit zum Welthit avanciert, bringt den Durchbruch und auch den Erfolg des zweiten Albums. Das verkürzte, weiche Hip-Hop-Cover von **Roberta Flacks** 73er-Soulperle *Killing Me Softly With His Song* wird in drei Wochen die UK-Nr.-1 (1996 die einzige Millionseller-Single in England). Am 25. Juni ist es die allererste Single, die in den deutschen Charts direkt auf Platz 1 einsteigt. Dank mehrerer Preise in den nächsten zwei Jahren wird das Album zur meistprämierten Rap-LP einer Gruppe und eines der fünf meistverkauften Rap/Hip-Hop-Alben aller Zeiten.

21 Auf Interscope erscheint in den USA ***Bringing Down The Horse***, das zweite Album der **Wallflowers**. Die melodischen Bluesrock-Kompo-

Aufgrund seines enormen Erfolgs wurde *The Score* das letzte Fugees-Album der 90er, weil die einzelnen Mitglieder auf dieser Basis Solopfade beschritten und Wyclef Jean ständig als Produzent gefragt war.

Konzerte für Tibet ...
Macarena ...
Ozzy Osbourne auf Tour ...

1996 war ein schwieriges Jahr für die Smashing Pumpkins, aber immerhin durften sie zum Saisonende von »Die Simpsons« in der Folge »Homer auf Tournee« auftreten.

sitionen von **Jakob Dylan** (**Bobs** Sohn) produzierte T-Bone Burnette. Zu den Gastmusikern gehören Sänger/Songwriter **Sam Phillips**, **Counting Crows**' **Adam Duritz**, **Gary Louris** von den **Jayhawks**, Keyboarder **Mike Campbell** und Sänger/Songwriter **Michael Penn**. Bis zum Chartseinstieg vergehen zwei Monate, auf Platz 4 der US-Charts steht das Album im Mai. Kommendes Jahr werden in sechs Monaten drei Millionen Tonträger verkauft.

28 **Dave Gahan** von **Depeche Mode** wird im Sunset Marquis Hotel bewusstlos aufgefunden, anschließend im Cedars-Sinai Medical Center Hospital wegen einer Überdosis behandelt und daraufhin wegen Verdachts des Kokain- und Heroinbesitzes verhaftet. Auf Kaution entlassen, absolviert er angeblich in der Exodus-Toxologie einen Entzug. Die Band bestreitet offiziell, dass er sich kürzlich die Pulsadern aufgeschnitten haben soll, um Selbstmord zu begehen.

Juni

1 Ganz England befindet sich wegen der Europameisterschaft im Fußballfieber. *Three Lions* (offizielle Hymne des englischen Fußballteams) von **Baddiel and Skinner and the Lightning Seeds** wird auf Anhieb die Nr. 1 der UK-Charts. Lightning-Seeds-Mitglied **Ian Broudie** arbeitete hinter den Kulissen an einer ganzen Reihe moderner Popprojekte aus England mit, sowohl als einfühlsamer Produzent (**Echo And The Bunnymen**, **Icicle Works**, **Wah!**, **The Fall**, **The Primitives**, **Terry Hall** und **Northside**) als auch als Sänger/Songschreiber von eingängigen Melodien.

3 Ex-Rapper **Hammer**, vor zwei Monaten wegen Bankraubs angeklagt, erklärt dem Berufungsgericht in Oakland, er besitze 9,6 Mio. $ Vermögen und 13,7 Mio. $ Schulden, könnte aber seine Platten »draußen überall verkaufen. Aber solang ich einsitze, quasi als Ganztagsjob, läuft das natürlich nicht.« Nach über 25 Millionen verkauften Platten folgte sein spektakulärer Bankrott.

10 Die Wal-Mart-Kette teilt mit, es würde das Trashpop-Album ***A Boy Named Goo*** von den **Goo Goo Dolls** nach Protesten gegen das Coverfoto mit dem blutverschmierten Baby ab sofort nicht mehr verkaufen. Das umstrittene Bild entnahm Carl Gellert dem Fotoband »Carlvision«, den sein Vater, der Fotograf Vance Gellert, vor 13 Jahren gemacht hatte. Das Verbot kommt zu spät: Von ***A Boy Named Goo***, im März letzten Jahres veröffentlicht, wurden inzwischen über 1,5 Mio. Tonträger verkauft, die meisten im Februar, und über 50 000 davon in Fillialen von Wal-Mart.

15 **Van Morrison** und **George Martin** sind Ehrengäste beim Geburtstag der Queen: Morrison wird Ehrenoffizier, der Produzent wird zu Sir George Martin. Morrison feiert seine OBE-Auszeichnung bei einem Konzert mit **Ray Charles** in der Wembley Arena.

15 Die **Beastie Boys** bitten zum ersten ihrer beiden Tibetan Freedom Concerts auf den Polo Fields, Golden Gate Park in San Francisco. Heute treten **Richie Havens**, **John Lee Hooker**, **Cibo Matto**, **Biz Markie**, **A Tribe Called Quest**, **Pavement**, die **Smashing Pumpkins** und die Beastie Boys auf. Morgen spielen **Buddy Guy**, **Yoko Ono** und **Ima**, **Beck**, **De La Soul**, **The Skatalites**, **The Fugees**, **Björk**, **Rage Against the Machine**, **Sonic Youth** und die **Red Hot Chili Peppers**.

> **»Das Album heißt *A Boy Named Goo*. Das Cover zeigt einen Jungen voller klebrigen Zeugs *[goo]*. Was verstehen die daran nicht?«**
>
> Johnny Rzeznik über Wal-Marts Boykott des Albums der Goo Goo Dolls, 10. Juni 1996

27 Obwohl Ex-**Take-That**-Sänger **Gary Barlow** als Spitzenkandidat für eine Solokarriere gilt, unterschreibt Ex-Kollege **Robbie Williams** nach Auflösung seines RCA-Vertrages bei Chrysalis Records. Die Rechnung geht auf: Williams' erster Solohit *Freedom* – ein Cover von **George Michaels** *Freedom '90* – ist im August Nr. 2. der UK-Charts.

27 Bei einem Gratis-Rap-Konzert mit den **Fugees**, **KRS-One** und dem Hardcore-Rap-Kollektiv **Wu-Tang Clan** feuert ein Mann Schüsse ab. Es kommt zu einer Panik und dutzenden Verletzten. Die Veranstaltungsreihe Hoodshock an der 125th Street in Harlem wirbt um Aufmerksamkeit und Spenden für ein Flüchtlingslager-Projekt.

28 **Van Halen** gaben vor zwei Tagen bekannt, **Sammy Hagar** hätte die Band verlassen. Dieser beklagt in einer Erklärung die Trennung als »niederschmetternde, hinterhältige, für mich unfassbare Riesenenttäuschung«. Die Band hat Ex-Leadsänger **David Lee Roth** um die Aufnahme eines neuen Stücks (*Can't Get This Stuff No More*) für das geplane Greatest-Hits-Album gebeten. Gerüchten nach soll er Hagars Ersatz werden. Doch Van Halen behaupten, sie würden über ein Vorsingen einen neuen Sänger suchen.

29 **Eric Clapton** ist Stargast beim MasterCard Masters Of Music Concert für den Prince's Trust mit 150 000 Besuchern im Londoner Hyde Park (seit 20 Jahren die erste Rockveranstaltung). **Pete Townshend**, **Roger Daltrey** und **John Entwistle** spielen »Quadrophenia«, unterstützt von **Pink Floyds David Gilmour**, **Gary Glitter**, **Phil Daniels**,

Die Beastie Boys organisierten Konzerte zu Gunsten des Milarepa Fund, einer Organisation, die sich für Frieden und Freiheit in Tibet einsetzte.

Schauspieler Stephen Fry, einer 15-köpfigen Begleitband und dem Nachrichtensprecher Trevor McDonald. Roger Daltrey trägt wegen eines Augenhöhlenbruchs über dem linken Auge eine Klappe. Bei den gestrigen Proben traf ihn Glitters Mikrofon. Zur gleichen Zeit findet in Manchester mit **Madness**, **Simply Red**, **M People** und **Dodgy** das offizielle EM-96-Konzert The Crowd Are On The Pitch statt, das von BBC1 aus dem Old Trafford Stadium übertragen wird.

Juli

3 Regen unterbricht die Tennismeisterschaft in Wimbledon, und Sir **Cliff Richard** singt *Summer Holiday, The Young Ones, Bachelor Boy* und *All Shook Up*, begleitet von den Backgroundsängerinnen Virginia Wade, Martina Navratilova, Conchita Martinez, Pam Shriver, Gigi Fernandez, Hana Mandlikova und Rosalyn Nideffer. Binnen 20 Minuten klart wundersamerweise der Himmel auf, und Titelverteidiger Pete Sampras setzt sein Match auf dem Centre-Court fort. Der **Daily Telegraph** wird morgen schreiben, das Ereignis wird als »Cliffstock« in die Geschichte eingehen.

12 Nach einem Besäufnis und Heroinmissbrauch werden **Smashing-Pumpkins**-Schlagzeuger **Jimmy Chamberlin** und der Keyboarder **Jonathan Melvoin** in ihrem Zimmer im New-Yorker Regency Hotel ohnmächtig. Chamberlin kommt zu sich, bekommt Melvoin aber nicht wach. Die Sanitäter stellen später seinen Tod fest. Vor Gericht wird Chamberlin den Besitz von Heroin abstreiten.

13 **Chet Atkins**, **Jeff »Skunk« Baxter** und **Steve Earle** führen 2000 Gitarristen beim größten Gitarren-Jam-Marathon an und schaffen den neuen Weltrekord: im Riverfront Park, Nashville, spielen sie 75 Minuten lang gemeinsam *Heartbreak Hotel*. Den bisherigen Rekord hielt Vancouver, wo **Bachman-Turner Overdrives** *Taking Care Of Business* 68 Minuten und 40 Sekunden gespielt wurde.

August

3 **Los Del Rio** sind mit *Macarena (Bayside Boys Mix)*, dem größten Novelty-Hit des Jahres, ab heute 14 Wochen lang die Nr. 1 der US-Charts. Über 3,7 Mio. verkaufte Tonträger sind der Beweis, dass sich selbst albernste Modetänze auch weiterhin größter Beliebtheit erfreuen.

6 Nach Auftritten beim Lollapalooza-96-Wanderzirkus geben die **Ramones** angeblich ihr allerletztes Konzert im Palace, Hollywood, mit Gastaufritten von Mitgliedern von **Pearl Jam**, **Soundgarden**, **Motörhead** und den kaliforischen Punkern **Rancid**. Letzes Konzert? Irrtum.

24 Mit 55 Wochen in den **Billboard**-Charts brechen **Everything But the Girl** mit *Missing* – in einem radikalen Dance-Remix von Todd Terry – den bisherigen Rekord der **Four Seasons**. Deren *December, 1963 (Oh, What A Night)* hielt sich mit Unterbrechung 54 Wochen in den Charts.

September

4 Die **Smashing Pumpkins** räumen bei den 13. MTV Video Music Awards in der New-Yorker Radio City Music Hall groß ab und gewinnen in allen sechs nominierten Kategorien: bestes Alternative-Video (»1979«), bestes Design, beste Regie, beste Kamera, beste Spezialeffekte, bestes Video und bestes Newcomer-Video (alle für »Tonight Tonight«). Weitere Gewinner sind **Beck** mit »Where It's At« (bestes Video eines Sängers), **Björk** mit »It's Oh So Quiet« (beste Choreografie), **The Foo Fighters** mit »Big Me« (bestes Video einer Gruppe), **Coolio** mit »1, 2, 3, 4 (Sumpin' New)« (bestes Tanzvideo) und »Gangsta's Paradise« (bestes Rap-Video) und **George Michael** mit »Fastlove« (Zuschauerpreis von MTV Europe). **The Fugees**, Gewinner des besten R&B-Videos, treten mit Rapper **Nas** auf. Der New-Yorker **Nasir Jones**, der kürzlich mit seinem Album ***It Was Written*** die erste US-Nr.-1 hatte, ist die neueste

»Neun Jahre lang haben wir Jimmys Kämpfe gegen seine hartnäckige Drogen- und Alkoholkrankheit mitgekämpft. Sie hätte beinahe alles zerstört, was wir sind und wofür wir stehen.«

Smashing-Pumpkins-Manager Peter Mensch kündigt Jimmy Chamberlins Ausstieg an, 17. Juli 1996

23 **Rob Collins** von den **Charlatans**, die soeben ihr fünftes Album eingespielt haben, stirbt an den Folgen eines Unfalls mit seinem roten BMW in Rockfield, nahe Monmouth, Gwent in Wales. Der Leadsänger **Tim Burgess** bestätigt in einer Erklärung, die Band würde trotz dieser Tragödie weitermachen: »Die Band, das Management und alle Angehörigen sind natürlich erschüttert über den Tod des einflussreichen Musikers einer genialen Rockband, aber auch, und vor allem, eines großartigen und loyalen Freundes. Deshalb haben wir beschlossen, in Gedenken an ihn weiterzumachen – denn genau das hätte er gewollt.«

Sensation. **Van Halen**, die auf der Bühne einen Preis überreichen, sorgen für eine Überraschung. Offenbar gehört **David Lee Roth** wieder zur Band.

12 **Bone Thugs-N-Harmony** haben diese Woche in der »Tough Love«-Folge der Serie »New York Undercover« auf Fox-TV einen Kurzauftritt. Das temporeiche Rap-Quintett aus Cleveland, von **Eazy-E** entdeckt, führte kürzlich die US-Hot-100 mit *Tha Crossroads* an, einem Crossover-Hit mit einem Sample von *Make Me Say It Again* von den **Isley Brothers**.

14 **Ozzy Osbournes** erste Ozzfest-Package-Tour startet im Merriweather Post Pavilion, Columbia, und endet am 31. Oktober in der

TUPAC SHAKUR

7. September Tupac Shakur streitet sich in Las Vegas nach einem Kampf zwischen Mike Tyson und Bruce Seldon beim Verlassen des MGM Grand mit einem Mann, der sich als Orlando »Baby Lane« Anderson von der Gang Southside Crips entpuppt. Als Shakur inmitten eines Korsos aus zehn Autos des Death-Row-Labels zu Suge Knights Club 662 fährt, hält ein weißer Caddy neben seinem schwarzen BMW. Zwei Männer feuern 13-mal auf ihn, vier Schüsse treffen ihn.

Shakur hinterließ bei seinem Tod im Alter von 25 Jahren ein großes Archiv an Rap-Aufnahmen, die seine Chartspräsenz und seinen Ruf auf Jahre hinaus sicherstellten.

11. August Die Creme der britischen Rock- und Clubbands spielt heute und morgen in Knebworth im englischen Hertfordshire. Die 250 000 Tickets waren binnen zwei Tagen ausverkauft – 2,6 Mio. Fans versuchten eines zu ergattern. Highlights des Festivals sind **Oasis**, **Prodigy**, **Ocean Colour Scene**, die wieder aktiven **Manic Street Preachers**, die altgedienten **Charlatans**, **Cast** (vor zwei Jahren von Ex-**La**-Bassist **John Power** gegründet), die **Chemical Brothers** (deren Fan **Noel Gallagher** auf ihrem nächsten UK-Nr.-1-Hit *Setting Sun* mitspielt) und die Retro-Psychedelic-Band **Kula Shaker** mit ihren klasssichen Sitar-Sounds.

Oasis, die auf dem Höhepunkt ihres künstlerischen und kommerziellen Erfolgs standen, hatten eine Woche vor ihrem Knebworth-Konzert schon im Balloch Country Park im schottischen Loch Lomond vor 80 000 Zuschauern gespielt.

»Das macht Geschichte ... Hier und jetzt.«

Noel Gallagher, 11. August 1996

September 1996

Der angehende Hitfabrikant Max Martin komponierte und produzierte das für den Teeniemarkt konzipierte erste Album der Backstreet Boys größtenteils in seinem Stockholmer Cheiron-Studio.

Tupac Shakur stirbt nach Schießerei ... Die Backstreet Boys tauchen auf ... Das Jahr der Spice Girls ...

George M. Sullivan Sports Arena in Anchorage. Daraus entsteht eine alljährliche US-Tournee mit Headliner Ozzy und zahlreichen Metal-Topbands und Metal-Newcomern.

17 Scotland Yards Antiterror-Kommando lokalisiert in der Postsortierstelle Tooting, London, das mit Schwefelsäure präparierte Päckchen des 21-jährigen Ricardo Lopez, an **Björks** Brave-Management in England adressiert. Lopez wurde gestern in Hollywood, Florida, tot aufgefunden. Er hatte Tage zuvor mit einer 38-Kaliber-Handwaffe Selbstmord begangen und die Tat auf Video festgehalten.

18 **John Lennons** Notizen der ersten eineinhalb Strophen von *Being For The Benefit Of Mr. Kite* bringen bei Sotheby's in London 103 500 $ und liegen damit unter dem Auktionspreis von 251 000 $, den kürzlich **Paul McCartneys** Handschrift von *Getting Better* erzielte. Bei dieser Auktion bietet anonym und erfolgreich **Julian Lennon** 39 030 $ für Pauls Studionotizen zu *Hey Jude.*

20 **Tupac Shakur**, der am 7. September angeschossen wurde und seitdem in einem kritischen Zustand im Krankenhaus lag, stirbt an Lungen- und Herzversagen. Der ungeklärte Mord schürt Gerüchte über die Gewalt, die zwischen rivalisierenden Gangs und Rappern der Ostküste und der Westküste Amerikas herrscht. In der **Los Angeles Times** wird behaupet, **Notorious B.I.G.** hätte die Crips-Gang für den Mord angeheuert.

21 **Paul Simon** macht ein Casting für sein neues Musical »The Capeman« (nach der wahren Geschichte von Sal Agrón, einem Puertoricaner, der 1960 wegen Mordes inhaftiert wird) in den New-Yorker Musical Theater Works. Die Show, von Beginn an mit Problemen behaftet, wird zu einem historischen Flop am Broadway. Allerdings wird durch dieses Stück der talentierte Latino-Sänger **Marc Anthony** aus New York, der den jungen Agrón spielt, entdeckt.

Oktober

8 **George Michael** nimmt in Londons Radio Theatre vor 200 geladenen Gästen ein einstündiges Exklusivkonzert für BBC Radio 1 auf. Bei seinem ersten großen Konzert seit fünf Jahren singt er zehn Songs, u. a. *Everything She Wants*, seinen aktuellen UK-Charttopper *Fastlove*, *Praying For Time*, *Freedom* und *Father Figure*.

20 Der R&B-Sänger **Mark Morrison** wird nach einem Zwischenfall in einem Lebensmittelladen in Notting Hill um 4:40 Uhr wegen Besitz einer verbotenen Waffe (elektrisches Betäubungsgewehr) und Aufruhr angeklagt. Jeweils drei Monate Gefängnis muss er nächstes Jahr absitzen.

28 Die **Beatles**' ***Anthology 3*** mit 50 bislang unveröffentlichten Stücken von 1968 erscheint weltweit (sieben »White Album«-Akustikdemos, in **George Harrisons** Haus aufgenommen, **Paul McCartneys** Original von *Come And Get It*, *The Long And Winding Road* ohne Phil Spector, der Dach-Auftritt von *Get Back* und **John Lennons** *What's The New Mary Jane*). Das Album wird Nr. 4 der UK-Charts und nächsten Monat Nr. 1 der US-Charts, womit die Beatles die einzige Band mit drei Album-Charttoppern in 12 Monaten sind. Nach Veröffentlichung gestehen die verbliebenen Beatles: »Es ist nichts mehr übrig.«

31 Entgegen der Gerüchte, **Marilyn Manson** würde während seinem Halloween-Auftritt in der Convention Hall in Asbury Park, New Jersey, Selbtmord begehen, ist er bei Konzertschluss quicklebendig. Diese jüngste Schockaktion dient der Promotion seines neuen Albums ***Antichrist Superstar,*** von Trent Reznor produziert und letzten Monat die Nr. 3 der US-Charts.

November

1 Das Album ***Backstreet Boys***, in Europa im September veröffentlicht (in den USA, der-Heimat der Boys, erst nächstes Jahr erhältlich), ist bereits auf Platz 12 der UK-Charts und bekommt Gold. Manager der **Backstreet Boys** sind der Ex-Roadmanager von **New Kids On The Block** Johnny Wright und seine Frau Donna. Die Boyband stammt aus Orlando, wurde nach dem Freiluft-Einkaufszentrum Backstreet Market benannt und begann 1993 mit ersten Auftritten an High Schools und bei Abschlussbällen. Die Mitglieder des telegenen Gesangsquartetts in klassischer Boyband-Tradition – sie nennen sich **Kevin Richardson**, **Nick Carter**, **Brian »B-Rok« Littrell**, **A. J. McLean** und **Howie D** – haben bereits unterschiedliche Erfahrungen als Teenie-Schauspieler und Sänger gemacht. Ihre Plattenfirma Jive Records hat bewusst zuerst auf Europa gesetzt. Das Label und die Wrights glauben, der Markt dort wäre wegen der anhaltenden »Boygroup«-Euphorie seit **Take That** und **Boyzone** empfänglicher für die einfache, energiegeladene Pop-Dance-Ware der Band.

»Wir hassen MTV. Auch wenn sie uns wollen, kommen wir nicht. Bei dem Sender gibt's doch nur Wichser.« Noel Gallagher, **Q** Awards, 8. November 1996

330 000 Karten wurden für die vier Oasis-Konzerte in Knebworth Park und Loch Lomond verkauft ... Obwohl nur zwei von den Spice Girls wirklich klein waren, gehörten Plateaustiefel zum Outfit der gesamten Gruppe.

Für die Spice Girls mit ihrem frech-fröhlichen »Girl-Power«-Ansatz war es ein erfolgreiches Jahr, das sie als Gastgeberinnen der Weihnachtsausgabe von »Top Of The Pops« abschlossen.

8 **Noel** und **Liam Gallagher** von **Oasis** werden bei den **Q** Awards im Park Lane Hotel zur besten Band der Welt gekürt. Nach der Verleihung hat Liam im St. James Club mit Sean O'Brien, einem Fotografen von **News of the World**, eine heftige Auseinandersetzung. Berichten zufolge hat er anschließend im Groucho Club Krach mit seiner Freundin, der Schauspielerin und Sängerin **Patsy Kensit**. Er säuft danach in einer Hotelbar nahe der Oxford Street weiter und wird frühmorgens in der Oxford Street mit dem Verdacht auf Kokainbesitz verhaftet.

9 ***A Different Beat***, das zweite Album des irischen Gesangsquintetts **Boyzone** von und mit dem Produzenten Ray Hedges, steigt sofort an die Spitze der UK-Charts. Nach **Take Thats** Auflösung sind Boyzone – von Manager Louis Welch 1993 im November in Dublin mit dem 19-jährigen **Ronan Keating** als Frontmann zusammengestellt – Europas führende Boygroup. Im Dezember haben sie mit der Komposition *A Different Beat* den zweiten Nr.-2-Hit in Großbritannien – und den siebten UK-Top-5-Hit in Folge – nachdem sie schon letzten Monat mit dem **Bee-Gees**-Cover *Words* an der Spitze standen.

18 In den New Connaught Rooms in Covent Garden, London, findet die erste Vergabe der MOBO (Music Of Black Origin) Awards statt, mit Auftritten von **Lionel Richie**, **Alexander O'Neal** und **Chaka Demus And Pliers**. 16 Auszeichnungen werden verteilt, an Richie geht der Preis für sein Lebenswerk, die **Fugees** bekommen Trophäen als beste internationale Band und für die beste internationale Single (*Killing Me Softly*). **Baby D** wird bester Tanzkünstler, **Goldie** zur besten Jungle-Gruppe, und **Mark Morrison** ist bester R&B-Künstler. **Gabrielles** *Give Me A Little More Time* wird beste Single, und **Soul II Souls Jazzie B** wird mit dem MOBO für den besten Beitrag geehrt.

21 ♀ promotet mit einem raren Einstundeninterview bei »Oprah Winfrey« seine 3er-CD ***Emancipation*** mit 36 Songs, das auf dem eigenen NPG-Label erschien. Bei seinem erbitterten Kampf um die Trennung von Warner Bros. zeigte sich der Sänger öffentlich mit dem Wort »Sklave« ins Gesicht geschrieben. Sein Vertrag bei EMI-Capitol Music Group läuft nur über eine Platte.

Dezember

4 Bei den siebten **Billboard** Music Awards im Aladdin Hotel Theater in Las Vegas liefert **Toni Braxton** eine atemberaubende Version von *Un-Break My Heart*, auf Anhieb ein Soulpop-Klassiker. Derzeit die erste von elf Wochen auf US-Nr.-1 (und ihre zweite Nr. 1 des Jahres), wird der Hit ihr Markenzeichen und treibt die US-Verkaufszahlen ihres zweiten Albums, das soulgetränkte, radiotaugliche ***Secrets***, auf acht Millionen hoch.

5 **Texas** stellen ***White On Blonde***, ihr erstes Album seit drei Jahren, bei einem Konzert für Freunde, Familienangehörige und die Presse im Town House Hotel in Glasgow vor. Der schottischen Band gelingt ein überraschendes Comeback mit fünf Top-10-Hits aus dem Album, das sich bis Ende des Jahrzehnts über 1,8 Millionen Mal verkauft. Das Quartett wurde 1986 in Glasgow von Ex-**Altered-Images** und Ex-**Hipsway**-Bassist **Johnny McElhone** und Sängerin **Sharleen Spiteri** gegründet. Mit dem Leadgitarristen **Ally McErlaine** und Schlagzeuger **Stuart Kerr** nannten sie sich nach dem Wim-Wenders-Film »Paris, Texas« von 1985. Im Jahr 1989 hatten sie mit ***Southside*** großen Erfolg, konnten aber daran nicht mehr anknüpfen. Deshalb nahm Spiteri eine zweijährige Auszeit in Paris.

5 **No Doubt**, **Shawn Colvin**, **Tracy Chapman** und **Sheryl Crow** gehören zum Staraufgebot eines ausverkauften Konzertes im New-Yorker Madison Square Garden. Das kalifornische Ska-Punk-Quartett No Doubt mit Frontfrau **Gwen Stefani** führt in zwei Wochen mit ***Tragic Kingdom*** die US-Albumcharts an. Ende des Jahres wird es 4,4 Millionen Mal verkauft, damit ist es eine hübsche Entschädigung für zehn Jahre Arbeit. Zum Erfolg des Albums (größtenteils eine Aufarbeitung der Trennung von Stefani und ihrem Freund, dem Bassisten **Tony Kanal**) trägt vor allem ihr atypisches, melodisches, radiotaugliches Stück *Don't Speak* bei. Trotz großem Radioeinsatz kommt es nicht als Single in den US-Handel.

28 Angeheizt durch eine nationale Fan- und Pressehysterie, wie man sie seit den 60er-Jahren nicht mehr erlebt hat, wird *2 Become 1* sofort zur UK-Nr.-1. Damit sind die **Spice Girls** der erste weibliche Act, deren erste drei Singles Nr.-1-Hits werden. Sie platzieren sich auch unter den zehn meistverkauften UK-Singles des Jahres und stammen aus dem Debütalbum ***Spice***, einer Koproduktion der Dance/Pop-Spezialisten Absolute und Stannard & Rowe, die in Großbritannien in sechs Wochen 1,8 Mio. Mal verkauft wurde.

ROOTS **In diesem Jahr entsteht in Südkalifornien die Alternative-Metal/Hip-Hop-High-Schoolband Hybrid Theory, bald Linkin Park genannt … spielen Alien Ant Farm auf Dryden Mitchells 16. Geburtstag zum ersten Mal … nehmen All Saints für ein Demo auch Karl Gordons Song *I Know Where It's At* auf; John Benson bekommt es in die Hand, verspricht binnen einem Monat einen Vertrag – und hat ihn in zehn Tagen … spielen Papa Roach mit dem neuen Bassisten Tobin Esperance in den E.S.P. Studios, Pittsburg, Kalifornien 13 Songs für 700 $ ein … zieht die australische Schauspielerin Natalie Imbruglia nach England und ergattert schon bald einen Plattenvertrag bei RCA Records … unterschreibt Crackdealer und Rap-Anfänger Curtis Jackson – alias 50 Cent – beim JMJ-Label von Run-D.M.C.s Jam Master Jay; im nächsten Jahrzehnt taucht 50 Cent bei Eminems Shady Records wieder auf … gründen die Kindheitsfreunde, Sänger Brad Arnold, Gitarrist Matt Roberts und Bassist Todd Harrell, 3 Doors Down in Escatawpa, Mississippi; sie spielen anfangs Covers von Bush- und Metallica-Songs … unterschreibt die 16-jährige Sängerin Alecia Moore – alias Pink – bei LaFace Records als Mitglied des weißen R&B-Gesangstrios Choice …**

Quit Playing Games (With My Heart)

1997

Nr. 1 US-SINGLES

04. Jan. Un-Break My Heart **Toni Braxton**
22. Febr. Wannabe **Spice Girls**
22. März Can't Nobody Hold Me Down **Puff Daddy featuring Mase**
03. Mai Hypnotize **Notorious B.I.G.**
24. Mai MMMBop **Hanson**
14. Juni I'll Be Missing You **Puff Daddy And Faith Evans (featuring 112)**
30. Aug. Mo Money Mo Problems **Notorious B.I.G. featuring Puff Daddy And Mase**
13. Sept. Honey **Mariah Carey**
04. Okt 4 Seasons Of Loneliness **Boyz II Men**
11. Okt. Candle In The Wind 1997/Something About The Way You Look Tonight **Elton John**

Nr. 1 UK-SINGLES

04. Jan. 2 Become 1 **Spice Girls**
18. Jan. Professional Widow (It's Got To Be Big) **Tori Amos**
25. Jan. >Abort, Retry, Fail? (EP) **White Town**
01. Febr. Beetlebum **Blur**
08. Febr. Ain't Nobody **LL Cool J**
15. Febr. Discotheque **U2**
22. Febr. Don't Speak **No Doubt**
15. März Mama/Who Do You Think You Are **Spice Girls**
05. Apr. Block Rockin' Beats **Chemical Brothers**
12. Apr. I Believe I Can Fly **R. Kelly**
03. Mai Blood On The Dance Floor **Michael Jackson**
10. Mai Love Won't Wait **Gary Barlow**
17. Mai You're Not Alone **Olive**
31. Mai I Wanna Be The Only One **Eternal featuring BeBe Winans**
07. Juni MMMBop **Hanson**
28. Juni I'll Be Missing You **Puff Daddy And Faith Evans (featuring 112)**
19. Juli D'You Know What I Mean **Oasis**
26. Juli I'll Be Missing You **Puff Daddy And Faith Evans (featuring 112)**
16. Aug. Men In Black **Will Smith**
13. Sept. The Drugs Don't Work **Verve**
20. Sept. Candle In The Wind 1997/Something About The Way You Look Tonight **Elton John**
25. Okt. Spice Up Your Life **Spice Girls**
01. Nov. Barbie Girl **Aqua**
29. Nov. Perfect Day **Various Artists**
13. Dez Teletubbies Say Eh-Oh! **Teletubbies**
27. Dez. Too Much **Spice Girls**

Puff Daddy

Jewel

Als Puff Daddy bei den MTV Video Music Awards mit Sting *I'll Be Missing You* sang, war das ein musikalischer Höhepunkt des Jahres ... Jewel wurde bei einer Internetabstimmung von CDnow zu derjenigen Sängerin gewählt, mit der Männer am liebsten auf einer einsamen Insel stranden würden.

Für die **Spice Girls** begann 1997 so, wie 1996 endete – weltweit an der Spitze der Charts. Teenie-Girls flogen auf ihre »Girl Power«-Botschaft. Mit *Wannabe* knackten sie die US-Charts und importierten ihren frechen, aber netten Pop nach Amerika. Nach fast zehn Jahren stand erstmals wieder eine Band gleichzeitig an der Chartsspitze beiderseits des Atlantiks.

Girlies und anhaltendes Boygroup-Fieber befriedigten wohl den Massengeschmack in England. Die britische Elektronik/Rave-Band **Prodigy** traf mit ihrem Album ***The Fat Of The Land*** sogar den Mainstream-Nerv. Selbst Technophobiker konnten es nicht ignorieren. Hardcore, Hip-Hop-inspirierte Breakbeats, unverfrorene (aber kreative) Sample-Schichten und sinnlose Brüll-Slogans begeisterten nicht nur die Elektronik-Gemeinde. *Firestarter* verhalf der LP zum weltweiten Erfolg, aber das heftige *Smack My Bitch Up* löste große Kontroversen aus. Der eindeutig frauenfeindliche Videoclip sowie Gaststar **Shahin Badas** indische Gesänge zeigten, dass Dance inzwischen weit entfernt von *Pump Up The Volume* war. Anführer **Liam Howlett** stützte die zehn soliden Songs mit bombastischen Produktionskniffen ab und transformierte Dance zu einer Kunst des Lärms.

Rap und Gewalt schienen untrennbar: **Notorious B.I.G.** wird im März in Los Angeles erschossen. Sein Album, schaurigerweise ***Life After Death*** genannt – das Cover zeigt den Rapper neben einem Leichenwagen –, das drei Wochen nach seinem Tod erschien, wurde auf Anhieb Nr. 1 der US-Charts, der jüngste Erfolg von Rap-Impresario und Hip-Hop-Trendsetter **Sean »Puffy« Combs**. Unter seinem Plattenpseudonym **Puff Daddy** widmete er B.I.G. die unglaublich erfolgreiche Single *I'll Be Missing You* (mit Samples von **Polices** *Every Breath You Take*) Puffs Mehrfachplatinerfolg ***No Way Out*** bewies: Rap ist unverwüstlich.

Fleetwood Mac nahmen, von der kürzlichen **Eagles**-Reunion angeregt, ein Konzert für MTV und VH1 auf, das ein erfolgreiches Livealbum ***The Dance*** und eine ebenso lukrative Renunion-Tour abwarf. **Bob Dylan** nahm, erholt und auch gezeichnet von schwerer Krankheit, ***Time Out Of Mind*** auf, produziert vom stets flexiblen und schwer gefragten **Daniel Lanois**. Die Überfülle an Poesie und sauberen Akkorden machte es sofort zum schlichten, zurückhaltenden Bluesklassiker. **Sarah McLachlan** tauchte mit ***Surfacing*** auf, ihr bislang anspruchsvollstes Album, das ihr mehrere Hitsingles und weltweit fast zehn Millionen verkaufte Exemplare einbrachte. McLachlan, die wohl talentierteste Songwriterin seit **Joni Mitchell**, trommelte einen Reigen exzellenter Interpretinnen (u. a. **Sheryl Crow**, **Jewel**, **Shawn Colvin** und **Tracy Chapman**) für die von ihr organisierte Lilith Fair Tour zusammen. Das enorm erfolgreiche Projekt markierte den Höhepunkt einer stabilen Phase mit Sängerinnen und Songwriterinnen als absolute Topattraktion.

»[Margaret] Thatcher war das erste Spice Girl, die Vorreiterin unserer Haltung – Girl Power.«

Geri Halliwell, **The Spectator**, Dezember 1996

David Bowie wird Ich-AG ... Notorious B.I.G. ermordet ... Bruce Springsteen erhält den Polar Music Prize ...

Januar

1 Singer/Songwriter und Gitarrist **Townes Van Zandt** erliegt mit 52 Jahren in Mount Juliet, Tennessee, einem Herzinfarkt. In seiner 30-jährigen Karriere gelang ihm als Interpret zwar kein einziger Hit, aber er galt als überaus intellektueller und gefühlvoller Folk/Country-Stilist. Seine klassischen Werke über die USA wurden von Künstlern wie **Willie Nelson** und **Merle Haggard** (schaffte mit Van Zandts *Pancho And Lefty* einen US-Country-Nr.-1-Hit), **Nanci Griffith**, **Emmylou Harris** und den **Cowboy Junkies** geschätzt.

9 **David Bowie** feiert seinen Geburtstag (gestern) beim Benefizkonzert für Save The Children im New-Yorker Madison Square Garden. Gastmusiker sind **Lou Reed**, **Robert Smith**, **Frank Black**, **Foo Fighters**, **Sonic Youth** und das Alternative-Rocktrio **Placebo**. Der »Thin White Duke« singt mit seinen Gästen im Duett und beendet die Show alleine mit dem Titel *Space Oddity*.

23 **Billy Mackenzie**, 39, Ex-Leadsänger des schottischen Artpop-Duos **The Associates**, wird von seinem Vater zu Hause in Auchterhouse bei Dundee tot im Schuppen seiner Rennhundwelpen aufgefunden. Seit dem kürzlichen Tod seiner Mutter Lily depressiv, hat er vermutlich eine Überdosis verschreibungspflichtiger Tabletten geschluckt. In einem Abschiedsbrief entschuldigt er sich bei seiner Familie. Nach seinem Bankrott 1995 unterschrieb er letztes Jahr als Solist bei Nude.

25 Die **Spice Girls** wiederholen mit ihrer »Girlie Power« und weltweit entfachter Popularität **Alanis Morissettes** Rekord. *Wannabe*, auf Platz 11 eingestiegen, ist die höchste US-Single-Charts-Platzierung eines Debütkünstlers.

28 Bei einer Pressekonferenz im Universal City Hard Rock Café bestätigen MCA Records einen weltweiten Vermarktungsvertrag mit **Jimi Hendrix'** Familienunternehmen, Experience Hendrix. Damit gehört der umfangreiche Hendrix-Katalog einem einzigen Label.

Februar

13 Der Ghanaer **Michael Menson** – eine Hälfte des britischen Rap/Pop-Duos **Double Trouble**, das mit **Rebel MC** 1989 den gemeinsamen Nr.-3-Hit *Street Tuff* landete – kommt mit 30 Jahren um. 16 Tage nach seinem Tod wird seine verkohlte Leiche bei der North Circular Road, London gefunden. Man vermutet eine Selbstverbrennung, denn Menson war schizophren. Doch dann stellt sich ein rassistischer Mord heraus, von Mario Pereira, Charalambous Constantinou und Ozgay Cevat begangen. Sie werden 1999 schuldig gesprochen.

25 Bei den 16. Brit Awards in der Londoner Earl's Court Arena überreicht Sir Tim Rice den **Bee Gees** die Auszeichnung für herausragende Verdienste um die britische Musik. Sie singen auch ein Medley alter Hits. Die **Manic Street Preachers**, vom Mainstream eingeholt, den sie aus Imagegründen kürzlich noch kokett ablehnten, bekommen Preise als beste Gruppe (von Vinnie Jones und Colin Jackson) und als bestes Album für *Everything Must Go* (von Discjockey Zoë Ball). **James Dean Bradfield** widmet die Preise Philip Hall und **Richey Edwards**. *Wannabe* von den **Spice Girls** wird beste Single und »Say You'll Be There« zum besten Video. **Elton John** zeichnet den abwesenden **George Michael** als besten Sänger aus. **Prodigy** gewinnt als beste Tanzgruppe. Für sie nimmt die vormalige

David Bowie nahm durch den Verkauf von Gewährsscheinen auf zukünftige Tantiemen 55 Mio $ von privaten Anlegern ein.

GRAMMY AWARDS

26. Februar **Bei der 39. Grammy-Verleihung wird Eric Clapton bester Popsänger mit dem Lied *Change The World*, das auch Platte des Jahres und Song des Jahres wird. *Falling Into You* von Celine Dion (unten) erhält den begehrten Grammy für das Album des Jahres und wird bestes Popalbum. Mit der 14-jährigen LeAnn Rimes kommt der beste Nachwuchskünstler bzw. die beste Nachwuchskünstlerin erstmals aus dem Bereich der Countrymusik. Ihr Debüthit *Blue* bringt ihr auch die Ehrung als beste Countrysängerin ein.**

Die Beatles bekamen nach 29 Jahren erstmals wieder zwei Grammys – für *Free As A Bird* und das Video »The Beatles Anthology«.

U2 gaben im East Village in Manhattan zum Start ihrer PopMart-Tournee durch 62 Städte und 20 Länder eine Pressekonferenz in einer Filiale der Kaufhauskette Kmart. Bono gab den anderen Kunden ein Ständchen, während er einen Einkaufswagen durch den Laden schob. Dann spielte die Band noch ein kurzes Konzert in der Abteilung für Damenunterwäsche.

Brit-Moderatorin **Samantha Fox** die Trophäe entgegen. Der Weltmeister im Schwergewicht Lennox Lewis überreicht den **Fugees** den Preis als beste internationale Gruppe. Neben anderen treten auf **Jamiroquai** und **Diana Ross**, **Prince**, **Mark Morrison** und das brandheiße Multikulti-Quartett **Skunk Anansie**.

»Bin stolz, Brite zu sein, ist ein wunderschöner Tag, und das Häuschen in Liverpool liegt schon weit zurück.« McCartney über den Ritterschlag, 11. März 1997

28 Ein Gericht in Los Angeles verdonnert Death-Row-Records-Inhaber **Marion »Suge« Knight** zur neunjährigen Höchststafe wegen Verstoß gegen die Bewährung. Er wurde seit 1987 achtmal verhaftet, bekam sechsmal Bewährung. Knight meint, er sei »jetzt Gott näher … die Gemeinde braucht mich.« Antwort des Richters: »Mr Knight, Sie haben's versaut.«

März

9 **Notorious B.I.G.** wird in Los Angeles nach einer Sponsorparty des Magazins **Vibe**, die im Petersen Automotive Museum stattgefunden hatte, aus einem vorbeifahrenden Auto heraus erschossen. Dem Brooklyner Rapper und erfolgreichsten Künstler von **Sean Combs'** Bad Boy Entertainment gelangen in den letzten beiden Jahren vier US-Gold- bzw. Platin-Singles. Der Rap-Krieg zwischen Ost- und Westküste ist im vollen Gange, und viele aus der Branche vermuten deshalb eine Vergeltungstat für den Mord an **Tupac Shakur** letztes Jahr (in beiden Fällen gibt es keine Verhaftungen). B.I.G. – bürgerlicher Name Christopher Wallace – stirbt mit 24 Jahren.

10 **LaVern Baker**, 67, stirbt im New-Yorker St. Luke's Hospital an Diabetes und Herzproblemen (letztes Jahr wurden ihre Beine amputiert). 1991 wurde sie in die Rock and Roll Hall of Fame aufgenommen, davor gehörte sie zu den ersten acht Preisträgern der Rhythm & Blues Foundation, die für ihr Lebenswerk geehrt wurden.

15 *Mama*, gekoppelt mit *Who Do You Think You Are*, steigt auf Platz 1 der UK-Charts ein (der Gewinn der Doppel-A-Seie geht an Comic Relief). *Wannabe* ist immer noch die Nr. 1 der US-Charts, und die **Spice Girls** sind damit der erste Act, der seit **Tiffany** 1988 gleichzeitig die UK- und US-Charts anführt.

April

3 Bei einer Pressekonferenz der Nation Of Islam in Louis Farrakhans Salaam Restaurant in Chicago kündigen **Snoop Dogg**, **Public Enemys Chuck D** und **Doug E. Fresh** eine geplante Hip-Hop-Friedenstournee durch die USA an und ein Gedenkalbum für die ermordeten Rap-Stars **Tupac Shakur** und **Notorious B.I.G.** Obwohl nicht anwesend, unterstützen **Sean »Puffy« Combs**, **Ice Cube** und **Ice-T** beide Projekte. Ice Cube, Mitglieder der **Boo-Ya Tribe** und Mitglieder der verfeindeten Bloods- und Crips-Straßengangs forderten bei einer überfüllten Nation-Of-Islam-Kundgebung am 23. März in South-Central Los Angeles den Zusammenhalt der Hip-Hop-Gemeinde.

8 **Laura Nyro**, 49, stirbt in Danbury, Connecticut, an Eierstockkrebs. Die hoch angesehene weiße Popsängerin, Songwriterin und Pianistin mit Soul/Gospel-Einfluss und Absolventin der New-Yorker High School Of Music And Art kam 1968 durch Manager David Geffen zu Columbia Records. Ihre von der Kritik gelobten Alben verkauften sich mäßig. **Three Dog Night** (*Eli's Comin'*), **Blood Sweat And Tears** (*And When I Die*) und **The 5th Dimension** (*Stoned Soul Picnic*) coverten jedoch erfolgreich ihre Songs.

12 Die **Fugees** kehren nach Haiti, dem Heimatland von **Wyclef Jean** und **Pras Michel**, zurück und treten beim Coming Home Concert im Bicentenaire in Port-au-Prince vor 60 000 Besuchern auf. Am 10. begrüßten tausende von Fans am Flughafen ihre Lokalhelden, und Bürgermeister Manno Charlemagne überreicht der Band die Schlüssel zur Stadt. Pras erklärt bei ihrem Aufenthalt: »Ich war als Junge arm, und wo stehe ich heute? Ich möchte, dass alle Kinder aus Haiti unserem Beispiel folgen und wissen, dass alle werden können, was sie wollen.« Da MTV das Konzert mitfilmt, meint Wyclef: »Das ist eine Chance, den Leuten zu zeigen, dass Haiti ein zivilisiertes Land ist.«

16 **Elton John** wird Ehrenmitglied seiner Universität, der Royal Academy Of Music. Zu den insgesamt 250 Geehrten gehören Franz Liszt, Felix Mendelssohn und Richard Strauss. (Vermutlich ehrt John seine erneute Präsidentschaft beim Watford Football Clubs genauso).

Mai

5 **Bruce Springsteen** bekommt bei einer Feier in Stockholm den Polar Music Prize 1997, eine Ehrung, die er mit dem schwedischen Chorleiter Eric Ericson teilt. Die bevorstehenden Europadaten der Tournee Ghost Of Tom Joad führen ihn erstmals in die Tschechische Republik, nach Österreich und nach Polen.

Der im März ermordete Notorious B.I.G. hatte im Billboard-Interview gesagt, sein Lieblingsstück auf dem neuen Album sei *Nobody*, wo es heißt: »You're nobody till somebody kills you.« (»Erst wenn dich jemand tötet, bist du wer.«)

Rock and Roll Hall of Fame and Museum in Cleveland eröffnet ...

Nach dem Plattenvertrag mit Mercury wurden Hanson zum Komponieren und Aufnehmen nach L. A. verfrachtet. Die alten Hasen Barry Mann und Cynthia Weil, Mark Hudson, Ellen Shipley und Desmond Child halfen ihnen.

6 Die zwölfe Aufnahmefeier findet erstmals im Rock and Roll Hall of Fame Museum in Cleveland selbst statt. Eingeführt werden die **Bee Gees**, **Buffalo Springfield**, **Crosby, Stills And Nash**, die **Jackson 5**, **Joni Mitchell**, das **Parliament/Funkadelic**-Kollektiv und **The Rascals**. **Barry Gibb** von den Bee Gees witzelt, »wir sind das Rätsel mit dem Stigma«, und dankt **Spinal Tap** »für die wunderbare Verfilmung unseres Lebens«. Berry Gordy Jr. ist Pate der Jackson Five, und **James Taylor** singt *Woodstock* als Tribut für die abwesende Joni Mitchell. Sie lernte kürzlich ihre Tochter kennen, die sie vor 32 Jahren zur Adoption freigab. Gospelgröße **Mahalia Jackson** und **Bill Monroe**, Vater des Bluegrass, werden als frühe Einflüsse aufgenommen und King-Records-Gründer Syd Nathan als Nichtmusiker.

Noel Gallagher von Oasis bezeichnete The Verve einmal als »eine der wichtigsten Bands, die es jemals gab«.

6 Das Teenie-Trio **Hanson** gibt sein heimisches US-Fernsehdebüt in der »Late Show With David Letterman«. Sie spielen ihren Pop-Ohrwurm *MMMBop*, der in drei Wochen an der Spitze der US-Charts und auf dem Weg zum Welthit sein wird. Die fotogenen Hanson-Brüder – Isaac,16, Taylor, 14 und Zac, 11 – wuchsen überwiegend in Tulsa auf, wurden zu Hause unterrichtet und durften ihr blondes Haar lang tragen. Im Februar 1991 wurden sie als frühreifes Kindertrio gegründet (Schlagzeuger Zac war gerade mal sechs Jahre alt). Beim Besuch der South By Southwest Music Conference in Austin für vertragslose Bands improvisierten sie a capella an einer Straßenecke, um den Konferenzbesuchern Christopher Sabec und Stirling McIlwaine (ihre künftigen Manager) ihre Sangeskunst vorzuführen. Sie nahmen zwei Alben für ihr eigenes Label auf. Bis Sabec eine ihrer CDs an Steve Greenberg bei Mercury Records in New York schickt, haben zwischen 1992 und 1995 bereits zwölf Labels die Band abgelehnt.

10 Eine Reihe britischer Topkünstler nimmt am Konzert Rock The Kop im Anfield Stadion des Liverpool Football Clubs teil. Es treten auf: **The Beautiful South**, **The Manic Street Preachers**, **The Lightning Seeds**, **The Bootleg Beatles**, die Ambient-House-Pioniere **Space** (mit Ex-**Orb**-Frontmann **Dr. Alex Paterson** und Ex-KLF-Mitgründer **Jim Cauty**), das kommende, eng-

FLEETWOOD MAC

22. Mai **Versöhnt und angeblich frei von Drogen- und Alkoholproblemen spielen Fleetwood Mac in der Besetzung Lindsey Buckingham, Stevie Nicks, Mick Fleetwood sowie Christine und John McVie vor geladenen Gästen in einem Warner-Studio in Los Angeles. Das Konzert wird für ein geplantes MTV-Konzert gefilmt. *The Dance*, ein 17 Stücke umfassender Livemitschnitt des heutigen Konzerts, wird im September auf Nr. 1 in die US-Charts einsteigen. Der Erfolg dieses wohl kalkulierten Comebacks erinnert an die Wiedervereinigung der Eagles 1994.**

Mit dem Comeback-Album gingen Fleetwood Mac auf die ebenfalls extrem erfolgreiche Reunion-Tournee The Dance.

lische Alternative-Rocktrio **Stereophonics** (mit dem Sänger und Gitarristen **Kelly Jones**), die neue Liverpooler Britpop-Band **Smaller**, Britpoppers **Dodgy**, Comedysänger und Spaßvogel **Frank Sidebottom** und **Holly Johnson**. Das Konzert kommt der Hillsborough Justice Campaign zugute, gegründet, um die wahren Umstände der Tragödie zu klären, bei der 96 Fußballfans vor einem Halbfinalspiel zwischen Liverpool und Nottingham Forest 1989 zu Tode kamen.

»Ich bin bloß froh, dass es mir besser geht. Ich dachte schon, ich würde demnächst Elvis treffen.« Bob Dylan beim Verlassen der Klinik, 2. Juni 1997

Juni

2 **Bob Dylan** verlässt nach einer Behandlung wegen Histoplasmosis pericarditis, einer Pilzinfektion der Lungen, das Krankenhaus. Die schwere Erkrankung wird für die Legende zum kreativen Segen: Für sein nächstes Album, das strenge, düstere ***Time Out Of Mind***, Produktion Daniel Lanois, bekommt er die besten Kritiken seit Jahren.

4 Ein Passagier auf dem Flussdampfer The American Queen entdeckt **Jeff Buckleys** Leiche, der seit dem 29. Mai vermisst wird, als er bei Mud Island in Memphis schwimmen will. Die Besatzung zieht ihn am Fuß der Beale Street an Land. Buckley trat die letzten beiden Monate jeden Montagabend im Barrister's auf. Der 30-jährige Singer/Songwriter, Sohn des verstorbenen **Tim Buckley**, war seit seinem 94er-Debütalbum ***Grace*** der Liebling der Alternative-Rock-Musikpresse.

4 **Ronnie Lane** stirbt in seinem Haus auf Trinidad, Colorado, mit 51 Jahren an Multipler Sklerose, an der er 1979 erkrankte. Damit stirbt das zweite Mitglied der **Small Faces**. **Steve Marriott** kam 1991 bei einem Feuer in seinem Haus um. Lane reagierte damals auf die Nachricht mit dem Satz »Ich bin neidisch«.

6 **Iggy Pop** springt auf der R.O.A.R.-Tour bei einem Konzert im Polaris Theatre, Columbus, während *Down On The Street* in den Orchestergraben, landet auf hartem Beton, verrenkt sich die Schulter und verletzt sich am Kopf. Sein Körper – Pop ist für seine Selbstverstümmelungen bekannt – ist von Narben übersät.

7 Ein Tribut an **Jeff Buckley** von **Bono** und **Patti Smith** sowie das Soloset von **Noel Gallagher** sind die Höhepunkte am ersten Tag des zweiten Tibetan Freedom Concerts im Downing Stadium auf Randall Island, New York. U. a. treten auf die Hip-Hop-Pioniere **A Tribe Called Quest**, der neue Pop/Rock-Sänger/Songwriter/Gitarrist **Ben Harper**, **Foo Fighters**, das wüste Bluestrio **The Jon Spencer Blues Explosion**, **Porno For Pyros**, die Rapper **Biz Markie** und **KRS-One**, **Radiohead** und **Sonic Youth**.

8 **Mike Mills** und **Michael Stipe** treten beim Tibetan Freedom Concert auf und singen *The Long Road*, begleitet von **Eddie Vedder** und **Mike McCready**. Zum Line-up gehören außerdem die Festivalorganisatoren **Beastie Boys**, **Blur**, **The Mighty Mighty Bosstones**, **Pavement**, der führende Roots-Reggae-Interpret/Produzent **Lee »Scratch« Perry**, **Taj Mahal**, **Björk**, die Retro-Punker **Rancid** und **Alanis Morissette**.

14 *I'll Be Missing You* von **Puff Daddy** und **Faith Evans** (featuring **112**), Tribut für deren ermordetes Protegé **Notorious B.I.G.**, – mit einem penetranten Sample von **Polices** *Every Breath You Take* – steigt in den US-Charts von null auf eins. Nach elf Wochen an der Chartsspitze wird es zur zweitbestverkauften Single des Jahres. **Sean »Puffy« Combs** kümmert sich mit dem eigenen Label u. a. um die Karrieren und Platten von Evans (B.I.G.s Witwe) und **Total**. Nebenbei ist er ein gefragter Produzent für Remixes und die Projekte von **Mariah Carey**, **TLC**, **Aretha Franklin**, **SWV**, **Lil' Kim** und **Boyz II Men**. Kürzlich von ASCAP zum Songschreiber des Jahres gewählt (obwohl er einen Großteil seines Solo- und Produzentenerfolgs dem offenkundigen Sampling fremder Hits verdankt), ist Puff Daddys Bad-Boy-Entertainment-Gruppe bis Ende des Jahrzehnts an über 100 Mio. verkauften Tonträgern beteiligt. Auch sein Debütalbum ***No Way Out*** ist ein US-Charttopper.

17 Als Auftakt zum 20. Todestag von **Elvis Presley** in zwei Monaten veröffentlicht RCA weltweit ***A Life In Music***, eine 4-CD-Box mit 100 Songs, die Platin bekommt. Sie beinhaltet die erste Vinylscheibe, *I'll Never Stand In Your Way* von 1954, Livestücke, Demos, Aussortiertes und Heimstudio-Proben, 77 davon bislang unveröffentlicht. Zum Teil wurde das nicht veröffentlichte Material von den Herausgebern, dem Graceland-Archivar Greg Howell und Presley-Forscher Ernst Jorgensen, auf über 40 Tonbändern im Aktenschrank von Presleys Vater Vernon entdeckt.

20 **Lawrence Payton**, der Sänger der **Four Tops**, der im Janaur während der Tournee in Australien erkrankte, stirbt daheim in Southfield, Michigan, an Leberkrebs. Im Februar ehrte die Rhythm & Blues Foundation das Quartett mit dem Pionierpreis für ihr Lebenswerk.

28 **The Verves** *Bitter Sweet Symphony*, mit einem Sample von **Andrew Loog Oldhams** Orchesterversion von *The Last Time* der **Rolling Stones** von 1963, ist Nr. 2 der UK-Charts. Die bald auch weltweit erfolgreiche hymnische Single wird zum bittersüßen Triumph für die britischen Indierock-Haudegen und ihren Frontmann und Rockstar in Wartestellung, **Richard Ashcroft**. The Verve müssen die Autorenrechte mit **Jagger** und **Richards** teilen und alle Tantiemen Allen Kleins Firma ABCKO auszahlen, Inhaber der Stones-Copyrights. Zudem gibt es Rechtsprobleme mit Loog Oldham, der auf die Besitzerrechte der Originalaufnahme pocht.

Juli 1997

Sarah McLachlan, die 1994 mit ihrem dritten Album, dem intellektuellen, persönlich gehaltenen und leidenschaftlichen *Fumbling Towards Ecstasy* den Durchbruch erlebte, gehörte zu den profiliertesten Künstlerinnen in der neuen Generation erfolgreicher Singer/Songwriterinnen.

Lilith Fair ... *Be Here Now* von Oasis ... *Candle In The Wind* ...

Juli

5 Lilith Fair 97, eine Ensembletournee nur mit Musikerinnen, startet im ausverkauften The Gorge in George, Washington, vor 20 000 Fans. Die Idee dazu hatte die kanadische Sängerin und Songwriterin **Sarah McLachlan**. Zum wechselnden Line-up gehören **Mary Chapin Carpenter**, **Jewel**, **Indigo Girls**, **Suzanne Vega**, das schwedische Alternative-Rockpop-Quintett **The Cardigans** (mit vier Männern), **Joan Osborne**, **Sheryl Crow**, **Emmylou Harris**, **Tracy Chapman**, **Shawn Colvin** und **Lisa Loeb**. Skeptikern zum Trotz wird sie zur beliebtesten US-Tournee des Sommers. Ein Dollar pro Ticket geht an Frauenorganisationen. McLachlan hatte diese Idee letztes Jahr angesichts des männerdominierten Line-ups der Konzertveranstaltung Lollapalooza. Vor dem Auftritt meint sie: »Ich habe mir das so lange gewünscht ... es ist ein wundervoller Tag, und ich bin von wundervollen Frauen umgeben. Himmel, gibt's was Besseres?«

18 **Ricky Martin** singt seine neue Single *La Copa De La Vida* (die zur Erkennungsmelodie der Fußball-WM 1998 erkoren wurde) im Stade de France in Paris. Der 26-jährige puertoricanische Sänger und Schauspieler ist auf dem Latino-Markt längst ein Pop-Phänomen und veröffentlichte seit seinem 91er-Debütalbum eine Reihe Multimillionenseller-Alben. In den USA wurde er 1994 als singender Barkeeper Miguel Morez in der Fernseh-Soap »General Hospital« bekannt. Martin nimmt nach seinem Welterfolg *La Copa De La Vida* nächstes Jahr die Charts englischsprachiger Länder im Sturm.

19 Im Februar stand **Prodigys** Album ***Music For The Jilted Generation*** gerade mal zwei Wochen auf Nr. 198 der Charts, jetzt steigt ihr Album ***The Fat Of The Land*** in 22 Ländern auf Platz 1 ein, auch in den USA.

22 **Elton John** und **Sting** singen beim Trauergottesdienst für Modedesigner Gianni Versace im Mailänder Dom den 23. Psalm. Diana, Prinzessin von Wales, tröstet während der Zeremonie den sichtlich gerührten John.

24 **Portisheads** einziges Livekonzert dieses Jahr findet im New-Yorker Roseland Ballroom in Begleitung eines 30-köpfigen Orchesters statt, als Auftakt zur Veröffentlichung des zweiten Albums ***Portishead***. Bei der Pressekonferenz morgen gesteht **Geoff Barrow**, der gestrige Auftritt hätte die Band »die meiste Zeit über eingeschüchtert«.

August

2 Apple Records teilt mit, **George Harrison** hätte sich einer Krebsuntersuchung unterzogen, glaube aber nicht an eine Erkrankung. Wegen eines Knotens im Hals wurde er vor zehn Tagen in eine Privatklinik in Windsor eingeliefert.

2 **Fela Kuti** stirbt mit 48 Jahren in Lagos an AIDS. Der nigerianische Sänger/Songwriter/Multiinstrumentalist begründete 1961 mit der ersten Band das hypnotische, Bläser-dominante Afro-Beat-Genre und war als Musiker in Westafrika enorm populär und einflussreich. Zur kulturellen Stimme der nigerianischen Unterschicht wurde er, als Weltmusikfans in Europa und Nordamerika unlängst sein stark politisch orientiertes, aber traditionell verwurzeltes Werk entdeckten.

16 Zum Auftakt des dreitägigen Great-Went-Festivals spielen **Phish** vor 65 000 Zuschauern auf der ehemaligen Loring Air Force Base bei Limestone im Norden von Maine. Die Band tritt mit einem Fünfstunden-Set, inklusive eines Keyboardjams auf dem Parkplatz, in die Fußstapfen von **Grateful Dead**.

16 **Nusrat Fateh Ali Khan** stirbt mit 48 Jahren im Cromwell Hospital, Kensington, London, nach einem Herzstillstand. Sein gewaltiges Werk umfasst über 50 Alben, in seiner Heimat Pakistan von 1973 bis 1993 auf Kassette erschienen. Das machte den Sänger mit der durchdringenden, feierlichen Stimme zum ungekrönten »König des Qawwali«, dem spirituellen Musikstil Pakistans. Dem internationalen Publikum wurde Khan durch mehrere Veröffentlichungen auf **Peter Gabriels** Real World Weltmusik-Label bekannt. In den letzten Jahren arbeitete er u. a. mit **Alanis Morissette**, **Joan Osborne** und **Eddie Vedder**. Der Leichnam der Kulturikone wird zur Bestattung nach Pakistan überführt.

23 Das **Oasis**-Album ***Be Here Now***, nach 1,5 Mio. Vorbestellungen bereits Platin, verkauft sich in den ersten beiden Tagen 696 000-mal in Großbritannien. So schnell ging noch kein UK-Album weg. Nächste Woche ist es Nr. 1 der Charts, am 13. September steht es in den USA auf Platz 2.

27 Das australische Popduo **Savage Garden** wird rekordverdächtige 13-mal (die Hälfte aller Kategorien) für die elften Australian Recording Industry Association (ARIA) Awards nominiert und gewinnen zehn davon. ***Savage Garden***, das melodische Debütalbum von Hauptsongwriter **Darren Hayes** und Keyboarder **Daniel Jones**, erschien in Australien im April und beinhaltet die Erfolgshits *I Want You*, *To The Moon And Back* und *Truly Madly Deeply*. Eine Radiostation in Dallas, USA, löst mit dem Einsatz von *I Want You* den internationalen Erfolg im kommenden Jahr aus. Die altmodischen ***Savage Garden*** verkaufen elf Millionen Tonträger weltweit.

Nachdem er im Februar zwei Grammys geholt hatte, stand Beck mit fünf Preisen auch im Mittelpunkt der MTV Awards im September.

ELTON JOHN

6. September **Zuschauer in aller Welt erleben mit, wie Elton John in London bei der Trauerfeier für Prinzessin Diana in der Westminster Abbey *Candle In The Wind* mit neuem Text von Bernie Taupin singt. Nach dem Gottesdienst nimmt er das Lied mit Sir George Martin als Produzent in den Townhouse Studios auf. Schon am Tag seiner Veröffentlichung, dem 13. September, werden in Großbritannien 600 000 Exemplare verkauft. Binnen einer Woche werden es 1,5 Mio., was den Rekord für die am schnellsten verkaufte Single verdoppelt. In den USA, wo die Single am 23. September erscheint, verkauft sie sich in der ersten Woche 3,4 Mio. Mal, bis Jahresende 8,1 Mio. Mal. Der Erlös kommt dem Diana, Princess of Wales Memorial Fund zugute. *Candle In The Wind* ist die letzte von George Martin produzierte Single und sein 30. britischer Nr.-1-Hit. Die Platte verkauft sich 1997 weltweit über 35 Mio. Mal und löst Bing Crosbys *White Christmas* als meistverkaufte Platte aller Zeiten ab.**

September

4 **Beck** kassiert bei den 14. MTV Video Music Awards in der New-Yorker Radio City Music Hall fünf Trophäen: bestes Video eines Sängers und bester Schnitt (»Devil's Haircut«), beste Regie, bestes Design und beste Choreografie eines Videos (»The New Pollution«). **Jamiroquai** räumen mit »Virtual Insanity« als bestes Video, beste Kamera, bestes Newcomer-Video einer Gruppe und beste Spezialeffekte ebenfalls ab. Bei ihrer Dankesrede für das beste Newcomer-Video (für »Sleep to Dream«) verheddert sich die nervöse 19-jährige Sängerin/Songwriterin und Pianistin **Fiona Apple** und warnt die Fans: »Kopiert bloß nicht einen Lebensstil, von dem ihr annehmt, wir würden ihn cool finden, also Klamotten und unsere Sprache und so.« Ein Großteil des Abends gerät zur Hommage für die kürzlich verunglückte Prinzessin von Wales, deren enger Freund **Elton John** mitteilt, MTV habe 100 000 $ für den Princess Diana Memorial Fund gespendet. John ist auch Laudator für den Preis beste Newcomer. Den teilen sich **Spice Girl Geri Halliwell** – mit schwarzer Armbinde –, die meint: »Sie besaß eine Menge von dem, was uns ausmacht: Girl-Power«, und **Puff Daddy**. Der widmet seinen Vortrag von *I'll Be Missing You* neben **Tupac Shakur** und **Notorious B.I.G.** ebenfalls Diana. **Marilyn Mansons** Auftritt – sein Outfit zeigt sein entblößtes Hinterteil – bringt alle wieder auf den Boden zurück.

12 Stig Anderson, ehemaliger **Abba**-Manager und Koautor/Koproduzent vieler ihrer Welthits, erliegt mit 66 Jahren in Stockholm einem Infarkt. Er war auch der Initiator für die Gründung des schwedischen Polar Music Prize.

15 **Paul McCartney**, **Elton John**, **Eric Clapton**, **Phil Collins** und **Sting** gehören zur Topstar-Riege, die bei Music For Montserrat in der Londoner Royal Albert Hall auftritt, von **George Martin** organisiert, um Opfern des jüngsten Vulkanausbruchs auf der Insel zu helfen. Ebenfalls im Programm sind **Carl Perkins**, **Mark Knopfler**, **Jimmy Buffett** – sein erstes Englandkonzert –, **Midge Ure** und **Arrow**, die mit einer gemeinsamen Version von *Hey Jude* enden. (Pay-TV-Sender Sky TV, ein Novum für England, strahlt die Show am 18. aus.)

Oktober

3 **Garth Brooks** reicht in Nashville Klage gegen Rapper **Warren G** ein. Der Buchstabe **»G«**, von beiden Künstlern für Promotion verwendet, sei sein Markenzeichen. G erhebt am 17. Oktober gegen Brooks Gegenklage. Der Anwalt von **Kenny G** hat sich noch nicht gemeldet.

12 Nach einem Golfspiel auf Spyglass Hill, Pebble Beach, wird **John Denver** mit 53 Jahren getötet, als sein einmotoriges Long-EZ-Versuchsflugzeug – vor zwei Tagen gekauft – kurz nach dem Start in die Monterey Bay stürzt. Am 18. versammeln sich über 1000 Angehörige und Freunde zu Ehren Denvers im Amphitheater in Aspen. Als Höhepunkt läuft seine letzte Platte *Yellowstone (Coming Home)*. Neben vielen anderen singt **Lyle Lovett** *The Texas River Man* und preist Denver als seinen prägenden Einfluss.

21 **John Lydon** spielt in einer Episode der Fernsehserie »Judge Judy« in Hollywood. Darin verklagt Robert Williams ihn wegen Lohnausfall und tätlicher Beleidigung. Angeblich wurde er vor einem Tourstart gefeuert. Lydon behauptet, Williams sei vier Tage zuvor ausgestiegen. Richterin Judy entscheidet zu Lydons Gunsten. Beim Abschied sagt Lydon: »Jetzt geht's zurück ins eigene Leben, da gibt es echte Killer.«

30 Während des Interviews mit dem ruppigen TV-Moderator Clive Anderson bei »All Talk« auf BBC1 verlassen die Gibbs das Studio. **Barry Gibb**: »Vor den **Bee Gees** waren wir Les Tosseurs.« Anderson: »Für mich bleibt ihr's auch!« – ein Wortspiel mit dem englischen *tosser* (Wichser).

Typisch Phish: Die Band spielte das letzte Konzert ihrer Tour an einem Ort, wo im Lauf der Jahre mehrere UFOs gesichtet worden sein sollen.

November 1997

Shania Twains *Come On Over* ... Michael Hutchence stirbt ... BowieNet...

Jakob Dylan von den Wallflowers stand erstmals gemeinsam mit seinem Vater Bob auf der Bühne, als die Wallflowers am 14. November bei der Party zum 30-jährigen Bestehen der Computerfirma Applied Materials in der San Jose Civic Arena spielten.

November

4 **Radioheads** drittes Studioalbum ***OK Computer***, im Juni auf Anhieb UK-Nr.-1, wird bei den achten **Q** Awards im Londoner Park Lane Hotel bestes Album. Die zukunftsweisende Platte mit Frontmann **Thom Yorke** gilt als ihr Karrierehöhepunkt und gewinnt nationale und internationale Preise. Die Gruppe absolvierte kürzlich eine ausverkaufte US-Tour. Nach einem sensationellen Jahr kehren sie in die Staaten zurück und geben am 19. Dezember ein Konzert im New-Yorker Hammerstein Ballroom für MTVs »Live At The 10 Spot«.

4 Capitol Records veröffentlicht mit Riesenverspätung das **Beach-Boys**-Projekt ***The Pet Sounds Sessions (Produced By Brian Wilson)*** mit Rhythmus-Tracks, aufbereitet von Brian und Songwriter und Produzent **Van Dyke Parks** aus den legendären 1967er-***Smile***-Sessions.

6 Raymond Kuntz aus Burlington, North Dakota, sagt vor einem Senatsausschuss aus, der die Auswirkungen von Musik auf Kinder untersucht. Sein 15-jähriger Sohn Richard beging letzten Dezember Selbstmord, angeblich nach Anhören von **Marilyn Mansons *Antichrist Superstar***. Kuntz erklärt dem Ausschuss: »Mir war nicht klar, dass mein Sohn damit eine Handgranate besaß, die scharf war und in seinem Kopf explodierte.«

11 Bei einem 40-Minuten-Auftritt im New-Yorker Plattenladen Tower Records richten **Green Day** Verwüstungen an. Der Leadsänger **Billie Joe** sprüht mit schwarzer und roter Farbe »Nimrod« (Titel des neuen Albums) an die Ladenwände und schüttet Bier und Wasser über die CD-Regale. Das Chaos ist perfekt, als er sich von den Fans im Laden zum Schaufenster tragen lässt, ein »Fuck You« sprayt und den Leuten draußen zugrinst. Drinnen fordert er die Fans auf: »Ihr könnt ruhig randalieren, ihr habt das Recht dazu ... macht einfach, was ihr wollt. Ihr seid nicht bei Tower Records, sondern bei einem Green-Day-Konzert!« Natürlich wird die anschließend geplante Autogrammstunde abgesagt.

15 Die neue LP der **Spice Girls**, ***Spiceworld***, steigt in den UK-Charts von null auf eins. Vorläufer ***Spice*** verkaufte sich inzwischen weltweit 18 Millionen Mal. Die populärste Girlband der Dekade steht auf dem Höhepunkt. Letzte Woche wurde das omnipräsente Quintett bei den vierten MTV Europe Music Awards beste Gruppe, zuvor triumphierte es bei den irischen IRMA Awards, dem deutschen Echo, und den World Music Awards. Ehrungen bei den **Smash Hits** Awards und **Billboard** Music Awards stehen noch bevor. Den **Rock Accounts 1998** zufolge, nächsten Monat von Media Research Publishing veröffentlicht, schätzt man den Umsatz der Spice Girls 1997 auf 43 Mio. £, und damit 12 Mio. £ über dem der zweitplatzierten **Rolling Stones**.

18 **Gary Glitter** wird nach einer Festnahme im PC-World-Laden in Bristol, wo er seinen Computer zur Reparatur brachte, von der Polizei vernommen. Angeblich entdeckte das Ladenpersonal auf dem Computer verdächtiges Material, woraufhin die Polizei Glitters Besitztümer in Somerset und London durchsuchte und Videobänder und Fotos beschlagnahmte. Glitter, wegen Besitzes von Kinderpornografie angeklagt, kommt auf Kaution frei, bestreitet jegliche Schuld und plant seine jährliche Weihnachtstournee.

22 **Shania Twains** Album ***Come On Over***, mit 16 Rock/Pop/Country-Stücken ungewöhnlich lang und abermals von Ehemann und Koautor Robert John »Mutt« Lange betreut, wird auf Anhieb die Nr. 2 der US-Charts. Der Einstieg auf Platz 1 der Country-Charts bestätigt ihre enorme Anziehungskraft als Crossover-Sängerin.

22 **INXS**-Leadsänger **Michael Hutchence**, wieder in Sydney für die Proben zur bevorstehenden 20. Jubiläumstournee, erscheint nicht zu einem Radioauftritt in den ABC-Gore-Hill-Studios. Ein Zimmermädchen des Ritz-Carlton-Hotels entdeckt seine Leiche, die mit einem Ledergürtel am Türscharnier hängt. Laut Polizei trank er mit Schauspielerin Kim Wilson und deren Freund Andrew Rayment auf seinem Zimmer bis 4 Uhr 45 morgens und sprach angeblich ausführlich über die kürzliche Verhaftung und den Rechtsstreit mit **Bob Geldof**, dem Ex-Ehemann seiner Freundin **Paula Yates**. Hutchence, schillernder Frontmann der international erfolgreichsten australischen Rockband seit **AC/DC**, starb mit 37 Jahren.

27 **Michael Hutchences** Trauerfeier in der St. Andrew's Anglican Cathedral in Sydney wohnen die aufgelöste **Paula Yates**, ihre 16-monatige

Phil Spector im November bei den Q Awards: »Ich frage mich, ob die Spice Girls wohl der Antichrist sind ... Es gibt einen großen Unterschied zwischen einem Spice-Girls-Video und einem Pornofilm – in manchen Pornofilmen ist die Musik nämlich gar nicht so schlecht.«

»Wir schreiben Popsongs. Im Lauf der Zeit haben wir versucht, unser Material so weit auszubauen wie möglich. Aber wir hatten nicht vor, ›Kunst‹ zu machen.« Thom Yorke von Radiohead, **Entertainment Weekly**, 24. Oktober 1997

Tochter Heavenly Hiraani Tiger Lily, **Kylie Minogue**, **Diana Ross**, **Tom Jones**, **Nick Cave**, Familie, Freunde und Bandmitglieder bei. Während der Feier, vom australischen Fernsehen live übertragen, versucht ein Mann »Er ist tot, er ist tot« schreiend, aus dem ersten Stockwerk zu springen.
28 **Danbert Nobacon** von **Chumbawamba** wird beim Sightseeing in Florenz festgenommen. »Ich ging die Straße runter, und sie nahmen an meinem Rock Anstoß. Die wollten sich nur an einem rächen, der nicht ins gängige Männerbild passte.« Die Band telefonieren vergeblich mit Krankenhäusern und Polizeistationen auf der Suche nach einem »glatzköpfigen Ausländer in einem Kleid«. Nachdem er schriftlich zu erklären versucht, wer er ist, und ein Polizist ihn erkennt, wird er freigelassen. Die altgediente englische Anarchotruppe ist nach dem Erfolg ihrer Rowdy-Pophymne *Tubthumping*, die im August UK-Nr.-2 war und diese Woche Nr. 6 der US-Charts ist, auf Tournee.
29 **Whitney Houston** sagt den mit einer Mio. $ honorierten Gig RFK Stadium, Washington, bei der Schlussfeier des World Culture & Sports Festivals wegen »plözlicher Grippe« ab. Offenbar erkannte sie rechtzeitig, dass es um eine Massentrauung von 1300 Paaren der Moon-Sekte ging.

Dezember

5 Wal-Mart und Kmart nehmen **Prodigys** Album ***The Fat Of The Land*** wegen der Singleauskopplung *Smack My Bitch Up* in 4400 Läden aus den Regalen. Das umstrittene Video zur Single, Regie Jonas Akerlund, hat auf MTV US-Premiere und zeigt nackte Haut, Drogenkonsum und hedonistisches Verhalten. Trotz **Liam Howletts** Protest will Maverick die beiden Songtitel auf dem Album in *Smack My B**** Up* und *Funky S**** ändern.
9 Erst zerfetzt **Liam Gallagher** am Flughafen von Glasgow ein Exemplar von **Paul McCartneys** Biografie **Many Years From Now**. Dann fliegt er nach Cardiff zum morgigen Auftritt in der Indoor Arena und schüttet dort später im Foyer des Jury Hotels Bier über den ITN-Journalisten Tim Rogers, der über ein **Gary-Glitter**-Konzert berichtet.

»Mit dem hüftwackelnden Elvis in der ›Ed Sullivan Show‹ hat es nichts gemein.« Senator Joseph Lieberman über Marilyn Mansons *Antichrist Superstar*, 6. November 1997

17 Nach dem Start seiner Subskriptions-Internetseite BowieNet und dem erfolgreichen Börsengang mit den Bowiebonds-Aktien im Januar erweist sich der musikalische Wegbereiter **David Bowie** nun als ebenso innovativer Vorreiter in Sachen Technologie und Kapital.
27 **Mark Morrison** wird nach einer Schlägerei im Pink Coconut Club, Derby verhaftet. In diesem Jahr verurteilte man den Sänger bereits in London zu 21 Tagen Gefängnis wegen Beschädigung eines geparkten Autos und Attacke auf einen Mann, der seine Platten kritisierte.14 Tage gab es (mit obiger Strafe abzusitzen) für die absichtliche Zerstörung einer Kamera. Zudem wurde er wegen Tragen einer Angriffswaffe (eine Routinekontrolle in Notting Hill fand in seinem BMW einen Schlagstock) verhaftet und verurteilt.

Shania Twain wurde im Januar bei den American Music Awards als beste Countrysängerin ausgezeichnet. Im vorangegangenen Jahrzehnt hatte diesen Preis jedes Jahr Reba McEntire erhalten.

ROOTS **In diesem Jahr erscheint Eminems Debütalbum *Infinite* auf dem Indie-Label FBT; nach seinem High-School-Abgang in der neunten Klasse trat der Rapper mit Basement Productions, The New Jacks und D12 auf ... bringt sich die zwölfjährige Avril Lavigne aus Napanee, Ontario, selbst das Gitarrenspiel bei und schreibt ihre ersten Songs ... beginnt Vanessa Carlton Songs zu komponieren; das erste Stück schrieb sie mit acht. Sie träumt von einer Tänzerinkarriere und studiert an der School Of American Ballet in New York City ... bestreitet Nelly Furtado einen Talentwettbewerb in Toronto mit überwiegend schwarzen Sängerinnen und lernt ihren späteren Manager Chris Smith kennen; er vertritt auch die kanadische Mehrfachplatin-Band The Philosopher Kings. Kurz darauf produzieren The Kings' Gerald Eaton und Brian West ein Demo der Sängerin ... entdeckt Rick Rubin im Viper Room, Hollywood, System of a Down, die erste Vertragsband für sein American Recordings Label ... formieren Josh Homme und Alfredo Hernandez, ehemalige Kyuss-Mitglieder, mit Nick Oliveri (Ex-The-Dwarves) die Queens of the Stone Age ... wird Sophie Ellis Bextor, Tochter der Ex-»Blue Peter«-Moderatorin Janet Ellis, Leadsängerin von theaudience ... gibt das minimalistische Garagenrock-Duo White Stripes seine ersten Konzerte in Detroit ...**

Gettin' Jiggy Wit It

1998

Nr. 1 US-SINGLES

03. Jan. Candle In The Wind 1997/Something About The Way You Look Tonight **Elton John**
17. Jan Truly Madly Deeply **Savage Garden**
31. Jan. Together Again **Janet Jackson**
14. Febr. Nice & Slow **Usher**
28. Febr. My Heart Will Go On (Titelsong aus »Titanic«) **Celine Dion**
14. März Gettin' Jiggy Wit It **Will Smith**
04. Apr. All My Life **K-Ci And JoJo**
25. Apr. Too Close **Next**
23. Mai My All **Mariah Carey**
30. Mai Too Close **Next**
06. Juni The Boy Is Mine **Brandy And Monica**
05. Sept. I Don't Want To Miss A Thing **Aerosmith**
03. Okt. The First Night **Monica**
17. Okt. One Week **Barenaked Ladies**
24. Okt. The First Night **Monica**
14. Nov. Doo Wop (That Thing) **Lauryn Hill**
28. Nov. Lately **Divine**
05. Dez. I'm Your Angel **R. Kelly And Celine Dion**

Nr. 1 UK-SINGLES

03. Jan. Too Much **Spice Girls**
17. Jan. Never Ever **All Saints**
24. Jan. All Around The World **Oasis**
31. Jan. You Make Me Wanna... **Usher**
07. Febr. Doctor Jones **Aqua**
21. Febr. My Heart Will Go On **Celine Dion**
28. Febr. Brimful Of Asha **Cornershop**
07. März Frozen **Madonna**
14. März My Heart Will Go On **Celine Dion**
21. März It's Like That **Run-D.M.C. Vs. Jason Nevins**
02. Mai All That I Need **Boyzone**
09. Mai Under The Bridge/Lady Marmalade **All Saints**
16. Mai Turn Back Time **Aqua**
23. Mai Under The Bridge/Lady Marmalade **All Saints**
30. Mai Feel It **Tamperer featuring Maya**
06. Juni C'est La Vie **B*Witched**
20. Juni 3 Lions '98 **Baddiel And Skinner And The Lightning Seeds**
11. Juli Because We Want To **Billie**
18. Juli Freak Me **Another Level**
25. Juli Deeper Underground **Jamiroquai**
01. Aug. Viva Forever **Spice Girls**
15. Aug. No Matter What **Boyzone**

Celine Dion

Boyzone

Celine Dions *My Heart Will Go On* wurde im Februar innerhalb einer Woche 116 Mio. Mal im US-Radio gespielt – ein Rekord ... *No Matter What* von Boyzone, ein Song aus dem Musical »Whistle Down The Wind«, war erst der dritte britische Nr.-1-Hit für den Komponisten Andrew Lloyd Webber.

Boybands, in Europa schon seit Jahren populär, eroberten, angeführt von den **Backstreet Boys** und ***NSync**, 1998 die Welt. Die beiden offerierten radiotaugliche, süße Einheitsware – überwiegend von **Max Martin** und **Denniz PoP** im Cheiron Studio in Stockholm fabriziert – von der sie 1998 allein in den USA 10,1 Millionen Alben absetzten. Nach dem Tod von Denniz PoP im September wurde Martin zum Chefarchitekten der Teeniepop-Blase, die als nächstes **Britney Spears** hervorbrachte.

In Europa und Asien war die irische Boygroup **Boyzone** beliebter als ihre amerikanischen Kollegen. Im August wurde *No Matter What* auf Anhieb die Nr. 1 der UK-Charts und Boyzone die erste Gruppe, deren erste zwölf Singles alle in den Top 5 landeten. Und eine weitere irische Band liefere das meistverkaufte UK-Album des Jahres: **The Corrs**' ***Talk On Corners*** bekam in Großbritannien siebenmal Platin, das einzige Album, das **George Michaels** Erfolgsanthologie ***Ladies & Gentlemen – The Best Of George Michael*** übertraf. Seine internationale Popularität war unbestritten, außer in den zunehmend prüderen USA, wo er aufgrund einer peinlichen Episode mit einem Polizisten in Los Angeles sein unfreiwilliges »Coming Out« hatte. Insgesamt war es ein großartiges Popjahr. **Celine Dion** stieg mit den Umsatzzahlen von *My Heart Will Go On* in die Liga der Diven auf. In der Countrypop-Arena hatte **Shania Twain** vergleichbaren Erfolg. Deren beide Alben verkauften sich allein in den USA 21 Millionen Mal.

Beim R&B dominierten die Produzenten/Interpreten/Poseure **Puff Daddy** und **Master P**. Eine Menge neuer, talentierter Emporkömmlinge tauchten auf, mit seltsamen modischen Namen (**Usher, Brandy, Monica**). Die unprätentiösen **Matchbox-20**-Platten, geprägt von den Songschreiber-Fähigkeiten des Leadsängers **Rob Thomas**, waren der Höhepunkt im modernen Rockgenre. Ganz vorn an der harten Front standen **KoRn** und **Limp Bizkit** mit einer wütenden Nu-Metal/Rap-Richtung, die auf der umstrittenen US-Wandertournee Family Values großen Erfolg feierten.

Während viele Künstler sich aufs Altenteil zurückzogen, gelang der 52-jährigen **Cher** ein weiteres Comeback. Der bestkonservierte Star der Welt verabschiedete sich vom Poprock und kam mit dem animierenden *Believe* zurück – auf dem dancesüchtigen, europäischen Markt ein Riesenhit und die meistverkaufte UK-Single des Jahres. **Madonna** zeigte sich auf ihrem bislang perfektesten Album ***Ray Of Light*** in Topform. Ihren ersten Elektronik-Ausflug betreute das Ambient/Dance-Produktionsgenie **William Orbit**. Zum Projekt gehörten zwei hervorragende Videos: eines zum Titelsong, ein weiteres zur exzellenten Single *Frozen*. Mit beiden kassierte sie US- und Europa-MTV-Video-Preise.

05. Sept. If You Tolerate This Your Children Will Be Next **Manic Street Preachers**
12. Sept. Bootie Call **All Saints**
19. Sept. Millennium **Robbie Williams**
26. Sept. I Want You Back **Melanie B featuring Missy »Misdemeanor« Elliott**
03. Okt. Rollercoaster **B*Witched**
17. Okt. Girlfriend **Billie**
24. Okt. Gym And Tonic **Spacedust**
31. Okt. Believe **Cher**
19. Dez. To You I Belong **B*Witched**
26. Dez. Goodbye **Spice Girls**

»Ich stehe schon mein Leben lang auf der Bühne und unterhalte die Leute. In dieser Rolle fühle ich mich sehr wohl.«

Shania Twain, **Q**, Oktober 1998

1998 Januar

The Eagles in der Rock and Roll Hall of Fame ... Carl Perkins stirbt ...

Chumbawamba

Missy Elliott

Januar

5 **Sonny Bono** kollidiert beim Skifahren am Orion-Pfad im Skigebiet Heavenly, South Lake Tahoe mit einem Baum und ist auf der Stelle tot. Der 62-jährige ehemalige Sänger/Songschreiber war lange als Politiker tätig.

9 **Cher** hält eine emotionale Rede bei der Trauerfeier ihres Ex-Mannes in der St. Theresa Roman Catholic Church in Palm Springs, die live im amerikanischen Fernsehen übertragen wird. (Am 22. Februar nächsten Jahres läuft auf ABC-TV eine Filmbiografie über das Leben von Cher und **Sonny Bono**, »And The Beat Goes On«, mit Renée Faia und Jay Underwood. Bonos Witwe Mary geht ebenfalls in die Politik.)

12 Bei der 13. Aufnahmefeier der Rock and Roll Hall of Fame im New-Yorker Waldorf-Astoria Hotel führt **Jimmy Buffett** die **Eagles** ein. Alle sieben Eagles, inklusive der Originalmitglieder **Bernie Leadon** und **Randy Meisner**, spielen bei ihrem Auftritt *Take It Easy* und *Hotel California*. **Sheryl Crow** führt **Fleetwood Mac** ein. Es ist ein historischer Moment, als der introvertierte Bandgründer **Peter Green** mit dem ebenfalls geehrten **Carlos Santana** gemeinsam *Black Magic Woman* spielt. **Shania Twain** führt **The Mamas And The Papas** ein (**Mama Cass**' Tochter Owen Kunkel ist anstelle ihrer Mutter da). **John Fogerty** führt **Gene Vincent** ein: Vincents Tochter Melody Craddock nimmt die Urkunde entgegen, und die Gitarristen **Jeff Beck** und **Jonny Lang** spielen *Be Bop A Lula*. **Allen Toussaint** wird von **Robbie Robertson** als Nichtmusiker eingeführt, und **Jelly Roll Morton** wird als früher Einfluss Mitglied. **Nona Hendryx** singt für die an Krebs erkrankte **Dusty Springfield** *Son Of A Preacher Man*.

19 Der Film »Kurt And Courtney«, der zuvor beim Sundance Film Festival abgesetzt wurde, hat beim Alternativ-Filmfestival Slamdunk in Park City Premiere. Die Dokumentation des Regisseurs Nick Broomfield versucht zu klären, ob **Courtney Love**, wie behauptet, für **Kurt Cobains** Tod verantwortlich ist. Ihr Vater Hank Harrison, der sich nie um Courtney gekümmert hat, meint im Film: »Für mich hat er sich nicht selbst getötet. Ich glaube, er wurde getötet. Damit meine ich nicht, dass Courtney es war. Ich weiß es nicht, aber vieles deutet darauf hin.« Privatdetektiv Tom Grant, der von Courtney angeheuert wurde, um Kurt zu suchen, behauptet: »Ich glaube, Courtney benutzte Kurt von Anfang an und heiratete ihn allein wegen Reichtum und Ruhm.«

19 Nach zwei Herzattacken in zwei Monaten stirbt Rock'n'Roll-Legende **Carl Perkins** mit 65 im Jackson-Madison County General Hospital, nachdem er 1993 den Kehlkopfkrebs besiegt hatte.

23 **George Harrison** singt in Begleitung der Countrystars **Garth Brooks**, **Wynonna**, **Billy Ray Cyrus** und **Ricky Skaggs** *Your True Love* bei **Carl Perkins**' Trauerfeier in der R. E. Womack Memorial Chapel der Universität Lambuth in Jackson.

29 Die **Eurythmics** treten bei der Abschiedsfeier des BMG-Managers John Preston im Londoner Cobden Club nochmals gemeinsam auf. Im Mai nehmen sie mit **David Gilmour**, **Kirsty MacColl** und **Boo Hewerdine** an einem Benefizkonzert im ICA zu Ehren der **Observer**-Kolumnistin Ruth Picardie teil, die vergangenen September an Brustkrebs gestorben war.

Zwei Monate vor seinem Protest bei den Brit Awards war Danbert Nobacon in Florenz verhaftet worden – angeblich, weil er einen schwarzen Rock und eine Strumpfhose trug ... Das Allroundtalent Missy Elliott wurde als Gastsängerin, Rapperin und Produzentin immer gefragter.

Für Madonnas Album *Ray of Light* gestaltete ihr Koproduzent William Orbit die Ambient-Techno-Klanglandschaften.

Februar

6 **Beach Boy Carl Wilson**, der jüngste der drei Brüder, stirbt zu Hause in Los Angeles mit 51 Jahren an Lungenkrebs.

6 Der österreichische Sänger und Songschreiber **Falco** kommt in Puerto Plata in der Dominikanischen Republik ums Leben, wo er seit einiger Zeit lebte. Offenbar wird er getötet, als ein Kleinbus auf der Straße von Puerto Plata nach Sosua nahe La Gran Parada auf seinen Mitsubishi Pajero auffährt. Der 40-jährige Falco alias Johann Hölzel wurde v.a. durch seine Welthits *Rock Me Amadeus* – der Titel schaffte es 1986 bis auf Nr. 1 der US-Charts –, *Vienna Calling*, *Der Kommissar* und den kontrovers diskutierten und zeitweise mit Radioverbot belegten vieldeutigen Song *Jeanny* bekannt. An seiner Beerdigung in Wien werden hunderte von Menschen teilnehmen, darunter auch der Bürgermeister der Stadt.

9 Bei den 17. Brit Awards in der London Arena sorgt **Danbert Nobacon** von **Chumbawamba**

für Schlagzeilen, als er John Prescotts Tisch anrempelt und Wasser über dem Vizepremierminister verschüttet. Vor der Tür sorgen etwa 200 Demonstranten für Ärger, die gegen PolyGram protestieren, die ihren CD-Packern angebliche nur 3 £ Stundenlohn bezahlen. **The Verve**, ganz unpolitisch, sind mit drei Preisen die großen Gewinner des Abends: beste britische Gruppe, bestes britisches Album und bestes Album für ***Urban Hymns***. Bester internationaler Newcomer wird überraschend das Alternative-Rocktrio **Eels** aus Los Angeles um den Sänger, Songschreiber und Multiinstrumentalisten **E** (Mark Oliver Everett).

14 Die brandheiße Soul-Rapperin **Missy »Misdemeanor« Elliott** gibt ihr US-Fernsehdebüt bei »Saturday Night Live« mit *Sock It 2 Me*, letztes Jahr eine Goldsingle für sie und die Rapperin **Da Brat**, und *Beep Me 911*. Die 28-jährige Künstlerin aus Virginia (bei Elektra unter Vertrag) und der kommende R&B-Produzent Timbaland verhalfen 1996 **Aaliyah** zu ihrem Mehrfachplatin-Album ***One In A Million***. Danach debütierte sie mit ihrer erfolgreichen Platin-LP, der eleganten, selbst komponierten Scheibe ***Supa Dupa Fly***.

14 **Madonna** gibt ihr erstes Clubkonzert seit zehn Jahren im Ice Ball des New-Yorker Roxy-Tanzclubs. Es ist der Promotionauftakt für ihr neues, von der Kritik hochgelobtes, elektronisch geprägtes Album ***Ray Of Light***.

23 Nach dem Flug von Hongkong nach Perth zum Start von **Oasis**' Australientour erhält Rüpel **Liam Gallagher** Flugverbot bei Cathay Pacific. Kürzlich wurde Gallagher bei den jährlichen **NME** Premier Awards zum »Spinner« des Jahres gewählt.

25 Bei den 40. Grammy Awards übertrifft Michael Portnoy **Danbert Nobacons** Fauxpas bei den Brit Awards noch um einiges. Bei **Bob Dylans** Auftritt entert er die Bühne und führt mit dem Schriftzug »Soy Bomb« (Sojabohne) auf der nackten Brust einen Tanz auf. Der 26-Jährige bezeichnet sich selbst als »führenden Multigenre-Künstler«. **Ol' Dirty Bastard** vom **Wu-Tang Clan** kommt bei **Shawn Colvins** Dankesrede für den Song des Jahres (*Sunny Came Home*) auf die Bühne und meint gnädig: »Tut mir Leid, Süße«, um dann zu verkünden, seine Band hätte anstelle von **Puff Daddy** den Preis fürs beste Rap-Album verdient. *Sunny Came Home* wird auch Platte des Jahres, ein großer Triumph für Shawn Colvin, wohl das klügste und meist unterschätzte Singer/Songwriter-Talent Amerikas. Sie schaffte den Durchbruch mit der Platin-LP ***A Few Small Repairs***. Dylan gewinnt drei Preise – Album des Jahres, bestes Folkalbum (***Time Out Of Mind***) und bester Rocksänger (*Cold Irons Bound*). Sein Sohn **Jakob** gewinnt zwei Trophäen– bester Rocksong für *One Headlight* und beste Rock-Aufnahme einer Gruppe mit den **Wallflowers**.

»Herz und Stimme eines Engels – Ohne dich wird die Welt zu einem schlechteren Ort.« Carl Wilsons Grabstein im Westwood Memorial Park, Los Angeles

März

10 ***First Love***, das Debütalbum der in New York geborenen 15-jährigen Singer/Songwriterin **Hikaru Utada**, erscheint in Japan bei Toshiba. Es wird die meistverkaufte japanische Platte aller Zeiten, mit sieben Millionen Tonträgern bis Mai.

17 Die **Backstreet Boys** und ***NSync** machen bei dem Wohltätigkeitskonzert im Hard Rock Café der Universal Studios, Orlando, für die Oper des Tornados in Florida mit. Die Internet-Liveübertragung bringt über 250 000 $ ein. Die Boys gaben letzte Woche ihr Debüt bei »Saturday Night Live«, ihre LP ***Backstreet Boys*** entwickelt sich mit Verspätung zum meistverkauften Album des Jahres (neun Mio. US-Verkäufe). Kommende Woche erscheint in den USA ***NSync***, das Debütalbum einer weiteren Boyband aus Orlando: Zum perfekt abgestimmten Gesangsquintett gehören **Justin Timberlake**, **J. C. Chasez**, **Chris Kirkpatrick**, **Joey Fatone** und **Lance Bass**. Gemanagt von Johnny Wright und dem deutschen Label BMG, ersangen sie sich die letzten beiden Jahre in Europa, Asien, Südafrika und Mexico eine wachsende Tenniegemeinde. die Bands stehen unter der musikalischen Leitung der skandinavischen Songschreiber und Produzenten Denniz PoP und Max Martin.

17 Bei den 1997/1998 Best Seller Awards der National Association Of Recording Merchandisers bekommt **Matchbox 20** den Preis meistverkaufte Platte eines Newcomers für ihr Debütalbum ***Yourself Or Someone Like You***. Es steht insgesamt 118 Wochen in den US-Charts und verkauft sich allein dieses Jahr 3,2 Mio. Mal in den USA.

23 **Bobby Gillespie** von **Primal Scream** und **Chandrasonic** von der revolutionären Angloasia-Band **Asian Dub Foundation** besuchen Satpal Ram im Gefängnis von Hull. Ram verbüßt eine Strafe, weil er einen der sechs Jugendlichen erstochen hat, die ihn 1986 in einem Bengali-Restaurant angriffen haben. Da er weiterhin auf unschuldig plädiert,

***NSync wurden 1997 mit ihrer ersten Single zunächst in Europa bekannt.**

März 1998

George Michael verhaftet ... Frank Sinatra stirbt ... U2 spielen für Frieden ...

George Michaels Anwalt

Burt Bacharach und Elvis Costello

bekommt er keinen Hafturlaub. Die Bands geben abends im Liverpool Lomax ein Benefizkonzert. Ram wird nach 13 Jahren Gefängnis schließlich im Juni 2002 entlassen.

29 Das Konzert Not In Our Name – Dead Man Walking zur Aufhebung der gesetzlichen Todesstrafe findet im Shrine Auditorium, Los Angeles, statt. Teilnehmer sind **Pearl Jams Eddie Vedder** und **Jeff Ament**, **Steve Earle**, Punkfolkie **Ani DiFranco** (veröffentlicht ihre Platten auf dem eigenen Indie-Label Righteous Babe), **Lyle Lovett**, die feministische Alternative-Folksängerin/Songwriterin/Gitarristin **Michelle Shocked**, **Rahat Fateh Ali Khan**, Qawwali-Tablaspieler **Dildar Hussain** und **Tom Waits**, mit dem ersten Los-Angeles-Auftritt seit Jahren. Die Einnahmen gehen an die Organisationen Murder Victims' Families For Reconciliation und Hope House.

Produzenten Frank Farian »völlig zugedröhnt und am ganzen Körper zitternd« in dessen Studio auf. Er war auf Entzug und nahm verschreibungspflichtige Pillen.

5 **Cozy Powell**, einer der besten britischen Rockschlagzeuger, wird getötet, als sein Auto die Hauptleitplanke an der A4 zwischen London und Bristol streift. Er telefonierte gerade mit seiner Freundin über das Handy. Der 49-jährige Powell spielte mit **Rainbow**, **Whitesnake**, **Black Sabbath** und der **Michael Schenker Group**.

6 **Wendy O. Williams**, die inzwischen 48-jährige Punkikone, stirbt durch einen selbst ausgelösten Gewehrschuss im Wald hinter ihrem Haus in Storrs, Connecticut. Die ehemalige Leadsängerin der **Plasmatics** arbeitete inzwischen als amtliche Naturschützerin.

George Michaels Anwalt Brad Barnholtz berichtete im Dezember, sein Mandant habe die ihm auferlegte Sozialarbeit abgeleistet ... Burt Bacharach ging mit Elvis Costello auf Tour und bewies sich damit, dass er wohl der coolste Siebzigjährige auf dem ganzen Planeten war.

»Ich habe derzeit eine Beziehung mit einem Mann und hatte seit fast zehn Jahren keine Beziehungen mehr mit Frauen.«

George Michael in einem CNN-Interview, 10. April 1998

April

2 **Joe Walsh**, **Ruth Brown**, **Ike Turner**, **George Clinton**, **Michelle Phillips**, **Eddie Levert**, **Wilson Pickett**, **Peter Wolf** und **Bo Diddley** wohnen der feierlichen Eröffnung der Hall of Fame Wing in der Rock and Roll Hall of Fame, Cleveland, bei. **Little Richard** kommt zu spät und stiehlt wie immer allen die Show: »Ohne mich, den Architekten [des Rock'n'Roll], läuft gar nichts.«

3 Der 32-jährige **Rob Pilatus** von **Milli Vanilli** wird in einem Frankfurter Hotelzimmer tot aufgefunden. Gestern tauchte er laut Aussage des

7 **George Michael** wird im Will Rogers Park in Beverly Hills, Kalifornien, festgenommen. Der verdeckt ermittelnde Polizeibeamte Marcello Rodriquez ertappte ihn dabei, wie er nach einem Sexualakt eine öffentliche Toilette verließ. Die Kaution beträgt 500 $, der Gerichtstermin ist am 5. Mai.

Der Abgeordnete Bob McCartney von der Ulster Unionist Party beschrieb Bonos Auftritt mit John Hume und David Trimble als »anmaßend, herablassend und teilweise beleidigend«.

8 Im New-Yorker Hammerstein Ballroom präsentiert ein großes Staraufgebot beim ausverkauften Konzert One Amazing Night Songs von **Burt Bacharach** und **Hal David**. Ein Höhepunkt des Abends ist der aufgedrehte **Elvis Costello**, der mit Bacharach eine besonders enge Partnerschaft pflegt. Er singt, vom Meister am Piano begleitet, *God Give Me Strength* und *This House Is Empty Now*. Die freche kanadische Poprock-Band **Barenaked Ladies** und das nicht weniger exzentrische Trio **Ben Folds Five** liefern schräge Interpretationen von *(They Long To Be) Close To You* beziehungsweise *Raindrops Keep Falling On My Head*. Da viele Songs der beiden Komponisten durch Sängerinnen berühmt wurden, treten viele weibliche Künstlerinnen auf: **Chrissie Hynde** (*Baby It's You* und *Message To Michael*), **Sheryl Crow** (*One Less Bell To Answer*), **Wynonna** (*Anyone Who Had A Heart*) und natürlich **Dionne Warwick**, die das zeitlose *Walk On By* and *I Say A Little Prayer* zum Besten gibt.

9 Bei einer Gedenkfeier für die »First Lady« des Country, **Tammy Wynette** – sie verstarb diese Woche in Nashville an einem Blutgerinnsel in der Lunge – treten **Dolly Parton**, **Randy Travis** und **Wynonna** zu Ehren der 55-jährigen Legende im Ryman Auditorium auf. Beim vorangegangenen Privatgottesdienst brach Dolly Parton bei *Shine On* zusammen und war unfähig weiterzusingen.

10 In einem 15-minütigen Exklusivinterview mit Jim Moret bei CNN erklärt **George Michael** zu dem Zwischenfall am 7. April, er hätte sich damit »in eine extrem dumme und angreifbare Position« gebracht. »Nun habe ich es aber halt mal getan, nicht? Und zwar auf eine Art und Weise, wie ich es gar nicht vorhatte.«

11 **Ry Cooder** tritt mit seinen Kuba-Veteranen **The Buena Vista Social Club** im Amsterdamer Carré Theater auf, als einmaliges Ereignis geplant. Doch der anhaltende Erfolg des Albums ***Buena Vista Social Club*** führt zu einem zweiten Auftritt am 1. Juli in der New-Yorker Carnegie Hall – beide Konzerte werden vom deutschen Regisseur Wim Wenders für einen Kinofilm aufgezeichnet.

MATCHBOX 20

10. April MTV sendet »Live From The 10 Spot« mit Matchbox 20, das am 20. März im New-Yorker Hammerstein Ballroom aufgenommen wurde. Der in Deutschland geborne Sänger und Songwriter Rob Thomas, Bassist Brian Yale und Schlagzeuger Paul Doucette gründeten die Band 1993 als Tabitha's Secret. In 1995 änderten sich Name und Besetzung: Die Gitarristen Kyle Cook und Adam Gaynor kamen dazu. Die in Nordamerika derzeit sehr angesagte Band ist beim Atlantic-Sublabel Lava unter Vertrag und wird von Collective-Soul-Produzent Matt Serletic betreut. Ihr Debütalbum *Yourself Or Someone Like You* kam bei MTV und VH1 ebenso gut an wie bei vielen Radiostationen, insbesondere die Songs *Push* und *3 a.m.* (die es beide nicht als Single gibt).

Die melodischen, zeitgemäßen Rocksongs auf dem ersten Album von Matchbox 20 zeigten Rob Thomas nicht nur als ausdrucksstarken Sänger, sondern auch als begabten Songwriter.

14 **Aretha Franklin**, **Mariah Carey**, **Celine Dion**, **Gloria Estefan**, **Shania Twain** und **Carole King** treten bei Divas Live: An Honors Concert For VH1 Save The Music auf, das live aus dem New-Yorker Beacon Theatre übertragen wird. Neben der biografischen Reihe »Behind the Music« (letzten August gestartet) wird »Divas Live« eines der erfolgreichsten Konzepte des Senders VH1.

17 **Linda McCartney** stirbt auf der Familienfarm nahe Tucson mit 56 Jahren an Krebs. **Paul**, der bei ihr ist, verrät später: »Schließlich sagte ich zu ihr: ›Du sitzt auf deinem wunderschönen Appaloosa-Hengst. Es ist ein herrlicher Frühlingstag. Wir reiten durch die Wälder. Die Glockenblumen blühen schon, und der Himmel ist strahlend blau.‹ Ich sprach den Satz kaum zu Ende, als sie die Augen schloss und sanft hinüberglitt.« Die beiden führten eine treue Ehe und waren unzertrennlich.

29 Ein geplantes Gratiskonzert der **Indigo Girls** an der Irmo High School in Columbia wird abgesagt. Die Eltern haben Bedenken wegen des Sexappeals des Duos. Die Tennessee-Schulen Germantown und Farragut schließen sich an.

Mai

11 **Faith Hill** gastiert bei der »Late Show With David Letterman« mit ihrer neuen Single, der Popcountry-Hitballade *This Kiss*, die im Oktober Nr. 7 der US-Charts ist. ***Faith***, das Album zur Single, derzeit auf Platz 7, verkauft sich fünf Millionen Mal. Hill hatte **Tim McGraw** im Oktober 1996 geheiratet, und beiden gelingt eine höchst erfolgreiche Karriere: der 30-jährige Neotraditionalist, Countrysänger und Gitarrist McGraw hatte 1994 denDurchbruch mit dem kontroversen Indianerhit *Indian Outlaw*. Seine Frau aus Jackson, ebenfalls 30, ist unter den angesagten Countrycrossover-Diven neben **Shania Twain** die Nummer zwei.

14 Vor einem Gericht in Beverly Hills legt **George Michael** keinen Widerspruch gegen die Anklage wegen obszönen Verhaltens ein. Er wird zu einer Geldstrafe über 810 $ verurteilt und bekommt Zutrittsverbot zum Will Rogers Memorial Park, die Auflage für eine psychologische Beratung und 80 Stunden Gemeindedienst.

14 **Frank Sinatra**, 82, stirbt nach einem Herzinfarkt um 22:50 Uhr im Cedars-Sinai Medical Center, Los Angeles. Als Dankeschön für Sinatras musikalische Hommage an die Stadt New York erstrahlt die Spitze des Empire State Buildings drei Tage lang blau.

19 **U2** spielt bei einem Gratiskonzert im Rahmen der bevorstehenden Friedensabkommens-Wahl in der Waterfront Hall, Belfast, begleitet von den irischen Newcomern **Ash**. **Bono** – in Irland gerade auf Platz 20 der meistgehassten Personen gewählt – holt SDP-Führer John Hume und Ulster-Unionists-Führer David Trimble auf die Bühne und reißt ihnen für ein Bild der Einheit ihre Arme hoch.

21 Joseph E. Seagram And Sons, Inc., kaufen PolyGram Holdings für 10,6 Mrd. $. Im Dezember übernimmt Seagrams Universal Music Group die Kontrolle über Polygram und vereint die unterschiedlichsten Musikrichtungen unter einem Dach. Zum größten Musikunternehmen der Welt gehören die Firmen Polygram, MCA, Geffen, Polydor, Interscope, London, Verve, Mercury, A&M, DG, Island und Motown, was viele des gigantisch großen Künstlerstammes beunruhigt. Universal baut 3000 Angestellte ab und kündigt reihenweise Künstlerverträge auf.

28 Bei den 43. Ivor Novello Awards gewinnt **Elton Johns** *Candle In The Wind* 1997 einen Sonderpreis. Er meint: »Den nehme ich mit gemischten Gefühlen entgegen. Diese Platte hätte ich lieber nicht gemacht.« Sie wird zudem bestverkaufte UK-Single und internationaler Hit des Jahres. **Radioheads** *Karma Police* ist bester Song, ihr *Paranoid Android* gewinnt für die beste Musik und den besten Text. Weitere Gewinner sind **Enya** und **Nicky** und **Roma Ryan** (internationale Leistung), **Morrissey** (er wird als Solist und für die **Smiths**-Werke für herausragende Verdienste um die britische Musik geehrt), **Puff Daddys** *I'll Be Missing You* (basiert auf **Stings** *Every Breath You Take* – meistgespielter Song) und **Texas** (bestes Song-Repertoire).

29 Laut der **New York Post** sind **Sean »Puffy« Combs** und die 27-jährige Schauspielerin **Jennifer Lopez** »ein Paar«, obwohl Puffys Freundin kürzlich ein Kind bekam und Lopez noch mit

»Heute kann wohl jeder Amerikaner lächelnd sagen: ›Er hat's wirklich auf seine Art gemacht.‹« Clinton zu Sinatras Tod mit Bezug auf *My Way*, 14. Mai 1998

Spice Girls auf US-Tour ... Family Values Tour ...

Limp Bizkit

Natalie Imbruglia

Der 27-jährige Fred Durst fungierte als vitaler und unverblümter Frontmann von Limp Bizkit ... Die Australierin Natalie Imbruglia hatte mit *Torn* einen Welthit.

dem Barkeeper Ojani Noa aus Miami verheiratet ist. Lopez, in der Bronx geboren, unterschreibt demnächst auf Wunsch von Labelchef Tommy Mottola bei Sony Musics Label Epic und beginnt eine höchst erfolgreiche Musikkarriere.

Juni

8 Bei einem Gedenkgottesdienst für **Linda McCartney** in St. Martin-in-the-Fields in London erscheinen die drei verbliebenen **Beatles** erstmals seit fast 30 Jahren gemeinsam in der Öffentlichkeit. Am Gottesdienst, der mit dem Song *Mull Of Kintyre* beginnt, nehmen auch **Elton John**, **Peter Gabriel**, **Sting** und **Pete Townshend** teil.

13 Das zweitägige Tibetan Freedom Concert im Robert F. Kennedy Memorial Stadium, Washington, D. C., wird am ersten Tag bei **Herbie Hancocks** Auftritt abgebrochen, als einer der über 50 000 Zuschauer durch einen Blitzschlag schwer verletzt wird. **Money Mark**, **Mutabaruka**, **Live**, **Chaksam-Pa**, **KRS-One** und die **Dave Matthews Band** spielten bereits. Abends spielen **Radiohead** und **Pulp** im 9:30 Club für die ersten 800 Fans, die mit Karten fürs heutige Konzert auftauchen.

15 Die **Spice Girls** singen während ihrer Welttournee zum Auftakt ihrer US-Daten im Coral Sky Amphitheater, West Palm Beach, Florida, eine Version des **Sister-Sledge**-Hits *We Are Family*. Die Mehrheit des Publikums besteht aus dem Zielpublikum der Gruppe: kleinen Mädchen und Teenie-Girls.

27 Trotz vieler Top-Rockfestivals (Glastonbury und Roskilde) am Wochenende findet das Princess Diana Memorial Concert auf Althorp House statt. Zum überwiegend britischen Line-up gehören **Duran Duran**, das populäre Soulpop-Duo **Lighthouse Family** (ihr Debüt *Ocean Drive* bekam kürzlich in Großbritannien Vierfach-Platin, Nachfolger *Postcards From Heaven* sogar Sechsfach-Platin), **Chris De Burgh**, **T'Pau**, **Jimmy Ruffin**, das südafrikanische **Soweto String Quartet**, der amerikanische Schauspieler und Sänger **David Hasselhoff** (ein riesiger Gesangsstar in Deutschland), die britische Sopranistin **Lesley Garrett** und **Sir Cliff Richard**.

30 Die französische Kultusministerin Catherine Trautmann verleiht in Paris den Commandeur dans l'Ordre des Arts et des Lettres an **Van Morrison**. Dieser absolvierte den überwiegenden Teil des Jahres eine hochkarätige Dreiertournee mit **Bob Dylan** und **Joni Mitchell**.

Juli

3 Die US-Termine der Tournee Ozzfest '98 starten im ausverkauften PNC Bank Arts Center in Holmdel, New Jersey, mit **Ozzy Osbourne**, **Motörhead**, **Tool**, **Megadeth**, der kommenden Rap-Rocker **Limp Bizkit** und anderen. Limp Bizkit aus Jacksonville, Florida, unterschrieben letztes Jahr beim Hardcore-Interscope-Sublabel Flip Records, mit anfänglicher Unterstützung der **KoRn**-Mitglieder. Ihr intensives, revolutionäres Metal/Hip-Hop/Rap-Debütalbum *Three Dollar Bill, Y'all$*, mit einer Turbo-Version von **George Michaels** Pophit *Faith*, hat die Hälfte eines zehnmonatigen US-Charts-Aufstiegs hinter sich.

5 Beim Wohlfahrtskonzert Party In The Park für den Prince's Trust im Londoner Hyde Park treten auf: **Boyzone**, **All Saints**, **Natalie Imbruglia** (derzeit mit dem unwiderstehlichen *Torn* in den internationalen Charts), das UK-Soulpop-Quartett **Eternal**, die schottischen Poprocker **Del Amitri**, **Julian Lennon**, **Shania Twain**, **Gary Barlow**, das irische Teeniepop-Quartett **B*Witched** (die jüngste Gruppe, die je die UK-Charts anführte), **Lionel Richie**, die ultrahippen Countryrocker **The Mavericks**, House-Diva **Ultra Nate** (Amerikanerin mit Erfolg in Europa) und **Des'ree**.

14 Am 86. Geburtstag des verstorbenen **Woody Guthrie** trägt **Billy Bragg** im Crystal Theatre in Guthries Geburtsort Okemah, Oklahoma, Ausschnitte aus seinem letzten Album *Mermaid Avenue* vor. Guthries Tochter Nora überließ Bragg unveröffentlichte Texte des legendären Folksängers, die er in Zusammenarbeit mit dem unterschätzten Alternative-Countryfolk-Stilisten **Wilco** für das von der Kritik hochgelobte Album vertonte.

20 *The Boy Is Mine* – **Brandys** Popsoul-Duett mit dem ebenfalls aufsteigenden Soulsternchen **Monica** – bekommt Doppelplatin und entwickelt sich zur bestverkauften US-Single des Jahres. Brandy schrieb es mit dem angesagten R&B-

»Dieses Album wurde in Vaters Garage aufgenommen. Verrückt, dass wir hier sind.« Gomez nach dem Gewinn des Mercury Music Prize, 16. September 1998

Prodigy spielten *Smack My Bitch Up* beim Reading Festival, obwohl die Beastie Boys sie gebeten hatten, es nicht zu tun. Ad Rock später: »Da, wo ich herkomme, ist so was nicht cool.«

Das von Paul McCartney in seiner Kindheit bewohnte Haus Forthlin Road 20 in Allerton, Liverpool, gehörte nun der staatlichen Denkmalverwaltung und konnte ab Mai besichtigt werden.

Produzenten Rodney Jerkins (zugleich der Titelsong von Monicas erstem Album). Brandy, von ihrer geschäftstüchtigen Mutter gefördert, wirbt derzeit auch für Candies-Schuhe und veröffentlicht im Herbst ein eigenes DC-Comics-Buch.

August

14 Mit dem verunglückten Titel A Day In The Garden beginnt ein dreitägiges Festival zum 29. Jahrestag von Woodstock auf dem Originalgelände in Bethel, New York. Neben den Original-Woodstock-Legenden **Melanie**, **Donovan**, **Richie Havens** und den reformierten **Ten Years After** treten unter anderem auch **Lou Reed**, **Joni Mitchell**, **Pete Townshend**, **Stevie Nicks**, **Don Henley** auf.

17 **Marius Müller-Westernhagens** Album ***Radio Maria*** erscheint inmitten eines Streits um die Single *Jesus*. Wolfgang Baake vom Christlichen Medienverbund kritisiert deren Text. Hinrich Westphal von der Nordelbischen Kirche schließt sich dem nicht an und nennt Baake »engstirnig«.

31 **Herbert Grönemeyer** ist Hauptact eines Festivals zur Fusion der deutschen Radiosender SWF und SDR zum neuen SWR. Mit diesem Konzert endet der erste Teil der Tournee zu Grönemeyers aktuellem Album ***Bleibt alles anders***.

September

4 **Courtney Love** sagt einen Auftritt in der Sendung »TFI Friday« von Channel 4 ab. Dem Moderator Chris Evans nach war die Produktion nicht bereit, die Bedingungen eines 17-seitigen Vertrages ihres Anwalts zu akzeptieren. Love bestand darauf, dass neben anderen Themen auch **Kurt Cobain**, Nick Broomfields Film und Hank Harrison nicht erwähnt werden dürften.

16 Das Debütalbum ***Bring It On*** von **Gomez** ist der Überraschungsgewinner beim Mercury Music Prize. Die Jury berschreibt es als »eine faszinierende Mischung aus Swamp-Blues, Rock für Bars und Wahnsinns-Power«. Das britische Bluesrock-Quintett dazu: »Dieses Album wurde in Vaters Garage aufgenommen. Verrückt, dass wir hier sind.« Der Jury nach waren **Asian Dub Foundations** ***Rafi's Revenge*** und **Cornershops** ***When I Was Born For The 7th Time*** in der engen Auswahl. Weitere Nominierte sind: **Eliza Carthy** (***Red Rice***), **Catatonia** (***International Velvet***), **4-Hero** (***Two Pages***), **Massive Attack** (***Mezzanine***), ***Decksandrumsandrockandroll*** von **Propellerheads**, **Pulp** (***This Is Hardcore***), **John Surman** (***Proverbs & Songs***), the **Verve** (***Urban Hymns***) und **Robbie Williams** (***Life Thru A Lens***).

18 Die extremen Gesellschaftsgegner **KoRn** laden den ehemaligen Vizepräsidenten Dan Quayle zu einem Konzert ihrer US-Tour Family Values ein. Mit dabei sind **Limp Bizkit**, **Ice Cube**, die deutsche Industrial-Metal-Band **Rammstein** und das Alternative-Metal-Quintett **Orgy** aus Los Angeles. KoRn erspielen ohne große Radio-, Video- oder Presseunterstützung eine loyale Fangemeinde und eroberten vor zwei Wochen mit ***Follow The Leader*** die US-Nr.-1. Der erste Hip-Hop/Metal-Wanderzirkus beginnt am 22. und wird für alle zum Erfolg, insbesondere für Limp Bizkit.

MADONNA

10. September **Drei Jahren nach ihren letzten MTV Video Music Awards wird Madonna in neun Kategorien nominiert und erhält sechs Auszeichnungen – bestes Video des Jahres, bestes Video einer Sängerin, beste Choreografie, beste Regie, bester Schnitt (alles für »Ray Of Light«) und beste Spezialeffekte für »Frozen«. Schauspieler und Rapper Will Smith bekommt Preise für das beste Rap-Video (»Gettin' Jiggy Wit' It«) und das beste (»Just The Two Of Us«). Das umstrittene »Smack My Bitch Up« von Prodigy wird bestes Tanz- und bestes Newcomer-Video. In die eher langweilige Zeremonie kommt erst etwas Leben, als Beastie Boy Adam Yauch beginnt, die jüngsten US-Raketenangriffe auf Afghanistan und den Sudan heftig zu kritisieren und den Amerikanern vorwirft, sie verstünden die Moslems nicht.**

Aerosmith interaktiv ... MP3 ... *NSync und Britney Spears touren zusammen ...

Im Oktober wurde in Madame Tussauds Wachsfigurenkabinett in London eine Figur der australischen Popsängerin Kylie Minogue enthüllt, die ihr neun Jahre zuvor aufgestelltes Bildnis aktualisierte – auch ein Zeichen für dauerhaften Erfolg.

Kylie Minogue

19 **Robbie Williams**' *Millennium* steigt dank eines Videos, das ihn als heldenhaften Spion zeigt, auf Platz 1 der UK-Charts ein. Aufgebaut ist der Song auf den eingängigen Refrain-Samples von John Barrys Themamusik zum James-Bond-Film »James Bond 007 – Man lebt nur zweimal«.

Oktober

17 **Aerosmith'** Gig im PNC Bank Arts Center in Holmdel, New Jersey, ist das erste wirklich interaktive Cyberkonzert. Neben drei Kameras sind die fünf Bandmitglieder mit ferngesteuerten Funkkameras ausgestattet. So wird der Zuschauer durch Hin- und Herschalten zum Programmmacher.
18 **B. B. Kings** Tourbus verschwindet auf dem Weg zu einem Auftritt in Kingston, New York samt seiner geliebten Gitarre Lucille. Der Bürgermeister T. R. Gallo schickt die Polizei nach dem Bus aus. Das Konzert startet mit 45 Minuten Verspätung.
19 **U2**, ohne **Larry Mullen**, unterschreiben öffentlich eine Petition der Amnesty-International-Kampagne zum 50. Jahrestag der Allgemeinen Erklärung der Menschenrechte. **Bono** sagt dazu, auf Dublins verkehrsreicher O'Connell Bridge: »Mit das größte Problem dieser Welt ist die zynische Vorstellung, man könnte sie nicht verändern. Aber man kann. Amnesty International funktioniert ganz einfach. Durch eine Postkarte kann man bereits einem einzigen Gefangenen sehr helfen. Setzt euren Namen hier unter eine weitere Million Unterschriften.«
28 **Geri Halliwell** singt bei einer königlichen Gala im Londoner Lyceum Theatre zum 50. Geburtstag von Prinz Charles im Marilyn-Monroe-Stil »Happy Birthday«. Zuvor verkündete sie, sie hätte sich letzte Woche mit Generalsekretär Kofi Annan in New York getroffen und würde ehrenamtliche UN-Botschafterin.

November

12 Bei den fünften MTV Europe Music Awards im Fila Forum, Mailand, herrscht eine aggressive Stimmung. **Massive Attack**, Gewinner des besten Videos, weigern sich, Sarah, der Herzogin von York, die sich in der Laudatio verhaspelte, die Hand zu schütteln. Sie verlassen die Bühne mit den Worten: »Fuck you very much.« **Madonna** gewinnt als beste Sängerin und für das beste Album (*Ray Of Light*) und singt ihre neue Single *Power Of Goodbye*. Die **Spice Girls** werden beste Popkünstler und beste Gruppe, **Prodigy** gewinnen zum dritten Mal in Folge als beste Dance-Künstler, und **George Michael** überreicht **Robbie Williams** den Preis bester Sänger.

»Da wir glauben, dass Sie die Phrase von den familiären Werten aufgebracht haben, ist die Family Values Tour eine Art Hommage an Sie. Hören ... und sehen Sie, was Sie bewirkt haben. Hochachtungsvoll, KoRn.« KoRns Einladung an Dan Quayle zu einem ihrer Konzerte, 18. September 1998

14 **Kylie Minogue** ist die Hauptattraktion beim neunstündigen Concert Of The Century, der 25. Geburtstagsfeier von Australiens erfolgreichster Plattenfirma Mushroom Records auf dem Melbourne Cricket Ground. **INXS**' erster Auftritt mit **Jimmy Barnes** als Ersatz für **Michael Hutchence** gerät sehr emotional. Mushroom-Gründer Michael Gudinski engagierte die 56 Künstler und meint, das Konzert »erinnert mich an frühere Zeiten, als Musik noch kein großes Geschäft war. Alle Künstler sind einfach nur glücklich da zu sein und haben ihren Spaß.«
21 **George Michaels** Doppelalbum ***Ladies And Gentlemen – The Best Of George Michael*** steht sofort, und das bis Ende des Jahres, auf Platz 1 der UK-Charts. Der 28-Stücke-Sampler enthält ein neues Duett mit **Mary J. Blige** und ein Cover von **Stevie Wonders** *As*, das von **Babyface** produziert wurde. Weil der Song auf dem US-Sampler von Epic Records fehlt, wird er dort zur gefragten Importplatte.
23 Der erste portable MP3-Player kommt in den US-Handel. Der von Diamond Multimedia entwickelte Rio PMP 300 ermöglicht das Herunterladen von MP3-Songs aus dem Internet auf ein kleines Gerät, dem Walkman vergleichbar. Wegen der Kompression, aufgrund der Technologie möglich, benötigt man nur ein Zwölftel des Speicherplatzes einer vergleichbaren CD-Datei. Die MP3-Dienste für Dateienaustausch im Internet nehmen rasend zu (sind gratis und umgehen fast alle Copyrightgesetze). Letzten Monat erhob RIAA Klage gegen Diamond Multimedia wegen Verletzung des Gesetzes über private Audio-Mitschnitte. Der Richter entschied zu Gunsten von Diamond, weil »der Rio keinen digitalen Audio-Ausgang besitzt und es folglich unmöglich ist, digitale Musikdateien auf einen anderen Rio oder das Gerät eines anderen Herstellers zu überspielen«.
26 Die BBC-Radiolegende John Peel erhält den OBE-Orden. Peel, einziger Original-Discjockey von Radio 1, der noch für den Sender arbeitet, erklärt Reportern: »Mein Vater hielt mich immer für eine Art Spinner. Vermutlich wäre er sehr stolz, die Ehre gilt also ihm, meiner Mutter und Sheilas [Johns Frau] Eltern.«

Als Geri Halliwell im Mai ankündigte, sie werde die Spice Girls verlassen, war das weltweite Medienecho enorm.

Massive Attack

Die Trip-Hop-Pioniere Massive Attack stellten ihr Album *Mezzanine* vor der Veröffentlichung 24 Tage lang ins Internet.

29 **Udo Lindenberg** weiht im Hotel Elephant im thüringischen Weimar die nunmehr nach ihm benannte Udo-Lindenberg-Suite ein. Es handelt sich dabei um das vormals als Hitler-Suite bekannte Zimmer 100 des Hotels, in dem der Diktator mehrfach abstieg. Der für seine antifaschistischen Songs (*Sie brauchen keinen Führer*) und Aktivitäten bekannte Lindenberg kündigt an, er werde das Zimmer jedes Mal beziehen, wenn er nach Weimar kommt. Der Preis für eine Übernachtung beträgt 750 DM.

Dezember

1 Die neue Teeniesensation ***NSync** startet im Veterans Memorial in Columbus eine Headlinertournee mit den Teeniekollegen **Britney Spears** und **B*Witched**. Spears – sie wird morgen 17 Jahre – nahm kürzlich ihr Pop-Dance-Debütalbum *... Baby One More Time* auf, das sie anfangs mit einer Tour durch US-Shopping-Malls promotete. Der Titelsong, durch ein provokantes Video, dass sie in Schuluniform zeigt, angeheizt, stieg vor zwei Wochen in die US-Hot-100 und ist auf dem besten Weg, zur Nr. 1 der US-Charts zu werden. In Kentwood, Louisiana, geboren, spielte sie mit acht Jahren für Disney Channels »Mickey Mouse Club« in Atlanta vor und verdiente sich als festes Besetzungsmitglied 1993 ihre Mauseohren. Mit 15 bekam sie durch ein Demoband einen Vertrag bei Jive Records.

2 Universal Records zwingt **Public Enemy**, MP3-Dateien ihres unveröffentlichten Albums von der Website zu nehmen. **Chuck D** dazu: »Die Maus ist dem Elefanten auf den Fuß getreten.«

3 Mit elf Millionen verkauften Tonträgern ist **Shania Twains** 95er Album *The Woman In Me* bis dato das drittbestverkaufte Album einer Künstlerin und das meistverkaufte Album einer Countrysängerin. Ihre dritte LP *Come On Over*, aus dem letzten Jahr, verkaufte sich bereits fast zehn Millionen Mal. Ihr Markenzeichen, der unwiderstehliche Midtempo-Crosover-Hit *You're Still The One*, mit einem Ohrwurmrefrain und einem oft gezeigten Video der telegenen Sängerin, bekam im Mai Platin, eine Woche, nachdem es die US-Nr.-2 war. Beide Alben, von Ehemann und Koautor Robert John »Mutt« Lange betreut, sind der jüngste musikalische Triumph seiner Schwindel erregenden Karriere als meisterlicher Songwriter und Produzent, der beharrlich das Rampenlicht scheut. Twain ist derzeit auf einer siebenmonatigen Welttournee: die 84 Konzerte bringen über 36 Mio. $ ein.

11 Das norwegische Herzensbrecher-Trio **a-ha** tritt beim fünften Friedensnobelpreis-Konzert im Osloer Spektrum-Stadion zu Ehren der Nordirland-Friedensstifter David Trimble und John Hume nach vier Jahren erstmals wieder auf. **Elton John** singt *Your Song* und *The Way You Look Tonight*, und **Phil Collins** – der immer noch an seiner ersten Filmmusik zu Disneys »Tarzan« arbeitet, *Both Sides To The Story* und *Another Day In Paradise*. **Shania Twain, Alanis Morissette** und die **Cranberries** nehmen ebenfalls teil.

24 Nach einem Fernsehauftritt bei »Melinda Messenger's Big Night In!« auf Channel 5 »dematerialisieren« sich **The Shamen** zum 13. Jubiläum ihrer ersten Veröffentlichung. Zum Start ihrer eigenen Website kündigen sie an, »aus der Welt der ›Atome‹ zu Gunsten einer neuen Existenz in der neuen Welt der ›Bits‹ zu verschwinden. Alle künftigen Interaktionen der Band finden elektronisch statt.« Die sozusagen erste Cyber-Veröffentlichung wird das Album *Uv* am 16. Februar sein.

No Matter What **von Boyzone gewann bei der ersten »Record of the Year«-Show (ITV) mit 238054 Stimmen, über 100000 mehr als für das zweitplatzierte *My Heart Will Go On* von Celine Dion.**

ROOTS **In diesem Jahr geben Starfish, bestehend aus Chris Martin, Guy Berryman, Jonny Buckland und Will Champion, ihr Livedebüt im Laurel Tree in Camden, London; sie lernten sich am Londoner University College kennen und veröffentlichen als Coldplay kurz darauf 500 Exemplare ihrer ersten Platte, der *Safety*-Maxi beim Indie-Label Fierce Panda ... gründen Shane Filan, Kian Egan und Mark Feehily zuerst 6 As I und danach IOU; letztes Jahr traten sie gemeinsam in einer »Grease«-Produktion am Hawk's Well Theatre in Sligo, Irland auf. Ein Demo mit ihrem eigenen Song *Together Girl Forever* kommt Boyzones Manager Louis Walsh zu Ohren; mit drei zusätzlichen Mitgliedern entsteht Westside und später Westlife ... engagiert Produzent David Foster den vertragsfreien 17-jährigen »Popera«-Sänger Josh Groban für die Amtseinführungsfeier des kalifornischen Gouverneurs Gray Davis; Foster heuert Groban in diesem Jahr nochmals als Ersatz für Andrea Bocelli bei den Grammy Awards in Kombination mit Celine Dion an ... singt der Exeter-University-Student Will Young in verschiedenen Theaterproduktionen ... lernen sich Kerry Katona und Liz McClarnon in ihrer Heimatstadt Liverpool kennen und beschließen, eine Band zu gründen; anfangs heißen sie Automatic Kitten, als im Jahr darauf Natasha Hamilton dazukommt, nennen sie sich Atomic Kitten ...**

Livin' La Vida Loca

1999

Nr. 1 US-SINGLES

- **02. Jan.** I'm Your Angel **R. Kelly And Celine Dion**
- **16. Jan.** Have You Ever? **Brandy**
- **30. Jan.** ...Baby One More Time **Britney Spears**
- **13. Febr.** Angel Of Mine **Monica**
- **13. März** Believe **Cher**
- **10. Apr.** No Scrubs **TLC**
- **08. Mai** Livin' La Vida Loca **Ricky Martin**
- **12. Juni** If You Had My Love **Jennifer Lopez**
- **17. Juli** Bills, Bills, Bills **Destiny's Child**
- **24. Juli** Wild Wild West **Will Smith featuring Dru Hill And Kool Mo Dee**
- **31. Juli** Genie In A Bottle **Christina Aguilera**
- **04. Sept.** Bailamos **Enrique Iglesias**
- **18. Sept.** Unpretty **TLC**
- **09. Okt.** Heartbreaker **Mariah Carey (featuring Jay-Z)**
- **23. Okt.** Smooth **Santana featuring Rob Thomas**

Nr. 1 UK-SINGLES

- **02. Jan.** Chocolate Salty Balls (PS I Love You) **Chef**
- **09. Jan.** Heartbeat/Tragedy **Steps**
- **16. Jan.** Praise You **Fatboy Slim**
- **23. Jan.** A Little Bit More **911**
- **30. Jan.** Pretty Fly (For A White Guy) **Offspring**
- **06. Febr.** You Don't Know Me **Armand Van Helden featuring Duane Harden**
- **13. Febr.** Maria **Blondie**
- **20. Febr.** Fly Away **Lenny Kravitz**
- **27. Febr.** ...Baby One More Time **Britney Spears**
- **13. März** When The Going Gets Tough **Boyzone**
- **27. März** Blame It On The Weatherman **B*Witched**
- **03. Apr.** Flat Beat **Mr. Oizo**
- **17. Apr.** Perfect Moment **Martine McCutcheon**
- **01. Mai** Swear It Again **Westlife**
- **15. Mai** I Want It That Way **Backstreet Boys**
- **22. Mai** You Needed Me **Boyzone**
- **29. Mai** Sweet Like Chocolate **Shanks & Bigfoot**
- **12. Juni** Everybody's Free (To Wear Sunscreen) **Baz Luhrmann**
- **19. Juni** Bring It All Back **S Club 7**
- **26. Juni** Boom, Boom, Boom, Boom!! **Vengaboys**
- **03. Juli** (9pm) Till I Come **ATB**
- **17. Juli** Livin' La Vida Loca **Ricky Martin**
- **07. Aug.** When You Say Nothing At All **Ronan Keating**
- **21. Aug.** If I Let You Go **Westlife**
- **28. Aug.** Mi Chico Latino **Geri Halliwell**

The Corrs

Ricky Martin

Die Corrs waren im Februar die erste irische Band, die sich mit zwei Alben gleichzeitig in den britischen Top 5 platzieren konnte. Im März spielten sie bei mehreren US-Konzerten der No Security Tour als Vorband der Rolling Stones ... Ricky Martin spielte zum Abschluss der Grammy-Verleihung eine heiße Version von *La Copa De La Vida* – ein Konzert, das seine Karriere förderte.

In diesem lebhaften und kontroversen Jahr veränderte ausgerechnet ein 18-jähriger College-Aussteiger für immer das Gesicht und den Kern der Plattenindustrie. **Shawn Fannings** genialer Online-Musikdienst Napster wurde für die Computer-unerfahrene Musikbranche zur größten Herausforderung seit Bestehen ihrer Copyright-Gesetze. Plattenlabels reagierten entsetzt und ängstlich, Künstler unterschiedlich: manche begrüßten das Internet als magische, neue Marketing-Plattform, andere standen auf Seiten der Labels. Die Plattenfirmen versuchten in den USA Napster mit einer Kollektivklage hinwegzufegen, doch diese Tür, einmal geöffnet, war nicht mehr zu schließen. Für die Labels ging es um viel Geld. Am Ende des Jahrzehnts waren nur noch fünf der Großen übrig: Universal, Sony, EMI, Warners und BMG, die erschreckenderweise 95 Prozent aller Albumverkäufe kontrollierten.

Europas größter Solokünstler war **Robbie Williams**. Mit Weitblick nahm er bereits vor einem Jahr *Millennium* auf, und seine freche Art kam an – außer in den USA, wo inzwischen Rap dominierte. In schwarzen und weißen Vororten bekam man nicht genug, vor allen nicht von Marshall Mathers III alias **Eminem** alias Slim Shady. Dank der geschickten Studioarbeit von Gangsta-Rap-Legende **Dr. Dre** nahm der dreiste weiße Rapper die Szene im Sturm. Bislang hatte man eine solche Mischung aus vulgärem, angriffslustigem, gewitztem, ätzendem Gift noch nicht gehört: Schmutzig und clever sprengte er bewusst alle Grenzen.

Die musikalischere Ex-**Fugee Lauryn Hill** sahnte mit ihrem souligen Solodebüt ***The Miseducation Of Lauryn Hill*** bei fast jeder Preisverleihung ab. Zuerst räumte sie bei den NAACP Awards ab, dann bekam sie für die Hälfte ihrer zehn Grammy-Nominierungen Trophäen. **Chers** Europaerfolg mit *Believe* erreichte die USA. Sie sorgte für einen neuen US-Chartsrekord: 25 Jahre nach ihrer letzten Nr. 1 war sie zugleich die älteste Sängerin, die je die Hot 100 anführte. Die junge **Britney Spears** wiederum war das neueste Teeniephänomen und verkaufte von ihrem Debütalbum ***...Baby One More Time*** 20 Millionen Exemplare.

1999 war die Welt in Partylaune, und die Latino-Pop-Welle kam gerade recht. Mit **Ricky Martin** vorneweg eroberte die Latino-Musik, der bislang das melodische Popgefühl abging (Ausnahme **Gloria Estefan**), den Mainstream. Überraschenderweise gelang einem Veteranen der größte Ohrwurm: der 52-jährige **Carlos Santana** sorgte mit **Rob Thomas** von **Matchbox 20** und *Smooth* für den Hit des Jahres.

Woodstock 99 war eine bittere Party-Pille. Vom überkommerzialisierten Anfang bis zum gewalttätigen Ende zeigte es die hässliche Seite von Hardcore-Alternative-Rock. Trotz etlicher musikalisch interessanter Auftritte bildete die Mixtur aus der Geldschneiderei der Veranstalter und den erschreckend talentlosen Bands eine chaotische Plattform, auf der sich Amerikas neues Rowdytum zeigte.

- **04. Sept.** Mambo No. 5 (A Little Bit Of...) **Lou Bega**
- **18. Sept.** We're Going To Ibiza **Vengaboys**
- **25. Sept.** Blue (Da Ba Dee) **Eiffel 65**
- **16. Okt.** Genie In A Bottle **Christina Aguilera**
- **30. Okt.** Flying Without Wings **Westlife**
- **06. Nov.** Keep On Movin' **Five**
- **13. Nov.** Lift Me Up **Geri Halliwell**
- **20. Nov.** She's The One/It's Only Us **Robbie Williams**
- **27. Nov.** King Of The Castle **Wamdue Project**
- **04. Dez.** The Millennium Prayer **Cliff Richard**
- **25. Dez.** I Have A Dream/Seasons In The Sun **Westlife**

»Mein Publikum sieht mich als Freundin an.«

Britney Spears, **Entertainment Weekly**, 24.–31. Dezember 1999

1999

Januar

Die Corrs wurden von ihrem späteren Manager John Hughes entdeckt, als er Musiker für einen Auftritt in Alan Parkers erfolgreichem Film »The Commitments« suchte.

Robbie Williams gewinnt bei Brit Awards ... Dusty Springfield erliegt Krebsleiden ... *Believe* von Cher ...

Januar

1 **Tom Jones**, nach 35 Jahren immer noch groß im Musikgeschäft, wird mit dem OBE-Orden ausgezeichnet. Auch die krebskranke **Dusty Springfield** wird geehrt sowie **David Essex**, 51-jähriger britischer Showstar, für seine Wohlfahrtsarbeit insbesondere in der Entwicklungshilfe.

2 **Isaac Hayes** gelingt ein Comeback besonderer Art. Er führt die UK-Charts mit *Chocolate Salty Balls (PS I Love You)* an, mit verstellter, tiefer Stimme von Chef, einer Figur aus der populären US-Zeichentrickserie »South Park«.

11 Bei den 26. American Music Awards präsentieren **Blondie**, beim ersten US-Fernsehauftritt seit 16 Jahren, den Titelsong zum neuen Album ***No Exit*** mit Rapper **Coolio** und Mitgliedern des **Wu-Tang Clans** und **Mobb Deep** als Gästen. ***NSync** gewinnen in der Kategorie beliebteste Pop/Rock-Newcomer. Zu Ehren von **Billy Joel** – er erhält den Sonderpreis für große Verdienste, intonieren sie *You May Be Right*. **Whitney Houston** singt mit **Babyface** und **Wyclef Jean** *Until You Come Back To Me* und *My Love Is Your Love*. **Alabama** gewinnen erneut als beliebteste Countryband, und **Garth Brooks** kassiert abermals zwei Auszeichnungen – als beliebtester Countrysänger und für das beliebteste Countryalbum (für ***Sevens***).

15 Das zweite Album von **The Corrs**, ***Talk On Corners***, bekommt siebenmal Platin (letztes Jahr das meistverkaufte Album Großbritanniens) und ihre Debüt-LP ***Forgiven, Not Forgotten*** ebenfalls Platin. Die irischen Schwestern **Andrea** (Leadgesang/Tin Whistle), **Caroline** (Schlagzeug/ Bodhran/ Gesang) und **Sharon Corr** (Violine/ Gesang) und ihr Bruder **Jim** (Gitarre/Keyboards/ Gesang), in Dundalk geboren, schnappte sich 1994 in New York der erfahrene Hitproduzent David Foster für sein Atlantic-Label 143. Nach ihrem **Fleetwood-Mac**-Cover *Dreams* – letzten Mai Nr. 6 der UK-Charts – brachten ihnen auch die überwiegend selbst komponierten Alben mit harmonischem, keltisch angehauchtem Poprock Glück.

Neben fünf Grammys gewann Lauryn Hill vier NAACP Image Awards, vier Soul Train Music Awards und vier MTV Video Music Awards.

Februar

6 Das Ausstellungsgelände Bob Marley – A Tribute to Freedom wird auf dem Universal Studios CityWalk in Orlando eröffnet. Zur Dauerausstellung gehört die Kopie von Marleys Haus, in Hope Road, Kingston, mit Gemälden, Fotos und Videos – ein schön gelegener Ort mit Restaurant und geeignet für Reggaekonzerte.

13 **Blondies** Comeback ist perfekt, als ihre neue Single *Maria* sofort zur UK-Nr.-1 wird. Als einziger Band gelang ihr damit in den 70er-, 80er- und 90er-Jahren ein britischer Charttopper.

16 Bei den 18. Brit Awards in der Londoner Docklands Arena landet **Robbie Williams** stilgerecht per Fallschirm auf der Bühne. Später am Abend gewinnt er drei Preise: bester britischer Solokünstler, beste britische Single (*Millennium*) und bestes britisches Video (»Let Me Entertain You«). Nach seinen Lehrjahren bei **Take That** ist Williams überraschendsterweise der populärste Solist aus der Boygroup-Riege. Ein Teeniekollektiv, bestehend aus den neuen britischen Künstlern **Billie**, **B*witched**, **Cleopatra**, **Tina Cousins** und **Steps**, bringt **Björn Ulvaeus** (überreicht den **Corrs** ihre Auszeichnung zur besten internationalen Gruppe) mit einem **Abba**-Hitmedley ein Ständchen. **Annie Lennox** und **Dave Stewart** – nach zwei gemeinsamen Kurzauftritten letztes Jahr gibt es Gerüchte über eine **Eurythmics**-Reunion – werden von **Stevie Wonder** für herausragende Verdienste um die britische Musik geehrt. **U2s Bono** zeichnet Muhammad Ali mit dem Freddie Mercury Award für seine Arbeit bei Jubilee 2000 aus. Die Organisation setzt sich für die Tilgung der Dritte-Welt-Schulden ein.

23 In den USA erscheint **Eminems** Album ***The Slim Shady***, Langversion der kürzlich veröffentlichten Indie-Demomaxi ***The Slim Shady EP***. Der 26-jährige Eminem, als Marshall Bruce Mathers III in St. Joseph, Missouri, geboren, kam mit zwölf Jahren in das ärmliche Eastside-

»Leider kann ich nicht selbst kommen: ich spiele in Wolverhampton Kasperle mit Celine Dion.«

Robbie Williams bei den Brit Awards, 16. Februar 1999

Viertel von Detroit. Im Jahr 1990 trat er erstmals – anfangs als M&M – im Hip-Hop-Shop auf, 1996 nahm er sein erstes Album ***Infinite*** auf (das nur in Detroit erhältlich war) und 1997 an den Rap Olympics der Rap Coalition in Los Angeles teil. Die bissigen, angsterfüllten Rap-Tiraden seines Alter Ego Slim Shady mit ironisch-lyrischem Unterton erregten das Interesse von Jimmy Iovine von Interscope, der ihn an **Dr. Dre** vermittelte. Eminem, jüngster Protegé des Rap-Produzenten und seines Interscope-Labels Aftermath, hat derzeit einen Hit in den Rap-Listen, das für ihn typische, vulgäre *I Just Don't Give A Fuck*. Mit dem Nachfolger *My Name Is*, kürzlich in MTVs »Buzz Bin« aufgenommen, steigt der Künstler schnell zum am meisten umstrittenen und zugleich erfolgreichsten Rapper seiner Generation auf. Die dreisten, mal komischen, mal brutalen, oftmals frauenfeindlichen Metaphern eines weißen Rappers sprengen die Grenzen des Genres, was Amerikas Öffentlichkeit ebenso entzückt wie anwidert.

24 **Lauryn Hill**, in der Geschichte des Grammys die erste Frau, die in zehn Kategorien nominiert ist, gewinnt bei der 41. Preisverleihung fünf Trophäen: beste R&B-Sängerin und bester R&B-Song für *Doo Wop (That Thing)*, beste Nachwuchskünstlerin, Album des Jahres und bestes R&B-Album (beide für ihr Mehrfachplatin-Solodebüt ***The Miseducation Of Lauryn Hill***). **Madonna**, sechsmal nominiert, gewinnt vier Grammys: beste Dance-Platte (*Ray Of Light*), bestes Pop-Album (***Ray Of Light***), bestes Video (Kurzform) (»Ray of Light«) und bestes Cover (***Ray Of Light***). **Celine Dion** wird beste Popsängerin und ihr »Titanic«-Hit, *My Heart Will Go On*, bester Filmsong sowie Song des Jahres und Platte des Jahres. **Eric Clapton** gewinnt mit *My Father's Eyes* den 14. Grammy als bester Popsänger. Mit dem Preis für ihr Lebenswerk werden **Johnny Cash, Mel Tormé, Smokey Robinson, Otis Redding** und **Sam Cooke** ausgezeichnet.

März

2 Nach einem langen Kampf gegen den Krebs stirbt **Dusty Springfield** zu Hause in Henley-on-Thames, zwei Wochen vor ihrer Einführung in die Rock and Roll Hall of Fame. Englands größte »Soul«-Sängerin verschied mit 59 Jahren.

6 **Falcos** Mutter Maria Hölzel nimmt in Hamburg einen postumen Echo Award für das Lebenswerk ihres Sohnes entgegen. Sie sagt: »Musik war sein Leben«, Geld und alles andere hätten für Falco dagegen nicht gezählt.

6 Mit dem US-Nr.-1-Hit *Believe*, 25 Jahre nach ihrem letzten US-Charttopper (neuer Chartsrekord), gelingt **Cher** ein erstaunliches US-Comeback. Das Produzentenduo Metro peppte Chers Gesang mit einem Vocoder auf.

15 Bei der 14. Aufnahmefeier der Rock and Roll Hall of Fame im New-Yorker Waldorf-Astoria führt **Elton John** die verstorbene **Dusty Springfield** ein und nennt sie »Sängerin aller Songschreiber«. **Paul McCartney**, als Solokünstler von **Neil Young** eingeführt, bittet Tochter Stella mit auf die Bühne, die ein T-Shirt mit der Aufschrift »About f**king time « trägt. **Billy Joel**, der von seinem Vorbild **Ray Charles** in die Hall eingeführt wird, kommentiert seine Aufnahme so: »Manche sagen, ich sei ein Nachahmer. Ich bekenne mich schuldig«, und meint, wenn Nachahmer ausgeschlossen wären, »dann wäre kein einziger weißer Musiker hier«. **Bono** von **U2** führt **Bruce Springsteen** mit den Worten ein, »mit ihm hieß es: ›Gute Nacht, Haight Ashbury – guten Tag, Asbury Park.‹«

15 **Marius Müller-Westernhagen** kündigt im Interview bei »RTL Exclusiv« an, seine Tour im kommenden Mai werde voraussichtlich seine letzte sein. Das Eröffnungskonzert am 22. Mai in Hannover wird von 62 000 Menschen besucht, darunter auch Ex-Tennisstar Boris Becker.

16 Die Verleihung des ersten prestigeträchtigen Diamond Awards – für zehn Millionen verkaufter Alben – der Recording Industry Association Of America (RIAA) findet im New-Yorker Roseland Ballroom statt. Zu den Anwesenden mit einem Album dieser Größenordnung zählen **AC/DC, Bon Jovi, Boston, Boyz II Men, Celine Dion, Def Leppard,** die **Doobie Brothers, Kenny G, Guns N' Roses, Hammer, Billy Joel, Elton John, Journey, Led Zeppelin, Metallica, Prince, Kenny Rogers** und **ZZ Top**. Die **Eagles, Garth Brooks** und **Van Halen** sind Mehrfachdiamant-Gewinner. Kenny G lässt beinah seine Trophäe fallen, und ZZ Top, für ***Eliminator*** ausgezeichnet, kündigen für den Herbst eine neue LP an: »Dieselben drei Typen und vermutlich dieselben drei Akkorde.«

Robbie Williams segelte bei den Brit Awards mit einem Paraglider auf die Bühne herab, wobei er *Let Me Entertain You* sang.

März

1999

Diamond Awards ... Das Musical »Mamma Mia« ... Napster ...

Mary J. Blige

Puff Daddy

17 **Sinéad O'Connor**, **Thomas Dolby** und **Coldcut** nehmen im Rahmen des Fernsehprogramms »Megalab 99« für »Tomorrow's World« die erste Single via Internet auf. Das Cover von **Bob Marleys** *Them Belly Full (But We Hungry)* wird für die Stiftung War Child eingespielt. O'Connor nimmt ihren Gesang im BBC Television Centre in London auf, Dolby spielt die Keyboards dazu in San Francisco.

20 **Sting** und **James Taylor** nehmen beim Shi-Wa teil, einer Wohltätigkeitsveranstaltung für einen tibetanischen Friedenspark. Im neuen Globe Theatre in London singen sie Lieder aus Shakespeare-Stücken. Sting spielt außerdem die Rolle des Schnock in einer Szene aus »Ein Sommernachtstraum«. Zur Besetzung gehören zudem Vinnie Jones als Schlucker, **Jimmy Nail** als Squenz und Ethan Hawke als Flaut.

April

6 Das All-Star Tribute To Johnny Cash für die »TNT Master Series« wird im Hammerstein Ballroom, New York, aufgezeichnet. Mitwirkende sind **Sheryl Crow**, **Emmylou Harris**, **Willie Nelson**, **Lyle Lovett**, **Kris Kristofferson**, **Chris Isaak**, **Trisha Yearwood**, **Dave Matthews** und **Roseanne Cash**. Die Auftritte von **Bob Dylan**, **Bruce Springsteen** und **U2** werden per Satellit zugespielt. Am Schluss der Sendung tritt Cash auf: »Ich war 19 Monate nicht mehr auf einer Bühne. Ein gutes Gefühl, ein gutes Gefühl.« (In den letzten Jahren hatte Cash eine Lungenentzündung und erkrankte an Parkinson.)

6 »Mamma Mia«, ein Musical mit 27 **Abba**-Songs, hat im Prince Edward Theatre in London Premiere. Vor genau 25 Jahren gewannen Abba den Grand Prix, jetzt startet das Musical seinen internationalen Siegeszug. Wie beliebt die Band-Evergreens sind, zeigt die Veröffentlichung des limitierten Samplers ***The Singles Collection*** von UK Polydor, mit allen 28 originalen A- und B-Seiten, inklusive Waterloo auf Schwedisch, Deutsch und Französisch.

10 Bei der Veranstaltung Here, There And Everywhere – A Concert For Linda, einem Gedenkkonzert für **Linda McCartney**, in der Royal Albert Hall erleben die 5000 Zuschauer einen Überraschungsauftritt von **Paul McCartney**. Nachdem er *Lonesome Town* und *All My Loving* gesungen hat, begleiten ihn zum Abschluss des Konzerts, bei *Let It Be*, die mitwirkenden Künstler **George Michael**, **Elvis Costello**, **Tom Jones**, **Marianne Faithfull**, **Chrissie Hynde**, **Des'ree**, **Neil Finn**, **Heather Small** von **M People**, **Johnny Marr**, **Ladysmith Black Mambazo** und **Sinéad O'Connor** (deren unpassenden Bemerkungen wieder einmal zeigen, dass sie mit den Jahren kein bisschen leise wird).

Paul McCartneys Auftritt bei Here, There and Everywhere – A Concert For Linda war der erste seit dem Tod seiner Frau im Jahr 1998.

Mary J. Blige spielte im April beim VH1-Konzert Divas Live '99 ... Puff Daddy musste seinen Aggressionen 1999 therapeutisch begegnen.

11 **Carlos Santana** wird bei den jährlichen American Latino Media Arts Awards im Pasadena Civic Center mit dem Preis für herausragende Leistungen geehrt, sowohl für seine musikalischen als auch humanitären Verdienste.

14 Gegen **Sean »Puffy« Combs** Wunsch wird »Hate Me Now«, das neue Video des jüngsten New-Yorker Rap-Stars **Nas** (Nasir Jones), das ihn wie Christus am Kreuz zeigt, auf MTV-USA ausgestrahlt. Es gehört zum Titelsong aus Nas' drittem Album ***I Am ... The Autobiography***, das nächste Woche auf Platz 1 der US-Charts einsteigt.

15 In einem Anfall von Selbstjustiz verprügelt **Sean »Puffy« Combs** mit zwei Komplizen den Interscope-Mitarbeiter Steve Stoute in dessen New-Yorker Büro. Für ihn ist Stoute, der auch **Nas**' Manager ist, daran schuld, dass der umstrittene »Hate Me Now«-Clip gegen Combs' Wunsch mit der beanstandeten Kreuzigungsszene lief. Combs stellt sich morgen der Polizei. Am 8. September plädiert er auf schuldig und wird zu einem Antiaggressions-Training verdonnert. MTV setzt das Video morgen ab.

20 **Robbie Williams** stellt sich der amerikanischen Musikbranche mit einem Fünfsong-Set vor etwa 100 geladenen Gästen im Phoenix Hotel, Los Angeles vor. Zum Schluss des Abends meint er: »Vielen Dank. Falls es Ihnen gefallen hat, ich bin Robbie Williams. Falls nicht, dann bin ich halt George Michael.« (Am 1. Mai beginnt er seine erste, neuntägige Nordamerikatournee im Opera House in Toronto.)

22 **Sinéad O'Connor** wird in der abtrünnigen römisch-katholischen Latin Tridentine Kirche in Lourdes von dem Bischof Michael Cox zur Mutter Bernadette Mary vom Orden Mater Dei geweiht. Kommende Woche spendet sie der Kirche 200 000 $. Der Dubliner Buchmacher Paddy Power wettet 10 000 zu 1, dass sie der nächste Papst wird.

25 **Paul Simon** singt *Mrs Robinson* mit seiner passenden Textzeile »Where have you gone, Joe Di Maggio?« auf dem Center Field des Yankee Stadium, als eine Gedenkstatue für den am 8. März im Alter von 84 Jahren verstorbenen legendären Baseball-Star der Yankees enthüllt wird.

Mai

22 Während **Mel C** den Titelsong zum neuen Bond-Film »James Bond 007 – Die Welt ist nicht genug« singt, **Emma Bunton** »Cinderella« für BBC-TV filmt, **Mel G** und **Victoria Adams** beide Mutter wurden, die neue **Spice-Girls**-Single (*My Strongest Suit*) erwartet wird, herrscht bei **Geri Halliwell** großer Trubel. **Boyzone** werden knapp vor ihrer Debütsingle *Look At Me* die UK-Nr.-1.

30 In Los Angeles nehmen die **Dixie Chicks** mit Produzent Peter Asher das **Supremes**-Cover *You Can't Hurry Love* für den Filmsoundtrack zu »Die Braut, die sich nicht traut« auf. Nach zehn Jahren schaffte das blonde Countrypop-Trio, mit den Gründungsmitgliedern **Martie Seidel**, Fiedel, ihrer Schwester **Emily Robison**, Banjo, und Leadsängerin **Natalie Maines**, in den letzten zwölf Monaten endlich den Durchbruch. Bei den 34. Academy Of Country Music Awards gewannen sie in diesem Monat als beste Nachwuchs-Gesangsgruppe und beste Gesangsgruppe. Außerdem wurde ihr Vierfachplatin-Album ***Wide Open Spaces*** Album des Jahres.

31 **Stevie Wonder**, am 19. von der Rutgers University in New Brunswick zum Ehrendoktor der schönen Künste ernannt, wird in den Berwaldhallen in Stockholm mit dem Polar Music Prize ausgezeichnet.

startet in der World Arena, Colorado Springs, und die beiden singen gemeinsam *The Sounds Of Silence, I Walk The Line, Blue Moon Of Kentucky* und *Forever Young*. Nach 32 Tagen endet die US-Reise am 31. Juli im Jones Beach Theatre in Wantagh, New York.

19 **Bono** und **The Edge** reihen sich in die Menschenkette Jubilee 2000 ein, die anlässlich des G8-Wirtschaftsgipfeltreffens in Köln stattfindet. Die Organisation fordert den generellen Schuldenerlass für die Dritte Welt.

25 **Santana** präsentiert mit **Rob Thomas** von **Matchbox 20** bei der »Late Show With David Letterman« den Song *Smooth*. Arista-Records-Chef Clive Davis versucht mit dieser geschickten Kombination Santanas Karriere neu zu beleben.

30 **Fred Durst** von **Limp Bizkit** wird erster Vizepräsident von Interscope Records. Letzte Woche begann ihre Tournee Limptropolis – mit Headliner Bizkit, den Label-Aufsteigern **Staind** (unterschrieben bei Flip Records auf Initiative von Durst) und **Kid Rock** (28; aus Detroit; mit bürgerlichem Namen Bob Ritchie), der seit zehn Jahren sein Glück versuchte und derzeit mit den Hits *Bawitdaba* und *Cowboy* auf der Rap-Metal-Welle schwimmt. Beide sind Singleauskopplungen aus ***Devil Without A Cause,*** ein selbstbewusstes White-Trash-Mehrfachplatin-Album.

»Wie immer bei solchen Gelegenheiten weiß ich nicht, was ich tun soll, und so bin ich meistens auch an meine Musikkarriere rangegangen.«

David Bowie erhält die Ehrendoktorwürde des Berklee College of Music in Boston, 8. Mai 1999

Juni

1 Der Musikdienst Napster – Gründer ist der 18-jährige Ex-Student Shawn Fanning – startet im Internet. Nutzer können dort ins MP3-Digital-Format kodierte Musikstücke austauschen. Dank einer Zentralbank aus über Hunderttausenden von Songs kann man praktisch jede von anderen Fans ins Netz gestellte Aufnahme herunterladen – ein Dienst, den man auch »peer-to-peer«-Dateientausch nennt. Im Oktober stellen die großen Plattenfirmen, von der revolutionären Technologie überrollt, recht kurzsichtig ihre Verhandlungen mit Napster über einen legalen Online-Musikvertrieb ein.

5 Zum Höhepunkt des Boyband-Fiebers wird das Album ***Millennium*** von den **Backstreet Boys** mit 1,13 Mio. verkauften Stück sofort Nr. 1 der US-Charts (ein neuer US-Rekord in der ersten Woche, den ***NSync** im kommenden März noch verdoppeln werden). Produziert und komponiert hat das Album mit dem eingängigen Welthit *I Want It That Way* überwiegend und erneut der gefragte schwedische Hitmacher Max Martin. Im November verlängert die Band – derzeit auf einer 44-tägigen Europatournee – ihren Jive-Records-Vertrag über angeblich 60 Mio. $ für fünf Alben.

6 **Bob Dylan** und **Paul Simon**, die führenden amerikanischen Singer/Songwriter ihrer Generation, sind erstmals gemeinsam auf Tournee. Sie

Juli

1 **Garbage** treten zum allerersten Mal in Edinburgh auf, der Heimatstadt von Leadsängerin **Shirley Manson**, bei einem Open-Air-Konzert in Princess Street Gardens zur Feier der schottischen Parlamentseröffnung. Kürzlich zeichnete sie die RIAA aus für eine Million US-Verkäufe von ***Version 2.0*** und zwei Millionen für ***Garbage***.

5 **Eurythmics** präsentieren ihr Reunionalbum samt Tournee mit einem Miniauftritt an Bord von Greenpeaces Rainbow Warrior II, auf der Thames nahe der Tower Bridge vertäut. Bei ihrem ersten Auftritt seit zehn Jahren singen sie zwei neue Songs, *Beautiful Child* und *Peace Is Just A Word*. Die Tourneeeinnahmen kommen Amnesty International und Greenpeace zugute.

8 Die Konzertserie 1999 Lilith Fair startet im UBC Thunderbird Stadium in Vancouver. Heute treten u. a. auf: **Sarah McLachlan**, **Sheryl Crow**, die kanadische R&B-Singer/Songschreiberin **Deborah Cox**, die 19-jährige R&B-Newcomerin **Mya**, die alternative Frauenrockband **Luscious Jackson**, die indische Alternative-Poprockerin **Bif Naked**, die Folk/Pop/Rock-Sängerin/Songwriterin **Beth Orton** und das christliche Alternative-Quintett **Sixpence None the Richer** (ihr Song *Kiss Me* ist ein Welthit). Die 40-tägige Tournee endet am 31. August im Commonwealth Stadium in Edmonton, Kanada.

RICKY MARTIN

29. Mai **Das von Desmond Child und Martins langjährigem Produzenten Robi Rosa koproduzierte erste englischsprachige Album von Ricky Martin (das wie seine spanische Debütplatte von 1991 *Ricky Martin* heißt) steigt auf Platz 1 in die US-Charts ein und markiert den Boom des Latino-Pop in den Staaten. Bis Jahresende wird die Scheibe in den USA 7 Mio. Mal verkauft. Sie macht Martin zum Weltstar.**

Martin stieß die von Gloria und Emilio Estefan aufgesperrte Tür in den US-Markt weit auf und bahnte so den Weg für viele Latinopop-künstler, darunter Enrique Iglesias, Christina Aguilera und Marc Anthony.

Juli # 1999

Reunion der Eurythmics ... Woodstock 99 ... Eminem von Mutter verklagt ...

Fred Durst von Limp Bizkit war in seiner geschäftsführenden Funktion bei Interscope u. a. für die Akquise und Vermarktung von Bands sowie für Produktion, Remixes und Videoaufnahmen verantwortlich.

Fred Durst erntete viel Kritik, weil er die kritische Situation bei Woodstock 99 noch verschärft hatte, indem er das Publikum zu Verwüstungen aufrief.

18 Der zweitägige Auftritt von **Phish** endet vor 111 000 Zuschauern auf dem Oswego County Airport nahe Volney, New York. Die Jamband kommt mit ihrer Leistung ins **Guinness Buch der Rekorde**. Sie organisierte für einen Tanz, den »Meatstick«, die meisten Teilnehmer und brach damit den Macarena-Rekord im Yankee Stadium.

24 *Wild Wild West* von **Will Smith**, mit einem Sample aus **Stevie Wonders** *I Wish*, ist Nr. 1 der US-Charts. Damit ist Wonder auf Platz zwei der Songwriter mit der längsten Pause zwischen zwei Nr.-1-Hits. Die Komposition *Tears Of A Clown* schaffte es vor 28 Jahren und sieben Monaten im Dezember 1970. Rekordhalter sind Hugo And Luigi und George David Weiss mit 31 Jahren und sieben Monaten Pause zwischen *The Lion Sleeps Tonight* und *Can't Help Falling In Love*.

24 Woodstock 99, auf der stillgelegten Air-Force-Base nahe Rome, New York, ist der pure Kontrast zum »Love And Peace«-Fest 1969. Die Veranstalter drehen **Limp Bizkit** zeitweilig den Strom ab, als sich im strömenden Regen chaotische Szenen abspielen. Es gibt Verletzte, einen zerstörten Sendeturm und eine angebliche Vergewaltigung im Bühnenareal (man spricht von insgesamt acht beim Festival). Ein Feuer wütet auf dem Gelände, und sowohl die Erste-Hilfe-Station als auch MTVs Sendekabine vor Ort werden geschlossen. Fred Durst wird kritisiert, weil er die Menge zur Randale anstiftete und die ohnehin unberechenbare Situation noch mehr anheizte. An die 200 000 Besucher bezahlen inflationäre 160 $ für das dreitägige Festival, bei dem auf drei separaten Bühnen u. a. **Rage Against the Machine**, **The Dave Matthews Band**, **Metallica**, **Kid Rock**, **KoRn**, **Alanis Morissette**, **Wyclef Jean And His Refugee Allstars** und **Counting Crows** auftreten. Die zusätzlichen Nacht-Raves bestreiten u. a. Plattenaufleger **Fatboy Slim** (populärste Inkarnation des britischen Popveteranen Norman Cook, der schon bei den **Housemartins** Bass spielte) und Elektronik-Pop/Rock/Techno-Legende **Moby** (sein hochgelobtes Crossoveralbum ***Play*** brachte endlich den Durchbruch). Wegen der Kommerzialisierung und des oftmals rücksichtslosen Verhaltens der jugendlichen Festivalgäste wird Woodstock 99 zum beispiellosen Desaster. Eine Sondereinheit behelmter Polizisten räumt morgen das ohnehin verwüstete Gelände.

August

16 **Mariah Careys** Video zu ihrer neuen Single *Heartbreaker* hat bei MTV Weltpremiere, nachdem Microsofts WindowsMedia den Song exklusiv auf seiner Internetseite vorgestellt hat.

21 Das irische Teeniequintett **Westlife** ist mit *If I Let You Go* Nr. 1 der UK-Charts und verdrängt damit seinen Ex-Komanager **Ronan Keating**. Dessen Soloaufnahme *When You Say Nothing At All* war zwei Wochen lang auf Platz 1. Westlife gelingen als erster Boyband zwei aufeinander folgende Nr.-1-Hits mit den ersten beiden Singles (nach *Flying Without Wings*). Keating meint: »Dass sie es schafften, ist doch ganz toll.« Die telegenen Jungs von Westlife aus Dublin, **Bryan McFadden**, **Kian Egan**, **Mark Freehily**, **Nicky Byrne** und **Shane Filan**, brechen weitere Chartsrekorde. Als erste Band landen sie in einem Jahr viermal auf Platz 1.

25 Bei der eilends anberaumten Pressekonferenz im Londoner Water Rats Pub (dort fand im Januar 1994 ihr erster London-Auftritt statt) erklären die Gallagher-Brüder, »Guigsy« würde **Oasis** verlassen, nachdem zwei Wochen zuvor bereits »Bonehead« ausstieg. »Und wir sitzen jetzt hier schön in der Scheiße.« Auf die Frage, wer die Nachfolger werden, meint Liam: »Sie sollten größer als ich sein, einen guten Schuhgeschmack haben, einen ordentlichen Haarschnitt – und keine Man[chester]-United-Fans.«

28 Als »very special guest« angekündigt, absolviert **Kevin Rowland**, Ex-Leadsänger der **Dexy's Midnight Runners**, beim Reading Festival nach 14 Jahren seinen ersten Liveauftritt, in Damenwäsche und mit Make-up. Sein ***My Beauty*** auf Alan McGees Creation Records, von McGee als eines der besten Alben des Jahres angepriesen, kommt gerade Mal auf 500 verkaufte Exemplare.

30 Anlässlich der internationalen **Beatles**-Woche veröffentlicht die US-Post in ihrer Reihe »Celebrate The Century« eine Yellow-Submarine-Briefmarke im Wert von 33 Cent.

September

17 **Eminems** LP ***The Slim Shady*** hat bereits Doppelplatinstatus, er selbst gerät in einen tiefen Konflikt mit seiner Mutter. Debbie Mathers-Briggs

Exklusiv über die Website der Band konnte man Garbage-Nagellack in derselben Farbe wie das Logo auf dem Cover von *Version 2.0* bestellen.

erhebt bei einem Gericht in Michigan eine Verleumdungsklage gegen ihn. Sie sagt Eminems Interviews in **The Source**, **Rolling Stone** und **Rap Pages** und in der Radiosendung »The Howard Stern Show« hätten sie emotional fertig gemacht. Sie will zehn Millionen $ Schmerzensgeld. Eminems Anwalt hält dagegen: »Eminems Musik reflektiert sein Leben. Seine Äußerungen können eidesstattlich beglaubigt werden. Die Wahrheit ist die beste Verteidung gegen Diffamierung.« Bei den MTV Video Music Awards wurde der Rapper kürzlich zum besten Newcomer gewählt.

18 **Paul McCartney**, der gestern bei der Capitol-Party im House Of Blues in Los Angeles sein Album ***Run Devil Run*** vorstellte, tritt neben den **B-52's**, **Sarah McLachlan** und **Chrissie Hynde** bei der PETA-Party für die Century And Humanitarian Awards in Los Angeles auf. McLachlan rührt ihn mit der Interpretation ihrer aktuellen Hitballade *Angel* tatsächlich zu Tränen.

22 **Diana Ross** wird am Londoner Heathrow Airport festgenommen, weil sie eine Beamtin beleidigt haben soll, die sie abtastete, nachdem der Metalldetektor Alarm schlug. Sie wird fast fünf Stunden festgehalten. Ms Ross emfpand dies als »demütigend«: »Auf allen Flughäfen der Welt habe ich noch nie eine derart zudringliche Abfertigung erlebt. Ich bin kontaktfreudig und scheue keine Berührungen, aber nicht so – das ging absolut zu weit.« Ein Flughafensprecher dazu: »Vom Gesetz her sind wir verpflichtet, Pasagiere persönlich abzutasten, wenn der Metalldetektor losgeht. Bisweilen reagieren Prominente darauf gekränkt.«

24 Die US-Tournee Family Values 1999 beginnt im Bryce Jordan Center, State College, Pennsylvania. Mit dabei ist die derzeitige US-Alternative-Rock-Elite: **Limp Bizkit**, **Filter**, das Elektronikduo **The Crystal Method**, **Staind**, die Alternative-Metal-Band **Primus** von **Les Claypool**, Ex-**Wu-Tang-Clan**-Rapper **Method Man**, der Alt-Rapper **Redman** und die neue Rockband **System of a Down**.

Oktober

9 Netaid, eine dreiteilige Konzertreihe in New Jersey, London und Genf, wird Online übertragen, in der Hoffnung auf Spenden der Internetzuschauer. Im Londoner Wembley Stadium treten auf: **Bryan Adams**, **David Bowie**, **George Michael**, **The Corrs**, **Catatonia**, **Bush**, **Eurythmics**, **Stereophonics** und **Robbie Williams**; auf den Meadowlands in East Rutherford sind es **Sting**, **Sheryl Crow**, **Wyclef Jean** und **Bono**, die **Black Crowes**, **Bon Jovi**, **Puff Daddy**, **Jewel**, **Mary J. Blige**, Alt-Rapper **Busta Rhymes**, **Counting Crows**, Weltmusik-Star **Cheb Mami** (in Algerien geborener Prinz des Rai), der italienische Poprock-Sänger **Zucchero** und **Jimmy Page** sowie **Bryan Ferry**, **Texas**, **Des'ree**, **Ladysmith Black Mambazo** und **Michael Kamen** im Palais des Nations, Genf. Technische Probleme ruinieren das als größte Internet-Veranstaltung angekündigte Ereignis, das Spendenaufkommen ist gering. Thomas Ritsetter der Consulting-Firma KPMG, u. a. für die Website zuständig, meint: »Vielleicht war es doch etwas zu ambitioniert, jetzt schon die Internet-Technologie dafür zu nutzen.«

15 Play Along Toys bringt eine Kollektion mit sechs **Britney-Spears**-Puppen in den US-Handel, eine weitere Bestätigung für Britneys kometenhaften Aufstieg. Für den Firmenpräsidenten

Das gab es noch nie: Westlife kamen mit ihren ersten sieben Platten immer auf UK-Nr.-1, so auch mit *Against All Odds* (mit Mariah Carey).

Bob Geldof bezeichnete Van Morrison als »das einzige Genie der irischen Musik«.

VAN MORRISON

1. September Bob Geldof führt Van Morrison in die Irish Music Hall of Fame ein. Niall Stokes, Redakteur von Hot Press und Leiter der Hall of Fame, sagt: »Van Morrison gilt zu Recht als Irlands größte lebende Legende. Er ist ein Multitalent mit großer kreativer Energie und hat ein erstaunliches Werk von enormer Schönheit und emotionaler Tiefe geschaffen.«

Oktober 1999

Santana mit *Smooth* … Princes Song *1999* wird so aktuell wie niemals sonst …

repräsentiert sie »alle Eigenschaften, die junge Mädchen bewundern und nachahmen. Sie besitzt enormes Talent, Schönheit und ein einnehmendes Wesen.« Ende des Jahres wird *… Baby One More Time* für zehn Millionen US-Verkäufe ausgezeichnet, weltweit werden es mehr als das Doppelte. »Spears« ist derzeit der meistbenutzte Internet-Suchbegriff.

23 Die US-Nr.-1 *Smooth*, von **Santana** mit **Rob Thomas**, steht unglaubliche 58 Wochen in der US-Hot-100. Der Latino-Pophit bringt **Carlos Santanas** Comeback voll in Schwung und auch Thomas, dem Sänger der Single, Glück. Er wird allmählich für seine Songschreibertalente respektiert (er war neben Itaal Shur Koautor des Songs). Dank der aktuellen Latino-Modewelle läuft es für den tief gläubigen Santana prächtig: auf seinem Album *Supernatural* wird der legendäre Gitarrist geschickterweise von einer Reihe von Toptalenten unterstützt, u. a. Thomas, **Eric Clapton**, **Lauryn Hill**, **Eagle-Eye Cherry**, **Wyclef Jean**, dem Akustik-Hip-Hopper und Ex-**House-of-Pain**-Mitglied **Everlast** und **Dave Matthews**.

23 **Dr. Dre** und sein überaus umstrittenes Protegé **Eminem** treten erstmals gemeinsam im US-Fernsehen auf: als musikalische Gäste in der Sendung »Saturday Night Live«. Die beiden haben vor kurzem sieben Songs für Eminems neues Album aufgenommen, das im Februar 2000 erscheinen wird.

27 Die angesagen R&B-Bands **TLC**, **Destiny's Child** und **Jodeci** und das Duo **K-Ci & JoJo** (ein Ableger von Jodeci) beginnen eine gemeinsame Package-Tournee in der Van Andel Arena, Grand Rapids, Michigan. Sie endet am 3. Dezember in Phoenix. **Destiny's Child** – die Sängerinnen **Beyoncé Knowles**, ihre Cousine **Kelly Rowland**, **LaTavia Roberson** und **LeToya Luckett** – wurden 1990 in Houston gegründet und von Knowles' Vater Matthew betreut.

November

9 Die Recording Association Of America verkündet die Namen der Künstler des Jahrhunderts. Die **Beatles** führen mit 106 Millionen verkauften US-Tonträgern. Es folgen **Garth Brooks** und **Barbra Streisand** als erfolgreichster Künstler und erfolgreichste Künstlerin, mit 89 Millionen beziehungsweise 62 Millionen Verkäufen. **Elvis Presley** bekam mit 77 die meisten Gold- und Platin-Singles (neben 80 Goldenen und Platinalben). **Elton Johns** *Candle In The Wind 1997* wird als meistverkaufte Single des Jahrzehnts ausgezeichnet. Und *Their Greatest Hits 1971–1975* von **The Eagles** ist mit 26 Millionen Verkäufen noch vor **Michael Jacksons** *Thriller* das meistverkaufte Album aller Zeiten.

Santanas Album *Supernatural* wurde weltweit über 20 Mio. Mal verkauft und erhielt eine ganze Reihe hochkarätiger Auszeichnungen.

11 Obwohl sie bislang nur drei Singles und ein Album produzierte, kassiert **Britney Spears** bei den MTV Europe Music Awards in Dublin groß ab. Sie gewinnt als beste Sängerin, beste Newcomerin, beste Popkünstlerin und *… Baby One More Time* als bester Song. Auch **Boyzone** sind Mehrfachgewinner: *By Request* ist bestes Album, und die Boys werden beste Künstler Englands und Irlands. **Whitney Houston**, beste R&B-Künstlerin, tritt auf der Party neben **Marilyn Manson**, **Iggy Pop** und Britney Spears auf.

12 Bristols Crown Court spricht **Gary Glitter** von der Anklage der Vergewaltigung des Teenie-Fans Allison Brown vor über 17 Jahren frei. Nach seinem Schuldgeständnis erhält er aber vier Monate Gefängnis für den Besitz von Kinderpornografie. Er gab 43 Verstöße bezüglich des Herunterladens von Pornos aus dem Internet zu.

Dezember

7 Die RIAA – die die umsatzstärksten und einflussreichsten Plattenfirmen der USA repräsentiert – erhebt Klage gegen Napster. Der Vorwurf lautet: Die Firma ermutigt und fördert im großen Rahmen illegales Kopieren und Vertreiben von Copyright-geschützter Musik. Die Höhe der befürchteten Copyright-Verstöße beläuft sich nach Schätzungen der RIAA auf durchschnittlich 100 000 $ pro Veröffentlichung.

8 **Sarah McLachlan** überreicht der Countrylegende **Emmylou Harris** bei den Billboard Music Awards im MGM Grand Hotel & Casino in Las Vegas, Nevada, den prestigereichen Century Award.

14 Nach seinen einleitenden Worten, »Willkommen im Cavern, es ist lange her und toll, wieder hier zu sein«, legt **Paul McCartney** mit einem Set alter Rock'n'Roll-Nummern im überfüllten Liverpool Club los. 15 000 Fans können den Auftritt auf einem gigantischen Videobildschirm im Liverpooler Chavasse Park verfolgen, weitere drei Millionen sind via Internet dabei. McCartney, der u. a. von **David Gilmour** und **Ian Paice** begleitet wird, beginnt mit **Big Joe Turners** *Honey Hush* und spielt Klassiker von **Chuck Berry**, **Little Richard**, **Elvis Presley** und **Ricky Nelson**. Das letzte Mal spielte McCartney am 3. August 1963 in den geheiligten Hallen (heute nicht mehr wie früher in der Mathew Street).

Bryan Adams hatte 1999 viel zu tun: Neben einem Konzert im Londoner Hyde Park spielte er im Vorprogramm der Rolling Stones auf der No Security Tour und nahm eine Hitsingle mit Spice Girl Melanie C auf.

26 **Curtis Mayfield** stirbt mit 57 im North Fulton Regional Hospital in Roswell. Seit ihn im August 1990 bei einem Freiluftkonzert in Brooklyn eine Lichtverankerung traf, war er gelähmt und hatte große gesundheitliche Probleme. Die R&B-Legende (*Superfly*) wurde im März in die Rock and Roll Hall of Fame eingeführt.

27 **Puff Daddy** und seine derzeitige Flamme **Jennifer Lopez** entkommen verletzt einer Schießerei im Club New York in Manhattan. Es gibt drei weitere Verletzte. Als der Rapper ein Rotlicht übersieht, wird sein Lincoln Navigator von der Polizei gestoppt, die im Auto eine 9-mm-Waffe entdeckt. Combs, sein Fahrer und sein Bodyguard werden wegen illegalen Waffenbesitzes und Besitz von Diebesgut (die Waffe) angeklagt, Lopez wird freigelassen. Jamal Barrow, besser als Rapper **Shyne** bekannt, wird im Club verhaftet und wegen illegalen Waffenbesitzes angeklagt.

30 Auf ihrem streng bewachten Anwesen Henley-On-Thames greift ein Eindringling **George Harrison** und seine Frau Olivia mit einem Messer an. Harrison wird mit einer Stichwunde in der Brust im Royal Berkshire Hospital in Reading behandelt und dann in eine Spezialabteilung des Harefield Hospitals verlegt. Der Täter, der 33-jährige Liverpooler Michael Abram, wird wegen versuchten Mordes angeklagt. Ein Krankenhaussprecher sagt, Harrison habe gemeint, »dass der Mann kein Einbrecher war und bestimmt nicht für die Traveling Wilburys vorsingen wollte«.

31 Bei den Freudenfeiern anlässlich des Millenniums sorgt auch die Rockmusik mit Konzerten rund um den Globus reichlich für Stimmung: **Björk** in Reykjavik, Island, **Aerosmith** in Osaka, Japan, **Céline Dion** in Montreal, Kanada, die **Chieftains** und **Art Garfunkel** auf einer Kreuzfahrt zum Nordpol und ***NSync** in Honolulu, Hawaii. **Michael Jackson** ist zuerst im Sydney Football Stadium und fliegt dann nach Hawaii für einen Auftritt im Aloha Stadium in Honolulu. In den USA treten u. a. auf: **The Eagles**, **Linda Ronstadt** und **Jackson Browne** (Los Angeles), die **B-52's**, **Hootie And The Blowfish**, **Styx** und **Cheap Trick** (Orlando, Florida), **Barenaked Ladies** (Buffalo, New York), die **Bee Gees** (Sunrise, Florida), **Christina Aguilera**, die neuen Modern-Rockers **Blink 182**, **Bush**, die **Goo Goo Dolls**, **No Doubt** und **Puff Daddy** (New York City) sowie **ZZ Top** und **Lynyrd Skynyrd** (Houston). In England nehmen **Fatboy Slim**, **The Lightning Seeds**, **Orbital**, **Space** und die **Stereophonics** beim Cream 2000 am Liverpooler Pier Head teil. In Edinburgh gibt es gar einen gemeinsamen Auftritt der **Bay City Rollers**. **Sting** beschließt das Jahr mit dem Konzert Party Of The Century im Jacob K. Javits Convention Center in New York City, **Billy Joel** spielt im Madison Square Garden, **Barbra Streisand** absolviert einen raren Live-Auftritt im MGM Grand Garden in Las Vegas, **Wynonna Judd** tritt mit ihrer Mutter **Naomi** in der America West Arena in Phoenix auf. Mit dem **Gloria Estefan** Millennium Concert Spectacular wird die American Airlines Arena in Miami eröffnet. **Prince** – der seinen Hit *1999* über 17 Jahre lang gesungen hatte – gibt im Pay-TV für etwa 19,99 $ ein Konzert mit dem Titel Rave Un2 The Year 2000.

Destiny's Child erlebten Anfang 2000 große Veränderungen, als die Gründungsmitglieder LaTavia Roberson und Le Toya Luckett die Gruppe verließen.

ROOTS In diesem Jahr debütieren The Strokes live im The Spiral in New York … tritt Berklee-School-Of-Music-Aussteiger und Sänger/Songwriter/Gitarrist John Mayer regelmäßig in Atlanta, Georgia auf, vor allem im anerkannten Akustikclub Eddie's Attic … geben Evanescence mit den Gründungsmitgliedern Sängerin Amy Lee und Gitarrist Ben Moody die ersten Konzerte in der Umgebung Little Rocks, Arkansas … unterschreibt die Neosoul-Sängerin India Arie, letztes Jahr auf der US-Lilith-Tour noch unbekannt, bei Motown Records … arbeitet Naomi McLean-Daley aus Nordlondon, Studentin der Sussex University, als Discjockey für die R&B-Piratensender RAW FM und Freak FM in England; nächstes Jahr macht sie der Underground-Favorit *Booo!* von Garage-Produzent Sticky zum Clubstar Ms. Dynamite … beginnt Lisa Marie Presley – unterschrieb letztes Jahr bei Glen Ballards Java Records – die Arbeit an ihrem Debütalbum (das erst 2003 erscheint) … spielen Good Charlotte bei etlichen Ostküsten-Konzerten im Vorprogramm von Lit; nächstes Jahr nimmt sie Epic Records unter Vertrag …

»Hip-Hop ist so groß wie nie zuvor und wird immer größer, obwohl man denken würde, dass das gar nicht mehr geht ... Man muss diese Musik so ernst nehmen, wie sie es verdient.« **Eminem**

»Wenn man mir sagt, dass wir das nächste große Ding sind, kriege ich eine Riesenangst, weil ich glaube, dass wir in zwei Wochen vergessen sein werden.« **Chris Martin**

2000–2002

Oops! ... I Did It Again

2000

Nr. 1 US-SINGLES

01. Jan. Smooth **Santana featuring Rob Thomas**
15. Jan. What A Girl Wants **Christina Aguilera**
29. Jan. I Knew I Loved You **Savage Garden**
19. Febr. Thank God I Found You **Mariah With Joe And 98°**
26. Febr. I Knew I Loved You **Savage Garden**
04. März Amazed **Lonestar**
18. März Say My Name **Destiny's Child**
08. Apr. Maria Maria **Santana featuring the Product G&B**
17. Juni Try Again **Aaliyah**
24. Juni Be With You **Enrique Iglesias**
15. Juli Everything You Want **Vertical Horizon**
22. Juli Bent **matchbox twenty**
29. Juli It's Gonna Be Me ***NSync**
12. Aug. Incomplete **Sisqó**
26. Aug. Doesn't Really Matter **Janet**
16. Sept. Music **Madonna**
14. Okt. Come On Over Baby (All I Want Is You) **Christina Aguilera**
11. Nov. With Arms Wide Open **Creed**
18. Nov. Independent Women Part I **Destiny's Child**

Nr. 1 UK-SINGLES

01. Jan. I Have A Dream/Seasons In The Sun **Westlife**
22. Jan. The Masses Against The Classes **Manic Street Preachers**
29. Jan. Born To Make You Happy **Britney Spears**
05. Febr. Rise **Gabrielle**
19. Febr. Go Let It Out **Oasis**
26. Febr. Pure Shores **All Saints**
11. März American Pie **Madonna**
18. März Don't Give Up **Chicane featuring Bryan Adams**
25. März Bag It Up **Geri Halliwell**
01. Apr. Never Be The Same Again **Melanie C/Lisa »Left Eye« Lopes**
08. Apr. Fool Again **Westlife**
15. Apr. Fill Me In **Craig David**
22. Apr. Toca's Miracle **Fragma**
06. Mai Bound 4 Da Reload (Casualty) **Oxide And Neutrino**
13. Mai Oops! ... I Did It Again **Britney Spears**
20. Mai Don't Call Me Baby **Madison Avenue**
27. Mai Day And Night **Billie Piper**
03. Juni It Feels So Good **Sonique**

*NSync

Limp Bizkit

Zum Jahresbeginn erreichten die US-Verkaufszahlen des ersten *NSync-Albums *NSync* 10 Mio., zum Jahresende gelang dies auch ihrem zweiten Album *No Strings Attached* ... Limp Bizkit ließen ihre sommerliche Gratistournee Back To Basics von Napster sponsern.

Das neue Jahrtausend begann optimistisch. Die Weltwirtschaft erlebte ein Hoch, größtenteils dank der trügerischen Erwartungen an das Internet. Dazu passte, dass die Luftblase der Teeniepop-Phantasien ebenfalls anschwoll und auch, dass der Internet-Boom den Urheberschutz komplett unterhöhlte, weil die Kids Millionen von Songs über das Internet austauschten – ohne zu bezahlen.

Boybands – von ***NSync** und den **Backstreet Boys** aus den USA bis **Boyzone** und **Westlife** aus Europa – schwammen auf einer riesen Erfolgswelle, und die Teenie-Sängerin **Britney Spears** baute ihren Erfolg weiter aus. Das Album *1* von den **Beatles** sorgte für den größten Verkaufserfolg der Musikindustrie 2000/2001. **Eric Clapton** wurde als erster Künstler ein drittes Mal in die Rock and Roll Hall of Fame aufgenommen, und mit **Carlos Santana** erlebte ein weiterer Gitarrenvirtuose sein »Comeback«, für das er sensationelle acht Grammys erhielt.

Robbie Williams kam mit seinem frechen Pop weltweit gut an – außer in den USA –, und **Madonna** legte nach dem bereits faszinierend elektronischen ***Ray Of Light*** das ebenso verlockende Album ***Music*** vor. The Real Slim Shady (alias **Eminem**) wurde schnell der umstrittenste und beliebteste Solokünstler, obwohl er alles und jeden runtermachte, sich selbst nicht ausgenommen.

Weniger erfreulich aber: **Whitney Houston** wurde mit Haschisch erwischt, **Puff Daddy** stand nach einer Schießerei in New York ein medienwirksamer Prozess bevor, und Eminem wurde des illegalen Waffenbesitzes angeklagt. **Flesh-N-Bone**, Rapper von **Bone Thugs-N-Harmony**, wurde zu elf Jahren Haft verurteilt – ein neuer Schlag für das angekratzte Image des Rap. **Courtney Love** verstrickte sich in einen erbitterten Streit mit Geffen/Universal, aber der bedeutendste Prozess war der gegen die Musiktauschbörse Napster, die sowohl von Künstlern wie **Metallica** und **Dr. Dre**, aber auch kollektiv von der amerikanischen Plattenindustrie verklagt wurde.

Eminem lieferte ein Crossover und sampelte *Thank You*, einen Song der unbekannten britischen Sängerin **Dido** Armstrong, für seinen Riesenhit *Stan*, und Dido wurde dank ihrer gehaltvollen, gut produzierten Songs schnell selbst zum Star – die Erfolgsgeschichte des Jahres, abgesehen vom Karrierestart eines bisher ebenso lang übersehenen Briten, **David Gray**. Der eher abseits des Mainstreams operierende Damon Gough alias **Badly Drawn Boy** gewann den Mercury Music Prize.

»Ich bin ein verwöhnter Rockstar. Ich bin überbezahlt, überernährt und übermäßig gut gekleidet.« Bono, 25. November 2000

24. Juni You See The Trouble With Me **Black Legend**
01. Juli Spinning Around **Kylie Minogue**
08. Juli The Real Slim Shady **Eminem**
15. Juli Breathless **Corrs**
22. Juli Life Is A Rollercoaster **Ronan Keating**
29. Juli We Will Rock You **Five And Queen**
05. Aug. 7 Days **Craig David**
12. Aug. Rock DJ **Robbie Williams**
19. Aug. I Turn To U **Melanie C**
26. Aug. Groovejet (If This Ain't Love) **Spiller, Leadgesang Sophie Ellis-Bextor**
02. Sept. Music **Madonna**
09. Sept. Take On Me **A1**
16. Sept. Lady (Hear me Tonight) **Modjo**
30. Sept. Against All Odds **Mariah Carey And Westlife**
14. Okt. Black Coffee **All Saints**
21. Okt. Beautiful Day **U2**
28. Okt. Stomp **Steps**
04. Nov. Holler/Let Love Lead The Way **Spice Girls**
11. Nov. My Love **Westlife**
18. Nov. Same Old Brand New You **A1**
25. Nov. Can't Fight The Moonlight **LeAnn Rimes**
02. Dez. Independent Women Part I **Destiny's Child**
09. Dez. Never Had A Dream Come True **S Club 7**
16. Dez. Stan **Eminem**
23. Dez. Can We Fix It **Bob the Builder**

2000 Jan.

Puff Daddy vor Gericht ... Gedenken an Curtis Mayfield ... Clapton zum dritten Mal in Hall of Fame ...

Carlos Santana

The Dave Matthews Band

Januar

5 Nach der Schießerei im Club New York letzte Woche wird **Shyne** wegen Mordes angeklagt. **Puff Daddy** und **Jennifer Lopez** machten gestern getrennt voneinander vor der Jury ihre Aussage. An der Westküste wirft man **Flesh-N-Bone**, dem Rapper von **Bone Thugs-N-Harmony**, aufgrund eines Vorfalls in der Wohnung eines Verwandten in Los Angeles vor, im Besitz der Feuerwaffe eines verurteilten Verbrechers zu sein, und außerdem illegalen Waffenbesitz, Widerstand gegen die Festnahme und Terrordrohungen.

11 **Gary Glitter** wird aus einem Gefängnis in Bristol geschmuggelt, wo er noch zwei Monate seiner Haftstrafe wegen Kinderpornografie abzusitzen hat. Er wird nach London gebracht und fliegt vom Flughafen Heathrow aus nach Kuba.

11 Nach Auseinandersetzungen mit Frontmann **Billy Corgan** hört Sharon Osbourne als Managerin der **Smashing Pumpkins** auf. In ihrer Stellungnahme heißt es: »Ich habe das Management der Pumpkins im Oktober stolz und begeistert übernommen. Leider muss ich diese Aufgabe heute aus gesundheitlichen Gründen aufgeben – Billy Corgan hat mich krank gemacht!«

13 Gegen **Puff Daddy** wird ein Verfahren wegen illegalen Waffenbesitzes eingeleitet.

17 **Puff Daddys** Sorgen sind ein gefundenes Fressen für den Komiker Norm MacDonald, der die 27. American Music Awards im Shrine Auditorium von Los Angeles moderiert: »Der Besitzer der Glock 9 mit der Gravur ›Meinem geliebten Puffy‹ kann seine Waffe in der Hospitality Suite abholen.« Man feiert das neue Jahrtausend mit einer Internetabstimmung, in der die größten Künstler der jeweiligen Jahrzehnte ermittelt werden: **Elvis Presley** (50er-Jahre), **Beatles** (60er-Jahre), **Stevie Wonder** (70er-Jahre), **Michael Jackson** (80er-Jahre) und **Garth Brooks** (90er-Jahre). Unter den Mehrfachgewinnern sind Brooks (beliebtestes Countryalbum – ***Double Live*** – und beliebtester Countrysänger), **Lauryn Hill** (beliebtestes Soul/R&B-Album – ***The Miseducation Of Lauryn Hill*** – sowie beliebteste Soul/R&B-Sängerin) und **Shania Twain** (beliebteste Rock/Popsängerin und beliebteste Countrysängerin). **Mariah Carey** wird für ihr Gesamtwerk geehrt, und Schauspieler Andy Garcia überreicht **Gloria Estefan** den Preis für besondere Verdienste.

19 In Los Angeles verklagen Geffen Records **Hole**, die dem Label laut Vertrag noch fünf Alben schulden. Doll Head Inc., die Firma von **Courtney Love** und **Eric Erlandson**, weist die Forderung zurück. Es folgt ein erbitterter Rechtsstreit.

31 Shawn Carter, besser bekannt als Grammygewinner und Rapper **Jay-Z**, wird wegen zweifacher Körperverletzung angeklagt, nachdem er am 1. Dezember 1999 bei einer Party des Rappers **Q-Tip** im New-Yorker Kit Kat Klub auf den Plattenboss Lance »Un« Reviera eingestochen hat. Den **New York Daily News** zufolge ist Rivera bereit, seine Klage gegen eine Million $ in bar und einen Deal mit Roc-a-fella Records fallen zu lassen.

Jay-Z musste auf den Gerichtstermin warten, weil sein Anwalt noch den Rapper Shyne verteidigte.

Das von Clive Davis produzierte, frische und vielfältige Album *Supernatural* machte den 52-jährigen Santana wieder zu einem Topnamen ... Die Dave Matthews Band waren die bestverdienende Band, die 2000 in den USA tourte.

Februar

12 **Screamin' Jay Hawkins** stirbt im französischen Neuilly-sur-Seine nach einer Operation an einem Aneurysma. Der 70-jährige Hawkins hat sich mit seinem 1956 erschienenen Klassiker *I Put A Spell On You* unsterblich gemacht.

22 In der First African Methodist Episcopal Church im Süden von Los Angeles gedenken etwa 300 Anwesende **Curtis Mayfield** und seines Lebens und erleben dabei Auftritte von **Stevie Wonder**, **Eric Clapton**, **Lauryn Hill** und den **Impressions**. Wonder singt den Impressions-Klassiker *Gypsy Woman* von 1961, danach kommt Eric Clapton auf die Bühne, um mit den Impressions ihren Top-10-Hit von 1964, *Keep On Pushing*, zu spielen. Er erklärt: »Letzte Nacht konnte ich vor Nervosität und Aufregung nicht schlafen. Das hier ist für mich eine der größten Ehren aller Zeiten.« Lauryn Hill singt *The Makings Of You*, und dann gibt es mit *It's All Right* und *Amen* ein emotionsreiches Finale, bei dem Wonder, Clapton und Hill vom AME Freedom Choir begleitet werden.

23 Das phänomenale Comeback des 52-jährigen **Carlos Santana** geht weiter: Bei den 42. Grammys erhält er für ***Supernatural*** acht Auszeichnungen und zieht damit mit **Michael Jacksons** Erfolg von 1983 gleich. Unter den Preisen sind Album des Jahres und bestes Rockalbum (***Supernatural***), Platte des Jahres und beste Pop-Kollaboration mit Gesang (*Smooth* mit **Rob Thomas**), beste Pop-Aufnahme eines Duos oder einer Gruppe (*Maria Maria*), bestes Pop-Instrumental (*El Farol*), beste Rockaufnahme eines Gesangsduos oder einer -gruppe (*Put Your Lights On* – mit **Everlast**) und bestes Rock-Instrumental (*The Calling* – mit **Eric Clapton**). Santana dazu: »Leben ist träumen. Sterben ist aufwachen. Bitte weckt mich nicht.« Für Smooth erhalten die Komponisten Rob Thomas und Itaal Shur den Preis Song des Jahres. Auch **TLC** räumen mehrere Auszeichnungen ab: beste R&B-Aufnahme und bester R&B-Song (*No Scrubs*), bestes R&B-Album (*Fanmail*); **Eminem** wird für das beste Rap-Album und die beste Rap-Soloaufnahme geehrt, und **Sting** erhält seinen 13. und 14. Grammy für das beste Popalbum und als bester Popsänger. Einige Musikveteranen erhalten ihren ersten Grammy, darunter **Cher** (Beste Dance-Aufnahme), **Barry White** (bester R&B-Sänger) und **Black Sabbath** (beste Metalband). **Billy Joel** singt, begleitet von den **Backstreet Boys**, *Philadelphia Freedom* – eine Hommage an **Elton John**, den Empfänger des Rocklegende-Grammys. Unvergesslich wird die Veranstaltung jedoch vor allem durch **Jennifer Lopez'** kaum vorhandenes Kleid.

29 Ihr Gesamtwerk klingt noch immer topaktuell, aber mit ***Two Against Nature*** veröffentlichen **Steely Dan** nach zwanzig Jahren erstmals auch wieder ein neues Studioalbum, das in den USA auf Giant Records erscheint. In einem **Billboard**-Interview sagt **Walter Becker**: »Nach ein paar Tourneen als Steely Dan hatten wir Lust auf neue Songs, und da war der nächste logische Schritt, ein neues Album aufzunehmen.« **Donald Fagen** fügt hinzu: »Und es fielen uns gerade genug Songs für eine Platte ein.«

Melissa Etheridge führte Bonnie Raitt in die Rock and Roll Hall of Fame ein und beschrieb ihre Stimme als »puren Sex, auf einem Teller serviert«.

»Für mich geht es um die Musik, ich bin nur ihr Bote. Ich überbringe eine Botschaft und hoffe, ich kann das tun, solange ich lebe. Wenn ich darf, gehe ich einfach rüber und spiele.« Eric Clapton, 6. März 2000

März

3 Die Verleihung der Brit Awards gerät unversehens zum Rüpeltreffen, als **Robbie Williams** – dessen *She's The One* als beste britische Single und bestes Video prämiert wird – **Liam Gallagher** zu einem Kampf im Fernsehen herausfordert. Rund um **Rolling Stone Ronnie Wood** geht es ebenfalls unnötig ruppig zur Sache, als der angetrunkene Club-DJ Brandon Block auf die Bühne kommt und sich danebenbenimmt, bis Wood einen Drink über ihn schüttet. Nur das Eingreifen der Ordner verhindert eine Schlägerei. Es gibt aber auch positive Meldungen: Das melodische schottische Rockquartett **Travis** wird zur besten britischen Band und das Album ***The Man Who***, das Travis im letzten Jahr in England sechsfach Platin einbrachte, zum besten britischen Album gewählt. **Macy Gray** wird die beste internationale Sängerin und beste internationale Newcomerin. Die **Spice Girls**, die vor vier Jahren noch völlig unbekannt waren, erhalten die prestigeträchtige Auszeichnung für herausragende Verdienste um die britische Musik, und das lustige Pop-Dance-Quintett **Steps** bekommt den Sonderpreis als bestverkaufter britischer Live-Act. Als bester britischer Sänger bzw. Sängerin werden **Tom Jones** und **Beth Orton** geehrt. Die **Chemical Brothers** werden zum besten britischen Dance-Act gewählt, **Beck** zum besten internationalen Sänger, und die spritzige siebenköpfige Band **S Club 7** werden beste britische Newcomer.

6 **Eric Clapton** wird als erster Künstler zum dritten Mal in die Rock and Roll Hall of Fame aufgenommen, als er beim 15. Verleihungsdinner im New-Yorker Waldorf-Astoria Hotel für seine Solokarriere geehrt wird. Clapton, von **Robbie Robertson** vorgestellt, wurde bereits als Mitglied der **Yardbirds** and **Cream** eingeführt. Die Soul/Funklegenden **Earth, Wind And Fire** gehen zur Feier ihrer Aufnahme zum ersten Mal seit 20 Jahren in Originalbesetzung auf die Bühne und spielen *Shining Star* und *That's The Way Of The World*. **Paul Simon** begrüßt die Doo-Wop-Giganten der 50er-Jahre, die **Moonglows**, **Melissa Etheridge** führt **Bonnie Raitt** ein, und **John Mellencamp** ehrt **The Lovin' Spoonful**. **Paul McCartney** führt **James Taylor** ein. Die vergessenen Helden des Rock'n'Roll – die Sessionmusiker – werden erstmals geehrt: **Elvis Presleys** Gitarrist **Scotty Moore**, Saxophonlegende **King Curtis**, Motown-Bassist **James Jamerson** und zwei der besten – wenn nicht die besten – Schlagzeuger, **Hal Blaine** und **Earl Palmer**, werden als beste Begleitmusiker aufgenommen. **Nat King Cole** und **Billie Holiday** werden als frühe Einflüsse geehrt, und **Clive Davis** gehört nun als Nichtmusiker zum auserwählten Kreis.

16 Die bei Studenten besonders beliebte **Dave Matthews Band** hat sechs Millionen ihres Albums ***Crash*** verkauft und weitere sechs Millionen von ***Under The Table And Dreaming***. Dave Matthews Begleitband besteht aus **LeRoi Moore** (Rohrblattinstrumente), **Carter Beauford** (Schlagzeug), **Boyd Tinsley** (Geige) und Bassist **Stefan Lessard**, einem musikalischen Wunderkind, das schon mit 16 bei Matthews einstieg. Die wegweisende Band hat sich in den USA unauffällig und vor allem durch Mundpropaganda eine große Fangemeinde aufgebaut, doch ihr oft mit Weltmusik verbrämter Folkrock-Mix findet in anderen Ländern wenig Anklang. Matthews, ein entschiedener Gegner von Bootlegs, hat kürzlich mit dem Bandmanager Coran Capshaw das ATO-Label gegründet. Als erstes Projekt erwirbt die Firma die US-Rechte für ***White Ladder***, das vierte Album des kaum bekannten britischen Singer/Songwriters und Gitarristen **David Gray**, das im nächsten Jahr weltweit Mehrfachplatin holt.

18 Etwa 11 000 Fans versammeln sich auf dem Smithfield Square in Dublin, als **U2** und ihrem Manager Paul McGuinness dort die Ehrenbürgerschaft verliehen wird. Die Friedensnobelpreisträgerin Aung Sang Suu Kyi, vertreten durch ihren Sohn Kim Aris, wird ebenfalls geehrt.

27 **Ian Dury** stirbt mit 57 nach langer Krebserkrankung. Dury – bekannt für seine 70er-Jahre-Hits mit den **Blockheads** – *What A Waste*, *Hit Me With Your Rhythm Stick* und *Reasons To Be Cheerful (Pt.3)* – widmete sich Ende der 80er-Jahre der Malerei und Schauspielerei. In den letzten Jahren hatte Dury, der 1996 erkrankte, unermüdlich für UNICEF gearbeitet. Im BBC-Film »Ian Dury: On My Life« vom September 1999 sagte er: »Ich bin sehr glücklich – als habe mein Leben stets unter einem guten Stern gestanden. Nie hat mich jemand schlecht behandelt.«

29 ***NSync** haben einen neuen Rekord aufgestellt: Ihr Album ***No Strings Attached*** wurde in der ersten Woche 2 416 000 Mal verkauft; das ist mehr als doppelt so viel, wie die **Backstreet Boys** mit ***Millennium*** erreichten. *NSync, die kürzlich von RCA zu Jive wechselten, wo auch die Backstreet Boys und **Britney Spears** (die Freundin von **Justin Timberlake**) unter Vertrag stehen, haben auf ihrem dritten Werk wieder einen Mix aus soliden, radiotauglichen Dancepop und geschliffenen Balladen vorgelegt, größtenteils produziert von Veit Renn und Rami sowie Kristian und Jake Lundin. Die erste Single *Bye Bye Bye* facht die Verkäufe mit dem von Wayne Isham gedrehten Hot-Rotation-Video weiter an. Ab Mai beginnt eine große *NSync-US-Tour, bei der die Band im Juli vier ausverkaufte Konzerte im Madison Square Garden gibt. Ende des Jahres hat sich ***No Strings Attached*** zehn Millionen Mal verkauft und bringt der Band den zweiten Diamond Award ein.

2000 April

Metallica verklagen Napster ... McCartney wird Akademiemitglied ...

Lars Ulrich und Roger McGuinn nahmen an einer Anhörung eines Senatsausschusses zu Fragen des Urheberrechts teil ... LA Reid bekam seinen Spitznamen, weil er als Teenager immer ein T-Shirt der Los Angeles Dodgers trug.

Lars Ulrich und Roger McGuinn

LA Reid

April

1 Bei seinem Gig im Vorprogramm von **KISS** im Mitchell Pavilion in Houston hetzt **Ted Nugent** gegen Einwanderer, vor allem aus Lateinamerika: »Wenn ihr kein Englisch sprechen wollt, dann verpisst euch.« Nugent darf daraufhin am 22. August nicht mehr in dieser Halle auftreten.

2 Das britische Boulevardblatt **The Sunday People** berichtet, **Motörhead**-Gründer **Lemmy** habe seine Partnerin bei einer Sex- und Bondagesession drei Tage lang mit Handschellen ans Bett gefesselt. Lemmys Anwälte reichen wegen dieser Behauptung Klage ein und erklären: »Es waren keine drei Tage, und es waren keine Handschellen. Es waren sieben Tage, und sie baumelte von der Decke.« **The Sunday People** reagiert prompt: »Wir bitten um Entschuldigung, dass wir Mr Lemmys Ruf beschädigt haben.«

6 Der Kabelsender TNT widmet sich in seiner »Masters«-Reihe der kanadischen Singer-/Songwriter-Legende **Joni Mitchell**. Bei An All-Star Tribute To Joni Mitchell spielen im New-Yorker Hammerstein Ballroom u. a. **James Taylor**, **k. d. lang**, **Cyndi Lauper**, **Richard Thompson**, **Wynonna Judd** und **Bryan Adams**. **Shawn Colvin** und **Mary Chapin Carpenter** singen *Chelsea Morning* und stimmen dann mit Taylor *Big Yellow Taxi* an. **Elton John** spielt *Free Man In Paris* und gibt zu, dass es ihn nervöser macht, Mitchells Songs zu spielen, als vor der Königin von England aufzutreten. Zum Abschluss begleiten die anwesenden Musiker Mitchell bei *The Circle Game*.

13 **Metallica** bringen Napster vor Gericht: Ihrer Meinung nach verletzt das Unternehmen aus San Mateo geltendes Urheberrecht, da es den illegalen Austausch ihrer Musik ermöglicht. Metallica-Drummer **Lars Ulrich** erklärt: »Es ist ein ekelhaftes Gefühl zu wissen, dass unsere Kunst wie ein Gebrauchsartikel verschoben wird. Vom Geschäftlichen her ist es reine Piraterie – man nimmt etwas, das einem nicht gehört –, und das ist moralisch und gesetzlich verboten.« In der Klageschrift heißt es, Studenten, die Napster benutzten, zeigten »die moralische Einstellung gemeiner Diebe«. Einer dieser diebischen Studenten reagiert mit einem Hacker-Angriff auf Metallicas Webseite, auf der am nächsten Tag steht: »Hände weg von Napster.« Im folgenden Monat blockiert Napster wegen Metallica-Downloads den Zugang von über 300 000 Usern.

25 Zwei Wochen nach **Metallica** reicht auch **Dr. Dre** eine Klage im Streitwert von zehn Millionen $ gegen Napster ein. »Napster hat aus Piraterie im großen Stil ein Geschäft gemacht. Ich mag es nicht, wenn Leute meine Musik stehlen.« Er hatte Napster Zeit bis zum 21. April gegeben, um seine Musik aus dem Netzwerk zu entfernen. Im Gegensatz dazu erklärten **Limp Bizkit** gestern, ihre bevorstehende Tournee Back To Basics werde von Napster gesponsert.

28 Der US-amerikanische Richter Jed S. Rakoff befindet das Unternehmen MP3.com für schuldig, die Urheberrechte des amerikanischen Plattenindustrieverbands RIAA verletzt zu haben. Der MP3.com-Vorsitzende Michael Robertson erklärt: »Das ist kein Sieg für die Plattenfirmen – es ist ein Verlust. Im Gegensatz zu Napster ist MP3.com ein System, das nur funktioniert, wenn man die CDs erworben hat.« Die RIAA hatte MP3.com im Januar verklagt, weil das Unternehmen 45 000 CDs ohne Erlaubnis in seine Datenbank kopiert hatte.

Frontmann Billy Corgan kündigte im Mai an, die Smashing Pumpkins würden sich auflösen.

> **»Unserer Meinung nach sollte die Musikindustrie das Internet und Napster nicht ignorieren ... Uns ist egal, ob die ältere Generation ihre Geschäfte so weiterführen möchte wie bisher. Uns ist wichtiger, was unsere Fans wollen.«**
>
> Fred Durst von Limp Bizkit, 25. April 2000

Mai

2 Laut einer Erklärung von Arista Records' Mutterfirma BMG löst **Antonio »L. A.« Reid Clive Davis** als Labelchef ab, sobald Davis' Vertrag Ende Juni ausläuft. Davis hatte Arista 1974 gegründet und seitdem Künstler wie **Ace of Base**, **Air Supply**, **Aretha Franklin**, **Kenny G**, **Whitney Houston**, **Barry Manilow**, **Sarah McLachlan**, **Santana**, die **Patti Smith Group**, die **Thompson Twins** und **Dionne Warwick** betreut. Reid übernimmt das Label in einem seiner erfolgreichsten Jahre: In den ersten neun Monaten dieses Steuerjahres erwirtschaftete Arista einen Umsatz von 425 Mio. $.

16 Bei einer Pressekonferenz im Sports Club/LA in Manhattan erklärt ♀: »Am 31. Dezember 1999 lief mein Verlagsvertrag mit Warner/Chappell aus, und daher ist der Name, den ich vor meiner Geburt erhielt – Prince – nun wieder frei von allen vertraglichen Beschränkungen. Ich werde ihn daher wieder statt des Symbols benutzen, das ich als Mittel gewählt hatte, um mich von allen unerwünschten Beziehungen zu befreien.« Er kündigt zudem die einwöchige Aktion Prince: A Celebration an: Vom 7. bis 13. Juni soll es Führungen durch seine Paisley Park Studios in Chanhassen, ein Konzert im Northrup Auditorium in Minneapolis und die Veröffentlichung neuer Musik über seine Webseite geben.

EMINEM

23. Mai **Eminem präsentiert sein heute auf Aftermath/Interscope erscheinendes Album *The Marshall Mathers LP* in New York und gibt eine Autogrammstunde für etwa 500 Fans im Virgin Megastore am Times Square. Sein jüngster Hit *The Real Slim Shady* ist samt der Gehässigkeiten über Christina Aguilera (ausgelöst durch ihre Kommentare über ihn auf MTV) enthalten. Eminems bösartiger Humor, der geschickte Einsatz von Samples, die Bereitschaft, jedes noch so umstrittene Thema anzugehen, und seine einzigartigen Vocals werden von den innovativen Beats des Produzenten Dr. Dre perfekt unterstützt. Das Album verkauft sich in der ersten Woche in den USA 1,76 Mio. Mal – absoluter Rekord.**

Eminem wird zum beliebtesten genreübergreifenden Künstler der Welt, spricht weiße und schwarze Vorstadtkids gleichermaßen an und lässt sich nur schwer in gängige Radioformate einordnen.

23 In einem Interview mit dem Radiosender KROQ in Los Angeles kündigt **Billy Corgan** das Ende der **Smashing Pumpkins** an. »Wir sind emotional, spirituell und musikalisch am Ende des Wegs angekommen. Wir wollten das schon bei der Veröffentlichung des Albums bekannt geben, aber nun ist es auch gut … Es geht eher darum, dass der Kreis sich schließt und es ein positives Ende gibt, als wollte man sich mit einem netten Kuss und einem letzten Schwung verabschieden.« Die aktuelle Tournee endet am 1. Juli in Tokio.

25 Die amerikanische Verband gegen die Diffamierung von Schwulen und Lesben, GLAAD, warnt vor **Eminem**: »*The Marshall Mathers LP* enthält laut Aufkleber ›explicit lyrics‹. Das ist untertrieben. Eminems Texte strotzen vor Gewalt und abfälligen Bemerkungen über viele Bevölkerungsgruppen, darunter Schwule und Lesben … Das ist vor allem daher äußerst fahrlässig, da seine Musik besonders von männlichen Jugendlichen gekauft wird und genau diese Gruppe für die meisten Überfälle auf Randgruppen verantwortlich ist.«

25 Als erster Songwriter wird **Paul McCartney** bei der Verleihung der 45. Ivor Novello Awards in London als Ehrenmitglied in die British Academy Of Composers And Songwriters (BASCA) aufgenommen. **Travis**-Sänger **Fran Healy** wird für *Why Does It Always Rain On Me* für den besten Song und als Songwriter des Jahres ausgezeichnet, und **Robbie Williams** und sein Songwriting-Partner **Guy Chambers** erhalten für *Strong* den Preis für die beste Musik und den besten Text. **Madness** werden mit fast 30 Hits in 20 Jahren für ihr überragendes Gesamtwerk geehrt, und die Songwriter-Legenden **Jerry Leiber** und **Mike Stoller** erhalten den internationalen Spezialpreis.

Juni

3 Nachdem sich **Britney Spears'** Debüt … *Baby One More Time* bereits über zwölf Millionen Mal verkauft hat, kommt der Nachfolger *Oops! … I Did It Again* von null auf eins und lässt sie bezüglich der Umsätze der ersten Woche an **Mariah Carey** vorbeiziehen. Bis März 2001 verkauft sich das Album neun Millionen Mal.

4 **Eminem** wird vor der Hot Rocks Sports Bar in Warren, Michigan, wegen ungebührlichen Benehmens und heimlichen Tragens einer Waffe festgenommen. Angeblich hatte der Rapper einen Mann, der vor dem Club Eminems Frau Kimberly geküsst hatte, mit seiner Pistole bedroht.

5 Napster und **The Offspring** beschließen gemeinsam das Napster-Merchandise-Angebot zu erweitern: Napster-Gründer **Shawn Fanning** und Offspring-Sänger **Dexter Holland** wollen die Erlöse einer Wohltätigkeitsorganisation zur Verfügung stellen. Fanning dazu: »The Offspring haben Napster sehr unterstützt. Wir freuen uns auf die Zusammenarbeit.« Dexters einziger Kommentar: »T-Shirts – gute Sache!«

7 **Eminem**, dessen Ehefrau Kimberly bereits vor einem Gericht in Michigan aussagen musste, wird wegen Angriff mit einer gefährlichen Waffe und Tragen einer versteckten Waffe angeklagt – Delikte, die mit vier beziehungsweise fünf Jahren Haft geahndet werden könnten. Er plädiert auf nicht schuldig.

8 **Eminem** werden weitere Vergehen gegen das Waffengesetz vorgeworfen: Angeblich hatte er vor der Hot-Rocks-Bar-Geschichte bei einem Streit mit Douglas Dail von der Band **Insane Clown Posse** vor einem Elektrogeschäft in Royal Oak mit seiner Pistole herumgefuchtelt.

15 Nach jahrelangen Prozessen erklärt das Hohe Gericht des Staats Mississippi Claud Johnson, einen 68-jährigen ehemaligen Kieslasterfahrer aus Crystal Springs, Mississippi, zum alleinigen Erben der Blueslegende **Robert Johnson**. Das Gericht glaubte der Zeugin Eula Mae Williams, die 1998 aussagte, sie habe 1931 gesehen, dass Claud Johnsons Mutter Virgie Jane Smith mit dem Musiker Sex hatte. Dem Urteil zufolge könnten Claud Johnson über 1 Mio. $ an Tantiemen zustehen.

23 Der Sender K-ROQ veranstaltet das Dysfunctional Family Picnic in Holmdel mit den **Stone Temple Pilots**, den Mehrfachplatin-Rockern **Creed**, den **Deftones**, den jungen Bostoner Alternative-Metallern **Godsmack**, dem Heavy-Metal-Quintett **Sevendust** aus Atlanta, den Veteranen **Black Sabbath** und **Limp Bizkit**, deren Sänger **Fred Durst** bei seinem Auftritt über Creed-Frontmann **Scott Stapp** lästert: »Den nächsten Song widme ich dem Leadsänger von Creed – der Typ ist ein totaler Egomane! Scheiße, der Vollspack geht hinter der Bühne ab, als wär er **Michael Jackson**.« In der MTV-Sendung »Total Request Live« gibt Durst eine Woche später zu, dass Creed ihm danach ein Buch über Aggressionskontrolle gegeben haben. Am 31. Mai hatte sich Limp Bizkits Album ***Significant Other*** sechs Millionen Mal verkauft. Aber auch der offen spirituelle und gefühlsgeladene »Emo«-Rock von Creed, deren Leadsänger und Songwriter Stapp tatsächlich Sohn eines Predigers ist, startet durch. Ihr leicht religiös angerocktes Debütalbum ***My Own Prison*** überschritt im November in den USA die Viermillionengrenze, während ***Human Clay*** dort letztendlich zehn Millionen umsetzen wird. Beide Bands zählen zu den angesagtesten Acts der USA.

Britney Spears und Christina Aguilera wurden für einen Grammy als beste Nachwuchskünstlerinnen nominiert – Aguilera gewann ihn.

Experience Music Project ... Drama in Roskilde ... Badly Drawn Boy...

23 Das von Microsoft-Mitbegründer und Milliardär Paul Allen ins Leben gerufene Experience Music Project wird in Seattle eröffnet, mit Auftritten von **Metallica**, den **Red Hot Chili Peppers**, **Rickie Lee Jones**, **Joe Jackson**, der Industrial-Rockband **Filter**, **Kid Rock** (der die Gelegenheit nutzt, um sein neues Album ***The History Of Rock*** vorzustellen), **Patti Smith**, **Eminem**, **Snoop Dogg** und **Dr. Dre**. Am Wochenende wird weiter gefeiert, u. a. mit **Beck**, **Bo Diddley**, **Taj Mahal**, den neu durchgestylten **Matchbox 20**, **No Doubt**, **Alanis Morissette**, **Eurythmics**, **James Brown** und den legendären Sixties-Bands **The Kingsmen**, **The Ventures** und **Paul Revere And The Raiders**. Die Architektur des interaktiven und benutzerfreundlichen Museums, dessen Planung und Bau 20 Jahre gedauert hat, wird von der Presse als »Buntstifte in einem Küchengerät« (**Seattle Times**) und »Grellbunte Pilze auf matschigem Rasen« (**Associated Press**) beschrieben. Es ist u. a. dem Vermächtnis des aus Seattle stammenden Jimi Hendrix gewidmet (so wird dort Hendrix' eigene Plattensammlung ausgestellt).

30 Während des Auftritts von **Pearl Jam** beim Roskilde Festival sterben neun Fans vor der Bühne, als sie im extremen Gedränge auf dem durch anhaltenden Regen aufgeweichten Boden ausrutschen, fallen und niedergetrampelt werden. Die Band, die das Publikum wiederholt zum Zurückweichen aufgefordert hatte, äußert sich später auf ihrer Webseite: »Es ist entsetzlich ... Unser Leben wird nie wieder sein, wie es war, aber uns ist klar, dass unser Schmerz klein ist im Vergleich zur Trauer der Familien und Freunde der Betroffenen. Es ist so tragisch ... dafür gibt es keine Worte. Eure erschütterten Pearl Jam.«

Juli

7 Nach einer Party im Anschluss an seinen Detroit-Auftritt auf **Eminems** Up In Smoke Tour unternimmt seine Frau Kimberly einen Selbstmordversuch. Die Polizei erhält um 23 Uhr 30 einen Notruf aus ihrer Wohnung in Sterling Heights; bei ihrem Eintreffen ist Kimberly, die sich offenbar die Pulsadern aufgeschnitten hat, bei Bewusstsein. Eminem ist nicht da. Kim, die ihren Mann auf zehn Millionen Dollar verklagt hat, weil er in seinem Song *Kim* davon singt, die Mutter seiner Tochter zu töten, reicht einen Monat später die Scheidung ein und beantragt das alleinige Sorgerecht für ihre fünfjährige Tochter.

11 **Lars Ulrichs** Kreuzzug gegen Napster führt ihn nach Washington, wo er im Gerichtskomitee des Senats einen Vortrag über das Recht auf geistiges Eigentum hält. Der **Metallica**-Schlagzeuger erklärt dem Komitee: »Wenn Sie aus irgendwelchen Gründen keinen Computer besitzen, haben Sie nur eine Möglichkeit, sich ebenso wie die Napster-User eine Platte zuzulegen: stehlen. Sie gehen in einen Plattenladen, nehmen sich, was Sie wollen, und gehen raus. Für den Computeruser heißt es anschließend ›Übertragung beendet‹. Sie dagegen hören den bekannten Satz: ›Sie sind festgenommen.‹«

28 Ein Berufungsgericht in San Francisco gesteht Napster in letzter Minute die Möglichkeit zu, seinen Betrieb bis zum Beginn des Prozesses weiter aufrechtzuerhalten. Zuvor hatte Napster die gerichtliche Anordnung erhalten, alles urheberrechtlich geschützte Material aus seinem Online-Dienst zu entfernen, was einer Schließung gleichgekommen wäre.

25 **Jack Nitzsche** stirbt mit 63 im Queen Of Angels Hospital, Hollywood, an einer Bronchitis. Er wurde als Bernard Alfred Nitzsche in Chicago geboren und begann seine beeindruckende Karriere 1955 nach seinem Umzug nach Los Angeles. **Sonny Bono** half ihm bei den ersten Schritten im Musikbusiness, und Nitzsche machte sich einen Namen als Arrangeur, Produzent, Komponist und Musiker. Er arbeitete mit den **Stones**, **Neil Young**, den **Monkees**, **Ricky Nelson**, **Captain Beefheart** und **The Tubes**. Er war Koautor von Songs wie *Needles And Pins* oder *Up Where We Belong* und schrieb Soundtracks zu Filmen wie »Einer flog über das Kuckucksnest«, »Atemlos« oder »Ein Offizier und Gentleman«. Besonders herausragend war jedoch seine Arbeit als Arrangeur für **Phil Spector**: Ohne Nitzsche hätte es keinen Wall Of Sound gegeben.

»[Dieses Konzert ist] für alle, die sich von den zwei großen Parteien ... ausgeschlossen fühlen.«

Rage Against the Machine, 14. August 2000

August

14 **Rage Against the Machine** und die Latino-Hip-Hop-Rocker **Ozomatli** geben auf einer Demo während des Parteitags der Demokraten in L. A. ein Gratis-Open-Air-Konzert. Rage erklären, der Gig sei »für alle, die sich von den zwei großen Parteien vergessen und ausgeschlossen fühlen«. Die Demonstranten fordern atomare Abrüstung, die Abschaffung der Todesstrafe und ein Ende von Al Gores Investitionen in den Ölmulti Occidental Petroleum. Die Polizei geht mit Tränengas und Gummigeschossen gegen die Zuschauer vor.

22 Gegen Ende eines Gigs der umstrittenen Rapperin **Lil' Kim** kommt es zwei Stunden nach Beginn der zweiten ***Source*** Hip-Hop Music Awards im Pasadena Civic Auditorium vor und hinter der Bühne zu Ausschreitungen, bis die Polizei eingreift. **Dr. Dre** räumt die meisten Preise ab – fünf, darunter eine Auszeichnung für sein Lebenswerk.

September

2 Mit 115 000 verkauften Alben in der ersten Woche erreicht **Madonnas *Music*** Platz 1 in den UK-Charts. Sie ist damit die erste Solokünstlerin, die zehn Nr.-1-Hits verbucht. Mit einem Video von Jonas Akerlund kommt die Single zwei Wochen später auch in den USA an die Spitze. Das gleichnamige Album, ein bahnbrechendes dancelastiges Werk mit dem französischen Produzenten Mirwais, erreicht in beiden Ländern ebenfalls Platz 1.

7 Bei den 17. MTV Awards in der Radio City Music Hall tritt die Musik beinahe in den Hintergrund. Während **Limp Bizkit** den Preis für das beste Rockvideo erhalten, klettert **Timmy Commerford**, Bassist von **Rage Against the Machine**, hoch in die Kulissen. Während das Publikum »Spring doch« brüllt, lässt er sich zum Herunterkommen überreden, wird weggeschafft und später wegen tätlichen Angriffs und Widerstand gegen die Staatsgewalt festgenommen. **Eminem**, der auf der 6th Avenue von protestierenden schwul-lesbischen Aktivisten begrüßt wird, rappt bei seinem Erscheinen *The Real Slim Shady*, begleitet von einer ganzen Gruppe Eminem-Doppelgänger. Der Song bringt ihm den Preis für das Video des Jahres und das

DIDO

2. August **Die englische Singer/Songwriterin Dido (Armstrong) startet im 9:30 Club in Washington ihre erste große US-Tour, um ihr Debütalbum *No Angel* mit seinem Mix aus elektronischem Pop und Akustikelementen vorzustellen. Als die Platte im Juni 1999 bei Arista erschien, erntete sie zwar sehr gute Kritiken, wurde aber vom Radio ignoriert und verkaufte sich kaum. Das änderte sich in den USA, nachdem *Here With Me* als Titelsong für die beliebte Science-Fiction-Serie »Roswell« ausgewählt wurde. Die Tatsache, dass Eminem für seine neue Single *Stan* ein Sample aus *Thank You* verwendet, kurbelt den Umsatz weiter an. Trotz seines langsamen Starts verkauft *No Angel* sich schließlich weltweit über 15 Millionen Mal.**

Dido sang zuerst in der Trip-Hop-Band ihres Bruders Rollo, Faithless, und ist auch auf deren Mehrfachplatindebüt *Reverence* (1996) zu hören.

beste Video eines Sängers ein; sein Video mit **Dr. Dre** »Forgot About Dre« wird das beste Rap-Video. Eminems Dankesrede strotzt vor Beleidigungen, aber auch Weisheiten: »Jedes Mal, wenn mich ein Verwandter verklagt oder ein Kritiker fertig macht, verkaufe ich mehr Platten. Ich möchte euch dafür danken, dass ihr meine Platte groß gemacht habt … Das hier werde ich zu Hause zwischen meine Britney-Spears- und Christina-Aguilera-Poster hängen … Bei so einer Veranstaltung sind tatsächlich mal alle Leute, die ich nicht mag, auf einem Haufen.« Napster-Gründer **Shawn Fanning** beweist Humor, indem er ein **Metallica**-T-Shirt trägt.

12 Damon Gough alias **Badly Drawn Boy**, der Folk-Pop-Singer/Songwriter und Multiinstrumentalist mit der Wollmütze, gewinnt mit seinem Debütalbum ***The Hour Of Bewilderbeast*** den Mercury Music Prize. Das wehmütige, respektlose Meisterwerk hat allen Markt- und Werbemechanismen zum Trotz Kritiker wie Publikum begeistert und findet sogar in den momentan von Rock-Rap besessenen USA seine Hörer. Nominiert waren außerdem elf weitere Künstler aus verschiedensten Bereichen: Ex-**Verve**-Sänger **Richard Ashcroft** (mit seinem Debüt ***Alone With Everybody***), die Britpop-Newcomer **Coldplay** (ihr Album ***Parachutes*** enthält die vielleicht schlichteste und schönste Rocksingle des Jahres, *Yellow*), **M. J. Cole** (mit ***Sincere***), **Death In Vegas** (***The Contino Sessions***), **The Delgados** (***The Great Eastern***), **Doves** (***Lost Souls***), **Helicopter Girl** (***How To Steal The World***), **Leftfield** (***Rhythm And Stealth***), **Nicholas Maw** (***Violin Concerto***), **Nitin Sawhney** (***Beyond Skin***) und **Kathryn Williams** (***Little Black Numbers***).

13 **Santana** sind bei den Latin Grammy Awards im Staples Center von Los Angeles weiter auf der Erfolgsstraße. Sie gewinnen in den Kategorien Platte des Jahres, beste Rockaufnahme eines Duos oder einer Gruppe mit Gesang (für *Corazon Espinado*, ihre Zusammenarbeit mit den Latino-Rock-Legenden **Maná**) und bestes Pop-Instrumental (*El Farol*). **Luis Miguels** ***Amarte Es Un Placer*** wird Album des Jahres und bestes Popalbum; die Kolumbianerin **Shakira** wird mit *Ojos Así* beste Pop- und mit *Octavo Día* beste Rocksängerin. Die Show, die von **Gloria Estefan**, **Jennifer Lopez**, Andy Garcia und Jimmy Smits gemeinsam präsentiert wird, beginnt mit einer Verbeugung vor dem Mambo-König **Tito Puente**, der im Juni dieses Jahres gestorben war.

13 Vor dem Handelskomitee des Senats in Washington erklärt Lynn Cheney, Gattin des republikanischen Vizepräsidentschaftskandidaten Dick Cheney: »Ich möchte auf das Unternehmen Seagram aufmerksam machen, das momentan **Eminem** bewirbt, einen Rapper, der Mord und Vergewaltigung propagiert. Er erzählt, wie er seine Mutter vergewaltigt und ermordet. Er erzählt, wie er Frauen so langsam erdrosselt, dass er ihre Schreie lange hört, oder dass er mit OJs Machete auf Frauen losgeht. Und dieser Mann wird von der Plattenindustrie auch noch geehrt.«

22 **Flesh-N-Bone** von **Bone Thugs-N-Harmony** wird im kalifornischen Van Nuys wegen tätlichen Angriffs mit einer Waffe und Verletzung der Bewährungsauflagen zu elf Jahren Haft verurteilt.

25 **Ozzy Osbourne** bittet darum, von der Nominierung von **Black Sabbath** für die Rock and Roll Hall of Fame abzusehen: »Nehmt uns einfach raus. Spart euch die Tinte. Vergesst uns. Die Nominierung ist bedeutungslos, weil wir nicht von Fans, sondern von der angeblichen ›Elite‹ der Musikindustrie und der Medien gewählt wurden … Mal ehrlich, Black Sabbath waren nie beliebt bei den Kritikern. Wir sind eine Band für die Fans, und das ist für uns völlig okay.«

Oktober

1 Der amerikanische Musikindustrieverband RIAA legt Richtlinien für die Vergabe der so genannten »Parental Advisory«-Aufkleber fest. Die RIAA-Vorsitzende Hilary Rosen erklärt: »Wir haben nach einer Lösung gesucht, die sowohl die künstlerische Freiheit unserer Musiker respektiert, aber auch die Eltern und Erziehungsberechtigten mit ihrem Wunsch nach einer Warnung vor jugendgefährdendem Inhalt ernst nimmt.«

3 **Benjamin Orr** von den **Cars** stirbt mit 53 Jahren zu Hause in Atlanta an Bauchspeicheldrüsenkrebs. Der aus Cleveland stammende Orr spielte Bass und sang bei der Waveband, die er 1976 mit Ric Ocasek in Boston gegründet hatte.

14 Nach ihrem ausverkauften Gig im New-Yorker Roseland Ballroom treten **Radiohead** erstmals bei »Saturday Night Live« auf. Sie spielen

Als er den Mercury Music Prize gewann, sagte Badly Drawn Boy Damon Gough, er würde am nächsten Tag bestimmt keinen Song hinkriegen.

Mittelmaß, Megaverkäufe, Nostalgie.«

Bono, **Q**, November 2000

19. Oktober **U2** geben ein Überraschungskonzert im Pariser Manray vor 150 Fans und Gästen, die eigentlich erwartet hatten, das neue Album ***All That You Can't Leave Behind*** aus der Konserve vorgespielt zu bekommen. Die ausgekoppelte Single *Beautiful Day* ist auf Platz 1 der UK-Charts. Mit dem neunten Studioalbum kehren U2 zu dem Rocksound zurück, der sie so populär gemacht hat (die Elektronik-Experimente auf ***Pop*** waren 1997 durchgefallen), und erreichen am 30. Oktober in 31 Ländern Platz 1.

U2 wehrten mit *Beautiful Day*, ihrem ersten britischen Nr.-1-Hit seit drei Jahren, massive Konkurrenz von Robbie Williams und Kylie Minogue ab.

2000 Okt.

Garth Brooks kündigt Rückzug an ... Die Beatles sind wieder Nr. 1 ...

Schätzungsweise 45 000 Fans belagerten das Hotel der Back Street Boys in Rio de Janeiro während der Promotiontour der Boygroup.

The National Anthem und *Idioteque;* ihr aktuelles, electronicabeeinflusstes Album ***Kid A*** ist auf Nr. 1 der UK-Charts eingestiegen. Nächste Woche gelingt das auch in den USA – als letzte britische Band schaffte das 1997 **The Prodigy** mit ***Fat Of The Land***. In Kanada, Frankreich, Island, Irland, Israel und Japan erreicht ***Kid A*** ebenfalls Platz 1.

24 Eine Stunde vor Beginn des **Limp-Bizkit**-Konzerts in der Pepsi Arena von Albany wird die Show wegen **Fred Dursts** Stimmbandproblemen abgesagt. Der Gig war Teil der mit einem Augenzwinkern Anger Management genannten Tour, auf der sie ihr neues Album ***Chocolate St*rfish And The Hot Dog Flavored Water*** vorstellen, das mit 1,05 Millionen verkauften Exemplaren in der ersten Woche in den USA auf Platz 1 schießt. Nach den Alben von ***NSync**, **Britney Spears** und **Eminem** ist es das sich am viertschnellsten verkaufende Album des Jahres und das sechstschnellste, seit SoundScan die Verkaufszahlen der Veröffentlichungswoche erfasst.

30 **Elton John** reicht eine 30-Mio.-$-Klage gegen das Steuerberatungsunternehmen Pricewaterhouse Coopers und seinen früheren Manager Andrew Haydon ein, denen er Unterschlagung vorwirft. Das Finanzloch war bei der Trennung Johns von seinem langjährigen Manager John Reid entdeckt worden.

31 Bertelsmann kündigt ein Zusammengehen mit Napster an und plant ein Abonnementsystem, bei dem User die urheberrechtlich geschützten Songs des Medienriesen tauschen können. Das Unternehmen lässt seine Klage gegen Napster fallen und leiht ihm geschätzte 50 Millionen $ zur Entwicklung einer legalen Tauschbörse.

November

15 Der paranoid-schizophrene Michael Abram, der im letzten Dezember **George Harrison** angriff, wird aufgrund seiner geistigen Störung als nicht schuldig befunden, kommt jedoch »auf unbestimmte Zeit« in eine psychiatrische Klinik. Wie Abrams' Verteidiger erklärt, hat sein Mandant Harrison schriftlich um Vergebung gebeten.

15 Capitol Records geben bekannt, nördlich ihres Bürogebäudes in Los Angeles Bauland gekauft zu haben, um dort ein Museum mit Memorabilia der Capitol-Künstler von **Frank Sinatra** bis zu den **Beatles** zu errichten.

15 Die **Backstreet Boys** kündigen für ihr neues Album ***Black & Blue*** eine kostspielige und spektakuläre Tournee an – nach dem Motto »In 100 Stunden rund um die Welt« –, die sie im Anschluss an die morgigen MTV Europe Music Awards nach Tokio, Sydney, Kapstadt, Rio de Janeiro und New York führen wird.

16 **Wyclef Jean** führt durch die siebten MTV Europe Music Awards im Globen Centre von Stockholm, die mit einer Rap-Montage aus Abbas *Dancing Queen* eröffnet werden. **Madonna**, die bei ihrem Auftritt ein T-Shirt mit der Aufschrift

Radiohead wurden bei einer Umfrage unter jungen Musikern nach den für sie wichtigsten Einflüssen auf Platz 2 gewählt – hinter David Bowie, aber vor den Beatles.

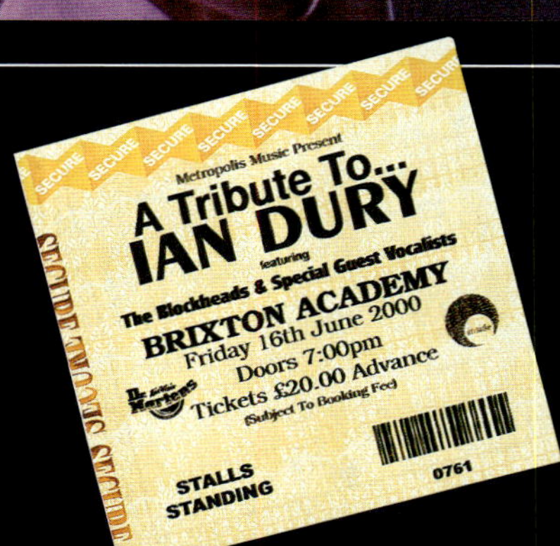

Robbie Williams, Madness, Mick Jones von The Clash und Kirsty McColl nahmen im Juni an einem Gedenkkonzert für Ian Dury teil ... Im Oktober kündigte Garth Brooks bei einer Pressekonferenz in Nashville seinen Rückzug aus dem Musikgeschäft an. Anschließend wurde er bei einem Gala-Empfang für den Verkauf von mehr als 100 Mio. Alben geehrt.

Garth Brooks

FATBOY SLIM

6. September **Fatboy Slim gewinnt mit einem der innovativsten Videos der jüngsten Zeit, »Weapon Of Choice«, nach neun Nominierungen sechs Preise bei den MTV Music Video Awards. Der von Spike Jonze gedrehte Clip zeigt den Schauspieler Christopher Walken, wie er im Anzug durch eine Hotellobby tanzt und »fliegt«, und wird als bestes Newcomer-Video sowie für die beste Regie, beste Choreografie, bestes Design, besten Schnitt und beste Kamera ausgezeichnet.**

»Die Amerikaner halten mich ja alle für den hippen Newcomer, dafür bin ich in England der ehrwürdige alte Opa – eben der, der auf Partys immer hackedicht ist und sich einen Lampenschirm aufsetzt.«

Fatboy Slim, November 2000

allem, um das Interesse an seinem kommenden Album ***Invincible*** zu schüren. Zu den Gästen des Allstar-Spektakels gehören neben anderen die **Jacksons**, eine ausgemergelte **Whitney Houston**, **Britney Spears**, **Monica**, **Al Jarreau**, **Gladys Knight**, **Usher**, **Luther Vandross**, **Dionne Warwick**, **Liza Minnelli**, **Marc Anthony**, ***NSync**, **Shaggy**, **Slash** und der Teenie-Countrystar **Billy Gilman**.

7 Der 26-jährige Rocksänger und Songwriter **Ryan Adams** – ein Kritikerliebling, der in keine Schublade passt – dreht das Video für seine Single *New York New York* nahe der Brooklyn Bridge mit dem World Trade Center im Hintergrund. Der Ex-Frontmann der unterschätzten Americana-Band **Whiskeytown**, der sich standhaft weigert, sich dem angesagten Alternative-Folk/Country-Trend zurechnen zu lassen, schloss kürzlich sein herausragendes zweites Album ***Gold*** ab.

12 Einen Tag nach dem Anschlag auf das World Trade Center beschließen viele US-Stars, die für den heutigen Abend geplanten Konzerte abzusagen oder zu verschieben, darunter auch **Janet Jackson** (in Tampa, Florida), **Ben Folds** (Washington, D. C.), **Stevie Nicks** (Rochester, New York), **Alison Krauss** (Cincinnati, Ohio), **matchbox twenty** und **Train** (Bossier, Louisiana), **Lifehouse** (Chicago, Illinois), **Weezer** (San Jose, Kalifornien), **Black Crowes** (Los Angeles) und **Crosby, Stills And Nash** (Denver, Colorado). Die Latin Grammy Awards werden auf den 30. Oktober verschoben.

21 Zum Gedenken an die Opfer und Helden des 11. September wird in den USA live ein einzigartiger, werbefreier Fernsehmarathon aus New York, Los Angeles und London übertragen: **Bruce Springsteen** eröffnet die sehr emotionale Veranstaltung mit dem nicht auf Platte erhältlichen Tribut *My City Of Ruins*. Auch **Billy Joel**, **Paul Simon**, **Neil Young**, **Mariah Carey**, **Sheryl Crow**, **Eddie Vedder**, **Stevie Wonder**, **Jon Bon Jovi**, **Faith Hill**, die **Dixie Chicks**, **Wyclef Jean**, **Celine Dion** mit **David Foster**, **Enrique Iglesias**, **Alicia Keys**, **Sting**, **Tom Petty** und **U2** spenden musikalischen Trost. **Willie Nelson** beschließt den ernsten, patriotischen Abend mit dem Song *America The Beautiful*, begleitet von einem Allstar-Chor. Die Show spielt Spendengelder in Höhe von 150 Millionen $ ein.

23 **Yoko Ono** reagiert auf den 11. September mit einer anonymen ganzseitigen Anzeige in der **New York Times**, die nur die Worte »Imagine all the people living life in peace« enthält.

Oktober

2 »Come Together: A Night For John Lennon's Words And Music« wird live aus der New-Yorker Radio City Music Hall von mehreren US-TV-Sendern übertragen. Ursprünglich als Tribut an **Lennon** geplant, hat die Veranstaltung durch die jüngste Katastrophe eine zusätzliche Bedeutung erhalten und wird für Spendenaufrufe von Hilfsorganisationen genutzt. Zur hochkarätigen Besetzung gehören u. a. **Alanis Morissette**, **Stone Temple Pilots**, **Moby**, **Marc Anthony**, **Natalie Merchant** und die **Dave Matthews Band**; Durch die von **Yoko**

Die Foo Fighters mussten die letzten Termine ihrer Europa-Tournee im August absagen: Schlagzeuger Taylor Hawkins kam ins Krankenhaus, weil er es wohl beim Partyfeiern übertrieben hatte.

Concert For New York City ... Alan Jacksons patriotischer Song ... George Harrison stirbt ...

Ono und dem Sender TNT organisierte Show führt Kevin Spacey, der tatsächlich eine respektable Fassung von *Mind Games* präsentiert. Zum Schluss singen alle Anwesenden gemeinsam *Give Peace a Chance.*

4 **Usher** wird bei den sechsten MOBO Awards in der London Arena als bester R&B-Künstler und für das beste Album ausgezeichnet. Der 23-jährige Sänger aus Chattanooga, Tennessee, hatte schon mit 13 im Büro von **L. A. Reid** in den Räumen von dessen Label LaFace vorgesungen. Seine aktuelle CD *8701* ist derzeit in den Top 10, nachdem sich bereits sein zweites Album *My Way* 6 Mio. Mal verkauft hatte.

20 **David Bowie** eröffnet das Concert For New York City im Madison Square Garden mit einer Coverversion von **Paul Simons** *America*, gefolgt von *Heroes*. Der fünfstündige Musikmarathon wird live und ohne Werbung von VH-1 und dem Radiosender Westwood One sowie im Web von AOL übertragen. Die Erlöse der Show, mit der auch Feuerwehr, Polizei und Rettungskräfte von New York geehrt werden, gehen an den Robin Hood Relief Fund, der die Opfer des 11. September unterstützt. Mit dabei sind **Mick Jagger, Eric Clapton, Billy Joel, The Who, Elton John, Janet Jackson,** die **Backstreet Boys, Bon Jovi, Bono** und **The Edge** von **U2, James Taylor, John Mellencamp, Destiny's Child, Marc Anthony, Five for Fighting** (Projekt des Singer/Songwriters und Pianisten **John Ondrasik**, dessen jüngster Hit, die nachdenkliche Ballade *Superman (It's Not Easy)*, stark mit dem 11. September verbunden wird), **Macy Gray,** die **Goo Goo Dolls, Melissa Etheridge** und **India.Arie. Paul McCartney** beendet die traurige wie aufrüttelnde Show mit *Let It Be*, wobei er von einem Riesenchor, gebildet aus den anwesenden Stars sowie Polizisten, Feuerwehrleuten und Rettungskräften, begleitet wird.

21 Bei United We Stand, einem weiteren Konzert zu Gunsten der Opfer des 11. September, treten im Washingtoner RFK Stadion **P. Diddy, O-Town, Carole King, *NSync, Michael Jackson,** die **Backstreet Boys, Aerosmith, Mariah Carey, Rod Stewart, Destiny's Child, Pink,** die **Goo Goo Dolls, Train, Bette Midler** und **America** auf.

November

7 Mit seinem Song *Where Were You (When The World Stopped Turning)* sorgt **Alan Jackson** für den Höhepunkt bei den Country Music Awards in Nashville. Im Refrain heißt es: »I'm just a singer of simple songs/I'm not a real political man/I watch CNN but I'm not sure I could/Tell you the difference in Iraq and Iran/ But I know Jesus and I talk to God/And I remember this from when I was young/Faith, hope, and love are some good things he gave us/And the greatest is love.« – »Ich bin nur ein einfacher Sänger/nicht besonders politisch interessiert/ich gucke CNN, aber ich weiß nicht/ob ich zwischen Iran und Irak unterscheiden könnte/aber ich weiß von Jesus und ich bete zu Gott/ seit meiner Kinderzeit/er gab uns gute Dinge wie Glaube, Hoffnung und Liebe/ und am größten darunter ist die Liebe.«

8 Die MTV Europe Music Awards werden aus der Frankfurter Festhalle in 139 Länder übertragen. **Fred Durst, Jimmy Page** und **Wes Scantlin** (Sänger der Nu-Metaller **Puddle of Mudd**, einer der ersten Bands auf Dursts neuem Label Flawless) spielen gemeinsam *Thank You* von Led Zeppelin. **Blur**-Sänger **Damon Albarn** nimmt zwei Preise für sein virtuelles Band-Projekt **Gorillaz** als bester Dance-Act und für den besten Song (*Clint Eastwood*) entgegen und sagt bezüglich des Kriegs in Afghanistan, indem er auf sein CND-T-Shirt deutet: »Das ist das Symbol der Kampagne für nukleare Abrüstung. Es ist unrecht, eines der ärmsten Länder der Welt zu bombardieren.« Einige Musiker – darunter die zur besten Sängerin gekürte **Jennifer Lopez** – sind in den USA geblieben, aber die als beste Popsängerin ausgezeichnete **Anastacia,** die mit ihrem Debütalbum *Not That Kind* jüngst die europäischen Danceszene stürmte, sagt: »Ich halte nichts von Angst oder Einschüchterung, auch wenn ich die Einstellung der anderen [Amerikaner] respektiere. Ich habe meine halbe Band verloren, weil die Leute

Elevation von U2 war die umsatzstärkste US-Tour dieses Jahres: Sie spielte 143 Mio. $ ein.

Madonna brach mit dem England-Abschnitt ihrer Drowned World Tour mehrere Verkaufsrekorde. So wurden z. B. alle 80 000 Eintrittskarten in nur vier Stunden verkauft.

Billboard veröffentlichte im Dezember eine Erklärung von Destiny's Child, in der sie Trennungsgerüchte dementierten, aber auch zugaben, dass Soloprojekte geplant seien.

nicht reisen wollten, und musste neue Musiker einstellen. Aber ich wollte auf die Bühne, ich wollte auftreten.« Live sind u. a. die beste Newcomerin **Dido, U2, R.E.M., Depeche Mode** und **Atomic Kitten** zu sehen, aber die heißeste Show liefert die sexy Sängerin **Kylie Minogue** ab, die ihren britischen No.-1-Hit *Can't Get You Out Of My Head* präsentiert. **Robbie Williams** wird bester Sänger, **Limp Bizkit** räumen drei Preise ab, **Craig David** erhält zwei und **Eminem** wird zum besten Hip-Hop-Act gekürt.

21 Der ehemalige Impresario und Hitproduzent **Jonathan King** (56) wird von einem Londoner Gericht zu sieben Jahren Haft verurteilt. King, der alle Vorwürfe bestreitet, wurde am 27. September für schuldig befunden, in den 80er-Jahren Knaben von 14 und 15 Jahren in vier Fällen sexuell belästigt und sich in zwei Fällen an ihnen vergangen zu haben. Er wird als Sexualstraftäter registriert und darf nie wieder mit Kindern arbeiten. Zu Kings Gunsten hatten sich sein Radiokollege Simon Bates, Songtexter Sir Tim Rice und TV-Showmasterin Jenny Powell ausgesprochen.

30 Die Flaggen des Liverpooler Rathauses hängen auf Halbmast, als dort ein Kondolenzbuch für **George Harrison** ausgelegt wird. In London spielt eine Militärkapelle bei der Wachablösung vor dem Buckingham-Palast Harrison zu Ehren ein **Beatles**-Medley. Vor seinem Haus im Londoner Stadtteil St. John's Wood erklärt **Sir Paul McCartney**: »Ich bin erschüttert und sehr, sehr traurig. Wir wussten seit langem, dass er krank war. Er war ein wunderbarer, sehr tapferer Mensch mit einem herrlichen Sinn für Humor. Er war einfach mein kleiner Bruder.«

Dezember

11 Bei den Feierlichkeiten anlässlich der 100. Verleihung des Friedensnobelpreises im Osloer Spektrum singt **Sir Paul McCartney** gemeinsam mit **Anastacia, Wyclef Jean** und **Youssou N'Dour** *Let It Be*. Seine Songs *Your Loving Flame* und *Freedom* von seinem jüngsten Soloalbum kündigt er mit den Worten an: »Den ersten schrieb ich für meine Verlobte Heather [Mills], den zweiten nach dem 11. September für alle Amerikaner, aber heute widme ich sie beide meinem Freund George.«

15 Die R&B-Legende **Rufus Thomas** stirbt mit 84 im St. Francis Hospital von Memphis. Während seiner sieben Jahrzehnte umfassenden Karriere war er in den 40er-Jahen einer der beliebtesten Radiodiscjockeys der Stadt. Der offizielle Botschafter der Blues-Meile Beale Street nahm in den 50er-Jahren als einer der R&B-Pioniere jener Zeit Platten für Sun Records und Stax auf. Er stand noch mit über 80 weltweit auf der Bühne und war u. a. am 20. April dieses Jahres bei der großen Einweihungsfeier des Stax Museum Of American Soul Music zu sehen.

19 **Dick Clark** verklagt Michael Greene, den Vorsitzenden der National Academy of Recording Arts & Sciences (NARAS), auf 10 Mio. $, weil er angeblich alle Künstler für die Grammy-Verleihung sperrt, sobald sie bei der Konkurrenzveranstaltung, Dick Clarks American Music Awards, erscheinen. Konkret heißt es, Greene habe versucht, **Michael Jacksons** Auftritt bei den nächsten AMAs am 9. Januar zu verhindern. NARAS bestreitet die Vorwürfe. Greene war zudem von der ehemaligen NARAS-Angestellten Jill Marie Geimer wegen sexueller Belästigung und Körperverletzung auf 650 000 $ verklagt worden, die er schließlich zahlt. Er tritt am 27. April 2002 von seinem Amt zurück.

GEORGE HARRISON

29. November George Harrison verliert den Kampf gegen den Krebs und stirbt mit 58 Jahren in Los Angeles. Sein Freund Gavin De Becker erklärt: »Er starb mit einem Gedanken: Liebe deinen Nächsten.« Seine Frau Olivia und sein 24-jähriger Sohn Dhani sind bei seinem Tod bei ihm. Sein Körper wird gemäß Harrisons fernöstlichem Glauben ohne Zeremonie in einem Sarg aus Pappe verbrannt; die Asche soll über dem Yamuna-Fluss in Indien verstreut werden. In der Erklärung der Familie heißt es: »Er verließ die Welt, so wie er gelebt hatte, mit dem Gedanken an Gott, ohne Angst vor dem Tod, friedlich im Kreis von Familie und Freunden. Er sagte oft: ›Alles kann warten, außer der Suche nach Gott und Nächstenliebe.‹«

ROOTS In diesem Jahr werden Julia Volkova (15) und Lena Katina (16) ein Teenie-Pop-Duo und angebliches Liebespaar, unter dem Namen t.A.T.u. vom russischen Büro von Universal Music unter Vertrag genommen, nachdem sie bei einem Vorspieltermin für den Produzenten und TV-Regisseur Ivan Shapovalov hunderte von Konkurrentinnen ausgestochen haben ... nimmt das innovative britische Elektroniktrio Dirty Vegas seine erste Single *Days Go By* auf, die dank der Verwendung in einem Autowerbespot von Mitsubishi nächstes Jahr ein Welthit wird ... nimmt der aus Neuseeland stammende britische Popsänger und Dancefloor-Produzent Daniel Bedingfield zu Hause auf dem Computer *Gotta Get Thru This* auf, das bei den Majorlabels abblitzt und später auf dem Underground-Club-Sampler *Pure Garage 4* erscheint ... preist Steve Lamacq von BBC Radio 1 das Quartett The Music aus Leeds als »beste Band ohne Plattenvertrag in Großbritannien« ... erklärt der New Musical Express die australischen Garagenrocker Vines zur »coolsten Band des Planeten« ...

A Moment Like This

2002

Nr. 1 US-SINGLES

05. Jan. How You Remind Me **Nickelback**
19. Jan. U Got It Bad **Usher**
23. Febr. Always On Time **Ja Rule featuring Ashanti**
09. März Ain't It Funny **Jennifer Lopez featuring Ja Rule**
20. Apr. Foolish **Ashanti**
29. Juni Hot In Herre **Nelly**
17. Aug. Dilemma **Nelly featuring Kelly Rowland**
05. Okt. A Moment Like This **Kelly Clarkson**
19. Okt. Dilemma **Nelly featuring Kelly Rowland**
09. Nov. Lose Yourself **Eminem**

Nr. 1 UK-SINGLES

05. Jan. Somethin' Stupid **Robbie Williams And Nicole Kidman**
12. Jan. Gotta Get Thru This **Daniel Bedingfield**
19. Jan. More Than A Woman **Aaliyah**
26. Jan. My Sweet Lord **George Harrison**
02. Febr. Hero **Enrique Iglesias**
02. März World Of Our Own **Westlife**
09. März Evergreen/Anything Is Possible **Will Young**
30. März Unchained Melody **Gareth Gates**
27. Apr. The Hindu Times **Oasis**
04. Mai Freak Like Me **Sugababes**
11. Mai Kiss Kiss **Holly Valance**
18. Mai If Tomorrow Never Comes **Ronan Keating**
25. Mai Just A Little **Liberty X**
01. Juni Without Me **Eminem**
08. Juni Light My Fire **Will Young**
22. Juni A Little Less Conversation **Elvis Vs. JXL**
20. Juli Anyone Of Us (Stupid Mistake) **Gareth Gates**
10. Aug. Colourblind **Darius**
24. Aug. Round Round **Sugababes**
31. Aug. Crossroads **Blazin' Squad**
07. Sept. The Tide Is High (Get The Feeling) **Atomic Kitten**
28. Sept. Just Like A Pill **Pink**
05. Okt. The Long And Winding Road/Suspicious Minds **Will Young/Gareth Gates**
19. Okt. The Ketchup Song (Aserje) **Las Ketchup**
26. Okt. Dilemma **Nelly featuring Kelly Rowland**
09. Nov. Heaven **DJ Sammy And Yanou featuring Do**
16. Nov. Unbreakable **Westlife**
23. Nov. Dirrty **Christina Aguilera featuring Redman**

Norah Jones

Nelly

Norah Jones, die Tochter von Ravi Shankar, bewies, dass es letzten Endes doch wieder auf Qualität ankommt … Nelly war der erste Künstler seit den Beatles 1964, der sich selbst von Platz 1 der US-Charts verdrängte.

Als der 50. Geburtstag des Rock'n'Roll näher rückte, ging es immer weniger um Substanz, sondern mehr denn je um den Stil. Man vermischte inzwischen die gegensätzlichsten Musikrichtungen. **Limp Bizkit**, **Staind** und **Puddle of Mudd** führten das Heer von Nu-Metal-Bands an, die mit ihrem Mix aus Rock und Rap genau den Nerv der frustrierten Jugend trafen. Rap wurde der größte Verkaufsschlager, wobei **Eminem** sich der erprobten Schockwirkung bediente, um Umsätze in zweistelliger Millionenhöhe zu erzielen. **Nelly**, der eher mainstreamorientiert auf Sex und Pop setzte, zählte ebenso zu den wenigen neuen Weltstars.

Ozzy Osbourne, der ähnlich unanständig, aber wesentlich sympathischer daherkam als Eminem, landete mit der TV-Serie »The Osbournes« einen Überraschungserfolg, während **Robbie Williams** einen unglaublich hoch dotierten Vertrag mit EMI über mehrere Alben abschloss. **Creed** und **Nickelback** standen an der Spitze der lahmen, aber erfolgreichen »Emo«-Powerrock-Szene in den USA, und **Elton John**, **Paul McCartney** und die **Rolling Stones** winkten nach enorm erfolgreichen Tourneen dicke Schecks – obwohl sie im Top-40-Radio längst keine Rolle mehr spielten.

Die Plattenfirmen jammerten über sinkende Umsätze, für die sie vor allem Raubkopien verantwortlich machten. Doch während die neue Technologie dem Musikbusiness das Leben sauer machte, lag das Problem woanders: Der Branche fehlten die »guten Ohren«, wie **George Martin** das nannte. Wenn ein Label einen Treffer landete, dann war der Verkaufserfolg nicht aufzuhalten. Das Jazz-Unterlabel Blue Note Records veröffentlichte ein Album von **Norah Jones**, das dem Abwärtstrend aus einem simplen Grund zuwiderlief: Es war tolle Musik. Durch intelligente Promotion und Mundpropaganda verkaufte sich das mit mehreren Grammys prämierte ***Come Away With Me*** mehr als zehn Millionen Mal.

Durch die Monopolisierung der Radiolandschaft ist gute Musik immer schwerer zu finden. Während man sich in Europa an der amerikanischen Struktur streng nach Genres sortierter Programme orientierte, war es unmöglich geworden, im kommerziellen US-Radio überhaupt noch neue Musik zu entdecken. Die Plattenfirmen weigerten sich in den USA geradezu, noch Singles zu veröffentlichen, aber wer wollte schon 20 $ für ein Album mit nur einem guten Song ausgeben? Da die Talentsucher der Labels nichts mehr leisteten, traten TV-Talentshows an ihre Stelle. Dieser Trend schuf prompt eine Reihe von kurzlebigen Hit-Phänomenen. Und da fragte sich die Industrie, weshalb es abwärts ging …

Während sich die Großen der frühen und mittleren Jahre des Rock allmählich verabschiedeten, standen nun vor allem langweilige Rapper, Rocker und DJs (sprich, Nichtmusiker) in der vordersten Reihe des Pop-Mainstreams. Das Niveau sank weiter. Große Musik – gemacht von echten Musikern – gab es nach wie vor, wie talentierte Musiker (**Coldplay**) und Songwriter (**John Mayer**) bewiesen, aber sie war immer schwerer zu hören, zu sehen und zu finden.

Als **Sam Phillips** seinen Laden in Memphis aufmachte, hatte er wohl kaum geahnt, wohin das führen würde.

07. Dez. If You're Not The One **Daniel Bedingfield**
14. Dez. Lose Yourself **Eminem**
21. Dez. Sorry Seems To Be The Hardest Word **Blue featuring Elton John**
28. Dez. Sound Of The Underground **Girls Aloud**

»Ich denke, etwas mehr Klasse kann der Musikbranche nicht schaden.«

Kelly Clarkson nach ihrer Auszeichnung als »American Idol«, 4. September 2002

2002 Jan.

Will Young und Gareth Gates

Mariah Carey verabschiedet sich von Virgin … Superstar-Suche in England … Alicia Keys sahnt bei den Grammys ab …

Januar

12 **Pink** präsentiert ihren aktuellen Hit *Get The Party Started* und die Single *Don't Let Me Get Me* bei »Saturday Night Live«. Die freche 22-jährige Sängerin und Songwriterin, die gern über ihr wildes Leben spricht, bewirbt momentan den Pop- und R&B-Mix ihrer zweiten LP ***M!ssundaztood***, nachdem ihr Debüt ***Can't Take Me Home*** weltweit für Aufsehen gesorgt hat. Ihre erste US-Headliner-Tour beginnt am 2. Mai in Phoenix.

14 Nachdem **Adam Ant** bereits vor zwei Tagen wegen Unruhestiftung in einem Nordlondoner Pub festgenommen wurde, kommt er heute erneut in Haft: Besorgte Verwandte hatten aus Angst vor einem Selbstmord die Polizei benachrichtigt. Ant wird auf Gerichtsbeschluss hin in der geschlossenen Abteilung des Royal Free Hospitals untergebracht. Im April sollte er mit **Spandau Ballet** und **Toyah** auf eine 80er-Jahre-Revival-Tournee durch England gehen.

16 Die Official UK Charts Company räumt ein, bei der Brit-Nominierung **Didos** als beste Newcomerin einen Fehler gemacht zu haben: Dido wurde 2001 bereits als beste Sängerin vorgeschlagen und ist daher für den Newcomerpreis nicht zugelassen. Stattdessen geht Singer/Songwriter **Tom McRae** ins Rennen, neben **Atomic Kitten** (letztes Jahr auch schon dabei), die aktuelle britische Boygroup **Blue**, das Gitarrenquintett **Elbow** aus Manchester, die virtuellen Hip-Hopper **Gorillaz**, das britische Frauentrio **Mis-Teeq** (die gerade Garage/2-Step mainstreamtauglich machen), die ebenso neue 2-Step-Combo **So Solid Crew**, die Rock-Medienlieblinge **Starsailor**, die düsteren Folk-Popper **Turin Brakes** und die Electronica-Truppe **Zero 7**. Dido bleibt gelassen. Ihr Debütalbum ***No Angel*** war das bestverkaufte Album des letzten Jahres, und sie ist in drei anderen Brit-Kategorien – bestes Video, beste Sängerin und bestes Album – nominiert. (Ein ähnlicher Fehler passierte 2000, als das **Wamdue Project** mit *King Of My Castle* für die beste britische Single nominiert war, sich aber herausstellte, dass ein Amerikaner namens **Chris Brann** hinter der Musik steckte.)

Pink (bürgerlich Alecia Moore) war seit 1999 bei L.A. Reids Label LaFace unter Vertrag.

»Ich glaube, mein Vater dachte, nichts würde passieren, ich würde keinen Erfolg haben – aber nicht, weil er mir nichts zutraut, sondern einfach, weil er die Musikbranche realistisch sieht.«

Enrique Iglesias, **Sunday Times**, 13. Januar 2002

23 Trotz des Dementis vor 14 Tagen trennt sich die EMI-Tochter Virgin von **Mariah Carey**. Die Sängerin bekommt von dem Unternehmen (das aufgrund eventuell geplanter Zusammenschlüsse – erst mit Warner Music, dann mit BMG – auf Sparkurs ist) nach nur einem von fünf vereinbarten Alben eine Abfindung von 28 Mio. $.

Februar

3 **U2** treten in der Halbzeit beim Football Super Bowl XXXVI in New Orleans auf: Mit *Beautiful Day, MLK* und *Where The Streets Have No Name* gedenken sie den Opfern des 11. September, deren Namen hinter ihnen über eine Videoleinwand laufen. **Paul McCartney**, der sich in New York aufhielt, als die entführten Maschinen ins World Trade Center krachten, spielt den von diesem Unglück inspirierten Song *Freedom*.

9 Beim zweistündigen Finale der ersten britischen »Pop Idol«-Staffel stimmen um die neun Millionen TV-Zuschauer zwischen den Sängern **Gareth Gates** und **Will Young** ab. Auf den Gewinner wartet großer kommerzieller Erfolg: Youngs Doppel-A-Seite *Evergreen/Anything Is Possible* schießt nächsten Monat an die Spitze der UK-Charts und wird zur schnellstverkauften Single in der britischen Geschichte. Das Debüt des Verlierers Gates – eine Neuauflage von *Unchained Melody* – löst Young auf Platz 1 ab. Insgesamt 14 Millionen Zuschauer verfolgen den Showdown zwischen Gates und Young. »Pop Idol«, die Erfindung von Simon Fuller, dem Mann hinter den **Spice Girls** und **S Club 7**, startete letzten Herbst im britischen Fernsehen und wird im Laufe des Jahres auch in andere Länder exportiert. In den USA wird **Kelly Clarkson** das »American Idol«; ihre Debütsingle *A Moment Like* feiert mit dem Sprung von Platz 52 auf die Nummer 1 vergleichbare Erfolge. In Deutschland startet RTL am 9. November die Show »Deutschland sucht den Superstar«, bei der u. a. Hitproduzent **Dieter Bohlen** und BMG-Präsident Thomas Stein in der Jury sitzen. »Superstar« **Alexander Klaws**, der die Show am 8. März 2003 gewinnt, landet drei Wochen später mit seinem ersten, von Bohlen produzierten Hit *Take Me Tonight* in Deutschland von null auf eins. Der Drittplatzierte, die schräge Ulknudel **Daniel Küblböck**, zieht mit dem ebenfalls von Bohlen betreuten *You Drive Me Crazy* wenig später nach. So viel Erfolg macht eine Fortsetzung dieser Talentshows unvermeidlich.

14 Nachdem in dieser Woche bereits der Tod von Folk- und Bluesveteran **Dave Van Ronk** und der Countrylegende **Waylon Jennings** zu verzeichnen war, stirbt **Mick Tucker**, Schlagzeuger der Glamrocker **The Sweet**, im südenglischen Welwyn Garden City an Leukämie. Bassist **Steve Priest** dazu: »Er war der beste Schlagzeuger, den England je hervorgebracht hat. Sein Tod ist ein großer Verlust für die Musikwelt.« Van Ronk, der am 10. im New York University Medical Center an Darmkrebs starb, war ein großer Einfluss auf Künstler wie **Bob Dylan**, **Tom Paxton** und **Peter Yarrow**, aber auch auf die nächste Folk-Generation, darunter **Janis Ian**, **Christine Lavin** und **Suzanne Vega**. Jennings starb gestern zu Hause in Chandler, Arizona, nach langem Kampf gegen Diabetes. Er hatte Mitte der 70er-Jahre mit **Willie Nelson** die »Outlaw«-Countrybewegung begründet und dann mit Nelson, **Johnny**

U2

14 Millionen Zuschauer sehen das »Pop Idol«-Finale zwischen Will Young und Gareth Gates … Nach dem Auftritt von U2 endete die Super Bowl mit dem Sieg der in Rot-weiß-blau gekleideten Underdogs der New England Patriots, die mit Adam Vinatieris Treffer die als Favoriten gehandelten St. Louis Rams aus dem Rennen schlugen.

Cash und **Kris Kristofferson** zu den **Highwaymen** gehört. Jennings, der nie Angst vor aktuellen Trends hatte, kam mit der Countryversion von **Jimmy Webbs** *MacArthur Park* sogar in die Hot 100. In den Country-Charts war er über 100-mal, mit mehr als einem Dutzend Nr.-1-Hits. Trotz seines Einflusses auf die Countrymusik bleibt er wohl hauptsächlich als der Mann in Erinnerung, der **Big Bopper** den Platz an Bord der Unglücksmaschine überließ, die 1959 mit **Buddy Holly** abstürzte.

20 Bei den heuer besonders langweiligen 21. Brit Awards heimsen **Dido** und **Kylie Minogue** jeweils zwei Preise ein: Dido als beste britische Sängerin und für das beste britische Album (***No Angel***), Kylie als beste internationale Sängerin und für das beste internationale Album (***Fever***). **Robbie Williams**, der zum dritten Mal in vier Jahren bester britischer Sänger wird, ist in typisch launiger Form: »Zum dritten Mal bester Sänger – das ist echt phantastisch. Ein Wort an Will von ›Popstars‹ [sic] – Alter, ich bin zu stark. Du versuchst, von meinem Teller zu essen und mir in die Quere zu kommen. Das hat schon **Craig David** nicht geschafft – wieso glaubst du, dass dir das gelingt?« Die Retro-Garagenrocker **The Strokes**, eine New-Yorker Band, die in England weitaus beliebter ist als zu Hause, werden als beste internationale Newcomer ausgezeichnet, und **Travis** erhalten ihren zweiten Brit, diesmal als beste britische Band.

26 Rund um Los Angeles finden in vier Hallen zeitgleich vier Konzerte für Musikerrechte statt, um Gelder für die Recording Artists' Coalition (RAC) einzuspielen. Die Organisation setzt sich unter anderem für die Abschaffung der Klausel im kalifornischen Arbeitsrecht ein, laut der die Verträge von Musikern im Gegensatz zu denen anderer Freiberufler automatisch auf sieben Jahre befristet sind. Bei den vier ausverkauften Shows treten die **Eagles** – Sänger **Don Henley** ist sehr aktiv in der RAC –, **Sheryl Crow**, **John Fogerty**, **Billy Joel** und **Stevie Nicks** im Forum auf, **No Doubt**, **The Offspring** und **Weezer** in der Long Beach Arena, die **Dixie Chicks**, Folk-Singer/Songwriterin **Patty Griffin**, **Emmylou Harris**, Country-Superstar **Trisha Yearwood** und **Dwight Yoakam** im Universal Amphitheatre und **Beck**, **Eddie Vedder**, **Thom Yorke** und der Ex-Frontmann der **Social Distortion**, **Mike Ness**, im Wiltern Theatre. Neben den eingespielten 2,7 Mio. $ kann die RAC damit auf die wachsenden Unabhängigkeitsbestrebungen von Musikern aufmerksam machen.

Kylie Minogue ist weiter auf Erfolgskurs, durch ihren heißen Dancepophit *Can't Get You Out Of My Head* mit dem erotischen Video, der ihr auch in den USA wieder einen Chartserfolg ermöglichte.

Feb. 2002

McCartney fährt durch die USA … Norah Jones macht von sich reden … Lisa »Left Eye« Lopes kommt ums Leben …

27 Bei der 44. Grammy-Verleihung erhält **Alicia Keys** fünf Preise, darunter Song des Jahres (*Fallin'*) und beste Newcomerin. Die Überraschung schlechthin ist jedoch das Album des Jahres – ein Bluesgrass-Soundtrack, zusammengestellt vom Produzenten T-Bone Burnette. ***O Brother, Where Art Thou?***, ein wichtiger Bestandteil der gleichnamigen filmischen Neuinterpretation von Homers »Odyssee« durch die Coen-Brüder, stieg letzten Januar auf Platz 192 der US-Charts ein und fällt diese Woche von Platz 11 auf 16, bevor es im März durch die Grammy-Ehrung an die Spitze kommt. Es enthält Songs von **Alison Krauss**, **Emmylou Harris**, **Gillian Welch**, Bluegrass-Größe **Ralph Stanley**, **John Hartford** und den **Fairfield Four**. (Nur drei andere Alben brauchten länger bis auf Platz 1 der Albumcharts.) Der Erfolg des Albums hat die ebenso erfolgreiche Tour Down From The Mountain ermöglicht, an der sich u. a. Krauss, Harris, Welch und **Patty Loveless** beteiligten. **U2** sahnen ein weiteres Mal ab: *Walk On* wird Platte des Jahres, ***All That You Can't Leave Behind*** das beste Rockalbum, *Stuck In A Moment You Can't Get Out Of* die beste Popaufnahme eines Duos oder einer Gruppe und *Elevation* die beste Rockaufnahme einer Gruppe. **Bono** dazu: »Wenn man als Ire achtmal nominiert ist und keinen Preis bekommt, wird man zu Hause gar nicht mehr reingelassen – daher ist das eine Frage der öffentlichen Sicherheit.« U2, die im letzten Jahr drei Grammys kassierten, haben insgesamt bereits 14 Awards erhalten. Michael Greene, der demnächst als Präsident der Grammy-Organisation NARAS zurücktritt, hält eine umstrittene Rede über »den heimtückischen Virus in unserer Mitte … den illegalen Download von Musik aus dem Internet« und erklärt: »Das illegale Tauschen und Kopieren von Musik ist inzwischen weit verbreitet, außer Kontrolle und absolut kriminell.«

März

18 **Isaac Hayes**, **Tom Petty And The Heartbreakers**, die **Ramones** und die **Talking Heads** werden in die Rock and Roll Hall Of Fame aufgenommen, ebenso wie die lang überfälligen **Brenda Lee** und **Gene Pitney**. Lee erklärt bei der 17. Feier im New-Yorker Waldorf-Astoria Hotel, als sie von **Jewel** eingeführt wird, sie sei »nervöser als Aschenputtel auf dem Ball«. Pitney wird von **Darlene Love** begrüßt. **Eddie Vedder** nimmt die Ramones auf und hält dazu eine Rede, die fast so lang ist wie ein Album der New-Yorker Punks; **Jakob Dylan**, der ihnen früher immer bei Gigs mit seinem Vater zusah, führt Tom Petty And The Heartbreakers ein, und Hayes wird von **Alicia Keys** aufgenommen. Die Talking Heads (begrüßt von **Anthony Kiedis**) treten zum ersten Mal seit 18 Jahren

Das kanadische Hardrock-Quintett Nickelback gewinnt bei den Juno Awards 2002 die Preise für beste Band, beste Single und für das beste Album.

THE OSBOURNES

5. März **MTV zeigt die erste Folge der Reality-Soap »The Osbournes«, die Rocker Ozzy Osbourne und seine Familie – Ehefrau Sharon, Tochter Kelly und Sohn Jack – beim Umzug in ihr neues Haus in Beverly Hills und dem Leben danach beobachtet. Die Serie entwickelt sich schnell zum angesagten TV-Kult: Millionen sehen begeistert zu, wie Vater Ozzy mit der Fernbedienung kämpft, über die nicht stubenreinen Hunde flucht und zwischen den streitenden Geschwistern Kelly und Jack vermittelt, während Mutter Sharon stoisch versucht, den ganz normalen Osbourne-Wahnsinn unter Kontrolle zu halten. Die obszöne Ausdrucksweise der Familie, deren Lieblingswort mit F beginnt, macht dabei besonders viel Furore. Der Erfolg der Serie macht den altgedienten Rocker unerwartet zum Medienliebling.**

Die erste Folge von »The Osbournes« sahen 3,2 Millionen Zuschauer, mehr als jede andere MTV-Premiere.

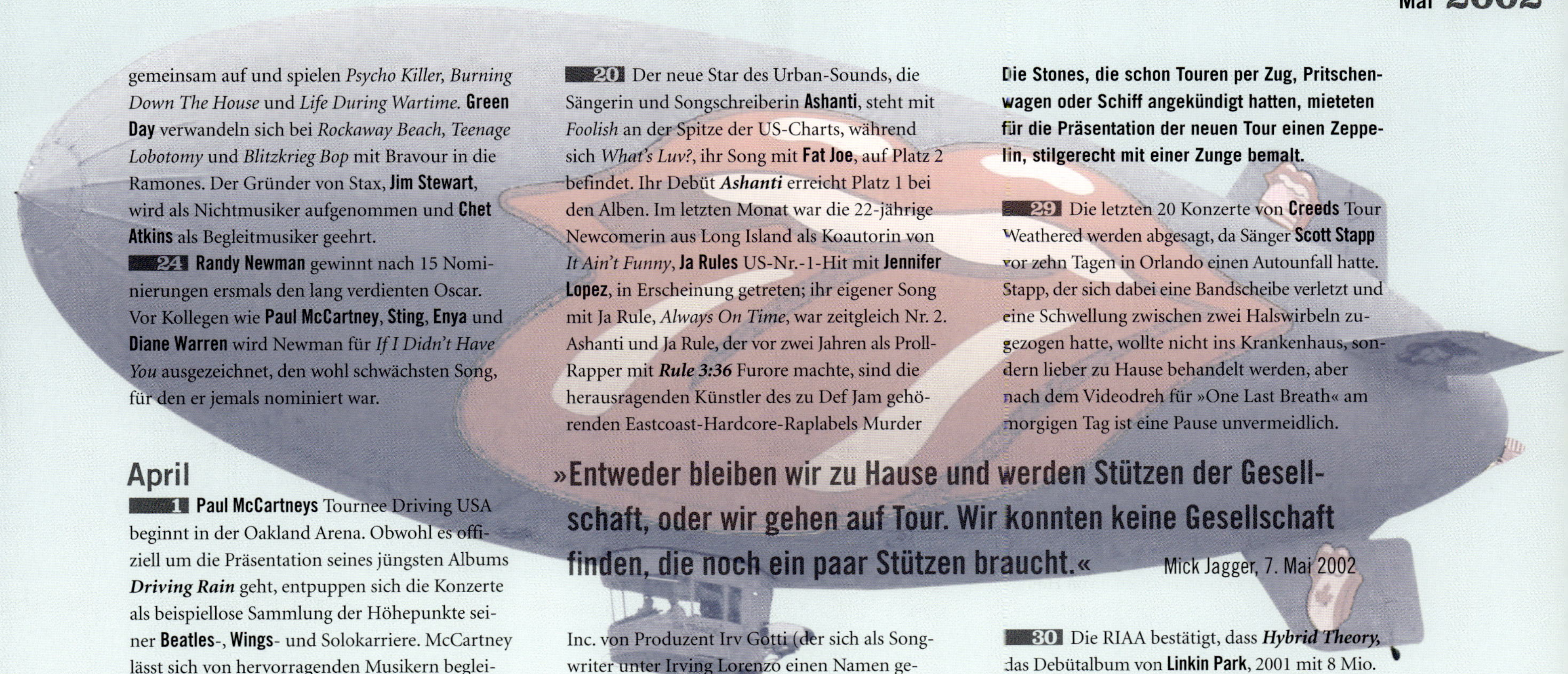

gemeinsam auf und spielen *Psycho Killer, Burning Down The House* und *Life During Wartime*. **Green Day** verwandeln sich bei *Rockaway Beach, Teenage Lobotomy* und *Blitzkrieg Bop* mit Bravour in die Ramones. Der Gründer von Stax, **Jim Stewart**, wird als Nichtmusiker aufgenommen und **Chet Atkins** als Begleitmusiker geehrt.

24 **Randy Newman** gewinnt nach 15 Nominierungen ersmals den lang verdienten Oscar. Vor Kollegen wie **Paul McCartney**, **Sting**, **Enya** und **Diane Warren** wird Newman für *If I Didn't Have You* ausgezeichnet, den wohl schwächsten Song, für den er jemals nominiert war.

April

1 **Paul McCartneys** Tournee Driving USA beginnt in der Oakland Arena. Obwohl es offiziell um die Präsentation seines jüngsten Albums ***Driving Rain*** geht, entpuppen sich die Konzerte als beispiellose Sammlung der Höhepunkte seiner **Beatles**-, **Wings**- und Solokarriere. McCartney lässt sich von hervorragenden Musikern begleiten, die den Sound jeder Ära perfekt einfangen, und widmet viele Songs seiner verstorbenen Frau **Linda**, seiner Verlobten Heather Mills und **George Harrison**. Diese erfolgreichste Tour des Jahres spielt insgesamt 103,3 Millionen $ ein und führt mit 53 Shows in 43 Städten zweimal durch Nordamerika (die zweite Tour erhält den Titel Back In The U. S.) sowie durch Japan und Mexiko.

5 **R.E.M.**-Gitarrist **Peter Buck** wird von allen Vorwürfen bezüglich der Vorfälle auf dem British-Airways-Flug im letzten Jahr freigesprochen.

13 Die Singer/Songwriterin und Pianistin **Norah Jones** tritt in der CNN-Sendung »The Music Room« erstmals im Fernsehen auf. Die 23-jährige New-Yorkerin (die ungern darüber spricht, dass sie **Ravi Shankars** Tochter ist) absolvierte die Booker T. Washington School für darstellende und visuelle Kunst und stand mit 16 erstmals auf einer Bühne. Anfang letzten Jahres unterschrieb sie beim Jazzlabel Blue Note. Ihr hochgelobtes Debütalbum ***Come Away With Me*** bietet einen sanft-sinnlichen Mix aus Jazz, Soul, Country und Folk und entwickelt sich im Jahresverlauf hauptsächlich durch Mundpropaganda immer mehr zum kommerziellen Hit – eine spannende Alternative zu allen anderen derzeit angesagten Trends im Musikbereich.

19 **Layne Staley**, Leadsänger von **Alice In Chains**, stirbt mit 34 in seinem Haus in Seattle an einer Überdosis Heroin. Seine Band, die Mitte der 90er-Jahre zu den wichtigsten US-Alternative-Acts gehörte, stand zweimal an der Spitze der US-Albumcharts, konnte diese Erfolge wegen Staleys Drogensucht aber nie ausbauen.

20 Der neue Star des Urban-Sounds, die Sängerin und Songschreiberin **Ashanti**, steht mit *Foolish* an der Spitze der US-Charts, während sich *What's Luv?*, ihr Song mit **Fat Joe**, auf Platz 2 befindet. Ihr Debüt ***Ashanti*** erreicht Platz 1 bei den Alben. Im letzten Monat war die 22-jährige Newcomerin aus Long Island als Koautorin von *It Ain't Funny*, **Ja Rules** US-Nr.-1-Hit mit **Jennifer Lopez**, in Erscheinung getreten; ihr eigener Song mit Ja Rule, *Always On Time*, war zeitgleich Nr. 2. Ashanti und Ja Rule, der vor zwei Jahren als Proll-Rapper mit ***Rule 3:36*** Furore machte, sind die herausragenden Künstler des zu Def Jam gehörenden Eastcoast-Hardcore-Raplabels Murder Inc. von Produzent Irv Gotti (der sich als Songwriter unter Irving Lorenzo einen Namen gemacht hat).

25 **Lisa »Left Eye« Lopes** von **TLC** stirbt nach einem Autounfall nahe Jutiapa in Honduras. Sie war mit ihrem Leihwagen von der Straße abgekommen; ihre sechs Beifahrer überlebten. Ihre TLC-Kollegen **Rozonda Thomas** und **Tionne Watkins** erklären: »Wir sind zusammen aufgewachsen und waren wie eine Familie. Heute haben wir unsere Schwester verloren.« Lopes hatte kürzlich für ihr Soloprojekt NINA (New Identity Not Applicable) bei Suge Knights neuem Label Tha Row unterschrieben. Sie wäre nächsten Monat 31 geworden.

»Entweder bleiben wir zu Hause und werden Stützen der Gesellschaft, oder wir gehen auf Tour. Wir konnten keine Gesellschaft finden, die noch ein paar Stützen braucht.«

Mick Jagger, 7. Mai 2002

Die Stones, die schon Touren per Zug, Pritschenwagen oder Schiff angekündigt hatten, mieteten für die Präsentation der neuen Tour einen Zeppelin, stilgerecht mit einer Zunge bemalt.

29 Die letzten 20 Konzerte von **Creeds** Tour Weathered werden abgesagt, da Sänger **Scott Stapp** vor zehn Tagen in Orlando einen Autounfall hatte. Stapp, der sich dabei eine Bandscheibe verletzt und eine Schwellung zwischen zwei Halswirbeln zugezogen hatte, wollte nicht ins Krankenhaus, sondern lieber zu Hause behandelt werden, aber nach dem Videodreh für »One Last Breath« am morgigen Tag ist eine Pause unvermeidlich.

30 Die RIAA bestätigt, dass ***Hybrid Theory***, das Debütalbum von **Linkin Park**, 2001 mit 8 Mio. Exemplaren die meistverkaufte Platte in den USA war. Das an **KoRn** und **Limp Bizkit** orientierte Nu-Metal-Sextett aus L. A. wurde 1996 gegründet. 1999 kam Sänger Chester Bennington dazu, und die Band ging zu Warner. 2001 spielten sie 324 Konzerte, u. a. bei den Package-Tourneen Family Values, Ozzfest und Projekt Revolution.

Mai

6 **Otis Blackwell**, der Songwriter hinter vielen Hitklassikern der 50er-Jahre (darunter *All Shook Up, Don't Be Cruel, Fever* und *Great Balls Of Fire*), stirbt mit 70 in Nashville an einem Infarkt. Seine Karriere begann, als er 1955 ein Demotape mit sechs seiner Songs für 150 $ an einen Musikverleger verkaufte. Einer der Titel, *Don't Be Cruel*, gefiel **Elvis Presley**, der den Song in ähnlicher Version wie auf Blackwells Demo aufnahm. »Goldy« Goldmark vom Verlagshaus Shalimar forderte den für seine Vielseitigkeit berühmten Blackwell heraus, indem er einen Song über ein Brausegetränk in Auftrag gab. Daraus entstand *All Shook Up*, mit dem Presley 1957 einen Nr.-1-Hit landete. Blackwell schrieb eine Reihe weiterer Presley-Hits, z. B. *One Broken Heart For Sale* und *Return To Sender*. Er verfasste mehr als 1000 Songs und erklärte einmal: »Es ist ein schönes Gefühl, wenn andere meine Songs aufnehmen und sie nicht vergessen werden.«

7 Die **Rolling Stones** kündigen im Van Cortland Park von New York ihre nächste große Tournee an. Sie umfasst 32 Konzerte und beginnt am 5. September im CMGI Field von Foxborough mit einer Feier zum 40-jährigen Bandjubiläum. Im Anschluss an die Gigs in Nordamerika geht es nach Europa, Australien, Mexiko und nach Fernost (wobei die Konzerte in Hongkong, Shanghai und Peking wegen der SARS-Epidemie abgesagt werden).

Ashantis Debütalbum wurde in der ersten Woche über 500 000-mal verkauft und erhielt binnen eines Monats Gold, Platin und Mehrfachplatin.

Mai 2002

Die britische Rock-Aristokratie feiert das 50. Krönungsjubiläum ... Dee Dee Ramone tot ... Sir Mick Jagger ...

R. Kelly

Alan Lomax

22 **Alien Ant Farm** und sechs Crewmitglieder werden bei einem Unfall mit dem Tourbus in der Nähe der spanischen Stadt Navalmoral de la Mata verletzt; der Fahrer kommt ums Leben. Die für einen Grammy nominierte Band, die 2001 mit der Alternative-Rock-Version von **Michael Jacksons** *Smooth Criminal* den Durchbruch schaffte, war gegen Ende ihrer Europatournee mit ihrem Platinalbum ***ANThology*** im Gepäck auf dem Weg von Lissabon nach Luxemburg. Sänger **Dryden Mitchell** wird in ein Londoner Krankenhaus geflogen, der Rest der Band kehrt in die USA zurück.

25 Im Washingtoner RFK Stadium findet das jährliche, vom Sender 99.1 WHFS gesponserte HFStival statt, diesmal mit Headliner **Eminem**, der sein neues Album ***The Eminem Show*** vorstellt, das ab morgen in den Läden steht. Sein Auftritt verschiebt sich um zwei Stunden, nachdem über zwanzig Personen im Moshpit vor der Bühne verletzt werden. Zum Programm gehören außerdem die **Strokes**, **N.E.R.D.** – das Studio- und Live-Projekt der **Neptunes** (**Chad Hugo** und **Pharrell Williams**, dem angesagtesten Hip-Hop-Produktionsteam der letzten drei Jahre) –, die Nu-Metaller **Papa Roach** und **Black Rebel Motorcycle Club**, ein hoch gehandeltes Rocktrio aus San Francisco. Auf einer zweiten Bühne sind Nachwuchskünstler wie die australische Post-Grunge-Band **The Vines** und die Indie-Rocker **Phantom Planet** zu erleben, während der britische DJ **Paul Oakenfold** im Rave-Zelt auflegt.

27 Auf der Webseite der 17-jährigen Skater-Punkpop-Newcomerin **Avril Lavigne** aus Ontario erscheint der erste Eintrag in ihrem Onlinetagebuch mit dem PS: »Meine CD erscheint nächste Woche, am 4. Juni. Ich kann nur sagen ... endlich!«

Juni

3 Anlässlich des 50. Thronjubiläums der britischen Königin Elisabeth II. findet im Garten des Buckingham-Palasts ein großes All-Star-Konzert statt. **Brian May** von **Queen** eröffnet die Show auf dem Dach des Palasts mit *God Save The Queen*, bevor **Elton John**, **Cliff Richard**, **Ozzy Osbourne**, **Will Young**, **Joe Cocker**, **Tom Jones**, **Rod Stewart**, **Annie Lennox**, **Ray Davies** von den **Kinks**, **Steve Winwood**, **Phil Collins** sowie **Eric Clapton** (der mit **Brian Wilson** und den **Corrs** auftritt) auf die Bühne kommen. Zum Abschluss singt ein mit Stars besetzter Chor *Hey Jude* und *All You Need Is Love* – dirigiert von **Paul McCartney**, der zuvor das augenzwinkernde *Her Majesty* aus dem **Beatles**-Album ***Abbey Road*** gespielt hat.

5 Grammy-Gewinner und R&B-Star **R. Kelly** wird in Haines City, Florida, festgenommen, da in Chicago Strafbefehl wegen Kinderpornografie in 21 Fällen gegen ihn vorliegt. Die **Chicago Sun-Times** berichtete im Februar, ein Videoband erhalten zu haben, das den 35-jährigen Kelly beim Sex mit einer Vierzehnjährigen zeigt; die Zeitung übergab das Band der Polizei. Im Falle einer Verurteilung drohen Kelly bis zu 15 Jahren Haft und ein Eintrag in die Liste der Sexualstraftäter.

R. Kelly hatte bereits zwei Klagen von Minderjährigen außergerichtlich beigelegt ... Die Arbeit von Archivar Alan Lomax beeinflusste noch kurz vor seinem Tod den Soundtrack »O Brother, Where Art Thou?«.

5 **Ramones**-Mitbegründer **Dee Dee Ramone** (alias Douglas Colvin) wird mit 49 in seinem Haus in Hollywood von seiner Frau Barbara tot aufgefunden – nur elf Wochen nach der Aufnahme der Band in die Rock and Roll Hall of Fame. 14 Monate zuvor war Ramone-Kollege **Joey** an Krebs gestorben. Bei dem Toten werden Drogenutensilien gefunden. In einem Interview 2001 erklärte Dee Dee, der alle Ramones-Songs mit »1-2-3-4« anzählte und sich so ein Denkmal setzte: »Ich habe einfach Glück, dass ich immer noch da bin. Jeder hat erwartet, ich würde als Nächster sterben ... aber es traf immer jemand anderen.«

15 Neben Peter Blake, dem Designer des ***Sgt.-Pepper***-Covers, wird auch **Mick Jagger** von der Queen in den Adelsstand erhoben. Nominiert hatte ihn ein Fan: Premierminister Tony Blair. Jagger darf sich nun wie **Paul McCartney**, **Cliff Richard**, **George Martin** und **Elton John** »Sir« nennen. **Keith Richards** erklärt gleich, dass er Jagger in Zukunft wohl kaum so anreden wird.

27 Am Vorabend der USA-Tour von **The Who** wird der 57-jährige Bassist **John Entwistle** in seinem Zimmer im Hard Rock Hotel von Las Vegas tot aufgefunden. Dem Gerichtsmediziner von Clark County zufolge starb er an einer Dosis Kokain, die zu einer Kontraktion der Kranzarterien seines bereits geschwächten Herzens führte. Die verbliebenen Who, **Roger Daltrey** und **Pete Townshend**, beschließen, die Tour nach Absage der ersten zwei Konzerte dennoch durchzuführen. Sie beginnt schließlich am 1. Juli im Hollywood Bowl; für Entwistle springt **Pino Palladino** ein. Später wird bekannt, dass Entwistle sich zum Zeitpunkt seines Todes von einer Stripperin unterhalten ließ.

Juli

16 Der Singer/Songwriter **John Mayer** beginnt im Pier in Baltimore seine erste große US-Tour. Mayer, der zurzeit mit seinem bereits mit Platin ausgezeichneten Debütalbum ***Room For***

Der Riesenerfolg von Avril Lavignes Single *Complicated* machte ihr Album *Let Go* zum weltweit meistverkauften Debütalbum des Jahres.

NELLY

17. August **Hip-Hop-Star Nelly löst sich selbst an der Spitze der US-Charts ab, als *Dilemma*, sein Duett mit Kelly Rowland von Destiny's Child, *Hot In Herre* nach sieben Wochen auf Platz 2 verweist (*Dilemma* bleibt zehn Wochen Nr. 1). Damit ist Nelly seit den Beatles der Erste, dem das mit seinen ersten beiden Spitzenhits gelingt. Ende des Jahres hat sich *Nellyville*, das aktuelle Album des Rap-Superstars, fünf Millionen Mal verkauft; acht Millionen gingen von seinem Vorgänger, Nellys Debüt *Country Grammar*, über den Tresen. Wie auch Eminem widersteht Nelly dem Besorgnis erregenden Trend weltweit sinkender Plattenverkaufszahlen, die von vielen Branchenvertretern der wachsenden CD- und Internetpiraterie zugeschrieben werden, während besser informierte Kritiker jedoch eher auf schwerhörige Talentscouts, Zentralisierung der Plattenfirmen und unflexible, unaufgeschlossene Radioformate verweisen.**

Squares auf der Erfolgswelle schwimmt, war 1999 nach kurzem Studium am renommierten Berklee College of Music in Boston nach Atlanta gezogen. Seit seinem Auftritt beim Musikertreffen South By Southwest 2000 ist Mayer, der vielen Labels auffiel, bei Aware unter Vertrag.

19 Der legendäre Musikarchivar **Alan Lomax** stirbt 87-jährig. Lomax hatte seit 1933 seinen Vater John begleitet, der traditionelle Blues- und Folkmusik im Süden der USA aufnahm; dabei entdeckten die beiden **Leadbelly**, **Jelly Roll Morton** und **Muddy Waters**. Aus ihren Aufnahmen entstand das Archive Of American Folk Song, eine Sammlung aus etwa 15 000 Titeln, die für die amerikanische Kongressbibliothek zusammengestellt wurde. Als sich sein Vater 1940 zur Ruhe setzte, übernahm Lomax die Leitung des Archivs und nahm in den CBS Studios auf, wo er eine wöchentliche Radiosendung präsentierte. Zu seinen ersten Künstlern zählte **Woody Guthrie**. Lomax nahm auch Volksmusik in Italien, Spanien und Großbritannien auf, wo er in den 50er-Jahren viel Zeit verbrachte. 1962 dokumentierte er die ursprüngliche Musik der Karibik. Sein Einfluss ist heute noch spürbar: **Moby** nutzte drei seiner Aufnahmen, und seine 1959 entstandene Aufzeichnung von **James Carters** *Lo' Lazarus* war auf dem Grammy-prämierten Album ***O Brother, Where Art Thou?*** enthalten.

»Ich komme damit ganz gut klar, aber es wäre eine Affenschande, wenn ich ins Gras beiße, bevor der neue James Bond rauskommt.«

Warren Zevon über seine Lungenkrebs-Erkrankung, 12. September 2002

August

29 Die 19. MTV Video Awards wurden wegen des nahenden Jahrestags des 11. September vorverlegt: **Bruce Springsteen And The E Street Band** eröffnen den Abend besonders ergreifend mit der neuen Single *The Rising* (aus dem gleichnamigen Album, auf dem Bruce wieder zu alter Form aufläuft). Danach wird es jedoch immer langweiliger und leider auch peinlicher. **Michael Jackson** wird von **Britney Spears** als »Künstler des Jahrtausends« angekündigt, und er erklärt: »Als kleiner Junge in Indiana hätte ich mir nie träumen lassen, einmal den Preis als Künstler des Jahrtausends zu erhalten. Das ist einfach überwältigend. Ich kann es nicht glauben.« MTV staunt ebenso – denn schließlich bekam Jackson keinen solchen Preis. **Eminem** fällt wieder einmal über **Moby** her. **Guns N' Roses**, vorab bereits in den Medien gefeiert, beschließen die Show mit einem enttäuschenden Auftritt. Da erinnert man sich schon lieber an den ehemaligen New-Yorker Bürgermeister Rudolph Giuliani, der stehende Ovationen bekommt, und **»T-Boz«** und **»Chilli«** von **TLC**, die an **Lisa »Left Eye« Lopes** erinnerten, während Moderator Carson Daly in ihrem Namen ein Stipendium in Höhe von 25 000 $ präsentiert. Zu den Gewinnern des Abends zählt Eminem mit vier Preisen (einen für das Video des Jahres), das von den Kritikern gefeierte Rockduo **White Stripes** mit seinem minimalistischen Garagensound mit drei Awards sowie **No Doubt** und **Pink**, die je zwei erhalten.

30 **Courtney Love** und die Universal Music Group legen ihre Streitigkeiten bei. Offiziell heißt es: »Love und die Nachlassverwalter [**Kurt**] **Cobains** gestatten es UMG, neue **Nirvana**-Artikel zu veröffentlichen, darunter eine Compilation mit einem bisher unveröffentlichten Track, ein Box-Set und ein Raritätenalbum.« Diese Einigung ermöglicht die Veröffentlichung von *You Know You're Right*, einem der letzten Songs, die Nirvana vor Cobains Selbstmord 1994 einspielten.

September

2 **Herbert Grönemeyers** neues Album ***Mensch*** erscheint. Sein Mix aus Grönemeyers lyrischen Texten, Rock und Elektronik erschließt ihm neue Fans und festigt seinen eminenten Status.

7 **Coldplays** zweites Album ***A Rush Of Blood To The Head*** mit der Hitsingle *In My Place* ist in elf Ländern Nr. 1, so auch in Deutschland.

12 Wie ein Sprecher heute bekannt gibt, leidet **Warren Zevon** an einem inoperablen Lungenkrebs. Der 55-jährige Sänger, der mit Songs wie *Poor Poor Pitiful Me, Werewolves Of London, Mohammed's Radio, Lawyers Guns And Money* oder *Roland The Headless Thompson Gunner* bekannt wurde, absolviert Ende des Monats einen ergreifenden Gastauftritt in der »Late Show with David Letterman«. Zevon-Fan Letterman hatte den Musiker regelmäßig eingeladen, um die Studioband zu leiten, wenn **Paul Shaffer** verhindert war.

Oktober

12 Ein Sampler mit **Elvis Presleys** Nr.-1-Hits erreicht die Spitze der US-Charts: kein Wunder, nachdem der Song *A Little Less Conversation* in einer meisterlich vom niederländischen DJ **JXL** (Tom Holkenborg) remixten Version unerwartete Erfolge feierte und während der Fußballwelt-

Nach ihrer ersten Grammy-Auszeichnung konnten Coldplay auch in den USA Fuß fassen.

2002 Okt.

Elvis Presley

Jam Master Jay niedergeschossen … Michael Jackson bringt sein Baby in Gefahr … Joe Strummer stirbt

meisterschaft in einer Nike-Fernsehwerbung unterkommt. Er ist gleichzeitig der Bonustrack auf der 31 Titel umfassenden Collection ***Elv1s – 30 #1 Hits***, die nach Auslieferung von weltweit 4,7 Millionen Exemplaren in 17 Ländern Platz 1 erreicht. Presleys Platten sind auch 25 Jahre nach seinem Tod Verkaufsschlager.

30 **Jam Master Jay** von **Run-D.M.C.** wird vor einem Aufnahmestudio am Merrick Boulevard im New-Yorker Stadtteil Queens erschossen. Eine Kugel trifft ihn in den Kopf, und er stirbt noch am Ort des Verbrechens. Die Polizei hat keine heiße Spur. Jay, der als Jason Mizell 1965 in Queens geboren worden war, begann mit 13 Jahren als DJ bei Partys im heimischen Hollis-Viertel zu arbeiten und wurde schließlich der Plattenmeister und Eckpfeiler eines der wichtigsten Projekte der Rap-Geschichte.

19 **Justin Timberlake** von ***NSync**, dessen erstes Soloalbum ***Justified*** ebenso wie die Singleauskopplung *Like I Love You* derzeit in den britischen Top 10 stehen, kündigt an, dass er wegen eines gebrochenen Fußes dieses Wochenende nicht an der Smash Hits Poll Winners' Party teilnehmen kann, weil seine Ärzte ihn angewiesen haben, den Fuß ruhig zu halten. In seiner Presseerklärung heißt es: »Es ist sehr schade, dass ich nicht an den Veranstaltungen teilnehmen kann … Ich hoffe, ich kann bald wieder auftreten und meine Fans sehen.«

»Ich habe einen furchtbaren Fehler gemacht, weil ich ganz im Augenblick versunken war. Ich würde nie bewusst das Leben meiner Kinder gefährden.« Michael Jackson, der sein Baby vom Balkon hielt, 19. November 2002

Zum Jahresende zog *The Eminem Show* mit acht Millionen verkauften Exemplaren mit dem Album *The Marshall Mathers LP* gleich.

November

3 **Lonnie Donegan**, der »King Of Skiffle«, stirbt 71-jährig in Peterborough. Er war gerade in Großbritannien auf Tournee – am Abend zuvor spielte er in Nottingham – und klagte zuletzt über Rückenschmerzen. Donegans Rolle in der frühen britischen Rockszene ist nicht zu unterschätzen: Es war Ironie des Schicksals, dass der Aufstieg der **Beatles** und der **Rolling Stones**, die ihn stets als Einfluss nannten, schließlich das Ende seiner großen Zeit einläutete.

6 Mit großem Staraufgebot hat **Eminems** erster Film »8 Mile« in Hollywood Premiere. Die Geschichte basiert lose auf seiner Biografie und wird von der Kritik gut aufgenommen. Bereits am ersten Wochenende wird der Film 54,5 Millionen $ einspielen. Zum Soundtrack gehören fünf Titel von Eminem und weitere Beiträge anderer angesagter Hip-Hop-Talente, darunter **Nas**, **Jay-Z** und des gerade total angesagten Rappers **50 Cent**. Das Album, das auf Eminems neuem Label Shady erscheint, ist bereits auf Platz 1 in den USA und erhält zum Jahresende dreifach Platin. Sein aktuelles Album ***The Eminem Show*** hat sich in den USA bereits sieben Millionen Mal verkauft.

19 In Berlin zeigt sich **Michael Jackson** am Fenster seiner Suite im Berliner Hotel Adlon, die im fünften Stock liegt, und hält seinen neun Monate alten Sohn Prince Michael II., das Gesicht mit einem Handtuch verdeckt, über die Brüstung. Jackson – der sich von einem Prozess über 21 Mio. $ vor einem kalifornischen Gericht erholt – wird in Deutschland für sein Lebenswerk mit dem Bambi ausgezeichnet.

Dezember

7 Zum Abschluss eines triumphalen Jahres tritt **Norah Jones** zum ersten Mal bei »Saturday Night Live« auf und singt die beiden Lieder *Don't Know Why* und *Come Away With Me*. Ihr Album ***Come Away With Me***, das sich zum absoluten Überraschungshit des Jahres entwickelt und weltweit immer mehr Fans findet, erreicht nächste Woche, nach 46 Wochen in den US-Charts, Platz 1.

Am Abend nach der Weltpremiere in Hollywood lief »8 Mile« auch in der wenig glamourösen Eight Mile Road von Nordost-Detroit an … Am ersten Todestag George Harrisons wurde beim Concert For George in der Londoner Albert Hall des verstorbenen Beatles gedacht.

Tom Dowd

Joe Strummer

Elv1s: 30 #1 Hits **markiert den Rekord für die Zeit zwischen Nr.-1-Platzierungen in den US-Albumcharts: 29 Jahre, vier Monate und sieben Tage … Der legendäre Produzent Tom Dowd starb im Oktober im Alter von 77 Jahren … Future Forest, eine von Joe Strummer unterstützte Umweltorganisation, legte auf der Insel Skye einen Wald zum Gedenken an den Gitarristen von The Clash an.**

2003 wird Jones für acht Grammys nominiert, wovon sie fünf tatsächlich gewinnen wird, und zwar für die Platte des Jahres, das Album des Jahres, als beste Popsängerin, beste Nachwuchskünstlerin und das beste Popalbum des Jahres. Tatsächlich hat das Presseinfo zur Platte einmal nicht gelogen: »In einem Raum voller Geschrei hat ein Flüstern oft die größte Kraft.«

9 Ramesh Christie wird erschossen, während er in Vaughan, einem Vorort von Toronto, bei Dreharbeiten für ein Video des Dancehall-Reggae-Stars **Sean Paul** zusieht, wobei laut Polizei kein Zusammenhang zwischen diesen Ereignissen besteht. Paul, der schon mit **Blue Cantrell**, **De La Soul**, **DMX** und **Jay-Z** gearbeitet hat, steht derzeit mit *Gimme The Light* und dem späteren Platinalbum *Dutty Rock* in den Charts.

9 **Ashanti** gewinnt in acht Kategorien bei den 2002 Billboard Music Awards in der MGM Grand Garden Arena von Las Vegas – darunter in den Kategorien beste Sängerin und beste R&B/Hip-Hop-Künstlerin. Ihre Dankesrede widmet sie ihrer Mutter und dem Boss der Firma Murder Inc., Irv Gotti.

12 **Moby** wird am frühen Morgen von zwei Männern angegriffen, als er gerade vor dem Paradise-Rockclub auf der Commonwealth Avenue in Boston nach dem jährlichen WBCN Xmas Rave Autogramme gibt.

13 **Zal Yanovsky**, Ex-Gitarrist von **The Lovin' Spoonful**, stirbt sechs Tage vor seinem 58. Geburtstag in Kingston, Ontario. Der Kanadier Yanovsky hatte den Folkmusiker **John Sebastian** am 9. Februar 1964 bei **Cass Elliot** kennen gelernt, wo sie den **Beatles**-Auftritt in der »Ed Sullivan Show« sehen wollten. Die beiden gründeten daraufhin die **Mugwumps** und später The Lovin' Spoonful. Die Kombination aus Sebastians durchdachtem Songwriting und Yanovskys lustiger Bühnenpersönlichkeit machte die Band zu einem der angesagtesten Acts Mitter der 60er-Jahre.

22 Punk-Ikone und **Clash**-Mitbegründer **Joe Strummer** stirbt mit 50 nach einem Infarkt in seinem Haus in Somerset. Nach der Auflösung der wohl bedeutendsten Punkband 1985 war Strummer u. a. als Schauspieler aktiv und schrieb Soundtracks (vor allem für seinen Freund, den Regisseur Alex Cox). Er übernahm kurzzeitig den Gesang bei den **Pogues** und war jüngst mit seiner neuen Band **Mescaleros** unterwegs. Nachdem es dabei zu einem Wiedersehen zwischen Strummer und Ex-Clash-Gitarrist **Mick Jones** gekommen war, stand eine Clash-Reunion (nach 17 Jahren) anlässlich der Aufnahme in die Rock and Roll Hall of Fame im nächsten März bevor.

23 U2-Frontmann **Bono** (der gerade mit **Joe Strummer** und **Dave Stewart** das Nelson Mandela gewidmete *48864* verfasste) sagt über Strummers Tod: »The Clash waren die größte Rockband überhaupt. Sie lieferten die Vorgaben für U2. Es ist ein großer Schock.« **Billy Bragg** setzt hinzu: »Joe war der politische Motor von The Clash. Ohne ihn hätte es The Clash als politische Band nicht gegeben, und ohne sie wäre die politische Aussage des Punk wesentlich zahmer ausgefallen.«

Als Norah Jones im Februar 2003 fünf Grammys gewann, bewegten sich die US-Verkaufszahlen von *Come Away With Me* auf 5 Mio. zu.

ROOTS **In diesem Jahr wird das irische Rockquintett Thrills, auf persönliche Einladung des Headliners Morrissey, im Dezember sein Livedebüt in der Londoner Albert Hall geben … das erste Album des heiß gehandelten neo-psychedelischen Liverpooler Rocksextetts The Corals bei Sony erscheinen … die Band The Datsuns, vier Garagenrocker aus Neuseeland, ihr Album *The Datsuns* für V2 aufnehmen … Singer/Songwriter Alexi Murdoch, bereits vom legendären Produzenten Van Dyke Parks gefeiert, sein US-Radiodebüt bei der KCRW-Sendung »Sounds Eclectic« geben … die Combo The Folkmen (Christopher Guest, Michael McKean und Harry Shearer) ihr Reunion-Konzert in der Carnegie Hall geben und die Show für die Folk-Dokumentation »A Mighty Wind« aufzeichnen, die im nächsten Jahr herauskommt … das freche Rockquartett Androids für das australische Label Mushroom Records die ersten beiden Singles aufnehmen: *Here She Comes* und *Do It With Madonna* …**

Register

A

B

V.l.n.r.: Little Richards Bühnenjacke, ein Talking-Heads-T-Shirt und eine Jacke von Bonnie Raitt.

Links: Das Saxophon von Doc Pomus. Rechts: Das Trommelschild der Yardbirds.

SANDINISTA!
CLASH

IKE & TINA TURNER
REVUE
The HUMAN "BOMB SHELL"
Jimmy Thomas
Stacy Johnson
Bobby John
Tina Turner
Vernon Guy
Vanetta Fields
and their KINGS of RHYTHM Orchestra

THE DISNEY CHANNEL

G

Links: Jimmy Pages Akustikgitarre. Oben: Howlin' Wolfs E-Gitarre.

K

L

M

Oben: Tom Pettys Hut. Rechts: Snoop Doggy Dogs Basebalmütze.

BUDDY HOLLY
AND THE
CRICKETS
Souvenir Programme

BYRDS

ARETHA
KING CURTIS AND THE KINGPINS
TOWER OF POWER
MARCH 5 6 7

N

O

P

Q

R

Oben: Plateauschuhe mit Muster in Form der englischen Flagge, 1997 von Geri Halliwell (Ginger Spice) getragen.

Oben: Schuhe von George Hunter (The Charlatans).

S

T

Links: Steve Tylers Bühnenhemd im Patchwork-Stil. Rechts: Al Greens Priestergewand.

Oben: Die E-Gitarre von Duane Eddy. Unten: Die Martin-Akustikgitarre von Muddy Waters.

Dank

Dorling Kindersley dankt folgenden Personen für ihre Beiträge:

Seymour Stein (Rock and Roll Hall of Fame); James Henke und Meredith Rutledge (Rock and Roll Hall of Fame and Museum); Larry Demellier (Sire Records); Bryan Adams; Charles Wills; Mike Evans; Tony Barton, Marshall Bromley, Carolyn Clerkin, Janice English, Phil Gilderdale, Molly Jarvis, Martin Lampon, Nicki Lampon, Ana-Maria Rivera, Karen Self, Alison Shackleton, Hayley Smith und Anna Youle für den Verleih von Erinnerungsstücken.

Redaktion und Gestaltung:

Redaktion: Amy Corzine, Clare Hill, Sharon Lucas; Gestaltung: Anna Benjamin, Mark Cavanagh, Steve Knowlden, Marianne Markham, Simon Wilder; DTP-Design: Mark Bracey, Jonathon Montague; Herstellung: Lauren Britton, Kate Oliver; Dorling-Kindersley-Bildarchiv: Richard Dabb, Claire Bowers; Fotos: Andy Crawford.

Die Autoren danken:

Zunächst vielen Dank an den dynamischen Mittelstürmer Tim Lister dessen versierte Recherche- und Redaktionsbeiträge sowie gute Laune sich als ebenso unentbehrlich erwiesen wie seine gelegentlichen Meldungen aus Bagdad. Unser liebevoller Dank gilt Jessica und Linda für ihre Engelsgeduld. Danke an alle bei DK, aber speziell an Stephanie Jackson und Nicki Lampon, die zusammen mit Adèle Hayward und Karen Self dafür sorgten, dass die Arbeit an diesem Buch enorm viel Spaß machte. Danke auch an Colin Webb, Sonya Newland, Beverley Jollands und Tim Jollands (Palazzo) und David Costa (Wherefore Art?).

Vielen Dank an Jim Henke, den adleräugigen Kurator des Rock and Roll Hall of Fame Museum in Cleveland, und den Präsidenten der Hall, Seymour Stein, ebenso an Quincy Jones, Rob Thomas, Russell Ash und Christopher Davis. Eine besondere Erwähnung verdient das fleißige (!) Team von »The Music Room«: Shanon Cook, Neil Curry, Jessica Ellis, Max Ramming, Brian Streicher, Angelique Van Der Byl und Dan Vanderkooy. Danke auch an Barry Lazell, Marilyn Lazell, Pete Frame, Peter Compton und alle bei MRIB sowie Kim Bloxdorf (Record Research), Mary und Rex Burrow, Mark Crampton, Paul und Julie Evans, Phil Jones, Helena de Lister, Dr. N.D. Mallary, Greg de Santis, Frances Schultz, Luther Randall und Steve Wright.

Quellen

Neben einem großen Bestand von Zeitungen, Zeitschriften, Büchern, Zeitungs- und Rundfunkarchiven, zahllosen Internetseiten, Begleitheften zu CD-Boxen sowie persönlichen Gesprächen wurden speziell folgende Quellen genutzt:

Zeitschriften/Zeitungen: **Amusement Business, Billboard, Boston Globe, Boston Herald, Cash Box, Circus, Daily Mirror, Daily Telegraph, Daily Sketch, Details, Disc & Music Echo, Discoveries, Downbeat, Entertainment Weekly, Goldmine, Hollywood Reporter, Ice, Interview, Kerrang!, Los Angeles Times, Melody Maker, Mojo, Music & Media, Music Week, Musician, New Musical Express, New York Daily News, New York Post, The New York Times, People, Performance, Premiere, Pulse, Q, Radio & Records, Record Business, Record Collector, Record Mirror, Record Retailer, Record World, Rolling Stone, Select, Smash Hits, Sounds, Spin, The Sun, Time Out, The Times, TV Guide, USA Today, Vanity Fair, Variety, VH1, Vox, Zig-Zag** sowie Agenturberichte.

Bücher: Joel Whitburns unentbehrliche Nachschlagewerke zu den US-Charts, u.a. **Top Pop Singles** und **Top Pop Albums**, **The Billboard Book of Number One Hits** (Fred Bronson), **X-Ray** (Ray Davies), **Nat King Cole** (Daniel Mark Epstein), **Aretha – From These Roots** (Aretha Franklin), **Last Train to Memphis** (Peter Guralnick), **Q** (Quincy Jones), **Lissauer's Encyclopedia of Popular Music In America** (Robert Lissauer), **Man and Music** (Michael Lydon), **Rock Stars Encyclopedia** (Dafydd Rees & Luke Crampton), **Bill Haley – The Daddy of Rock and Roll** (John Swenson), **Trouble Man – The Life and Death of Marvin Gaye** (Steve Turner).

Außerdem die Branchenorganisationen ASCAP, BMI, BPI, MCPS, NARAS, PRS, RIAA, die Rock and Roll Hall of Fame und die Songwriters Hall of Fame.

Alle Zitate am Anfang der Kapitel sind Originalzitate, mit folgenden Ausnahmen: Seite 8: Little Richard, **New Musical Express**, 1985; Seite 90: Brian Wilson, **The Guardian**, 1988 und Bob Dylan, **The Sunday Times**, 1984; Seite 218: Joni Mitchell, **Q**, 1988; Seite 330: Suzanne Vega und Michael Stipe, **Rolling Stone: The Decades of Rock & Roll**, 2001.

Der Aufbau des Buches

Alle Angaben über Chartpositionen von Singles oder Alben in England und den USA beziehen sich nur auf den Samstag nach Veröffentlichung des benutzten Charts (was in den 50er und 60er noch nicht in allen Charts so gehandhabt wurde).

Singles erscheinen in Kursivschrift. ***Alben (d.h. LPs, EPs, Kassetten, Tonbänder, CDs, Mini-Discs, CD-ROMs, DVDs usw.) erscheinen in fetter Kursivschrift.***

Fernseh- und Radiosendungen, Theaterproduktionen, Filme und Videos erscheinen in »doppelten Anführungszeichen«.

Zeitschriften, Zeitungen, Bücher und andere Printmedien erscheinen fett.

Es bietet sich an, das Buch chronologisch von vorn nach hinten zu lesen.

Hinweis

Die Geschichte der Rock- und Popmusik hatte von Anfang an mit der großen vorhandenen Menge fehlerhafter Information zu kämpfen. Die Autoren dieses Buches haben versucht, einige tausend zweifelhafte »Fakten« richtigzustellen, indem sie alle Anstrengungen unternommen haben, die hier enthaltenen Informationen zu verifizieren. Falls Sie jedoch zu den hier behandelten Personen zählen (oder den berechtigten Wunsch danach hegen) und Informationen für spätere Ausgaben korrigieren, widerlegen oder ergänzen wollen, oder falls Sie als Fan eines bestimmten Künstlers Detailwissen besitzen, das Sie an die Autoren weitergeben möchten, so schreiben Sie bitte in englischer Sprache an:
P.O. Box 173, Barnstable, Massachusetts 02630, USA

Bildnachweis

Der Verlag dankt folgenden Personen und Institutionen für die Erlaubnis zum Abdruck ihres Bildmaterials:

Bryan Adams 416l, 435o, 458or, 487ol, 490h, 504o, 522mo; **The Advertising Archive** 16mo, 58 ol, 85mo, 324mo; **Chansley Entertainment Archives** 17ol; **Christie's Images** 38or, 41l, 88ur, 105ol, 110um, 110ul, 130mo, 133ur, 134ul, 134ur, 150um, 157or, 198mo, 202ul, 202um, 228ul, 234h, 234l, 259um, 426mo; **Corbis** 8-9, 10, 13ol, 44mo, 57ur, 59h, 65ol, 80ol, 95ur, 109, 119h, 136, 139or, 143ol, 144u, 146-147, 147ur, 149ur, 153ol, 164, 165ur, 169mo, 171mo, 174ol, 176, 181o, 181ur, 182or, 195o, 195ur, 205ol, 207o, 208u, 220, 221ol, 221mo, 229r, 230, 231mo, 232ur, 235ul, 236l, 238ur, 238l, 248m, 248ur, 251mo, 256-257, 263ol, 268or, 274ul, 279ur, 282mo, 294-295, 296, 302, 304-305, 311ol, 314or, 318ur, 322or, 327or, 332, 333ol, 335, 338or, 339r, 343, 344, 345ol, 345mo, 349l, 357ur, 359, 366, 367mo, 367ur, 369ul, 370l, 378, 379mo, 381ur, 383ol, 386, 389, 390ul, 394-395, 396mo, 398, 399, 401ur, 406or, 409ol, 409ur, 412mo, 418, 422u, 427u, 428, 429ol, 436or, 437h, 440, 441mo, 441ol, 441ur, 442ul, 443, 444or, 446-447, 449r, 452, 454ul, 456mo, 456or, 458u, 459or, 462, 463mo, 463ur, 464ul, 466mo, 466ul, 467, 469h, 472, 473mo, 473ol, 474mo, 478ul, 478r, 479r, 485mo, 485or, 485ur, 491ul, 492-493, 495ul, 496, 497ol, 497mo, 500mo, 500ul, 501r, 504ul, 506, 508or, 516, 517ol, 517mo, 517ur, 521, 523ol, 524u, 525, 526, 527ol, 527ur, 528ul, 528mo, 530ul, 531, 536, 537mo, 537ol, 537ur, 538ul, 540mo, 540or, 548, 549ol, 549mo, 549ur, 550mo, 552mo, 556-557, 558or, 558ur, 560, 561ol, 561mo, 562or, 567u, 573ol, 561ur, /Bettmann 13ur, 14u, 26mo, 36, 37ol, 41ur, 43ol, 43olm, 43orm, 43or, 43u, 50, 52l, 52r, 56u, 62o, 62ul, 64, 70ul, 71h, 73ol, 75h, 78, 88or, 99, 102; 111or, 120ul, 130u, 150or, 152, 160h, 160ur, 163l, 172u, 173h, 186l, 190, 191ur, 203mo, 240, 243mo, 275l, 282m, 297mo, 300u, 337ol, 350-351, 354ur, 388, 396or, 396ur, 419mo, 426or, 490or, 510ul, 578or; /Hulton Deutsch Collection 11ur, 48o, 89ol, 112; 115, 125ol, 154, 155mo, 155h, 162h, 185, 202ml,251ur, 262, 267h, 286u, 299u, 301r, 312h, 321ol; **Digital Vision** 76h, **Colin Escott** 12o; **Alan Freed Archive** www.alanfreed.com 18h, 18mr; Getty Images 218-219, 330-331, 484, 546-547, 570; **Hulton Archive** 11mo, 31mo, 19, 28, 39, 40or, 44u, 51ol, 51or, 53u, 54-55, 67or, 70ur, 85or, 86u, 90-91, 103mo, 117r, 124, 140, 143u, 172mo, 198or, 205mo, 212ul, 232ul, 236, 255, 284, 320; 409mo; /Archive Photos 20ol, 23ol, 37mo, 46-47, 51ur, 60or, 65or, 79mo; /Frank Driggs Collection 33mo, 33or, 34o, 57o; **The Kobal Collection** 42o (20th Century Fox), 44or (Columbia), 48um (20th Century Fox), 53ol (Paramount), 63r (MGM), 75u (Anglo Amalgamated), 85ol (20th Century Fox), 88-89 (British Lion), 119mo (MGM), 192or (Embassy), 202or (Columbia), 233ol (United Artists), 237ol (MGM), 248um (Good Times/EMI), 293o, 309 (Paramount), 316-317 (Paramount), 363ol (MGM/UA), 465u (Paramount), 470or (WB/Regency), 578ul (Imagine/Universal); **London Features International** 60u, 96mo, 97; **Chas McDevitt** 58or; **Mirrorpix** 135mo, 186mo; **Dennis Morris** 290l, 322l, 329ul; **Keith Morris** 270h; **National Trust Photographic Library**/Dennis Gilbert 533o; **Pictorial Press** 30h; 98or, 113ur, 116or, 128or, 158ul, 166ol, 174or, 199, 207ul, 208mo, 283; **Redferns** 5ul, 5ur, 22or, 76mr, 110mo, 116mo (m.f.G.v. Sony Music), 118or, 121ol, 122-123, 128u, 138h, 139ul, 193ol, 214lm (m.f.G.v. Sony Music), 224ul, 264mo, 264or (m.f.G.v. Virgin Music), 265r, 273ol, 289u, 303mo (m.f.G.v. Sony Music), 303u, 325ur, 363ur, 385, 448or, 450or, 488u, 552or, 553, 555ur, 555l, 562u, 563ur, 564u, 565ul, 565r, 568r, 569ur, 571ol, 571mo, 571ur, 572or, 572ul, 573u, 574ul, 574r, 576u, 577ol, 578ml; /AA 466or, /AA/DR 429mo; /Richie Aaron 265ul, 267ur, 288r, 289mo, 291r, 292or, 299o, 321mo, 324or, 375, 382or; /Bob Baker 169ol, /Glenn A. Baker 70mo (m.f.G.v. Sony Music), 134o, 137ur, 145mo (m.f.G.v. Sony Music), 174ur, 223ol, 223ur, 227ol, 269, 279ol, 282or, 290or, 313mo, 313u, 325ol, 337u, 346mo, 353u, 355, 361ol, 368or, 370or, 382mo, 392u, 421, 427; /Dick Barnatt 214-215, 222u; /Paul Bergen 453mo, 499ul, 505ol, 509ol, 514ol, 520or, 535ol, 544l, 545; /Chuck Boyd167r, 178u, 226r, 258u, 339ol, /BP 144or; /Tony Buckingham 567mo; /CA 103ol,104mo, 148ul; /George Chinn 360or, 364ul, 365, 369ol, 393or, 456ul, 518ul, 550u; /R Coles 475ol; /Fin Costello 254-255, 259l, 263ur, 273mo, 292l, 308ur, 313ol, 342mo, 352, 358mo, 372, 379ur, 390mo, 400l, 406ur; /Nigel Crane 532mo; /Pete Cronin 367ol, 371; /Sue Cunningham 442or; /Geoff Dann 66mo; /Ian Davies 488or; /Grant Davis 415h; 542or; /Ian Dickson 287, 298l, 307, 468ul, 476u, 479ol; /James Dittiger 542h; /Keiran Doherty 497ur, 508u; /Herb Green 170o; /Erica Echenberg 289or, 476or; /Dave Ellis 239r, 253u, 260l, 271r, 276mo; /Dave Farrell 135ol; /Patrick Ford 510or, 532or, 534or; /Gems 45r, 95ol, 107or, 232mo, 237r, 241ur, 246ul, 254or, 258mo, 260o, 265mo, 266or, 266u, 268mo, 277, 291ul, 314mo; /S Gillett 453ur; /Suzi Gibbons 407r, 420ul; /Mick Gold 253ol; /Harry Goodwin 132mo, 148or, 157ol, 163mo, 192mo, 223mo, 239ol, 241ol, 243ol, 245ur, 326or, /William P Gottlieu, Library of Congress 15ul, 27mo; /T Hall 433ol; /T Hanley 243ur; /Clive Hunter 424; /Mick Hutson 451, 453ol, 455, 460mo, 464r, 465or, 469ol, 477r, 494l, 495or, 498u, 501ol, 509ur, 515, 532u, 541, 550or; /Richie Howells 74; /Max Jones 69ul; /Ivan Keeman 159mo, 168; /Bob King 397ol, 417, 426m, 445, 461; /John Kirk 249; /Roger Knight 227ur; /Elliott Landy 204, 206, 228ur; /Steve Lazarides 408; /Michel Linssen 430u, 435ur, 437ol, 450l, 465mo, 468or, 471, 474ul, 477ol, 503ur; /John Mac 475ur; /Susie MacDonald 200-201; /Gered Mankowitz 247; 264u, 328mo, 333ur, 346u, 354or, 357ol, 361ur, 369mo, 380h; /Chris Mills315, 336, /Chi Modu 483, 511r, /S Morley 268l, 271ol; /Keith Morris 171ur, 278ul, 286mo, 306ur; /Petra Neimeier 171ol, 180or; /New Eyes 382ul, 411, 430mo; /Michael Ochs Archives 4or, 11ol, 12u, 13mo, 14or, 15o, 15um, 15ur, 16-17, 16ul, 17mo, 18ul, 20or, 21ol, 21r, 22mo, 22l, 23or, 23ul, 24l, 24r, 25o, 25ul, 26or, 27ol, 27u, 29ol, 29or, 29ur, 31ol, 31ur, 32l, 32r, 33ol, 34ul, 35or, 35ul, 37ur, 38u, 40ul, 41mo, 42l, 48ul, 49, 53mo, 57l, 58ul, 59ur, 62-63, 62um, 63mo, 66h, 68mo, 68h, 69or, 73ur, 75mo, 76ul, 77ol, 77mo, 77ur, 79ol, 79u, 80or, 80u, 81, 82, 83, 84, 86or, 87or, 87ur, 89or, 92, 94r, 95mo, 96l, 100o, 101ol, 101or, 101ur, 103ur, 104ur, 105u, 106, 107ol, 107mo, 107ur, 108ur, 110 m, 113ol, 113mo, 118u, 119ur, 120-121, 127mo, 127l, 128mo, 131r, 132-133, 137mo, 142, 145u, 146ul, 151r, 153ur, 155or, 156u, 157ul, 159u, 161ol, 161r, 165ol, 167ul, 177ur, 178mo, 178or, 179, 180ul, 182um, 182ur, 184ur, 187o, 187u, 189, 196, 199u, 206or, 209or, 210m, 215u, 216-217, 221ul, 222or, 225mo, 228or, 234or, 238um, 242, 243or, 245or, 248mo, 252h, 252ul, 259ol, 259mo, 271mo, 298or, 306mo, 312ul, 314ul, 318ul, 327ur, 373ur, 502u, 576or, 579ol; /Albert L. Ortega 533u, /Roberta Parkin 512-513; /Mike Prior 349r; /Andrew Putler 276or; /Helen Putman 387ol; /Rb 20ul, 67ol, 86mo, 104or, 108h, 111l, 146or, 147ol, 166u, 182ul, 224or, 236or, 253mo, 274o, 276u, 293u, 338ul, 364or, 393ol; /David Redfern 98mo, 114or, 118mo, 126mo,127ur, 131ol, 139mo, 143mr, 145or, 160mo, 175l, 198h, 203ur, 213mo, 225ur, 226-227, 236or, 250, 261l, 275ur, 279mo, 285mo, 346or, 399ol, 404-405, 412or, 448ul, 449ol, 459ur, 499ol; /Rick Richards 65ur; /Ebet Roberts 4ur, 288l, 300or, 319, 323mo, 323l, 326ul, 329r, 342l, 342or, 348, 358or, 361mo, 364ur, 381mo, 384or, 384m, 391, 400mo, 412u, 413ol, 419ur, 420o, 424ul, 425, 432, 433um, 434or, 434u, 454mo, 454or, 457, 460or, 463ol, 470mo, 473ur, 482m, 486or, 491or, 502h, 503ol, 518r, 519ol, 520u, 523u, 524or, 528or; /John Rodgers 169um; /S&G Press Agency 61, 138ul, 444ul; /Diana Scrimgeour 558lm; /Jim Sharp 535u; /Nicky J Sims 530or; /M. Steinwehe 487ur; /Peter Still 334ur, 402-403; /Jon Super 522u, 529; /Gai Terrell 229or, 285ol; /Virginia Turbet 373ol, /Robert Vincent 71or, 72; /Jurgen Vollmer 116ol; /Des Willie 503mo, 519ur; /Graham Wilshire 266mo; /Val Wilmer 159ol; /Jon Wilton 104ul; /Alexie Zaikin 416or, /Gunter Zint/K+K 193ur, 194l, 197ul; /Charlyn Zlotnik 353or, 354mo, 363mo, **Rex Features** 5or, 5ol, 93ol, 93mo, 93ur, 114u, 117l, 125mo, 125ur, 126h, 129, 132u, 133or, 135h, 137ol, 149h, 150l, 153mo, 156o, 165mo, 175or, 177ol, 177or, 184h, 188mo, 188ur, 191ol, 191mo, 192u, 194mo, 197ol, 203ol, 205ur, 209ur, 211h, 211or, 212mo, 231ol, 231ur, 233r, 241mo, 244, 246or, 251ol, 255ol, 263mo, 272, 273ur, 280-281, 285ur, 297ol, 297ur, 301ol, 303or, 308l, 310, 311mo, 311ur, 321ur, 323or, 324u, 328ur, 333mo, 334or, 340-341, 345ur, 347, 356, 357mo, 358l, 360-361, 362u, 368h, 374ur, 376-377, 379ol, 380mo, 381ol, 383h, 384mo, 387mo, 387ur, 389mo, 389u, 393h, 397r, 399ur, 400or, 402mo, 403ur, 406mo, 407o, 410or, 410u, 414mo, 414ul, 415ol, 419ol, 422mo, 422or, 423, 429ur, 431, 433mo, 434mo, 436ul, 437mo, 438-439, 480-481, 488-489, 488mo, 498or, 507ol, 507mo, 507ur, 527mo, 530mo, 538or, 539, 540u, 542ul, 543or, 543ul, 551, 552u, 554, 559, 563l, 564mo, 566or, 566u, 569ol, 575o, 575u, 576mo, 577ur, 579mo, 579ur; **Sotheby's**100u, 193or, 514ur.

Alle anderen Fotos © Dorling Kindersley

Bildnachweis der Hall of Fame

Alle Fotos Design Photo, Cleveland, Ohio, soweit nicht anders angegeben

1 (883) Led-Zeppelin-Bassgitarre, Sammlung John Paul Jones; 2-3ol-r (76) Jerry-Lee-Lewis-Poster, Sammlung Philip und Julie Cushway/Artrock, Foto Andrew Moore, (479) Beatles poster, Sammlung Peter J. Howard/ICE Magazine; 2-3ul-r (761) Public-Enemy-Armband, Sammlung Carleton Ridenour, (627) Guns'n'Roses-Jacke, Sammlung Slash; 6ol-r (150) Louis Jordans Saxophon, Geschenk von Martha Jordan, Foto Tony Festa, (98) Chuck-Berryn-Poster, Sammlung Chuck Berry, Foto Tony Festa, (908) Billie-Holiday-Poster, Sammlung Nachlass Louis McKay, (982) Ray Charles' Bühnenjacke, Sammlung Terry Stewart, (238) Johnny Otis' Gitarre, Geschenk von Johnny Otis, Foto Andrew Moore, (513) Roy Orbisons Brille, Sammlung Barbara Orbison, (429) Jimi-Hendrix-Poster, Geschenk von Philip and Julie Cushway/Artrock, Foto Andrew Moore; 6ul-r (964) David Bowies Bühnenjacke, m.f.G.v. David Bowie, (1161) Bangles-Gitarre, Sammlung The Bangles, (1270) New-Kids-on-the-Block-Spiel, Sammlung Familie Krann; 7ol-r (1266) Partridge-Family-Dose, Sammlung Matt Winans (www.cmongethappy.com), (220) George Clintons Stiefel, Sammlung George Clinton und Stephanie Goshorn-Clinton, Foto Andrew Moore, (139) Spinners-Jacke, Geschenk der Spinners, (653) Who-Poster, Sammlung Peter J. Howard/ICE Magazine; 7ul-r (298) Soundgarden-Poster, Geschenk von Chris Cooper, Foto Tony Festa, (626) Alice-in-Chains-Puppen, Sammlung Susan Silver Managemeno, Foto Andrew Moore. (223) Alice Coopers Stiefel, Sammlung Brian Nelson, Foto Tony Festa, (1278) TRL-Poster, Geschenk von MTV/Total Request Live (1250) Joe Perrys Gitarre, Sammlung Joe Perry, (1312) Jerry Garcias Gitarre, Sammlung Grateful Dead Productions; 22ol (Seite 19 im Führer) Big-Mama-Thornton-Poster, Sammlung Mary Katherine Alden, Foto Andrew Moore; 26um (1199) Brief an Mike Stoller, Sammlung Leiber & Stoller; 34br (66-68 (Digitalkatalog)) Sam-Cooke-Poster, Sammlung Paul Wultz, Foto Andrew Moore; 38om (78) Noten von *Blue Suede Shoes*, Sammlung Sam Phillips und Familie, Foto Andrew Moore; 45ol (Seite 27 im Führer) 49-27 (Digitalkatalog) Carl Perkins' Gitarre, Sammlung Nachlass Carl Perkins, Foto Tony Festa; 48ur (97) Chuck-Berry-Combo-Poster, Sammlung Chuck Berry, Foto Tony Festa; 57um (835) Everly-Bros-Noten, Sammlung Don, Phil und Margaret Everly; 67ur (213) Buddy-Holly-and-the-Crickets-Poster, Sammlung Philip und Julie Cushway/ Artrock, Foto Andrew Moore; 71ur (76) Jerry-Lee-Lewis-Poster, Sammlung Philip und Julie Cushway/Artrock, Foto Andrew Moore; 76mo (Seite 90 im Führer) 99-00570 (Digitalkatalog), Life-Cover Ricky Nelson, Sammlung Nachlass Rick Nelson; 88um (532) Fats-Domino-Poster, Sammlung Paul Wultz; 110ur (Seite 22 im Führer) 62-64 (Digitalkatalog), Ray-Charles-Poster, Sammlung Paul Wultz, Foto Andrew Moore; 134um (572) Beach-Boys-Poster, Sammlung Fred Vail; 135ur (Seite 30 im Führer) 99-00046 (Digitalkatalog), Beatles-Display, Peter J. Howard/ ICE Magazine; 150ur (173) Mersey Beat, Geschenk von Spencer Lee, Foto Andrew Moore; 151o (999) Beatles-Trommel, Sammlung Russ Lease und Ron Wine; 160or (115) Otis Reddings »Respect«-Poster, Sammlung Zelma Redding; 162ul (43) Byrds/Dick-Clark-Caravan-Tour-Poster, Sammlung Peter C. LaRose; 162um (133) Otis-Redding-Poster, Sammlung Manny und Skippy Gerrard 163ur (160) Keith Moon's Plateauschuhe, Geschenk Kit Moon, Foto Tony Festa; 170ul (424) Grateful-Dead-Poster, Geschenk von Philip und Julie Cushway/Artrock, Foto Tony Festa; 173or (1091) Beatles-Konzertkarte, Sammlung Kitty Burns; 174um (161) The-WhoTrommelfell, Sammlung Walt Tiburski, Foto Tony Festa; 180mo (444) Doors-Poster, Sammlung Philip und Julie Cushway/Artrock, Foto Tony Festa; 183l&m (974 & 975) Sgt-Pepper-Kostüme, (974) m.f.G.v. Paul McCartney, (975) m.f.G.v. Angels Costumiers, London; 197or (690) Yellow-Submarine-Spielzeug, Geschenk von melissa dabe; 199ol (647) Yardbirds-Poster, Sammlung Philip und Julie Cushway/Artrock; 202ur (438) Jimi-Hendrix-Experience-Poster, Sammlung Philip und Julie Cushway/Artrock, Foto Andrew Moore; 210mo (685) Bob-Dylan-Poster, Sammlung Rock and Roll Hall of Fame + Museum, Gestaltung Milton Glaser; 213ur (682) Woodstock-Poster, Sammlung Philip und Julie Cushway/Artrock; 214ul (286) Levon Helms Mandoline, Sammlung Levon Helm; 214um (693) Rolling-Stones-Tourposter 1969, Sammlung Philip und Julie Cushway/Artrock; 214ur (664) Jefferson-Airplane-Flyer, Sammlung Manny Gerrard; 270ul (452) New-York-Dolls-Trommelfell, Sammlung Sylvain Sylvain; 278or (145) Al Green, Sammlung Don, Judy, Sheri und Dawn Louise Kramer; 282ul (969) Jimmy Pages Jacke, Sammlung Jimmy Page; 282ur (882) John Entwistles Gitarre, Sammlung Brad Rodgers; 292ul (Seite 64 im Führer) 99-00466 (Digitalkatalog), Sid Vicious' T-Shirt Sammlung Eileen Polk; 292ur (92) Sex-Pistols-Poster, Sammlung Philip und Julie Cushway/Artrock, Foto Tony Festa; 328ul (498) Paul Simonons Gitarre, Sammlung Paul Simonon/The Clash; 342ul (937) Poster, Sammlung Curtis Sherrod; 354ur (211) U2-Poster, Sammlung U2, Foto Andrew Moore; 362mo (244) John Mellencamps Fender-Gitarre, Sammlung John Mellencamp; 392o (603) Lemmy Kilminsters Rickenbacker-Gitarre, Sammlung Lemmy Kilminster; 413r (604) Phil Collens sonderangefertigte Gitarre, Sammlung Phil Collen; 416um (537) Billy-Joel-in-Leningrad-Poster, Sammlung Paul J. Fierro; 416ur (747) Run DMC/Beastie Boys-Konzertposter, Sammlung Grand Royal; 426ur (627) Slashs Guns'n'Roses-Jacke, Sammlung Slash; 450um (775) Vanilla Ice' Jacke, Sammlung Rob Van Winkle; 460ur (60) Alice Coopers Klapperschlangenhut, Sammlung Brian Nelson; 470ul (52) Mike McCreadys Gitarre, Sammlung Kelly Curtis; 482ul (56) Neil Young/Pearl-Jam-Poster, Geschenk von Frank Kozik; 482ur (297) Nirvana-Poster, Geschenk von Chris Cooper, Foto Tony Festa; 486l (Seite 38 im Führer) 99-00057 (Digitalkatalog), Sub-Pop-Poster, Sammlung Susan Silver Management; 494ul (625 & 626) Alice-in-Chains-Puppen, Sammlung Susan Silver Management, Foto Andrew Moore; 581l (80) Little Richards Bühnenjacke, Geschenk von Little Richard, Foto Andrew Moore; 581m (502) Talking-Heads-T-Shirt, Geschenk von Tina Weymouth und Chris Frantz; 581r (900)Bonnie Raitts Jacke, Sammlung Bonnie Raitt; 582l (569) Doc Pomus' Saxophon, Sammlung der Familie von Doc Pomus; 582r (454) Yardbirds-Trommelschild, Geschenk von Jim McCarty; 585l (481) Clash-Poster, Sammlung Jim Henke; 585um (118) Ike-&-Tina-Turner-Poster, Sammlung Philip und Julie Cushway/Artrock, Foto Tony Festa; 585r (1278) TRL-Poster, Geschenk von MTV/Total Request Live; 586l (878) Jimmy Pages Gitarre, Sammlung Jimmy Page; 586r (1141) Howlin' Wolfs Gitarre, Sammlung Lillie Burnett; 589t (251) Tom Pettys Hut, Sammlung Tom Petty; 589u (26) Snoop Doggy Dogs Baseballmütze, Sammlung Snoop Doggy Dogg; 590l (213) Buddy-Holly-and-the-Crickets-Poster, Sammlung Philip und Julie Cushway/Artrock, Foto Andrew Moore; 590m (639) Byrds-Poster, Sammlung Manny Gerrard. 590r (147) Aretha-Franklin-Poster/Programm, Geschenk von Manny und Skippy Gerrard; 592l (995) Geri Halliwells Stiefel, m.f.G.v. Bata Shoe Museum; 592r (33) George Hunters Schuhe, Sammlung George Hunter; 595l (206) Steve-Tyler-Patchwork-Bühnenjacke, Sammlung Steven Tyler; 595r (130) Al Greens Priesterrobe, Sammlung Al Green; 596o (856) Duane Eddys elektrische Gitarre, Sammlung Duane Eddy; 596u (1100) Muddy Waters' Martin-Gitarre, Sammlung Marva Morganfield.

Abkürzungen: oben (o), unten (u), Mitte (m), links (l), rechts (r), Hintergrund (h), mit freundlicher Genehmigung von (m.f.G.v.)

Die Autoren: Luke Crampton & Dafydd Rees

Luke Crampton und Dafydd Rees wurden in den 50er-Jahren in Großbritannien geboren und waren in der Londoner Musikbranche tätig. 1981 gründeten sie das Music Information & Research Bureau, das sich in den 80er-Jahren zur größten europäischen Agentur für Chartstatistiken und musikbezogene Informationen entwickelte und einige der wichtigsten Namen der britischen und amerikanischen Medienlandschaft zu seinen Kunden zählte. Seit dem Verkauf von MRIB 1991 leben beide Autoren in den USA, Luke Crampton in Atlanta und Dafydd Rees auf Cape Cod.

Sie haben mehr als 20 Bücher zu Musik- und Medienthemen verfasst und waren in den Bewertungsgremien der Ivor Novello Awards (1981–91) und der World Music Awards (1990–93) tätig. Derzeit gehören sie der Grammy-Jury sowie den Auswahlkomitees der Rock and Roll Hall of Fame sowie der Songwriters Hall of Fame an. Darüber hinaus haben beide mehrere erfolgreichen Radio- und Fernsehserien in Großbritannien und den USA konzipiert und produziert, u.a. »Network Chart« sowie für CNN International »World Beat« und »The Music Room«, die einzige weltweit ausgestrahlte wöchentliche Musiksendung.

Crampton und Rees pflegen kontinuierlich ihre »Music Information Database« (www.musicinformationdatabase.com), die weltweit umfassendste Datensammlung zur Popgeschichte. Als Gründer der Produktionsfirma Original Media (www.original-media.net) und der Musiklizenzierungs-Agentur Songfinder (www.songfinder.mu) entwickeln sie außerdem ständig neue Projekte für verschiedene Medien, wie etwa eine auf diesem Buch basierende Fernsehserie.

The Rock and Roll Hall of Fame and Museum

In weniger als einem Jahrzehnt hat sich die Rock and Roll Hall of Fame samt ihrem Museum als wichtiges Zentrum der Traditionspflege und Forschung im Bereich der Rockmusik etabliert. Ausstellungen, Informationsprogramme und Livekonzerte machen das Museum zum Mekka für Fans und Kulturwissenschaftler.

Die Idee zu einem Museum und Archiv, das die Geschichte der Rockmusik dokumentiert, geht zurück bis ins Jahr 1983. Damals gründeten hochrangige Vertreter der amerikanische Musikbranche die Rock and Roll Hall of Fame Foundation, um jene Frauen und Männer zu würdigen, die die Entwicklung dieser Musik geprägt haben. Mitte der 80er-Jahre begann die Stiftung mit der Suche nach einem geeigneten Standort für die Hall of Fame. Die Wahl fiel 1986 auf Cleveland.

Das von dem international renommierten Architekten I. M. Pei entworfene Museum ist ein hochmoderner, dessen beeindruckende Silhouette sich über den Eriesee erhebt. 1995 wurde das fast 14 000 m² große Gebäude fertiggestellt. Im September öffnete das Museum seine Pforten.

Das Museum, das interaktive Exponate ebenso umfasst wie atmosphärische Veranstaltungsräume, präsentiert regelmäßig wechselnde Ausstellungen von Erinnerungsstücken aus seiner Sammlung. Einzelne Abschnitte befassen sich mit den verschiedenen Epochen, Stilen und Ereignissen, die die Entwicklung der Rockmusik geprägt haben – von den Wurzeln in Blues, Gospel, Country und Folk über den kulturellen Aufbruch der 60er-Jahre bis in die Gegenwart. Die mehrere tausend Stücke umfassende Sammlung enthält beispielsweise John Lennons Sergeant-Pepper-Uniform, die Kleider, die Bruce Springsteen auf dem Cover von ***Born in the U.S.A.*** trug, Janis Joplins psychedelischen Porsche, Jim Morrisons Pfadfinderuniform, drei Gibson-Gitarren von Duane Allman, Bühnenkleidung von Mick Jagger, David Bowie, Stevie Nicks, Michael Jackson, Madonna, Bono, George Clinton und anderen sowie handgeschriebene Texte von mehreren Dutzend der berühmtesten Rocksongs aller Zeiten. Neben zahlreichen Filmen und Videos zeigt das Museum eine Multivisions-Show über die in die Hall of Fame aufgenommenen Künstler.

Das Museum bietet auch verschiedene Veranstaltungsprogramme an, die sich an eine breite Öffentlichkeit ebenso richten wie an Schulen und andere Bildungseinrichtungen. In der beliebten Hall of Fame Series sind regelmäßig in die Hall of Fame aufgenommene Künstler in Interviews und Livekonzerten zu erleben. Bisher traten unter anderem auf: Ray Davies (Kinks), Aretha Franklin, Al Green, Ray Manzarek (Doors) und Dickey Betts (Allman Brothers Band). Die jährlich stattfindenden Veranstaltungen der Reihe American Music Masters würdigen jeweils einzelne Künstler und dokumentieren die weltweite Wirkung ihrer Musik. Weitere Informationen über die Rock and Roll Hall of Fame und das Museum in englischer Sprache sind unter www.rockhall.com zu finden.

Rock and Roll Hall of Fame and Museum
One Key Plaza
Cleveland
Ohio
44114
USA